종교 운동은 그 생성기에 그 운동의 핵이 형성된다. 예수 운동도 예외는 아니다. 예수 운동이 어떻게 출현했고(1권), 어떻게 자리를 잡아갔으며(2권), 어떻게 세계로 퍼져나가게 되었는지를(3권) 역사적으로 고찰하는 것은 신약학에서 필수적인 일이다. 그런데 과연 어떤 학자가 당시에 생성되고 해석되고 있던 모든 문서를 다루면서, 동시에 당시의 유대교와 헬라 철학과 일반 사회 문화와 정치를 이해하면서, 하나의 철학으로 역사를 써 내려갈 수 있을까? 이런 작업을 하려면 신약성서 자체와 연관 분야에 대한 지식을 섭렵해야 하고, 그것을 일관성 있게 해석할 수 있는 눈이 있어야 한다. 제임스 던 교수, 이분이 야말로 이 책을 쓰기에 최적의 학자다. 그는 필생에 걸쳐 신약 문서 전체를 섭렵하여 연구했고, 당시의 성서 외 기독교 문헌과 일반 문화에 대한 해박한 지식을 가지고 있다. 세 권으로 된 대하 초기 기독교 역사서 중 제3권인 본서를, 신약성서 형성과정과 초기 기독교의 발전을 역사적으로 이해하려는 모든 이에게 필독서로 추천한다.

김동수 평택대학교 신약학 교수, 한국신약학회 회장 역임

제임스 D. G. 던이 기독교의 형성에 관련된 또 하나의 역작을 내놓았다. 이미 그는 『예수와 기독교의 기원』과 『초기 교회의 기원』을 통하여 예수의 죽음 후 70년까지 즉 예루살렘의 멸망까지 기독교의 형성에 관하여 탁월하게 해명하였다. 이번에는 본서를 통하여 70년부터 135년 즉 교부 이레니우스까지 기독교의 형성에 관한 또 하나의 야심 찬 연구를 시도하였고 누구도 근접하기 어려운 놀라운 결과를 만들었다. 초기 교회 시대의 후기 시기에 기독교는 어떻게 형성되었을까? 그 시기에 그리스도인들에게 유대인도 헬라인도 아닌 모호한 정체성을 해소하기 위하여 무슨 일이 일어난 것일까? 이러한 의문에 대하여 제임스 D. G. 던의 연구는 단연 독보적인 답을 제시하고 있다. 연구에는 방대한 정경 문헌은 물론이고 비정경 문헌이 광범위하게 사용되어 학문적 객관성과 균형성을 철저하게 유지하였다. 특히 본서는 초기 교부 시대에 기독교가 어떻게 그 정체성을 유지하였는지 구전의 사용에 특별한 주의를 기울임으로써 그 가치를 획기적으로 높였다.

김성규 웨스트민스터신학대학원대학교 신약학 교수

이 책은 제임스 던이 야심차게 기획했던 초기 기독교의 기원을 다룬 3부작의 책 중 마지막 결과물이다. 그는 『예수와 기독교의 기원』과 『초기 교회의 기원』을 통해 매우 복잡하고 어려운 초기 교회의 모습을 보여주었다. 본서 또한 초기 기독교의 정체성에 관한 심도 있는 내용을 유대인과 그리스인의 관점을 모두 포함하여 심도 있게 다룬다. 이 책은 초기 기독교의 기원을 연구하는 모든 사람들이 꼭 읽어야 할 필독서임이 분명하다.

신현태 장로회신학대학교 신약학 교수

제임스 던은 예수의 전승이 어떤 과정을 거쳐 유대교와 전혀 다른 "기독교"로 자리 잡게 되었는지 그 복잡했던 과정을 낱낱이 추적한다. 저자는 여러 문서를 면밀하게 분석하여 유대교와 기독교 사이의 공존과 결별이라는 신학적 아이러니를 자세히 설명하면서 예수 의 사역, 죽음, 부활이 기독교의 정체성을 확립하는 독특성의 원천이었음을 밝힌다. 본서 는 신약성서를 정확히 이해하는 데 필수 요소인 "유대교와 기독교 사이의 소원해진 이 유"를 구체적으로 해명하여 독자들의 기대를 충족시킬 뿐 아니라 군더더기 없는 설명을 제공함으로써 이 분야의 교과서라는 학문적인 명예를 차지하게 될 것이다.

윤철원 서울신학대학교 신학대학원 신약학 교수

기독교는 어떻게 형성되었을까? 저자는 유대전쟁 이전엔 기독교라 부를 수 있는 집단은 없었고, 다만 유대 맥락에서 예수에 대한 다양하고 풍성한 기억들과 해석들이 있었을 뿐 이라고 주장한다. 던은 구전 전통, 신약과 비정경적 문헌의 조사를 통해 예수가 어떻게 기억되고 후대는 그 기억을 어떻게 해석했는지의 과정을 연구한다. 초기부터 다양한 전 략들을 구사한 여러 집단이 있었고, 이단 논쟁과 정리 과정을 통해 적당한 수준의 다양 성과 통일성을 갖춘 기독교가 탄생했다는 것이다. 이 책은 평소 접하기 어려운 역사적 외부자료들을 보기 쉽게 정리하고 있고 상상력과 통찰력을 통해 독자들에게 어떻게 기 독교가 형성되었는지를 보여주는 중요한 핵심자료다.

이민규 한국성서대학교 신약학 교수

세계적 신약학자인 제임스 던 교수의 『형성기 기독교의 통일성과 다양성』은 초기 기독 교 형성기를 다룬 삼부작인 『예수와 기독교의 기원』, 『초기 기독교의 기원』에 이은 결론 이다. 이 책은 아주 중요하지만 덜 알려진 시기인 기원후 70년 예루살렘 멸망에서부터 기원후 180년경까지, 최초기 기독교가 그 이후에 기억되고 수용되면서 유대교로부터 분 리되고 이단들과 경쟁해가면서 기독교로서의 정체성을 확립했던 초기 기독교 형성사를 다룬 소중한 학문적 유산이다. 던 교수는 늘 그랬듯이 진보와 보수의 경계선에서 양쪽을 비판하면서 자신의 위치를 자리매김한다. 날카로운 통찰력, 풍부한 지식, 일관성 있는 논 지로 연속성 속에서 다양하게 펼쳐지는 초기 기독교의 형성기에 대하여 쉽게 이해할 수 있도록 정리해주는 『형성기 기독교의 통일성과 다양성』은 신약학에 관심 있는 학자, 신 학생, 목회자, 그리고 교회 지도자들이 꼭 읽어야 할 필독서다.

이상일 총신대학교 신약학 교수

제임스 던의 이 책은 형성기 기독교의 전승 과정을 다룬 3부작의 마지막 권에 해당되는 저서로 1세기 후반에서 2세기 말까지 예수의 생애와 유산이 신앙공동체 가운데 어떻게 기억되고 전승되어 갔는지를 추적한다. 연작의 1부가 복음서의 예수를 중심으로 생성기 기독교의 맹아를 다루었다면, 2부는 예수 이후 기원후 70년까지 초기 교회공동체의 성립과 발전 과정을 탐색했고, 이 책 3부는 기원후 70년부터 사도 이후 세대까지 포함하는 2세기 말까지 면면히 뻗어나간 기독교의 전개 과정을 섭렵하고 있다. 그 과정에서 무엇보다 유대교/유대주의와의 경계 설정이 중요시되며, 헬레니즘과의 만남에서 파생한 영지주의의 도전과 이에 대한 응전이 주된 관심사로 취급된다. 이 책은 그렇게 다양하게 펼쳐진 형성기 기독교의 마지막 단계에서 정체성을 다루는 그 격랑의 역사적 흐름을 단일한 "궤적"이 아니라 여러 "길" "경로"로 분기해나가면서 다시 교차하며 통합해 나간 "갈림길들"로 파악한다는 점에 역동적이고 탄력적인 통찰을 제시한다. 형성기 기독교의 발전을 신약성서 안과 밖을 아우르는 거시적인 시각에서 조망한 이 방대한 저작은 1세기 후반과 2세기에 생산된 다양한 고대 기독교 문헌의 내용들을 역사적인 맥락에서 이해하는 데도 요긴한 지적인 정보와 함께 넉넉한 도움이 된다. 이제 세상을 떠난 제임스 던 교수의 안식을 빌며 그와 이방인의 땅에서 딱 한 번 조우한 내 짧은 추억을 담아 이 책이 맺어왔고 앞으로 맺게 될 학문적 신앙적 열매 위에 축원의 마음 한 자락 얹어본다.

차정식 한일장신대학교 신학과 교수

제임스 던의 "형성기 기독교"의 3부작이 비로소 국내 독자에게 완전체로 성큼 다가왔다. 『예수와 기독교의 기원』·『초기 교회의 기원』·『형성기 기독교의 통일성과 다양성』 시리즈는 "유대인 역사적 예수"로부터 시작된 하나님 나라 선포가 어떻게 "그리스도교 교회 공동체"의 예수 선포에 도달하게 되었는지, 신약성서를 비롯한 고대 문헌을 중심으로 1세기 중엽부터 2세기 후반까지 역사-문학-신학적 강줄기의 중심부와 주변부 양 궤적을 거시적이면서도 미시적으로 추적해 올라간 대작이 아닐 수 없다. 3부작의 마지막 작품을 다루면서 저자는 시종여일 기원후 70-180년의 환경 안에서 유대교와 기독교의 역동적 상관성에 집중한다. 그럼에도 마침내 결별할 수밖에 없었던 갈림길(들)의 정점에 나사렛 예수 그리스도의 복음 사건이 오롯이 자리 잡고 있음을 여실히 보여준다. 한편 역사적 예수에 뿌리박은 기독교의 정체성을 지속 가능한 복음의 메아리로 외치기 위해서라도 오늘의 그리스도인들/교회가 복음의 통일성을 어떻게 견지하고 복음의 다양성은 어떻게 포용해야 할지 우리의 컨텍스트를 고민하도록 도전한다. 저자의 다채로운 주장에 이견이 있을 수 있겠으나 학문적 통찰과 공헌에 의심이 있을 순 없다. 값싼 복음이나 얇은 설교에 식상한 신학생과 목회자라면 제임스 던의 3부작을 손에 잡고 자신의 골방에서 "학문적 자가격리" 기간을 가지라고 권하고 싶다. 이처럼 강력한 "신약학 백신"을 국내에서도 안전하게 맞을 수 있음이 목회와 신학에 큰 선물이라는 확신 때문이다.

허주 아세아연합신학대학교 신약학 교수, 한국복음주의신약학회 회장

여기서 우리는 성숙한 일류 학자가 수십 년간 연구하여 증류한 결실을 온전히 보게 된다. 제임스 던은 선배 학자만이 할 수 있는 방식으로 방대한 범위의 2차 및 1차 문헌을 살펴보며, 최고의 통찰을 종합하고, 모든 출처와 가설을 비판적으로 세심하게 평가하여 해당 주제에 대한 향후 작업의 기초가 될 박식한 걸작을 내어놓았다. 다양한 학자들과 정중하게 대화하면서도 이 작업은 때때로 자신의 주목할 만한 결론을 도출하며, 그런 과정에서 학문적 견해의 스펙트럼 전반에 걸친 기존의 가정에 도전한다.

크레이크 키너 애즈버리 신학교

이 상당한 책을 "필자 경력의 큰 작업에 대한 작별 인사"라고 부르는 제임스 던은 기원후 70년에 예루살렘이 멸망한 이후부터 2세기 후반에 이르기까지 기독교 정체성의 발전을 설득력 있게 다룬다. 『형성기 기독교의 통일성과 다양성』의 범위가 경외심을 불러일으키고 논의를 전개해가는 과정이 장엄하다. 자신의 기술을 새로운 차원으로 끌어 올리는 비할 데 없는 장인처럼 던은 그의 오랜 경력의 특징인 명확한 생각과 표현으로 자신의 임무를 완수한다. 이것은 전형적인 던의 감미로운 저작이자 빈틈없는 고별사다.

브루스 롱네커 베일러 대학교

자신의 대작을 마무리하면서 제임스 던은 최초의 예수 전통과 첫 유대인 추종자들이 그 전통을 다양하게 해석한 내용으로 인해 기원후 70년에서 200년까지 발전한 운동이 어떻게 형성되었고 또한 그 운동이 그런 내용을 어떻게 형성했는지에 대한 강력한 설명을 제공한다. 학생과 학자들 모두 공감하고 논쟁하며 배울 점을 많이 발견할 것이다.

J. R. 다니엘 커크 풀러 신학교

CHRISTIANITY IN THE MAKING

Volume 3

NEITHER JEW NOR GREEK

A Contested Identity

James D. G. Dunn

NEITHER
JEW
NOR
GREEK

예수 전승, 유대적 요소, 제자들이
기독교의 형성에 미친 영향

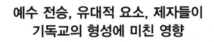

형성기 기독교의
통일성과 다양성

상권

제임스 D. G. 던 지음 | 이용중 옮김

새물결플러스

미래를 짊어질 해나, 테이스, 줄리아, 샘, 바니, 메건, 알피에게

서문

이 책(3권)과 함께 나는 형성기 기독교를 개괄하려는 시도의 끝에 이르렀다. 기원후 70년은 제2권을 마무리하기에 적절한 지점이었다. 기독교의 첫 세대(30-70년)는 예수의 영향이 어떻게 예수의 직계 제자와 고대 이스라엘의 경계를 넘어 확산되었는지를 결정하는 데 있어서 매우 중대한 시기였다. 로마 군단에 의한 예루살렘의 파괴는—기독교의 기초를 세운 공동체(예루살렘)에 있어서나 기독교의 모체가 된 유대교에 있어서나—확실히 가장 중요한 전환점을 가져왔다. 그러나 신약 문헌의 대다수는 아마도 이 역사적 사건 이후의 시기에 출현했을 것이다. 그리고 70년은 사실상 야고보, 베드로, 바울 등 1세대 지도자들에서 클레멘스, 이그나티오스와 같은 여전히 중요한 2세대 지도자들로 세대교체가 일어난 과도기이면서 초기 교회들을 형성한 쟁점과 영향력이 더 다양하게 발전된 질문과 과제들로 바뀌기 시작했던 시점이었다. 여기서 1세대의 마지막 사도(요한)는 뜻밖의 방식으로 활약하기 시작한다. 그러나 순교자 유스티누스, 발렌티누스와 마르키온에 의해 제기된 도전들, 특히 이레나이우스가 정리한 내용을 살펴보면, 어떤 기독교가 형성되고 있었고 이후 수십 년 동안 강화되고 형성될 주된 특징이 무엇인지가 분명해진다. 더 깊이 들어가서 테르툴리아누스와 오리게네스까지, 거기서 더 나아가 키프리아누스와 그 이후까지 살펴보는 것도 무척 매력적인 일이겠지만, 처음 150년 동안에 주

사위는 던져졌고 이후에 벌어진 일들은 중요한 의미에서 그 초창기에 확립된 것의 심화된 전개에 불과했다.

나는 이 책에 어떤 제목을 붙일지를 결정하느라 오래 씨름했다. 보다 널리 사용된 표현이긴 하지만[1] 처음에는 테르툴리아누스의 「여러 민족들에게」(ad Nationes), 1.8에서 뽑아낸 표현인 "세 번째 부류"(tertium genus)를 제목으로 삼고 싶었다. 이 제목은 이 책이 다루고 있는 약 100년간에 기독교가 그 나름의 특징적인 성격을 지닌 세력으로, 즉 실로 그 시대의 주된 그리스-로마 종교 체제뿐만 아니라 기독교를 낳은 유대교와도 구별되는 "세 번째 부류"로 출현했다는 3세기 초의 기독교인들과 그들 대적의 공통된 인식을 잘 표현해준다. 그러나 결국 나는 바울에게서 인용한 말(갈 3:28)로서 과거의 구별 및 경계에 대한 초월과, 바울이 이 새로운 운동의 첫 세대에서 이미 느꼈고(고후 5:17) 2세기를 거치며 보다 실재에 가까워진 "새로운 피조물"이라는 현실을 잘 표현해주는, 덜 모호한 표현인 "형성기 기독교의 통일성과 다양성"이라는 제목에 만족했다. 표지 그림인 로마의 프리스킬라 지하 묘지에서 나온 성찬을 묘사한 2세기의 초기 기독교 프레스코화는 기독교가 성년에 이르렀던 기간의 분위기를 묘사한다.

제1권(『예수와 기독교의 기원』)과 제2권(『초기 교회의 기원』)은 장장 6년의 간격(2003년과 2009년)을 두고 출판되었다. 이 3부작을 완성하는 일이 나의 은퇴 생활의 두 번째 시기의 주된 집필 계획에 있었을 때 나의 심각한 건강 위기의 여파로 아내(메타)와 나는 더럼을 떠나 자식들 중에 잉글랜드 남부에서 사는 두 자녀와 더 가까운 곳에서 살아야 할 상황을 맞이

---

1   특히 A. von Harnack, The Mission and Expansion of Christianity in the First Three Centuries (ET 1908; New York: Harper Torchbook, 1962), 2권 7장을 Excursus, 'Christians as a third race, in the judgement of their opponents'(266-78)와 함께 보라. 추가로 인터넷으로 접할 수 있는 다음 글도 보라. A. McGowan, "A Third Race' or Not: The Rhetoric of Self-Definition in Tertullian', Patristica Bostoniensa (2001-02).

했다. 그래서 우리 집은 이제 잉글랜드 남부 해안가의 치체스터에 있다. 스코틀랜드 사람이 아름다운 스코틀랜드에서 이렇게 멀리 떠나 있기란 꽤 힘든 일이다! 내 개인 장서의 규모를 7천 권에서 3천 권으로 줄여야 했을 때 나는 적어도 이 마지막 바퀴를 달리는 데 필요한 책들은 계속 간직할 수 있었다. 그런데 불행하게도 개인 장서들을 다 훑어봤을 때 나는 이 남부 해안으로 가져온 자료들이 내 필요를 충족시키기엔 턱없이 부족하다는 사실을 발견했다. 하지만 다행히도 리처드 버리지 덕분에 런던의 킹스 칼리지에서 도와주었고 친절하게도 내게 방문 교수의 지위를 허락해주었다. 이로 인해 나는 킹스 칼리지 교수진들과 좋은 관계를 가질 수 있었을 뿐만 아니라 모건 도서관에 출입할 수 있는 소중한 특권도 얻었다. 에디 아담스의 지원은 매우 감사했고(특히 런던 지하철이 파업에 들어갔을 때), 세미나를 인도하고 비평까지 해준 조안 테일러에게도 그러하다. 옥스퍼드 대학교(케임브리지 대학교는 너무 멀리 떨어져 있었다)와의 관계와 특히 마커스 복뮤엘(Markus Bockmuehl)과 데이비드 린시컴(David Lincicum)의 지원, 존 프리처드 주교와 그의 아내 웬디의 극진한 환대, 훌륭한 보들리 도서관의 혜택도 참으로 감사했다. 케블 칼리지(옥스퍼드)와 킹스 칼리지의 자원자들은 나의 초고가 토론의 주된 주제가 된 일련의 세미나에 참여하여 두 번째 원고에 상당한 도움을 주었다. 특히 매튜 토마스(Matthew Thomas)는 안나 그로이노브스키(Anna Grojinowski), 표트르 아슈빈-셰이코브스키(Piotr Ashwin-Siejkowski), 그레이엄 스티븐슨(Graham Stevenson)과 마찬가지로 유익한 일련의 논평을 해 주었다.

여느 때와 같이 한 차례의 강연과 원고 청탁은 내가 발전시킨 개념들을 시험해보고 반응과 비판에서 유익을 얻을 기회를 주었다. 특히 다음과 같은 주제들을 언급하지 않을 수 없다.

- "요한복음과 구전 복음 전승"
- "마태는 어떻게 마태복음 집필을 시작했는가?"
- "예수 전승에 대한 최초의 해석자들: 초기 해석학 연구"
- "기원후 1-3세기의 기독교의 출현과 확대: 초기 기독교는 왜 그리고 어떻게 유대인을 넘어 확대되었는가?"
- "예언의 영에 관한 테르툴리아누스와 바울의 사상"

자세한 참고자료는 이 책 끝에 있는 참고문헌에 담겨 있다.

이 책의 초고 또한 처음 작성한 원고를 비판적으로 읽어달라는 요청에 응답해준 여러 친구와 동료들의 논평과 비평에서 큰 도움을 얻었다. 크리스 터킷(Chris Tuckett), 사이먼 개더콜(Simon Gathercole), 헬렌 본드(Helen Bond), 브루스 롱네커(Bruce Longenecker), 그레이엄 스티븐슨은 모두 많은 격려를 보태주었다. 밥 모건(Bob Morgan)과 윌리엄 베어드(William Baird)는 몇몇 장들을 비평해 주었다. 카를-빌헬름 니부어(Karl-Wilhelm Niebuhr), 옌스 슈뢰터(Jens Schröter), 마이클 월터(Michael Wolter)는 몇 장을 더 비평해 주었다. 울리 루츠(Uli Luz)는 날카로운 논평으로 가득한 몇 통의 긴 편지를 보내주었고, 폴 트레빌코(Paul Trebilco)는 모든 장을 읽고 비평해주었다—그로서는 정말로 일종의 적선 행위였다. 그들 모두 읽은 내용에 몰두하여 날카로운 질문들을 던지며 초고의 약점들(그리고 약간의 강점들)을 지적하고 추가로 읽을 책들을 추천해주었다. 그 결과로 나온 이 책은 내가 나 자신의 자원을 가지고 성취할 수 있는 수준보다 더 설득력이 있다. 이 책에 기여한 모든 이들에게 감사드린다.

내가 스스로 설정한 임무를 거의 완수했다는 느낌과 그 이후로도 관련된 논문과 책들을 찾아보는 일이 오랫동안 끝나지 않겠다는 자각은 나로 하여금 나의 결론을 이런저런 방향으로 흔들어놓을 수도 있는 정말로 중요한 몇 가지 항목을 무시하는 위험을 감수해야 한다는 결론에 이르게 했다. 그래서 멋진 여름휴가를 보내기 위해 제시간에 원고를 마무리할 목적으로, 최소한 이 15년에 걸친 기획을 (바라건대) 성공적으로 마무리한 것에 안도의 한숨을 내쉬면서 이제 나는 나의 집필 이력상의 커다란 숙제에 작별을 고할 것이다. 그리고 교제의 기쁨과 설교, 강연, 기념 논문집 기고, 집안일과 정원 관리의 기회/과제도 잊지 않으면서 남편, 아버지, 할아버지로서의 의무와 기쁨에 더 몰두할 것이다. 몇 년 동안 모아만 두고 아직도 읽지 못한 소설책들도 많이 있다!

이 과정의 마지막 단계에서 시간이 촉박할 때 도움을 준 이들에게 가장 감사하다. 인디애나 감리교 대학교 신학 선교학부 졸업생들인 엘렌 스타인키(Ellen Steinke)와 로날드 "찰리" 헐로커(Ronald Charlie Hurlocker)는 지난 시절 내가 가르친 대학원생 중 한 명인 켄 셍크(Ken Schenk)의 재촉으로 저자 색인과 고대 문헌 색인을 작성할 때 주요 작업을 수행해 주었다. 이 책이 출판될 때까지 전 과정을 지켜봐준 존 심슨(John Simpson)과 어드먼스 출판사의 전 직원에게도 감사를 드린다.

내 평생을 은혜로 붙들어주신 선하신 주님과 50년이 넘도록 격려와 비판으로 아름다운 균형을 잡아준 사랑하는 아내 메타에게 감사를 표현하지 않고 끝맺을 수는 없다(우리는 2013년에 특별한 방식으로 금혼식을 거행했다). 제1권은 메타에게, 제2권은 우리 사랑하는 아이들(카트리나, 데이비드, 피오나)에게 바쳤으니 제3권은 자연스럽게 우리의 멋진 손주들―해나, 테이스, 줄리아, 바니, 샘, 메건, 알피―에게 바친다. 그래서 사실 제4권을 쓸 필요성이나 기회는 없었다!

제임스 D. G. 던
2014년 7월

추신. 제3권의 원고를 완성한 이후로 나온 출판물들과 관련해서는 다음 두 책을 고려하지 못한 것이 특히 아쉽다. Tobias Nicklas, *Jews and Christians?* (Mohr Siebeck, 2014); Judith Lieu, *Marcion and the Making of a Heretic* (Cambridge University, 2015).

제10부

새로운 시작

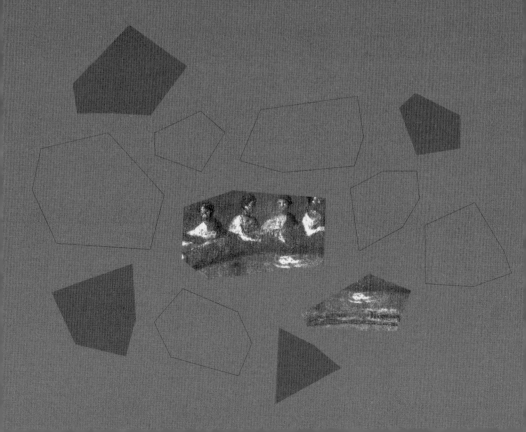

38장

생성기의 기독교

38.1 서론

60년대 초에 있었던 1세대 기독교의 위대한 세 지도자(야고보, 바울, 베드로)의 처형과 70년에 발생한 예루살렘의 파괴와 그 도시를 기반으로 세워졌던 모교회의 파괴는 갓 생겨난 기독교에 있어서 거의 예수의 처형만큼이나 비참한 일이었다. 확실히 이 운동의 최초 형태, 즉 야고보와 유대인 신자들이 대표하는 제2성전기 유대교의 메시아적 혁신 분파는 치명타를 맞았고 거기서 결코 완전히 회복되지 못했다. 그러나 시리아에서 이미 확고히 자리 잡았고 지중해의 로마 제국 도시들의 북동쪽 4분의 1에 걸쳐 확산되고 있던 이 운동은 충분히 잘 뿌리내렸으며, 영적인 진리와 구원을 찾는 구도자들에게 매력을 유지하고 계속해서 확장될 만큼 이스라엘/팔레스타인에서 일어난 재앙으로부터 충분히 멀리 떨어져 있었다. 더구나 예수 전승 및 예수의 죽음과 부활의 복음은 여전히 충분히 신선했고, 여전히 교회에서 활동하는 1세대 제자들이 꽤 남아 있었다. 이러한 요소들은 예수에 의해, 최초의 성 금요일, 부활절, 오순절과 같이 오늘날에도 기념하는 사건들에 의해, 그리고 1세대의 제자들(특히 바울)에 의해 각인된 특성이 이 운동의 핵심에 확고하게 자리 잡은 채 상당한 영향력을 가지고 지속적인 동기 부여의 힘을 제공하도록 했다.

그런데 사실 이 시기는 70년에 일어난 재난에 뒤이어 새로운 예수 운동이 그 독특한 정체성 표지와 구조를 확립하고 이를 바탕으로 수십, 수백 년 동안 독특하고 커져가는 매력을 확고히 하게 되는 때인 2세기까지 이어지는 시기였다. 예수 운동은 70년 이전에는 로마 제국 내의 비유대인들 사이에서 확산되고 있었음에도 불구하고 여전히 제2성전기 유대교의 기반 안에 머물러 있었다. 예수부터 성전 파괴까지의 40년 동안 메시아/그리스도 예수에게 초점을 맞춘 이 운동은 본질적으로나 법적으로, 그리고 그 지도자들의 자기 이해에 있어서 여전히 유대인의 민족 종교의 한 분파였다. 그것은 아직 "기독교"가 아니었다. 이미 언급한 대로 구별되는 실체로서의 기독교는 120년대에 이르러서야 비로소 그런 이름으로 불렸다.[1] 따라서 두 차례의 유대인 봉기(66-73년과 132-135년) 사이의 기간과 그 이후 시기는 이러한 재앙으로 인해 필요해진 유대교에 대한 재정의와 "기독교"에 대한 최초의 정의에 있어서 결정적이었는데, 이는 특히 유대교에 대한 재정의로 인해서도 "기독교"를 모체였던 유대교와 관련해서 다시 정의할 필요가 있었기 때문이다. 갓 생겨난 기독교 그 자체에 의해 부분적으로 자극을 받은 다른 종교적 발전, 특히 전통적으로 "영지주의"라는 항목 아래 속하는 모든 발전 역시 기독교의 특징들에 대한 주의 깊은 도표 작성을 필요로 했다. 또한 우리는 갓 생겨난 기독교 그 자

---

1   *Beginning from Jerusalem* (Grand Rapids: Eerdmans, 2009), 5-6(『초기 교회의 기원』, 새물결플러스 역간).

체가 단일하고 한결같이 일관된 운동이었다고 생각해서도 안 된다. 결과적으로 기독교란 무엇이며 기독교의 독특하고 결정적인 특징들은 무엇인가 하는 질문이 아직 미성년기인 이 종교의 신학자들과 지도자들에게 안팎에서 제기되었다.

이 책에서 우리가 직면한 과제는 앞의 두 책에서의 과제보다 훨씬 더 다루기 어렵다. 이는 단순히 기간이 너무나 다르기 때문만이 아니다 (『예수와 기독교의 기원』의 경우에는 다루는 기간이 약 3년밖에 안 되고 『초기 교회의 기원』의 경우에는 약 40년이지만, 형성기 기독교에 있어서 이 결정적인 시기의 경우에는 백 년이 넘는다). 그보다 더 어려운 문제는 우리에게 그 백 년을 쭉 따라갈 분명한 지침이나 견본이 없다는 사실이다. 『예수와 기독교의 기원』의 경우에 복음서, 특히 공관복음서는 연구를 위한 일관되고 비교적 제한된 자료 체계를 제공했고 그 자료에 대한 분석과 논의를 정돈하기 위한 구조와 순서를 제시했다. 『초기 교회의 기원』의 경우에는 누가가 사도행전에서 제공하는 서사체 역사와 바울로부터 보존된 서신 모음집이 (때때로 이 두 증거를 하나의 이야기나 그림으로 짜 맞추기가 아무리 어색하더라도) 앞에서와 같은 방식으로 기여했다.[2] 그러나 이제 우리에겐 우리를 인도해줄 사람도 없고 최소한의 출발점이라도 되어줄 사도행전도 없다. 4세기의 에우세비오스가 제시한 설명은 귀중하기는 하지만 누가의 사도행전에 필적하는 역할을 해주기에는 시간상 너무 거리가 멀고 (앞으로 살펴보겠지만) 너무 뒤죽박죽이며 시대착오적이다. 나머지 신약 문헌들은 보통 그 기원과 그것들이 증언하는 기독교의 전체적인 그림에 대해 제시하는 증

---

2   훗날 기독교로 알려지게 된 종교의 처음 몇십 년 동안 사도행전이 사료로 이용되었는지는 여전히 논란이 분분하다. 필자는 *Beginning*, §21.2과 §21.3에서 이 주제를 다루었다. 이제 다음 책을 보라. C. S. Keener, *Acts: An Exegetical Commentary* (Grand Rapids: Baker Academic; vol. 1, 2012), 90-382.

거를 정확히 밝혀내기가 어렵고, 예수에 대한 서로 다른 신약 복음서들의 증언이나 사도행전과 바울 서신의 관계와는 매우 다르게, 각 문헌을 나머지 문헌과 관련시키기도 어렵다. 지금까지 보존된 기독교 문헌들은 우리에게 그 시기에 대한 일화적인 그림만 제시할 뿐이며 랍비 전승, 기타 유대교 및 유대-기독교 문헌, 영지주의 문서들의 기여도는 거의 모든 관련된 대목에서 기껏해야 논쟁의 대상일 뿐이다.

그렇다면 이 과제를 어떻게 시작할 것인가? 이 기간에 형성되었던 기독교에 대한 자세한 역사를 쓰려는 시도가 거의 없었다는 것은 어떤 면에서 다행한 일이다(혼란을 주고 논쟁 대상이 되는 2차 문헌이 적다!) 신약 전문가들은 보통 신약 자체와 그 직접적인 배경에만 범위를 한정하는 데 만족했다. 그와 비슷하게 "초기 교회" 전문가들도 보통 사실상 신약 시대 말에서 시작하여 2세기와 그 이후 시기에 초점을 맞추었다. 그러한 접근 방식이 지닌 한 가지 문제점은 초기 교회 문헌 중 일부가 몇몇 신약 문헌보다 더 이른 시기의 문헌일 수도 있다는 점이다.[3] 중첩된 기간은 더 자세히 살펴봐야 한다. 그러나 이 외에도 신약 전문가는 신약 문헌들이 가져온 결과와 훗날 그것들이 "정경"으로 인정받게 되는, 즉 오늘날 많이 사용되는 말로 표현하자면 "수용"되는 결과를 가져온 이 문헌들이 끼친 영향력에 무관심할 수가 없다. 마찬가지로 다른 문헌들이 아닌 이 문헌들이 신약 정경으로 지정되게 된 이유들은 우리에게 문헌 그 자체에 대해서, 그리고 이 문헌들이 이 초기 수십 년 동안 해석된 방식에 대해서 많은 것을 말해준다. "사도 시대"는 이상적이며 순수한 시대였고 그 이후의 시대는 그보다 훨씬 쇠퇴한 시대(중의법적인 의미에서 "속사도"[續使徒] 시대)였다

---

3   특히 「클레멘스 1서」; 아래 §40.1a을 보라.

는 가정은 분명히 더 이상 받아들일 수 없다.[4] 그러나 최초의 사도들의 계
승자들은 특히 첫 세대와 첫 제자들의 문헌에서 비롯된 전승을 전달해준
방식에 있어서 어떻게 기독교를 형성했는가?

이와 비슷한 사고 체계는 이러한 분석의 가장 논리적인 종점을 가리
킨다. 앞으로 보게 되겠지만 이레나이우스는 초기 기독교에서 결정적인
분수령이 되기 때문이다. 사복음서 정경이 실질적으로 확립된 것은 바로
이레나이우스를 통해서였다. 신약의 가장 영향력 있는 두 저자인 바울과
요한이 영지주의 분파에 의해 악용되지 않고 이레나이우스가 대표하는
기독교의 주류에 있어서 결정적인 것으로 인식되게 한 인물은 바로 이레
나이우스였다. 이레나이우스와 더불어 영지주의 분파와 유대-기독교 분
파 간의 내·외적 갈등은 결정적 지점에 이르렀고, 이러한 갈등을 넘어 기
독교의 지속된 특성을 다시 확보한 이도 바로 이레나이우스였다. 이레나
이우스는 최초의 진정으로 "성경적인 신학자"로서[5] 자연스럽게 발길이
멈추는 지점을 제공한다. 그래서 우리의 이야기는 이레나이우스와 함께
결론이나 절정에 이를 것이다.

그렇지만 첫 세대의 마지막부터 이레나이우스까지, 70년부터 가령
180년까지 어떻게 도달할 것인가?[6] 그 경로 혹은 다양한 경로들을 추적
하려는 이전의 시도들에서는 보통 다음과 같은 관점 중 하나 이상이 추
구해야 할 길이라고 생각했다.

4　특히 R. L. Wilken, *The Myth of Christian Beginnings* (London: SCM, 1979)을 보라.

5　예를 들어 M. A. Donovan, 'Irenaeus', *ABD* 3.457-6을 보라. Donovan은 J. Lawson, *The Biblical Theology of St. Irenaeus* (London, 1948)와 G. Wingren, *Man and the Incarnation: A Study of the Biblical Theology of Irenaeus*(Philadelphia, 1959)를 인용한다. 또한 E. Osborn, *Irenaeus of Lyons* (Cambridge University, 2001), 14, 23, 162, 172을 보라.

6　이레나이우스의 「이단 논박」(*Adversus Haereses*)은 약 180년경의 저작으로 추정된다 (Donovan, 'Irenaeus', 457).

- 기독교적 특징의 출현, 즉 신약 정경, 신조, 의식과 감독 제도. 달리 표현하자면 구(舊)가톨릭교회의 출현,[7] "초기 가톨릭주의"(Frühkatholizismus) 현상.[8]
- 기독교와 유대교의 점진적인 분리와 유대-기독교 분파의 분기 또는 배교.[9]
- 기독교의 헬라화와 영지주의 기독교의 분기 또는 배교.[10]
- 안디옥, 에베소, 로마 등 기독교 중심지의 순차적인 초점 이동.[11]

이러한 서로 다른 관점들을 간단히 검토해보면 우리가 다루어야 할 자료의 상충되는 특징이 분명해질 것이고, 이 자료를 다루는 최선의 방법에 대한 몇 가지 지침을 구할 수 있을 것이며, 이하의 내용에서 논의할 여러 항목을 얻을 수 있을 것이다.

---

7   특히 A. Ritschl, *Die Entstehung der altkatholischen Kirche* (Bonn, 1850, ²1857).
8   E. Troeltsch, *The Social Teaching of the Christian Church* (ET London: Allen & Unwin, 1931)는 1장 'The Foundations in the Early Church'와 2장 'Paul'(69-89)에서 3장 'Early Catholicism'(89-164)으로 넘어간다. 초기 가톨릭주의는 지난 20-30년 동안에는 덜 흥미로운 주제였지만 필자의 *Unity and Diversity in the New Testament: An Inquiry into the Character of Earliest Christianity* (London: SCM, 1977, ²1990, ³2006), 14장 "Early Catholicism"과 참고문헌(484-85)을 보라.
9   이는 F. C. Baur의 주요 유산이었다. 아래의 n. 35을 보라.
10 Adolf von Harnack의 주요 유산. 아래의 n. 103을 보라.
11 이는 기독교 발전 과정의 다양한 중심지들에 대해 Walter Bauer가 주목하며 촉발되었다. 아래의 n. 26을 보라. H. Koester, *Introduction to the New Testament vol. 2: History and Literature of Early Christianity*(Berlin: de Gruyter/Philadelphia: Fortress, 1982)은 가장 일관되게 이 연구 방법을 따랐다.

38.2 큰 교회의 출현[12]

에우세비오스(대략 311-325년)[13]의 「교회사」 출간은 기독교를 제국의 공인 종교로 정한 콘스탄티누스의 결정의 발전 과정과 시기적으로 거의 겹쳤다.[14] 그래서 이 책은 기독교의 기성 체제에 대한 이야기, 즉 수세대에 걸친 갈등과 박해 이후 승리자의 관점에서 하는 이야기를 들려주는 패턴을 효과적으로 확립시켰다. 이 책의 이야기는, 에우세비오스에 따르면 그 구조가 처음부터 이미 분명했던 교회에 대한 이야기였고 그 구조는 교회의 인내와 성공을 가능케 한 구조였다. 에우세비오스의 주된 목표는 실제로 사도적 계승, 사도들의 계승자들과 주요 주교 관구에서의 주교 계승의 원리를 확립하는 것이었다. 교회가 성공에 이른 열쇠는 바로 이러한 계승이었다.

에우세비오스는 이렇게 기독교 초기에 대한 승리주의적인 관점의 막을 열었고, 승리한 교회의 주된 특징이 된 것에 대한 이야기, 그리고 암묵적으로 교회가 성공을 거둔 이유를 들려주는 것을 자신의 임무로 보았다. 초기의 안개는 흩어지고 그 이후 공인된 교회의 분명한 윤곽이 기독

---

12 초기 기독교, 기독교 주류, 또는 "그 교회"로서 "정통" 기독교가 된 것에 대한 시대착오적인 언급으로 당연히 간주될 수도 있는 말을 피하기 위해 필자는 켈수스가 규정한 지시 대상—"큰 교회"(Origen, *Contra Celsum* 5.59)—을 사용하는 편을 선호한다. 「폴리카르포스의 순교」(*Martyrdom of Polycarp*)에서 폴리카르포스는 "서머나에 있는 가톨릭/보편 교회의 주교"로 지칭된다(16.2). 「사도 서신」(*Epistula Apostolorum*)(150-175)은 "가톨릭 신자들에게" 보낸 것이다.

13 아래 §40의 n. 172을 보라.

14 핵심적인 시기는 콘스탄티누스가 312년에 로마 북쪽 밀비아 다리에서 거둔 승리와 그 이후 324년에 그를 단독 황제로 만들어준 크리소폴리스에서의 승리였다. 그는 즉시 기독교인들을 탄압하지 않고 그들에게 믿음을 따를 수 있도록 허용할 것을 명하며 압수한 교회의 재산을 되돌려준 밀라노 칙령(313년)과 325년의 니케아 공의회 소집으로 기독교에 우호적인 종교 정책을 실행했다.

교의 시초에 이르기까지 밝혀진다. 그래서 예를 들어 예수의 동생 야고보는 "예루살렘 교회의 주교로 최초로 선출된" 인물이었다(*HE* 2.1.2). 사도적 계승은 (딤후 4:21의) 리노가 베드로의 첫 번째 계승자가 되고 클레멘스가 제3대 로마 주교가 되면서 로마 교회의 주교 관할 지역에서 처음부터 확립되었다. 또한 아테네 교회의 첫 번째 주교는 사도행전 17:34의 디오누시오로 간단히 확인될 수 있었다(*HE* 3.4.8-10). "주교"라는 직함이 1세기의 이 개척 교회들에서 이미 출현했는지, 이 직함이 1세대의 기독교 집단들과 교회 지도자들이 처음에 구상하고 실행한 방식과 관련해서 적절했는지는 고려조차 되지 않는 질문들이다.[15] 예수에게서 받은 유산을 놓고 1세대 기독교인과 경쟁을 벌인 이들에 대해 말하자면 이들은 단지 한 번도 실제로 갓 태어난 큰 교회의 일부가 아니었다고 일축해버려야 한다. 우리에게 동의하지 않는 자는 결코 우리 중 하나가 아니었던 것이다.

이것이 대부분의 기독교 역사에서 기독교의 시초에 대한 지배적인 견해가 되었다. 그 속의 가정은 (현재) 존재하는 것은 언제나 그렇게 존재했다는 것이다. 특히 에우세비오스가 제시한 선례를 따라 부제, 사제, 주교의 세 가지 사역은 언제나 존재했던 것으로 가정되었다. 기독교 사역의 핵심에는 언제나 사제직의 개념과 관행이 있었다. 성만찬은 언제나 지금과 같았다. 언제나 존재해왔던 역사적 관심은 왕과 같은 주교의 출현 과정을 추적하려는 것이었다. 1세대 기독교인들이 그들 사이에 어떤 특별한 사제직도 인정하지 않았으며 히브리서에서는 그러한 성직을 이제 대

---

15 흥미로운 것은 에우세비오스가 한 번도 바울을 "주교"라고 지칭하지 않는다는 사실이다. 아마도 바울은 기독교의 시초에 대해 그러한 구조를 가진 이야기 안에서 그렇게 쉽게 받아들이기에는 너무 논란이 많은 인물이었을 것이다. 그러나 K.-W. Niebuhr는 (개인적인 편지에서) 에우세비오스가 보기에 바울은 너무 논란이 많은 인물이기는커녕 주교보다 훨씬 더 비중 있는 인물이었을 것이라고 지적한다. 바울은 교회에서 주교들을 가르치고 지휘할 수 있었기 때문이다(참고. 딤전 3:2; 딛 1:2; 행 20:28도 함께 보라).

체되어버린 옛 언약에 속하는 케케묵은 것으로 간주했다는 증거(히 9-10장)는 다소 난처하기는 하지만 대체로 무시할 수 있는 것이었다.[16] 기독교 내에서 제사를 집전하는 사제의 재등장이 종교와 종교적 관행을 특징짓고 규정하는 것으로 모든 사람이 당연하게 받아들이는 것과 본능적으로나 사회적으로 일치했을 가능성도 마찬가지로 무시될 수 있었다. 특히 놀랍게도 사제직이 2세기에 재도입되었을 때 사제들은 처음에는 그리스도의 사제직이 아니라 믿는 회중의 사제직을 대표하는 것으로 간주되었다는 J. B. 라이트푸트의 견해는 라이트푸트의 높은 명성에도 불구하고 가볍게 무시된 것으로 보인다.[17] 마찬가지로 성만찬의 시작이 예수와 초기 기독교인들의 공동 식사와 더 관련이 컸을 가능성[18]과 그 이후의 의식을 성체를 받고 포도주 한 모금을 마시는 것으로 축소시킨 결과 성만찬/저녁 식사의 핵심적인 어떤 것을 상실했을 가능성도 거의 고려할 가치조차 없게 되어 버렸다. 지금 있는 것은 언제나 있어왔다.

이와 비슷한 가정들은 기독교 시초에 대한 전통적인 연구의 특징이 되어왔다. 사도성은 정경의 권위를 다른 문헌이 아닌 특정 문헌에 부여하

---

16 필자는 제2차 바티칸 공의회의 "교회에 대한 교의적 규약"(Lumen Gentium)과 같은 문서가 그리스도의 사역이 그러한 사제직의 필요성에 종지부를 찍었다는 취지의 히브리서의 가르침을 완전히 무시하면서 사제직의 모델을 히브리서에서 간단히 가져올 수 있었다(§28)는 사실이 여전히 놀랍다. 1990년에 그레고리오 교황청 대학교에서 히브리서에 대해 강의할 때 필자는 이 주제에 대한 열띤 논쟁에 참여하기 위해 강의를 포기해야 했다. 필자의 *The Partings of the Ways between Christianity and Judaism* (London: SCM, 1991, ²2006), 117-19, 127-28을 보라.

17 J. B. Lightfoot, 'The Christian Ministry', in *Saint Paul's Epistle to the Philippians* (London: Macmillan, 1868, 1885), 181-269. 그리스도는 "아버지도 없고 어머니도 없고 족보도 없고 시작한 날도 없고 생명의 끝도 없어"(히 7:3) 멜기세덱과 닮았다는 점에서 제사장(멜기세덱의 반차)의 자격을 얻으셨다. 다른 누가 그런 성직에 임명될 수 있겠는가?

18 바울의 명칭은 "주의 만찬", 즉 초대한 주인이 주님이신 저녁 식사(*deipnon*)이다. 고전 11:25을 보면, "식후에" 잔이 돌고 있다. 이 식사는 우리가 살펴보는 시대의 여전한 초점이었다: 유 12; 벧후 2:13; Ignatius, *Smyrn.* 8.2; Pliny, *Ep.* 10.96(*Beginning*, 61에서 인용됨); Tertullian, *Apol.* 39.

는 데 있어서 결정적인 요인이 되었다.[19] 즉 사도들이나 그들과 가까운 동료들(마가와 누가)이 저작했다는 사실은 정경적인 지위의 문제를 해결해주는 것이었다. 히브리서나 베드로후서와 같은 문헌에 대해서도 그 문헌을 사도(바울이나 베드로)가 썼다는 주장을 할 수 있다면 그 주장은 결국 결정적인 주장이 되었다. 반면 클레멘스나 이그나티오스 같은 사람은 이 기준에 미치지 못했다. 사도 시대는 성인열전(聖人列傳)을 독차지했다.[20] 그래서 정경의 범위와 내용은 3백 년 동안 결정적으로 정해지지 않았지만, 정말로 중요한 것은 시초의 신성한 시대, 아직도 쟁쟁하고 아직도 결정적인 첫 음성과의 연결고리였다. 이 문헌들 자체에 이 문헌들의 저자들이 꽤 많은 논쟁이 된 주제들에 관해 의견이 일치하지 않았다는 증거가 있음에도 불구하고 이 모든 일이 벌어졌다. 이러한 본문들에 대한 분명히 밝히지 않은 해석학적 읽기(정경적 관점)가 그들의 말을 공통된 목소리로, 3, 4세기 성직자들의 전제 및 우선순위와 일치하게끔 말한 것으로 해석할 수 있게 했다는 사실에도 불구하고 이 모든 일이 벌어졌다. 오늘날에도 여전히 정통 기독교는 (헬라) 교부들의 세계 안에서 살고 있고, 신약 성경을 교부들을 통해 그리고 그들과 일치되게 해석하는 방법 외에 다른 해석 방법을 알지 못한다.

신앙고백과 관련해서도 같은 주장을 할 수 있다. 물론 이러한 신앙고백들이 니케아 공의회(325년)부터 쭉 이어진 보편 공의회에 의해 진술

---

19 고전적인 연구서들은 다음과 같다. T. Zahn, *Geschichte des Neutestamentlichen Kanons* (2 vols.; Erlangen: Deichert, 1888, 1890); H. von Campenhausen, *The Formation of the Christian Bible* (London: Black, 1972). 그러나 이하의 내용에서 더 분명해지겠지만 "사도성은 이름의 문제라기보다 내용의 문제였다"(§50.2c).

20 Niebuhr(앞의 n. 15)는 신약에서 바나바의 상대적 중요성을 고려하면 더 놀라운 「바나바의 편지」의 누락을 언급하면서 이 편지가 영향력 있는 집단 안에서 잘 알려져 있지 않았거나 바울과 관련된 그의 비판적인 입장이 그에게 불리하게 작용했을지 모른다는 의문을 제기한다.

되었다는 점은 충분히 인정된다. 그러나 그 모든 신앙고백 속에 함축된 주장은 이 신앙고백들이 단지 대체로 처음부터 받아들여지고 삶의 기준이 된 "신앙의 규범"을 자세히 설명해준다는 것이다.[21] 이 경우에도 최초의 기독교인들이 신앙에 대한 다양한 규범을 가지고 행동했을 가능성, 즉 예수에 대한 (대부분의) 핵심적인 믿음 면에서는 같은 신앙을 가지되 이를 서로 다르게 이해하고 삶으로 실천했을 가능성에 직면하려는 관심은 거의 또는 전혀 없다. 이 경우에도 다양한 성경 본문들이 예를 들어 "지혜"와 "말씀"의 창조, 또는 육신의 부활에 관한 다양한 견해들을 가장 자연스럽게 지지하는 것으로 해석될 수 있다는 사실은 진지하게 받아들이기엔 너무 불편했고, 그러한 본문은 이따금 예배 의식상 언급할 때를 제외하면 단지 적당히 설명하거나 무시해 버릴 수 있었다.[22]

서구 기독교에서 종교개혁은 사실상 단순히 자신의 핵심적 전승을 정경 본문과 일치하는 것으로 해석한 중세 교회에 몇 가지 날카로운 질문을 제기했다. 그러나 대체로 종교개혁자들은 기독교의 기원의 역사에 대해서는 이전과 똑같은 방식으로 접근했다. 즉 기독교의 기원을 그들 자신의 관점에서 해석하고 그 속에서 그들이 개혁을 위해 필요로 했던 근거를 찾기를 바랐다. 오래도록 억누르거나 무시해온 이 질문들은 계몽주의에 의해 사료에 대한 보다 비판적인 접근이 시도된 이후에야 비로소 등장하기 시작했다. 그렇더라도 알브레히트 리츨(Albrecht Ritschl)이 표현

---

21 테르툴리아누스는 "신앙의 규범"을 최초로 언급하며 그 기원을 사도들에게로 소급했다(*Praescript.* 13, 21-22, 27; *adv. Marc.* 3.1; 4.2, 5). 그러나 이레나이우스도 "사도들과 그들의 제자들에게서 받았고" 교회가 보편적으로 공유하는 신앙을 가정한다(*adv. haer.* 1.10.1). 예를 들어 J. N. D. Kelly, *Early Christian Creeds*(London: Longmans, 1960)의 색인에서 "rule of faith"을 보라.

22 필자는 *Unity and Diversity in the New Testament*에서 이런 주제들에 대해 고찰했다.

한 것처럼 목표는 "고대 가톨릭교회의 기원"을 추적하는 것이었고[23] "큰 교회"의 시초에 대한 탐구는 계속해서 형성기 기독교에 대한 보다 대중적인 표현을 위한 연구 방식을 결정하는 지배적인 관심사가 되었다.[24]

그러나 종교개혁과 계몽주의는 기독교의 기원을 인식하는 방식을 통제했던 전통의 확고한 힘을 꾸준히 약화시킨 과정의 출발점이었다. 초기의 종교사 개척자들은 통제력을 발휘하는 교리와 교의에 대한 강조를 약화시킴으로써, 빌리암 브레데(William Wrede)는 신약 정경의 통제력을 약화시킴으로써 그 과정을 진척시켰다.[25] 역사가는 신약 외의 다른 문서들에도 신약 문헌 이상은 아니더라도 그에 못지않게 많은 관심을 기울여야 한다. 기독교의 기원에 대해 말할 때 고려해야 할 자료와 사실을 결정하는 데 있어서 신약 그 자체가 지금까지 독점적인 역할을 수행해왔기 때문이다.

사실 『예수와 기독교의 기원』의 첫머리에서 언급한 바대로 20세기에 이르러 발터 바우어(Walter Bauer)의 『최초의 기독교에서의 정통과 이단』[26]에 대한 연구가 나온 뒤에야 비로소 자료를 보는 전통적인 방식이 결정적으로 도전받고 에우세비오스 때부터 이어져온 가정들에 의문이 제기되었다. 바우어가 의문을 제기한 것은 바로 "정통"이 언제나 먼저 있었고 "이단"은 항상 나중에 들어왔다는 가정, 거짓된 가르침은 당연히 사

---

23 앞의 n. 7을 보라.
24 필자의 세 권의 책의 근거를 다루고 있는 적극적인 논의를 보려면 L. M. White, *From Jesus to Christianity*(HarperSanFrancisco, 2004)을 보라.
25 W. Wrede, *Über Aufgabe und Methode der sogenannten neutestamentichen Theologie* (Göttingen: Vandenhoeck & Ruprecht, 1897; ET 'The Task and Methods of "New Testament Theology'", in R. Morgan, *The Nature of New Testament Theology* (London: SCM, 1973), 68-116(여기서는 70-71). 다음 책도 함께 보라. H. Räisänen, *The Rise of Christian Beliefs: The Thought-World of Early Christians* (Philadelphia: Fortress, 2009).
26 *Rechtgläubigkeit und Ketzerei im ältesten Christentum* (1934, ²1964); ET *Orthodoxy and Heresy in Earliest Christianity* (Philadelphia: Fortress, 1971).

도 시대에 세워진 교회들을 특징지은 원래의 믿음의 순수성에서 부패하고 타락한 것이었다는 가정이었다. 바우어는 특히 사도행전이 관심을 집중하지 않은 중심지들—예를 들어 에뎃사(시리아 동부)와 알렉산드리아—에서 기독교의 원형이 무엇이었는지를 질문했다. 기독교의 최초의 형태는 이전에 생각했던 것보다 훨씬 더 "잡동사니"였는가? 기독교의 "순수한" 형태가 존재했던 적이 있는가? 출현한 "큰 교회"의 승리는 외부의 압력(박해하는 위정자들, 경쟁하는 종교 체제들)에 대한 승리라기보다는 초기 교회들 내의 한 파벌이 다른 경쟁자들에 대해 거둔 승리였는가? 지금도 들어야 할 목소리가 이그나티오스, 유스티누스, 이레나이우스 같은 이들의 목소리밖에 없는 것이 바로 이 때문인가? 나머지 목소리는 묻혀버렸다. 승리자들은 패배자들의 문헌을 파괴했다. 그러나 1940년대 중반 나그함마디 문헌의 발견[27]은 기독교의 시초를 연구하는 역사가들을 뒤흔들어 오랫동안 침묵당해 온 2세기와 3세기의 목소리들에 대한 신선한 자각, 기독교 시대의 처음 몇 세기에 나온 그토록 많은 문헌에 대한 신선한 인식, 이용할 수 있는 대표적인 문헌 모음집이 더 있다면 기독교의 시초에 대한 역사가들의 재구성이 지금과는 매우 달라질지도 모른다는 놀라운 생각에 이르게 했다.

바우어의 논지는 2세기에 초점을 맞추었고 그래서 현재 이 책의 논제에 직접적으로 관련된다. 우리가 염두에 두어야 할 질문들은 바우어가 제기한 질문들이자 나그함마디 사본에서 뒤따르는 질문들이다. 여러 지중해 중심지에서의 기독교의 시작은 전통적인 설명에서 인정한 것보다 훨씬 더 "혼합적"이었는가? 바울이나 베드로에게서 "큰 교회"로 이어지는 직선이 존재했는가? 아니면 그 선이 훨씬 더 비틀린 경로를 따랐는가?

27　아래의 n. 125을 보라.

아니면 서로 다른 방향으로 나아가고 심지어 서로 대립하는 몇 가지 선이 있었는가? 클레멘스, 이그나티오스, 유스티누스 같은 이들은 기독교의 초기 역사에 대한 보다 전통적인 재구성을 주장하는 이들이 생각하고 싶어 하는 것만큼 2세대부터 4세대까지의 기독교인들을 대표하는 이들이 있었는가? 2세기에 출현한 "기독교"는 무엇이었으며 콘스탄티누스가 제국의 국교로 격상시킨 기독교와 얼마나 별개이고 얼마나 다른가?[28]

38.3 기독교와 유대교

기독교와 유대교의 관계는 기독교의 핵심에 있다. 물론 두 단어 모두 주의 깊게 정의할 필요가 있다. 그렇지 않으면 이 주장은 무익하게 논쟁적인 주장이 되어버린다. 만일 우리가 "기독교"라는 말을 기원후 30년에 예루살렘에서 시작된 운동이라는 뜻으로 사용한다면 『생성기의 기독교』의 처음 두 권에서 한 모든 말은, 이 새 운동의 성경이 이스라엘과 1세기 유대교의 성경이었다는 사실이 특히 잘 보여주듯이, 이 운동이 1세기 유대

---

28 이 문제는 J. M. Robinson and H. Koester, *Trajectories through Early Christianity* (Philadelphia: Fortress, 1971)이 나온 이래로 점점 더 날카롭게 제기되어 왔다. 특히 다음 책들을 보라. J. D. Crossan, *The Birth of Christianity* (HarperSanFrancisco, 1998); B. D. Ehrman, *Lost Christianities: The Battle for Scripture and the Faiths We Never Knew* (Oxford University, 2003), 특히 176-80과 9-12장; R. Cameron and M. P. Miller, *Redescribing Christian Origins* (Atlanta: SBL, 2004); 독일 학계에서는 G. Lüdemann, *Heretics: The Other Side of Early Christianity*(London: SCM, 1996)도 주목해 보라. Ehrman의 이전의 책 *The Orthodox Corruption of Scripture: The Effect of Early Christological Controversies on the Text of the New Testament*(New York: Oxford University, 1993)와 그 책의 중요한 논지 ─ "2세기와 3세기의 원시 정통 시대 필경사들은 성경 본문을 니케아와 칼케돈에서의 승리를 은폐하려는 집단이 수용한 기독론적인 관점과 더 가깝게 일치하도록 만들기 위해 이따금씩 본문을 수정했다"(275) ─ 는 2세기에서 한참 뒤까지 논의하지 않고는 충분히 다룰 수 없다.

교 안에서 시작되어 유대교의 유산에 크게 의존했다는 사실을 강조하고 강화시킨다.[29] 그리고 만일 우리가 "유대교"라는 말을 제2성전기 유대교라는 뜻으로 사용한다면, 제2성전기 유대교가 다양한 일련의 분파들과 강조점들을 포용했고[30] 거기에는 나사렛 분파도 포함되었다는 사실이 충분히 분명해진다. 그러나 만일 우리가 "기독교"라는 말을 교부 시대에 특정적인 형태로 자리 잡은 기독교라는 의미로 사용한다면, 그리고 "유대교"라는 말을 70년 이후 시대에 독특한 형태를 띠기 시작한 랍비 유대교라는 의미로 사용한다면, 서두의 주장은 훨씬 더 문제가 많아진다. 이어질 내용의 밑바탕에 깔린 핵심적인 질문 중 하나는 유대교와 기독교 모두에게 70년 이후의 상황 및 배경이 70년 이전의 상황 및 배경과 얼마나 다른가 하는 것이다.

우선 우리는 앞에서 언급한 내용, 즉 "기독교"는 언어학적으로 말해서 2세기 초에 비로소 출현했다는 점을 상기할 필요가 있다. "기독교"라는 용어는 (우리가 현재 말할 수 있는 한) 110년대에 이그나티오스에 의해 처음 만들어졌거나 최소한 현존하는 문헌에서 최초로 사용되었다.[31] 여기서 더 중요한 것은 "기독교"가 그 최초의 용례에 있어서는 "유대교"와 대비되게 정의되는 것으로 이해되었다는 사실이다.[32] 아이러니하게도 "기독

---

29 William Horbury, *Jews and Christians in Contact and Controversy*(Edinburgh: T & T Clark, 1998)는 다음과 같이 말한다. "기독교인들은 그들이 유대인으로서 받은 성경적 유산을 인식하고 유대인들이 인정하는 정경의 형태로 된 유대인 성경을 공유하기를 원했다.…성경의 정경에 대한 인정은 근본적인 공통된 전제였고 두 공동체 모두 마땅히 공통의 성경이라고 부를 수 있는 것에 초점이 맞춰진 성경적 문화를 공유했다"(25-26, 추가적으로 26-35과 8장).

30 *Jesus Remembered* (Grand Rapids: Eerdmans, 2003), §9을 보라.

31 Ign. *Magn.* 10.1-3; 롬 3:3; 빌 6:1; *Mart. Pol.* 10.1.

32 "예수 그리스도에 대해 이야기하는 것과 유대교로 개종하는 것은 어울리지 않는다. 기독교가 유대교를 믿은 것이 아니라 유대교가 기독교를 믿었기 때문이다…"(Ign. *Magn.* 10.3). "그러나 누군가가 당신에게 유대교를 해석해준다면 그의 말을 듣지 말라. 할례받지

교"에 대한 최초의 서술에서 "유대교"라는 용어가 최초로 공식화됨으로써 정해진 패턴을 따랐다. "유대교"가 "헬레니즘"과 다르고 그와 대비되는 것으로 정의된 것처럼[33] "기독교"도 이미 "유대교"와 다른 것으로 정의되고 있었기 때문이다. "유대교"가 마카비 봉기에 의해 사실상 "헬레니즘이 아닌 것"으로 정의되었다면 마찬가지로 "기독교"도 이그나티오스에 의해 사실상 "유대교가 아닌 것"으로 정의되었다.[34] 앞으로 보게 되겠지만 기독교를 차별화하려는 이러한 시도는 교부 시대를 통해 꾸준히 강해졌고, 독자들은 이런 시도가 기독교의 반유대인적이고 반유대주의적인 전통 속에 확고히 자리 잡게 되었다는 점을 익히 알고 있을 것이다.

그러나 여기서 우리의 출발점은 F. C. 바우어가 기독교의 기원에 대한 현대적 연구에 끼친 영향이다.[35] 바우어는 기독교가 유대적인 기반에서, 또는 아마도 더 정확하게는 제2성전기 유대교의 유대적인 기반에서 출현했다는 사실에 다시 한번 관심을 집중시켰다. 그리고 이 사실에 대한 바우어의 관심 집중은 기독교가 어떻게 실제로 그렇게 출현했는가 하는 질문이 역사가들에게 일차적인 관심사가 되게 했다. 이유는 분명하다. 예수가 메시아, 즉 유대인들이 기대한 메시아로 환영받았다는 사실, 메시아 예수를 믿은 모든 최초의 신자들이 유대인이었다는 사실, 그들의 성경이 제2성전기 유대교의 성경이었다는 사실은 어쨌든 갓 생겨난 기독교를 그

않은 사람에게서 유대교에 대해 듣는 것보다 할례받은 사람에게서 기독교에 대해 듣는 것이 더 낫기 때문이다"(*Phil.* 6.1).

33 *Jesus Remembered* §9.2a을 보라.

34 추가로 K.-W. Niebuhr, '"Judemtum" und "Christentum" bei Paulus und Ignatius von Antiochien', *ZNW* 85 (1994), 218-33, 특히 224-33을 보라.

35 F. C. Baur, *Paul: The Apostle of Jesus Christ* (1845; ET 2 vols., London: Williams & Norgate, 1873, 1875); *The Church History of the First Three Centuries* (1854; ET 2 vols., London: Williams & Norgate 1878-79). *Jesus Remembered*, §1; *Beginning from Jerusalem*, § 20.3a도 함께 보라.

특수성에 있어서 유대교와 구별되는 것으로 정의하는 일을 필연적이고 불가피하게 만들었다. 유대교와 다른 기독교의 특수성에 대한 바우어 자신의 묘사는 다소 투박했다.[36] 이 문제 전체는 오랫동안 전통적인 기독교의 유대교에 대한 혐오로 인해 왜곡되었다. 그리고 기독교 이전의 영지주의라는 주제가 가진 매력은 오랫동안 바우어가 그의 계승자들에게 남긴 과제에서 관심이 멀어지도록 했다.[37] 그러나 제2차 세계대전과 유대인 대학살의 재앙이 발생한 이래로 기독교 학자들과 지도자들은 과거의 반유대주의를 단호히 비판하고 그 야만적인 결과를 슬퍼했다.[38] 그 결과 기독교가 제2성전기 유대교의 기반에서 출현한 사실에 관한 문제가 재개될 수 있었다.

이 문제는 다양한 방식으로 재등장했고 우리의 연구와 관련해서는 다음 세 가지 측면이 있다.

- 출현하고 있던 기독교와 (랍비) 유대교의 진로는 언제 최종적으로 갈라졌는가?
- 기독교의 스펙트럼 안에서 유대 기독교의 지위
- 신약 문헌에서의 반유대주의 문제

---

36 *Beginning from Jerusalem*, §20.3a에 인용된 역사적 과정에 대한 Baur의 체계적인 기술을 보라.
37 다시 *Beginning from Jerusalem*, §20.3b, c을 보라.
38 'Nostra Aetate', 4 (1965)에 나오는 반유대주의에 대한 로마 가톨릭교회의 거부와 규탄은 하나의 분기점이었다.

a. 기독교와 유대교의 갈림길들[39]

기독교와 랍비 유대교가 제2성전기 유대교라는 동일한 기반에서 출현했다는 점을 부정하기가 어렵다면,[40] 기독교와 유대교가 구별되는 두 종교이며 오랜 세월 동안 구별되어 왔다는 점은 훨씬 더 분명하다. 그렇다면 중요한 문제는 이 둘이 얼마나 빨리, 어떤 상황에서 그렇게 달라졌는가 하는 것이다. 70년의 대재앙으로부터 출현한 이 두 운동이 대체로 같은 출발점을 갖고 있었다면 그 두 운동이 따라간 길은 언제 갈라졌는가? 그 두 길은 언제 갈라졌는가?

『기독교와 유대교의 갈림길들』(Partings) 초판에서 필자는 기독교와 랍비 유대교의 분리가 마치 오직 하나의 "분기점"이 존재하기라도 한 것처럼 시간이나 공간상의 어떤 특정한 지점에서 발생한 사건으로 깔끔하게 확인될 수는 없다는 점을 강조하기 위해 복수형 표현("갈림길"이 아닌 "갈림길들")을 사용했다.[41] 오늘날 매우 독립적인 이 두 종교가 서로 분리

---

39 이하의 내용에서 필자는 *The Partings of the Ways between Christianity and Judaism and Their Significance for the Character of Christianity* (London: SCM, 1991, ²2006), xi-xxx의 제2판에 대한 "서문"에 의존했다.

40 Alan Segal은 다음과 같은 그의 책 제목을 통해 이 관계를 훌륭하게 묘사했다. *Rebecca's Children: Judaism and Christianity in the Roman World* (Harvard University, 1986). 다음 책은 더 그 관계를 더 강력하게 묘사했다. D. Boyarin, *Border Lines: The Partition of Judaeo-Christianity* (Philadelphia: University of Pennsylvania, 2004): "유대교는 기독교의 '어머니'가 아니다. 그 둘은 일심동체인 쌍둥이다"(5).

41 B. Wander의 다음과 같은 책 제목도 같은 점을 강조한다. *Trennungsprozesse zwischen frühen Christentum und Judentum im 1. Jahrhundert n. Chr.* (Tübingen: Mohr Siebeck, 1994). 특히 2쪽과 289쪽을 보라. A. H. Becker and A. Y. Reeds, eds., *The Ways That Never Parted* (TSAJ 95; Tübingen: Mohr Siebeck, 2003)의 주요 명제는 제목에서 분명히 나타나는데 불행하게도 편집자들은 자신들의 임무를 "기원후 1세기나 2세기의 단일하고 단순한 '갈림길'이라는 개념"을 떨쳐내는 것으로 간주하지만(22), "단일하고 단순한"이라는 말은 지나친 침소봉대다. Becker 자신은 이렇게 결론짓는다. "사실은 많은 '갈림길'이 있었고 그런 갈림길은 다양한 방식으로 다양한 시기에 다양한 장소에서 나타났다"(392).

된 것은 단일한 사건이 아닌 과정에 훨씬 더 가까웠고 대부분의 사람들이 인식하는 것보다 분명하고 최종적으로 분리되는 데는 훨씬 더 오랜 시간이 걸렸다.[42] 확실히 분열(들)이나 갈라짐이 다른 때보다 더 분명했던 여러 시점이 있었다. 그 과정을 뚜렷이 가속화한 특정한 장소에서의 다양한 사건과 대립이 존재했다. 그러나 그런 일들은 얼마나 결정적이고 얼마나 최종적이며 얼마나 보편적이었는가?[43]

『기독교와 유대교의 갈림길들』 초판에서 필자는 마지막 "결별"을 2세기에 — 로마에 대한 제2차 유대인 봉기(132-135)와 더불어, 그리고 2세기 말에 이르러 확실히 — 찾아볼 수 있다는 결론을 과감하게 도출했다.[44] 몇몇 학자들은 이 견해에 공감한다.[45] 그러나 두 길이라는 이미지는 그 자

---

42 기원후 70-135년의 분리에 관한 1989년도 더럼/튀빙겐 연구 심포지엄의 첫 번째 결론은 하나의 덜 분명한 과정을 암시했다: "엄밀히 말해서 '갈림길들'은 신학적인 요소들뿐만 아니라 다양한 사회적·지리적·정치적 요소들에 의해 오래 연장되고 영향을 받은 매우 '단편적'인 것이었다"—J. D. G. Dunn, ed., *Jews and Christians: The Parting of the Ways AD 70 to 135* (Tübingen: Mohr Siebeck, 1992/Grand Rapids: Eerdmans, 1999), 367.

43 "그 두 길은 **결코** 갈라지지 않았다"(Becker and Reed, eds., *The Ways That Never Parted*)고 주장하는 것은 분명 과잉 반응이다. 평론가의 한 사람인 R. A. Kraft가 'The Weighing of the Parts'(87-94)에서 논평하듯이 "고전적 기독교와 랍비 유대교로 귀결된 그 두 '길'이 기원후 4세기에 이르러 실제로 '갈라졌다'는 점은 매우 분명하다"(87). Becker와 Reed는 또한 결별에 뒤이은 "수렴"을 강하게 주장하지만(22-23), 오리게네스와 히에로니무스가 히브리어 성경을 사용한 것이 A. Salvesen이 그 이후의 한 논문('A Convergence of the Ways?', 233-58)에서 주장하는 것처럼 그 두 길의 "수렴"으로 잘 설명되는지, 또는 그러한 사용이 "기독교 성경의 유대화"(그 논문의 부제다. 마지막 도표의 제목인 "그리스어와 라틴어 성경의 '히브리화'"["The 'Hebraization' of Greek and Latin Scripture", 258]가 더 적절하다)로 잘 설명되는지는 의문이다.

44 *Partings* 243(=²317-18).

45 S. G. Wilson, *Related Strangers: Jews and Christians 70-170 CE* (Minneapolis: Fortress, 1995), 특히 285-88; 또한 306 n. 37은 특히 2세기 문헌들에 대한 훨씬 더 자세한 논의를 기반으로 이 견해를 제한적으로 지지한다. R. Bauckham, 'The Parting of the Ways: What Happened and Why', *Studia Theologica* 47 (1993), 135-51도 기독교인들이 바르 코크바 봉기에 참여하지 않은 일이 "아마도 공통의 유대교로부터 기독교인의 배제를 확정 짓고 팔레스타인 유대교에서 주도권을 놓고 경쟁한 랍비들의 주요 경쟁자들을 제거했을 것"이라고 생각한다. 이와 비슷하게 P. J. Tomson and D. Lambers-Petry, eds., *The Image*

체가 지나치게 단순한 것일지도 모른다. 이 이미지는 너무나 쉽게 각각의 경우에 지중해와 중동의 다양한 배경에 걸쳐서 균일하게 전진하는 발전 과정과 더불어 각자 단일한 길을 추구하는 두 개의 동질적인 (또는 심지어 단일체로 된) 실체로서의 두 초기 종교를 암시할 수 있다.[46] 반면 사회학적 실재는 "진흙길들의 상호 교차"로 설명하는 것이 더 나을지도 모른다.[47] "두 길의 갈라짐"을 보이는 곳에 오직 두 길만 존재했음을 의미하는 것으로 받아들여선 분명 안 된다.[48] 마치 랍비 유대교와 기독교가 단일하고

of the Judaeo-Christians in Ancient Jewish and Christian Literature(WUNT 158; Tübingen: Mohr Siebeck, 2003)에 실린 P. J. Tomson과 S. Schoon의 논문들도 결정적인 요인이 두 차례의 유대인 봉기로 인해 초래된 정치적·사회적 격변이라고 생각한다(여기서는 22-27 과 309-11). 이는 사실 합의된 견해였다(Becker and Reed, *The Ways That Never Parted*, 1; 및 'master narrative', 4-5의 훌륭한 진술).

46 특히 *Neither Jew nor Greek? Constructing Christian Identity* (Edinburgh: T & T Clark, 2003), 11-29에 전재된 J. Lieu, '"The Parting of the Ways": Theological Construct or Historic Reality?', *JSNT* 56 (1994), 101-29을 보라. "'결별' 모델이 지닌 문제점은…우리가 아는 것은 구체적이고 국지적인 개념인데도 이 모델이 본질적으로 유대교와 기독교에 대한 추상적이거나 보편적인 개념에 따라 작용한다는 점이다"('Parting', 108/18). Becker and Reed, *The Ways That Never Parted*, 19-22에는 "결별" 이미지의 다른 약점들이 언급되지만 장점들도 나온다(15-16, 18-29). M. Zetterholm, *The Formation of Christianity in Antioch: A Special-Scientific Approach to the Separation Between Judaism and Christianity* (London: Routledge, 2003)도 이 "결별"의 이념적인 측면에 초점을 맞춘다는 이유로 필자를 비판한다. 그는 "사회적 기제의 역할도 고려"하는 일의 중요성을 강조하며 오히려 "분리 과정의 사회학적 측면들"에 초점을 맞춘다(4-5).

47 Lieu, 'Parting', 119/29. Lieu는 *Christian Identity in the Jewish and Graeco-Roman World* (Oxford University, 2004)의 주제로 되돌아간다. 그녀는 기독교와 유대교 사이의 관계에 대한 논쟁은 대체로 양자가 어떻게, 언제, 왜 갈라졌는지에 대한 합의에 도달하는 데 실패했다고 논평하면서 이렇게 말한다. "이러한 실패에는 두 가지 핵심적인 이유가 있다. 첫째, 그 질문의 대상이 사상인지 사람들인지 아니면 체제인지가 결코 분명하지 않다. 둘째, 그 질문에 답하는 응답자가 당대의 가상적인 유대인인지, 기독교인인지, 이교도인지, 아니면 오늘날의 학자이거나 심지어 신자인지의 여부에 많은 것이 달려 있다. 마지막 두 응답자는 이후의 사정과 역사를 모두 아는…이점을 갖고 있다"(305과 추가적으로 305-10). 주고받은 편지에서 Lieu는 "문학 장르의 필터"라는, 사태를 더욱 복잡하게 만드는 요소를 덧붙인다.

48 이는 M. Goodman이 Becker and Reed, eds., *The Ways That Never Parted*, 119-29의 'Modeling the "Parting of the Ways"'에서 도표화한 다양한 모형의 약점이기도 하다. 이

윤곽이 뚜렷한 길로 가다가 이와 유사하게 단일하고 윤곽이 분명한 두 길을 각각 따라간 것처럼 말이다. 다른 비유를 사용하자면, 더 넓은 강물 안에 다양한 흐름이 있었고 그 흐름들은 랍비 유대교와 기독교가 되었다. 그러나 필자는 여전히 "길"이나 "경로"의 이미지를 더 선호한다. 1970년 대에 유행하게 된 "궤적"이라는 대안[49]은 고찰 중인 실체들에 대한 예정 된 "비행경로"를 의미한다. 그리고 "강물"도 그 나름의 경로를 개척하는 어떤 불가항력을 암시하는 것과 같은 다소간 동일한 결함을 지니고 있다. 반면 "길"이나 "경로"의 이미지는 똑바름을 의미할 필요가 없고 그 방향 이 언제나 분명한 것은 아니며 보행자나 산책하는 사람이 자신이 어디로 가고 있는지에 대한 분명한 의식 없이도 따라갈 수 있는 몇몇 경로나 많 은 경로가 서로 어지럽게 교차하는 황무지나 산비탈의 풍경을 포함할 수 도 있다. 실제 이동 경로는 되돌아보면 언제나 더 분명해진다![50]

그러나 더 중요한 것은 "두 길의 갈라짐"에 대한 논의에서 부당하게 강조되어온 세 가지 추가적 요소들이다. 그중 하나는 랍비 유대교를 갓 생겨난 기독교가 그와 더불어, 또는 그에 맞서 상호작용한 유일한 형태의 유대교로 가정할 수는 없다는 것이다. 유대교는 70년에 예루살렘이 파괴 된 후 야브네에서 재건되었을 때 랍비 유대교로 정착되었다는 보다 오래 되고 지나치게 단순하며 시대착오적인 견해와는 대조적으로 오늘날 점

러한 모형들은 다양한 종교 운동들과 같은 복잡한 사회 현상을 모형화하는 데는 최소한 2차원적인 넓이가 확실히 필요한데도 대체로 단일하고 1차원적인 선들에 의존할 수밖에 없다.

49 Robinson and Koester, *Trajectories through Earliest Christianity*.
50 친근한 가계도, 또는 언어에 적용하면 대체로 별개의 언어가 되었을 때도 계속해서 상호 작용하는 어족들이나 방언들의 출현, 또는 Boyarin의 "파동 이론"("혁신은 연못에 던진 돌로 인해 일어난 파동처럼 퍼져나가며 상호 작용한다") 등 다른 모델들에 대해서는 D. Boyarin, 'Semantic Differences; or, "Judaism"/"Christianity"', in Becker and Reed, eds., *The Way That Never Parted*,. 74-77을 보라.

점 일치되어가는 견해는, 랍비들이 훨씬 훗날까지—아마도 실제로 기독교의 국가 공인이 최종적 결별을 재촉했을 때인 4세기 후반쯤에—이스라엘의 유산에 대한 그들의 해석으로 상대편을 설득하거나 강요하는 데 성공하지 못했다는 것이다.[51] 이러한 견해의 논리적 귀결은, 기원후 처음 두세 세기 동안 서부 디아스포라에 거주했던 다수의 유대인들을 엄밀한 의미에서 랍비 유대교의 일부로 간주해선 안 된다는 것이다.[52] 다시 말해서 이 초기 몇백 년 동안에 유대인과 메시아 예수를 믿는 유대인과 기독교인 사이의 분명한 경계선의 부재는 훨씬 더 분명해지며, 우리는 두 종교의 결별이 실질적으로 더 분명하게 되는 데는 일반적으로 여겨져 온 것보다 훨씬 더 긴 시간이 걸렸다는 점을 상기시키는 또 다른 암시를 얻는다.[53] 이 점은 이어지는 지면에서 더 자세하게 살펴볼 필요가 있다.

70년 이후 기독교와 유대교 사이의 상호작용에서 주목해야 할 두 번째 중요한 측면은 제2성전기 말과 그 이후 유대 문헌의 대부분을 보존한 이들이 랍비들이 아니라 기독교인들이었다는 점이다.[54] 기독교인들은 분명히 「이사야의 승천」이나 「열두 족장의 유언」과 같은 문헌들을 소중히 여기고 연구 대상으로 삼았다. 그러나 이런 문헌들을 원래의 "유대" 문

---

51 예를 들어 Dunn, ed., *Jews and Christians*, 1-25과 27-38에 각기 실려 있는 P. S. Alexander, ' "The Parting of the Ways" from the Perspective of Rabbinic Judaism'; M. Goodman, 'Diaspora Reactions to the Destruction of the Temple'을 보라.

52 유스티누스의 대화 상대자인 트리포는 이 시점의 매력적인 인물이다.

53 그러나 Niebuhr(앞의 n. 15)는 태동기 "기독교인" 집단들이 태동기 (랍비) "유대교"에 대해 보였을지도 모르는 적대감을 언급하면서 M. Goodman, *Mission and Conversion* (Oxford University, 1994); P. Schäfer, *Die Geburt des Judentums aus dem Geist des Christentum* (Tübingen: Mohr Siebeck, 2010)을 인용한다.

54 J. H. Charlesworth, 'Christian and Jewish Self-Definition in Light of the Christian Additions to the Apocryphal Writings', in E. P. Sanders, ed., *Jewish and Christian Self-Definition* vol. 2: *Aspects of Judaism in the Graeco-Roman Period* (London: SCM, 1981), 27-55.

헌을 "기독교적"으로 "편집"한 것으로 간주해야 하는가? 아니면 보다 적절하게 유대인의 자기 인식 안에서의 예수 신앙을 보여주는 유대-기독교 문헌으로 간주해야 하는가?[55] 즉 이 문헌들이 최소한 이 문헌들을 소중히 여기는 이들에게는 그 두 길이 아직 확실히 갈라지지 않았던 시기, 즉 "유대교"와 "기독교"에 대한 정의가 여전히 진행되고 있었고, 이 문헌들을 사용하던 이들이 (마치 그 둘이 이미 명백히 구별되는 실체인 것처럼) 서로 확고한 경계선을 아직 긋지 못했던 시기를 증언하고 있는가? 여기서 그 증거와 쟁점에 더 자세히 주목할 필요가 있을 것이다.

주목해야 할 세 번째 눈에 띄는 사실은 제임스 파크스(James Parkes)와 마셀 사이먼(Marcel Simon)에 의해 충분히 입증되었지만[56] 초기 기독교와 유대교의 관계에 대한 논의에서는 거의 고려되지 않은 사실이다. 이것은 기독교 지도자들이 4세기 말까지 계속해서 회당에 출석하며 유대의 절기와 관습을 지키는 그들의 회중들을 책망하고 그에 대해 경고해야 했다는 사실이다. 예를 들어 이그나티오스는 기독교인인 유대인 지도자들에게 "유대교에 따라" 살고 안식일을 지키는 것에 대해 경고할 필요가 있다고 생각했다(*Magn.* 8-10). 오리게네스는 그의 설교에서 유대인의 금식과 절기를 지키는 기독교인들을 자주 공격했고 어느 주일에 자신의 설교를

---

55 D. Frankfurter는 'Beyond "Jewish Christianity"', in Becker and Reed, eds., *The Ways That Never Parted*, 131-43에서 그렇게 주장했다. 그는 "종교적 명료성과 정통 신앙에 대한 현대적 우려를 종교적 경계 안에서 불투명함과 끊임없는 변화가 존재했던 시대에 투영하려는" 경향에 대해 보다 전반적으로 경고한다.

56 J. Parkes, *The Conflict of the Church and the Synagogue* (Jewish Publication Society, 1934; reprinted New York: Macmillan); M. Simon, *Verus Israel: A Study of the Relations between Christians and Jews in the Roman Empire (AD 135-425)* (1964; Oxford: Oxford University, 1986). 이어지는 글에서 필자의 'Two Covenants or One? The Interdependence of Jewish and Christian Identity', in H. Lichtenberger, ed., *Geschichte-Tradition-Reflexion: III. Frühes Christentum*; M. Hengel FS (Tübingen: Mohr Siebeck, 1996), 97-122을 인용했다. 이 글은 *The Partings of the Ways*, 제2판 339-65쪽에 약간의 추가적인 자료와 함께 전재되었다.

듣는 기독교인들에게 그 전날에 그들이 회당에서 배운 것을 다시 언급하지 말라고 경고했다.[57] 아프라핫(Aphrahat)도 그의 첫 번째 설교집(대략 345년)에서 독자들에게 안식일과 월삭과 유대인의 절기들을 지키는 일에 대해 경고했다. 안디옥 공의회(341년)에서는 기독교인들이 유대인과 함께 유월절 저녁 식사를 하는 것을 금지하는 법(교회법 1조)을 통과시켜야 했다.[58] 이와 비슷하게 라오디게아 공의회(약 363년)에서도 기독교인들이 유대인들과 함께 신앙 생활하는 것을 금지했고 특히 "그들과 함께 절기를 지키는 행위", "안식일을 준수하는 것", 유월절 기간에 "무교병을 먹는 일"을 금지했다. 기독교인들은 안식일에 일을 해야 했고 토요일에 유대인 성경뿐만 아니라 복음서도 읽어야 했다(교회법 16, 29, 37, 38조).[59] 그와 거의 같은 시기부터 「사도 헌장」에서는 비록 유월절 준수와 일요일뿐만 아니라 토요일도 안식일로 지키는 행위를 여전히 허용했지만 (주교들과 성직자들을 포함한?) 기독교인들이 유대인의 회당에 들어가 유대인들과 함께 절기를 지키고 유대인의 관습을 따르는 것은 금지할 필요가 있다고 생각했다.[60] 몇십 년 뒤에 아우구스티누스와 히에로니무스 사이에 오간 편지들은 아들에게 할례를 주고 안식일을 지키고 (부정한) 음식을 멀리하며 유

---

57 Origen, *Homilies on Leviticus* 5.8; *Selecta on Exodus* 12.46. N. de Lange, *Origen and the Jews: Studies in Jewish-Christian Relations in Third-Century Palestine* (Cambridge: Cambridge University, 1976), 36, 86을 보라. "그가 분명히 밝히지 않은 것은 죄를 지은 자들이 기독교를 받아들인 유대인이었는가 아니면 유대교의 외적인 형태에 매력을 느낀 기독교인이었는가 하는 것이다"(36).

58 L. H. Feldman, *Jew and Gentile in the Ancient World* (Princeton University, 1993), 376.

59 Parkes, *Conflict*, 175-76; 그러나 교회법 16조("안식일에 나머지 성경과 더불어 복음서를 읽어야 한다")와 교회법 29조("기독교인들은 안식일에 안식함으로써 유대인처럼 되지 말고 차라리 그날에 일을 하여 주의 날을 존중해야 한다")의 관계는 불분명하다. 테오도시우스 법전 이전의 다른 공의회들에서 제정한 교회법을 요약한 글을 보려면 추가적으로 Parkes, *Conflict*, 174-77과 381-82을 보라. "공의회들의 관심은 오직 유대인과 기독교인의 관계에 있었고 이로 인해 공의회들은 그 관계가 얼마나 가까웠는지를 보여준다"(174).

60 *Apostolic Constitutions* 2.61; 5.17; 6.27, 30; 7.23; 8.33, 47.

월절을 지키는 회심한 유대인의 예를 보여준다.[61] 또한 크리소스토모스의
논박을 보면 그의 교회의 여러 지체가 안식일을 지키고 유대인의 절기에
참여하며 회당을 전적으로 존중했다는 점도 마찬가지로 분명하다.[62] 그러
한 기독교인들은 일반적으로 "우리의 유대주의자들"(nostri judaizantes)[63]로
묘사되었는데 여기서 "우리의"(nostri)라는 말은 그러한 "유대주의자들"
을 계속해서 기꺼이 "인정"하려는 태도를 가리킨다.[64] 사이먼이 지적하듯
이 "우리가 직면해 있는 것은 갈라디아서와 골로새서가 기록된 시대부터
이어져 내려오는 끊임없는 유대화 전통이다."[65]

이는 분명히 처음 3-4백 년 내내 "일반적인 기독교인"이라고 불릴
만한 이들이 기독교와 유대교를 크게 다르지 않은 별개의 두 종교로 보
지 않았음을 암시한다.[66] 오히려 그들의 입장은 교파적 기독교의 시대, 즉

---

61 Jerome, *Ep.* 67.4; 112.15. 크리소스토모스도 마찬가지로 유대교 개종자가 아니라 기독교
    인으로서 할례를 받은 기독교인의 예를 든다(*Hom.* 2.2, PG 48.858B-860A; W. A. Meeks
    and R. L. Wilken, *Jews and Christians in Antioch in the First Four Centuries of the Common
    Era* [Missoula: Scholars, 1978], 32). 이제 다음 글들도 함께 보라. D. S. Ben Ezra,
    "Christians" observing "Jewish" Festivals of Autumn', in Tomson and Lambers-Petry, eds.,
    The Image of the Judaeo-Christians, 53-73; 'Whose Fast Is It? The Ember Day of September
    and Yom Kippur', in Becker and Reed, eds., *The Ways that Never Parted*, 259-82.

62 Chrysostom, *Hom. ad Jud.* 1, PG 48.844-45. 크리소스토모스의 설교들은 "유대주의자들
    의 열심이 구체적으로 어느 한 의식에 대한 것이 아니라 유대인의 종교 생활 전체에 대한
    것이었음을 보여준다"(Simon, *Verus Israel*, 326). Meeks와 Wilken은 "유대교에 대한 기독
    교인의 광범위한 심취"에 대해 말한다(*Jews and Christians*, 31).

63 Simon, *Verus Israel*, 322, 328.

64 "유대주의자들"은 여기서 그 원래의 의미 — 유대인의 관습에 매력을 느끼고 유대인처럼
    살아가는 비유대인 — 로 사용되고 있다는 점에 유의해야 한다.

65 Simon, *Verus Israel*, 330.

66 Parkes는 유대인과의 접촉을 끝내려는 기독교인 지도자들의 시도에 대해 말하면서 다음
    과 같이 타당하게 지적한다. "일반적인 사람들에 관한 한 이런 금지령 중 어느 것이든 그
    대상을 확보하는 데 성공했는지는 참으로 의심스럽다. 그다음 세기에 이러한 금지령들이
    자주 반복되었다는 사실은 그런 것들이 효과가 없었음을 암시한다"(*Conflict*, 193; 추가적
    으로 268-69, 320, 324을 보라). "유대교가 안디옥에서 기독교에 끼친 활발한 영향은 기
    독교 지도자들이 7세기에 마침내 유대인들을 도시에서 몰아내는 데 성공할 때까지 계속

"일반적인 기독교인들"이 다른 교파의 예배에 자유롭게 참석하면서도 스스로 자신이 속한 구체적인 기독교적 유산에 불충한 것은 아니라고 생각했던 시대의 일반적인 입장에 더 가깝다. 많은 이들은 그 두 길을 명백히 (여전히) 서로 겹치는 것으로 간주했으므로 회당에 참석하는 것은 그들의 교회적 신념과 전적으로 일치하는 것으로 간주될 수 있었다. 그러한 책망과 경고를 이 시기 내내 그토록 자주 발견할 수 있다는 사실은 우리에게 다음 두 가지를 말해 준다. 하나는 유대교와 기독교의 지속적인 중첩에 대한 그 인식이 그 시기의 기독교인들 사이에서 널리 퍼져 있었다는 점이다. 다른 하나는 기독교의 길과 유대교의 길을 훨씬 더 분명하고 날카롭게 나누도록 요구할 필요가 있다고 생각한 이들은 바로 기독교 지도자들이었다는 점이다.[67] 그렇지만 한 가지 적절한 질문은 1세기 기독교의 유산에 더 충실했던 이들이 기독교 지도자들인가 아니면 "일반적인 기독교인들"인가 하는 것이다.

이 시점에서 이 두 길의 갈라짐에 대한 논쟁에 가장 크게 기여한 학자 중 한 명인 대니얼 보야린(Daniel Boyarin)이 가장 최근에 기여한 연구에 대해 특별히 언급하지 않을 수 없다.[68] 그의 기본적인 논지는 "유대교

되었다"(Meeks and Wilken, *Jews and Christians*, 18). 알렉산드리아에서의 상황에 대해서는 예컨대 B. A. Pearson, 'Christians and Jews in First-Century Alexandria', in G. W. E. Nickelsburg and G. W. MacRae, eds., *Christians Among Jews and Gentiles*; K. Stendahl FS (Philadelphia: Fortress, 1986), 206-16을 보라. 스페인에 대해서는 엘비라 공의회(약 300년)에 대한 Feldman의 언급을 보라(*Jew and Gentile*, 373, 380, 398).

67 Becker와 Reed는 다음과 같은 명제를 제기한다. "유대인들과 기독교인들(또는 최소한 그들 중의 엘리트들)은 고대 말기와 중세 초기 내내 '결별하는' 일에 몰두했을지도 모른다. 그 이유는 바로 그 둘이 그 기간 동안 한쪽의 전통을 다른 쪽 전통의 자기 인식과 무관하게 만들거나 심지어 둘 다에 참여하는 것을 매력적이지 않거나 상상할 수 없는 대안으로 만드는 데 필요한 만큼 결정적이거나 최종적인 정도로 '갈라진' 적이 없었기 때문이다"(*The Ways That Never Parted*, 23).

68 Boyarin, *Border Lines*; 그의 이전의 책인 *Dying for God: Martyrdom and the Making of Judaism and Christianity*(Stanford: Stanford University, 1999)와 보다 최근작인 *The Jewish*

와 기독교는 고대 말의 매우 늦은 시기까지 별개의 실체가 아니었다"라는 앞서 말한 인식을 자세히 설명한다.[69] 그의 구체적인 주장은 기독교인 저술가들과 랍비들이 모두 바로 정통/이단이라는 모델을 각자의 정체성을 확립하는 수단으로 발전시켰고, 두 경우 모두 분파적 구조에서 2세기 전반기에 발생하기 시작한 정통과 이단의 구조로의 중요한 전환, 즉 "초기 기독교와 초기 유대교가 모두 분파 집단으로부터 이단적인 타자들을 거느린 정통 교회로 바뀌는 변화"가 있었다는 것이다.[70] 이 견해가 유익한 이유는 부분적으로 "정통"과 "이단"이라는 범주가 통상 기독교적인 용어로 여겨져 왔기 때문이다. 그러나 더 중요한 것은 발터 바우어의 획기적인 연구가 나온 이래 이 용어들이 기독교적 자기 인식에 있어 다소 논쟁적이고 이론이 있는 용어들이었다는 사실이다. 바우어의 주장은 "정통"이란 이의가 제기된 정체성을 지닌 승자들의 신조였고 "이단"이란 패자들의 신조였으며 범주화는 당연히 "승자"의 언어였다는 것이다. 그러

Gospels: The Story of the Jewish Christ(New York: New Press, 2012)도 함께 보라. 참고. M. S. Taylor, Anti-Judaism and Early Christian Identity: A Critique of the Scholarly Consensus (Leiden: Brill, 1995).

69 Boyarin은 거의 같은 맥락에서 이렇게 말한다. "'랍비 유대교'가 '그 땅의 백성들' 사이에서 유대인의 종교성의 대중적인 패권적 형태가 된 적이 있다고…상상할 이유는 없으며 그와 반대로 생각할 만한 타당한 이유는 있다. 또한 그 발전 과정의 초기 단계에서 - 만일 초기의 '정통적인' 형태들만이 아니라 그 모든 다양한 형태들을 다 고려한다면 사실 필자는 4세기 말까지라고 주장한다 - 유대교와 기독교는 실체로서 현상학적으로 구별 불가능했다.…"(Border Lines, 89).

70 Boyarin, Border Lines, 21, 28, 30; 특히 그의 책 2장을 Neither Jew nor Greek?에 실린 J. Lieu, "'I am a Christian": Martyrdom and the Beginning of "Christian Identity"'에서 인용한 다음과 같은 효과적인 인용문과 함께 보라. "기독교는 반대 속에서 그 참된 정체성을 얻는다. 그러므로 모든 정체성은 그 존재를 부정하려는 '타자'의 시도에 직면해서만이 아니라 '타자'에 직면해서도 처음으로 분명히 표현될 것이다"(72). 추가로 Lieu, Christian Identity, 4장('Boundaries')과 9장('The Other')을 보라. G. N. Stanton and G. G. Stroumsa, eds., Tolerance and Intolerance in Early Judaism and Christianity (Cambridge University, 1998)의 몇몇 글도 함께 보라.

나 보야린이 강조하는 점은 초기 기독교 안에서뿐만 아니라 초기 유대교 안에서도 매우 비슷한 과정이 발생하고 있었다는 것이다. 이 책에서 사용하는 이미지로 표현하자면, 기독교와 유대교 모두 스스로를 1세기부터 출현한 보다 넓은 길 안에 있는 보다 좁은 길로 정의했으며, 이는 "정통"이 그 두 길 사이의 중첩되는 영역을 "이단"으로 지정하는 것을 포함하는 과정이었다.[71] 이것들은 우리가 여기서 기독교의 초기 기독론의 변천 과정을 추적하려고 할 때 결정적으로 중요한 주제들이다.

보야린의 논증에 의해 제기된 주제들은 본서의 연구를 위해 고려할 만하다. 그가 제기하는 도전은 이 시기에 대한 올바른 역사 연구가 기독교(또는 유대교)의 특징들을 2세기까지 직접적으로 소급해서 추적하는 것(또는 다시 읽기)으로 충족될 수 있는가 하는 것이다. 이 시기의 기독교는 이후 여러 세기의 기독교가 인식하는 것보다, 또는 실제로 그 시기에서부터 보존되어 온 목소리들이 암시하는 것보다 훨씬 덜 분명하게 정의되었거나, 그 경계도 훨씬 덜 분명하게 그어졌거나, 그 정체성도 덜 분명하게 인식되고 표현되었는가? 필자는 이전 저서인 『신약의 통일성과 다양성』(*Unity and Diversity in the New Testament*)에서 아직도 유효한 다음과 같은 질문을 시험적으로 제기했다. 예수와 복음에 대한 다른 반응들이 너무 극단적인 표현을 낳는 것으로 인식되었다는 점을 고려한다면, 정통 역시 너무 극단적인 측면을 지닌 것일 수도 있다고 인식하는 것이 현명하지 않을까?[72] 너무 세심한 제한적 태도로 인한 실패가 서로 다른 사고와 실천에 대한 지나치게 관대한 환대보다 더 나쁜가?

---

71 이 주제는 이단자들에 대한 유대인의 저주인 "비르카트-하-미님"의 초점이다. 이하의 § 46.4b을 보라.

72 필자는 *Unity and Diversity*, 제3판 서문(xvii-xxx)에서 "성경과 전승"(*Partings*, §12.5)에 관한 생각을 발전시켰다.

요컨대 "그 길은 언제 나누어졌는가?"라는 질문에 대한 대답은 다음과 같아야 한다. "다양한 시간과 장소에서 무엇이 누구에 의해 타협될 수 없는 경계 표지로 간주되었는지에 따라 서로 다른 사람들이 다르게 판단한 대로 오랫동안 나누어졌다." 그러므로 어떤 이들이 보기에는 일찍 나누어졌고 자기 인식의 명료성을 추구하는 지도자들은 이른 분리를 요구했지만, 많은 일반적인 신자들과 실천가들의 경우에는 오래도록 유지된 포용적인 태도가 콘스탄티누스의 결정 이후에야 마침내(?) 깨어졌다.[73]

그러한 요인들이 형성기 기독교에 대한 연구에 대해 제기하는 문제들은 분명 엄청나며 이어질 내용을 대부분 지배할 것이다. 기독론에 대해 망각하지 않는다면 특히 다음 두 가지가 특별히 주목할 만하다.

b. 유대-기독교

"유대 기독교"는 기독교와 유대교 양쪽에서 받아들일 수 없는 이단으로서 양자 모두에게 "악평"을 받았다.[74] 그것은 안타까운 일이다. 유대-기독교는 기독교 그 자체를 특징짓는 적절하고 더 충분한 방식이라고 주장할 수 있기 때문이다.[75] 그러나 그러한 주장이 단지 문제를 모호하게 만들 뿐이라면, 최소한 유대 기독교가 대체로 갈라지는 두 길 사이에서 드러나

---

73 A. D. Crown은 A. J. Avery Peck et al., eds., *When Judaism and Christianity Began* (Leiden: Brill, 2004), 2.545-62에 실린 글 'Judaism and Christianity: The Parting of the Ways'에서 이렇게 결론짓는다. "니케아 공의회가 한 일은 유대교와 기독교의 길을 갈라놓은 것으로 간주되어야 한다"(561).

74 나사렛파에 대한 히에로니무스의 논평은 자주 인용된다. "그들은 유대인이자 기독교인이 되기를 원하지만 유대인도 기독교인도 아니다"(*Ep.* 112.13). J. Carleton Paget, 'Jewish Christianity', in W. Horbury et al., *The Cambridge History of Judaism* Vol. 3: *The Early Roman Period* (Cambridge University, 1999), 731-75은 귀중한 개관을 제공한다.

75 참고. J. Daniélou, *A History of Early Christian Doctrine before the Council of Nicaea* Vol. 1: *The Theology of Jewish Christianity* (London: Darton, Longman & Todd, 1964).

고 있던 중간 지대를 메웠다는 점을 인정하는 것은 그러한 주장 못지않게 중요하다.[76] 앞에서 이미 관찰하고 주장한 내용이 타당하다면, 갓 생겨난 이 두 종교 그 자체가 여러 세기 동안 중첩되었으므로 이 "중간 지대"는 그 두 주요 운동에서 잘려나간 분리된 부분이 아니라 중첩된 영역으로 간주하는 것이 가장 좋다. 다시 말해 오리게네스가 정의한 바와 같은 유대 기독교인, 즉 "다수의 유대인처럼 여전히 유대교 율법에 따라 살기를 원하는 기독교인들"은 크고 중요한 중첩된 집단을 구성했을 것이며, 그 집단은 이어지는 지면에서 면밀히 주목할 만하다.

필자는 이미 "유대 기독교적"이라는 말로 적절하게 묘사할 수 있는 중요한 문헌, 즉 단순히 유대교 문헌이나 기독교 문헌으로 (마치 그 두 범주가 분명하게 구별되는 것처럼) 묘사될 수 없는 문헌들에 관심을 돌렸다. "이단적인" 유대 기독교 분파들과 위(僞)클레멘스 문서들에 대한 설명과 언급을 고찰할 때는 이 문헌을 염두에 둘 필요가 있다.[77] 게다가 앞으로 보게 되겠지만 초기 기독교 지도자들이 회당을 자연스러운 기준이나 심지어 제2의 영적인 고향으로 간주한 교회 지체들로 인해 지속적인 문제를 겪었던 것처럼, 랍비들도 예수를 메시아로 믿음에도 불구하고 계속해서 유대인처럼 행동하기를 바랐던 유대인들로 인해 비슷한 문제를 겪은 것으로 보인다.[78] 더 나아가 양자의 결별에 대한 논의는 너무 협소하게 (콘스탄티누스의 결정에 이르기까지) 서방에만 초점을 맞추는 경향이 있었고 기독교 제국이 된 로마 제국 아래에서 살지 않는 유대인과 기독교인 사이의 관계를 살펴보는 데 실패했다. 실제로 아라비아와 메소포타미아와 시리

---

76 Wilson, *Related Strangers*, 143-59을 다시 보고 추가적으로 다음 책에 실린 논문들을 보라. Tomson and Lambers-Petry, eds., *The Image of the Judaeo-Christians*.

77 이하의 §40.6g을 보라.

78 Wilson, *Related Strangers*, 6장; Horbury, *Jews and Christians*, 5장도 함께 보라.

아에서 급성장하던 이슬람이 처음 마주친 기독교인들은 공정하게 (그리고 가장 정확하게) 유대 기독교인으로 묘사될 수 있을 것이다.[79] 기독교의 시초를 추적할 때는 이 주제가 보통 때보다 더 부각된다.

따라서 "유대 기독교"의 소멸이 2세기 후반에 일어난 기독교와 유대교의 최종적 "결별"과 대체로 동시에 발생한 것은 결코 이상한 일이 아니다.[80] 그때 아마도 유대 기독교 집단의 남은 이들은 이제 꽤 구별되는 두 종교로 흡수되었을 것이다.[81] 그러한 소멸의 매서움과 "유대 기독교"가 대변한 가능성들을 유익하게 상기시켜 주는 것은 지난 약 30년 동안 그리스도를 믿는 유대인이 다시 등장한 사건이다. 그리스도를 믿는 그러한 유대인이 오늘날 기독교 지도자들과 유대교 지도자들에게 똑같이 관계를 부인당하는 것처럼 보이는 것도 놀랄 일이 아니다.[82] 그러한 운동이 대조(또는 대립)에 의해 형성된 정체성에 제기한 도전은 분명 오늘날에도 기원후 처음 몇 세기만큼이나 민감하다. 그러한 민감성과 그에 대한 이유는 이어지는 여러 장에서 염두에 두어야 할 것이다.

---

79 A. H. Becker, 'Beyond the Spatial and Temporal Limes', in Becker and Reed, eds., *The Ways That Never Parted*, 373-92. 같은 책에서 추가적으로 J. G. Gager, 'Did Jewish Christians See the Rise of Islam?', 361-65을 보라.

80 특히 A. Y. Reed, '"Jewish Christianity" after the "Parting of the Ways"', in Becker and Reed, eds., *The Ways That Never Parted*, 189-231을 참고하라.

81 이것이 예를 들어 나바테아 기독교인들에게 벌어진 상황일 것이다. 역사적으로 메소포타미아 북부인 앗수르를 중심으로 한 시리아 교회의 갈대아 기독교인들이 21세기 초까지 이라크에서 계속해서 번성했고 사마리아인들과 만다 교도들도 비교적 작은 집단들로 살아남았음에도 불구하고 말이다.

82 D. Cohn-Sherbok, 'Modern Hebrew Christianity and Messianic Judaism', in Tomson and Lambers-Petry, eds., *The Image of the Judaeo-Christians*, 287-98에서 그 점을 지적한다.

c. 신약에서의 반유대교?

이미 암시된 것처럼 기독교와 랍비 유대교의 결별과 유대-기독교의 상당한 중첩에 의해 야기된 자극은 상호간에 많은 적대감과 격분에서 기인하는 독설을 낳았다. 그 점은 "비르카트-하-미님"에 대한 언급에서 이미 암시되었고 우리는 곧 위(僞)클레멘스 문서에서 동일한 경멸적인 적의를 충분히 보게 될 것이다. 그러나 형성기 기독교에 있어서 이 문제가 가장 깊이 영향을 끼치는 대목은, 최소한 2세기부터 일부 영향력 있는 기독교인의 목소리에서 확실히 있었다고 인정해야 할 반유대교(와 반유대주의) 정서가 신약 문헌 자체에서 이미 분명히 나타났는가 하는 문제다.

어떤 신약 전문가들은 내놓을 수 있는 유일하게 분명한 대답이 "그렇다"는 대답이라고 확신한다. 신약에는 반유대교주의가 존재한다. 반유대주의는 신약에 뿌리를 두고 있다.[83] 복음서와 사도행전 중 몇몇(또는 전부)은 명백한 예로 인용된다. 마태복음에서 우리는 두 가지 명백한 예만 제시하면 된다. 첫째, 마태복음 23장에 나오는 바리새인에 대한 일관된 비판이다. 이는 영어 어법에서 "바리새인"이라는 말에 그토록 부정적인 어감을 부여한, 바리새인에 대한 전통적인 기독교적 폄하의 주된 기초였다.[84] 둘째, 마태복음 27:25에 나오는 예수의 재판 장면에서 예루살렘 군중들이 한 말이다. "백성이 다 대답하여 이르되 '그 피를 우리와 우

---

83 우리는 그 둘을 구별해야 한다. 반유대교주의는 종교에 대한 적대감이었지/이지 인종 그 자체에 대한 적대감은 아니다. 기독교로 개종한 유대인들은 반유대교주의 박해를 피했다. 반유대주의는 인종적인 것이었고/이고 19세기에 비로소 그와 같은 것으로 출현했다. 나치 시대가 너무나 잘 보여주었듯이 기독교로의 회심이 반드시 유대인을 반유대주의에서 구해주는 것은 아니었다.

84 예를 들어 *The Concise Oxford Dictionary of Current English*는 "바리새인"의 두 번째 의미로 "자기 의로 가득한 사람, 형식주의자, 위선자"를 제시한다.

리 자손에게 돌릴지어다' 하거늘." 이는 결국 기독교 역사를 그토록 더럽혀온 오랜 세월에 걸친 반유대교주의와 반유대주의의 가장 치명적인 근원을 제공했고 유대인들이 오랜 세월 동안 "그리스도를 죽인 자들"이라는 비난을 수없이 받게 된 성경적 근거를 제공했다.[85] 유대인에 대한 기독교인의 그러한 증오 속에서 복음서 이야기에 나오는 예수를 배신한 자이자 증오의 대상인 유다(*Ioudas*)가 유대인(*Ioudaios*), 즉 모든 유대인의 전형으로 받아들여진 것은 어쩌면 불가피한 일이었다.[86]

요한복음에서 "유대인"은 전형적으로 예수와 예수가 상징하는 모든 것을 대적하는 자들로 표현된다.[87] 제일 눈에 띄는 것은 요한복음 8:44과 거기에 표현된 적대감의 깊이다. "예수께서 [유대인들에게] 이르시되… 너희는 너희 아비 마귀에게서 났으니 너희 아비의 욕심대로 너희도 행하고자 하느니라." 여기서 우리는 훗날 유대인을 모든 악한 것과 동일시하는 성경적 근거를 제공한 기독교 반유대주의의 또 다른 주요 원인을 발견한다.[88] 따라서 당연하게도 어떤 이들은 요한복음을 "가장 반유대주의적이거나 적어도 복음서 중에서 가장 노골적으로 반유대주의적"인 것으로 간주한다.[89]

약간 더 의외인 점은 20세기 후반에 누가복음-사도행전, 특히 누가의 두 번째 책이 반유대적인 책으로 보였다는 사실이다. 20세기 초에 아돌프 하르나크는 사도행전을 "발전해가는 초기 기독교 반유대주의의 첫

---

85 S. Sandmel은 *Anti-Semitism in the New Testament*(Philadelphia: Fortress, 1978)에서 그의 어린 시절의 예들을 제시한다(155).

86 H. Maccoby, *Judas Iscariot and the Myth of Jewish Evil* (London: Peter Halban, 1992).

87 이하 §46.5c을 보라.

88 R. R. Ruether, *Faith and Fratricide: The Theological Roots of Anti-Semitism* (New York: Seabury, 1974), 116.

89 Sandmel, *Anti-Semitism*, 101.

단계"라고 불렀다.[90] 그러나 20세기 말에 J. T. 샌더스는 아무 주저함 없이 사도행전을 무조건 그 자체로 "반유대주의적"인 책으로 묘사했다.[91] 그리고 노먼 벡(Norman Beck)은 사도행전을 신약에서 가장 반유대적인 문헌으로 묘사했다.[92] 요한복음과 다소 비슷하게 "유대인"은 자주 등장하여 바울의 발자국을 졸졸 따라다니며 말썽만 일으키고 완강하게 복음을 대적한다.[93] 바울이 유대인에게서 이방인에게로 돌아선 사실이 강조되며 세 번이나 반복해서 언급된다.[94] 그리고 사도행전의 마지막 언급(28:26-28)은 모든 유대인을 무시하는 것처럼 보인다. 구원은 (오직) 이방인을 위한 것이라는 것이다. 에른스트 행헨(Ernst Haenchen)에 따르면 "누가는 유대인을 장부에서 지워버렸다."[95]

다른 신약 문헌들 중에서 자주 인용되는 것은 데살로니가전서 2:14-16에 나오는 바울의 분노에 찬 언어,[96] 요한계시록에 나오는 "사탄의 회당"에 대한 예언자의 언급(계 2:9), 그리고 특히 히브리서에서 옛 언약을 가리켜 참회하는 예배자의 필요를 충족시킬 수 없으며(10:1-4) "낡아지고" 곧 사라질 것(8:13)으로 일축하는 대목이다.

우리는 이러한 자료를 어떻게 이해해야 하는가? 이는 반유대교주의 또는 심지어 반유대주의가 기독교의 필수적이고 고유한 요소임을 의미하는가? 로즈머리 류터(Rosemary Ruether)는 이 문제를 극명하게 제기했

---

90 J. T. Sanders, *The Jews in Luke-Acts* (London: SCM, 1987), xvi에서 인용함.

91 Sanders, *Jews*, xvi-xvii.

92 N. A. Beck, *Mature Christianity: The Recognition and Repudiation of the Anti-Jewish Polemic of the New Testament* (London/Toronto: Associated University Presses, 1985), 270.

93 Sanders, *Jews*, 77, 80. 자세한 내용은 아래를 보라(§46.5a).

94 행 13:46-47; 18:6; 28:18.

95 E. Haenchen, 'The Book of Acts as Source Material for the History of Early Christianity', in L. E. Keck and J. L. Martyn, eds., *Studies in Luke-Acts* (Philadelphia: Fortress, 1966), 258-78(여기서는 278); Sanders는 *Jews*에서 이 글을 자주 인용한다(80-83, 297-99).

96 그러나 *Beginning from Jerusalem*, 713 n. 269을 보라.

다. "'예수는 메시아다'라고 말하면서 암묵적으로나 명시적으로 그와 동시에 '유대인은 저주받았다'고 말하지 않는 것이 가능한가?"[97] 이 질문은 충격적이지만 주제의 심각성을 절실히 느끼게 한다. 그리고 이 질문은 이 단락(§38.3)에서 제기된 나머지 질문들을 되돌아보게 한다. 우리는 신약 문헌에 있는 그러한 태도와 내용을 기독교와 유대교가 오랫동안 중첩되었다는 증거와 어떻게 상호 관련시킬 수 있는가? 그런 구절들은 2세기에 어떻게 읽히고 들렸는가? 이러한 구절들을 역사적 상황(역사적 비평적 읽기)이나 신약 정경(정경적 읽기) 안에 놓는 것이 이 문제의 예리함과 심각성을 감소시키는가? 우리는 또한 그러한 구절들에 대한 지속적인 기독교적 용법이라는 더 넓은 문제도 잊어선 안 된다. 그러한 구절들은 기독교식 예전에 포함되지 않음으로써 신약에서 실질적으로 삭제되어야 하는가?[98] 그러한 본문들에 대한 설교는 이 문제를 무시하거나 회피해야 하는가? 아니면 번역본들이 예를 들어 "유대인들"(*hoi Ioudaioi*)에 대한 언급을 "유대인들"이 아니라 "유대 관원들"이나 그와 비슷한 완곡어법적인 표현으로 번역함으로써 그러한 구절들이 주는 불쾌함을 완화시켜야 하는가?[99] 이러한 번역들을 잠재적으로 바람직하거나 최소한 받아들일 수 있는 의견으로 제기하는 것조차 그러한 자료를 심각하게 받아들일 필요성과 우리가 생성기의 기독교로 묘사하고 있는 역사적·사회적·신학적 과

---

97 Ruether, *Faith and Fratricide*, 246.

98 시 137:8-9과 같은 저주 시편들은 기독교 예배에서 좀처럼 사용되지 않는다.

99 "유다이오스"(*Ioudaios*)를 "유대의"라고 번역한 BDAG의 번역(그러나 *Jesus Remembered*, §9 n. 28을 보라)은 D. H. Stern, *Jewish New Testament: A Translation of the New Testament That Expresses Its Jewishness*(Jerusalem: Jewish New Testament Publications, 1989)에서와 같이 요한복음에 나오는 "호이 유다이오이"에 대한 적대적인 언급을 "유대 사람들"로 번역하는 것의 부정적인 의미를 축소시킬 가능성을 제기한다. 추가적으로 A.-J. Levine and M. Z. Brettler, eds., *The Jewish Annotated New Testament* (Oxford University, 2011), 154-56과 524-26에 실린 A. Reinhartz와 J. D. Garroway의 언급을 보라. 아래 §46.5c도 보라.

정 안에서 그것이 담당하는 역할을 명확히 밝혀야 할 긴급한 필요성을 단적으로 부각시킨다.

38.4 기독교의 헬라화

기독교가 유대교에서 해방된 것과 관련된 관심에 대한 자연스럽고 아마도 필연적인 반대급부는 기독교가 그리스-로마 세계로 더욱 확장된 이유와 방식에 대한 관심이었다. 기독교가 어떻게 바뀌었는가 하는 것은 기독교가 과거에, 또는 맨 처음에 어떤 모습이었는가 하는 것보다 더 지속적인 질문이 되었다.

a. 영지주의

이미 지적한 대로[100] 초기 기독교의 헬라화는 19세기 말경에 매우 매력적인 주제가 되었다. 교부 시대 동안 기독교 사상이 특히 그리스도와 관련해서 모양을 갖춰가던 특징적인 신학적 주장을 표현하기 위해 그리스 철학의 언어와 개념에 점진적으로 의존했다는 점은 늘 인정되어왔다. 이 점에 있어서 물론 그들은 바울보다 연배가 높은 동시대 유대인 철학자 알렉산드리아의 필론에 의해 이미 시작된 방향을 따르고 있었다. 알렉산드리아의 필론은 토라에 대한 해설서에서 플라톤 철학과 스토아 철학의 개념과 언어를 응용했고, 성경의 난해 구절을 포함해서 성경 본문의 표면 아래로 뚫고 들어가 풍유적인 해석을 사용하면 하나님에 대한 보다 심오

---

100 *Beginning from Jerusalem*, §20.3.

한 주장과 신적인 계시에 대한 통찰을 뒷받침할 수 있음을 보여주었다.[101] 당연히 기독교 신학, 특히 알렉산드리아의 클레멘스와 오리게네스가 대표하는 알렉산드리아 학파는 필론에게 큰 영향을 받았을 것이다. 필론의 로고스 신학은 필론을 명예 교부로 간주할 수도 있을 만큼 기독교의 로고스 기독론에 있어서 매우 효과적인 선례를 제공했다.[102]

19세기 말의 자유주의 개신교는 예수의 도덕적 메시지에 초점을 맞추고 역사적 예수와 신앙의 그리스도를 극명하게 대비시키면서 교의에 휩쓸리는 경향을 다소 불행한 필연적 현상으로 간주했다. 하르나크는 "헬레니즘과 그리스 정신의 유입, 복음과 헬레니즘의 결합을 2세기의 교회 역사에서 가장 대단한 사실(을 형성하는 것)"로 간주했지만,[103] 예수 자신의 복음에 대한 중대한 변질로도 간주했다.[104] 하르나크는 영지주의의 발흥을 훨씬 더 가파른 쇠퇴—기독교의 급격한 헬라화(또는 세속화)—를 나타내는 현상으로 보았다.[105]

영지주의는 2세기와 3세기에 기독교의 가장 큰 경쟁자이자 위협 요소로 유명했다. 기독교 이단학자들로부터 그들이 인식하는 영지주의에 대한 분명한 그림을 그려내기는 어렵지 않다.[106] W. 포어스터(Foerster)는

---

101 예를 들어 E. R. Goodenough, *An Introduction to Philo Judaeus* (Oxford: Blackwell, 1940, 21962); P. Borgen, 'Philo of Alexandria', *ABD* 5.333-42을 보라.

102 D. T. Runia, *Philo in Early Christian Literature: A Survey* (Assen: Van Gorcum, 1993), 1장.

103 A. von Harnack, *What Is Christianity?* (1990; ET London: Williams & Norgate, 1901; 5th edition, London: Ernest Benn, 1958), 145. Harnack는 "명백히 그리스적인 사고와 그리스적인 생활의 실제적인 유입"이 일어나고 "그리스 종교 철학"이 기독교로 들어온 시기를 약 130년 무렵으로 추정할 수 있다고 보았다(148).

104 "교의는 그 개념과 발전에 있어서 그리스 정신이 복음의 토양 위에서 한 일이다"(*History of Dogma* [³1900; ET London: Constable/New York: Dover, 1961], Vol. 1.17.

105 *History of Dogma*, 1권 4장. 추가적으로 K. L. King, *What Is Gnosticism?* (Cambridge: Harvard University Press, 2003), 3장을 보라.

106 이어지는 글에서 필자는 다음 책에서 편리하게 수집해놓은 문헌들에 의존했다. W. Foerster, *Gnosis: A Selection of Gnostic Texts; 1. Patristic Evidence* (Oxford: Clarendon, 1972).

"영지(靈知)의 주된 요점"을 다음과 같이 요약한다.[107]

1. 이 세상과 우리의 생각으로 이해할 수 없는 "제1원인"인 하나님 사이에는 화해할 수 없는 대립이 존재한다.
2. 영지주의자의 "자아", "나", "영" 또는 영혼은 영구불변하게 신적이다.
3. 그러나 이 "나"는 이 세상으로 떨어졌고 이 세상에 의해 옥에 갇히고 마취되었으며 자신을 이 세상에서 해방시킬 수 없다.
4. 빛의 세상으로부터 오는 신적인 "부르심"만이 포로의 결박을 풀어준다.
5. 그러나 세상이 끝날 때야 비로소 인간 안에 있는 신적인 요소가 다시 그 고향으로 되돌아간다.

또한 우리는 기독교 이단학자들로부터 영지주의적 현상과 관련된 몇몇 주요 교사들이 있었다는 사실을 알게 되었다. 가장 눈에 띄는 교사들을 간략히 살펴보면 그 교사들에게 원인이 있는 것으로 여겨지는 서로 다른 체계들의 다양성을 포함하여 이단학자들의 눈을 통해 본 2세기 영지주의의 그림이 완성된다. 비록 나그함마디 문서(이하 n. 125을 보라)는 이레나이우스의 설명 중 일부에 의문을 제기했지만, 필자는 이 시대에 집필 활동을 한 기독교의 주요 대변자인 이레나이우스의 글을 주로 인용할 것이다.[108]

그 이전에 다음 책에 의해 수집된 문헌들도 함께 보라. R. M. Grant, *Gnosticism: An Anthology* (London: Collins, 1961).

107 Foerster, *Gnosis*, 1.9. 영지주의의 "신앙의 규범"에 대한 Harnack의 요약과 영지주의 사상에 대한 W. Bousset의 요약을 보려면 다음 책을 보라. King, *Gnosticism*, 62-63, 97-98.

108 특히 A. Marjanen and P. Luomanen, eds., *A Companion to Second Century Christian 'Heretics'*

시몬 마구스(Simon Magus)는 사도행전 8장에 언급된 사마리아의 시몬과 동일 인물이다. 사마리아 출신인 순교자 유스티누스는 시몬이 기토라는 이름의 한 사마리아 마을 출신이었고 클라우디우스 황제 시대(41-54년)에 로마로 왔다고 전한다(*1 Apol.* 26.2). 시몬은 교부 문헌에서 영지주의 이단의 창시자로 간주되는데[109] 이는 틀림없이 적어도 부분적으로는 사도행전 8장의 이야기에 영향을 받은 것이다. 사도행전 8장에서 시몬은 사마리아인들에게 "크다 일컫는 하나님의 능력"으로 환영받았다고 한다(행 8:10).[110] 이레나이우스에 따르면 시몬은 헬레나라고 불리는 여자와 함께 돌아다녔고 이 두 사람은 초기 영지주의의 체계를 상징했다. 신적 지성인 시몬에게서 비롯된 최초의 유출("엔노이아", 생각)을 상징하는 헬레나는 보다 하등한 영역으로 내려왔으며, 거기서 그녀 자신이 만들어낸 권세들과 천사들, 곧 세상을 건설한 존재들에 의해 억류되어 인간의 몸 안에 갇혀 있다가 마침내 평범한 창녀가 되었다. 시몬은 헬레나를 노예 상태에서 해방시키고 또한 이를 통해 세상이 사라질 때 자신을 따르는 자들을 세상을 만든 세력들의 통치에서 해방시키기 위해 온 구원자다. "[이 사이비 종교의] 비밀 의식을 거행하는 사제들은 음란하게 살며 마법을 행한

(Supp.VC 76; Leiden: Brill, 2005)의 훌륭한 참고문헌들이 담긴 장들을 보라. 다양한 가르침들에 대한 도표 요약(147-49)이 담긴 다음 책도 함께 보라. C. B. Smith, *No Longer Jews: The Search for Gnostic Origins* (Peabody: Hendrickson, 2004), 126-49.

109 예를 들어 Irenaeus, *adv. haer.* 1.23.2; 1.27.4; Eusebius, *HE* 2.13.5-6. 영지주의는 이른 시기의 단일한 사상 체계였다는 암시를 피하기 위해 필자는 영지주의적인 사상들을 보다 완전하게 발달한 이후의 영지주의 체계와 구별하려 한다.

110 유스티누스는 시몬이 신으로 간주되었다고 말하지만 "Simoni Deo Sancto"라는 비문이 새겨진 신상이 시몬을 위해 테베레강에 세워졌다는 그의 전언은 아마도 사비니인의 신인 "세모 상쿠스"(Semo Sancus)에게 바쳐진 신상의 비문을 잘못 읽은 것인 듯하다 — H. J. Klauck, *The Apocryphal Acts of the Apostles: An Introduction* (2005; ET Waco: Baylor University, 2008), 90; Ehrman은 이 비문을 찍은 사진을 전재했다(*Lost Christianities*, 166). 베드로와 시몬의 추가적인 갈등에 대한 전설에 대해서는 이하의 §48.6c을 보라.

다"(*adv. haer.* 1.23.2-4).

역시 사마리아 출신인 메난데르(Menander)는 시몬의 제자 겸 계승자로 기억되며, 그도 시몬과 마찬가지로 인간들을 구원하기 위해 구원자로 보냄을 받아 세상을 창조한 천사들을 정복했다고 주장했다. "그의 제자들은 그에게 연합되는 세례를 통해 부활을 받았고 더 이상 죽을 수 없다"(*adv. haer.* 1.23.5). 만일 시몬이 실제로 베드로와 동시대인이었다면 시몬은 1세기 중엽에, 메난데르는 그보다 약간 뒤에 활약한 것이 분명하다.

마찬가지로 케린투스(Cerinthus)는 아마도 1세기 말에 세상은 최초의 하나님에 의해서가 아니라 최고의 능력으로부터 멀리 떨어지고 분리된 어떤 능력에 의해 창조되었으며 이 능력은 만물 위에 있는 하나님을 알지 못했다고 가르쳤다. 케린투스는 예수가 요셉과 마리아의 평범한 아들이었고 그가 세례를 받은 뒤에 그리스도가 그의 위에 비둘기의 형상으로 강림했다고 가르친 것으로 영원히 기억된다. "그러나 마지막에 그리스도는 예수에게서 다시 분리되었고 예수는 고난을 받고 다시 살아났지만 그리스도는 여전히 고통을 느끼지 않았다"(*adv. haer.* 1.26.1).[111]

하드리아누스 황제 시대(117-38년)에 살았다고 전해지는 카르포크라테스(Carpocrates)[112]는 낳은 바 되지 않은 성부보다 훨씬 열등한 천사들이 세상을 만들었다고 주장했다. 카르포크라테스의 가르침에서 한 가지 흥미로운 측면은 마태복음 5:25-26에 대한 해석이다. 마지막 한 푼까지 다 갚기 전에는 구출해내기가 불가능한 감옥은 곧 몸이다(Irenaeus, *adv. haer.* 1.25.4). 알렉산드리아의 클레멘스에 따르면 카르포크라테스의 추종

---

111 *ODCC*, 313-14도 보라. 추가로 Marjanen and Luomanen, *Companion*, 213-46에 실린 M. Myllykoski의 'Cerinthus'를 보라. 그는 케린투스가 초기 영지주의자가 아니라 전통적인 빙의(possession) 기독론 또는 분리 기독론의 대변자였다고 주장한다.

112 Foerster, *Gnosis*, 1.34. Theodoret, *Haer. Fab.* 1.5을 인용함.

자들(중 일부)의 "애찬"은 방탕하고 음란했다(*Strom.* 3.2).

바실리데스(Basilides)는 기원후 150년 이전에 알렉산드리아에서 활동했고 어떤 이들은 그를 최초의 영지주의자로 여겼다.[113] 바실리데스는, 기원이 없으며 365개의 하늘을 창조한 성부로부터 내려온 영체(aeon)들과 신적 존재들 및 천사들에 대한 정교한 순서를 최초로 제시한다. 최후의 천사들이 세상을 창조했고 나라들을 배분했다. 그들의 우두머리인 유대인의 하나님은 그의 나라가 다른 나라들을 예속시키기를 원했다. 지극히 높으신 하나님은 이러한 상황 속으로 자신의 장자 누스, 즉 그리스도를 보내셔서 "그를 믿는 자들을 세상을 만든 자들의 권능에서 해방"시키셨다. 그는 고난을 당할 수 없었고 구레네의 시몬으로 하여금 자신의 겉모습을 취하게 하였으며 그동안 자신은 시몬의 모습으로 그들을 비웃고서 있었다.[114] 따라서 믿음은 십자가에 달린 자에 대한 믿음이 아니라 인간의 형상으로 왔고 단지 십자가에 달린 것으로 보인 자에 대한 믿음이어야 한다. "누구든 십자가에 못 박힌 자를 시인하면 그는 아직 노예이며 몸을 만든 자들의 권세 아래 있다. [십자가에 못 박힌 자를] 부인하는 자는 그들에게서 해방되었고 그는 기원이 없는 성부가 만드신 [구원의] 섭리를 안다. 구원은 그들의 영혼만을 위한 것이다. 몸은 본질적으로 부패하기 쉽다"(Irenaeus, *adv. haer.* 1.24.3-5).[115]

---

113 B. A. Pearson, 'Basilides the Gnostic', in Marjanen and Luomanen, *Companion*, 1-31(여기서는 1쪽). "바실리데스의 영지는 이집트 밖에서는 대세를 장악하지 못한 것으로 보이지만 이집트에서는 온 나라에 퍼졌고 4세기 말까지 끈질기게 지속되었다." "바실리데스는 영지주의자였다. 그러나 더 중요한 것은 그가 기독교인이었다는 점이다.···사실 그는 우리에게 알려진 최초의 기독교 철학자라고 말할 수 있다"(28).

114 추가적으로 Pearson, 'Basilides the Gnostic', 21-24을 보라.

115 히폴리투스의 약간 다른 설명에 따르면 바실리데스는 "어떤 악한 물질도 전혀 필요하지 않고 악하거나 심지어 단순히 중재하는 창조자도 필요하지 않은" 전적으로 일원론적인 체계를 갖고 있었다.

발렌티누스(Valentinus)는 영지주의 교사들 중에 가장 눈에 띄고 아마도 가장 영향력 있는 인물일 것이다.[116] 그는 136년 무렵에 이집트에서 로마로 왔고 로마에서 교사로 활동하며 프톨레마이오스, 헤라클레온, 마르쿠스 등 매우 큰 영향력을 가지게 된 몇몇 학생을 거느리고 있었다. 발렌티누스는 가능성 있는 로마 주교 후보였지만 로마 주교에서 제외되었고, 교회에서 물러나 동방으로 갔으나 훗날 로마로 돌아가 거기서 165년경에 죽었다.[117] 발렌티누스주의의 다양한 학파들도 "지혜"(Sophia)가 배우자도 없이 무형의 물질을 잘못 낳았을 때 시작된 근본적으로 혼란스러운 상태, 즉 천상의 충만(Pleroma)으로부터 점점 쇠퇴하는 복잡한 과정을 널리 선전했다.[118] 그런데 한 가지 독특한 특징은 영적인 사람들(pneumatics)과 세속적인 사람들(choics) 사이에 중간 부류의 사람들인 혼적인 사람들(psychics)을 도입한 것이다. 프톨레마이오스의 사상 체계에 대한 이레나이우스의 말에 따르면 영지주의자들은 "교회에 속한" 이들을

---

116 이레나이우스는 「이단 논박」을 발렌티누스의 제자들의 사상에 대한 긴 설명과 비판으로 시작한다(*adv. haer.* 1.1-8). 특히 C. Markschies, *Valentinus Gnosticus? Untersuchungen zur valentinianischen Gnosis mit einem Kommentar zu den Fragmenten Valentin*(WUNT 65; Tübingen: Mohr Siebeck, 1992)을 보라. I. Dunderberg, 'The School of Valentinus', in Marjanen and Luomanen, *Companion*, 64-99도 함께 보라.

117 "발렌티누스나 다른 어떤 발렌티누스주의 교사가 2세기에 로마에서 출교당했다는 증거는 없다.⋯로마 주교 빅토르(189-199)는 플로리누스라고 불리는 발렌티누스주의자 장로를 여전히 보좌관으로 두었다.⋯훗날 3세기로 넘어가는 시점에서야 비로소 마르쿠스파는 명백히 자기들만의 교회를 형성했다"(Dunderberg, 'School of Valentinus', 95-97).

118 예를 들어 다음 책을 보라. K. Rudolph, *Gnosis: The Nature and History of an Ancient Religion* (Edinburgh: T & T Clark, 1983), 78-81. Markschies와 Dunderberg는 "발렌티누스의 가르침에서 지금까지 남아 있는 단편들은 이레나이우스가 묘사한 발렌티누스의 사상 체계와 어떠한 밀접한 관계도 보여주지 않는다"(Dunderberg, 'School of Valentinus', 70 및 66, 85)고 말했지만, Dunderberg는 또한 "세부적인 내용 면에서는 상당한 차이가 있지만 기본적인 발렌티누스주의의 신화가 존재한다는 여러 증거가 있고"(71) "테오도토스는 다른 어떤 발렌티누스주의적인 교사들보다도⋯이레나이우스가 묘사한 발렌티누스의 사상 체계에 가까웠다"는 점을 확인시켜준다(81).

선한 접촉에 의해 구원받을 수 있는 혼적인 사람들로 간주한 반면, 그들은 스스로를 "접촉에 의해서가 아니라 천성적으로 영적이기 때문에" 구원을 받을 영적인 사람들로 보았다. 그러나 세속적인 자들은 구원받기가 불가능했다.[119] 또 다른 차이는, 세상은 오류나 무지의 산물이며 악과 동일시해선 안 된다는 것이다.[120] 그러나 특징적인 것은 마르쿠스의 발렌티누스주의에 대한 이레나이우스의 묘사다. "그들은 자신들에게 다른 모든 사람보다 더 많은 지식이 있으며 자기들만이 형언할 수 없는 능력을 지닌 위대한 지식에 도달했다고 주장한다." "내적이고 영적인 사람은 지식을 통해 구원받는다. 모든 것에 대한 지식이 그들에게 충분하며 이것이 참된 구원이다"(adv. haer. 1.13.6; 21.4).

기독교 역사에 대한 에우세비오스의 관점에서 보면 기독교 역사는 단지 기독교가 사도들이 세운 교회들 가운데 와서 "그 양 떼를 아끼지 아니"할 것이라고 바울이 경고했던 이런 "사나운 이리"를 어떻게 막아냈는지를 설명하는 일에 불과했다(행 20:29). 이 경고는 그다음 세기에 종종 되풀이되며[121] "거짓된 가르침"을 사도들의 가르침에 대한 후대의 변질로 보고 "이단"을 변질된 "정통"으로 보는 개념을 강화시켰다.[122]

---

119 Irenaeus, *adv. haer.* 1.6.2, 4; 1.7.5. "영적인 자들은 본성적으로 구원받는다. 혼적인 자들은 자유 의지에 사로잡혀 있어서 그 자신의 선택에 따라 믿음과 썩지 않음을 지향하는 성향도 있지만 불신과 파괴를 지향하는 성향도 있다. 그러나 물질적인 자들은 본성적으로 멸망한다"(Clem. Alex., *Excerpta ex Theodoto* 55.3).

120 Foerster, *Gnosis*, 1.121-22.

121 *Did.* 16.3; Ignatius, *Philad.* 2.2; 2 *Clem.* 5.2-4; Justin, *Dial.* 35.3.

122 Bauer가 약화시킨 것은 기독교의 시초, 즉 후대의 오류에 의해 변질된 원래의 순수함에 대한 이러한 관점이었다(Bauer, *Orthodoxy*, xxiii을 보라).

b. 기독교 이전 영지주의의 문제

그러나 19세기 말에 종교사학파는 헬레니즘적인 요소들이 특히 예배 의식과 그리스도 신비주의란 측면에서 초창기부터 기독교 안에 흡수되었다고 주장함으로써 기독교의 점진적 헬라화에 대한 가정을 거꾸로 뒤집었다.[123] 그보다 더 도전적이었던 것은 영지주의를 재평가하자는 20세기 초에 있었던 강력한 요구였다. 영지주의 사상은 기독교의 변질도 아니고 기독교로 침투해 들어온 요소도 아니며, 바울이 선포하고 요한복음에 표현된 복음의 필수적인 요소였다는 것이다. 기독교 이전의 영지주의에 대한 탐구는 20세기 중엽에 신약 연구의 지배적인 특징 중 하나였다.[124]

그때 이후로 두 가지 중요한 발전이 있었다. 더욱 중요한 첫 번째 발전은 1945년에 이집트의 나그함마디에서 콥트어로 기록된 4세기 파피루스 사본 문헌집이 발견된 사건이었다.[125] 이 사본들(또는 사본의 대부분)은 일반적으로 영지주의적 성격의 문헌으로 간주되며 실제로 영지주의적인 종교적 세계관 내지 이념을 표현한 영지주의 문서로 설명될 수 있다. 이 사본들의 중요성은 특히 종교사가에게는 헤아릴 수 없을 정도다. 그 시점 이전에는 영지주의 체계에 대한 우리의 지식이 대체로 교부 시대 기독교에서 언급된 영지주의로 제한되어 있었기 때문이다. 또한 그 언급들은 한

---

123 *Beginning from Jerusalem*, 36-40을 다시 보라.
124 이는 *Beginning from Jerusalem*, 40-42을 요약한 것이다.
125 이 사본의 발견에 대한 설명과 간략한 서론을 보려면 특히 다음 책들을 보라. Rudolph, *Gnosis*, 34-52; J. M. Robinson, ed., *The Nag Hammadi Library* (Leiden: Brill, ³1988), 1-26. "4세기의 파피루스 사본 문헌집은 12편의 사본 및 열세 번째 사본에서 나온 여덟 점의 단편들로 구성되어 있고 52편의 독립된 소논문…45개의 독립된 제목들을 포함하고 있다"(ix). W. Foerster, *Gnosis, 2. Coptic and Mandaic Sources* (Oxford: Clarendon, 1974) 도 함께 보라. N. D. Lewis와 J. A. Blunt는 'Rethinking the Origins of the Nag Hammadi Codices', *JBL* 133 (2014), 399-419에서 Robinson의 추론에 의문을 제기하며 이 사본들은 고대 말에 그리스-이집트 민간인들에게서 비롯된 것일지도 모른다고 주장한다.

결같이 비난하는 말이므로(영지주의는 기독교의 "이단"으로 다루어진다) 현대 역사가들이 그와 관련된 철학과 이념들에 대한 편견 없는 관점을 얻기란 어려웠다.[126] 그러나 이제 나그함마디 문헌집이 우리에게 원래의 영지주의 문헌을 제공해 주었으므로[127] 무엇을 "영지주의적인" 것이라고 설명할 수 있거나 설명해야 하는지에 대해서, 그리고 영지주의 사상이 2세기에 "기독교"로 출현한 것과 어떻게 상호작용했는지에 대해서 더 분명한 관점을 얻을 수 있다.

나그함마디 문서는 "영지주의"로 묘사될 수 있는 독특한 역사적 현상이 있었다는 개념을 산산이 부수면서,[128] 동시에 이단학자들이 매우 극단적인 방식으로 다루었던 주제와 쟁점들에 대한 보다 분명하고 다양한 관점을 제공했다. 예를 들어 많은 나그함마디 문헌들에는 악한 데미우르고스가 없으며 프톨레마이오스에게 있어서 창조주 하나님은 선하지도 악하지도 않고 단지 의롭다.[129] 「3부 논문」(*The Tripartite Tractate*)에서 성부, 성자, 교회로부터의 일차적인 유출은 성부와 더불어 최초의 삼자(三者) 관계 내지 삼위일체를 형성한다(57.8-59.38).[130] 「논자 도마의 서」(*The Book of Thomas the Contender*)에서 "신적인 우연이나 악한 세력에 의해 세상이 창조되었다는 영지주의의 신화는 언급되지도 않고 명백히 전제되어 있지도 않으며, 이 논문의 이원론은 우주적 이원론(위/아래)보다 인간학적 이원론(몸/영혼)에 훨씬 더 가깝다."[131] (발렌티누스주의적이기는 하지만) 「진리

---

126 초기 이단학자들에 대한 Rudolph, *Gnosis*, 10-25의 비판을 보라.
127 그 가운데 몇몇 문헌-특히 「진리의 복음」, 「빌립복음」, 「부활론」-은 명백히 발렌티누스주의를 대표하는 문헌이다(King, *Gnosticism*, 154).
128 이하의 n. 143을 보라.
129 King, *Gnosticism*, 46, 187-88.
130 참고. 표현하지 않은 생각(*logos endiathetos*)과 말로 표현한 생각(*logos prophorikos*)에 대한 고대의 구별을 3원적 표현으로 발전시킨 「삼형 프로텐노이아」(Trimorphic Protennoia).
131 J. D. Turner, *NHL*, 200.

의 복음」에는 "지혜"가 나오지 않는다. 이 경우에도 가현설적 기독론에서 해결된 것같이 몸과 영혼 사이의 긴장에 대한 해결책은 이전에 인식된 것보다 더 균형 잡혀 있고,[132] 「진리의 복음」은 아무런 거리낌 없이 예수를 "나무에 못 박힌 자"로 묘사한다(NHL, I.20.25). 그리고 "나그함마디 문헌은 대부분 금욕주의적인 경향이 있지만, 이 문헌집에 자유 사상적인 관점이나 행동에 대한 증거는 없다."[133] 또한 나그함마디 문헌들은 학자들을 셋파(Sethians)의 독특한 성격에 대해 보다 민감하게 만들었다(Irenaeus, adv. haer. 1.30; Hippolytus, Ref. 5.14-17).[134]

그러나 그와 동시에 나그함마디 문헌들은 이단학자들이 영지주의의 가르침에 있는 것으로 간주한 여러 핵심적 특징들을 확인시켜주고 자세히 설명해주었다. 예를 들어 이단학자들의 설명에서 예상할 수 있듯이, 위대한 보이지 않는 영혼인 단자(單子, Monad)로부터의 유출 목록은 (「요한의 비서」나 「이집트인의 복음」에서와 같이) 광범위하며 "지혜"의 타락에 대한 우주적 신화는 여러 문헌에서 발견된다.[135] 「영혼에 대한 해설」에서는 특이하게도 영혼은 여성이며 시몬 마구스에 대한 이레나이우스의 설명에서 헬레나의 행적과 비슷한 행적을 따른다. 「3부 논문」은 인류를 영적인 인간, 혼적인 인간, 물질적인 인간으로 나누는 발렌티누스주의의 3분설에 대한 가장 분명한 표현을 제시한다(118.14-122.12). 그런데 다소 인상

---

132 King, *Gnosticism*, 208-13; "가현설"에 대해서는 Rudolph, *Gnosis*, 157-71을 보라.

133 King, *Gnosticism*, 203; 201-8을 보라.

134 King, *Gnosticism*, 156-62. 알렉산드리아의 클레멘스는 셋이 특별한 명성을 얻은 이유를 설명해준다. "아담으로부터 다음 세 가지 본성이 유래한다. 첫째, 비합리적인 본성으로 가인이 여기에서 나왔다. 둘째, 합리적이고 의로운 본성으로 아벨이 여기에서 나왔다. 셋째, 영적인 본성으로 셋이 여기에서 나왔다"(*Exc. Theod.* 54.1-2). M. A. Williams, 'Sethianism', in Marjanen and Luomanen, *Companion*, 32-63도 함께 보라.

135 예를 들면 「진리의 복음」, 「요한의 비서」, 「통치자의 실재」, 「세상의 기원에 대하여」, 발렌티누스주의에 대한 히폴리투스의 설명(*Ref.* 6.30.6-6.34.1). Rudolph, *Gnosis*, 320-22도 함께 보라. 「요한의 비서」에 대해서는 추가적으로 이하의 §49.7a을 보라.

적인 것은 영지주의에 관해 1966년에 열린 메시나 학회에서도 여전히 2세기의 "영지주의"를 "신적인 영역에서 비롯되고, 운명과 출생과 죽음이 있는 이 세상으로 떨어졌으며, 최종적으로 재통합되기 위해서는 자아의 신적인 대응물에 의해 일깨워질 필요가 있는 인간 안의 신적 불꽃에 대한 사상"으로 요약했다는 사실이다.[136]

아이러니하게도 나그함마디 문헌집의 발견은 대체로 기독교 이전의 영지주의에 대한 탐구가 광범위하게 퇴조하는 현상의 시작—"기독교 이전의 영지주의"는 1세기의 현상이라기보다 20세기에 형성된 개념이라는 점증하는 인식—과 함께 발생했다. 후대의 사상 체계의 일부였던(일부가 된) 1세기에 나타난 언어와 모티프를 그 사상 체계가 이미 존재했다는 증거로 받아들여선 안 된다는 결론이 꾸준히 더 설득력을 얻게 되었다.[137] 한 가지 고전적인 사례는 1Enoch 42장에서와 같은 "유대인의 지혜" 신화였는데, 이는 그 이후의 영지주의적인 추론에 기여했을 수도 있지만[138] 기독교 이전의 영지주의적인 구속자 신화에 대한 증거는 제시하지 않는 추론을 보여준다. 유사 관계가 곧 의존 관계를 나타내는 것은 아니며 유비는 계보와 같은 것이 아니라는 점을 다시 한번 배울 필요가 있었다.[139]

---

136 U. Bianchi, *Le origini dello Gnosticismo* (Leiden: Brill, 1967), xxvi-xxvii. "영지의 본질적인 기본적 특징들"에 대한 Rudolph의 분석을 보라. 그 특징들은 "인간의 신적인 본질과 기원 및 운명에 대한 기본적 통찰"인 영지, 이원론적인 세계관, "하나님에게서 멀어진 현재 인간의 상태에 대한 설명"으로서의 세상 창조, "영혼의 천상 여행에 대한 사상"과 "구속자에 대한 교리"를 포함한 구원론, "천상적 영혼의 구원"인 종말론, 종교의식과 공동체 등이다(*Gnosis*, 55-59; 분석한 내용 전체는 59-272).

137 특히 C. Colpe, *Die religionsgeschichtliche Schule: Darstellung und Kritik ihres Bildes vom gnostischen Erlösermythus* (Göttingen: Vandenhoeck & Ruprecht, 1961)을 보라. King, *Gnosticism*, 109, 137-47도 함께 보라: "기독교 이전의 영지주의적인 구속자 신화는 현대 학자들의 발명품이다"(138).

138 G. W. MacRae, 'The Jewish Background of the Gnostic Sophia Myth', *NovT* 12 (1970), 86-101.

139 Rudolph, *Gnosis*, 307-8도 보라.

그와 동시에 나그함마디 문서들은 그 자체로는 늦은 시기의 문헌이지만(4세기), 아마도 그 이전의 문서들과 구두 전승을 반영하거나 사용했을 것이라고 주장할 기회를 제공했다. 따라서 최초의 기독교에 영지주의가 끼친 영향력의 문제는 아직 사라지지 않았다. 그러나 논쟁의 조건은 변했다. 그것은 더 이상 기독교의 출현에 대한 불트만의 재구성에서 그토록 두드러졌던 "영지주의적인 구속자 신화"가 실제로 기독교 이전의 신화였는가 하는 문제가 아니다. 예수에 대한 기독교의 주장이 시몬 마구스나 메난데르와 같은 영지주의적인 구속자적 인물의 선례를 제공한 것으로 보인다는 의견은 훨씬 더 설득력이 있다.[140]

　　그렇다면 문제는 더 이상 그리스-로마 세계에 확산되던 복음에 미친 영향력(세례, 제의적 식사, 그리스도 신비주의, 구속자 신화)에 관한 것이 아니다. 문제는 이제 나그함마디 문서 일부가 영지주의의 영향력이 예수 자신의 가르침(예수 전승)에까지 이르렀다는 증거를 제시하느냐의 여부다. 더 정확히 말해서 문제는 일부 나그함마디 문서가 일부 초기 추종자들이 예수의 말을 신약 복음서에 요약된 것과 다른 관점에서 듣고 인식했는지를 보여주는가 하는 것이다. 가장 눈에 띄는 주장은 가장 유명한 나그함마디 문헌인 「도마복음」에 대해 제기되었다.[141] 이 문헌은 1세기까지 거슬

140　R. M. Grant. ed., *Gnosticism: An Anthology*(London: Collins, 1961)에서는 이를 다음과 같이 표현한다. "영지주의적인 구속자의 기원에 대한 가장 분명한 설명은, 그가 예수에 대한 기독교적 개념을 모델로 삼은 인물이라는 것이다. 예수 이전에 우리가 아는 구속자는 없지만 예수 시대 직후부터는 다른 구속자들(시몬 마구스, 메난데르)이 등장한다는 점은 의미심장해 보인다."

141　「도마복음」 초판의 저술 시기를 J. D. Crossan, *The Historical Jesus: The Life of a Mediterranean Jewish Peasant*(San Francisco: Harper, 1991)에서는 기원후 30-60년으로 추정한다. R. W. Funk and R. W. Hoover, *The Five Gospels: The Search for the Authentic Words of Jesus*(New York: Macmillan, 1993)의 제목을 주목해 보라. 여기서 다섯 번째 복음은 물론 「도마복음」이다. 필자는 *Jesus Remembered*, §7.6에서 「도마복음」에 대한 잠정적인 논의를 제시했다.

러 올라가는가? 이 문헌의 최초 형태는 신약 복음서만큼 이르거나 그보다 더 이른 시기의 것인가? 이 문헌은 예수의 말씀이 이미 1세기나 2세기 초에 어떻게 들리고 이해되었는지에 대해 증거를 제공하는가? 이 문헌은 신약 복음서 저자들이 접할 수 있는 가르침이 있었는데 그들은 이를 부분적으로만 받아들였고 다른 사람들이 이를 보존하고 발전시켰음을 입증하는가? 신약 복음서 안에 신약 복음서 저자 한 명 이상이 일부 나그함마디 사본에 지금도 보존되어 있는 관점에 반발했다는 증거가 있는가?[142] 여기에는 우리가 특히 예수 전승이 2세기에 지속적으로 끼친 영향이라는 주제와 관련해서 다루어야 할 중요한 문제들이 있다(§44).

c. 영지주의의 문제

두 번째 중요한 발전은 첫 번째 발전과 교차하면서도 상호 작용한다. 그것은 "영지주의"에 대해 말하는 것이 과연 정당한가 하는 질문의 등장이다. "기독교 이전의 영지주의적인 구속자 신화"나 "신적인 인간"—20세기 신약 연구의 중요한 기준점—처럼 "영지주의" 그 자체도 역사적 현상이라기보다 현대적 개념으로 간주되게 되었다.[143]

그렇다면 21세기 초의 논쟁은 이러한 관점들에 "영지주의적"이라

---

142 이 문제는 H. Koester, *Ancient Christian Gospels: Their History and Development*(London: SCM, 1990)에서 가장 날카롭게 제기되었다.

143 특히 다음 책들을 보라. M. A. Williams, *Rethinking "Gnosticism": An Argument for Dismantling a Dubious Category* (Princeton University, 1996); King, *Gnosticism*: "우리가 영지주의라는 말을 단일한 기원과 일련의 특징들을 가진 일종의 고대의 종교적 실체라는 뜻으로 사용한다면 영지주의 같은 것은 전에도 없었고 지금도 없다. 영지주의란 오히려 규범적 기독교의 경계를 정의하는 데 도움을 주기 위해 현대 초기에 발명된 용어다"(King, *Gnosticism*, 1-2; 108도 함께 보라); "결국 필자는 '영지주의'라는 용어가 최소한 현재의 용법에 있어서는 십중팔구 버려질 것이라고 생각한다"(218).

는 꼬리표를 붙여야 할 것인가에 관한 논쟁이 아니다. 그것은 오히려 "영지주의"라는 제목을 붙일 수 있는 단일하고 인식 가능한 현상이 있었는가에 관한 논쟁이다. 또는 우리가 실제로 단일하고 인식 가능한 체계 속에 결합될 수도 있었지만 그 가운데 일부 혹은 전부가 다양한 범위의 개인들과 집단들/학파들에 영향을 끼친 일련의 종교적 사상들에 대해 이야기하고 있는 것인가에 관한 논쟁이다. 그리고 그 논쟁은 특히 우리에게는 이러한 사상들 중 일부가 전통적으로 인식되어온 것보다 기독교의 초기 형태에서 훨씬 더 핵심적인 것이었는가에 관한 논쟁일 것이다.[144] 후대의 영지주의 체계나 집단이 실제로 "큰 교회"가 인식하거나 인정하려 한 것보다 예수와 바울에 더 긴밀히 의존했는가? 영지주의 체계 중에 어떤 것은 매우 다양한 현상(기독교)의 부분집합으로 간주해야 하는가? 아니면 "영지주의"를 기독교 이단으로 보는 교부들의 관점으로 되돌아가야 하는가?[145]

우리가 영지주의(또는 영지주의들)에 대해 말할 수 있는가를 둘러싼 지속적인 논쟁이나 "영지주의"의 기원에 대한 논쟁에 휘말리지 않고도[146] 우리는 최소한 근동과 그리스-로마 세계에 널리 퍼져 있었고 바울과 그의 계승자들이 분명히 표현한 복음에 대한 대안적이거나 대조적이거나 보완적인 (다양한 사람들이 다양하게 인식한) 설명을 제시한, 인간의 상태와

---

144 이는 이 연구의 첫머리에서 언급한 대로 Bauer가 제기한 문제다(*Jesus Remembered*, 5).

145 S. Pétrement는 *A Separate God: The Christian Origins of Gnosticism*(San Francisco: HarperCollins, 1994)에서 영지주의는 원래 2세기의 기독교 이단이었다는 관점을 되살렸다.

146 다음 책들을 보라. King, *Gnosticism*, 169-98; Smith, *No Longer Jews*. Smith는 영지주의가 트라야누스 시대의 봉기 이후 유대 이집트 배경에서 발생했다고 주장한다. "영지주의의 기원과 관련된 후보들 중에 일차적인 후보는 소외된 유대 지식인들과 유대 기독교인들, 플라톤주의에서 유대교나 유대 기독교로 개종한 사람들이다"(244).

그 이유와 해결책에 대한 사상들이 있었다는 점에 동의할 수 있다.[147] 우리는 기독교 이단학자들뿐만 아니라 다양한 나그함마디 문서들이 암시하는 바와 같이 영지주의의 주된 요소들이었을 것으로 보이는 요소들을 다음과 같이 쉽게 묘사할 수 있다.

- 실재하는 인격인 "나"는 "내"가 그 안에서 살거나 "나"를 구체화하는 물리적인 몸과 구별된다는 인식, 그리고 몸의 한계, 어느 정도의 불편함, 혼란스러움, 심지어 물질적인 상황으로부터의 소외와 현세의 제약에 대한 불만.[148] 이는 필자가 생각하기에 궁극적으로 이 실존적인 불안(Angst)을 설명하고 해결하기 위해 진화된 보다 정교하고 다양한 체계들의 공통된 뿌리였다.
- 이는 기본적으로 플라톤 철학의 마음/영혼 및 물질의 이원론과 쉽게 조화를 이루었다. 일체의 소외감의 분명한 효과는, 물리적이고 물질적인 것을 그 성격상 열등하거나 부정적이거나 악한 것으로 보며 인간을 이 물리적인 몸과 물질세계 안에 갇혀 있는 존재로 간주하되,[149] 참된 인간("나", 또는 영혼)은 영적이며 다른 영역(영적

---

147 특히 앞의 n. 136에 있는 메시나 학회의 정의를 보고 다음 글도 함께 보라. B. A. Pearson, 'Gnosticism as a Religion', *Gnosticism and Christianity in Roman and Coptic Egypt* (New York: Continuum, 2004), 201-23. "영지주의적"이라는 표현의 지시 대상을 다양한 영체들과 악하거나 무지한 데미우르고스를 포함한 완전히 발달된 체계로만 한정하지 않는 것이 중요하다. C. Markschies, *Gnosis: An Introduction*(London: T & T Clark, 2003)도 함께 보라.

148 이러한 강조점은 특히 H. Jonas, *The Gnostic Religion: The Message of the Alien God and the Beginning of Christianity*(Boston: Beacon, 2¹1958)에 의해 제기되었다. 실존주의가 유럽 철학에서 지배적인 세력이었을 때 실존주의적인 피투성(被投性, Geworfenheit)의 의미가 영지주의의 "소외"의 의미와 거의 일치했으므로 영지주의에 대한 관심이 생겨난 것은 놀랄 일이 아니다(참고. Rudolph, *Gnosis*, 33-34).

149 "몸(*sōma*)은 영혼의 무덤(*sēma*)"이라는 오르페우스교의 믿음을 플라톤은 한 번 이상 언급했다(*Gorgias* 493a; *Phaedr.* 250c); E. Schweizer, *TDNT* 7.1026, 1028을 보라.

인 세계, 하늘)에 속한 것으로 간주하는 것이었을 것이다.[150]

- 그와 유사한 자연스러운 부연 설명은 (물질세계의) 피조물을 하나님 또는 궁극적인 하나님의 작품이 아니라 그보다 덜 신적인 존재로서 플라톤의 「티마이오스」에 나오는 데미우르고스, 즉 "이 세상의 신"의 작품으로 간주하는 것이다. 발전된 영지주의 체계에서는 물질세계를 창조한 존재가 출현할 때까지 최고 존재로부터 쇠퇴해가는 과정에 대한 분석이 영체나 유출의 질과 성격 면에서의 긴 쇠퇴의 연속으로 특징지어진다.[151]

- 참된 영적인 사람(영혼)은 보통 자신의 참된 본성과 갇혀 있는 상태에 대해 무지하다(이는 술 취함에 종종 비교된다). 그렇다면 갇혀 있는 영혼에 대한 구원은 그에게 전달되는 지식(영지), 그의 참된 본성에 대한 지식에 의해 성취된다.[152] 발전된 영지주의 체계에서는

---

150 "영지 전체는 단일한 이미지로 이해할 수 있다. 이 이미지는 '진흙 속의 금'의 이미지다"; "그 진흙은 세상의 진흙이다. 그것은 무엇보다도 그 육욕으로 인간을 끌어내리고 '나'를 속박하는 몸이다." 모든 영지주의 체계는 "신적인 세계와 인간이 현재 살고 있는 세계의 대립이 어떻게 발생했는지, 어떻게 영지주의자 안에서 신적인 부분이 이 세상에 갇혀 있는 일이 일어나는지를 설명하려는 하나의 목표를 갖고 있다"(Foerster, *Gnosis*, 1.2-3, 9). 나그함마디 문헌 중에서는 「진리의 복음」과 「도마복음」이 이러한 관점을 분명하게 표현한다. 이하의 §43.2c(ii)을 보라.

151 이 점에 관한 가장 정교한 영지주의 체계 중 하나는 Irenaeus의 *adv. haer.* 1.29.1-4에서 표현된 것과 같은 "바르벨로그노시스"(Barbelognosis)이지만, 예컨대 Hyppolytus, *Ref.* 6.25에 의해 전해지고 나그함마디의 「요한의 비서」에 의해 표현된 바와 같은 발렌티누스주의도 여기에 포함된다(Foerster, *Gnosis 1*, 7장; F. Wisse, 'The Apocryphon of John', *NHL*, 104-24). Rudolph는 그 세계관을 도표화하여 예시한다(*Gnosis*, 68-69).

152 한 가지 전형적인 예는 「진리의 복음」이다(*NHL*, I.22.13-20). "이런 방식으로 지식을 얻으려는 자는 자신이 어디에서 왔고 어디로 가고 있는지를 안다. 그는 술에 취했으나 자신의 술 취함에서 돌아섰고 자기 자신에게로 돌아와 자신에게 속한 것을 바로잡은 자로서 안다"(*NHL*, 42). 알렉산드리아의 클레멘스는 영지주의의 자기 이해를 요약한 내용을 제시한다. "우리를 자유롭게 만드는 것은 목욕(씻음)만이 아니라 지식, 즉 우리가 누구였고 무엇이 되었으며 어디에 있었고 어느 곳으로 던져졌으며 어디로 서둘러 가고 있고 무엇으로부터 구출되었으며 탄생은 무엇이고 재탄생은 무엇인가에 대한 지식이다"(*Exc. Theod.* 78.2; Foerster, *Gnosis*, 1.230). Williams는 이렇게 지적한다. "셋파의 자료는 대부

이 지식이 갇혀 있는 영적 존재에게 영지를 나누어주는 신적인 구속자적 인물에 의해 제공되므로[153] 물질적 존재가 부패하여 죽음에 이를 때 영혼은 신적인 구속자가 준 암호에 의해 보다 덜 신적인 존재들의 대열을 통과하여 그 천상의 고향으로 탈출할 수 있다.

• 물질적인 몸에 대한 그와 같은 적대감을 고려하면 참된 영지주의자는 보통 금욕적인 삶을 사는 것을 자신의 의무로 간주할 것이다. 어떤 이들은 방종하고 음탕한 삶을 사는 것도 똑같이 적절하다는 결론을 내렸을지도 모른다. 결국 몸은 구원의 과정에서 중요한 것이 아니기 때문이다.[154] 그러나 이미 언급한 대로[155] 그것은 기독교인의 섬김의 애찬을 방탕을 위한 구실과 핑계라며 비난한 흑색선전과 같은 종류의 선전의 결과일 수도 있다.

지난 세기에 생생하게 입증된 것처럼 그 시기의 학자들에게는 이러한 요소들로부터 하나의 체계("영지주의")를 구성하려는 거의 억제할 수 없는 본능이 있었고, 그 주된 논증은 이 체계(들)가 기독교보다 시기적으로 앞섰는가, 아니면 사실 기독교 이단학자들이 주장한 대로 기독교와 그 주변

분 인간 본성과 인간의 기원이라는 문제에 대한 집착을 반영한다.···자신이 이 신성한 가족에 속해 있다는 인식의 회복은 셋파 전통에서 구원의 본질에 속한다"('Sethianism', 58).

153 "많은 영지주의 체계에는 인간 안에 있는 신적인 요소를 일깨워 무감각한 상태에서 벗어나게 하며 망각의 주술을 뚫고 나아가는, 빛의 세계에서 온 인물인 '구속자'가 있다"(Foerster, *Gnosis*, 1.14). "구속된 구속자"의 변화는 이전에 추측한 것처럼 그렇게 빈번하지 않다(1.16-17; Rudolph, *Gnosis*, 121-31). 예수는 물론 바로 이 대목에서 영지주의적인 구속 신화에 삽입되었다(또는 기여했다)(Rudolph, *Gnosis*, 148-56).

154 "몸에 대한 적대감이라는 기본적 주제로부터 영지는 금욕주의뿐만 아니라 금욕주의와 정반대인 방탕도 도출해냈고 그 속에서 인간은 몸에 대한 경멸을 보여주며 몸의 욕구들을 만족시키는데 이는 근본적으로 몸의 욕구들이 그의 관심사가 아니기 때문이다"(Foerster, *Gnosis*, 1.3).

155 앞의 n. 122을 보라.

에서 자라난 후대의 변질인가의 여부였다. 그러나 사실 이 길을 따라 내려가거나 기원의 문제를 논쟁하는 것은 불필요한 일이다.[156] 분명한 것은 개인적으로나 다양한 집단에 의해 신봉된 이러한 사상들이 있었고 이러한 사상들을 고수한 이들은 우리에게까지 전해진 2세기 말에서 3세기까지의 주요 기독교 사상가들에게 위협 요인으로 간주되었다는 점이다. 우리가 그들을 "영지주의자"라고 부르든 "영지주의"의 체계를 추론하든, 이는 전혀 중요하지 않다. 중요한 것은 이단학자들이 언급했듯이, 나그함마디 문헌들에 의해 입증된 대로 그러한 영향력을 가진 사상이 널리 퍼져 있었다는 점이다. 그렇다면 우리에게 진정한 의문은 이러한 사상들이 초기 기독교인들에게 영향을 끼쳤거나, 그들에 의해 받아들여졌거나, 심지어 바울이나 요한이나 예수로부터 비롯되었는가 하는 것이다.

d. 마르키온

그다음에는 마르키온이 있다. 그는 때때로 영지주의자로 간주되고 그의 신학은 분명 영지주의적인 색채를 지닌 것으로 설명될 수 있지만, 그는 독립적인 사상가였다.[157] 우리가 그의 개인사에 대해 알고 있는 얼마 안 되는 내용을 간략하게 진술할 수 있다.[158] 그는 1세기 말에 폰투스(본도)의

---

156 이는 King이 보여주듯이(앞의 n. 143) "영지주의"에 대한 토론의 한 가지 주된 관심사다.
157 다음 책들을 보라. Rudolph, *Gnosis*, 313-16; S. Moll, *The Arch-Heretic Marcion* (WUNT 250; Tübingen: Mohr Siebeck, 2010), 72-74—"마르키온은 분명 그리스도를 '더 높은 영역에서 내려오고 그곳으로 다시 올라가는' 구속자적인 인물로 믿지만 어떤 식으로든 결코 **지식**을 결정적인 것으로 강조하려 하지 않았다"(74). H. Räisänen, 'Marcion', in Marjanen and Luomanen, *Companion*, 100-124: "마르키온은 인간 안에 있는 어떤 신적인 불꽃도 인정하지 않는다.…그의 가현설조차 불완전하다. 즉 그리스도는 고난당하고 죽는다"(107). 이하의 §47 n. 177도 함께 보라.
158 Moll, *Marcion*, 2장. 추가적으로 R. J. Hoffmann, *Marcion: On the Restitution of Christianity* (AARAS 46; Chico: Scholars, 1984), 1-2장을 보라.

시노페에서 태어났다. 그가 시노페 주교의 아들이었지만 어떤 처녀를 유혹한 일로 인해 아버지에 의해 파문당했다는 위(僞)테르툴리아누스의 기록(*adv. haer.* 6)은 흑색선전의 또 다른 사례로 무시해야 할 것이다. 그러나 마르키온이 "폰투스의 선장, 스토아 철학의 열렬한 생도"였다는 테르툴리아누스의 언급(*de praescr. haer.* 30)은 좋은 정보로 분류될 수 있을 것이다. 그는 130년대에 로마로 왔고 로마와 소아시아 서부에서 활동했으며 144년("마르키온의 생애에서 '하나의 확실한 시기'")[159]에 교회가 구약을 유지하고 예수가 예언자들이 예언한 메시아라고 주장한 것은 실수였다고 주장한 일로 인해 파문당했다.

　그의 가장 유명한 저술인 「대조표」(*Antitheses*)(Tertullian, *adv. Marc.* 5.1)는 창조자 하나님과 예수가 계시한 하나님 사이, 구약과 축소된 바울 서신 및 훼손된 누가복음을 중심으로 구축된 기독교 사이의 날카로운 대조를 기반으로 형성되었다.[160] 이는 아마도 자신들의 신앙과 세계관이 흑백으로 명확하게 그려지는 것을 좋아했을 많은 이들에게 분명 매우 매력적인 점이었다. 아무튼 마르키온은 자기만의 교회, 그의 마음속에 있는 "참된 교회"를 조직하기 시작했다. "마르키온의 교회는 자체적인 성경을 가지고 가르쳤고 성적인 금욕을 요구했지만(출산은 창조자 하나님의 명령이었다), 다른 면에서는 그를 배격한 교회와 매우 비슷하게 보였다.…학자들

159　J. J. Clabeaux, 'Marcion', *ABD* 4.514.
160　고전적인 연구는 여전히 A. Harnack, *Marcion: Das Evangelium vom fremden Gott*(Leipzig: Hinrichs, 1924)의 연구다. 그러나 Moll은 마르키온이 구약을 단순히 거부했다는 Harnack의 영향력 있는 견해를 반박하며 그의 핵심적인 명제 중 하나로 다음과 같이 주장한다. "마르키온은 구약을 신약에 비추어 이해하지 않고 신약을 구약에 비추어 해석했다"(*Marcion*, 82, 106). Räisänen은 마르키온이 풍유적인 해석으로 구약의 난해 구절들을 다루는 보다 "정통적인" 해석에 대해 이의를 제기하며 구약을 문자적으로 읽었다고 말한다. "구약이 제기하는 도덕적인 문제들을 얼버무려 설명하지 않은 공로는 마르키온에게 돌아간다.…마르키온은 상식을 가지고 구약을 읽었다"('Marcion', 108-9).

은 숫자 면에서만 보면 마르키온파가 160년대와 170년대의 수십 년 동안 비(非)마르키온파를 거의 능가했을 것으로 추측한다."[161] 마르키온의 교회는 서방에서는 콘스탄티누스 시대 이전에 사라졌지만, 동방에서는 몇 세기 동안 강력한 교세를 유지했다.[162]

그러나 마르키온은 바울의 영향을 크게 받았고 급진적인 바울주의자로 간주될 수 있으므로 마르키온에 대한 추가적인 고찰은 바울이 2세기까지 끼친 지속적인 영향을 다룰 때까지(§47) 미루어 둘 것이다.

38.5 정체성 논쟁

70년부터 180년까지의 기독교 역사는 전통적으로 생각된 것보다 훨씬 더 복잡하다. 이 점을 아마도 다음과 같이 더 예리하게 언급해야 할 것이다. 기독교 역사(사건들의 실제적인 추이와 연속)는 기독교의 역사(교회 역사가들이 제시한 설명)가 보통 고려해온 것보다 훨씬 더 복잡하다. 역사적 실재는 분명하게 정의된 신앙 규범과 분명하게 정의된 구조를 가진 큰 교회의 논란은 있지만 외견상 불가항력적인 출현보다, 경쟁하는 사상들/신앙들/관행들 사이의 긴장과 투쟁에 훨씬 더 가까웠다. 특히 감독 교회 체제

---

161 Clabeaux, *ABD* 4.515; "기독교인 신자든 외부의 관찰자든 2세기의 많은 이들에게 "기독교"라는 단어는 '마르키온파 기독교'를 의미했을 것이다"(Wilson, *Related Strangers*, 208; Justin, *1 Apol.* 26.5과 58.1-2을 보라; Tertullian, *adv. Marc.* 5.19; Harnack, *Marcion*, 153-60). Moll은 마르키온의 교회 지체들은 이방 종교나 유대교에서 나온 개종자들이 아니라 오로지 정통 교회에서 빼앗아온 이들이라고 주장한다. 유스티누스는 마르키온을 양 떼에서 어린양들을 낚아채는 늑대에 비유했다(*1 Apol.* 58.2). 이는 또한 "큰 교회"가 마르키온을 그토록 위험한 인물로 본 이유를 설명해준다(*Marcion*, 128-29).

162 "동방에서는 마르키온파 집단들의 흔적이 10세기까지 아랍 문헌에서 발견된다"(Räisänen, 'Marcion', 101).

에서는 분명한 정체성, 즉 유대인, 유대-기독교인, 영지주의자와 대비되는 정체성을 증진시키고 이를 위해 싸운 이들이 있었지만, 일상적인 현실에서는 예수와의 관련성에 의해 다양하게 스스로를 정의하는 서로 다른 집단들이 있었다. "기독교"가 과거에 무엇이었고 무엇을 "기독교"로 간주해야 하는가에 관한 정체성은 여전히 정의되는 과정 중에 있었고 정체성에 기여하는 모든 주요 요소에 관해 논쟁이 벌어졌다.

정체성을 정의하는 이러한 과정을 어떻게 추적할 것인가? 필자가 생각하기에는 훗날의 일을 살펴보며 일어난 일에서 실마리를 잡는 방법으로는 안 된다. 우리가 살펴본 바대로 그것은 분명 가능한 진행 방법이다. 그러나 문제는 이 방법이 최종 결과를 가지고 다양한 갈등과 긴장에 대한 평가를 결정하게 한다는 점이다. 거칠게 말하자면 이 방법은 승자들이 제시하는 설명으로서의 역사 서술 모델을 취한다. 이 방법은 뒤처지거나 부정된 것은 진지하게 받아들일 만한 가치나 자격이 전혀 없다고 가정한다. 이 방법은 반대와 대립에 의한 자기 인식이 기독교적 정체성이 형성된 방식일 뿐만 아니라 유일한 방식이었다고 가정한다. 그것은 "영지주의"가 정의상 기독교 안에서 어떤 위치도 가질 수 없는 잘 정의된 실체였다고 가정한다. 그것은 "정통"이 아닌 모든 것은 단지 어떤 제국주의적인 권력 정치 게임의 패자가 아니라 돌이킬 수 없는 "이단"이라고 가정한다.

필자가 선호하는 방법은 이 시기를 정반대 방향에서 바라보는 것이다. 모든 역사적 자료를 그것이 에우세비오스와 그의 동료들에 의해 어떻게 간주되었는가 하는 관점에서 평가하기 위해 미래로부터, 즉 일어나거나 성취될 일로부터 바라보는 것이 아니라, 과거로부터, 즉 우리가 지금까지 묘사해온 첫 세대의 특성으로부터, 기독교의 시초에 힘을 더해주었으며 미래를 위해 기독교의 잠재력과 가능성을 열어준 이들의 관점에서 바라보는 것이다. 비현실적이지만 그럼에도 불구하고 매력적인 질문을 던지고 싶다. 베드로, 야고보, 바울은 2세기와 그 이후에 일어난 일에 에우세비오스처럼 만족했을까? 그들은 "큰 교회"의 출현, 유대교와의 대립, 유대-기독교에 대한 부정, 영지주의적인 변화에 대한 규탄이 그들이 경험한 영향과 그들이 소중하게 여긴 확신의 최선의 결과 내지 가장 바람직한 결과라고 단언했을까? 첫 세대 동안에는 효과적이었지만 지금까지 우리 시야에서 가려진 다른 중요한 영향력(무엇보다도 요한의 영향력)이 존재했는가? 이러한 영향력이 시야에 들어오기 시작할 때 그것은 첫 세대의 다른 중요한 인물들과 그들의 영향력에 대한 평가에 어떤 영향을 주는가? 초기 기독교가 탄생할 때 우리가 실제로 마주한 것은 아기 한 명인가, 쌍둥이인가, 세쌍둥이인가, 그 이상인가?

결과적으로 필자는 1세대 기독교를 형성한 주요 요소들이 2, 3, 4세대 속에서 어떻게 받아들여졌는지를 질문하는 방식으로 이 세 번째 책을 구성했다. 각각의 경우에 이 질문에 대한 답은 그것들의 영향력이 여전히 소중하게 여겨지고 주장되었지만 그들의 유산에 대한 이의 제기도 있었고, 그들이 기독교에 부여한 정의가 사실상 격렬한 논쟁의 주제였다는 것이다. 『초기 교회의 기원』에서 살펴본 것처럼 1세기 유대교를 정의하는 요소들은 네 가지였고 거기에 요한의 기여(요한복음과 요한 서신)가 추가되어야 하며, 이어질 내용에서 우리가 초점을 맞출 것은 바로 이런 것들이다.

- 예수의 선교가 계속해서 이후 세대들에게 영향력을 발휘하게 하는 주된 수단으로서, 정경 복음서들 사이에서조차 다양했음에도 불구하고 기록된 복음서 안에서 구체화되고 서서히 제한되었지만 예수의 영향력을 다르게 구체화하고 진척시키는 요구자들에 의해 내용과 특성 면에서 논쟁의 대상이 된 예수 전승. 한마디로 한다면

복음서 형태의 출현이다(§41-44).

- 야고보가 유대인 교회와 이방인 교회의 서로 다른 모델을 제시하면서 끼친 영향—기독교를 유대교와 대비하여 정의한 이들은 대체로 시야에서 놓쳤고 적당한 갈등을 겪으며 갈라져 나간 "유대 기독교" 분파로 넘겨진 그의 유산; 태동기 기독교와 랍비 유대교 사이의 관계 및 양자 모두에 도전하는 "유대 기독교인"의 중첩(§45-46).

- 바울이 유대교의 메시아 분파를 비유대인에게 열려 있고 점점 더 많은 수의 이방인들을 끌어들이는 종교로 만들어 나가면서 끼친 영향—목회 서신(과 사도행전)뿐만 아니라 마르키온에 의해서도 요구된 그의 유산, 클레멘스파와 발렌티누스파 사이의 논란에 놓인 그의 유산, 70년에서 180년 사이의 바울에 대한 반응(§47).

- 첫 세대에서는 놀랍게도 때때로 숨겨졌지만 그 이후 세대에는 점점 더 큰 힘을 발휘한 베드로의 영향—최초 로마 주교의 유산으로 주장되었지만, 가톨릭 기독교의 역사가 허용한 것보다 더 많이 논란이 되고 반박된 제도화 및 중앙화 추세의 일부로서 요구된 그의 유산(§48).

- 첫 세대에 대한 연구에서는 거의 눈에 띄지 않지만 1세기에서 2세기로 넘어가는 시점에는 중요한 목소리였던 요한의 영향—그의 영향으로 인해 예수 전승이 받아들여진 방식과 기독교를 형성한 영향들에 대해 새로운 질문들이 제기되었고, 우리가 살펴보고 있는 시기에 그의 유산은 영지주의자들뿐만 아니라 몬타누스주의자들에 의해 여전히 논란이 되었다.

- 이러한 연구들의 결과들은, 이레나이우스가 지주 혹은 전환점이 되어 대두된 "교회의 특색"(신앙 규칙, 기독론, 신약 정경, 군주적 감독 제

도)에 대한 정통적인 해석을 필연적으로 재평가하고 다듬도록 요청할 것이다.

이것들은 제3권의 구조를 제공해준다. 그러나 제1권과 제2권에서처럼 우리는 본서에서 사용한 자료에 대한 설명으로시작해야 할 것이다.

39장

1세기의 자료들(신약성경)

39.1 원자료의 다양성과 특성

헬무트 쾨스터(Helmut Koester)는 그의 『신약 서론』 제2권의 서문에서 학자들이 초기 기독교의 역사적 발전을 재구성하려면 "처음부터 초기 문헌들을 그 고유의 역사적 배경 속에서 이해하는 법을 배워야 한다"는 점을 특별히 언급한다.[1] 초기 기독교의 역사는 이 운동이 낳고 촉발시킨 초기 문헌의 역사다. 따라서 『생성기의 기독교』의 앞의 책들에서처럼 우리는 먼저 우리가 가진 자료들을 열거하고 그 가치를 평가하는 일부터 시작해야 한다. 이미 언급한 것처럼 여기서 우리는 1권과 2권에서 직면한 상황과 매우 다른 상황에 처해 있다. 『예수와 기독교의 기원』에서 신약 복음서들, 또는 최소한 공관 복음서들은 그것을 중심으로 보다 2차적인 자료들을 편리하게 분류할 수 있는 분명한 중심 자료를 제공했다. 마찬가지로

---

1   Koester, *Introduction*, 2.xvii.

『초기 교회의 기원』에서도 사도행전과 바울 서신이 그와 비슷한 중심적인 역할을 했다. 그러나 이제 우리에게는 그에 필적할 만한 자료가 없다. 그러한 역할을 할 만한 가장 분명한 후보인 에우세비오스의 「교회사」는 저작 시기가 늦고(4세기) 우리의 목적에 별로 적합하지도 않다.

그와 동시에 우리가 살펴보고 있는 시기에 나온 접근 가능한 문헌들은 우리가 이미 살펴본 두 시기의 문헌보다 사실 훨씬 더 많다. 바울 서신 외에는 대체로 모든 신약 문서들이 아마도 예루살렘 멸망 이후 약 30년 동안에 나왔을 것이다. 제2성전기 유대교는 사실상 예루살렘 성전 파괴와 함께 끝났지만 가장 특징적인 유대 문헌의 일부, 특히 고전적 묵시록인 「에스라4서」와 「바룩2서」는 물론 유대인 역사가 요세푸스의 저작들도 이 시기에 나왔다. 사도 교부들은 그런 문헌들의 발자취를 바짝 뒤따른다. 시기의 측면에서는 에우세비오스가 의존한 자료들 중 일부(특히 파피아스와 헤게시푸스)뿐만 아니라 고전적인 로마 역사가들 중 일부(특히 타키투스와 수에토니우스)도 같은 시기에 해당된다. 유대 기독교와 초기 영지주의 및 다양한 혼합주의 문헌들이 존재한 시기에 대해서는 논쟁이 있지만 최소한 그들의 전승과 자료 중 다수는 2세기의 것일 가능성이 매우 크다. 다음으로 2세기 중엽과 후반의 주요 인물들, 특히 발렌티누스와 마르키온은 말할 것도 없고 유스티누스와 이레나이우스도 고려해야 할 인물들이다. 마지막으로 다양한 중심지에 대해 밝혀지고 있는 파피루스학과 금석학의 자료들이 꾸준히 증가하고 있다. 따라서 자료는 부족하지 않다.

문제는 이 자료들을 상호 관련시키고 우리의 탐구를 위해 이 자료들을 이용하는 방식이다. 한 가지 대안은 연대순 분류 체계를 이용하는 방법일 것이다. 즉 각각의 문서와 정보 단편의 저작 시기를 결정한 다음 그 문서들을 차례로 검토하는 것이다.[2] 또 다른 대안은 지리적 분류 체계를 이용하는 방법일 것이다. 즉 각 항목이 어디서 기원했는지를 결정하고 그에 따라 각 항목을 분류하는 것이다.[3] 두 경우 모두 문제는 관련 문헌의 기원에 관한 시기와 장소 중 다수/대부분이 불분명하고 논란의 대상이라는 점이다. 그 결과 다수의 불확실한 점들과 사변적인 가설들이 시기와 장소가 최소한 비교적 보다 확실한 몇몇 자료들(예를 들어 이그나티오스의 편지들)과 똑같이 취급되어야 하며,[4] 이는 전체적인 그림을 왜곡시키거나 증거가 허락하는 것보다 더 확신 있게 결론을 도출시킬 수도 있다.

필자가 지향하는 세 번째 대안은 보다 넓은 추세와 발전 과정을 찾아보면서 이를 특정한 장소 및 시기와 너무 밀접하게 관련시키거나 그 의미를 그러한 연구 결과에 지나치게 의존하게 만들려고 애쓰지 않는 것이다. 물론 이러한 전략이 우리가 사용해야 할 자료들의 저자, 저작 시기, 장소에 관해 탐구할 의무를 면제시켜 주는 것은 아니다. 그것이 의미하는 바는(이는 덜 만족스럽긴 하지만) 우리가 바울 서신을 가지고 그렇게 했듯이(이는 바로 저작 시기와 장소가 훨씬 더 정확할 수 있었기 때문이다) 가장 관련성 있는 문서들을 각각 이 책의 특정한 장에서만 완벽하게 다루는 것이 별로 합리적이지 않을 것이라는 점이다. 그 대신 각각의 문서가 우리가 면밀히 검토하고 있는 특정한 발전 과정에 무언가 기여하는 대로 그 문서를 이용할 것이다. 어떤 경우에는 그것이 우리로 하여금 (바울 서신의 경우와 마찬가지로) 그 문서에 대한 꽤 포괄적인 설명을 제시할 수 있게 해줄 것이다. 다른 경우에는 두세 장의 관련된 단락들의 논의를 종합해야만 그

2　이 작업은 사도 교부들과 같은 제한된 수의 문서들을 검토할 때 더욱 효과적으로 수행될 수 있다.

3　앞의 §38 n. 11에서 언급했듯이 특히 Koester의 *Introduction*, 제2권.

4　그러나 이하의 §40 n. 24을 보라.

문서에 대한 전체적인 파악이 가능할 것이다.

한 가지 중요한 예비적 유의 사항은, 가장 면밀히 살펴볼 문헌들을 우리가 어떻게 사용할지는 우리가 사용할 수 있는 문헌들이 그 시대의 관점과 수단에 대한 증거로 사용할 수 있을 만큼 원래 기록된 내용과 가깝다고 얼마나 확신할 수 있느냐에 달려있다는 점이다. 우리가 가진 실제 자료들은 (a) 기록된 지 보통 몇 세기 뒤의 사본 속에 있는 전문, (b) 때때로 그 문헌이 기록된 시기에 훨씬 가까운, 보다 이른 시기의 단편적인 본문, (c) 원저자의 언어에서 다른 지중해 지역 언어로 번역된 본문, (d) 후대의 저자들이 그 문헌이나 그에 대한 언급에서 따온 (보통 약간 긴) 인용문이다.[5] 앞으로 분명해지겠지만 이 모든 것을 종합하면 이용할 수 있는 나머지 문헌보다 신약의 일부가 된 문헌들의 형편이 훨씬 더 낫다. 신약 문헌들은 단편적이든 부분적이든 완전하든 많이 있지만, 다른 문헌들 (예. 외경 문헌들과 로마 역사가들)에 대해서는 아주 적은 훨씬 후대의 사본들에 종종 의존해야 한다. 이는 우리의 주된 관심의 초점인 초기 기독교 문헌에 관해서 원래 기록된 내용과 참으로 가까운 문헌들이 우리에게 있다는 보다 큰 확신을 줄 것이다. 나머지 원자료에 관한 더 큰 불확실성은 그 자료가 우리의 임무와 직접적인 관련성이 덜하므로 크게 신경 쓸 필요가 없다. 이는 신약 문헌에 대한 본문비평이 서로 다른 교회들에 알려진 이 문헌들의 형식이나 형태에 대한 중요한 질문들을 던져준다는 사실을 무시하는 것이 아니지만, 그로 인해 제기된 문제들은 2세기 말에 겨우 등장하기 시작했고 아래 §50.2a에서 간략하게만 언급될 것이다.

---

5   이는 신약 문서들의 원문을 복구하려는 시도에서 전통적으로 다루어진 정보의 범위였다. 예를 들어 B. M. Metzger, *The Text of the New Testament: Its Transmission, Corruption, and Restoration* (Oxford University, 1964, ⁴2005 with B. D. Ehrman); C. E. Hill and M. J. Kruger, eds., *The Early Text of the New Testament*(Oxford University, 2012)를 보라.

그렇다면 이 장의 과제는 저자, 집필 장소(또는 문헌이 암묵적으로나 명시적으로 증언하는 장소), 집필 시기에 대한 전통적인 서론적 질문을 다루는 꽤 적당한 과제다. 이 과제를 통해 우리는 이 문헌들을 개연성이 높은 연대기적 순서―신약 복음서, 나머지 신약 문헌들(§39), 사도 교부들과 변증가들(§40)―대로 분류함으로써 최소한 가장 현명하게 연구를 시작할 수 있을 것이다. 그 저작 시기(또는 보다 이른 형태)가 논란이 되는 문헌들을 다룰 때는 같은 절차를 따르기가 보다 어렵다. 따라서 §40의 나머지 내용의 순서는 다소 자의적이며 외경 복음서들, 외경 행전들, 기타 묵시록들을 포함한다. 앞으로 알게 되겠지만 우리가 따를 절차는 다른 무엇보다도 편의상의 절차다. 이 절차를 통해서는 어떤 항목들이 어느 범주에 분류되는지, 각 범주 사이에 분명한 경계선이 있는지에 관한 질문에 대답할 수 없다. §40 끝에서 우리는 검토한 문헌들이 포함하고 있는 가능한 저작 시기의 범위와 그 문헌들이 기록되었거나 전송되었던 가능한 지리적 범위를 하나의 표 안에 보여줌으로써 우리의 연구 결과를 요약할 것이다.

39.2 정경에 속한 복음서들

필자는 초기 기독교 복음서 자료에 대한 검토를 두 가지 범주―정경에 속한 복음서들(마태, 마가, 누가, 요한)과 보통 함께 복음서로 알려진 나머지 문서들―로 나눈다. 이는 주로 집필상 선호의 문제다. 복음서로 알려진 모든 문헌을 한 장에서 다룬다면 그 장은 지나치게 길어질 것이다. 그리고 이 과정은 정경에 속한 복음서들에 나머지 복음서보다 큰 특권을 부여하는 것으로 간주될 수도 있지만, 사실 정경에 속한 복음서들이 나머지 복음서보다 먼저 등장했고 나머지 복음서보다 권위와 가치가 있는 것으로서 보다 높고 보다 보편적으로 간주되었던, 가장 가능성이 큰 역사적 실재를 반영한다. 교회와 공의회에 의해 내려진 초기의 결정에 구속받지 않고 관련된 모든 증거 자료를 "공평한 경쟁의 장"에서 다루기를 원하는 이상주의적인 역사주의가 존재하는 것은 이해할 만한 일이다. 그러나 역사가가 진실성 있게 연구하려면, 어떤 자료는 이 초기의 수십, 수백 년 동안 특권을 부여받았음을 인정하고 그 이유를 물어야 한다. 그 결과로 나온 비판에는, 몇몇 자료를 그 특권을 박탈하거나 비판하려는 시도가 담긴 비평이 포함될 수도 있을 것이다. 그러나 1세기와 2세기의 많은 문서 가운데 어떤 것들은 다른 것들보다 더 높게 그리고 더 폭넓게 평가받았다는 점을 인정하고 그것들을 먼저 다루는 것은 역사를 왜곡하는 것이 아니다.

신약 복음서와 더불어 본문비평가들이 사용한 본문 자료의 양은 어마어마하다. 앞에서 열거한 자료들의 네 가지 범주는 우리에게 각 복음서 본문과 그 초기 역사의 분명한 형태를 파악하기에 충분하고도 남을 정보를 제공한다. 우리에게는 (a) 4세기의 훌륭한 대문자 사본인 시내산 및 바티칸 사본과 그 이후의 사본들, (b) 몇몇 경우에는 2세기에 나온 파피루스 단편들, (c) 역시 몇몇 경우에는 4세기까지 거슬러 올라가는 복음서의 번역본들, 특히 고대 라틴어와 시리아어 번역본, (d) 역시 몇몇 경우에는 2세기에 나온 초기 기독교 교부들의 많은 인용문과 언급들이 있다.[6]

---

6 여기서 우리는 A. Gregory and C. Tuckett, eds., *The Reception of the New Testament in the Apostolic Fathers*와 *Trajectories through the New Testament and the Apostolic Fathers*(Oxford: Clarendon, 2005)를 참조할 수 있다. 예전에 가장 유용했던 참고자료는 옥스퍼드 역사 신학 학회의 *The New Testament in the Apostolic Fathers*(Oxford: Clarendon, 1905)였다.

a. 마가복음

마가복음[7]부터 시작하는 이유는 필자가 마가복음이 신약의 일부이자 기초가 된 복음서 중에 가장 일찍 기록된 복음서라는 강력한 합의를 따르기 때문이다. 이러한 결론은 이 복음서들 각각에 대해 확증된 확실한 저작 시기에 의존하고 있는 것이 아니다. 이는 순전히 복음서들의 문헌적인 내적 관계의 문제다. 필자는 이미 대부분의 학자들이 이러한 내적 관계의 특성을 근거로 마태와 누가가 그들 자신의 복음서를 쓰게 되었을 때 기록된 마가복음을 활용할 수 있었다고 결론짓는 이유들을 밝혔고 다시 똑같은 근거를 다룰 필요는 없다.[8] 저자, 저작 시기 및 장소에 대한 일반적인 서론적 질문들에 관해서는 각 질문이 나머지 질문에 영향을 끼치며 판단의 근거로 삼을 만한 것이 별로 없으므로 어떤 순서로 이 질문들을 다루든 별 차이는 없다. 그러나 이 경우에는 저작 장소에 대한 논의가 저자와 저작 시기의 문제에 너무나 많이 의존해 있으므로 발신 장소나 수신 장소의 문제는 마지막에 다룰 것이다.[9]

---

7 본문비평적 자료를 보려면 A. Y. Collins, *Mark* (Hermeneia: Minneapolis: Fortress, 2007), 120-25을 보라.

8 *Jesus Remembered*, §7.3을 보라.

9 마가복음 본문의 진실성에 관한 한 유일하게 중요한 쟁점은 마가복음의 결론이다. 그러나 막 16:9-20이 후대에 덧붙여진 부분이라는 데는 이견이 거의 또는 전혀 없으며, 마가복음이 원래 16:8에서 끝났다는 점에 대한 합의는 그보다 덜 강력하다(예를 들어 W. G. Kümmel, *Introduction, to the New Testament* [Nashville: Abingdon, 1975], 99-101; B. M. Metzger, *A Textual Commentary on the Greek New Testament* [London: United Bible Societies, 1971, 1975], 122-28을 보라). 다음 책들은 결말이 실종되었다는 관점을 지지한다. U. Schnelle, *The History and Theology of the New Testament Writings* (1994; ET London: SCM, 1998), 207; C. A. Evans, *Mark 8:27-16:20* (WBC 34B; Nashville: Nelson, 2001), 538-39.

i. 저자

저자는 마가복음 자체 안에서는 언급되지 않는다. 이는 이 책이 저자가 잘 알거나 저자와 잘 아는 어떤 집단을 위해 기록된 문서임을 암시할 수도 있다. 다른 한편으로 우리는 이 시리즈에 속한 책들에서 이미 몇 번 언급된 "한 문서의 오류"에 해당하는 오류, 즉 각 공동체는 하나의 문서만 사용했고 따라서 그 문서를 그 공동체의 신학에 대한 결정적인 표현으로 받아들일 수 있다는 오류를 피해야 한다.[10] 여기서 그에 해당하는 오류는, 각 복음서가 어떤 작은 지역 안에 있는 하나의 교회나 상호 관련된 여러 교회를 위해 기록되었고 따라서 근처에 있거나 보다 멀리 떨어진 다른 교회들의 신학과는 구별되는 그 교회들의 신학을 표현하는 것으로 읽을 수 있다는 가정이다. 그러나 각 복음서는 더 폭넓게 유포될 수 있는 가능성 내지 개연성을 염두에 두고 기록되었을 수도 있다.[11] 우리는 바울이 자신의 편지들이 근방에 있는 다른 교회에서 회람되기를 기대했다는 사

---

10 특히 *Jesus Remembered*, 150-52을 보라.
11 특히 R. Bauckham, 'For Whom Were the Gospels Written?', in R. Bauckham, ed., *The Gospels for All Christians: Rethinking the Gospel Audiences* (Grand Rapids: Eerdmans, 1998), 1장을 보라. M. E. Boring, *Mark* (NTL; Louisville: WJK, 2006), 15-16은 Bauckham의 논증을 호의적으로 다룬다. J. Marcus, *Mark 1-8* (AB 27; New York: Doubleday, 1999), 25-28에게는 미안한 말이지만, 마가가 주로 또는 우선 자신의 공동체를 위해 글을 쓰면서도 자신의 복음서가 다른 교회들에 전달될 가능성도 염두에 두었을 가능성은 충분히 있다. 마가복음은 분명히 10년에서 20년 안에 마태와 누가에게 이르렀고 그들에게 잘 알려져 있었다. Collins의 논의(*Mark*, 97-98)도 함께 보라. M. Hengel도 *The Four Gospels and the One Gospel of Jesus Christ*(London: SCM, 2000)에서 마찬가지로 "모든 민족"을 향한 사명(마 28:19-20)을 근거로 "널리 퍼진 견해와 달리 자신감 넘치는 복음서 저자[마태]는 그의 작품을 시리아 남부와 팔레스타인에 있는 자신의 공동체들뿐만 아니라…온 교회를 위해 썼다"(77-78)고 추론하며, 사복음서 모두에 대해서와 마찬가지로 마가복음에 대해서도 다음의 비슷한 주장을 한다. "우리는 실제로 복음서의 집필과 복음서 신학의 원인이 된 공동체로서의 '마가 공동체', '누가 공동체', '마태 공동체', '요한 공동체'에 대해 무의식적으로 말하기를 멈춰야 한다.… 'Q 공동체'라는 용어는 훨씬 더 말이 되지 않는다"(107, 추가로 106-15).

실을 알고 있으며(특히 골 4:16), 이 편지들은 사자들과 여행자들이 그들이
방문하는 교회들로 특정 편지의 사본들을 가져가면서 회람되는 범위가
매우 빠르게 또 꾸준히 넓어졌을 가능성이 크다.[12] 기록된 복음서들은 아
마도 특히 교회들의 수가 점점 많아져서 최초의 제자들/사도들이 각 교
회를 정기적으로 방문하기가 더 어렵게 되었을 때 전달하고 공유하기에
더 매력적인 자료가 되었을 것이다. 그리고 첫 세대의 제자들이 한 사람
씩 죽어가기 시작했을 때, 점점 더 늘어나는 교회들을 위해 더 폭넓게 그
들의 증언을 글로 보존하려는 욕구가 틀림없이 강해졌을 것이다.

이러한 논리를 따르면 그와 같은 문헌들은 하나의 제목과 저자로 알
려졌을 가능성이 크다. 우리가 기독교 문서들, 즉 편지들과 복음서들의
작은 모음집이나 전집을 만들기 시작하는 교회나 개인에 대해 생각해 보
면, 각 문서를 분류함 속에 넣기 전에 식별을 위한 어떤 표식을 붙일 필요
가 있었을 것이다. 그 일은 저자 자신의 책임은 아니었을 것이다. 그러나
책이 회람되기 시작하자마자 그러한 식별에 필요한 제목은 그 책을 유포
한 사람이나 그 책을 받은 사람이 붙였을 것이 거의 확실하다. 다시 말해
서 책을 식별하는 데 필요한 제목을 붙이는 일은 저자의 책임이라기보다
는 수신자의 책임이었을 것이다.[13]

여기서 우리는 복음서에 머잖아 실제로 붙여진 제목 −

---

12 *Beginning from Jerusalem*, §29.8d, §30.8.
13 "고대에 제목을 붙이고 사용하는 일은 저작의 생산보다는 저작의 수용에 더 많이 해당
    되는 일이었다고 말해도 무방하다"(Collins, *Mark*, 2). 이는 특히 다음 책을 인용한 말
    이다. M. Hengel, *Studies in the Gospel in the Gospel of Mark* (London: SCM, 1985), 74-
    75. "익명의 저작들은 비교적 드물었고 문집 안에서 틀림없이 어떤 제목을 얻었을 것이
    다"(Hengel, *Four Gospels*, 48; 추가로 48-50, 54-55, 59-60, 247-28 n. 247을 보라).
    Marcus의 발언은 보다 제한적이다. "복음서 저자는 대다수 헬레니즘 시대 전기 작가들과
    는 다르지만 대부분의 성경 저자들과 비슷하게 자신의 저자로서의 개성을 중요한 것으로
    간주하지 않는다"(*Mark 1-8*, 17). Hengel은 그 점에 대해 동의한다. "하나의 복음서의 진
    짜 '저자'는 예수 그리스도 자신이었다"(*Four Gospels*, 49).

EUANGELION KATA MARKON, "마가에 따른 복음"―에 이른다. 가
장 유명한 사본들 중 두 사본, 즉 4세기의 대문자 사본인 시내산 사본과
바티칸 사본에는 단순히 *KATA MARKON*("마가에 의한")이라고 기록되어
있다. 그러나 이것은 아마도 더 긴 제목인 *Euangelion kata Markon*("마가
에 의한 복음")의 줄임말일 것이고, 이는 더 긴 제목이 그렇게 줄여도 될 만
큼 잘 알려져 있었음을 암시한다. 마가복음의 더 긴 제목을 보여주는 그
이전의 예는 없지만, 그에 상당하는 제목으로 알려진 정경에 속한 나머
지 복음서들과 관련된 2세기와 3세기 초의 예들―*EUANGELION KATA
MATHTHAION, EUANGELION KATA LOUKAN, EUANGELION
KATA IŌANNĒN*―은 있다.[14]

여기서 하나의 중요한 결과적 고려사항이 적용될 수 있다. 즉 복음서
들이 다양한 제목으로는 알려지지 않았다는 것이다. 다양한 제목으로 알
려진다는 것은 제목들이 저자가 아닌 수신자에게 달려 있다면 있을 법한
일이다.[15] 익명의 문헌의 각 수신자는 아마도 자신에게 가장 편리한 식별
용 제목을 골랐을 것이다. 따라서 복음서들이 거의 보편적으로 "~에 따
른 복음"이라는 더 긴 제목이나 단순하게 "~에 따른"이라는 제목으로 알
려졌다는 사실은 복음서들이 회람되기 시작하자마자[16] 더 널리 알려지고

---

14 Hengel, *Studies in Mark*, 66; Collins, *Mark*, 3― 이 책에서는 p⁶⁴과 p⁶⁷(마태복음), p⁷⁵(누가
   복음과 요한복음), p⁶⁶(요한복음)을 언급한다.
15 Hengel은 갈레노스의 예를 인용하는데, 갈레노스는 스스로 자신의 저작들에 제목을 붙이
   지 않았으며 그 저작들이 유포되기 시작했을 때 다양한 상황에서 동일한 저작에 서로 다
   른 제목이 붙여졌다고 말한다(*Studies in Mark*, 74, 82).
16 Hengel은 이 제목이 다른 공동체들로 보낼 마가복음 사본들을 만들고 그 복음서를 수신
   자들에게 "마가에 의한 복음"(*euangelion kata Markon*)이라고 묘사한 최초의 필사자만큼
   이나 오래된 것일 수도 있다고 생각한다(*Studies in Mark*, 83). §41에서 필자는 "복음"이
   라는 용어를 마가의 책의 제목으로 정해지게 한 것은 바로 자신의 글이 곧 "예수 그리스
   도의 복음의 시작"(막 1:1)이라는 마가의 소개였으며 그 이후의 복음서 저자들이나 그
   와 비슷하게 그들의 책을 유포시키는 일을 한 이들이 사실상 이 관행을 뒤따랐다는 논

그것이 기원한 장소들 밖에서 사용되도록 각 복음서에 제목이 붙여졌음을 강하게 암시한다.

이러한 고려사항들로 인한 결과는, 마가복음 저자가 자신의 신원을 밝히지 않았지만 "마가에 따른 복음"이라는 책 제목이 그의 책에 매우 빨리 붙여졌고 너무나 확고하게 붙여져서 그 이후로 이 복음서에 고착되었을 가능성이 매우 크다는 것이다. 여기서 파피아스가 아래에 인용된 그의 증언에서 마가와 마태의 복음서를 **이름으로** 언급하며 그러한 언급을 아마도 여러 해 전에(100년경?) "그 장로가 하곤 했던" 말의 결과로 간주한다는 점은 의미심장하다. 다시 말해 "마가"는 마가복음을 식별하는 이름이었다. 이는 결과적으로 마가복음과 관련된 실제적인 익명성의 문제는 존재하지 않았으며 마가라는 이름을 가진 한 사람이 그 복음서의 저자, 즉 이미 1세기 말 이전의 저자였다는 것을 암시한다(아래의 §39.2a(ii)을 보라). 다른 것은 다 제쳐두더라도 이러한 성격을 지닌 익명의 글은 사도들의 글로 간주하는 것이 자연스러운 경향이었을 것이다.[17] 이 글이 그렇게 간주되지 **않았다**는 사실은 아마도 마가가 저자라는 점이 실질적으로 결코 의심을 받지 않았음을 시사한다.[18]

그렇다면 누가 이 "마가"였는가? 명백한 후보자는 태동기 기독교의 초기 역사에서부터 잘 알려진 마가, 즉 요한 마가다.

증을 전개한다. 다음 책도 Hengel의 주장을 따른다. P. Pokorny, *From the Gospel to the Gospels: History, Theology and Impact of the Biblical Term 'Euangelion'* (BZNW 195; Berlin: de Gruyter, 2013), 186-90.

17 "2세기에 이차적 직권을 지닌 필사자들이나 공동체들이 마가복음을 베드로에게, 누가복음을 바울에게 양도하는 것을 무엇이 막았겠는가? 2세기에 그들은 분명 마가와 누가라는 비교적 생소한 이름들을 더 이상 떠올리지 않았을 것이다"(Hengel, *Four Gospels*, 45).

18 R. A. Guelich, *Mark 1-8:26* (WBC 34A; Dallas: Word, 1989), xxviii; Schnelle, *History*, 199; Marcus, *Mark 1-8*, 17-18.

- 그는 잘 알려진 예루살렘 사람이었다(행 12:12).
- 그는 안디옥에서 시작된 바울과 바나바의 선교 여행에 동행했다 (행 12:25; 13:5).
- 그는 그 후 바울과 바나바가 서로 결별한 이유가 되었다(행 13:13; 15:37-39).
- 그러나 그는 훗날 바울과 화해했다(골 4:10; 몬 24; 딤후 4:11).
- 그리고 그는 베드로전서에서 "내 아들 마가"로 묘사된다(벧전 5:13).

이러한 언급들 중 어느 것도 마가가 저자라는 암시를 주지 않는다는 점에 주목해야 한다. 예를 들어 그는 (비록 "동역자"라는 보다 명예로운 호칭을 얻지만 벧전 5:12에서 언급된 바울의 선교팀의 다른 구성원인 실루아노와 달리) 한 번도 바울의 편지들의 공동 저자로 언급되지 않는다.[19]

그러나 마지막으로 언급한 참고 구절(벧전 5:13)은 2세기 초에 히에라폴리스의 교회 주교였던 파피아스가 진술한 전설과 흥미롭게도 일치한다.

그리고 그 장로는 이렇게 말하곤 했다. "마가는 베드로의 통역자(*hermēneutēs*)가 되었고 자신이 기억한 모든 것을 정확히 기록했지만, 주님이 하신 말씀이나 행하신 일들을 순서대로 기록하지는 않았다. 왜냐하면 마가는 주님의 말씀을 들은 적도 없었고 주님을 따른 적도 없었지만 내가 말한 것처럼 훗날 베드로를 따랐고 베드로는 필요한 만큼 가르침을 주곤 했으나 말하자면 주님의 신탁을 각색하지는 않았으므로 마가는 그렇게 자신이 기억

---

19 바울의 동역자들에 대한 자세한 설명은 *Beginning from Jerusalem*, §29.6에 제시되어 있다.

한 대로 기록하면서 아무런 실수도 하지 않았기 때문이다. 그는 한 가지 일, 즉 자신이 들은 내용에서 아무것도 생략하지 않고 어떠한 거짓된 진술도 하지 않는 것에 관심을 기울였다." 파피아스는 마가에 대해 이렇게 진술했고 마태에 대해서는 이렇게 말했다. "마태는 이 신탁들을 히브리어로 수집했고 각 사람은 그 신탁들을 최선을 다해 해석했다"(Eusebius, *HE* 3.39.15-16).[20]

파피아스가 마가의 글을 복음서라고 부르지는 않지만, 그가 즉시 계속해서 마태복음(과 요한1서, 베드로전서, "히브리인에 따른 복음")에 대해 말한다는 사실로 인해 그가 마가복음을 언급하고 있었을 가능성은 훨씬 더 커진다. 순교자 유스티누스는 몇십 년 뒤에 글을 쓰면서 이와 다소 비슷하게 "복음서라고 불리는 사도들의 비망록/회고담(*apomnēmoneumata*)"을 언급하며(*1 Apol.* 66.3) 그와 유사하게 마가복음을 베드로의 "비망록/회고담(*apomnēmoneumata*)"으로 간주한다(*Dial.* 106.3).[21]

파피아스의 말을 에우세비오스가 인용한 대로 맹목적으로 따라서는 안 되겠지만,[22] 그의 증언은 복음서 그 자체의 제목("마가에 따른")에서 도출해낼 수 있는 추론과 잘 연결된다.[23] 마가에 대한 신약의 언급에서 우

---

20 이 본문은 다음 책에 실려 있다. K. Aland, *Synopsis quattuor Evangeliorum* (Stuttgart: Württembergische Bibelanstalt, 131984), 531; ET in J. Stevenson, ed., *A New Eusebius* (London: SPCK, 1960), 52. 파피아스(60-135년경)는 이 전승을 장로 요한에게서 나온 것으로 간주하며 그를 아리스티온과 더불어 "주님의 제자들"로 묘사한다(*HE* 3.39.4). 에우세비오스의 같은 취지의 다른 언급들도 함께 보라(2.15.1; 5.8.3; 6.14.6-7; 6.25.5).
21 유스티누스는 같은 문장에서 세베대의 아들들을 **보아너게**(막 3:17)라고 부르는데, 이는 마태와 누가는 기록하지 않은 세베대의 아들들을 지칭하는 이름이다(본문은 Aland, *Synopsis*, 532에서 발췌).
22 예를 들어 이 주제에 대한 Marcus의 주저하는 태도를 보라(*Mark 1-8*, 21-24).
23 하나의 유력한 의견에 따르면 마가와 베드로의 특별한 관계는 개연성이 별로 없다. 예를 들어 Kümmel, *Introduction*, 94-96과 n. 48의 추가적인 참고문헌을 보라. 그러나 Kümmel은 마가가 자신이 기록한 몇몇 사건의 현장에 있었다는 무라토리 정경(본문은 Aland, *Synopsis*, 538에 있음)의 증언을 받아들일 준비가 되어 있다는 점도 보여준다(96). 또한 베

리는 그에 대한 지식이 초기 교회 안에서 확실히 자리 잡혀 있었다고 추론할 수 있으므로 "마가에 따른 복음"이라는 말은 이 복음서를 다른 면에서 알려지지 않은 어떤 마가가 아니라 잘 알려진 마가의 저작으로 간주한 말이라는 것이 일반적인 가정일 것이다. 이 복음서가 신약의 요한 마가와 연결되기에는 팔레스타인의 지리에 대해 매우 무지하고 유대인의 관습에 대해 너무 익숙하지 않다는 반론은 매우 과장된 것이다.[24] 더구나 마가가 마가복음 이전에 형성된 전승을 사용하는 것처럼 보인다는 사실[25]이 반드시 그가 베드로와 같은 단 한 명의 인물에게 직접적으로 의존하고 있지 않음을 의미하는 것은 아니다. 또한 마가를 베드로의 "통역자"(hermēneutēs)로 본 파피아스의 묘사는 마가가 그리스어에 별로 능통하지 않은 사람을 도와주었다는 의미일 수도 있지만, 그것이 마가가 아람어로 말하는 베드로의 말을 통역해야 했다는 의미일 필요는 없다.[26] 결국 예수 전승에 대한 마가의 분류(예를 들어 논쟁 이야기들, 비유에 관한 가르침, 기적 이야기의 순서 등)가 베드로가 예수 전승을 가르칠 때 사용한 방식이나 레

드로와 마가의 가까운 관계에 대한 벧전 5:13의 증언("내 아들")은 늦어도 1세기 말 이전의 증언이며 Kümmel이 주장하는 대로 그렇게 가볍게 무시할 수 없다(97).

24 Guelich, *Mark*, xxviii과 Marcus, *Mark 1-8*, 19-21은 다음 글에 효과적으로 답변한다. K. Niederwimmer, 'Johannes Marcus und die Frage nach dem Verfasser des zweiten Evangeliums', *ZNW* 58 (1967), 173-88. Collins, *Mark*, 6, 8-10도 함께 보라.

25 *Beginning from Jerusalem*, §21.5d과 이하 §41.2a를 보라.

26 베드로 자신이 그리스어로 충분히 효과적으로 의사소통했을 가능성도 있지만(*Beginning from Jerusalem*, 1148-49을 보라) M. Casey는 *Aramaic Sources of Mark's Gospel*(SNTSMS 102; Cambridge: Cambridge University, 1998)에서 그러한 자료들을 재구성하고 그 연대를 빠르게는 기원후 40년까지 추정할 수 있다고 자신한다. 마가가 아람어 자료들을 사용했다는 견해는 20세기 초에 보다 일반적이었다(N. Turner, *A Grammar of New Testament Greek* vol. IV: *Style* [Edinburgh: T & T Clark, 1976], 11-15). Hengel은 또한 "마가복음에 관한 놀라운 점" 즉 "마가복음이…다른 어떤 그리스어 원어로 된 문헌보다도 많은 아람어 문구를 포함하고 있다"는 점을 언급하면서(*Studies in Mark*, 29, 46) 다음 글을 인용한다. H. P. Rüger, 'Die lexikalischen Aramaismen im Markusevangelium', in H. Cancik ed., *Markus-Philologie* (WUNT 33; Tübingen: Mohr Siebeck, 1984), 73-84.

퍼토리를 반영하지 못할 이유는 없다. 더구나 마가복음에는 마가가 베드로를 최소한 그의 복음서가 제시하는 몇몇 세부적인 내용의 특별한 출처로 삼았다는 설명을 불러일으키는 몇 가지 구절ㅡ특히 아마도 예수에 대해 더 강렬하게 묘사하기 위해 베드로가 약간의 수치를 무릅쓰고 기억해 낸, 베드로에게 매우 당황스러운 내용들ㅡ이 있다.[27] 리처드 보컴은 "마가복음 안에 있는 베드로적인 관점"을 인식하며[28] 비록 상황은 그다지 중요하지 않지만[29] 이는 단지 전승을 통해 전달된 것이 아닌 예수에 대한 개인적인 기억(*apomnēmonēumata*)이 남긴 인상을 강화한다. 그러나 그러한 고려사항들은 『생성기의 기독교』의 앞의 책들과 더 관련이 있고 여기서 더 자세히 파고들 필요는 없다. 제3권에서 우리에게 중요한 것은 복음이 더 널리 유포되기 시작하자마자 마가복음의 저자는 아마도 충분히 잘 알려졌을 것이고 2세기 초에 이미 마가복음은 베드로 자신의 회고에 대한 구체적인 기록으로 평가되었다는 점이다.

ii. 저작 시기

어떤 문헌의 저작 시기를 밝히는 데 보통 사용되는 수단은 그 문헌이 후

---

27 막 8:29-33; 9:5-6; 14:29-31, 37, 66-72; 16:7.

28 R. Bauckham, *Jesus and the Eyewitnesses: The Gospels as Eyewitness Testimony* (Grand Rapids: Eerdmans, 2006), 7장; 다음 책도 함께 보라. Hengel, *Studies in Mark*, 50-51. 추가적으로 *Four Gospels*, 78-89도 보라. 비록 그는 나중에 마가복음이 "당시 행해졌던 구전 묘사에서 나왔다"고 인정하지만 말이다. Koester를 참조하라: "그 복음서[마가복음]에서 베드로의 역할은 마가가 이 사도의 권위가 표현된 자료를 실제로 사용했음을 보여준다." Kümmel, *Introduction*, 94-96(과 위 n. 23)과는 반대로, 모든 예수 전승이 "익명"이었다는 가정에 대한 Bauckham의 반박에 더욱 무게를 두어야 한다.

29 Bauckham에 대한 필자의 응답인 다음 글을 보라. 'Eyewitnesses and the Oral Jesus Tradition', *JSHJ* 6 (2008), 85-105. 참고. R. E. Brown, *Introduction, to the New Testament* (New York: Doubleday, 1997), 160-61. Kümmel은 Jülicher-Fascher의 글을 적절히 인용한다. "파피아스의 말이 없었다면 우리는 베드로를 마가복음 내러티브의 자료에 대한 보증자로 선전하는 일이 좀처럼 없었을 것이다"(*Introduction*, 94).

대의 저자들에 의해 처음 인용되거나 언급된 때를 살펴보는 것이다. 마가복음의 경우에는 이 수단이 별 도움이 되지 않는다. 마가복음은 2세기 중엽의 순교자 유스티누스 이전에는 2세기에 언급되지 않기 때문이다. 그 이후로는 이레나이우스와 알렉산드리아의 클레멘스까지 기다려야 한다.[30] 마태와 누가에 의한 마가복음의 사용은 물론 마가복음의 연대가 그들이 복음서를 쓰기 이전임을 암시하지만 우리로서는 그들의 저작 연대에 대해 정확히 알 수 없으며, 이는 부분적으로 마가복음에 부여된 저작 연대에 달려 있으므로, 우리가 알아낼 수 있는 것은 별로 없다.

따라서 우리는 주로 복음서 그 자체의 내적 증거에 의존할 수밖에 없다. 여기에는 가장 중요한 정보가 성전 파괴에 대한 예수의 예언에서 나온 "작은 묵시록"인 마가복음 13장에 나온다는 광범위한 합의가 있다.[31] "돌 하나도 돌 위에 남지 않고 다 무너뜨려지리라"(막 13:2)는 예수의 말씀은 70년의 성전 파괴에 대한 지식을 반영하는가? 아니면 그 말씀은 곧 성취될 예언으로 기억되고 있는가? 성전 대지(臺地)를 떠받쳤던 육중한 돌들 중 일부가 실제로 제자리(특히 현대 유대교의 신성한 장소인 유명한 서쪽 성벽)에 남아 있었다는 사실은—비록 실제로 발생한 참화를 고려하

---

30 H. Koester, 'Gospels and Gospel Traditions in the Second Century', in Gregory Tuckett, eds., *Trajectories*, 27-44(여기서는 33). Koester는 계속해서 "그러나 「은밀한 마가복음」은 마가복음이 2세기 초반에 이집트에서 유행했음을 암시할 수도 있다"고 말하지만 "은밀한 마가복음"에 대해서는 이하의 §40.4d을 보라.

31 J. G. Crossley는 *The Date of Mark's Gospel: Insights from the Law in Earliest Christianity* (JSNTS 266; London: T & T Clark, 2004)에서 막 13장은 30년대부터 시작되는 어느 시점을 암시할 수 있으며(칼리굴라 위기는 39년에 시작되었다; n. 33을 보라) 율법에 대한 마가의 논의는 30년대 중후반과 40년대 중반 사이의 어느 시기를 암시한다고 주장한다. 그러나 7:19에 나오는 마가의 말을 정결과 부정에 대한 율법의 폐지가 아닌 다른 것을 암시하는 것으로, 따라서 롬 14장에 예시된 후대의 논쟁을 반영하는 것으로 읽지 않는 것은 매우 타당해 보이지 않는다(Crossley는 50쪽에서 롬 14:14과 막 7:19의 관련성을 인정한다).

면,[32] 이는 70년 이전의 연대를 옹호하는 논리를 너무 지나치게 밀어붙이는 것일 수도 있지만— 완전히 성취되지 않은 예언을 시사할 수도 있다.

잠재적으로 가능성이 더 큰 구절은 마가복음 13:14이다. "멸망의 가증한 것이 서지 못할 곳에 선 것을 보거든 (읽는 자는 깨달을진저) 그때에 유대에 있는 자들은 산으로 도망할지어다." 이 표현은 자신의 신상을 성전 안에 세우려는 황제 가이우스 칼리굴라의 고집으로 인해 초래된 위기를 반영할 가능성이 크다.[33] 그러나 독자를 향한 짧은 발언은 마가가 삽입한 내용, 즉 모여 있는 회중에게 복음서를 읽어주는 일을 맡은 사람을 향한 지시처럼 보인다. 그럴 경우 마가복음은 확실히 로마에 맞선 유대인 봉기가 시작된 뒤 얼마 지나지 않아서, 아마도 봉기한 세력 내부의 잔인한 분파들이 성전을 장악하고 사실상 그들의 잔인무도한 전술로 성전을 더럽힌 뒤에 기록되었을 가능성이 있다.[34] 이는 페트라 전승, 즉 예루살렘의 신자들이 로마 군단으로 인해 도망치는 것이 불가능해지기 전에 예루살렘에서 도망쳤다는 전승과 잘 맞아떨어질 것이다.[35] 그렇다면 그것은 복음서가 기록된 시기가 아마도 네로 황제가 죽고 나서 베스파시아누스가 자신의 권력을 공고화하기 이전에 "난리와 난리의 소문"(13:7)이 있었던 68년이나 69년임을 암시할 수도 있다.[36] 그러나 이러한 가능성을 충분히 믿을 수 있으려면 그 가능성은 마가복음이 어디서 기록되었으며 그것이 이 시기에 예루살렘이나 유대 지역의 교회들에서 읽힐 수 있었는지에 달

---

32 *Beginning from Jerusalem*, §36.4을 보라.
33 다시 *Beginning from Jerusalem*, 403을 보라.
34 특히 Marcus, *Mark 1-8*, 37-39을 참고하라.
35 다시 *Beginning from Jerusalem*, §36.4을 보라.
36 Hengel, *Studies in Mark*, 1장(특히 26-28); Guelich, *Mark*, xxxi-xxxii; Collins, *Mark*, 13-14을 보라.

려 있다.[37]

다른 대안으로, 로마 제국 안에 있는 유대인(그리고 기독교인?) 공동체들이 여전히 그런 결과로 인해 휘청거리고 있는 동안 마가복음이 봉기의 여파로 기록되었다고 상상하는 것은 별로 그럴듯하지 않다.[38] 예수의 제자들이 겪을 것으로 예상할 수 있는 고난에 대한 마가복음의 강조(8:34-35,[39] 10:29-30; 13:9-20)도 똑같이 그러한 상황을 반영했을지 모른다. 그런 상황에서 13:14은 예수가 성전 파괴를 매우 분명하게 예언하셨다는 위로와 재확인의 역할을 했을 것이다.

대다수 학자들은 마가복음 13장과 성전 파괴의 관련성이 마가복음의 연대를 65-75년 사이의 기간으로 추정하는 데 충분할 만큼 밀접하다고 생각한다.[40] 65년 이전에는 아마도 마가복음에서 고난에 대한 예언과 예상에 비중을 두지 않았을 것이다. 또한 75년 이후에는 복음서들(마태복음과 누가복음)의 가능한 저작 시기가 불편할 만큼 줄어들기 시작한다. 이런 점들은 아마도 출간 후 마태와 마가에게 도달하는 데 약간의 시간이 걸렸을 마가복음과 잘 어울렸다. 우리는 이 정도에 만족하고 보다 정확한 연대 추정에 너무 많은 비중을 두지 않아야 할 것이다.

---

37 로마 군단은 67-68년 기간에 이스라엘 영토 대부분을 정복했다.

38 "마사다가 함락된 뒤[74] 알렉산드리아와 키레네에서 유대인의 소요가 추가로 발생했다"—E. Shürer, *The History of the Jewish People in the Age of Jesus Christ*, revised and edited by G. Vermes and F. Millar (4 vols, Edinburgh: T & T Clark, 1973-87), 1.512; 이하 §46의 n. 62을 보라.

39 포위 기간에 로마인들이 매일 집행한 십자가형(Josephus, *War* 4.450-451)은 예수의 말씀의 위력을 뼈에 사무치게 해 주었을 것이다.

40 예를 들어 Kümmel, *Introduction*, 98; D. Lührmann, *Das Markusevangelium* (HNT 3; Tübingen: Mohr Siebeck, 1987), 6; M. D. Hooker, *The Gospel according to St Mark* (BNTC; London: A & C Black, 1991), 8; Brown, *Introduction*, 163-64; Boring, *Mark*, 14-15; D. A. Hagner, *The New Testament* (Grand Rapids: Baker Academic, 2012), 184을 보라.

iii. 저작 장소—기록된 곳과 목적지

이 책에서 검토한 주요 대안은 로마와 시리아다.[41]

로마는 베드로전서 5:13과 앞에서 인용한 파피아스의 말을 종합한 증거에서 도출해낼 수 있는 분명한 추론 결과다.[42] 베드로가 ("바벨론"이라는 암호로 표현된) 로마에서 순교한 지 얼마 후에 마가가 그곳에 있었을 때 (벧전 5:13) 베드로전서가 실제로 기록되었다면,[43] 그리고 베드로전서가 "주님이 하신 말씀이나 행하신 일들"(파피아스)에 대한 베드로의 기록으로 이루어져 있다면, 마가복음을 마가가 로마에서 썼다고 추론하는 것은 자연스럽다.[44] 베드로의 죽음이 네로 박해(64년?)의 결과였을 가능성이 있고 따라서 마가가 베드로의 가까운 측근이었다면 그가 로마에 계속해서 거주하며 살아남았을 가능성이 더욱 의심스럽게 되어버리기에, 이 논증은 덜 분명해진다.

마가복음에 존재하는 라틴어식 표현은 사실 마가복음이 이탈리아나 제국의 서부에서 기록되었거나 이러한 지역들에 있는 수신자들을 위해 기록되었음을 암시할 수도 있다. 제국의 서부에서는 라틴어가 로마 행

---

41 Schnelle는 소아시아도 고려할 만하다고 생각한다(*History*, 201). 마가복음이 이집트에서 기록되었다는 크리소스토모스의 발언은 아마도 마가가 자신이 쓴 복음서를 사용해서 이집트에서 최초로 복음을 전파했다고 한 에우세비오스의 말(*HE* 2.16.1)에서 잘못 도출해 낸 추론일 것이다(Hooker, *Mark*, 7). 앞의 n. 30도 함께 보라.

42 Hengel, *Four Gospels*, 67; Hagner, *New Testament*, 183, 185.

43 *Beginning from Jerusalem*, 1156-57을 보라. 그러나 O. Zwierlein, *Petrus in Rom: die literarische Zeugnisse* (UALG 96; Berlin: de Gruyter, 2009), 7-13은 이러한 견해를 일축했다.

44 이러한 추론은 이레나이우스가 했을지도 모른다. 이레나이우스는 마가가 베드로가 "떠난"(=죽은) 뒤에 베드로가 선포한 말씀을 기록했다고 추론하지만(*adv. haer.* 3.1.1), 알렉산드리아의 클레멘스는 (파피아스의 전승으로부터) 마가복음은 베드로가 살아있는 동안 로마에서 기록되었다고 추론했다(Eusebius, *HE* 6.14.5-7; 본문은 Aland, *Synopsis*, 539에서 인용). 더 자세한 내용은 Collins, *Mark*, 7에 있다. 반(反)마르키온파 서언(160/180)에서는 마가가 "이탈리아 지역에서" 마가복음을 썼다고 말한다.

정 기관 외에는 많이 사용되지 않았기 때문이다.[45] 특히 마가복음 12:42 과 15:16에서 마가는 그리스어 단어의 뜻을 같은 뜻의 라틴어를 제시함으로써 명확히 밝힌다. 그리스의 가장 작은 동전 두 개(*lepta*)를 마가는 로마의 가장 작은 동전(*quadrans*)에 상당하는 것으로 설명하며(12:42) (왕궁의) 뜰(*aulē*)도 마찬가지로 로마 총독의 막사인 "브라이도리온"(*praetorium*) 으로 설명된다(15:16). 그러나 또한 마가가 유대인의 관습을 설명할 필요를 인식했다는 사실(특히 7:3-4)은 단지 그가 이스라엘-팔레스타인 너머에 있는 넓은 범위의 공동체들의 청중들이 그러한 서술상의 세부 사항을 모두 잘 알지는 못하고 약간의 번역이나 설명을 필요로 할 것이라는 점을 의식하면서 마가복음을 썼음을 암시할 수도 있다.[46] 라틴어 용법에 대한 친숙함은 마가복음이 반드시 로마에서, 또는 오로지 로마의 수신자들을 위해 기록되었음을 의미하는 것이 아니라, 단지 마가복음의 저자가 이탈리아에서 어느 정도의 시간을 보냈다는 점만 확인시켜줄지도 모른다.[47] 로마와 확실하게 관련시킬 수 있는 다른 문헌들(바울의 로마서, 베드로전서, 클레멘스1서, 헤르마스서)과 마가복음 사이에 어떤 상호 관계가 없다는 점도 마가복음을 구체적으로 로마와 관련짓는 주장을 약화시킨다.[48]

---

45   Hengel은 *Studies in Mark*, 28-30과 137 n. 161에서 Blass Debrunner, *Grammar*, 4-6에 있는 (신약 전체에 대한) 목록 전체를 언급한다. 마가복음의 라틴어식 표현은 다음 책들에서도 나열되어 있다. Kümmel, *Introduction*, 97-98; Schnelle, *History*, 201. 라틴어식 표현이 군사 분야와 경제 분야에서 나온 것이라는 사실은 구체적으로 로마와의 연관성을 옹호하는 주장을 약화시킨다(Schnelle, 201; 또한 Collins, *Mark*, 100).

46   그러한 유대 풍습에 대한 마가의 지식이 부정확했다는 주장에 대해 Collins는 다음과 같이 정당하게 응답한다. "팔레스타인과 디아스포라 둘 다와 관련해서 이 시기의 그와 같은 관습에 대한 우리의 지식은 매우 제한적이다. 그러므로 어떤 근거로 1세기 팔레스타인 유대인의 관습에 대한 우리의 1차 자료 중 하나인 마가복음이 부정확하다고 말할 수 있는가?"(*Mark*, 6)

47   추가적으로 Marcus, *Mark 1-8*, 31-33을 보라.

48   Boring, *Mark*, 18-19. B. Incigneri, *The Gospel to the Romans: The Setting and Rhetoric of Mark's Gospel*(Leiden: Brill, 2003)에게는 미안한 말이지만 십자가형의 위협(막 8:34)이

시리아 또는 요단강 동편을 원래의 저작 장소로 보는 견해는 마가복음에서 반영하거나 예상한 고난을 네로 황제의 박해보다는 유대인 봉기에 대한 언급으로 보는 이들이 더 선호한다.[49] 예를 들어 조엘 마커스(Joel Marcus)는 "기적과 기사를 행하여" 다른 사람들을 잘못된 길로 인도하는 "거짓 그리스도들과 거짓 선지자들"에 대한 예언(13:22)이 유대인 봉기의 기세가 커질 때와 봉기 동안에 요세푸스가 기록한 상황을 잘 반영했다고 평한다.[50] 그리고 그는 예수의 "성전 청결" 사건에서 "강도"라는 단어가 사용된 것을 언급하면서—"너희는 강도(lēstōn)의 소굴을 만들었도다"(11:17)—"강도"는 "요세푸스가 자신이 보기에 유대인들에게 로마인들과 끔찍한 갈등을 빚도록 강요한 혁명가들을 지칭한 비난의 말"이었다고 말한다.[51] 이는 유대인 봉기와 그 선례들에 대한 면밀한 지식을 시사한다. 이 전쟁 기간과 전쟁 직후에 이스라엘-팔레스타인에 있었던 기독교 공동체들에 대한 정보는 사실상 존재하지 않는다. 그러나 이 봉기로 인한 초기의 어려움을 어느 정도 겪은 누군가가 유대 지방에 아직 남아 있는 예수-메시아파 신자들의 유익을 위해서, 그리고 그의 독자를 위해 13:14에서 한 짧은 말에 여전히 적실성이 있었을 때, 또는 보다 넓은 시리아 지역에서 전쟁을 경험했고 복음서의 경고와 격려에 공감한 많은 독자 내지 청중이 있었을 때 그의 복음서를 썼을 가능성을 인정하는 것은 분명 타

반드시 마가복음의 로마적 배경을 암시하는 것은 아니다. J. G. Cook은 *Roman Attitudes Towards Christians: From Claudius to Hadrian*(WUNT 261; Tübingen: Mohr Siebeck, 2010)에서 다소 알쏭달쏭하게 이렇게 논평한다. "만일 마가복음이 다른 곳에서 기록되었다면 네로가 로마에서 기독교인들을 어떻게 다루는지를 저자가 몰랐을 리가 있겠는가?"(110).

49 예를 들어 H. C. Kee, *Community of the New Age* (London: SCM, 1977), 176.

50 J. Marcus, 'The Jewish War and the Sitz im Leben of Mark', *JBL* 111 (1992), 441-62(여기서는 457-59) 및 Josephus, *War* 2.433-34, 444, 652; 6.313; 7.29-31에 대한 언급.

51 Marcus, *Mark 1-8*, 35.

당한 일이다.

그러나 결국 어떤 확고한 결론도 자신 있게 도출할 수 없다.[52] 마가가 베드로가 죽은 뒤에 예루살렘으로 돌아와서 유대인 봉기와 비슷한 일을 경험했을 가능성도 충분히 상상할 수 있다. 그가 베드로의 설교와 가르침에 대한 자신의 기억을 공고화하기 위해 복음서를 썼고 이스라엘과 유대 땅에서 상황이 얼마나 안 좋게 돌아가고 있었거나 돌아갔는지 잘 알고 있었다는 사실이 대략 우리가 말할 수 있는 내용의 전부다. 그가 어디서 누구를 위해 썼는지 더 이상 밝혀내기는 어렵고 마가복음의 목적에 대한 어떤 추가적인 이론이라도 이 서론적인 질문들에 대한 더 확실한 대답에 지나치게 의존하게 만들지 않는 편이 좋을 것이다.

b. 누가복음

두 번째로 누가복음을 살펴보자. 그렇게 하는 이유는 우리가 마태복음이나 누가복음의 상대적인 저작 시기를 자신 있게 알아낼 수 있기 때문이 아니다. 사실 서론에서는 마태복음이 누가복음보다 먼저 기록되었을 것이라는 암묵적인 함의와 더불어 마태복음이 보통 누가복음보다 먼저 다루어진다.[53] 이와 비슷하게 Q 자료의 존재와 Q 자료를 가정해야 할 필요성에 의문을 제기하는 소수파는 보통 누가가 마태와 공유한 마가복음 이외의 자료(Q 자료)를 마태에게서 얻었다고 추정한다.[54] 그러나 사실 이 문

---

52 Brown, *Introduction*, 161-62의 논평을 보라.
53 필자는 이러한 사실상의 가정은 정경에 속한 사복음서의 배열 속에 계속 유지된 2세기의 마태복음의 전통적 우월성이 이어져온 것이 아닐까 생각한다(아래의 n. 84를 보라).
54 특히 M. D. Goulder, *Luke: A New Paradigm* (JSNTS 20; Sheffield: Sheffield Academic, 1989); E. Franklin, *Luke: Interpreter of Paul, Critic of Matthew* (JSNTS 92; Sheffield: Sheffield Academic, 1994); M. Goodacre, *The Case Against Q* (Harrisburg: TPI, 2002).

제가 단순히 누가가 마태에게서 Q 자료를 얻었는지, 아니면 마태가 누가에게서 Q 자료를 얻었는지 선택하는 문제라면 후자가 더 개연성이 클 것이다.[55] 누가가 마태가 제시한 배경에서 Q 자료를 생략하고 재배열했을 가능성이 그 반대의 경우보다 더 설명하기가 어렵기 때문이다.[56] 그렇다면 더 그럴듯한 것은 누가복음이 마태복음보다 더 일찍 기록되었을 가능성이다.[57] 그러나 분명 이런 생각에 큰 비중을 둘 수는 없다. 필자가 상정하는 바 기록된 복음서들의 차이가 예수 전승에 관한 구두 전달이 글로 옮겨지기 이전의 차이를 반영하고 지속시킨다는 사실은, 어떤 형태의 문헌이 더욱 폭넓은 차이를 보여준다는 점이 그 문헌이 후대의 것이라는 증거는 결코 아니라는 피할 수 없는 논리적 귀결을 가져온다. 어떤 특정한 전승 전달자나 복음서 저자든 전승을 이른 혹은 늦은 시기에 전달함에 있어서 나름의 변화를 줄 수 있었을 것이다. 구두 전승의 전달에 있어서 보다 정교하거나 복잡한 형태의 전승은 (복잡하다는) 바로 그 사실로 인

---

55   Hengel은 마태가 그 이전 형태의 누가복음을 사용했다고 강하게 주장한다(*Four Gospels*, 169-207). *Jesus Remembered*, 147 n. 28에 언급된 D. Catchpole, *The Quest for Q* (Edinburgh: Clark, 1993), 1-59도 함께 보라.

56   G. N. Stanton이 'The Origin and Purpose of Matthew's Gospel: Matthean Scholarship from 1945 to 1980', *ANRW* II.25.3 (1985), 1889-1951에서 논평한 것처럼 "누가가 마태복음을 사용했다면 왜 누가복음에서 마태가 마가복음의 내용과 순서를 확대하거나 생략하거나 수정한 내용의 흔적을 찾기가 그토록 어려운가?"(1902) 다음 책에 실린 Goulder에 대한 그의 짧은 비판도 함께 보라. *A Gospel for a New People: Studies in Matthew* (Edinburgh: T & T Clark, 1992), 32-34. J. A. Fitzmyer, *The Gospel According to Luke* (AB 28; 2 vols.; New York: Doubleday, 1981, 1985), 1.73-75도 함께 보라. 누가가 병행 자료를 자기 나름대로 배열하기 위해 예컨대 마태복음의 산상 설교를 어떻게 갈래갈래 흩어놓아야 했을지 어느 정도 보여주는 부분은 아래 §42의 n. 180을 보라. 아무리 생각해도 누가복음의 "평지 설교"(눅 6:17-49)는 마태복음의 "산상 설교"(마 5-7장)와는 독립된 진술이다. Q 자료가 보통 누가복음의 구절 번호를 통해 표시되는 것(예. Q 12.8 = 눅 12.8)은 결코 우연이 아니다(J. M. Robinson, P. Hoffmann and J. S. Kloppenborg, *The Critical Edition of Q: Synopsis* [Leuven: Peeters, 2000], lxvii). Fitzmyer, *Luke*, 1.77-79를 다시 보라.

57   Hengel, *Four Gospels*, 68, 70, 72과 추가적으로 186-205.

해 후대의 것으로 추정해야 한다고 규정하는 법칙은 없다.[58] 그러므로 (비록 필자는 누가복음을 마태복음보다 일찍 기록된 것으로 간주하지만) 이 문제(마태복음과 누가복음 중 어느 것이 먼저 기록되었는가)에 대한 해결책은 여전히 불분명하며 누가복음을 먼저 다루겠다는 결정은 다소 자의적인 것이다.[59]

i. 저자

누가복음은 일반적으로 2권짜리 저작—누가복음과 사도행전—의 첫 번째 책으로 간주된다.[60] 따라서 『초기 교회의 기원』, §21.2a에서 사도행전의 저자에 대해 이미 말한 내용도 여기에 그대로 언급될 수 있다. 이 사실이 중요한 까닭은 우리가 오로지 누가복음의 내적 증거에만 의존한다면 누가복음 저자의 정체에 대해 말 그대로 전혀 알지 못할 것이기 때문이다.[61] 그러나 사도행전을 누가복음과 동일한 저자가 쓴 책으로 포함시키면 이 복음서의 저자가 사도행전 이야기의 일부를 1인칭의 관점에서 말하는 사람과 동일 인물일 가능성이 커진다. §21.2에서 언급한 대로 사도행전의 "우리는/우리를"이 등장하는 단락들에서 1인칭은 화자 자신일 수도 있다는 점을 인정하기를 꺼리는 강하고 다소 이상한 반응이 있어 왔다. 어떤 경우에는 이런 본문들에 대해서 (화자가 관련된 사건들에 개인적으로 관여하고 있다는) 가장 분명한 해법에 대한 어떤 믿을 만한 대안을 제공해

---

58 기억하겠지만 이는 Bultmann의 잘못된 가정이었고, E. P. Sanders가 그것이 틀렸음을 입증했다(*Jesus Remembered*, 194과 nn. 112-14).
59 사실 앞으로 보게 되겠지만 이하 §42에서는 마태복음을 마가복음 뒤에 곧바로 다루는 것이 더 타당하다.
60 *Beginning from Jerusalem*, 65과 nn. 44, 45을 보라.
61 우리가 누가복음의 저자에 관해서 복음서 그 자체에서 알 수 있는 것이라고는 그가 예수의 직계 제자 집단에 속해 있지 않았고(눅 1:2) 교육을 잘 받았으며 70인역에 매우 정통했다는 사실(예. Fitzmyer, *Luke*, 1.35; H. Klein, *Das Lukasevangelium* [KEK; Göttingen: Vandenhoeck, 2006] 65-66) 등의 정보가 전부다.

줄 수 있는 설명을 찾는 것이 거의 비판적 성실성의 기준이나 비판적 활력의 증거로 간주되는 것처럼 보인다.[62] 그러나 사실 어떤 대안도 가장 분명한 해법만큼 그렇게 믿을 만한 것으로 입증되지 않았다. 가장 개연성 있는 해법은 여전히 사도행전의 저자가 실제로 "우리는/우리를"이 등장하는 사건들에 개인적으로 관여했으며 그래서 최소한 사도행전 후반부 대부분의 내용에 목격자의 증언을 제공하고 거의 두 사람으로부터 정보를 얻는 듯한 권위를 부여한다는 것이다.[63] 이러한 맥락에서 누가복음의 저자가 자신을 1인칭으로 지칭한다는 점은 의미심장할 것이다. "나도…알았노니"(1:3).[64]

이 바울의 동료가 누구였는지는 사도행전에서 결코 확인되지 않는다. 그러나 전통적으로 동일시되어 온 사람은 골로새서 4:14에서 "사랑을 받는 의사"로 묘사되었고(참고. 딤후 4:11; 몬 24) 연결된 저작인 누가복음-사도행전의 저자로 인정받은 인물인 누가였다.[65] 이러한 전승은 비

---

62 *Beginning from Jerusalem*, 66 n. 50; 추가적으로 앞의 §38 n. 2에서 언급된 Keener, *Acts.*

63 *Beginning from Jerusalem*, 66-67 n. 51. 사도행전은 바울이 전적으로 받아들였을 만한 방식으로 바울을 묘사하지 않는다는 사실에 종종 그러하듯이 과도한 비중을 두어선 안 된다(Kümmel, *Introduction*, 149; Koester, *Introduction*, 2.310; Schnelle, *History*, 241-42; Klein, *Lukasevangelium*, 64). 이 문제는 사실 사도행전에 대한 논의에 속하며 *Beginning from Jerusalem*에서 길게 논의했다. 여기서는 바울의 "개인적인 지인"(Schnelle)이라면 바울의 사역에 대한 관점과 그것을 표현하는 의도에 있어서 바울 자신과 어느 정도 다를 수도 있었을 것이라고만 말해도 충분할 것이다(Fitzmyer, *Luke*, 1.47-51과 추가로 이하의 § 47.2b도 함께 보라).

64 "저자의 '나'는 초기 기독교 복음 전승에서 새로운 특징이다"(F. Bovon, *Das Evangelium nach Lukas* [EKK 3; 4 vols.; Zürich: Benziger, 1989, 1996, 2001, 2009], 1.37).

65 비록 *Beginning from Jerusalem*, 66 n. 49에서 언급한 것처럼 누가는 유대 기독교인이었거나 적어도 헬라파-유대 기독교에 뿌리를 둔 하나님을 경외하는 자(God-fearer)였다고 주장하려는 최근의 경향이 있지만(참고. Bovon, *Lukas*, 1.22; Brown, *Introduction*, 268; Fitzmyer, *Luke*, 1.41-47의 자세한 논의. 그는 누가가 유대인이 아닌 셈족이었다고 결론짓는다), 전통적인 관점은 누가가 이방인 기독교인이었다는 것이다. 골 4:14에서 누가를 바울의 "할례파이나…함께 역사하는 자들"과 구별한다는 사실은 종종 언급된다(Kümmel, *Introduction*, 147; Fitzmyer, *Luke*, 1.41-42, 44).

록 이레나이우스 이전 시기에는 뒷받침할 증거가 없지만[66] p[75], 이레나이우스, 무라토리 단편 및 반(反)마르키온파의 누가복음 서언이 입증하듯이[67] 2세기 말에 이미 확실히 자리 잡았다. 그러나 마가복음과 마찬가지로 *EUANGELION KATA LOUKAN*("누가에 따른 복음")이라는 제목은 아마도 이 복음서가 유포되고 더 널리 알려지기 시작하자마자 누가의 저작으로 간주되었음을 보여줄 것이다.[68] 여기서 이 복음서가 "데오빌로 각하"(눅 1:3)를 위해 기록되었고 그에게 보내졌다는 사실이 등장한다. 데오빌로가 (대대수가 그렇게 결론 내리듯이) 실제 인물이었다면[69] 그는 그 문헌을 오로지 자신의 개인적인 용도를 위해 기록된 것으로 간주하지는 않았을 것이라고 추측할 수 있다. 그 문헌은 데오빌로가 사본을 만들어 더 폭넓게 사용할 것을 염두에 두고 데오빌로에게 보내졌을 가능성이 더 크다.[70] 그리고 만일 "데오빌로"라는 이름의 사용이 모든 "하나님의 친구"

---

66 A. Gregory, *The Reception of Luke and Acts in the Period before Irenaeus* (WUNT 2.169; Tübingen: Mohr Siebeck, 2003), 53.

67 *Beginning from Jerusalem*, 65-66 n. 48; 추가로 Fitzmyer, *Luke*, 1.37-40. Koester는 이러한 정보를 포함하고 있는 누가복음 서언의 일부 연대를 기꺼이 2세기의 후반부로 추정하려 한다(*Ancient Christian Gospels*, 335). 이하의 n. 67도 함께 보라. 마가복음이나 마태복음에 대해서와는 달리 에우세비오스는 누가복음의 기원에 대한 어떤 설명도 남겨놓지 않았다.

68 앞의 nn. 14, 15을 보라. 참고. J. Nolland, *Luke* (WBC 35, 3 vols.; Dallas: Word, 1989-1993), xxxv-xxxvi. 누가의 이중 저작의 원제(와 저자의 이름)는 이 복음서의 정경화와 더불어 유실되었다는 Bovon의 타당하지 않은 논증과 대조해 보라(*Luke*, 1.24). Gregory는 Hengel의 주장을 뒷받침할 증거가 너무 약하다고 생각한다(*Reception of Luke*, 50-53).

69 예를 들어 Fitzmyer, *Luke*, 1.299-300; Bovon, *Lukas*, 1.39; Klein, *Lukasevangelium*, 75. L. Alexander는 *The Preface to Luke's Gospel* (SNTSMS 78; Cambridge: Cambridge University, 1993)에서 "데오빌로"는 헬라파 유대인들 가운데서 선호되는 이름이었고 가상의 사람들을 향한 헌정의 증거는 있더라도 거의 없다고 말한다(73-75, 133, 188). "아마도 '데오빌로' 즉 '하나님의 친구'는 그 실제 이름을 비밀로 해야 했던 한 저명한 로마인이었을 것이다"(Hengel, *Four Gospels*, 40, 102).

70 Hengel, *Four Gospels*, 103; Bovon, *Lukas*, 1.23; 누가 문헌은 "개인적인 글이 아니다. 데오빌로는 누가 자신의 시대와 그 이후의 기독교인 독자들을 상징한다"(Fitzmyer, *Luke*, 1.300).

에게 이 문헌을 읽을 것을 권하는 방식이었더라도[71] 역시 논리적인 귀결
은 이 복음서가 널리 확산되기 위해 기록되었다는 것이다. 이 경우에 타
당하게 생각해 볼 수 있는 점은 그 과정이 시작될 때 이 책에 그 제목이
붙여졌을 것이라는 점이다. 이는 또한 누가 저작설의 전통의 연원이 2세
기 초나 1세기 말까지 거슬러 올라갈 수 있음을 의미한다.

물론 누가 저작설의 전통은 이 문서에 바울의 동료라는 속성을 부여
함으로써 권위를 부여하려는 욕구의 산물이었다고 주장할 수도 있다.[72]
그러나 이 문헌 자체는 누가라고 불리는 인물에게 바울 선교팀의 일원과
같은 중요한 지위를 거의 부여하지 않는다. 그는 바울 문헌에서 세 번밖
에 언급되지 않으며, 이는 데마보다 많지 않은 횟수다. 바울의 가까운(또
는 "마지막") 동료로서 쓴 예수의 삶과 선교에 대한 기록도 예수 자신의 제
자들 중 한 사람이 쓴 그러한 문헌보다는 비중이 훨씬 덜할 것이다. 바울
서신에 언급된 누가도 이미 예수의 직계 제자 집단에서 두 단계나 떨어
져 있었다.[73] 여기서 또다시 가장 분명한 해법, 다시 말해 단지 넓어져 가
는 기독교 집단들의 진영을 중심으로 이 문헌을 장려한 이들이 이 복음
서가 누가, 즉 바울의 과거 동료의 작품이었다는 점을 충분히 잘 알았기
때문에 이 복음서가 "누가에 따른 복음"으로 알려지게 되었다는 주장은
약간의 타격을 입는다.[74]

---

71 참고. Kümmel, *Introduction*, 129-30. Nolland는 누가가 특별히 하나님을 경외하는 자들
    을 위해 복음서를 썼다고 주장했다(*Luke*, 1.xxxii-xxxiii).
72 Bovon, *Lukas*, 1.24; Schnelle는 누가가 "바울의 신실한 동역자들 중 마지막 사람"이었다
    는 딤후 4:11의 증언이 "그를 '데오빌로에게' 바치는 두 권의 책의 저자로 지명되도록
    예정했다"고 주장한다(*History*, 241).
73 Fitzmyer, *Luke*, 1.41도 함께 보라.
74 에우세비오스는 이 전승을 인용하며 이를 받아들이는 것처럼 보인다. "사람들은 바울이
    어떤 복음서를 자신의 복음서라고 쓰면서 '나의 복음에 따르면'이라고 말하곤 했으므로
    바울이 실제로 누가복음을 인용하는 데 익숙했다고 말한다"(*HE* 3.4.7).

ii. 저작 시기

누가복음 저작 시기의 문제는 정경에 속한 나머지 복음서들보다 더 좁은 기간 안으로 떨어진다. 한편으로 "공관복음 문제"에 대한 합의된 견해는 여전히 누가가 마가복음을 그의 자료 중 하나로 사용할 수 있었다는 견해이기 때문이다. 그러므로 누가복음의 저작 시기는 70년 이후인 것이 거의 확실하다. 게다가 누가복음 21:24은 아마도 저자가 예루살렘의 멸망을 회고할 수 있었음을 의미할 것이다(참고. 19:43-44).[75] 다른 한편으로 누가복음은 확실히 사도행전 이전에, 즉 (일반적인 합의에 의하면) 80년대나 90년대 초에 기록되었다.[76] 누가가 바울의 동료로서 바울이 가이사랴에서 옥에 갇혀 있었던 2년을 기독교의 시작에 대한 정보를 모으는 데 사용했다고 추론한다면,[77] 우리는 누가가 그러한 기회를 예수 전승을 최대한 많이 모으는 데 사용했다고 추론할 수도 있다. 필자가 전제하는 것은, 새로 세워진 모든 교회는 교리문답 교육과 예배와 전도를 위해 축적된 예수 전승을 받았을 것이라는 것이다. 누가는 여러 교회를 다니며 그러한 전승을 충분히 접할 수 있었을 것이다. 우리는 누가복음 서언(눅 1:1-3)에서 그가 최근에 와서야 비로소 예수와 예수 분파의 시초에 대한 전승들을 모으는 일에 관심을 갖게 되었다고 추론할 필요가 없다. 예수의 선교와 기독교의 시작이 누가의 장기적인 관심사였을 수도 있다. 누가가 60년대와 70년대에 그러한 관심사를 탐닉하는 데 얼마나 많은 시간을 할

---

75 Kümmel, *Introduction*, 150; 추가로 Fitzmyer, *Luke*, 1.54-57; G. Theissen, *The Gospels in Context: Social and Political History in the Synoptic Tradition* (1989; ET Minneapolis: Fortress, 1991), 278-79.

76 *Beginning from Jerusalem*, 67과 n. 54. Koester는 누가가 아마도 늦게는 125년에 복음서를 썼을 것이라고 생각한다(*Introduction*, 2.310). 이와 대조적으로 Hagner는 70년대 초가 가장 타당한 시기라고 생각한다(*New Testament*, 246-48).

77 *Beginning from Jerusalem*, 76.

애할 수 있었는지는 알 길이 없다. 그러나 그가 수행한 조사(1:3)에는 시간과 여행이 수반되었을 가능성이 크므로 누가복음의 저작 시기를 70년대 말이나 80년대 초로 추정하는 것은 전적으로 그럴듯하고 가능한 일이다.[78] 50년대에 바울의 동료였던 누가가 아직 50-60대였을 때 조사를 수행하고 글을 쓰는 모습을 상상하는 것은 충분히 가능하다.[79]

iii. 저작 장소 ─ 기록된 곳과 목적지

우리가 가진 증거는 변변치는 않지만 여행자 누가에 대한 증거다. 사도행전에 나오는 "우리"가 언급된 본문들은 모두 여행 기록/(회상?)이다.[80] 누가에 대한 신약의 세 차례 언급이 지닌 의미는 바울이 로마(?)에서 옥에 갇혀 있는 동안 그가 바울에게 계속해서 신실했다는 것이다. 사도행전 16:10-17과 20:5-6의 흥미로운 내용은 누가가 한동안 빌립보에 거주했거나 심지어 그곳 출신이었을 수도 있음을 암시한다.[81] 에우세비오스는 누가를 "안디옥 출신"으로 지칭하며(HE 3.4.6), 반마르키온파의 누가복음 서언에서는 누가를 "안디옥 출신의 시리아 사람"으로 묘사한다.[82] 그러므

---

78 Kümmel─70년에서 90년 사이(*Introduction*, 151); Fitzmyer─80-85년(*Luke*, 1.57); Bovon─80-90년(*Lukas*, 1.23); Brown─85년에서 앞뒤로 5-10년 사이(*Introduction*, 275).

79 반마르키온파 서언에서는 누가가 84세의 나이에 보이오티아에서 죽었다고 주장하지만 (Aland, *Synopsis*, 533) 라틴어 번역본에는 "73세로 비두니아에서 죽었다"라고 되어 있다 (539). 저자가 바울의 동료였다면 90년 무렵의 저작 시기─사도행전은 90년에서 100년 사이(Schnelle, *History*, 243, 260)─를 주장하기는 더 어려울 것이다.

80 행 16:10-17; 20:5-15; 21:8-18; 27:1-28:16.

81 *Beginning from Jerusalem*, 676 n. 82; Bovon, *Lukas* 1.23; Klein, *Lukasevangelium*, 68-69.

82 Aland, *Synopsis*, 533, 539; Fitzmyer, *Luke*, 1.45-47. Schnelle가 특별히 언급하듯이 (*History*, 241 n. 305) P. Stuhlmacher는 *Biblische Theologie des Neuen Testamens*(2 vols.; Göttingen: Vandenhoeck, 1992, 1999)에서 행 13:1과 롬 16:21의 루기오(*Loukios*)가 누가 (*Loukas*)와 동일 인물이었다는 고대의 주장을 받아들이지만(1.227-28), 사도행전에서 "우리"가 등장하는 내러티브들의 성향과 행 13:1 이후의 내러티브에서 루기오가 완전히 사라지는 현상은 루기오가 누가라면 설명하기 어려울 것이다(Fitzmyer, *Luke*, 1.43도 함께

로 중요한 의미에서 누가가 실제로 어디서 누가복음을 썼는지는 별로 중요하지 않다. 누가는 오늘날 우리가 다른 초기 기독교인들보다 "국제적인 사고방식을 가진"(비록 이 말은 우리가 염두에 둔 실제 지역—예루살렘부터 로마까지와 그사이의 여러 지점—을 고려하면 상대적이긴 하겠지만) 사람으로 묘사할 만한 인물이었을 것이기 때문이다.[83] 복음서의 집필은 안정적인 배경과 적절한 재능에 의존하는 중요한 기획이었을 것이다. 그러나 역시 누가복음 1:1-4이 의미하는 바는 누가가 알아보고 조사하는 일에 시간을 들였다는 것이다. 그러므로 우리는 여기서 확실히 누가복음이 하나의 복음서로서 어느 특정 공동체를 위해 기록되었고 어느 특정 공동체의 믿음과 우선순위와 관행을 반영했다는 오늘날의 매우 표준적인 추론을 피해야 한다. 우리는 누가복음이 다른 어떤 신약 복음서보다도 더욱 넓은 관점에서 기록되었고 국제적인 관심과 경험을 지닌 한 개인의 관심사를 반영한 책일 것이라고 자신 있게 추론할 수 있다.

우리는 누가복음이 예수 전승을 어떻게 다루었는지를 살펴볼 때(§ 42.4a) 이 점을 염두에 두어야 한다. 우리는 특정한 기독교 공동체들의 삶의 배경에 대해서보다, 어떤 운동이 1세기 말과 2세기 초의 지중해 세계에서 더 많은 이들에게 더 폭넓게 와 닿음에 따라 드러난 그 운동의 성격에 대해서 더 알게 될 것이다.

보라).

83   누가복음의 집필 장소로 제안된 장소들의 다양성—Schnelle는 로마로 결정하기 전에 에게해, 안디옥, 에베소, 마게도냐, 아가야, 가이사랴, 소아시아 등을 열거한다(*History*, 243; 참고. Kümmel, *Introduction*, 151)—은 그 자체가 여행을 많이 한 저자를 암시할 수도 있다(참고. Brown, *Introduction*, 271). Klein은 누가를 지중해적인 관점을 가진 인물로 묘사한다(*Lukasevangelium*, 67-68).

c. 마태복음

세 번째로 마태복음을 살펴보자. 이미 언급했듯이 마태복음은 보통 누가복음보다 먼저 기록된 것으로, 그리고 아마도 누가복음의 많은 내용의 출처로 간주된다(또는 취급된다). 이는 확실히 근거가 있는 견해다. 마태복음이 사복음서 중에 최초의 복음서였다는 전승은 초기 교회에서 확고히 자리 잡았기 때문이다.[84] 마태복음이 최초의 기록된 복음서였다는 것은 분명히 알렉산드리아의 클레멘스, 오리게네스, 에우세비오스의 의견이었다.[85] 이 견해는 초기 복음서였던 것이 거의 확실한 문헌(마가복음과 누가복음)이 본질적으로 2차 자료 — 베드로에 의존한 마가와 바울에 의존한 누가(Eusebius, HE 5.8.3) — 에서 기인했다는 점을 고려하면 전적으로 이해할 만하다. 그러나 마태는 예수의 열두 제자 중 한 명이었다. 직접적인 설명과 목격자의 증언을 원했던 이들에게 마태는 신뢰성 및 마가와 누가가 간접적으로만 주장할 수 있었던 권위를 지녔을 가능성이 크다. 따라서 마태복음의 경우에 저자 문제는 누가복음, 또는 심지어 마가복음보다도 훨씬 더 민감하다.

i. 저자

도움이 안 되게도 마태복음의 저자 문제는 마가복음의 저자만큼이나 골칫거리다. 이 경우에도 마가복음이나 누가복음과 마찬가지로 제목인 *EUANGELION KATA MATHTHAION*("마태에 따른 복음")은 이 복음서

---

84 이 내용은 J. Moffatt, *Introduction to the Literature of the New Testament* (Edinburgh: T & T Clark, 31918), 14에 편리하게 도표화되어 있다.

85 W. D. Davies and D. C. Allison, *The Gospel According to Saint Matthew* (ICC; 3 vols.; Edinburgh: T & T Clark, 1988, 1991, 1997), 1.129.

가 유포되고 보다 널리 알려지기 시작하자마자 마태의 작품으로 간주되었음을 보여주는 듯하다.[86] 파피아스는 2세기 초에 집필 활동을 하면서 마태복음을 마가복음과 긴밀히 관련지어 언급하는 것처럼 보인다.[87] 그래서 2세기에 이르러서는 마태복음이 마태가 제시한 복음의 형태로 알려진 것으로 보인다.

그러나 한 명의 저자로서의 마태의 작품에 대한 파피아스의 묘사는 마가의 작품에 대한 그의 묘사보다 훨씬 더 문제가 많다. 파피아스의 증언을 이해하는 데는 두 가지 가능한 방법이 있다. 하나는 파피아스가 그러한 복음서를 언급하면서 마태가 예수의 말씀("신탁") 전승을 예수가 가르칠 때 사용하신 아람어로 수집한 것으로 가정했다고 추론하는 것이다. 즉 마태복음은 전적으로 예수의 아람어 구두 전승으로 구성되었다는 것이다.[88] 그렇지 않으면 "각 사람은 그 신탁들을 가능한 한 최선을 다해 해석했다"는 파피아스가 덧붙인 말은 다른 누군가가 마태의 히브리어 복음

---

86 앞의 §39.2a(i)을 보라. Hengel은 다음과 같이 지적한다. "첫 번째 복음서를 제외하면 마태는 원시 기독교에서 아무런 역할도 하지 않는다.…그렇다면 이 사도의 이름이 2차 단계에서만 복음서에 붙여졌을 가능성은 전적으로 희박해진다"(Four Gospels, 71 n. 295, 98).

87 "…파피아스는 마가에 대해 이렇게 진술했고 마태에 대해서는 이렇게 말했다. '마태는 이 신탁들을 히브리어(Ebraidi dialektō)로 수집했고 각 사람은 그 신탁들을 가능한 한 최선을 다해 해석했다'"(Eusebius, HE 3.39.15-16). 인용문 전체는 앞의 n. 20에 있다.

88 마태가 히브리어로 복음서를 썼다는 견해는 에우세비오스, 이레나이우스, 알렉산드리아의 클레멘스의 스승인 판타나이우스, 오리게네스도 지지했다(Eusebius, HE 3.24.6; 5.8.2; 5.10.3; 6.25.4). 그러나 파피아스가 이 견해의 원천이라는 데는 많은 이들이 전반적으로 동의한다(J. Gnilka, Das Matthäusevangelium [HTKNT; 2 vols.; Freiburg: Herder, 1986, 1988], 2.517-18; Davis and Allison, Matthew, 1.12). 파피아스가 말한 Ebraidi dialektō는 "유대인의 형식과 표현으로"라는 뜻이라는 J. Kürzinger, 'Irenäus und sein Zeugnis zur Sprache des Matthäusevangeliums', NTS 10 (1963-64), 108-15의 주장은 별다른 지지를 얻지 못했다. 이 말의 지시 대상이 나사렛파의 히브리어/아람어 복음서이거나 히브리인에 따른 복음서일 가능성에 대해서는 Hengel, Four Gospels, 73-76; Brown, Introduction, 209-10; 이하 §40.4a을 보라.

서를 파피아스가 잘 알았을 그리스어로 번역했다는 의미인가?[89] 이런 사고방식을 따르는 논증이 지닌 문제점은, 일반적으로 동의된 견해에 따르면, 마태가 그의 자료 중 많은 부분을 마가에게서, 즉 앞으로 살펴보게 되겠지만(§41) 마가의 "복음서" 구조를 포함한 마가의 **그리스어**[90]에서 얻었다는 점이다.

파피아스의 말을 해석하는 다른 한 방법은, 파피아스가 실제로 거의 전적으로 말씀("신탁")으로 구성되어 있는 Q 자료를 언급하고 있었다는 것이다.[91] 그렇다면 파피아스의 증언이 지닌 가치는 그가 마태와 누가가 공유한 것과 같은, 오늘날 우리에게 알려진 전승의 일부 또는 많은 부분을 실제로 옮겨 적고 그것을 글—Q 문서—로 제시한 사람이 바로 마태라는 전승을 증언해준다는 점일 것이다. 여기서 난점은 파피아스가 마태는 히브리어(아람어)로 된 자료를 모았다고 분명히 밝히고 있고, 만일 그가 (그리스어로) 번역된 히브리어/아람어[92]에 대해 말한다면, 그가 그 번

---

89 파피아스가 무슨 뜻으로 "각 사람은 그 신탁들을 가능한 한 최선을 다해 해석했다 (*hermēneusen*)"고 말했는지는 여전히 불분명하지만 *hermēneusen*은 "각자가 그 신탁들을… 번역했다"고 옮겨도 꽤 그럴듯하다(Gnilka, *Matthäusevangelium*, 2.517-18).

90 *Jesus Remembered*, §§4.4b, 7.3을 보라. 마태복음과 마가복음(과 Q 자료)의 관계는 오로지 문학적 의존이라는 측면에서 설명될 수 있다고 가정하는 이들이 보기에 마태는 마가복음의 90퍼센트를 포함시켰다고 말할 수 있을 것이다(*Jesus Remembered*, 144 n. 15). 그러나 마태는 마가복음(과 Q 자료) 전승 가운데 다수의 다른 형태들을 알고 있었던 것이 거의 확실하다는 필자의 주장을 받아들이더라도(이하 §42.3a을 보라) 마태가 그리스어 마가복음을 알고 있었고 그것에 크게 의존한 것은 여전히 사실이다.

91 이는 인기 있는 제안이다. 비록 Kümmel은 이를 "전혀 근거 없는 가정"으로 일축하지만 말이다. 예컨대 Kümmel, *Introduction*, 120 n. 69을 보라. 논쟁의 역사는 Robinson et al., *Critical Edition of Q*, xx-xxxiii에 실려 있다. Koester는 이 제안에 보다 호의적인 것처럼 보인다(*Introduction*, 2.172). Brown은 신랄하게도 이 제안을 "알려지지 않은 것을 더 많이 알려지지 않은 것으로 설명"하려는 시도로 묘사한다(*Introduction*, 210). D. A. Hagner, *Matthew* (WBC 33; 2 vols.; Dallas: Word, 1993, 1995), xliii-xlvi도 함께 보라.

92 행 6:1은 최초의 예루살렘 교회의 주된 두 부분 중 하나를 "히브리파"로 묘사하는데 거기에 담긴 의미는 그들이 아람어로 의사소통했기 때문에 그렇게 불렸다는 것이라는 점을 상기해야 한다. *Beginning from Jerusalem*, 248-51을 보라.

역을 다른 이들이 한 일로 간주한다는 점이다. 우리는 예수 전승이 최초의 기독교 역사의 훨씬 이른 단계부터 그리스어로 확산되고 있었다고 확신할 수 있지만,[93] 그것은 분명 Q 자료가 그리스어로 옮겨지는 일이 이후의 단계에서 보다 조직적인 방식으로 이루어졌을 가능성을 배제하지는 않을 것이다. 그렇다면 Q 자료가 마태복음에서 그처럼 상당한 비율을 차지했으므로, 마태복음 전체를 마태복음에 수많은 독특한 특징을 부여한 Q 자료를 제공한 이의 작품으로 간주하는 것이 적절한 일로 평가되었다는 논리가 성립될 것이다. 그러나 이 명제에 따르면 실제로 복음서 그 자체를 쓴 사람은 이제 마태에게서 두 단계 떨어져 있게 된다는 문제가 여전히 남아 있을 것이다.[94] 더구나 그 복음서 저자는 마가의 자료와 Q 자료를 베꼈을 뿐만 아니라 복음서 전체에 자신의 도장을 분명하게 찍었다. 따라서 만일 복음서 자체의 저자가 마태가 아니라면 그와 같은 복음서를 마태의 저작으로 간주하는 것은 잘 쳐줘도 오해의 소지가 있다.

요컨대 파피아스의 증언을 진지하게 받아들인다면 우리는 그가 (최소한 부분적으로라도) 착각을 했거나 그 복음서를 부당하게 마태의 저작으로 간주했다고 말해야 한다.

저자에 대한 내적 단서도 문제가 많다. §42.3에서 살펴보게 되겠지만 우리는 이 저자가 유대 기독교인이나 헬라파 유대 기독교인임을 확실히 밝힐 수 있다.[95] 그러나 특히 세 개의 구절은 개인적인 언급으로 해석할 것을 요구한다.[96] 마태복음 13:52에서는 예수의 말씀을 다음과 같이 인용한다. "그러므로 천국의 제자된 서기관마다 마치 새것과 옛것을 그 곳간

---

93 *Beginning from Jerusalem*, §24.9a.
94 1. 마태 – 아람어 Q 자료; 2. Q 자료를 그리스어로 번역한 사람; 3. 마태복음의 저자.
95 예. Brown, *Introduction*, 211.
96 마가복음의 경우에는 막 14:51-52이 이와 매우 비슷하다(이하 §42 n. 155을 보라).

에서 내오는 집주인과 같으니라." 이 말씀은 저자가 자신이 하고 있는 것으로 인식한 일에 대한 묘사로 볼 수 있다.[97] 마태가 마가복음을 엄밀히 따르고 있는 것처럼 보이는 마태복음 9:9에서 마태는 예수가 부르신 세리의 이름을 "레위"(막 2:14)에서 "마태"로 바꾼다. 그리고 마태복음 10:3에서는 마태만이 예수의 열두 제자의 이름에 "세리"라는 마태에 대한 짧은 묘사를 덧붙이면서 예수가 이전에 부르신 세리의 정체가 "마태"임을 확인시켜준다(9:9). 정경에 속한 첫 복음서의 저자가 도대체 왜 마가복음의 "레위"를 "마태"로 바꾸었는지는 분명치 않으며 논쟁의 대상이다.[98] 그러나 "마태"가 그 세리 출신의 제자가 알려지게 된 이름이고 여기에 그 이름이 삽입된 것은 이 복음서 자체를 쓴 것으로 간주된 "서기관"의 정체를 밝히려는 시도였을 가능성—원칙상 저자 자신이 밝히려고 했을 수도 있다—은 확실히 있다.[99] 이는 이 복음서 자체가 그토록 빨리 "마태에 의한 복음"으로 알려지게 된 이유를 설명하는 데 분명 도움이 될 것이다.

그러나 이 복음서를 제자 마태의 저작으로 간주하는 것과 관련된 기본적인 문제는 이 복음서의 저작 **시기**다. 다음 단락에서 살펴보게 되겠지만 만일 80년대 초보다 빠르지 않은 시기가 가장 가능성이 크다면, 우리는 제자 마태가 이미 80대 이상이 되었을 때 복음서를 쓰는 모습을 상상

---

97 예를 들어 Davies and Allison, *Matthew*, 2.445; U. Luz, *Das Evangelium nach Matthäus* (EKK 1; 4 vols.; Dusseldorf: Benziger, ⁵2002, 1990, 1997, 2002), 2.364 n. 21을 보라. 하지만 Luz 자신은 의심스럽게 생각한다(2.364).

98 예를 들어 Gnilka, *Matthäusevangelium*, 1.330-31; Davies and Allison, *Matthew*, 2.98-99을 보라.

99 Luz는 이를 마태가 한 일로 간주하는 것은 부차적이지만 이른 시기의 일이라고 생각한다 (*Matthäus*, 1.104-105). 그러나 필자는 사도 마태가 복음서를 쓰면서 막 2:14를 자신의 자료(2:42-43)로 사용하는 것이 "불가능"한 이유를 알 수가 없다. Kümmel의 견해는 Luz와 유사하다—"전적으로 불가능하다"(*Introduction*, 121). Hagner는 훨씬 더 열려 있다. "마태가 마가복음이 드러내는 베드로의 설명에 의존했을 가능성은 전혀 상상할 수 없는 것이 아니다"(*Matthew*, lxxvi-lxxvii); *New Testament*, 215-17도 함께 보라.

해야 할 것이다. 그럴 가능성은 기껏해야 매우 희박하다고 평가해야 한다. 그렇다면 이 복음서를 마태의 저작으로 간주하는 것은, 간주 그 자체가 매우 이른 시기의 일이었을 것이 분명하다는 점을 고려하면, 아마도 이 작품이 마태가 죽은 뒤에 마태가 사용했던 예수 전승을 모아서 자신의 스승에게 경의를 표하기 위해 스승의 정신으로 복음서를 쓴, 마태의 가까운 조력자나 제자의 작품이었다는 것을 의미할 것이다.[100] 주목할 만한 스승에게 바치는 그러한 경건한 헌신의 행위는 그 당시의 종교적·철학적 집단 안에서 잘 알려지고 잘 이해되었을 것이다.[101] 복음에 대한 사도적 저작권을 주장하고 싶었던 어떤 영향력 있는 개인이나 집단이 복음서에 있는 독특한 마태복음적인 언급들을 우연히 보았다는 가장 명백한 대안(하지만 그렇다면 이 복음서에서 마태보다 훨씬 더 두드러지게 등장하는 베드로는 왜 안 되는가?)은[102] 이 복음서에 그토록 빨리 부여된 제목에 대한 그와 같은 설득력 있는 설명을 제시하지 못한다. 그러나 이 문제는 여전히 모호하며 결정적인 대답을 제시하는 일은 아마도 우리의 능력 밖의 일일 것이다.

ii. 저작 시기

마태가 마가복음을 알고 이용한 것이 거의 확실하다는 점을 고려하면 마가복음의 저작 시기는 마태복음 저작 시기의 기점이 된다. 즉 마태복음은 70년 이후의 어느 시기에 기록된 것이 분명하다.[103]

---

100 아니면 우리는 어떤 집단적 산물을 떠올려야 하는가? 참고. K. Stendahl, *The School of St. Matthew and Its Use of the Old Testament* (Philadelphia: Fortress, 21968).

101 추가적으로 이하의 §39.3a과 n. 179을 보라.

102 Gnilka, *Matthäusevangelium*, 2.519.

103 "베드로와 바울이 로마에서 복음을 전파하는 동안 [마태가] 히브리인들 사이에서 그들의 방언으로 기록된 복음서를 발표했다"는 이레나이우스의 주장에도 불구하고 말이다(*adv.*

이는 마태복음에 실린 형태의 왕의 혼인 잔치의 비유(마 22:1-14)와
도 일치한다. 예수가 한 번 이상 사용하신 것으로 기억되었을 이 이야기
형식에서(참고. 눅 14:15-24)[104] 마태만이 왕이 손님들을 잔치에 불렀을 때
손님들이 왕의 하인들을 학대하고 죽였으며 왕은 이에 대응하여 "군대를
보내어 그 살인한 자들을 진멸하고 그 동네를" 불살랐다는 부차적인 내
용을 포함시켰다(마 22:7). 이 덧붙인 부분은 잔치가 준비되는 동안에도
군사적 정벌이 시작되고 실행되는 모습을 상상하는 것처럼 보이기 때문
에 중심 줄거리를 상당히 훼손시킨다. 여기서 도출할 수 있는 가장 분명
한 추론은 마태(또는 그의 전승)가 잔치 초청에 대한 거부와 왕의 하인들에
대한 학대를 대다수의 이스라엘 백성이 예수의 복음의 초청을 거부할 것
에 대한 예언으로 간주했다는 것이다. 왕의 격렬한 반응은 저자(또는 그의
전승)가 예수가 진실로 하나님의 메시아(왕의 아들)라는 복음을 거부한 이
스라엘에 대한 하나님(왕)의 심판으로 이해한,[105] 70년에 티투스의 군대
가 예루살렘을 멸망시킨 사건을 반영하는 것이 거의 확실하다.[106] 그 나라
의 본 자손들은 아브라함, 이삭, 야곱과 함께 천상의 잔치에 참여하지 못
할 것이라는 예수의 예언인 마태복음 8:12과 이 비유의 유사점은 인상적
이다. 이러한 70년의 사건들에 대한 반영은 분명 마태복음의 저작 시기
가 70년 이후임을 암시한다.[107]

---

haer. 3.1.1).

104 *Jesus Remembered*, 235-36을 보라.

105 마 23:37-38도 이와 비슷하다.

106 다수의 견해다. 예를 들어 Davies and Allison, *Matthew*, 1.131-32; Luz, *Matthäus*, 3.242-43을 보라.

107 다음과 같은 소수의 학자들은 기원후 70년 이전 저작 시기를 옹호한다. J. A. T. Robinson, *Redating the New Testament* (London: SCM, 1976), 116(50년대 말 또는 60년 대 초); R. H. Gundry, *Matthew: A Commentary on His Literary and Theological Art* (Grand Rapids: Eerdmans, 1982), 599-609(63년 이전); Hagner는 *Matthew*, lxxiv-lxxv에서 70년 이전 저작 시기를 더 "선호"한다. *New Testament*, 212-14도 마찬가지다. 그러나 Stanton,

이보다 더 구체적으로 저작 시기를 특정할 수 있는가? 마가복음의 연대 추정은 대체로 마가복음 13장(또는 구체적으로는 13:14)이 밝혀주는 정보에 의존했음을 기억할 것이다. 마태복음의 병행 본문(마 24장)도 똑같은 수수께끼를 제기한다. 그 본문에서 "세상 끝"(24:3)을 "최후의 우주적 재앙"[108]으로 생각하고 이를 성전 파괴와 결부시켰다면(24:2-3), 마태가 70년으로부터 여러 해 뒤에 ("최후의 우주적 재앙"은 일어나지 않았으므로) 복음서를 썼다고 상상하기는 어려워질 것이기 때문이다. 그러나 마태복음 24장은 근래의 성전 파괴(24:2)를 아직 찾아오지 않은/곧 있을 "세상 끝"과 구별해주는 본문으로 해석될 수도 있고,[109] 묵시적 이미지를 사용하여 전적으로 예루살렘 멸망만을 언급하는 본문으로 해석될 수도 있다.[110] 따라서 마태복음 24장은 사실 마태복음의 저작 시기 문제를 해결하는 데 별 도움이 안 된다.

그러나 우리는 만일 70년 이후라면 얼마나 이후인가 하는 질문을 던져야 한다. 저작 시기의 종점은 아마도 마태복음에 대한 지식을 보여주는 이그나티오스에 의해 주어질 것이다.[111] 특히 눈에 띄는 것은 "모든 의

ANRW, II.25.3 1942-43을 보라. 필자는 R. T. France가 마가복음의 저작 시기를 늦게는 60년대 초까지 추정할 수 있다는 데 동의하면서도 어떻게 *Matthew—Evangelist and Teacher* (Exeter: Paternoster, 1989)에서 마태복음의 저작 시기를 60년대 중반 이전이라고 주장할 수 있는지 이해가 되지 않는다(*The Gospel of Mark* [NIGTC; Grand Rapids: Eerdmans, 2002], 38). Davies와 Allison은 학자들이 주장하는 저작 시기들의 범위를 열거한다(*Matthew*, 1.127-28).

108 A. Schweitzer, *The Mystery of the Kingdom of God: The Secret of Jesus' Messiahship and Passion* (New York: Schocken, 1925), 114.

109 참고. Davies and Allison, *Matthew*, 3.328-31과 Luz, *Matthäus*, 3.436-37.

110 M. Theophilos, *The Abomination of Desolation in Matthew 25.15* (LNTS 437; London: T & T Clark, 2012).

111 파피아스의 증언(만일 그의 언급이 마태복음에 대한 언급이라면)은 100년경이나 심지어 그보다 이른 시점의 증언이겠지만, 그의 대표작인 「주의 말씀에 대한 해설」의 저작 연대는 전통적으로 그보다 이후로 추정된다(대략 130-140년). 예를 들어 Davies and Allison, *Matthew*, 1.128-29과 이하의 §40.1i을 보라.

가 이루어지게 하기 위해" 요한이 예수에게 베푼 세례에 대한 이그나티오스의 언급인데(*Smyrn*. 1.1), 이 언급에서 이그나티오스가 이 표현을 예수의 세례 이야기에 대한 마태의 독특한 진술에서 가져왔다는 점은 의심하기 어렵다.[112] 이그나티오스의 편지의 저작 연대는 100년에서 그가 죽은 해인 약 118년 사이의 어느 시점이라고 확신 있게 추정할 수 있으므로[113] 마태복음은 최소한 그보다 어느 정도 이전에 유포되기 시작했다고 추론해도 무방하다. 마태복음의 영향력을 훨씬 이전의 기독교 문헌인 「클레멘스1서」(90년대 중반)와 「디다케」(100-120년?)에서 감지할 가능성[114]은 훨씬 덜 분명하며, 마태복음을 모방했을지도 모르는 부분에 관한 한 「클레멘스1서」와 「디다케」는 기록 전승보다 구전 전승을 반영했을 가능성이 크다.[115] 그렇다면 우리는 이보다 더 정확하게 연대를 추정할 수 있는가?

앞으로 보게 되겠지만(§46.5b) 마태복음은 70년 이후 바리새파 계승자들과의 긴장과 대립의 시기를 반영하는 것처럼 보인다(마 23장, 특히 7-8절). 그렇다면 이는 즉시 마태복음의 저작 시기와 저작 장소에 대한 가능

---

112 이하의 §44 n. 38을 보라.
113 예. W. R. Schoedel, *Ignatius of Antioch* (Hermeneia: Philadelphia: Fortress, 1985), 5; *ODCC*, 817(107년경); Schnelle, *History*, 222(110년경). 추가로 이하의 §40.1b을 보라.
114 이하의 §40.1a, e을 보라.
115 Christopher Tuckett과 Andrew Gregory가 Gregory and Tuckett, eds., *Reception*, 95-127, 131-39에서 밝힌 견해다. E. Massaux는 *The Influence of the Gospel of Matthew on Christian Literature before Saint Ignatius* (2 vols.; Macon: Mercer University, 1990)에서 *1 Clem*. 15.2, 27.5과 46.7-8이 마태복음에 대한 문어적 의존성을 보여준다고 결론짓는다(1.7-32). W.-D. Köhler는 *Die Rezeption des Matthäusevangeliums in der Zeit vor Irenäus* (WUNT 2.24; Tübingen: Mohr Siebeck, 1987)에서 *Did*. 8.1-2이 아마도 마태복음에 대한 의존성을 보여주고 있다고 생각한다(30-36). Gnilka는 베드로전서에서 마태복음을 알고 있었을 수도 있다고 생각한다. 참고. 벧전 2:12과 마 5:16, 벧전 3:14과 마 5:10(*Matthäusevangelium*, 2.519). 자세한 논의는 아래 §44에 있다. 벧후 1:17 이하에서 명백히 마태복음에 실린 형태의 변화산 사건 이야기(마 17:5)를 이용하고 있다는 점은, 어떤 식으로 추정하든 베드로후서가 마태복음보다 후대의 저작이므로 별 도움이 되지 않는다(이하의 §39.3f을 보라).

성 있는 견해들을 줄여준다. 따라서 문제는 기원후 70년 이후 언제쯤 마태복음의 삶의 정황이 있었다고 상상하는 것이 가능하겠느냐는 것이다. 한편으로 우리는 야브네에서 유대교를 재구성하는 일에 착수한 랍비들이 할라카에 관한 모든 문제를 당장에 해결하고 이스라엘과 유대교 전체에 대해 즉시 자신들의 영향력을 행사했을 가능성을 일축할 수 있다. 제2성전기 유대교의 나머지 파벌들은 실질적으로 궤멸되었거나(에세네파, 열심당) 그 권력이 현저하게 줄어들었다(사두개파와 부유한 가문들). 그러나 그렇더라도 바리새파의 후예들이 동료 유대인들에게 즉각적이고 보편적인 권위를 얻었을 가능성은 매우 희박하다고 판단해야 한다.[116] 다른 한편으로 (로마인들에게 인정을 받은 것이 분명한) 남아 있는 하나의 유대인 권력이 광범위한 지지를 받고 (여전히 제한적이더라도) 점점 더 그들의 통치를 인정받았을 가능성도 불가능한 일로 일축해선 안 된다.[117] 마태복음이 유대교와의 결별을 반영하는지에 관한 문제는 좀 더 논의해야 하겠지만(46.5), 그 논의가 더 확실한 저작 연대를 제시해줄 것 같지는 않다. 따라서 우리는 마태복음이 아마도 80년대, 대개는 80년대 중엽에서 말까지의 시기에 기록되었을 것이라는 대체로 합의된 견해에 만족해야 할 것이다.[118]

---

116 이하의 n. 122을 보라.

117 Davies and Allison, *Matthew*, 3.700-701; 이하 §42 n. 196도 함께 보라.

118 최근 주석가들 가운데 Gnilka는 80년 무렵(*Matthäusevangelium*, 2.520), Luz는 80년 이후 멀지 않은 시점(*Matthew*, 1.104), Davies와 Allison은 80-95년(*Matthew*, 1.127-38), Schnelle는 90년 전후(*History*, 222), Brown은 80-90년(*Introduction*, 216-17), D. C. Sim은 *The Gospel of Matthew and Christian Judaism: The History and Social Setting of the Matthean Community* (Edinburgh: T & T Clark, 1998), 31-40에서 85-95년 사이를 각각 제안한다. "제1복음서는 기원후 90년 이전에 쓰였을 리가 없으며 심지어 그보다 이후(90년에서 100년 사이)에 쓰였을 수도 있다. 왜냐하면 이 복음서는 기원후 70년의 재앙 이후 유대 팔레스타인에서 유대교의 강력한 통합을 전제로 하고 있기 때문이다"(Hengel, *Four Gospels*, 72). J. D. Kingsbury는 D. L. Balch, ed., *Social History of the Matthean Community: Cross-disciplinary Approaches* (Minneapolis: Fortress, 1991)로 출간된 학회 논문들에 대한 결론을 내리면서 저작 시기를 85년에서 100년 사이로 보는 일반적인 가정을 재확인한다

iii. 저작 장소

마태복음 23장에서 겨냥했을 가능성이 큰 장본인들에 대한 앞에서의 논의는 마태복음이 기록된 장소의 발견과 관련해서 직접적인 논리적 귀결을 갖는다. 앞에서 살펴본 것처럼 야브네의 현자들이 얼마나 빨리 권위를 확립했으며 유대인 공동체에 얼마나 폭넓고 신속하게 영향력을 확대할 수 있었는지에 대해서는 상당한 의문이 있다. 예를 들어 하나의 현상으로서 랍비 유대교는 처음에는 유대 지방 안에서만 존경을 받았고 그 존경은 점진적으로만 커졌을 가능성이 크다. 반 세겔의 성전세가 (이제는 로마의 유피테르 카피톨리누스 신전에 바쳐야 하는) 유대인세(*fiscus Iudaicus*)로 바뀐 것을 제외하면 디아스포라 유대교에 속한 대부분의 사람은 아마도 유대인 전쟁으로 인한 재앙에 실질적으로 영향을 받지 않았을 것이다.[119] 그들은 현자들이 야브네에서 내린 결정에 대해서 현자들 자신들이 고취하고 싶어 했을 만큼의 필요성은 느끼지 못했을 것이다. 따라서 마태복음의 삶의 정황을 이스라엘 땅 경계에서 멀리 벗어난 곳에서 찾을 가능성은 매우 희박하다.

심지어 갈릴리와 관련해서도[120] 랍비 전승 속에 야브네 "학교"의 창시자인 요하난 벤 자카이가 갈릴리에서 별로 인정을 받지 못했다는 암시가 포함되어 있다는 점은 의미심장한 것일지도 모른다. 그 이야기는 유대인 봉기가 있기 훨씬 전에 요하난이 갈릴리 지역의 아라브 마을에 머물러 있던 시절에 관한 이야기다. 그 기간에 요하난에게 제기된 할라카

---

(263).

119 다시 이하의 §46.3b을 보라.

120 J. A. Overman은 *Matthew's Gospel and Formative Judaism. The Social World of the Matthean Community* (Minneapolis: Fortress, 1990)에서 갈릴리 기원설을 주장한다(155-59). L. M. White, 'Crisis Management and Boundary Maintenance: The Social Location of the Matthean Community', in Balch, ed., *Social History*, 10장도 함께 보라.

(halakhah: 유대교 관례 법규집) 해석에 관한 요청이 겨우 두 건뿐이었고 요하난은 "오, 갈릴리, 갈릴리여! 너는 토라를 미워하는구나!"[121]라는 신랄한 비난을 남기며 갈릴리를 떠났다. 이 전승이 지금까지 보존된 것은 야브네에서 요하난의 지도로 발전하고 있던 할라카에 대해 갈릴리에서 지속적인 반대가 있었음을 반영하는가? 만일 야브네 회의의 영향력이 갈릴리에서 80년대에 이르러서야 확고해졌다면, 시리아의 디아스포라 공동체까지 영향력이 확대되는 데는 훨씬 더 오랜 시간이 걸렸을 것이다.

야브네 회의의 영향력이 유대를 넘어 팔레스타인 밖의 디아스포라 공동체까지 꾸준하고 중단 없이 확장되고 퍼질 때 고르게 확장되면서 넓어지는 파급 효과에 대한 묘사는 거의 확실히 비현실적이다.[122] 디아스포라 유대교는 유대인 봉기의 영향을 다양하게 받았다.[123] 팔레스타인에서 (아마도) 가까운 디아스포라 안에는 야브네의 현자들이 바른 방향을 지향하고 있다고 생각하고 그들의 지도를 따르거나 그들을 본받으려 애쓴 유대 보수파들의 고립된 지역들이 있었을 것이다. 이는 단순히 마태복음의 연대를 늦은 시기로 추정하면 마태복음의 원출처가 이스라엘/팔레스타인 땅의 경계에서 멀리 떨어진 곳이 될 수 있다고 가정할 수 있는 문제는 아니다. 그럼에도 불구하고 가장 그럴듯한 가능성은 (상대적으로 말해서) 마태복음이 팔레스타인에서 가까운 외지—즉 시리아 내부—의 상황을 반영할 가능성이다.[124] 전체 디아스포라 중에서 시리아, 그중에서도 특

---

121 J. Neusner, *First Century Judaism in Crisis* (Nashville: Abingdon, 1975), 58-64.
122 랍비들의 영향력이 여러 세기에 걸쳐 단지 점진적으로만 확대되었다는 것은 이제 합의된 견해다. 앞의 §38 n. 51, 이하의 §46.6g와 다음 책을 보라. A. J. Saldarini, *Matthew's Christian-Jewish Community* (University of Chicago, 1994), 13-18.
123 트라야누스 황제 시대(기원후 115-117년)에 디아스포라(이집트, 키레네, 키프로스, 메소포타미아)에서 몇 번의 유대인 봉기가 있었다. Schürer, *History*, 1.529-32과 추가로 이하 §46.3c을 보라.
124 G. D. Kilpatrick은 *The Origins of the Gospel according to Saint Matthew* (Oxford: Clarendon,

히 안디옥에 유대인들이 가장 많이 있었고(Josephus, *War* 7.43), 이들은 유대인 봉기 이전 시기에는 많은 (하나님을 경외하는) 이방인들을 끌어들였지만(7.45),[125] 이들이 봉기 기간에 경험한 야만적인 박해(7.46-62)는 생존자들이 70년의 대재앙의 여파로 자신들의 유대인적 정체성을 재확인하고자 애쓸 때 그들 중 다수로 하여금 야브네에서 출현한 보다 보수적인 유대교에 매력을 느끼게 만들었을 것이다. 당시의 시리아와 아마도 더 구체적으로 안디옥은 마태 공동체가 존재하고 마태복음이 집필되었을 가능성이 가장 큰 장소다.[126] 정경에 속한 사복음서의 원저작 장소에 대한 우리의 지식은 매우 제한적이므로 마태복음의 시리아 기원설은 논쟁의 대상이 된 여러 결론 중에서는 가장 견실한 결론일 것이다.

1946)에서 페니키아의 항구, 아마도 두로 또는 시돈이 마태복음의 저작 장소였을 것이라고 주장한다(7장).

125 이는 왜 안디옥에서 초기 기독교 선교가 이방인들에게 결정적으로 문호를 개방했는지를 설명하는 데 도움이 된다(행 11:19-26). 추가적으로 *Beginning from Jerusalem*, §24.8을 보라.

126 그래서 대부분의 학자들 — 예. Kümmel, *Introduction*, 119; J. P. Meier in R. E. Brown and J. P. Meier, *Antioch and Rome: New Testament Cradles of Catholic Christianity* (London: Geoffrey Chapman, 1983), 18-27 — 은 이그나티오스가 마태복음을 알고 있었고 사용했다는 점을 강조한다(24-25; 44.2d도 함께 보라); Gnilka, *Matthäusevangelium*, 2.514-15; Kingsbury in Balch, ed., *Social History*, 264; Brown, *Introduction*, 212-14; Sim, *Gospel of Matthew*, 40-62, 104-7; Luz, *Matthäus*, 1.100-103; Hagner, *New Testament*, 214-15; Davies와 Allison은 이에 대해 덜 확신한다(*Matthew*, 1.143-47). 시리아 안디옥 출신의 이그나티오스가 마태복음에 대한 지식의 최초의 증거를 제공해준다는 사실(39.2c(ii))은 여기서 아마도 중요한 사실일 것이다. 어떤 이들은 마 4:24에서의 시리아에 대한 언급("그의 소문이 온 수리아에 퍼진지라")에서 그 근거를 찾는다(예. Schnelle, *History*, 222). Stanton은 다른 제안들을 간략하게 검토한다(*ANRW*, II.25.3 1941-42). E.-J. Vledder 는 *Conflict in the Miracle Stories: A Socio-Exegetical Study of Matthew 8 and 9* (JSNTS 152; Sheffield: Sheffield Academic, 1997)에서 마태 공동체의 사회적 계층화에 대한 암시와 같은 암시들을 모아놓았다(118-39). W. Carter, *Matthew and the Margins: A Socio-Political and Religious Reading* (JSNTS 204; Sheffield: Sheffield Academic, 2000), 17-29, 43-49도 함께 보라.

d. 요한복음

신약의 사복음서 중에서 요한복음은 신약에 속하지 않은 복음서들과 함께 다루어도 가장 무방할 만한 복음서다. 앞으로 보게 되겠지만 요한복음은 신약의 나머지 세 복음서인 공관복음서들과 매우 다르기 때문이다. 그리고 최소한 표면적으로나마 요한복음은 예수에 대한 묘사 및 그 성격과 강조점에 있어서 다른 복음서들 중 일부, 예를 들어 「구세주의 대화」(*The Dialogue of the Saviour*) 등과 가까워 보인다.[127] 따라서 수행해야 할 주된 임무 중 하나는 요한복음에 대한 이러한 피상적 독해는 **실제로** 피상적인 것이며 요한복음은 신약에 속하지 않은 복음서들보다 공관복음에 더 가깝다는 점—요한복음은 마가복음과 그 밖의 공관복음서에 의해 그 범주가 정해진 일종의 "복음서"라는 점—을 입증하는 일일 것이다(§41).[128] 그러나 먼저 우리는 주요 주제상의 첫 번째 질문—복음서들(정경에 속한 것과 그 밖의 것)은 예수 전승을 어떻게 다루고 있는가(11부)—을 다루기 전에 역사상 요한복음의 위치를 최선을 다해 찾아내기 위해 일반적인 서론적 질문을 던져야 한다.

i. 저자

복음서의 제목인 *EUANGELION KATA IŌANNĒN*("요한에 따른 복음")을 근거로 나머지 신약 복음서들에 대해서와 동일한 추론이 가능하다.[129] 요

---

127 이하 §43 n. 98과 §44.4d을 보라.
128 추가로 이하의 §43.1을 보라.
129 이 복음서를 요한의 저작(*KATA IŌANNĒN*)으로 간주하는 최초의 문헌은 p⁶⁶인데, 이 문헌은 기원후 200년 이전의 것일 수도 있지만 보통 기원후 약 200년쯤의 문헌으로 추정된다. 다른 비문들의 경우와 같이 "요한에 따른"(*KATA IŌANNĒN*)은 아마도 더 길고 이미 확립되었으며 당연시된 제목인 *EUANGELION KATA IŌANNĒN*("요한에 따른 복음")의

한복음이 "요한" 외에 다른 사람의 저작으로 간주된 적이 없다는 사실은 이 이름이 처음부터 이 책에 붙었으며, 이렇게 "요한"을 저자로 간주하는 것은 대체로 보편적으로 인정된 일이었음을 의미하는 것이 분명하다.[130] 그러나 나머지 정경에 속한 복음서들의 경우와 같이 "어떤 요한인가?"라는 질문은 자연스럽게 꽤 일찍부터 제기되었다. 이 질문에는 독특한 예리함과 적실성이 있다. 우리는 교회 전승을 통해 여러 명의 요한, 특히 야고보의 형제이자 사도 중 한 명인 세베대의 아들 요한은 물론이고 계시록(요한계시록)의 저자인 예언자 요한(계 1:1, 4, 9; 22:8), 파피아스가 장로라고 부른 "장로(presbyteros) 요한",[131] 요한 마가[132] 등도 알고 있기 때문이다. 이 쟁점은 "사랑받은 제자"에 관한 문제(그는 누구인가?)와 요한복음 21장이 (적어도) "요한에 따른 복음"으로서 요한복음의 집필을 완성하기 위해 복음서에 더해진 일종의 부록일 가능성에 의해 더 복잡해진다.[133]

첫 번째이자 잠재적으로 가장 의미심장한 증거는 요한복음 21:24인데, 이 구절에서는 보다 큰 공동체가 그들의 권위의 원천과 복음서의 저자를 증언하는 것으로 보인다. "이 일들을 증언하고 이 일들을 기록한 제자가 이 사람이라. 우리는 그의 증언이 참된 줄 아노라."[134] 여기서 흥미로

줄임말일 것이다.

130 일부 반(反)몬타누스주의자들은 요한복음을 영지주의자인 케린투스의 저작으로 간주했다 (Kümmel, *Introduction*, 196-97); 이하 §49.3d을 보라.

131 Eusebius, *HE* 3.39.4. 에우세비오스가 곧바로 계속해서 둘 다 에베소와 관련된 두 명의 요한이 있었다는 전승을 논한다는 사실(3.39.5-7)은 "요한"이라는 이름 자체만으로는 충분히 명백한 신원 확인의 증거가 될 수 없었음을 시사한다.

132 어떤 이들은 다른 출처에서는 알려지지 않은 요한이라는 사람이 있었다고 주장한다. 예를 들어 Schnelle, *History*, 474 n. 109을 보라. Brown-"요한 공동체의 역사에서 중요해진" "예수의 사역 기간에 있었던 한 중요하지 않은 인물"(*Introduction*, 369).

133 예를 들어 Hagner, *New Testament*, 273-75을 보고 추가로 이하 §43.1b을 보라.

134 다소 놀랍게도 Bauckham은 21:24이 저자의 개인적인 증언이라고 주장한다("제자"="우리"="나")(*Jesus and the Eyewitnesses*, 369-70, 379-80). 그러나 다음 글을 보라. R. A. Culpepper, 'John 21:24-25: The Johannine Sphragis', in P. N. Anderson et al., eds.,

운 특징은 그렇게 언급된 제자가 "예수께서 사랑하시는 그 제자"라는 것이다(21:20). 요한복음 21:23("예수의 말씀은 그가 죽지 않겠다 하신 것이 아니라")의 함의는 이 제자가 실제로 죽었다는 것이다.[135] 따라서 요한의 공동체, 또는 제자들 내지 무리는 아마도 이미 확립된 전승으로 알려졌을 내용(21:1-23)에 결론(21:24-25)을 추가함으로써 증언과 증언에 대한 기록을 모두 요한의 것으로 간주할 기회를 얻는다.

이 추론은 명백히 한걸음 더 나아갈 수 있다. "사랑하시는 그 제자"는 요한복음 본문에서 여러 차례 나타나기 때문이다.[136] 따라서 "이 일들"을 오직 요한복음 21장의 기록으로만 제한하는 것은 현명하지 못한 일일 것이다. 이러한 추론은 21:24과 매우 비슷한 구절인 19:35("이[십자가에 달린 예수의 옆구리에서 나온 피와 물]를 본 자가 증언하였으니 그 증언이 참이라. 그가 자기의 말하는 것이 참인 줄 알고 너희로 믿게 하려 함이니라")을 통해 확증된다.[137] 요한복음은 방금 "예수께서 사랑하시는 그 제자"가 십자가 근처에서 있었던 소수의 무리 중 한 사람(나머지는 여자들이었다)이었다고 알려주었으므로, 그 명백한 함의는 "이를 본 자"가 그 사랑받은 제자였다는 것이다.[138] 19:35과 20:31의 유사 관계도 인상적인데 20:31은 마치 (21장의

John, Jesus and History vol. 2: *Aspects of Historicity in the Fourth Gospel* (Atlanta: SBL, 2009), 349-64: "요한 문헌의 인장(*sphragis*)은 일련의 관계를 의미한다. 저자는 '사랑하시는 그 제자'의 복음서의 진리를 증명하기에 충분할 만큼 그 제자와 가까운 한 집단("우리")의 일원이었다(363)." Bauckham은 *The Testimony of the Beloved Disciple* (Grand Rapids: Baker, 2007), 3장에 다시 실린 그 이전의 논의(1993)에서 좀 더 분명한 노선을 취한다. "편집자는 자신과 그 학파를 복음서의 저자와 구별하며(24절) 복음서 저자는 앞의 세 구절에서 언급된 사랑받은 제자로 밝혀진다"(79, 82).

135 Kümmel, *Introduction*, 236.
136 요 13:23-25; 19:26-27; 20:2-8 및 21:7, 20. 그는 이름이 나오지 않는 18:15-16의 "다른 제자"와 동일 인물인가? 그렇다면 왜 그는 13장 이전에는 등장하지 않는가?
137 몇몇 학자들이 보기에 이 유사 관계는 21장의 저자가 19:35을 덧붙였다는 함의를 지닌다 (Kümmel, *Introduction*, 208과 n. 52).
138 C. K. Barrett, *The Gospel according to St John* (London: SPCK, 1955, 21978), 118-19,

추가된 내용 앞에 있는) 요한복음의 결론처럼 읽힌다. "오직 이것을 기록함 은 너희로 예수께서 하나님의 아들 그리스도이심을 믿게 하려 함이요, 또 너희로 믿고 그 이름을 힘입어 생명을 얻게 하려 함이니라."

요점은 (비록 때때로 요한복음에 관한 교부들의 증언과 관련된 논의에 가려지 기도 하지만) 명백하다. 여기 최종 형태의 요한복음 안에 이미 이 복음서 의 저자에 관한 명백한 증언이 있다. 이는 이례적인 일이다. 정경에 속한 나머지 복음서들 중에는 어느 곳에도 저자와 관련된 그러한 단언이 담겨 있지 않다. 2세기 기독교인들이 요한복음의 저자를 논의하거나 언급하기 오래전에 저자의 문제는 해결되었다. 주목해야 할 것은 이 증언이 이중적 이라는 사실이다. (1) 그것은 이 이야기 전체의 그러한 내용의 개인적 **출 처**와 그에 따른 **권위**("그의 증언이 참된")가 개인적으로 관련된 것이고 실 제로 참여자가 직접 목격하거나 들은 내용이라는 증언이다. (2) 그 증언 은 또한 이 증인이 "이것"을 기록했다는 것이다. 즉 요한복음은 예수의 가까운 제자였던 사람이 썼다.

불행하게도 우리는 이러한 결론에서 크게 진전된 결론에 도달할 수 가 없다. "사랑하시는 그 제자"의 정체는 여전히 큰 수수께끼—아마도 그 에게 너무 많은 관심이 쏟아지거나 그에게 너무 많은 명성이 돌려지는 것을 피하기 위한 수수께끼—가운데 하나이기 때문이다. 그가 예수와 가 까운 제자들을 상징하는 문학적으로 창안된 인물일 가능성(참고. 13:23)은 자주 제기되었다.[139] 그러나 그에 대해서 자신의 증언을 신뢰할 수 있는

557-58.

139 Kümmel, *Introduction*, 208 n. 187; Schnelle, *History*, 482; A. T. Lincoln, *The Gospel according to Saint John* (BNTC; London: Continuum, 2005), 22-24; H. Thyen, *Das Johannesevangelium* (HNT 6; Tübingen: Mohr Siebeck, 2005), 2; I. Dunderberg, *The Beloved Disciple in Conflict? Revisiting the Gospels of John and Thomas* (Oxford: Oxford University, 2006), 147-48; M. Theobald, 'Der Jünger, den Jesus liebte', *Studien zum*

권위 있는 인물로 묘사하는 이미 언급된 구절들은 오히려 진정으로 신뢰할 만한 증인으로 믿어졌고 그렇게 묘사된 인물을 가리킨다. 사랑받은 그 제자에 대한 이전의 언급들도 그가 예수의 가까운 제자 중 한 사람, 열두 제자 중 한 사람이었음을 암시한다(13:23; 19:26-27). 그리고 우리가 초기에 이 복음서가 요한의 저작으로 간주되었다는 사실(*EUANGELION KATA IŌANNĒN*: "요한에 따른 복음")을 진지하게 받아들인다면, 이 "사랑하시는 그 제자"의 가장 분명한 후보는 세베대의 아들 요한이다. 비록 21:2에서는 "세베대의 아들들"이 언급되지만, 이 요한은 요한복음에서 결코 그렇게 언급되지 않는다.[140] 그것은 요한이 "사랑하시는 그 제자"였기 때문인가? "사랑하시는 그 제자"와 베드로의 가까운 관계(20:2-10; 21:20-23)는 또한 사도행전에서 입증된 베드로와 요한의 가까운 관계와 유사하다.[141] 더 중요한 것은 이 두 구절이 보다 널리 인정받은 베드로와 동등하거나 대안적인 권위[142]—아마도 심지어 반대되는 권위, 또는 베드로보다 훨씬

Corpus Iohanneum (WUNT 267; Tübingen: Mohr Siebeck, 2010), 21장. R. A. Culpepper 는 *John: The Son of Zebedee; The Life of a Legend*(Edinburgh: T & T Clark, 2000)에서 이렇게 논평한다. "사랑하시는 그 제자를 오로지 상징적인 인물로만 해석하는 해결책은 '사랑하시는 그 제자'의 죽음에 대한 요 21:20-23의 관심을 만족스럽게 설명하지 못한다. 종종 지적되어 온 것처럼 상징적인 인물은 죽지 않는다"(84).

140 필자는 왜 21:2-3으로 인해 Kümmel이 그렇게 생각하는 듯이 보이는 것처럼("전혀 근거가 없다", *Introduction*, 236) "사랑하는 그 제자"가 언급된 이들 중 한 명이자 세베대의 아들들 중 한 명일 가능성이 희박해지는지 알 수가 없다.

141 행 3:1, 3, 4, 11; 4:13, 19; 8:14.

142 특히 다음 자료들을 보라. Bauckham, *Jesus and the Eyewitnesses*, 358-411(그러나 앞의 n. 132을 보라); 같은 저자, 'The Fourth Gospel as the Testimony of the Beloved Disciple', in R. Bauckham and C. Mosser, eds., *The Gospel of John and Christian Theology* (Grand Rapids: Eerdmans, 2008), 120-39; 같은 저자, *Testimony*, 82-87. M. Hengel은 *The Johannine Question*(ET London: SCM, 1989)에서 제4복음서 저자가 예루살렘 거주자였고 아마도 예루살렘의 제사장 귀족 가문 출신이었을 것이며 예수의 죽음의 목격자이자 최초의 공동체의 일원이었고 60년대 초에 소아시아로 이주하여 한 학파를 세웠다고 주장한다. 그는 거기서 노년에 복음서를 썼는데 "그 속에서 전형적인 '유대 팔레스타인적인' 기억이 보다 '헬레니즘적'이고 '열정적'이며 심지어 바울적인 접근과 결합되어 원시 기독교의 기

더 신뢰할 만한 권위[143] – 로서의 "사랑하시는 그 제자"의 역할을 북돋는 것처럼 보인다는 점이다. 나중에 우리는 이 주제로 다시 돌아와야 할 것이다(§49).

여기서는 아무것도 확실하지 않다. 요한복음 자체가 "사랑하시는 그 제자"의 정체에 대해서 거의 의도적으로 독자의 애를 태우는 것처럼 보인다. 그렇게 애가 탄 나머지 학자들은 이 수수께끼와 씨름하면서 저자의 정체에 대한 몇 가지 대안적인 견해들을 제시해왔다.[144] 2세기 기독교인 저술가들의 증언은 이 수수께끼를 해결하는 데 거의 도움이 되지 않는다. 이레나이우스가 2세기 말엽에 이 복음서의 저자는 요한 – "주님의 품에 기대기도 했고 스스로 복음을 전해주기도 한 주님의 제자 요한"[145] – 이라고 분명히 증언한다는 점은 사실이다. 이레나이우스는 그와 같이 그 사랑받은 제자의 정체를 요한이라고 단언한다. 이 전승의 기원은 2세기 초까지 거슬러 올라갈 가능성이 충분히 있다. 이레나이우스가 "주님의 제

독론적인 교리적 발전이 그 절정에 도달한 위대한 종합에 이른다"(134); 이 책의 독일어 판은 훨씬 확대된 판이다 – *Die johanneische Frage* (WUNT 67; Tübingen: Mohr Siebeck, 1993)(여기서는 324-25). 다음 자료들도 함께 보라. Culpepper, *John*, 3장; T. Thatcher, 'The Legend of the Beloved Disciple', in R. T. Fortna and T. Thatcher, eds., *Jesus in the Johannine Tradition* (Louisville: Westminster John Knox, 2001), 91-99; A. T. Lincoln, '"We Know That His Testimony Is True": Johannine Truth Claims and Historicity', in P. N. Anderson et al., eds., *John, Jesus and History* vol. 1: *Critical Appraisals of Critical Views* (Symposium Series 44; Atlanta: SBL, 2007), 179-97(여기서는 180-83).

143 요 21장은 "교회적 권위에 대한 상충하는 주장들을 조정하려는 목적으로 기록되었다"(Koester, *Introduction*, 2.186-87).

144 예를 들면 나사로: Kümmel, *Introduction*, 237-38; B. Witherington, 'What's in a Name? Rethinking the Historical Figure of the Beloved Disciple in the Fourth Gospel', in Anderson et al., eds., *John, Jesus and History*, 2.203-12. 도마: J. H. Charlesworth, *The Beloved Disciple* (Valley Forge, Pa.: TPI, 1995); 이에 대한 비판은 I. Dunderberg, 'Thomas and the Beloved Disciple', in R. Uro, ed., *Thomas at the Crossroads: Essays on the Gospel of Thomas* (Edinburgh: T & T Clark, 1998), 65-88(여기서는 73-80); Lincoln, *Saint John*, 20-22.

145 Irenaeus, *Against Heresies* 3.1.1 = Eusebius, *HE* 5.8.4(요 13:25의 표현을 사용함).

자 요한"에 대한 자신의 지식의 기원을 "아시아에서 주님의 제자 요한과 의논했고 요한이 전해준 것을 증언하는 모든 장로들"에게까지 거슬러 올라가 찾기 때문이다.[146] 무엇보다도 이레나이우스는 파피아스와 폴리카르포스를 염두에 두었을 것이다. 다른 문헌에서 그는 요한에 대해 말하던 폴리카르포스에 대한 자신의 유년 시절의 기억을 선명하게 말하고 있기 때문이다.[147] 이레나이우스는 또한 폴리카르포스의 벗(hetarios)인 파피아스를 "요한의 말을 들은 자(akoustēs)"로 묘사한다(HE 3.39.1).[148] 서머나의 주교이자 아마도 2세기 중엽 소아시아의 기독교인 지도자였을 폴리카르포스는 155년 무렵 80세가 훌쩍 지났을 때 처형되었고 히에라폴리스 주교인 파피아스의 생몰연대는 보통 60-130년 무렵으로 추정된다.[149] 따라서 그들이 살았던 시대가 "주님의 제자" 요한과 겹칠 가능성은 충분히 있다. 다시 말해 이레나이우스의 증언은 비록 요한복음이 나왔을 가능성이 큰 시점으로부터 약 80년 뒤의 증언이지만 그가 (폴리카르포스를 통해) 요한복음의 저자로 간주한 인물과 거의 직접적으로 연결된다.[150]

---

146 Irenaeus, *Against Heresies* 2.22.5 = Eusebius, *HE* 3.23.3.

147 "나는 최근에 일어난 사건들보다 그 시절의 사건들을 더 분명하게 기억한다.…그래서 나는 심지어 복자 폴리카르포스가 앉아서 강론한 장소…그가 무리에게 한 강론, 그가 요한과 주님을 본 다른 이들과 나눈 교제를 어떻게 전했는지, 그가 그들의 말과 그들에게 들은 주님에 관한 몇 가지 일들, 주님의 기적과 가르침을 어떻게 기억했는지도 말할 수 있다"(Eusebius, *HE* 5.20.5-6). 에우세비오스는 요한에 대한 폴리카르포스의 이야기를 포함하여 폴리카르포스에 대한 이레나이우스의 회상을 몇 차례 인용한다(*HE* 3.28.6; 3.36.12; 3.39.1; 4.14.1-9 — Schnelle, *History*, 472; 5.24.16-17에 의해 인용됨); 이레나이우스(와 에우세비오스)는 폴리카르포스를 사도들과 일차적으로 연결된 인물로 분명히 간주했다.

148 그러나 Kümmel은 파피아스를 "요한의 말을 들은 자"로 묘사하는 것이 *HE* 3.39.3-4에서 파피아스 자신이 주장한 바와 잘 들어맞지 않는다고 말한다(*Introduction*, 241-42).

149 폴리카르포스 — S. C. Wilson, *ABD*, 5.389-90; 파피아스 — W. R. Schoedel, *ABD*, 5.140-42.

150 요한이 제4복음서의 저자라는 전승은 소아시아에서 보다 널리(아마도 전반적으로) 퍼져 있었지만, 로마에도 퍼져 있었다. Kümmel, *Introduction*, 239-40을 보라.

그런데 에우세비오스가 인용한 파피아스의 말에 제4복음서의 저자에 대한 언급이 없다는 점은 다소 불가사의다. 이그나티오스가 요한에 대한 기억이 특히 소중히 간직된 곳인 에베소에 편지를 쓰면서 요한을 언급하지 않는 것도 불가사의하다. 그리고 폴리카르포스 자신도 빌립보에 보내는 편지에서 자신과 사도 요한의 관계를 전혀 언급하지 않는다. 불가사의한 것은 이레나이우스가 주장하는 것처럼 그토록 강력한 전승의 흐름이 있었다면 그 전승이 이레나이우스 이전에는 결코 거론되거나 언급되지 않았다는 점이다.[151] 그럼에도 불구하고 이 복음서 자체의 내적 증거, 제목의 함의, 신뢰할 만한 연쇄적 증언에 대한 이레나이우스의 주장은 종합적으로 요한복음을 세베대의 아들 요한의 저작으로 간주해야 한다는 전승을 강하게 뒷받침하며, 요한은 아마도 이 복음서 자체 안에서 예수께서 사랑하시는 그 제자로 언급된 인물일 것이다.[152]

---

151 그러한 침묵을 근거로 한 부정적 논증에서는 그와 같이 구체적인 언급을 하지 않는 것을 설명해줄 만한 타당한 이유(여전히 식별할 수 있는 이유는 아닌)는 없다고 가정한다.

152 Hagner, *New Testament*, 266-73. 다음 책들의 주의 깊은 평가를 참고하라. R. Schnackenburg, *The Gospel according to St John* vol.1 (1965; ET New York: Herder & Herder, 1968), 75-104; R. E. Brown, *The Gospel according to John* (AB 29; 2 vols.; New York: Doubleday, 1966), 1.lxxxviii-xcviii; Barrett, *John*, 100-5, 132. 그러나 Schnackenburg는 *Das Johannesevangelium* 3.Teil (HKNT; Freiburg: Herder, 31979), 449-64에서, Brown은 *The Community of the Beloved Disciple* (London: Chapman, 1979), 31-4에서 예수가 사랑하시는 그 제자를 세베대의 아들 요한과 동일시하는 입장에 대해 생각을 바꾸었다. Schnackenburg가 보기에 예수가 사랑하시는 그 제자는 십중팔구 예루살렘에 있는 예수의 제자지만 열두 제자 중 한 사람은 아니었다(461). Brown에 따르면 예수가 사랑하시는 그 제자는 여전히 신원 미상이지만 여전히 1:35-40에 나오는 세례 요한의 제자와 동일시될 수 있다. 그러나 필자는 "외적 증거와 내적 증거는 아마도 조화를 이룰 수 없을 것"이라는 Brown의 결론(33-4과 n. 46)에 의문을 제기한다. "요한이 '아직 육체 가운데 있는 동안'" 비록 "매끄럽게, 또는 최종적으로 편집된"(xiii) 형태는 아니지만 "그것[복음서]을 썼다는 교회의 오래된 증언은 정확하다"고 강력하게 주장하는 J. A. T. Robinson, *The Priority of John* (London: SCM, 1985)을, 다소 놀랍게도 "세베대의 아들 요한은 최종적으로 완전히 몰아낼 필요가 있는 유령"이라고 주장하는 Bauckham과 비교해 보라(*Testimony*, 75).

그러나 §43에서 더 자세히 탐구하게 되겠지만 우리에게 전해 내려온 형태의 요한복음에는 그것이 전승과 아마도 그 이전의 초고나 초기 형태들이 발전해온 긴 과정의 최종 산물임을 보여주는 암시들도 존재한다. 따라서 이 복음서를 요한의 저작으로 간주하는 현상은 요한을 요한복음을 구성하는 전승과 자료들의 **출처**이자 **전거(典據)**로 간주하는 현상으로 시작되었거나 심지어 주로 그런 현상이었을 가능성을 감안해야 한다.[153] 한 가지 그럴듯한 주장은, 비록 이 주제에 관한 혼란에 일조할(또는 그것을 반영할?) 뿐이기는 하지만, 요한복음의 그 이전의 초고나 형태를 요한2서와 요한3서를 쓴 "장로"와 손쉽게 결부시킬 수 있는 또 다른 요한인 "장로 요한"이 편집하고 확대했다는 주장이다.[154] 파피아스가 "장로 요한"을 아리스티온과 더불어 "주님의 제자들"(*HE* 3.39.4)—"주님의 제자 요한"을 묘사하는 데 사용되는 것과 똑같은 정형화된 문구—이라고 지칭한다는 사실은 이 혼란을 해소하는 데 도움이 되지 않는다. 이 두 요한 사이의 혼란이 어떻게 생겨났을지 파악하기는 쉽지 않다. 예수와 그렇게 가까웠던 요한이 단순히 "장로"(*presbyteros*)로 묘사되었을까? 그렇더라도 파피아스 자신은 이 예수께서 사랑하시는 제자이자 요한복음의 저자를 장로 요한이라고 생각했다는 주장은 꽤 그럴듯하다.[155]

아마도 우리는 단순하게 요한복음 19:35과 21:24에서, 그리고 암묵적으로 20:2-10과 21:20-23에서 표현된 기본적인 주장, 즉 요한복

---

153 Brown, *John*, 1.xcviii-cii.

154 예. Kümmel, *Introduction*, 244; Hengel, *Johannine Questions*, 2, 4장; *johanneische Frage*, 2, 4장; G. Strecker, *Theology of the New Testament* (1996; Berlin: de Gruyter, 2000), 463-6. 그러나 Barrett, *John*, 105-9도 함께 보고 그의 가설(132-4)도 참고하라.

155 다음 자료들을 함께 보라. R. J. Bauckham, 'Papias and Polycrates on the Origin of the Fourth Gospel', *JTS* 44 (1993), 24-69(이 글은 *Testimony*, 2장에서 약간 수정되었다); P. Trebilco, *The Early Christians in Ephesus from Paul to Ignatius* (WUNT 166; Tübingen: Mohr Siebeck, 2004), 242-52.

음은 예수와 가까웠던 한 사람의 목격자 증언에 그 뿌리와 근원을 두고 있다는 주장에 만족해야 할 것이다. 또한 우리가 "요한에 의한"(KATA IŌANNĒN)이라는 말을 이 말이 요구하는 것처럼 보이는 진지한 태도로 받아들인다면, 우리는 요한복음에 이 제목이 붙여진 까닭은 이 복음서를 처음 받은 이들이 요한(사도 또는 장로)을 이 복음서의 출처이자 전거라고 굳게 믿었기 때문이라고 결론지어도 무방하다.[156] 비록 보다 조심스럽기는 하지만 우리는 더 나아가 예수 그리스도에 대한 이러한 형태의 복음은 다소 의도적으로 그 출처와 전거가 주로 베드로로 거슬러 올라가는 형태의 복음서(들)에 대한 일종의 대안 내지 심지어 대항마로 제시되었다고 추론할 수도 있을 것이다. 이는 대단한 소득은 아닐지도 모르지만, 우리가 나머지 신약 복음서들의 저자 문제를 제기한 뒤에 기대할 수 있을 만한 내용보다는 훨씬 더 큰 소득이다.

ii. 저작 장소

요한을 소아시아, 특히 에베소와 연결시키는 교부들의 확고한 전승이 존재한다. 에우세비오스는 요한이 "트라야누스 시대까지" 소아시아에 있었고(HE 3.23.3) "에베소 교회는 바울이 세웠지만 요한이 트라야누스 시대까지 그곳에 머물러 있었다"(HE 3.23.4)고 증언하는 이레나이우스의 말

---

156 다시 Hagner, *New Testament*, 266-73을 보라. 그토록 많은 이들이 원출처와 전거를 세베대의 아들 요한으로 간주하기를 주저한 것은 이해할 만하지만, 존재하는 그와 같은 증거들이 예수의 제자이자 목격자, 또는 요한의 가까운 제자가 그 출처이자 저자임을 암시할 때는 요한 자신이 원자료 내지 일차 자료임을 부정하는 것이 무슨 소용이 있는지 분명치 않다. Bauckham은 ("어떤 비서가 쓴"이라는 표현을 포함하여 21:24이 증언하듯이) 원저자와 "그 사랑받은 제자는 단지 이 복음서에 포함된 전승의 출처 또는 보증인에 불과하다는 생각" 사이의 거리가 멀다는 점을 지적한다(*Testimony*, 79). 그러나 필자는 그 사랑받은 제자가 열두 제자 중 한 사람이었다면 "그 이야기(그의 증언)가 말하는 것이 공관복음과 그토록 다르다는 것은 이해하기 어려운 일일 것"이라는 그의 판단(27; 이와 유사한 견해로는 Hengel, *Johannine Question*, 130; *johanneische Frage*, 319)에 이의를 제기한다.

을 두 번 인용한다. 주님의 제자 요한이 "아직 아시아의 에베소에서 사는 동안 복음을 전했다"(HE 5.8.4)는 이레나이우스의 증언 역시 이미 언급한 바 있다. 에우세비오스는 앞의 기록에 에베소에 근거지를 둔 요한의 선교 사역을 증언하는 알렉산드리아의 클레멘스의 문헌에 나오는 긴 글을 덧붙인다(HE 3.23.5-29). 그리고 뒤에서 에우세비오스는 요한이 에베소에서 죽었다고 증언하는 에베소 주교 폴리크라테스의 말(HE 3.31.3)과 "아직도 요한의 무덤이라고 불리는 두 무덤이 에베소에" 있었다는 기록(HE 3.39.6)을 인용한다. 에우세비오스는 또한 주님의 제자 요한이 에베소에 목욕하러 갔지만 거기서 케린투스를 보자마자 곧바로 욕조 밖으로 나갔다고 말하는 유명하고 여러 번 되풀이된 이야기를 인용한다(HE 4.14.6).[157]

그와 같은 모두 일치하고 논란이 없는 전승을 고려하면 가장 개연성 큰 결론은 사도 요한이든 장로 요한이든 예수께서 사랑하시는 제자 요한이 사역 후반기를 에베소와 아시아에서 보냈다는 것이다. 그러나 요한복음을 구성하는 자료는 긴 전승 전달 과정의 결과라는 점을 의심할 이유는 없으므로 그러한 주된 결론에 뉘앙스를 덧붙이는 것은 충분히 가능하다. 예를 들어 앞으로 살펴보게 되겠지만(§43.1a(2)) 전승의 뿌리가 갈릴리와 팔레스타인에 있다는 점은 꽤 명백하다.[158] 그리고 성전 파괴 이전이나 이후에 요한이 보다 결정적으로 서쪽 디아스포라로 이주하기 전에 틀림없이 (많은) 다른 이들과 함께 팔레스타인 밖으로, 가령 시리아로 이주

---

157 HE 3.1.1과 5.24.3 및 Trebilco, *Early Christians in Ephesus*, 241-63의 외적 증거에 대한 자세한 논의도 함께 보라.

158 K. Wengst는 *Bedrängte Gemeinde und verherrlichter Christus: Der historische Ort des Johannesevangeliums als Schlüssel zu seiner Interpretation*(Neukirchener-Vluyn: Neukirchener, 1981)에서 요한복음의 대상이 된 공동체는 아그립바 2세 왕국의 남쪽 지역 — 가울라니티스와 바타네아 — 에 있었다고 결론지었다(97).

하는 모습을 상상하는 것은 전적으로 타당하다.[159] 소아시아와 특히 강력한 유대인 소수 집단 내지 이민자 공동체와 바울이 세운 교회 기반이 있었던 에베소는 하나의 명백한 후보지가 될 것이다. 여기에 대해서는 더 할 수 있는 말도 별로 없고 더 말할 필요도 없다.

iii. 저작 시기

요한복음 자체에는 본질적으로 공관복음서들보다 더 늦은 저작 시기를 암시하는 몇 가지 특징들이 있다. 회당에서의 추방에 대한 언급(요 9:22; 12:42; 16:2)은 별 도움이 되지 않는다. 메시아 예수를 믿는 신자들이 언제 처음으로 그렇게 추방되었는지 분명하지 않고 그런 구절들에 반영된 사건들이 매우 국지적인 사건일 수도 있기 때문이다.[160] 요한복음 11:48은 예루살렘과 성전의 파괴를 전제로 삼고 있는 것처럼 보인다.[161] 요한복음 19-21장은 "예수께서 사랑하시는 그 제자"가 이미 죽었으며(21:23) 그가 예수 전승에 있어서 이미 확고히 자리 잡은 베드로의 권위에 대한 대안적 권위였다고 가정하는 것처럼 보인다(21:24). 그리고 앞으로 살펴보게 되겠지만 요한의 기독론은 공관복음의 기독론보다 더 발전된 것으로

---

159 예를 들어 다음 책들에 인용된 이들을 보라. Kümmel, *Introduction*, 247 n. 222; Brown, *John*, 1.ciii-civ. Kümmel 자신은 요한복음이 "「솔로몬의 송시」…와 안디옥의 이그나티오스와의 실질적인 접촉"을 분명히 보여주며 요한복음이 시리아의 어느 곳에서 출현했다는 것이 아마도 가장 나은 가설일 것이라고 주장한다(247). 이와 비슷한 주장으로는 Koester, *Introduction*, 178; *Ancient Christian Gospels*, 244-6이 있다. 기원전 3세기 이래로 소아시아에는 강력한 유대인 공동체들이 있었다. P. Trebilco, *Jewish Communities in Asia Minor* (SNTSMS 69; Cambridge University, 1991)을 보라.

160 추가적으로 이하 §46.5c를 보라. U. C. von Wahlde, *The Gospel and Letters of John* (3 vols.; Grand Rapids: Eerdmans, 2010)은 복음서의 세 가지 판(1. 55-65?; 2. 60-65?; 3. 90-95?)을 구별하는 것이 가능하다고 생각한다(1.50-4).

161 Schnelle, *History*, 476.

보인다.[162] 이는 초기 기독교가 시간순으로 단선적으로 발전했다고 가정하는 것이 아니다. 그러나 안식일의 치유에 관한 논쟁이 (5장과 9장에서와 같이) 기독론적인 의미로 뒤덮일 때, 공관복음에 함축된 역사적 배경은 대체로 과거지사가 되어버린 것처럼 보인다.

외적 증거는 약간의 도움을 줄 수 있을지도 모른다. 사도 교부들이 요한을 알았다는 분명한 증거는 없다.[163] 기독교 진영에서 요한에 대한 지식을 보여주는 최초의 분명한 증거는 (비록 유스티누스의 첫 번째 「변증론」의 저작 연대는 대략 150년 이전으로 추정할 수 없지만) 순교자 유스티누스다 (*Apology* 1.61.4-5 — 요 3:3-5).[164] 그러나 「솔로몬의 송시」는 요한복음의 영향을 받았거나 그와 매우 유사한 영성을 공유하며,[165] 2세기의 처음 25년 안에 지어졌을 것이라고 설득력 있게 주장할 수 있다.[166] 이는 최근까지도 요한복음이 늦어도 2세기의 처음 10년 안에 기록된 것이 분명하다는 결정적 증거를 제공하는 것으로 여겨졌고 p[52]로 알려진 요한복음 본문 단편에 가해진 압력을 줄여줄지도 모른다.[167] 그 단편이 기원후 125년으로 추

---

162 이하 §43.1과 §49.3을 보라.

163 Barrett, *John*, 110-1(및 추가적으로 111-5); Gregory and Tuckett, eds., *Reception*, 93-4, 139-40, 197-9, 237-9, 252-3, 322. 가장 그럴듯한 제안은 Ignatius, *Rom.* 7.2(요 4:10b, 14)과 *Phld.* 7.1(요 3:8)에 기록된 두 구절이다. 그러나 *Reception*, 183-85에 있는 Paul Foster의 평가를 보라.

164 이하 §40.2e을 보라.

165 이하 §49.6을 보라.

166 특히 J. H. Charlesworth, 'The *Odes of Solomon*: Their Relation to Scripture and the Canon in Early Christianity', in J. H. Charlesworth, et al., eds., *Sacra Scriptura: How "Non-Canonical Texts Functioned in Early Judaism and Early Christianity* (London: Bloomsbury, 2013), 89-107(여기서는 n. 5)를 보라.

167 K. Aland and B. Aland, *The Text of the New Testament* (ET Grand Rapids: Eerdmans, 21989), 84-7. Kümmel은 *Introduction*, 246에서, Koester는 *Introduction*, 2.185에서 이 점에 대해 확신했고, Thyen은 p[52]가 2세기의 처음 25년 사이에 나온 것이라고 여전히 확신한다(*Johannesevangelium*, 1). p[52]는 맨체스터에 있는 존 라일랜즈 도서관의 보물 중 하나다. 이 단편에는 요 18:31-33, 37-38만이 담겨 있다.

정되기 때문이다. 그러나 이러한 연대 추정은 근년에 의심을 받게 되었고 그 대신 저작 연대가 150년 무렵이라는 주장이 나오고 있다.[168] 그렇더라도 이집트에서 발견된 이 단편은 이 복음서가 원래 기록되고 처음으로 유포되었을 가능성이 가장 큰 장소를 넘어 이미 널리 유포되었음을 암시한다.[169] 따라서 최근 학계에서 가장 일반적으로 보는 요한복음의 저작 시기인 1세기의 마지막 10년 또는 1세기에서 2세기로 넘어갈 무렵은 여전히 가장 가능성이 큰 시기일 것이다.[170] 그러나 이 점에 대해서도 역시 확신이나 확실성은 거의 또는 전혀 있을 수 없으며 초기 기독교의 발전에 관한 어떤 명제든 요한복음에 대한 분명하고 확고한 저작 시기에 의존하도록 만들지 않는 것이 지혜로운 일일 것이다.

39.3 나머지 신약 문헌

시간 순서에 따르자면 이제 신약의 일부로 보존된 나머지 문헌들을 고찰하는 것이 가장 타당하다. 신약 문헌들은 1세기에 기록된 거의 모든 기독교 자료를 구성하고 따라서 (현존하는) 최초의 기독교 문헌이기 때문이다.[171]

---

168 자세한 내용은 Schnelle, *History*, 477과 nn. 117-9; Strecker, *Theology*, 461-2과 n. 17에 있다.

169 요한복음이 이집트에서 기원했을 가능성은 일반적으로 매우 적은 것으로 간주된다.

170 Brown, *John*, 1.lxxx-lxxxvi의 논의는 좋은 본보기가 된다.

171 우리는 『초기 교회의 기원』에서 에베소서를 포함한 바울 문헌의 중요한 부분을 야고보서와 베드로전서 및 사도행전과도 같이 다루었다(비록 열거한 모든 문헌이 십중팔구 1세기의 마지막 30년 동안 기록되었겠지만). 신약의 모든 책의 저작 시기를 다 1세기로 확신 있게 추정할 수는 없으며(특히 베드로후서) 사도 교부 문헌 중에서 「클레멘스1서」는 기원후 100년 이전에 기록된 것이 거의 확실하다. 「도마복음」에 대해서는 이하 §43.2을 보라.

a. 위서 문제

대부분의 학자는 이제 살펴볼 몇몇 신약 문헌을 위서 내지 가명을 사용한 책으로 간주한다. 따라서 각 문헌을 개별적으로 살펴보기 전에 이 문제를 명확히 하고 논의하는 것이 합리적이다. 위서(pseudepigraphy)의 가능성 내지 개연성에 의해 제기되는 문제는 이 용어 자체가 시사하고 있다. "위서"라는 말과 "가명 저작"이라는 말은 (비록 앞의 단어만이 고대까지 거슬러 올라가지만) 잘못(*pseudo-*) 제목이 붙은(*epigraphē* = "제명"[題銘]), 또는 잘못 이름 붙여진(*onoma* = "이름") 저작물을 가리킨다.[172] 두 경우 모두 염두에 두고 있는 것은 어떤 사람이 썼다고 명시적으로 주장하지만 일반적으로 일치된 견해에 따르면 다른 누군가가 쓴 문헌들이다.

신약 내 위서의 중요성은 바로 거짓의 문제에 달려 있다. 이 문제를 익명성의 문제와 혼동해선 안 된다. 여러 신약 문헌들이 저자 미상이다 (특히 복음서들과 히브리서). 그러나 그 사실은 그런 문헌들이 신약에 포함된 것에 대해 어떤 원칙의 문제도 제기하지 않는다.[173] 위서를 외경과 혼동해서도 안 된다. 두 용어 모두 초기 교회에서 오늘날 거의 보편적으로 구약 위서로 알려진 책들과 관련해서 사용되었지만[174] 이 경우 "외경"에는 사도적이고 따라서 정경적인 저작들의 공적인 낭독과 대비되는, 공적인 낭독에 적합하지 않다는 의미가 있다.[175]

그러나 "위서"라는 용어는 저자 이름을 거짓으로 붙이는 것에 강조점을 둠으로써 어떤 문서의 진실성과 수용 가능성에 관한 부정적 판단을

---

172 이 점은 프리에네에서 나온 기원전 2세기의 비문에서 입증된다.
173 우리는 §50.2c에서 "사도성"의 문제로 되돌아갈 것이다.
174 Charlesworth, *OTP*을 보라.
175 아타나시오스의 저작으로 간주된 *Synopsis Scripturae Sacrae* 75.

함축한다. 이는 기독교 진영에서 이 단어의 입증된 최초의 용례에서 분명히 드러나는데, 그 사례에서 세라피온은 이 단어를 「베드로복음」에 적용한다. "그들의 이름[베드로와 나머지 사도들]이 잘못 붙어 있는 문헌들을 우리는…그런 문헌들이 우리에게 전해 내려오지 않았음을 알고 있으므로…거부한다"(Eusebius, HE 6.12.3). 신약에서 위서 문제를 그토록 민감한 문제로 만드는 것은 특히 사도적인 것으로 간주해선 안 되는 것을 사도적인 것으로 간주함으로써 속이고 호도하려는 의도, 즉 거짓됨에 대한 이러한 판단이다.[176]

용어 자체 안에 함축된 부정적 판단에 비추어 볼 때, 신약에서 위서의 존재는 성경의 권위 있는 정경이라는 개념에 도덕적·신학적인 문제를 제기하는 것처럼 보일 것이다. 그러나 불편한 사실은, 신약 학계에서 대체적으로 합의된 견해에 따르면 실제로 어떤 신약 문헌들, 특히 에베소서와 목회 서신과 베드로후서는 위서이며, 앞의 두 문헌은 바울의 저작으로 잘못 간주되었고, 마지막 것은 베드로의 저작으로 잘못 간주되었다는 것이다. 그렇다면 "신약 위서"라는 용어 자체 안에 있는 외견상의 모순을 어떻게 해결할 것인가?

현대에 정경 내의 위서라는 상충되는 개념을 하나로 묶기 위한 다양한 시도가 있어 왔다.

(1) 초기의 시도는 고대의 저자들은 "저작권"이라는 현대적 개념을 공유하지 않았다고 주장하는 것이었다. 저작물이 엄밀한 의미의 "저자 소유권"이 없었고 사실상 공유 재산이었다면, 다른 사람의 이름을 사용하는 것을 그 글을 위해 이름이 붙여진 그 사람의 권위를 주장함으로써

---

176 J. I. Packer는 *'Fundamentalism' and the Word of God* (London: IVF, 1958)에서 이 점을 다음과 같이 간결하게 표현한다. "가명 사용과 정경성은 상호 배타적이다"(184).

사람들을 속이려는 시도로 이해할 필요는 없다. 이 주장의 강점은 저작권이라는 현대적인 사고방식과 고대 저자들이 다른 사람들이 쓴 내용을 자신의 저작 안에 거리낌 없이 자유롭게 포함시킨 사실 사이에 차이가 있다는 점이다. 그럼에도 불구하고 W. 스파이어는 "지적 소유권"에 대한 의식이 기원전 1세기 이전에 그리스 문화에서 이미 잘 발달되어 있었다는 점을 입증했다.[177] 그리고 이스라엘의 문학적 전통은 익명성을 특징으로 했지만 가명 사용의 관행을 유대교 안으로 들여온 것은 바로 헬레니즘의 영향이었고,[178] 바로 그 영향으로 "지적 소유권"에 대한 의식 역시 유대 문화 속에 유입되었다. 이 점은 예를 들어 마카베오하의 저자가 키레네의 야손(마카베오하 2:23)의 다섯 권의 책을 즉시 인정하는 모습에서, 그리고 데살로니가후서 2:2과 요한계시록 22:18에 거짓된 저자 이름 붙이기에 관한 민감한 태도에서 명백히 드러난다.

(2) 두 번째 주장은 위서가 고대 세계에서 용납될 수 있는 문학적 장치로 널리 받아들여졌다는 것이다. 이 주장은 문헌에서 주장하는 저자가 죽은 지 몇백 년 뒤에 처음 나타난 문헌들과 잘 들어맞는다. B. M. 메츠거가 말하듯이[179] 신피타고라스주의자들은 피타고라스가 그들보다 몇백 년 전에 살았던 인물인데도 자신들의 저작을 피타고라스의 저작으로 간주했다. 이암블리코스(기원후 300년경)에 따르면 실제로 한 사람의 논문을 그토록 존경할 만한 스승의 이름으로 발표하는 것은 훌륭한 행동이었다. 그러한 관습이 가령 기원전 2세기에서 기원후 2세기 사이에 기록되었을 에녹 문헌, 다양한 「열두 족장의 유언」, 또는 「아담의 묵시록」의 경

---

177 W. Speyer, 'Religiöse Pseudepigraphie und Literarische Fälschung im Altertum', *Jahrbuch für Antike und Christentum* 8/9 (1965-66), 88-125.

178 M. Hengel, *Judaism and Hellenism* (ET 2 vols.; London: SCM, 1974), 1.129-30.

179 B. M. Metzger, 'Literary Forgeries and Canonical Pseudepigrapha', *JBL* 91 (1972), 3-24 (여기서는 7).

우에 최소한 가장 사려 깊은 독자들에게 인정받지 못했을 것이라고 믿기는 어렵다. 이와 비슷하게 기독교 시대에는 아레오바고 사람 디오누시오(또는 데니스)(행 17:34)가 저자라고 주장하지만 신플라톤주의 철학에 의존하고 있는 것이 분명한 6세기 저작들이 있다.[180] 그러나 가령 바울이 죽은 지 10-20년 안에 나타난 것이 분명한 에베소서의 경우에는 이 주장이 잘 들어맞는가? 그때까지 저자로 알려지지 않은 어떤 고대인이나 이전 시대의 상징적 인물의 가명을 차용하는 저술가와, 저자가 사망한 지 몇 년이 못 되어 특정한 문학적 전통을 이어나간다고 주장하는 사람 사이에는 큰 차이가 있다. 전자는 심각하게 속이려는 의도가 없는, 수용할 만한 장치로 간주될 수 있다. 기만의 문제는 후자에 있어서 보다 민감하며 고대인들은 이 문제에 대해 민감했다는 충분한 증거가 존재한다.[181]

(3) 보다 인기 있는 견해는, 위서가 그 이름이 사용된 인물과의 일종의 신비적이거나 영적인 동일성이 있다는 저자의 주장을 포함할 경우 수용될 수 있었다는 것이다.[182] 이는 영감을 받은 사람들이 "나"라는 용어로 말할 수 있는 문화, 즉 그들이 대변하여 말하는 사람의 인격(persona)을 취하거나 그들을 감화시킨/사로잡은 신적 존재의 대변인으로서 행동하는 문화 속에서 분명히 상상할 수 있는 일이다. 구약의 예언자들은 그렇게 말했고 기원후 2세기에 켈수스는 그와 같은 이들이 많았다고 주장했다.[183] K. 알란트는 특히 여기서 한 세기 반에 걸친 기독교의 위서 문제에

---

180 그러한 문헌을 단순히 위(僞)서로 묘사하는 것은 오해의 소지가 있고 고대의 관습에 대한 이해와 공감의 결여를 드러낸다.

181 Metzger, 'Literary Forgeries', 12-16.

182 참고. Brown. 그는 후기 바울 서신들과 관련해서 "바울이 그의 사상을 확대하려는 의도를 지닌 편지의 밑바탕에 깔린 전거라는 의미에서 바울을 저자로 취급하는 일, 즉 위대한 사도의 사역을 계속 이어가기 위해 그의 외투를 걸치는 일"을 언급한다(Introduction, 586).

183 Origen, contra Celsum 7.9.

대한 해법을 발견했다. 즉 성령의 영감을 받은 저자가 성령을 저자로 간주하는 관행이 사실상 "여러 세대를 이어주는 가교"를 놓았고, 성령이 진정한 저자이므로 인간 저자의 정체는 중요하지 않다는 것이다.[184] 그러나 그는 그렇게 주장하면서 거짓 예언의 위험성에 대한 초창기 기독교의 광범위한 인식을 무시한다.[185] 이 주장은 스스로 저자의 환상과 천상의 여행을 기술한다고 주장하는 문헌들에 적용될 때 더 큰 타당성을 갖는다.[186] 그러나 그 경우에조차 실제 저자와 가명 저자와의 신비적이거나 무아경적인 일체감은 문헌 그 자체 안에 결여되어 있다. 이 논증이 가령 편지 장르에 잘 들어맞는지는 매우 의심스러운 것으로 간주하지 않을 수 없다.

(4) N. 브록스의 중요한 기여는 최소한 위서 현상의 "이유"를 이해하는 데 도움이 되는 세 가지 특징에 특히 이목을 집중시킨다.[187] 그중 하나는 그 시대의 두드러진 특징인 "고대에 대한 사랑"이다. 예를 들면, 오래된 것은 존중받을 만했으므로 유대인 변증가 아리스토불로스(기원전 2세기)에게는 피타고라스나 플라톤 같은 유명한 그리스 사상가들이 모세를 모방한 이들이었다고 주장하는 것이 분명히 중요했다. 따라서 위서는 과거의 가치를 표현하고 독자들로 하여금 과거에 동참할 수 있게 하는 하나의 방식이었다. 이와 관련된 또 다른 요점은 그와 비슷하게 널리 퍼진 "고결한 거짓"이라는 개념, 즉 종교와 같은 존귀한 대의를 뒷받침하는 거

---

184 K. Aland, 'The Problem of Anonymity and Pseudonymity in Christian Literature of the First Two Centuries', in *The Authorship and Integrity of the New Testament* (SPCK Theological Collections 4; London: SPCK, 1965), 1-13.

185 예. 고전 12:3; 요일 4:1-3; Hermas, *Mand.* 11.

186 따라서 그가 D. S. Russell의 묵시 문헌에 대한 논의—*The Method and Message of Jewish Apocalyptic* (London: SCM, 1964)—에 호소한 것도 이 때문일 것이다. Speyer의 "echt religiöse Pseudepigraphie"("진정한 종교적 위서")라는 범주도 이와 유사하다.

187 N. Brox, *Falsche Verfasserangaben: Zur Erklärung der frühchristlichen Pseudepigraphie* (SB 79; Stuttgart: KBW, 1975).

짓은 받아들일 만하며 기만이라는 오명을 초래하지 않는다는 개념이다. 브록스는 교부들도 선의의 거짓말이라고 부를 만한 원리, 의심스러운 수단을 정당화하는 선한 목표를 받아들인 것처럼 보인다고 말한다. 세 번째 특징은 역시 교부들에게서도 분명히 나타나는 관련된 원리, 즉 문헌의 내용이 그 저자보다 더 중요한 것으로 여겨졌다는 원리다. 이미 인용한 「베드로복음」에 대한 세라피온의 평가가 하나의 좋은 예일 것이다. 거기서 세라피온은 계속해서 "[그 복음서의] 대부분은 구주의 참된 가르침과 일치했지만 어떤 것들은 덧붙여졌다"고 말한다(Eusebius, *HE* 6.12.6).[188] 그러나 이러한 논평들은 그 시대의 관련된 태도에 관한 무언가를 포착함에 있어서는 가치가 있지만, 신약의 위서라는 구체적인 문제에 얼마나 기여하는지는 의문스럽다.[189]

(5) 최근 몇십 년 동안 신약의 위서에 대한 논의에 가장 기여할 가능성이 가장 컸던 것은 D. G. 미드의 명제였다.[190] 그는 신약 위서 문제를 살펴볼 수 있는 가장 분명한 배경이 그리스-로마의 문예 장르와 관행[191]이 아니고 단순히 특정한 유대 외경이나 위경도 아니며, 유대 종교 문헌 내에서 전승이 어떤 두드러지는 역사적 인물에 붙게 된 과정, 특히 원래의 구전 혹은 문헌 축적물이 추가 자료의 귀속으로 인해 그것의 원인이 된 인물에게로 확대되는 과정이라고 주장한다. 그는 모세 오경, 이사야서, 솔로몬 문헌, 다니엘과 에녹 전승을 예로 든다.[192] 각 경우에 그는 "귀

---

188 「베드로복음」에 대해서는 추가적으로 이하 §40.4d을 보라.
189 J. Frey, ed., *Pseudepigraphie und Verfasserfiktion in frühchristlichen Briefen*(WUNT 246; Tübingen: Mohr Siebeck, 2009)도 함께 보라.
190 D. G. Meade, *Pseudonymity and Canon* (WUNT 39; Tübingen: Mohr Siebeck, 1986).
191 L. R. Donelson, *Pseudepigraphy and Ethical Argument in the Pastoral Epistles* (Tübingen: J. C. B. Mohr, 1986), 14-15은 여전히 그렇게 주장한다.
192 추가적으로 필자의 'Pseudepigraphy', *DLNT* 977-84을 보라. 필자는 이 단락에서 이 글 (여기서는 979-81)을 활용했다.

속(歸屬)은 일차적으로 권위 있는 전승에 대한 주장이지 문헌적 기원에 대한 진술이 아니"라고 생각하며,[193] 다음 세 가지 특징을 가진 살아 있는 전승의 일관된 패턴이라고 본다. (1) 권위 있는 전승의 어떤 구체적인 특징을 그에게서 비롯된 것으로 타당하게 간주할 수 있는 과거의 어느 존경 받는 인물. (2) 그 전승을 내부로부터 자세히 설명함, 또는 최소한 원전승과의 연속성과 원전승을 현대화한 것이 널리 인정받는 방식으로 자세히 설명함. (3) 전승의 생명력은 권위 있는 창시자와의 연관성과 연속성이 너무 멀어지거나 미약해지거나 경직되었을 때 그런 방식으로 유지될 수 없다는 인식. 미드는 신약을 살펴볼 때 보통 위서로 간주된 편지들 속에서 그와 비슷한 특징들, "베드로 및 바울 전승의 발전과 그 전승들이 취한 문예적 양식 사이의 일관된 관계"를 관찰한다.[194] 다시 말해 에베소서 및 목회 서신과 논란이 없는 바울 서신들의 관계는 제2, 제3이사야와 제1이사야의 관계에 대응하는 것으로 간주할 수 있다. 각 경우에 동기는 권위 있는 베드로 전승이나 바울 전승을 다음 세대를 위해 "현재적인 것으로 만드는 것, 현대화하는 것(Vergegenwärtigung)", 또는 새롭게 현실화하는 것이었다.[195]

신약의 위서 문제에 대한 모든 접근 방식들 중에서 미드의 접근 방식은 정경 안에 있는 위서라는 난제, 즉 최초의 기독교인들이 이미 죽은

---

193 Meade, *Pseudonymity*, 102.
194 Meade, *Pseudonymity*, 192-3.
195 이와 비슷하게 베드로후서에 대해 R. J. Bauckham은 *Jude, 2 Peter* (WBC 50; Waco: Word, 1983)에서 이렇게 말한다. "저자의 권위는 그가 사도들의 규범적인 가르침을 어떤 새로운 상황에 대해 전달하고 해석할 때 드러나는 신실함에 있다.···따라서 가짜 저자명을 붙이는 장치는 사도적 권위를 주장하기 위한 기만적인 수단이 아니라 자신이 사도의 메시지의 신실한 전달자라는 주장을 구체화하는 것이다"(161-2). J. D. Quinn, *The Letter to Titus* (AB 35; New York: Doubleday, 1990), 6-8; Hagner, *New Testament*, 428-32도 함께 보라.

누군가를 저자라고 주장하는 문헌들을 받아들인 것처럼 보이는 일이 어떻게 가능했는지를 설명할 수 있는 가장 큰 잠재력을 지닌 것으로 보인다. 어떤 권위 있는 인물이 죽은 뒤에 그에 의해 시작된 한 문예적 전승을 지속시키고 발전시키는, 성경적 관행이라고 부를 만한 것이 존재했다.[196] 만일 미드의 견해가 옳다면 각 경우에 발전된 전승은 그 전승의 창시자의 권위를 공유하는 것으로 인식되었을 것이고 또한 그의 이름 아래 권위 있는 것으로 받아들여졌을 것이다.[197]

b. 목회 서신

이 장에서 검토한 다른 원자료들의 경우와 마찬가지로 여기서도 우리는 저자, 수신자, 저작 시기라는 동일한 세 가지 질문으로 논의를 한정할 것이다.

i. 저자

"누가 목회 서신을 썼는가?"라는 질문에는 표면적으로 단순한 대답이 있

---

196 복음서를 예수 전승을 전달할 뿐만 아니라 발전시킨 것으로 간주할 수 있는 만큼, 복음서도 이러한 태도와 관행을 잘 보여주는 것으로 간주할 수도 있다.

197 이와 같은 논증을 단호히 거부하는 W. D. Mounce, *Pastoral Epistles* (WBC 46; Nashville: Nelson, 2000), cxxiii-cxxvii을 보라. I. H. Marshall은 *The Pastoral Epistles*(ICC; Edinburgh: T & T Clark, 1999)에서 이 주제에 대해 보다 개방적인 태도를 취한다(82-4, 92, 97-8). K.-W. Niebuhr는 A. Baum, *Pseudepigraphie und literarische Fälschung im frühen Christentum*(Tübingen: Mohr Siebeck, 2001)을 언급하는데, Baum은 기만하려는 의도가 전혀 없이 가짜 저자 이름을 사용하는 고대의 관습이 있었다는 주장을 부정한다. Niebuhr는 자신들의 집단에 잘 알려져 있고 최근에 죽은 동시대인들의 개인적인 이름을 사용하는 예외적인 현상을 자신의 진술을 위장하는 현상으로 이해하는데, 그는 이 현상을 상황 변화(앞선 권위자들의 죽음)로 인해 초래된 초기 기독교 내의 일종의 실험이었고 결국에는 사실 성공적이지 않았기에 다소 일찍 포기된 현상으로 이해하려 한다(이러한 현상에 대한 증거는 아주 짧은 기간 동안만 통용된다)(개인적 서신 교환).

다. 이 세 편지는 스스로를 바울이 디모데(두 편의 편지)와 디도에게 쓴 것으로 표현하며, 바울은 그들을 자신의 "참된"(그리고 "사랑하는") 자녀로 받아들인다. 이 편지들을 바울이 썼다는 점은 비록 대답하기 어려운 몇 가지 의문이 있기는 했지만 2세기에는 사실 의심받지 않았다.[198] 그러나 지난 2백 년 동안 대다수의 신약 전문가들은 이 편지들을 바울 자신이 쓴 것이 아닌 위서로 간주해야 한다고 결론지었다.[199] 그들의 판단은 이 편지들의 다음과 같은 몇 가지 특징에 근거한 것이었다.[200]

• 언어와 문체. 어휘가 매우 독특하며 각 편지 안에 바울 문헌에 속하는 나머지 편지 열 편 가운데 어느 것보다도 단 한 번만 사용된 어구들(*hapax legomena*)이 훨씬 더 등장한다.[201] 이와 똑같이 중요한

---

198 목회 서신에 대한 마르키온의 거부와 p[46]에 목회 서신과 빌레몬서가 없다는 점은 다양한 설명이 가능하다. 특히 폴리카르포스(참고. Polycarp, *Phil.* 4.1 및 딤전 6:7, 10), 아테나고라스(딤전 2:2을 상기시키는 *Plea*)와 테오필로스(*Autolycus* 3.14에서는 딤전 2:2을 인용한다)의 목회 서신을 상기시키는 듯한 구절들은 목회 서신의 저자에 대한 평가라기보다는 이 편지들의 존재에 대한 증거만을 제공해줄 뿐일 것이다. Marshall, *Pastoral Epistles*, 2-8; Mounce, *Pastoral Epistles*, lxiv-lxix; L. T. Johnson, *The First and Second Letters to Timothy* (AB 35A; New York: Doubleday, 2001), 20-2의 논의를 보라.

199 대필자나 비서가 이 편지들을 썼다는 대안적인 주장은 꽤 유행했지만(예를 들어 Schnelle, *History*, 332에서 언급된 이들의 글을 보라), 예를 들어 대필자 가설이 상당히 일리가 있는 골로새서(*Beginning from Jerusalem*, §34.6)와는 달리 목회 서신에는 복합적인 저자에 대한 어떤 암시도 없고(참고. 골 1:1) 끝에 자신의 친필 기록을 더하려는 바울의 시도도 없다(참고. 골 4:18). 비서가 옮겨 쓴 로마서(롬 16:22)에는 바울 문체의 전형적인 특징들이 있다. 누가가 목회 서신을 썼다는 가끔씩 제기되는 주장에 대해서는 S. G. Wilson, *Luke and the Pastoral Epistles*(London: SPCK, 1979)를 보라. 한편으로는 디모데전서, 다른 한편으로는 디모데후서와 디도서에 관한 보다 분화된 관점을 보려면 특히 J. Herzer, 'Fiktion oder Täuschung? Zur Diskussion über die Pseudepigraphie der Pastoralbriefe', in Frey, ed., *Pseudepigraphie und Verfasserfiktion*, 489-536을 참고하라.

200 이하의 내용은 이 증거를 검토하는 거의 표준적인 방식이다. 예를 들어 L. Oberlinner, *Die Pastoralbriefe: Erste Timotheusbrief*(HTKNT XI/2/1; Freiburg: Herder, 1994), xxxiii-xlv을 보라.

201 특히 P. N. Harrison, *The Problem of the Pastoral Epistles* (Oxford University, 1921), 20-4을

점은 문체의 지문 역할을 하는 다양한 불변화사들을 포함해서 바울 특유의 단어들이 목회 서신에는 나타나지 않는다는 점일 것이다.[202]

- 역사적 상황. 목회 서신에 함축된 바울의 이동에 대한 자세한 내용을 다른 곳에서 이에 대해 우리가 알게된 정보와 일치시키기가 어렵다. 목회 서신 속의 정보는 바울이 로마에서의 가택 연금에서 풀려나[203] 그 뒤로 에게해 지역으로 여행했음을 암시하는 반면,[204] 그 이전의 바울은 로마에서 스페인으로 가기로 결심했기 때문이다(롬 15:23-28).[205] 바울이 추가적인 선교 활동을 했다면 누가가 바울의 이야기를 이어가지 않은 것은 놀라운 일이겠지만, 사도행전의 마지막 장면(28:30-31)의 함의는 사도행전 20장에 나오는 바울의 고별 연설에 비추어보면 바울의 로마에서의 복음 선포가 그의 여정

보라. 예를 들어 디모데전서에는 페이지 당 15.2개의 한 번만 등장하는 어구가 있는 반면 전기 바울 서신에서 이에 가장 근접한 예는 빌립보서다(페이지 당 6.2개). Schnelle는 *History*, 330에서 K. Aland, ed., *Vollständige Konkordanz zum griechischen Neuen Testament* (vol. II; Berlin: de Gruyter, 1978), 456-7을 활용하면서 앞의 통계와는 다르지만 똑같은 취지의 통계 수치를 제시한다.

202 예. "죽다", "감사드리다", "자랑하다", "성령", "지혜", "몸", "아들" 등. 다시 Harrison, *Problem*, 31-8을 보라. Kümmel, *Introduction*, 371-4도 함께 보라. C. K. Barrett는 *The Pastoral Epistles*(Oxford: Clarendon, 1963)에서 Harrison의 통계에 대한 명쾌한 요약을 제공한다(5-7). Marshall은 동일한 자료를 검토한 뒤 다음과 같이 결론을 내린다. "이 세 편지가 바울 서신에 속한 나머지 열 개의 편지와는 왠지 다른 어휘, 문체, 논증 방법의 공통된 형태를 공유한다는 점에서 목회 서신은 바울 문헌 안에서 독특하다는 사실에는 의심이 여지가 없을 것이다"(*Pastoral Epistles*, 63, 79). 문체상의 차이의 중요성을 지나치게 강조하지 말라는 Johnson의 경고도 함께 보라(*1 and 2 Timothy*, 68-72).

203 Eusebius, *HE* 2.22.2; 딤후 4:9-18은 바울의 "첫 번째 변호"에 대해 말하면서 그의 석방을 암시한다.

204 딤전 1:3; 딤후 1:18; 4:20; 딛 1:5; 3:12.

205 Kümmel이 지적하듯이(*Introduction*, 377-8), *1 Clem.* 5.7이 스페인으로의 여행을 암시할 수도 있지만—무라토리 단편에는 이것이 명시되어 있다(누가는 "바울이 스페인으로 여행할 때 그 도시[로마]에서 출발"한 사실을 생략했다)—둘 다 그 이후의 에게해 선교는 언급하거나 암시하지 않는다.

의 절정이자 "마무리"였고(20:22-24) 에게해의 신자들은 그를 다시 보지 못하리라는 것이었다(20:38).[206]

• 반대. 세 편지 모두 편지를 받는 개인이나 공동체에 대한 비슷한 위협을 반영하고 있다고 가정할 수 있다면 우리는 대안적인 체제가 영지주의적인 방향[207]으로 이탈하고 있는 유대교적 체제[208]나 유대적 요소와 원시 영지주의적인 요소의 통합적인 혼합체라고 결론지어야 한다. 70년 이전의 신약 문헌에는 이에 필적할 만한 것이 아무것도 없지만,[209] 기묘하게도 우리는 헤게시푸스의 글에서 고전적인 영지주의 이단들이 예루살렘 멸망에서 살아남은 예수를 믿는 유대인 신자들에게서 나왔다는 그와 비슷한 주장을 발견한다.[210]

• 점증하는 제도화. 목회 서신은 70년 이전의 바울에게서보다는 이그나티오스에게서 발견되는 것과 더 가까운 어느 정도의 교회 조직을 반영하는 것처럼 보인다. "장로들"이 바울 문헌에서 처음으로 유일하게 등장하며[211] "감독들"(주교들)과 "집사들"이 확정된 직

---

206 디모데전서는 에베소 교회와의 추가적인 접촉을 암시하며(1:3; 3:14; 4:13), 행 20:17에 따르면 바울의 "고별 연설"은 에베소의 "장로들"에게 행해졌다. 추가적으로 *Beginning from Jerusalem*, 953-54, 1052-57; Schnelle, *History*, 328-29을 보라. Marshall은 여기서의 고려 사항들은 저자 문제에 기여하기에는 너무 막연하다고 결론짓는다(*Pastoral Epistles*, 70-2). 가능성에 대한 Johnson의 고찰은 구체적인 문제들을 해결하는 데는 도움이 되지 않는다(*1 and 2 Timothy*, 65-8).

207 "신화와 끝없는 족보에 몰두하다"(딤전 1:4; 4:7; 딛 3:9); "지식"에 둔 높은 가치(딤전 6:20); "부활이 이미 지나갔다"(딤후 2:18); 강한 금욕주의(딤전 4:3; 딛 1:15).

208 특히 딤전 1:7; 딛 1:10; 3:9; 추가적으로 이하 §45.4b를 보라.

209 고린도와 골로새에서의 반대 세력을 후기 영지주의 체계의 관점에서 설명하려는 시도는 이제 일반적으로 실패한 것으로 간주된다. 앞의 *Beginning from Jerusalem*, §32.5b과 §34.6c, d을 보라.

210 이하 §45.3을 보라.

211 딤전 5:(1), 17, 19; 딛 1:5.

분으로 등장한다.[212] 디모데와 디도는 감독과 집사보다 지위가 높으며 안수하고(딤전 5:22) 장로를 세우며(딛 1:5)[213] 과부를 명부에 올리고(딤전 5:9, 11) 상소 법원의 역할을 하는(딤전 5:19) 권한을 행사하는 모습으로 그려진다. 그 이전의 바울 서신에서 "은사"는 그리스도의 몸의 모든 지체에게 주어진 것으로 이해된 반면(롬 12:4-8; 고전 12:4-11), 이제 "은사"는 직분을 위한 공식적인 권한 부여로 이해되는 것처럼 보인다(딤전 4:14; 딤후 1:6).[214]

• 신앙의 고정된 형식으로의 결정화.[215] 일관된 가르침의 체계가 이미 "정통" 즉 "교훈",[216] "바른 교훈",[217] "좋은 교훈"(딤전 4:6), "경건에 관한 교훈"(딤전 6:3), "믿음",[218] "바른말"[219] 또는 "네게 부탁한 것"[220]과 그 가운데 아마도 전형적인 것이었을 "미쁜 말"[221]로

---

212 딤전 3:1-7, 8-13; 딛 1:7-9; "감독/(주교)의 직분"(딤전 3:1).

213 행 14:23에 따르면 바울(과 바나바)은 그들의 첫 번째 선교 여행 기간에 세워진 교회들에서 장로들을 세웠지만, 바울 자신은 결코 자신이 그런 권한을 갖고 있거나 행사했다고 언급하지 않는다. *Beginning from Jerusalem*, 434-5도 함께 보라.

214 필자의 *Unity and Diversity*, §30.1, §72.1도 함께 보라. 여기서 염두에 둔 교회들의 예상되는 구조는 제2세대와 제3세대 은사주의 운동의 특징인 일종의 제도화 경향을 보여주는 것처럼 보인다. 참고. Marshall, *Pastoral Epistles*, 95-7; 추가적으로 M. Y. MacDonald, *The Pauline Churches: A Socio-Historical Study of Institutionalization in the Pauline and Deutero-Pauline Writings* (SNTSMS 60; Cambridge University, 1988), 3부를 보라. Johnson은 그 이전의 바울 서신들과의 이러한 차이점들을 어떤 것들은 무시하고 나머지는 경시한다(*1 and 2 Timothy*, 74-6).

215 Johnson은 이전의 바울 서신의 가르침과의 차이점들을 목회 서신의 "출처의 신뢰성을 공격하는 가장 효과적인 논증 가운데 하나"로 간주한다(*1 and 2 Timothy*, 77-8).

216 딤전 4:16; 6:1; 딤후 3:10; 딛 2:7.

217 딤전 1:10; 딤후 4:3; 딛 1:9; 2:1.

218 딤전 1:19; 3:9; 4:1, 6; 5:8; 6:10, 12, 21; 딤후 3:8; 4:7; 딛 1:13; 2:2. "바울에게서는 '믿음'이란 구원을 자신의 것으로 만들 수 있는 수단인 반면 디모데전서에서 지배적인 의미는 믿어야 할 교리로서의 믿음의 내용이다"(Schnelle, *History*, 331).

219 딤전 6:3; 딤후 1:13.

220 딤전 6:20; 딤후 1:12, 14.

221 딤전 1:15; 3:1; 4:9; 딤후 2:11; 딛 1:9; 3:8.

묘사되었을 만한 가르침의 시금석으로 형성된 것처럼 보인다. 교회의 위계 조직의 역할은 이 전승을 보존하고 고수하며 보호하여 이를 다음 세대에 신실하게 전해주는 것이다.[222]

이 모든 자료에 비추어보면 목회 서신은 바울이 쓴 것이 아니며 십중팔구 70년 이후의 상황으로 추정해야 할 상황을 반영한다는 결론을 피하기가 매우 어렵다. (비록 목회 서신을 액면 그대로 받아들이면 바울에게 추가적으로 2년의 세월밖에 주어지지 않지만) 바울의 환난이 그의 문체를 상당히 달라지게 했다는 가설을 세우는 것도 물론 가능하다. 또 역사적 상황이 추후의 에게해 선교의 가능성을 배제하는 것도 아니다.[223] 그러나 나머지 요인들은 그 이전 편지들이 묘사하는 바울의 모습을 넘어가는 발전 과정을 확고하게 암시한다. 이방인 선교를 개척한 보다 급진적인 바울과 잘 들어맞지 않는 묘사였음에도 불구하고 한 명 이상의 열성적인 제자들이 바울을 보다 보수적인 방식으로 표현함으로써, 그들 스스로 교회 내에서 바울이나 그의 선교단의 구성원들이 확립했다고 간주한 바울의 유산을 보존하려 했다면 이는 놀랄 일은 아닐 것이다. 따라서 목회 서신은 십중팔구 앞의 §39.3a에서 요약한 바와 같은 위서의 측면에서 가명의 저작으로 간주해야 하며, 자신이 바울이 인정했을 만한 일을 하고 있다고 생각했고 그의 추가적인 "바울의 편지들"도 그와 같은 생각으로 받아들여진 어떤 알

---

222 딤전 6:1, 14, 20; 딤후 1:13-14; 2:2; 4:7; 딛 1:9. 다음 책들도 함께 보라. *Unity and Diversity*, §17.4과 §73b; Hagner, *New Testament*, 626-32.

223 Mounce는 짧은 스페인 방문과 "다소 긴" 그레데에서의 사역, (아마도 행 28:30의 2년을 포함한) "몇 년간에 걸친 로마에서의 투옥"을 상상하는데(*Pastoral Epistles*, liv-lxiv), 이는 바울이 네로 치하 64년에 순교했다는 전승(Eusebius, *HE* 2.22.2)과 어설프게 들어맞는다. 이것이 아마도 Johnson이 바울의 사망 시기를 대략 64-68년으로 연장한 이유일 것이다(*1 and 2 Timothy*, 84).

려지지 않은 (보수적인) 제자의 저작으로 간주해야 한다.[224]

다음과 같은 또 한 가지 흥미로운 가능성도 있다. 즉 저자(들)가 바울의 로마 투옥이 아마도 네로 앞에서의 첫 심문 이후 잘못된 방향으로 흘러간 뒤에 바울이 가까스로 급히 보낸 한 통 이상의 짧은 편지들을 적절히 확대한 것으로 간주된 내용으로 구성했을 가능성이다.[225] 여기서 핵심 구절은 디모데후서 4:6-18인데 이 구절은 매우 개인적인 성격을 지니고 있고 다른 누군가가 이 구절을 썼다면 의도적인 속임수라는 비난을 피하기가 어려울 것이다.[226] 이는 바울이 유죄 선고를 피한 첫 번째 심문 이후 (4:16-18) 치명적인 결과(4:6-7)를 가져올 것처럼 보인 두 번째 심문에 대한 전망에 직면해 있었음을 암시할 수도 있다. 훨씬 더 열악한 감옥 상

---

224 Marshall의 가설은 목회 서신이 "바울이 죽은 직후의 시기에 속한다"는 것이다. "이 편지들, 특히 디모데후서는 그 범위를 오늘날 정확하게 추적할 수 없는 바울 자신의 자료에 근거하고 있고 아마도 디모데와 디도를 포함한 어떤 집단 안에서 산출되었을 것이다"(*Pastoral Epistles*, 92). Johnson은 그렇게 상상된 "가명 사용"의 심리학과 신학을 거의 고려하지 않는다(*1 and 2 Timothy*, 83-5). 바울이 전해져온 전승의 출처이자 설계자로 표현되고 있는 점에 대해서는 특히 M. Wolter, *Die Pastoralbriefe als Paulustradition* (FRLANT 146; Göttingen: Vandenhoeck, 1988), 114-30을 보라. M. M. Yarbrough는 *Paul's Utilization of Preformed Traditions in 1 Timothy*(LNTS 417; London: T & T Clark, 2009)에서 그러한 이전에 형성된 자료에 대한 인정은 저자 문제를 해결해주지 않는다고 지적한다. A. Merz, *Die fictive Selbstauslegung des Paulus: Intertextuelle Studien zur Intention und Rezeption der Pastoralbriefe* (NTOA 52; Göttingen: Vandenhoeck, 2004)도 함께 보라.
225 참고. J. D. Miller, *The Pastoral Letters as Composite Documents* (SNTSMS 93; Cambridge University, 1997). Marshall은 *Pastoral Epistles*, 특히 16-18에서 목회 서신의 비일관성에 대한 Miller의 명제를 반박한다. Mounce는 *Pastoral Epistles*, cxx-cxxiii에서 "단편 가설"을 부정적으로 검토한다. Marshall은 그 가능성에 대해 보다 개방적이다(*Pastoral Epistles*, 73).
226 *Beginning from Jerusalem*, 1054 n. 411에서 언급한 것처럼 디모데후서에 대해서는 출처의 신뢰성에 대한 가장 타당한 주장을 할 수 있다. 예를 들어 J. Murphy-O'Connor, *Paul: A Critical Life* (Oxford University, 1996), 357-9을 보라. Marshall은 목회 서신의 집필을 위한 자극은 "디모데후서의 배후에 있는 진짜 서신의 존재에서 비롯되었다"고 주장한다(*Pastoral Epistles*, 92). 디모데후서를 바울의 "유언"으로 지칭하는 것은 관례가 되었다 — Koester, *Introduction*, 2.300-1; "유언적 권면"(Wolter, *Pastoralbriefe*, 222-41); L. Oberlinner, *Die Pastoralbriefe: Zweiter Timotheusbrief* (HTKNT XI/2/2; Freiburg: Herder, 1995), 1-5.

황에서 바울은 한두 편의 편지로 자신의 상황을 한탄하고 친구들의 도움을 요청하며 자신의 믿음을 재확인했을 수도 있다. 이러한 주장의 개연성은 그 자체로는 바울 자신이 추가적인 에게해 선교를 수행했을 가능성보다 크지 않지만, 이 편지들 자체의 (후기 바울적인) 성격과 더 잘 들어맞는다. 다른 후기 바울 서신인 골로새서나 에베소서와 마찬가지로 목회 서신에는 실제 저자와 관련해서 자신 있는 결론을 도출하기에는 불확실성이 너무 많지만, 우리에게 전해 내려온 형태의 목회 서신의 저자가 바울 자신이 아닐 가능성은 도출할 수 있는 결론 중에서 가장 강력한 것이다.[227]

ii. 왜, 누구에게 썼는가?

이 편지들은 누구에게 쓴 것인가? 또는 이 편지들이 위명의 편지라면 어떤 이유로 쓴 것인가? 후자의 경우 대답은 편지의 내용에 기초해야 한다. 그리고 이 세 편지 모두의 성격을 감안하면 가장 분명한 대답은 이 편지들이 저자들이 인식한 바와 같은 첫 세대의 자산을 공고히 하고 가장 지속적인 바울의 교회들의 구조가 확실하게 미래의 다음 세대들에게 전해지도록 하기 위해 기록되었다는 것이다.[228] 아마도 자신이 세웠거나 설립의 원인이 된 교회들의 미래의 안녕을 위해 바울이 그러한 관심을 보여준 사람으로 확실하게 기억되게 하려는 목적도 있었을 것이다.[229] 어쩌면 바울을 발전하고 있던 기독교의 주류에 확고하게 포함시켜서 바울의 교

---

227 Hagner의 주의 깊은 논의도 함께 보라(*New Testament*, 614-26). Meade의 표현을 빌리면 이 편지들이 바울을 저자로 간주하는 것은 "일차적으로 권위 있는 전승에 대한 주장이지 문헌적 기원에 대한 주장이 아니다"(*Pseudonymity*, 139).

228 "이 편지들의 예상되는 독자들은 디모데와 디도를 본보기로 삼을 수 있는 사람들이며, 여기에는 회중에 대한 감독 권한이 있는 이들과 같은 사람들이 포함되어야 한다"(Marshall, *Pastoral Epistles*, 76). 하지만 Marshall은 목회 서신이 기록된 핵심적인 이유가 "거짓 선생들"과 싸우기 위해서였다고 믿는다(41).

229 참고. Wolter, *Pastoralbriefe*, 243-56.

회적 유산이 주로 고린도전서의 관점에서 해석되지 않도록 하려는 동기도 있었을 것이다. 그러한 사고방식은 또다시 저자(들)가 바울의 보다 보수적인 제자였거나 바울의 영향력을 보존하려면 그처럼 보수적인 바울을 묘사해야 한다고 생각했음을 암시한다.[230] 이는 또한 목회 서신이 이미 1세기 말에 바울 서신 모음집으로 있었을 것으로 추론되는 문헌집에 포함되기 위해 기록되었다는 생각을 자아낸다.

목회 서신이 디모데나 디도에게 보내졌을 가능성이 있다. 또는 그들의 리더십의 어떤 기념일을 표시하거나 그들의 리더십에서 나타난 가치들이 글로 확실하게 기록되고 보존되도록 하기 위해 기록되었을 가능성도 없는 것은 아니다. 에우세비오스는 디모데가 초대 에베소 주교였고 디도는 그레데에 있는 교회들의 초대 주교였다고 기록한다(HE 3.4.5). 그러한 추론은 틀림없이 목회 서신 자체에서 도출되었을 것이다. 그러나 우리가 바울의 서신에서 디모데와 디도[231]가 바울이 죽은 뒤에 바울이 선교한 에게해의 교회들에서 중요한 지도자 역할을 수행했다고 추론해선 안 될 이유는 없다.[232] 어쨌든 목회 서신은 실제로 디모데와 디도가 바울의 가장 가까운 동역자에 속했고 (어떤 경우에든 그렇게 했겠지만) 바울의 유산을 계속 이어갈 적절한 인물로 간주되었음을 보여준다.

iii. 저작 시기

저작 시기 역시 일차적으로 이 편지들의 발달된 교회론을 얼마나 이른 시기로 추정할 수 있느냐에 달려 있다. 대략적인 추정에 따르면 저작 시

---

230 「바울행전」(이하 §47.4a)과 비교해 보라.
231 디도가 사도행전에서 어느 곳에서도 언급되지 않는 이유는 여전히 풀리지 않는 수수께끼다.
232 히 13:23에는 "우리 형제 디모데가 놓인"이라는 흥미로운 언급이 있다.

기는 에베소서의 교회론과 이그나티오스의 교회론 사이 어딘가에 해당
되며[233] 사도행전의 저작 시기와 일치하는 것으로 보인다.[234] 이는 1세기
의 마지막 20년 내의 어느 시기를 암시한다.[235]

c. 히브리서

히브리서는 신약의 큰 수수께끼 중에 하나다. 히브리서의 글(권면이 섞여
있고—"권면의 말"[13:22]—편지 형태로 마무리된 논문 또는 교훈적 설교)로서의
우수성은 상당하다. 히브리서는 일반적으로 신약 안에서 가장 세련된 그
리스어 작품으로 간주된다.[236] 그러나 특히 저자와 수신자에 관한 일반적
인 질문들은 히브리서를 거의 모든 나머지 신약 문헌보다 훨씬 더 미지
수로 만든다.

i. 저자

가장 큰 미지수는 이 문서의 저자다. 저자를 바울로 간주한 이후의 관행
은, 비록 4세기까지는 서방에서 일반적으로 단언되지는 않았지만, 13:23
에 나오는 "우리 형제 디모데"에 대한 언급과 p[46]에서 이 문헌이 바울 문
헌과 함께 포함된 것으로 인해 어느 정도 신빙성을 얻는다.[237] 그러나 히

---

233 이하 §40.1b을 보라.
234 행 20:28의 "에피스코포이"(감독/주교)와 행 14:23과 20:17의 "프레스뷔테로이"(장로)를
    주목해 보라.
235 예를 들어 Kümmel은 "2세기의 기원"을 옹호하며(Introduction, 387) Quinn은 80-85년을
    선호한다(Titus, 19). Schnelle는 100년경을 옹호하고 이 관점을 공유하는 다른 이들의 글
    을 인용한다(History, 333). Koester는 120년에서 160년 사이라는 과거의 관점을 옹호하는
    데(Introduction, 2.305), 이 관점은 Polycarp, Phil. 4.1(아마도 110년대로 추정되는 문헌. §
    40.1c)에서 딤전 6:7, 10을 분명히 사용하고 있다는 사실과 전혀 일치하지 않는다.
236 Turner, Grammar of New Testament Greek, 106-8.
237 Kümmel, Introduction, 392-3.

브리서의 문체와 관점은 바울의 그것과 매우 다르며[238] 바울 저작설은 현대에 거의 보편적으로 평가절하되었다.[239]

여전히 불충분한 단서이긴 하지만 가장 유용한 단서는 히브리서 특유의 헬레니즘적·유대적 사상 세계로 가장 잘 묘사할 수 있는 특징이다.[240] 알렉산드리아 유대교에는 「솔로몬의 지혜」와 필론이 예시하는 것처럼 히브리서의 사상 세계와 매우 유사한 예들이 존재하기 때문이다. 수사학적으로 강력한 첫 문단에서 받는 첫인상[241]은 저자가 자신의 사고방식을 지상의 실체들을 천상적 이상의 복제품이나 그림자에 불과한 것으로 보는 플라톤과 비슷한 우주론과 결합시키기 위해 출애굽기 25:40("너는 삼가 [성전 기구들을] 이 산에서 네게 보인 양식[typos]대로 할지니라")을 사용하는 방식에 의해 강화된다.[242] 이 후자의 특징은 특히 「세상의 창조에 대하

---

238 예를 들어 Brown, *Introduction*, 694을 보라.
239 추가적으로 H. W. Attridge, *Hebrews* (Hermeneia; Philadelphia: Fortress, 1989), 1-3을 보라. 그는 특히 "사도이자 부활한 그리스도의 증인으로서의 자신의 지위를 그토록 단호히 단언하는 바울이 2:3에서 이 책의 저자와 같이 자신을 전승의 간접적 수령자라는 부차적인 위치에 놓을 수 있었다는 것은 매우 상상하기 어려운 일"이라고 논평한다(2).
240 Schnelle, *History*, 378, 381. E. Käsemann, *The Wandering People of God: An Investigation of the Letter to the Hebrews*(ET Minneapolis: Augsburg, 1984)에서 전제로 삼은 영지주의적인 배경은 20세기 중엽의 매우 특징적인 명제이며 Koester가 *Introduction*, 2.274-6에서 여전히 주장하고 있지만 오늘날 전반적으로 평가절하되고 있다. 예를 들어 W. L. Lane, *Hebrews* (WBC 47; 2 vols; Dallas: Word Books, 1991), 1.cix; Schnelle, *History*, 376-7을 보라.
241 성자를 "(하나님의) 영광의 광채(*apaugasma*)시요 그 본체의 형상(*charactēr*)"으로 묘사하는 것(히 1:3)은 *apaugasma*가 70인역에서 지혜에 대한 묘사로 유일하게 등장하는 Wisd. 7:26과 신적이고 보이지 않는 영의 *charactēr*로서의 영원한 로고스에 대한 필론의 언급(*Plant.* 18)을 상기시킨다.
242 히 8:5; 9:23-24; 10:1. 다음과 같은 일련의 대조를 주목해 보라.

지상의 모형		천상의 실재
8:5	*hypodeigma kai skia*(모형과 그림자)	하늘에 있는 것
9:24	손으로 만든 성소	바로 그 하늘
9:24/8:5	하늘에 있는 것들의 *antitypos*(모형)	*typos*(본)
10:1	그림자일 뿐인 율법	장차 올 좋은 일
	~이 아님	실재의 형상

여」(de Opificio Mundi)(예. 36)에서 나타나는 필론의 세계관의 특징이며, 필론도 히브리서와 유사하게 성막의 기구들을 모세가 본 것의 모형으로 묘사하기 위해 출애굽기 25:40을 사용했다.[243] 이는 히브리서의 저자가 필론의 글을 알고 있었거나 거기에 의존했다는 말이 아니다.[244] 그러나 광야 성막에 대한 히브리서의 평가는 성막과 성막의 제사 의식의 불완전함 내지 불충분함에 관한 요점을 강조하기 위해 동일하거나 유사한 철학적 우주론을 활용한 것이라는 점만은 충분히 분명하다. 그런데 이보다 더 독특한 것은, 히브리서에서 이러한 플라톤적인 우주론적 이미지를 족장이 하늘에 들어가 신적인 보좌를 바라보는 천상의 여행에 대한 보다 전형적인 유대교적 묵시 전통과 뒤섞었다는 점이다.[245] 이를 통해 저자는 아론의 제사를 천상적 제사의 그림자일 뿐만 아니라 예수가 이룬 성취적 실재, 새 시대로 대체되는 옛 시대, 새 언약으로 대체되는 옛 언약을 예시하는 것으로도 묘사할 수 있게 되었다.[246] 이 두 가지 강조점, 전조 및 불완전한 예표는 서로의 가치를 떨어뜨리는 것이 아니라 오히려 옛 제사 의식에

그러나 예를 들어 E. Adams, 'The Cosmology of Hebrews', in R. Bauckham, et al., eds., *The Epistle to the Hebrews and Christian Theology* (Grand Rapids: Eerdmans, 2009), 122-39(여기서는 132-3)에서 언급하는 조건들도 주목해 보라. "그는 지상과 천상의 성소를 비교하고 대조하면서 플라톤처럼 들리는 언어를 사용하지만, 플라톤적인 이원론이 우주적 실재의 구조에 대한 그의 관점에 영향을 끼쳤음을 암시하는 확고한 증거는 없다"(138).

243 *Leg. All.* 3.102-3; *Mos.* 2.74; *Qu.Ex.* 2.52.

244 C. Spicq, *Hébreux* (EB Vol. 1, 1952), 39-91의 지나친 진술은 R. Williamson, *Philo and the Epistle to the Hebrews* (Leiden: Brill, 1970)에 의해 적절하게 논박되었다. 유사점과 차이점은 Schenck, *Understanding the Book of Hebrews* (Louisville: Westminster John Knox, 2003), 30에 깔끔하게 요약되었다.

245 예. 사 6:3; 겔 1장; *1 Enoch* 14.10-20; *T. Levi* 3.2-4; 또한 Attridge, *Hebrews*, 222도 함께 보라.

246 히 8:6-13; 9:8-12, 15, 26; 10:1, 9, 16. 추가적인 논의와 참고문헌은 필자의 *Christology in the Making* (London: SCM, 21989/Grand Rapids: Eerdmans, 1996), 52-4과 nn. 210, 211에 있다.

대한 비판과 그리스도가 묵시적 환상 속에서도 보이는 것과 같은 천상의 실재를 실행하셨다는 주장을 함께 뒷받침한다.[247]

비록 우리에게 알려진 1세기의 소수의 이름들 중에서 알렉산드리아 출신의 아볼로가 매력적인 추측과 짐작의 대상이 되기는 하지만,[248] 이러한 사고방식이 우리를 어느 특정한 저자를 발견하는 쪽으로 더 가까이 다가가게 하지는 않는다. 그러나 이미 처음 몇 세기 동안 있었던 저자에 관한 불확실성을 감안하면 보다 적절한 사실은 이 문헌의 탁월함과 설득력이 (대다수의 사람들이) 이 문헌에 정경으로서의 지위를 부여하기에 충분했다는 점이다. 히브리서의 증언이 1세기 말의 기독교의 기원에 대해 갖는 가치는 어떤 특정한 저자를 발견하는 일보다는 이 후자의 사실에 달려 있고 우리는 거기에 만족해야 한다.

ii. 수신자

이스라엘의 제사장 및 제사 의식에 초점을 맞추고 있는 강렬하게 유대적인 이 문헌의 특성에서 비롯된 적절한 추론으로서 "히브리인들에게"는

---

247 H. F. Weiss는 *Der Brief an die Hebräer*(KEK; Göttingen: Vandenhoeck, 1991)에서 히브리서의 사상 안에서 고대 말의 종교 사상의 전형적인 혼합주의적 특징인 "묵시록"과 "헬레니즘"의 종합을 발견한다(114). C. R. Koester는 *Hebrews* (AB 36; New York: Doubleday, 2001), 59-63, 97-104에서 (광범위한 참고문헌과 함께) 이렇게 말한다. "문제는 히브리서가 두 범주 모두[플라톤 철학과 유대인적 묵시록]와 상호 작용하지만 어느 범주에도 깔끔하게 들어맞지는 않는다는 점이다"(98). 다음 책들의 논의도 함께 보라. Attridge, *Hebrews*, 29-30, 222-4; L. D. Hurst, *The Epistle to the Hebrews: Its Background of Thought* (SNTSMS 65; Cambridge University, 1990), 1장; W. Eisele, *Ein unerschütterliches Reich: Die mittelplatonische Umformung des Parusiegedankens im Hebräerbrief* (BZNW 116; Berlin: de Gruyter, 2003); K. L. Schenck, *Cosmology and Eschatology in Hebrews: The Settings of the Sacrifice* (SNTSMS 143; Cambridge University, 2007).
248 이러한 생각은 루터가 처음 주장했다(자세한 내용은 Koester, *Hebrews*, 35에 있다). 다른 주장들에 대해서는 Kümmel, *Introduction*, 401-3; Attridge, *Hebrews*, 3-6; Koester, *Hebrews*, 44-6을 보라.

이 문헌이 보다 널리 유포되기 시작했을 때 덧붙여진 제목임이 거의 확실하다.[249] 수신자들은 이스라엘의 종교에 특히 관심이 많고 그에 대해 잘 알고 있었으며 이 종교와 그 제사 의식이 그것이 예시한 더 높은 (천상의) 실재에 의해 압도되고 대체되었다는 주장의 보다 예리한 요점들을 이해할 수 있었을 것이라고 추론하는 것은 자연스럽다. 따라서 수신자에 관한 질문에 대한 인기 있는 대답은 그들이 전통적인 성전 예배의 확실성과 영광을 동경하고 있던 유대인 그리스도인들이었다는 것이다.[250] 그러한 독자층은 그들과 예루살렘의 거리 때문에 성전 예배에 정기적으로 참석할 수 없는 형편으로 인해 좌절했거나 좌절한 적이 있거나 70년에 예루살렘 성전의 파괴로 인해 엄청난 충격을 받은 디아스포라 유대인이었을 것이라고 추론하는 것도 자연스럽다. 그러나 그와 동시에 이 수신자들은 하나님을 경외하는 이방인 신자들이었으며 그들이 유대교에 느낀 매력이 특히 예루살렘 성전과 그 의식에 초점이 맞춰져 있었다는 주장도 똑같이 있을 수 있다.[251] 따라서 후대의 제목인 "히브리인들에게"는 이 문제를 거의 해결해주지 못한다.[252]

아마도 가장 중요한 단서는 절정에 이르는 장인 10장에 주어져 있을 것이다. 거기서 이 문헌의 주장의 절정은 반복해서 드려야 하는 죄를 위한 제사들은 효과가 없는 반면(10:1-4, 11) 용서를 가져다주는 단번에 드

---

249 그러나 이 제목은 이미 알렉산드리아의 클레멘스에게서 입증되며(Eusebius, *HE* 6.14.2-4) 시내산 사본에도 나타난다.

250 Spicq는 "이 도에 복종"한 "허다한 제사장의 무리"(행 6:7)가 곧 수신자들이라고 주장했지만(*Hébreux*, 1.226-31) 히브리서에는 수신자들이 이스라엘의 제사 의식에 실제로 참여했다는 암시가 전혀 없다.

251 Kümmel, *Introduction*, 399-400. 어쨌든 저자는 70인역과 전통적인 유대 종교에 대한 지식을 가지고 있었으며 이에 대해 존중하는 자세를 취할 수 있었다(추가적으로 이하의 §45.4c을 보라).

252 Koester, *Hebrews*, 46-8; Hagner, *New Testament*, 646-9.

려진 제사는 반복되는 속죄제를 불필요하게 만들었다는 것이다(10:12-
18). 9장과 10장에서의 "양심"에 대한 반복된 언급[253]은, 양심이 괴로웠고
제의적 행동이 동요하는 양심을 잠잠케 한다는 점에서 제사 의식의 구체
성을 떠올리던 이들에게 권면하는 것이 이 문헌의 목회적 관심사였음을
암시한다.[254]

그들은 어디에 있었는가? "이달리야에서 온 자들"(10:24)의 문안 인
사는 비록 모호하기는 하지만 로마에서 기록된 편지를 암시할 수도 있
다.[255] 로마의 클레멘스가 이 편지를 알고 있었다는 분명한 암시[256]도 그
러한 방향을 가리킨다. 또한 디모데가 (감옥에서) 풀려났다는 언급은 에베
소(참고. 딤전 1:3; 딤후 1:18)에서 기록되어 로마로 보내진 편지를 암시할
수도 있다. 그러나 이 문제에 대해 더 이상 할 수 있는 유용한 말은 별로
없다.

---

253 9:9 - "현재까지의 비유니 이에 따라 드리는 예물과 제사는 섬기는 자를 그 양심상 온전
하게 할 수 없나니"; 9:14 - "하물며…그리스도의 피가 어찌 너희 양심을 죽은 행실에서
깨끗하게 하고"; 10:1-2 - [반복되는 제사들은] "나아오는 자들을 언제나 온전하게 할
수 없느니라. 그렇지 아니하면 섬기는 자들이 단번에 정결하게 되어 다시 죄를 깨닫는 일
이 없으리니 어찌 제사 드리는 일을 그치지 아니였으리요?"; 10:22 - "우리가 마음에 뿌
림을 받아 악한 양심으로부터 벗어나고 몸은 맑은 물로 씻음을 받았으니 참 마음과 온전
한 믿음으로 하나님께 나아가자"; 13:18도 마찬가지다.
254 B. Lindars, *The Theology of the Letter to the Hebrews* (Cambridge University, 1991), 특히
12-15. "히브리서가 다루는 핵심적인 문제는 기독교인의 신앙고백에서 약해져가는 양심
이다"(Schenck, *Understanding*, 107).
255 예를 들어 다음 책들을 보라. Weiss, *Hebräer*, 76; Lane, *Hebrews*, 1.lxviii-lx; Brown,
Introduction, 699-701; Koester, *Hebrews*, 48-50. Schnelle는 로마 기원설을 선호한다
(*History*, 367-8).
256 *1 Clem.* 17.1, 5(참고. 히 11:37; 3:2); *1 Clem.* 36.1(참고. 히 2:18; 3:1); *1 Clem.* 36.2, 3,
4, 5(참고. 히 1:3-4, 5, 7, 13); *1 Clem.* 43.1(참고. 히 3:5); *1 Clem.* 56.4(참고. 히 12:6)을
보라. "최소한 [*1 Clem.*] 36.2-6의 경우에 (히 1:3-13에 대한) 문헌적 의존으로 추정하지
않기란 불가능하다"(Attridge, *Hebrews*, 6-7).

iii. 저작 시기

명시적이든 다른 방식으로든 예루살렘 성전의 파괴에 대한 어떤 언급도 없다는 사실은 70년 이전의 저작 시기를 뒷받침하는 것처럼 보일 것이고 이 편지의 기독론이나 교회론의 측면에서 그에 대한 분명한 반론을 제시할 내용은 아무것도 없다.[257] 한편으로 70년 이후의 다른 유대 문헌들—특히 요세푸스와 미쉬나—이 계속해서 성전과 성전의 의식에 대해 현재적 관점에서 말하고 있었다는 점은 주목할 만하다.[258]

아마도 보다 중요한 점은 이 편지의 논증이 전부 모세 오경에 제시된 바와 같은 광야의 성막과 그 의식에 관한 것이며 보통 말하는 제2성전기 제사와는 아무 관련이 없다는 사실일 것이다. 이는 저자가 지속적인 필요성과 정당성에 의문을 제기하고자 한 것이 바로 성경적 원리들, 근본적인 토라의 법들이었음을 암시한다. 저자가 아론의 제사장직과 광야의 성막에 관한 자기 주장의 정당성을 입증할 수 있었다면 그 비판은 헤롯의 제2성전도 실질적으로 약화시켰을 것이다. 그러한 전략은 아마도 70년 이후의 상황을 반영할 것이다. 현재는 파괴된 예루살렘 성전과 관련된 어떤 부정적인 주장이, 바벨론 포로 이후 솔로몬 성전이 그랬듯이 지금의 성전도 다시 회복될 것이라는 희망 속에서, 토라에 의해 결정된 제사의 타당성이 여전하다는 반응에 의해 약화될 수 있었다는 점에서 그렇다.[259] 토라의 예표에 초점을 맞춤으로써, 그리고 예표는 예루살렘 성전과 성전

---

257 Robinson은 62년에서 68년 사이(*Redating*, 7장), Lindars는 65년에서 70년 사이(*Theology*, 21), Lane은 64년에서 68년 사이(*Hebrews*, 1.lxvi), Hagner는 60년대 초를 저작 시기로 주장한다(*New Testament*, 651-2).

258 예를 들어 Josephus, *Ant.* 3.224-57; *Ap.* 2.77, 193-8; 또한 *1 Clem.* 40-41; *Diog.* 3. Brown and Meier, *Antioch and Rome*, 149-51에 나오는 Brown의 주장과 이하 §46 nn. 113, 114도 함께 보라.

259 §40 nn. 65, 67과 §46 nn. 87, 110을 보라.

제사가 아니라 예수의 죽으심과 하늘에 들어가심을 통해 성취되었으므로 예표의 비현실성을 보여줌으로써, 히브리서는 파괴된 것에 대한 일체의 동경과 미래의 성전 재건에 의존하는 일체의 소망을 함께 효과적으로 약화시킬 수 있었다. 이러한 사고방식은 티투스의 군단에 의한 예루살렘 성전 파괴에 대한 언급의 부재를 근거로 한 70년 이전 저작설의 타당성을 약화시키며 70년 이후—디모데가 아직 살아 있고(13:23) 「클레멘스1서」가 나오기 약 10년 전, 즉 보통 96년경으로 추정되는 때—저작설을 뒷받침한다.[260]

d. 야고보서와 베드로전서

야고보서와 베드로전서에 대해서는 단순히 『초기 교회의 기원』, §37.2과 §37.3을 참조해도 된다.[261] 유다서와 베드로후서, 이 두 편지는 한 묶음으로 고찰할 수 있다. 일반적인 관점에 따르면 이 두 편지는 문헌적으로 상호 의존적이며 대다수 학자들은 베드로후서가 유다서에 의존했다고 추론하고 있기 때문이다. 따라서 우리는 유다서부터 먼저 살펴볼 것이다.

---

260 대부분의 학자들이 그렇게 생각한다. 예를 들어 E. Grässer, *An die Hebräer* (EKK XVI vols.; Zürich: Benziger, 1990, 1993, 1997), 1.25; Weiss, *Hebräer*, 77; Brown, *Introduction*, 696-7. 이하 §40.1f(iii)과 §46.3a도 함께 보라.

261 초기 기독교의 편지 쓰기에 관한 문제 전체에 대해서는 L. Doering, *Ancient Jewish Letters and the Beginning of Christian Epistolography* (WUNT 298; Tübingen: Mohr Siebeck, 2012), 특히 429-81을 보라.

e. 유다서

i. 저자

이 편지에서는 "야고보의 형제" 유다(*Ioudas*)가 이 편지를 썼다고 주장한다. 기독교의 기원과 관련된 야고보는 한 명 이상이었지만 신원을 확인시켜주는 추가적인 특징(즉 "우리 주의 형제")이 없는 "야고보"에 대한 언급은 가장 저명하고 가장 널리 알려진 "야고보"를 가리키며, 이 "야고보"는 예수의 형제이자 1세기 중엽에 예루살렘에 있는 모교회의 지도자로서 초창기 기독교에서 잘 알려져 있던 야고보일 수밖에 없다. 우리는 또한 마가복음 6:3을 통해 예수에게는 "야고보와 요셉과 유다와 시몬"이라는 형제가 있었음을 알고 있다.[262] 헤게시푸스도 "육신에 따른 그의 형제라고 일컬어진" 유다라는 사람을 언급하는데, 그의 손자들은 비록 소박한 사람들이지만 도미티아누스 시대에 (유대 지방에 있는) 교회들의 지도자였다(Eusebius, *HE* 3.19.1-3.20.6).[263] 따라서 유다서의 의도는 이 편지의 저자가 야고보와 예수의 형제 유다임을 밝히려는 것이었다는 점에는 별다른 의심의 여지가 없다.[264]

이 편지를 과연 유다 자신이—50년대 말이나 60년대에—썼을까? 어쨌든 그는 아마도 선교 사역에 관여했을 것이고(고전 9:5)[265] 에우세비오

---

262 마태복음에는 "야고보, 요셉, 시몬, 유다"라고 되어 있다(마 13:55).

263 추가로 이하 §45.3을 보라.

264 예컨대 K. H. Schelkle, *Die Petrusbriefe; Der Judabrief* (HTKNT XIII.2; Freiburg: Herder, 1976), 140-3도 그렇게 본다. 「도마행전」과 「의심자 도마의 서」(*NTA*, 2.324-5)에서 예수의 쌍둥이 형제로 밝혀진 유다 도마와 유다를 동일시하는 견해의 납득 불가능함에 대해서는 R. Bauckham, *Jude and the Relatives of Jesus in the Early Church* (Edinburgh: T & T Clark, 1990), 32-6을 보라.

265 흥미롭게도 「바울행전」은 다메섹 교회가 바울을 받아들인 것을 "처음부터 내게 믿음에 대한 숭고한 사랑을 준 주의 형제인 복된 유다"의 공으로 돌린다(*NTA*, 2.264). 또한 콥트 교회의 한 전설에서는 유다를 "수리아와 메소포타미아에서 복음을 전파한 주의 형제"

스에 따르면 방금 언급한 대로 그의 손자들은 90년대에 교회 지도자들이었다.[266] 그러나 앞으로 보게 되겠지만 현존하는 증거들은 보다 늦은 시기를 암시한다. 따라서 비록 이 편지의 저자로 간주된 인물이 야고보의 형제 유다라는 사실은 아마도 초기 (유대) 교회에서 그에게 우리는 알지 못하는 위상과 중요한 역할이 있었음을 암시하겠지만, 유다서는 아마도 위명의 저작일 것이다. 심지어 야고보서의 경우와 마찬가지로 유다서도 유다에게서 나왔거나 예수의 형제 중 한 명에게서 나온 것으로 그럴듯하게 간주할 수 있는 가르침을 표현한 것일지도 모른다. 유다서의 매우 강한 유대교적 성격(§45.4c(ii))은 확실히 유대인 저자를 암시하지만, 또한 현재의 악과 미래에 있을 악에 대한 심판에 관한 유대 묵시록적 사고에 깊이 몰두한 저자를 암시한다.

ii. 유다서는 누구에게 쓴 편지인가?

유다서는 어떤 특정한 사람에게 쓴 편지가 아닌 것처럼 보인다. 오히려 유다서는 첫머리에는 편지의 도입부가 있고 말미에는 송영이 있는 보다 널리 통용되도록 배포된 설교와 더 비슷하게 읽힌다. 구약에 대한 몇 번의 암시[267]가 70인역보다 히브리어 본문에 대한 지식을 반영하고 있다는 사실[268]은 이 문서가 처음에는 팔레스타인에서 배포되었음을 암시한다.[269]

라고 부른다(*NTA*, 2.480).

266 Bauckham은 주의 형제 유다를 "전적으로 그럴듯한 이 편지의 저자"로 간주한다(*Jude and the Relatives of Jesus*, 178); 보다 이전에는 Bauckham, *Jude, 2 Peter*, 14-16. 아래 §45.4c(ii)을 보라.

267 다시 이하 §45.4c(ii)을 보라.

268 Bauckham, *Jude and the Relatives of Jesus*, 136-7. C. D. Osborn은 'The Christological Use of 1 Enoch 1.9 in Jude 14', *NTS* 23 (1976-77), 334-41에서 유다가 *1 Enoch* 1.9을 인용한 것(유 14-15)은 에티오피아나 그리스어 단편 본문이 아닌 쿰란에서 발견된 「에녹1서」의 아람어 단편에 더 가깝다고 주장한다. Bauckham, 138-9도 함께 보라.

269 J. H. Neyrey, *2 Peter, Jude* (AB 37C; New York: Doubleday, 1993)는 알렉산드리아가 더

바울 서신의 주제들에 대해 있을 수 있는 반발[270] 역시 유대 기독교(유대 지방)가 바울의 유산을 놓고 고심하고 있음을 암시할지도 모른다.[271]

iii. 저작 시기

유다서의 저작 시기를 알아내는 것은 유다서의 특성과 다양한 시간적 암시를 어떻게 이해하느냐에 달려 있다.

- 유다서의 묵시적 특성은 새롭게 출현한 유대교와 기독교 안에서 70년의 대재앙에 대해 보인 주된 반응 중 하나였던 묵시적 신앙의 급증을 반영한 것일 수도 있다.[272]
- "성도에게 단번에 주신 믿음"(3절)은 목회 서신에서 믿음을 "그 믿음"으로 결정화하는 것과 매우 비슷하다(§39.3b(i)).[273]
- 17절에 나오는 사도들에 대한 언급("너희는 우리 주 예수 그리스도의 사도들이 미리 한 말을 기억하라")은 마치 사도들의 시대를 회고하는 두 번째 세대에 대한 권면처럼 읽힌다(참고. 엡 2:20).
- 말세의 한 징조인 거짓 교사들에 대한 경고(4, 11, 18-19절)는 두 번째 세대에 해당되는 고유의 특징이다.[274]

개연성이 높다고 생각한다(29-30).

270 Schnelle, *History*, 422-3.
271 유다서와 베드로후서에 대한 사회적-수사학적 연구로는 Neyrey, *2 Peter, Jude*, 32-41, 113-8, 128-41; R. L. Webb and P. H. Davids, eds., *Reading Jude with New Eyes* (LNTS 383; London: T & T Clark, 2008); R. L. Webb and D. F. Watson, eds., *Reading Second Peter with New Eyes* (LNTS 382; London: T & T Clark, 2010)를 보라.
272 이하의 §39.3h과 §40.7도 함께 보라.
273 이를 "초기 가톨릭 신앙"의 한 특징으로 열거하면 논의를 너무 많이 왜곡시키게 된다. 참고. Bauckham, *Jude, 2 Peter*, 8-10; 또한 *Jude and the Relatives of Jesus*, 155-62; Hagner, *New Testament*, 710.
274 참고. 딤전 4:1-3; 딤후 4:3-4; 요일 2:18; 4:1-3; *Did.* 16.3(Schnelle, *History*, 417).

- 비록 공격받는 이들을 "방탕한 영지주의자들"[275]과 동일시하는 것은 증거가 허락하는 것보다 더 구체적인 판단이겠지만,[276] 7, 11-12, 15절의 경고는 1세대 저자들의 경고보다 요한계시록 2:14-15, 20-22의 경고와 더 비슷하다.
- 이 편지는 가르침은 없이 경고로만 가득하며 권면이 주로 신앙을 고수하고 분열을 초래하는 자들을 피하라는 것이라는 점은 이 편지에 매우 2세대(또는 3세대)적인 느낌을 더해준다.

요컨대 1세기 말은 유다서의 저작 시기로 무난하게 추정할 수 있는 가장 이른 시기로 보인다.[277] 추정 연대의 최종 시점은 베드로후서의 연대를 얼마나 늦은 시기까지 추정할 수 있느냐에 달려 있다.

f. 베드로후서

베드로후서의 가장 눈에 띄는 특징 중 하나는 주제, 예시, 표현 면에서 유다서와 중첩되는 정도다. 특히 눈에 띄는 것은 유다서 6-8, 12-16, 17-18절과 베드로후서 2:4-10, 17-18, 3:1-3 사이의 일치다.[278]

---

275 Kümmel, *Introduction*, 426; Koester, *Introduction*, 2.246-7.
276 예를 들어 Brown, *Introduction*, 758-9; Bauckham, *Jude and the Relatives of Jesus*, 162-6과 Schnelle, *History*, 421-2의 보다 자세한 논의를 보라. Bauckham은 "원칙적으로 난봉꾼"인 "순회 은사주의자들"을 가정한다(167-8).
277 이것은 최근 주석가들 사이의 가장 강력한 의견 일치다. Bauckham, *Jude and the Relatives of Jesus*, 169의 표를 보라.
278 이 내용은 특히 Bauckham, *Jude, 2 Peter*, 245-6, 272, 283에 따른 것이다. J. B. Mayor, *The Epistle of St. Jude and the Second Epistle of St. Peter* (London: Macmillan, 1907), 2-15의 더 자세한 요약 및 T. Fornberg, *An Early Church in a Pluralistic Society*(Lund: Gleerup, 1977)를 함께 보라.

유다서	베드로후서
6 또 자기 지위를 지키지 아니하고 자기 처소를 떠난 **천사들을** 큰날의 **심판까지** 영원한 결박으로 **흑암에 가두셨으며**	2:4 하나님이 범죄한 **천사들을** 용서하지 아니하시고 지옥에 던져 **어두운 구덩이에** 두어 **심판 때까지 지키게** 하셨으며
7 **소돔과 고모라와** 그 이웃 도시들도 그들과 같은 행동으로 음란하며 다른 육체를 따라 가다가 영원한 불의 형벌을 받음으로 거울이 되었느니라.	2:6 **소돔과 고모라** 성을 멸망하기로 정하여 재가 되게 하사 후세에 경건하지 아니할 자들에게 본을 삼으셨으며
8 그러한데 꿈꾸는 이 사람들도 그와 같이 **육체를** 더럽히며 **권위를** 업신여기며…	2:10 특별히 **육체를** 따라 더러운 정욕 가운데서 행하며 **주관하는 이를** 멸시하는 자들
12 **그들은**…바람에 **불려가는 물 없는** 구름이요… 13 …**영원히 예비된 캄캄한 흑암**으로 돌아갈 유리하는 별들이라.	2:17 **이 사람들은 물 없는** 샘이요, 광풍에 **밀려 가는** 안개니 그들을 위하여 **캄캄한 어둠이 예비되어 있나니**
16 이 사람들은 원망하는 자며 불만을 토하는 자며 그 **정욕**대로 행하는 자라. 그 입으로 **자랑하는 말을** 하며…	2:18 그들이 허탄한 **자랑의 말을** 토하며 그릇되게 행하는 사람들에게서 겨우 피한 자들을 음란으로써 육체의 **정욕** 중에서 유혹하는도다.
17 **사랑하는** 자들아! 너희는 우리 **주 예수 그리스도의 사도들이** 미리 **한 말을 기억하라.** 18 그들이 너희에게 말하기를 **마지막** 때에 자기의 경건하지 않은 **정욕**대로 행하며 **조롱하는 자들**이 있으리라 하였나니	3:1 **사랑하는** 자들아…2 곧 거룩한 선지자들이 **예언한 말씀**과 **주** 되신 구주께서 너희의 **사도들**로 말미암아 명하신 것을 기억하게 하려 하노라. 3 먼저 이것을 알지니 **말세에 조롱하는 자들**이 와서 자기의 **정욕**을 따라 행하며 조롱하여

방탕(*aselgeia* 유 4; 벧후 2:2)과 주님을 부인하는 일(유 4; 벧후 2:1)에 대한 경고, 비방/신성모독(유 8, 9, 10; 벧후 2:2, 10, 11, 12)과 다가오는 심판/정죄에 대한 반복되는 경고(유 4, 6, 9, 15; 벧후 2:4, 9, 11; 3:7), 유사한 예화들의 동

일한 순서─반역한 천사들(유 11; 벧후 2:15-16),[279] 소돔과 고모라(유 7; 벧후 2:6), 발람(유 11; 벧후 2:15-16)─와 "이성 없는 짐승같이"라는 대적들에 대한 무시(유 10; 벧후 2:13), 그리고 두 편지에 모두 공통된 흔치 않은 표현들[280] 등은 모두 이 두 편지가 문헌상 상호 의존적이라는 매우 강한 인상을 더해준다. 베드로후서는 더 짧고 더 압축적인 주장이 담긴 유다서를 보다 느슨하게 표현된 자기 권면의 자극제 겸 자원으로 사용했다는 인상도 마찬가지로 강렬하다. 결과적으로 절대다수의 주석가들은 베드로후서가 유다서 이후에 기록되었고 유다서에 의존했다고 결론짓는다.[281]

i. 저자

베드로가 베드로후서의 저자가 아니라는 결론을 확고하게 암시하는 다음과 같은 몇 가지 요인이 있다.[282]

• 방금 언급한 대로 베드로후서는 유다서에 의존한 것이 거의 확실하다.

---

279 유 5절은 광야 세대를 추가하고 벧후 2:5은 노아와 홍수 사건을 추가한다.
280 "조롱하는 자들"(empaiktēs─유 18; 벧후 3:3); "암초/점"(spilas/spilos─유 12; 벧후 2:13); "함께 먹으니"(syneuōchomai─유 12; 벧후 2:13); "흑암"(zophos─유 6, 13; 벧후 2:4, 17); "자랑하는"(hyperonkos─유 16; 벧후 2:18).
281 예를 들어 Mayor, St. Jude, 1-xxv; Kümmel, Introduction, 430-1; Schelkle, Petrusbriefe 138-9; Bauckham, Jude, 2 Peter, 141-3을 보라. 그러나 "유다서는 거의 전적으로 베드로후서에 포함되었다"는 Schnelle의 결론은 과장된 말이다(History, 429). G. L. Green은 'Second Peter's Use of Jude: Imitatio and the Sociology of Early Christianity', in Webb and Watson, eds., Reading Second Peter, 1-25에서 "모방(imitatio)의 관례는 고대 문헌에서 일반적이었다며 다음과 같이 말한다. "모방(imitatio)이라는 고대의 일반적 규칙에 따르면, 베드로후서의 저자가 예수의 배다른 형제가 쓴 편지를 사용했다면 이러한 차용은 기독교 공동체가 예수의 친족에게 부여한 특별한 영예를 암시할 것이다. 실제로 이러한 영예는 베드로를 포함한 사도들에게 부여된 영예를 능가한다(2).
282 신약 학자들의 합의된 견해.

- 베드로전서와 베드로후서를 같은 저자의 저작으로 간주하기에는 두 편지에서 사용된 용어나 개념의 차이가 너무 현저하다.[283]
- 앞으로(이하 iii에서) 살펴보겠지만 2세대 혹은 3세대의 관점을 암시하는 징표들이 너무 분명하다.

베드로후서가 위명 저작이라는 결론에 대한 대안은 거의 없다.[284] 실제로 베드로후서는 그렇게 설명할 수 있는 가장 분명한 후보다. 베드로후서는 스스로 "예수 그리스도의 종이며 사도인 시몬 베드로"(벧후 1:1)가 쓴 편지라고 주장할 뿐만 아니라 계속해서 자전적인 회고를 한다. "우리 주 예수 그리스도께서 내게 지시하신 것 같이"(1:14) 자신의 죽음이 곧 찾아올 것임을 알고 있다는 저자의 주장은 요한복음(요 21:18-19)에서만 발견되는 독특한 베드로 전승에 가장 분명하게 의존하고 있다. 자신이 예수와 함께 "거룩한 산에" 있을 때 "이는 내 사랑하는 아들이요 내 기뻐하는 자라"고 선포하는 하늘의 음성을 들었다는 점에서 자신은 예수의 위엄을 직접 본 목격자라는 저자의 주장(벧후 1:16-18; [병행 본문] 마 17:1-9)[285]은 저자에게 지극히 높은 지위를 부여했을 것이다. 그리고 베드로후서가 저자가 쓴 두 번째 편지라는 주장(3:1)은 명백히 베드로의 편지로 이미 받아들여지고 잘 알려진 편지(베드로전서)에 대한 간접적인 언급이다.[286] "우

---

283 특히 Bauckham, *Jude, 2 Peter*, 143-47을 보라.
284 "베드로후서의 위명 사용은 다른 어떤 신약 문헌의 위명 사용 여부보다도 확실하다"(Brown, *Introduction*, 767); Hagner, *New Testament*, 713-17도 함께 보라.
285 이 인용구가 마태복음에 나오는 형태의 변화산 이야기와 가장 가깝다는 사실은 마태가 2세기에 신약의 사복음서 중에서 가장 잘 알려지고 사용된 복음서라는 상당한 증거와 일치한다. 이하 §44.8b를 보라.
286 베드로후서는 두 편지(1-2장과 3장)가 합쳐진 것이므로 3:1은 첫 번째 편지(1장과 2장)를 가리킨다는 F. Lapham, *Peter: The Myth, the Man and the Writings* (JSNTS 239; London: Sheffield Academic, 2003), 6장의 주장은 타당성이 부족하다.

리가 사랑하는 형제"(3:15)라는 바울에 대한 언급도 주목할 만하다.[287]

이 경우에 나머지 대안들—(야고보서와 아마도 베드로전서의 경우와 같이) 베드로의 가르침을 수집하거나 (에베소서에서와 같이) 베드로의 저작 범위와 의미를 요약하거나 (아마도 디모데후서의 경우와 같이) 베드로 또는 (아마도 골로새서에서와 같이) 다른 대필자의 보다 단편적인 문헌들을 중심으로 글을 쓴 가까운 제자나 집단—은 적절한 설명을 제시하지 못하는 것으로 보인다. 하지만 이 편지는 (서서히) 받아들여졌고[288] 아마도 이 편지가 기록되었을 때 베드로가 하고 싶었을 법한 말을 적절히 표현한 것으로 간주되었다.[289] 초기 기독교가 베드로후서의 수용에 있어서 신약 정경과 같은 문제에서 용인되는 수준보다 더 쉽게 믿거나 의심이 적거나 더 솔직하지 못했다는 개연성 높은 사실에 직면해야 할 때, 그것은 언제나 불안감을 조성한다. 그러나 그것이 곧 이 경우에 해당되는 상태인 것처럼 보인다.

---

287 Niebuhr는 (개인적인 편지에서) 서언(신약 서신서에서 *doulos*와 *apostolos*의 조합은 오직 베드로후서, 로마서, 디도서에서만 등장한다) 및 편지 서두와 관련해서도 베드로후서와 바울 사이에는 일종의 상호텍스트성이 있는 것처럼 보인다고 말한다(참고. 벧후 1:3 이하와 갈 1:15, 빌 3:10, 고후 4:6).

288 Kümmel은 베드로후서가 2세기에 어디에서도 언급되지 않았다는 점을 언급한다. 오리게네스는 베드로후서를 이견이 있는 책으로 간주했고, p⁷²(3세기)는 베드로후서와 베드로전서, 유다서를 다른 신약 이외의 문헌들과 함께 포함시켰으며, 에우세비오스는 베드로후서를 정경성이 의심받는 문서 중 하나로 열거했다. "심지어 4세기까지도 베드로후서는 대체로 알려지지 않았거나 정경으로 인정받지 못했다. … 페쉬타에는 베드로후서가 없으며 베드로후서는 시리아인들 사이에서 한 번도 완전한 정경의 권위를 얻지 못했다"(*Introduction*, 433-4). 에우세비오스는 이렇게 말한다. "이른바 제2 서신(베드로후서 – 역주)을 우리는 정경으로 받아들이지 않았지만, 그럼에도 불구하고 그 서신은 많은 이들에게 유용해 보였으며 다른 성경들과 함께 연구되어 왔다"(*HE* 3.3.1).

289 "따라서 거짓 저자 이름을 붙이는 장치는 사도적인 권위를 주장하는 기만적인 수단이 아니라 자신이 사도적인 메시지의 충실한 매개자라는 주장을 구체화하는 것이다"(Bauckham, *Jude, 2 Peter*, 161-2).

ii. 기록 장소와 수신자

베드로후서가 어디서 누구에게 쓴 것인지는 알아내기가 사실상 불가능하다.[290] 이 편지의 지위가 논의되고 있었을 무렵에는 이 편지가 어디서 처음 출현했으며 얼마나 널리 알려졌는가 하는 문제가 시야에서 사라져 버렸다. 이 편지가 맹렬히 비난하는 이들은 영지주의자들이었다는 가정은[291] 그들의 거짓 가르침에 대한 언급에 의해서는 거의 입증되지 않으며 (1:16; 2:1-2; 3:3-5), 방탕한 생활 방식(2:10, 13, 18-20) 역시 오로지 영지주의 집단에만 국한되는 것이 아니다.[292] 그러나 다른 구체적인 꼬리표들도 미심쩍기는 마찬가지다.[293]

iii. 저작 시기

베드로후서의 늦은 저작 시기는 다음 두 가지 특징이 가장 분명하게 보여준다.

- 재림의 지연이 신약에서 처음으로 심각한 문제가 되었다—"주께서 강림하신다는 약속이 어디 있느냐?"(3:4)[294] 이 문제는 "주께는

---

290 "로마는…최소한 베드로 '학파' 안에서 베드로후서가 기록되었을 만한 그럴듯한 후보지다"; 또한 Brown은 많은 학자들과 마찬가지로 벧후 3:1에서 베드로전서와 동일한 청중을 가정하고 있다고 말한다(Brown, *Introduction*, 768). Bauckham, *Jude, 2 Peter*, 159-60은 로마를 더 강력하게 지지한다.

291 Kümmel, *Introduction*, 432; Koester, *Introduction*, 2.296.

292 유다서의 경우와 마찬가지로 Bauckham은 베드로후서의 "대적들"을 영지주의자와 동일시하는 것(*Jude, 2 Peter*, 154-7) 역시 미심쩍게 여긴다(앞의 n. 276).

293 T. Fornberg, *An Early Church in a Pluralistic Society: A Study of 2 Peter* (Lund: Gleerup, 1977), 130-42도 함께 보라. Neyrey는 "베드로후서의 대적들은 보통 에피쿠로스 학파와 같은 '무신론자들'과 연관된 교리를 설파"했을 가능성이 있다고 생각한다(*2 Peter, Jude*, 122-7).

294 신약 문헌에 대한 논의에서 "재림의 지연"은 저작 연대를 암시하는 요소로 자주 등장했다. 특히 H. Conzelmann, *The Theology of Saint Luke* (1953, ²1957; ET London: Faber &

하루가 천 년 같고 천 년이 하루 같다"(3:8)는 다소 불만족스러운 의견과 하나님의 인내가 회개할 수 있는 추가적인 시간을 주고 있다(3:9)는 목회적인 사고에 의해 꽤 길게 다루어지며, 그 뒤에 "주의 날이 도둑같이" 올 것이고 하늘이 불에 타서 풀어질 것(3:10-12)이라는 확고한 재주장이 나온다.

• 바울의 편지들은 성경으로 간주되는데, 이는 「클레멘스2서」와 유스티누스에 이르기까지 명시적으로 신약 문헌에 부여되지 않은 지위다(§44). 바울의 편지들은 이 편지에서 공격받은 "거짓 선생들"(벧후 2:1)을 분명히 지지했음에도 불구하고 베드로후서에는 바울 서신들의 성경적 지위와 권위에 대한 의심이 전혀 없다(3:15-16)는 점은 주목할 만하다.[295]

따라서 십중팔구 베드로후서는 2세기에 처음 출현했을 것이고 저작 시기를 100년 이후로 확실하게 추정할 수 있는 유일한 신약 문서일 가능성이 아주 크다. 베드로후서가 처음 출현한 시점은 이 편지의 기록 장소와 의도된 수신자만큼이나 해결하기 어려운 문제다. 2세기 전반의 어느 시기

Faber, 1960, ²1961)를 보라. 그러나 사실 다른 신약 문헌들도 그와 같은 관심사를 표현하고 있음을 보여주는 극소수의 암시는 존재하며(아마도 가장 두드러진 경우는 눅 19:11일 것이다) "재림의 지연"이 심각한 **문제**였다는 실제적인 암시는 없다. D. E. Aune, 'The Significance of the Delay of the Parousia for Early Christianity', in G. E. Hawthorne, ed., *Current Issues in Biblical and Patristic Interpretation* (Grand Rapids: Eerdmans, 1975), 87-109도 함께 보라. 그와 같은 문제는 *1 Clem.* 23에 처음 등장하지만(참고. *2 Clem.* 11), 베드로후서에서와 같이 철저하게 다루어지지는 않는다. 베드로후서를 "초기 가톨릭"으로 본 한때 유행한 묘사의 적절성 또한 마땅히 의문시되어야 한다(Bauckham, *Jude, 2 Peter*, 151-4; 참고. Hagner, *New Testament*, 719-21).

295 "베드로후서의 저자는 바울을 교회의 권위자로 거론했지만, 이 위대한 사도가 어떤 편지도 쓰지 않기를 은밀히 바란 정통 기독교인들 가운데 한 사람이었다"(Koester, *Introduction*, 2.297).

가 아마도 우리가 현재 추측할 수 있는 최대치일 것이다.

g. 요한1-3서

요한 문헌의 전문가들에게 두 가지 중요한 쟁점은 요한의 세 편지와 요한복음의 관계(저자, 연대순, 사상) 및 세 편지의 시간적 순서였다. 여기서 우리는 이런 쟁점들 가운데 몇 가지만 관심을 가질 필요가 있다. (1) 이 세 편지는 요한복음의 독특한 요한 문헌적인 특징을 공유하고 있고[296] (2) 그 기록 순서와 관계없이 같은 범주에 속해 있다[297]는 점이 꽤 분명하

---

296 어휘, 문체, 신학이 일치한다는 증거는 Schnelle, *History*, 434-5에 잘 제시되어 있다. 요한2서와 요한3서는 "독특한" 특징들을 제시하기에는 너무 짧고 복음서와 편지들에서 직면한 서로 다른 상황이 차이점의 대부분을 설명하기에 충분할 것이므로, Kümmel, *Introduction*, 443-4과 Brown, *Introduction*, 389에 의해 예시된 차이점들은 (Schnelle, 455-6에게는 미안하지만) 중요성을 상실할 수도 있다. 또는 공통된 개인 저자가 아닌 요한 문헌 학파를 암시할 수도 있다(R. A. Culpepper, *The Johannine School* [SBLDS 26; Missoula: Scholars, 1975; Schnelle 436). "요한1서의 많은 진술은 요한 문헌의 예수의 입을 빌려 표현할 수 있었고 그 진술들과 요한복음에서 실제로 예수의 말씀으로 간주된 말들을 구별할 방법은 없을 것이다"(Brown, *Introduction*, 389).

297 공통된 문체와 강조점을 보여주는 다음과 같은 병행 구절들을 주목해 보라.

요한1서	요한2서	요한3서
(1:4)	12	13-14
2:4	2	
	4	3-4
2:7, 5:3	5-6	
2:18	7	
2:23	7, 9	
2:24	9	
3:6, 10		11
3:7	7	
3:18	1	1
4:2	7	

추가로 특히 R. E. Brown, *The Epistles of John* (AB; New York: Doubleday, 1982), 14-19을 보라. 요한2서와 요한3서의 병행 구절들에 대해서는 J. Lieu, *The Second and Third Epistles of John* (Edinburgh: T & T Clark, 1986), 224-29을 보라.

고 일반적으로 합의되어 있기 때문이다. 이러한 보다 넓은 주제들에 대한 언급 외에 이 단계, 즉 원시 기독교의 출현이라는 드라마에 나오는 단역 배우들을 확인하는 단계에서는 이하의 일반적인 세 가지 질문에 초점을 맞추는 것으로 충분하다.

i. 저자

요한복음과 요한1-3서의 밀접성을 고려하면 이 편지들의 저자 문제는 필연적으로 요한복음과 관련된 동일한 문제에 관한 불확실성에 사로잡힌다. "장로 요한"은 요한복음의 가장 강력한 저자 후보 중 한 명이므로(§ 39.2d) 요한2서와 요한3서 모두 "장로"가 쓴 것으로 표현되었다는 사실은 요한복음의 최종 저자와 요한2서, 3서의 저자가 동일 인물이라는 견해를 뒷받침하는 중요한 고려 사항이 된다. "장로"(요이 1; 요삼 1)가 자신을 "요한"이라고 밝히지 않는다는 사실은 이 논증을 약화시킬 수 있지만, 요한복음의 저자도 "요한"이나 "장로"로 밝혀져 있지 않으므로 그 점은 이 논증을 크게 약화시키지 않는다.[298] 한편 요한2서와 3서에서 저자를 "장로"라고 밝힌다는 사실은 이 편지들에 대한 교부들의 평가에서 동일한 비중을 지니지는 않았다. 저자가 자신을 "장로"라고 칭하는 것은 그가 자신을 사도라고 주장하지 않았음을 의미할 수도 있으며, 이는 아마도 이 편지가 신약 정경에 늦게 수용되는 데 일조했을 고려사항이기 때문이다.[299] 오늘

---

298 공통 저자의 가능성에 대한 주의 깊은 논의를 보려면 다음 문헌들을 보라. Brown, *Epistles* 19-30; H.-J. Klauck, *Der erste Johannesbrief* (KEK 23/1; Zürich: Benziger, 1991), 42-7 및 *Der zweite und dritte Johannesbriefe* (KEK 23/2; Zürich: Benziger, 1992), 19-22; von Wahlde, *Gospel and Letters of John*, 3.409-34; 또한 Culpepper, *Johannine School*, 90-5; J. Beutler, 'Johannesevangelium, Johannesbriefe', *Neue Studien zu den johanneischen Schriften* (BBB 167; Bonn University, 2012), 25-51.

299 에우세비오스는 알렉산드리아의 클레멘스가 "논란이 되는 문헌들⋯유다서와 나머지 공동 서신들⋯에 대해서도 간결하게 설명"했지만(*HE* 6.14.1), 오리게네스는 이 서신들 중

날 우리는 요한복음과 요한 서신의 저자에 대한 교부들의 증거의 혼란과 불확실성에서 거의 벗어나지 못한다.[300]

요한2서, 3서와 달리 요한1서는 편지로 표현되지 않고 저자에 관한 어떤 암시도 제공하지 않는다. 그러나 이 세 편지와 요한복음 사이의 유사점들은 이 문헌들이 같은 출처에서 나왔을 가능성을 보여주기에 충분하다.[301] 이런 상황에서 어떤 특정한 저자를 찾아낼 수 없다는 점은 별로 중요하지 않다.

ii. 기록 장소

이 편지들은 요한복음과 같은 분위기를 반영하는 것처럼 보이므로 기록 장소도 같다고, 즉 십중팔구 에베소일 것이라고 추론하는 것이 가장 자연스럽다.[302] 요한1서는 "나의 자녀들"[303]을 대상으로 하며 편지 수신자들을 "사랑하는 자들"[304]이라고 부르므로 보다 넓은 범위의 회중을 염두에 두었을 것이고 심지어 "공동 서신"이라는 제목을 붙이기에도 충분할지 모른다. 요한2서는 "택하심을 받은 부녀", 즉 어떤 개인이 아니라 한 지역의 회중을 대상으로 하며 어떤 자매 교회("택하심을 받은 네 자매의 자녀들"―요이 13)가 보낸 것이다. 요한3서는 가이오라는 한 개인을 대상으로 하지만 아마도 공개적인 낭독을 목적으로 한 편지였을 것이다. 이 편지들이 편지

두 편의 저자에 대해 확신하지 못했다고 말한다(6.25.10). 그 문제에 대해서는 에우세비오스 역시 확신하지 못했다(3.25.3). 추가적으로 Lieu, *Epistles*, 특히 10-30을 보라.

300 Brown은 우리가 "최소한 요한 학파에 속하는 저자들 중 네 명의 인물, 즉 (전승의 출처였던) 예수께서 사랑하시는 제자, 요한복음의 주요 부분을 쓴 복음서 저자, 요한 서신을 쓴 장로, 요한복음의 편집자"를 고려해야 할 것이라고 말한다(*Introduction*, 389).

301 이하 §49.4도 함께 보라. Barrett는 사도 요한의 서로 다른 제자들이 서로 다른 요한 문헌들을 만들어냈다고 주장한다(*John*, 133).

302 Brown, *Epistles*, 101-3; Klauck, *erste Johannesbrief*, 48-9.

303 요일 2:1, 12, 28; 3:7, 18; 4:4; 5:21.

304 요일 2:7; 3:2, 21; 4:1, 7, 11.

에 반영된 교회들에 대해 우리에게 말해주는 내용은 나중에 고찰하는 것이 더 적절하겠지만(§49.4), 저자는 아마도 소아시아의 교회들을 염두에 두었을 것이다.

iii. 저작 시기

이 편지들의 저작 시기도 마찬가지로 특정하기가 어렵다. 요한2서와 3서는 너무 짧으며 이 편지들이 처음에 받아들여지고 보존되고 유포된 것은 아마도 어떤 유명하고 존경받는 저자(그는 자신의 신원을 "장로" 이상 더 밝힐 필요가 없었다)가 이 편지들을 썼기 때문임을 의미한다는 사실은, 이 편지들이 요한1서보다 먼저 기록되었음을 뒷받침하는 주된 논거 중 하나다.[305] 그러나 요한1서라는 설교 내지 소논문이 그와 동시에, 또는 보다 일찍 출현할 수 없었을 만한 실제적인 이유는 없다.[306]

보다 중요한 것은 이 편지들이 나타난 시점이 요한복음 이전인가, 이후인가 하는 문제다. 주된 차이점은 요한복음은 대체로 내적 분쟁에 대한 별다른 암시 없이 요한 문헌의 예수를 믿는 신자들과 "유대인들" 사이의 대립을 반영하는 반면, 이 편지들은 그와 다른 대립을 반영하며[307] 그 대립은 내적 분쟁을 초래하거나 내적 분쟁에 의해 초래된 것으로 보인다는 것이다(요일 2:19). 앞으로 살펴보게 되겠지만(§49.4) 이 편지들은 그리스도에 대한 초기 주장들의 발전 과정에서 "유대인들"과 논쟁하던 요한 문헌의 회중들 안에서 나타난, 이전과 다른 후대의 국면을 반영할 가능성

---

305 Schnelle, *History*, 439, 441-2(만일 요삼 9절이 요한2서를 가리킨다면 요한2서는 요한 3서보다 먼저 기록되었다). 그러나 Koester는 요한2서가 요한1서와 요한3서에 함께 의존하는, "요한 문헌의 문장들의 다소 피상적인 편집물"이라고 주장한다(*Introduction*, 2.196).

306 Brown, *Epistles*, 30-2, 100-1.

307 이 편지들은 "유대인"에 대한 아무런 언급도 포함하고 있지 않다.

이 크다. 요한 문헌의 특징들을 긴 과정의 열매로 상상하는 것이 옳으며 그 과정에 70년 이후 시리아, 그다음에는 에베소로의 장면 전환이 포함되었다면, 이 편지들은 그러한 장면 전환과 새로운 상황이 촉발시킨 이후의 변화에 대처하려는 시도로 해석하는 것이 가장 타당할 것이다.[308] 이는 요한복음보다는 늦지만 많이 늦지만은 않은—요한복음은 요한 문헌의 교회들의 이전의 발전 과정을 반영하고 요한 서신은 가장 최근의 국면을 반영하는—어떤 시점을 암시한다.[309] 따라서 1세기 말이나 2세기 초 무렵의 어느 시점이 전적으로 가능하고 타당성이 있다.[310] 그러나 요한복음과 요한 서신의 역할을 이후의 여러 장에서 더 자세히 탐구할 때 쟁점들과 개연성 있는 점들은 다시 더 분명해질 것이다.

h. 요한계시록/묵시록

요한계시록은 신약 안에 있는 엄밀한 의미에서의 유일한 묵시록이다. 요한계시록은 하늘에서 무슨 일이 벌어지고 있는지를 볼 수 있는 특권을 지닌 이에게 하늘의 비밀들을 공개하는 것으로 스스로를 표현하는 문헌으로서 신약의 모든 문헌 가운데 영감을 받아 신적 계시를 전달한다는 주장을 가장 분명하게 한다(계 1:1; 22:8).

---

308 Brown, *Epistles*, 32-5, 69-71; 또한 *Introduction*, 390-1; 참고. Koester, *Introduction*, 2.194-5.

309 Hagner, *New Testament*, 732-33. 요한2서, 요한3서, 요한1서, 요한복음으로 순서를 강하게 주장하는 Schnelle(*History*, 458-59, 468)와 대조하라.

310 Brown(*Epistle*, 8-9)은 사도 교부들 가운데 요한1-3서를 가장 분명하게 반향하는 인물이 폴리카르포스(*Philippians* 7.1[참조. 요일 4:2-3; 요이 7절])라고 말한다. 에오세비오스는 파피아스가 요한1서에서 인용한 구절들을 사용했다고 전한다(*HE* 3.39.17). Klauck는 100/110년으로 결론짓는다(*erste Johannesbrief*, 49; *zweite und dritte Johannesbriefe*, 22-23).

i. 저자

대부분의 편지들을 제외하면 신약에서는 드물게 이 문헌은 그 저자―"선견자 요한"(1:1, 4: 22:8)으로 신약의 다른 요한들과 가장 단순하게 구별될 수 있는 요한―에 대해 꽤 공개적이다.[311] 그는 편지도 쓰지만(계 2-3장) 이 편지들의 저자로 제시되지는 않는다. 그는 단지 대필자―"에베소 교회의 사자에게 편지하라"(2:1)―일 뿐이다.[312] 이 편지들은 일곱 교회의 상태에 대한 인식을 나타내지만, 요한계시록의 주된 초점은 요한에게 공개되고 내내 일인칭 관점에서 전달되는 천상의 신비에 대한 요한의 보고에 있다.[313] 요한은 자신을 예언자(22:9), 은총을 입은 예언자들의 무리 가운데 한 사람[314]으로 묘사하고 자신의 글은 "예언"[315]으로 묘사한다.

예언자이며 선견자인 요한은 누구인가? 본문 그 자체에서 우리가 알 수 있는 것은 요한이 예수 안에서 동료 신자들의 "환난(thlipsis)과 나라와 참음"(1:9)에 동참한 그리스도인("형제")이었다는 사실이 전부다. 더 나아가 그는 이 계시가 자신이 "하나님의 말씀과 예수를 증언하였음으로 말미암아 밧모라 하는 섬에" 있었을 때 자신에게 임했다고 전한다(1:9). 이와 동일하거나 매우 비슷한 어구들이 6:9과 20:4에서 "하나님의 말씀과

---

311 저자의 신원 확인은 요한의 묵시록을, 계시가 과거의 어떤 영웅적인 인물―에녹, 다니엘, 에스라, 바룩 등―에게서 나온 것으로 간주하는 위명으로 된 이전의 묵시록 및 당대의 묵시록들과 구별 지어준다. 저자가 이미 펼쳐진 역사가 아니라 저자의 관점에서의 예언으로 제시된 현재 천상의 실재를 공개하는 것도 요한의 묵시록을 두드러지게 만든다. "유대 묵시록과 구별되게 여기에는 과거에 대한 회상과 그러한 허구적인 과거에서 현재를 바라보는 관점이 일체 없다"(Kümmel, Introduction, 461).
312 그러나 Niebuhr는 (개인적인 편지에서) 요한계시록 전체가 1:1-3에 나오는 표제 이후에 한 편의 편지처럼 시작된다는 점(1:4-5)을 언급한다. 이 점에 대해서는 M. Karrer, Die Johannesoffenbarung als Brief(FRLANT 140; Göttingen: Vandenhoeck, 1986)을 보라.
313 "내가 보니"(eidon)는 4-10장과 13-21장에서 장마다 요한의 환상을 소개하는 표현이다.
314 계 10:7; 11:18; 16:6; 18:20, 24; 22:6.
315 계 1:3; 10:11; 19:10; 22:7, 10, 18, 19.

그들이 가진 증거로 말미암아" 죽임을 당한 이들과 관련해서 사용되고 있으므로 그러한 표현의 가장 명백한 의미는, 요한이 형벌에 의해서나 자발적으로 소아시아 앞바다에 있는 밧모 섬에 추방되는 형태로 모종의 박해를 받았다는 것이다.[316] 요한의 묵시 장르 사용, 히브리어 성경에 대한 해박한 지식, 그의 말의 셈어적인 특성은 그가 팔레스타인 유대인이며 아마도 1차 유대인 봉기의 결과로 생겨난 유대 디아스포라의 일원이었음을 암시한다.[317]

교부 시대에는 일반적으로 선견자 요한이 사실 사도 요한이라고 추정되었다.[318] 그러나 요한계시록의 언어와 문체는 요한복음 및 요한 서신들과 너무 달라서, 세부적인 글쓰기에 있어서 서기관이 누리는 자유를 누렸을 일반적인 가능성을 고려하더라도 오늘날 그런 생각을 따르는 이들은 거의 없다.[319] 더구나 요한계시록의 문체는 극도로 개인적이어서 계시록의 작성은 선견자 요한의 구두 보고가 아닌 다른 것일 리가 거의 없다. 또한 요한계시록의 문체는 신약의 나머지 요한 문헌들의 문체와 너무 달

---

316 D. E. Aune, *Revelation* (WBC 52; 3 vols.; Dallas: Word, 1997-98)의 자세한 논의를 보라. 그는 요한이 유죄 선고를 받았거나 밧모로 추방되었다는 알렉산드리아의 클레멘스와 오리게네스의 글에 이미 있는 전승에도 불구하고, 밧모가 로마의 죄수 유배지였다는 증거는 없다고 지적하며 역사적인 대안들을 검토한다(1.76-82, 116).

317 Aune, *Revelation*, 1.l.

318 순교자 유스티누스의 *Dial.* 81.4은 최초로 선견자 요한을 사도 요한과 동일시한 글이다. 최근의 주석가들 중에서 S. S. Smalley, *The Revelation to John*(London: SPCK, 2005)은 이 "요한"을 사도 요한이라고 추론한다는 점에서 소수 의견에 속한다(2-3).

319 알렉산드리아 주교 디오니소스(3세기 중엽)는 문체상의 차이를 충분히 인식했고 에우세비오스는 이 주제에 대해 그의 글을 길게 인용한다(*HE* 7.25; 특히 7-8, 22-26을 주목해 보라). R. H. Charles, *Revelation* (ICC 2 vols.; Edinburgh: T & T Clark, 1920), 1.xxix-xxxii, xxxiv-xxxvii의 분석을 보라. 하지만 (Schnelle가 *History*, 522-3에서 언급한 것과 같은) 내용상의 몇 가지 차이점은 상호 보완적인 것 – 안을 바라보는 요한복음 및 요한 서신(형제를 사랑하라)과 밖을 바라보는 요한계시록(적대적인 로마 제국의 권세와의 대결) – 으로 설명할 수도 있다.

라서 나머지 요한 문헌을 선견자 요한의 저작으로 간주하기도 어렵다.[320] 기껏해야 우리는 서로 다른 요한에 관한 교부들의 혼란으로 되돌아갈 뿐이다. 선견자 요한을 사도 요한(또는 장로 요한)과 결부시키려는 정당한 관심사가 존재한다면[321] —그런데 왜 호칭이 서로 다른가("예수께서 사랑하신 그 제자", "장로", 예언자)?—기껏해야 우리는 선견자 요한을, 아마도 신약의 나머지 요한 문헌(들)을 만들어내는 데 중요한 역할(들)을 했을 요한의 제자들과 문체가 다른, 요한의 또 다른 제자로 상상할 수 있을 뿐이다.[322] 다른 한편으로 선견자 요한이 요한 학파에 대해 매우 독립적이었으며 그의 글이 받아들여지고 권위를 얻은 이유가 스스로 "계시"임을 자처하는 그 글의 명시적인 주장이 받아들여졌고 그 글이 소아시아의 교회들에게 영감과 도전과 지지를 제공했기 때문일 가능성을 배제할 이유는 없다.

ii. 기록 장소

요한이 1:9에서 과거 시제를 사용하므로 이 문헌이 밧모에서 기록되었다고 가정해선 안 된다. 그러나 밧모는 밀레도와의 거리가 64km 미만이고

---

320 오직 요한계시록에 대해서만 "저자는 히브리어로 생각했지만 그리스어로 글을 썼다"고 말할 수 있다(Kümmel, *Introduction*, 465이 인용한 Charles, *Revelation*, 1.cxliii). G. K. Beale, *The Book of Revelation* (NIGTC; Grand Rapids: Eerdmans, 1999), 100-5도 함께 보라.

321 유사점들에 대해서는 Charles, *Revelation*, 1.xxxii-xxxiii; Schnelle, *History*, 521; A. Satake, *Die Offenbarung des Johannes* (KEK; Göttingen: Vandenhoeck, 2008), 39-44을 보라. 예를 들어 다음과 같은 "증언하다, 증언"에 대한 강한 강조를 보라.

	요한복음	요한 서신	요한계시록
martyrein	33회	10회	4회
martyria	14회	7회	9회

322 "그러므로 이 '에베소의 요한'의 명성이 훗날 '세베대의 아들 요한'에게서 비롯된 것으로 이해되었고 결국 요한복음과 요한 서신의 전승을 이 도시로 끌어들인 에베소의 요한 전승의 확립을 가져왔다고 추정하는 것이 가능하다"(Koester, *Introduction*, 2.250). 참고. E. Schüssler Fiorenza, *The Book of Revelation: Justice and Judgment* (Philadelphia: Fortress, 1985), 3장.

에베소와의 거리는 80km밖에 안 되며 2-3장의 편지들은 모두 소아시아에 위치한 일곱 교회에 쓴 것이므로 이 문헌은 소아시아에서 작성되었으며 아마도 에베소에서 작성되었을 것이라고 추론하는 것이 가장 자연스럽다—첫 번째 편지는 에베소로 보내진다(2:1-7).[323] 이는 물론 선견자 요한이 십중팔구 에베소에 위치했을 요한 학파와 어느 정도 연관성을 가졌을 가능성을 강화시킨다.

iii. 저작 시기

요한계시록의 저작 시기에 대해서는 광범위한 의견 일치가 존재하며 대다수의 학자들은 그 시기를 90년대 초로 명시한다.[324] 주된 고려사항은 도미티아누스 황제의 치세 아래 아마도 명시적으로나 암묵적으로 시민과 주민의 (로마에 대한) 충성도 심사로서 황제 숭배에 응하거나 참여하라는 사회적·정치적 압력이 아시아의 신자들에게 강화되었을 것이라는 점이다.[325] 특히 에베소에서는 신격 율리우스와 여신 로마의 이중 신전이 그

---

323 C. J. Hemer는 *The Letters to the Churches of Asia in Their Local Setting*(JSNTS 11; Sheffield: JSOT, 1986)에서 이렇게 말한다. "에베소 교회에 보낸 편지에는 나머지 편지들과 마찬가지로 저자가 이 도시에 대해 잘 알고 있었던 것이 틀림없음을 암시하는 강력한 아시아적 배경이 있다"(55).

324 "도미티아누스의 치세 말년에 …"(Irenaeus, *adv. haer.* 5.30.3). 도미티아누스는 81년부터 96년까지 다스렸다. 그러나 Niebuhr는 (개인적인 편지에서) 요한계시록이 다소 늦은 시기인 하드리아누스 시대에 기록되었다는 주장에 대해 활발한 논쟁이 있다는 점을 언급한다. T. Witulski, *Die Johannesoffenbarung und Kaiser Hadrian: Studien zur Datierung der neutestamentlichen Apokalypse*(FRLANT 221; Göttingen: Vandenhoeck, 2007)를 보라. 다른 학자들은 플라비우스 왕조 시대에 시작되어 트라야누스 시대에 비로소 끝나는 보다 긴 문헌적 발전의 시기가 있었다고 주장한다. F. Tóth, 'Von der Vision zur Redaktion', in J. Frey, et al., eds., *Die Johannesapokalypse* (WUNT 287; Tübingen: Mohr Siebeck, 2012), 319-411을 보라.

325 이전의 네로 박해가 로마를 넘어 확대된 증거는 없다. 아마도 13:18에서 666이라는 짐승의 수에 반영되었을 네로의 귀환에 대한 전설에 대해서는 R. Bauckham, 'Nero and the Beast', *The Climax of Prophecy: Studies on the Book of Revelation* (Edinburgh: T & T Clark,

즈음에 아마도 도미티아누스 황제 시대에 지어진 듯한(89/90년?) 거대한 플라비아 세바스토이 신전[326]과 티투스나 도미티아누스의 육중한 신상[327]에 가려져 빛을 잃게 되었다. 순응을 요구하는 그러한 압력은 아마도 요한의 밧모 섬으로의 추방, 임박한 투옥의 위험(2:9-10), 이미 겪은 순교의 사례(2:13), 우상의 제물을 먹으라는 유혹, 즉 십중팔구 황제 숭배의 축제 행사에 참여하라는 유혹을 받고 있는 버가모 교회와 두아디라 교회(2:14, 20) 등에 암시되어 있을 것이다. 로마 제국의 권력은 "뿔이 열이요 머리가 일곱"[328]인 짐승의 무서운 이미지와 모든 사람에게 자신을 숭배하도록 요구하는 그 짐승의 신성모독적인 요구(13:1-8),[329] 18장에서 맹렬히 비난 받는 바벨론으로 언급된 것이 거의 확실하다.[330] 그리스도인들이 도미티아누스 치하에서 국가적 박해를 겪었다는 증거는 거의 없는 것이 사실이지만,[331] 요한계시록의 지배적인 분위기는 임박한 두려운 환난을 예감하

1993), 384-452을 보라. 저작 시기에 대한 자세한 논의 및 참고문헌은 Aune, *Revelation*, 1.lxvi-lxx; Beale, *Revelation*, 4-27에 실려 있다.

326 "세바스토스"(*Sebastos*)는 "아우구스트"(August)와 뜻이 같기에 로마 황제에 대해 사용된 아우구스투스(Augustus)를 뜻하며(행 25:21, 25) 황제 숭배와 관련해서 매우 적절한 명칭이다 - "테오스 세바스토스"(*theos Sebastos*)(W. Foerster, *TDNT* 7.174-5; LSJ 1587).

327 C. M. Thomas, 'At Home in the City of Artemis', in H. Koester, ed., *Ephesos: Metropolis of Asia* (HTS 41; Harvard University, 2004), 81-117(여기서는 108). 1세기 후반에 아시아 전역에 걸친 황제 숭배의 광범위한 영향에 대해서는 *Beginning from Jerusalem*, 550 n. 124 을 보라.

328 이 어구는 어떤 이유에서인지 NRSV의 초기 판본에는 생략되어 있다.

329 두 번째 짐승(13:11-18)은 보통 황제 숭배를 지지하는 사회적·정치적 압력을 단계적으로 증가시킨 주된 원인이 된 속주의 황실 제사장 계급과 동일시된다(예를 들어 Kümmel, *Introduction*, 460이 그러한 입장이다). 그리스도를 믿는 신자들을 향해 순응을 요구하는 압력은 12:17과 13:7에 암시되어 있다.

330 일곱 머리를 왕들(황제들) 중 누구와 동일시해야 하는지는 여전히 논쟁거리다. 예를 들어 Kümmel, *Introduction*, 468-9; Aune, *Revelation*, 3.945-7을 보라.

331 특히 L. L. Thompson, *The Book of Revelation: Apocalypse and Empire* (New York: Oxford University, 1990), 103-9을 주목해 보라. 도미티아누스에 대해서는 6장을 보라.

는 분위기다.[332] 따라서 요한계시록의 연대를 도미티아누스 치세 말년으로 추정하는 것은 도미티아누스가 공포 정치에 빠졌다는 논란이 있는 전승에 의존한 것이 아니다.[333] 그러나 요한계시록이 도미티아누스 시대에 시민들과 주민들에게 황제 숭배에 참여함으로써 로마에 대한 충성심을 표현하라는 지방 속주 지배층으로부터의 점증하는 압력을 반영했을 가능성은 여전히 남아 있다.[334]

이것으로 신약의 일부가 된 문헌들에 대한 서론적인 논평을 마친다.

---

332 "이는 장차 온 세상에 임하여 땅에 거하는 자들을 시험할 때라"(계 3:10).
333 예를 들어 B. W. Jones, 'Domitian', *ABD* 2.221-2; Brown, *Introduction*, 805-9을 보라. (서머나의) 폴리카르포스는 서머나 교회가 바울 시대에는 세워지지 않았음을 암시하지만 (*Phil.* 11.3), Kümmel도 서머나 교회가 세워진 후 명백히 얼마간 세월이 흘렀다는 점과 라오디게아는 비록 60/61년의 지진으로 거의 완전히 파괴되었지만 그 전에 분명히 번영을 구가하고 있었다는 점을 지적한다(*Introduction*, 469).
334 추가적으로 S. Friesen, 'The Cult of the Roman Emperors in Ephesos', in Koester, ed., *Ephesos*, 228-50(특히 245-50); Satake, *Offenbarung*, 51-8을 보라.

40장

2세기의 자료들[1]

40.1 사도 교부

"사도 교부"는 2세기 초부터 보존되어 왔고 그 저자들이 신약 문헌들의 저자로 간주된 사도들의 지인이나 제자로 여겨져 존경받은 기독교 문헌에 붙여진 이름이다.[2] 그들 중 일부가 때때로 신약 문헌 그 자체와 밀접한 관계가 있었다는 점[3]은 그들이 받은 존대를 입증한다. 처음에는 클레

---

1   이 문헌에 대한 매우 큰 가치를 가진 개론서로서 광범위한 참고문헌이 실려 있는 저작은 J. Quasten, *Patrology* vol. 1: *The Beginnings of Patristic Literature* (Westminster, MD: Newman, 1962)이다. B. Altaner, *Patrology* (ET Freiburg: Herder, 1960), 1-4장도 함께 보라.

2   J. B. Lightfoot, *Apostolic Fathers* Part I: *S. Clement of Rome* (London: Macmillan, ²1890), 1.3-6. 이 문헌들은 1672년에 J. B. Cotelier에 의해 처음 수집되었다. 자세한 내용은 Lightfoot, *Clement*, 1.3 및 M. W. Holmes, *The Apostolic Fathers* (Grand Rapids: Baker, 1989), 3에 있다. 또한 Lightfoot는 "사도적"이라는 용어가 이른 시기에 사용된 점을 특별히 언급한다(2-3). S. Tugwell, *The Apostolic Fathers*(London: Geoffrey Chapman, 1989)도 함께 보라.

3   가장 유명하고 눈에 띄는 예는 「바나바 서신」과 헤르마스의 「목자서」의 일부가 담긴 4세기의 시내산 사본과 「클레멘스1서」 및 「클레멘스2서」의 많은 부분이 담긴 다소 후대

멘스, 이그나티오스, 폴리카르포스, 바나바의 편지들과 헤르마스의 「목자서」만이 포함되었고 디오그네투스와 파피아스는 훗날 추가되었으며 1873년에 발견된 「디다케」도 마찬가지였다. 신약 문헌의 경우와 마찬가지로 필자는 여기서 저자, 기록 장소와 수신자, 저작 연대 등의 기본적인 질문으로 논의를 한정할 것이다.[4]

a. 「클레멘스1서」

사도 교부의 첫 번째 구성원은 틀림없이 「클레멘스1서」일 터인데, 그 이유는 일차적으로 클레멘스가 사도 교부들 중 최초의 인물인 것이 거의 확실하며, 대체로 처음부터 「클레멘스1서」가 나중에 로마 주교로 임명된 클레멘스의 저작으로 간주되었기 때문이다. 이 사실과 이 편지의 서두 자체가 저자, 출처, 집필 계기와 수신자, 저작 연대의 측면에서 필요한 거의 모든 내용을 제공한다.

가장 분명한 정보는 이 편지의 서론에 나온다. 즉 이 편지는 "일시적으로 로마에 거하는 하나님의 교회에서 일시적으로 고린도에 거하는 하나님의 교회로" 쓴 편지다. 편지를 쓴 이유 역시 분명하다. 저자는 고린도 교회에 파벌주의가 있다는 사실을 알고 걱정했다. 분명 젊은 지체들이 나이든 지체들(장로들)의 지도력에 반기를 들며(3.3) 그들에게 그들의 나이

의 알렉산드리아 사본이다.

4   이 문제들은 필자가 가장 개연성 있는 시간적 순서로 간주하는 순서에 따라 고찰하되 「디오그네투스에게 보내는 편지」는 변증의 성격을 더 많이 지니고 있고 아마도 시기상 변증가들이 주로 활약한 시기(2세기 후반)에 속한 문헌일 것이므로 다음 부분으로 넘길 것이다. 1980년대까지의 사도 교부에 대한 문헌들을 조사한 글을 보려면 W. R. Schoedel, 'The Apostolic Fathers', in E. J. Epp and G. W. MacRae, eds., *The New Testament and Its Modern Interpreters* (Atlanta: Scholars, 1989), 457-98을 보라.

에 합당한 존경을 표하지 않고(1.3; 21.6) 분쟁과 분열을 초래하고 있었다 (2.6; 46.5, 9; 54.2).[5] 클레멘스는 기존 지도자들에게 합당한 존경을 바치도록 권면하기 위해 편지를 쓴다. 우리가 가장 잘 알고 있는 1세기의 교회 (고린도)가 그 파벌주의 때문에 그러한 정보를 제공하는 편지들(고린도전후서, 「클레멘스1서」)의 원인이 되었다는 점은 다소 아이러니하다.[6]

이 편지는 분명 로마 교회의 지도자가 썼고, 그는 제국의 수도에 있는 교회의 권위로 편지를 쓰며 속주의 한 교회에 대해 사실상 어느 정도의 권위를 주장할 수 있었다.[7] 42.4-5과 44.1, 4의 주교들에 대한 언급과 이 편지 자체에서 행사된 권위는 저자가 감독의 권위를 주장하며 "저 복된 사도 바울의 편지"의 권면과 권위를 모방한 인물임을 의미할 수 있다 (47.1; 58.2; 63.2-4; 65.1).[8] 교부 시대에는 저자가 로마 교회의 3대(또는 2대) 주교로 존경받은 클레멘스였다는 데 대해 어떤 의심도 없었던 것으로 보

---

5   L. L. Welborn, 'Clement, First Epistle of', *ABD* 1.1058-9을 보라. 추가적으로 D. G. Horrell, *The Social Ethos of the Corinthian Correspondence* (Edinburgh: T & T Clark, 1996), 244-50을 보라.

6   Paul Trebilco는 필자에게 바울 서신 일부, 사도행전, 디모데전후서, 요한복음, 요한 1, 2, 3 서, 계 2:1-7 등에 에베소에 관해 고린도와 맞먹거나 그보다 많은 증거가 있다는 점을 상기시켜준다. 물론 그의 *Early Christians in Ephesus*을 보라.

7   그러나 C. N. Jefford는 *The Apostolic Fathers and the New Testament*(Peabody, MA: Hendrickson, 2006)에서 이렇게 지적한다. "그가 편지 전체에 걸쳐서 했던 충고는 목회적이고 호소적이지 결코 권위적인 것이 아니다"(16-18).

8   추가적으로 C. C. Richardson, *Early Christian Fathers* (London: SCM, 1953), 36-7과 B. D. Ehrman, *The Apostolic Fathers* (LCL; 2 vols.; Cambridge, MA: Harvard University, 2003), 1.21-3, 27-8을 보라. Ehrman은 로마에 군주제적인 감독제가 그토록 일찍 확립되었는가 하는 타당한 질문을 던지면서 "주교"와 "장로"라는 말은 클레멘스의 시대에는 분명하게 구별되지 않았고 서로 바꾸어 사용할 수 있었으며(*1 Clem.* 44.4-5), 이그나티오스는 몇 년 뒤에 로마에 있는 교회에 편지를 쓰면서 로마 교회에 단 한 명의 주교가 있었다는 암시를 전혀 주지 않는다고 말한다. Brown and Meier, *Antioch and Rome*, 159-64에 나오는 Brown의 견해와 Koester, *Introduction*, 2.287-8 및 그 이전의 Lightfoot, *Clement of Rome*, 1.67-9의 논의도 그와 유사하다.

인다.[9] 이를 뒷받침하는 최초의 증거는 헤르마스의 「목자서」가 제공하고 있는지도 모른다. 헤르마스는 작은 책 두 권을 써서 그중 한 권을 다른 교회 중심지들에 그것을 전달할 책임(과 권한)이 있었던 클레멘스(Vis. 8.3)에게 보내도록 지시받았다.[10] 그리고 훗날 2세기(170년 이전)에 고린도의 디오니시오스는 "클레멘스를 통해 우리에게 보내진" 한 편지를 언급하는데, 그 편지는 고린도 교회에서 교회를 권면하기 위해 여전히 읽히고 있었다(HE 4.23.11). 이와 비슷하게 헤게시푸스도 클레멘스가 고린도인들에게 보낸 편지를 언급한다(HE 4.22.1).[11] 편지 끝에 훗날 추가된 "고린도인들에게 보내는 클레멘스의 첫 번째 편지"라는 맨 아래 글귀는 단지 초기 교회의 일치된 견해를 반영할 뿐이다.

집필 시기에 관해서는, 가장 눈에 띄는 징표는 베드로와 바울을 "우리 세대의 존귀한 본보기"로 지칭한 5장의 언급이며, 44장의 분명한 함의는 사도들이 임명한 이들은 그들의 사역을 박탈당해선 안 된다는 것이기에 그들이 아직 그 자리에 머물러 있었다는 것이다. 따라서 「클레멘스1서」가 도미티아누스 시대 말에, 즉 95년이나 96년에 기록되었다는 전통

---

9   Irenaeus, *adv. haer.* 3.3.1; Eusebius, *HE* 3.4.21; 4.23.11(이하 「클레멘스2서」에 관한 대목에서 인용). 에우세비오스가 클레멘스 주교를 바울이 빌 4:3에서 칭찬한 글레멘드와 동일시한 것(*HE* 3.15)은 보통 무시된다. Lightfoot는 클레멘스가 집정관 플라비우스 클레멘스의 식솔에 속한 자유민이었다고 주장했다(*Clement of Rome*, 1.61). 초기 로마 교회의 계승 기록에 대한 Lightfoot의 고찰(1.201-345)은 타의 추종을 불허한다.

10   그러나 이 "클레멘스"를 「클레멘스1서」의 저자와 동일시해야 하는가? 우리는 2세기 전반기에 로마에 클레멘스라는 이름의 중요한 인물은 단 한 명뿐이었다고 단순하게 가정해선 안 된다. 이하 §40.1h을 보라. K. Lake, *The Apostolic Fathers* (LCL; 2 vols.; London: Heineman, 1912, 1913), 1.3-4; Horrell, *Social Ethos*, 241-4도 함께 보라.

11   Lightfoot는 바나바부터 시작해서 「클레멘스1서」에 대한 가능한 모든 언급이나 암시에 대한 철저한 검토 결과를 제시한다(*Clement of Rome*, 1.148-200). R. M. Grant and H. H. Graham, *First and Second Clement* (R. M. Grant, ed., *The Apostolic Fathers* vol. 2; London: Nelson, 1965), 5-8; H. E. Lona, *Der erste Clemensbrief* (KAV 2; Göttingen: Vandenhoeck, 1998), 89-110도 함께 보라.

적인 견해는 충분한 근거가 있는 것으로 보인다.[12] 「클레멘스1서」는 신약
안에 (최종적으로) 포함된 몇몇 문헌보다 더 이른 시기의 문헌임이 거의 확
실하다는 점도 놓쳐선 안 된다. 클레멘스가 자신을 사도들과 그토록 분명
하게 구별했다는 사실이 없었다면(5.3; 42.1-2; 4.1; 47.1-4) 「클레멘스1서」
는 신약 정경에 포함될 수 있는 강력한 후보였을 것이다.

b. 이그나티오스

이그나티오스의 편지들은 2세기 초 소아시아 기독교에 대한 가장 생생하
고 감동적인 묘사를 제공한다. 이그나티오스는 안디옥에서 약간의 박해
나 소요(아마도 그의 교회 내부의 파벌적 분열)가 일어났을 때 체포되어[13] "밤
낮 열 마리의 표범, 즉 한 무리의 군인들"(*Rom.* 5.1)의 호송을 받으며 로

---

12 다음 책들의 견해도 이와 비슷하다. Lightfoot, *Clement of Rome*, 1.346-58; Horrell, *Social Ethos*, 239-42; Lona, *erste Clemensbrief*, 75-8; Ehrman, *Apostolic Fathers*, 1.23-5. T. J. Herron은 *Clement and the Early Church of Rome: On the Dating of Clement's First Epistle to the Corinthians*(Steubenville, OH: Emmaus Road Publishing, 2008)에서 65-70년 저작설을 주장하며 Jefford는 70년 이전 시점을 선호한다. 그러나 우리는 예루살렘 성전을 마치 아직 있는 것처럼 언급하는 것이 반드시 성전이 여전히 건재했음을 의미하는 것은 아니라는 점을 이미 지적한 바 있다(§39 n. 255). 한편 Welborn은 기원후 80년에서 140년 사이(*ABD* 1.1060)보다 더 확신 있게 말할 수 있는 저작 시기는 있을 수 없다고 결론 내린다는 점에서 너무 의심이 많다. "우리가 경험한 갑작스럽고 반복적인 불행과 좌절"에 대한 클레멘스의 언급(1.1)은 도미티아누스의 박해에 대한 언급처럼 들리지 않지만 말이다. L. W. Barnard, 'St. Clement of Rome and the Persecution of Domitian', *Studies in the Apostolic Fathers and their Background* (Oxford: Blackwell, 1966), 5-15은 반대 의견을 제시한다.

13 이 문제는 Bauer, *Orthodoxy*, 61-70에 의해 도발적으로 제기되었다. 이그나티오스가 체포된 이유와 그가 로마로 보내진 이유는 전혀 드러나지 않는다. W. R. Schoedel, *Ignatius of Antioch*(Hermeneia; Philadelphia: Fortress, 1985)은 이그나티오스의 권위나 그가 주장한 권위에 대한 논쟁이 있었다고 주장한다(10-11). Ehrman, *Apostolic Fathers*, 1.208-9의 간략한 논의도 함께 보라.

마의 원형 경기장에서 야수를 상대하러(*Eph.* 1.2) 끌려간 것이 분명하다.[14] 그가 기쁘게 고대한 것은 바로 순교였고, 그는 자신이 처형될 예정이었던 곳인 로마에 있는 교회들에 쓴 유일한 편지에서 자신을 위해 개입하지 말 것을 촉구했다(*Rom.* 1-2, 4-7).

이그나티오스 서신의 저자에 관해서는 어떤 논의도 할 필요가 없다. 그는 각 편지의 서두에서 자신을 "하나님의 사자(God-bearer)라고도 불리는 이그나티오스"라고 소개하고 있기 때문이다. *Romans* 2.2에서 그는 자신을 "시리아의 주교"라고 부르며 각 편지를 편지 수신자들이 시리아의 교회를 위해 기도해 달라는 요청으로 마무리하거나[15] 시리아 안디옥에 있는 교회를 위한 그들의 기도에 대해 감사를 표현한다.[16] 이그나티오스는 분명 소아시아의 신자들에게 환영받았고, 그의 편지들은 아마도 그의 호송대가 통과하지 않은 도시들에 있는 교회에 쓴 것인 듯하다. 편지를 쓸 때 그의 주된 목표는 예를 들면 *Ephesians* 6.1에서와 같이—"우리는 분명 주교를 주님 자신처럼 간주할 의무가 있습니다."[17]—각 공동체의 주교의 중요성을 높일 기회를 이용했다는 점에서 일차적으로 정치적인 목표였던 것으로 보인다.

유일한 실제적 쟁점은 이그나티오스가 더 많은 편지를 썼는가, 일곱 통의 편지 내용은 그가 쓴 그대로인가 하는 것이다. 중세 시대에는 이그나티오스가 썼다고 하는 또 다른 다섯 통의 편지와 그에게 썼다고 하는

---

14 에오세비오스는 이그나티오스의 편지들에 의존하여 그에 대한 이야기를 길게 들려준다 (*HE* 3.36).

15 *Eph.* 21.2; *Magn.* 14.1; *Trall.* 13.1; *Rom.* 9.1.

16 *Philad.* 10.1; *Smyrn.* 11.1; *Polyc.* 7.1. 그의 이전의 관심사였던 주제는 해결된 것처럼 보인다.

17 추가로 다음 문헌들을 보라. *Eph.* 1, 2, 3, 4, 5-6; *Magn.* 2-4, 6-7, 13; *Trall.* 2-3, 7, 13.2; *Philad.* Inscrip., 1, 3-4, 7-8; *Smyrn.* 8-9; *Polyc.* 5-6(*Romans*는 예외다).

또 다른 편지가 담긴 보다 긴 교정본이 퍼져 있었다. 주된 쟁점은 대체로 테오도르 찬(Theodor Zahn)과 J. B. 라이트푸트(Lightfoot)의 자세한 연구에 의해 해결되었고,[18] 오늘날에는 일곱 편의 편지만이 진짜 편지로 분류될 수 있으며 그래야 한다는 강력한 일치된 의견이 있다.[19]

마찬가지로 편지를 쓴 장소나 수신자들에 관해서도 논쟁할 필요가 없다. 이 편지들 자체가 그 두 문제를 분명하게 밝히고 있기 때문이다. 처음 네 통의 편지(*Ephesians, Magnesians, Trallians, Romans*)는 모두 서머나에서 기록되었고,[20] 거기서 아마도 이그나티오스를 로마로 데려가는 임무를 떠맡은 파견대가 며칠 동안 휴식하며 이그나티오스의 친구들에게 그를 찾아올 기회를 허락한 듯하다.[21] 마지막 세 통의 편지(*Philadelphians, Smyrneans, Polycarp*)는 다음번 휴식처인 드로아에서[22] 아마도 파견대 일행을 유럽으로 실어 나를 배를 기다리는 동안 썼을 것이다. 비록 드로아에서 네압볼리로 항해할 수 있는 예상치 못한 기회로 인해 그 기간이 단축되었고 (*Polyc.* 8.1) 그 때문에 그가 바라는 대로 더 많은 편지를 쓸 수가 없었던 것으로 보이기는 하지만, 추가적인 방문 기회가 허락되었다.[23] 그래서 이그나티오스는 서머나에 머무는 동안 잘 알게 된 폴리카르포스에게 "나보다

---

18 T. Zahn, *Ignatius von Antiochien* (Gotha: Perthes, 1873); J. B. Lightfoot, *The Apostolic Fathers* Part II: *S. Ignatius, S. Polycarp* (3 vols.; London: Macmillan, 1885).

19 Schoedel, *Ignatius*, 3-7; Ehrman, *Apostolic Fathers*, 209-15의 간략한 검토를 보라. 이그나티오스의 첫 서신 모음집은 폴리카르포스가 만든 것으로 보인다. "우리는 당신이 우리에게 지시하신 대로 이그나티오스가 우리에게 보낸 그의 편지들을 우리가 가진 다른 모든 편지와 함께 당신에게 보냈습니다"(*Phil.* 13.2). 이는 그러한 상징적 인물들이 쓴 편지들이 전부 수집되어 그 사본들이 그것을 요구한 교회들에 유포되었다는 분명한 증거다.

20 *Eph.* 21.1; *Magn.* 15; *Trall.* 12.1; *Rom.* 10.1.

21 *Eph.* 1.3-2.1; *Magn.* 2; *Trall.* 1; *Rom.* 9.3; 10.1. Schoedel은 이그나티오스의 몇 차례의 접촉이 얼마나 주의 깊게 준비되었는지를 특별히 언급한다(*Ignatius*, 11-12).

22 *Philad.* 11.2; *Smyrn.* 12.1; *Polyc.* 8.1.

23 *Philad.* 11.1-2; *Smyrn.* 12.1.

앞서 교회들에게 편지를 써" 달라고 부탁했다(*Polyc.* 8.1).[24]

하지만 불분명한 것은 이그나티오스가 순교를 위해 소아시아를 통과하여 여행한 시기다. 그의 편지들은 이 시기에 기록되었다. 우리가 교부 문헌에서 알 수 있는 것은 이그나티오스가 트라야누스 시대(98-117년)에 안디옥 주교였다는 사실이 전부다(Eusebius, *HE* 3.22, 26.2). 100년대 말이나 110년대 초는 이른(어떤 이들에게는 놀랍도록 이른) 시점이지만, 이 편지들 안에 유대교에 대한 적대감(§46.6a)이나 가현설에 대한 반대(§49 n. 88)나 기독론[25]이나 1인 주교 제도에 대한 옹호나 성찬에 대한 강조(§50.2b)의 측면에서 그러한 이른 저작 시기를 배제시키는 내용은 없다.[26] 이그나티오스가 이런 문제들과 이 문제들에 대해 표명된 태도들이 2세기 기독교 안에서 얼마나 이른 시기의 것인지에 대한 증거를 제공해줄 가능성도 앞의 가능성과 마찬가지이거나 더 높다. 더 중요한 문제는 사실 이그나티오스가 표현한 견해가 얼마나 대표성이 있었으며 그가 증언하는 기독교 사상 및 조직 내의 발전 과정이 얼마나 전형적이었는가, 아니면 그보다는 그를 발전하는 기독교 내의 어느 특정한 파벌의 가장 효과적인

---

24   우리는 이그나티오스에 대한 악화된 구금 조건이 그가 다른 편지들을 쓰는 것을 불가능하게 만들었다고 추론할 수 있다(아시아 속주에서 기록된 편지들은 소중하게 여겨졌으므로 다른 편지가 있었다면 그 편지들도 수집되어 전해졌을 가능성이 크다). 또한 우리는 그가 그 이후에 지나간 장소들에 있었던 교회들이 (비록 폴리카르포스가 빌립보인들에게 그들이 이그나티오스를 그들 눈으로 직접 본 사실을 상기시킬 때[Polycarp, *Phil.* 9.1] 그런 암시를 전혀 주지 않기는 하지만) 그에게 덜 동정적이었다고 추론해야 할 것이다.

25   이그나티오스는 예수를 하나님, "우리 하나님", "육신으로 오신 하나님" 등으로 자주 지칭한다(*Eph.* inscr.; 1.1; 7.2; 15.3; 18.2; 19.3; *Trall.* 7.1; *Rom.* inscr.; 3.3; 6.3; *Smyrn.* 1.1; 10.1; *Polyc.* 8.3).

26   "기원후 110년 전후로 몇 년 안에"(Lightfoot, *Ignatius*, 1.30); "전통적 견해는…107-109년 사이 어느 시점"(Jefford, *Apostolic Fathers*, 12). 그러나 R. M. Hübner, 'Thesen zur Echtheit und Datierung der sieben Briefe des Ignatius', *ZAC* 1 (1997), 44-72과 같은 쟁점에 대한 몇 가지 비판적 반응도 함께 보라.

대변인으로 간주해야 하는가 하는 것이다.[27]

c. 폴리카르포스

우리는 이미 폴리카르포스를 이그나티오스가 아시아 속주를 가로질러 갈.때 며칠간 머물렀던 곳인 서머나의 주교로 만났다. 거기서 그들은 함께 사귀었고 이그나티오스는 그에게 아마도 자신의 마지막 편지였을 편지를 썼다. 폴리카르포스는 여전히 순교자로 더 잘 알려져 있고 그의 순교에 대한 이야기는 초기 기독교의 한 고전이다(이하 §40.1d을 보라). 이레나이우스에 따르면 폴리카르포스가 사도 요한과의 직접적인 연결고리 및 사도들과 이레나이우스 사이의 가교를 제공하여 이레나이우스로 하여금 자신을 주님의 제자들로부터 단 두 세대 떨어진 사람으로 묘사할 수 있게 했다(Eusebius, *HE* 5.20.5-8).[28] 폴리카르포스의 순교 시점을 155년으로 추정할 수 있고 그가 죽을 때 86세였다면(*Mart. Polyc.* 9.3 — 또는 회심한 이후 86년?) 그는 대략 70년에 태어났고 대략 40세 때 이그나티오스를 지원했으며 그때 이미 주교였음이 분명하다.[29]

폴리카르포스가 빌립보인들에게 보낸 편지는 일반적인 권면의 특징이 더 많이 있고 이그나티오스의 편지들처럼 그렇게 정치적이거나 논쟁

---

27 추가적으로 이하 §50.2b을 보라.

28 W. R. Schoedel, 'Polycarp, Epistle of', *ABD* 5.390-1에서의 논의, P. Hartog, Polycarp's *Epistle to the Philippians* and the *Martyrdom of Polycarp* (Oxford University, 2013), 11-16 및 폴리카르포스의 신학과 관련된 논쟁에 대한 논평(68-72)을 보라. 「폴리카르포스의 순교」에 덧붙여진 맺음말에서 이레나이우스도 폴리카르포스의 제자로 언급된다(*Mart. Polyc.* 22.2). 후대에 덧붙여진 글로서의 맺음말에 대해서는 W. R. Schoedel, *The Apostolic Fathers* vol. V: *Polycarp, Martyrdom of Polycarp, Fragments of Papias* (London: Nelson, 1967), 77을 보라.

29 Ehrman, *Apostolic Fathers*, 1.362; Jefford, *Apostolic Fathers*, 13-14(추가적인 참고문헌은 n. 12에 있다).

적이지는 않지만, 그 편지들과 일종의 부록으로서 자연스럽게 어울린다. 폴리카르포스는 아마도 앞에 나온 이그나티오스의 *Polycarp* 8.1에 이미 언급된 대로 이그나티오스의 요청에 응하여 편지를 썼다는 점을 분명히 밝히기 때문이다. 빌립보인들이 본 사람은 죽을 운명에 처해 있었고 이미 야만적인 대접을 받고 있는 누군가였을 수도 있지만, *Philippians* 9.1-2은 보통 이그나티오스가 이미 순교했음을 의미하는 것으로 받아들여진다. 그러나 만일 9.1-2이 정말로 이그나티오스의 순교를 의미한다면, 13.2과 함께 해석하자면[30] 우리는 이그나티오스가 빌립보를 거쳐 간 때부터 죽는 순간까지 몇 달—그가 로마에 도착하고 사형 언도를 받고 그 소식이 폴리카르포스에게 도착하는 데 걸리는 시간—이 지났다고 봐야 할 것이다. 그렇더라도 폴리카르포스가 빌립보인들에게 보낸 편지는 이그나티오스의 편지보다 겨우 몇 달 뒤에—즉 여전히 110년대에—쓴 편지일 가능성이 매우 크다.[31]

d. 「폴리카르포스의 순교」(Martyrdom of Polycarp)

폴리카르포스의 순교 이야기는 마르키온이라는 사람이 서머나에 있는 교회에서 (브루기아의) 필로멜리움에 있는 교회로 더 널리 유포시키려는 목적으로 쓴 편지 형식으로 되어 있다.[32] 이 이야기는 폴리카르포스의 처

---

30 이 편지가 두 편지(1-12장과 13-14장)의 조합일 가능성에 대해서는 Schoedel, 'Apostolic Fathers', 466을 보라.

31 Schoedel, *Polycarp, Martyrdom of Polycarp*, 37-8; Holmes, *Apostolic Fathers*, 120-21; Hartog, *Polycarp*, 40-5. Hartog는 이렇게 결론짓는다. "일반적으로 말해서 지금껏 제기된 의문과 의심은 폴리카르포스의 *Philippians*가 진본이라는 주장을 흔들어놓지 못했다"(27-32; 여기서는 32). 그의 *Polycarp and the New Testament* (WUNT 2.134; Tübingen: Mohr Siebeck, 2002), 69-72, 148-69도 함께 보라.

32 본문 전승에 대해서는 Ehrman, *Apostolic Fathers*, 1.361-63; Hartog, *Polycarp*, 167-86.

형에 대한 생생하고 감동적인 이야기로 이후 그리스도인 순교자들의 행동에 있어서 모범이 되었다.[33] 「폴리카르포스의 순교」는 로마의 지역 관헌들이 그리스도인들을 박해하는 가운데 폴리카르포스가 사로잡힌 경위를 진술한다. 박해 속에서 몇몇 사람은 "맹세를 하고 제사를 드리"도록 설득당했다(4). 폴리카르포스는 체포되었을 때 "로마 황제의 행운의 여신의 이름으로 맹세"하라는 요구를 몇 차례 받았지만(8-10), 다음과 같은 잊을 수 없는 말로 대답했다. "나는 86년 동안 그분을 섬겼고 그분은 내게 아무 잘못도 하지 않으셨습니다. 어떻게 내가 나를 구원하신 나의 왕을 모독할 수 있겠습니까?⋯나는 그리스도인입니다"(9.3-10.1). 그의 처형은 전설적인 요소들(불이 그를 상하게 하지 못하자 그는 칼에 찔렸고 비둘기 한 마리가 나왔으며 쏟아져 나온 그의 피가 불을 꺼버렸다—15-16)을 포함해서 어느 정도 자세하게 기록되었다.

폴리카르포스의 순교 시점은 *Mart. Polyc.* 21("3월 초하루에서 7일 전[2월 23일]인 새 크산티코스 달 둘째 날 큰 안식일 제8시에⋯스타티우스 콰드라투스가 지방 총독이었을 때")을 근거로 보통 155년으로 해석된다.[34] 이 이야기의 주장에 따르면 이 글은 어떤 목격자가 쓴 글이므로(15.1) 「폴리카르포스의 순교」가 156년에[35] 아마도 순교 1주년에 앞서(18.3) 기록되었을 가능성은 충분히 있다.

---

33 J. C. Wilson, 'Polycarp', *ABD* 5.389-90. *Martyrdom of Polycarp*의 본문은 Eusebius, *HE* 4.15에 상세히 실려 있다.

34 콰드라투스의 지방 총독 재임 기간은 보통 154/155년으로 추정된다. 에우세비오스는 폴리카르포스가 순교한 시기를 안토니우스 피우스가 죽은 이후 시기인 161년으로 추정하지만(*HE* 4.14), 그것은 일반적으로 잘못된 시점으로 간주된다. Schoedel, *Polycarp, Martyrdom of Polycarp*, 78-9; 또한 'Polycarp, Martyrdom of', *ABD* 5.392-93; Hartog, *Polycarp*, 215-21의 논의를 보라.

35 참고. Schoedel, 'Apostolic Fathers', 467.

e. 「디다케」(Didache)

「열두 사도들의 교훈」은 가장 매력적인 사도 교부 문헌 가운데 하나다.[36]
이 문헌은 에우세비오스가 언급하기는 했지만[37] 1873년에 필로테오스
브리엔니오스가 콘스탄티노플에서 전문―1056년으로 연대 추정되는 예
루살렘 사본(Codex Hierosolymitanus)[38]―을 발견하기 전까지는 (비록 그 본문
자체가 완전한 것이 아닐 수도 있지만[39]) 알려져 있지 않았다. 그 이전의 몇몇
단편들 또한 알려져 있었고 브리엔니오스의 발견 이후 4세기의 Apostolic
Constitutions 7.1-32이 「디다케」나 「디다케」를 구성하는 자료들에 크게
의존했다는 사실이 분명해졌다.[40] 그러나 초기 기독교 연구에 혁명적 변
화를 가져온 것은 바로 「디다케」의 발견이었다.

이는 「디다케」의 주요 대목들이 각각 초기 기독교의 발전 과정에 대
한 매우 귀중한 통찰을 제공해주는 것처럼 보이기 때문이었다. 즉 "두
길"에 대한 대목(1-6장)은 기독교의 교리 교육에서 이러한 유대적인 권
면 전통의 중요성을 확증해주었고,[41] 세례와 성찬을 다룬 부분(7-10장)은

---

36 연구와 논의에 대한 조사 내용을 보려면 J. A. Draper, 'The Didache in Modern Research':
   An Overview', in J. A. Draper, ed., *The Didache in Modern Research* (Leiden: Brill, 1996),
   1-42을 보라.
37 "「바울행전」, 「목자서」라는 제목이 붙은 저작…그리고 이른바 「사도들의 교훈」은 진본
   이 아닌 것으로 간주해야 한다"(*HE* 3.25.4). 추가적으로 K. Niederwimmer, *Die Didache*
   (KAV; Göttingen: Vandenhoeck, 21993), 15-33을 보라.
38 Niederwimmer, *Didache*, 33-6에서 자세한 내용을 보라.
39 Ehrman, *Apostolic Fathers*, 1.410.
40 자세한 내용은 Niederwimmer, *Didache*, 45-7; Ehrman, *Apostolic Fathers*, 1.412-3에 실
   려 있다.
41 7.1이 "그러나 세례와 관련해서는 다음과 같이 세례를 주십시오. 이 모든 것을 미리 말한
   뒤에 세례를 주십시오"라는 말로 시작된다는 사실은 1-6장이 세례에 대한 교리 교육으
   로 이해되었음을 암시한다. 추가적으로 이하 §45.5b을 보라.

2세기 초의 예전적인 발전 과정을 매력적으로 조명해주었다.[42] 특히 흥미로운 것은 지역에서 임명된 주교들(복수형)과 집사들(15장)의 사역과 더불어 순회하는 사도들(선교사들), 예언자들과 교사들(11-13장)의 사역에 부여된 중요성인데,[43] 이는 초기의 교회 사역과 관리방식이 목회 서신과 이그나티오스 서신에서 추론할 수 있는 것보다 더 다양했음을 보여주었다.[44] 또한 16장은 묵시적 기대가 지속되었음을 보여주었다.

i. 저자

이 문헌은 어떤 단일 저자의 저작으로 간주되지 않으며 이 문헌의 본문은 교리문답 교육과 교회 위원회가 작성한 교회의 권징에 대한 지침(교회 전통과 질서에 대한 편람)의 성격을 더 많이 갖고 있다.[45] 현재의 모습과 같은 이 문헌이 과거에 구두 형식으로 알려지고 사용되었던 가르침의 서너 대목을 결합시켜 만들어진 것이라면 그것은 이 문헌의 구조 및 내용과 잘 일치하는 듯하다.[46] 어쨌든 우리는 이 문헌의 서언("열두 사도를 통해 열방에 주시는 주님의 가르침")을 이 "가르침"이 기독교를 세운 사도들로부터 이후 세대로 전해 내려온 참된 유산을 표현한다는 확신을 나타내는 것으로 진지하게 받아들일 수 있다. 이 자료가 특히 마태복음에 의존하고 있는 것

---

42 Draper가 말하듯이 Hans Lietzmann은 *Didache*를 기독교의 성찬에 대한 "현존하는 가장 오래된 의식서"를 담고 있는 것으로 보았고 *Didache*가 애찬이 뒤따르는 성찬을 예상하고 있다고 주장했다(*Didache in Modern Research*, 27).

43 15.1 – "여러분 스스로 주교와 집사를 뽑으십시오.…"

44 특히 A. Harnack, *The Mission and Expansion of Christianity in the First Three Centuries* (ET 1908; New York: Harper Torchbook, 1962), 334-54의 견해가 그렇다.

45 R. A. Kraft는 *Barnabas and the Didache* (R. M. Grant, ed., *The Apostolic Fathers* vol. 3; London: Nelson, 1965)에서 이 문헌을 "한 '학파' 내지 '공동체'의 산물"이라고 부른다 (2-3, 또한 59-65).

46 예를 들어 Niederwimmer의 논의(*Didache*, 64-70)를 보고 추가적으로 이하의 §44.2f을 보라.

은 주목할 만하지만(§44.2f), 그러한 확신이 존중을 받을 자격을 갖추도록 이 자료를 고대성과 독창성이라는 시험대에 올릴 필요는 없다.

ii. 저작 장소

「디다케」가 현재의 형태로 생겨난 곳이 어디인지에 대해서는 이집트와 시리아로 의견이 양분된다. 바나바를 이집트에 거주한 것으로 간주할 수 있다면(40.1f) *Did.* 1-6장과 *Barn.* 18-20장의 강한 유사성은 이집트 저작설을 뒷받침할 것이다.[47] 그러나 「디다케」는 보통 알렉산드리아와 연관되는 헬라파 유대인의 특징을 반영하지 않으며, 시리아의 특징에 더 가깝고 「디다케」가 표현하는 유대교(적 전통)와 기독교(적 전통) 사이의 상호 작용은 마태복음의 영향과 더불어 아마도 시리아에 우선권을 부여하는 듯하다.[48]

iii. 저작 시기

마태복음 특유의 특징들이 미친 영향은 「디다케」의 저작 시기로 추정할 수 있는 기점이 80년대 중반임을 암시한다.[49] 그러나 주기도문의 마지막

---

47 Richardson, *Early Christian Fathers*, 163. 하지만 그는 6.3-15의 출처를 시리아에서 찾는 다(166).

48 Jefford는 *Apostolic Fathers*, 21-2에서 안디옥 저작설을 강하게 주장한다. 참고. Niederwimmer, *Didache*, 79-80; R. A. Kraft, 'Didache', *ABD* 2.197; Ehrman, *Apostolic Fathers*, 1.411-2. 다음 글도 함께 보라. J. K. Zangenberg, 'Reconstructing the Social and Religious Milieu of the Didache: Observations and Possible Results', in H. van de Sandt and J. K. Zangenberg, eds., *Matthew, James and Didache: Three Related Documents in Their Jewish and Christian Settings* (Atlanta: SBL, 2008), 43-69.

49 그와 같은 마태복음의 영향은 의문시하지만 「디다케」의 유대적 성격은 인정하는 학자들은 보다 이른 시기, 심지어 70년 이전 시기를 저작 시기로 주장한다. J.-P. Audet, *La Didache* (EB: Paris: Gabalda, 1958), 192, 210; J. A. Draper, 'Didache', *NIDB* 2.122("심지어 이르면 1세기 중엽일지도 모른다")이 특히 그렇게 주장한다.

찬미 기도("권세와 영광이 당신께 영원히 있사옵나이다"—8.2)의 부분적 발전, 성찬이 여전히 일종의 식사라는 사실(10.1), 순회 선교사 및 예언자에게 부여된 중요성(11-13) 등은 예전 및 성직 발전 과정의 초기 단계를 암시하며 추정 가능한 저작 시기의 종점이 2세기의 늦은 시점까지 미치지는 않음을 암시한다. 100-20년 기간의 어느 시점이 다른 어떤 시점보다도 그러한 자료 순서와 잘 어울리는 것으로 보인다.[50]

f. 「바나바 서신」(Epistle of Barnabas)

「바나바 서신」의 전문은 시내산 사본(1859년)과 예루살렘 사본(1873년)이 발견될 때까지 알려지지 않았다.[51] 「바나바 서신」은 우리가 이 도입부에서 한정적으로 논의하는 주제들 각각에 대해 대체로 대답할 수 없는 질문을 제기한다.

i. 저자

이 문헌의 본문 자체는 저자 미상이다. 바나바를 저자로 간주하는 일은 이미 알렉산드리아의 클레멘스에 의해 당연시되었지만[52] 이제는 거의 보

---

50 Niederwimmer, *Didache*, 79; Ehrman, *Apostolic Fathers*, 1.411. C. N. Jefford는 'Did Ignatius of Antioch Know the Didache?' in C. N. Jefford, ed., *The Didache in Context: Essays on Its Text, History and Transmission* (NovTSupp 77; Leiden: Brill, 1995), 330-51에서 이 견해에 대해 약간의 가능성은 있겠지만 그럴 리는 거의 없다고 대답한다(351).

51 Ehrman, *Apostolic Fathers*, 2.9-10의 간략한 논의를 보라.

52 *Strom.* 2.6.31("사도 바나바"[*Barn.* 1.5]를 인용함); 2.7.35([*Barn.* 4.11을 인용하며] "사도 바나바가 말한 뒤"); 2.20.116(*Barn* 16.7을 인용하며 "바나바와 그는 70인의 일원이자 바울의 동료 사역자였다"). 에우세비오스는 「바나바 서신」을 「바울행전」, (헤르마스의) 「목자서」, 「베드로 묵시록」, 「디다케」와 함께 — 아마도 요한계시록도 — "노토이"("진짜가 아닌 가짜")로 분류한다(*HE* 3.25.4). 추가적으로 Kraft, *Barnabas and the Didache*, 40-1; J. C. Paget, *The Epistle of Barnabas* (WUNT 2.64; Tübingen: Mohr Siebeck, 1994),

편적으로 의문시되는데, 그 이유는 특히 이 편지가 쓰였을 법한 시기 때문이다. 그러나 이 편지는 1인칭 관점에서 개인적 발언으로 기록되었고 1.8과 4.9에서 ("선생으로서" 글을 쓰고 있는 것이 "아니"라는) 저자의 부인에도 불구하고 저자는 그의 해박한 성경 지식(§45.5c)이 역시 암시하는 대로 자신을 선생으로(1.5-6) 간주했을 가능성이 매우 크다.[53] 그렇다면 이 편지는 왜 바나바의 저작으로 간주되었는가? 아마도 이 편지가 레위기의 규정들에 대한 많은 관심과 지식을 보여주며(7장과 10장) 바나바가 명시적으로 레위인으로 밝혀진(행 4:36) 유일한 1세대 기독교 지도자이기 때문일 것이다.[54] 그러나 유대 율법에 대한 이 편지의 관점은 외부인의 관점에 더 가깝다. 즉 저자는 "그들의 율법"에 대해 "신참자"와 같은 "우리"(3.6),[55] "그들의 언약"과 "그들이 신뢰한 할례"(9.4, 6)에 대해 이야기하고, 개종한 이방인의 대표자로서 말한다(16.7 – "우리가 하나님을 믿기 전에"; 참고. 14.5).[56] 물론 기독교인이 된 유대인이 그를 배교자로 묘사하는 것이 타당할 만큼 자신의 유대인으로서의 과거에 매우 큰 불만을 느끼는[57] 것이 불가능한 일은 아니지만, 그것은 바나바에게는 거의 해당되지 않는 사실이었다(갈 2:12-13). 다른 한편으로 한 이방인 기독교인이 기독교

248-58도 함께 보라.

53 Kraft, *Barnabas and the Didache*, 44; R. Hvalvik, *The Struggle for Scripture and Covenant: The Purpose of the Epistle of Barnabas and Jewish-Christian Competition in the Second Century* (WUNT 2.82; Tübingen: Mohr Siebeck, 1996), 46-52; F. R. Prostmeier, *Der Barnabasbrief* (KAV 8; Göttingen: Vandenhoeck, 1999), 131.

54 Paget, *Barnabas*, 7. 그는 또한 「바나바 서신」과 바나바는 모두 알렉산드리아와 연관되어 있었다는 점을 특별히 언급한다.

55 *Epēlytoi*("신참자, 신출내기")는 시내산 사본의 이문(異文)이다. 그러나 예루살렘 사본(11세기)과 그 라틴어 형태에서는 *prosēlytoi*("개종자")라고 읽힌다.

56 Wilson, *Related Strangers*, 128-9; Hvalvik, *Struggle*, 43-4; Prostmeier, *Barnabasbrief*, 132. 다음 책의 간략한 논의도 함께 보라. Paget, *Barnabas*, 7-9.

57 그러나 마태(마 23장)나 바울(빌 3장)과의 실제적인 유사점은 없다. 추가적으로 이하의 §46.6b을 보라.

의 유대인적 전통에 대해 매력을 느끼고 유대인의 율법과 전통에 대해 정통하며 그 유산을 이방인 신자들에게 가능한 한 의미 있게 만드는 것을 자신의 임무로 간주하게 되는 것도 전적으로 상상할 수 있는 일이다.

ii. 저작 장소

「바나바 서신」은 전통적으로 알렉산드리아에서 기원한 것으로 생각되었다. 그리고 바나바를 알렉산드리아에 위치시키는 몇 가지 전승이 있다. 특히 위(僞)클레멘스의 *Hom.* 1.9에서부터 1.14까지는 바나바가 알렉산드리아를 떠나 고향으로 간 것으로 묘사하며 위(僞)클레멘스의 *Recog.* 1.7, 11도 유사하게 바나바가 로마에 도착했다가 로마에서 유대 지방의 자기 거처로 떠나는 모습을 보여준다. 이보다 더 중요한 것은 알렉산드리아의 클레멘스가 「바나바 서신」을 알았을 뿐만 아니라 분명 그 사상을 유익한 것으로 여겼다는 사실이며,[58] 이는 그와 비슷한 기질에 대한 그의 공감을 의미한다. 이 점은 다양한 토라 본문과 제의에 대한 「바나바 서신」의 해석과 가장 비슷한 예를 알렉산드리아 문헌, 즉 알렉산드리아의 필론과 그의 토라에 대한 유사한 "풍유적" 설명,[59] 그리고 그와 유사하게 부정한 짐승과 새에 대한 규정을 돼지나 족제비처럼 행동하는 사람들에 대한 경고로 해석하는 「아리스테아스의 편지」(145-48, 166)[60] 등에서 발견할 수 있

---

58 앞의 n. 52을 보라. "실제적인 의미에서 클레멘스는…동일한 기독교적 환경/학파의 보다 이르거나 늦은 산물로서…여전히 바나바에 대한 가장 좋은 주석이다.…이 서신은 알렉산드리아에서 가장 잘 알려져 있고, 이 서신의 접근 방식은 해석학적 영지와 윤리적 권면과 같은 문제에 있어서 알렉산드리아적이라고 부를 수 있다.…「바나바 서신」은 그 사상이 일반적으로 알렉산드리아 지향적이며 자신의 사역 지역이 이집트 북동부에 있는 한 기독교인 교사의 작품이다."(Kraft, *Barnabas and the Didache*, 45, 46, 48, 55; 45-56의 논의 전체를 보라)

59 주제 면에서 유사한 예들은 다음 책에 열거되어 있다. Prostmeier, *Barnabasbrief*, 121-2 n. 69.

60 *Aristeas*는 보통 그 이야기 후반부의 배경인 알렉산드리아와 결부된다.

다는 사실로 인해 뒷받침된다(*Barn.* 10). 「바나바 서신」이 랍비 전승과도 친숙해 보인다는 사실(특히 7-8장)은 유사한 예들을 기초로 한 논증을 약화시킬 수도 있지만, 그러한 유사한 예에 많은 비중을 둘 수 있는 만큼은 「바나바 서신」이 알렉산드리아에서 기원했음을 인정하는 주장이 조금 더 비중이 있어 보인다.[61]

iii. 저작 시기

이 편지의 저작 시기는 예루살렘 멸망 이후로 추정해야 한다는 폭넓은 의견 일치가 있다. "그들의 전쟁으로 인해 그것[성전]은 그들의 적들에 의해 파괴되었다"(16.4). 그런데 얼마나 오래 뒤로 추정해야 하는가? 4.3-5에서 "가까이 다가왔다"고 말한 다니엘 7:7-8의 "작은 뿔"은 베스파시아누스 황제나 네르바 황제 중 한 명과 동일시할 수도 있겠지만 이 문제는 기껏해야 모호하다.[62] 보다 흥미로운 것은 로마인 친구들이 성전을 재건해줄 것이라는 16.3-4에 제시된 전망이다.[63] 성전이 바벨론 유수 이후에 그랬듯이 재건될 것이라는 전망은 모든 유대인의 소망이었음이 분명하다. 그러나 베스파시아누스나 네르바 시대에 그런 희망에 어떤 현실적인 성공 가능성이 있었다는 징후는 전혀 없다. 주장할 수 있는 가장 나은 주장은 (디오클레티아누스 이후) 유대인들에 대한 네르바의 보다 관용적인 태도[64]가 어느 정도 희망을 불러일으켰다는 것이다.[65]

---

61 추가로 Paget, *Barnabas*, 30-42과 Prostmeier, *Barnabasbrief*, 119-30의 주의 깊은 논의를 보라. Hvalvik은 이 주제를 여전히 해결되지 않은 문제로 간주한다(*Struggle*, 35-42).

62 Hvalvik은 4.3-6은 *Barnabas*의 연대 추정과 아무 관련이 없다고 결론짓는다(*Struggle*, 25-6). 열 명의 왕에 대해서는 *Struggle*, 27-34에 제시된 표를 보라(29).

63 Hvalvik은 유피테르 신전에 대한 언급이 "꽤 개연성이 있다"고 생각한다(*Struggle*, 19-22 및 23-5). Prostmeier, *Barnabasbrief*, 114-8의 논의를 보라.

64 이하 §46.3b을 보라.

65 특히 다음 글들을 보라. M. B. Shukster and P. Richardson, 'Barnabas, Nerva and the

아마도 보다 매력적인 가설은 하드리아누스가 130년에 예루살렘을 방문한 동안 제우스에게 바치는 신전을 지을 계획을 세웠다는 가설일 것이다. 이는 바르 코크바 봉기를 촉발시키는 데 큰 역할을 했고 유대 성전 재건에 대한 열심의 물결을 새롭게 북돋은 전망[66]이었다. 비록 반란군이 예루살렘을 장악한 기간이 그와 같은 소망이 실현될 만큼 길지 않았던 것이 거의 확실하지만 말이다.[67] 후대의 한 유대 전설과 후대의 기독교 기록들은 실제로 하드리아누스에 의해 좌절된 성전을 재건하려는 시도를 언급한다.[68] 그리고 하드리아누스가 봉기를 진압한 뒤 파괴된 예루살렘 자리에 새로운 도시 아일리아 카피톨리나를 세우고 성전 자리에 제우스 신전을 세웠다는 사실은 하드리아누스가 유대 성전이 회복될 것이라는 (더 이상의) 일체의 희망을 짓밟기로 결심했음을 나타낼지도 모른다. 하드리아누스 시대 저작설이 가장 개연성이 크다면 바나바가 바르 코크바 봉기나 (그에게 이익이 되는 일이었을) 봉기의 실패에 대해 아무런 언급이나 암

Yavhean Rabbis', *JTS* 33 (1983), 31-55; W. Horbury, 'Jewish-Christian Relations in Barnabas and Justin Martyr', in Dunn, ed., *Jews and Christians,* 315-45(여기서는 319-21). Paget은 다시 연대 추정 문제 전체에 대한 철저한 연구를 제시하며 네르바 시대의 재건된 성전에 대한 희망은 '믿을 수 있는' 것이므로 이 서신이 네르바 시대에 기록되었다는 주장은 '거의 **개연성** 있는 주장이 된다'고 결론짓는다'(*Barnabas*, 9-28, 66-8). 다음 책도 함께 보라. Wilson, *Related Strangers*, 132-6. Jefford는 학계의 대다수(?)가 96-100년을 저작 연대로 선호하는 경향이 있다고 말하고 이에 동의한다(*Apostolic Fathers*, 33-4).

66 R. S. MacLennan은 *Early Christian Texts on Jews and Judaism*(BJS 194; Atlanta: Scholars, 1990)에서 「바나바 서신」은 성전 재건에 대한 열정적인 희망에 사로잡힌 특정한 형태의 유대교를 "진정시키는 목소리"로 기록되었다고 주장하지만 바르 코크바 반란의 시기를 115-117년으로 추정하는 것처럼 보인다(21-4, 44-8).

67 Cassius Dio 69.12.1-2은 아일리아 카피톨리나의 건설과 제우스 신전 건립이 바르 코크바 봉기의 원인이었다고 생각하는 것으로 보인다. 그러나 Eusebius, *HE* 4.6.4은 아일리아 카피톨리나의 건설이 반란 진압 이후에 있었다는 점을 확실히 한다. Mary Smallwood는 "Dio는 그 계획의 시작을 기록하고 있고 에우세비오스가 그 성취를 기록하고 있다고 가정하면 이 두 전거를 어려움 없이 조화시킬 수 있다"고 논평한다(*Jews*, 433; 추가로 Schürer, *History*, 1.536-7, 540-2; *GLAJJ* 2.395-6을 보라).

68 Schürer, *History*, 1.535-6.

시도 하지 않는다는 사실은 연대 추정의 종점을 131/132년으로 잡을 수밖에 없게 하므로 130/131년 저작설이 가장 타당한(비록 "타당한"이란 말은 상대적인 용어이긴 하지만) 추정으로 보인다.[69]

g. 헤르마스의 「목자서」(Shepherd)

헤르마스의 「목자서」는 일련의 긴 다섯 가지 환상, 열두 가지 계명/명령, 열 가지 비유/비교를 담고 있는데, 그중 대부분은 특히 세례 이후의 죄라는 문제와 관련해서 어떤 천사가 헤르마스에게 설명한 것이다.[70] 이 문헌은 2세기 초에 출현한 가장 흥미로운 기독교 문헌 가운데 하나인데, 이것이 흥미로운 이유는 이 문헌이 다소 순진무구한 수준의 글이면서도 매우 인기를 얻어 심지어 시내산 사본에는 신약 문헌들 및 「바나바 서신」과 함께 포함되어 있기 때문이다.[71] 따라서 이는 아마도 이 수십 년 동안 대다수 기독교인들의 특징이 된 지적 참여도와 윤리적 제자도의 수준을 나타내는 것일 것이다.

이 책의 세 부분은 저자가 다수일 가능성을 암시하지만, 대다수 학자들은 이 책이 아마도 다양한 시기에 집필되었으나 저자는 한 명일 것이라고 믿는다.[72] 저자의 정체를 암시하는 유일한 표시는 첫머리에서 저

---

69 Schoedel, 'Apostolic Fathers', 468; Hvalvik, *Struggle*, 23; Prostmeier, *Barnabasbrief*, 118-9은 Harnack의 견해에 동의한다.

70 헤르마스의 대답은 용서는 회개하는 이들에게 가능하지만 오직 한 번만 가능하다는 것이다.

71 "남아 있는 사본을 놓고 판단하자면 이 문헌은 2세기와 3세기에 정경에 포함되지 않은 다른 어떤 책보다도, 심지어 훗날 신약에 포함된 책들보다도 더 널리 필사되고 읽혔다"(Ehrman, *Apostolic Fathers*, 2.162). 자세한 내용은 C. Osiek, *The Shepherd of Hermas* (Hermeneia; Minneapolis: Fortress, 1999), 4-7에 있다.

72 G. F. Snyder, *The Shepherd of Hermas* (R. M. Grant, ed., *The Apostolic Fathers* vol. 6; London: Nelson, 1968), 23-4; Osiek, *Hermas*, 8-10; Ehrman, *Apostolic Fathers*, 2.165-6;

자가 자신의 신원을 밝히는 내용이다—"나를 양육한 사람은 나를 로마에 있는 로다라는 어떤 여자에게 팔아넘겼다"(Vis. 1.1.1). 그는 이제 아마도 자유민으로서 글을 쓸 수 있게 되었을 것이다.[73] 그리고 그는 몇 문장 뒤에(Vis. 1.1.4), 그리고 그 뒤로도 자주 자신이 "헤르마스"임을 밝힌다.[74] 그는 로마 교회에서 지도자의 자리에 있었다고 주장하지 않으며, 자신의 신분을 예언자나 교사로 밝히지도 않는다.[75] 다섯 번째 환상에서부터 헤르마스는 "회개의 천사"로 밝혀진 "목자"의 가르침을 받는다(Vis. 5.7).[76] 그러나 그가 그러한 환상을 받는 인물로 선택된 이유를 알려주는 암시는 전혀 없다. 우리는 로마 교회의 구성원이었으며 별로 배우지 못했지만 그렇게 은총을 받은 사람으로서 두각을 드러낸 사람을 상상할 수도 있을 것이다.[77]

Jefford, *Apostolic Fathers*, 25-8.

73 P. Lampe, *From Paul to Valentinus: Christians in Rome in the First Two Centuries* (Minneapolis: Fortress, 2003), 218-20 및 추가적으로 220-4.

74 *Vis.* 1.2.2-4; 1.4.3; 2.2.2; 2.3.1; 3.1.6, 9; 3.8.11; 4.1.4, 7. (처음에는 오리게네스에 의한) 헤르마스와 롬 16:14의 허메의 동일시(Eusebius, *HE* 3.3.6)는 기껏해야 공상적인 것일 뿐이다.

75 헤르마스는 스스로 예언자(*Mand.* 11)나 교사(*Sim.* 9.22.2-3)라고 주장하는 이들에 대해 다소 의심을 품었다. 그의 시험적 기독론(*Sim.* 5.5-6)은 세련되지 못하다.

76 *Sim.* 9.1.1과 9.33.1에도 명시적으로 나타나 있다. 이 목자는 *Mandates*에서는 결코 목자로 확인되지 않지만, 계명에 대한 가르침을 주는 인물로 간주되는 이는 명백히 "회개의 천사"이며(*Mand.* 12.4.7; 12.6.1) 이 호칭은 *Similitudes*에서 여러 번 사용된다.

77 "하나님이 택한 자들"을 교육하기 위한 "작은 책"을 쓰고 필사하려는 그의 초기의 시도는 그의 읽고 쓰는 능력의 수준이 높지 않았음을 암시한다. "나는 그 전체를 필사했다. 왜냐하면 나는 음절들을 구별할 수 없었기 때문이다[그것은 단어들 사이에 아무 구분 없이 연속된 서체로 기록되어 있었다].… 나는 그 책의 글자들을 다 썼다"(*Vis.* 2.1.4). Lampe는 그의 부주의함과 서투름, 책의 "종종 세련되지 못한" 문체들을 예로 든다. 그는 헤르마스의 책의 "다채로운 불합리함"에도 불구하고 "헤르마스는 기초적인 읽고 쓰는 능력을 소유했다"고 결론지었다(*Paul to Valentinus*, 231-4 및 추가적으로 234-6). 에우세비오스는 어떤 이들이 「목자서」를 "특히 기초적인 교육이 필요한 이들"에게 귀중한 책으로 평가했다는 점을 언급한다(*HE* 3.3.6).

이 책의 기원이 로마에 있다는 점은 거의 의문시되지 않았다.[78] 저자는 방금 언급된 대로 자신은 지방 출신이라고 주장하며(Vis. 1.1.1) 몇 년 뒤에 테베레 강을 건너(Vis. 1.1.2) 캄파냐 대로를 따라 걸어간 일을 언급한다(Vis. 4.1.2). 그러나 저작 연대는 보다 논란의 대상이다. 가장 분명한 추정 연대는 무라토리 단편에 의해 제시되었는데, 거기서 "헤르마스는 우리 시대에 그의 형제 피우스 주교[79]가 [감독의] 자리를 차지하고 있는 동안 매우 최근에 로마에서 「목자서」를 썼다"고 언급한다(73-76). 피우스 1세는 142-157년에 로마 주교였으므로 이 사실은 대략 145-155년이 이 책의 저작 시기임을 암시할 것이다. 문제는 무라토리 단편의 추정 연대가 그 자체로 논란이 되고 있다는 점이다. 비록 피우스와 발렌티누스, 마르키온, 바실리데스 등도 암묵적으로 당대에나 그 시대와 가까운 때에 활동한 것으로 언급된다는 것(81-85)은 가장 일반적으로 주장되는 2세기 말 저작설을 뒷받침하지만 말이다.[80] 그럴 경우 「목자서」의 연대를 150년경으로 추정하는 것이 가장 타당해 보일 것이다. 그러나 만일 무라토리 단편의 증거가 평가 절하되거나 피우스와의 역사적 연관성이 미심쩍은 것이나 어떤 혼동의 결과로 간주된다면, 남아 있는 유일한 단서는 아마도 "장로들"(Vis. 2.4.2-3; 3.1.8)과 "주교들"(Vis. 3.5.1; Sim. 9.27.2)에 대한 언급일 것이며, 이는 이그나티오스가 주장한 대로 통일성의 초점인 단 한 명의 주교가 확립되기 이전의 교회론의 단계를 (그것도 로마에서 기록된 책에

---

78 "헤르마스 목자서의 저작 장소가 로마라는 점은 논란의 여지가 없다"(Schoedel, 'Apostolic Fathers', 471).

79 Snyder, *Shepard of Hermas*, 22-3은 헤르마스가 피우스 주교의 형제였을 수도 있다는 점을 무시한다.

80 다음 글의 간략한 논평과 상당한 양의 참고문헌을 보라. H. Y. Gamble, 'The New Testament Canon: Recent Research and the Status Quaestionis', in L. M. McDonald and J. A. Sanders, eds., *The Canon Debate* (Peabody: Hendrickson, 2002), 267-94(여기서는 269-70).

서) 암시하는 것이다.[81] 이 사실과 그 밖의 단서들에 얼마나 많은 비중을 둘 수 있는지는 여전히 논란의 대상이지만, 아마도 우리는 무리토리 단편이 암시하는 시기보다 이른 시기—가령 130-150년—에 대해 생각해야 할 것이다.[82]

h. 「클레멘스2서」(2 Clement)

「클레멘스2서」는 아마도 (2 Clem. 19.1에서 암시된 대로) 기독교인들의 예배를 위한 모임에서 낭독하기 위해 쓴 설교문일 것이다. 이 글의 저자와 작성 장소는 알려지지 않았으며, 이 문헌 자체에는 이 두 문제 중 어느 것에 대한 실제적인 단서도 존재하지 않는다.[83] 가장 좋은 단서는 아마도 "당시에 주교(약 165-174년)였던 소테르 앞으로 로마인들에게" 쓴 디오니시오스(170년경 고린도의 주교)의 편지에 대한 에우세비오스의 언급(HE 4.23.9)에서 찾아야 할 것이다. 에우세비오스는 계속해서 그 편지에 대해 다음과 같이 말한다.

---

81 여기서 우리는 로마에 쓴 그의 편지가 이그나티오스가 지역 교회(들)의 "주교"를 언급하지 않는 유일한 편지라는 점을 상기하며 단일 감독제가 특히 로마에서 얼마나 이른 시기에 확립되었는가에 관한 질문을 제기해야 한다.

82 "현재는 최소한 원자료의 연대를 2세기 초로 추정하려는 경향이 있다"(Schoedel, 'Apostolic Fathers', 470). Osiek, Hermas, 18-20과 Ehrman, Apostolic Fathers, 2.167-9은 (Koester, Introduction, 2.258과 유사하게), 95-140년(Osiek)이나 110-140년(Ehrman)의 추정 연대 범위를 제시하지만, 그들은 아마도 Vis. 2.4.3에 있는 "클레멘스"에 대한 언급에 너무 많은 비중을 둔 듯하다. 이 "클레멘스"를 로마의 클레멘스와 쉽게 동일시할 수는 없다(Holmes, Apostolic Fathers, 191과는 반대다). 물론 헤르마스가 언급한 클레멘스가 「클레멘스2서」의 저자로 간주된 그 클레멘스일 가능성을 전적으로 배제해선 안 되지만 말이다(참고. Lightfoot, Clement of Rome, 1.359-60). 「목자서」와 「클레멘스2서」는 거의 같은 시기에 출현했을 수도 있기 때문이다.

83 Ehrman, Apostolic Fathers, 1.157-8도 함께 보라.

또한 [디오니시오스는] 클레멘스가 고린도인들에게 보낸 편지를 인용하면서 처음부터 교회에서 편지를 낭독하는 것이 관습이었음을 보여준다. "오늘 우리는 주님의 거룩한 날을 지켰고 그날에 우리는 당신의 편지를 (소리내어) 읽었으며 클레멘스를 통해 우리에게 쓰신 이전 것(편지)처럼 그 편지를 읽을 때마다 우리는 그것을 언제나 우리를 위한 충고로 삼을 것입니다"(4.23.11).

"이전 것(편지)"은 「클레멘스1서」임이 분명하므로 디오니시오스는 클레멘스의 저작으로 간주된 또 다른 편지를 언급하고 있었고, 이 편지는 고린도 교회의 모임에서 정기적으로 낭독되었다.[84] 명시적으로 추론할 수 있는 점은 이 두 번째 편지가 우리가 「클레멘스2서」로 알고 있는 것이라는 점이다. 만일 그렇다면 이는 「클레멘스2서」가 대략 170년 무렵에 그와 같이(클레멘스가 썼다고) 알려지고 지칭되었으며 「클레멘스1서」와 마찬가지로 로마에서 기록되어 고린도로 보내진[85] 편지로 이해되었음을 의미한다. 또 다른 함의는 아마도 「클레멘스1서」와 「클레멘스2서」를, 에우세비오스가 언급했고 디오니시오스가 쓴 몇몇 편지의 사본들과 함께 보존

---

84   아니면 고린도 교회에서 낭독된 편지는 (Harnack가 주장한 대로) 디오니시오스가 답장을 보낸 소테르에게서 온 편지였고 「클레멘스2서」는 사실 소테르에게서 온 편지였는가(추가적으로 Richardson, *Early Christian Fathers*, 185-6을 보라)? 디오니시오스가 "이전 것(편지)"도 클레멘스에 의해/를 통해 기록되었음을 암시하지 않는다는 사실은 고린도에서 낭독된 "고린도인에게 보내는 클레멘스의 편지"가 디오니시오스가 아닌 에우세비오스에 의해 확인되었을 가능성을 남겨놓는다.

85   Lightfoot는 "운동 경기[2 *Clem*. 7]와 짐작건대 지협 제전에 대한 암시가 고린도인들에게 보내졌다면 꽤 자연스럽겠지만, 다른 곳에서 언급되었다면 자연스럽지 않았을 것이다"고 말한다(*Clement*, 2.197). 그러나 그는 또한 「클레멘스2서」가 고린도에서 기록되었다고 생각한다(2.199). Richardson은 알렉산드리아 기원설을 주장하며(*Early Christian Fathers*, 186-7) Koester는 W. Pratscher, *Der zweite Clemensbrief* (KAV; Göttingen: Vandenhoeck, 2007), 659-61과 마찬가지로 이집트 기원설을 선호한다(*Introduction*, 2.234-6).

한 곳이 바로 고린도 교회였고(HE 4.23.9-13) 또한 그 편지들을 더 널리 유포되게 한 원인이 된 곳도 고린도 교회였으며 이로 인해 에우세비오스도 알게 되었다는 점일 것이다.[86] 이 추론의 주된 문제점은 한 편지만이 클레멘스가 쓴 것으로 인정되었으며(HE 3.16; 3.39.1) "클레멘스가 쓴 것으로 간주된 두 번째 편지"는 널리 인정받지도 못했고 널리 사용되지도 않았다(3.38.4)는 에우세비오스가 분명하게 증언한 내용이다.[87] 따라서 우리는 단순히 「클레멘스2서」가 「클레멘스1서」와 결부되게 된 까닭이 둘 다 고린도 교회 모임에서 종종 낭독되었거나 고린도 교회 기록 보관소에 함께 보관되어 그 결과로 (「클레멘스1서」가 언제나 그랬듯이) 「클레멘스2서」가 더 잘 알려지기 시작했을 때 고린도에 보내는 클레멘스의 두 번째 편지로 추정되었기 때문이라고 추론해야 할 것이다.[88] 결국 이 문제는 기껏해야 여전히 오리무중이다.

「클레멘스2서」의 저작 시기에 관한 문제도 불분명하다. "장로들"만 언급되어 있다는 사실(17.3, 5)은 대체로 우리가 가진 정보의 전부이며, 그 의미는 「목자서」의 경우와 마찬가지로 어떤 주교(들)도 언급되어 있지 않으므로 이 문서가 단일 감독제가 보다 광범위하게 확립되기 이전에 작성되었을 것이라는 것이다.[89] 140년을 전후한 시기가 아마도 우리가 추측

---

86 폴리카르포스가 이그나티오스의 편지들을 전해준 것처럼(Polyc., *Phil.* 13.2; 앞의 n. 19을 보라).

87 Lightfoot, *Clement of Rome*, 2.192-4에서의 고증. 서방의 저자들이 클레멘스의 "두 번째 편지"를 언급할 때 그것은 위클레멘스 문서에서 클레멘스가 야고보에게 쓴 가명의 편지에 대한 언급이었다(이하 §45.2b를 보라).

88 다음 책들의 견해가 그러하다. Lightfoot, *Clement of Rome*, 2.197-8; Lake, *Apostolic Fathers*, 1.126에 인용된 Harnack의 말. 앞에서 언급한 것처럼(n. 3) 「클레멘스1서」와 「클레멘스2서」는 알렉산드리아 사본에 신약 문헌 전체와 함께 포함되어 있다

89 *2 Clem.* 12.2에서 *Gosp.Thom.* 12.1-5과 Clem. Alex., *Strom.* 3.13에 의해 입증되는 바와 같이 초기 예수 전승에 대한 설명의 일부분인 것이 거의 확실한 예수의 말씀을 인용하고 있다는 사실(이하의 §43 n. 285과 §44.4a을 보라)도 어느 정도 2세기의 저작 시점을 암시

할 수 있는 최선의 저작 시점일 것이다.[90]

i. 파피아스

파피아스가 여기에 포함된 것은, 비록 그의 『주의 말씀에 대한 강해』 (*Expositions of the sayings of the Lord*)라는 제목의 다섯 권짜리 저서는 현존하지 않지만, 그 저서에서 발췌한 인용문들, 특히 에우세비오스뿐만 아니라 다양한 다른 저자들의 글에 나오는 인용문들이 특히 예수 전승의 전달과 몇몇 신약 복음서의 집필에 대한 매력적인 정보를 제공해주기 때문이다.[91] 교회 전승에 따르면(Eusebius, *HE* 2.15.2; 3.36.2) 파피아스는 히에라폴리스(골로새와 라오디게아에서 멀지 않은 리쿠스 계곡의 도시들 중 하나) 주교였다. 이레나이우스는 그를 "요한의 청중[92]이자 폴리카르포스의 친구"[93]로 알았다. 이 정보가 신뢰할 만하다면 이 두 인물(요한과 폴리카르포스)은 파피아스가 활발히 활동한 것이 분명한 기간, 즉 90년경과 135년 사이를 제시한다. 그리고 그가 자신의 대작을 쓴 때가 주교였을 때라고 추정한다

한다.

90 Harnack는 130-150년, Lightfoot는 120-140년(*Clement of Rome*, 2.202), Lake는 150년 전후(*Apostolic Fathers*, 1.127), Ehrman은 140년대(*Apostolic Fathers*, 1.159-60), Jefford는 120-150년(*Apostolic Fathers*, 30)을 제안했다. Holmes, *Apostolic Fathers*, 65-7; Pratscher, *zweite Clemensbrief*, 62-4도 함께 보라.

91 추가적으로 이하의 §44.2j를 보라. 다양하게 활용되어 온 파피아스의 단편들의 범위에 대해서는 Holmes, *Apostolic Fathers*, 308, 312를 보라.

92 "요한"에 대한 언급은 물론 여기서 염두에 둔 인물이 사도 요한이냐 장로 요한이냐에 관한 논의를 다시 불러일으킨다.

93 Irenaeus, *adv. haer.* 5.33.4; Eusebius, *HE* 3.39.1 — 하지만 에우세비오스는 파피아스 자신이 그의 글의 서문에서 "자신은 결코 거룩한 사도들의 청중이자 목격자였던 적이 없다는 점을 분명히 밝힌다"고 덧붙인다(3.39.2). 이에 대한 논의는 Schoedel, *Polycarp, Martyrdom of Polycarp, Fragments of Papias*, 89-90에 있다.

면 우리는 그가 이 책을 대략 130년 무렵에[94] 아마도 히에라폴리스에서 썼을 것으로 추정해야 할 것이다.

j. 「솔로몬의 송시」(Odes of Solomon)

「솔로몬의 송시」를 어떤 표제 아래 포함시켜야 할지는 전혀 분명치 않지만,[95] 「디다케」를 최초의 교회 헌법서로 분류할 수 있다면 「송시」도 "최초의 기독교 찬송가"[96]로 분류할 수 있을 것이고 따라서 그것을 2세기 초의 기독교 문헌 속에 포함시키는 것이 적절하다. 그 제목과 매우 "다윗 시편 같은 성격"[97]에도 불구하고 「송시」는 틀림없이 기독교적이다. 「송시」는 "예수"라는 이름은 결코 사용하지 않지만 메시아에 대해 자주 말하며(9.3; 17.17; 29.6; 41.15) 거기서 "주"(예. 24.1; 39.11), "사랑받는 자"(7.1; 8.21), "아들"(19.2; 23.18; 41.13), "인자", "하나님의 아들"(36.3; 42.15), "구주"(42.18) 등의 다른 명칭들은 여기서 염두에 두고 있는 인물이 예수 그리스도임을 분명히 한다.[98] 이 책에는 그리스도의 성육신(7.6; 12.12), 동정녀 탄생(19.6-9), 세례(7.15; 24.1), 그리스도의 죽음과 부활(8.5; 27.1-3; 31.9; 41.12; 42.1-2)에 대한 암시도 있다. 송시들 중 몇 편은 그리스도, 사랑받는 자, 말씀, 아들을 찬양하는 찬송가로 묘사될 수도 있다(8, 12, 21, 32,

---

94 Schoedel은 파피아스의 글의 저작 시기를 이르면 110년까지 기꺼이 앞당길 용의가 있다 (*Polycarp, Martyrdom of Polycarp, Fragments of Papias*, 92).
95 특히 J. H. Charlesworth, 'Solomon, Odes of', *ABD* 6.114-5; *OTP*, 2.725-34(본문은 735-71)을 보라. J. A. Emerton, 'The Odes of Solomon', *AOT*, 683-90(본문 691-731)도 함께 보라.
96 J. H. Charlesworth, *The First Christian Hymnbook: The Odes of Solomon* (Eugene, OR.: Wipf & Stock, 2009).
97 예를 들어 Charlesworth, *OTP*, 731을 보라.
98 *Odes* 19.2과 23.22의 세 부분으로 된 진술도 주목해 보라.

36, 41). 요한복음을 상기시키는 내용들(49.6)은 이 송시가 요한 공동체에서 출현했음을 암시하며 사해 두루마리 사본과의 유사점, 특히 빛과 어둠의 이원론[99]은 예수를 믿는 신자가 된 한 에세네파가 「송시」를 썼음을 암시할 수도 있다.[100]

「송시」는 42편의 송시 전체가 1909년에 렌델 해리스(Rendel Harris)에 의해[101] 시리아어로 발견되기 전에는 인용구로만 알려져 있었고 십중팔구 그 언어로 작성되어 있어서[102] 초기 시리아 기독교에 대한 귀중한 통찰을 제공해준다.[103] 송시들은 기독교 이전 영지주의에 대한 탐구에 휩쓸렸고 「송시」에는 영지주의의 영향의 흔적이 발견되었지만,[104] 그 흔적 속에 독특하게 영지주의적인 것은 아무것도 없다.[105] 하지만 그런 흔적은 아마도 지중해 해분(海盆)에서 2세기 초의 종교성의 도가니 속에 들어간 성분들이 혼합된 증거로 간주될 수 있을 것이다.[106] 강한 유대적 특성, 예수

---

99 *Odes* 5.5-6; 11.19; 15.2; 16.15-16; 18.6; 21.3.
100 J. H. Charlesworth, *Critical Reflections on the Odes of Solomon* vol. 1: *Literary Setting, Textual Studies, Gnosticism, the Dead Sea Scrolls and the Gospel of John* (JSPSupp 22; Sheffield Academic, 1998), 192-231; 간략하게는 *OTP*, 728.
101 J. R. Harris, 'An Early Christian Hymn-Book', *Contemporary Review* 95 (1909), 4414-28.
102 Charlesworth, *OTP*, 2.726 – 십중팔구 안디옥 안이나 근처에서(727); Emerton, *AOT*, 686-7.
103 이그나티오스와의 유사점들 역시 시리아나 안디옥이 저작 장소임을 암시할 수도 있다. V. Corwin, *St. Ignatius and Christianity in Antioch* (New Haven: Yale University, 1960), 71-80을 보라. "「솔로몬의 송시」와 안디옥의 이그나티오스의 다소 눈에 띄는 여러 유사점은… 「솔로몬의 송시」의 저자와 이그나티오스 모두 동일한 환경의 산물이었다는 점에 의심의 여지를 남겨놓지 않는다"(Emerton, *AOT*, 686).
104 Kümmel, *Introduction*, 223; Rudolph, *Gnosis*, 29, 221-2; Bultmann이 보기에 「송시」는 그가 생각하기에 요한복음의 배후에 있는 "기본적인 영지주의적 관점"의 좋은 예가 되었다(*Gospel of John*, index 'Odes of Solomon').
105 "*Odes* 16편은 어떤 철저한 영지주의자도 생각하는 것이 불가능했을 만한 창조 교리를 증언한다." (Emerton, *AOT*, 684).
106 참고. Koester, *Introduction*, 2.217-8. *Odes* 17.14-15(그리스도가 이렇게 말씀하신다 – "그리고 나는 마음에 나의 열매를 뿌렸고 나 자신을 통해 마음을 변화시켰다. 그러자 그

의 제자들을 "그 도"[107]를 따르는 이들로 지칭하는 초기의 자기 언급의 빈번한 사용, 생생한 영성,[108] 발전되지 않은 신학, 요한 문헌을 상기시키는 내용 등은 이른 시기, 아마도 2세기의 처음 25년만큼 이른 시기를 암시한다.[109]

40.2 변증가들

"변증가들"은 자신들의 믿음을 이성적으로 변호하고 다른 이들에게 추천하는 데 기여한 기독교 저술가들을 지칭하기에 편리한 이름이다. 기독교 변증가들은 결코 그런 유형의 선구자들이 아니었다. 예를 들어 플라톤과 크세노폰은 둘 다 소크라테스를 위한 「변증」(Apology)을 썼다. 필론의 저

들은 나의 축복을 받고 살았으며 나에게 모여 구원을 받았다"), 21.3("나는 어둠을 벗고 빛을 입었다"), 26.8("그리고 나는 너의 영혼의 덮개로 덮였고 내게서 피부의 옷을 제거했다"), 32.2("그러자 스스로 발생한 진리로부터 나온 말씀이") 등과 같은 구절들은 영지주의 특유의 내러티브에 영향을 받은 구절들을 떠올리게 할 것이다.

107 약 13회. 특히 11.3; 22.7과 39.7, 13을 보라. 참고. 행 9:2. *Beginning from Jerusalem*, 13-14을 보라.

108 가장 눈에 띄는 것은 *Odes* 19.1-4이다.
   "젖 한 잔이 내게 주어졌고
   나는 주의 자비의 달콤함 속에서 그것을 마셨다.
   성자는 그 잔이고 성부는 젖을 주신 분이며
   성령은 성부에게서 젖을 짜내신 분이다.
   성부의 젖은 가득 찼고
   그분의 젖이 목적 없이 나온다는 것은 바람직하지 않은 일이었다.
   성령은 자신의 가슴을 열고
   성부의 두 가슴의 젖을 섞으셨다."

109 D. Aune, 'The Odes of Solomon and Early Christian Prophecy', *NTS* 28 (1982), 435-60을 보라. Charlesworth는 *Barn.* 5.5-7이 *Odes* 31.8-13(nn. 42-47에서는 '*Odes of Solomon*', 100-102)과 앞의 §39 n. 166을 상기시킨다고 생각한다. L. M. McDonald, 'The *Odes of Solomon* in Ancient Christianity: Reflections on Scripture and Canon', in Charlesworth, et al., eds., *Sacra Scriptura*, 108-36 §1(108-15)도 함께 보라.

작은 대부분 변증적인 것으로 간주할 수 있으며 특히 그의 「가이우스에게 보내는 사절단에 대하여」(*De Legatione ad Gaium*)가 그렇다. 요세푸스는 필론의 「아피온 논박」(*contra Apionem*)을 일종의 "변증"으로 묘사한다(*Ap.* 2.147). 신약에서 바울의 로마서, 베드로전서, 사도행전에는 변증적 성격이 있다. 그러나 그와 같은 기독교 변증은 기독교인들이 자신들의 정체성(또는 저자들이 생각하는 기독교인들의 정체성)을 밝히고 변호하려 하면서 그러한 변증서를 쓰는 것이 일종의 업이 된 2세기에 이르러서야 기독교의 한 장르가 되었다.[110] 우리는 이 서론을 우리의 종점인 이레나이우스까지 이어나갈 수도 있겠지만, 이레나이우스는 아마도 이단 연구의 가장 영향력 있는 인물로 간주하는 것이 더 적절할 것이다.

a. 콰드라투스

콰드라투스는 "전통적으로 기독교 신앙에 대한 변증—즉 논리 정연한 변론—을 쓴 최초의 인물로 이해된다."[111] 에우세비오스(*HE* 4.3.1)는 그를 하드리아누스 황제에게 자신의 변론서를 바친 인물로 언급하는데, 그 일은 대략 125년쯤에 일어난 일일 것이다. 이 문헌은 에우세비오스 시대에는 여전히 존재했고 에우세비오스는 이 책의 사본을 갖고 있었지만, 그가 그 사본에서 발췌한 짧은 인용문(4.3.2)만이 우리에게 알려진 이 문헌의 전부다. 그 인용문의 유일한 실제적 관심사는 예수의 치유와 죽은 자들로부터 살아나심에 대한 언급이며, 그 수혜자들 중 일부는 "우리 시대

---

110 R. M. Grant, *Greek Apologists of the Second Century*(London: SCM, 1988)을 보라.

111 Ehrman, *Apostolic Fathers*, 2.89; 2.119과 Holmes, *Apostolic Fathers*, 293에 실린 본문; C. N. Jefford, ed., *The Epistle to Diognetus (with the Fragment of Quadratus)* (Oxford University, 2013), 190-1.

까지 살아남았다." "우리 시대"란 좁은 의미로 콰드라투스가 이 변증서를 쓴 때라기보다는 아마도 콰드라투스의 시대를 말하겠지만,[112] 그것이 신뢰할 만한 증언이라면 콰드라투스의 저작의 이른 시기를 분명 확증할 것이다. 그렇지 않을 경우 이 단편의 간략함은 콰드라투스가 우리의 탐구에 더 이상의 기여를 하는 것을 가로막는다.

b. 아리스티데스

에우세비오스에 따르면 아테네의 아리스티데스의 「변증」(*Apology*)도 하드리아누스에게 바쳐졌다(*HE* 4.3.3). 그런데 1889년에야 비로소 발견된 시리아어 번역본에서 「변증」은 카이사르 티투스 하드리아누스 안토니누스, 즉 안토니누스 피우스(138년부터 161년까지의 황제)에게 바쳐졌다. 이는 140년대보다 이르지 않은 저작 시기를 암시하겠지만, 시리아어 역본은 그 자체로 후대 황제를 위한 개정판일지도 모른다.[113] 그것은 갈대아인의 우상숭배 및 자연주의, 고전적인 그리스 신화의 신들과 이집트의 동물 신들의 너무나 인간적인 어리석음 및 약점과 대비되는 기독교적인(그리고 유대교적인) 하나님에 대한 인식을 철학적으로 변호하는 보다 야심찬 시도다.[114] 가장 눈에 띄는 것은 갈대아인/야만인, 그리스인, 유대인, 기독교인 사이의 분명한 구별이며, 그 명백한 함의는 아리스티데스가 자신들을

---

112 R. M. Grant, 'Quadratus', *ABD* 5.582-3을 보라.
113 R. M. Grant, *Greek Apologists*, 45; 또한 'Aristides', *ABD* 1.382. "더 짧은 그리스어 역본…및 아르메니아어 단편들은 충분히 하드리아누스 시대에 나온 것일 수도 있으며, 유대교에 대한 비교적 우호적인 묘사는 132년보다 훨씬 이전의 저작 시기를 암시한다"(Grant, *Greek Apologists*, 39).
114 "시리아어 역본은 아마도 하드리아누스보다 안토니누스에게 언급하는 것이 더 적절했을 동성애에 대한 기독교적이고 유대적인 혐오를 강조한다"(Grant, 'Aristides', 382).

지중해와 중동 세계의 하나의 독특한 인류 내지 부류로 간주한 기독교인 집단을 대변하고 있었다는 것이다.[115]

c. 「베드로의 설교」(Kerygma Petrou)[116]

「베드로의 설교」는 알렉산드리아의 클레멘스가 인용한 몇 개의 단편으로만 보존되어 있는데,[117] 그 단편에서는 아리스티데스의 단편에서처럼 하나님의 단일성을 주장하고 그리스인들의 예배를 우상숭배로 일축한다. 「베드로의 설교」와 아리스티데스 사이에 관련성이 있을지도 모르지만, 영향력이 어느 쪽으로 흘러갔는지는 불분명하다. 어쨌든 「베드로의 설교」의 연대는 2세기의 처음 30년간으로 추정하는 것이 가장 타당하다. 클레멘스는 명백히 이 문헌을 진짜 베드로의 가르침으로 간주했지만 오리게네스는 보다 미심쩍게 여겼다(*On John* 13.17).[118]

d. 「디오그네투스에게 보내는 편지」(Epistle to Diognetus)[119]

「디오그네투스에게 보내는 편지」는 보통 사도 교부 문헌에 포함되지만, 저작 시기와 성격 면에서 변증가들과 함께 분류하는 것이 더 자연스럽다. 이 문헌은 초기 기독교 문헌 가운데 가장 세련된 작품 중 하나로서 그 이전의 문헌들보다 수사적으로 눈에 띄게 탁월하다. 이 편지는 기독교인들

---

115 Koester, *Introduction*, 2.341도 함께 보라.
116 이를 *Kerygmata Petrou*와 혼동해선 안 된다. 이하의 nn. 336과 340을 보라.
117 *Strom.* 특히 6.5을 보되 1.29, 6.6과 6.15도 보라.
118 Grant, *Greek Apologists*, 39-40; W. Schneemelcher, *NTA*, 2.34-41; J. K. Elliott, *ANT*, 20-4(Schneemelcher와 Elliott는 모두 *Kerygma*의 본문을 포함시킨다).
119 Jefford는 *Epistle to Diognetus*에서 광범위한 서론과 주석을 제공한다.

을 세상에서 몸 안에 있는 영혼과 같은 존재로 묘사한 것으로 가장 유명하며, 이는 6장에서 아름답게 부연 설명된 주제다. 그와 마찬가지로 인상적인 것은 바울 서신의 복음에 대한 이해를 불의한 자를 위해 주어진 의로운 자라는 관점에서 수사학적으로 부연 설명한 것이다(9장).

11-12장의 저자는 자신을 "사도들의 제자"(11.1)로 묘사하지만[120] 1-10장의 저자와 마찬가지로 다른 곳에서는 알려져 있지 않다. 그렇다고 해서—아볼로, 로마의 클레멘스, 순교자 유스티누스, 로마의 히폴리투스와 사르디스의 멜리토를 포함한—저자에 대한 추측이 중단된 것은 아니지만, 어느 누구도 확신을 주지는 못했다.[121] 디오그네투스도 비록 독특한 존칭("가장 탁월하신 분")으로 호칭되지만, 그가 누구인지도 역시 알려져 있지 않다. 그는 누가복음 1:3에서 그와 비슷하게 호칭된 데오빌로처럼 여전히 수수께끼로 남아 있다.[122]

저작 연대도 마찬가지로 수수께끼이며, 보다 쉽게 연대를 추정할 수 있는 다른 문헌들과 연결시킬 수 있는 신학이나 정서상의 단서도 거의 없다. 어떤 이들은 이 문헌의 저작 시기를 3세기로 추정하곤 했지만 2세기 후반도 전적으로 타당하며 심지어 그 기간의 이른 시점도 타당할지 모른다.[123]

---

120 *Diognetus*가 사도 교부 문헌에 포함된 이유는 바로 이 때문일 것이다. 11-12장이 다른 변증서의 단편일 큰 가능성에 대해서는 이하 45장의 n. 190을 보라.

121 Richardson, *Early Christian Fathers*, 206-10; Ehrman, *Apostolic Fathers*, 2.124-6.

122 Ehrman, *Apostolic Fathers*, 2.126.

123 다음 글들을 보라. Holmes, *Apostolic Fathers*, 293; R. M. Grant, 'Diognetus, Epistle to', *ABD* 2.201—"2세기 말." Jefford는 2세기 중엽에서 말까지의 저작 시기와 알렉산드리아에서의 그럴듯한 최종적 배경을 가정함으로써(28-9) 광범위한 논의를 마무리한다 (*Diognetus*, 15-29).

e. 순교자 유스티누스

이 서론적인 부분(§40)에서 2세기 변증가들 가운데 가장 중요한 인물인 유스티누스와 그의 글에 대해 많은 시간을 할애할 필요가 없다. 그는 우리에게 자신은 시리아 팔레스타인 지방의 플라비아 네아폴리스(세겜) 출신인 프리스쿠스의 아들이라고 말해준다(*1 Apol.* 1.1). 그는 자기 민족을 사마리아인이라고 부르고 "마술사 시몬"도 언급하지만(*Dial.* 120.6),[124] 이는 아마도 자신의 출신지를 생각해서 한 말일 것이다. 그는 다른 곳에서 자신을 이방인으로 지칭하기 때문이다(29.1; 64:1; 121.1). 「트리포와의 대화」의 첫 부분에서 그는 자신이 진리를 찾다가 "한 존경할 만한 나이 드신 분"(3.1)을 만나기 전에 플라톤 철학에서 가장 큰 만족을 얻었으며(2), 그 노인이 예언자들과 예언자들이 선포한 그리스도에게서 그가 찾고 있던 진리를 발견하라고 설득했다고 증언한다(7).[125] 이것이 곧 그가 자신을 바친 철학이었고(8.1-2), 유대인 트리포가 그와의 대화에 몰두했을 때도 그는 여전히 철학자였다(1.1-2).

유스티누스는 로마에 정착해서 거기서 자신만의 학파를 세운 것으로 보인다(타티아노스는 그의 학생 중 한 명이었다). 그의 글로 기록된 저작은 방대했다. 그는 자신이 지은 "모든 이단에 대한 논문"을 언급하며(*1 Apol.* 26.8), 에우세비오스는 여덟 편의 저작을 그의 저작으로 간주한다(*HE* 4.18). 타티아노스는 유스티누스가 *2 Apol.* 8에서 반론을 제기한 견유학파의 크레스켄스를 유스티누스를 죽인 장본인으로 비난하지만, 유스티누스의 죽음을 둘러싼 상황은 불분명하며 논쟁의 대상이다.[126] 그러나 「거룩

---

124 *1 Apol.* 26.2-4; 56.1에서도 언급한다.
125 Grant, *Greek Apologists*, 50-2.
126 "죽음을 멸시한다고 공언한 이 사람[크레스켄스]은 죽음이 너무 두려워서 유스티누스에

한 순교자들의 순교」(*The Martyrdom of the Holy Martyrs*)는 유스티누스가 신들에 대한 제사를 거부했다는 이유로 루스티쿠스 총독의 명령에 따라 여섯 명의 동료와 함께 참수형을 당했다고 진술한다.

논란의 여지가 없는 그의 저작 중에서 오직 세 권, 즉 그의 두 편의 「변증」[127]과 「트리포와의 대화」[128]만이 우리에게 완전한 형태로 전해 내려온다. 「제1변증」(*First Apology*)은 황제 안토니누스 피우스(138-161년)에게 보내졌고 그 연대는 보통 대략 155년으로 추정된다.[129] 이 변증서는 오로지 기독교인들의 평판만을 근거로 그들에 대해 불리한 판결을 내리는 일의 부당함에 대한 탄원으로 시작되며(4, 7) 기독교를 신들에 대한 고전적인 그리스-로마의 신앙과 비슷하지만 우월하며 윤리적 이상과 실천에 있어서 우월한 것으로 표현하려 한다(20-29). 이 변증서의 주된 요점은 그리스도와 기독교가 (구약) 예언의 성취이며(32-53) 고전적인 그리스-로마 종교의 희미한 유사점들과 시몬(마구스)이나 마르키온 같은 이들의 거짓된 가르침(54-58, 62, 64)에 비해 우월하다는 점을 또다시 입증하는 것

게, 그리고 실로 나에게 악하다는 이유로 죽음의 형벌을 가하려 애썼다. 그가 진리를 선포함으로써 철학자들에게 폭식가이자 사기꾼이라는 판결을 내렸기 때문이다"(Tatian, *Address* 19). 에우세비오스는 타티아노스의 말을 인용하며 명시적으로 유스티누스의 순교의 원인을 크레스켄스에게 돌린다(*HE* 4.16.7-9).

127 특히 D. Minns and P. Jarvis, *Justin, Philosopher and Martyr: Apologies*(Oxford University, 2009)를 보라. *Apologies*의 개수에 대해서는 21-31; 'The Man and his Work'(2장); Justin the 'philosopher', 59-60을 보고, 본문과 번역은 79-323을 보라. "'이단 연구'라는 범주 자체가 유스티누스 덕분에 생겨난 듯하다. 이것이 사실이라면 신약 이후 다른 어떤 기독교 저술가도 기독교적 담론의 형성에 이처럼 크고 지속적인 영향을 끼치지는 못했다고 말할 수도 있을 것이다"(70).

128 특히 T. J. Horner, *Listening to Trypho: Justin Martyr's Dialogue Reconsidered*(Leuven: Peeters, 2001)을 보라.

129 R. M. Grant, *Greek Apologists*, 52-3과 'Justin Martyr', *ABD* 3.1133은 이를 폴리카르포스의 순교와 관련시키며 Grant는 이 순교의 시점을 156년으로 추정한다(하지만 앞의 n. 34을 보라).

이다. 모세는 플라톤의 스승이었다(59-60).[130] 이 변증서의 가장 매력적인 특징들 중에는 기독교의 예배 모임에 대한 묘사가 있다(65-67). 그리고 이 변증서는 기독교인들에게 우호적인 세 편의 편지를 첨부함으로써 마무리되는데, 그 중 안토니누스 피우스와 마르쿠스 아우렐리우스가 썼다는 두 편의 편지는 위작으로 간주된다.

「제2변증」(Second Apology)은 「제1변증」에 대한 부록에 더 가까우며 그 집필 시점이 늦게는 마르쿠스 아우렐리우스가 즉위한 뒤인 161년까지 이를 수도 있지만, 아마도 「제1변증」 이후에 곧 집필된 글일 것이다.[131] 이 변증서의 가장 유명한 특징은 이전의 철학들에 나타나 있으나 성육신한 그리스도 안에서만 완전해지는 이식된 말씀 내지 미발달된 이성(logos spermatikos)에 대한 유스티누스의 개념이다(2 Apol. 8.1-3; 13.3-4).

유스티누스는 아마도 Dial. 120.6에서 자신의 「제1변증」을 언급한 것으로 보이므로, 비록 그가 이 대화의 배경을 제2차 유대인 봉기 발발 직후(따라서 대략 132년이나 133년)로 설정하기는 하지만, 「트리포와의 대화」의 저작 연대는 그 이후로, 즉 대략 160년 이후로 추정해야 한다.[132] 그리고 「대화」 역시 로마에서 기록되었겠지만, 유스티누스는 「대화」의 배경을 에베소로 설정하는 듯하다. 그는 아마도 철학자들이 담화를 나눈 아테네의 주랑에 해당되는 듯한 "열주의 회랑에서" 걷다가 트리포를 만났

---

130 "플라톤이 모세에게서 배웠다는 유스티누스의 확언은 받아들이기 어려울 수도 있다. 그러나 그것이 바로 그리스의 전통 전체를…하나님의 구원 역사의 차원 속에 포함시키는 일을 가능하게 만든 관점이었다"(Koester, Introduction, 2.344; 추가적으로 343-5을 보라).

131 ODCC 915. 유스티누스는 우르비쿠스(2 Apol. 1-2), 즉 아마도 144년부터 시작하여 160년에 죽을 때까지 로마의 장관직을 역임한 퀸투스 롤리우스 우르비쿠스의 시대에 그 도시에서 "최근에 발생한" 일에 대한 언급으로 글을 시작한다.

132 Dial. 120.6은 유스티누스가 그의 「변증」을 바친 로마 황제가 여전히 권력의 자리에 있었음을 의미할 수도 있다. 안토니누스 피우스는 161년까지 다스렸다.

다(*Dial.* 1.1).[133] 「대화」는 (20-30년 전을 배경으로 한) 명백히 허구적인 작품이지만, 이를 오로지 유스티누스의 상상력에서 나온 것으로 간주할 이유는 없다.[134] 설령 그렇더라도 앞으로 살펴보게 되겠지만(§45.5h) 유스티누스가 결국 소아시아(와 로마)에서 2세기 중엽에 한 유대인과 한 기독교인 사이의 그와 같은 긍정적인 상호작용을 배경으로 설정할 수 있었다는 사실은, 우리에게 서방(로마) 디아스포라에 있던 초기 기독교와 유대교 사이의 관계를 엿볼 수 있는 매우 귀중한 창을 제공해준다.[135] 74.3의 끝에는 누락된 부분이 있고, 두 날로 나누는 구분이 분명치는 않지만 66.16은 "그날이 지나가고" 있음을 나타내고 78.6과 85.4은 그날이 대화의 둘째 날이라고 가정한다. 두 번째 날도 본문 속에 더 이상 없는 이전의 논의에 대한 언급을 포함하고 있다. 따라서 누락된 부분은 아마도 꽤 컸을 것이다.[136]

---

133 A. L. Williams, *Justin Martyr: The Dialogue with Trypho* (London: SPCK, 1930) x.

134 Horner는 "「대화」 안에는 「대화」의 분량의 절반도 안 되는 독립적인 본문이 존재한다"는 점을 입증하려 애쓴다. 그의 가설은 "핵심 본문은 한때 유스티누스가 그의 사회생활이 시작될 때(기원후 135년경) 벌어진 이른바 대화 직후에 쓴 독립된 문헌이었고 그 뒤로 말년(기원후 155-160년)에 이르러 그가 「대화」를 크게 확대된 형태로 발표했다"는 것이다 (*Listening to Trypho*, 32). 그는 "트리포 본문은 2세기의 디아스포라 출신 유대인과 더불어 벌어진 진짜 논쟁으로 읽을 수 있을 것"이라는 희망을 가지고 글을 마무리한다(196-8).

135 "유스티누스의 「대화」는…내용뿐만 아니라 어조에 있어서도 그 이후 기독교 역사에서만큼이나 그 당시에도 드물었을 유대인과 기독교인 사이의 일종의 대화를 보여주는 현존하는 유일한 예다.…우리는 트리포와 그의 주장을 타당하지 않은 허구로 일축할 필요가 없다." 그것이 실제 대화였다는 점은 "트리포와 그의 친구들이 설득당하지 않는다"는 사실에 의해 암시되며 "그것은 분명 유대인을 개종시키려는 의도를 지닌 논증을 마무리하기에는 이상한 방식이다"(Wilson, *Related Strangers*, 258, 261, 264). Wilson은 그의 논의를 이렇게 마무리한다. "트리포는 개연성 있는 인물인가? 전체적으로 그렇다.…그의 독특한 유대인적 특성과 기독교에 대한 태도의 조화라는 측면에서 우리가 생각하는 것보다 트리포와 비슷한 유대인이 더 많이 있었을지도 모른다"(282-3). Horner, *Listening to Trypho*, 4장과 5장도 함께 보라.

136 추가적으로 Williams, *Justin Martyr*, xviii-xix을 보라.

f. 타티아노스

타티아노스는 우리에게 자신은 "앗수르인들의 땅에서 태어났고"(*Address* 42) 로마로 와서 거기서 (유대인) 성경을 읽다가 회심했다고 말한다(29).[137] 거기서 그는 유스티누스, 즉 그가 그렇게 부르는 대로 "가장 존경할 만한 유스티누스"의 제자가 되었다(*Address* 18). 그러나 이레나이우스는 그를 거짓 교사라고 부른다.

> 타티아노스라고 하는 어떤 사람이 신성모독적인 그 사상을 처음 도입했다. 그는 유스티누스의 한 청중이었고 그와 함께 있는 동안에는 그러한 견해를 전혀 표현하지 않았다. 그러나 유스티누스가 순교한 뒤에 그는 교회와 분리되었고 마치 자신이 다른 사람들보다 우월하다는 듯이 교사가 되려는 생각에 신이 나고 교만해져서[138] 자신만의 특이한 유형의 교리를 지어냈다. 그는 발렌티누스의 추종자들처럼 어떤 보이지 않는 영체에 관한 체계를 만들어내는 한편 마르키온이나 사투르니누스처럼 결혼은 다름 아닌 타락과 간음이라고 선언했다. 그러나 아담의 구원에 대한 그의 부정은 전적으로 그 자신에게서 기인한 견해였다(*adv. haer.* 1.28.1).

유스티누스의 영향은 보통 155년에서 165년 사이로 추정되는 타티아노스의 「그리스인들을 향한 연설」(*Address to the Greeks*)에서 가장 명백하며, 거기서 그는 신들과 다른 철학들에 대한 일반적인 믿음을 유스티누스 이상

---

137 추가적으로 다음 글들을 보라. O. C. Edwards, 'Tatian', *ABD* 6.335; W. L. Petersen, 'Tatian the Assyrian', in Marjanen and Luomanen, *Companion*, 125-58; 타티아노스의 전기를 보려면 129-34을 보라.

138 타티아노스의 성격에 대해서는 Petersen, 'Tatian'(134-8)을 보라: "자신에 대한 높은 평가…불친절하고 융통성 없고 타협하지 않는 성격"(135).

으로 비웃고(2-3, 8-10, 21-28, 34)[139] 모세가 호메로스, 다른 철학자들, 고대의 영웅들보다 선행한다고 주장했다(36-41). 그러나 가장 눈에 띄는 점은 비록 창조 때의 로고스에 대한 그의 설명(5, 7, 13)이 유스티누스보다 더 예리함에도 불구하고[140] 그가 그토록 많은 말을 하면서도 "예수", "그리스도" 또는 "기독교인"을 한 번도 언급하지 않는다는 사실이다.[141] 따라서 유스티누스와 비교해 보면 그것은 놀랍도록 비선언적인 기독교적 변증이다. 이레나이우스가 타티아노스를 (같은 구절의 앞부분에서) "엔크라테이아파", 즉 동물성 음식을 멀리하고 결혼을 반대하는 설교를 하는 사람[142]으로 일축하는 모습은 그가 *Address* 33-34에서 당대에 칭송받던 성적 관행에 대해 비난한 내용과 더불어 그 징조가 나타났을지도 모른다.[143]

---

139 Grant, *Greek Apologists*, 113-23도 함께 보라. "그리스 문화에 대한 그의 공격은 사실 그리스 문화의 내용에 대해 약간의 정보를 얻을 수 있는 우리의 유일한 원천이다"(Edwards, 'Tatian', 335).

140 Grant, *Greek Apologists*, 129-30도 함께 보라.

141 그런 언급과 가장 가까운 것은 "우리는 하나님이 인간의 형상으로 태어나셨다고 선언한다"는 그의 주장이며(21.1), 이는 타티아노스가 그 저작 속에서 "그리스도를 하나님으로 대한다"고 말하는 에우세비오스의 언급(*HE* 5.28.4)을 다소 아리송하게 만든다. 티티아노스가 예수의 진정한 인성을 부정했다는 주장에 대해서는 다음 글을 보라. P. M. Head, 'Tatian's Christology and Its Influence on the Composition of the Diatessaron', *TynB* 43 (1992), 121-37. Petersen은 "타티아노스의 *Oratio*에서, 특히 그가 '성부 하나님'과 인간과 천사의 창조 질서 사이에 한 중재자, 한 데미우르고스를 두는 것에서 나타나는 영지주의의 분명한 표지"에 주의를 환기시킨다('Tatian', 146-9). "혹자는 분명 그를 영지주의자로 분류할 것이다. 그러한 경향을 부정하기에는 *Oratio*를 통해 스며드는 영지주의적인 사상이 너무 많다"(152).

142 "엔크라테이아파"는 "금욕주의적 관행과 교리를 극단까지 밀어붙인 초기 기독교인들 중 몇몇 집단에 적용된 호칭"이었고 이레나이우스와 알렉산드리아의 클레멘스 및 히폴리투스에 의해 언급되었지만 정확하게 언급된 것은 아니며, 영지주의 분파와 에비온파 및 가현설 분파를 포함한다(*ODCC* 545). 추가로 Petersen, 'Tatian', 139-46과 125 n. 2을 보라. 그는 "기독교는 마 19:12과 독신에 대한 바울의 옹호(고전 7장)을 포함해서 처음부터 어느 정도의 금욕적인 – 따라서 엔크라테이아파적인 – 경향을 갖고 있었다"고 지적한다('Tatian', 140).

143 이레나이우스는 타티아노스가 아담의 구원을 부정했다는 혐의를 거듭 언급한다(*adv. haer.* 3.23.8; Eusebius, *HE* 4.28.2-3).

유스티누스가 처형된 뒤 이레나이우스는 타티아노스가 "스스로를 교회와 분리시켰고" 분명히 시리아로 돌아갔다고 전하는데,[144] 거기서 타티아노스는 아마도 (정경의) 사복음서를 처음으로 조화시킨 (현존하는) 책인 『디아테사론』(*Diatessaron*)을 170-175년 기간으로 추정되는 시기에 썼을 것이다. 이 책은 서방에도 알려져 있기는 하지만 동방, 특히 시리아에서 이 책이 최초로 광범위하게 유포되었다는 사실은 이 책이 거기서 시리아어로 기록되었음을 강하게 시사한다.[145] 이 책은 시리아어를 사용하는 교회들에서 5세기까지 표준적인 복음서 본문이 되었고, 5세기에 그 저자가 이단자로 취급되었기 때문에 페시타 형태의 네 개의 서로 다른 복음서로 대체되었다.[146]

g. 아폴리나리우스

히에라폴리스의 주교 아폴리나리우스는 마르쿠스 아우렐리우스 황제에게 바친 한 논문을 포함하여 그가 쓴 몇 권의 책을 언급하는 에우세비오스에게 많은 칭송을 받았다(*HE* 4.27.1). 아폴리나리우스는 176년경에 쓴 바로 이 변증서에서 어떤 군단이 172년 또는 174년에 독일인들 및 사마리아인들과의 전투에서와 뇌우로 인해 갈증에서 벗어난 일을 기념하기 위해 그 군단의 이름이 "천둥 치는 군단"으로 지어진 일을 언급한 듯하

---

144 다시 Edwards, 'Tatian', 335을 보라. 알렉산드리아의 클레멘스가 그의 스승들 중에 "한 아시리아인"을 언급한 것(*Strom.* 1.1; 11.2)은 그가 타티아노스를 염두에 두었음을 암시한다.

145 W. L. Peterson, in Koester, *Ancient Christian Gospels*, 403-30(여기서는 405-13, 428-9)을 보라.

146 본문 전승과 참고문헌에 대한 간결한 요약은 *ODCC*, 477-8을 보라. 편의상 필자는 다음 책에 의존했다. J. H. Hill, *The Earliest Life of Christ ever compiled from the four Gospels being The Diatessaron of Tatian* (translated from the Arabic) (Edinburgh: T & T Clark, 1894).

다. 그것은 아폴리나리우스가 기독교인 군단병들의 기도 때문에 일어난 일로 간주한 구원이었다(*HE* 5.5.1-4).[147] 또한 에우세비오스는 그를 이른 바 "프리기아에서 비롯된" 이단(즉 몬타누스주의)에 맞서 진리를 위해 싸우는 강력한 불굴의 투사로 묘사했다(5.16.1; 5.19.1-2).[148] 그러나 그의 글 중에는 전체적으로든 부분적으로든 보존된 것이 아무것도 없다.

h. 아테나고라스

아테네 사람인 아테나고라스는 주로 176년이나 177년에 마르쿠스 아우렐리우스 황제와 그의 아들 콤모두스에게 바친 「기독교인을 위한 탄원」(*Plea for the Christians*)으로 인해 기억되며, 기독교인들이 단지 "기독교인"이라는 이름을 지녔다는 이유로 박해를 받은 추가적인 증거를 제공해준다. 나머지 변증가들처럼 아테나고라스도 기독교인은 무신론자라는 주장을 부정하고 철학자들의 글 속에 하나님은 한 분이라는 믿음에 대한 근거가 있다고 주장하며(*Plea* 5-9), 이어서 철학자들과 시인들에게서 표현된 것과 같은 신들에 대한 폭넓지만 훨씬 덜 인상적인 신앙과 대조되는 삼위일체 하나님을 최초로 분명하게 표현하고(17-30), 또한 기독교인들의 높은 도덕성을 그들을 비난하는 자들의 도덕성과 대조한다(31-35).[149] 아마도 같은 시기(175-180년)지만 이후에 쓴 듯한 그의 논문 「죽은 자들의 부활에 관하여」(*On the Resurrection of the Dead*)는 그리스인의 사고방식이 이 개념에 대응하는 것이 얼마나 어려운 일이며 그럼에도 불구하고 그들이 인식할 수 있는 말로 어떻게 이 개념을 주장할 수 있었는지를 입증한

---

147 추가적으로 Grant, *Greek Apologists*, 83-5을 보라.
148 다시 Grant, *Greek Apologists*, 87-90을 보라.
149 추가적으로 Grant, *Greek Apologists*, 12장을 보라.

다. 어떤 이유에서인지 그는 이후의 기독교 사상에 거의 영향을 끼치지 못한 것으로 보인다. 에우세비오스는 그를 전혀 언급하지 않는다.

i. 안디옥의 테오필로스

테오필로스는 에우세비오스에 의해 "사도들 이후로 여섯 번째(안디옥 주교)인 유명한 테오필로스", 에로스의 계승자(*HE* 4.20), 즉 아마도 170년 경부터 180년대 초까지의 주교로 기억된다. 에우세비오스는 "그가 마르키온에 대해 쓴 귀한 논문"(4.24)을 포함하여 그의 몇몇 저작을 언급하지만, 지금까지 현존하는 그의 유일한 글은 아마도 180년 직후에 안디옥에서 썼을 세 권으로 된 시리즈인 아우토리쿠스에게 보내는 변증이다.[150] 다른 변증가들처럼 그도 기독교적인 하나님 개념을 다양한 부조리함과 부도덕성을 가진 신들에 대한 보다 일반적인 개념과 예리하게 구별한다(예. *Autolycus* 1.9-10; 2.2-4; 3.8). 기독교인들이 보여주는 높은 윤리적 자질(3.9-14)과 마찬가지로 창조와 인류 역사에 대한 그의 이해는 전적으로 유대인 성경에서 도출되었다(2.10-32). 그는 히브리서의 고대성(3.24-25)을 보여주고 그 결과 기독교의 가르침의 고대성(3.29)도 보여주기 위해 아담에서부터 너무나 지루한 연대기를 기록한다.[151] 다소 놀랍게도 테오필로스는 "예수" 또는 "그리스도"를 전혀 언급하지 않지만,[152] 하나님의 말씀은

---

150 테오필로스의 로마 연대기(*Autolycus* 3.27)는 169년에 죽은 베루스 황제(마르쿠스 아우렐리우스와 공동 황제)의 죽음과 함께 끝나지만, 그는 베루스의 통치 기간을 19년으로 제시하고 있으므로 아마도 마르쿠스 아우렐리우스가 161년부터 180년까지 다스리고 180년에 죽었다고 생각했을 것이다.

151 Grant, *Greek Apologists*, 155-6도 함께 보라. 그는 나머지 변증가들보다 테오필로스에게 더 많은 관심을 기울인다(16-19장).

152 "테오필로스의 신학의 가장 놀라운 특징은 예수, 그리스도, 성육신, 속죄에 관한 그의 주목할 만한 침묵이다"(Grant, *Greek Apologists*, 165); 추가적으로 169-71.

"그분의 아들"이라고 부른다(2.22). 특별히 흥미로운 한 가지 특징은 자신의 로고스 신학에서 그가 표현되지 않은 생각과 표현된 생각, 즉 "로고스 엔디아테토스"("마음속에 있는 말")와 "로고스 프로포리코스"("내뱉은 말") 사이의 스토아 철학적인 구분을 최초로 받아들인다는 점이다(2.10, 22).[153] 그는 또한 하나님에 대해 "삼위일체"라는 단어를 최초로 사용한다. 즉 창조의 처음 세 날은 "삼위일체(triados), 즉 하나님과 그분의 말씀(logos)과 그분의 지혜(sophia)의 모형"(2.15)이라는 것이다.[154]

j. 사르디스의 멜리토

멜리토는 우리에게 거의 알려져 있지 않지만, 에우세비오스에 따르면 그는 "사르디스의 유명한 주교"였고(HE 4.13.8) 마르쿠스 아우렐리우스 황제에게 (약 161년에) 바친 변증서들[155]과 다른 몇몇 저작들로 인해 유명하다(4.26.2). 또한 에우세비오스는 "전적으로 성령 안에서 살았고 사르디스에 묻혀 있는 환관 멜리토"를 언급한 폴리크라테스(194년경)의 말을 인용한다(5.24.5). 아마도 저작 연대가 대략 150-75년으로 추정되는 멜리토의 「유월절에 대하여」(Peri Pascha)로 인정된 본문을 담고 있는 파피루스가 발견될 때까지(1940, 1960년) 멜리토의 저작은 아무것도 살아남지 못했다.[156]

---

153 필론도 출 4:16과 7:1을 근거로 모세와 아론에 대한 풍유적인 구별을 표현하는 한 방식으로 이것을 사용하는데, 거기서 모세는 "로고스 엔디아테토스", 아론은 "로고스 프로포리코스"를 상징한다(Det. 39-40, 126-32; Migr. 76-84; Mut. 208). 추가적으로 다음 책들을 보라. H. Kleinknecht, TDNT 3.85; Dunn, Christology 223-4.

154 그러나 그는 이렇게 덧붙인다. "그리고 네 번째(날)는 빛을 필요로 하는 인간의 모형이며, 따라서 하나님, 말씀, 지혜, 인간이 있다."

155 추가적으로 Grant, Greek Apologists, 93-5, 96-9을 보라. Peri Pascha의 완전한 사본은 하나밖에 없지만 멜리토는 변증가로 기억되었다. 따라서 그는 여기 이 대목에 포함된다.

156 추가적으로 S. G. Hall, Melito of Sardis: On Pascha and Fragments (Oxford: Clarendon, 1979), xi-xxii을 보라.

멜리토가 사르디스에 있었다는 사실은 우리로 하여금 그가 글을 쓴 상황에 대한 독특한 통찰을 얻을 수 있게 해 준다. 1958년 이래로 사르디스에 대한 고고학적 탐험으로 아마도 서방의 디아스포라에서 가장 인상적인 회당으로 간주해야 할 회당이 발견되었기 때문이다.[157] 이 회당은 분명 중심적인 위치에 있는 눈에 띄고 중요한 건물이었으며, 이는 유대인 공동체가 잘 자리 잡혀 번성하며 영향력이 있었음을 시사한다. 이 회당은 보통 3세기의 것으로 추정되지만, 유대인 공동체는 소아시아에 네 세기 동안 있었으므로 3세기에 유대인들의 높은 지위는 그들이 수십 년간 받은 존경의 자연스러운 결과였다고 추론하는 것이 가장 자연스럽다. 기독교인 역사가들의 자연스러운 성향은 후대의 중세 유럽에서 강제 거주 지구에 갇혀 있던 유대인과 같은 상태가 기독교의 초창기에 이미 만연해 있었을 것이라고 가정하는 것이므로, 2세기에 사르디스에서 큰 존경을 받고 영향력이 있었던 것은 유대인 공동체였을 것이고 기독교 공동체는 뒷골목에 갇혀 있었을 가능성이 더 컸다는 점을 이해하는 것은 최소한 유익한 일이다.[158] 기독교회들은 아직 나타나지 않은 반면, 회당은 많은 도시 건축의 한 특징이었다. 몇 세기가 지난 뒤에야 비로소 기독교의 주교들이 궁전에서 살게 된다.

멜리토의 「유월절에 대하여」는 다음 몇 가지 이유에서 상당히 가치가 있다.

---

157 자세한 내용은 G. M. A. Hanfmann, ed., *Sardis from Prehistoric to Roman Times: Results of the Archaeological Exploration of Sardis 1958-1975* (Harvard University, 1983), 특히 A. T. Kraabel, 'Impact of the Discovery of the Sardis Synagogue'에 실려 있다(173-90).

158 MacLennan, *Early Christian Texts*, 94-109도 함께 보라. "유대인들은 강제 거주 지역에 갇히거나 도시 밖의 어딘가에 숨어 있지 않았다. 그들은 사르디스에서 '편하게' 지냈다.… 사르디스의 유대인들은 사르디스 문화 속에 흡수되었다"(150).

- 이 책은 "모형" 신학에 대한 분명한 설명을 제시한다(§46.6h).
- 유대 회당 공동체의 높은 시민적 지위를 감안하면 멜리토의 글은 유대인과 기독교인 사이의 관계에 대한 흥미로운 통찰을 제공해 주며 이 책의 위협적인 어조가 아닌 간청하는 어조를 설명하는 데 도움이 될 수 있다.
- 이 책의 기독론은 매우 독특하다. 그리스도는 "본성적으로 하나님 이자 인간"이시다(*Peri Pascha* 8). 멜리토는 창조와 이집트와 광야에서의 이스라엘에 대한 신적인 보호 등을 그리스도의 공으로 돌리는 데 아무런 주저함이 없다.[159] 그는 엄밀한 의미에서의 로고스 기독론을 사용하지는 않지만, 전통적으로 무조건 하나님의 속성으로 간주되었던 속성을 가진 하나님의 대리자로서의 그리스도의 역할에 대한 가장 분명한 선례는 제2성전기 유대교의 신적인 지혜에 대한 사상이다.

---

159 "…하나님의 장자, 샛별 이전에 낳은 바 되신 분, 빛이 빛나게 하신 분, 낮을 밝게 만드신 분, 어둠을 나누신 분…하늘의 별들을 움직이게 하신 분, 저 광명체들을 빛나게 하신 분, 하늘의 천사들을 만드신 분…몸소 땅 위에 인간을 만드신 분. 이 분은 당신을 선택하신 분, 아담에서 노아까지, 노아에서 아브라함까지, 아브라함에서 이삭과 야곱과 열두 족장까지 당신을 인도하신 분이었다. 이 분은 당신을 이집트로 인도하시고 당신을 보호하시고 친히 그곳에서 당신을 공급하신 분이다. 이 분은 불기둥으로 당신의 길을 비추시고 구름을 통해 당신에게 그늘을 만들어주신 분이며, 홍해를 가르시고 당신을 그 가운데로 인도하시며 당신의 적을 멀리 흩어버리신 분이다. 이 분은 당신에게 하늘에서 만나를 공급하신 분, 당신에게 바위에서 마실 물을 주신 분, 호렙에서 당신의 법을 세우신 분, 그 땅에서 당신에게 유업을 주신 분, 당신에게 그의 예언자들을 보내신 분, 당신의 왕들을 세우신 분이다"(82-85). 멜리토의 기독론이 "소박한 가현설"로 특징지어진 것은 놀랄 일이 아니었다(Hall, *Melito*, xliii-xliv).

40.3 에우세비오스와 이단 연구자들

기독교의 정체성에 관한 경쟁에서 큰 교회와 그것의 주요 경쟁자들의 역사에 대한 주요 자료에는 (비록 그 목록이 이 연구의 종결점인 2세기 말보다 훨씬 뒤까지 이어지지만) 에우세비오스와 이단 연구자들―헤게시푸스, 이레나이우스, 테르툴리아누스, 히폴리투스, 에피파니우스―이 포함되어야 한다. 이 자료들은 그다지 신뢰성이 높은 것은 아니지만 우리에게 알려지지 않은 2세기에서 나온 정보나 2세기에 대한 정보를 종종 포함하고 있다. 이 자료들은 모두 초기 기독교 역사에서 이 책의 범위 너머에 있는 한 단계를 나타내는데, 그 시점에서는 켈수스가 "큰 교회"라고 부른 것, 즉 자신들의 기독교의 형태를 "정통"으로 보고 다른 모든 상이한 형태들은 "이단"으로 간주할 만큼 자기 확신을 지닌 기독교인들의 집단이 출현하기 시작했다. 즉 이레나이우스에 이르러서 우리는 유대교와의 관계와 창조 세계의 구속 가능성이라는 측면에서 다룬 본질적 정체성에 대한 경쟁이 벌어지던 시대에서 벗어나기 시작한다. 정체성이 예리하게 다듬어지는 과정은 물론 계속해서 논쟁의 대상이 되었지만, 우리가 변증가에서 이단 연구가로의 이행으로 묘사할 수 있는 시기는 기독교 역사에서 결정적인 분기점이자 이 연구가 마무리되는 시점이다.

우리는 여섯 명의 저술가들을 시간순으로 간략하게 다룰 것이다.

a. 헤게시푸스

헤게시푸스에게 첫 번째 자리를 부여해야 하는 이유는 에우세비오스에 따르면 그가 "사도들 이후 시대에 속한" 인물이기 때문이다(*HE* 2.23.3).[160] 우리가 헤게시푸스에 대해 알게 된 것은 에우세비오스 덕분이다. 에우세비오스는 헤게시푸스를 유대인 개종자로 지칭하며(*HE* 4.22.8) 그가 다섯 편의 "비망록"을 썼다고 기록했는데(4.22.1), 여기에는 로마 주교들의 계승 목록과 아이러니하게도 예루살렘의 모교회에서의 계승에 대한 논쟁에서 비롯된 것으로 간주된 다양한 이단들의 기원에 대한 기록이 포함되어 있었다(4.22.3-6). 에우세비오스는 야고보가 죽은 뒤의 예루살렘 교회에 대해 기록하면서 헤게시푸스에게 광범위하게 의존한다.[161]

b. 이레나이우스

이레나이우스는 마지막 변증가로 간주될 수 있지만, 그의 주저가 『이단 논박』(*Against Heresies*)이라는 다섯 권짜리 책이었으므로 그를 이단 연구가에 포함시키는 것이 더 적절하다.[162] 그는 이 단락에서 언급된 이들 중에 전적으로 2세기에 살았던 나머지 한 인물이다(130년경-200년경).[163] 그는 동방과 서방 사이에 다리를 놓아주기 때문에 특별히 중요하다. 그는 소년

---

160 추가적으로 G. F. Chesnut, 'Hegesippus', *ABD* 3.110-1을 보라. "헤게시푸스는 역사상 특정 시점에 교회가 사도적 순수성에서 타락했다는 (보통은 해로운) 개념을 도입한 최초의 기독교 역사 저술가였다. 이 경우에 그는 트라야누스 시대에 예수의 마지막 혈족이 죽은 사건을 선택했다. 그는 그때까지는 '사람들이 교회를 처녀라고 불렀는데 이는 교회가 아직 부패하지 않았기 때문'이라고 말했다"(111, Eusebius, *HE* 4.22.4; 3.32.7을 인용함).
161 이하 §45.3을 보라.
162 추가적으로 M. A. Donovan, 'Irenaeus', *ABD* 3.457-61을 보라.
163 하지만 어떤 이들은 그가 약 202년까지 살았을지도 모른다고 생각한다.

시절에 폴리카르포스의 가르침을 들었으므로 서머나 태생으로 여겨지며 [164] 178년에 리옹 주교가 되었다. 그리고 그는 로마 주교와 좋은 관계를 맺었고 190년에 소아시아의 "14일파"(Quartodecimans: 니산 월 14일을 부활 절로 지낸 기독교 종파—역주)[165]를 위해 빅토르 교황에게 편지를 썼다. 이레나이우스의 주된 공헌은 영지주의의 다양한 형태, 특히 발렌티누스의 영지주의를 자세히 논박한 대작 『모든 이단을 반박함』(Adversus omnes Haereses) 이었다. 이 책은 부분적으로 그리스어로 보존되어 있지만 라틴어로는 완전한 형태가 있다. 최초의 위대한 공교회 신학자이자 진정으로 성경적 신학자인 이레나이우스는 속사도 시대와 공교회 기독교로 묘사하는 것이 적절한 시대 사이의 분수령을 이룬다.[166] 특히 신약의 사복음서만 진본으로 간주해야 한다는 그의 주장과 그가 자신의 신학 안에 바울 문헌과 요한 문헌의 영향을 효과적으로 맞물리게 한 점은 그를 기독교 정체성을 정의하는 과정의 드라마에서 결정적인 배우이자 2세기의 발전 과정의 적절한 정점으로서 돋보이게 한다.[167]

c. 테르툴리아누스

테르툴리아누스는 160년 무렵에 태어나 카르타고에서 자랐고 아마도 법률가로 교육받았을 것이며 197년 이전 어느 시기에 기독교인이 되었다.

---

164 앞의 n. 26을 보라.
165 "14일파" 논쟁은 로마의 아시아 속주에 있는 기독교인들이 유대인의 유월절 날짜인 첫 번째 달 14일(quartadecima; 불가타역 레 23.5)을 예수가 십자가에 달리신 날로 지킨 반면, 대부분의 기독교인들은 일요일에 예수의 부활을 기념했고 예수의 십자가 처형을 그 앞 금요일에 발생한 일로 기억했다(Eusebius, HE 5.23, 24.11-18).
166 ODCC 846-7.
167 특히 Osborn, Irenaeus, 1장; 참고, Koester, Introduction, 2.10-11을 보라.

그는 폭넓게 글을 썼지만 우리에게 그의 가장 중요한 저작은 이단에 대한 논박이다.

처음의 「이단 규정에 대하여」(*De praescriptione haereticorum*)에서 그는 원칙상 모든 이단을 처리한다. 감독의 계승을 통해 역사상 볼 수 있는 하나의 참된 교회(여기서 그는 이레나이우스를 따른다)만이 그리스도와 사도들로부터 내려온 진정한 전통을 소유하고 있고 그 교회만이 성경을 해석할 권한이 있다.[168]

그의 가장 광범위한 저작은 마르키온을 논박하는 다섯 권짜리 책(*Adversus Marcionem*)인데, 그 책에서 그는 구약과 신약의 한 하나님과 구약 예언의 메시아인 예수의 동일성을 단호히 주장했다.[169] 그의 평판은 그가 몬타누스주의에 매력을 느낌으로 인해 손상되었고 몬타누스주의의 금욕주의와 성령과 무아경적인 예언에 대한 강조는 그의 흥미를 끌었다.[170]

d. 히폴리투스

히폴리투스(170년경-236년경)의 초기 생애에 대해서는 거의 아무것도 알려져 있지 않지만, 그는 3세기 초에 이미 로마에서 가르치는 일을 했고 거기서 논란이 많은 명성을 얻었다.[171] 그의 주저는 『모든 이단에 대한 반박』(*Refutatio Omnium Haeresium*)인데 그중 일부는 유실되었다.

---

168 *ODCC* 1591.
169 더 자세한 내용은 D. E. Groh, 'Tertullian', *ABD* 6.389-91을 보라.
170 추가적으로 이하 §49.8을 보라.
171 *ODCC* 773-4.

e. 에우세비오스

가이사랴 주교 에우세비오스(260년경-340년경)는 아리우스를 지원하고 아마도 니케아 신조에 마지못해 동의하는 등 히폴리투스와 약간 비슷하게 논란이 많은 역사가 있었다. 그는 일반적으로 "교회사의 아버지"로 간주되며 그의 열 권짜리 책인 『교회사』(*Historia Ecclesiastica*)[172]는 콘스탄티누스의 결정에서 승자의 관점에 크게 기울어져 있지만, 그럼에도 불구하고 그 이전 문헌들에서 뽑은 긴 발췌문들을 포함하고 있다. 그중 일부는 이 책이 없었다면 우리에게 전해지지 않았을 것이다. 따라서 에우세비오스는 누가(사도행전)처럼 자신이 설명하고 있는 사건 및 등장인물들과 가까운 관계는 없지만 그의 『교회사』는 매우 소중한 자원이며 단지 승자들의 관점에 있어서만 그런 것이 아니다.

f. 에피파니우스

이 살라미스의 주교(315년경-403년)는 팔레스타인 태생이었고 "이단의 낌새라면 무엇이든 참지 못하는" 니케아 신앙의 무비판적이고 열성적인 옹호자였다.[173] 정통 신앙을 옹호하는 그의 가장 중요한 저작은 나중에 단순히 『이단 논박』으로 알려진 『파나리온』("약상자"-이단의 독을 물리친다는

---

172 LCL(London: Heinemann, 1926, 1932)에서 나온 Kirsopp Lake와 J. E. L. Oulton이 번역한 두 권짜리 책으로 가장 편리하게 접할 수 있다. 이 책은 아마도 여러 판으로 나왔을 것이다. 예를 들어 H. J. Lawlor와 J. E. L. Oulton에 의해 여러 판으로 나온 *Eusebius: The Ecclesiastical History and the Martyrs of Palestine* (2 vols.; London: SPCK, 1954), 2.2-11의 논의와 Kirsopp Lake에 의한 LCL 판의 서론을 보라. G. F. Chesnut, 'Eusebius of Caesarea', *ABD* 2.673-6도 함께 보라.

173 *ODCC* 553.

의미에서)이다. 이 책은 아담 때부터 자기 시대까지 (헬레니즘, 사마리아 종교, 유대교를 포함해서) 80개의 종교적 분파들을 서술하고 논박한다. 그리고 에우세비오스, 헤게시푸스와 마찬가지로 『파나리온』은 이 책이 없었다면 우리에게 알려지지 않았을 많은 정보를 제공한다. 이 책은 유대 복음서들, 에비온파 복음서, 히브리인에 따른 복음서에 대한 정보원으로서 특히 소중하다.

40.4 나머지 복음서들[174]

복음서 자료 연구를 두 가지 범주(§39.2과 §40.4)로 나눈 것은 한편으로는 편의의 문제이고 다른 한편으로는 정경 복음서들의 더 크고 광범위하며 지속적인 영향을 반영한 것이다. 그러나 이 두 범주가 서로 어떻게 관련되는지는 이어지는 장들에서 논의할 주제의 일부다. 저자와 저작 시기, 장소(이 장의 한정된 범위) 등의 주제는 대체로 해결이 난망하므로 우리가 가진 적은 자료를 감안할 때 여기서의 목표는 단순히 논란이 되는 2세기 기독교의 성격에 있어서 어느 정도 중요한 요인이었던 것으로 보이는 문헌들의 범위에 대한 개관을 제공하는 것이 될 것이다.[175]

---

174 가장 완전한 전집은 B. D. Ehrman and Z. Plese, *The Apocryphal Gospels: Texts and Translations*(Oxford University, 2011)다.

175 외경 복음서들에 의해 제기된, 2세기 기독교에 대한 이해와 관련된 문제들은 J. Frey and J. Schröter, eds., *Jesus in apokryphen Evangelienüberlieferungen* (WUNT 1.254; Tübingen: Mohr Siebeck, 2010), 12-23의 서론에 잘 요약되어 있다. Ehrman and Plese, *Apocryphal Gospels*도 함께 보라.

a. 유대-기독교 복음서[176]

몇몇 주류 기독교 지도자들—특히 알렉산드리아의 클레멘스, 오리게네스, 에우세비오스, 에피파니우스, 히에로니무스[177]—은 보통 유대-기독교 복음서로 일컬어지는 이런저런 복음서들을 언급하거나 인용한다. 이러한 언급들에 대한 가장 일반적인 해석은 그와 같은 복음서에 세 가지—「히브리인에 따른 복음」, 「나사렛파 복음」, 「에비온파 복음」—가 있었다는 것이다.[178] 그러나 이 언급들은 확실한 대답을 도출하기가 거의 불가능한 다음과 같은 몇 가지 의문을 제기할 만큼 일관성이 없다.

- 이 이름들은 동일한 복음서 내지 두 개의 복음서에 대한 서로 다른 이름이었는가?[179]
- 이 복음서들 중에 어떤 복음서는 히브리어로 기록되었는가(또는 번

---

176 다음을 보라. P. Vielhauer and G. Strecker, *NTA*, 1.134-78; Elliott, *ANT*, 3-25; A. F. J. Klijn, *Jewish-Christian Gospel Tradition* (Leiden: Brill, 1992); D. Lührmann, *Die apokryph gewordenen Evangelien* (NovTSupp 112; Leiden: Brill, 2004), 229-58; C. A. Evans, 'The Jewish Christian Gospel Tradition', in O. Skarsaune and R. Hvalvik, eds., *Jewish Believers in Jesus* (Peabody: Hendrickson, 2007), 241-77(여기서는 245-58); A. Gregory, 'Jewish-Christian Gospels', in P. Foster, ed., *The Non-Canonical Gospels* (London: T & T Clark, 2008), 54-67; E. K. Broadhead, *Jewish Ways of Following Jesus* (WUNT 266; Tübingen: Mohr Siebeck, 2010), 255-67.

177 Vielhauer and Strecker, *NTA*, 1.135-52과 Klijn, *Jewish-Christian Gospel Tradition*, 2부에서 자세하게 제시된 내용은 원문과 번역과 주석을 포함하여 교부 문헌 단편들의 전체 목록을 제공한다.

178 "오리게네스(*Hom. 1 on Luke*), 암브로시우스, 히에로니무스(*on Matt.* Prol. 과 *Dialogi contra Pelagianos* 3.2)는 '열두 제자의 복음' 또는 '사도들에 따른' 복음을 언급하는데, 에피파니우스의 글에 실린 단편들에서 화자는 사도들이라는 점을 근거로 이를 에비온파 복음서와 동일시할 수 있다는 주장이 (Zahn에 의해) 설득력 있게 제기되었다"(Elliott, *ANT*, 5; Vielhauer와 Strecker는 *NTA*, 1.166에서 이 주장에 의문을 제기했다).

179 Gregory, 'Jewish-Christian Gospels', 56-9의 논의를 보라.

역되었는가)?

- 이 복음서들 중에 어떤 것이 마태복음과 관련이 있다면 어떻게 관련이 있는가? 파피아스가 "마태는 이 신탁들을 히브리어로 수집했다"고 썼을 때 그는 실제로 이 복음서를 언급한 것인가(Eusebius, *HE* 3.39.15-16)?[180]

이 문제들을 분명히 하는 데는 몇 개의 인용문만으로도 충분할 것이다. 이레나이우스는 마태복음만 사용한 에비온파로 알려진 사람들을 언급한다(*adv. haer.* 1.26.2; 3.11.7). 에우세비오스는 신약으로 간주되는 문헌들을 논하면서 "어떤 이들은 히브리인에 따른 복음도 [공인된 책들에 가운데] 속한 것으로 간주했는데, 그 책에서 특히 그리스도를 받아들인 히브리인들은 특별한 즐거움을 얻는다"고 말한다(*HE* 3.25.5). 나중에 그는 에비온파가 "히브리인에 따른 복음이라고 불리는 복음서만 사용했고 나머지는 거의 중요시하지 않았다"는 점을 특별히 언급한다(3.27.4). 그리고 *Theophania* 4.12에서 에우세비오스는 "유대인들 사이에 (유포되고) 있는 히브리어로 된 복음서"를 언급한다. 에피파니우스는 "원래 히브리어 서체로 기록된 대로…히브리어로 된 마태복음 전체를 갖고 있는" 유대-기독교의 나사렛파에 대한 글을 길게 쓰고(*Pan.* 29.9.4) 그 뒤에 에비온파의 복음서를 인용한다(*Pan.* 30.16.5).[181] 히에로니무스는 "히브리 복음서"(*on Eph.* 5.4), "히브리인에 따른 복음이라고도 불리는 복음서"(*de Vir. Ill.* 2), "나사렛파가 습관적으로 읽는 히브리인의 복음서"(*on Ezek.* 18.7), "히브리어로 기록된 복음서"(*on Isa.* 11.2)에서 다양하게 인용한다.

---

180 앞의 §39 n. 87을 보라.
181 추가적으로 §44.4a과 §44.4d의 인용문을 보라.

안타깝게도 "교부들"의 언급과 인용문이 이 복음서들에 대해 우리가 가진 유일한 정보다. 이 단락에서 검토할 대다수의 다른 비정경 복음서들과 달리 유대-기독교 복음서들은 사본은 고사하고 일부분이나 파피루스 단편조차 발견되지 않았다. 따라서 그러한 언급들과 인용문들에서 주어진 단편적인 정보들 이상으로 이 복음서들의 구조와 성격에 대한 분명한 그림을 그려내는 일은 사실상 불가능하다. 이는 우리가 이 복음서들을 거의 전적으로 그것들을 부정하고 폄하한 이들의 시선을 통해서만 봐야 함을 의미하기 때문에 매우 답답한 일이다. 또한 필사본과 파피루스 발견물들이 몇몇 주요 영지주의 문헌의 사본을 제공한 나머지 비정경 복음서들과 달리, 유대-기독교 복음서들에 대한 우리의 관점은 크게 제한되어 있다. "영지주의"의 성격은 오늘날 훨씬 더 분명해졌지만, "유대-기독교"에 관해서는 우리는 여전히 훨씬 더 깊은 어둠 속에 머물러 있다. 에피파니우스와 그 밖의 사람들의 말이 옳다면, 그러한 복음서들은 아마도 예루살렘에서 야고보의 지도 아래 번성했던 형태의 기독교를 유지하고 발전시킨 2세기 기독교의 한 갈래에 대해 우리에게 많은 것을 말해주었을 것이다. 발전하는 주류에 의해 너무나 쉽게 시대에 뒤처진 것으로 외면당하거나 이단적인 유대-기독교의 분파로 일축된 이러한 기독교의 형태들은 시리아 기독교에 대한 분명한 평가와 기독교와 신생 유대교와의 관계에 있어서 특히 중요하며, 따라서 이러한 복음서들에 대해 우리가 할 수 있는 말이 별로 없다는 것은 극도로 답답한 일이다.[182]

유대-기독교 복음서들의 저작 연대에 대해 우리가 할 수 있는 말은 이 복음서들이 2세기 전반이나 중엽의 어느 시점에 나타난 게 분명하다

---

182 추가적으로 다음 글을 보라. J. Frey, 'Zur Vielgestaltigkit judenchristlicher Evangelienüberlieferungen', in Frey and Schröter, eds., *Jesus in apokryphen Evangelienüberlieferungen*, 93-137. "유대 기독교"에 대해서는 이하의 §45을 보라.

는 것이 전부다. 저자 문제는 이 복음서들과 마태복음의 관계라는 미해결된 문제를 늘 염두에 두어야 하는 큰 미지수다. 앞으로 살펴보겠지만 이 복음서들에 대한 언급은 예수 전승이 어떻게 해석되고 사용되었는지에 대한 우리의 지식에 거의 보탬이 되지 않는다.

이 복음서들의 지리적 기원에 관해서는 조금 더 많은 말을 할 수 있다. 「히브리인에 따른 복음」의 가장 중요한 증인은 알렉산드리아의 클레멘스와 오리게네스이므로 이 복음서는 이집트에서 기원했거나 거기서 주로 유포되었을 수도 있다.[183] 에피파니우스에 따르면 "이 분파[나사렛파]는 코일레시리아의 베뢰아에 거주한다"(Pan. 29.7.7). 따라서 아마도 「나사렛파 복음」의 출처는 그곳일 것이다. 이 복음서가 원래 히브리어/아람어로 기록된 마태복음으로 간주되었을 수도 있다는 사실(에피파니우스, 히에로니무스)[184]은 혼란스럽지만 최소한 시리아에서 마태복음의 영향력을 입증한다.[185] 그리고 에비온파는 요단강 동편에 뿌리를 두고 있었으므로 아마도 그곳이 「에비온파 복음」의 출처이자 에피파니우스가 이 복음서를 참조할 수 있었을 곳일 것이다.

그러나 각 경우에 우리는 장님 코끼리 만지기를 하고 있는 셈이다.

---

183 추가로 Vielhauer and Strecker, *NTA*, 1.176을 보라. 「히브리인에 따른 복음」은 이집트 기독교의 확실한 산물이다"(Klijn, *Jewish-Christian Gospel Tradition*, 42).

184 Vielhauer and Strecker, *NTA*, 1.142-3, 145-8, 154-7의 논의를 보라.

185 Vielhauer와 Strecker는 「나사렛파 복음」은 "분명 그리스어 마태복음의 아람어 역본이라고 믿어 의심치 않는다"(*NTA*, 1.157).

b. 「도마복음」[186]

「도마복음」은 특별히 주목할 만하다. 「도마복음」은 교부들의 몇 번 안 되는 이른 시기의 언급을 통해 알려졌고[187] 오늘날 「도마의 유년기 복음」(*Infancy Gospel of Thomas*)[188]으로 알려진 문헌과 종종 혼동되지만, 1945-46년에 나그함마디에서 영지주의 문헌의 일부로 이 복음서가 발견됨으로써 초기 기독교, 영지주의, 특히 예수 전승과 그 기원, 그 성격 및 발전에 대한 연구를 뒤흔들어놓은 서서히 타오르는 폭발이 일어났다.[189] 무엇보다 「도마복음」은 나그함마디 문헌에 담긴 여러 복음서 가운데 단지 하나에 불과하지만 어떤 이들은 이 복음서를 신약 복음서들의 가치 및 중요성과 동등하거나 심지어 능가할지도 모르는 지위와 중요성과 영향력을 가진 문헌으로 간주했다.[190]

나그함마디 사본들은 콥트어로 기록되어 있지만 많은 경우 명백히 그리스어에서 번역되었다.[191] 두 번째 나그함마디 사본(*NHL*, II.2)의 일부

---

186 「도마복음」의 영어 번역본에 대해서는 *Jesus Remembered*, 161 n. 104을 보라.

187 히폴리투스는 「도마복음」 4.1의 한 형태를 "'도마에 의한'이라는 제목이 붙은 복음서"라고 부른다(*Haer.* 5.7.20; in Foerster, *Gnosis*, 1.267). 예를 들어 그는 「도마복음」을 마니교의 산물로 간주한 예루살렘의 키릴로스의 글(*Catech.* 4.36)과 베드로와 도마와 맛디아의 복음서를 "이단들이 내세운 것"으로 일축한 에우세비오스의 글(*HE* 3.25.6)도 함께 보라. 추가로 B. Blatz, *NTA*, 1.110-11을 보라.

188 참고. M. R. James, *The Apocryphal New Testament* (Oxford: Clarendon, 1924), 14-16; R. Cameron, 'Thomas, Gospel of', *ABD* 6.535.

189 나그함마디 사본의 발견에 대한 설명을 보려면 앞의 §38 n. 125을 보라. S. J. Patterson, et al., *The Fifth Gospel: The Gospel of Thomas Comes of Age* (London: T & T Clark, 2011), 67-96에 있는 J. M. Robinson의 글도 함께 보라.

190 "「도마복음」의 기반은 정경 복음서들보다 더 원초적인 말씀 모음집이다"(Koester, in Robinson and Koester, *Trajectories*, 186). Funk and Hoover, *The Five Gospels*(앞의 §38 n. 141을 보라)는 이 명제의 논리적 결론을 전개한다.

191 이 점은 Aland, *Synopsis*, 517-30에 나오는 B. M. Metzger의 「도마복음」 번역에서 유익하게 입증되었다. 추가적으로 S. Gathercole, *The Composition of the Gospel of Thomas: Original*

인 「도마복음」은 내러티브의 틀이 없는 114개의 말씀 모음집으로 구성되어 있다. 특히 두 가지 특징은 기독교의 기원에 대한 어떤 역사에 대해서도 「도마복음」의 잠재적 가치를 보여준다. 하나는 「도마복음」의 말씀과 공관복음 전승, 특히 Q 자료 사이의 상당한 중첩이다. 이는 예수 전승의 내용과 성격 및 그것의 전달과 발전에 대한 여러 가지 질문을 제기한다. 그러한 질문들은 이 현재의 연구에 있어서 일차적으로 중요하며 적절한 때에 면밀하게 주목할 필요가 있을 것이다(§43.2). 다른 하나는 그보다 40-50년 전에 역시 이집트에서 발견된 몇몇 옥시링쿠스 파피루스도 몇 가지 말씀을 포함하고 있으며 「도마복음」의 보다 이른(또는 다른) 형태에서 나왔거나 최소한 그러한 형태의 증거를 제공해줄지도 모른다는 인식이다.[192] 세 단계(공관복음 전승, 다양한 옥시링쿠스 파피루스, 「도마복음」)를 통해 말씀의 역사를 추적할 가능성은 이집트에서 두 차례 발견된 문헌에서 얻는 예상치 못한 덤이다.[193]

Language and Influences (SNTSMS 151; Cambridge University, 2012), 4장을 보라.

192 POxy 654 = *Gosp. Thom.* Incipit, 1-7; POxy 1 = *Gosp. Thom.* 26-30, 77.2, 31-33.1; POxy 655 = *Gosp. Thom.* 24.3(?), 36-39. 이 병행 본문들은 Blatz, *NTA*, 1.117-8, 121-3과 Elliott, *ANT*, 135-6, 139-41에 영어로 편리하게 제시되어 있다. Lührmann, *apokryph gewordenen Evangelien*, 5장도 함께 보라. A. D. DeConick은 *The Original Gospel of Thomas in Translation* (LNTS 287; London: T & T Clark, 2006)에서 (비록 놀랍게도 *Gosp. Thom.* 77.2을 순서에서 뺐지만) 병행 본문들을 자세히 제시한다. 옥시링쿠스 파피루스의 그리스어 본문에 대해서는 A. E. Bernhard, *Other Early Christian Gospels: A Critical Edition of the Surviving Greek Manuscripts* (LNTS 315; London: T & T Clark, 2006), 16-48과 추가로 W. Eisele, *Welcher Thomas? Studien zur Text-und Überlieferungsgeschichte des Thomasevangeliums* (WUNT 259; Tübingen: Mohr Siebeck, 2010)을 보라. 간략한 논의는 S. K. Brown, 'Sayings of Jesus, Oxyrhynchus', *ABD* 5.999-1001을 보라. Koester는 "「도마복음」은 2세기에 널리 유포된 그리스어 복음 문헌으로 잘 입증되어 있다"고 추론하고 "그 증거는 정경 복음서들에 대한 증거만큼이나 강력하다"고 단언한다(*Ancient Christian Gospels*, 77). 그러나 이하의 §43.2을 보라.

193 참고. 마 7:3-5/눅 6:41-42   POxy 1.1-4   *Gosp. Thom.* 26
막 6:4 병행 본문   POxy 1.30-35   *Gosp. Thom.* 31
마 5:14   POxy 1.36-41   *Gosp. Thom.* 32
마 6:25-30/눅 12:27-28   POxy 655 1.1-17 *Gosp. Thom.* 36

i. 저자

「도마복음」은 스스로를 "복음"으로 묘사하지는 않지만 "살아 계신 예수가 말씀하셨고 도마라고도 불리는 유다가 기록한 은밀한 말씀"으로 소개한다. 콥트어 본문은 저자를 더 자세하게 "디디모스 유다 도마" 즉 "쌍둥이 유다"로 기술한다.[194] 시리아 교회에서 유다 도마는 예수의 쌍둥이 형제로 알려졌고[195] 시리아 동부, 특히 에데사[196](그리고 그 이후에는 인도—마르 도마 교회)[197]에서 교회들을 세운 일도 그가 한 일로 간주되었다. 다른 문헌들, 특히 「도마행전」과 아마도 또 다른 나그함마디 문헌인 듯한 「의심자 도마의 서」(Book of Thomas the Contender)(NHL, II.7)도 도마의 저작으로 간주되었다. 이 문헌들이 도마의 저작으로 간주된 것은 사도적인 권위에 대한 욕구를 암시한다. Gosp. Thom. 13장은 도마를 베드로와 마태의 통찰력을 초월하는 은밀한 특별 계시를 허락받은 자로서 베드로 및 마태와 대비시키는 것처럼 보인다.[198] 그리고 도마는 그 영웅적인 근원이 알려

---

194 "토마"(ťôma)는 아람어로 "쌍둥이"를 의미하지만 그리스어를 사용하는 지역에서는 "도마"라는 이름의 사람을 가리키는 말로 자연스럽게 이해되었다(BDAG 463). 그 원래 의미가 "쌍둥이"에 해당하는 그리스어인 "디디모스"로 번역된 것도 역시 자연스럽다.

195 「도마행전」에서 예수는 도마와 혼동되며("그는 유다 도마의 외모를 가졌다") "나는 유다 도마가 아니라 그의 형제"라고 설명해야 한다(11). 그리고 도마는 "그리스도의 쌍둥이 형제"로 환영받는다(39). Gosp. Thom. 1에서도 「도마복음」과 유사하게 도마를 "디디모스라고도 불리는 유다 도마"로 소개한다.

196 Eusebius, HE 1.13.4, 11; 2.1.6; HE 3.1.1에서는 사도들 사이에 선교 지역을 나눌 때 도마에게는 시리아의 동쪽 국경에 있는 파르티아가 할당된다. 추가로 이하의 §45.8f을 보라.

197 Gosp. Thom. 1-3, 17; 파르티아는 서쪽으로는 시리아, 남쪽으로는 인도와 국경을 마주했다. 추가로 Klauck, Apocryphal Acts, 144-6을 보라. 또한 'Malabar Christians', ODCC, 1022-3과 이하의 §40.6e을 보라.

198 Gosp. Thom. 13장—"예수께서 제자들에게 말씀하셨다. '나에 대해 추측해 보아라. 내가 누구와 같은지 내게 말하라.' 시몬 베드로가 예수께 말했다. '당신은 의로운 천사와 같습니다.' 마태가 예수께 말했다. '당신은 현자, 절제할 줄 아는 사람과 같습니다.' 도마가 예수께 말했다. '주님, 제 입은 당신이 누구와 같은지 말하려 할 수 없습니다.' 예수께서 말씀하셨다. '나는 너의 주인이 아니다. 너는 내가 솟는 샘에서 덜어낸 물을 마시고 취했

져 있지 않고 오직 추측만 할 수 있는, 시리아 기독교에서 특별한 지위를 가진 것처럼 보인다. 따라서 "역사적 도마"와의 어떤 역사적 연결고리가 전적으로 배제될 수는 없다. 그러나 그러한 연결고리를 가정할 수도 없다. 그의 이름 자체("쌍둥이")가 도마를 예수의 쌍둥이 형제로, 따라서 다른 이들은 받지 못한 계시를 받는 특권을 누린 자로 보는 사고를 유발시키기에 충분했을 가능성도 얼마든지 있기 때문이다.[199] 그러나 요한복음 14:5-7, (22-23절), 20:24-29의 도마에게서 「도마복음」 서두와 13장의 도마와의 연결고리나 「도마복음」에 대한 반응을 발견하려는 일체의 시도[200]는 극도로 모호하다.[201]

ii. 저작 장소

이미 암시한 것처럼 「도마복음」과 시리아 동부, 특히 에데사와의 관련성은 강하다. 같은 유다 도마 디디모스의 저작으로 간주된 「도마행전」은 확실히 에데사와 긴밀히 관련되어 있고[202] 에데사에 있는 도마의 무덤에 관

다.' 그리고 예수께서는 도마를 데리고 물러가셨다. 예수께서는 도마에게 세 가지 말씀을 하셨다. 그 후 도마가 동료들에게로 돌아가자 동료들이 도마에게 물었다. '예수께서 네게 무슨 말씀을 하셨느냐?' 도마가 그들에게 말했다. '내가 너희에게 그분이 내게 하신 말씀 가운데 하나라도 말하면 너희는 돌을 들어 내게 던질 것이다. 그러면 불이 돌에서 나와 너희들을 불태울 것이다.'"

199 특히 다음 글을 보라. M. Jansen, '"Evangelium des Zwillings?" Das *Thomasevangelium* als Thomas-Schrift', in J. Frey, et al., eds., *Das Thomasevangelium: Entstehung — Rezeption — Theologie* (BZNW 157; Berlin: de Gruyter, 2008), 222-48 — "그의 이름의 어원론적인 잠재력"(248).

200 특히 다음 책들을 보라. G. J. Riley, *Resurrection Reconsidered: Thomas and John in Controversy* (Minneapolis: Fortress, 1995), 100-126; A. D. DeConick, *Voices of the Mystics: Early Christian Discourse in the Gospels of John and Thomas and Other Ancient Christian Literature* (JSNTS 157; Sheffield Academic, 2001), 3장.

201 추가적으로 Dunderberg, '*Thomas* and the Beloved Disciple'과 이하 §43.2을 보라.

202 "디디모스 유다 도마라는 특이한 중복된 이름은 동방에서만 그 존재가 입증된 것처럼 보인다"(Cameron, *ABD* 6.536). 에데사에 대해서는 *ABD* 2.284-7과 이하의 §45.8f을 보라.

한 전승은 오래되었다.[203] 대다수 학자들은 비록 에데사가 문화적으로 이중 언어 지역이었던 것이 거의 확실하고 그리스어 역본이 보다 원시적인 형태의 본문을 보존하고 있는 것처럼 보이지만, 「도마행전」은 원래 시리아어로 지어졌다가 그리스어로 번역되었다는 데 동의한다.[204] 초기 시리아 기독교의 도마 문헌적인 성격을 감안하면 가장 분명한 추론은 「도마복음」도 그곳에서 기원했다는 것이다.[205] 더 나아가 비록 「도마복음」 본문의 일부만이 우리에게 그리스어(옥시링쿠스 파피루스)와 콥트어(나그함마디 「도마복음」)로 전해졌지만 「도마복음」은 원래 시리아어로 기록되었다고 주장할 수도 있다.[206] 본문 일부가 모두 이집트에서 발견되었다는 사실이 「도마복음」이 독특한 시리아적 배경을 반영할 가능성을 축소시키는 것은 아니다.[207]

---

203 이하 n. 326을 보라.

204 Elliott, *ANT*, 439-40; Klauck, *Apocryphal Acts*, 142. Gathercole은 *Composition of the Gospel of Thomas*에서 원문은 그리스어였으며 만일 에데사가 원 저작 장소였다면 "우리는 에데사가 문화적으로 그리스 도시였다는 사실을 고려해야 한다"고 설득력 있게 주장한다 (34, H. J. W. Drijvers and J. F. Healey의 *The Old Syriac Inscriptions of Edessa and Osrhoene* [Leiden: Brill, 1999], 32을 인용함).

205 Koester, *Ancient Christian Gospels*, 79-80. A. D. DeConick은 'Mysticism and the *Gospel of Thomas*', in Frey, ed., *Das Thomasevangelium*, 206-21에서 「도마복음」이 오래된 시리아의 종교성과 어떻게 조화를 이루는지를 특별히 언급한다. "이제 그것은 내게 오래된 형태의 정통, 일종의 '원시 정통'으로 보인다"(218-21). DeConick, 'The *Gospel of Thomas*' in Foster, ed., *Non-Canonical Gospels*, 13-29(여기서는 27-9)의 견해도 이와 비슷하다.

206 특히 N. Perrin, *Thomas and Tatian: the Relationship between the Gospel of Thomas and the Diatessaron* (Atlanta: SBL, 2002); 또한 *Thomas, the Other Gospel*(London: SPCK, 2007)도 보라. Perrin은 「도마복음」이 타티아노스의 「디아테사론」에 의존했으며 「디아테사론」은 기원후 170년경에 시리아어로 기록된 것이 거의 확실하다고 주장한다(W. L. Petersen, 'Diatessaron', *ABD* 2.189-90).

207 "시리아의 '지역적 특색'은 이미지와 비유 면에서도 똑같이 분명하다"(Blatz, *NTA*, 1.112).

iii. 저작 시기

나그함마디 문헌은 기원후 400년 전후에 땅에 묻혔고,[208] 대략 350년이 콥트어 「도마복음」의 가능성 있는 저작 시기다.[209] 그러나 최소한 그리스어(POxy) 단편 중 하나는 기원후 200년 이전에 기록된 사본에서 나왔다.[210] 이미 언급했듯이 콥트어 「도마복음」은 그리스어에서 번역한 것이다. 이는 반드시 그리스어 판에서 콥트어로 직접 연결되는 선이 존재함을 의미하는 것은 아니다. 몇몇 대목에서는 콥트어를 그리스어의 번역으로 읽기가 어려울 것이기 때문이다. 보다 그럴듯한 설명은 그리스어와 콥트어 모두 그 성격과 전달에 있어서 거의 완전히 구두 전승인 한 전승을 글로 옮긴 것이라는 설명이다. 그리스어와 콥트어 본문은 전승의 동일한 흐름의 서로 다른 국면에서 글로 옮겨졌고 두 본문의 표현과 순서상의 다양성은 구전의 사용과 전달에서 드러나는 전형적인 편차를 반영한다.[211]

그렇긴 하지만 그리스어 역본과 콥트어 역본이 함께 공유한 전승의 흐름은 확실히 동일한 흐름이며 이 흐름은 최소한 2세기 후반기 동안 힘차게 흘러간 것이 분명하다. 보통 말하는 「도마복음」 전승이 시리아에서 기원했다면, 옥시링쿠스 파피루스는 그것이 분명 이집트로 보다 널리 확산되어 그곳에서 그리스어로 옮겨졌음을 입증한다.

그보다 훨씬 더 중요한 점은 「도마복음」 전승과 공관복음 전승, 특히

---

208 Robinson, *Nag Hammadi Library*, 2.
209 Cameron, *ABD*, 6.535.
210 H. Koester, in Robinson, *Nag Hammadi Library*, 124; Cameron, *ABD*, 6.535, 536. 「도마복음」이 열어젖힌 흥미로운 가능성 가운데 전형적인 것은 S. L. Davies, *The Gospel of Thomas and Christian Wisdom*(New York: Seabury, 1983)의 결론이다: "「도마복음」은 1세기 중엽의 문헌이다"(146); "「도마복음」은 Q 자료만큼 오래되었거나 심지어 더 오래되었을지도 모른다"(16-17).
211 그러나 추가적으로 이하의 §43.2a n. 246을 보라.

Q 전승[212]과의 중첩의 정도가 「도마복음」 전승의 출처 내지 최소한 출처의 일부를 1세기까지 거슬러 올라가 Q 자료에 담겨 있고 공관복음 저자들이 글로 옮긴 구전 예수 전승까지 추적할 수 있음을 보여준다는 점이다. 이는 우리가 자세한 논의를 위해 되돌아가야 할 한 가지 질문[213]을 제기한다. 공관복음 전승 속에서 전달된 예수 전승은 「도마복음」 전승으로 흘러간 하나의 지류에 불과한가? 아니면 예수 전승 내지 예수가 끼친 영향이 「도마복음」의 유일한 출처인가? 예를 들어 Q 전승을 사실상 「도마복음」의 이른 형태로 간주할 수 있는가,[214] 아니면 「도마복음」은 단순히 후대(2세기 중엽)의 창작에 끌어들여진 초기(1세기) 전승의 한 예일 뿐인가?[215] 이 질문에 대한 대답과 그 논리적 귀결은 초기 기독교의 다양한 특성과 예수 전승의 역사에 대한 우리의 이해에 있어서 분명히 중요하다. 그 대답을 발견하고 분명히 하는 것은 이어지는 장들의 논의 주제(§43.2)에서 하나의 중요한 목표가 될 것이다.

---

212 다시 이하의 §43.2a을 보라.
213 참고. E. E. Popkes, 'Das Thomasevangelium als *crux interpretum*. Die methodischen Ursachen einer diffusen Diskussionslage', in Frey and Schröter, eds., *Jesus in apokryphen Evangelienüberlieferungen*, 271-92.
214 이는 Koester(*NHL*, 125)와 Cameron(*ABD* 6.536)이 암시하는 것과 같다. Koester의 그 이전의 기고문인 '*GNOMAI DIAPHOROI*: The Origin and Nature of Diversification in the History of Early Christianity'와 'One Jesus and Four Primitive Gospels', in Robinson and Koester, *Trajectories*, 114-57 및 158-204(여기서는 129-43, 168-87)도 함께 보라.
215 S. J. Patterson, *The Gospel of Thomas and Jesus* (Sonoma, CA: Polebridge, 1993)에게는 미안한 말이지만 「도마복음」 안에 있는 공관복음 자료 혹은 구체적으로 Q 자료를 단순하게 「도마복음」의 한 초기 형태와 동일시할 수 있다는 가정에 빠지지 않는 것이 중요하다.

c. 나머지 나그함마디 복음서들

「도마복음」 외에도 나그함마디 사본에는 "복음서"로 지칭되는 다른 세 개의 사본―「진리의 복음」, 「빌립복음」, 「이집트인의 복음」―이 포함되어 있다. 베를린 파피루스 8502는 나그함마디 사본에서도 나타나는 「요한의 외경」, 「예수 그리스도의 지혜」와 더불어 「마리아복음」도 포함하고 있으므로, 「마리아복음」은 출간된 나그함마디 총서에 포함되어 있다. 게다가 다른 나그함마디 문서들은 예수 전승이나 예수의 가르침으로 간주되는 가르침을 제시하고 있다고 주장한다. 또한 최근에 발견된 「유다복음」과 같은 다른 문헌들도 있는데, 이 문헌들은 영지주의가 예수 전승을 다루는 방식 내지 예수 전승을 제시한다는 영지주의의 주장이라는 넓은 주제 아래 포함시킬 수 있다.

「진리의 복음」(NHL, I.3)의 제목은 이 책의 서두의 말("진리의 복음은 기쁨이다")에서 취한 것이다. 이 책은 분명히 발렌티누스적인 성격을 갖고 있고, 어떤 이들은 발렌티누스 자신이나 그의 직계 제자들이 저자라고 생각한다. 이 책을 이레나이우스가 언급한 "진리의 복음"(adv. haer. 3.11.9)과 도 동일시할 수 있다면 이 책의 저작 시기를 150-180년 기간으로 확신 있게 추정할 수 있으며 그것은 아마도 로마에서 기원했을 것이다.[216]

「빌립복음」(NHL, II.3)은 "인간의 곤경과 사후의 삶에 대한 발렌티누스적인 개념이라는 배경 속에서 주로 성례의 의미와 가치에 관한 진술들을 편집한 책이며…주로 기독교 영지주의의 성례 교리 교육에서 뽑은 발췌문 모음집일 것이다."[217] 이 문서의 끝에서 이 문서에 붙여진 제목은

---

216 다음 글도 함께 보라. Dunderberg, 'School of Valentinus', 84-6.
217 W. W. Isenberg, 'The Gospel of Philip', NHL, 139-60(여기서는 139, 141); Dunderberg. 'School of Valentinus', 88-90. 추가적으로 이하의 §44.6a을 보라.

「빌립에 따른 복음」이지만 빌립을 저자로 간주하는 것은 빌립이 이 문헌에서 나타나는 유일한 사도라는 사실에서 비롯된 것일 수도 있다(73.8). 시리아어에 대한 언급(19, 53)은 이 복음서가 시리아에서 기원했음을 암시한다. 저작 시기는 계산하기가 불가능하지만(3세기?) 여느 때처럼 보다 흥미로운 것은 이 복음서가 그 이전의 자료에 의존하고 있는가 하는 문제다.

알렉산드리아의 클레멘스는 「이집트인의 복음」을 두 번 언급하는데 거기서는 살로메가 (최소한 클레멘스의 글에 나오는 언급에 따르면) 두드러지게 등장한다.[218] 이 복음서에 대한 클레멘스의 지식은 이 복음서가 이집트에서 2세기 말에 유포되었음을 암시한다. 그러나 다른 (구체적인) 언급이 없다는 사실은 아마도 이 문서가 별로 중요하지 않고 제한적으로 유포된 문서였음을 보여준다. 이 문서를 다른 곳에서는 "위대한 보이지 않는 영의 거룩한 책", "셋파의 우주론적 관점에서 우주의 기원에 대한 설명으로 시작되는 세례 의식이 등장하는 셋파의 세례 안내서"[219]라는 제목이 붙은 나그함마디의 「이집트인의 복음」(NHL, III.2과 IV.2 ─ 두 가지 형태가 있다)과 혼동해선 안 된다.

「마리아복음」(즉 일반적으로 일치된 견해에 따르면 막달라 마리아의 복음)은 우리가 알고 있는 한 교부들은 전혀 언급하지 않은 문서다. 이 문서의 콥트어 본문은 1896년에야 발견되었고(P. Berolinensis 8502), 그리스어로 기록된 다른 두 단편은 그 이후에 발견되었다(P. Oxy. 3525과 P. Rylands 463).[220] 그리스어로 기록된 이 두 단편의 연대는 3세기 초로 추정할 수 있

218 B. D. Ehrman, *Lost Scriptures: Books That Did Not Make It into the New Testament* (Oxford University, 2003), 17-18을 보라. 구체적으로 「이집트인의 복음」에 대한 두 번의 언급은 이하 §44.4a에 인용되어 있다.

219 M. Meyer, *The Gnostic Gospels of Jesus* (New York: HarperCollins, 2005), 115.

220 본문과 추가적인 내용은 다음 책들에 실려 있다. *NHL*, 523-7; H.-C. Puech and B.

으므로 「마리아복음」은 아마도 2세기의 어느 시점에 그리스어로 기록되었을 것이다.[221] 이 짧은 본문은 비록 영지주의자들에게는 매력적이었을지 모르지만 그 성격에 있어서 특별히 영지주의적이지는 않으며,[222] 마리아가 기독교의 일부 진영에서는 권위 있는 교사로 간주되었음을 암시한다는 점이 가장 흥미롭다.[223]

영지주의나 정경에 속하지 않은 복음서에 대한 모든 논의가 무엇을 여기에 포함시킬 것인지에 대해 합의한 것은 아니다. 또한 대부분의 나그함마디 문헌의 원본에 대한 연대 추정은 기껏해야 불분명하며 2세기 저작설마저도 보통 논란의 대상이므로 더 자세한 내용까지 들어갈 필요는 없다. 우리는 나중에 「야고보 외경」(*Apocryphon of James*)(*NHL*, I.2)과 「구주의 대화」(*Dialogue of the Savior*)(*NHL*, III.5)가 예수 전승의 역사에 대한 흥미로운 질문을 제기한다는 점을 살펴보겠지만(§44.5), 복음서들의 목록에 때때로 포함되는 다른 문헌들[224]은 고찰의 대상으로 삼기에는 신약 복음서와 너무 동떨어져 있다. 「요한의 외경(또는 은밀한 책)」(*Apocryphon of John*)(*NHL*, II.1, III.1, IV.1)은 세베대의 아들 야고보의 형제 요한의 저작으로 간주되었지만 세상과 인간의 기원, 타락, 구원에 대한 고전적이고 잘 발달

Blatz, *NTA*, 1.391-5; Lührmann, *Die apokryph gewordenen Evangelien*, 105-24; C. Tuckett, *The Gospel of Mary* (Oxford University, 2007), 3-10.

221 Tuckett, *Gospel of Mary*, 10-12; and 'The *Gospel of Mary*', in Foster, ed., *Non-Canonical Gospels*, 43-53(여기서는 43-4); 또한 K. L. King, in Robinson, ed., *NHL*, 523-24; Meyer, *Gnostic Gospels of Jesus*, 33-5.

222 Tuckett, *Gospel of Mary*, 5장의 논의를 보라. 'The *Gospel of Mary*', 43-53과 참고문헌도 함께 보라.

223 특히 E. A. de Boer, *The Gospel of Mary: Beyond a Gnostic and a Biblical Mary Magdalene* (JSNTS 260; London: T & T Clark, 2004)을 보라. 'Followers of Mary Magdalene and Contemporary Philosophy', in Frey and Schröter, eds., *Jesus in apokryphen Evangelienüberlieferungen*, 315-38도 함께 보라.

224 Meyer, *Gnostic Gospels of Jesus*.

된 (셋파의) 영지주의 문헌이며,[225] 「위대한 셋에 대한 두 번째 논문」(*The Second Treatise of the Great Seth*)(*NHL*, VII.2)은 그리스도가 전했다고 하지만 (65) 기독교 전승에 대한 고전적인 영지주의적 해석이다—예수가 아닌 구레네 사람 시몬이 십자가에 달려 있는 동안 그(예수)는 "높은 곳에서 즐 거워하며…그들의 무지를 비웃고 있었다"(56).[226]

「빌립에게 보내는 베드로의 편지」(*The Letter of Peter to Philip*)(*NHL*, VIII.2)[227]는 초기 영지주의적 용례의 전형적인 "계시 대화"로 포함될 수 있었고 영지주의적인 이야기가 기독교 전승 속에 뒤섞일 수 있는 다양 한 방식을 잘 보여준다. 거기에는 온 세상에 구원을 전파하라는 부활한 그리스도의 사명을 상기시키는 내용이 있다. 그들에게 말씀하시는 큰 빛 과 목소리는 자신의 정체를 이렇게 밝힌다. "나는 너희와 영원히 함께 하는 예수 그리스도다"(134.17-18; 참고. 마 28:19-20). 그러나 초기 기독 교 전승을 상기시키는 대목들은 보다 특징적으로 영지주의적인 메시지 를 소개한다.[228] 사도들이 부활하신 그리스도께 드린 최초의 요청은 이렇 다. "주여, 우리는 영체의 결핍과 충만함을 알고 싶습니다", "우리는 이 거처에 어떻게 억류되었습니까?"(134.20-24) 타락한 상태에서 인류가 처

---

225 더 자세한 내용은 F. Wisse, 'John, Apocryphon of', *ABD* 3.899-900을 보라.

226 셋파의 영지주의에 대해서는 J. D. Turner, *Sethian Gnosticism and the Platonic Tradition* (Quebec: University of Laval, 2001)을 보라. 몇몇 나그함마디 사본은 셋파의 문헌으로 구 성되어 있다. 예를 들어 'Synopsis of Sethian Gnostic Literature' in A. D. DeConick, *The Thirteenth Apostle: What the Gospel of Judas Really Says* (London: Continuum, 2007), 167- 73을 보라. DeConick도 2장에서 유용한 "영지주의 교리문답"을 제시한다.

227 M. W. Meyer and F. Wisse, *NHL*, 431-7 — Meyer는 이 문헌이 기원후 2세기 말이나 3 세기 초 무렵에 기록되었음을 암시한다(433); H.-G. Bethge, *NTA*, 1.342-53.

228 K. L. King은 'Toward a Discussion of the Category "Gnosis"/"Gnosticism": The Case of the Epistle of Peter to Philip', in Frey and Schröter, eds., *Jesus in apokryphen Evangelienüberlieferungen*, 445-65에서 "영지주의"라는 범주에 대한 정당한 의문 제기를 계속하면서 발렌티아누스주의의 특징적인 이야기를 보여주는 본문의 특징들을 지나치게 경시한다.

한 상황은 "성부의 위엄 있는 계명 없이" "영체를 키우기"를 원하는 "어머니["지혜"]의 불순종과 어리석음"(135.10-15)에 대한 영지주의적 신화로 설명된다.[229] 성육신에 대한 호소는 영지주의 복음과 잘 어울린다. "나는 떨어져나간 씨앗으로 인해 육체로 내려 보내진 자다"(136.16-18). 또한 "너희가 너희 자신에게서 부패한 것을 벗어버릴 때 너희는 빛을 비추는 자들이 될 것이다"(137.6-8). 현재의 고난에 의해 초래된 긴장은 "우리의 빛을 비추는 자 예수가 내려와 십자가에 달리셨다"는 인식에 반영되어 있고 그 뒤를 이어 다음과 같은 주장이 나온다. "예수는 이 고난에 대해 외인이다. 그러나 우리는 어머니의 범죄로 인해 고난을 겪은 자들이다"(139.15-23).

최근에 발견된 다른 두 복음서도 언급해야 한다. 「구주의 복음」 (*Gospel of the Savior*)(P. Berolinensis 22220)은 1967년에 베를린 박물관이 이집트에서 취득한 여러 단편적인 콥트어 사본 중 하나다. 이 사본은 1991년에 발견되었고 1999년에 처음 출판되었다.[230] 사본의 단편적인 성격 때문에 본문의 대부분은 번역할 수 없는 상태로 남아 있다. 원문의 언어는 그리스어였고 아마도 2세기에 나왔을 것이다. 비록 콥트어 사본은 훨씬 후대의 것이지만 말이다. 남아 있는 사본은 예수의 마지막 순간을 최후의 만찬 뒤부터 다룬다. 교부 시대에 이 문헌에 대한 어떤 언급도 없다는 것은 이 문헌이 적당히 유포되었고 최소한의 중요성밖에 지니지 못했음을

---

229 「요한의 외경」에서와 같이 "'지혜'가 성령의 허락 없이―성령은 동의하지 않았다― 그리고 배우자 없이 자신에게서 한 형상을 낳기를 원했을 때 결정적인 단절이 찾아왔다"(II.9.28-31―*NHL*, 110).

230 C. W. Hedrick and P. A. Mirecki, *Gospel of the Savior: A New Ancient Gospel* (Santa Rosa, CA: Polebridge, 1999); C. Markschies, 'Was wissen wir über den Sitz im Leben der apokryphen Evangelien?', in Frey aned Schröter, eds., *Jesus in apokryphen Evangelienüberlieferungen*, 61-90(여기서는 81-4).

암시한다.

「유다복음」도 나그함마디 문헌의 일부는 아니지만, 영지주의 복음서라는 주제 아래 포함될 가장 최근에 발견된 문헌이라는 이유 때문에라도 언급되어야 한다. 이레나이우스(*adv. haer.* 1.31.1)와 에피파니우스(*Pan.* 38.1.2-5, 38.3.1-5)[231]가 「유다복음」을 언급하지만, 그들이 아마도 언급했을 본문의 사본(차코스 사본)은[232] 1970년대에 이르러서야 비로소 발견되었고 2006년에 언론의 대대적인 주목을 받으며 출판되었다.[233]

d. 다른 복음서들

초기 복음서들에 대한 서론적 검토를 끝마치려면 다른 몇몇 복음서도 무시할 수 없다.[234]

가장 흥미로운 파피루스 단편 가운데 하나는 그 연대를 이르면 150년까지 추정할 수 있는 (두루마리가 아닌) 한 파피루스 사본[235]에서 1935년

---

231 전체 인용문은 DeConick, *The Thirteenth Apostle*, 174-77에 있다. 이하의 내용에서 필자는 DeConick의 번역에 의존한다.

232 그것이 동일한 복음서인지에 대한 논의를 보려면 S. Gathercole, *The Gospel of Judas: Rewriting Early Christianity* (Oxford University, 2007), 5장을 보라.

233 특히 H. Krosney, *The Lost Gospel: The Quest for the Gospel of Judas Iscariot* (Washington: National Geographic, 2006)의 설명을 보라. 보다 간략한 설명은 Gathercole, *Judas*, 1장을 보라. DeConick은 유다를 영웅적인 인물로 표현하는 「유다복음」에 대한 ("내셔널 지오그래픽"의) 초기 번역을 비판한다(*The Thirteenth Apostle*, 3장 — 'A Mistaken Gospel'). DeConick, 'The Mystery of Betrayal: What Does the *Gospel of Judas* Really Say?', in M. Scopello, ed., *The Gospel of Judas in Context* (Nag Hammadi and Manichaean Studies 62; Leiden: Brill, 2008), 239-64도 함께 보라.

234 바실리데스가 복음서를 쓴 적이 있는지는 논란거리다. J. A. Kelhoffer, '"Gospel" as a Literary Title in Early Christianity and the Question of What is (and is Not) a "Gospel" in Canons of Scholarly Literature', in Frey and Schröter, eds., *Jesus in apokryphen Evangelienüberlieferungen*, 399-422(여기서는 418-22)을 보라.

235 Elliott, *ANT*, 37-8. 그러나 Schneemelcher는 이 사본의 연대는 아마도 보다 늦은 약 200

에[236] 처음 발표된 에거튼 파피루스 2다. 이 사본은 두 장을 온전히 보존하고 있고 세 번째 장의 일부분을 담고 있다.[237] 이 파피루스의 가장 눈에 띄는 특징은 신약 특유의 요한 문헌 자료에 대한 지식이다(§44.4b).

베드로의 저작으로 간주된 복음서(「베드로복음」)는 초기 교회 문헌에서 언급된다. 가장 중요한 것은 (2세기 말의) 안디옥 주교 세라피온이 (안디옥에서 48km 북서쪽 해변에 있는) 로수스 공동체가 "베드로복음"을 사용하고 있다는 사실을 알게 된 경위에 대한 에우세비오스의 설명이다. 세라피온은 처음에는 이 복음서의 사용을 불허할 아무런 이유가 없다고 생각했지만, 이 복음서에 대해 더 많이 알게 되면서 이 복음서에 가현설 신봉자들과 관련된 이단적인 가르침이 포함되어 있음을 깨달았다(HE 6.12.2-6). 1886-87년에 상(上)이집트 지역에서 8세기 혹은 9세기의 「베드로복음」의 한 단편("아크밈 단편")이 발견되었는데,[238] 거기서 베드로는 이야기를 하는 사람으로 묘사된다(Gosp.Pet. 7.26; 14.60). 이 복음서는 빌라도가 손을 씻는 장면으로 시작해서 예수의 부활에 대한 묘사에서 절정에 이른다.[239]

년 무렵으로 추정해야 할 것이라고 말한다(NTA, 96).

236 H. I. Bell and T. C. Skeat, *Fragments of an Unknown Gospel* (London: British Museum, 1935), 1-26.

237 1987년에 처음 발표된 P.Köln 255은 단편 1의 양쪽 아래부터 다섯 행으로 구성되어 있다. 전문은 Bernhard, *Other Early Christian Gospels*, 84-97에서 가장 편리하게 볼 수 있다. 추가적으로 T. Nicklas, 'Papyrus Egerton 2', in Foster, ed., *Non-Canonical Gospels*, 138-49; Lührmann, *Die apokryph gewordenen Evangelien*, 125-43을 보라.

238 더 자세한 내용은 P. van Minnen, 'The Akhmim *Gospel of Peter*', in T. J. Kraus and T. Nicklas, eds., *Das Evangelium nach Petrus: Text, Kontexte, Intertexte*(Berlin: de Gruyter, 2007), 53-60; Markschies, 'Was wissen wir?', 71-4을 보라. 초기의 논의에 대해서는 P. Foster, 'The Discovery and Initial Reaction to the So-called Gospel of Peter', *Evangelium nach Petrus*, 9-30을 보라. 추가로 *The Gospel of Peter: Introduction, Critical Edition and Commentary*(Leiden: Brill, 2010)을 보라.

239 본문(P.Cair. 10759)은 Bernhard, *Other Early Christian Gospels*, 49-83과, 다른 두 개의 작은 단편, 즉 *2 Clem.* 5.2-4에서도 그 존재가 입증된 예수와 베드로 사이의 토론의 일부인 P.Oxy. 4009 그리고 "아크밈 단편" 3-5과 중첩되는 P.Oxy. 2949에서 볼 수 있다. 추가

어느 정도 문필가로서의 명성이 있었던 인물인 세라피온도 이전에는 이 문헌을 알지 못했다(HE 6.12). 이 문헌은 또한 로수스 교회 내의 한 집단이 "내세운" 것으로서 로수스 교회 자체에도 분명 꽤 생소한 것이었다.[240] 이는 이것이 시리아에서 아마도 꽤 국지적으로 유래된, 그즈음에 나온 문헌임을 암시한다.[241] 어쨌든 이 문헌의 연대가 2세기 중엽 이전으로 추정될 것 같지는 않다.[242] 하지만 앞으로 살펴보겠지만(§44.7a), 그 속에 담긴 전승 가운데 어떤 것의 연대가 신약 복음서만큼이나 오래됐거나 그보다 더 오래된 것일 수도 있는가에 관해서는 약간의 논쟁이 있다.[243]

로 Lührmann, *Die apokryph gewordenen Evangelien*, 55-104을 보라.

240 Hill, *Who Chose the Gospels?*, 81-2, 88.

241 H. B. Swete는 *The Akhmim Fragment of the Apocryphal Gospel of St. Peter*(London: Macmillan, 1893)에서 "아크밈 단편"에 대한 최초의 학문적 평가를 내리면서 「베드로복음」이 2세기 말 이전에 사용되었다는 증거는 없다고 말했다. 그는 이렇게 결론지었다. "이 사실들은 이 책이 시리아와 팔레스타인의 경계 안에서 매우 제한적으로 통용되었다는 점과 일치한다"(xxxv). 「베드로복음」은 초기 교회에서 널리 인기가 있었고"(*Lost Christianities*, 22) "2세기에 기독교회 일각에서 성경으로 알려지고 사용되었다"(*Lost Scriptures*, 31)는 Ehrman의 주장은 타당하지 않으며 오해의 소지가 매우 많다. Ehrman이 사용한 논증의 잘못에 대해 Hill이 드러내는 것(*Who Chose the Gospels?*, 특히 1장과 88-9쪽)을 보라. Markschies가 신랄하게 지적하듯이 "안타깝게도 Ehrman은 「베드로복음」이 왜 정경이 된 마가복음보다 더 인기가 있었는지는 '상당히 말하기가 어렵다'고 생각한다"('Was wissen wir?', 88 n. 102).

242 P. M. Head는 'On the Christology of the Gospel of Peter', *VC* 46 (1992), 209-24에서 예수의 고난에 대한 「베드로복음」의 설명이 2세기 기독교 문헌의 특징인 순교사적 모티프를 반영하고 있음을 보여준다. "시리아의 대도시인 안디옥의 주교는 이 임시변통의 저작에 대해 놀라운 무지를 보이는데, 이는 그 저작이 널리 유포되지 않았고 ─ 현대의 몇몇 주장과는 달리 ─ 비교적 늦은 시기에 창작되었음이 분명하다는 징표다"(Hengel, *Four Gospels*, 13). J. J. Johnston은 'The Resurrection of Jesus in the Gospel of Peter: A Tradition-Historical Study of the Akhmim Gospel Fragment'(Middlesex University, PhD 2012)에서 이렇게 주장한다. "아크밈 단편은 보다 오래된 신약 복음서의 부활 이야기에 대한 2세기의 유대인과 이교도의 비판에 대처하는 변증의 좋은 실례이며…이는 2세기의 기독교인들에게 예수의 부활에 대한 선포가 단지 빈 무덤의 발견과 그 이후의 부활 후 현현에 대한 소문이 아닌 사건 그 자체에 대한 실제 목격자 증언을 바탕으로 한 것임을 확신시키려는 의도를 지닌 변증이다."

243 추가적으로 Koester, *Ancient Christian Gospels*, 216-40(이하의 §44 n. 302도 함께 보라);

예수의 고난이라는 주제에 초점을 맞추거나 이 주제를 부연 설명하는 다른 복음서들도 관계가 없지 않다. 이런 복음서들은 모두 저작 연대가 늦고 우리의 참고 범위에서 벗어나 있지만 「니고데모복음」은 특별히 흥미롭다. 이 복음서는 중세 시대에만 그런 이름으로 알려졌지만, 그 이전의 「빌라도행전」으로 구성되어 있고 여기에 「그리스도의 지옥 강하」가 덧붙여진 것이다.[244] 「빌라도행전」은 아마 유스티누스도 알고 있었을 것이고(1 Apol. 35.9; 48.3) 테르툴리아누스는 빌라도가 티베리우스 황제와 연락을 주고받았다는, 「빌라도행전」에서 유래된 듯한 전승을 알고 있었으며(Apol. 5, 21),[245] 에피파니우스는 375년 무렵에 글을 쓰면서 예수의 수난 시기에 대한 세부적인 내용을 언급하는데 그 내용은 아마도 「빌라도행전」에서 유래된 듯하다.[246] 「빌라도행전」은 "빌라도 전설"[247]이라고 이름 붙일 만한 전설의 일부로서, 빌라도가 예수가 십자가에 달린 원인이 된 잔인하고 매우 매정한 역사적 인물에서 예수의 신성을 인정하는 기독교인이 되어 에티오피아 교회와 콥트 교회에서 성인으로 여겨지게 된 변화에 기여했다.[248]

복음서로 이름 붙여진 또 다른 문서는 거의 주목할 필요가 없다. 「가

C. Maurer and W. Schneemelcher, 'The Gospel of Peter', *NTA*, 1.216-27; Elliott, *ANT*, 150-8; R. E. Brown, *The Death of the Messiah* (2 vols.; New York: Doubleday, 1994), 1317-49; Wilson, *Related Strangers*, 87-9; P. Foster, 'The *Gospel of Peter*', in Foster, ed., *Non-Canonical Gospels*, 30-42(각기 참고문헌이 실려 있음)을 보라. Foster는 모든 단편이 세라피온이 언급한 「베드로복음」에서 나왔다는 너무 성급한 가정에 대해 어느 정도 주의를 촉구한다(40).

244 C. N. Jefford, 'Pilate, Acts of', *ABD* 5.371-2; Elliott, *ANT*, 164-6.
245 Jefford, *ABD* 5.371.
246 F. Scheidweiler, *NTA*, 1.503.
247 Elliott, *ANT*, 164-225.
248 D. R. Schwartz, 'Pontius Pilate', *ABD* 5.400-1. 다음 책도 함께 보라. Wilson, *Related Strangers*, 85-7.

말리엘복음」은 교부 문헌을 통해 알려진 것은 아니지만, 이 책의 콥트어 단편들은 가말리엘의 개인적 증언을 포함하고 있다. 「빌라도행전」과 마찬가지로 이 책도 예수의 수난에 초점을 맞추고 이를 부연 설명하는 것처럼 보이며 마찬가지로 빈 무덤과 수의를 본 목격자로 묘사된 빌라도의 회복을 보여준다.[249] 「바돌로매복음」은 히에로니무스와 그 밖의 사람들에 의해 언급되기는 하지만, 현대에 때때로 「바돌로매복음」으로 언급되는 문헌은 「바돌로매의 질문」으로 더 잘 알려져 있다. 이 문헌은 복음서 전승과 관련이 있기는 하지만 지금까지 검토한 바와 같은 복음서의 성격과는 매우 동떨어져 있다. 또한 이 문헌은 바돌로매가 십중팔구 이집트에서 일어난 그 이후 추측의 초점이 되었다고 증언하지만, 2세기에 이 문헌이 알려졌거나 영향력이 있었다는 징표는 없다.[250]

그러나 예수의 수난보다 예수의 일생의 시작에 관심을 집중시킨 복음서들은 확실히 주목해야 한다. 그와 같은 최초의 가장 유명한 복음서 중 하나는 「야고보의 원시복음」인데 이 문헌은 2세기 말에 이미 매우 유명했다.[251] 「야고보의 원시복음」의 주요 집필 동기는 마리아, 마리아 자신의 기적적인 출생(4-5), 아들의 출생에도 불구하고 보존된 마리아의 처녀성(19-20)을 찬미하려는 것이었던 것으로 보인다. 따라서 이 문헌은 431년에 에베소 공의회에 의해 승인된 마리아 숭배가 2세기 후반에 이미 상당히 진척되었다는 초기의 증거를 제공한다.[252]

---

249 M.-A. van den Oudenrijn, *NTA*, 1.558-60; Elliott, *ANT*, 159-60.

250 F. Scheidweiler and W. Schneemelcher, *NTA*, 1.537-8; Elliott, *ANT*, 652-3 (그는 「바돌로매의 질문」을 그의 책의 "외경 묵시록"에 관한 대목에 포함시킨다).

251 O. Cullmann, 'Infancy Gospels', *NTA*, 1.421-5; Elliott, *ANT*, 48-52; R. Cameron, ed., *The Other Gospels: Non-Canonical Gospel Texts* (Guildford: Lutterworth, 1983), 107-9.

252 Cullmann, *NTA*, 1.425; Elliott, *ANT*, 50-1; Wilson, *Related Strangers*, 83-4; P. Foster, 'The *Protevangelium of James*', in Foster, ed., *Non-Canonical Gospels* 122-5. 훗날의 「가(假)마태복음」은 마리아를 경배하는 동일한 경향을 더욱 심화시키며 특히 "한 처녀가 잉태

이런 복음서들 중에 가장 잘 알려진 또 다른 복음서는 「도마의 유아기 복음」인데 이 책은 4백 년 전에 학계에서 두각을 나타내게 되었고, 아마도 역시 2세기 말 이전에 유래했을 것이다.[253] 위인/영웅의 위대함을 미리 보여주기 위해 그들의 어린 시절에 대한 이야기를 들려주려는 욕구, 고대 지중해 문화에서만이 아니라 전 세계에 걸쳐 나타나는 이런 욕구가 여기서도 동기를 부여하는 요소였던 것이 거의 확실하다.[254]

"복음서"라고 불린 1세기와 2세기의 문헌들에 대한 고찰에 가장 논란이 많은 복음서인 이른바 「은밀한 마가복음」이 빠질 수는 없다. 모튼 스미스(Morton Smith)에 따르면 이 복음서는 1958년에 예루살렘 근처의 마르 사바 수도원에서 빛을 보게 되었다.[255] 스미스는 17세기 판 이그나티오스의 편지의 마지막 페이지들을 옮겨 적다가 그 이전에는 알려지지 않았던 알렉산드리아의 클레멘스의 한 편지를 발견했는데, 그 편지에는 마가가 로마에서 썼던 보다 절제된 복음서 이후에 알렉산드리아에서 쓴

했고 한 처녀가 출산했으며 그녀는 여전히 한 처녀였다"고 주장한다(13). Elliott가 지적하는 대로 "대부분의 중세 미술은 가(假)마태복음과 같은 책들을 참조하지 않고는 해독이 불가능하다"(*ANT*, 84; 추가로 84-99).

253 T. Chartrand-Burke, 'The *Infancy Gospel of Thomas*', in Foster, ed., *Non-Canonical Gospels*, 126-38(여기서는 126, 132-4). "「도마의 유아기 복음」의 최초 형태는 시리아어로 된 책으로 보이지만, 그 전승은 그리스어로 된 형태로 거슬러 올라가는 것으로 보인다. 어떤 이야기에서는 그리스 알파벳이 등장한다"(Elliott, *ANT*, 69).

254 Cameron, *Other Gospels*, 122-4; Chartrand-Burke, '*Infancy Gospel*', 134; U. U. Kaiser, 'Jesus als Kind', in Frey and Schröter, eds., *Jesus in apokryphen Evangelienüberlieferungen*, 253-69(여기서는 264-9). C. B. Horn과 R. R. Phenix는 역시 Frey and Schröter, eds., *Jesus in apokryphen Evangelienüberlieferungen*, 527-55에 실린 'Apocryphal Gospels in Syriac and Related Texts Offering Traditions about Jesus'에서 시리아어로 기록된 두 유아기 복음이 수용되는 과정을 검토한다(531-44).

255 M. Smith, *Clement of Alexandria and a Secret Gospel of Mark* (Cambridge, MA: Harvard University, 1973); 보다 대중적인 책으로는 *The Secret Gospel: The Discovery and Interpretation of the Secret Gospel according to Mark*(Clearlake, CA: Dawn Horse, 1972, 1980)을 보라.

"보다 영적인 복음서"가 언급되어 있었다. 마가는 이 "은밀한 복음서"를 "온전해지고 있는 자들이 사용하게 하기 위해" 썼다. 클레멘스의 편지는 마가복음의 이 보다 긴 본문에서 인용한 두 문구를 포함시키는데, 인용문들은 마가복음 10:32-34(보다 긴 인용)과 10:46a(한 문장)을 따른다. 다소 기이하게도 이 두 발췌문의 위치는 거의 현학적일 만큼 정확하게 표시되어 있다. 이 증거와 보다 긴 마가복음에서 뽑은 발췌문의 가치는 기껏해야 미심쩍으며 이 편지가 진본인지 가짜인지에 관한 의문은 여전하다.[256] 처음 200년간의 관련된 복음서 문헌에 대한 이 고찰을 마무리하기에는 슬픈 결말이지만, 이는 불확실하거나 혼란과 논란이 되는 문제들의 특징, 즉 2세기 자료를 평가할 때 드러나는 한 가지 특징이다.

---

256 특히 S. C. Carlson, *The Gospel Hoax: Morton Smith's Invention of Secret Mark* (Waco: Baylor University, 2005); 또한 Lührmann, *Die apokryph gewordenen Evangelien*, 27-9; Ehrman, *Lost Christianities*, 4장('The Forgery of an Ancient Discovery?')을 보라. Foster는 이 논쟁에 대한 진지한 요약을 제시한다(*Non-Canonical Gospels*, 14장); Frey and Schröter, eds., *Jesus in apokryphen Evangelienüberlieferungen*, 139-86, 186-221에 실린 글인 E. Rau, 'Weder gefälscht noch authentisch?'와 'Das Geheimnis des Reiches Gottes'도 함께 보라. 그리고 T. Burke, ed., *Ancient Gospel or Modern Forgery? The Secret Gospel of Mark in Debate* (Eugene, OR: Cascade Books, 2013)를 보라. 클레멘스의 편지는 신비 종교의 입교식에 대한 클레멘스의 잘 알려진 관심과 영지에 대한 높은 평가를 반영한다. 따라서 "은밀한 마가복음"은 실제로 마가도 영지주의 성향의 집단들이 예수의 가르침으로 간주하기를 좋아한 그런 은밀한 가르침, 즉 이 경우에는 "하나님 나라의 비밀"(막 4:11)에 대한 자세한 설명에 관해 알고 있었음을 암시하는 마가복음의 수정판이었을 가능성이 매우 크다. 실제로 그 가르침은 클레멘스 자신이 매력적으로 느낀 바로 그런 종류의 가르침이었다. 추가로 이하 §44 n. 295을 보라. 은밀한 마가복음을 포함하고 있는 원문 마가복음에 대한 사본 근거의 전적인 부재는 그러한 원문이 존재한 적이 있었는지를 매우 의심스럽게 만든다. 다른 사람들이 본 클레멘스의 편지는 유실되었기에 종이와 잉크에 적용되었을 수도 있었을 필수적인 검증이 이제는 불가능하다는 사실은 "은밀한 마가복음"의 신뢰성에 대한 논쟁에서 비롯되는 좌절감을 증폭시키기만 할 뿐이다.

40.5 다른 편지들

태동기 기독교의 첫 세대 안에서 매우 영향력 있었던 바울의 편지들은 요한계시록(계 2-3장)의 선견자 요한과 사도 교부들이 뒤따른 선례를 제공했다. 그러나 다소 실망스럽게도 초기 기독교에서 저작 활동을 한 이들의 대다수는 편지 형식을 자신들의 견해를 표현할 가장 알맞은 형식으로 여기지 않았다. 그 결과 외경 서신들은 외경 문헌의 전 범위에서 가장 흥미롭지 않은 축에 속한다. 그러나 몇 개의 예는 비록 그것들이 2세기에 대해 비춰줄 수 있는 어떤 빛도 기껏해야 희미한 빛에 불과하지만 최소한 주목은 받아야 한다.[257]

a. 「고린도3서」

이 서신은 「바울행전」에 포함되어 있으므로 우리는 이하의 내용(§40.6a)에서 「고린도3서」를 언급할 것이다.

b. 「라오디게아인에게 보내는 편지」

「라오디게아인에게 보내는 편지」는 바울이 썼다고 알려진 짧은 편지다.[258] 그러나 이 편지는 편지의 다음과 같은 결말이 강하게 암시하는 대로 명백히 골로새서 4:16에 언급된 편지의 지시 대상을 제공하기 위해

---

257 외경 서신들에 대한 목록은 D. A. Thomason, 'Epistles, Apocryphal', *ABD* 2.568-9; Elliott, *ANT*, 537-88; Ehrman, *Lost Christianities*, xiii-xiv을 보라

258 Schneemelcher, *NTA*, 2.42-6; Elliott, *ANT*, 543-6을 보라. C. P. Anderson의 글 'Laodiceans, Epistle to the', *ABD* 4.231-2은 특히 유용하다.

기록되었다. "(이 편지를) 골로새 사람들에게 낭독되게 하고 골로새 사람들의 편지는 너희에게 낭독되게 하라"(*Ep. Laod.* 20). 이 편지는 일반적으로 바울의 편지들, 그중에서도 주로 갈라디아서와 빌립보서에서 뽑은 어구들을 한데 모아 작성되었다는 데 의견이 일치한다.[259] 무라토리 단편/정경 목록에 있는 라오디게아인에게 보내는 편지에 대한 언급(63-65)이 이 편지를 가리킬 가능성은 별로 없다. 무라토리 단편에서는 그 편지를 "마르키온 이단을 [촉진시키기] 위해 바울의 이름으로 위조된"(64-65행) 편지로 묘사하기 때문이다.[260] 기원과 관련해서는 2세기에서 4세기에 이르는 기간의 어느 시점이 최대한 정확히 추정 가능한 저작 연대다.

c. 바울과 세네카의 왕복 서신[261]

열네 편의 편지가 바울과 네로 시대에 영향을 끼친 유명한 로마 철학자 세네카 사이의 왕복 서신을 구성하는데, 여덟 편은 세네카, 여섯 편은 바울이 쓴 편지다. 이 서신들의 문체는 두 사람 중 누구든 이 편지들을 썼을 리는 없다는 점을 분명히 밝혀준다. 히에로니무스(*de Vir.* III. 12)와 아우구스티누스(*ep.* 153.14)는 아마도 이 편지들을 알았을 것이므로 이 편지들의 연대는 4세기로 추정할 수 있다는 점에는 대다수가 동의하지만, 이 편지

---

259 Schneemelcher는 빌립보서와 갈라디아서에 있는 이 어구들을 발견하고 이를 "보잘것없고 부주의하게 편집된 혼합물"로 묘사한다(*NTA*, 2.45-6).

260 "무라토리 정경 목록"은 예컨대 B. M. Metzger, *The Canon of the New Testament* (Oxford: Clarendon, 1987), 305-7에서 볼 수 있다. 그러나 Hoffmann은 마르키온이 라오디게아인들에게 보낸 원래의 편지를 정통 신앙에 맞게 수정한 것이 에베소서라고 주장한다(*Marcion*, 252-80). 무라토리 단편에 있는 동일한 구절은 "역시 바울의 이름으로 위조되었지만(64-65행) 때때로 히브리서와 동일시되는, 알렉산드리아인들에게 보내는 또 다른 (편지)"를 언급한다. 이것이 그러한 편지에 대한 유일한 언급이다.

261 C. Römer, *NTA*, 2.46-53; Elliott, *ANT*, 547-53.

들이 함께 기록되었는지 아니면 어떤 편지들이 후대에 추가되었는지(13
과 14 편지?)는 논란거리다.

d. 「디도의 편지」[262]

위(僞)디도 문헌은 모든 형태의 성관계와 성행위에 반대하는 광신적인 긴
연설이다. 아마도 5세기 이전에는 지어지지 않았을 듯한 이 글은 육체에
대한 강한 이원론적 반감과 그에 따른 처녀성과 독신 생활에 대한 찬미
가 3세기 이래로 많은 기독교 영성의 독특한 특징이 되었다는 점을 확인
시켜줄 때만 우리에게 흥미롭다.[263] 앞으로 보게 되겠지만 이런 경향은 위
경 사도행전에서 이미 확고히 자리 잡았는데, 「디도의 편지」에 실린 구약
과 신약 및 알려지지 않은 위경 작품들에서 뽑은 광범위한 인용문 속에
위경 사도행전에 대한 언급이 포함되어 있다.[264]

e. 「사도들의 편지」

「사도들의 편지」는 그리스어로 기록되었겠지만 1895년에 이 편지의 많
은 분량이 콥트어로 발견되고 몇 년 뒤에 에티오피아어 전문 번역본이
발견되기 전까지는 알려지지 않았다.[265] 이 문헌은 편지로 표현되어 있지

---

262 A. de Santos Otero, *NTA*, 2.53-74.
263 Otero는 이 편지의 환경을 5세기 스페인 교회의 금욕주의적인 프리스킬리아누스주의 운
동에서 발견한다(*NTA*, 2.54). 프리스킬리아누스주의는 보통 마니교에서 발전한 것으로
간주된다(예를 들어 *ODCC* 1329-30을 보라).
264 Otero의 *NTA* 번역에서 n. 58, 78, 84, 110을 보라.
265 Koester, *Introduction*, 2.236-8; Cameron, *Other Gospels*, 131-3(본문 133-62); Elliott,
ANT, 555-8(본문 558-88). Koester와 Cameron은 이집트를 원 저작 장소로 선호한다.
C. E. Hill은 'The *Epistula Apostolorum*: An Asian Tract from the Time of Polycarp', *Journal*

만 일차적으로는 충고조의 권면이다. 이 문헌은 영지주의 계시 담론의 형태를 모방하지만 최소한 부분적으로는 초기 영지주의의 관점을 겨냥하여 시몬(마구스)과 케린투스를 명백히 공격 목표로 삼고 있는 것처럼 보이며(*Ep.Apost.* 1), 성육신에 대한 언급은 명시적이다.[266] 또한 육체가 부활한다는 반복된 주장도 있다(11, 18, 20, 24, 26). 이는 아마도 이 문헌의 연대를 대략 2세기 중반이나 심지어 그 이전으로 잡을 수 있다는 충분한 암시일 것이다. 어느 경우에든 이 문헌이 광범위한 신약 문헌들과 일부 구약 외경과 2세기 기독교 문헌에 대해 보여주는 친숙함[267]은 이런 문헌들이 보다 널리 퍼지고 알려졌다는 중요한 증거를 제공한다.

40.6 나머지 행전들

예수 전승 모음집(Q 자료)과 (마가복음과 함께 시작되는) 최초의 복음서들이 광범위한 다른 복음서들을 촉진시킨 것처럼, 사도행전도 일련의 다른 행전들에 선례와 영감을 제공한 것으로 보인다.[268] 이 점은 그 시대의 상황과 태도—사람들을 사로잡고 고무시키며 영향을 끼치는 이야기들에 대한 욕구—를 고려하면 잘 이해할 수 있다. 그리스-로마 세계에는 그와 같은 소설들이 많이 있었고 외경 행전의 저자들은 아마도 이 장르를 잘 알았고 그것에 영향을 받았을 것이다.[269] 유대 전승에서 다니엘의 이야기,

---

of Early Christian Studies 7 (1999), 1-53에서 이 편지는 140년대 어느 시점에 소아시아에서(아마도 서머나에서) 기록되었을 것이라고 주장한다.

266 이하의 §44.4c을 보라.
267 Elliott의 책 본문에 있는 각주들을 보라.
268 이 장르에 대한 가장 좋은 개론서는 Klauck, *The Apocryphal Acts of the Apostles*이다.
269 예를 들어 R. Pervo, *Profit with Delight: The Literary Genre of the Acts of the Apostles*

토비트와 유딧의 이야기는 부모와 교사들의 교육 프로그램 중 일부의 역할을 했을 것이 분명하다. 이런 이야기들은 그리스어를 사용하는 유대인 공동체 안에서 이미 잘 정착되어 있었다. 이집트를 배경으로 하며 저작 연대를 이르면 기원전 1세기까지 추정할 수 있는[270] 「요셉과 아스낫」의 연애는 아름답고 종교적으로 열정적인 젊은 여자를 위한 훨씬 더 눈에 띄는 선례를 제공했다. 기독교인 집단들 안에서 사도들의 명망이 그들에 대한 감동적인 이야기들을 자연스럽게 촉진시켰고, 특히 그들에 대해 알려진 것이 거의 없고 그들에 대해 전해 내려온 것이 별로 없는 경우에 틀림없이 그만큼 더 강력한 호기심이 그러한 이야기들을 유발했다는 점도 충분히 이해할 만하다. 우리는 3세기 이전에 유래한 듯하고[271] 1세기의 주요 인물들의 지속적인 영향력에 대한 우리의 관심에 가장 직접적으로 답해주는[272] 주요 행전들에 초점을 맞출 것이다. 이 문헌들이 흥미로운 이유는 이 문헌들이 그러한 이야기들이 채워준 종교성의 성격을 암시하기 때문이다.

(Philadelphia: Fortress, 1987; 그리스-로마 산문 소설의 예는 114쪽에 열거되어 있다); Klauck, *Apocryphal Acts*, 7-14을 보라.

270 C. Burchard, 'Joseph and Asenath', *OTP*, 2.177-247; R. D. Chesnutt, 'Joseph and Asenath', *ABD* 3.969-71.

271 가장 흥미로운 「빌립행전」을 포함한 후대의 행전들에 대해서는 A. de Santos Otero, 'Later Acts of Apostles', *NTA*, 2.426-82; *Acta Philippi*(468-76)을 보라.

272 저작 시기와 이들 사이의 상호 관계는 논란거리이므로 필자는 이 문제들을 이 연구에 가장 적합한 순서로 다룰 것이고, 이 문헌들은 잘 알려져 있지 않으므로 약간의 내용을 소개할 것이다.

a. 「바울행전」[273]

아마도 가장 유명하고 가장 영향력이 컸던 이야기는 바울과 테클라에 대한 이야기였을 것이다. 이 이야기들은 독립적으로 유포되었지만(「테클라행전」또는 「바울과 테클라 행전」) 「바울행전」의 훨씬 더 광범위한 이야기의 일부로 가장 잘 알려져 있다. 「바울행전」은 매우 일관성 없고 흔히 단편적인 상태로만 알려져 있지만,[274] 그 연대는 어느 정도 자신 있게 2세기 후반기나 말기로 추정할 수 있다.[275] 테르툴리아누스가 2세기에서 3세기로 넘어가는 시기에 이와 같은 글을 언급한 것이 거의 확실하기 때문이다.[276] 그 줄거리는 바울이 다양한 도시들—안디옥, 이고니온, 무라, 시돈, 두로, 에베소, 빌립보, 고린도, 이탈리아—을 돌아다니며 여행하다가 거기서 다양한 신자들을 만나고 그의 설교로 인한 반대를 초래하고 기적을 행하는 이야기다.[277] 흥미롭게도 이 문헌에서는 신약의 사도행전과는 대조적으로

---

273 P. Sellew, 'Paul, Acts of', *ABD* 5.202-3; W. Schneemelcher, *NTA*, 2.213-70(번역된 본문은 238-65); Elliott, *ANT*, 350-89(본문은 364-88); Klauck, *Apocryphal Acts*, 2장; A. Gregory, 'The *Acts of Paul* and the Legacy of Paul', in M. F. Bird and J. R. Dodson, eds., *Paul and the Second Century* (LNTS 412; London: T & T Clark, 2011), 169-89. 나머지 행전들에서와 마찬가지로 인용문들은 Elliott의 책에서 가져온 것이다.

274 Schneemelcher, *NTA*, 2.216-8; Elliott, *ANT*, 356-7; Klauck, *Apocryphal Acts*, 49-50.

275 기원후 170-180년(Klauck, *Apocryphal Acts*, 3).

276 테르툴리아누스의 *de Bapt.* 1.17은 D. R. MacDonald가 'Thecla, Acts of', *ABD* 6.443-4 에서 인용하고 Schneemelcher가 *NTA*, 2.214-5, 235에서 논의했다. 테르툴리아누스는 이 행전들이 "여자들의 가르치고 세례를 베풀 자유"를 지지했다는 사실에 분개했으며(참고. *ActsPaul*, 3.34, 41), 이 문헌을 자신이 지어냈다고 공언했고("말하자면 바울의 이름 아래 자신이 가진 자료에서 이야기를 구성하고") 그것을 "바울을 사랑하는 마음에서 이 일을 했으며 자기 자리에서 물러난" 아시아의 어떤 장로의 저작으로 간주한다. A. Hilhorst, 'Tertullian on the Acts of Paul', in J. N. Bremmer, ed., *The Apocryphal Acts of Paul* (Kampen: Kok Pharos, 1996), 150-63도 함께 보라. 오리게네스도 「바울행전」을 어느 정도 인정하는 태도로 인용한다(*de Principiis* 1.2.3).

277 R. Bauckham은 'The *Acts of Paul* as a Sequel to Acts', in B. W. Winter and A. D. Clarke, eds., *The Book of Acts in Its Ancient Literary Setting* (Grand Rapids: Eerdmans, 1993), 105-

---

어떤 반대도 유대인 탓으로 돌리지 않으며 유대인은 단편적인 *ActsPaul* 6
장에서 단 한 번만 언급된다. 이보다 더 눈에 띄는 것은 "인"(印)이라는 세
례에 대한 몇 번의 언급(3.25; 4; 11.7)과 부활은 이미 지나갔다거나(3.14)
부활은 오직 영에 관한 일이라는 믿음에 대한 공격(8)이다. 그러나 아마
도 가장 눈에 띄는 것은 바울에 대한 실제적인 묘사[278] — "몸집이 작고 대
머리이며 안짱다리이고 태도가 당당하고 일자 눈썹에 다소 매부리코이며
품위로 가득한 사람"(3.3)[279] — 와 참수형에 의한 바울의 순교 이야기일 것

52에서 「바울행전」이 불완전한 것으로 간주된 사도행전을 보완하기 위해 기록되었고,
바울의 편지들에서 그의 선교 후기로 추정된 시기에 대한 정보를 활용하며, 그의 순교에
대한 설명이 덧붙여졌다고 주장한다. D. Marguerat, 'The *Acts of Paul* and the Canonical
Acts: A Phenomenon of Rereading', in R. F. Stoops, ed., *Semeia*, 80: *The Apocryphal Acts
of the Apostles in Intertextual Perspective* (1997), 169-83도 함께 보라. Klauck는 이렇게
말한다. "스페인으로의 여행에 대해서는 암시조차 없다." 그리고 이렇게 덧붙인다. "바
울이 순회 선교사로서 방문하는 공동체들은 그가 세운 것이 아니라 이미 존재해 있었
다"(*Apocryphal Acts*, 73). "바울은 더 이상 일차적으로 새로운 공동체들을 세우는 교회
개척자가 아니라 오히려 이미 세워진 공동체들을 격려하는 목회자다"(Gregory, '*Acts of
Paul*', 188).
278 흥미롭게도 이 묘사는 디도가 묘사한 내용으로 간주된다(*ActsPaul* 3.2-3). 디도에게 부여
된 중요성의 정도(3.2-3; 11.1, 5, 7)는 누가의 사도행전에 디도에 대한 언급이 없다는 점
을 보완한다(「바울행전」의 마지막 두 번의 언급은 디도와 누가를 바울의 가장 신실한 제
자들로 묘사한다).
279 A. J. Malherbe는 'A Physical Description of Paul', *Paul and the Popular Philosophers*
(Minneapolis: Fortress, 1989), 165-70에서 아우구스투스(Suetonius, *Augustus* 79.2)와 헤
라클레스(Philostratus, *Lives of the Sophists* 2.552)에 대한 구체적인 묘사를 비교하면서 이
렇게 지적한다. "바울의 매부리코, 안짱다리, 일자 눈썹은 이 행전이 기록된 문맥에서는
어울리지 않는 특징들이 아니었다." 그는 이 행전의 저자가 이런 자료들에서 바울에 대한
묘사를 이끌어냈다고 주장한다(168-9). 이와 대조적으로 J. Bollok은 'The Description of
Paul in the Acta Pauli', in Bremmer, ed., *Apocryphal Acts of Paul*, 1-15에서 이 묘사는 아마
도 고린도후서에서 나왔을 것이며 생김새의 측면에서 "이 묘사의 처음 여섯 가지 요소는
부정적인 특징들만을 나타낸다"고 말한다(세 번째 요소는 "건강하고 통통하며"로 번역되
었다). J. N. Bremmer는 같은 책에 있는 글 'Magic, Martyrdom and Women's Liberation
in the Acts of Paul and Thecla'(36-59)에서 그와 같은 부정적인 묘사는 바울이 발산한 매
력이 그의 외모가 아닌 그의 메시지의 결과였을 것이라는 점을 강조하는 하나의 방식일
것이라고 말한다(39).

이다(11.3, 5). 「바울행전」은 잘 알려졌던 것으로 보이지만 결코 "외경" 이상의 지위를 부여받지는 못했다.[280]

현존하는 이야기들 중에 가장 매력적인 이야기는 바울과 테클라의 이야기다. 아름다운 젊은 여성인 테클라는 바울이 이고니온에 왔을 때 바울의 설교로 인해 회심한다. 테클라가 매력을 느낀 것은 금욕주의와 처녀성에 대한 바울의 설교였으므로[281] 테클라는 이고니온의 영향력 있는 시민인 타미리스와의 약혼을 포기한다. 바울은 맹렬한 비난을 받고[282] 매질을 당한 후 도시에서 쫓겨나며 테클라는 화형 선고를 받는다. 그러나 불이 기적적으로 꺼지고(3.21-22) 테클라는 바울을 좇는다. 바울은 테클라를 데려가고 그들은 안디옥에 이르는데 거기서 또 다른 유력한 사람이 테클라와 사랑에 빠진다. 테클라는 또다시 구혼을 거절하고 또다시 (이번에는 야수와 싸우는) 형벌을 선고받으며 또다시 기적적으로 살아남는다(3.26-36). 이 과정에서 벌거벗은 테클라는 물이 가득한 큰 웅덩이에 몸을 내던지며 이렇게 말한다. "나의 마지막 날에 예수 그리스도의 이름으로 나 자신에게 세례를 베푸노라"(3.34). 테클라는 "나는 살아계신 하나님의 종"이라고 고백하고 총독에게 그렇게 인정받으며(3.37-38) 자신의 후원자에게 하나님의 말씀을 가르치고 많은 여종을 믿음으로 인도한다(3.39). 테클라가 바울을 다시 발견했을 때 바울은 테클라에게 "가서 하나

---

280 Schneemelcher, *NTA*, 2.215-6. D. R. MacDonald, *The Legend and the Apostle: The Battle for Paul in Story and Canon* (Philadelphia: Westminster, 1983): "이 이야기에는 민간전승의 상투어들이 가득하다. 혼기가 찬 아름다운 여자들, 낙담한 연인들, 여행, 위험, 기적적인 구조 등은 이야기꾼의 상투적인 요소다"(19).

281 바울은 이렇게 설교한다. "육체적 순결을 지킨 자들은 복되다.…세상으로부터 초연한 자들은 복되다.…"(3.5-7). 그리고 이렇게 말한 것으로 전해진다. "너희가 순결을 지키지 않고 육체를 더럽히면 너희에게 부활은 없다"(3.12).

282 타미리스는 "그가 기독교인이라고 말하면 그는 즉시 죽을 것"이라는 조언을 받는데 (*ActsPaul* 3.16), "기독교인"이라는 이름은 형벌을 받기에 충분한 이유로 간주된다.

님의 말씀을 가르치라"는 사명을 준다(3.41). 이 이야기에 대한 더 자세한 설명[283]에서 테클라는 동굴 속에서 약초와 물로 연명하며 72년 동안 더 복음을 전파하는 은둔자로 묘사된다(3.43-45).

여기서 주목할 만한 특징은 외경 행전들의 반복되는 특징인 처녀성에 대한 강한 긍정,[284] 테클라의 자기 세례에 대한 수용 가능성, 여자가 하나님의 말씀을 가르치는 교사로서의 영예를 얻는다는 사실 등이다. 테클라는 미리암에서부터 시작되고 그 이후 특히 에스더와 유딧에게서 나타나는 유대 전승의 강인하고 경건한 여성의 전통에 속해 있다. 기독교에서 테클라는 마리아 이후의 거룩한 처녀들 중 첫 번째로 찬양받았다.[285]

「바울행전」 속에는 고린도인들이 바울에게 보낸 짧은 편지들과 바울이 고린도인들에게 보낸 세 번째 편지가 포함되어 있다.[286] 고린도인들의 편지에서 가장 눈에 띄는 특징은 시몬과 클레오비우스라는 두 거짓 선생이 고린도에 도착해서 특히 "몸의 부활은 존재하지 않고 인간은 하나님이 만드신 것이 아니며 그리스도는 육체로 오시지 않았고 마리아에게서 태어난 것도 아니며 세상은 하나님이 아닌 천사들의 작품"이라고 가르쳤다는 고린도인들의 전언이다(8.1.12-15). 이는 부분적으로 고린도전서 15장에 나오는 부활에 대한 바울의 논의를 근거로 추론할 수도 있지만, 아마도 영지주의 가르침의 다양한 요소들에 대한 지식과 반응을 반영하는 내용일 것이다. 「고린도3서」에서의 바울의 응답은 이 거짓 가르침을 "저

---

283 Elliott, *NTA*, 372-4.

284 V. Burrus, *Chastity as Autonomy: Women in the Stories of Apocryphal Acts* (Lewiston/ Queenston: Edwin Mellen, 1987).

285 M. Pesthy는 'Thecla among the Fathers of the Church', in Bremmer, ed., *Apocryphal Acts of Paul*, 164-78에서 "암브로시우스는 동정녀 테클라와 동정녀 교회를 대비시켰다"고 말한다(177).

286 사본 전승에 대해서는 G. Luttikhuizen, 'The Apocryphal Correspondence with the Corinthians and the Acts of Paul', in Bremmer, ed., *Apocryphal Acts of Paul*, 75-91을 보라.

주받은 뱀의 믿음"(8.3.20)으로 묘사하는데, 이는 여기서의 거짓 가르침이 오피스파(Ophites)의 가르침이라는 것을 암시하며[287], 또한 부활은 육체의 부활이 될 것이라는 점을 강한 어조로 단언한다(8.3.6, 27). "육체의 부활이 없다고 말하는 자들에게는 부활이 없을 것이다"(8.3.24).

또한 「바울행전」에는 자연스러운 결론으로서 「거룩한 사도 바울의 순교」도 포함되어 있는데, 이 문헌은 중세 기독교에서 사도이자 순교자인 바울을 숭배하면서 독립적인 문헌으로 가치를 얻게 되었다. 이 문헌은 바울의 처형이 어떻게 발생했는지에 대한 가상의 이야기를 포함하고 있다. 네로의 술 맡은 관원인 파트로클루스는 바울에 의해 생명을 되찾고 회심했다. 파트로클루스의 회복에 깜짝 놀란 네로는 파트로클루스가 충성의 대상을 "만세의 왕 그리스도 예수"로 바꾸었으므로 그에게 등을 돌린다. 네로는 그리스도께로 돌아선 그의 몇몇 종들에게 사형 선고를 내리고 "모든 기독교인과 그리스도의 군사들"(11.3.2)에게도 유죄 선고를 내린다. 바울은 나머지 죄수들과 함께 잡혀 들어오고 네로 앞에서 담대히 복음을 증거하며, 네로는 모든 죄수를 화형에 처하되 바울은 참수하라고 명령한다(11.3.3). 바울은 자신이 처형된다면 다시 부활하여 네로에게 나타날 것이라고 단언하며 자신을 체포한 자들이 신앙에 귀의하고 그 후에 세례를 받게 한다(11.3.4-5, 7). 바울의 처형은 적나라하게 기록되며("사형 집행인이 그의 머리를 베자 그 병사의 겉옷에 젖이 튀었다"―11.3.5)[288] 자신의 말

---

287 오피스파는 "그리스도 자신보다도 뱀을 더 선호할 정도로 뱀을 찬양한다. 그들이 말하기를 우리에게 선과 악에 대한 지식의 기원을 준 이는 바로 그 뱀이었기 때문이다. (그들이 말하기를) 모세는 뱀의 능력과 위엄을 인식하고 놋뱀을 세웠으며 놋뱀을 바라보는 자마다 건강을 얻었다"(Pseudo-Tertullian, *Adversus Omnes Haereses* 2).

288 이 젖에는 아마도 상징적인 의미―바울의 설교가 젖, 즉 기독교적 메시지의 기본적인 요소(고전 3:2)―가 있었을 것이다. J. Bolyki, 'Events after the Martyrdom: Missionary Transformation of an Apocalyptical Metaphor in Martyrium Pauli', in Bremmer, ed., *Apocryphal Acts of Paul*, 92-106(여기서는 101-2)의 견해도 이와 같다.

대로 바울은 죽은 뒤에 네로에게 나타나 기독교인들에 대한 그의 부당한 처형으로 인해 뒤따를 많은 불행과 큰 형벌에 대해 경고한다. 네로는 이 말을 듣자 파트로클루스를 포함한 죄수들을 석방할 것을 명한다(11.3.6).

바울의 순교에 대한 이러한 이야기는 「폴리카르포스의 순교」 이야기에서 이미 충분히 발전되었고 유스티누스의 순교 이야기(*Martyrium S. Justini et sociorum*), 스킬리움(북아프리카)의 순교자들 이야기(180), 「성 페르페투아와 성 펠리키타스의 수난」(203) 이야기[289] 등에 의해 강화된 성인 전 풍의 순교 전승을 확립하는 데 기여했다.

b. 「베드로행전」[290]

「베드로행전」에는 혼란스런 역사가 있다. 기록된 문서에 대한 최초의 분명한 언급은 에우세비오스의 글에 나온다. "공교회 전통 안에는 그[베드로]의 이름이 붙은 행전과 그에 따른 복음과 그의 설교라고 불리는 설교(*Kērygma*)와 이른바 계시(*Apokalypsis*)에 대한 지식이 전혀 없다. 고대나 우리 시대의 어떤 정통에 속한(*ekklēsiastikos*) 저술가도 그런 문헌들의 증언을 사용하지 않았기 때문이다"(*HE* 3.3.2). 「베드로행전」 안에 담긴 전승 중 일부에 대한 더 이전의 언급은 있지만 이 문헌 자체에 대한 언급은 분명 없다(Origen, *Didascalia*). 그러나 최소한 이 문헌들은 그와 같은 전승이 이르면 3세기 초에는 퍼져 있었음을 암시한다.[291] 「베드로행전」과 「요한행

---

289 H. Musurillo, ed., *The Acts of the Christian Martyrs* (Oxford University, 1972).

290 W. Schneemelcher, 'The Acts of Peter', *NTA*, 2.271-321(번역된 본문은 285-317); R. F. Stoops, 'Peter, Acts of', *ABD* 5.267-8; Elliott, *ANT*, 390-426(본문은 397-426); J. N. Bremmer, ed., *The Apocryphal Acts of Peter* (Leuven: Peeters, 1998); Klauck, *Apocryphal Acts*, 81-112.

291 Schneemelcher, *NTA*, 2.271-3.

전」 및 「바울행전」의 관계도 논란거리다. 「베드로행전」이 「요한행전」에 의존했을 가능성은 상당히 크다.[292] 또한 *ActsPaul* 10장이 담긴 함부르크 파피루스에 여기에 별로 어울리지 않는 "쿠오바디스(Quo vadis)?" 장면이 재등장하는 것은(이 전승에 따르면 바울은 참수당한 것이 아니라 십자가에 달렸다), 비록 이 전승이 「베드로행전」이나 훗날 「바울행전」에 추가된 내용과는 독립적인 전승이었을지도 모르지만,[293] 「바울행전」이 *ActsPet.* 35장에 의존했음을 의미할 수도 있다.[294]

「베드로행전」의 주요 본문은 라틴어로 된 베르켈리 사본(*Actus Vercellenses*)이다.[295] 이 본문은 3세기에서 5세기 사이에 그 이전의 그리스어 본문을 번역한 것이며, 옥시링쿠스 파피루스 사이에서 (마지막 순교 부분이 기록된) 그리스어 본문의 한 단편(P. Oxy. 849)이 발견되었다.[296] 한 콥트어 사본(Berolinensis 8502.4)에는 베드로가 자기 딸을 치유하는 이야기가 담겨 있고, 「위-디도 서신」에는 베드로가 한 동산지기의 딸을 죽은 자들 가운데서 되살리는 짧은 이야기가 담겨 있는데, 두 이야기 모두 아마도 「베드로행전」에서 나온 이야기일 것이다.[297] 많은 불확실한 점들을 감안

---

292 P. J. Lallemann, 'The Relation between the Acts of John and the Acts of Peter', in J. N. Bremmer, ed., *The Apocryphal Acts of Peter: Magic, Miracles and Gnosticism* (Leuven: Peeters, 1998), 161-77. 그러나 Schneemelcher, *NTA*, 2.274-5은 이에 대해 회의적이다. Stoops, ed., *Apocryphal Acts*, 11-41, 43-56에 실려 있는 D. R. MacDonald와 R. J. Pervo 사이의 논쟁을 보라.

293 Elliott는 이 두 행전의 관계가 아직 만족스럽게 해결되지 않았다고 생각한다(*ANT*, 390).

294 Koester, *Introduction*, 2.325; Schneemelcher, *NTA*, 2.275, 280. 다음 글들도 함께 보라. R. F. Stoops, 'The *Acts of Peter* in Intertextual Context', in Stoops, ed., *Apocryphal Acts*, 57-86; W. Rordorf, 'The Relation between the Acts of Peter and the Acts of Paul: State of the Question', in Bremmer, ed., *Apocryphal Acts of Peter*, 178-91.

295 A. Hilhorst, 'The Text of the *Actus Vercellensis*', in Bremmer, ed., *Acts of Peter*, 148-60.

296 추가적으로 Schneemelcher, *NTA*, 2.277-78을 보라.

297 아우구스티누스는 이 두 일화를 한 외경 저작, 즉 아마도 「베드로행전」에 속한 것으로 언급한다(Schneemelcher, *NTA*, 2.276, 278-9; Elliott, *ANT*, 391). Schneemelcher와 Elliott는 모두 「베드로행전」에 대한 그들의 번역을 이 두 기적과 함께 시작한다

하면 「베드로행전」의 저작 시기에 대해 결론을 내리기가 어렵지만, 2세기의 마지막 수십 년간은 저작 시기로 매우 그럴듯하다.[298] 이 문헌이 어디서 연유했는지도 전혀 명확하지 않다. 로마나 소아시아(에 있는 한 큰 도시)나 시리아 등이 모두 후보지로 제시되었다.[299] 이 문헌이 영지주의 문헌이라는 이전의 견해는, 비록 이따금씩 영지주의 형태의 영향이 나타나기는 하지만, 이제 일반적으로 받아들여지지 않는다.[300]

베르켈리 사본은 다소 이상하게도 스페인 선교를 준비하며[301] 여성들의 큰 무리와 다수의 사회 지도층에 의해 파송을 받는 바울과 함께 시작된다(*ActsPet.* 1-3).[302] 그 뒤에 시몬 마구스가 나타나며 사도행전 8장에서 제시된 표현으로 소개된다. "그는 자신이 하나님 없이는 아무 일도 하지 않는 하나님의 큰 능력이라고 주장한다"(참고. 행 8:10). 그는 로마에 기적적으로 또는 다소 마술적으로 나타나 사람들에게 경배를 받으며, 사람

(Schneemelcher, 285-7; Elliott, 397-9). 파피루스 Berolinensis 8502은 이 두 일화를 「베드로행전」으로 포함시키고 있으므로 「베드로행전」도 「마리아복음」처럼(앞의 §40.4c을 보라) 나그함마디 사본의 번역본에 포함되어 있지만(J. Brashler and D. M. Parrott, *NHL*, 528-31), 「베드로행전」은 그 성격상 별로 영지주의적이지 않다. Klauck, *Apocryphal Acts*, 105-7도 함께 보라.

298 Schneemelcher, *NTA*, 2.283; Elliott, *ANT*, 392; Bremmer, *Apocryphal Acts of Peter*, 18; Klauck, *Apocryphal Acts*, 84.

299 Schneemelcher, *NTA*, 2.283; Elliott, *ANT*, 392; Klauck, *Apocryphal Acts*, 84.

300 *ActsPet.* 20 — "그(예수)는 주리지도 목마르지도 않았지만 우리를 위해 먹고 마셨다"; 38 — 베드로는 십자가에 거꾸로 달린 채 신비 가운데 말씀하시는 주의 말씀을 인용한다. "너희가 오른쪽을 왼쪽으로, 왼쪽을 오른쪽으로, 위를 아래로, 앞을 뒤로 만들지 않으면 너희는 그 나라를 알지 못할 것이다"(참고. *Gosp.Thom.* 22; *ActsPhil.* 140). Klauck는 이렇게 결론짓는다. "영지의 문제는 전혀 저자의 관심사가 아닌 것처럼 보인다"(*Apocryphal Acts*, 111).

301 그 기간 동안 바울은 "제사를 위해" 빵과 물로 성찬을 거행한다(2). 5장에서는 빵만 언급된다.

302 G. Poupon은 'Les "Acts de Pierre" et leur remaniement', *ANRW* II.25.26 (1988), 463-83에서 바울에 대한 언급이 후대에 삽입된 것이라고 생각한다. W. Rordorf, 'The Relation between the *Acts of Peter* and the *Acts of Paul*: State of the Question', in Bremmer, *Acts of Peter*, 178-91도 함께 보라. 이하의 §47.4b도 함께 보라.

들은 현재 그 자리에 없는 바울에게 등을 돌리고 바울을 마법사이자 사기꾼이라며 비난한다(4). 베드로는 예루살렘에서 주님께 로마로 가서 이 상황을 해결하라는 사명을 받고 여행 중에 배의 조타수인 테온을 회심시킨다(5). 베드로는 푸테올리에서 아리스톤의 영접을 받는데, 아리스톤은 바울의 환상에서 조언을 얻어 로마와 시몬의 악한 영향력에서 도망쳤었다. 그 환상에서 바울은 또한 시몬이 제기한 도전에 대응할 사람으로 베드로를 추천했다(7). 그리고 그 뒤에 베드로가 어떻게 마르켈루스의 믿음을 회복시켰는지에 대한 긴 이야기가 나온다(8-15).[303] 부유한 기독교인이자 귀족 가문 출신의 원로원 의원으로서 자선 활동으로 명망이 높은 마르켈루스는 시몬에게 설득당하여 자신이 "하나님의 능력"이라는 시몬의 주장에 흔들렸고 시몬의 후원자가 되었다. 베드로는 마르켈루스의 집에 가서 (말하는 개와 말하는 아기를 포함한) 기적적인 수단으로 시몬을 규탄하고 꿀 먹은 벙어리로 만든다. 시몬은 로마를 떠난다.

베드로는 시몬과의 최후의 대결을 앞두고 이전에 시몬의 선동으로 유대 지방에서 기만적인 강도질을 당한 일을 떠올리며(16-18), 마르켈루스의 집에서 베드로가 행한 또 다른 치유 사역이 기록된다(19-21). 절정의 사건은 원로원 의원들, 장관들, 관리들 앞에서 공개적으로 발생한다(23). 시몬이 하나님이 인간으로 태어나 십자가에 못 박힐 수도 있다는 생각을 일축하자 베드로는 일련의 구약 예언으로 응답한다(24). 승부는 시몬이 어떤 노예를 죽게 하면 베드로가 그 노예를 되살려낼 수 있는지에 달렸다. 시몬이 노예의 귀에 휘파람을 불자 노예가 죽는다(25). 베드로는 그 노예와 한 과부의 아들을 죽은 자들 가운데서 되살려내며 응수

---

303 Klauck는 (베드로 자신의 경우와 같이) 배교와 실수를 저지른 뒤에도 용서를 받을 수 있다는 점에 대한 「베드로행전」의 강조를 이 문헌의 근본적인 주장 — 박해를 받아 배교한 이들에 대한 격려 — 으로 간주한다(*Apocryphal Acts*, 112).

한다(26-27). 어떤 죽은 사람을 되살려내는 또 다른 도전에서 시몬은 자신이 그 일을 해낸 것처럼 구경꾼들을 속이려 하지만 속임수는 탄로나고 베드로는 논란의 여지없이 승리를 거두어 누구에게나 박수갈채를 받는다(28-29). 시몬과의 대결은 그것으로 끝나지 않는다. 시몬이 계속해서 여러 속임수를 쓰며 하늘로 올라가("나는 아버지께로 승천한다"—참고. 요 20:17) 로마 위로 날아갈 것이라고 약속하기 때문이다(31). 시몬은 정말로 날아갔지만 베드로는 시몬이 땅에 떨어져 다리가 부러지게 해 달라고 주 예수 그리스도께 부르짖는다. 이것이 벌어진 일의 자초지종이며 그 뒤로 시몬은 들것에 실려 로마에서 아리키아로 옮겨지고 거기서 "수술을 받은 마귀의 사자 시몬은 삶을 마감했다"(32).[304]

그 뒤로 베드로의 순교가 곧 이어진다.[305] 아그립바 장관과 황제의 친구 알비누스는 베드로가 그들의 아내들과 첩들에게 순결에 관해 설교한 결과 아내들과 첩들이 그들과의 동침을 거부하자 격분하여 베드로를 죽일 계획을 세운다(33-34).[306] 자신이 처한 위험에 대해 경고를 받은 베드로는 로마를 떠나려 하지만 성문에서 로마로 들어오는 주님을 만난다. 베드로는 "주님, 어디로 가십니까?"(Quo vadis?)라는 유명한 질문을 하고 주님은 이 질문에 이렇게 대답하신다. "나는 십자가에 달리기 위해 로마로 간다." 베드로는 로마로 돌아가 체포되고 십자가에 거꾸로 매달아 달라고 요청하며 십자가를 향해 외치면서 자신이 매달릴 방식을 설명한다(36-39). 베드로가 죽자 마르켈루스는 베드로의 시신을 끌어내리고 그 위에 기름을 바른 다음 자신이 묻힐 무덤에 시신을 장사지낸다. 이는 예수

---

304 추가적으로 G. P. Luttikhuizen, 'Simon Magus as a Narrative Figure in the Acts of Peter', in Bremmer, ed., *Acts of Peter*, 39-51을 보라.

305 「베드로의 순교」는 별도로 유포되었다.

306 베드로는 결혼했고 결혼 생활을 유지했으므로 처녀성과 순결에 대한 강조는 「바울행전」에서와 같이 그렇게 확연하지 않다.

가 십자가에서 내려져 장사된 일을 떠올리게 한다(40). 이 이야기는 베드로를 더 가혹하게 다룰 기회를 잃어버린 데 화가 난 네로와 더불어 끝난다. 베드로가 네로의 몇몇 종들을 회심시켜 네로에게서 멀어지게 했기 때문이다. 그러나 네로는 꿈에서 종들을 박해하지 말라는 경고를 받았고 "베드로가 죽은 때부터" 종들을 내버려두었다(41).

이 문헌에 어떤 대단한 역사적 가치가 있는 내용은 별로 없지만, 이 문헌은 기록될 당시의 사회적 상황을 조명해준다.[307] 베드로와 시몬 마구스의 대결에 관한 중심 단락은 아마도 테베레 강변에 "거룩한 신 시몬에게"(Simoni Deo Sancto)라는 글귀가 새겨진 시몬의 신상이 세워졌다는 유스티누스의 기록(1 Apol. 26.2)에서 비롯되었을 것이다.[308] 영지의 창시자 시몬 마구스가 로마를 방문해서 그곳에서 자신의 가르침을 퍼뜨렸다는 믿음은, 사마리아에서 이미 시몬과 대결하여 그를 압도한 적이 있는 초기 사도 베드로가 로마의 기독교인들을 이 거짓된 가르침에서 해방시킨 명백한 영웅이었을 것이라는 믿음을 유발하거나 그러한 소설적인 필연적 결과에 영감을 주었을 수도 있다.[309] 그러나 시몬이 창시자로 간주된 영지주의의 가르침을 반박하려는 실제적인 의도는 전혀 없다. 나사렛 사람 예수를 단순히 "그 자신도 목수인 목수의 아들"로 일축하고 "하나님이 태어났는가? 그가 십자가에 못 박혔는가?"(ActsPet. 23)라며 기독교의 표준적인 가르침을 약화시키려 한 시몬의 시도는 그 성격상 별로 영지주의적이

---

307 R. F. Stoops, 'Patronage in the Acts of Peter', in D. R. MacDonald, ed., *The Apocryphal Acts of the Apostles*, 91-100. 유스티누스는 로마에서 상당한 기간 동안 살았고 로마에서의 시몬의 명성을 충분히 잘 알고 있었지만(1 Apol. 26, 56), 베드로와 시몬의 갈등에 관한 그의 침묵은 주목할 만하다.

308 앞의 §38 n. 110을 보라. ActsPet. 10에서 "자신이 그(시몬)에게 바치는 '젊은 신 시몬에게'라는 글귀가 새겨진 신상을 세웠다"고 고백하는 이는 바로 마르켈루스다.

309 O. Zwierlein, *Petrus in Rom: Die literarischen Zeugnisse* (UALG 96; Berlin: de Gruyter, 2009), 133.

지 않다.[310] 그리고 구약의 예언들을 언급하는 베드로의 응답(24)은 기독교인 회중 안에서는 틀림없이 더할 나위 없이 반가운 말이었겠지만, 의심 많은 로마인들에게는 별 효과가 없었을 것이다.[311] 사실 「베드로행전」에는 십자가에 매달리기 전후의 베드로의 마지막 연설(37-38)에서조차 이렇다 할 신학이 없다. 핵심적인 이야기는 기적과 마술의 대결이라는 다소 유치한 차원에 머무는 데 만족하고 모든 경우에 기적이 (당연히) 우월함을 보여주는 데 만족한다. 이것은 대중적인 기독교이며 그러한 기독교에서는 기적을 일으키는 자로서의 베드로의 명성을 당연시하고 강화하며 최초의 가장 존귀한 순교자들 중 한 명인 베드로에 대한 경외심을 북돋는다. 그러나 그것은 기독교의 정체성과 신학을 형성한 발전 과정에 대해서보다 2세기 기독교인들의 맹신에 대해 더 많은 것을 말해준다.[312]

c. 「요한행전」[313]

「요한행전」이 마니교의 시편집에 사용된 사실은 아마도 우리를 3세기로 인도하겠지만, 이 책에 대한 지식은 4세기 이전에는 확실하지 않다(특히 Eusebius, HE 3.25.6). 이 책이나 이 책이 의존한 전승에 대한 다양한 암시와 간접적 언급일 수도 있는 언급은 존재하며, 이 책은 아마도 2세기 후반이

---

310 *ActsPet.* 21에서 눈먼 과부들이 본 그리스도의 여러 형상 — 한 노인, 한 젊은이, 베드로가 칭찬한 한 소년("여러 형태의 주님") — 은 시몬의 질문보다 더 영지주의적인 느낌이 난다. 앞의 n. 300도 함께 보라.
311 예수는 "우리 하나님"이라고 불린다(*ActsPet.* 6; 또한 5).
312 "「베드로행전」은 신학자들의 생각보다는 대중적인 기독교의 경건을 반영하고 있다"(Stoops, *ABD* 5.268).
313 K. Schäferdiek, 'The Acts of John', *NTA*, 2.152-212(번역된 본문은 172-205); Elliott, *ANT*, 303-47(본문은 311-38); Klauck, *Apocryphal Acts*, 15-45.

나 말에 유래했을 것이다.[314] 이 책의 이야기는 에베소에 너무 많은 초점을 맞추고 있으므로 아시아 속주에서 기원했을 가능성이 크다.[315] 다른 행전들과 마찬가지로 이 책의 본문을 복원하는 일은 어렵고 불확실하다. 아마도 본문의 3분의 2는 살아남았겠지만 (서로 다른 사본들이 증언하는)[316] 서로 다른 부분들 사이의 관계는 불분명하다.

사도 요한이 아시아, 주로 에베소에서 행한 사역에 대한 가상적인 내러티브는 대체로 주의를 끌고 회심을 초래하는 이야기 전개상의 반전이 있는, 요한의 치유 능력, 특히 죽은 자를 일으키는 능력에 대한 꽤 공들인 몇몇 이야기로 이루어져 있다. 이 이야기들 중에 가장 완성도 높은 이야기(ActsJohn 62-86)에서는 드루시아나의 순결과 정결함을 찬양한다. 그녀는 "경건해지고자 하는 마음에 남편과 헤어졌고…혐오스런 행동을 저지르기보다는 차라리 죽기를 원했다"(63).[317] 그녀는 순결하게 죽지만 그녀의 연인이 되고 싶었던 칼리마쿠스는 죽은 드루시아나를 무덤에서 강간할 생각까지 한다. 그러나 결국 하나님의 뜻으로 이 일은 성사되지 않고 칼리마쿠스는 회심한다. 그러자 드루시아나는 죽은 자들 가운데서 다시 살아나지만 칼리마쿠스를 무덤에 접근하게 해준 종은 죽는다. 여기에는 에베소에 있는 유명한 아르테미스 신전이 기적적으로 무너지고 그 결과

---

314 추가로 특히 Schäferdiek, *NTA*, 2.152-6을 보라. P. J. Lalleman은 'The Relation between the *Acts of John* and the *Acts of Peter*', in Bremmer, ed., *Acts of Peter*, 161-68에서 "「베드로행전」의 저자는 「요한행전」을 우리에게 있는 그 본문과 대략 같은 형태로 알고 있었다"고 잠정적으로 결론짓는다(168).

315 그러나 Schäferdiek는 시리아 기원설을 강력하게 주장한다(*NTA*, 2.166-67).

316 Elliott, *ANT*, 304에 요약되어 있다. 원래의 「요한행전」(304-5)의 일부였을지도 모르는 다른 이야기들은 Klauck, *Apocryphal Acts*, 39-40에도 요약되어 있다. Culpepper, *John*, 187-205도 함께 보라.

317 "요한도 자신의 죽음을 준비하면서 자신을 순결하게 "여자와 성적 교제를 나누지 않도록" 보존하시고 "육체의 더러운 광기"에서 멀어지게―"여자를 바라보는 일을 혐오스럽게"―해 주신 하나님을 찬양한다(113).

로 에베소의 군중들이 "요한의 하나님이 유일하신 하나님"이라고 고백하는 이야기와 요한이 어느 여관에서 하룻밤을 보내면서 거기서 성가신 빈대에게 자기를 편안히 쉬도록 내버려 두라고 명령하고 아침에는 다시 돌아와도 좋다고 허락하는 재미있는 이야기도 포함되어 있다(60-61). 그런데 각 경우에 도출된 신학적·윤리적 교훈은 다소 지루하다.[318]

d. 「안드레행전」

「안드레행전」은 베드로의 형제에게 그가 이전의 전승에서 부여받은 것보다 더 큰 중요성을 부여해야 한다는 가정이 "복된 안드레"를 주인공으로 선택하는 것을 가장 잘 설명해주는 경우를 제외하면 우리의 목적에 있어서는 별로 가치가 없다. 「안드레행전」은 이 주인공을 놀랍도록 성공적인 퇴마사, 기적을 일으키는 자, 철저한 성적 금욕의 옹호자로 묘사한다는 점에서 외경 행전의 매우 전형적인 특징을 보여준다. 이 이야기는 전적으로 지방 총독 아이게아테스의 아내 막시밀리아의 회심의 결과를 중심으로 전개된다. 그녀는 "남편과의 성교를 극악하고 경멸할 만한 행위"로 보게 되고(*ActsAndr.* 21), 그녀에게 있는 사랑의 마음은 하늘을 향한다(23). 그 결과로 아이게아테스는 안드레를 처형하려고 한다. 이 책의 신학은 기독교적이라기보다는 플라톤주의적이고 사실 영지주의적이기보다도 더 플라톤주의적이며, 그리스도를 자주 언급하기는 하지만 독특하게 기독교적인 것은 별로 없고, 그 이전의 전승과의 논할 만한 관계도 없다. 그럼에도 불구하고 기독교적인 외피는 (아마도 3세기 초에 창작된 듯한) 「안드레행전」으로 하여금 기독교계에서 몇 세기 동안 인기를 얻게 했고 여러 속편

---

318 기독론에 대해서는 이하의 §49.7c을 보라.

이나 추가된 내용을 낳게 했다.[319]

e. 「도마행전」

요한 다음으로 도마는 70년 이전 시기에는 많이 나타나지 않지만 2세기에, 특히 이미 언급한(§40.4b) 「도마복음」에서 놀라울 정도로 자주 등장하는 1세대 인물이다. 따라서 「도마행전」은 보통 그 연대가 3세기(초)로 추정되고(그래서 이 책의 소관 밖이지만[320]) 특히 시리아에서의 도마 전승에 대한 우리의 지식에 상당히 보탬이 된다.[321] 「도마행전」은 다음 몇 가지 특징으로 인해 상당히 흥미롭다.

• 「도마행전」은 예수의 쌍둥이 형제 도마가 예수와 매우 비슷하게 생겼다는 생각을 활용하며(Acts Thom. 11), 이는 이미 언급한 대로[322] 아마도 시리아 전승에서 도마에 초점을 맞추는 것이 유다 도마가 실제로 예수의 쌍둥이 형제였다는 흥미로운 주장에서 비롯되었을

---

319 이 문헌들은 "성인전과 신앙심과 예술에 너무나 많은 흔적을 남겨놓아서⋯우리는 이 문헌들이 매우 잘 알려졌고 널리 확산되었다고 결론지어야 한다. 이 문헌들은 특히 이원론적이고 금욕주의적인 사고방식을 가진 집단들 안에서 한동안 '외경 사도행전' 장르의 가장 인기 있는 대표였던 것으로 보인다"(Klauck, *Apocryphal Acts*, 114; 참고. J.-M. Prieur, *NTA*, 2.113-4). 「안드레행전」에 대한 초기의 언급과 복잡한 본문상의 문제들에 대해서는 Prieur, *NTA*, 2.101-10(본문은 118-51); Elliott, *ANT*, 231-5, 240(본문은 244-302)을 보라. P. M. Peterson, *Andrew, Brother of Simon Peter* (NovTSupp 1; Leiden: Brill, 1963)도 함께 보라.
320 H. J. W. Drijvers, *NTA*, 2.323(본문은 339-405); Elliott, *ANT*, 442(본문은 447-511); Klauck, *Apocryphal Acts*, 146.
321 J. K. Henry는 'The Acts of Thomas as Sacred Text', in Charlesworth et al., eds., *Sacra Scriptura*, 152-170에서 「도마행전」이 도마가 다른 어떤 사도 못지않게 비중 있는 예수의 복음에 대한 권위자로서 기독교의 진리를 구체화하기 위해 쓴 신성한 책으로 높이 평가받았다고 주장한다.
322 앞의 nn. 194, 195, 199을 보라.

것임을 암시한다(31). 이 사도는 "두 가지 모습을 가진 사람"이었
다(34).[323]

- 도마는 「도마복음」 서문과 13장에서와 같이 특별하고 은밀한 가르침을 받은 사람이다(Acts Thom. 39; 참고. 10, 47, 78).

- 「도마행전」은 십중팔구 에데사에서 시리아어로 기록되었을 것이고[324] 시리아와 연관시킬 수 있는 다른 대다수 초기 기독교 문헌보다 초기 시리아 기독교에 대한 더 분명한 인상을 준다.

- 「도마행전」은 특히 시리아의 세례 의식을 분명히 증언한다. 먼저 기름을 부은 다음 삼위 하나님의 이름으로 세례를 주고 그다음으로 분명히 빵을 사용하되 아마도 물도 사용했을(Acts Thom. 29, 49, 121)[325] 성찬식(25-27, 121, 132-33, 157-58)을 거행했을 것이다.

- 「도마행전」은 도마를 인도에 복음을 전할 사명을 받은 자로 묘사하며(Acts Thom. 1-2) 인도에서의 그의 사역만을 서술한다. 이것이 도마가 인도 남부의 마르 토마 교회의 설립자라는 전승의 뿌리다. 이 전승의 희박한 근거는 두 번째 행전(Acts Thom. 17-38)에 등장하는 군다포루스 왕의 존재가 기원전 또는 기원후 1세기에 역사적으로 입증된다는 사실로 인해 강화된다.[326]

- 「도마행전」은 성관계를 삼가는 것이 2세기 말과 3세기 초의 영성

---

323 A. F. J. Klijn, *The Acts of Thomas* (NovTSupp 108; Leiden: Brill, 22003): "우리는 예수가 자신이 원하는 어떤 몸으로든 나타날 수 있다는 개념을 다루고 있다"(7). *Acts Thom*. 45 - "지극히 높으신 분의 사도여, 우리가 당신과 무슨 상관이 있습니까?"라고 부르짖는 귀신 - 은 막 5:7과의 대비를 의도한 것이 틀림없다.

324 앞의 n. 204; Koester, '*Gnomai Diaphoroi*', 128을 보라.

325 추가로 Klijn, *Acts of Thomas*, 12-14을 보라.

326 앞의 nn. 186, 187과 추가로 Drijvers, *NTA*, 2.324-5; Klauck, *Apocryphal Acts*, 144-6을 보라 - "도마의 무덤은 시리아 사람 에프렘과 순례자 에게리아에 의해 늦어도 4세기 전에는 시리아 동부의 에데사시에서 발견된다. 이 사실은 이 사도의 유골이 서쪽으로 은밀하게 옮겨진 일에 관한 *Act Thom*. 170의 구절에 반영되어 있다"(145).

에 대한 지배적인 관점("절제파")의 핵심이었다는, 나머지 외경 행전들이 주는 강한 인상을 강화시킨다― "더러운 성관계"(Acts Thom. 12-15, 31, 43, 51, 88, 96-103, 117, 131, 150).[327]

• 기독교 이전의 영지주의 구속자 신화[328]의 증거를 찾으려는 20세기 초의 시도에서 유명했던 "진주의 찬양"은 「도마행전」의 두 사본에서만 발견되며 아마도 보다 초기 형태에 삽입된 내용이었을 것이다(Acts Thom. 108-13).[329] 그러나 그 메시지는 우리에게 알려진 발달된 영지주의의 어떤 형태와도 동일시될 수 없으며,[330] 단지 잠을 자는 것처럼 자신의 천상적 기원을 잊어버렸다가 신적인 계시에 의해 깨어나 하늘로 돌아가기를 고대하는 종교적 인물(영혼)의 불안을 반영할지도 모른다.[331]

---

327 "에피파니우스는 절제파에서 「도마행전」을 사용한 사실을 언급한다(Haer. [= Pan.] 47.1; 61.1). 그러나 「도마행전」은 후대의 라틴어 개정판이 잘 보여주듯이 정통 기독교계에서도 큰 인기를 누렸다"(Drijvers, NTA, 2.324).

328 참고. Rudolph, Gnosis, 29, 122.

329 Drijvers, NTA, 2.330-1; Elliott, ANT, 441.

330 이 이야기는 영지주의 구속자 신화의 한 형태처럼 읽히기보다는 탕자의 비유(눅 15:11-32)의 발전된 형태처럼 읽힌다(참고. Drijvers, NTA, 2.330-3). "주된 주제는…성부에게서 이 세상으로 왔다가 다시 돌아가는 길에 있는 선재하는 영혼이다. 이 모든 이야기는 일반적으로 알려진 동방의 모티프와 특히 파르티아의 모티프의 도움을 얻어 동화의 형태로 만들어졌다"(Klijn, Acts of Thomas, 195).

331 "나는 더 이상 내가 왕의 아들임을 깨닫지 못했다.…그리고 나는 깊은 잠에 빠졌다"(33-35). 그러나 왕에게서 받은 편지에는 다음과 같은 명령이 있었다. "일어나라. 잠에서 깨어나라.…너는 왕들의 아들임을 기억하라. 너는 노예의 멍에 아래 떨어졌다"(43-44). "나는 그 목소리[그 편지]를 인식했을 때 잠에서 일어났다.…그리고 나는 즉시 내가 왕들의 아들임을 기억했다"(53-56; 참고. Acts Thom. 39, 80). "내가 그것[나의 왕의 옷]을 입었을 때 나는 평화와 경의의 땅으로 올라갔다"(98). 이 행전의 나머지 부분에 나타나는 이생에 대한 부정적인 태도는 영지주의보다 절제파에 더 가깝다(참고. Drijvers, NTA, 2.327-9): "고전적인 영지주의 체계의 모든 특징적인 표지가 완전히 결여되어 있다"(33); Klauck, Apocryphal Acts, 177-8. 기독론은 전통적이다(Acts Thom. 47, 60, 72, 80, 143, 158).

f. 「베드로행전과 열두 사도」

「베드로행전과 열두 사도」는 우리의 목적상 논의하는 데 많은 시간을 소비할 가치가 거의 없는 문헌이다.[332] 이 문헌은 신비로운 여행을 하는 베드로와 나머지 사도들에 대한 가공의 우화 내지 비유다.[333] 그들은 여행 중에 진주를 팔고 있는 이상한 옷을 입은 낯선 사람을 만나는데, 그는 그때는 자신을 리타르고엘이라고 밝혔다가 나중에는 예수라고 밝힌다. 서로 다른 이야기들을 합쳐놓은 것처럼 보이는[334] 이 이야기에서 각 이야기를 연결시키는 주제는 선교라는 주제와 특히 가난한 이들에 대한 관심이다. 리타르고엘을 제외하면 요한도 짧게 등장하지만 베드로가 주요 등장인물이다. 이 문헌은 베드로에게 이름을 주신 이가 예수 그리스도이며 베드로 외에도 열한 명의 최초의 사도들이 있었다는 회상을 제외하면 신약 전승과의 관련성을 거의 보여주지 않는다. 이 문헌은 나그함마디 사본에 포함되어 있지만, 영지주의적인 이야기나 세계관과 분명 수월하게 잘 들어맞을 수 있음에도 불구하고 그 성격상 뚜렷하게 영지주의적인 것은 아니다. 이 문헌이 언제 어디서 유래했는지는 추측의 문제지만 3세기 중엽 이전에 출현했을 것 같지는 않다.[335]

---

332 D. M. Parrott and R. McL. Wilson, *NHL*, 287-94; H.-M. Schenke, *NTA*, 2.412-25; Klauck, *Apocryphal Acts*, 181-92.

333 "이 문헌이 진술하는 내용은 반은 현실이고 반은 꿈이며, 반은 역사고 반은 우화이며, 반은 사도적 전설이고 반은 어떤 환상 내지 비유에 대한 묘사인 것처럼 보인다"(Schenke, *NTA*, 2.414).

334 Parrott, *NHL*, 287-8.

335 가난을 이상으로 표현하는 것은 "본능적으로 에비온파를 생각나게 하며", 금욕주의는 "시리아의 순회 수도자를 떠올리게 한다"(Schenke, *NTA*, 2.414). 그러나 Klauck는 콥트 수도사들이 *ActsPaul* 12을 몸과 영혼에 치유를 가져오는 명상적 삶의 입문서로 사용했다고 수월하게 상상할 수 있다고 적절하게 언급한다.

g. 위-클레멘스 문헌

위-클레멘스 문헌은 훨씬 늦은 저작 연대에도 불구하고 훨씬 더 흥미롭다. 이 문헌은 아마도 원래는 서로 독립적이었을 두 문서로 되어 있는데, (1) 베드로와 클레멘스가 야고보에게 보내는 두 편지와 더불어 두 개의 그리스어 사본으로부터 알려진 「설교집」(*Homilies*)과, (2) 루피누스의 라틴어 번역본으로만 현존하는 「인식」(*Recognitions*)으로 구성되어 있다.[336] 일찍이 두 문헌을 시리아어로 번역한 사본도 현존한다. 이미 친숙한 패턴(교양소설)[337]을 따르는 이 문서들은 클레멘스가 기독교로 개종한 일, 지중해 해안을 따라 베드로와 함께 여행하며 복음을 전파한 일, 흩어진 가족과 재결합하는 데 성공한 일에 대한 소설적인 이야기들이다. 이 문서들은 아마도 4세기에 시리아에서 유래했겠지만 유대 기독교의 한 형태를 반영하거나 표현하는 것처럼 보이며, 보다 이전의 자료를 활용했을 가능성 때문에 언뜻 보기보다 우리가 관심을 가진 시대와 더 관련성이 있다.[338]

　「베드로의 설교」(*Kerygmata Petrou*)라는 제목을 붙일 수 있는 한 문헌이 위-클레멘스 문헌의 (결정적인) 출처 내지 기본 문서(*Grundschrift*)라는 광범위한 의견 일치가 백 년 이상 있었다.[339] 그러나 이 가설은 최근 몇십

336　서론은 *NTA*, 2.483-93(G. Strecker); Klauck, *Apocryphal Acts*, 193-229에 담겨 있다. 전체 본문은 *ANF*, 8.77-346에서 볼 수 있다. *NTA*, 2.504-30에는 서론적인 편지들과 주요 문서들의 발췌문이 포함되어 있다.

337　Strecker, *NTA*, 2.484; Klauck, *Apocryphal Acts*, 198-9.

338　이 문서들은 초기 기독교에 대한 Baur의 재구성에서 중요한 역할을 했고 지난 세기 동안 상당한 논쟁의 주제로 남아 있었다. F. S. Jones, 'The Pseudo-Clementines: A History of Research', *Second Century*, 2 (1982), 1-33, 63-96을 보라. 또한 *An Ancient Jewish Christian Source on the History of Christianity: Pseudo-Clementine Recognitions*, 1.27-71 (Atlanta: Scholars, 1995), 4-38과 *ABD* 1.1061-2의 요약 글도 보라.

339　특히 G. Strecker, *Das Judenchristentum in den Pseudoklementinen* (Berlin: Akademie, 1981)을 보라. 'On the Problem of Jewish Christianity', in ET of Bauer, *Orthodoxy and Heresy*,

---

년 동안 점점 큰 압력을 받았고 이전에 받았던 지지를 잃어버렸다.[340] 「설교집」과 「인식」에서 언어적으로 가깝게 일치하는 구절들이 암시하는 더욱 그럴듯한 기본 문서는 「베드로의 순회 여행」(Periodoi Petrou)이라는 제목의 한 작품에 대한 오리게네스의 언급과 동일시되었다. 이 작품은 3세기 초의 저작으로 추정할 수 있다.[341] 몇 가지 면에서 좀 더 흥미로운 것은 「인식」, 그중에서도 아마도 Recog. 1.27-71에 의해 사용된 듯하며 라틴어와 시리아어, 그리고 부분적으로 아르메니아어로 보존되어 있는 자료다.[342] 이 자료는 아마도 에피파니우스가 에비온파의 저작으로 간주한 「야고보의 올라감」(Anabathmoi Jacobou)과 동일한 것으로 여겨야 하겠지만 (Pan. 30.16.6),[343] 그러한 관련성이 결코 확실하지 않더라도 Recog. 1.27-71

241-85[여기서는 257-71])도 함께 보라. 재구성된 "설교"(Kerygmata)에 대해서는 J. Irmscher and G. Strecker, NTA, 2.488-92, 531-41을 보라. Wilson은 Strecker의 명제를 그의 잠정적인 가정으로 받아들인다(Related Strangers, 150-2).

340 G. Luedemann은 Opposition to Paul in Jewish Christianity (ET Minneapolis: Fortress, 1989) 에서 이렇게 논평한다. "Strecker의 선구적인 시도는 그가 그 자체로 현존하는 문서들의 전거로 재구성해야 하는 한 문헌에 의해 사용된 전거를 재구성해야 하는 어려움을 안고 있다"(그는 "신약학에서 이것이 Q 자료의 전거를 재구성하는 일과 비슷한 일일 것"이라고 말한다). 그는 또 이렇게 덧붙여 말한다. "Strecker 자신은 「베드로의 설교」의 어떤 명확한 문체상의 특징도 확인할 수 없다는 점을 강조한다." 그리고 "「베드로의 설교」는 '전거'라는 명칭을 요구할 권리를 상실했다"는 결론을 도출한다(169-70). Jones도 이와 비슷하게 「베드로의 설교」를 위-클레멘스 문헌의 전거로 보는 가설은 이제 버려야 한다고 결론짓는다(Ancient Jewish Christian Source, xii). G. N. Stanton의 글 'Jewish Christian Elements in the Pseudo-Clementine Writings', in Skarsaune and Hvalvik, eds., Jewish Believers in Jesus, 305-24의 견해에 따르면 "초기 유대 기독교의 기본 문서(Grundschrift) 자료로서의 이른바 「베드로의 설교」는 흔적도 없이 사라지고 있는 것처럼 보인다"(312).

341 F. S. Jones, 'Jewish Christianity of the Pseudo-Clementines', in Marjanen and Luomanen, eds., Companion, 315-34를 보라.

342 Jones가 주장하는 바와 같이. 그는 이 자료를 대략 기원후 200년에(Ancient Jewish Christian Source, 163) 마태의 이름으로 지어진 것으로 추정한다(155).

343 「야고보의 올라감」(Anabathmoi Jacobou)은 H.-J. Schoeps, Theologie und Geschichte des Judenchristentums (Tübingen, 1949)(Luedemann, Opposition to Paul, 21)에 의해 확인된 또 다른 자료(에비온파의 사도행전)였다. 특히 R. E. Van Voorst, The Ascents of James: History and Theology of a Jewish-Christian Community (SBLDS 112; Atlanta: Scholars, 1989)을 보라.

은 분명 예수를 믿는 유대인 신자의 특징으로 쉽게 확인할 수 있는 관점들을 제기하는 것처럼 보인다.

40.7 다른 묵시록들

앞에서 살펴본 것처럼 신약 외경 모음집은 신약 문헌—복음서, 서신서, 사도행전—의 패턴을 상당히 반영하고 있다.[344] 실제로 §40.4-6에서 고찰한 대부분의 문헌은 신약 정경이라는 개념이 확립되기 이전에, 그리고 정경의 내용이 결정되기 이전에 처음 지어졌으므로, 초기 외경의 범위가 신약의 내용을 반영하고 있다는 사실 그 자체가 신약을 구성하게 된 문헌들이 얼마나 영향력이 있었으며 사실상 이미 권위 있는 문헌으로 존중받았는지를 보여주는 증거다.

그러나 하나의 선례로서 그보다 훨씬 더 주목하지 않을 수 없는 것은 묵시록의 형식이었다. 신약에는 결국 오직 하나의 묵시록(요한계시록)만 포함되었지만, 마지막 때에 있을 죽은 자들의 부활과 성령의 부으심이 이미 시작되었다는 확신과 그리스도가 (임박한) 미래에 심판하러 (다시) 오실 것이라는 강한 믿음이 있었던 초기 기독교의 종말론적 성격은, 묵시록이 이러한 종말론적 소망의 긴장을 다룰 수 있는 적절한 장르가 되게 했다. 묵시록은 제2성전기 유대교 안에서, 특히 안티오코스 에피파네스(다니엘서)와 로마의 정복(「에스라4서」, 「바룩2서」)으로 인해 초래된 위기라는 배경에서 매우 확실히 자리 잡은 장르가 되었기 때문에 더더욱 그러

Jones, *Ancient Jewish Christian Source*, 146-8은 이러한 동일시를 반박한다.

344 예언의 범주를 여기에 포함시킨다면 몬타누스주의를 언급해야 하겠지만 우리는 이하 §49.8에서 몬타누스주의로 다시 돌아올 것이다.

했다.[345]

2세기의 종말론적 사고와 미래에 대한 소망의 한 독특한 특징은 그리스도가 재림하시면 죽은 자들 가운데서 부활한 성도들과 함께 천 년 동안 다스리실 것이라는 천년왕국설이었다(계 20:4-6). 문자적인 천 년간의 지상 통치를 믿고 소망한 이들에는 주목할 만한 2세기의 주역들이 다수 포함되어 있었다. 분명 에우세비오스가 명백히 증언하는 바와 같이 파피아스는 천년왕국에 대한 믿음으로 유명했다(*HE* 3.39.12). 이레나이우스는, 주님 자신의 가르침으로서, 다가올 시대는 초자연적으로 비옥한 시대가 될 것(*adv. haer.* 5.33.3)이라는 가르침을 그에게서 비롯된 것으로 간주한다. 이 가르침은 "기름 부음 받은 자"의 계시에서 비롯될 비슷한 소망(*2 Bar.* 29.5-8)에 아마도 꽤 큰 영향을 받았을 것이다. 역시 에우세비오스에 따르면, 로마의 장로 가이우스와 고린도의 주교 디오니시오스는 케린투스도 요한계시록 20장을 근거로 천년왕국설을 공유했다는 점과 그리스도의 지상 왕국이 육체적 쾌락으로 특징지어질 것이라는 점을 믿었지만(*HE* 3.28.2-5; 7.25.3), 이로 인해 에우세비오스는 요한계시록에 대해 의심을 품게 되었다. 유스티누스도 그리스도가 예루살렘에서 천 년을 지내실 것이라고 믿었고(*Dial.* 81.4) 테르툴리아누스도 비슷한 확신을 가졌는데, 이는 그가 새로운 예언(몬타누스주의)과 공유했거나 그 예언에 의존한 확신이었다(*adv. Marc.* 3.25).

여기서 필자는 2세기 기독교 묵시록의 가장 적절한 예들만 언급할 것이다.[346]

---

345 Wilson은 「바룩3서」도 (비록 그것의 유대교적이나 기독교적인 지위는 전혀 분명치 않지만) 고려한다(*Related Strangers*, 98-99).
346 그 기원을 1세기 말로 추정할 수 있는 기독교의 삽입된 「이사야 승천기」에 대해서는 이하 §45.6을 보라.

a. 「야고보의 제1묵시록」

「야고보의 제1묵시록」은 나그함마디 사본 가운데 *NHL*, V.3 사본에서 발견되었다.[347] 그 이후로 또 다른 필사본이 차코스 사본에서 「유다복음」, 「빌립에게 보낸 베드로의 편지」와 함께 발견되었다. 이는 비록 그 주제가 최초의 기독교 및 유대 기독교적 주제와는 동떨어져 있고 성격 면에서 매우 전형적인 영지주의 문헌이지만 야고보가 주님과 대화를 나누는 "계시 대화"의 한 예다.[348] 실제로 야고보는 예수를 영지주의적인 구속자라고 부른다.

> 주님은 그들의 망각을 꾸짖으시려고 지식을 가지고 오셨습니다.…주님은 큰 무지 속으로 내려오셨지만 그 속에 있는 어떤 것으로도 더럽혀지지 않으셨기 때문입니다.…주님은 진흙 속에서 걸으셨지만 주님의 옷은 더럽혀지지 않았고 주님은 그 더러움 속에 묻히지 않았습니다(28.7-19).

영지주의적인 방식으로, 야고보는 자신이 선재하시는 아버지께로 돌아가는 것을 가로막으려 할 외계의 세력에게 줄 답변을 주님께 얻는다(32.28-36.1).

---

347 W. R. Schoedel, *NHL*, 260-68.
348 이것은 알렉산드리아의 클레멘스가 *Hypotyposes*에서 인용한 전승인가?: "부활 이후 주님은 의인 야고보와 요한과 베드로에게 지식에 대한 전승을 주셨다"(Eusebius, *HE* 2.1.4; 이하의 §45.2b에서 더 자세히 보라).

b. 「야고보의 제2묵시록」

NHL, V.4 사본에 있는 「야고보의 제2묵시록」[349]은 "의인 야고보가 예루살렘에서 전한 강론", 즉 사실상 야고보가 부활하신 그리스도에게서 받은 계시로 스스로를 소개한다. 이 문헌에는 최초의 기독교적인 모티프들과 영지주의적인 주제들의 특이한 조합이 담겨 있다. 예수는 자신을 "낳은 바 된 최초(의 아들)"라고 밝히며(49.5-6) "너는 먼저 스스로 옷을 입은 것처럼 또한 최초로 스스로 옷을 벗을 것이며 옷을 벗기 전의 네 모습과 같아질 것"이라고 격려한다(56.7-13; 참고. *Gosp. Thom.* 21, 37).

c. 「바울의 묵시록」

「바울의 묵시록」[350]은 바울의 개인사 속의 한 공백기—자신이 셋째 하늘로 끌려올라가 "말로 표현할 수 없는 말"을 들었다는 그의 이야기(고후 12:1-5)—에서 영감을 받았다. 「바울의 묵시록」은 스스로 그 공백을 메워준다고 주장한다. 이 책의 환상들은 의인들의 천국(20-30)과 성직자들을 포함한 죄인들 및 "교회 안에서 하나님 말씀을 폄하하는" 자들(37)을 위해 준비된 지옥(34-36)을 묘사한다. 또한 예를 들어 "정해진 시간 전에 금식을 깨뜨린" 자들(39)과 그리스도가 육체로 오셨다고 고백하지 않거나 성찬의 빵과 포도주는 그리스도의 몸과 피라고 고백하지 않은 자들(41)도 묘사한다. 「바울의 묵시록」은 「베드로의 묵시록」과 더불어 천국과 특히 지옥에 대한 통속적인 개념이 중세 기독교에, 특히 서방에서 매력을

---

349 C. W. Hedrick and D. M. Parrott, *NHL*, 269-76.
350 H. Duensing and A. de Santos Otero, *NTA*, 2.712-48; Elliott, *ANT*, 616-44.

발휘한 원인이 되었다.[351]

d. 콥트어 「바울의 묵시록」

콥트어 「바울의 묵시록」(*NHL*, V.2)[352]도 바울의 하늘 여행(아홉 번째 하늘)
에 대한 이야기를 들려주는데, 하늘 여행이 하늘의 비밀을 계시하기 때문
에 이 이야기는 보다 전통적인 묵시록이다. 갈라디아서 1:15을 상기시키
는 대목(18.15-16)은 바울이 받은 존대를 나타내지만, 또한 (단7:13의) "노
인"을 바울이 일곱째 하늘로 들어가 오그도아드(Ogdoad: 고대 이집트 종교
의 여덟 명의 신—역주)에게 가는 것을 막으려 하는 인물로 묘사한다. 이 경
우에도 이 두 묵시록 사이에 어떤 연결고리도 없지만, "큰 교회"와 영지
주의 기독교의 대표자들이 베드로와 바울을 그들 관점의 대변인으로 제
시할 필요가 있다고 보았다는 점을 시야에서 놓쳐선 안 된다.

e. 「베드로의 묵시록」

「베드로의 묵시록」[353]은 기독교의 처음 몇 세기에 외경 묵시록 중 가장 잘
알려졌다. 무라토리 단편/정경 목록은 「베드로의 묵시록」을 포함하고 있
지만, "우리 중에 어떤 이들은 [그것이] 교회에서 읽히는 것을 허락하지

---

351 참고. Elliott, *ANT*, 616.
352 W.-P. Funk, *NTA*, 2.695-700; G. W. MacRae and W. R. Murdock, *NHL*, 256-59; N.
Perrin, 'Paul and Valentinian Interpretation', in Bird and Dodson, eds., *Paul and the Second
Century*, 126-39(여기서는 137-9)을 보라.
353 D. G. Müller, *NTA*, 2.620-38; Elliott, *ANT*, 593-612; J. N. Bremmer and I. Czachesz,
eds., *The Apocalypse of Peter* (Leuven: Peeters, 2003). 특히 R. Bauckham, 'The Apocalypse
of Peter: A Jewish Christian Apocalypse from the Time of Bar Kokhba', *The Fate of the
Dead: Studies on the Jewish and Christian Apocalypses* (Leiden: Brill, 1998), 160-258을 보라.

않을 것"이라고 말한다. 그리고 에우세비오스는 이 책을 공교회 전통에서 알려지지 않은, 진서가 아닌 책으로 일축한다(*HE* 3.3.2; 3.25.4). 그러나 연대가 불확실한 구약과 신약 정경의 행으로 나누어진[354] 목록이 (5세기나 6세기의) 클라로몬타누스 사본에 삽입되어 있고, 그중에는 「바나바 서신」, 헤르마스의 「목자서」, 「바울행전」, 「베드로의 묵시록」이 포함되어 있다. 따라서 이 문헌은 꽤 광범위하게 사용되고 인기를 얻은 것이 분명하다.[355]

「베드로의 묵시록」의 일부는 그리스어로 알려졌고, 특히 "아크밈" 사본[356]의 일부로서 알려져 있는데, 이 사본에는 「베드로복음」의 단편도 하나 담겨 있다.[357] 그러나 위-클레멘스 문헌의 에티오피아어 역본에는 에티오피아어로 된 전문이 실려 있다.[358] 「베드로의 묵시록」이 「베드로복음」보다 더 오래되었을 가능성과 알렉산드리아의 클레멘스가 「베드로의 묵시록」을 알고 있었다는 사실은 「베드로의 묵시록」의 저작 시기가 기원후 150년 이전임을 암시한다.[359]

「베드로의 묵시록」은 "묵시록"이라는 단어가 갖게 된 의미를 확립한다. 처음에 이 단어는 우주의 운행을 포함한 하늘의 비밀에 대한 계시만

---

354 "행분법"(行分法)은 고대의 본문을 고정된 평균적인 길이의 "행"(*stichoi*) 또는 구절의 수로 측량하는 방법이다.

355 「베드로의 묵시록」은 알렉산드리아의 클레멘스를 포함한 몇몇 교부 문헌에서 인용된다. Elliott, *ANT*, 598-600; Bauckham, 'Apocalypse of Peter', 256을 보라. 그러나 A. Jakab은 'The Reception of the *Apocalypse of Peter* in Ancient Christianity', in Bremmer and Czachesz, eds., *Apocalypse of Peter*, 174-86에서 이 책은 "그렇게 인기 있는 작품"이 아니었으며 고대 기독교의 일부 지역에서만 알려졌다는 결론을 내린다(184).

356 P. van Minnen, 'The Greek Apocalypse of Peter', in Bremmer and Czachesz, eds., *Apocalypse of Peter*, 15-39을 보라.

357 앞의 n. 238을 보라.

358 이 두 역본의 관계에 대해서는 Müller, *NTA*, 2.623-5을 보라.

359 Müller, *NTA*, 2.622; Elliott, *ANT*, 595. Bauckham은 *Apoc. Pet.* 1-2에 있는 거짓 메시아들에 대한 경고는 바르 코크바를 염두에 둔 것이라고 강력하게 주장한다('Apocalypse of Peter', 176-94).

을 가리켰다. 그러나 「베드로의 묵시록」과 더불어 "묵시록"은 최후 심판의 공포와 축복을 가리키는 단어가 되었다. 이 「베드로의 묵시록」은 특히 다양한 유형(전부 21가지)의 죄인과 그들이 받는 다양한 형벌(3-13)에 대한 자세한 묘사로 생생한 일련의 스케치를 통해, 죄인들이 형벌로 받을 (일반적으로) 맹렬한 고통을 즐기는 것처럼 보인다. 이와 대조적으로 택함받은 자들의 운명은 간략하게만 언급된다(6.4; 13.1; 14:1-3). 단테의 「신곡」 가운데 "지옥"(*Inferno*) 편은 천국에 대한 묘사에 있어서는 그렇지 않지만 죄에 상응하는 형벌을 차례로 나열할 때는 이 「베드로의 묵시록」의 영향을 받은 것이 거의 확실하다(참고. *Acts Thom.* 55-57).

f. 콥트어 「베드로의 묵시록」

콥트어 「베드로의 묵시록」[360]은 앞의 「베드로의 묵시록」과 아무 관계가 없다(§40.7e). 이 책은 나그함마디 문헌의 7 사본의 일부다(*NHL*, VII.3). 이 책은 베드로에게 "은밀히/비밀로" 주어진 "계시"로서 이 책과 이름이 같은 문헌처럼 종말론적인 묵시록의 특성보다는 인간이 처한 상황의 비밀을 밝히는 환상의 특성이 더 많다. 이 묵시록은 두 가지 주요 이유 때문에 흥미롭다. 그중 하나는 전통적인 예수 이야기의 사제들이 대표하는 "눈멀고 지도자가 없는" 이들(72.10-13; 73.12-14)에 대해 경고하는 이 책의 논쟁적인 특성이다. 여기에는 "큰 교회"에 대한 비난이 포함된다. "우리의/여러분의 무리 밖에 있는 자들…이 '주교', '부제'라고 불리기 때문이며"(79.22-26), "악한 사기꾼"(74.19)은 위-클레멘스 문헌에 나오는 바울

---

360 J. Brashler and R. A. Bullard, *NHL*, 372-8; A. Werner, *NTA*, 2.700-712.

에 대한 비난을 충분히 상기시키는 말일 수도 있기 때문이다.[361] 그러나 이 논박은 다른 영지주의 집단을 겨냥한 것일 수도 있다.[362] 주목할 만한 또 다른 특징은 "살아 있는 예수"가 자기 육체의 형상이 나무에 못 박혀 있는 것을 보고 주위에 있는 자들의 무지를 비웃고 있는, 예수의 십자가형에 대한 전형적인 영지주의의 해석이다(81.15-23; 82.21-83.6).[363] 그 밖에 이 책은 영지주의적인 인간론을 적당히 표현한 책이다.

g. 「도마의 묵시록」

다른 묵시록들도 묵시 장르가 기독교 시대의 처음 몇 세기 동안[364] 그 이후와 마찬가지로[365] 계속해서 유대인과 기독교인의 관심을 사로잡았다는 점을 확증해준다. 이런 묵시록들 중에 우리에게 흥미로운 유일한 묵시록은 「도마의 묵시록」(5세기 이전?)이다.[366] 이 책이 아마도 요한계시록 5-8장과 16장에 나오는 7의 패턴(일곱 인, 일곱 나팔, 일곱 대접)을 따라 종말의 사건들을 일곱 날로 나눔으로써 종말의 형식을 태초(7일 창조)와 수미상관 구조로 만들었다는 점에서 우리의 관심사는 부분적으로 이 책이 어느 정도로 요한계시록을 본떴는지에 있다. 이 책이 도마의 저작으로 간주되었다는 사실은 도마도 다른 초기 지도자들과 사도들(야고보, 바울, 베드

---

361 §45 n. 31과 §47 n. 154을 보라.
362 Brashler, *NHL*, 372; Werner는 *NTA*, 2.703에서 74.27-34에는 시몬 마구스가 염두에 있을 수도 있다고 말한다.
363 G. P. Luttikhuizen, 'The Suffering Jesus and the Invulnerable Christ in the Gnostic *Apocalypse of Peter*', in Bremmer and Czachesz, *Apocalypse of Peter*, 187-99도 함께 보라.
364 예를 들어 Elliott, *ANT*, 682-7을 보라.
365 예를 들어 N. Cohn, *The Pursuit of the Millennium* (Secker & Warburg, 1957); Hagner, *New Testament*, 752-55을 보라.
366 A. de Santos Otero, *NTA*, 2.748-52; Elliott, *ANT*, 645-51.

로, 요한)처럼 예수의 은밀한 가르침의 출처 내지 매체로 알려졌음을 암시하지만(이 책의 초기 형태는 하나님의 아들이 도마에게 말씀하시는 장면으로 시작된다), 왜 이 책이 도마의 저작으로 간주되었는지는 전혀 분명치 않다. 「도마의 묵시록」이 영지주의 사상의 더 오래된 보다 넓은 분파들로부터 4세기 말에 진화된 마니교와 프리스킬리아누스파에서 높이 평가된 것으로 보인다는 점은, 「도마복음」, 「도마행전」, 「의심자 도마의 서」에서도 암시된 바와 같이 도마가 이러한 보다 넓은 분파들 안에서 특별히 존중되었다는 견해를 뒷받침하는 약간의 증거를 제공한다.

40.8 요약

요컨대 2세기의 문헌 자료는 초기 기독교의 두 가지 특징을 잘 보여준다.

우선 복음서, 서신, 행전, 묵시록이 기독교의 지배적이고 광범위한 표현이 되었다는 사실은 분명 이 문헌들이 이러한 장르의 일차적이거나 본보기적인 형태를 본으로 삼았다는 약간의 중요한 증거를 제공한다. 네 장르 모두가 신약 성경에 포함되어 있다는 사실은 아마도 이 문헌들이 그 뒤를 이은 추가적인 예들에 대해 본보기를 제공한 문헌이었음을 의미할 것이다. 그리고 바로 이 일차 문헌들이 신약성경이 되었다는 사실, 이 문헌들이 특별히 귀중하게 여겨졌거나 여겨지게 되었다는 사실은 특히 이 문헌들이 그 이후의 문헌에 영감을 준 본보기로 널리 존중받게 된 문헌이었음을 암시할 것이다.

둘째, 전체적으로 일차 문헌에서 파생된 문헌은 정경 문헌으로 인정받게 된 문헌보다 질적으로 훨씬 형편없다. 앞에서 검토한 문헌들 대부분이 형편없고 질이 떨어지는 아류에 불과하다는 점은 초기 교회가 신약을 구성하는 (거의 모든) 문헌들을 정경으로서의 지위와 가치로 인정한 것이 타당하다는 흥미로운 증거를 제공한다. 분명한 예외인 「도마복음」은 더 자세히 고찰할 필요가 있겠지만(§43), 대체로 앞에서 검토한 문헌들이 지닌 정경 이하라고 할 만한 가치(§§40.4-7)는 그야말로 초기 기독교의 정경을 정하는 데 충분한 근거가 있었다는 점을 확증해준다. 가치 면에서 몇몇 사도 교부와 변증가들을 §§40.4-7에서 검토한 거의 모든 문헌보다 손쉽게 높이 평가할 수 있다는 사실 자체가 아마도 신약 정경의 내용에 동의한 이들이 지혜롭게 잘 동의했다는 충분한 증거일 것이다.

따라서 이제 우리가 이 책의 나머지 부분에서 다루어야 할 거의 모든 자료에 대한 기본적인 서론을 제시했으므로, §38.5에서 내비친 대로 우리는 어떻게 기독교를 창시한 세대의 네 가지 주요 특징이 형성되어 70년 이후 시대와 2세기에 핵심적인 모티프와 영향력을 제공했는지를 고찰할 것이다. 목표는 기독교의 기원에 대한 역사를 쓰는 것이 아니라 단순히 초기 기독교에 그 특징적인 성격을 부여한 요인들과 일차적으로 영향을 끼친 요소들을 살펴보는 것이다.

대부분의 문헌에 있어서 저작 장소는 어느 정도 어림짐작이 필요한 문제다. 나그함마디의 은닉처를 통해서만 알려진 거의 모든 문헌의 원 저작 장소는 알려져 있지 않다. 그러나 어림짐작이 틀렸더라도 이 문헌의 자료들이 아마도 널리 확산되었을 것이라는 점은 처음 300년간의 기독교의 발전 과정에서 무엇이 영향력의 주된 중심이었는지를 전반적으로 잘 알려준다.

	로마	아시아	시리아	팔레스타인	알렉산드리아
65-75년	마가복음				
75-85년			누가복음	야고보서	
85-90년			마태복음		
90년	히브리서 베드로전서	목회 서신 요한계시록		유다서	
95-100년	「클레멘스1서」	요한복음			
100-110년		요한 1,2,3서			
110년		이그나티오스	「디다케」		
110-120년	베드로후서	폴리카르포스	「솔로몬의 송시」		
130년		파피아스			「바나바 서신」
130-150년	헤르마스 「클레멘스2서」				
150-160년		「폴리카르포스의 순교」	타티아노스 「도마복음」		「사도들의 편지」?
160년	유스티누스		「베드로복음」		
170-180년		「바울행전」 「베드로행전」 「요한행전」	테오필로스		
180년		멜리토			
190년	(이레나이우스)				
200년					「은밀한 마가복음」?

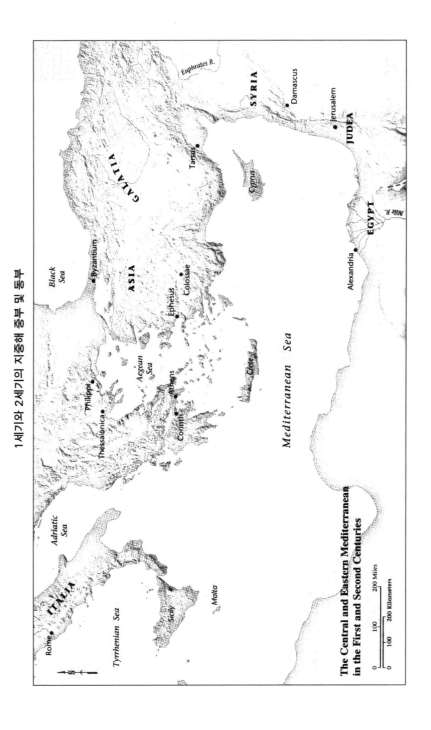

1세기와 2세기의 지중해 중부 및 동부

The Central and Eastern Mediterranean
in the First and Second Centuries

제11부

여전히 기억되는 예수

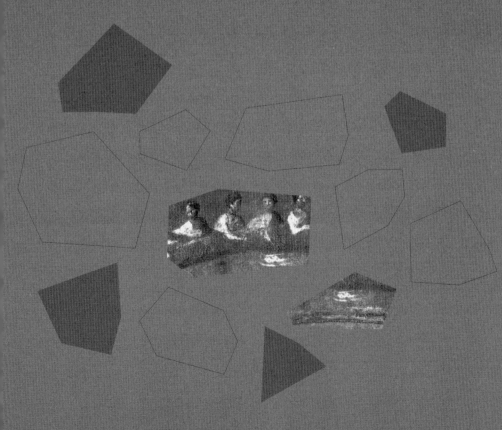

§38.5에서 개괄된 계획을 따라 우리는 1세대 기독교에 대한 우리의 연구에서 나타난 중요한 요소들을 살펴보기 시작할 것이다. 각 요소와 관련된 발전 과정은 1세기 말과 2세기 기독교의 이야기 전체를 말해주지는 않지만, 여전히 새로운 이 운동의 특징들을 도출해내는 데 도움이 된다. 그리고 이 특징들은 "기독교"로 알려지게 된 운동의 "사도 시대"의 주요 특징이었으므로 2세기에 이 특징들의 산물과 발전 과정은 이러한 발전 과정이 원래의 추진력에 충실했는지, 또는 "최초의 (본질을 규정하는) 원리"에서 빗나간 것인지, 아니면 사실 인간의 상황에 대한 대안적이고 아마도 생경하기까지 한 분석과 대답의 침범인지에 대해 우리에게 많은 것을 말해준다.

1세대 기독교를 형성한 최초의 독특한 특징은 예수 전승이었다. 맨 처음 사람들을 사로잡는 특징은 예수 전승이 1세대 기독교의 핵심이었던 좋은 소식의 필수 요소가 된 방식이다(§41). 이 "좋은 소식"이 단지 하나의 형식이 아니라 내용과 강조점 면에서 같으면서도 다른 세 편의 복음서로 표현되었다는 사실은, 1세기 마지막 수십 년의 가장 매력적인 특징 중 하나다(§42). 그런데 이보다 훨씬 더 매력적인 것은 그 이후에 출현한 가장 눈에 띄는 두 복음서(요한복음과 「도마복음」)가 성격 면에서 매우 달라서, 바울과 마가가 정의한 것과 같은 "복음"이 기독교에 있어서 그토록 결정적이었는지, "복음"이 예수가 끼친 최초의 영향을 쏟아 내거나 (그와 동시에) 독특한 새로운 요소들과 다른 (대조적인) 특징들을 흡수하는(§43) 저수지였는지에 관한 진지한 질문을 불러일으킨다는 사실이다. 2세기까지의 이야기는 비슷한 긴장을 보여준다. 특히 다음과 같은 질문들이 그러하다. 사실상 언제 예수 전승은 기록된 복음서에 대한 의존으로 대체되었는가? 이 시기에 출현한 나머지 복음서들과 유사 복음서들은 얼마나 심각한 경쟁자였는가? 사복음서의 정경은 사실상 얼마나 빨리 출현했는가? 이 시대 말의 전체적인 구도는 분명할지도 모르지만(이레나이우스), 그는 단순히 2세기를 관통한 어떤 경향을 확증하고 강화했는가? 아니면 그 후로 신성한 문헌들에 대한 기독교의 평가에 실질적으로 영향을 끼친 새롭고 결정적인 발전을 나타냈는가(§44)?

41장

복음에서 복음서로

예수가 끼친 영향은 기독교의 형성에 있어서 결정적으로 중요한 일차적 영향이었다. 그러한 영향은 복음서를 기록하는 데 사용된 예수에 대한 전승에 반영되어 있다. 특히 예수가 공관복음 전승 속에 남긴 인상, 신약의 처음 세 복음서 속에서 기억된 예수로부터 우리는 그러한 인상을 남긴 인물과 사명의 특성을 파악할 수 있다. 그것이 『예수와 기독교의 기원』의 주된 요지였다. 『초기 교회의 기원』에서는 예수 전승에 면밀히 초점을 맞추지 않았지만, 예수 전승을 기리고 유포하는 일이 최초 기독교인들의 지속적인 관심사였다고 계속해서 가정했고 그 가정에 대해 짧게 설명했다 (§21.5). 예수 전승을 통해 전달된 예수가 끼친 영향은 이스라엘/팔레스타인 너머로 확대되면서 계속해서 메시아 예수 운동을 형성했다. 이제 우리는 그 예수 전승이 곧 "기독교"라고 불리게 된 새로운 운동의 첫 세대 이후에 어떻게 되었는지를 질문해야 한다. 예수 전승은 계속해서 영향을 끼쳤는가? 예수 전승은 2세기까지, 그리고 2세기 내내 계속해서 생성기의 기독교를 형성하거나 적어도 거기에 기여했는가?

신생 기독교의 첫 세대부터 이후 세대까지 이어진 중요한 발전상 중 하나는 베드로, 야고보, 바울이 전한 복음에서 복음서 자체로의 변천이었다. 이는 실로 발전상—복음, 기록된 문헌, 그 내용과 특성의 확립—중에서 가장 중요한 것이라고 말할 수 있다. 여기서 살펴볼 것은 두 가지 측면, 즉 복음에서 복음서로의 변화와 구전 예수 전승에서 기록된 형태로의 변화다. 이 변화는 (두 측면 모두) 첫 세대가 끝날 때(70년 직전)나 두 번째 세대가 시작될 무렵(70년 직후)에 발생했으므로,[1] 이러한 발전상은 우리가 기독교를 배아 상태에서 완전한 탄생으로 인도한 이런 다양한 발전상을 추적하기 시작할 때 먼저 우리의 이목을 집중시킨다.

41.1 복음서 이전의 복음

명사 "복음, 좋은 소식"(*euangelion*)은 기독교가 바울에게 빚진 몇 개의 단어 중 하나다. 신약에서 이 단어의 76회 용례 가운데 60회는 바울 문헌에 나온다.[2] 우리는 이미 바울이 이 단어를 기독교 어휘에 도입한 것이 그가 일차적으로 자신의 "좋은 소식"을 로마 황제의 "유앙겔리온"(또는 더 그럴듯하게는 "유앙겔리아")과 대립시킨 결과일 가능성은 별로 없다는 점을 언급했다(비록 바울은 그러한 추론을 이끌어낼 수도 있음을 인식했겠지

---

1 앞의 §39.2을 보라.
2 "바울은 가장 빈번하게 이 단어를 선포 행위와 메시지의 내용 모두를 가리키는 전문 용어로 소유격 없이 사용한다. 그는 그 내용이 이해되어 있고 더 이상의 정의나 설명이 필요하지 않다고 가정한다. 이러한 절대적 의미에서의 단어 사용은 독특한 기독교적 발전을 반영한다"(Koester, *Ancient Christian Gospels*, 5).

만 말이다).[3] 바울은 좋은 소식,[4] 특히 하나님의 구원 행위[5]에 대한 소식을 가져오는 것을 말하는, 특히 이사야가 사용한 것과 같은[6] 구약의 "바사르"(bsr) 용법에 영향을 받았을 가능성이 더 크다. 이러한 이사야서 본문들 중 두 개는 명백히 예수와 바울 이전의 제2성전기 유대교에서 유대인의 신학적 사고에 영향을 끼쳤다. Pss. Sol. 11.1은 명백히 이사야 52:7을 상기시키며[7] 11QMelch 2.15-24은 이사야 52:7을 명시적으로 설명하면서 이를 그 분파 자체의 상황에 적용한다. 쿰란 두루마리 사본에서 이사야 61:1에 대한 다양한 언급 가운데 동일한 11QMelch 본문은 이사야 61:1-3도 인용한다. 또한 마태복음 11:5/누가복음 7:22과 유사하며 주목할 만한 한 예로 4Q521은 가난한 자들에게 좋은 소식을 선포할 하나님의 메시아를 기대하며 유사하게 이사야 61:1을 인용한다.[8] 따라

---

3   *Beginning from Jerusalem*, §29.4d과 특히 P. Stuhlmacher, *Das paulinische Evangelium* (Göttingen: Vandenhoeck, 1968)을 보라. "세속적인 그리스어의 용법에서는···복수형이 훨씬 더 지배적이다"(Hengel, *Four Gospels*, 3).

4   명사 "베소라"(b^esora)는 "좋은 소식"이라는 의미로 사용되지만(왕하 7:9) 덜 구체적으로 "기별, 소식"(삼하 18:20, 25; 18:27["좋은"이라는 형용사와 함께]), "좋은 소식에 대한 보상"이라는 의미로도 사용된다(삼하 4:10; 18:22)(BDB 142-3). 추가적으로 Stuhlmacher, *Evangelium*, 112-3, 124-35(타르굼과 랍비 전승)을 보라. 70인역에서는 "유앙겔리온"(*Euangelion*)의 복수형만 사용되지만(2 Kgdms.[=삼하] 4:10; 18:22, 25), 여성형인 "유앙겔리아"(*euangelia*, "좋은 소식")도 사용된다(2 Kgdms.[=삼하] 18:20, 27; 4 Kgdms.[=왕하] 7:9). 추가적으로 Stuhlmacher, *Evangelium*, 154-64; W. Horbury, '"Gospel" in Herodian Judaea', in M. Bockmuehl & D. A. Hagner, eds., *The Written Gospel*; G. N. Stanton FS (Cambridge University, 2005), 7-30을 보라.

5   시 40:9; 68:11; 96:2; 또한 삼하 18:31.

6   사 40:9; 41:27; 52:7; 60:6; 61:1; 이와 유사하게 나 1:15. 추가적으로 O. Schilling, *TDOT* 2.313-6을 보라.

7   사 52:7 - "좋은 소식을 전하며 평화를 공포하며(*euangelizomenou*) 복된 좋은 소식을 가져오며(*euangelizomenos agatha*) 구원을 공포하며 시온을 향하여 이르기를 '네 하나님이 통치하신다' 하는 자의 산을 넘는 발이 어찌 그리 아름다운가."
     Pss. Sol. 11.1 - "시온에서 성소의 신호나팔을 울려라. 예루살렘에 좋은 소식을 가져오는 (*euangelizomenou*) 자의 소리를 공포하라."

8   추가로 필자의 *Theology of Paul*, 168 n. 22을 보라.

서 예수도 그와 유사하게 이사야 61:1-2("가난한 자에게 아름다운 소식을 전하게"[euangelisasthai])에서 자기 사역의 전조를 인식하는 모습으로 기억되었던 것은 놀랄 일이 아니다.[9] 바울이 복음 전하는 사명에 대한 자신의 이해를 설명하는 본문(롬 10:15)[10]에서 이사야 52:7을 인용한 것도 놀랄 일은 아니다. 그러나 이는 바울이 가난한 이들에게 좋은 소식을 전파할 (euangelizomenos) 자의 소망이 예수 안에서 성취되었다고 믿었으며 이것이 곧 예수 자신이 한 것으로 회상된 주장(눅 4:16-21)이라는 바로 그 이유 때문에, 자신의 메시지의 특색을 표현하기 위해 "유앙겔리온"이라는 단어를 사용하기로 의도적으로 선택했을 가능성을 크게 높인다. 요컨대 우리의 증거는 기독교의 어휘 속에, 자신이 이사야서[11]와 예수 전승[12]을 통해 익히 알고 있는 단어의 명사형을 도입한 사람이 바로 바울 자신임을 강하게 암시한다.

그런데 문제는 이러한 "복음"의 초기 용법이 예수 전승을 포함했는가 하는 것이다. 예수 전승은 언제 "복음"이 되었는가? 이 문제가 제기되는 이유는 앞으로 보게 되겠지만 명사 "유앙겔리온"을 예수 전승에 도입한 사람이 바로 마가였던 것으로 보이기 때문이다. 마가복음 14:9을 예외로 한다면, 예수 자신이 이 단어에 상응하는 아람어 어형을 사용했다는

---

9   *Jesus Remembered*, 448-9, 516-7, 662을 보라. Pokorny는 "네 하나님이 통치하신다"는 사 52:7의 메시지는 "다가오는 하나님 나라에 대한 예수의 선포와 유사한 것"이라는 점을 언급한다(*Gospel*, 51-6).

10 추가로 *Theology of Paul*, 164-9을 보라.

11 바울 자신이 이사야서의 영향을 많이 받았다는 점은 잘 알려져 있다. 예를 들어 J. R. Wagner, *Heralds of the Good News: Isaiah and Paul in Concert in the Letter to the Romans* (Leiden: Brill, 2002)을 보라.

12 Pokorny는 이 단어가 아마도 바울 이전에 사용되었겠지만(*Gospel*, 2장) 단어 자체는 자신이 살펴본 바울 이전의 정형화된 문구의 일부는 아니며(롬 1:3-4; 고전 15:3-5; 살전 1:9-10), 그럼에도 바울은 분명 그 정형화된 문구를 가리키기 위해 이 단어를 사용했다고 생각한다(롬 1:1; 고전 15:1; 살전 1:5).

암시는 없다.[13] 엄밀한 의미의 "유앙겔리온"이라는 단어는 예수 전승 내의 Q 자료에서는 결코 나타나지 않는다.

바울 자신은 보통 "복음"을 그 내용을 명시하지 않은 채로 언급한다. 그것은 "하나님의 복음"[14]이며 더 일반적으로는 "그리스도의 복음"[15]이다. 이 후자의 어구는 아마도 그리스도의 다윗 혈통(롬 1:1-3; 딤후 2:8), 그의 영광(고후 4:4), 그리고 특히 그의 죽음과 부활을 포함한 "그리스도에 대한 좋은 소식"을 의미할 것이다.[16] 그리고 특히 갈라디아서에서 바울은 자신의 복음을 이방인들에게도 좋은 소식으로 열정적으로 변호했다.[17] 이는 바울이 예수 전승을 "복음"이라고 생각한 것이 아니라 이 단어의 용도를 구원에 있어서 결정적인 예수의 행동, 특히 그의 죽음과 부활로 한정했음을 의미하는가? 19세기 말에 많은 이들이 선호한 결론이 그와 같았다. 즉 바울이 예수의 메시지를 예수에 대한 메시지로 바꾸었고, 예수의 하나님 나라 선포에 관한 좋은 소식을 죄로부터의 구속에 대한 메시지로 바꾸었다는 것이다.

그러나 바울이 자신의 복음의 초점을 예수의 죽음과 부활에 대한 좋은 소식에 맞추었더라도 그로 인해 바울이 예수의 생애와 사명에 대한 전승을 "그리스도에 대한 좋은 소식"에서 제외시켰다고 착각해선 안 된다.

---

13 Stuhlmacher와 Horbury의 연구서들(앞의 n. 4)은 명사 "좋은 소식"이 헤롯 시대 유대 지방에서 이미 사용되었을 가능성을 제시하지만, 예수 자신이 이 명사를 사용했다는 증거는 없으며 마가복음의 증거(이하 §41.2)는 "유앙겔리온"이 마가가 예수 전승에 삽입한 것임을 강하게 암시한다.
14 롬 1:1; 15:16; 고후 11:7; 살전 2:2, 8, 9; 및 벧전 4:17.
15 롬 1:9; 15:19; 고전 9:12; 고후 2:12; 9:13; 10:14; 갈 1:7; 빌 1:27; 살전 3:2; 살후 1:8.
16 롬 1:4; 고전 1:23; 15:1-5; 갈 3:1.
17 갈 1:6, 7, 11; 2:2, 5, 7, 14; 및 롬 1:16; 15:16; 엡 3:6.

- 이미 주장한 바와 같이 바울이 "유앙겔리온"이라는 단어를 사용한 것은 아마도 예수가 자신의 사명을 언급하면서 이사야 61:1-2을 사용한 사실을 그가 알고 있었음을 의미할 것이다. 따라서 바울이 예수의 사명에 대한 전승을 자신이 전파한 복음에서 생략할 생각을 했을 가능성은 거의 없다.

- 예수에 대한 좋은 소식에는 예수가 누구인지를 설명하고 최소한 예수가 그의 사명을 수행하는 기간에 한 말과 행동의 성격을 어느 정도 말해주는 어떤 이야기가 포함되었음이 분명하다. 그토록 많은 이방인을 회심시킨 복음이 단지 어떤 확인되지 않은 사람이 죽었다가 죽은 자들 가운데서 부활했다는 것이었을 리는 별로 없다. 앞에서 지적한 대로 바울의 복음을 믿은 새 신자들은 "그리스도의 이름으로" 세례를 받은 "그리스도인"이라고 불리게 되었으므로, 이는 필연적으로, 특히 그들이 자신의 삶을 바꾸고 이제 이 "그리스도"를 삶의 기초로 삼은 이유에 대한 어떤 질문에도 대답할 수 있도록, 그들로 하여금 이 "그리스도"에 대해 더 많이 질문하게 했을 것이다.[18]

- 또한 우리는 바울이 자신이 세운 교회들에 상당히 많은 예수 전승을 전달한 것이 분명하다는 점을 살펴보았다. 바울의 권면 속에 있는 예수 전승에 대한 암시는 틀림없이 그러한 암시를 통해 그의 청중 가운데 다수 또는 대다수에게 반향을 불러일으키려는 의도를 지닌, 예수의 가르침에 대한 복잡하게 얽혀 있는 지식을 전제로 한다.[19]

---

18 *Beginning from Jerusalem*, 574-5, 649-51.
19 이는 J. M. Foley가 *The Singer of Tales in Performance* (Bloomington: Indiana University Press, 1995), 1-3장에서 전달자로 하여금 공동체의 축적된 전승에 대한 일련의 암시를 사

- 다른 것은 다 제쳐 두더라도 예수 전승에 대한 다양한 글들이 최초의 교회들 주변에 알려져 있었던 것이 분명하다. 우리는 Q 자료로 알려진 전승이나 마가가 활용한 전승[20]이 40년 동안 깊이 감추어져 있었거나 매우 작은 무리의 최초의 제자들(사도들)에 의해서만 기억되고 소중히 여겨졌다고 가정하기 어렵다. §42에서 살펴보게 되겠지만 Q 자료를 구성하는 다양한 범주의 교육 자료들은 다수의 교회 교사들을 위한 레퍼토리를 포함했거나 형성했고, 마가는 분명 예수에 대한 여러 이야기와 예수의 여러 가르침을 활용할 수 있었을 가능성이 매우 크다. 이러한 자료들이 바울과 그 밖의 사람들이 전파한 복음과 날카롭게 구별되는 것으로 간주되었다고 믿을 수는 없다. 그러한 주장을 하는 것은 곧 침묵을 근거로 한 논증이며 기본적인 역사적 개연성을 무시하는 것이다. 그 이후 가르치는 도구로서의 "복음"에 대한 이른 시기의 언급은 이러한 개연성을 뒷받침한다.[21]

- 예수에 대한 최초의 기억에는 세례 요한부터 시작해서 예수의 사명과 메시지를 받아들이고 예수의 죽음과 부활에서 절정에 이르는 내러티브 구조[22]의 한 요소가 포함되었던 것으로 보인다는 사

용할 수 있게 하며 그로 인해 공동체로 하여금 그의 전달 내용과 전승 전체의 일관성을 인식할 수 있게 하는 "환유적 언급"이라고 부르는 것이다. 이것의 좋은 예로는 롬 6:17; 15:3; 골 2:6이 포함될 것이다. 추가적으로 필자의 *Theology of Paul*, §8.3을 보라. 참고. Pokorny, *Gospel*, 60-5. 그러나 Pokorny, 67에는 미안한 말이지만 바울이 예수의 말씀에 대한 잘못된 해석을 두려워해서 예수의 말씀을 인용하지 않았다는 증거는 없다.

20 *Beginning from Jerusalem*, §21.5d을 다시 보라.
21 참고. *Did.* 8.2; Ignatius, *Philad.* 8.2; *Mart. Poly.* 4. 우리는 아마도 20세기 중반의 논의에 있었던 "복음 전파"와 "가르침"의 구별을 비교(하고 의문 제기)할 수 있을 것이다. 추가적으로 J. I. H. McDonald, *Kerygma and Didache*(SNTSMS 37; Cambridge University, 1980)을 보라.
22 필자의 *A New Perspective on Jesus*, 124과 n. 93도 함께 보라.

실은 기억할 만하다. 사도행전 10:36-40에서 이 내러티브 전체는 하나님이 "예수 그리스도로 말미암아 화평의 복음을 전하사 (*euangelizomenos*) 이스라엘 자손들에게 보내신 말씀(*logos*)"(10:36)으로 요약되는 것으로 보인다.[23] 그러한 용법이 바울에게 생소했을 가능성은 거의 없다. 사실 바울이 기독교의 메시지를 "복음"으로 표현한 것은 예수 전승이 여전히 주로 구전 형식으로 존재했던 기간에 발생한 일이며 사도행전 10장의 전승 역시 구전 전승의 기간을 상기시키므로, 우리는 **예수 전승을 "복음"으로**, 또한 마가가 제시(또는 강화)하려 한 형태로 **형성하는 것**(§41.2)이 **예수 전승이 아직 구전의 형태로 전해지고 있었던 시기에 이미 발생하고 있던 일**이라고 추론할 수 있다. 예수 전승은 구두로 된 오직 단편적인 격언의 형태나 교육 자료 내지 예수에 대한 이야기의 작은 모음집으로만 존재했다는 부당하고 오해의 소지가 있는 인상[24]을 피하기만 한다면, 최초의 전승 전달자들이 수난 내러티브뿐만 아니라 사도행전 10장 전승과, 아마도 마가복음 2:1-3:6에서도 여전히 눈에 띄는 것처럼, 자료 전체의 복음적 형태를 의식하고 종종 작은 복음서를 제시하면서 예수 전승을 자주 되풀이해 말했을 가능성도 충분히 있다.[25]

요컨대 십중팔구 그렇게 보이듯이 만일 예수 전승 모음집이 바울이 그의 회심자들에게 전한 메시지의 일부였고 그가 그 위에 교회들을 세우고자

---

23 추가적으로 필자의 *Beginning in Jerusalem*, §21.3c을 보라.

24 이는 예수 세미나가 저지른 핵심적인 실수 중 하나다. *Jesus Remembered*, 245-8을 보라.

25 C. H. Dodd는 *Historical Tradition in the Fourth Gospel*(Cambridge: Cambridge University, 1963)에서 요한복음의 전환 단락과 지형학적 언급은 "예수 사역의 여러 시기를 그 시기를 보낸 장소들에 대한 암시와 함께 요약하고 있는 전승 자료"라고 주장했다(243).

애쓴 토대의 일부였다면, 바울과 그의 회심자들은 그러한 자료를 그 자체가 복음의 필수 요소이거나 최소한 복음을 보완해주는 것으로 간주했을 것이라는 결론이 가장 자연스럽게 도출된다.[26] 우리가 사용된 단어들을 놓고 논쟁할 필요는 없지만, 바울은 십중팔구 예수에 대한 정보와 예수의 가르침을 전해주는 일을 자신이 "복음으로써"(고전 4:15) 많은 새 자녀들의 아버지가 된 과정에서 필수적인 부분으로 생각했을 것이다.

바울이 행한 일과 그가 자신의 메시지를 "복음"으로 요약하면서 발휘한 영향력의 중요성은 그가 예수의 사명과 가르침에 대한 전승을 복음에서 배제했다는 것이 아니라 그가 예수의 사명이 지닌 결정적인 복음적 의미의 핵심을 예수의 죽음과 부활로 설정했다는 데 있다. 예수의 사명에 대한 설명에 "복음"이라는 제목을 부여하는 논리적인 다음 단계를 취한 것은 바로 마가복음, 곧 예수의 죽음과 부활에서 절정에 이른 이야기로서의 복음서였다.

41.2 마가복음

필자는 이미 신약 및 초기 기독교 연구 분야에서 마가복음이 기록된 정경 복음서 중 가장 최초의 복음서라는 폭넓은 의견 일치가 있음을 언급했다. 이 의견 일치는 마가복음이 십중팔구 60년대 말이나 70년대 초에

---

26 "우리는 아마도 마가가 복음서를 집필하기 이전에도 다수의 공동체에서 이미 예수와 복음 선포에 대한 내러티브와 유앙겔리온이라는 용어가 이처럼 기독론적인 연관성이 있었다고 전제해야 할 것이다"(Hengel, *Studies in Mark*, 54). Hengel은 이그나티오스(*Philad.* 특히 9.2)와 「디다케」(특히 8.2)가 분명히 "복음"을 예수의 생애와 가르침을 포함하는 것으로 생각했다는 사실에 주의를 환기시키며(159 n. 86) 마가가 "유앙겔리온"이라는 말을 사용하는 데 영향을 준 베드로와의 구체적인 연관성을 찾아내려 한다(54-6).

아마도 로마에서, 또는 더 그럴듯하게는 시리아에서 기록되었을 것이며, 어느 경우에든 기독교의 초창기에 종지부를 찍은 모종의 위기를 반영했을 것이라는 상당한 정도의 합의를 포함한다.[27] 이러한 가능성을 감안하면 여기서 마가복음의 세 가지 특징에 주목할 필요가 있다.

a. 마가복음의 "복음"(euangelion) 용법

마가가 "복음"(euangelion)이라는 단어를 예수 전승에 도입한 것처럼 보인다는 점은 곧바로 흥미를 끄는 고려 사항이다. 마가는 이 단어를 일곱 번 사용하는데,[28] 이와 대조적으로 마태는 이 단어를 네 번만 사용하며[29] 누가와 요한은 이 단어를 전혀 사용하지 않는다.[30] 주목할 만한 것은 마가의 단어 사용이 마가 자신의 용법—내러티브 안에서 마가 자신의 용법 혹은 마가에게 전해진 예수 전승의 형태에 덧붙여진 것(1:1, 14)—과 일관되게 보인다는 점이다.

- 따라서 마가만이 예수의 복음 전파를 "회개하고 **복음을 믿으라**"는 촉구로 요약한다(막 1:15). 반면 마태복음 4:17에는 "회개하라"는 촉구만 있다.
- 또한 세 공관복음서에 공통으로 있는 "누구든지 자기 목숨을 잃으

---

27 다시 앞의 §39.2a을 보라.
28 막 1:1, 14, 15; 8:35; 10:29; 13:10; 14:9; 16:15.
29 마 4:23; 9:35; 24:14; 26:13.
30 Fitzmyer는 스스로도 누가가 "복음"이라는 단어를 생략한 것을 지나치게 확대하여 해석하는 것은 아닌지 자문하면서도 이렇게 주장한다. "누가는 그의 첫 번째 책에서 '복음'이라는 단어를 사용하지 않으면서 마가복음에서 이 단어를 사용한 것에 대해 반발하는 것처럼 보인다"(Luke, 1.173-4). 하지만 누가는 사실 동사 euangelizesthai("복음을 전하다")는 꽤 자주 사용한다(10회). 다소 놀랍게도 요한은 동사도 명사도 사용하지 않는다.

면 구원하리라"라는 말씀에서 마가만이 "누구든지 나와 복음을 위하여 자기 목숨을 잃으면 구원하리라"라고 "복음"이라는 표현을 삽입했다(막 8:35과 그 병행 본문).

• 마찬가지로 "나를 위하여" 집이나 가족을 떠난 자들은 백배로 돌려받을 것이라는 약속에서도 마가만이 "복음을 위하여"라는 표현을 덧붙인다(막 10:29과 그 병행 본문).

이 모든 경우에서 분명한 점은 마태와 누가가 마가복음을 활용하면서 마가가 쓴 내용을 비슷하게 유지할 때조차도 "복음"에 대한 마가의 언급을 생략했다는 사실이다. 그 사실은 아마도 마태와 누가가 "복음"에 대한 언급이 전승에 덧붙여진 것임을, 즉 마가복음 형태의 전승의 독특한 점임을 알고 있었다는 가설로 가장 잘 설명할 수 있을 것이다.[31]

마태는 두 경우에만 마가복음을 따라 "복음"이라는 단어를 예수가 사용하신 것으로 간주한다. 하나는 마가복음 13:10("또 복음이 먼저 만국에 전파되어야 할 것이니라")인데 마태복음 13:10이 이를 따르고 있다. 그러나 학자들은 이 구절(13:10)이 이미 한창 진행되고 있었던 훨씬 더 광범위한 이방인 선교에 비추어 "작은 묵시록"(막 13장)에 대한 마가의 해석을 덧붙인 내용이라는 점에 일반적으로 동의한다.[32] 두 번째는 마가복음 14장에 있는 예수에게 기름을 붓는 여인의 이야기다. 마가복음과 마태복음에는 예수가 "내가 진실로 너희에게 이르노니 온 천하에 어디서든지 복음이 전파되는 곳에는 이 여자가 행한 일도 말하여 그를 기억하리라"(막 14:9/마 26:13)라고 단언하는 것으로 묘사되어 있다. 그러나 "복음"이라는 단어

---

31 추가로 필자의 'Matthew's Awareness of Markan Redaction', in F. Van Segbroeck, ed., *The Four Gospels. Festschrift for Frans Neirynck* (Leuven University, 1992), 1349-59을 보라.

32 추가로 *Jesus Remembered*, 435-36을 보라.

를 마가가 특히 선호한다는 점을 고려하면 여기서 이 단어가 사용된 것
역시 마가가 이 단어를 덧붙인 것이라는 점을 드러낼 가능성이 더 크다.
이 경우 우리는 마가가 자신이 받은 (여기서도 역시 마가 시대에 이미 명백했던
복음의 보다 보편적인 특성을 반영하는) 전승을 나름대로 각색하는 모습을 상
상해 볼 수 있다. 그리고 마태는 이번에는 단순히 마가복음을 그대로 따
라했다.[33]

그렇다면 마가복음 13:10과 14:9의 모호함에도 불구하고 "복음"은
마가가 여러 대목에서 예수 전승 속에 도입한 마가의 용어임이 분명하
다.[34] 물론 그렇게 해서, 특히 마가복음 14:9의 경우에, 마가복음은 예수
전승이 알려지고 간직된 집단들 속에서 **예수에 대한 이야기와 예수의 복**
음 전파에 대한 기록들이 "복음"의 일부로 여겨졌음을 보여준다.[35]

b. 복음서로서의 "복음"(Euangelion)

주목할 필요가 있는 두 번째 요점은 마가가 "하나님의 아들 예수 그리스
도의 복음의 시작(archē tou euangeliou Iēsou Christou)"이라는 말로 자신의 복
음서를 시작하고 있다는 사실이다(막 1:1). 이 경우에도 그 의미는 분명하
다. 즉 마가가 십자가의 복음 전파뿐만 아니라 예수의 사명에 대한 이야
기와 **그의** 복음 전파에 대한 기록을 지칭하는 데도 "복음"(euangelion)이라
는 단어를 사용한 것은 전적으로 적절한 일이었다. 이는 단지 예수 전승
에 대한 회상이 바울이 전파한 복음을 보완해주기 때문만은 아니었다. 예

---

33 Casey는 *Aramaic Sources of Mark's Gospel*에서 막 13:10과 14:9을 다시 아람어로 번역하려
    는 시도를 전혀 하지 않는다.
34 이것이 마가복음에 대한 최초의 편집비평적 연구인 W. Marxsen, *Mark the Evangelist*
    (1956, 1959; ET Nashville: Abingdon, 1969), 117-50의 주요 결론 중 하나였다.
35 Hengel, *Studies in Mark*, 72; 또한 *Four Gospels*, 92-4.

수 전승은 여기서 그 자체가 "복음"(euangelion)이다.

그러나 마가복음 1:1의 의미는 그보다 훨씬 더 깊다. "복음"의 이 용례에서 우리는 아마도 "예수 전승", "예수의 생애와 사명을 서술하는 내용"으로서의 복음에서 "예수의 생애와 사명을 다루는 책"으로서의 "복음서"로의 변화를 보게 될 것이기 때문이다.[36] 여기서 "복음"은 어떤 메시지의 "내용"에서 그 메시지를 전달하는 책으로 바뀌기 시작한다.[37] 예수 전승이 (그랬던 적이 있었더라도) 더 이상 복음을 보충하는 것이 아닌 복음 그 자체로 여겨지는 것처럼 예수 전승을 담고 있는 글은 단순히 복음을 담고 있는 그릇으로 간주되는 것이 아니라 여기서는 그 자체로 복음이 되고 있다.[38] 거의 의식적으로 마가는 사실상 의도적으로나 돌이켜 보면 확실히 고대 세계의 문학에 새로운 장르를 도입했다.[39] 여하튼 마가의 글은

---

36 사실상 다음 책들의 논지가 이와 같다. BDAG 403; Hengel, *Studies in Mark*, 81-3; *Four Gospels*, 90-2; 추가로 L. E. Keck, 'The Introduction to Mark's Gospel', *NTS* 12 (1966), 352-70(358-60)과 특히 R. Guelich, 'The Gospel Genre', in P. Stuhlmacher, ed., *The Gospel and the Gospels* (Grand Rapids; Eerdmans, 1991), 173-208(여기서는 194-205)을 보라. R. A. Burridge, *What are the Gospels? A Comparison with Graeco-Roman Biography* (Grand Rapids: Eerdmans, ²2004), 186-9; Pokorny, *Gospel*, 108-12; Koester, *Ancient Christian Gospels*, 24-9의 보다 이른 시기의 논의도 함께 보라.

37 Luz는 (개인적인 편지에서) 이 견해에 전적으로 동의하지 않으며 이 어구에 대해서는 다음 세 가지 가능한 해석이 있다고 주장한다. (a) (마가가 진술하는) 기독교의 "복음 선포"의 "시작"으로서의 "예수의 역사"(그렇다면 이는 부활절 이후에 시작된다). (b) "마가복음"(=복음서)의 "시작"으로서의 (성경적으로 입증된) 세례 요한의 출현. (c) 기독교의 "복음 선포"의 "기초"로서의 마가복음(전체).

38 "따라서 마가복음은 부활절의 복음이 이 땅에서 사신 예수와 불가분적으로 연결된다(되어야 한다)는 점을 분명히 밝히고자 한다"(Pokorny, *Gospel*, 122-4의 막 1:1에 대한 논평 및 *Gospel*, 179-80).

39 Koester는 마가가 자신의 작품을 "복음"으로 지칭하지 않는다는 가장 일반적인 견해를 피력한다(*Ancient Christian Gospels*, 12-14). 이와 약간 대조적으로 Luz는 이미 *Did.* 8.2; 11.3; 15.3-4에서 "유앙겔리온"이 하나의 책으로 간주된다고 주장한다(*Matthäus*, 1.249). 그러나 비록 "복음"에 대한 반복된 언급에 막 1:1과 매우 비슷한 과도기적인 느낌이 있더라도 이러한 언급들은 (앞의 n. 18에서와 같이) 잘 알려진 (구전) 복음에 대한 언급일 수도 있거나 그럴 가능성이 더 크다(Luz도 언급하는 Ignatius, *Philad.* 8.2; 9.2;

곧 더 이상 단순히 어떤 위대한 사람의 전기(*bios*)만이 아닌 **복음**, 즉 구원을 가능하게 만든 어떤 특정한 사람에 대한 기록, 그 자체로 구원의 수단인 책, "마가에 따른 복음"으로 간주되게 되었다. 다 알고도 의도적으로 그렇게 했든 그렇지 않았든 "복음"을 "복음서"로 바꾸어놓은 이는 바로 마가다.[40] 우리는 §42.2에서 마가가 자신이 진술하고 있는 이야기의 복음서적인 성격을 표현하기 위해 예수 전승을 어떻게 구체화했는지 보다 자세히 살펴볼 것이다.

Smyrn. 7.2; *2 Clem.* 8.5도 마찬가지다). Koester는 「클레멘스2서」에서는 기록된 "복음"에 대해 "유앙겔리온"이라는 단어를 사용했을 수도 있다고 생각하며 특별히 *2 Clem.* 8.5을 언급하지만, 「클레멘스2서」의 연대를 150년 이후로 추정하며(17-18) 마르키온이 자신이 편집한 형태의 누가복음을 "복음"이라고 불렀다는 점을 지적한다(35-6). 책으로서의 "유앙겔리온"에 대한 최초의 명시적인 언급은 유스티누스의 「트리포와의 대화」에 나오는데, 거기서 트리포는 자신이 주의 깊게 읽은 "복음이라고 불리는 것(또는 이른바 복음) 속에서 주어진 명령들"을 언급한다(10.2). 그리고 나중에 유스티누스는 "복음서"에 기록된 내용을 언급한다(100.1). "복음서들(*euangelia*)이라고 불리는" 사도들의 "비망록(*apomnēmoneumata*)"에 대한 그의 언급도 주목해 보라(§39 n. 21 및 *Dial.* 100.4; 102.5; 103.6-7; 106.1; 107.1). "'~라고 불린다'는 것은 수년 혹은 수십 년 전으로 거슬러 올라가는 전승(을 의미한다)"(Pokorny, *Gospel*, 182). 추가적으로 다음 책들을 보라. W. A. Shotwell, *The Biblical Exegesis of Justin Martyr* (London: SPCK, 1965), 23-8; Koester, 37-43; Hengel, *Studies in Mark*, 3장. "복음서라는 제목의 뿌리는 오직 마가복음에서만 찾아야 한다"(Hengel, *Four Gospels*, 242, 63도 함께 보라). Collins는 이 견해에 동의한다. "이 네 작품을 "복음서"라고 부르는 관행은 궁극적으로 마가복음에서 비롯되었을 가능성이 크다"(*Mark*, 3). 마가복음의 장르에 대한 그녀의 논의 전체도 함께 보라(15-43). "우리는 막 1:1이 책 전체의 제목 역할을 했을 가능성이 매우 크다고 생각한다"(Pokorny, *Gospel*, 128).

40 Stanton은 이러한 조치를 취한 이는 마가가 아니라 마태라고 주장하며 특별히 마 24:14과 26:13을 언급한다(*A Gospel for a New People*, 15-18). 그러나 이 두 구절은 마가복음에서 인용한 것이며 Stanton은 "유앙겔리온의 용법에 있어서 마태복음과 「디다케」의 주된 차이를 발견할 수 없는" 반면(18 n. 3과 앞의 n. 33에 대한 언급), 필자는 막 13:10과 마 24:14, 또는 막 14:9과 마 26:13 사이에 어떤 주된 차이점도 발견할 수 없다. 필자는 막 14:9에 대한 다음과 같은 Collins의 견해에 동의한다. "여기서 마가복음의 저자는 자신의 책을 '복음'이라고 부르고 있는 것처럼 보인다.…이 용례는…이 저자가, 그리고 아마도 그의 청중들이 복음에 대한 구전 요약과 기록된 복음을 크게 구별하지 않았음을 보여준다"(*Mark*, 644).

c. 서론이 확대된 수난 내러티브

어느 유명한 논평에서 복음서들을 "서론이 확대된 수난 내러티브"로 묘사한 이는 마르틴 켈러(Martin Kähler)였다.[41] 이러한 묘사는 기록된 최초의 복음서인 마가복음에 특히 적절했다.

- 기본적인 사실은 예수의 생애 마지막 한 주와 예수의 빈 무덤의 발견을 다루고 있는 수난 내러티브(막 11:1-16:8)가 마가복음의 3분의 1 이상을 차지한다는 점이다.[42]
- 마가복음은 가이사랴 빌립보 근처에서 예수를 메시아로 고백한 베드로의 고백(막 8:27-30)이 복음서의 중심이자 전환점이 되도록 구성되어 있다. 그 고백은 마가복음에서 지리적인 전환점(그 지역은 예수의 갈릴리 사역의 최북단 지점이다)이자 극적인 전환점이다(그 이후 예수는 남쪽 예루살렘 방향으로 자신의 운명을 향해 나아간다).
- 이 요점은 자신의 고난의 필요성에 대한 예수의 명시적인 첫 번째 가르침(막 8:31)과 이후 두 번 더 분명하게 반복되는 수난 예언(9:31; 10:33-34)을 통해 표현된다.
- 몇몇 사람들이 주장한 것처럼 마가가 이런 식으로 예수를 신적인 권위로 말하며 특별한 기적을 행한 분, 즉 "신적인 인간"(*theios anēr*)인 그리스도로 표현하는 지나치게 승리주의적인 복음 선포를

---

41 M. Kähler, *The So-Called Historical Jesus and the Historic Biblical Christ* (1896; Philadelphia: Fortress, 1964), 80 n. 11.

42 R. Pesch는 *Das Markusevangelium*(HTKNT II, 2 vols.; Freiburg: Herder, 1977)에서 수난 내러티브가 예수가 곧 메시아라는 베드로의 신앙고백(막 8:27)에서부터 시작된다고 주장한다(2.1).

바로잡은 것인지는 전혀 분명치 않다.[43] 그러나 우리는 빌립보 가
이사랴에서 베드로가 한 고백에 예수가 보인 반응에 대한 마가의
기록이 메시아로서의 예수에서 고난받는 인자로서의 예수로 초점
을 옮기는 하나의 방식이라고 말할 수 있다. 이러한 전략은 아마도
예수의 중요성이 예수가 이스라엘을 로마의 지배에서 해방시킬
군사적인 메시아에 대한 대중적인 소망을 얼마나 충족시켰느냐는
측면에서 평가해야 한다는 일체의 주장으로부터의 초점 이동을
포함했을 것이다. 메시아이자 인자로서의 예수의 의미는 그의 죽
음과 부활에 대한 언급 없이는 올바르게 인식될 수 없었다.

• 마가복음의 내러티브에서 한 가지 중요한 모티프는 예수의 제자
들의 예수에 대한 몰이해다. 이것은 20세기의 대부분 기간 동안
복음서 학자들을 매료시킨 "메시아적 비밀"의 일부다.[44] 마가가 이
모티프를 도입했든, 아니면 단지 자신에게 전해진 예수 전승의 한
측면을 강조했든 이 모티프의 요점은 분명하다. 곧 예수가 아직 사
명을 수행하고 있었을 때는 예수의 제자들이 그를 이해할 수 없었
다는 것이다. 제자들은 예수의 사명 완수를 목격할 때까지, 즉 예
수가 죽임을 당하고 죽은 자들 가운데서 부활할 때까지 예수를 이
해할 수 없었다.[45]

• 마가의 전략의 요지는 그의 복음서에서 일찍부터 나오는 예수의
죽음에 대한 암시와 복선을 볼 때 분명하다.

  ○ 자신의 사명을 신랑이 혼인 잔치 자리에 있는 것에 비유한 예

---

43 이하 §42.2 n. 93을 보라.
44 W. Wrede, *The Messianic Secret* (1901; ET Cambridge: Clarke, 1971). *Jesus Remembered*,
    624-27, 644-45, 647-49을 보라.
45 추가적으로 이하 §42.2b을 보라.

수가 언급한 제한 조건. "그러나 신랑을 빼앗길 날이 이르리
니…"(2:20).

◦ 예수가 수난을 겪는 이야기들이 나오는 장면(2:1-3:5)의 결론.
"바리새인들이 나가서 곧 헤롯당과 함께 어떻게 하여 예수를 죽
일까 의논하니라"(3:6). 이는 마가복음의 내러티브에서 놀랍도
록 일찍 등장하는, 예수를 없애 버리자는 결정이다.

◦ 예수의 선구자 세례 요한의 운명에 대한 길고 불길한 기사
(6:17-29).

◦ 수난 내러티브에 이르는 줄거리에서 우리는 자신이 (고난의) 잔
을 마시고 죽음의 세례(익사의 이미지)를 받아야 한다는 예수의
이야기에도 주목해야 한다(10:38-39).

◦ 소작인들이 포도원 주인의 아들이자 상속자를 죽이는 데서 절
정에 이르는 포도원 소작인들의 비유와 아마도 마가 자신이 덧
붙인 내용보다 더 이른 시기에 덧붙여진 내용인 듯한[46] 버려진
돌에 대한 증언(12:10-11; 시 118:22-23) 및 이 비유가 예수에 대
한 더 격렬한 반대를 불러일으켰다는 결론(12:12).

◦ 예수의 제자들이 당할 고난, 박해, 죽음에 대한 불길한 예언
(13:9-12)은 예수 자신에 대한 그와 비슷한 배척에 뒤따르는 운
명을 암시한다.

◦ 베다니의 여인이 예수의 몸에 기름을 부어 "장례를 미리" 준
비한 사건(14:8), 자신이 배신을 당할 것이라는 예수의 예언
(14:18-20), 예수의 몸이 찢기고 피가 흘러나올 것을 예시하는
성만찬의 제정(14:22-24).

---

46   *Jesus Remembered*, 721-22 n .67.

○ 예수는 감람산에서 목자의 임박한 죽임 당함을 예고하며(14:27)
   겟세마네 동산에서 고통스러운 죽음을 예상하는 데서 오는 고
   통을 적나라한 표현으로 간략하게 묘사한다(14:33-36).

○ 또한 우리는 절정으로 이어지는 다양한 성경적 암시[47]가 예수
   의 죽음과 부활이 "성경대로" 된 일이라는 바울의 강조점(고전
   15:3-4)을 상기시킨다는 사실도 무시해선 안 된다.[48]

따라서 마가는 자신이 기록한 예수의 생애를 "복음"이라고 불렀을 때 예
수에 대한 메시지가 왜 "복음"으로 간주되었는지에 대한 바울의 이해를
벗어난 것이 아니다. 그와 반대로 마가는 예수의 사명에 대한 자신의 기
록이 수난 내러티브로 절정에 이르게 함으로써 바울의 요점을 강화했다.
예수에 대한 좋은 소식은 일차적으로 예수의 죽음과 부활에 대한 좋은
소식이었다. 예수에 대한 메시지가 좋은 소식인 까닭은 단지 예수의 가르
침 때문이나 예수가 위대한 치유자이며 기적을 행하는 자이기 때문이 아
니라, 예수의 죽음과 부활이 죄 용서와 죽은 자들 가운데서의 생명을 가
져왔기 때문이다.[49]

그러나 동시에 마가는 단지 예수의 죽음과 부활만이 아니라 예수의
사명 전체에 대한 이야기를 "복음"이라고 명명함으로써 그 둘은 따로 떼

---

47 특히
    막 9:31과 10:33-34   사 53:12
    막 10:45   단 7:13
    막 12:10-11   시 118:22-23
    막 14:27   슥 13:7
    막 15:24, 29, 34   시 22:1, 8, 18
48 참고. Collins, *Mark*, 80-84.
49 여기서 마가의 강조점이 반드시 논쟁적인 것만은 아니다. 그의 강조점은 보완적이거나 교
    정적인 것일 수도 있다(Marcus, *Mark 1-8*, 74-9의 논의를 보고 추가적으로 이하 §42.2b(ii)
    을 보라).

어낼 수 없는 것임을 분명히 했다. 예수의 사명의 핵심은 예수의 죽음과 부활을 떠나서는 파악될 수 없다. 그러나 예수의 죽음과 부활의 완전한 의미도 예수의 전체적인 사명이라는 배경 밖에서 파악될 수 없다. 예수의 죽음과 부활은 도외시한 채 예수의 사명만 소중히 여기는 것은 이를 악용하는 일이 될 것이다. 그러나 예수의 전체적인 사명은 도외시한 채 예수의 죽음과 부활에 대한 기록만 소중히 여기는 것 역시 이를 오해하는 일이 될 것이다. 예수의 수난에 대한 복음은 하나님 나라의 메시지를 선포하고 그 메시지대로 살았던 갈릴리 사람의 사명에 대한 복음서의 핵심이었지만 그 복음서의 유일한 부분은 아니었다.

20세기의 학자들은 종종 마가가 말하자면 전기적 역사로서의 복음과 선포로서의 복음 사이에서 성취한 이러한 균형을 받아들이기 어려워했다. 거의 마치 마가가 예수의 부활절 이전의 사명과, 예수의 죽음과 부활에 비추어본 그 사명의 선포적인 의미에 대한 관심을 유지하는 것이 불가능한 일이었다는 듯이 말이다.[50] 그러나 이것이 바로 마가가 성취한 일이다. 마가는 예수의 사명의 정점이 지닌 선포적인 의미가 역사적 기억을 매몰시키도록 내버려두지 않았다. 『예수와 기독교의 기원』에서 살펴본 것처럼, 마가복음의 기록에서 예수에 대한 완전하지는 않지만 분명한 역사적 관점을 얻는 것은 전적으로 가능한 일이다. 요는 마가가 예수 전승에 그것이 상황이 달랐다면 갖지 못했을 선포적인 의미를 부여하기 위해 예수 전승을 자세히 설명하고 확대시킬 필요가 없었다는 것이다. 마가가 자신의 기록을 "복음"이라고 부름으로써 인식하고 우리에게 제시한 것은, 예수의 수난 이전의 사명이 이미 좋은 소식이었으며 예수의 죽음과

---

50   특히 J. Gnilka, *Das Evangelium nach Markus* (EKK II; 2 vols.; Zürich: Benziger, 1978, 1979), 1.22-4을 참고하라.

부활은 단순히 예수의 사명 전체의 복음적인 의미를 밖으로 드러냈다는 사실이다.[51]

41.3 마태복음과 누가복음

마태복음과 누가복음의 가장 두드러진 특징 가운데 하나는 한 세기 이상 충분히 인식되어 온 것처럼 이 두 복음서가 마가복음에 많이 의존하고 있다는 점이다. 필자는 공관복음서의 상호 의존성을 오로지 문예적인 관점에서만 인식하는 것을 강하게 경계하지만, 마태와 누가가 마가와 공유하는 전승 대부분의 거의 동일한 표현은 마태와 누가가 복음서를 쓸 때 기록된 마가복음을 가까이 두고 있었을 매우 큰 가능성으로 가장 분명하게 설명할 수 있다.[52] 그들은 분명 다른 예수 전승을 마가복음과 함께 엮고 마가복음을 그들 복음서의 뼈대로 사용함으로써 자기 나름의 복음서를 작성했다. 여기에는 특별히 그들이 그렇게 하면서 **마가복음의 구조가 확립해놓은 복음서의 성격**—확대된 서론이 있는 수난 내러티브—**을 이어받았다**는 사실이 포함된다.

　　마태복음과 누가복음을 볼 때 우리는 이것이 곧 실제 상황임을 알게 된다. 마태와 누가는 마가복음의 구조를 이어받았을 뿐만 아니라 베드로의 신앙고백이라는 전환점(마 16:13-20; 눅 9:18-21), 수난 예언,[53] 예수의 기적에서 너무 쉽게 도출된 일체의 추론에 대한 교정, 예수의 최후의

51　필자는 "예수의 사명 전체에 대해" 말한 것이지 "예수의 생애 전체에 대해" 말한 것이 아니다. 성육신의 신학은 아직 나타나지 않았다.

52　*Jesus Remembered*, §§4.4, 7.3. §39.2과 예를 들어 앞의 n. 90도 함께 보라.

53　마 16:21; 17:22-23; 20:18; 눅 9:22, 44; 18:32-33.

고난과 죽음에 대한 다양한 복선 등도 이어받았다.[54] 이런 것들은 단순히 "복사해 붙이기"의 사례가 아니다. 마태와 누가가 예수 전승을 그들 나름의 방식으로 사용하거나 그들이 알고 있는 예수 전승의 다른 형태를 사용할 때조차 마가복음의 패턴을 매우 가깝게 따르고 있다는 사실 자체가 예수의 가르침과 사명을 복음의 핵심으로 제시하기 위해,[55] **예수의 이야기를 그들 나름대로 다시 진술하는 데 마가복음의 장르를 사용하기 위해,** 그리고 마가가 그의 복음서를 예수의 죽음과 부활이라는 절정까지 전개해 가는 패턴을 따르기 위해, 마태와 누가가 사실상 떠맡은 책무를 부각시킨다.[56]

이러한 집필 계획에 있어서 핵심은 Q 자료를 마가가 제공한 틀 안에 통합시키는 것이다. 마태와 누가가 공유한 비(非)마가복음 자료는 마태와 누가가 모두 2차 자료, 즉 동일한 2차 자료를 사용할 수 있었다는 가설에 따라 일반적으로 Q 자료라고 일컬어진다는 사실을 우리는 기억한다. 또한 기억하겠지만 이 주장은 Q 자료가 어떤 기록된 문헌에서 도출된 것인지의 여부에 달려 있다. 필자는 마태복음과 누가복음에 있는 거의 동일한 Q 자료 구절들의 비슷한 특징이 마가복음의 병행구들과 거의 동일한 구절들과 관련하여 비슷한 결론을 암시한다는 점을 지적했다. 다시 말해 Q 자료 중 일부는 마태와 누가가 그것을 사용했을 때 이미 그리스어로 되

---

54 막 2:20 및 병행 본문; 3:6 및 병행 본문; 6:17-29 및 병행 본문(누가복음은 아님); 10:38-39 및 병행 본문; 12:6-12 및 병행 본문; 13:9-13 및 병행 본문; 14:8 및 병행 본문(누가복음은 형태가 다름); 14:18-20, 22-24 및 병행 본문; 14:27 및 병행 본문(누가복음은 아님); 14:33-36 및 병행 본문.

55 "마태복음의 경우 신학적으로 결정적인 것은 교회의 모든 복음 전파(*euangelion*)가 지상의 예수를 지향하며 예수의 말과 행동 외에는 다른 어떤 내용도 없다는 것이다"(Luz, *Matthäus*, 1.249).

56 따라서 필자는 "수난 내러티브, 즉 '선포'의 핵심적인 부분이 더 이상 마태복음의 근본적인 구조적 요소"가 아니라는 Koester의 주장에 동의하지 않으며 누가복음에 관해서도 마찬가지다(*Ancient Christian Gospels*, 45).

어 있었고 이미 문헌으로 존재했을 가능성이 크다. 그러나 필자는 또한 꽤 다양하며 동일하지 않은 공유된 자료가 지닌 똑같이 공통적인 특징은 마태와 누가가 이런 경우에는 기록된 Q 자료에 의존했을 가능성이 희박함을 암시한다. 공통되지만 매우 다양하게 표현된 전승이라는 난제에 대한 보다 그럴듯한 해법은, 초기 교회들 가운데서 다양한 구전 형태의 예수 전승이 유포되고 있었으며 그러한 구절들에서 마태와 누가가 같은 전승의 다양한 형태들을 알고 있었고 사용했다는 것이다.[57]

그러나 여기서 요점은 Q 자료가 마태복음 및 누가복음과 분리되면 "확대된 서론이 있는 수난 내러티브"로 묘사될 수 없다는 것이다. Q 자료에는 수난 내러티브가 없다. 마태가 십중팔구 그랬듯이 마가복음의 수난 내러티브를 매우 가깝게 따르고 있다는 점은 Q 자료에 대해 이야기하거나 Q 자료를 확인하는 것을 사실상 불가능하게 만든다. Q 자료에 대한 모든 정의의 출발점은 마태복음과 누가복음에 공통된 비(非)마가복음 자료이기 때문이다. 누가가 그와 다른 수난 내러티브를 사용할 수 있었다는 가설을 세우더라도[58] 그러한 내러티브를 Q 자료의 일부로 간주할 생각은 아무도 하지 않는다.

더구나 Q 자료에는 마가복음의 매우 분명한 특징인 수난 내러티브의 다양한 구조적 특징과 그에 대한 암시가 거의 모두 빠져 있다. 어떤 이들은 가설로 설정한 Q 문서가 마가의 수난 복음과 다르며 그와 대립되는 기독론을 표현했다고 주장한다. 필자는 그런 주장이 여전히 납득되지 않는다.[59] Q 자료는 예수 전승을 보존하고 신자들의 모임에서 이를 가르치

---

57 필자는 §42.1에서 이 점을 더 자세히 설명할 것이다.
58 V. Taylor, *The Passion Narrative of St Luke. A Critical and Historical Investigation* (SNTSMS 19; Cambridge University, 1972).
59 *Jesus Remembered*, 150-2.

는 책임을 떠맡은 교사들에게 교육 자료 역할을 한 예수 전승의 다양한 모음집으로 간주하는 것이 더 낫다. 또한 Q 자료에 있는 예수의 죽음[60]과 신원[61]에 대한 다양한 암시는 복음 선포와는 다른 역할을 했지만 예수의 죽음과 부활에 초점이 맞춰진 선포를 보완해준 자료와 잘 어울린다.

그러나 핵심적인 사실은 **마태복음과 누가복음에서 Q 자료는 마가가 제공한 구조 안에 둘러싸여 있다**는 것이다. Q 자료는 예수의 수난에서 절정에 이르는 예수의 사명에 대한 이야기의 보다 완전한 형태의 일부가 된다.[62] 더구나 Q 자료는, 분명 마태와 누가가 대변하는 교회들이자 그들이 쓴 복음서의 수신자인 교회들에 의해 하나의 단일하고 일관된 단위나 독립적인 문서로 간직되지 않았다.[63] 정경에 속한 하나 이상의 복음서를 이어가는 교회의 역사 속에서 그 이후에 복음서들과 구별되는 Q 문헌이 가치 있게 여겨졌다는 암시는 전혀 없다.[64]

---

60 특히 마 10:38/눅 14:27("자기 십자가를 지고 나를 따르지 않는 자도 내게 합당하지 아니하니라"); 마 23:37-39/눅 13:34-35과 마 23:34-36/눅 11:49-51(예수가 죽임 당한 "선지자들과 사자들" 가운데 포함된다는 암시); 마 5:11-12/눅 6:22-23(이와 비슷하게 선지자의 운명과 같은 제자들의 운명으로서의 고난). 추가적으로 J. S. Kloppenborg, *Excavating Q* (Minneapolis: Fortress, 2000), 369-74을 보라.

61 마 10:32/눅 12:8; 마 23:37-39/눅 13:34-35. 추가적으로 Kloppenborg, *Excavating Q*, 374-9을 보라.

62 마태복음은 "문예적 측면에 있어서 마가복음의 새로운 형태이지 Q 자료의 새로운 형태가 아니다"(Luz, *Matthäus*, 1.80).

63 "Q 자료는 마태와 누가에 의해 마가복음의 개요 속에 파묻혀 있고 이러한 다른 장르, '복음' 장르라는 배경 속에서만 계속해서 정통 교회 안에 수용될 수 있다"(J. M. Robinson, '*LOGOI SOPHON*: On the Gattung of Q', Robinson & Koester, *Trajectories*, 113).

64 이 대목에서 Q 자료의 운명과 마가복음의 운명 사이의 극명한 차이는 이미 주목할 만한 가치가 있다. 마가복음은 Q 자료와 마찬가지로 마태에 의해 충분히 흡수되었다고 말할 수 있기 때문이다. 그러나 마가복음은 마태복음과 누가복음도 알고 사용한 교회들에서 예수에 대한 매우 귀중한 증언으로 보존되고 계속해서 그런 역할을 한 반면, 이와 구별되는 문헌으로서의 Q 자료는 간직되지 않고 사라졌다. 정경에 속한 사복음서와 관련하여 가정된 다른 어떤 기록된 자료에 관해서도 같은 점을 지적할 수 있다.

우리는 물론 여전히 「도마복음」도 고찰해야 한다.[65] 그러나 이미 중요한 결론은 모습을 드러내기 시작하고 있다.

- 첫째, 예수의 가르침에 대한 전승은 오직 예수의 죽음과 부활에서 절정에 이르는 예수의 사명에 대한 이야기라는 틀 안에서 유지되었을 때만 주류 교회 안에서 보존되었다.
- 둘째, 이 교회들 안에서 예수의 가르침은 오직 마가복음의 수난의 틀 안에서 유지되었을 때만 그 자체로 "복음", 즉 복음서의 일부로 간직되고 소중히 여겨졌다.
- 셋째, 마태와 누가가 이어받은 마가복음의 틀이 복음서가 무엇인지를 결정하고 정의한다면 Q 자료, 즉 가설로 설정된 Q 문서를 복음서라고 부르는 것은 부적절하며 오해의 소지가 크다. 앞으로 분명해지겠지만 너무나 무심하게 "복음서"라는 명칭이 붙게 된 초기 기독교의 다른 문헌들에도 이와 동일한 경험 법칙이 적용된다.

41.4 요한복음

요한복음은 보통 정경에 속하는 사복음서 중 가장 나중에 기록된 복음서로 추정된다. 이미 언급했듯이(§39.2d) 공관복음서들은 명백히 많은 공통자료를 공유한다는 사실에 의해 긴밀하게 상호 연관되는 반면, 요한복음

---

65 이하 §43.2을 보라. 「도마복음」은 오늘날 학자들로 하여금 예수의 말씀으로만 구성된 문헌들에 대해 인식하게 했다. 그러나 「도마복음」은 스스로를 "살아 계신 예수가 말씀하시고 디디모스 유다 도마가 쓴 은밀한 말씀"으로 소개한다는 점에 주목해야 한다. "도마에 따른 복음"이라는 제목은 책 끝에 장식으로 붙어있고 아마도 후대에 덧붙여진 것일 것이다.

은 공관복음서들과 공유하는 자료가 거의 없으므로 공관복음서와 전혀 긴밀히 관련되어 있지 않다는 점에서 다른 세 복음서와 다르다. 또한 마태복음과 누가복음은 십중팔구 마가복음에 대한 지식을 보여주고 마가복음을 이용하고 있지만, 요한은 십중팔구 공관복음서를 알지 못했거나 그 중 어느 것도 사용하지 않았다.[66] 요한 문헌의 자료가 공관복음서의 자료와 가장 유사한 대목에서 그러한 유사성은 예수의 사명에서 나온 비슷하거나 동일한 사건 내지 가르침에 대한 상이한 구전 전승을 요한이 알고 있었고 이를 이용했다는 관점에서 더 잘 설명된다.[67] 여기서의 논증은 마태복음과 누가복음에서 공유된 Q 자료의 다양한 변종과 관련된 논증과 비슷하다. 그러한 다양성(거의 동일한 전승의 결여)이 마태복음과 누가복음의 기록된 Q 문서에 대한(또는 서로에 대한) 문예적 의존성을 암시하는 것이 아니라 구전 예수 전승의 유연성을 암시한다면, 요한복음과 공관복음 사이에 공유된 거의 동일한 자료는 극히 최소한의 양에 불과하다는 사실로부터 동일한 결론이 도출된다. 이하 §43.1b에서 주장하는 바와 같이 요한복음은 예수 전승이 계속해서 다양한 구전 형태로 유포되고 사용되었다는 추가적인 증거가 된다. 그 전승은 예수의 **동일한** 사역에 대한 전승이며 보통은 공생애 기간 동안의 예수의 **동일한** 행동과 가르침에 대한 전

---

66 그러나 Luz는 (개인적인 편지에서) 요한은 어디에서 "복음"이라는 장르를 도출했느냐는 타당한 질문을 던진다.

67 필자는 이하 §43에서 이 점을 더 자세히 살펴볼 것이다. 특히 n. 78을 보라. P. N. Anderson은 *The Fourth Gospel and the Quest for Jesus*(London: T & T Clark, 2006)에서 누가복음과 Q 자료가 요한 문헌의 구전 전승을 사용할 수 있었다고 주장한다(102, 113-4, 117-9, 134-5). 필자는 마가복음, 마태복음, 누가복음, 요한복음의 독특한 특징을 띠기 이전에 널리 공유된 구전 예수 전승에 대해 말하는 편을 선호한다. 추가적으로 R. Kysar, 'The Dehistoricizing of the Gospel of John', in Anderson, et al., eds., *John, Jesus and History*, Vol. 1, 75-101(여기서는 89-92)을 보라. 그는 Barnabas Lindars와 Raymond Brown도 언급하며 Anderson의 명제를 "엄청난 양의 추측과 어림짐작"을 수반하는 것이라며 비판한다(92).

승이지만, 표현과 세부 묘사와 거기서 도출된 결론 면에서는 다양하다.

요한복음과 공관복음의 차이점[68]과 요한복음이 공관복음에 직접적으로 의존했다는 증거가 부족하다는 점을 고려하면, 요한이 그럼에도 불구하고 마가가 예수 전승에 부여하고 마태와 누가가 이어받은 것과 동일한 복음서 형식을 사용했다는 점은 더욱더 눈에 띈다. 비록 요한복음의 "확대된 서론"은 내용과 성격 면에서 공관복음의 "확대된 서론"과 매우 다르지만, 요한은 그의 복음서의 틀을 공관복음과 동일한 틀─확대된 서론을 지닌 수난 내러티브─로 설정했다. 만일 우리가 "수난 내러티브"를 예수의 예루살렘 입성에서부터 시작되고 예수의 마지막 주간을 포함하며 예수의 재판, 처형, 부활에서 절정에 이르는 이야기로 간주한다면, 요한복음의 수난 내러티브는 요한복음 12장부터 끝까지 이어진다. 즉 수난 내러티브는 요한복음 전체의 약 40퍼센트를 차지한다.

우리는 여기서 무엇을 추론할 수 있는가? 요한이 결국 마가복음을 알고 있었다는 것은 아니다. 요한복음 안에 공관복음에 대한 문예적 상호 의존을 암시하는 상당한 분량의 동일한 구절이 없다는 점은 이 시점에서 여전히 결정적인 고려 사항이다. 그것이 아마도 의미하는 바는 예수의 사명 전체에 대한 이야기를 그 자체로 "유앙겔리온" 즉 "복음"이라고 이름 붙인 마가복음의 조치가, "유앙겔리온"이라는 용어 자체가 사용되지 않았던 때에도 곧 예수의 사명 이야기에 대한 확고부동한 사고방식이 되었다는 점일 것이다. 마태와 누가가 마가의 본보기를 따른다는 것도 동일한 가능성을 증언하며, 그들 스스로가 예수 전승을 사용하고 그에 대해 사고하는 방식이 마가의 "복음"의 내러티브 형식 안에 있다는 확신을 강화시키고 보다 널리 유포시켰을 것이다.

---

68   다시 이하 §43.1a을 보라.

이것이 더더욱 중요한 이유는 요한이 예수 전승에 대해 제시하는 다른 설명이 너무나 쉽게 다른 방향으로 흘러갈 수 있었기 때문이다. (일차적으로) 계시하는 자[69]로 오셨고 긴 강론을 특징으로 하는 가르침을 베푼 예수라는 인물은, 예수에 대한 요한의 표현을 정확히 이런 특징에 집중시키거나 예수에 대한 영지주의적인 표현이 보여주는 것과 같은 그런 특징들로 범위를 한정시킬 수도 있었을 것이다.[70] 그럼에도 불구하고 요한은 예수의 사명과 계시에 대한 자신의 복음서의 틀을 세례 요한부터 시작해서 예수의 수난과 부활에서 절정에 이르는 이전의 복음서들과 동일한 틀로 설정함으로써 이전의 "복음서"들이 설정한 패턴을 따른다. 요한복음이 예수를 표현하면서 보여주는 자유에도 불구하고, 또한 요한복음과 공관복음의 모든 차이점에도 불구하고, 요한복음은 외경 복음서들보다 공관복음과 훨씬 더 가깝다.

요한복음에서 더더욱 눈에 띄는 것은 요한이 예수의 임박한 수난으로 자신의 이야기 전체를 뒤덮는 방식이다. 요한복음의 "확대된 서론"은 마가복음보다도 더 예수의 죽음과 부활이라는 절정을 예시하며 준비시킨다.

- 복음서 전승에서 유일하게 세례 요한은 오실 분을 "세상 죄를 지고 가는 하나님의 어린양"으로 영접한다(요 1:29, 36). 또한 요한복음은 예수의 처형을 유월절 어린양이 성전에서 죽임당할 때 일어난 일로 말하며(18:28) 예수의 죽음을 유월절 어린양의 죽음과 명백히 동일시한다(19:36; 출 12:46)[71]는 점은, 요한이 예수의 죽음을

---

69 이하 §43.1c, d과 §49.3c을 보라.
70 앞의 §40.4을 보라.
71 군인들이 십자가에 달린 예수의 다리를 부러뜨리지 않았다(그럴 필요가 없었다)는 사

이제 속죄제로도 간주되는 유월절 희생제사의 관점에서 보았음을 의미한다.[72]

- 요한은 예수의 "성전 정화"에 대한 기사가 예수의 사역 전체의 표제 역할을 하도록 그것을 예수의 사역의 훨씬 이전 단계로 재배치한다(2:13-22).[73] 그 기사 속에 요한은 성전의 멸망에 대해 말씀하시는 예수에 대한 기억을 포함시킨다(참고. 막 13:2; 14:58). "너희가 이 성전을 헐라. 내가 사흘 동안에 일으키리라"(요 2:19). 그러나 그 뒤에 요한은 다음과 같은 설명하는 말을 덧붙인다. "예수는 성전된 자기 육체[즉 자신의 죽음과 부활]를 가리켜 말씀하신 것이라"(2.22-23).

- 수난의 절정을 암시하는 다른 전조에는 5:21-29에 나오는 생명의 원천으로서의 부활과 예수에 대한 이야기, 5천 명을 먹인 사건을 생명의 떡이신 예수라는 관점과 생명의 원천으로서 먹고 마셔야 할 그분의 살과 피라는 관점에서 본 강력한 해석(6:32-58), 점점 더 임박해오는 위기에 대한 의식을 고조시키는 예수를 처치하려는 점증하는 시도,[74] 그에 상응하는 자신의 임박한 죽음에 대한 예수의 점증하는 언급[75] 등이 포함된다. 수난 내러티브가 점점 가까워질수록 예수가 양들을 위해 자기 생명을 내어놓는 선한 목자(10:11, 15, 17-18), 자신의 임박한 장례(12:7), 열매를 맺으려면 죽

실(19:33)은 유월절 어린양에 대한 규례 중 하나인 "그 뼈가 하나도 꺾이지 아니하리라"(19:36) – "뼈도 꺾지 말지며"(출 12:46) – 라는 성경 구절을 성취했다.

72 유월절은 원래 속죄제로 여겨지지 않았지만, 그 둘이 후대의 사상에서 통합된 것은 자연스럽고 아마도 필연적인 일이었을 것이다. 이하 §42 n. 349을 보라.

73 추가적으로 이하 §43.1b을 보라.

74 요 5:18; 7:1, 19-20, 25, 30, 32, 44; 8:37, 40; 10:31-33, 39; 11:8, 52-54, 57.

75 요 7:33; 8:14, 21; 13:3, 33, 36; 14:4, 28; 16:5, 10, 17.

어야 하는 밀알(12:24)에 대해 말하는 것은 놀랄 일이 아니다.

- 특히 주목할 만한 것은 점점 커지는 북소리와 같은 예수의 "때"에 대한 언급이다.[76] 처음에 그 소리는 마치 아직도 멀리 떨어져 있거나 아직 일어나지 않은 사건처럼 들린다. 즉 예수의 때는 "아직 이르지" 않았으므로 어떤 우발적인 사건들은 발생하지 않을 수도 있는 것처럼 들린다.[77] 그 "때"가 어떤 결과를 가져올지에 대한 암시는 있었지만, 수난 내러티브 본문이 시작되고 나서야 비로소 그 "때"가 예수의 죽음의 때라는 점이 분명해진다(12:23-24, 27; 13:1; 17:1). 서서히 고조되는 절정의 드라마를 놓쳐선 안 된다.

- 그와 마찬가지로 주목할 만한 것은 요한이 예수의 "영화" (*doxasthēnai*)라는 개념을 적절히 변용했다는 점이다. 요한복음에서 염두에 두고 있는 것은 예수의 죽음 이후의 높아짐(만)이 아니라는 점이 또다시 서서히 분명해진다. 이 책에서 염두에 두고 있는 것은 예수가 그의 죽음과 부활로—특히 또다시 12:23-24에서—"영화롭게 된다"는 사실이다.[78] 그리스도의 "영광"(과 "영화롭게 됨")은 요한복음의 매우 중요한 특징이므로,[79] 그 영광을 가장 분명하게 드러내는 것은 포도주로 변한 물과 사망에서 나온 생명 (2:11; 11:4)의 "표적"—즉 그리스도의 죽음과 부활의 영광 및 그 죽음과 부활이 성취하는 것을 전조로 보여주는 행동—이라는 점에도 주목해야 한다. 이 요소는 요한복음의 증거가 증언한 "아버지의 독생자의 영광"(1:14)에 대한 최초의 언급에서부터 예수의

---

76 요 2:4; 7:30; 8:20; 12:23, 27; 13:1; 17:1.
77 요 2:4; 7:30; 8:20; 다른 표현으로는 예수의 "카이로스"("결정적이거나 적절한 때")(7:6, 8).
78 요 7:39; 12:16, 23; 13:31-32; 17:1.
79 요 1:14; 2:11; 8:50, 54; 12:41; 14:13; 16:14; 17:1, 5, 10, 22, 24.

영광에 대한 모든 언급에 영향을 끼친다는 점에 주목해야 한다. 제자들이 목격한 독생자의 "영광"은 공관복음서에 나오는 예수의 변형 장면(막 9:2-8 및 병행 본문)에 관한 것이 아니었다. 요한에게 있어서 그 영광은 예수의 죽음과 부활에서 가장 분명하게 입증되었다. 요한복음은 결코 단순히 성육신의 복음이 아닌 성육신-죽음-부활의 복음이었다.

• 예수의 "높이 들림"(*hypsōthēnai*)에 대한 요한의 진술에서도 똑같은 점을 강조한다. 이제 일반적으로 인정되는 것처럼 요한은 이 단어를 예수가 십자가 위에 높이 들리신 일뿐만 아니라 하늘로 높이 들리심, 즉 예수의 승천에 대해서도 사용한다.[80] 요한에게 있어서 예수의 결정적인 구원 행위는 단일한 개념 전체, 즉 위로 올라가는 방향으로 하나로 쭉 이어지는 예수의 죽으심, 부활하심, 승천하심이었다. 요한이 인자 전승을 인자의 내려감뿐만 아니라 올라감에 대한 진술도 포함되도록 변형시킨 것도 이와 관련시킬 수 있다.[81] 예수는 그러한 복음서의 틀 안에서 그 둘을 결합시키지 않고는 분명 적절히 이해될 수 없었다.

그렇다면 요한이 그의 복음서의 형식을 어디서 도출했든, 요한이 그러한 형식을 자신의 보다 특징적인 묘사를 수용할 구조로서 확고히 고집했다는 점은 분명하다. 요한은 예수를 하나님과 하늘의 비밀에 대한 위대한 계시자로 표현할 수도 있었을 것이다. 또 예수의 가르침을 그가 실제로 표현한 것보다 훨씬 더 광범위하게—인간 존재의 비밀한 의미를 육체로

---

80   요 3:14; 8:28; 12:32-34. 예를 들어 Brown, *John*, 1.145-46을 보라.
81   요 3:13; 6:62 및 20:17; 참고. 1:51.

부터 태어나 어둠 속에 갇혀 있는 이들에게 알려준, 높은 곳에서 온 신적 대리자인 예수로-표현하는 방식을 개발할 수도 있었을 것이다. 다른 이들은 그러한 대안을 택했다. 그러나 요한이 보기에 예수가 처형되고 죽은 자들 가운데서 부활했다는 것은 그가 널리 알리고자 한 메시지의 핵심-단순히 예수의 생애 속의 한 사건이나 예수의 계시에 있어서 우연적인 일이 아니라 계시의 핵심이자 그의 메시지의 근본적인 요소로 그것이 없으면 그 메시지는 적절히 파악될 수 없고 악용될 것-이었다.[82] 현재의 논의와 관련해서 비록 요한은 명사(*euangelion*)나 동사(*euangelizesthai*)를 한 번도 사용하지 않지만, 우리는 요한이 예수에 대한 그의 메시지의 필수 요소인 성육신-죽음-부활을 복음으로 단언하고 강하게 강조했다고 말해도 무방하다.

41.5 복음서

우리가 언제 하나의 책으로서의 "복음서"에 대해 말할 수 있는지는 여전히 불분명하다. 2세기 초의 "유앙겔리온"에 대한 거의 모든 언급은 전파된 복음에 대한 언급이다.[83] 이와 마찬가지로 불분명한 것은 예수의 죽음, 부활, 승천에서 절정에 이르는 예수의 사명에 대한 글로 쓴 기록으로서의

---

82 따라서 필자는 요한복음이 "마가복음을 기반으로 해서 발전된 복음서 장르의 정의에 거의 들어맞지 않는다"는 Koester의 주장(*Ancient Christian Gospels*, 45)에 또다시 동의하지 않는다.

83 *1 Clem.* 42.1; 47.2; Ignatius, *Philad.* 5.1-2; 8.2; *Smyrn.* 5.1; Polycarp, *Phil.* 6.3; *Barn.* 5.9; 8.3; Aristides, *Apol.* 2. 복음이 예수의 죽음과 부활에 초점을 맞추었다는 점은 다음 문헌들에서 특히 분명하다. Ignatius, *Philad.* 9.2; *Smyrn.* 7.2; *M. Polyc.* 1.1; 19.1. 그러나 이미 언급했듯이 다른 사례에서는 "유앙겔리온"에 예수의 가르침에 대한 언급이 포함되었다(*M. Polyc.* 4; 22.1; *Did.* 8.2; 11.3; 15.3, 4; *2 Clem.* 8.5).

"복음서"에 대한 정의가 언제 확립되었는가 하는 문제다. 분명한 것은 순교자 유스티누스가 기록된 형태의 복음서를 알고 있었고(*Dial.* 10.2; 100.1) 한 권 이상의 "복음서"에 대해 알고 있었다는 점이다(*1 Apol.* 66.3). 더구나 유스티누스가 "복음서"로 알고 있었던 문헌들은 동일한 구조를 따랐음이 분명하므로[84] "복음서"에 대한 언급이 "수난 내러티브" 구조를 환기시키지 않을 때조차 사람들이 언급했을 만한 오직 한 종류의 기록된 복음서는 그러한 "수난 내러티브" 구조를 공유하는 정경 복음서들이었을 것이며, 사람들은 "그 복음"의 본질적인 수난 내러티브적 특성을 당연시했을 것이라고 추론해도 무방할 것이다.[85]

권위 있는 기록된 문서로서의 "유앙겔리온"에 대한 보다 초기의 언급이 존재하는지는 논란의 대상이다. 몇몇 학자들은 마르키온이 최초로, 즉 유스티누스 이전에 아마도 이미 130년대나 140년대에 그런 언급을 한 인물이며 그 언급은 누가복음에 대한 언급이라고 주장했다.[86] 그러나 「디다케」는 기록된 복음서로서의 "유앙겔리온"에 대한 몇 차례의 언급을 포함하고 있다는 점을 강력하게 주장할 수 있는데,[87] 그렇게 되면 (구전) 복음에서 (기록된) 복음서로의 전환은 훨씬 더 일찍 일어난 일이 된다.[88]

---

84 Koester, *Ancient Christian Gospels*, 29.
85 *Dial.* 10.2과 100.2의 문맥에서는 예수의 십자가형이 언급되며, *1 Apol.* 66에서는 성찬의 살과 피에 초점을 맞춘다. 추가적으로 이하 §44.3b을 보라.
86 von Campenhausen, *Formation*, 147-63; Koester, *Ancient Christian Gospels*, 35-6; R. H. Gundry, 'EUANGELION: How Soon a Book?', *JBL* 115 (1996), 321-5.
87 *Did.* 8.2; 11.3; 15.3-4; 또한 *2 Clem.* 8.5을 보라. 이하 §44 n. 87, 88, 121을 보라.
88 J. A. Kelhoffer, '"How Soon a Book" Revisited: *EUANGELION* as a Reference to "Gospel" Materials in the First Half of the Second Century', *ZNW* 95 (2004), 1-34 및 '"Gospel" as a Literary Title in Early Christianity', 402-6, 410-2. 그는 또한 마르키온이 어떤 새로운 결과를 초래한 것이 아니라 "'유앙겔리온'은 그의 지지자들 사이에서 기록된 복음서(즉 누가복음)를 가리키는 명칭으로 이미 이해할 수 있는 말임을 전제하고 있다"고 말한다 (405).

이는 마가복음 1:1의 "유앙겔리온"을 이 단어가 소개한 글의 제목으로 읽는 관행이 마가복음과 이 문헌을 직접 계승한 문헌들의 용례에서 이미 확립되었다는 주장을 뒷받침한다.

다음과 같은 쉽게 무시되는 점도 특히 중요하다. 즉 마가복음에 의해 시작된 장르의 제목이 된 것은 "마가에 따른 복음", "마태에 따른 복음" 등이었다는 점이다.[89] 그것은 "마가의 복음", "마태의 복음" 등이 아니었다. 이처럼 그 명칭에 의해 인정된 것은 그 복음, **하나**의 복음이 존재하지만 다양한 형태로 알려졌다는 점이었다.[90] 이 점은 앞에서 언급한 순교자 유스티누스의 기록된 복음서에 대한 알려진 최초의 언급 속에 반영되어 있다. 유스티누스는 그의 첫 번째 「변증」에서 "복음서들"(복수형)을 언급하지만(*1 Apol.* 66.3), 그의 「트리포와의 대화」(10.2; 100.3)에 나오는 보다 이른 "[기록된] 복음서"에 대한 언급은 그가 이러한 다양한 복음서들을 (같은) 복음서의 여러 형태로 이해했다는 점을 보여준다.

여기서 마가복음이 "복음서" 장르에 부여한 구조에서 추론된 것이 무엇이었는지가 더 분명해진다. 즉 "복음서" 장르는 사실상 엄밀하게 정해졌고 사도들에게서 나온 것과 예수의 죽음과 부활의 좋은 소식에서 절정에 이르는 것으로 제한되었다. 유스티누스 같은 이들로 하여금 이 하나의 복음과 일치하지 않고 마가가 창조한 장르와 일치하지 않는 "복음서"라는 제목에 대한 일체의 주장을 극히 의심하게 만든 것은, 복음서가 바로 이러한 기록된 형태로 표현되었다는 이러한 확신, 또는 더 나은 말로

---

89 앞의 §39.2a(i)을 보라.
90 Lührmann, *Markusevangelium*, 4. 네 개의 복음서 정경을 최초로 정의한 이레나이우스가 네 개의 복음서들이 아닌 "네 가지 형태의 복음서"(*tetramorphon to euangelion*)에 대해 말하고 있다는 점은 주목할 만하다(*adv. haer.* 3.11.8). 추가적으로 A. Y. Reed, '*Euangelion: Orality, Textuality, and the Christian Truth in Irenaeus' Adversus Haereses*', *Vig.Chr.* 56 (2002), 11-46을 보라.

는 본능이었다. 다른 복음서들에 비추어볼 때 "복음서"에 대한 엄밀한 정의는 "나사렛 예수로부터 나왔고 그와 관련한 자료와 전승의 전달, 사용, 해석으로 구성된 모든 문헌"을 포함하도록 확대되어야 한다고 확실히 주장할 수 있다.[91] 그러나 마가복음에 의해 장르의 지위가 부여된 "복음"에 대한 바울의 정의는 결국 그들의 "복음"에 대한 정의가 규범적이고 정경을 형성하는 효과를 갖게 했다. 이는 후대의 (외경) 복음서들이 바울과 마가가 부여한 "복음"에 대한 정의에 부합되지 못하므로[92] 그 이후 수십 년 동안 "큰 교회"가 이 복음서들을 거부한 것이 정당화될 수 있음을 암시하는가, 혹은 암시하도록 허용되어야 하는가? 이 문제는 이 책의 지속적인 쟁점이며 우리는 곧 §43에서 이 문제로 되돌아와야 할 것이다.

91 Koester, *Ancient Christian Gospels*, 46. 그러나 Koester는 계속해서 "복음서로 간주하지 말아야 할 문헌들"—the *Gospel of Philip*, the *Gospel of Truth*, the *Gospel of the Egyptians*, the *Sophia of Jesus Christ*, the *Apocryphon of John*, the *Pistis Sophia*, the *Two Books of Jeu*—을 열거한다(47).

92 N. T. Wright, 'When is a Gospel Not a Gospel?', *Judas and the Gospel of Jesus* (Grand Rapids: Baker, 2006), 63-83과 대조하라. 이는 Kelhoffer, '"Gospel" as a Literary Title in Early Christianity', 399-402이 비판했다.

예수 이야기 바꾸어 말하기:
마가복음, 마태복음, 누가복음

복음이 복음서로 바뀌는 과정의 두 번째 측면은 구전 복음에서 기록된 복음서로의 전환, 현재 공관복음 전승을 형성하고 있는 전승이 복음서로 기록되었을 때 일어났던 예수에 대한 기억의 필사화였다. 정경 복음서의 특별한 매력은 이 일이 이루어진 다양한 방식, 구전 예수 전승이 예수에 대한 이야기를 바꾸어 말하는 데 사용된 다양한 방식이다. 각 경우에 그 것은 여전히 "~에 따른 복음"의 문제이지 "~의 복음"의 문제는 아니었다. 그러나 너무나 흥미로운 점은 "~에 따른"이라는 말이 결국 얼마나 유연했는가 하는 것이다. 다양성이 우리가 실제로 "~에 따른"이라는 말을 "~의"라는 말로 바꾸어야 할 정도의 다양성인지는 다시 다루어야 할 문제다.

이 장에서 우리는 세 복음서에 초점을 맞출 것인데, 이 복음서들은 신약의 처음 세 권의 복음서인 공관복음이며 공유된 전승에 가장 분명하게 의존하고 있고, 그 전승은 이 복음서들의 대부분을 차지한다. 『예수와 기독교의 기원』의 논의상의 주된 가정이었던 추론, 곧 이 공유된 전승에서 이끌어낸 추론은 이 공유된 전승이 예수의 주요 제자들과 기독교의 첫 세대 동안 세워진 교회들의 주류 집단이 예수를 어떻게 기억했는지를 가장 분명하게 대표한다는 것이다. 따라서 우리의 탐구를 기록된 복음서가 등장하기 이전 시기에 예수 전승의 성격을 분명히 밝히는 개요를 제공하는 복음서인 그 세 복음서에 집중하며 시작하는 것이 가장 타당하다.[1] 이는 우리 탐구의 이 단계에서 정경의 네 번째 복음서를 제외시키는 것을 뜻한다. 앞으로 살펴보게 되겠지만, 요한복음과 공관복음의 차이는 너무나 실질적이어서 요한복음은 별도로 다루는 것이 적절하다.[2] "복음서"라고 불리는 나머지 문헌들에 대해서도 마찬가지다. 그러나 이 모든 다른 복음서들 중에서도 「도마복음」은 공관복음 전승과 가장 밀접한 연관성이 있으며 어느 정도는 요한복음보다 더 밀접하므로 §43에서 요한복음 바로 뒤에 요한복음과 비교하여 다루는 것이 적절할 것이다.[3]

---

1 필자는 이것, 즉 각 복음서에 대한 충분한 서론을 제시하는 것이 아니라 이들이 각기 자신들이 접할 수 있는 예수 전승을 어떻게 사용하고 제시(표현)했는지를 분석하는 것이 이 장의 주된 과제라는 점을 강조해야 할 것 같다.

2 게다가 이 장에 (원래 의도대로) 요한복음을 포함시키면 이 장의 분량이 너무 많아질 것이다.

3 Funk and Hoover, *The Five Gospels*(앞의 §38 n. 141을 보라)처럼 어떤 이들이 「도마복음」에 정경의 사복음서와 동등하거나 어떤 경우에는 더 우월한 지위를 부여한다는 점은 무관하지 않다. Risto Uro가 *Thomas at the Crossroads*의 서론에서 지적하듯이, "기독교 역사의 어떤 시점에 정경화된 초기 기독교 문헌이 유실되거나 사랑받지 못한 다른 문헌들보다 더 많은 역사적 가치를 가진다고 가정할 선험적인 이유는 없다"(2).

42.1 구전 전승에서 기록된 복음서로

a. 구전 전승

우선 태동기 기독교가 따라간 경로를 짧게 상기해 보는 것도 유익한 일 일 것이다. 『예수와 기독교의 기원』에서 필자는 초기 예수 전승의 구전적 인 성격을 인정할 필요가 있음을 강조했다. 지금까지, 그리고 역사적 예 수에 대한 두 세기가 넘는 탐구 과정과 그에 수반되는 복음서에 대한 분 석을 통틀어 지배적인 연구상의 가설은 "공관복음 문제"가 순전히 문예 적 관점에서 만족스럽게 해결될 수 있다는 것이었다. 처음 세 (공관)복음 서의 상호 관계는 기록된 자료의 필사와 편집이라는 측면에서 설명할 수 있다(설명하기만 하면 된다)는 것이었다. 절대다수(90퍼센트?)의 전형적인 초 기 기독교 회중이 문맹이었을 가능성[4]은 그러한 문예비평가들을 괴롭히 지 않았다. 그러나 그와 대조적으로 예수 전승의 대부분이 처음 20-30년 동안 **구전** 형태로 전달되었을 가능성은 있다. 따라서 만일 공관복음서들 의 상호 관계가 **문예적** 의존성이라는 측면에서만 설명될 수 있다면 그러 한 가정에 따른 필연적인 논리적 귀결은 우리가 예수 전승에 대해, 기독 교의 처음 20-30년 동안 예수가 어떻게 기억되었는지에 대해 사실상 아 무것도 말할 수 없다는 것이다.[5]

역시 이와 대조적으로 필자가 보기에 공관복음 전승의 성격은 우리

---

4   앞의 책 *Jesus Remembered*, 313-14 n. 277을 보라. S. E. Young, *Jesus Tradition in the Apostolic Fathers: Their Explicit Appeals to the Words of Jesus in Light of Orality Studies* (WUNT 2.311; Tübingen: Mohr Siebeck, 2011), 74-81도 함께 보라.

5   B. W. Henaut는 *Oral Tradition and the Gospels: The Problem of Mark 4*(JSNTS 82; Sheffield: Sheffield Academic, 1993)에서 "예수 전승의 구전 단계는 현재 영원히 사라졌 다"고 주저하지 않고 결론짓는다(295).

가 예수 전승이 기록되기 전에 그것의 구전 사용과 전달 과정이었다고 추론할 수 있는 것으로 잘 설명할 수 있다. 공관복음 전승은 같으면서도 다른 성격을 일관되게 나타내기 때문이다. 같은 이야기가 진술되지만 세부 내용은 서로 다르다. 똑같은 가르침이 제시되지만 표현과 분류가 다르게 되어 있다. 그런데 대략 절반 정도의 경우에 차이점은 중요하지 않아 보인다. "같으면서도 중요하지 않게 다른" 이러한 특징은 특히 구전 전승의 특성이다. 이 특징은 문예적 관점에서 설명할 수 있지만, 그 문예적 패러다임은 그 당시에 필사되고 편집된 **원판**이 있었고 예수의 이야기와 말씀이 처음에는 어떤 **원본**에 기록되었음을 전제로 한다. 그러한 사고방식에서는 그 이후의 판본이나 형태는 원본이 아니라는 결론이 뒤따랐다. 그리고 "원본"이 "모사본"으로 대체될 때 역사적 예수 탐구는 "원본"을 밝혀내겠다는 목표에 사로잡히게 되고 모든 2차적인 판본은 사실상 "믿을 수 없는 것"으로 간주된다.[6]

따라서 공관복음 전승을 "같으면서도 다른" 구전 전승으로 바라보는 것의 가치는 탐구자들과 비평가들을 유일한 원본, 곧 독점적으로 믿을 만한 것에 대한 사람을 미혹시키는 탐구에서 해방시킨다는 점이다. 그 대신 탐구자와 비평가는 공관복음 전승을 어떻게 예수가 실제로 기억되었고, 그의 활동과 말씀이 다양한 제자들에 의해 어떻게 다양하게 기억되었으며, 예수에 대한 이야기들과 예수의 가르침이 어떻게 처음부터 다양하게 기념되고 전달되었는지에 대한 지속적인 증거로 바라볼 수 있다. 예수와 최초의 기록된 복음서들 사이의 20-30년의 간격은—예수가 끼친 영향이 한쪽 끝에서부터 그 격차를 넘어 뻗어가고 구두로 전달된 전승의 표

---

6   다시 S. E. Young, *Jesus Tradition in the Apostolic Fathers*의 "구전성의 표식들"에 관한 부분 (81-97)을 보라.

현으로 간주된 공관복음 전승이 다른 한쪽 끝에서 뻗어간다는 점을 인식함으로써—메워질 수 있다. 이 전승의 핵심적인 인물이 지닌 일관된 성격은 그가 끼친 영향—기억된 모습으로서의 예수—을 잘 보여주고 반영한다.[7]

『초기 교회의 기원』에서 필자는 기독교의 첫 세대 동안 예수 전승이 유포되고 사용되고 발전된 과정에 많은 주의를 기울이지 않았다. 그러나 필자는 예수와 복음서 사이의 기간을, 예수가 한쪽 끝에 있고 어떤 (이전에는 예상하지 못한) 필요를 만족시키기 위해 옛 사도들이 갑자기 떠올렸거나 대체로 무에서 창조해낸 예수에 대한 이야기와 예수의 가르침으로 간주된 가르침이 다른 한쪽 끝에 있는, 커다란 공백기로 상상하지 않을 만큼 그 책이 충분히 분명했기를 바란다.[8] 필자가 생각하는 것처럼 예수가 영향력 있는 인물이었음이 밝혀졌다면, 그 공백은 예수에게 영향을 받은 사람들이 채웠다. 그들의 기억은 공유되었을 것이고 유포되었을 것이며 해석되었을 것이고 부연 설명되었을 것이지만, 처음에는 거의 전적으로 구전 형식으로 되어 있었을 것이다.[9] 최초의 제자들, 사도들, 교사들은

---

7 필자는 필자의 기본적인 명제를 몇 차례에 걸쳐 설명했다. *A New Perspective on Jesus: What the Quest for the Historical Jesus Missed* (Grand Rapids: Baker Academic/London: SPCK, 2005); 'Social Memory and the Oral Jesus Tradition', in S. C. Barton, L. T. Stuckenbruck, and B. G. Wold, eds., *Memory in the Bible and Antiquity: The Fifth Durham-Tübingen Research Symposium* (WUNT 2.212; Tübingen: Mohr Siebeck, 2007), 179-94; 'Eyewitnessses and the Oral Jesus Tradition', *JSHJ* 6 (2008), 85-105; 'Reappreciating the Oral Jesus Tradition', *Svensk Exegetisk Årsbok* 74 (2009), 1-17; 및 *The Oral Gospel Tradition* (Grand Rapids: Eerdmans, 2013). 『예수와 기독교의 기원』(*Jesus Remembered*)이라는 제목에도 불구하고 필자는 기억에 대한 이론이 아닌 공관복음 전승의 성격이 그 자체로 예수의 영향이 어떻게 메시아 예수를 믿는 신자들의 연이은 집단에 전해졌는지를 보여주는 증거일 가능성을 근거로 연구했다는 언급을 포함시켰다.

8 여기서 또다시 인용할 만한 가치가 있는 것은 Vincent Taylor, *The Formation of the Gospel Tradition*(London: Macmillan, ²1935)의 다음과 같은 의견이다. "만일 양식비평가들이 옳다면 제자들은 부활 직후에 하늘로 옮겨진 것이 분명하다"(41).

9 *Beginning from Jerusalem*, 193-96, 308-11.

예수를 믿는 최초의 신자들의 모임에서 예수에 대한 이야기를 했을 것이다. 그들은 그들 나름의 개인적인 어투로 그 이야기들을 소개했을 것이고 그 이야기들에서 그들 자신의 상황과 연관된 결론을 도출했을 것이다. 그들은 예수의 가르침을 기억해내고 되풀이하며, 그 가르침들을 다양한 조합으로 분류하고, 그 전승을 접할 수 있는 방법이 구전 전승을 유지하고 보존하는 일을 떠맡은 이들을 통해 듣는 방법밖에 없는 추종자들을 위해 그것에서 다양한 상황에 맞게 다양한 교훈을 이끌어냈을 것이다. 이는 신성한 본문에 대한 기계적인 암기나 기억이 아니었다. 그것은 공관복음 전승의 성격이 아니다. 오히려 그것은 제자들 자신의 삶의 이야기를 의미 있게 만든 살아 있는 전승, 곧 그들이 삶을 살아가는 데 있어서 기준이 된 가르침이었다. 신약의 다른 곳에는 그것을 예수 전승으로 기억하려는 노력이 거의 또는 전혀 없다. 오히려 예를 들어 바울과 야고보의 편지에서는 그것이 그들 자신의 윤리적 가르침의 근원 속에 흡수되었다.[10]

사회적 기억에 대한 이론들을 원용하여, 기억은 창조적이고 선별적이고 순응적이며 기억하는 공동체의 특정한 가치와 우선순위를 지지하고 거기에 권위를 부여하기 위해 "기억되는" 것을 창조한다고 주장하는 이들이 있다.[11] 그리고 여기에는 무시할 수 없는 날카로운 관찰이 있다. 다루는 분야를 선택하고 진열을 위해 자료를 선별하는 전형적인 박물관

10 *Jesus Remembered,* 181-88; *Beginning from Jerusalem,* 584-87, 1132-36.
11 M. Halbwachs, *On Collective Memory* (Chicago: University of Chicago, 1992); J. Fentress and C. Wickham, *Social Memory* (Oxford: Blackwell, 1992); M. Bal, J. Crewe and L. Spitzer, eds., *Acts of Memory: Cultural Recall in the Present* (Hanover, NH: Dartmouth College, 1999). 다음 책들도 함께 보라. A. Kirk and T. Thatcher, eds., *Memory, Tradition, and Text: Uses of the Past in Early Christianity* (Semeia Studies 52; Atlanta: Scholars, 2005); A. D. DeConick, *Recovering the Original Gospel of Thomas: A History of the Gospel and Its Growth* (LNTS 286; London: T & T Clark, 2005), 1장("The 'New' *Traditionsgeschichtliche* Approach").

은 이러한 관찰이 얼마나 적절한지를 보여준다. 그러나 필자가 보기에 핵심은 언제나 예수가 **어떻게** 기억되었는지에 대한 증거로서의 공관복음 전승의 성격이었다. 공관복음 전승이 서로 다른 세 복음서에 걸쳐 예수가 남긴 인상의 힘과 일관성을 입증한다는 사실은, 그 자체로 예수가 특징적으로 그가 남긴 인상에 의해, 또 그 인상을 위해 기억되었다는 충분한 증거다. 물론 앞으로 살펴보겠지만, 각 복음서 저자는 자신만의 목적을 위해 각색하고 창조했거나, 또는 자신이 속한 공동체의 강조점을 반영한다. 그러나 그보다 더 중요한 요소는 공관복음서가 그들이 이야기하는 인물에 대한 놀랍도록 일관된 묘사, 즉 예수가 남긴 영향을 증언하는 공유된 기억을 보여주는 것이 거의 확실한 묘사를 제시한다는 점이다.[12]

b. 기록된 전승

그러나 이제 우리는 예수 전승의 세 번째 단계 내지 국면—**구전된** 예수 전승에서 **기록된** 예수 전승으로의 **전환**—에 이르렀다. 이러한 발전을 일종의 구전 복음 전승으로부터의 근본적인 이탈로 간주해선 안 된다. 그러한 명제는 베르너 켈버(Werner Kelber)가 구전 복음에 새롭게 주의를 환기시키면서 주장한 것이다. 그는 사실상 구전 전승은 그 자체가 신뢰할 만한 유일한 전승이며 구전 전승을 글로 옮겨 적는 것은 일종의 은혜에

---

12 C. H. Dodd의 마지막 걸작인 *The Founder of Christianity*(London: Collins, 1971)에 나오는 다음과 같은 원숙한 평가는 되풀이할 만한 가치가 있다. "최초의 세 복음서는 매우 일관되고 매우 논리정연하며 게다가 방식, 문체, 내용 면에서 매우 독특한 하나의 말씀 체계 전체를 제시하기에, 어떤 합리적인 비평가라도 그가 개별적인 말씀에 대해 어떤 의구심을 갖고 있든지 간에 여기에는 단 한 명의 유일무이한 선생의 생각이 반영되어 있음이 발견된다는 점을 의심해선 안 될 것이다"(21-22). 추가적으로 *The Oral Gospel Tradition*, 230-47에 전재된 필자의 'Social Memory and the Oral Jesus Tradition'을 보라.

서의 "타락", 살아 있는 (구전된) 말씀의 죽음이라고 주장했다.[13] 이 명제
는 예수 전승의 구전 단계와 구전 전승으로서의 성격에 대해 그가 한 말
의 중요성을 이해하기 어렵게 만들었기 때문에 유감스러운 명제였다. 그
러나 구전 전승에서 기록 전승으로의 그와 같은 급격한 전환을 지나치게
강조할 이유는 없다. 그와 반대로 구전 단계에서 자연스럽게 발전한 것으
로서의 마가복음에 관해서는 할 말이 많다. 마가복음은 어떤 개인이 사사
로이 읽기 위해서가 아니라 청중이 큰 소리로 낭독하는 것을 듣게 하기
위해 기록된 것이 거의 확실하다.[14] 마가복음은 전승의 구술과 동일한 수
법과 기법을 사용한다.[15] 마가복음은 사실상 **예수 전승에 대한 기록된 형
태의 구두 낭독**이었다. 이 사실의 다음과 같은 중요한 논리적 귀결 역시
놓쳐선 안 된다. 즉 한 세대 전체의 학자들이 (문학적) 편집으로 간주한 것
은 우선 다양한 구전 교사들이 그들이 상대한 특정 청중이 처한 상황과

---

13 W. H. Kelber, *The Oral and the Written Gospel* (Philadelphia: Fortress, 1983): 예를 들어 "복
    음서는 구전을 통한 통합 작업이 중단된 것을 나타낸다"(92). 복음서는 "구전의 과정과
    전거에 대한 비난", "구전 장치로부터 멀어짐", "구전적 정체성으로부터의 해방"을 이루
    었다. 마가는 "구전 전승의 대표자들을 거부한다"(98). 추가로 5장과 그가 그 이전에 쓴
    'Mark and Oral Tradition', in N. R. Petersen, ed., *Perspectives on Mark's Gospel*, 7-55을 보
    라.
14 Hengel도 같은 해에 다음과 같이 말했다. "제2복음서는 아마도 구두로 생생하게 전해진
    가르침에서 발전했을 것이고 예배 중에 엄숙히 낭독하기 위해 집필되었을 것이다. 흔히
    운율적인 형태를 동반한 짧은 시구는 마가복음이 공동체 모임에서 구두로 낭독되었음을
    암시한다. 이 복음서는 청중이 듣도록 기록되었다"(*Studies in Mark*, 52). 하지만 Hengel은
    "복음서를 글로 쓰는 일의 혁명적인 혁신"에 대해서도 말한다(52).
15 T. P. Haverly, *Oral Traditional Narrative and the Composition of Mark's Gospel* (Edinburgh
    PhD diss., 1983); J. Dewey, 'Oral Methods of Structuring Narrative in Mark',
    Interpretation 43 (1989), 32-44; 또한 'The Gospel of Mark as an Oral-Aural Event:
    Implications for Interpretation', in E. S. Malbon and E. V. McKnight, eds., *The New
    Literary Criticism and the New Testament* (JSNTSup 109; Sheffield: Sheffield Academic Press,
    1994), 145–63; C. Bryan, *A Preface to Mark: Notes on the Gospel in Its Literary and Cultural
    Settings* (Oxford: Oxford University, 1993), Part II; W. Shiner, *Proclaiming the Gospel:
    First-Century Performance of Mark* (Harrisburg: TPI, 2003). 다른 참고문헌은 Young, *Jesus
    Tradition in the Apostolic Fathers*, 7 n. 17에 있다.

전승의 관련성을 제시하기 위해 그들이 가르친 전승에 가한 변형에 지나지 않았다는 것이다. 마가복음의 경우에는 물론 그 변형과 적용이 사실상 전승 행위 전체를 통해 더욱 지속된 것이 분명하다. 그러나 최소한 그 이전의 전승에 대한 어떤 편집상의 각색이든 그것이 구전에서 기록으로의 어떤 근본적인 전환의 일부가 아니라, 대다수 회중들이 널리 알려지고 자세히 설명된 예수 전승에 대한 오랜 경험을 통해 익히 알고 있었을 그 무엇이었다는 점을 인식하는 것은 중요하다. 우리는 다음 부분(§42.2)에서 마가가 전승을 어떻게 다루었는지 살펴보겠지만, 여기서 몇 가지 보다 일반적인 논평을 하는 것도 적절할 것이다.

첫째, 구전과 기록의 차이를 유연한 것과 고정된 것의 차이로 대조하는 것은 이 탐구를 어떤 이야기나 말씀의 "원래" 형태에 대한 탐구로 이해하는 실수를 반복할 위험이 있다. 예수가 같은 메시지를 여러 번 표현을 바꾸어가며 가르쳤다면 예수의 가르침의 단일한 "원래" 형태라는 개념은 오해의 소지가 크고 위험한 착각이라는 점은 이미 지적한 바 있다. 거기에 가령 마가복음이 베드로의 설교에 대한 일종의 기록이라면(파피아스),[16] 베드로는 예수에 대한 어떤 이야기나 예수의 어떤 가르침도 단 한 번만 이야기하거나 반복하지는 않았을 것이라는 추가적인 견해를 덧붙이지 않을 수 없다. 그리고 아마도 이런 여러 차례의 설교에서 베드로가 언제나 같은 말을 사용하거나 예수 전승의 동일한 부분을 앵무새처럼 반복하지는 않았을 것이다.[17] 따라서 마가가 베드로의 설교를 활용했다면, 그가 예수에 대한 각각의 이야기와 예수의 각각의 말씀의 오직 한 가지

---

16 앞의 §39 n. 20을 보라.
17 파피아스는 실제로 베드로가 청중의 "필요에 맞추어 가르쳤다"고 말한다(Eusebius, *HE* 3.39.15). 우리는 이를 집회 때마다 단순하게 단어 하나까지 똑같이 반복하지는 않을 현대 정치인의 선거 유세 연설과도 비교해볼 수 있을 것이다.

형태에만 제한받았다고 가정하는 것도 똑같이 어리석은 생각일 것이다. 마가복음에 실린 형태의 그러한 전승(베드로의 회고?)은 고정되고 최종적인 것이라기보다는 예수 전승이 어떻게 사용되었고 사용될 수 있었는지를 보여주는 본보기로 간주해야 한다. 따라서 마가복음은 구전 시기의 유연성에 종지부를 찍는 것이 아니라 전승이 어떻게 확대된 복음서의 형태로 사용될 수 있었는지를 보여주는 보다 지속적인 예—물론 마태와 마가가 그 뒤를 따랐고 이를 통해 예수의/에 대한 복음을 다양하게 진술할 수 있다는 점을 입증한 한 예—를 제시하는 것으로 간주되어야 한다.

둘째, 필자는 예수 전승의 대부분은 구전으로 사용되고 전달되었을 것이라는 점을 강조했지만, 최소한 예수 전승의 일부가 초기 단계에서 글로 옮겨졌을 가능성은 충분히 있다.[18] 이는 기록된 자료가 구전 자료보다 더 신뢰할 만한 것으로 간주되었을 것이기 때문이 아니다. 그러한 견해는 또다시 문헌 중심의 사고방식을 표현한 것이다. 21세기의 유럽과 북미 사람들은 글로 쓴 기록에 너무 의존하게 된 나머지 기억 속에 빨리 흡수하는 능력과 심지어 자신에게 제일 중요한 정보를 기억하는 능력도 구두 사회보다 훨씬 떨어진다. 이와 대조적으로 인쇄기의 신뢰성이 확보되기 이전에는 기록된 문헌은 일반적으로 기억으로 간직된 정보보다 신뢰성이 **떨어진다**고 간주되었다.[19] 물론 거리의 문제가 수반되었을 때는 편지가 직접적인 대면을 대체하는 역할을 할 수 있었던 것처럼 글쓰기도

---

18 우리는 최소한 예수의 가까운 열두 제자 중 한 명—마태—이 통행세 징수원이라는 그의 직위 때문에 글을 쓰는 능력이 필요했을 것이므로 읽고 쓸 줄 알았다고 확신할 수 있다.

19 L. C. A. Alexander, "The Living Voice: Scepticism towards the Written Word in Early Christianity and in Graeco-Roman Texts," in D. J. A. Clines et al., eds., *The Bible in Three Dimensions: Essays in Celebration of Forty Years of Biblical Studies in the University of Sheffield* (Sheffield: Sheffield Academic Press, 1990), 221-47.

하나의 요소가 되었을 것이다.[20] 그러나 그러한 글쓰기는 분명 예수 전승을 굳어지게 하거나 제한하지 않았다. 여기서 또다시 우리는 공관복음 전승에서 배워야 한다. 공관복음서들 사이의 다양성은 또다시 복음서 저자들이 집필을 통해 고정되고 경직된 형식을 전달하는 것을 필수적인 일로 간주하지 않았음을 보여준다. 마태와 누가는 분명 최소한 하나의 기록된 자료(마가복음)를 알고 있었고 사용했지만, 마가가 쓴 글을 단순히 베낀 것이 아니라 마가가 전달한 전승에 대해서조차 자신들의 고유한 형태를 부여했다. 다시 말해 **구전 기간의 유연성은 기록된 형태의 전승으로 이어졌다.**

공관복음 문제를 오로지 문예적 관점에서만 해결하려는 시도의 주된 패착 중 하나는 마태나 누가가 마가복음의 사본을 받았을 때가 곧 마가복음에 담긴 이야기와 가르침을 그들 각자가 처음 접했을 때였다는 (보통은 의식적으로 표현되지는 않는) 추론이다. 그러나 그런 시나리오는 별로 믿을 만하지 않다. 마가가 기록한 예수 전승은 대부분 시리아와 그 너머의 기독교 공동체들에서 널리 유포되고 잘 알려졌을 것이다.[21] 최소한 마태복음과 마가복음이 같은 전승을 두고 표현이 달라지는 여러 경우에 가장 분명한 설명은, 마태가 마가복음의 형태와는 다른 그 전승의 한 (구전) 형태를 알고 있었고 이런 경우에 아마도 자기가 더 잘 알고 있었던 그 다른 형태를 선호했을 것이라는 설명이다.[22] 다시 말해 우리는 아마도 그러한 자료에서 동시에 같은 교회들 사이에 유포되고 있었던, 구전되거나 기록된 예수 전승의 증거를 볼 수 있을 것이다. 처음에는 기록된 전승은 본

---

20 *Beginning from Jerusalem*, 588-89.
21 참고. Brown, *Introduction*, 206-7. 추가적으로 이하 n. 41을 보라.
22 예를 들어 *The Oral Gospel Tradition*, 4장에 전재된 필자의 'Matthew's Awareness of Markan Redaction', in *The Four Gospels. Festschrift for Frans Neirynck*, ed. F. Van Segbroeck (Leuven University Press, 1992), 1349-59을 보라.

질적으로 구전 전승의 한 형태를 글로 옮긴 것이었거나, 그 자체가 전형적인 구두 표현과 같은(같으면서도 다른) 특징을 공유하는 예수 전승의 필사상의 표현이었다. 또한 우리는 기록된 복음서들에 대한 대다수 기독교인들의 지식은 들어서 얻은 지식이었을 것이고, 그런 식으로 들은 예수 전승에 대한 추가적인 언급은 모두 구전 형식의 언급("2차적 구술")이었을 것이라는 점도 잊어선 안 된다.

셋째, 이 모든 것은 Q 자료에 대한 이해가 수정되어야 함을 의미한다.[23] 마태복음과 누가복음에 공통된 비(非)마가복음 자료를 단순히 그 모든 것이 단일한 문헌에서 나왔다는 가정에 따라 함께 분류해선 안 된다. 앞에서 언급했듯이 확실히 Q 자료 중 일부는 글로 기록되었다는 증거가 있다. 그러나 그 이상으로는 단일한 기록 문헌에 대한 가설을 증거가 뒷받침하지 못할 것이다. 표현이 거의 동일한 본문들 외에는 다음과 같은 또 다른 설명이 훨씬 더 개연성이 높을 만큼 다양성이 크다. 즉 그러한 다양성은 다양한 기독교인 모임에서 사도들과 교사들이 사용한 것과 같은 구전 전승의 다양한 순서(들), 많은 기독교 교사들이 그들이 특별히 책임을 지고 있는 공동체적으로 축적된 전승에서 끌어온 것과 같은 전형적인 교육 목록을 대표하는 다양한 순서를 나타낸다는 것이다. Q 자료 가설에서 Q 자료의 다양한 형태 내지 다양한 판본을 예상할 필요가 있다고 생각한다는 사실[24]은 단순히 이 대목에서 문헌 중심적 사고방식의 근시안적 성격을 부각시킬 뿐이다. 마태와 누가가 마가복음보다 훨씬 더 많은 자료를 접할 수 있었다는 점은 분명하다. 그중 일부가 이미 글로 기록

---

23 필자는 이전에 — 예를 들어 *Jesus Remembered*, §7.4과 *The Oral Gospel Tradition*, 3장에 전재된 글인 'Q1 as Oral Tradition', in M. Bockmuehl and D. A. Hagner, eds., *The Written Gospel*, G. N. Stanton FS (Cambridge: Cambridge University, 2005), 45-69에서 — 이 점을 지적했지만, 이 점은 여기서 반복해서 언급할 만하다.
24 예를 들면 Schnelle, *History*, 187의 견해가 그러하다.

되었을 가능성은 매우 크다. 그러나 그들도 예수 전승을 우리가 공관복음 전승에서 여전히 발견할 수 있는 그런 종류의 다양성을 가진 살아 있는 구전 전승으로 알고 있었을 가능성도 마찬가지로 크다. Q 문서를 복원하려는 시도는 여러 가지 면에서 감탄할 만하다.[25] 그러나 그러한 시도는 우리가 1세기 후반(그리고 그 이후)에 이르기까지[26] 예수 전승이 여전히 구전의 형태로 잘 알려져 있었다는 점을 인식하지 못하게 했다. 또한 기록된 Q 자료를 복원하려는 시도는 기록된 자료들의 불변성을 가정함으로써 예수 전승의 생동하는 성격을 망각했다.

넷째, 우리는 마치 예수 전승의 기록이 구전 전승에 종지부를 찍거나 예수 전승의 유연한 성격에 종지부를 찍기라도 한 것처럼 구전에서 기록으로의 단순한 전환이 있었다고 생각하는 실수를 저질러선 안 된다. 그와 반대로 예를 들어 야고보서, 베드로전서,[27] 그리고 앞으로 살펴보게 되겠지만 사도 교부 문헌[28]에 나오는 예수 전승의 흔적과 예수 전승을 사용한 용례로부터 그들이 복음서들이 사용한 형태와는 다른 형태의 암시된 예수 전승의 형태를 알고 있었음이 명백하게 드러난다. 그러한 예수 전승의 흔적들과 암시들을 오로지 Q 문서가 존재했는지 또는 정경 복음서 저자들이 이미 알려져 있었는지에 관한 논쟁의 증거로만 사용하면,[29] 예수 전승이 얼마나 광범위하게 구전의 형태로 알려져 있었으며 그 가변성이 어느 정도였는지를 또다시 시야에서 놓치게 된다. 다시 말해 예수 전승의 구전 형식은 기록된 형태와 더불어 2세기까지 지속되었다. 여기서 또다시 리처드 보컴이 야고보서에 관해 실증한 것처럼, 그들이 예수 전승을

---

25   필자가 언급하는 것은 물론 Robinson, et al., *The Critical Edition of Q*다.
26   아래 §44.2-3을 보라.
27   *Beginning from Jerusalem*, 1134-36, 1154을 보라.
28   특히 아래 §44 n. 14의 Koester의 책과 추가적으로 §44을 보라.
29   이 문제는 아래 §44에서 충분히 논의한다.

활용한 방식은 그들이 그 전승을 자신들이 다루고 있는 필요에 맞추어 변형시켰기에 그 전승의 유연성을 입증한다.[30]

이 연구의 현 단계를 벗어나기는 하지만 여기서 우리는 기록된 형태로의 전환이 전승의 유연성을 죽인 것은 아니라는 최근 본문비평가들의 주장을 간단히 덧붙일 수 있을 것이다.[31] 우리가 예수 전승의 항목들에 대해 단일한 원래의 형태라는 관점에서 생각하는 것이 부적절함을 살펴본 것처럼, 이들 본문비평가들은 유일하게 신뢰할 만한 단일한 원문이 있었지만 모든 변형된 형태들은 본문 훼손이나 필사상의 오류나 실수의 결과라는 가정에서 거리를 두었다. 그와 반대로 본문 전승에 있는 내용은 이러한 본문들의 다양한 형태, 즉 흔히 다양한 관심사와 서로 다른 공동체들의 필요를 반영하는, 다양한 교회들을 위한 신약 문헌이었던 다양한 형태들의 증거다.[32] 다시 말해 본문 전승 그 자체가 (이 경우에) 예수 전승의 지속적인 유연성을 입증한다. 이는 우리가 다시 다루게 될 주제다.

c. 다른 갈래의 전승에 대한 복음서 저자들의 인식

보통 말하는 기록된 복음서들을 다루기 전에 약간의 고찰을 요하는 또 다른 주제가 하나 있다. 이 주제는 예수 전승의 다양한 갈래 내지 모음집을 만들어낸 이들이 다른 갈래/모음집을 알고 있었는가 하는 문제다. 이 주제가 문헌 자료의 관점에서 제기되었을 때 이 문제는 예를 들면 마가가

---

30 R. Bauckham, *James: Wisdom of James, Disciple of Jesus the Sage* (London: Routledge, 1999). 필자는 대체로 그의 견해를 따른다(*Beginning from Jerusalem*, 1132-36).

31 D. C. Parker, *The Living Text of the Gospels* (Cambridge: Cambridge University, 1997); E. J. Epp, 'The Multivalence of the Term "Original Text" in New Testament Textual Criticism', *HTR* 92 (1999), 245-81.

32 Ehrman, *The Orthodox Corruption of Scripture*는 이 점을 강하게 강조한다.

Q 자료나 마태복음 특수 자료(M 자료)나 누가복음 특수 자료(L 자료)를 알고 있었는가 하는 문제였을 것이다. B. H. 스트리터의 제안을 따른다면 이 문제는 로마, 예루살렘, 가이사랴, 안디옥 교회들이 다른 교회들이 소유한 예수 전승을 알고 있었는가 하는 문제로 전환될 수 있을 것이다.[33] 우리가 예수 전승을 (완전히) 기록된 문헌이 아닌 구전 형태의 전승 모음집으로 묘사하더라도 여전히 똑같은 문제가 남는다. 마가복음 자료가 대체로 Q 자료와 다르며 M 자료와 L 자료 역시 다르다는 사실은 분명 무시할 수 없는 문제를 제기한다.

필자는 지금까지 복음서와 복음서의 "삶의 정황"을 연구하는 많은 이들의 작업가설, 즉 예수 전승의 각각의 갈래나 모음집은 실질적으로 한 집단이나 교회의 독립적인 소유물이었고 따라서 그 집단/교회의 신학이나 기독론의 원천 역할을 할 수 있다는 가설에 반대해왔다.[34] 필자는 각 집단/교회에 오직 한 종류의 예수 전승의 단일한 모음집—지혜 교육이나 기적 이야기나 논쟁 이야기 등—이 있었다고 가정하는 것은 방법론적으로 현명하거나 믿을 만하지 못하다고 생각한다. 기록되기 이전의 복음서 자료를 대체로 이야기와 가르침의 모음집으로 구성된 것으로 간주하는 데 있는 이점은, 사도들과 교사들을 예수 전승을 구성한 다양한 자료의 다양한 모음집을 소유하고 유지한 이들로 상상하기가 더 쉬워진다는 것이다. 똑같은 사도, 똑같은 교사는 어떤 때는 예수가 기적을 일으킨 이야기, 어떤 때는 예수의 논쟁 이야기, 또 어떤 때는 예수의 비유 등을 이야기했을 것이다. 예배와 가르침의 시간에는 서로 다른 갈래의 전승을 상

---

33 B. H. Streeter, *The Four Gospels: A Study of Origins* (London: Macmillan, 1924), 9장.
34 이는 양식비평에서 따랐고 Koester의 'One Jesus and Four Primitive Gospels'에 의해 고무되었으며 급증하고 있는 복음서에 대한 사회학적 해석에 의해 뒷받침된 연구 방법이었다.

황이 허용하거나 요구하는 대로 활용할 수 있었을 것이다.[35]

다른 한편 우리는 예수 전승 전체가 말하자면 거대한 물웅덩이를 형성해서 각 공동체가 그것에 충분히 접근할 수 있었고 공동체의 사도(들)와 교사들이 그것을 자유롭게 이용할 수 있었다고 똑같이 가정할 수는 없다. 예를 들어 우리는 마가가 Q 자료를 알고 있었지만 단지 무시하기로 선택했다고 가정해야 하는가?[36] 아니면 마가가 기록한 것은 그가 알고 있었던 예수 전승의 전부였으며 마가는 (그 이후에) 다른 교회를 방문했을 때 Q 자료가 사용되고 있다는 말을 들었으면 (틀림없이) 기분 좋게 놀랐을 것이라고 가정해야 하는가? 그러한 질문들에 명확하고 확신 있게 대답하기란 불가능하다. 그러나 다음 두 가지 관찰은 분명 자료 그 자체로부터 나온다.

하나는 교사로서의 예수에 대한 마가의 강조[37]가 그가 자신이 기록한 것보다 예수의 가르침에 대해 더 많이 알고 있었음을 암시한다는 것이다. 그렇다면 왜 마가는 예를 들면 예수의 비유를 더 많이 기록하지 않았는가? 한 가지 분명한 대답은 그가 자신이 자기 나름의 방식으로 말하고 있는 이야기의 줄거리를 전개하기 위해 자료를 선별적으로 선택했을 것이라는 것이다. 마가가 자신의 복음서를 진술하면서 자신이 알고 있는 모든 예수 전승을 사용하기를 원했을 것이 분명하다는 정당하지 않은 가정을 하지 않는 한, 그는 아마도 자신이 실제로 사용한 전승을 선별하여

---

35 필자는 또다시 "공동체당 하나의 문서"라는 가설의 오류에 대한 필자의 경고를 언급하겠다(*Jesus Remembered*, 150).

36 다음 책들은 확고하게 부정적인 대답을 제시한다. Lührmann, *Markusevangelium*, 12; C. Tuckett, 'Mark and Q', in *The Synoptic Gospels: Source Criticism and the New Literary Criticism* (BETL 110; Leuven: Leuven University, 1993), 149-75; Marcus, *Mark 1-8*, 51-53.

37 이하 §42.2c을 보라.

다듬었을 것이고 그렇게 하기로 했다면 자신이 사용했을 수도 있는 다른 자료는 제외시켰다는 점을 인정하는 데는 어려움이 별로 또는 전혀 없다.[38] 고금을 막론하고 자신이 활용할 수 있는 모든 자료를 전부 사용한 전기 작가나 역사가는 거의 없다. 따라서 마가 역시 그가 활용할 수 있는 자료에서 그가 강조하고자 한 부분을 지닌 이야기를 하는 데 사용할 수 있는 일화와 가르침들을 활용했을 가능성이 있다.[39]

두 가지 예를 들어 보겠다. 마가는 더 완전한 형태의 세례 요한의 가르침(막 1:7-8)을 알고 있었을 가능성이 충분히 있다. 마가는 최소한 요한에게 거침없이 말한다는 평판이 있다는 점을 잘 알고 있었다(6:18). 그러나 마가는 마태와 누가가 사용한 Q 자료(마 3:11-12/눅 3:15-18)에 있는 심판에 대한 매우 강력한 언급을 생략하는 쪽을 선택했을 수도 있다. 이는 장차 있을 또 다른 세례에 대한 세례 요한의 예언을 알고 있었던 초기 기독교인들이 자신들이 경험한 것과 같은 성령 세례(고전 12:13)가 요한이 암시한 것보다 심판적 성격이 훨씬 덜하다는 것도 알고 있었기 때문일 것이다.[40] 또한 마가가 오늘날 보편적으로 "산상 설교"(마 5-7장)로 알려진 내용을 알았을 가능성은 매우 적다. 그러나 누가복음의 더 짧은 "평지 설교"(눅 6:17-49)는 마태가 그의 설교 속에 수집한 가르침들이 그보다 짧은 모음집으로 알려져 있었음을 보여주며, 누가복음의 다른 병행구들은 이 말씀이 개별적으로 알려지고 사용되었음을 보여준다.[41] 따라서 우리는 마가가 마태복음과 누가복음에 있는 대부분의 설교를 알고 있었

---

38 참고. 요한복음의 마지막 구절: "예수께서 행하신 일이 이 외에도 많으니 만일 낱낱이 기록된다면 이 세상이라도 이 기록된 책을 두기에 부족할 줄 아노라"(요 21:25).
39 추가적으로 이하 §42.2b을 보라.
40 *Jesus Remembered*, 366-69을 보라.
41 마 5:13-눅 14:34-35; 마 5:15-16-눅 8:16; 마 5:17-18-눅 16:16-17; 마 5:24-26-눅 12:57-59; 마 5:31-눅 16:18; 마 6:9-13-눅 11:2-4 등.

지만 흩어져있는 개별적인 형태로 알고 있었다는 사실을 무시해선 안 되며,[42] 마가가 그보다 훨씬 더 많은 내용을 알고 있었지만 그것이 자신의 복음서 형태와 취지에 잘 들어맞지 않았기 때문에 그것을 사용하지 않기로 했을 가능성도 충분히 타당해진다.

또 다른 관찰 사실은 마가복음과 Q 자료 사이에 쉽게 볼 수 있고 인식되는 중복 어구(doublet)의 수다.[43] 『예수와 기독교의 기원』에서 필자는 마가복음과 Q 자료에 예수의 축귀에 대한 가르침의 다르지만 중첩되는 모음집이 있는 것처럼 보인다는 점을 언급했다.[44] 이는 (i) 예수가 자신의 축귀 사역에 대해 가르치신 내용에 대한 관심이 이 주제에 대한 그의 말씀 가운데 몇 가지(전부?)를 한데 모아 하나의 단위를 형성할 정도였고, (ii) 아마도 다양한 교회들이 사용한, 이런 말씀들에 대한 다양한 분류가 있었음을 암시한다. 우리는 마가가 더 큰 공통의 전승 자료를 축약했거나 Q 자료(또는 둘 다)가 더 작은 공통의 전승 자료를 더 상술했다고 결론지을 수도 있다. 그러나 그 둘의 차이는 단지 공유된 기억을 다양한 집단들이 어떻게 실제로 유지하고 유포했는지를 보여주는 것일 가능성이 더 크다. 게다가 마가복음 4:21-25과 8:34-38은 마가나 마가가 의존한 (그리고 마 16:24-27과 눅 9:23-26이 따른) 전승에 의해 분류되었지만, Q자료에 의해 다양한 산발적인 상황에서 상기된 예수의 다양한 가르침의 예다.[45] 여기서도 분명히 추론할 수 있는 점은 이것이 예수 전승이 간직되고 사

---

42 마 5:13 - 막 9:49-50; 마 5:15 - 막 4:21; 마 5:30 - 막 9:43; 마 6:14-15 - 막 11:25[-26]; 마 7:2 - 막 4:24.

43 J. C. Hawkins, *Horae Synopticae: Contributions to the Study of the Synoptic Problem* (Oxford: Clarendon, 1898, 21909), 80-107에서 제시하는 목록은 여전히 가치가 크다. Schnelle, *History*, 181; Fitzmyer, *Luke*, 1.81-82; Marcus, *Mark 1-8*, 42-44도 함께 보라.

44 막 3:22-29; 마 12:24-32, 43-45/눅 11:15-26; 12:10; *Jesus Remembered*, 456을 보라.

45 막 4:21-25 = 마 5:15/눅 8:16 + 마 10:26/눅 8:17 + 마 7:2/눅 8:18 및 6:38 + 마 13:12/눅 8:18; 막 8:34-38 = 마 10:38/눅 14:27 + 마 10:39/눅 17:33 + 마 10:33/눅 12:9.

용되고 전달된 다양한 방식의 전형적인 모습이었다는 것이다. 즉 어떤 것들은 보다 지속적인 조합으로 분류되고, 다른 것들(혹은 같은 것이라도 다른 때에 사용된 것들)은 상황이 허락하거나 필요에 의해 요구될 때 개별적으로 이용되었다. 우리는 마가가 다양한 자료의 잡동사니 모음집에 직면했고 그것들에 질서를 부여한 최초의 인물이었다고 가정하거나, 그의 모든 자료가 이미 확고하고 지속적인 구성단위로 정해져 있었고 그는 자신의 목적에 기여하지 않는 범주들을 분리하거나 거기서 내용을 선별하는 일을 꺼려했을지도 모른다고 가정해선 안 된다.

다른 두 공관복음서에 관해서는 필자가 앞에서 한 말을 단순히 다시 반복할 것이다. 우리는 마태와 누가가 기록된 마가복음을 받았을 때 비로소 마가가 마가복음을 쓸 때 사용한 예수 전승 전체를 알게 되었다고 가정해선 안 된다. 그들은 마가복음 자료의 많은 부분을 다양한 구전 형식으로 알고 있었고 종종 마가복음의 형태보다 자신들에게 더 친숙한 형태를 선호했을 가능성이 훨씬 더 크다. 이 점은 동일한 중복 어구 현상(마태와 누가가 둘 다 마가복음의 형태를 따르며 다른 형태들도 포함하는 것)을 참조함으로써만 명시적으로 입증될 수 있다.[46] 그러나 그들이 마가복음 자료의 다른 형태들에 대해 느낀 친숙함은 중복 어구로 드러나는 증거에만 국한되지 않았을 가능성도 충분히 있다. 무엇보다 우리는 기록되기 이전 형태의 예수 전승의 유연성과 예수 전승이 초기 기독교 전반에 걸쳐 기억되고 사용되었을 때의 표현의 다양성을 고려할 필요가 있을 것이다.

---

46   다시 앞의 n. 44을 보라.

42.2 마가복음

복음에서 복음서로의 전환과 마찬가지로 구전 예수 전승에서 기록된 복음서로의 전환에 있어서도 우리는 마가복음에 먼저 주의를 기울여야 한다. 일반적인 합의에 따르면 구전 예수 전승을 최초로 광범위한 기록된 형태로, 원숙한 내러티브로, 하나의 복음서로 옮겨 적은 이는 바로 마가이기 때문이다.[47] 마가가 이런 거의 혁명적인 행동—확실히 헤아릴 수 없는 중요성을 지닌 창조적 행동—을 한 과정은 다음 두 가지 질문에 초점을 맞춤으로써 가장 잘 묘사할 수 있다. 이 두 질문은 상호 관련이 있지만 논의의 명료함을 위해 순차적으로 다룰 수 있다. (a) 마가는 어떻게 예수 전승에서 자신의 복음서를 고안해 냈는가? (b) 왜 마가는 마가복음을 썼는가? 마가는 무엇을 성취하기를 바랐는가?

a. 마가는 어떻게 마가복음을 쓰는 일에 착수했는가?[48]

여기서 한 번 더 우리가 기록된 문헌(들)에 대한 마가의 편집에 대해 이야기하고 있는 것이 아니라는 점을 상기할 필요가 있다. 이는 마가가 다른 상황에서라면 아침이나 오후나 이른 저녁에 어떤 기독교인 모임에서 말로 전했을지도 모르는 내용을 글로 옮긴 문제에 더 가깝다.[49] 우리는 이

---

47 일반적인 서론적 질문(저자, 저작 시기, 의도된 수신자)에 대해서는 앞의 §39.2a 및 §41.2을 보라. 마가가 완전한 "복음서"를 쓴 것은 개별적인 예수 전승들이 주제별로 분류되고 구전된 과정의 결과로 적절히 간주할 수 있다. W. R. Telford는 *Writing on the Gospel of Mark*(Blandford Forum: Deo, 2009)에서 광범위한 참고문헌을 제시한다.

48 필자는 여기서 단순히 마가복음의 저자를 지칭하기 위해 "마가"를 언급한다. 저자의 문제에 대해서는 앞의 §39.2a을 보라. 이에 상응하는 제목들에 대해서도 아래를 보라(§42.3a과 §42.4a).

49 마가복음 전체를 한 번에 읽으려면 대략 두 시간이 걸릴 것이다(Marcus, *Mark 1-8*, 68).

미 복음서 자체가 다양한 구전적인 특징을 보여준다는 점을 언급했고,[50] 이는 마가가 기독교인 모임에서 예수 전승이 전해지는 것을 듣는 데 익숙해 있었으며 아마 마가 자신도 예수 전승을 교리 교육용으로, 또는 다른 교육이나 변증의 상황에서 사용하는 일을 떠맡았을 수도 있음을 암시한다.[51] 이미 언급한 파피아스의 전승[52]은 베드로가 가르칠 때 사용한 전승을 마가가 익숙하게 알았다는 점만을 염두에 두고 있다. 그러나 마가가 다른 기독교 교사들이 사용했고 자신이 그 모임에 참석한 여러 교회에서 기념한 예수 전승에도 친숙했다고 상상하기란 어렵지 않으며, 이는 역사적으로도 전적으로 타당하다. 더구나 마가복음에 담긴 베드로의 영향이 실제 그렇듯이 암시적이고 부수적이라는 사실[53]은, 마가가 베드로에게 특별히 신세를 졌더라도 그는 명백히 자신의 복음서 기록이 베드로의 명령에 따랐거나 베드로의 권위를 동반한 것이었다는 점을 강조할 필요가 있다고 생각하지 않았음을 암시한다.[54] 복음서를 형성한 복음은 예수 그리스도의 복음으로 충분히 잘 알려져 있었다.

공관복음서에 대한 비평학적 연구의 역사는 20세기 초에 각 복음서의 특수성에 주의를 환기시키기 시작했고 마가의 기법을 보여주는 데 도

Alec McCowen이 1978년에 마가복음 본문 전체를 1인극으로 상연한 데서 보여준 것처럼 마가복음은 하루 저녁에 연기로 보여줄 수 있다. France는 마가복음을 "3장으로 이루어진 연극"으로 다룬다(*Gospel of Mark*, 11-15).

50 앞의 n. 14을 보라.

51 그 이전의 문헌 중심적인 사고방식에서는 거의 전적으로 기록된 자료의 관점에서 생각했다. 예컨대 Kümmel, *Introduction*, 84-85에 언급된 이들의 글을 보라.

52 앞의 §39.2a을 보라.

53 다시 Bauckham의 글(앞의 §39 n. 28)을 보라.

54 이는 예수 전승과 Q 자료에 대한 바울의 용례가 입증하는 바와 같이 최초의 기독교인들의 관행과 일치한다. *Jesus Remembered*, 181-88과 그 이전의 필자의 'Jesus Tradition in Paul', in B. Chilton and C. A. Evans, eds., *Studying the Historical Jesus: Evaluations of the State of Current Research* (Leiden: Brill, 1994), 155-78을 보라.

움이 되는 몇 가지 특징을 밝혀냈다. 필자는 앞의 두 책에서 그 특징들을 언급한 바 있지만[55] 여기서 가장 두드러진 점들을 다시 언급할 것이다.

첫째, 율리우스 벨하우젠(Julius Wellhausen)은 공관복음서 각 책에서 옛 전승과 복음서 저자가 편집상 덧붙인 부분을 구별할 수 있음을 보여주었다. 각 복음서에 현재의 형태를 부여한 것은 바로 복음서 저자의 편집 작업과 관심사인 반면, 벨하우젠은 그 이전의 전승이 주로 단일한 짧은 단위들로 구성되어 있었다고 생각했다.[56] K. L. 슈미트는 마가복음에 있는 별개의 일화들을 서로 결합시키는 연결고리들을 살펴보았다. 그는 시간과 장소에 대한 거의 모든 언급을 단일한 이야기들을 더 큰 전체와 연결시키는 구절들에서 찾을 수 있다고 결론지었다. 즉 그 구절들은 복음서 저자의 편집 작업의 일부라는 것이다. 슈미트는 벨하우젠을 따라 원래의 전승이 거의 전적으로 시간에 대한 언급이나 장소 표시가 없는, 즉 역사적 준거가 없는 짧고 단일한 기본 단위들로 구성되어 있었다고 결론지었다. 슈미트에 따르면 연속적인 역사적 내러티브라는 인상을 주는 마가복음은 전적으로 편집적 연결고리에 의해 주어진다.[57] 이러한 연구 결과는 마가가 의존한 구전 전승이 대부분 짧고 단일한 기본 단위들로 구성되어 있었다는 여전히 영향력 있는 견해—필자가 이미 의문을 제기한 가정—의 기반을 제공했다.[58] 그러나 현재 우리에게 요점은 벨하우젠과 슈

55 *Jesus Remembered*, 50, 74, 247; *Beginning from Jerusalem*, 120-27.

56 Wellhausen은 *Einleitung in die drei ersten Evangelien* (Berlin: Georg Reimer, 1905)에서 그의 주장을 요약했다. "복음서들의 궁극적인 원천은 구전 전승이지만, 여기에는 오직 흩어진 자료만 담겨 있다. 대체로 광범위한 기본 단위들은 그 안에서 개별적으로 유포된다. 이 기본 단위들이 하나의 전체로 결합되는 것은 언제나 저자의 작업이며 일반적으로 문학적 예술가의 작업이다(*Schriftsteller*)"(43).

57 K. L. Schmidt, *Der Rahmen der Geschichte Jesus: Literarkritische Untersuchungen zur ältesten Jesusüberlieferung* (Berlin: Trowitzsch & Sohn, 1919). 이는 서언(V)의 첫 페이지에서 이미 분명히 간결하게 설명된 명제다.

58 특히 *Jesus Remembered*, 127-28, 193-95, 241-42, 245-48을 보라.

미트의 연구 결과에서 직접 도출할 수 있는 논리적 귀결, 즉 복음서 저자의 의도와 작가적 기술은 이러한 편집상의 자료에 초점을 맞춤으로써 가장 분명하게 식별할 수 있다는 것이다.[59]

벨하우젠과 슈미트는 양식비평, 즉 복음서 저자들이 종합하기 이전에 구전 전승을 구성하고 있었던 개별적인 단위들에 대한 연구를 위한 발사대를 제공했다. 그러나 몇십 년 뒤에 H. W. 쿤은 마가가 단지 개별적인 단위들뿐만 아니라 마가복음 이전의 전승 모음집도 활용할 수 있었을 것이라고 추론하는 것이 마가복음의 실제 증거에 더 잘 부합된다는 사실에 주의를 환기시켰다.[60] 그러한 좋은 예는 논쟁 이야기들(막 2:1-3:6), 비유 단락(4:2-33), 호수를 둘러싼 일련의 기적들(4:35-5:43, 6:32-52)이다. 우리가 1세기 중엽에 대해 상상해야 할 그런 종류의 구두 사회에서는 비슷한 자료에 대한 그러한 분류와 비슷한 이야기들을 한 데 묶는 일이, 교회의 교사들이나 장로들이 자신들이 책임을 진 예수 전승을 기억하고 가르치고 전달하는 기술과 관련해서 소중히 여긴 자료를 다루는 전형적인 방식이었을 가능성이 충분히 있다.

20세기 후반에 양식비평은 복음서 이전의 전승에 지나치게 많이 초점을 맞추는 것으로 간주되게 되었다. 그 결과 부분적으로는 이에 대한 반작용으로 복음서 저자들이 물려받은 구전된 자료에 대한 그들의 편집(편집비평)[61]과 복음서 저자들의 자료에 대한 전반적인 구성(내러티브비

---

59 특히 P. Dschulnigg, *Sprache, Redaktion und Intention des Markus-Evangeliums*(SBB 11; Stuttgart: KBW, 1986)을 보라.

60 H. W. Kuhn, *Ältere Sammlungen im Markusevangelium* (Göttingen: Vandenhoeck, 1971). *Jesus Remembered*, 247 n. 300에 인용된 A. B. Lord의 말도 주목해 보라. Brown, *Introduction*, 150-51의 짧은 논평과 Marcus, *Mark, 1-8*, 57-59도 함께 보라.

61 예를 들어 N. Perrin, *What is Redaction Criticism?*(Philadelphia: Fortress Press, 1969)을 보라.

평 내지 구성비평)[62]에 더 많은 관심이 기울여졌다. 이 방면의 선구자는 빌리암 브레데(William Wrede)였는데 그는 복음서에 대한 벨하우젠의 저작과 거의 같은 시기에 복음서들의 전체적인 구조를 살펴보고, 복음서들(특히 마가복음)에서 구성상의 한 가지 중요한 구조적 요소를 발견했다. 이는 그가 마가복음에서 두드러진 것으로 본 "메시아적 비밀"이라는 모티프, 즉 마가 또는 그의 전승이 예수의 메시아 되심을 자기 백성이 깨닫지 못한 이유를 설명하는 데 사용한 비밀이라는 모티프였다.[63] 필자 역시 편집비평의 논리를 반대로 뒤집음으로써 마가의 편집 작업이 인식될 수도 있다는 점을 주장했다. 마가복음에 대한 마태와 누가의 **편집**이 우리에게 마태와 누가의 신학에 대해 무언가를 말해준다면, 아마도 마태와 누가가 마가복음에 대한 그들의 개작에서 **생략한 것**도 그들이 마가의 예수 전승에 대한 다시 말하기의 독특한 특징을 알고 있었고 최소한 몇몇 경우에는 그들 자신의 다시 말하기에서 마가복음의 특징을 생략하기로 선택했다는 점을 말해줄 것이기 때문이다.[64]

---

62 특히 D. Rhoads, J. Dewey, and D. Michie, *Mark as Story: An Introduction to the Narrative of a Gospel* (Minneapolis: Fortress, 21999)과 보다 일반적으로는 M. A. Powell, *What Is Narrative Criticism?*(Minneapolis: Fortress, 1990)을 보라.

63 W. Wrede, *Das Messiasgeheimnis in den Evangelien: Zugleich ein Beitrag zum Verstandnis des Markusevangeliums* (Göttingen, 1901); ET *The Messianic Secret* (Cambridge: James Clarke, not till 1971). Schnelle가 지적하듯이 Wrede 자신은 이 "비밀"을 마가가 창작한 것으로 간주한 적이 없지만, 그 이후 메시아적 비밀과 그 신학은 마가 자신의 공으로 돌려야 한다는 것이 보다 일반적인 견해가 되었다(*History*, 214-15). C. Tuckett, ed., *The Messianic Secret* (London: SPCK, 1983)에 있는 논문들도 보라.

64 필자의 'Matthew's Awareness of Markan Redaction'(앞의 n. 22) 및 'Matthew as Wirkungsgeschichte', in P. Lampe, et al., eds., *Neutestamentiche Exegesis im Dialog: Hermeneutik – Wirkungsgeschichte – Matthäusevangelium*; U. Luz FS (Neukirchen-Vluyn: Neukirchener, 2008), 149-66(여기서는 153-55)을 보라. 둘 다 *The Oral Gospel Tradition*에 전재되어 있다. J. Schreiber, 'Die Christologie des Markusevangeliums', *ZTK* 58 (1961), 154과 D. E. Orton, ed., *The Composition of Mark's Gospel* (Leiden: Brill, 1999), 4-51(여기서는 40-41)에 전재되어 있는 R. H. Stein, 'The Proper Methodology for Ascertaining

따라서 마가의 편집 작업은 다음과 같은 여러 특징을 살펴봄으로써
알아낼 수 있다. (i) 마가가 단락이나 순서를 소개하는 특징적인 방식에
의해 흔히 암시되는 본문들 사이에 있는 편집상의 연결고리들.[65] (ii) 마가
가 일화들 사이에서 재빨리 다루는 요약 진술들.[66] (iii) 마가가 자신이 진
술하는 몇몇 일화에 부여한 일관된 주제상의 강조점들.[67] 필자는 약간의
호소력을 얻은 네 번째 기준—마가의 어휘의 독특성—의 가치에 대해서
는 확신이 덜 든다. 그 기준은 마가복음의 독특하거나 유일무이한 술어
가 나오는 대목에서는 충분히 효력이 있다.[68] 그리고 빌리 마르크센(Willi
Marxsen)이 입증한 대로 "복음"(*euangelion*)과 같은 단어에 대해서는 충분
히 효력이 있다.[69] 그러나 마가복음에서 두드러지기는 하지만 마가복음
의 원자료로 간주할 수 있는 내용에서도 빈도수는 적지만 등장하는 단어
들은 어떠한가? 따라서 마가복음이 애용하는 단어는 마가가 자신이 다룬
전승에 도입한 것이라고 말해야 하는가? 그렇다면 우리는 마가가 자신이
알았던 예수 전승에서 이따금씩만 등장한 단어나 모티프를 포착한 다음,
다른 전승 전달자들에게 알려진 그 단어나 모티프의 더 많은 예들이 있
는지 알아보았을 가능성을 어떻게 고려하는가? 한 마디로 자료와 편집을
어떻게 구분하는가?[70]

Markan Redaction', *NovT* 13 (1971), 181-98을 보라.

65   마가 이전의 비유 모음집으로 보이는 내용에 틀을 제공하는 서론과 결론이 좋은 예다(막
     4:1, 33-34).

66   여기 염두에 둔 것은 막 1:21-22, 32-34; 3:7-12; 6:53-56의 분명한 요약 구절들이다.

67   필자는 이미 마가복음이 "확장된 서론이 있는 수난 내러티브"라는 점에 주목했다(§41.2c).

68   마가는 내러티브를 매우 빠른 속도로 진행하는데, "*euthus*"("즉시")와 "*palin*"("다시"), 역
     사적 현재 시제, 병렬("그리고"로 연결된 절들)을 사용한다. 마태와 누가는 보통 이런 특
     징들을 살리지 않았다. 예를 들어, Turner, *Grammar*, 19-20; 또한 France, *Mark*, 16-18
     을 보라.

69   아래 §41.2a을 보라.

70   이 문제는 E. J. Pryke, *Redactional Style in the Markan Gospel*(SNTSMS 33; Cambridge:

마가복음에 마가의 편집상의 강조점과 특징들을 그 암시된 방식대로 찾아본다면 우리의 두 번째 질문에 대한 분명한 답을 얻게 될 것이다.

b. 예수 그리스도의 좋은 소식

우리의 질문의 두 번째 범위는 이것이었다. 왜 마가는 마가복음을 썼는가? 그는 무엇을 성취하기를 바랐는가? 이에 대한 대답의 첫 번째 부분은 이미 §41에서 제시되었다. 즉 마가는 "예수 그리스도의 복음"의 내용을 제시하는 일에 착수했고(막 1:1) 그 과정에서 첫 번째 복음서를 썼다는 것이다. 여기서 우리는 우선 마가가 그의 복음서의 핵심 인물인 예수 자신을 어떻게 제시했는지를 보여주고 마가 기독론의 가장 뚜렷한 세 가지 특징을 살펴봄으로써 그 대답을 부연 설명할 필요가 있다. 우리가 할 일은 마가가 예수 전승을 복음서로 제시하면서 그것을 어떤 형태로 만들었는지 조사하는 것이므로, 우리는 마가의 편집 작업에 (그것을 구별할 수 있는 한) 특별한 주의를 기울이는 방식으로 연구를 진행할 수 있다.

i. "하나님의 아들"로서의 예수

마가는 분명히 예수를 하나님의 아들로 제시하고 그에 따라 독자들을 설득하기를 원했다.[71]

Cambridge University, 1978)에서 분명히 나타난다. 추가적으로 Stein, 'Proper Methodology for Ascertaining Markan Redaction'; C. C. Black, *The Disciples according to Mark: Markan Redaction in Current Debate* (JSNTS 27; Sheffield: Sheffield Academic, 1989), 23-38; 및 Brown의 경고성 발언(*Introduction*, 150-51)을 보라.

71 E. K. Broadhead는 *Naming Jesus: Titular Christology in the Gospel of Mark*(JSNTS 175; Sheffield Academic, 1999)에서 마가가 예수에 대해 사용한 16가지 "호칭"을 "하나님의 아들"에 특별한 중요성을 부여하지 않은 채 검토한다. Collins는 "예언자로서의 예수"에 첫 번째 자리를 부여함으로써 마가의 "예수에 대한 해석"을 강조하지만(*Mark*, 44-52),

- 예수는 요한에게 세례를 받을 때 다음과 같은 음성을 듣는다. "너는 내 사랑하는 아들이라. 내가 너를 기뻐하노라"(막 1:11).[72]

- 편집상의 요약 본문에서 귀신들린 거라사인이 예수에게 "지극히 높으신 하나님의 아들 예수"(5:7)라고 소리친 것처럼 더러운 영들도 예수에게 "당신은 하나님의 아들이니이다"(3:11)라고 소리친다.[73] 참고. 1:24, "하나님의 거룩한 자."

- 변화산에서 하늘의 음성은 "이는 내 사랑하는 아들이니 너희는 그의 말을 들으라"고 선포한다(9:7).

- 부정직한 소작인의 비유에서 포도원 주인은 마침내 "그가 사랑하는 아들"을 보낸다(12:6).[74]

- 하나님 나라가 언제 임할지는 "아무도 모르나니 하늘에 있는 천사들도, 아들도 모르고 아버지만" 아신다(13:32). "아들"에 대한 언급이 (마가에 의해?) 전승에 덧붙여졌다면[75] 이는 예수의 지위가 훨씬 더 높다는 것을 부정함으로써 예수의 지위를 높이는 것―(단지) "아버지"의 "아들"로서의 예수―으로 간주될 수 있었을 것이다.

이 모티프는 마가에게 있어서 "하나님의 아들"만큼 중요하지는 않다(참고. 막 6:4; 6:15; 8:28; 14:65). J. D. Kingsbury가 *The Christology of Mark's Gospel*(Philadelphia: Fortress, 1983)에서 마가의 예수에 대한 묘사의 "두 가지 주요 측면", 즉 메시아와 (하나님의 아들을 포함한) 그와 관련된 칭호들과 인자라는 칭호가 상호 보완적이라는 데 초점을 맞춘 것은 타당하다(173-76).

72 이 하늘의 음성은 보통 사 42:1(여호와의 종)과 시 2:7(메시아)의 조합으로 해석된다. 예컨대 Guelich, *Mark 1-8:26*, 33-34; Collins, *Mark*, 150-51을 보라. 마가는 아마도 성령의 강림을 예수의 메시아적인 역할을 위한 기름 부음으로 보았겠지만, 여기서 마가가 이 사건을 예수가 하나님의 아들이 되거나 아들로 입양된 일로 생각했다는 결론이 도출되지는 않는다(Marcus, *Mark 1-8*, 160을 보라).

73 이것은 마태는 따르지 않는 마가복음의 요약 본문 중 하나다.

74 마태는 "사랑하는"이라는 말을 생략한다(마 21:37). Evans는 여기에 창 22:2(이삭을 제물로 바침)에 대한 암시가 있을 가능성이 있다고 생각한다(*Mark 8:27-16:20*, 234-35).

75 *Jesus Remembered*, 723.

- 14:36의 "아빠"의 기도("아빠 아버지여")는 마가에 의해 강화된 것
  은 아니지만, 예수의 아들 되심이 고난 속에서 하나님의 뜻에 따라
  표현된다는 모티프를 강화한다.
- 공회 앞에서의 심문에서 예수의 운명은 "네가 찬송 받을 이의 아
  들 그리스도냐?"라는 대제사장의 질문에 대한 예수의 긍정적인 대
  답에 의해 확정된다(14:61-62).[76]
- 가장 눈에 띄는 점은 마가복음이 방금 십자가에 못 박힌 예수가
  마지막 숨을 쉬는 모습을 본 로마 백부장의 "이 사람은 진실로 하
  나님의 아들이었도다"(15:39)라는 고백과 함께 절정에 이른다는
  점이며,[77] 이는 대제사장이 받아들일 수 없었던 진실이었다.[78]

우리는 마가가 그의 복음서 전체에 "예수 그리스도의 복음"(막 1:1)이라
는 제목을 붙였다는 사실에도 주의를 환기시켜야 한다. 그리고 그는 "하
나님의 아들"이라고 덧붙였을지도 모른다. 그러나 이 마지막 어구("하나님
의 아들")는 마가복음의 최초의 사본들 중 일부에는 나타나 있지 않다. 따
라서 이 어구는 아마도 후대의 필사자들이 덧붙였을 것이다.[79] 그러나 그
것이 사실이라면, 이는 그 필사자들이 마가복음에 있어서 "하나님의 아
들"로서의 예수라는 주제가 얼마나 핵심적인지를 인식했기 때문임이 분
명하다. 다시 말해 이 어구를 덧붙인 이들은 단지 마가복음을 주의 깊게

---

76 추가적으로 이하 nn. 157, 158을 보라.
77 마 27:54은 마가복음을 따르지만, 누가복음에는 "이 사람은 정녕 의인이었도다"라고 되
    어 있다(눅 23:47).
78 "일종의 기독론적 요약", "복음에 대한 일종의 요약"(Gnilka, *Markus*, 1.26, 63). Collins
    는 이 구절을 자세하게 논의한다(*Mark*, 764-71).
79 예를 들어 Collins, *Mark*, 130을 보라. C. R. Kazmierski, *Jesus, the Son of God: A Study of
    the Markan Tradition and Its Redaction by the Evangelist* (Würzburg: Echter, 1979), 1장과
    Guelich, *Mark 1-8.26*, 6은 보다 긴 독법을 옹호한다.

읽은 이들에게 이미 꽤 분명했던 사실을 명시적으로 표현했을 뿐인지도 모른다. 어쨌든 1:1이나 1:11과 15:39 사이에 있는 내용을 괄호로 묶는 특징, 즉 수미상관적 특징은 마가가 자신의 복음이 "하나님의 아들 예수 그리스도의 복음"이라는 주장에 부여한 중요성을 강조한다.

여기서 물론 우리는 이러한 강조점을 자신의 이야기가 지닌 "복음 적" 성격에 대한 마가의 강조(§41.2b) 및 마가복음을 지배하는 수난이라 는 주제(§41.2c)와 결합시켜야 한다. 요는 마가에게 있어서 좋은 소식이란 사람들이 어떤 왕이나 위대한 철학자를 하나님의 아들이라고 부르는 것 처럼 예수를 하나님의 아들로 이해해야 한다는 것이 아니라는 점이다.[80] 하늘에서 들린 목소리로 인해 예수의 아들 되심은 특별한 아들 되심— "내 사랑하는 아들"—으로 입증된다. 예수의 아들 되심은 사람들이 하니 나 벤 도사 혹은 원을 그리는 자 호니의 아들 됨을—기도에 특별한 효력 이 있는 사람으로—이해하는 것처럼 이해할 수 있는 것도 아니다.[81] 마가 에게 있어서 예수의 아들 되심은 고난을 포함하며 예수가 죽음의 형벌을 받는 데서 절정에 이른다. 그것이 좋은 소식이다! 마가복음에 있어서 최 고의 아이러니는 예수를 하나님의 아들로 고백하는 유일한 인간이 바로 로마 백부장이라는 점이다. 더구나 그가 하나님의 아들이라고 고백하는 분은 방금 십자가에서 죽었다(막 15:39).

ii. 치유자이자 축귀 사역자로서의 예수

마가복음에 대한 어떤 해석도 마가가 그의 복음서의 전반부에서 얼마나 일관되게 예수를 매우 성공적인 치유자이자 축귀 사역자로 묘사하는지

---

80 그 당시의 관습적인 용례다. *Christology in the Making*, §3.2을 보라.
81 G. Vermes, *Jesus the Jew*(London: Collins, 1973)는 이러한 카리스마적인 랍비들이 제공한 예수와 비슷한 예들에 특별한 관심을 환기시켰다.

를 알아차리지 않을 수 없다.

- 1:23-28 - 회당에서[82] 귀신 들린 자를 고치심.[83]
- 1:29-31 - 베드로의 장모를 고치심.
- 1:32-34 - 치유와 축귀에 대한 요약.
- 1:39 - 복음 전파와 축귀에 대한 요약.[84]
- 1:40-45 - 한 나병환자를 깨끗케 하심.
- 2:1-12 - 한 중풍병자를 고치심.
- 3:1-5 - 한 손 마른 사람을 고치심.
- 3:10-12 - 치유와 축귀에 대한 요약.[85]
- 3:22-27 - 예수의 귀신 쫓는 능력에 대한 바리새인과의 논쟁.
- 4:35-41 - 갈릴리 바다에서 폭풍을 잠잠케 하심.[86]
- 5:1-20 - 한 귀신 들린 거라사인에게서 귀신을 쫓아내심.[87]
- 5:21-43 - 혈루병 걸린 한 여인과 야이로의 딸의 치유.[88]

---

82 누가(4:33-37)만이 여기서 마가복음을 따른다.
83 마가는 "더러운 영"이라는 말을 사용하는 편을 선호한다(마가 11회, 마태 2회, 누가 6회). "귀신"이 보다 일반적인 용어다(마가 13회; 마태 11회; 누가 23회). "귀신 들린"(마가 4회; 마태 7회; 누가 1회).
84 마 4:23과 눅 4:44에 나오는 이에 상응하는 요약 본문은 축사를 언급하지 않는다.
85 마태와 누가는 "더러운 영들"에 대한 요약과 언급을 생략한다.
86 마가는 예수를 바다를 향해 그와 비슷하게 1:25과 똑같은 표현인 "고요하라"(pephimōso-4:39)고 명령하시는 분으로 묘사함으로써 폭풍을 그 성격상 귀신적인 것으로 묘사한다. 마태는 이 잠잠하라는 명령을 모두 생략한다.
87 마태는 이 대목(마 8:28-34)과 그다음 일화(마 9:18-26)에서 모두 그가 마가가 잘 말하지 못했다고 간주했을지도 모르는 부분을 크게 축약한다.
88 막 5:21-43은 두 번째 이야기(여기서는 5:25-34)가 첫 번째 이야기의 전반부와 후반부(여기서는 5:21-24, 35-43) 사이에 삽입된 "마가복음의 샌드위치"의 한 좋은 예다. 다른 눈에 띄는 예들은 3:20-21과 31-35절 사이에 삽입된 3:22-30, 11:12-14과 20-24절 사이에 삽입된 11:15-19 및 6:7-13과 30-32절 사이에 삽입된 6:14-29다. 추가적으로 J. R. Edwards, 'The Markan Sandwich: The Significance of Interpolations in Markan

- 6:3, 5 — 예수가 나사렛에서 몇몇 사람들만 고치실 수 있었음.[89]
- 6:12-13 — 복음을 전파하고 귀신을 쫓고 병을 고치도록 보냄 받은 제자들.
- 6:32-44 — 5천 명을 먹이심.
- 6:45-52 — 물 위를 걸으심.[90]
- 6:53-56 — 치유에 대한 요약.
- 7:24-30 — 한 수로보니게 여인의 딸을 멀리서 고치심.[91]
- 7:31-37 — 한 귀먹고 말 더듬는 자를 고치심.
- 8:1-10 — 4천 명을 먹이심.
- 8:22-26 — 한 맹인을 두 단계에 걸쳐 고치심.[92]

마가복음의 전반부에서 예수의 치유 및 축귀 사역에 대한 이러한 비중 있는 강조는 매우 인상적이다. 후반부에서는 예수가 축귀를 한 번만 더 행하며(간질병 걸린 소년에 대한 축귀—9:14-29) 치유도 한 번만 더 행하기 때문에(눈먼 바디매오의 시력을 회복시킴—10:46-52) 더더욱 그렇다. 마가는 분명 초점의 전환을 의도했다. 그 전환이 마가의 기록의 중심점에 등장한다는 점은 이치에 맞는다. 예수가 곧 메시아라는 베드로의 고백(8:29)은 8:27-33에서 인자(이신 그)가 고난을 당하고 예루살렘의 지도자들에게 배척당하며 죽임을 당하고 사흘 뒤에 부활해야 한다는 예수의 예언(8:31)에 의해 한쪽에 치워지거나(8:30) 교정되기(8:32-33) 때문이다. 다시 말

Narratives', *NovT* 31 (1989), 193-216을 보라.

89 마 13:58은 마가의 직선적인 면을 완화시키고 누가는 이를 생략한다.

90 누가는 요 6:1-21도 암시하는 바와 같은 이러한 기적들의 전통적인 연결 장치였던 것으로 보이는 내용 중 두 번째 것을 생략한다.

91 누가는 또다시 이 치유 사건과 그다음 치유 사건을 생략한다.

92 이 일화는 마가복음에만 있다.

해 위대한 치료자이자 축귀 사역자인 예수에 대한 이야기는 수난 내러티브로 대체된다(§41.2c).

우리는 여기서 마가가 치료자 또는 축귀 사역자로서의 예수라는 주제가 마가의 기독론 및 긴 서론을 동반한 수난 내러티브로서의 마가복음의 성격과 들어맞도록 의도했다는 점을 추론할 수 있다. 20세기 중엽에 이러한 추론으로 인해 몇몇 학자들은 마가가 자신이 예수를 단순히 또는 일차적으로 신적인 권위를 가지고 말하며 비상한 기적을 행한 자, 즉 때때로 "신적인 인간"(*theios anēr*) 그리스도로 묘사되는 존재로 묘사하는 일방적이고 오해의 소지가 있는 표현으로 간주한 것을 교정하기 위해 자신의 복음서를 그렇게 구성했다고 주장하게 되었다.[93] 따라서 마가는 베드로를 예수를 메시아라고 고백하는 인물로 표현할 때 즉시 예수가 자신의 임박한 고난에 대해 말씀하시는 모습을 묘사한다(막 8:31). 그리고 베드로가 항의했을 때 예수는 심지어 베드로를 사탄의 대변인이라고 맹렬히 비난한다(8:32-33). 다시 말해 그 의미는 베드로가 예수를 승리주의적인 메시아, (*Pss. Sol.* 17.21-24에서와 같이) 대중적인 희망에 따라 곧 이스라엘을 로마의 지배에서 해방시킬 분으로 고백했다는 것일 것이다.[94] 따라서 이

---

93 Koester, 'One Jesus and Four Primitive Gospels', 187-93과 특히 T. J. Weeden, *Mark: Traditions in Conflict*(Philadelphia: Fortress, 1971)를 보라. Weeden은 예수 자신의 제자들(*theios-anēr* 제자도)이 마가복음의 표적이었다고 주저 없이 주장한다. "제자들은 타락한 자들이며 …이단자들에 불과하다"(52-69, 164). 그러나 France는 *theios anēr*라는 개념이 1세기에 인식된 범주라기보다는 20세기에 구성된 개념에 더 가깝다고 타당하게 지적한다(*Mark*, 21). 이 명제는 또한 필자가 이미 여러 번 지적한 것과 같은 약점, 즉 어떤 예수의 기적 모음집은 그 모음집을 사용한 집단에게 알려진 예수에 대한 유일한 정보일 것이고 따라서 그 집단의 유일하거나 독점적인 기독론(기적을 일으키는 "신적인 인간"으로서의 예수)으로 해석될 수 있다는 가정을 지니고 있다. *Jesus Remembered*, 150-52을 다시 보라. Brown, *Introduction*, 155과 nn. 72-73에 나오는 더 많은 참고문헌, Evans, *Mark 8:27-16:20*, lxxii(및 참고문헌)도 함께 보라.

94 *Jesus Remembered*, §15.2a을 보라.

명제에 따르면 고난과 배척을 당해야 하는 인자로서의 예수에 대한 강렬한 초점의 기능은, 바로 예수가 일으킨 기적과 그가 가르칠 때 동반된 권위를 근거로, 여전히 유포되고 있었을지도 모르는 예수에 대한 그러한 견해를 교정하는 것이었다.

필자는 이러한 주장에 별로 설득되지 않는다. 마가가 예수의 치유 및 축귀 사역을 그의 복음서의 전반부에서 그토록 지배적인 사역으로 묘사하는 것은 그가 예수의 사역이 지닌 이러한 차원에 대해 아무런 어색함이 없었음을 의미하는 것이 분명하다.[95] 아마도 마가는 예수의 사역이 지닌 이러한 측면이 주로 필요 가운데 굳게 신뢰하는 자들에 대한 예수의 긍휼 및 때때로 정서적 민감성의 표현으로 이해되기를 원했을 것이다.[96] 표적을 구하는 바리새인의 요구를 예수가 직설적으로 거부하는 모습에 대한 마가의 기록(8:11-12)은 예수가 표적의 예언자로 간주되는 것을 마가가 원치 않았음을 암시한다.[97] 그러나 우리가 보다 확신 있게 말할 수 있는 것은, 가이사랴 빌립보에서 베드로가 한 고백에 예수가 응답하신 일에 대한 마가의 기록이 메시아로서의 예수에서 고난 받는 인자로서의 예수로 초점을 전환시키는 하나의 방식이었다는 것이다. 이러한 전략에는 아마도 예수의 의미를 예수가 이스라엘을 로마의 지배에서 해방시킬 군

---

95 "기적을 일으키는 자로서의 예수에 대한 이해가 버려야 할 관점으로 표현되는 것은 결코 그럴듯한 것으로 보이지 않는다"(Kümmel, *Introduction*, 93). Marcus, *Mark 1-8*, 77의 견해도 이와 비슷하다. E. K. Broadhead, *Teaching with Authority: Miracles and Christology in the Gospel of Mark* (JSNTS 74; Sheffield Academic, 1992)도 함께 보라.

96 "긍휼"—1:41(마태와 누가는 생략함); 6:34(누가는 생략함); 8:2-3; 9:22-23(마태와 누가는 생략함); "믿음"/"믿다"—2:5; 4:38-40; 5:28-34, 36; 9:23-24; 10:49-52. 다음 구절들도 함께 보라. 1:43; 3:5; 5:6-13, 22-24, 40-41; 6:49-50, 56; 7:26-29; 32-33; 8:22-23; 9:19.

97 다시 *Jesus Remembered*, 658-60을 보라. 마가가 표적에 대한 바리새인의 요구와 예수의 거절(8:11-12)을 베드로의 고백과 그에 대한 설명에 이르는 과정(8:27-33)에 포함시킨다는 점은 의미심장하다. 십자가형 장면에서의 초롱도 주목해 보라(15:29-32).

사적 지도자에 대한 대중적인 희망을 충족시킨 정도의 측면에서 평가해야 한다는 일체의 주장으로부터의 전환이 포함되었을 것이다. 메시아이자 인자로서의 예수의 의미는 그의 죽음과 부활에 대한 언급 없이는 인식될 수 없었다.

iii. 메시아, 즉 인자로서의 예수

마가가 예수를 메시아, 그리스도로 이해했다는 점에는 의심의 여지가 없다(막 1:1; 8:29; 14:61-62).[98] 그러나 마가의 표현에서 보다 눈에 띄는 특징은 은밀함이라는 모티프인데, 마가는 이 모티프로써 "메시아적 비밀"로 알려지게 된 주제를 베일 속에 가린다. 브레데를 따라 우리는 마가복음 내러티브의 몇 가지 독특한 특징을 다음과 같이 한데 모을 수 있다.[99]

- 귀신 들린 자들/귀신들이 말한 자신의 메시아적 지위에 대한 고백을 침묵시킨 예수의 명령—1:23-25, 34(요약), 3:11-12(요약).[100] 참고. 5:6-7.
- 기적적으로 고침 받은 자들을 향한 침묵 명령(1:43-45; 5:43; 7:36; 8:26; 참고. 10:47-48).[101]
- 베드로의 고백(8:30)과 변화산 사건(9:9) 이후의 다른 침묵 명령.
- 계속 숨어 있으면서(1:35, 45; 3:7, 9; 6:46; 7:24; 9:30, 33; 10:10) 대

---

98 "다윗의 자손"도 함께 보라(막 10:47-48; 참고). 12:35. Collins는 예수에 대한 마가의 다른 묘사(귀신 쫓는 자, 치료자["다윗의 자손"-10:47-48], 선생)도 메시아라는 제목 아래 분류할 수 있다고 지적한다(*Mark*, 66-69, 73).

99 Wrede, *Messianic Secret*, 34-36. Schnelle는 논의를 훌륭하고 간결하게 제시한다(*History*, 211-13).

100 마태와 누가는 마가복음의 요약을 일관성 있게 활용하지 않는다.

101 마태는 이 네 번의 명령 중 첫 번째 명령만 유지하며 누가는 처음 두 가지 명령만 유지한다.

중들의 시선을 피해 치유를 행하려는 예수의 의도(5:37, 40; 7:33; 8:23).[102]

- 세 번의 수난 예언(8:31; 9:31; 10:32-34)에서도 암시된 제자들을 향한 예수의 가르침(4:34; 6:31-32; 7:17; 9:2, 28-29; 13:3)의 은밀함(*kat' idian*).[103]

"메시아적 비밀"이 이러한 부류의 내러티브적 특성에 대한 가장 좋은 묘사인지는 의문이다. 앞의 모든 자료를 예수의 메시아 되심이라는 단일한 주제와 관련시키기는 어렵다.[104] 또한 "비밀"은 지켜지지 않는다. 고침을 받은 이들이나 치유를 목격하는 이들은 보통 그 치유에 대한 이야기를 널리 퍼뜨린다.[105] 따라서 만일 마가가 예수가 메시아로 인정받지 못한 이유를 설명하기 위해 이 모티프를 도입했다는 것이 사실이라면,[106] 마가는 그 비밀이 지켜지지 않았다는 것을 보여줌으로써 자신의 전략을 약화시켰다. "메시아적 비밀"의 원천에 대한 더 명백한 설명은 예수가 스스로 너무 많이 사람들에게 알려지는 것을 막으신 분으로 기억되었다는 것이

---

102 마태와 누가는 전부 생략한다.
103 마가의 은밀함에 대한 언급 중에서 마태는 4:34과 7:17을 생략하되 마 20:17을 덧붙인다. 마태와 누가는 또한 예수가 자신의 비유에 대한 질문을 받았을 때 "홀로" 있었다는 마가의 언급(막 4:10)도 생략한다. F. Kermode는 *The Genesis of Secrecy*(Cambridge, MA: Harvard University, 1979)에서 이 모티프에 너무 많은 공을 들였다. 그러나 J. Marcus, 'Mark 4:10-12 and Marcan Epistemology', *JBL* 103 (1984), 557-74을 보라.
104 H. Räisänen, *The 'Messianic Secret' in Mark's Gospel* (Edinburgh: T & T Clark, 1990), 17-23.
105 막 1:28, 45; 2:12; 3:20; 5:19-20; 6:2-3, 31; 7:24, 36-37; 10:46-52. 추가적으로 Tuckett, ed., *The Messianic Secret*, 116-31(여기서는 120-22)에 전재된 필자의 'The Messianic Secret in Mark', *TynB* 21 (1970), 92-117과 Kümmel, *Introduction*, 90-92을 보라.
106 Wrede의 명제(*Messianic Secret*, 227-30). 그러나 앞의 n. 63도 함께 보라.

다.[107] 그럼에도 불구하고 앞에서 주의를 환기시킨 특징들은 우리가 보았듯이 마가복음 내러티브의 매우 독특한 특징이다. 따라서 브레데가 이 모티프가 마가가 다시 말한 예수 이야기의 한 특징이자 그가 자신의 좋은 소식이 수용되기를 원했던 방식을 표현하는 것임을 밝힌 것은 기본적으로 옳았다는 결론을 피하기 어렵다.

도출할 수 있는 가장 분명한 추론은 마가가 자신이 알고 있었던 예수 전승[108]이나 예수의 이야기와 가르침에 대한 베드로의 반복된 진술 안에 이미 어느 정도 존재했던 한 특징을 취하여 그 특징을 그 자신의 재진술에서 두드러진 연결 모티프가 되도록 상술했다는 것이다. 그 특징이 마가복음 전반부에서 너무나 자주 등장하며 예수의 축귀 및 치유 사역과 매우 관련되어 있다는 사실은 그것이 마가의 거대한 전략, 즉 이야기가 진행되는 과정에서 주로 기적을 일으키는 이야기에서 본격적인 수난 내러티브로, 예수의 메시아 되심에 대한 베드로의 부적절한 이해로 보일 수밖에 없는 것(8:29, 32-33)에서 인자로서의 사명에 대한 예수 자신의 이해(8:31)로 이야기를 전환시키려는 전략의 핵심적인 부분이었음을 강하게 암시한다. 이 전환은 특히 인자, 즉 처음에는 권위 있는 인물(2:10, 28)이지만 8:31부터는 비록 이후에는 신원 받는다는 약속이 있으나[109] 주로 고난 받고 수치의 원인이 되는[110] 인물로서의 예수에 대한 언급의 점증하는 중요성 속에 반영되어 있다.

여기서 마가의 확대된 은밀함과 은둔의 모티프와 인자 기독론은 예수 자신이 아마도 우려했을 위험성, 즉 예수의 사명이 하나님께서 이스라

---

107 *Jesus Remembered*, §§15.3-4과 필자의 이전 글 'The Messianic Secret in Mark'.
108 추가로 n. 107을 보라.
109 막 9:9; 13:26; 14:62.
110 막 8:31, 38; 9:12, 31; 10:33, 45; 14:21, 41.

엘을 구속하시기 위해 보내실 자에 대한 보다 전통적인 소망의 관점으로 오해될 위험성을 강조했다. 마가는 틀림없이 자신이 묘사한 것과 같은 메시아 또는 구속자적 인물이 그의 청중이 쉽게 받아들이기에는 너무나 예상 밖이고 특이하다는 점을 잘 알고 있었을 것이다. 그래서 마가는 자신의 이야기 속에 침묵하라는 명령을 삽입하고 일찍부터 일정한 간격을 두고 예수의 은밀한 지시를 언급하면서도 거기에 예수의 신적인 아들 되심에 대한 초자연적 계시를 자주 덧붙인다. 마찬가지로 십자가에 대한 점진적인 예시라는 내러티브 전략의 필수적인 부분으로서, 마가는 복음서의 초점을 초자연적인 권능을 부여받은 메시아에서 배척당하는 인자로 옮기면서도, 인자의 다가올 영광을 암시하는 것 역시 잊지 않는다. 이런 식으로 마가는 아마도 자신의 청중에게 자기 메시지의 핵심, 즉 이 메시아, 하나님의 아들, 인자는 대다수가 기대했을 만한 인물이 아니었다는 점을 깨닫게 하고 싶어 했을 것이다.[111]

메시아적 비밀이라는 모티프와 긴밀하게 관련된 것은 예수의 제자들이 예수를 이해하지 못한 것에 대한 마가의 잦은 언급이다.[112] 예수의 사명의 성격이 오해를 받을지 모른다는 예수 편에서의 암묵적인 우려가 있었을 뿐만 아니라, 예수의 제자들조차 예수가 사명을 수행하시는 중에는 그를 이해할 수 없었기 때문이다. 두 단계에 걸친 맹인의 치유(8:22-26)[113]는 명백히 마가가 그 뒤에 곧바로 이어지는 예수는 메시아라는 베

---

111 이러한 전략을 따르는 마가의 성경 사용은 J. Marcus, *The Way of the Lord: Christological Exegesis of the Old Testament in the Gospel of Mark*(Louisville: Westminster John Knox, 1992)에 잘 제시되어 있다. T. R. Hatina는 *In Search of a Context: The Function of Scripture in Mark's Narrative*(JSNTS 232; London: Sheffield Academic, 2002)에서 내러티브의 틀이 마가복음에서 성경의 역할을 지배한다고 주장한다.
112 막 4:13, 40-41; 6:37, 52; 7:18; 8:4, 17, 21, 32-33; 9:5-6, 10, 32; 10:24-26, 35-37.
113 마태와 누가는 이를 생략했다.

드로의 고백이 단지 부분적이고 불완전한 고백일 뿐이라는 점(8:27-30)을 청중에게 상징적으로 미리 알려주기 위해 의도한 것이다.[114] 베드로(와 그 밖의 사람들)는 제자들이 예수의 사명 완수를 목격할 때까지, 즉 예수가 죽임을 당하고 죽은 자들 가운데서 다시 살아날 때까지 예수를 이해할 수 없었다(8:31-33). 이 점에 대한 인식은 마가복음 9:9이 은밀함이라는 모티프 전체에 대한 열쇠임을 암시하는 것이다. 변화산에서 내려오는 동안 예수는 제자들에게 "인자가 죽은 자 가운데서 살아날 때까지는 본 것을 아무에게도 이르지 말라"(9:9)고 명령하셨다.[115] 다시 말하지만, 예수의 메시아적인 지위를 포함한 예수의 사명을 이해하는 열쇠는 예수의 죽음과 부활에서만 찾을 수 있었다.

c. 제자도의 지침서

마가복음에 있어서 예수 전승은 단순히 예수와 그의 죽음 및 부활의 의미를 선포하는 복음만이 아니었다. 그것은 이 예수에게 반응하고 그의 제자가 된 이들에게 가르침을 주는 복음이기도 했다. 마가는 복음(*kerygma*)과 가르침(*didachē*)을 서로 별개의 구별되는 두 범주로 생각하지 않았다. "그리스도인의" 제자도에 대한 이해와 제자로서 따를 수 있는 능력은 예수의 수난과 부활에 대한 그들의 이해에서 나온다.[116]

---

114 예를 들어 다음 책들을 보라. Gnilka, *Markus*, 1.314-15; Guelich, *Mark 1-8:26*, 430-31: "8:18에서의 맹목에 대한 예언적 언급과 8:22-26에서의 맹인에 대한 수고스러운 치유 사이의 관계는 우연적인 관계 이상임이 분명하다"(430).

115 Wrede, *Messianic Secret*, 67-70.

116 E. Best, *Following Jesus: Discipleship in the Gospel of Mark* (JSNTS 4; Sheffield: JSOT, 1981), 13.

i. 특별한 권위를 가진 스승으로서의 예수

예수의 이야기에 대한 마가의 재진술에서 쉽게 간과되는 한 가지 강조점은 스승으로서의 예수에 대한 그의 묘사다. 마가가 마태나 누가보다 예수의 가르침을 훨씬 적게 기록했다는 사실[117]은 마가가 예수의 "교육" 활동과 그의 "가르침"에 대해 훨씬 더 긴 두 공관복음서만큼 혹은 그보다 더 언급한다는 사실을 가려버린다.[118] 다소 흥미롭게도 마태와 누가는 일관되게 예수에 대한 언급을 마가복음의 "선생"에서 "주"(kyrios—마태)나 "주인"(epistatēs—누가)으로 바꾸거나[119] "선생"이라는 언급을 완전히 생략한다.[120] 이보다 더 눈에 띄는 것은 마태와 누가가 "가르치는"(didaskein) 예수와 예수의 가르침(didachē)에 대한 마가의 언급을 대부분 생략했다는 사실이다. 의미심장하게도 이는 어떤 일화에 대한 마가복음의 대부분의 요약이나 연결 단락이나 서론에 있어서도 마찬가지인데, 그런 경우 마가는 예수가 언급된 일화의 경우에 가르치고 있었다는 점을 대체로 당연시하는 것처럼 보인다.[121] 따라서 분명 마가에게는 예수를 가르치는 자로 표현하고 예수가 사람들과 제자들을 함께 가르쳤다는 점을 강조하는 것이 상당히 중요한 일이었다.[122]

그러나 마가의 강조점은 제자들에게 있다. 마가는 틀림없이 "제

---

117 마태와 누가는 거의 전적으로 예수의 말씀으로 구성된 Q 자료를 받아들인다.

118 선생(didaskalos)—마가복음 12회; 마태복음 12회; 누가복음 17회. 가르치다(didaskein)—마가복음 17회; 마태복음 14회; 누가복음 17회. 가르침(didachē)—마가복음 5회; 마태복음 3회; 누가복음 1회. Guelich가 말하듯이 마가복음에서 "선생"으로 불리는 이는 예수밖에 없다(Mark 1-8:26, 55).

119 막 4:38/마 8:25/눅 8:24; 막 9:17/마 17:15; 막 9:38/눅 9:49.

120 막 9:38(마); 10:20, 35(마); 12:32; 13:1.

121 막 1:21(마); 1:27; 2:13; 4:1; 4:2(마); 6:2, 6(눅); 6:30, 34; 8:31; 9:31; 10:1; 11:17, 18; 12:14(마); 12:35, 38; 14:49(눅).

122 V. K. Robbins, Jesus the Teacher: A Socio-Rhetorical Interpretation of Mark(Philadelphia: Fortress, 1984)도 함께 보라.

자"(mathētēs)는 "배우는 자"(manthanein, "배우다"에서 유래)임을 의식했을 것
이다. 따라서 마가가 기록한 (예수의 세례와 시험 기간 이후) 예수의 사명의
첫 번째 일화가 최초의 네 제자를 부르신 일인 것은 결코 우연이 아닐 것
이다(막 1:16-20). 또한 제자로서 예수를 따르는 것은 곧 더 많은 제자를
만들어내도록("사람을 낚는 어부"—1:17) 훈련받는 일이었다는 점도 우연이
아닐 것이다.[123] 레위가 부름을 받는 사건(2:14)은 예수 사명의 성격과 과
거의 태도 및 전통에 대한 예수 사명의 급진적인 도전(2:15-22)을 전형적
으로 보여주는 연속적인 사건들의 시발점이 된다. 또한 예수의 열두 제
자 선택은 처음부터 중요성을 부여받는다(3:13-19). 열두 제자는 "자기와
함께 있게 하시고 또 보내사(apostellē) 전도도" 하도록 선택되었고, 예수의
사명에 "사도"로서 동참해야 할 그들의 의무는 가르침과 기적 행함이 나
오는 그다음 단락 이후의 한 가지 주된 특징이다(6:7-13, 30).[124] 사실 대
체로 마가는 예수의 제자들을 1장 이후 장마다 규칙적으로 "그의 제자
들"이라는 어구로 언급한다.[125] 마가가 말하는 이야기는 "예수와 그의 제
자들"에 대한 이야기다. 특히 마가복음은 제자도에 대한 책이다.[126]

여기서 우리는 마가가 종종 예수의 가르침이 불러일으킨 놀라움 내
지 충격을 으레 언급하며[127] 마태나 누가는 그중 대략 절반을 생략한다는

---

123 추가적으로 W. T. Shiner, *Follow Me!: Disciples in Markan Rhetoric* (SBLDS 145; Atlanta: Scholars Press, 1995), 175-76을 보라.

124 마가는 열두 제자를 분명히 "사도들"로 간주했지만(6:30), 그가 3:14에서 그들을 그렇게 불렀는지는 논쟁거리다. 본문상의 근거는 강력하지만 "그들을 또한 사도라고 부르셨으며"라는 어구는 누가복음과 조화를 이루기 위해 도입되었다는 의심을 피하기 어렵다 (Metzger, *Textual Commentary*, 80; Guelich, *Mark 1-8:26*, 154; France, *Mark*, 157).

125 마가는 "제자"(mathētēs)라는 단어를 46회 사용한다.

126 예컨대 France, *Mark*, 27-29도 함께 보라. 그는 특히 다음 책들을 언급한다. C. C. Black, *The Disciples according to Mark* (Grand Rapids: Eerdmans, 2nd edition, 2012); F. J. Moloney, *Mark: Storyteller, Interpreter, Evangelist* (Peabody: Hendrickson, 2004), 특히 7장.

127 *Thambein* — 1:27("새 교훈"); 10:24; (참고. 9:15; 10:32; 16:5-6); *ekplēssein* — 1:22;

점을 덧붙여 말하지 않을 수 없다. 접두사 "*ek-*"가 붙은 동사들에 대한 마가의 선호는 그 점을 뒷받침한다. 사람들은 예수의 가르침에 "**매우** 놀랐다."[128] 예수의 고향 사람들도 놀라서 "이 사람이 받은 지혜와…권능이 어찌됨이냐?"라고 묻는다(6:2). 초기부터 마가는 그 놀라움의 이유를 설명한다. 그것은 예수가 가르치시는 것이 "권위" 있는 자와 같고 서기관들과 같지 않았으며(1:22)[129] "권위 있는 새 교훈"(1:27)이었기 때문이다.[130] 이것이 마가에게 가장 중요했던 이유는 분명 그가 예수를 단순히, 또는 오로지 선생으로만 묘사하기를 원했기 때문이 아닐 것이다. 마가의 관심사는 예수의 제자들이 배울 필요가 있었던 것처럼 그 이후에 이 그리스도를 믿고 헌신하는 이들도 마찬가지로 배울 필요가 있다는 것에 훨씬 더 가까웠다.[131] 예수의 가르침에 대한 마가의 강조는 그의 복음서를 또한 교육 지침서가 되게 한다.

마가가 청중(또는 교리문답 교사)에게 이해시키고 싶었던 특권, 즉 그러한 가르침을 받는 특권에 대한 마가의 인식은 그의 비유 장(막 4장)에 나타난다. 예수의 제자들에게는 "하나님 나라의 비밀"이 주어졌지만 "외인에게는 모든 것을 비밀로" 한다(4:11). 따라서 제자들을 향한 예수의 가르침의 은밀함 속에는 사적인 가르침이 반영되어 있었다. 그리고 예수의 가

6:2; 10:26; 11:18; (참고, 7:37); *(ek)thaumazein* — 5:20; 12:17. *Existēmi*는 마가가 예수의 기적에 대한 반응에 대해서만 사용한다(2:12; 5:42; 6:51).

128 *Ekthambein, ekthaumazein, ekplēssein*; 또한 *existēmi*.
129 서기관들과의 대조는 마가 내러티브의 한 특징이다(참고. 2:6, 16; 3:15, 22; 7:1, 5; 11:18, 27; 12:38; 14:1, 43, 53; 15:1, 31)(Marcus, *Mark 1-8*, 192). 마가는 또한 전승으로부터 예수가 자신만의 가르침을 소개하기 위해 "아멘"을 사용한 전례 없는 예들을 보존한 반면(3:28; 8:12; 9:1, 41; 10:15, 29; 11:23; 12:43; 13:30; 14:9, 18, 25), 누가는 여섯 가지 예만 보존한다. *Jesus Remembered*, 700-1을 보라.
130 이는 아마도 마가의 편집일 것이다(Guelich, *Mark 1-8:26*, 58). 다음 구절들도 함께 보라. 2:10; 3:15; 6:7; 11:28-33.
131 "제자들은 예수 시대와 당대의 마가 공동체 사이의 연결고리다"(Schnelle, *History*, 210).

르침의 매우 전형적인 예인 비유들은 예수가 하나님 나라의 비밀을 전하는 방식이었지만, 그것은 인식할 수 없고 이해할 수도 없는 이들에게는 여전히 비밀이었다(4:12).[132] 여기 예수의 메시아 되심을 이해하지 못하는 제자들의 **실패**와 하나님 나라의 비밀을 받는 **특권** 사이의 긴장은, 먼저 예수의 공생애 기간의 제자들과 관련되고 두 번째로 마가가 쓴 복음서의 대상이 되는 제자들과 관련된다고 보는 것으로 가장 잘 설명된다.[133] 마가 시대의 제자들에게 비밀의 열쇠, 곧 예수에 대한 바른 이해와 그 필연적 결과인 제자도의 삶의 열쇠를 준 것은 바로 마가의 복음서였다.[134]

ii. 가르침의 내용

마가의 "제자도 지침서"는 그의 복음서가 낭독되는 것을 듣는 기독교인 청중들에게 명백한 함의를 가진 일련의 일화들을 포함하는데, 특정한 일화들은 회고되거나 상술된다.

자기 백성에 대한 하나님의 경륜에서 완전히 새로운 시대를 여는 새로운 가르침의 함의는 옛 옷과 새 옷, 옛 가죽부대와 새 포도주(2:21-22), 감춰진 것을 밝혀주는 빛(4:21-22) 등에 대한 비유에서 생생하게 묘사된다. 예수의 축귀의 종말론적 의미(사탄의 결박)도 마찬가지로 분명하며(3:23-27), 가족 관계에까지 미치는 그 광범위한 함의는 무시할 수 없다(3:20-21, 31-35).[135] 마찬가지로 안식일의 역할에 대한 우선순위를 재

---

132 「은밀한 복음」이 마가복음을 각색하면서 명백히 강화한 것은 바로 이 마가복음의 은밀함이라는 모티프였다(앞의 §40 n. 255을 보라).

133 참고. 특히 Räisänen, *The 'Messianic Secret'*, 3장.

134 예컨대 R. C. Tannehill, 'The Gospel of Mark as Narrative Christology', in Petersen, ed., *Perspectives*, 57-95(여기서는 70); Best, *Following Jesus*, 136-37의 견해가 그러하다.

135 추가적으로 S. C. Barton, *Discipleship and Family Ties in Mark and Matthew* (SNTSMS 80; Cambridge: Cambridge University, 1994), 여기서는 특히 82-86을 보라.

조정하고(2:23-3:5), "장로들의 전통"과 하나님 말씀의 관계를 질문하며(7:1-13), 인간의 부정함의 근본적 원인을 재인식하는(7:14-23) 데 있어서의 함의도 기독교인 청중들의 관심을 환기시키도록 분명히 도출된다.[136] 이 새로운 가르침이 이방인들로 하여금 하나님의 말씀에 반응하지 못하도록 가로막은 장벽을 제거하는 방식도 유사하게 상세히 설명된다("이러므로 모든 음식물을 깨끗하다 하시니라"—7:19).[137] 그리고 마가는 곧바로 계속해서 예수가 수로보니게 여인을 보살피고(7:24-30) 갈릴리 주변 지역에서 사역하신 이야기(7:31-8:10)를 하면서 그 분명한 함의를 역설한다.[138]

마가는 예수의 사명(메시아 되심)이 무엇을 수반하는지에 대한 재정의에 더 강하게 관심을 집중하기 시작할 때조차 예수를 제자도의 분명한 논리적 귀결—십자가에 달리신 이를 따르기 위해 자기 십자가를 지고, 생

136 Kee, *Community of the New Age*, 6장도 함께 보라.
137 자주 가정되는 점은 마가가 예수의 원래 말씀을 보존했고 이 말씀이 예수가 율법의 목적을 가르쳤다는 주장을 뒷받침하는 주요 증거가 되며, 마태는 마가복음의 형태(와 예수의 가르침)를 완화했다는 것이다. Albrecht Ritschl은 예수의 "유대교와 유대교 율법에 대한 부정이…그의 가르침과 유대교 가르침 사이의 예리한 분할선이 되었다"고 단언했을 때 그다음 세기의 대부분 기간의 분위기를 결정해 놓았다(S. Heschel, *Abraham Geiger and the Jewish Jesus* [University of Chicago, 1998], 123). U. Schnelle은 *Theology of the New Testament* (ET Grand Rapids: Baker Academic, 2009), 140 n. 246에서 막 7:15에 대해 쓴 Hengel의 1978년도 논문을 인용한다. "여기서 우리는 예수와 당대의 팔레스타인 유대교 사이의 근본적인 결별을 만난다." 그러나 "사도행전과 바울의 글에서 입증된 율법에 맞는 음식에 관한 치열한 갈등은 만일 예수가 처음부터 이 문제를 해결했다면 설명하기 어려울 것이다"(Brown, *Introduction*, 137). 따라서 이방인 기독교인(마가복음)과 유대인 기독교인(마태복음)에게 정결과 부정에 관한 율법의 지속적인 타당성을 설명하는 마가와 마태가 이를 다르게 해석하게 할 정도로, 이 주제에 대한 예수의 가르침이 보다 모호했을 가능성은 이와 비슷하거나 더 컸을 것이다. 이 문제는 *Jesus Remembered*, 573-77에서 참고 문헌과 함께 자세히 논의된다.
138 "5천 명을 먹인 사건이 유대인 사이에서 예수가 진행한 사역의 결론을 형성한다면, 4천 명을 먹인 사건[막 8:1-10]은 이방인 사이에서 예수가 진행한 사역의 결론을 표현한다"(Schnelle, *History*, 203). 추가적으로 K. R. Iverson, *Gentiles in the Gospel of Mark*(LNTS 339; London: T & T Clark, 2007)을 보라.

명을 얻기 위해 자기 생명을 잃으며, 예수를 부인하라는 유혹에 직면해서 예수를 시인하는 것(8:34-38)—을 역설하시는 분으로 묘사한다. 예수를 따르는 것은 곧 수난 이야기 속으로, 십자가의 길로 그분을 따르는 것이다.[139] 구체적인 일련의 가르침이 그 뒤에 이어진다.

- 성공적인 사역을 위한 기도의 필요성(9:28-29).
- 위대함에 대한 평가를 수정하고 섬기러 온 인자의 본을 따라야 할 필요성(9:33-37; 10:13-16, 41-45).
- 자신들과 함께 따르지 않는 이들이 행한 선을 열린 마음으로 대하고 기꺼이 인정하는 일의 중요성(9:38-41).
- 다른 신자들을 실족하게 하는 일과 잘못된 우선순위의 위험성 (9:42-48; 10:17-31).
- 결혼의 이상(10:2-9).[140]
- 제자도의 삶에서 고난의 불가피성(10:29-30, 38-39).
- 특히 제자도의 열쇠로서의 믿음/믿기/신뢰(11:22-24), 이전 기적들의 교훈에 대한 역설(4:40; 5:36; 9:23-24),[141] 기도가 실현되기 위해(그리고 공동체가 유지되기 위해) 서로를 용서하는 일의 중요성 (11:25).

---

139 Best, *Following Jesus*, Part I.
140 마가만이 이혼 절차를 개시하는 아내에 대한 언급(막 10:12)을 포함시키는데, 이는 아마도 또다시 이스라엘/팔레스타인 밖의 상황을 반영한 것일 것이다. 그러한 가능성이 모세 오경에서는 예상되지 않기 때문이다.
141 T. Söding, *Glaube bei Markus* (SBB 12; Stuttgart: KBW, 21987); C. D. Marshall, *Faith as a Theme in Mark's Narrative* (SNTSMS 64; Cambridge: Cambridge University, 1989)도 함께 보라.

또 성전 예배 또는 권위자들 및 성전의 미래에 대한 예수의 평가(11:11-21; 12:7-9)와, 예수가 곤란한 정치적·신학적 질문들을 어떻게 다루었는지에 대한 추가적인 예들(12:13-27) 등에 대한 더 많은 가르침이 주어지는데, 이는 모두 예루살렘 성전을 대하는 신자들의 태도와 그들이 상대해야 했던 다양한 권위자들에게 보여야 할 반응에 관한 유익한 지침들이다. 가르침은 가장 큰 두 계명—자신의 존재 전체로 하나님을 사랑하고 이웃을 자기 자신처럼 사랑하는 것(12:28-34)[142]으로서, 이는 또한 유대 율법의 지속적인 유효성과 관련된 논쟁에 대한 이방 기독교인의 해법으로 간주되었다—에 대한 예수의 언급 및 피상적인 영성과 참된 영성 사이의 추가적인 대조에서 절정에 이른다(12:38-44).[143]

현재 본문과 같이 본격적인 수난 내러티브 이전에 전승의 마지막 부분으로 등장하는 긴 종말론 강화는 마가와 (그가 보기에) 그의 청중에게 있어서 이 강화의 중요성을 보여준다(13:1-37).[144] 마가복음의 두 가지 뚜렷한 특징은 첫째로 "복음(euangelion)이 먼저 만국에 전파되어야 할 것이니라"(13:10)라는 마가가 첨가한 것처럼 보이는 (마태와 누가는 생략한) 대목이다.[145] 이처럼 마가는 이방인 선교의 결정적인 중요성을 강조하는 동시에 예언된 재앙이 시작되기 전에 상당한 휴지기가 있을지도 모른다는 암시를 회피하지도 않는다. "아직 끝은 아니니라"(13:7). 그러나 둘째로 마

---

142 마가만이 예수의 말씀을 세심하고 호의적인 한 서기관에 대한 응답으로 표현하는데(막 12:28, 32-34), 이는 다수의 유대인 서기관 엘리트 가운데서 마가가 보다 급진적으로 표현한 예수에게조차 여전히 관대한 태도가 있었음을 암시한다.

143 정경에 속한 사복음서 저자들 중에서 마가는 막 7:19이나 12:9과 같은 본문들이 제기하는 문제, 즉 그렇다면 이스라엘은 어떻게 되는가 하는 문제에 가장 덜 사로잡혀 있다. 예를 들어 마 8:11-12; 21:43; 눅 24:21 및 행 1:6과 대조해 보라.

144 마가의 자료와 "작은 묵시록"(막 13장)의 배경이 된 전승사에 대한 논의 및 참고문헌에 대한 검토는 G. R. Beasley-Murray, *Jesus and the Last Days: The Interpretation of the Olivet Discourse* (Peabody: Hendrickson, 1993); Collins, *Mark*, 594-600을 보라.

145 *Jesus Remembered*, 435-36을 보라.

가는 여기서 자신이 책임진 독자들에게 깨달음을 가지고 읽으라는 점도 상기시킨다. 이는 아마도 그의 청중이 예수의 메시지의 중요성을 인식하지 못하는 일이 없도록 하기 위해서일 것이다(13:14).[146] 마가가 예루살렘의 멸망과 성전의 파괴라는 재앙을 임박한 일로 염두에 두었든 최근의 일로 염두에 두었든, 그는 분명 청중들이 예수의 예언 능력뿐만 아니라 그들에게 있어서 시련과 투옥과 죽음(13:9-20), 잘못된 기대(13:5-6, 21-22), 깨어 있어야 할 필요성(13:23, 32-37)이 갖는 의미도 이해하기를 원했다.[147] 거짓 메시아들과 거짓 예언자들이 택함을 받은 자들까지도 미혹할지 모른다는 경고(13:22)는 특별히 마가의 청중들의 관심을 사로잡았을 것이다. 만일 실제로 마가가 유대인 봉기가 그 절정의 대단원으로 치닫고 있었을 때 복음서를 썼다면[148] 이러한 묵시적인 절박함은 마가복음 13장뿐만 아니라 마가복음 전체의 핵심적인 강조점이었을 것이다.[149]

그와 동시에 마가복음 1:15과 9:1에도 불구하고 하나님 나라의 임박한 도래는 종말론 강화의 일부가 아니라는 점에도 주목해야 한다. 또한 마가는 깨어 있으라는 촉구가 보여주는 임박한 기대를 13:7의 "아직 끝은 아니니라"라는 말과 13:10의 의미로 제한한다. 사실 마가복음의 제자도의 요구 중 대부분은 "잠정적 윤리"(하나님 나라가 임하기 이전의 시간을 위해 필요한 윤리)의 항목에 깔끔하게 들어맞지 않는다. 실제로 마가복음이 묘사하는 예수가 하나님 나라에 대해 가르치는 내용에서 보다 특징적인

---

146 Collins는 "읽는 자는 깨달을진저"라는 어구는 큰 소리로 낭독하기 위한 것이 아니라 공적인 낭독자를 향한 사적인 언급이라는 견해를 지지하기 위해 E. Best의 글을 인용한다 (*Mark*, 597).
147 *Blepete*("조심하라, 주의하라, 경계하라")라는 예수의 빈번한 촉구는 마가복음의 가장 독특한 특징 중 하나다(4:24; 8:15; 12:38; 13:5, 9, 23, 33).
148 앞의 §39.2a(ii)을 보라.
149 참고. Marcus, *Mark 1-8*, 71-73.

것은 "하나님 나라의 비밀"(4:11), "어린 아이와 같이" 받아들여야 할 하나님 나라(10:14-15), 재물에 의존하면 하나님 나라에서 제외되기 쉽다는 경고(10:23-25)이다. 마가는 이 주제에 관한 두 가지 길 사이에서 갈등을 느꼈을 것이고 이 긴장에 대한 분명한 해결을 시도하지 않았다.[150]

d. 수난의 정점

마가복음 내러티브의 마지막 장들은 마가의 청중 대다수에게 친숙했을 것이다. 여기서 마가의 구성과 편집의 뚜렷한 특징은 훨씬 적으며, 이는 그 구조와 내용의 대부분이 마가 이전에 이미 확고하게 정해져 있었음을 의미한다. 마가는 그것을 처음인 것처럼 고안해낼 필요가 없었다. 그 이야기는 최초의 기독교인들의 존재 이유에 있어서 너무나 근본적이며 아마도 부활절마다 그들의 예배에 있어서 너무나 핵심적이어서 마가의 임무는 일차적으로 그의 복음서가 낭독되는 것을 들은 이들 대다수에게 이미 잘 알려져 있었을 그 이야기를 잘 진술하는 일이었을 것이다. 마가 이전의 수난 내러티브의 내용에 대한 의견 일치가 별로 없다는 사실[151]이 반드시 예수의 마지막 주간의 이야기와 그 기본적인 구조가 잘 알려져 있었을 가능성을 줄이는 것은 아니다. 어쨌든 그 이야기에 대한 다양한 구두 진술을 단일하거나 획일적인 형태로 축소시키는 것은 거의 확실히

---

150 추가적인 논의를 보려면 예를 들어 다음 책들을 보라. Marxsen, *Mark the Evangelist*, 4장; C. Breytenbach, *Nachfolge und Zukunftserwartung nach Markus* (Zürich: Theologischer, 1984); S. R. Garrett, *The Temptations of Jesus in Mark's Gospel* (Grand Rapids: Eerdmans, 1998) — "마가는 그의 독자들을 시련 중에 신실한 사람들의 공동체로 구성한다"(158). 추가로 4장('Disciples on Trial')을 보라.

151 M. L. Soards, 'The Question of a PreMarcan Passion Narrative', in R. E. Brown, *The Death of the Messiah* (2 vols.; New York: Doubleday, 1994), 1492-524을 보라.

불가능할 것이기 때문이다.[152]

예수의 공생애 절정의 주간에 대한 이야기를 베다니에서의 식사 시간에 예수의 머리에 기름을 부은 이름이 밝혀지지 않은 여자에 대한 이야기로 시작하는 것(14:3-9)은 마가의 영감이었는가? 그녀가 제지받지 않고 사랑을 쏟아부은 이야기는 예수를 체포하여 죽이려고 한 대제사장들과 서기관들의 의도에 대한 서론적 언급(14:1-2)과 유다의 배신에 대한 짧은 설명(14:10-11)으로 둘러싸여 확실히 인상적인 대조를 이룬다. 우리는 아마도 복음의 일부로 선포되는 이 이야기에 대한 언급(14:9)을 친숙한 이야기에 대한 마가의 다시 말하기의 덕분으로 간주할 수 있을 것이다(*euagelion*[복음]은 아마도 마가복음의 뚜렷한 특징 중 하나일 것이다).[153] 이 이야기는 임박한 수치스런(기름 부음 받지 못한) 죽음에 대한 그 나름의 암시(14:8)와 더불어 가난한 이들을 돌봐야 할 의무(14:7)와 약간의 대조를 이루며, 또한 기독교인 청중에게 그들의 지속적인 의무와 관련해서 예수의 죽음의 최우선적인 중요성을 인식할 것을 요구한다.

최후의 만찬 이야기에 유월절의 의미를 부여한 사람이 바로 마가였는가(14:1, 12, 14, 16-17)? 아마도 그렇지 않을 것이다. 최후의 만찬 전승 그 자체에서는 그 식사를 유월절이라고 지칭하지 않지만(막 14:22-25), 유월절 어린양으로서의 예수에 대한 사상은 이미 통용되고 있었기 때문이다(고전 5:7). 그리고 마가는 틀림없이 의식적으로 예수가 주도한 식사(6:41; 8:6-7)에 대한 이전의 묘사에서 사용한 것과 같은 언어("가지사, 축사하시고, 떼어, 주어")를 사용했을 것이다. 다른 한편으로 예수가 제자들과 마

---

152 "마가복음 이전의 수난 이야기가 있었을 가능성은 우리에게 그 이야기를 정확히, 또는 길게 재구성할 수 있는 방법론이 있는지에 대한 실제적인 의구심을 없애주지는 않는다"(Brown, *Introduction*, 150).

153 앞의 §41.2a을 보라.

지막 식사를 한 시점은 불분명하지만,[154] 그때가 유월절 식사와 가깝다는 점은 아마도 둘 사이의 상관관계를 필연적으로 만들었을 것이다. 어쨌든 마가가 그 점을 역설하는 방식은 그가 마지막 식사 전승 그 자체에 유월절에 대한 암시가 부족했음을 의식했고 마지막 식사의 유월절적인 성격을 강조할 필요가 있다고 생각했음을 암시한다.

위기가 다가오고 있다는 점점 커져가는 의식은 마가의 내러티브의 순서 속에 잘 드러난다.

- 예수를 제거하려는 음모(14:1-2, 10-11).
- 은밀한 유월절 준비(14:12-16).
- 임박한 배신에 대한 경고와 재앙(14:18-21) 및 베드로의 부인 (14:26-31)에 대한 예언으로 둘러싸인 마지막 만찬.
- 베드로, 야고보, 요한의 약함(14:32-42)과 대조를 이루는, 예수가 겟세마네에서 겪은 외로운 고통에 대한 강렬한(마태와 특히 누가의 경우에는 너무나 강렬한) 묘사.
- 예수의 체포 과정에서의 유다의 배반(14:43-50).

마가복음의 한 가지 분명한 특징은 예수를 체포한 무리를 따라가다가 알몸으로 달아나는 청년에 대한 흥미로운 언급이다(14:51-52). 이 언급은 불가피하게 이 청년의 정체에 대한 추측을 자극한다. 만일 이 청년이 마가 자신(?)이 아니라면 왜 이런 언급이 나오는가?[155]

마가 문체의 특징은 그가 한 이야기를 사용하여 또 다른 이야기의

---

154 *Jesus Remembered*, 772-73을 보라.
155 이 "청년"의 정체와 이 일화의 의미에 대한 논쟁은 오래 이어져왔다. Collins, *Mark*, 688-93을 보라.

틀을 구성한다는 것이다. 여기서 베드로가 멀리서 따라오는 이야기와 그 이후에 주를 부인하는 이야기(14:53-54, 66-72)는 대제사장 앞에서의 심문이라는 핵심 장면(14:55-65)의 앞뒤를 감싼다. 마가의 손길은 공관복음의 병행 구절에는 모두 빠져 있는 두 대목에서 가장 분명하게 나타난다. 하나는 예수에 대한 고발을 표현하면서 "케이로포이에토스"(*cheiropoiētos*)와 "아케이로포이에토스"(*acheiropoiētos*)의 대조를 추가했을 가능성이다. "우리가 그의 말을 들으니 손으로 지은(*cheiropoiēton*) 이 성전을 내가 헐고 손으로 짓지 아니한(*acheiropoiēton*) 다른 성전을 사흘 동안에 지으리라 하더라"(14:58). 이 표현은 아마도 이스라엘/팔레스타인의 경계 너머에서 선교를 수행한 이들 사이에서 분명히 나타난 예루살렘 성전에 대한 적대감의 정도를 반영한 표현일 것이다.[156] 또 다른 하나는 "네가 찬송 받을 이의 아들 그리스도냐?"(14:61)라는 대제사장의 질문에 대한 예수의 답변이다. 여기서 눈에 띄는 특징은 이 질문 또는 빌라도의 이에 상응하는 질문에 대한 예수의 답변을 기록한 모든 이야기에서 예수의 답변은 기껏해야 모호하다는 점이다. "네가 말하였느니라."[157] 마가복음 14:62에만 예수의 대답이 "내가 그니라"로 되어 있다.[158] 여기서 도출할 수 있는 가장 분명한 추론은 마가가 예수의 대답을 자신이 곧 하나님의 아들이라는 분명한 선언으로 표현하고 싶어 했다는 것이다. 이 선언은 거짓 증인의

---

156 행 6:14에 나오는 스데반에 대한 고발에서 나타나는 예수에 대한 고발의 흔적과 스데반의 연설로 간주된 연설에서 성전을 *cheiropoiētos*라고 묘사한 것(*Beginning from Jerusalem*, 262, 270을 보라)은 이 대조의 원천과 이유를 암시하며, 마가는 이 대조를 자신이 가장 잘 알고 있는 대제사장 앞에서의 심문에 대한 전승에서 물려받았을지도 모른다.

157 마 26:64; 27:11; 막 15:2; 눅 22:70("너희들이 내가 그라고 말하고 있느니라"); 23:3. *Jesus Remembered*, 651-52을 보라.

158 근거가 빈약한 한 이문은 이렇게 되어 있다. "너희가 내가 그라고 말하느니라." 이는 아마도 서로 다른 공관복음서들의 독법을 조화시키려는 필사자의 시도일 것이다. 이에 대한 논의는 Evans, *Mark 8:27-16:20*, 450에 있다.

증언, 대제사장의 악의, 군병들의 육체적 학대라는 억압(14:56-59, 61-64, 65)에 직면한—그리고 베드로의 약함(14:66-72)과 대조되는—예수의 위엄과 온전함을 밝히 드러낸다.

로마 총독 앞에서 벌어진 예수의 재판에 대한 이어지는 이야기에서 마가는 개작을 많이 하지 않으려고 하는 것처럼 보인다. "내가 그니라"라는 대제사장의 질문에 대한 분명한 응답 뒤에 마가는 "네가 유대인의 왕이냐?"라는 빌라도의 질문에 대해 "네 말이 옳도다"라는 양면적인 말(15:2)로써 일반적인 형태의 예수의 답변으로 되돌아간다. 마가는 바라바에 대해 그가 "민란을 꾸미고 그 민란 중에 살인하고 체포된 자 중에" 있었다는 설명(15:7)을 덧붙였을지도 모른다. 또한 마가는 예수의 죽음에 대한 책임을 빌라도에게서 대제사장들에게로 옮기는 초기 기독교 변증가들의 경향을 초래하거나 확대했을지도 모른다(15:9-15). 마가는 십자가형을 받으러 가는 암울한 행진에 대한 이야기에 예수의 십자가를 지도록 강요받은 인물인 구레네 사람 시몬이 아마도 많은 신자에게 잘 알려졌을 알렉산더와 루포의 아버지였다는 사실을 덧붙인다(15:21).

예수의 죽음에 대한 이야기(15:22-38)는 일련의 성경적인 흔적들, 구체적으로 시편과 특히 시편 22편의 흔적을 제시하기 위해 구성되었다는 점은 오래전부터 인식되었다.[159] 『예수와 기독교의 기원』에서 필자는 이것이 예수의 십자가형에 대한 이야기가 대체로 처음부터 진술된 방식이었을 것이라고 추론했다.[160] 여기서 우리는 나머지 공관복음서 저자들은

---

159 막 15:24 — 시 22:18; 막 15:29 — 시 22:7; 막 15:34 — 시 22:1; 막 15:36 — 시 69:21. 추가적으로 Marcus, *The Way of the Lord*, 172-86을 보라. H. J. Carey는 *Jesus' Cry from the Cross*(LNTS 398; London: T & T Clark, 2009)에서 마가의 시 22:1 인용은 문맥상의 인용이었고 마가는 독자들(원문 그대로임)이 15:34를 시 22편의 더 큰 문맥에 비추어 해석하기를 기대했다는 주장을 훨씬 더 강력하게 밀어붙인다.

160 *Jesus Remembered*, 777-81을 보라.

특히 시편에 더 크게 의존함으로써 세부 내용을 채우려는 경향을 정교하게 다듬은 것처럼 보이는 반면,[161] 마가는 그 이야기를 위부터 아래까지 둘로 찢어진 성전 휘장의 극적인 상징적 의미에서 절정에 이르는(15:38) 보다 꾸밈없고 아마도 전통적인 형식으로 다시 말하는 데 만족한 것처럼 보인다는 점만 언급하면 된다. 그러나 마가는 예수의 죽음을 목격하자마자 "이 사람은 진실로 하나님의 아들이었도다"(15:39)라고 한 로마 백부장의 고백을 진술함으로써 자신에게 있어서 진정한 절정에 도달할 기회를 놓치지 않는다.

예수의 장사와 부활에 대한 이야기로 여제자들의 역할을 강조하기로 결정한 이는 마가였는가(15:40-41; 16:1-8)?[162] 최소한 마가는 그들이 예수의 갈릴리 사역 기간에 예수에게 베푼 지원에 대한 설명(15:41)을 삽입했을 것이다. 더구나 이 여자들의 정체가 분명치 않다는 사실[163]은 다양한 형태의 이야기가 유포되었고 마가는 단지 자신에게 가장 친숙한 형태를 골랐을 뿐임을 암시할 수도 있다. 어쨌든 마가는 여자들의 역할을 얼버무리고 넘어가거나 축소시키려 하지 않았고(15:40-41, 47; 16:1), 그렇게 해서 나머지 복음서 저자들도 뒤따른 하나의 모델을 제시했다.

여자들이 빈 무덤을 발견하는 이야기는 아마도 공통의 기원을 가졌을 한 이야기가 어떻게 그 공통 기원으로부터 생겨난 서로 다른 진술 속에서 꽤 다양한 형태를 취할 수 있었는지를 보여주는 하나의 예다. 마가복음이 표현하는 이 이야기 형태의 독특성(16:1-8)은 세 가지다. 첫째로 빈 무덤 안에 앉아 있는 한 "청년"이라는 해석하는 행위자에 대한 언급

---

161 마 27:43은 시 22:8을 덧붙이고 눅 23:46은 시 31:5을 덧붙인다.
162 S. Miller, *Women in Mark's Gospel* (JSNTS 259; London: T & T Clark, 2004)도 함께 보라.
163 막달라 마리아 — 막 15:40, 47; 16:1; 마 27:56, 61(이문); 28:1(이문); 눅 24:10. 야고보와 요세의 어머니 마리아 — 막 15:40, 47; 16:1; 마 27:56, 61; 28:1; 눅 24:10. 살로메 — 막 15:40; 16:1. 야고보와 요한의 어머니 — 마 27:56.

(16:5)이다. 비록 "흰옷"이 그 점에 대한 결정적인 증거는 아니지만 그는 아마도 천사였을 것이다.[164] 어떤 편집적 의도가 수반되었는지는 분명치 않아도 아마도 청중들의 생각이 필연적으로 겟세마네 동산에서 알몸으로 도망친 "청년"(14:51-52)을 살짝 떠올렸을 것이지만 말이다.[165] 둘째, 여자들에게 예수의 제자들에게 가서 그들이 보고 들은 것을 말하라고 한 이 청년의 지시에 대한 언급에서 마가는 "~과 베드로에게"라는 말을 덧붙이는데, 이는 베드로의 마지막 등장(14:72)을 염두에 둔 매우 세심한 언급이자 마가가 그의 복음서를 베드로 자신에게서 얻었다는 암시일 수도 있다.

마가복음의 세 번째이자 확실히 가장 눈에 띄는 특징은 그가 부활하신 예수의 출현은 전혀 말하지 않고 단지 이 여자들에게 장차 있을 갈릴리에서의 예수의 출현에 대해 말할 뿐이라는 점이다(16:7). 그와 더불어 마가는 그의 이야기인 복음이 충분히 진술되었다고 판단한 것으로 보이며, 다소 놀랍게도 그의 복음서를 "여자들이 몹시 놀라 떨며 무덤에서 도망하고 무서워하여 아무에게 아무 말도 하지 못하더라"(16:8)라는 감정적 요소가 담긴 말로 마무리한다. 이 결말은 너무나 놀라워서 이 복음서의 원래 형태가 훼손되었고 (더 긴) 결말이 잘려나가 유실되었다고 결론짓고 싶어진다.[166] 그러나 보다 매력적인 설명은 마가가 자신이 의도한 대로 16:8로 끝을 맺었다는 것이다. "왜냐하면"(gar)이라는 전치사로 글을 마무리하는 것은 이례적이지만, 그것이 꼭 마가에게 전적으로 받아들일 수

---

164 예를 들어 Evans, *Mark 8:27-16:20*, 535-36; Collins, *Mark*, 795-96을 보라.

165 마가는 *neaniskos*("청년")와 *peribeblēmenos*("입고 있는")라는 단어를 오직 이 두 구절 (14:51; 16:5)에서만 사용한다. 그러한 내용은 「은밀한 마가복음」의 상세한 설명에 추가적인 동기를 제공했을 수도 있다(다시 §40 n. 255을 보라).

166 앞의 §39 n. 9을 보라.

없는 것으로 보였을 필요는 없다.[167] 더 나아가 여자들의 상태에 대한 묘사는 주의 깊게 선택된 것이다. "떨며"(*tromos*)는 신약에 나오는 이 단어의 다른 용례와 같이 하나님의 가능케 하심에 그만큼 더 의지하는 인간의 무능력에 대한 의식을 묘사하는 말일 수도 있다.[168] 또한 "놀람"(*ekstasis*)은 다른 곳에서 신적인 계시를 받을 때의 무아지경뿐만 아니라 주목할 만한 기적을 지켜본 사람들 사이에서의 놀람을 가리키는 말이다.[169] 그리고 무엇보다 마가는 자신이, 십자가에 달리시고 부활하신 그리스도의 복음에 반응했고 비록 오직 신앙고백의 형태(고전 15:3-5)로만 알고 있을 뿐이지만 이 이야기의 기본적인 내용을 알고 있었던 청중들을 위해 글을 쓰고 있음을 잘 알고 있었을 것이다. 마가 자신이 마가복음 14:28과 16:7에서 준 암시는 충분히 분명했다. 16:8은 이 이야기의 끝이 아니었다.[170] 따라서 아마도 우리는 마가가 실제로 그렇게 한 것처럼 글을 마무리하기로 의도했다고 인정함으로써 마가복음을 가장 정당하게 평가할 수 있을 것이다. 마가와 그의 청중들은 그러한 감정적 요소가 결코 이 이야기의 끝이 아니라는 것을 잘 알고 있었기 때문이다. 거기에는 장차 임할 추가적인 계시에 대한 신비한 암시의 성격이 더 많이 있었다. 다시 말해 마가는 이 이야기를 기독교가 확산되면서 지속되는 이야기로 간주했고 그의 청중이 그들 자신의 삶 속에서 이 이야기가 지속되는 것을 경험하기를 원했기 때문에 의도적으로 그렇게 끝내기를 원했을지도 모른다.

---

167 Collins, *Mark*, 797-99(및 참고문헌)을 보라.

168 고전 2:3; 고후 7:15; 엡 6:5; 빌 2:12.

169 막 5:42, 눅 5:26과 행 3:10; 행 10:10, 11:5과 22:17. T. Dwyer, *The Motif of Wonder in the Gospel of Mark* (JSNTS 128; Sheffield: Sheffield Academic, 1996), 188-93도 함께 보라.

170 P. G. Bolt는 *Jesus' Defeat of Death: Persuading Mark's Early Readers*(SNTSMS 125; Cambridge: Cambridge University, 2003)에서 예수의 죽음에 대한 승리가 그 이전의 일련의 일화(가장 분명하게는 5:1-43)에서 예시된다고 주장한다.

e. 마가복음의 수용

따라서 여기 마가복음에는 예수 전승이 기독교의 두 번째 세대에 어떻게 전해졌는지를 보여주는 아주 좋은 예가 있다. 우리가 검토한 자료들은 예수 전승이 어떻게 사용되고 다루어졌는지를 분명히 보여준다. 전승을 암기 학습의 형태로 전달하려는 시도도 없었고 우리가 추론하기로는 그렇게 하려는 욕구도 없었다. 명백히 마가는 베드로나 다른 스승들 또는 자신이 속한 교회(들) 전체를 통해 알게 된 전승을 자유롭게 정돈하고 체계화했을 뿐만 아니라 그것을 자기 나름의 목적에 맞게 자유롭게 구성하고 만들어냈다. 그러나 우리가 말할 수 있는 한 ("메시아적 비밀"과 같은) 모티프 전체를 새롭게 창조하기 위해 그렇게 한 것은 아니다. 오히려 그는 자신이 받은 (주로 구전) 전승을 가지고 그것에서부터 작업했다. 예수 자신이 끼친 영향은 여전히 매우 뚜렷하다. 그러한 인상을 만들어낸 사람과 사명의 성격도 여전히 분명하게 반영되어 있다. 마가가 한 일은 그(또는 베드로?)가 전승에서 핵심적 특징으로 간주한 것을 받아들이고 다음과 같은 특징들을 강화하기 위해 자신만의 내러티브와 요약적 연결고리를 사용하는 일이었다.

- 수난 내러티브에서 절정에 이르는 예수의 사명 전체의 복음적 성격.
- 하나님의 사랑받는 아들로서의 예수.
- 종말론적 축귀 사역자이자 치료자로서의 예수.
- 고난 받는 인자로 재해석된 메시아로서의 예수.
- 새로운 제자들이 여전히 듣고 주의를 기울일 필요가 있는 제자도에 대한 가르침을 주는 권위 있는 스승으로서의 예수.

이는 마가 식의 살아 있는 예수 전승이었다. 이것은 마가에 따른 복음이었다.

다시 한번 우리는 마가가 예수 전승을 기록된 형태로 바꾼 일이 구전 전승의 시대를 끝냈거나 전승을 마가의 용법이 보여준 것보다 훨씬 덜 유연하게 만드는 방식으로 고정시켰다는 생각의 함정에 빠지지 말아야 한다. 그와 반대로 오랫동안 마가복음을 알지 못하고 그들 나름의 다른 형태의 예수 전승만 알고 있는 교회들이 존재했을 것이다. 그뿐만 아니라 당시의 지배적인 구두 사회에서는 마가복음에 대한 지식이 대체로 구두로 전해지고 이야기된, 귀로 들어 아는 지식이었을 것이다.[171] 따라서 마가복음은 아마도 따뜻한 환대를 받았겠지만, 우리는 마가복음이 얼마나 빨리, 얼마나 광범위하게 유포되었는지 알 길이 없다. 이 복음서가 누구를 위해 기록되었는지를 질문하는 대부분의 사람은 그에 대한 대답으로 복음서의 내용을 기반으로 이 복음서가 박해의 위협을 받았거나 이미 박해로 인해 고난을 겪고 있는 어떤 공동체를 위해 기록되었다고 추론한다.[172] 그러나 마가복음이 그러한 위기에 얼마나 성공적으로 대처했는지는 마가복음이 보존되고 명백히 환영을 받았으며 초기 교회의 어떤/많은 이들에 의해 사용되었다는 사실을 통해 추론하는 방법 외에는 알 수가 없다.

마가복음이 수용된 첫 번째 실제적 증거는 마태와 누가가 명백히 마가복음을 알았고 사용했다는 사실이다. 따라서 세 공관복음서가 각각 어디서 기원했는지에 따라 마가복음이 다른 교회들로 전해지고 있었고 필

---

171 Koester, *Ancient Christian Gospels*, 273-75; Collins, *Mark*, 103-5도 함께 보라. 마가복음에 대한 지식과 사용의 증거를 발견하기는 어렵다. 마가복음의 너무나 많은 부분을 사실상 마태가 이어받았기 때문이다. 그리고 앞에서 보게 되겠지만 마태복음은 기록된 전승에 대한 초기의 언급, 흔적, 암시를 지배한다. 추가적으로 이하의 §44.8을 보라.

172 예. Marcus, *Mark 1-8*, 28-29.

사자들은 대체로 처음부터 마가복음을 더 널리 유포시키기 위해 새로운 사본들을 만들어냈다는 결론을 피하기는 거의 불가능하다. 마가복음이 마태와 누가에게 특별히 전해졌는지 아니면 단지 꾸준히 널리 유포되어 그들에게까지 이르러서 그들도 알게 되었는지 우리는 알 수 없다.[173] 그러나 마태와 누가가 실제로 명백히 그런 것처럼 마가복음을 이용할 수 있었다는 사실은 다음과 같은 점을 의미하는 것이 분명하다.

(a) 마가복음은 10년에서 20년 안에 꽤 널리 유포되었다.
(b) 마가복음은 예수의 사명에 관한 신뢰할 만하고 권위 있는 자료로 높이 평가되었다.
(c) "복음서"(긴 서론을 동반한 수난 내러티브) 구조는 예수에 대한 그들 나름의 이야기의 기준이나 선례를 제시했다.
(d) 그들은 마가복음을 그들의 다양한 원자료 중에서도 으뜸가는 것으로 간주했겠지만, 그들의 다른 구전 전승도 그에 못지않게 귀중한 것으로 간주한 것이 분명하다.
(e) 그들은 마가복음이나 나머지 전승을 그들이 벗어날 수 없는 성경으로 대한 것이 아니라, 구전 예수 전승의 교사들과 전수자들이 그들보다 먼저 그렇게 한 것과 똑같이 유연성 있게 그것을 활용하고 각색했다.

---

173 기독교 문헌의 초기 보급에 대해서는 A. M. O'Leary, *Matthew's Judaization of Mark: Examined in the Context of the Use of Sources in Graeco-Roman Antiquity* (LNTS 323; London: T & T Clark, 2006), 108-10도 함께 보라.

42.3 마태복음

필자는 누가복음이 마태복음보다 먼저 기록되었다고 믿지만, 마태복음은 누가복음보다 마가복음에 훨씬 더 가깝다. 마태복음은 실제로 마가복음의 부록, 또는 심지어 마가복음의 제2판 내지 확장판으로 간주해도 무방할 것이다.[174] 따라서 마가복음에서 곧바로 마태복음으로 전환하는 것은 타당하며 비교를 더 쉽게 만든다. 이와 대조적으로 마태가 누가복음을 알았거나 누가가 마태복음을 알았다는 설득력 있는 표시는 없다.[175] 결과적으로 상대적 전후 관계 외에는 여기서 그 둘을 다루는 순서를 결정해줄 분명한 논리는 없다.

마가복음의 경우와 마찬가지로 우리는 다음 두 가지 질문을 던지며 연구를 진행한다. (a) 마태는 어떻게 자신이 접할 수 있었던 예수 전승에서 자신의 복음서를 고안해냈는가? (b) 마태는 이 마가복음의 "제2판"을 씀으로써 무엇을 성취하기를 희망했는가? 두 번째 질문은 특히 가치 있는 질문일 수도 있다. 이 질문은 우리에게 두 번째 성전이 끔찍하게 파괴되고 그래서 결과적으로 제2성전기 유대교도 파국을 맞은 여파로 새로 등장한 랍비 유대교와 새로 등장한 기독교의 관계에 대해 많은 것을 말해줄 수 있기 때문이다.[176] 마태가 예수 전승을 다룬 방식과 예수 전승이 마태의 목적에 영향을 주고 기여한 방식은 똑같이 대단히 흥미롭다.

---

174 Stanton은 "'마태복음은 마가복음을 개정하고 재배열하고 새로운 자료로 보강한 최신판'이라는 F. C. Burkitt의 70년 된 표현보다 더 나은 것은 거의 있을 수 없다"고 생각한다(*A Gospel for a New People*, 51-52, F. C. Burkitt, *The Earliest Sources for the Life of Jesus* [London: Constable, 1922], 97을 인용함). 서론적인 문제들에 대해서는 다시 앞의 §39.2c을 보라.

175 하지만 앞의 §39.2b의 첫 부분을 보라.

176 앞의 §39.2c(ii)과 이하 §46.5b을 보라.

a. 마태는 어떻게 마태복음을 쓰기 시작했는가?

여전히 합의된 지지를 얻고 있는 "공관복음 문제"에 대한 해법은 가장 분명한 대답을 제시한다. 마태는 마가복음과 Q 자료라는 두 개의 기록된 자료를 활용할 수 있는 행복한 위치에 있었다.[177] 마태복음의 우선성에 대한 전통적인 관점을 폐기해선 안 된다는 "그리스바흐(Griesbach) 가설"로 알려지게 된 가설을 옹호하려 하는 소수의 학자들에도 불구하고, "두 자료" 해법은 공관복음 전문가들의 가장 강력한 지지를 받아왔다.[178] 그러나 그 이후의 대부분의 연구의 바탕이 된 가정은, (마태복음은 그것이 마가복음 및 누가복음과 공유한 예수 전승을 기록된 문서인 마가복음과 Q 자료에서만 얻었다는) 오로지 **문헌 중심적인** 가설만이 그 전승에 대한 마태의 자료를 설명하는 데 필요한 모든 것, 따라서 마태의 주요 자료에 대해 상상할 필요가 있는 모든 것이라는 가정이다. 그러나 필자가 반복적으로 언급한 바와 같이 그러한 가정은 초기 기독교 공동체들의 구전 문화와 예수 전승에 대한 최초의 전달이 지닌 필연적으로 구전적인 성격을 모두 무시하고 있다. 이 문제는 특히 마태복음과 누가복음이 공유한 모든 비(非)마가복음 자료 중 너무나 많은 부분이 내용상 눈에 띄게 다를 때에도 그 공유된 자료에서 거의 완전하게 복원할 수 있는 기록된 문헌(Q 자료)에서 비롯된 것이 분명하다는 가정에 많은 이들이 부여하는 거의 우스꽝스러운 확신으로 인해 제기된다.[179]

---

177 *Jesus Remembered*, §4.4b을 보라. 자세한 분석은 Davies and Allison, *Matthew*, 1.97-127에 실려 있다.

178 특히 C. M. Tuckett, *The Revival of the Griesbach Hypothesis*(SNTSMS 44; Cambridge: Cambridge University, 1983)을 보라.

179 다시 예컨대 *Jesus Remembered*, 147-60, 231-38과 추가적으로 *The Oral Gospel Tradition*을 보라. Hengel은 그러한 확신에 대해 무시하는 투로 글을 쓴다(*Four Gospels*, 68-70).

역사적으로 더 그럴듯한 가설은 마태가 다음과 같은 예수 전승의 다섯 가지 모음집(또는 범주)을 이용할 수 있었다는 것이다.[180]

1. 마가복음. 『예수와 기독교의 기원』에서 필자는 마태복음의 일련의 구절들을 언급하면서 마가복음과 마태복음의 표현의 유사성이 마가복음에 대한 마태복음의 문헌적 의존이라는 관점에서 가장 잘 설명된다고 말했다.[181]

2. 마가가 글로 옮긴 전승이지만 마태도 독립적이고 다소 다른 구전 형태로 알고 있었던 것으로 보이는 전승.[182]

3. 기록된 Q 전승. 필자는 마태복음과 누가복음에 공통적으로 있는 Q 자료의 대부분은 형식과 표현 면에서도 매우 유사해서 공유된 문헌 자료(Q)가 가장 좋은 해법을 제공한다는 점에 결코 이의를 제기하지 않았다.[183]

---

180 Ulrich Luz는 (개인적인 편지에서) "다섯 가지 모음집"에 대한 이야기는 오해의 소지가 있다는 점을 지적한다. 여기서 염두에 둔 것은 구별된 모음집들이 아니라 중첩되는 범주들이기 때문이며 구전과 (이미) 기록된 것 사이의 구별은 흔히 미지의 사실에 대한 추측이기 때문이다. 필자는 마태가 활용한 다섯 가지 범주가 존재한다고 계속해서 강조하지만, 예수 전승의 어떤 항목을 어디에 배치해야 하는지에 대해서는 열려 있는 자세를 취한다. 그 내용은 마가복음의 경우에만 분명하다.

181 *Jesus Remembered*, 144 n. 15.

182 필자는 다음과 같은 예를 든다.

마태복음	마가복음	마태복음	마가복음	마태복음	마가복음
5:30	9:43	10:42	9:41	17:14-21	9:14-29
8:23-27	4:35-41	15:21-28	7:24-30	18:1-5	9:33-37
9:27-31	10:46-52	16:1-4	8:11-13	28:1-8	16:1-8

이런 예들 중에 다수는 다음에 제시되어 있다. *Jesus Remembered*, 217-20; *New Perspective on Jesus*, 106-10; 'Matthew as Wirkungsgeschichte', 157-59 및 'Reappreciating the Oral Jesus Tradition', 6-8. 마태는 아마도 마가복음뿐만 아니라 마가 전승의 구전 형태에도 의존했을 것이라는 인식은 원마가복음(Ur-Markus)이나 제2마가복음(Deutero-Mark)을 가정할 필요를 없애버린다(참고. Gnilka, *Matthäusevangelium*, 2.526).

183 다시 *Jesus Remembered*, 147 n. 29을 보라. 참고. U. Luz, 'Matthew and Q', *Studies in*

4. 구전 형식으로 존재한 Q 자료.[184] 이로 인해 마태복음의 형태와 누
가복음의 형태 사이에 차이가 생겨났다.[185]

5. 마태복음에만 있는 전승(M 자료). 이 역시 마태가 모아놓은 구전
예수 전승이 훨씬 더 광범위했음을 암시한다.[186]

Matthew (Grand Rapids: Eerdmans, 2005), 3장.

184 참고. Hengel, *Four Gospels*, 205. 필자는 마태와 누가가 실제로 공유한 마가복음에 없는
예수 전승을 "q 자료"로, 그 자료의 일부 또는 많은 부분을 포함한 가설상의 문헌을 "Q
자료"로 지칭하며 구별하는 것을 여전히 선호한다(*Jesus Remembered*, 148-49). 그러나 이
제안은 거의 또는 전혀 영향력을 얻지 못했으므로 필자는 여기서 둘 다에 대해 "Q 자료"
라는 표현을 사용한다.

185 필자는 다음과 같은 예를 들지만, 여기서도 어떤 경우에서 드러나는 서로 다른 형태들을
기록된 Q 전승에 대한 마태의 구전적 변형으로 설명할 수 있다.

마태복음	누가복음	마태복음	누가복음	마태복음	누가복음
5:3-12	6:20-23	7:16	6:44	11:16	24:27
5:13	14:34-35	7:21	6:46	18:10-14	15:3-7
5:15	8:16	7:23	13:27	18:15	17:3
5:18	16:17	7:24-27	6:47-49	18:21-22	17:4
5:25-26	12:58-59	8:5-13	7:1-10	19:28	22:30
5:32	16:18	10:7-16	9:2-5/10:3-12	22:1-14	14:15-24
5:39-42	6:29-30	10:24-25	6:40	23:23	11:42
5:38-48	6:27-28,	10:26-33	12:2-9	23:25	11:39
	32-36	10:34-36	12:51-53	23:29	11:47
6:9-13	11:2-4	10:37-38	14:26-27	23:34-36	11:49-51
6:20-21	12:33-34	10:39	17:33	24:27	17:24
7:12	6:31	10:40	10:16	24:37-41	17:26-36
7:13-14	13:23-24	11:12-13	16:16	25:14-30	19:11-27

위의 예들 중 몇 가지는 다음 참고문헌들에도 자세하게 제시되어 있다. *Jesus Remembered*,
221, 226, 232-35; *A New Perspective on Jesus: What the Quest for the Historical Jesus Missed*
(Grand Rapids: Baker Academic/London: SPCK, 2005), 110-13, 116-17; 'Q1 as Oral
Tradition', 45-69; 'Matthew as Wirkungsgeschichte', 160-62; 'Reappreciating the Oral
Jesus Tradition', 8-10. Stanton은 마 5:13a, 14a, 16; 6:9-13; 7:12, 15-20, 21; 10:8,
24-25, 41; 18:10a, 14; 23:28, 32-34을 마태가 자신의 Q 전승에 "새로운" 말씀을 덧
붙인 것으로 간주하지만, "마태의 의도는 자신의 전승들을 자신이 새롭게 만들어낸 말
씀들로 보완하려는 것이라기보다 그 전승들을 설명하고 적용하며 요약하려는 것이다"(*A
Gospel for a New People*, 133-39).

186 특히 마태복음에만 있는 완전한 단락들인 1-2장; 5:33-37; 6:1-6, 16-18; 7:6; 11:28-
30; 13:24-30, 36-52; 17:24-27; 18:15-20, 23-35; 20:1-16; 21:28-32; 23:1-36;
25:1-13, 31-46; 27:3-10; 27:52-53; 28:9-20. 다음 단락들도 여기에 포함될 수 있다.

마태의 구성 기법을 파악하는 일은 마가복음에서보다 다소 쉽다. 가장 분명한 것은 만일 마태가 기록된 원자료에 의존했다면, 마태복음 본문을 마가복음 및 (누가가 가장 잘 보존한) 기록된 Q 전승이었던 것으로 보이는 내용과 비교해보면 마태의 편집을 보여주는 꽤 직접적인 증거를 제시할 수 있다는 점이다. 비록 자료에 대한 편집상의 변경에 지나치게 집중하면 이 주제에 관해 불균형한 관점을 가질 수 있다는 점이 곧 분명해졌지만,[187] 이는 1960년대 초에 편집비평의 초기 발전 단계에서 주된 특징이었다.[188] 편집비평과 내러티브(또는 구성)비평은 함께 가야 했다. 따라서 편집의 증거 외에도 편집적 연결 표시, 상술, 일관된 주제와 모티프 등은 자연히 주목을 요한다.[189]

마가복음에 대한 마태의 문체상의 편집을 보여주는 좋은 예는 마가의 이야기 서술에 상당한 속도감을 부여한 많은 장치들—*euthys*("즉시")와 *palin*("다시"), 역사적 과거 시제와 병렬—을 대거 누락시킴으로써 얻은 보다 느리고 좀 더 신중한 어조다.[190] 마태는 예수의 제자들이나 예수를 향한 반응에 대한 마가의 보다 부정적인 논평 중 일부를 누락시키거나 수

7:18-20; 10:5-6, 23; 12:5-6, 11-12, 34-37; 14:28-31; 16:17-19; 21:14-17; 24:28; 27:17, 24-25. Kilpatrick은 M 자료가 "시기 면에서는 마가복음이나 Q 자료보다 더 초기적이지는 않더라도 유형 면에서는 더 초기적인" 기록된 문헌이라고 가정했다(*Origins*, 2장, 여기서는 36). 그러나 Kümmel은 앞의 자료가 공통적인 기록된 자료에서 나왔을 가능성은 희박하다고 말하며 마태는 마가복음과 Q 자료 외에 구전 전승만 사용했다고 결론지었다(*Introduction*, 109-10). S. H. Brooks, *Matthew's Community: The Evidence of His Special Sayings Material* (JSNTS 16; Sheffield: JSOT, 1987), 111-15; Brown, *Introduction*, 206; Luz, *Matthäus*, 1.50-52의 견해도 이와 비슷하다.

187 Stanton, 'The Origin and Purpose of Matthew's Gospel', 1896-99도 함께 보라.

188 마태복음의 경우에는 G. Bornkamm, G. Barth, and H. J. Held, *Tradition and Interpretation in Matthew*(1960; ET London: SCM, 1963)가 가장 주목할 만하다.

189 추가적으로 Stanton, *A Gospel for a New People*, 2-3장을 보라.

190 앞의 n. 68을 보라.

정한다.[191] 다른 좋은 예는 마가의 기적 이야기들 중 일부에 대한 마태의 심한 축약인데[192] 마태는 그 모든 내용의 분량을 용케 반으로 줄인다. 이는 마태가 보기에 틀림없이 이야기 서술을 개선시켰을 것이다.[193]

앞에서 언급한 것처럼(§41.3) 마태는 마가복음의 모델(긴 서론을 동반한 수난 내러티브)을 매우 근접하게 따랐지만, 자신에게 전해진 전승을 자신만의 목적을 위해 각색하거나 변형하기를 주저하지 않았다.[194] 마태가 신학적으로 편집했을 가능성이 있는 구절들의 예는 다음과 같다.

- 3:14-15 ─ 예수가 세례 요한에게 세례를 받게 된 이유를 설명하기 위해.
- 5:17, 19-20 ─ 율법에 대한 예수의 태도에 긍정적인 시선을 부여하기 위해 Q(구전) 전승(눅 16:17)을 부연 설명함.
- 5:32 ─ 이혼의 정당성에 대한 예수의 명백한 부정(눅 16:18)에 단서를 덧붙임.
- 9:13과 12:7 ─ 마가복음에서 인용한 두 가지 이야기에 호세아 6:6("내가 긍휼을 원하고 제사를 원하지 아니하노라")을 덧붙임.[195]

---

191 예. 막 3:21; 4:38; 5:31; 6:5; 8:17b; 9:10, 32; 10:35.

192 막 5:1-20/마 8:28-34, 막 5:21-43/마 9:18-26, 막 9:14-29/마 17:14-21. 다음 책도 함께 보라. Hawkins, *Horae Synopticae*, 158-60.

193 마태의 편집 및 구성 스타일을 보여주는 다른 예들을 보려면 다음 책들을 보라. Kümmel, *Introduction*, 106-7; Luz, *Matthäus*, 1.27-32. Gnilka는 마태가 대구법 구조를 선호한다는 점을 지적한다(*Matthäusevangelium*, 2.525). Davies와 Allison은 자료를 세 가지씩으로 배열하는 마태의 경향에 특별히 주의를 환기시킨다(*Matthew*, 1.62-71, 86-87).

194 O'Leary, *Matthew's Judaization of Mark*, 111-17도 함께 보라. 그녀는 마태가 마태복음 10장과 18장에서 "마가복음을 유대화"(136-51)하고 "토라화"하는 추가적 증거를 발견한다(6장).

195 Stanton은 마 9:13a과 12:7, 10:5-6과 15:24, 21.41c과 43절, 24:10-12과 26절, 26:52-54을 마가복음에 대한 마태의 확대로 간주한다. "마태는 마가의 전승에 예수의 '새로운' 말씀을 창조적으로 덧붙였다"(*A Gospel for a New People*, 328-33, 여기서는 333).

- 10:5-6 — 예수가 마가복음과 누가복음 둘 다에 나오는 선교 명령으로 말문을 열며 선교를 "이스라엘 집의 잃어버린 양"에게로 제한하심.
- 13:58 — 예수가 소수의 사람들 외에는 기적을 일으키실 수 없었다는 마가의 단언(막 6:5)이 예수가 그곳에서 많은 기적을 일으키시지 않았다는 전언으로 바뀜.
- 14:28-31 — 마태가 물 위를 걸은 예수에 대한 마가의 이야기(막 6:45-52)에 베드로가 똑같이 따라하려다가 실패한 일화를 덧붙임.
- 14:33 — 똑같은 이야기에 대한 마가의 점강법적인 결론(막 6:52)이 예배와 고백의 계기가 됨.
- 15:17 — 마가복음 7:18-19에서 예수는 사람 안으로 들어가는 것이 사람을 더럽게 할 수 있다는 주장을 부정하며, 마가는 이를 통해 예수가 모든 음식을 깨끗케 하셨다고 덧붙이는데, 마태복음에서는 이 부정이 사라지고 마가의 논평도 생략됨.
- 15:24 — 마태가 수로보니게 여인의 이야기 속에 자신은 오직 "이스라엘 집의 잃어버린 양"에게만 보냄을 받았다는 예수의 주장을 삽입함.
- 16:17-19 — 마태가 예수는 메시아라는 베드로의 고백 이야기(막 8:27-30)에 베드로의 지위에 대한 예수의 매우 강한 확언을 덧붙임.
- 17:13 — 세례 요한이 약속된 엘리야였다는 마가복음 9:11-13의 함의를 자세히 설명함.
- 19:3, 9 — 마태가 이혼이라는 주제를 이혼의 가능한 원인이라는 주제로 교묘하게 바꾸고 마가복음의 보다 엄격한 관점에 예외 조항("음행한 이유 외에")을 덧붙임.

- 21:43-45 ─ 마태가 마가복음의 소작농의 비유(막 12:1-12)에 예
  루살렘의 지도층에 대한 격렬한 비난을 덧붙임.
- 22:40 ─ 마가복음 12:28-31에 예수가 지적한 두 가지 큰 계명
  이 온 율법을 요약한다는 기독교적 관점이 더해짐(참고. 롬 13:9; 갈
  5:14).

물론 이러한 사례들 중 많은 경우에 마태는 예수 전승의 대안적인 형태
들에 의존할 수도 있었을 것이다. 그러나 그럴 경우 우리는 마태의 그러
한 선택이 신학적인 동기에서 비롯되었다고 말해야 할 것이다(이는 그다지
다른 것이 아니다). 우리는 §42.3b-e에서 그러한 편집 내지 선별의 의미를
살펴볼 것이다. 그보다 논쟁의 소지가 적은 것은 마태가 자주 예수의 대
적들을 바리새인으로 확정하거나 규정했다는 사실이다.[196] 이것의 의미
는 마태복음의 삶의 정황과 목표라는 주제와 직접적으로 관련이 있다.[197]

---

196 마태복음에 나타나는 바리새인.

마태복음	마가복음	누가복음	마태복음	마가복음	누가복음
3:7		3:7	19:3	10:2	
5:20			21:45		
9:11	2:16	5:30	22:15	12:13	
9:14	2:18	5:33	22:34	12:28	
9:34			22:41	12:35	
12:2	2:24	6:2	23:2		
12:14	3:6		23:13		11:52
12:24	3:22	11:15	23:15		
12:38		11:29	23:23		11:42
15:1	7:1		23:25		11:39
15:12			23:26		11:40
16:1	8:11		23:27		11:44
16:6	8:15	12:1	23:29		11:47
16:11			27:62		
16:12					

197 R. Hummel이 *Die Auseinandersetzung zwischen Kirche und Judentum im Matthäusevangelium*
(Munich: Kaiser, 1966)에서 지적하듯이 마태가 한결같이 바리새인이 이끄는 유대교를 다

Q 자료와 관련해서 자주 지적되었듯이, 비록 마태가 마가복음과 Q 전승을 함께 엮은 하나의 좋은 예는 예수가 선교를 위해 열두 제자에게 사명을 위임한 사건에 대한 마태복음의 설명(마 10:7-16)이지만, 마태는 대체로 마가복음의 틀 속에 Q 자료를 일괄적으로 삽입한다.[198]

마가복음과 마찬가지로 마태의 구성 양식에는 연결 구절의 삽입이 포함된다.[199] 더 나아가 마태는 명백히 예수의 가르침의 대부분을—특히 산상 설교(마 5-7장)[200]를 포함한—다섯 개의 큰 강론과 새로운 비유 모음집 속에 모아놓았는데, 그중에 몇 가지는 다른 곳에는 기록되지 않았다(마 13:1-53).[201] 예수가 왜 비유를 그토록 열정적으로 사용했는지에 대한 설명으로서(막 4:34/마 13:34) 마태는 마가복음의 다소 우울한 "비유 이론"(막 4:10-12, 그러나 4:34b에 의해 완화됨)에 마태복음 13:35과 51-52절의 설명을 덧붙인다. 특히 마태복음의 특징인 몇 가지 언어적 모티프가 있다. 예를 들어 "천국",[202] "하늘에 계신 너희/내 아버지",[203] "울며 이

루어야 했다는 사실은 분명 성전 파괴 이후의 시대를 시사한다(17).

198 학창 시절에 친숙했던 A. Barr, *A Diagram of Synoptic Relationships*(Edinburgh, 1976)에서 제시하는 표가 이를 잘 보여준다.

199 마 4:23-5:2; 6:7-8; 7:28-29; 9:32; 11:1, 20; 12:22-23; 13:1; 15:29-31; 19:1; 26:1.

200 H. D. Betz는 *The Sermon on the Mount*(Hermeneia; Minneapolis: Fortress, 1995)에서 산상 설교가 공관복음 이전의 유대 기독교인의 작품이었다고 주장한다(44-45). 그러나 그는 산상 설교와 평지 설교(눅 6:20-49)의 구전적인 성격을 인정하면서도(83) 평지 설교가 공관복음 이전의 기록된 문헌이었다고 너무 쉽게 가정하지만, 누가복음의 평지 설교와 산상 설교의 중첩은 다른 구전 전승을 Q 자료(구전 및 기록)와 함께 끌어들여 산상 설교를 만들어낸 사람이 바로 마태였음을 암시한다. 추가적으로 Stanton, *A Gospel for a New People*, 13장의 비판을 보라.

201 이하 nn. 226과 227도 함께 보라.

202 마태복음에는 마가복음과 누가복음에 빈번하게 나오는 "하나님 나라"(마태는 이 표현을 다섯 번만 사용한다) 대신 이 표현이 32회 나온다.

203 마 5:16, 45, 48; 6:1, 9, 26; 7:11, 21; 10:32, 33; 12:50; 15:13; 16:17; 18:10, 14, 19, 35; 23:9.

를 갈게 됨"[204]과, 앞으로 살펴보게 되겠지만, 마태 신학의 중요한 측면들을 표현하는 특정 단어들인 "불법"(*anomia*),[205] "의"(*dikaiosynē*),[206] "예배"(*proskynein*),[207] "외식하는 자, 위선자"(*hypocritēs*)[208] 등이다.

이러한 자료로부터 우리의 다음과 같은 두 번째 질문에 대한 하나의 답 내지 여러 답을 발견하는 일은 그리 어려운 일이 아닐 것이다. 마태는 마태복음을 씀으로써 무엇을 성취하기를 바랐는가? 마태복음은 마가복음이 제시한 모델을 따랐으므로 그 답은 처음에는 마가복음에 대한 답과 비슷하다.

b. 예수가 이스라엘에 대해 갖는 의미

(1) 하나님의 아들 예수에 대한 복음서로서는 다소 놀랍게도 마태복음은 마가복음 1:1과 15:39에 의해 형성된 마가복음의 수미상관 구조를 깨뜨린다. 마태는 백부장의 고백(마 27:54/막 15:39)은 유지하지만, 마태복음의 첫 구절은 예수 그리스도를 "아브라함과 다윗의 자손"(마 1:1)이라고 지칭한다. 또한 마태는 예수를 "하나님의 아들"이라고 부르며 맞이하는 더러운 영들에 대한 마가의 요약적 설명(막 3:11) 중 하나를 생략한다. 다른 한편으로 마태는 의미심장하게도 하나님의 아들 모티프를 고조시킨다.[209]

---

204 마 8:12; 13:42, 50; 22:13; 24:51; 25:30.

205 복음서들 중에서 마태복음에만 나옴 — 7:23; 13:41; 23:28; 24:12.

206 마 3:15; 5:6, 10, 20; 6:1, 33; 21:32. 복음서의 다른 곳에서는 눅 1:75과 요 16:8, 10에만 나온다. 우리는 여기에 *dikaios*("의로운")를 추가할 수도 있을 것이다(마태복음 17회, 마가복음 2회; 누가복음 11회; 요한복음 3회).

207 마태복음 13회, 마가복음 2회, 누가복음 2회, 요한복음 11회.

208 마태복음 13회, 마가복음 1회, 누가복음 3회. 마태복음의 특징이거나 마태가 선호하는 단어와 어구의 전체 목록은 Hawkins, *Horae Synopticae*, 3-10; Davies and Allison, *Matthew*, 1.74-80; Luz, *Matthäus*, 1.57-78을 보라.

209 J. D. Kingsbury는 *Matthew: Structure, Christology, Kingdom* (Philadelphia: Fortress, 1975)

- 마태는 예수가 하나님의 아들이자 다윗의 자손이라는 핵심적인 주장이 담긴 자기 나름의 탄생 내러티브로 마태복음을 시작하지만,[210] 호세아 11:1에서 인용한 구절("애굽으로부터 내 아들을 불렀다")이 마태복음 2:15에 나올 때까지 예수의 신적인 아들 되심에 대한 명시적인 언급을 뒤로 미룬다.
- 예수의 세례 뒤에 나오는 시험은 예수의 아들 되심에 대한 테스트로 표현된다. "네가 만일 하나님의 아들이어든…"(4:3, 6). 이는 십자가에 달린 예수에 대한 조롱에서 반복되는 이중적 시험이다 (27:40, 43).
- 마태는 Q 자료에서 "내 아버지께서 모든 것을 내게 주셨으니[참고. 28:18] 아버지 외에는 아들을 아는 자가 없고 아들과 또 아들의 소원대로 계시를 받는 자 외에는 아버지를 아는 자가 없느니라"(11:27)라는 강력한 말씀을 끌어낸다.
- 물 위를 걷는 예수에 대한 마태의 수정된 이야기는 제자들이 "진실로 하나님의 아들이로소이다"(14:33)라고 고백하는 것으로 끝난다.
- 베드로의 고백은 부연 설명된다─"주는 그리스도시요 살아 계신 하나님의 아들이시니이다"(16:16).
- 예수의 말씀에서 "아버지"로서의 하나님에 대한 언급이 상당히 확대된 점도 무시해선 안 된다.[211]

에서 이 점에 대한 그의 논의를 다음과 같이 요약했다. "메시아 예수는 확실히 다윗의 자손이며 아브라함의 자손이지만, 그는 특별히 하나님의 아들이다"(78). Luz는 Kingsbury에 대해 비판적이지만, "하나님의 아들은 그리스도에 대한 가장 근본적인 호칭"이라는 데 동의한다(*Studies in Matthew*, 96).

210 *Jesus Remembered*, 342-43.

211 J. Jeremias는 *The Prayers of Jesus* (1966; ET London: SCM, 1967), 30, 38, 44에서 다음과

(2) 마태는 대략 마가만큼 자주 예수를 "메시아"(그리스도)라고 부르며 "그리스도"의 호칭상의 의미를 강조하지만(1:16; 27:17, 22), 마가복음에서 매우 현저한 메시아적 비밀이라는 모티프를 약화시켰다.[212] "인자" 모티브에 관해 말하자면 마태복음에서 (주로 마태가 Q 자료를 포함시킴으로 인한) 이 모티프의 보다 빈번한 용례는 마가가 예수는 메시아라는 베드로의 고백을 고난 받는 인자에 대한 첫 번째 예언과 갑작스럽게 병치시킨 효과 (막 8:29-31)를 다소 감소시킨다.[213]

(3) 마가와 대조적으로 마태는 "다윗의 자손"으로서의 예수라는 메시아적 주제를 강조한다.[214] 마태는 마가복음에 나오는 이에 대한 몇 번의

같은 통계 수치에 주의를 환기시켰다.

예수의 말씀에서 "아버지"이신 하나님 − 마가복음 3회, Q 자료 4회, 누가 특수 자료 4회, 마태 특수 자료 31회;

하나님을 "내 아버지"라고 부르는 예수 − 마가복음 1회(?), Q 자료 1회, 누가 특수 자료 3회, 마태 특수 자료 13회;

"너희 아버지"를 언급하는 예수 − 마가복음 1회, Q 자료 2회, 누가 특수 자료 1회, 마태 특수 자료 12회.

212 앞의 nn. 99-103을 보라.

213 마가복음에서는 막 2:10, 28에만 첫 번째 수난 예언에 앞서 "인자"에 대한 언급이 나온다. 그러나 마태는 베드로의 고백 이전에 또 다른 여덟 번의 언급을 덧붙이며, 마태복음에서 첫 번째 수난 예언 역시 "인자"의 말씀이 아니다(마 16:21). 마가복음의 "메시아적 비밀"은 사라지며(Gnilka, *Matthäusevangelium*, 2.541) 마태복음 특유의 인자 기독론은 마태가 묵시적 강조점을 강화한다는 점 외에는 없다. 마태는 심판자로서의 인자의 역할 (25:31-46; 및 13:41-42; 19:28)과 장차 있을 인자의 "오심"(10:23; 16:28; 24:30)에 더 많은 중요성을 부여한다−마태는 "인자의 오심"(*parousia*)에 대해 말하는 유일한 복음서 저자다(24:27, 37, 39). Kingsbury, *Matthew*, 113-22도 함께 보라.

214 "다윗의 자손"이 메시아적인 호칭이라는 점은 이스라엘의 성경과 전승에 친숙한 사람이면 누구든 인정할 것이다. 예를 들어 삼하 7:11-13; 사 11:1-3; 렘 23.5-6; *Ps. Sol.* 17.21-25을 보라. 특히 다음 책도 함께 보라. L. Novakovic, *Messiah, the Healer of the Sick: A Study of Jesus as the Son of David in the Gospel of Matthew* (WUNT II/170; Tübingen: Mohr Siebeck, 2003). Ulrich Luz는 (개인적인 편지에서) L. A. Huizenga, *The New Isaac: Tradition and Intertextuality in the Gospel of Matthew*(NovTSupp; Leiden: Brill, 2009)도 언급한다. 그는 마태복음에는 예수를 결정적인 제물로 표현하는 의미심장한 이삭 모형론이 있다고 주장한다.

언급[215]을 모두 이어받는다.[216] 그러나 이 주제는 상당히 강화된다.

- 마태복음 1장의 족보는 다윗에서 비롯된 혈통을 강조한다(1:1, 6, 17, 20).
- 군중은 예수의 치유 능력을 보면서 "이는 다윗의 자손이 아니냐?"고 묻는데, 이는 마태복음의 한 특징적인 요소다(12:23).
- 수로보니게 여인조차 "다윗의 자손"이신 예수께 호소하는데(15:22), 이 또한 자신은 이스라엘 집의 잃어버린 양을 위해서만 보냄을 받았다는 예수의 확언의 삽입(15:24)과 더불어 마태복음의 특징이다.
- 예루살렘 입성 때 군중의 환호("호산나 찬송하리로다 주의 이름으로 오시는 이여! 찬송하리로다 오는 우리 조상 다윗의 나라여!"―막 11:9-10)는 "호산나 다윗의 자손이여! 찬송하리로다 주의 이름으로 오시는 이여!"로 바뀐다(마 21:9).
- 아이들은 성전에서 일어난 예수의 놀라운 치유를 보고 "호산나 다윗의 자손이여"(21:15)라는 환호성을 반복하는데, 이는 마태 기록의 또 다른 독특한 특징이다.

마가는 예수의 왕적 혈통을 강조하기를 주저했을지도 모르지만―유대인 봉기의 절정이나 그 직접적인 여파로 로마 당국은 이스라엘의 어떤 왕위 계승권자에 대해서도 우호적이지 않았을 것이다―마태는 아마도 그와 같은 어떤 정치적 두려움도 충분히 사라졌다고 믿었을 것이다.[217] 이러한

---

215 막 2:25; 10:47-48; 12:35-37; 참고. 2:25.
216 마 9:27과 20:30-31; 22:42-45; 참고. 마 12:3.
217 J. Willitts는 *Matthew's Messianic Shepherd-King: In Search of 'the Lost Sheep of the House of*

추측은 마태가 예수를 "(유대인의) 왕"이라고 부르는 것에도 별다른 거리
낌을 보이지 않는다는 사실에 의해 강화된다.[218]

(4) 예수가 이스라엘의 소망과 기대에 대한 대답이었다는 점은, 특히
예수가 다양한 성경—예수가 그 메시아적 의미를 밝히 드러낸 성경—**을
성취했다**는 점을 반복적으로 언급하려는 마태의 관심이 잘 보여주듯이,
마태의 큰 강조점 가운데 하나다.[219]

- 1:22-23 — 처녀의 잉태와 임마누엘 예언(사 7:14).
- 2:15 — "애굽으로부터 내 아들을 불렀다"(호 11:1).
- 2:23 — "나사렛 사람이라 칭하리라"(?).
- 4:14-16 — 이방의 갈릴리…(사 9:1-2).
- 8:17 — 예수의 축귀 및 치유 사역에서 성취된 이사야 53:4.
- 12:17-21 — 예수에게서 성취된 또 다른 종의 노래(사 42:1-4).

Israel' (BZNW 147; Berlin: de Gruyter, 2007)에서 "1세기 중엽에서 말 사이에 유대 기독
교의 최소한 한 갈래 안에서 유대 민족주의가 있었음"을 이 모티프에서 발견한다(232).
다음 책도 함께 보라. Y. S. Chae, *Jesus as Eschatological Davidic Shepherd* (WUNT 216;
Tübingen: Mohr Siebeck, 2006). Stanton은 예수의 축귀 사역(마 9:34; 10:25; 12:24, 27)
뿐만 아니라 예수가 다윗의 자손이라는 주장(마 2:3; 9:27-28; 12:23; 21:9, 15)에 대한
유대인의 적대감의 징표들을 발견한다(*A Gospel for a New People*, 7장).

218 마 2:2; 21:5; 25:34, 40; 27:11, 29, 37, 42; Gnilka, *Matthäusevangelium*, 2.538을 보라.
그러나 이하(§45.3)에서 인용한 Eusebius, *HE* 3.11.1-12.1과 3.19-20도 주목해 보라.

219 "주께서 선지자로 하신 말씀을 이루려 하심이니"는 마태복음의 전형적 특징 가운데 하나
다—1:22; 2:15, 17, 23; 4:14; 8:17; 12:17; 13:35; 21:4; 26:56; 27:9. 다음 구절들도 주
목해 보라. 2:5-6, 17-18; 3:3; 11:10; 13:14-15; 21:16; 21:42; 22:43-44. "어떤 구절
들은 마치 예수의 전 생애가 그 마지막 부분에 이르기까지 하나님의 예정된 계획 속에 있
었다는 점을 강조하려는 듯이 예수의 생애의 세부적인 내용들에 덧붙여져 있다"(Brown,
Introduction, 207). 다음 참고문헌들도 함께 보라. Luz, *Matthäus*, 1.189-99(성취 인용구
의 신학적 문제에 대해서는 196-97을 보라); Stanton, *ANRW*, II.25.3, 1930-33의 참고
문헌에 대한 논평; *A Gospel for a New People*, 15장; M. Konradt, 'Die Rezeption der Schrift
im Matthäusevangelium in der neueren Forschung', *TLZ* 135 (2010), 919-32.

- 13:35 – 예수의 끊임없는 비유 사용에 대한 예언(시 78:2).

- 21:4-5 – 스가랴의 예언(슥 9:9과 사 62:11)을 성취하는 예루살렘 입성.

- 26:56 – 겟세마네 동산에서의 예수의 체포로 성취된 명시되지 않은 성경.

- 27:9 – 가룟 유다가 토기장이의 밭을 사기 위해 배신으로 얻은 돈을 사용한 데서 성취된 예언(슥 11:13).[220]

여기서 이사야서의 중요성에 주목해야 한다. 이는 이사야서가 최초의 기독교 사상에 끼친 중요한 영향을 보여주는 증거다.[221]

(5) 신명기 18:15, 18에 뿌리를 둔 **모세와 같은 예언자**에 대한 기대의 영향은 보다 논란의 여지가 있지만,[222] 마태는 예수를 새로운 모세,[223] 또는 하나님이 의도하신 이스라엘의 목적의 성취로 표현하는 것처럼 보인다.

---

220 마태는 이 예언을 예레미야의 예언으로 언급하는데, 이는 아마도 스가랴서 본문이 예레미야의 잘 알려진 토기장이와의 만남과 밭을 사는 그의 상징적 행동(렘 18-19, 32장)과 합쳐졌음을 나타내는 언급일 것이다. 추가적으로 필자의 *Unity and Diversity*, 100-1, 103-4, 108과 M. Knowles, *Jeremiah in Matthew's Gospel: The Rejected Prophet Motif in Matthean Redaction* (JSNTS 68; Sheffield: JSOT, 1993), 52-81; C. M. Moss, *The Zechariah Tradition and the Gospel of Matthew* (BZNW 156; Berlin: de Gruyter, 2008), 9장을 보라.

221 마태가 히브리어 본문을 직접적으로 사용했는지는 불분명하다. 일반적으로 마태는 70인 역을 따르지만 한두 번의 경우에는 구두 증언 모음집인 듯한 히브리어의 다른 번역본을 따랐을지도 모른다(Kümmel, *Introduction*, 110-12; Brown, *Introduction*, 207-8과 Davies and Allison, *Matthew*, 1.33-57의 표를 사용한 분석도 함께 보라).

222 *Jesus Remembered*, §15.6을 보라.

223 특히 D. C. Allison, *The New Moses: A Matthean Typology*(Minneapolis: Fortress, 1993)를 보라. Kümmel은 마태가 예수를 "새로운 모세"로 묘사하려고 썼다는 일체의 주장을 부당하게 거부했다(*Introduction*, 106).

- 마태복음 첫머리의 단어들(*biblos geneseōs*)은 분명히 모세의 첫 번째 책의 서두(창 2:4; 5:1)의 흔적이다.[224]

- 아기 예수는 아기 모세가 바로의 살해 명령에서 구출된 것처럼(출 1-2장) 헤롯 왕의 살기 어린 진노에서 살아남는다(마 2:16-18).

- 출애굽 모티프는 명백히 마태복음 2:15의 한 요소다. "애굽으로부터 내 아들을 불렀다"(호 11:1).

- 예수가 40일 금식을 한 뒤 광야에서 받은 시험은 신명기 6장과 8장의 본문들에 대한 언급을 통해 해석되며 이스라엘의 광야 방랑을 연상시킨다(마 4:1-10).[225]

- 마태만이 예수의 다양한 가르침의 대부분을 다섯 개의 덩어리 내지 설교로 모아놓았는데,[226] 그중 첫 번째 것(산상 설교)은 예수가 산 위로 올라갔을 때의 가르침이며, 아마도 모세의 다섯 권의 책을 떠올리게 할 것이다.[227]

- 율법에 대한 강한 긍정(특히 5:17-19).

- 마태는 변화산 사건에 대한 기록에 있어 마가복음을 따르지만 예수의 얼굴이 "해같이" 빛났다는 말을 덧붙이며 출애굽기 34:29-35에서 묘사한 모세의 모습을 떠올리게 한다. 마태는 아마도 "너

---

224 Luz, *Matthäus*, 1.117-19; Davies and Allison, *Matthew*, 1.150-55을 보라.

225 특히 B. Gerhardsson, *The Testing of God's Son(Matt 4:1-11 & PAR)* (CB; Lund: Gleerup, 1966)을 보라.

226 각 덩어리는 사실상 가르침의 다섯 덩어리인 5:3-7:27; 10:5-42; 13:3-52; 18:1-35; 24:2-25:46을 가리키는 동일한 어구—"예수께서 이 말씀을 마치시매"(7:28; 11:1; 13:53; 19:1; 26:1)—로 마무리된다.

227 B. W. Bacon은 *Studies in Matthew*(London: Constable, 1930)에서 마태복음을 다섯 권의 책(3-7장, 8-10장, 11:1-13:52, 13:53-18:35, 19-25장)으로 나누어야 한다는 주장을 한 것으로 유명하다. W. D. Davies, *The Setting of the Sermon on the Mount* (Cambridge: Cambridge University, 1964), 14-25의 논의를 보라. Kümmel, *Introduction*, 106 n. 5의 다른 참고문헌을 보라.

희는 그의 말을 들으라"(17:5)라는 하늘의 명령에서 신명기 18:15
의 메아리를 인식하고 확인했을 것이다.[228]

"예언자"로서의 예수는 보통 신약에서 예수에 대한 충분히 긍정적인 평
가로 간주되지 않으며[229] 예수와 예언자 모세의 동일시는 신약의 다른 곳
에서는 사도행전(3:22-23과 7:37)에서만 나타난다.[230] 따라서 신약 안에서
마태가 이 모티프를 사용한 것은 이런 맥락에서 가장 분명한 기독론적
주장이며 자신의 복음서가 동료 유대인들에게 설득력 있게끔 들려야 한
다는 마태의 관심사를 보여주는 강력한 징표다.

(6) 그러나 마태는 전통적인 유대인의 기대로 간주될 만한 기대를 초
월한다. 예수의 탄생은 단순히 이사야서의 예언(7:14)에서와 같이 하나님
이 그의 백성과 함께 계신 것만을 상징하는 것이 아니다. 예수는 **신적인
임재**-"임마누엘, 하나님이 우리와 함께 계시다"-를 표현하거나 구현
한다. 마태복음 1:23 자체만으로는 이 점을 강조하기에 충분치 않을 것
이다.[231] 그러나 그것은 마태복음에만 있는 말씀이자 마태의 고유한 신학
의 분명한 증거인 "두세 사람이 내 이름으로 모인 곳에는 나도 그들 중
에 있느니라"라는 예수의 특별한 약속에 의해 확증된다.[232] 이 구절과 *m.*

---

228 예를 들어 Gnilka, *Matthäusevangelium*, 2.96-97; Hagner, *Matthew*, 2.494과 추가적으
로 A. D. A. Moses, *Matthew's Transfiguration Story and Jewish-Christian Controversy* (JSNTS
122; Sheffield Academic, 1996)를 보라.

229 다시 *Jesus Remembered*, §15.6을 보라.

230 *Beginning from Jerusalem*, 93.

231 S. Gathercole은 *The Pre-existent Son: Recovering the Christologies of Matthew, Mark and Luke*
(Grand Rapids: Eerdmans, 2006)에서 사 7:14이 어떻게 해석되었을지 묻지 않은 채 마
1:23을 "예수의 하나님과의 동일시"(75-76)를 단언하는 구절로 해석한다.

232 "18:20은 거의 보편적으로 부활 이전의 예수의 말씀이 아니라 부활한 주님의 말씀으로
간주되는데, 이는 18:20이 예수가 제자들 가운데 '영적'으로 임재하심을 전제하고 있기
때문이다"(Davies and Allison, *Matthew*, 2.790).

'Abot 3.2과의 유사성은 자주 언급된다. "그러나 만일 두 사람이 함께 앉고 그들 사이에 율법의 말씀이 (말해지면) 신적인 임재가 그들 사이에 있다." 이 말은 미쉬나에서 바르 코크바 봉기 때 죽임 당한 한 랍비의 말로 간주되지만 아마도 랍비들의 상투어를 표현한 말일 것이다(참고. m. 'Abot 3.3, 6).[233] 랍비들과 마찬가지로 기원후 70년 이후의 기독교인들은 이스라엘에서 신적인 임재의 표현이자 장소인 예루살렘 성전[234]이 파괴당한 위기에 직면했다. 그러나 랍비들은 신적인 임재가 토라로 옮겨졌다고 본 반면, 기독교인들은 신적인 임재가 예수에게 옮겨졌다고 보았다. 마태복음의 마지막 말(마 28:20)은 사실상 바로 그 점을 강조한다. "볼지어다! 내가 세상 끝날까지 너희와 항상 함께 있으리라." 이는 임마누엘의 말씀인 1:23의 "하나님이 우리와 함께 계시다"와 깔끔한 수미쌍관을 이룬다.[235] 높임 받은 예수(28:18)에게 주어진 우주적 권세("하늘과 땅의 모든 권세")는 그야말로 그 점을 뒷받침한다. 마태에게 있어서 예수는 단순히 하나님의 아들, 다윗의 자손, 메시아, 인자, 예언자 모세가 아니었다. 예수는 하나님의 임재와 우주적 권세를 그 이전의 다른 어떤 하나님의 종도 하지 못한 방식으로 체현했다.[236]

(7) 그와 비슷한 방식으로 마태는 예수를 단순히 신적인 지혜의 대변자만이 아니라 그를 신적인 지혜를 체현하는 존재로 간주한다는 점에서

---

233 Davies and Allison, *Matthew*, 2.789-90; Luz, *Matthäus*, 3.53.

234 예를 들어 왕상 9:3; 시 11:4; 76:1-2; 80:1; 겔 43:6-9; 슥 2:10-11; Sir. 36.18-19; 11QTemple 46.12.

235 추가적으로 D. D. Kupp, *Matthew's Emmanuel: Divine Presence and God's People in the First Gospel* (SNTSMS 90; Cambridge: Cambridge University, 1996)을 보라.

236 마 28:16-20은 흔히 마태 신학의 열쇠, 마태복음이 추구해온 목표로 간주된다(예. Schnelle, *History*, 230-31 및 참고문헌). J. Schaberg는 *The Father, the Son and the Holy Spirit: The Triadic Phrase in Matthew 28:19b*(SBLDS 61; Chico: Scholars, 1982)에서 이 어구는 다니엘서의 3인조인 옛적부터 항상 계신 이, 인자 같은 이와 천사들을 발전시킨 것이라고 주장한다(참고. 눅 9:26; 10:21-22; 계 1:4-5)(특히 183-87, 286-90).

Q 자료를 뛰어넘는 것처럼 보인다.

- 누가복음 7:35은 예수와 세례 요한이 지혜의 자녀임을 밝히고 있는 반면, 마태복음 11:19은 예수를 지혜와 동일시한다. "지혜는 그 행한 일로 인하여 옳다 함을 얻느니라"라는 말은 "그리스도께서 하신 일"(11:2)에 대한 마태의 독특한 언급을 암시한다.

- 누가복음 10:21-22/마태복음 11:27에서 예수는 지혜를 가르치는 스승의 특징적인 언어로 말한다. 그러나 이와 대조적으로 (마태복음에만 있는) 마태복음 11:28-30에서 예수는 제자들에게 그들의 목을 **지혜**의 멍에 아래 두라는 벤 시라의 권유를 떠올리게 하지만 (Sir. 51.25-27), 예수의 권유는 제자들에게 **예수 자신**의 멍에를 메라는 권유다.[237]

- 누가복음 11:49에는 "하나님의 지혜가 일렀으되 내가 선지자와 사도들을…보내리니"라고 되어 있지만, 마태복음의 병행 본문(마 23:34)에서는 "**내가** 너희에게 선지자들…을 보내매"라고 말하는 사람이 예수 자신이다.

- 마태복음 23:37-38에서 암탉의 이미지("예루살렘아! 예루살렘아!… 암탉이 그 새끼를 날개 아래에 모음같이 내가 네 자녀를 모으려 한 일이 몇 번이더냐")는 구체적으로 지혜의 임재/보호 못지않게 신적인 임재/보호일 수도 있다.[238] 만일 23:38("너희 집이 황폐하여 버려진 바 되리라")

---

237 추가적으로 C. Deutsch, *Hidden Wisdom and the Easy Yoke: Wisdom, Torah and Discipleship in Matthew 11.25-30* (JSNTS 18; Sheffield: JSOT, 1987), 4장, 요약 142을 보라. Stanton, *A Gospel for a New People*, 16장은 앞의 책의 주장을 반박한다.

238 신 32:11; 룻 2:12; 시 17:8; 36:7; 57:1; 61:4; 63:7; 91:4; 사 31.5. 이 이미지는 *Sir.* 1.5에서 지혜에 대해 사용된다. 추가적으로 M. J. Suggs, *Wisdom, Christology and Law in Matthew's Gospel* (Harvard University, 1970), 67; Dunn, *Christology*, 202-4을 보라. Davies

이 셰키나(신적인 임재)가 성전에서 떠났다는 믿음에 대한 간접적 언급이라면,[239] 이 구절은 마태가 예수를 신적인 임재/지혜의 화신으로 간주했으며 예수는 이제 이전에 예루살렘 성전이 채웠던 자리를 차지하셨다는 함의를 강화시킨다.

이 자료에 너무 많은 의미를 부여할 위험성은 분명히 있다.[240] 그리고 그것이 우리가 마태의 관점에서 보는 데 도움이 되더라도 마태의 청중이 그러한 취지를 얼마나 많이 인식했겠는가 하는 의문은 있다(마태복음을 누가복음과 더불어 읽을 수 있었을 때 비로소 그 점이 현대 비평학자들에게 분명해졌다). 그러나 어떤 모티프가 마태 신학의 일부로 인식되기 위해 그것이 마태의 청중에게 (특히 복음서를 처음 들었을 때) 명백히 이해되었을 것이라고 주장할 필요는 없다. 그리고 그 모티프가 신적인 임재라는 보다 분명한 모티프와 매우 깔끔하게 들어맞는다는 사실은, 마태의 경우에 예수=지혜가 마태복음과 그가 복음서를 구성할 때의 의도를 해석하는 전적으로 온당한 방식일 가능성을 강화시킨다.

(8) 주목할 만한 또 다른 한 가지 특징은 마태가 그의 전임자들보다 더 고등한 기독론을 제시하기 위해 예수 전승을 활용하고 변형시켰다는 결론을 확증한다. 이 특징은 마태가 마가나 누가보다 *proskynein*이라는 단

와 Allison은 23:37에 대해 논평하면서 이방인의 회심을 "셰키나의 날개" 아래로 오는 것이라고 부르는 랍비들의 관습을 언급한다(*Matthew*, 3.320).

239 Davies and Allison, *Matthew*, 3.321-22과 Luz, *Matthäus*, 3.382은 성전이 파괴되기 전 오순절에 제사장들이 "우리는 여기서 떠난다"고 말하는 한 주인의 목소리를 들었다는 요세푸스의 기록(*War* 6.300)을 언급하는데, 이는 타키투스도 분명히 알고 있었던 전승이었다(*Hist.* 5.13).

240 Gathercole은 그러한 지혜 기독론을 예수가 "실제로 선재한 어떤 인물 내지 존재의 성육신"이었다고 확언하는 것으로 해석하는 것을 경계한다. 그것은 "여전히 단지 그가 어떤 의미에서 하나님의 창조와 구속의 목적의 화신이었음을 의미할 뿐"일 것이다(*The Preexistent Son*, 209).

어를 훨씬 더 자주 사용한다는 사실이다.[241] 이 단어 자체는 뜻이 모호하며 높은 권위를 가진 사람 앞에서의 복종이나 간청을 표현하는 데 사용될 수 있다.[242] 마태가 이 단어를 예수의 사역 기간 동안 예수가 받은 다양한 간청(나병 환자, 야이로, 수로보니게 여인, 야고보와 요한의 어머니)에 대해 사용할 때는 이 단어를 거의 틀림없이 이런 식으로 이해해야 한다.[243] 그러나 마태는 바로 이 단어가—마귀에게 경배하라는 유혹에서와 같이(마 4:9-10/눅 4:7-8)—"예배"라는 의미로 자주 사용되었다는 점을 분명 잘 알고 있었다. "경의를 표하다"라는 의미는 정죄를 받은 예수에게 바쳐진 거짓 경의에 대한 마가의 기록(막 15:19)에서와 마찬가지로, 동방 박사들이 아기 예수께 *proskynein*하는 장면(2:2, 8, 11)에 대한 마태의 기록에서도 여전히 가장 적절한 의미일 것이다. 그러나 예수가 부활 후 나타나신 일에 대한 마태의 기록에 나오는 두 번의 용례에서 가장 자연스러운 번역은 그들이 예수께 "경배"했다는 것이다(마 28:9, 17; 눅 24:52에서도 마찬가지). 따라서 마태가 *proskynein*을 그토록 자주 사용하며 그 이전의 간청에 대한 언급에서 다른 복음서들이 다른 단어들을 사용하는 곳에서 마태가 *proskynein*을 사용하거나 삽입하기로 선택한 것은 아마도 의미심장한 일일 것이다. 마태가 보기에는 예수의 공생애 기간 중 예수를 향한 겸손한 간청과 부활한 예수께 바쳐진 경배 사이에는 직접적인 연속성이 있었다. 그와 같은 뉘앙스는 마태가 *proskynein*을 언급한 또 다른 한 대목을 통해 확인되는데, 거기서 마태는 앞에서 언급했듯이 물 위를 걷는 예수 이야기에 대한 마가의 비관적인 결론(막 6:51-52)과는 근본적으로 다르게 다음

---

241 앞의 n. 207을 보라.

242 *Kyrios*라는 호칭("주인/주님")에 이에 상응하는 범위의 의미와 의의가 있다. 예를 들어 마 8:2, 6, 8; 17:15 및 마 8:25, 10:24-25, 14:28, 30, 17:4과 22:43-45; Kingsbury, *Matthew*, 103-13의 논의를 참고하라.

243 마 8:2; 9:18; 15:25; 20:20; 및 18:26; 이와 비슷한 성구로는 막 5:6.

과 같이 기록한다. "배에 있는 사람들이 예수께 절하며 이르되 '진실로 하나님의 아들이로소이다' 하더라"(마 14:33). 이 또한 마태의 신적 임재 기독론과 한 덩어리다. 예수께 경배가 드려지는 이유는 바로 예수가 신적 임재를 표현하고 체현하기 때문이다.[244]

흥미롭게도 예수 그리스도의 복음에 대한 이 모든 부연 설명은 예수 전승에서 비롯되었다. 이 부연 설명은 꽤 양이 많지만, 전승 그 자체가 뒷받침할 수 없는 예수에 대한 주장을 하기 위해 예수 전승을 부자연스럽게나 참으로 무리하게 왜곡시키거나 형체를 일그러뜨리는 것은 아니다. 하나님의 아들로서의 예수는 예수 전승에 굳건히 뿌리박혀 있었다. 메시아이신 예수라는 주제와 예수가 "인자"라는 술어를 사용한 것도 마찬가지다. 다윗의 자손과 예언자 모세라는 주제는 다른 곳에서는 별로 다루어지지 않았지만, 예수가 그의 사역 기간 동안 끼친 영향과 그렇게 이질적이지 않았다. 성취된 예언을 근거로 한 논증은 주장을 밀어붙이되 확고부동한 전승을 사용했다. 예수는 신적인 임재이자 지혜이며 경배받기에 합당한 분이라는 주장은 확실히 예수의 사역, 가르침, 부활이 끼친 영향 전체가 받아들여졌다는 것을 반영했다. 그러나 그런 주장들은 여전히 그러한 영향의 표현이었고 그 영향이 예수를 따른 이들에게 얼마나 깊은 인상을 주었는지를 보여준다. 예수 전승에 대한 마태의 변형과 부연 설명이 인정될 때조차 예수 자신이 그의 사역 기간에 끼친 영향은 여전히 분명하게 나타난다. 마태복음의 예수는 여전히 기억된 예수다.

---

244 더 심도 있는 논의를 보려면 필자의 *Did the First Christians Worship Jesus? The New Testament Evidence* (London: SPCK, 2010), 여기서는 10-11을 보라.

c. 제자도와 교회 권징의 지침서

(1) 마태는 마가 못지않게 예수 전승이 어떻게 자신이 쓴 복음서의 대상인 신자들에게 분명한 지침을 제공하는지를 보여주는 데 관심이 있었다. 마태가 선생으로서의 예수의 역할을 마가만큼 많이 강조하지 않는 것은 사실이다. 예수를 지칭할 때 마태가 마가복음의 "선생" 대신 "주"를 더 선호하는 것[245]은 방금 요약한 마태의 보다 발달된 기독론을 감안하면 이해할 만하다. 그러나 마태복음에는 선생으로서의 예수에 대한 나름의 독특한 강조점—특히 자신의 멍에를 지고 자신에게서 배우라는 예수의 ("지혜"로서의) 권유(11:29)와 자신의 제자들의 "선생은 하나"라는 예수의 주장(23:8)—이 있다.[246] 마태는 특히 마태복음에 의해 종합된 다섯 편의 "설교" 속에 마가가 포함시킬 수 있었던(또는 포함시키기로 선택한) 것보다 훨씬 더 많은 예수의 실제 가르침을 포함시킴으로써 마가복음의 "선생"을 언급한 대목을 생략하거나 수정한 것을 보충하고도 남았다.

- 산상 설교(마 5-7장)는 아마도 교리 교육의 개론 역할을 했을 것이며 교리 교육을 받은 이들이 열망해야 할 성품을 묘사하는 8복의 목록(5:3-12)에서 시작해서[247] 경건과 기도의 실천에 대한 가르침(6:1-18)을 포함하며, 예수가 하신 말씀을 듣고 그에 따라 행동함

---

245 앞의 n. 118을 보라.

246 마 9:11; 12:38; 17:24도 함께 보라. 추가로 마태복음에서 예수의 가르치는 역할과 의의 선생 및 에픽테토스를 비교해 놓은 J. Y.-H. Yieh, *One Teacher: Jesus' Teaching Role in Matthew's Gospel Report*(BZNW 124; Berlin: de Gruyter, 2004)(특히 1장과 273-325)를 보라.

247 "8복은…참된 제자의 성품에 대한 요약적 묘사이며…예수 자신에 대한 묘사의 역할도 한다"—H. B. Green, *Matthew, Poet of the Beatitudes* (JSNTS 203; Sheffield: Sheffield Academic, 2001), 288, 290.

으로써 자신의 삶을 굳건한 반석 위에 짓는 지혜로운 사람을 칭찬하는 비유로 끝난다(7:24-27). "산상 설교는 제자들의 윤리다."[248]

- 마태복음 10장의 보다 자세한 위임 장면과 박해에 대한 추가적인 경고 및 두려워하지 말고 주를 시인하라는 권면은 분명 계속해서 선교를 위한 지침서 역할을 했다.[249]
- 마태복음 13장의 비유 모음집은 마가의 비유 장에 대한 비길 데 없는 부연 설명을 제공한다. 예수의 비유 중에 얼마나 많은 비유가 한 번도 글로 옮겨지지 않았는가?
- 마태복음 18장은 기독교인에게 쿰란의 "공동체 규약"에 상응하는 역할을 한다.
- 마태복음 24-25장은 어떤 공동체라도 그리스도의 재림을 준비하면서 원하거나 필요로 할 수 있는 모든 권면과 사전 경고를 제시한다.[250]

(2) 그러나 마태의 권면에서 보다 특징적인 것은 그 권면의 교회적 취지—제자들 개인뿐만 아니라 교회로서의 그들의 집단적 정체성을 위한

---

248 Luz, *Matthäus*, 1.544. Davies는 "마태가 '새로운 율법'으로서의 예수의 말씀에 집중하면서 예수의 생각에서 멀어졌는가"라는 질문에 "그렇기도 하고 아니기도 하다"고 대답한다(*Setting*, 433).

249 Luz는 10장을 "마태의 교회관에 대한 기본적 선언"으로 해석하는 것을 옹호하며 그 장을 "선교 강론"이 아닌 "제자 강론"이라고 부르는 것을 선호한다(*Studies in Matthew*, 8장, 여기서는 149).

250 다섯 편의 큰 강론은 "독자들을 향한 직접적인 연설이며 독자들에게는 예수의 직접적인 효력 있는 명령이다"(Luz, *Matthäus*, 1.38). 또한 주목해야 할 것은 마태가 심판의 날에 부여하는 훨씬 더 큰 중요성이다(10:15; 11:22, 24; 12:36; 및 5:21-22; 12:41-42; 23:33). "오직 마태복음에서만 권면의 동기 부여 역할을 하는 최후의 심판에 대한 묘사가 발견된다는 것은 우연의 일치가 아니다(참고. 마 7:21 이하; 13:36 이하; 25:31 이하)"(Schnelle, *History*, 224; 234-35도 함께 보라).

가르침—이다. 마태의 교회론적 관점은 다양한 대목에서 분명히 나타난
다.[251]

- 마태는 "에클레시아"(*ekklēsia*)라는 단어를 사용하는 유일한 복음서
  저자이며(마 16:18; 18:17) 아마도 "에클레시아"가 야웨의 "총회",
  또는 이스라엘 "총회"로 모인 이스라엘을 지칭하는 히브리어 "카
  할"(*qāhāl*)의 일반적인 그리스어 번역어라는 사실을 의식했을 것이
  다.[252] 바울과 마찬가지로[253] 마태는 명백히 교회를 하나님의 총회
  로서 이스라엘의 연장으로 간주했다.
- 마태복음 19:28(열두 제자가 "열두 보좌에 앉아 이스라엘 열두 지파를 심
  판하리라")은 명백히 마태가 예수가 (종말론적인 이스라엘을 상징하는)
  열두 제자를 선택하신 일의 상징적 의미를 의식했다는 점을 확증
  한다.
- 또한 마태는 마가나 누가보다 목자/양의 이미지를 더 많이 사용한
  다. 특히 예수는 자신이 "내 백성 이스라엘의 목자"가 될 것이고(마
  2:6) "이스라엘 집의 잃어버린 양"을 위해서만 보내심을 받았다고
  주장한다(10:6; 15:24).[254]
- 마태에게 있어서 새로운 공동체는 "형제애"로 특징지어질 수 있고
  [255] 큰 형이신 예수를 중심으로 모여 있으므로 새로운 가족을 형성

---

251 "마태복음은 사복음서 중에서 가장 '교회적인' 복음으로 오래도록 인정받아왔
    다"(Stanton, *ANRW*, II.25.3 1925; 및 참고문헌에 대한 검토, 1926-29).
252 *Jesus Remembered*, 513-14.
253 *Beginning from Jerusalem*, 599-601.
254 다음 구절들도 함께 보라. 마 7:15; 9:36; 10:16; 12:11-12; 18:12; 25:32-33; 26:31 —
    이 구절들은 대부분 마태복음의 특징적인 구절이다. 앞의 n. 217도 함께 보라.
255 예를 들면 W. Trilling, *Das Wahre Israel: Studien zur Theologie des Matthäusevangeliums*
    (Leipzig: St. Benno,1962), 189; E. Schweizer, *Matthäus und seine Gemeinde* (SBS 71;

하며,[256] 이는 행동과 상호 관계에 대해 상응하는 함의를 갖는다.

- 가라지의 비유 및 곡식과 가라지를 너무 서둘러서 구별하지 말라는 이 비유의 경고는 마태복음의 독특한 특징이다(13:24-30, 36-43). 큰 만찬의 비유(마 22:11-14)에서 마태복음 특유의 마지막 단락—좋은 것과 나쁜 것이 섞여 있는 혼합체로서의 교회(22:10)—도 마찬가지다.

- 보른캄(Bornkamm)은 최초의 편집비평적 연구 가운데 한 연구에서 마태가 "예수를 따르는 일"(마 8:18-22)의 순서를 폭풍을 잠잠케 한 일화(8:27-37) 바로 앞에 설정한 것은 제자도가 무엇을 수반할지를 보여주는 마태의 방식이며,[257] 배는 아마도 그 안에 계신 예수의 임재 덕분에 박해의 폭풍에서 살아남는 교회를 상징할 것이라고 논평했다.

- 10:41과 23:34은 아마도 순회 예언자들이 섬긴 기독교인 공동체를 의미할 것이다.

- 마지막으로 주목할 만한 것은 회심자들에게 "아버지와 아들과 성령의 이름으로" 세례를 주라는 명령을 포함한 28:19의 가장 중요한 지상 명령이다. 이는 예수(아들)와 하나님(아버지)과의 관계를 더 긴밀하게 하는 급성장하던 기독론을 반영하기 위해 입교 의식이 이미 그 이전의 "예수 그리스도의 이름[단수형]으로" 주는 세례에

Stuttgart: KBW, 1974), 114-15; Overman, *Matthew's Gospel and Formative Judaism*, 95의 견해가 그러하다. 마 5:22-24, 47; 7:3-5; 18:15, 21, 35; 23:8을 보라. 역시 대부분의 구절들이 마태복음의 특징적인 구절이다.

256 마 12:49-50; 25:40; 28:10. "아버지"이신 하나님에 대한 마태의 반복적인 언급도 주목해 보라(앞의 n. 211을 보라).

257 G. Bornkamm, et al., *Tradition and Interpretation*, 52-57. 핵심은 이 두 단락을 연결하는 서론이었다. "배에 오르시매 제자들이 따랐더니"(8.23).

서 발전해 왔음을 암시하는 표현이다.[258]

(3) 마태의 교회론에서 가장 눈에 띄는 것은 그가 베드로에게 부여하는 역할과 지위다. 예수의 사역 기간과 예루살렘 공동체의 초창기에 예수의 수제자 내지 주요 제자로서 베드로의 역할은 공동체의 기억 속에서 확고하고 굳건했다.[259] 그러나 마가는 확실히 예수의 공생애 기간에 베드로가 중요했음을 암시하기는 하지만, 마태는 그 중요성을 놀랍도록 경시한다.[260] 그리고 베드로는 Q 자료에서는 언급되지 않는다. 그러나 마태는 베드로의 지도자 역할을 강조하는, 베드로에 대한 많은 언급을 덧붙인다.

- 마태는 명시적으로 시몬 베드로를 예수의 열두 제자 중에 "첫 번째"로 지목한다(마 10:2). 그렇게 하는 복음서 저자는 마태가 유일하다.
- 베드로는 마태가 마가복음에 추가한 여러 부분에서 제자들의 대변인으로 묘사된다―마 15:15, 17:24, 18:21.
- 물 위를 걷는 예수에 대한 마가의 기록(막 6:45-52)에 마태는 베드로가 물 위로 걸어 예수께로 가게 해 달라고 요청하고 믿음이 부족해서 예수께 구조되어야 했던 부차적 줄거리를 덧붙인다(마 14:28-31).
- 가장 인상적인 것은 베드로가 예수는 메시아라고 고백하는 이야기에 베드로에게 주어진 통찰력을 예수가 높이 칭찬하는 내용

---

258 앞의 n. 236을 보라.
259 *Jesus Remembered*, 508, 540과 n. 250, 644-45, 843-46; *Beginning from Jerusalem*, 208, 366-69, §26.
260 앞의 §39 n. 29를 보라.

(16:17)과 예수가 자신의 교회를 세울 반석으로서 베드로(또는 그의 고백)의 역할에 대해 예언한 내용, 예수가 베드로를 천국의 열쇠를 여닫을 권한을 행사하는 자리에 임명하는 내용(16:18-19)을 마태가 덧붙인다는 점이다.[261]

이 위대한 베드로의 사명이 정확히 의도하는 바는 그다지 분명하지 않다.[262] 그러나 그 함의는 분명하다. 마태의 기록은 최소한 여러 중요한 교회들에서는 베드로가 이미 교회 전체의 핵심적 인물로 인정받았다는 점을 확증한다. 그리고 마태복음이 곧 발휘하기 시작한 영향력(§44.8b)은 베드로의 그러한 핵심적인 역할을 지중해 세계를 통해 점점 더 널리 확립하거나 확증하는 데 도움이 되었을 것이다.

그와 동시에 마태복음에서 드러나는 베드로의 이러한 핵심적인 역할을 과장하거나 전적으로 베드로에게만 관련시켜선 안 된다. 물 위를 걷

---

261 "너는 베드로(*petros*)라. 내가 이 반석(*petra*) 위에 내 교회(*ekklēsia*)를 세우리니 음부의 권세가 이기지 못하리라. 내가 천국 열쇠를 네게[단수형] 주리니, 네가 땅에서 무엇이든지 [단수형] 매면 하늘에서도 매일 것이요, 네가 땅에서 무엇이든지[단수형] 풀면 하늘에서도 풀리리라"(마 16:18-19). Sim은 이 본문의 배후에 있는 전승에서 "기독교 운동을 확립하는 데 있어서 베드로의 근본적인 역할"을 바울이 부정하는 데 대한 직접적인 응답을 발견하지만(*The Gospel of Matthew*, 200-3), 그러한 혐의의 근거를 고전 1:12, 3:22과 10:4에서 이끌어낸 고도로 편향된 추론에 둔다.

262 Davies and Allison, *Matthew*, 2.625-30, 634-41에 자세한 논의가 나온다. Luz는 이제 오늘날의 성경 해석(대부분의 개신교 및 많은 로마 가톨릭 학자들)을 지배하는 "비평적 합의"를 다음과 같이 요약한다. (1) 이 말씀(16.18-19)은 부활절 이후의 공동체 형성(*Gemeindebildung*)을 위한 말씀이다. (2) 이 말씀은 (전 교회의 가시적인 수장으로서의 베드로라는 개념은 없는) "베드로의 비법률적인 우선성"과 관련이 있다. (3) 사도적 계승이라는 개념을 이 본문과 관련지어선 안 된다(*Studies in Matthew*, 9장, 여기서는 165-66; 또한 *Matthäus*, 2.455-59). 반석(*petra*)은 베드로(*Petros*)가 아니라 베드로의 고백이라는 그리스와 시리아 지역의 (그리고 그 이후 개신교의) 전통적인 견해(Luz, *Matthäus*, 2.476-77; 및 *Studies*, 169)를 다시 진술한 것은 C. C. Caragounis, *Peter and the Rock*(BZNW 58; Berlin: de Gruyter, 1990)을 보라.

는 일화에서 베드로가 제자들의 "작은 믿음"(*oligopistos*)의 대표자로 묘사된다는 점은 주목할 만하다.[263] 마태가 "교회"를 언급한 다른 구절의 문맥에서는 "매고 푸는" 똑같은 권세가 예수의 제자들 전체에 약간 더 포괄적으로 주어진다(18:17-18).[264] 그리고 28:10에서 마태는 베드로를 나머지 제자들과 구별하는 마가복음 16:7을 따르지 않는다. 마태는 교회 내 지위에 대한 호칭으로 불릴 만한 것을 사용하지 못하도록 하는 데도 관심이 있었다. 마태는 예수가 다음과 같이 힘주어 말하는 것으로 묘사한다. "너희는 랍비라 칭함을 받지 말라. 너희 선생은 하나요, 너희는 다 형제니라. 땅에 있는 자를 아버지라 하지 말라. 너희의 아버지는 한 분이시니 곧 하늘에 계신 이시니라. 또한 지도자라 칭함을 받지 말라. 너희의 지도자는 한 분이시니 곧 그리스도시니라"(23:8-10).[265] 그러나 이러한 제한 조건을 베드로의 핵심적인 역할에 의문을 제기하는 것으로 해석해선 안 된다. 이러한 제한 조건은 베드로의 실패를 잊지 말라는, 또는 베드로에게 독점적인 권한을 부여하지 말라는 경고에 더 가까운 것이다. 또한 이러한 제한 조건은 베드로가 1세기 말에 (아마도) 시리아 지역의 교회들에서 받은 깊은 존경을 ("나쁜 점들까지 모두") 반영하는 것이 틀림없다.[266] 우리는 이것이 베드로의 역할이 주로 유대 기독교인 선교에 초점이 맞춰져 있었

---

263 *Oligopistos*는 마태복음의 한 특징적인 주제지만(마 8:26; 14:31; 16:8; 및 17:20), 마태는 이 주제를 맨 처음에 Q 전승에서 가져왔을지도 모른다(마 6:30/눅 12:28).

264 "진실로 너희에게 이르노니 무엇이든지 너희[복수형]가 땅에서 매면 하늘에서도 매일 것이요, 무엇이든지 땅에서 풀면 하늘에서도 풀리리라"(18:18). 참고. 요 20:23.

265 마 10:2 외에는 마태가 "제자들"을 "사도들"이라고 부르기를 꺼린다는 사실도 아마 여기서 중요한 점일 것이다. Davies와 Allison은 이러한 가르침이 성직자의 호칭에 대한 전반적인 금지로 여겨진다면 "이처럼 부주의하게 취급된 성경 본문은 거의 발견할 수 없을 것"이라고 논평한다(*Matthew*, 3.278).

266 더 자세한 논의는 Davies and Allison, *Matthew*, 2.647-52(참고문헌 647 n. 1); Luz, *Matthäus*, 2.467-71(참고문헌 451)에 나온다.

다는 추론을 강화한다고 덧붙여 말할 수 있을 것이다.[267]

(4) 예수 전승에 대한 마태의 개작에서 다른 것에 못지않게 인상적인 것은 마태복음의 "공동체 규약"인 18장의 구성이다.

- 마태는 참된 위대함에 대한 예수의 (아마도) 잘 알려진 가르침으로 18장을 시작한다(18:1-5/막 9:33-37/눅 9:46-48).
- 거기에 마태는 아마도 그와 똑같이 친숙했을 시험에 대한 예수의 경고(18:6-9/막 9:42-48/눅 17:1-2)와 잃어버린 양의 비유(18:10-14/눅 15:3-7)를 덧붙이고 "이 작은 자 중 하나"(18:6, 10 14)의 안녕에 우선순위를 부여한다.
- 그러나 그다음에 교회의 권징에 대한 가르침이 나오는데(18:15-18), 이는 용서에 대한 예수의 가르침을 부연 설명한 것처럼 보인다(마 18:21-22/눅 17:3-4).
- 합심하여 기도로 구하라는 격려[268]와 예수가 겨우 두세 사람의 모임에도 함께 계실 것이라는 약속(18:19-20)은 용서하지 않는 종의 비유(18:23-35)와 마찬가지로 마태복음에만 있다.[269]

이 마지막 항목은 공관복음에서 처음에는 예수 전승에 언급되지 않았지만, 초기 교회에서 전개된 상황에 호소력을 갖기 위해 예수 전승이 어떻

---

267 추가적으로 *Beginning from Jerusalem*, §35을 보라.

268 18:15-20의 순서는 18-20절에서 구체적으로 교회 구성원과 죄를 지은 형제를 염두에 두었고 18-20절이 합의된 화해의 산물임을 암시하는가?(W. G. Thompson, *Matthew's Advice to a Divided Community: Mt 17,22-18,35* [AB 44; Rome Biblical Institute, 1970], 202) Thompson은 18장에서 용서와 화해의 중요성을 강조한다.

269 18:19은 효과적으로 기도하는 방법에 대한 다른 권면들과 하나로 이어져 있지만(막 11:23-24; 요 16:23-24; 약 1:5-6), 18:20은 보통 초기 기독교 예배 모임에서 높임 받으신 그리스도의 말씀으로 들린 예언적 발언으로 간주된다(앞의 n. 232을 보라).

게 부연 설명되고 확대되었는지를 보여주는 좋은 예 중 하나다. 그러나 그렇더라도 부연 설명된 모티프와 강조점이 예수에게로 거슬러 올라갈 수 있는 가르침의 정신과 한 덩어리였고 일치했다는 점은 충분히 분명하다.[270] 이런 식으로 우리는 예수의 사역과 가르침에 대한 전승이 계속해서 예수를 따르는 일에 대한 가르침을 주는 동시에 어떻게 신생 교회들을 베드로의 핵심적인 지위 및 본보기와 관련시키고 서로에 대해 그리스도의 가족 구성원으로 바라보고 행동하도록 격려함으로써 그들의 정체성에 대한 더 분명한 의식을 심어주었는지를 볼 수 있다.

d. 이스라엘의 유산에 대한 바리새인과의 논쟁

마태복음의 저작 시기에 대해 논하면서(§39.2c) 필자는 이미 마태복음은 70년 이후 어느 시기에 기록되었고 1차 유대인 봉기가 처절하게 실패한 뒤 팔레스타인에서 나타나기 시작한 랍비 유대교와의 대립을 어느 정도 반영한다는 폭넓게 일치된 견해를 언급했다. 그러나 마태는 단순히 그런 대립을 "반영"만 하는 것이 아니다. 마태복음은 그 자체가 그러한 대립의 가장 좋은 증거이며, 마태복음이 기록된 주된 이유는 틀림없이 그런 대립에 관여하기 위해서였다.

이에 대한 몇 가지 증거는 이미 정리한 바 있다.

- 이스라엘의 메시아, 다윗의 자손, 유대인의 왕으로 묘사되는 예수.
- 예수와 모세의 유사성—모세와 같은 예언자에 대한 소망의 성취

---

270 특히 S. Byrskog, *Jesus the Only Teacher: Didactic Authority and Transmission in Ancient Israel, Ancient Judaism and the Matthean Community*(CBNTS 24; Stockholm: Almqvist & Wiksell, 1994)를 참고하라.

인 예수.

- 이스라엘의 성경을 성취한 자로서의 예수에 대한 반복되는 강조.
- 탄생 내러티브는 예수가 "자기 백성(laos)을 그들의 죄에서 구원할" 것이며(1:21) "내 백성(laos) 이스라엘의 목자가" 될 것이라고 단언한다(2:6).
- 여호와의 성회(16:18)인 이스라엘의 연장으로서의 교회(ekklēsia).
- "이스라엘 집의 잃어버린 양"에 관한 예수의 사명(10:6; 15:24).
- 이스라엘의 지파들을 심판하는 열두 제자의 미래의 역할(19:28).

게다가 예수의 대적이자 예수 자신의 비판의 주된 대상인 바리새인에 대한 마태의 커진 관심은 마태복음의 이 모든 강조점에 공통된 목표가 있었을 가능성을 부각시킨다. 즉 갓 생겨난 기독교가 제2성전기 유대교의 종말론적 결과물이라고 주장하며[271] 똑같은 주장을 하는 바리새파 유대교에 반대하여 그렇게 주장하려는 목표다.

율법과 관련된 예수에 대한 마태의 묘사보다 이 점을 더 분명하게 밝혀주는 것은 없다. 마태가 예수를 율법을 거부하는 모습으로, 사실상 율법을 전적으로 바리새인에게 양보하는 모습으로 묘사하기를 원했다는 암시는 전혀 없기 때문이다. 태동기의 랍비 유대교가 유대교를 율법과 할라카를 중심으로 재구성하기 시작했을 때 태동기의 기독교가 공동체의 한 표지로서 율법을 완전히 버리고 바리새인의 후계자들에게 율법을 전

---

271 마태는 기독교인의 형제애를 "참 이스라엘"로 간주했는가 – "이 하나님의 나라를 받는 자[21:43], 그것을 '가진' 자, 그 사람이 곧 이스라엘이다"(Trilling, Das Wahre Israel)? 그러나 이스라엘의 지도자들에 대한 비판(21:45)이 참 이스라엘과 거짓 이스라엘의 관점에서 가장 잘 표현되는 것은 아니다. 참고. Gnilka, Matthäusevangelium, 2.544-45; Saldarini 는 Matthew's Christian-Jewish Community, 2장에 "마태복음의 백성: 이스라엘"이라는 제목을 붙인다.

적으로 양보했다면 이는 꽤 자연스러운 일이었을 것이다. 그러나 그와 대조적으로 마태는 명백히 **토라에 대한** 자신의(그리고 그의 공동체의) **신실함**을 입증하는 데 관심이 있었다. 마태와 갈등 관계에 있는 바리새인들에게 마태복음의 예수는 사실상 "우리는 너희들 못지않게 율법에 충실하다"고 말한다.

> 내가 율법이나 선지자를 폐하러 온 줄로 생각하지 말라. 폐하러 온 것이 아니요 완전하게 하려 함이라. 진실로 너희에게 이르노니 천지가 없어지기 전에는 율법의 일점일획도 결코 없어지지 아니하고 다 이루리라. 그러므로 누구든지 이 계명 중의 지극히 작은 것 하나라도 버리고 또 그같이 사람을 가르치는 자는 천국에서 지극히 작다 일컬음을 받을 것이요, 누구든지 이를 행하며 가르치는 자는 천국에서 크다 일컬음을 받으리라(마 5:17-19).

사실 이 주장은 예수의 추종자들이 율법이 요구하는 것에 대해 **더** 헌신적이었다는 것이다.

- 같은 단락에서 예수는 계속해서 이렇게 말한다. "내가 너희에게 이르노니 너희 의가 서기관과 바리새인보다 더 낫지 못하면 결코 천국에 들어가지 못하리라"(5:20). 마태의 교회는 어떤 바리새인 못지않게 "의"를 행하려는 의욕이 높았지만(6:1) 그들이 갈구하고 찾으려 한 의는 하나님의 의였다(5:6; 6:33).[272]

---

272 G. Friedlander는 *The Jewish Sources of the Sermon on the Mount*(1911; New York: Ktav, 1969)에서 "산상 설교의 5분의 4는 오로지 유대인적인 내용"이라고 주장한 것으로 유명하다(266). 하지만 그는 또한 마 7:1-2과 비교할 때 "[*m. Abot* 1.6에서와 같은] 바리새인의 가르침은 복음서의 가르침보다 무한히 우월하다"는 견해를 갖고 있었다(214).

• 따라서 5장의 나머지 부분에서 예수는 계속해서 다양한 계명들의 표현 아래 깔려 있는 그 계명들의 더 깊은 의미까지 뚫고 들어간다. 살인을 금하는 계명은 형제에 대한 분노와 모욕과 명예 훼손에 대한 경고로 더 완전하게 이해해야 한다(5:21-22). 간음을 금하는 계명은 음욕에 대한 경고로 더 완전하게 이해해야 한다(5:27-28). 그것은 예수가 모세를 대체하거나 율법의 어떤 대목을 폐기하는 것이라기보다는(마 5:33-48) 오히려 예수가 인간관계와 관련된 율법에 대한 결정적 해석을 제시하며 율법의 더 심오한 의도를 성취하는 것이다.[273] 하늘 아버지의 뜻을 행하는 것이 정말로 중요한 것이며[274] 거기에는 아버지의 뜻을 율법에 대한 편협한 해석이나 피상적인 충성 선언과 동일시해선 안 된다는 함의가 깔려있다.[275] 우리는 바울의 "그리스도의 법"(갈 6:2)에 대한 이야기에서 바울의 관점도 이와 비슷하다고 추론할 수 있다.[276]

---

273 특정한 계명이나 허용에 이의를 제기하는 반명제(마 5:21-42; 19:3-9)는 실제로 하나님 앞에서의 책임을 더 무겁게 만든다. 추가적으로 다음 책들을 보라. Overman, *Matthew's Gospel and Formative Judaism*, 73-90; Saldarini, *Matthew's Christian-Jewish Community*, 6장 — "여섯 개의 이른바 반명제(5:21-48)를 마태는 하나님의 율법의 변화로 이해하는 것이 아니라 율법에 대한 보다 통찰력 있는 이해와 율법에 대한 순종으로 이해한다"(162); Sim, *The Gospel of Matthew*, 123-39은 이 반명제들을 "폐기가 아닌 강화로" 해석한다(130); Luz, *Matthäus*, 1.333. 5:38-42에 대해서는 Betz, *Sermon on the Mount*, 277-84도 함께 보라.

274 마 6:10; 7:21-23; 12:50; 21:31; 26:42; 마태가 확대한 또 다른 모티프(이하의 n. 288도 함께 보라).

275 참고. Hummel, *Auseinandersetzung*, 50, 56. 이와 대조적으로 Luz는 주저하지 않고 5:20을 "종교개혁 신학이 행위에 의한 칭의라고 부르는 것의 고전적 표현"으로 묘사하지만 이어서 그 주장에 단서를 붙인다(*Studies in Matthew*, 10장, 여기서는 214).

276 다음 참고문헌들도 함께 보라. Betz, *Sermon on the Mount*, 626-27; R. Deines, 'Not the Law but the Messiah: Law and Righteousness in the Gospel of Matthew — An Ongoing Debate', in D. M. Gurtner and J. Nolland, eds., *Built upon the Rock: Studies in the Gospel of Matthew* (Grand Rapids: Eerdmans, 2008), 53-84. Sim은 마태복음에서 "바울에 반대하는" 강력한 요점을 발견한다. "불법을 행하는 자들"(마 13:41)은 "이 운동의 율법에서 자

• 랍비들에게 매우 큰 존경을 받은 힐렐처럼 마태복음의 예수는 율법을 단 한 마디—"무엇이든지 남에게 대접을 받고자 하는 대로 너희도 남을 대접하라"(마 7:12)—로 요약하기를 마다하지 않았다. 이는 적극적 형태의 "황금률"인 반면 힐렐의 "황금률"은 소극적 형식이었다.[277] 마찬가지로 마가처럼 마태도 예수를 "쉐마"("네 마음을 다하고 목숨을 다하고 뜻을 다하여 주 너의 하나님을 사랑하라")를 언급하고 레위기 19:18("네 이웃을 네 자신같이 사랑하라")에 특별한 우선권을 부여하기 위해 이 구절을 레위기 19장에 나오는 일련의 계명에서 떼어냄으로써 율법과 예언서를 요약하는 분으로 묘사한다. "이 두 계명이 온 율법과 선지자의 강령이니라"(마 22:37-40).[278] 산상 설교에서 예수는 이미 "네 이웃을 사랑하고 네 원수를 미워하라"는 당대의 부연 설명을 거부했다. 마태복음의 예수에게 있어서 사랑의 계명은 그와 달리 확대되어야 한다. "너희 원수를 사랑하며 너희를 박해하는 자를 위하여 기도하라"(5:43-44).

유롭거나 바울파에 속하는 구성원들에게만 적용될 수 있다"; "마태는 바울과 바울의 율법 없는 복음을 공개적으로 무자비하게 공격한다"(*Gospel of Matthew*, 199-213, 여기서는 204, 213). 그러나 이방인 신자들에게 할례와 정결 및 부정에 관한 율법을 지킬 것을 요구하는 것에 대한 바울의 반대(갈 2장)를 일반화하거나, 바울의 선교 전체를 "율법 없는" 선교로 묘사하면 유대 율법에 대한 바울의 다른 방면에서의 긍정적인 태도를 놓치게 된다(*Theology of Paul*, §23; *New Perspective on Paul*, 51-55[§3.3]). 다음 글들도 함께 보라. K. R. Iverson, 'An Enemy of the Gospel? Anti-Paulinism and Intertextuality in the Gospel of Matthew', in C. W. Skinner and K. R. Iverson, eds., *Unity and Diversity in the Gospels and Paul*; F. J. Matera FS (Atlanta: SBL, 2012), 7-32.

277 "네게 가중한 일을 네 이웃에게 행하지 말라. 그것은 곧 온 율법이며 나머지는 그에 대한 주석이다. 가서 이를 배우라"(*b. Sabb.* 31a). 추가적으로 Davies and Allison, *Matthew*, 1.686-88을 보라.

278 *Jesus Remembered*, 584 n. 182에서 언급한 것처럼 유대 전승에서는 2세기 초의 랍비 아키바가 이와 비슷하게 최초로 레 19:18에 초점을 맞춘 것으로 간주된다(레 19:18은 "토라에서 가장 큰 일반적 원리다"[레 19:18에 대한 *Sipra*]). 이는 아마도 70년 이후의 신생 기독교와 신생 랍비 유대교 사이의 상호작용을 보여주는 또 다른 징표일 것이다.

- 제자들이 안식일에 이삭을 잘라 먹는 이야기의 첫머리에서 마태는 제자들이 "시장하여" 그런 행동을 했다고 덧붙인다(12:1). 그렇게 해서 마태는 제자들과 다윗과의 유사성을 부각시키고(12:3) 제자들의 행동을 덜 비난받을 만하게 만든다.

- 마태복음 15:1-20에서 마태는 마가와 같은 전승을 취하는데, 거기서 예수는 정결에 대해서 마음의 부정함이 손의 부정함보다 더 심각하다고 가르친다. 그러나 마가는 여기서 예수가 이런 식으로 정결한 음식과 부정한 음식의 구별을 철폐했다고 추론하는 반면(막 7:15, 19), 마태는 단순히 내적인 깨끗함이 음식의 깨끗함보다 훨씬 더 중요하다는 점을 강조한다(마 15:17-20).[279] 마태복음 23:25-26도 이와 비슷하다.

- 마태복음의 매우 독특한 특징인 베드로(16:19)와 제자들(18:18)에게 주어진 "매고 푸는" 권세는 랍비들이 전통적으로 자신들에게 있다고 주장한 권세―무엇이 허용되지 않는지를 선언하고(매고) 무엇이 허용되는지를 선언할(풀) 권세―를 떠올리게 한다.[280] 마태는 예수가 베드로와 자신의 직계 제자들에게 바로 그 권세를 주셨다고 주장하며, 서기관들과 바리새인들이 배제의 벽을 세우기 위해 그와 같은 권세를 사용하고 있다고 명백히 믿었다(23:13).

- 마태복음에 있는 이혼에 대한 예수의 가르침 역시 의미심장하다. 마가복음 10:1-9에서 예수는 이혼의 정당성을 부정하고 그 결과

---

279 마 15:1-20을 단순히 막 7장에 대한 마태의 편집으로 해석해선 안 된다. 오히려 마 15장은 마태가 예수의 가르침의 다른 형태, 즉 유대 기독교인들의 모임에서 유포된 정결에 대한 예수의 가르침의 구전 전승을 알고 있었다는 증거일 수도 있다(추가로 *Jesus Remembered*, 573-77과 참고문헌을 보라). 그러나 마가복음과의 차이는 여전히 있다(Sim, *Gospel of Matthew*, 132-35).

280 Str-B 1.738-41. 자세한 논의는 Davies and Allison, *Matthew*, 2.635-41에 있다.

이혼을 허용하는 모세의 판결(신 24:1-4)을 뒤집는 것처럼 보인다. 그러나 마태복음에서 예수의 가르침은 신명기 24:1, 3을 어떻게 해석해야 하는지에 관한 논쟁에 의견을 제시하는 것으로 표현된다(마 19:3-9). 마태복음의 예수는 사실상 힐렐 학파와 샴마이 학파 사이의 논쟁에 참여하며 이혼은 음행의 경우에만 허용된다는 보다 엄격한 샴마이 학파의 판결을 옹호하는 것처럼 보인다.[281]

• 23장의 "서기관들과 바리새인들"에 대한 맹렬한 비난에서 예수는 서기관들과 바리새인들의 가르치는 권위를 인정하며(그들은 "모세의 자리에" 앉는다—23:2) 제자들에게 이렇게 명하신다. "무엇이든지 그들이 말하는 바는 행하고 지키되 그들이 하는 행위는 본받지 말라. 그들은 말만 하고 행하지 아니하며"(23:2). 나중에 예수는 서기관들과 바리새인들을 이렇게 맹비난한다. "너희가 박하와 회향과 근채의 십일조는 드리되 율법의 더 중한 바 정의와 긍휼과 믿음은 버렸도다. 그러나 이것도 행하고 저것도 버리지 말아야 할지니라"(23:23). 이는 이사야, 아모스, 미가의 정신과 매우 흡사한 예언자적인 말씀이다.[282] 율법의 정신을 지키지 않는 데 대한 예언적 비판과 마찬가지로, 바리새인의 궤변에 대한 마태복음의 예수의 비판은 율법에 대한 비판이 아니라 율법이 해석되고 있었던 방식에 대한 비판이다.[283]

---

281 Kümmel, *Introduction*, 113 n. 31의 참고문헌; 및 D. R. Catchpole, 'The Synoptic Divorce Material as a Traditio-Historical Problem', *BJRL* 57 (1974), 93-127.

282 예를 들어 사 58:1-12; 암 5:21-24; 미 6:6-8을 보라.

283 K. G. C. Newport는 *The Sources and Sitz im Leben of Matthew 23*(JSNTS 117; Sheffield: Sheffield Academic, 1995)에서 마태가 23:2-31에 대해 원자료에 의존하고 있으며, 이 원자료는 "성전 파괴보다 시기가 먼저이고 유대교 내의 다양한 파벌들 사이의 내부 논쟁에서 비롯된 것"이라고 주장한다(182).

- 같은 맥락에서 우리는 마태복음에서만 예수가 호세아 6:6을 두 번이나 인용한다는 점에 주목해야 한다. "너희는 가서 내가 긍휼을 원하고 제사를 원하지 아니하노라 하신 뜻이 무엇인지 배우라"(마 9:13; 12:7). 마태복음에서 호세아 6:6이 두 번 인용된 것은 아마도 성전 파괴의 신학적 의미에 대한 "바리새인들"의 평가와 다른 평가를 반영하는 것일 것이다.[284]

- "이 일이 겨울에 일어나지 않도록 기도하라"는 마가복음 13:18의 경고에다 마태는 "너희가 도망하는 일이 겨울이나 안식일에 되지 않도록 기도하라"고 덧붙인다(마 24:20). 여기에 분명히 함축된 것은 마태 공동체가 계속해서 안식일을 준수했다는 사실이다. 마태복음의 기독교인들에 관한 한 예수는 안식일 법을 폐지할 것을 요구하지 않았다.[285] 그 의미는 마가복음에서 이어받은 두 개의 안식일 이야기(마 12:1-13)에서 마태는 안식일이 더 이상 중요하지 않다는 것을 가르치려 한 것이 아니라 예수의 율법에 대한 성취에 비추어 볼 때 안식일을 어떻게 지켜야 하는지를 가르치려 했다는 것이다.

- 마태복음의 마지막 명령의 조항들은 아마도 대수롭지 않은 것이 아닐 것이다. 제자들은 만국의 회심자들에게 "내(예수)가 너희에게 분부한 모든 것을" 지키도록 가르쳐야 한다(28:20). 마태는 기독교의 교리 교육을 신자들이 지켜야 할 명령(계명)으로 주저함 없이 묘사했다.

---

284 Hummel, *Auseinandersetzung*, 98-99.
285 실제로 마태 공동체와 랍비 유대교가 이미 결별했다면(그러나 이하 §46.5b을 보라), "안식일에 도망치는 것은 일부 유대 지도자들에게 더 큰 적대감을 불러일으켰을 것"이라는 Stanton의 주장은 타당성이 덜하다(*A Gospel for a New People*, 8, 8장).

이 대목에서 마태복음의 한 가지 눈에 띄는 특징은 그가 자기만의 독특한 어휘인 두 단어를 사용한다는 점이다. 이미 언급한 대로 마태는 "불법"(*anomia*)에 대해 언급하는 유일한 복음서 저자다.[286] 이는 분명 마태의 고유한 단어다. "불법"에 대한 경고에서 예수가 이런 본문들에서 그렇게 하듯이 마태는 분명 율법에 대한 예수의 신실함 및 율법에 대한 자기 자신과 복음의 신실함을 동시에 선포했다. 역시 앞에서 언급했듯이 마태가 "의"(*dikaiosynē*)라는 단어를 사용하는 것도 거의 "불법"만큼이나 마태의 어휘의 독특한 특징이다.[287] 다시 5:20을 주목해 보라. "너희 의가 서기관과 바리새인보다 더 낫지 못하면 결코 천국에 들어가지 못하리라."[288]

이러한 바리새인들과의 대결은 신적인 임재이자 지혜로서의 예수에 대한 마태의 독특한 강조를 설명하는 데도 도움이 될 수 있을 것이다 (§42.3b(6,7)). 역시 앞에서 살펴본 것처럼 랍비들이 보기에는 성전 파괴의

---

286 앞의 nn. 205, 269 및 Overman, *Matthew's Gospel and Formative Judaism*, 16-19을 보라.

287 앞의 n. 206을 보라.

288 B. Przybylski는 *Righteousness in Matthew and His World of Thought*(SNTSMS 41; Cambridge: Cambridge University, 1980)에서 마태복음에서 의는 "선물이라기보다 오로지 하나님의 요구를 다룬다"는 점에서 마태복음에서의 의는 "본질적으로 유대적인 개념"이며 바울 서신에서의 의와 다르다고 그럴듯하게 주장한다(106). 보다 논쟁적으로 그는 마태가 (바리새인들과 관련한) 논쟁의 문맥에서만 "의"라는 단어를 사용한다고 주장하며 제자도의 의무를 "하나님의 뜻을 행하는" 관점에서 묘사하기를 선호한다(6장). 그러나 의를 실천하는 것과 하나님의 뜻을 행하는 것의 차이를 인식하기는 어려운데도(앞의 n. 274를 보라) 그는 의에 대한 매우 긍정적인 언급들(5:6, 10, 20; 6:1, 33)을 경시하며, 마태가 제자들을 "의인"으로 간주하려 했다는 점을 인정하려 하지 않는 그의 태도는 10:41; 13:43, 49; 25:37, 46 등을 너무 가볍게 여기는 것이다. Overman, *Matthew's Gospel and Formative Judaism*, 91-94도 함께 보라. 이와 약간 대조적으로 R. A. Guelich, *The Sermon on the Mount: A Foundation for Understanding* (Waco: Word, 1982), 170-74과 J. K. Riches, *Conflicting Mythologies: Identity Formation in the Gospels of Mark and Matthew* (Edinburgh: T & T Clark, 2000), 190-96은 마태에게 있어서 의는 하나님과의 관계의 산물이라는 점을 강조한다(5:6, 10; 6:33). F. Moloney, 'Matthew 5:17-18 and the Matthean Use of *DIKAIOSUNE*', in Skinner and Iverson, eds., *Unity and Diversity in the Gospels and Paul*, 33-54도 함께 보라.

여파로 신적인 임재의 초점이 사실상 성전에서 토라로 옮겨졌기 때문이다. 또한 우리는 이미 70년보다 훨씬 이전에 이스라엘의 지혜 전승에서는 신적인 지혜를 토라와도 동일시했다는 점을 기억해야 한다(Sir. 24.23; Bar. 4.1). 따라서 마태가 하고 있었던 일은 사실상 바리새인/랍비 대적들에게 말하는 일이었다. 즉 연속성의 흐름은 모세에서부터 율법이 아닌 예수에게로, 그리고 예수를 통과하여 흘러가고, 신적인 임재의 초점은 이제 토라가 아닌 예수 안에 있다는 것이다.

따라서 우리는 마태가 마가복음에서 복음서 형식을 이어받은 것이 그가 예수의 복음을 율법에 대한 반명제로 정해진 것으로 보았다는 의미가 아니라는 점에 주목해야 한다. 마태는 루터파 종교 개혁이 바울의 말에 너무 성급하게 의미를 부여한 복음과 율법의 대립을 환영하지 않았을 것이다.[289] 또한 마태는 분명 기독교가 유대인의 유산을 버렸다는 주장도 환영하지 않았을 것이다. 마태에게 복음은 철저히—전적으로 율법과 예언서의 정신에 속한—유대인의 복음이었다. 예수를 따르는 이들과 랍비들 사이에는 율법과 예언서를 어떻게 해석해야 하는지에 대한 의견 충돌이 있었다. 그러나 율법과 예언서가 여전히 매우 중요하다는 점에 있어서는 랍비들과 기본적인 의견 일치가 있었다. 율법의 성취이신 예수는 율법의 가장 심오한 의미를 절실히 깨닫게 했다. 예수의 삶과 가르침은 율법에 어떻게 순종해야 하는지를 보여주었다. 하나님과의 관계는 이제 예수를 중심으로 삼아 율법과 관련해서 이루어져야 했지만 율법이 중심 또는 출발점은 아니었다. 성취는 폐기가 아니었다. 예수께 맞춰진 초점은 예수와 그의 복음이라는 렌즈를 통해 율법을 해석함으로써 율법에도 초점을 맞추었다.

---

289 필자의 *The New Perspective on Paul* (Grand Rapids: Eerdmans, ²2008), 22 n. 88을 보라.

e. 이방인을 향한 선교

유대인적 성격과 관심사에도 불구하고[290] 마태복음의 한 가지 주목할 만한 특징은 하나님의 아들 메시아 예수의 복음이, 이스라엘이 하나님의 구원의 목적에서 대체될 위기에 처해 있다는 한 번 이상 표현된 사상과 연결되어, (다른) 민족들에게 전해져야 한다는 마태복음의 초점이다.[291]

- 마태는 메시아 예수의 족보를 아브라함까지 거슬러 추적함으로써 (1:1) 아브라함의 자손/상속자에 이방인 신자들도 포함되어 있다는 바울의 주장(롬 4장; 갈 3장)을 암묵적으로 인정하고 있는지도 모른다.
- 마태복음 1:3-6에서 예수의 족보상 마리아 이전에 언급된 여자들 (다말, 룻, 라합, 우리아의 아내)은 모두 유대인이 아니며, 이는 마태복음의 첫머리에서 이방인들이 이스라엘 역사에서 핵심적인 역할을 했다는 점을 절묘하게 상기시키는 사실이다.[292]
- 탄생 내러티브에서 마리아, 요셉, 예수 외에 핵심 등장인물은 "동방으로부터" 온 박사들(2:1)이며, 예수를 없애려 하는(2:16) 당시 유대인의 왕(헤롯)과 대조적으로 이들만이 예수께 경배한다(2:11).

---

290 마 18:17(회개하지 않는 형제는 "이방인[*ethnikos*]과 세리와 같이 여기라")은 이스라엘 사람이 아닌 사람을 거리를 두어야 할 사람으로 대하는 전통적인 유대인의 태도를 반영하고 유지한다는 점에 주목하라. Sim은 마 7:6의 "돼지"는 이방인을 가리킨다고 주장한다(참고. 15:26)(*Gospel of Matthew*, 237-39).

291 이는 마태 연구에서 의견이 일치하는 입장이다. Sim은 마태복음의 어느 본문이 당대의 이방인 선교에 대한 인정이나 옹호를 반영하는지 의문을 제기하지만(*Gospel of Matthew*, 236-47) 다음과 같은 자료를 대부분 무시하고 이방인 선교, 즉 율법을 지키는 선교를 예상하는 단 두 구절(마 24:14과 28:19)만 찾아낸다(242-47).

292 "처음에 나오는 네 명의 이방인 여자는 끝에 나오는 '모든 민족'에 상응한다"(Schnelle, *History*, 231).

- 세례 요한은 아브라함에게서 비롯된 자신들의 혈통을 자랑하는 유대인 추종자들에 대해 경고한다. "하나님이 능히 이 돌들로도 아브라함의 자손이 되게 하시리라"(3:9).
- 백부장의 아들이 고침 받는 이야기에서 마태는 백부장의 믿음에 대해서는 매우 긍정적이고 이스라엘에 대해서는 매우 절망적인 예수의 결론을 그대로 옮긴다. "너희에게 이르노니 동서로부터 많은 사람이 이르러 아브라함과 이삭과 야곱과 함께 천국에 앉으려니와 그 나라의 본 자손들은 바깥 어두운 데 쫓겨나 거기서 울며 이를 갈게 되리라"(8:11-12).
- 10:5-6에도 불구하고 10:18에서는 이방인들에게도 증거가 주어질 것을 예상한다.
- 마태는 이방인과 관련한 가장 긍정적인 이스라엘의 예언 중 하나인 이사야 42:1-4을 예수의 치유 사역에 대한 묘사 속에 삽입하며 "또한 이방들이 그의 이름을 바라리라"는 말씀으로 그 묘사를 끝맺는다(마 12:18-21).
- 마태는 니느웨 사람들의 회개와 남방 여왕의 배우려는 열심을 예수 자신의 세대가 보여준 예수의 메시지에 대한 응답의 결여와 극명하게 대조하는 예수의 말씀을 인용한다(12:41-42). 이 말씀은 Q 자료에서 인용한 것이지만(눅 11:31-32) 마태복음에서는 훨씬 더 신랄하다.
- 가라지 비유에 대한 해석은 씨("천국의 아들들")가 밭에 뿌려지는 것을 예상하고 있고 밭은 "세상"이다(마 13:38). 이와 비슷하게 24:14에서는 "천국 복음"이 "모든 민족에게 증언되기 위하여 온 세상에" 전파되는 것을 상상한다.
- 포도원 품꾼의 비유(마 20:1-16)는 이방인들이 비록 복음의 부르심

에 늦게 응답했지만 불이익을 받지 않을 것임을 의미한다.

• 마태는 소작농의 비유에 다음과 같은 충격적인 결론을 덧붙인다. "그러므로 내가 너희에게 이르노니 하나님의 나라를 너희는 빼앗기고 그 나라의 열매 맺는 백성(*ethnos*)이 받으리라"(21:43). 대제사장들과 바리새인들이 예수가 자신들에 대해 말하고 있음을 깨달았다는 짧은 언급도 추가된다(21:45).[293]

• 왕이 분노하여 처음에 초대받는 손님들이 사는 성읍(예루살렘)을 멸한다는 혼인 잔치의 비유에 대한 마태의 부연 설명에는 "청한 사람들은 합당하지 아니하니, 네거리 길에 가서 사람을 만나는 대로 혼인 잔치에 청하여 오라"는 왕의 결정이 포함되어 있다(22:8-9). 여기서도 역시 그 분명한 함의는 마태가 보기에 이방인 선교가 성공적이지 못한 유대인 선교를 대체했다는 것이다.[294]

• 아마도 가장 의미심장한 점은 마태가 자신의 복음서를 제자들에 대한 선교 명령으로 끝맺기로 정했다는 점이다. "그러므로 너희는 가서 모든 민족을 제자로 삼아…"(28:19-20). 열방/이방인의 길로 가지 말라는 예수의 이전 명령(10:5)이 얼마나 오랫동안 유효한 것으로 간주되었든, "모든 민족"을 향한 지상 명령을 동반한 마태의 결론은 예수의 앞선 지시가 오래전에 대체되었다는 점을 분명히 했다.[295]

친이방인적이고 반유대인적인 마태의 명백한 강조점은 몇몇 주석가들이

---

293 Stanton은 바로 이 구절에서 자신의 책 제목(*A Gospel for a New People*)을 얻었다.

294 Sim, *Gospel of Matthew*, 239-42은 이러한 견해를 반박한다.

295 *Panta ta ethnē*는 "모든 이방인"보다는 "모든 민족"으로 번역해야 한다는 점이 중요하다. 마태는 동료 유대인들을 "제자로 삼는" 소망을 포기하지 않았다(Davies and Allison, *Matthew*, 3.684; 그리고 특히 Luz, *Matthäus*, 4.447-52).

마태 자신이 이방인이었다거나[296] 최소한 마태가 이방 기독교인의 관점에서 글을 썼다고 결론지을 정도로 강력하다. 그러나 친이방인적인 강조점은 이스라엘에게 지속적인 도전으로 제시되고 있는 친이방인적 **선교**로 보다 정확하게 묘사된다.[297] 그렇기 때문에 마태에게 있어서 이는 예수의 부활에 비추어볼 때 선교에 대한 예수 자신의 가르침과 실천의 필연적인 결과임이 상당히 명백해진다. 마태는 예수 자신의 선교의 보다 제한적인 목표를 강조하는 말씀(10:5-16; 15:24)을 신실하게 보존했지만, 28:19-20의 절정은 예수의 부활이 예수의 제자들에게 있어서 모든 것을 혁명적으로 바꾸어 놓았다는 점을 충분히 분명하게 밝힌다.[298] 그러나 예수 자신의 가르침과 사명 위임을 무시하거나 도외시하는 방식으로 그렇게 하는 것은 아니다. 마가복음 13:10/마태복음 24:14을 초기 기독교인의 확신의 표현으로 해석해야 하는 것처럼 21:43을 마태의 편집으로 간주해야 하더라도, 그리고 마태복음 12:17-21은 마태가 분명히 덧붙인

---

296 Kümmel, *Introduction*, 114-15의 참고문헌; Stanton, *ANRW*, II.25.3 1917-20; 및 *A Gospel for a New People*, 131-39; Schnelle, *History*, 220 n. 235; 235-36. 특히 Davies and Allison, *Matthew*, 1.9-58의 매우 자세한 논의를 보고, 마태의 셈어식 표현에 대해서는 1.80-85을 보라.

297 Luz는 마태 공동체의 경우에 아마도 마가복음의 영향 아래서 이방인 선교를 옹호하는 결정이 중요한 전환점이 된 것이 분명하다고 타당하게 주장한다(참고. 10:5-6!)(*Matthäus*, 1.91-93). 할례가 (더 이상) 쟁점이 되지 못한 것으로 보인다는 사실은 마태복음에 반영된 유대 기독교인의 이방인 선교가 바울의 선교와는 달랐다는 점과 그럼에도 불구하고 이 쟁점이 마태의 친이방인적 선교에나 마태 공동체와 당시 유대인 당국의 관계에서 하나의 명백한 요소로 지속적인 영향을 끼치지 않고 해결되었다는 점을 암시한다. 의미심장하게도, 그리고 (마 18장과 23장을 고려하면) 다소 놀랍게도 마태는 계속해서 예수의 선교가 직면한 문제들에 대한 예수 전승의 설명에 제약받았다.

298 P. Stuhlmacher는 'Matt 28:16 and the Course of Mission in the Apostolic and Postapostolic Age', in J. Ådna and H. Kvalbein, eds., *The Mission of the Early Church to Jews and Gentiles* (WUNT 127; Tübingen: Mohr Siebeck, 2000), 17-43에서 마태는 열방을 향한 선교를 "더 큰 이스라엘의 종말론적 회복"과 시온으로 향하는 열방의 순례에 대한 소망이 성취될 방법으로 옹호하는 (예루살렘의 기둥 같은 사도들에게[갈 2:7-9]에게로 거슬러 올라가는) 매우 오래된 유대 기독교 전승을 이어받았다고 주장한다.

것이더라도, 예수 전승에는 부활 이후의 새로운 관점이 예수에게서 비롯된 관점이며 예수의 과거 선교와 연속성을 지닌 것임을 보여주기에 충분한 내용이 있었다. 예수 자신이 그 필요를 충족시킬 수 있었던 소수의 이방인들에게 보인 반응에 대한 기억은 마태에게는 아마도 그 자체로 충분한 증거였을 것이다. 또한 이방인들이 하늘에서 환영받고 마지막 심판에서 더 나은 판결을 받을 것이라는 전망은 예수 자신이 단언한 것으로 분명히 기억된 전망이었다.[299] 그러나 마태복음 10:5-6과 15:24이 그대로 남아 있는 것은 마태와 그의 공동체가 예수의 선교에 대한 제한이 이제 사라졌다는 점을 빠르게 이해하지는 못했음을 의미할 수도 있다.

따라서 요컨대 마태는 예수의 선교와 가르침에 대한 기억을 예수의 제자들이 맨 처음으로 예수에게 받은 인상을 공유하고 예배와 설교 및 교리 교육을 목적으로 예수 전승을 진술하기 시작한 때부터 그 기억이 다루어진 방식과 거의 같은 방식으로 다룬 예수 전승의 충실한 전달자였다. 마태는 마가의 본을 따라 그 전승을 복음서라는 틀 속에 집어넣고 Q 자료를 그 틀에 끼워 넣었다. 마태는 자신과 자신의 공동체가 전승의 지속적인 의미로 간주한 내용을 제시하기 위해 여러 대목에서 그 전승을 자세히 설명했다. 그는 대다수 학자들이 주로 메시아 예수를 믿는 유대인들로 구성된 공동체였을 것으로 추론하는 공동체의 상황과 전승의 관련성을 더 분명히 밝히기 위해 여러 대목에서 전승을 해석했다. 그는 보다 모호한 전승의 핵심을 더 분명히 밝히기 위해 약간의 문장을 덧붙였다. 그리고 그가 보기에 전반적으로 복음의 요지는 예수의 부활의 빛에 의해서, 특히 그것이 또한 복음으로서 이방인은 물론이고 유대인도 제외되지 않는 모든 민족에게 좋은 소식이라는 점을 확인시켜주는 것으로 조명되

---

299 마 8:11-12/눅 13:28-29; 마 12:41-42/눅 11:31-32.

었다. 그러나 원래 예수가 준 인상의 개요는 언제나 매우 쉽게 인식할 수 있다. 마태복음의 예수는 마가복음의 예수와 다른 예수가 아니다. 예수가 끼친 영향을 마태는 약간 다르거나 독특하게 해석했지만, 그것은 언제나 예수 전승이 기념되고 전달되어 온 방식이었고, 그 영향은 분명 그의 복음서의 핵심에 있는 인물인 예수가 끼친 영향이었다.

우리는 §44까지 마태복음의 수용에 대한 논의를 뒤로 미뤄야 하겠지만, 어쨌든 마태는 예수 전승이 어떻게 계속해서 1세기의 마지막 수십 년까지 그 영향력을 발휘했는지에 대한 분명한 징표를 제시한다.

42.4 누가복음과 사도행전

마가복음 및 마태복음과 마찬가지로 우리는 다음과 같은 똑같은 두 가지 질문을 던짐으로써 이 연구를 진행한다. (a) 누가는 어떻게 그가 접할 수 있었던 예수 전승에서 누가복음을 고안해 냈는가? (b) 누가는 "많은" 이들에게서 물려받은 내용, "우리 중에 이루어진 사실"에 대한 "내력(*diēgēsis*)"(눅 1:2)이라고 스스로 거리낌 없이 인정한 내용을 기록함으로써 무엇을 성취하기를 희망했는가?

누가복음에 대한 누가 자신의 서언은 두 질문 모두에 구체적인 의미를 부여한다(눅 1:1-4). 이 과거의 기록(1:1)은 "처음부터 목격자와 말씀의 일꾼 된 자들이 전하여 준 그대로"이기 때문이다(1:2).[300] 따라서 누

---

300 이 "많은" 이들이 반드시 "목격자와 일꾼 된 자"와 전적으로 동일시될 수 있는 것은 아니라는 점에 유의해야 한다. 누가는 전승의 전달이 분명 "목격자"와 함께 시작되었다고 주장한다. 그러나 그 이전의 *diēgēsis*를 지은 "많은" 이들은 최소한 목격자들이 전해준 전승을 이용할 수는 있었지만 반드시 그들 자신이 목격자인 것은 아니었다. Kümmel은 "누가가 원래 목격자의 전승(1:2)과 자신이 아는 복음서 문헌들(1:1)을 구별하는 것으로 판단

가는 자신이 이미 충분히 인정받고 권위가 있는 일단의 무리를 따르고 있다고 보았다. 누가는 전자의 기록이 불충분하거나 권위가 부족하다는 점을 암시하지 않는다. 오히려 그가 밝힌 의도는 "그 모든 일을 근원부터 자세히 미루어" 살펴서 "차례대로(*kathexēs*) 써 보내는"(1:3) 것이었다. 다시 말해 누가는 전임자들의 신뢰성을 떨어뜨리고 그들의 저작을 소모품으로 만들지 않으려 노력했다. 그의 의도는 주의 깊은 조사를 통해 [301] 존경받는 설교자들과 교사들의 목격자 증언으로 이미 받아들여진 내용을 더더욱 확증하는 것이었다. 마찬가지로 "차례대로 써" 보내려는 누가의 의도 역시 누가가 이전의 기록들을 무질서하거나 불만족스러운 것으로 간주했다는 의미일 필요는 없다. 그의 표현은 단순히 이전의 "내력"(*diēgēseis*)들은 대부분 예수의 선교 사건에 대한 부분적인 기록에 불과했다는 점, 또는 이러한 사건들에 대한 자신의 정리는 그의 전임자들의 배열 순서와 다를 것이라는 그의 인식을 보여주는 것일지도 모른다.[302] 그러나 누가의 서언에 담긴 말의 배후에 있는 그의 정확한 의도가 무엇이건 그 말은 분명 이 두 가지 질문이 제기한 문제들을 더 선명하게 부각시킨다.

해 보건대" 누가가 "어느 사도의 손에서 나온 완전한 복음의 존재를 전제로 삼은 것은 아니"라고 타당하게 지적한다(*Introduction*, 129).

301 *Parakolouthein*("가까이 따라가다, 끝까지 따라가다, 조사하다")에 대해서는 Fitzmyer, *Luke*, 1.296-97; Bovon, *Lukas*, 1.37-38; Alexander, *Preface*, 128-30; D. P. Moessner, 'The Appeal and Power of Poetics (Luke, 1:1-4)', in D. P. Moessner, ed., *Jesus and the Heritage of Israel* (Harrisburg: TPI, 1999), 84-123을 보라.

302 "그의 조사에 대해서는 세 가지 특성(완전함, 정확함, 철저함["처음부터"])이 요구되며, 그의 구성에서 대해서는 또 다른 특성(순서["차례대로"])이 요구된다"(Fitzmyer, *Luke*, 1.289).

a. 누가는 어떻게 누가복음을 쓰기 시작했는가?

여기서 또다시 20세기 초에 일치된 지지를 얻은 "공관복음 문제"에 대한 해법이 가장 분명한 해답을 제시하는 것처럼 보인다. 마태와 마찬가지로 누가도 활용할 수 있는 두 개의 기록된 자료—마가복음과 Q 자료—를 가진 행복한 위치에 있었다.[303] 그러나 누가복음의 경우 19세기와 20세기 학자들의 결론은 다시 한번 누가의 서언에 대한 언급으로 즉시 수정할 필요가 있다. 누가가 언급한 "많은""내력"(diēgēseis)은 마가복음과 Q 자료를 포함하는 것으로 확신 있게 받아들일 수 있기 때문이다. 그러나 그 "많은" 것이 오로지 마가복음과 Q 자료만을 가리키지는 않을 것이다.

하지만 이를 누가복음 이전에 예수의 사역에 대해 **기록된** 이야기가 몇 개 더 있었다는 뜻으로 받아들여선 안 된다. 『초기 교회의 기원』에서 언급한 것처럼 "내력"(diēgēseis)은 단순히 "사실, 사건, 또는 말씀에 대한 정돈된 묘사"를 가리키며 기록된 내러티브뿐만 아니라 말로 하는 설명을 가리킬 수도 있기 때문이다.[304] 따라서 누가는 그처럼 매우 제한된 수의 기록된 이야기들(마가복음, Q 자료, 그리고 다른 무엇?)뿐만 아니라, 아마도 마가복음의 대부분의 내용에 대한 구전 전승이나 그에 상응하는 것을 포함한 "내력"(diēgēseis)으로 묘사될 만큼 (주의 깊게 엮인) 상당한 양의 구전 예수 전승 모음집과 현재 "Q"와 "L"이라는 포괄적인 용어 속에 포함된 별

---

303 앞의 n. 177을 보라.
304 BDAG 245을 언급하는 *Beginning from Jerusalem*, 115 n. 253; Fitzmyer, *Luke*, 1.292; 및 Bovon, *Lukas*, 1.34. 마찬가지로 많은 이들의 노력에 대한 누가의 묘사(epecheirêsan — 직역하면 "~에 그들의 손을 댔다")(1.1)가 반드시 글로 쓴 기록을 의미하는 것은 아니다. *Epicheirein*은 오랫동안 "변증법적으로 입증하고 주장하려는 시도"를 포함한 보다 넓은 범위의 노력을 묘사하기 위해 보다 넓게 사용되었기 때문이다(LSJ 672). *Paradidōmi*("물려주다, 전수하다")(1.2)는 (막 7:3; 고전 11:2, 23a; 15:3에서처럼) 구전 전승의 전달에 대해 자주 사용되었다.

도의 구전 예수 전승 모음집도 염두에 두었을 가능성이 꽤 크다.[305] 필자
가 믿는 대로 실제로 대다수의 (모든) 사도와 교사들이 회중들의 예배, 제
자도, 복음 전도에 영향을 끼치고 이를 가능케 하기 위해 예수 전승의 실
질적인 자원을 간직한 것이 사실이라면, 그 전승의 실질적인 구술 내지
진술은 원칙적으로 자신의 기록보다 이전에 있었던 많은 *diēgēseis*에 대한
누가의 언급에 포함될 수 있었을 것이다. 거의 모든 초기 기독교인들처럼
누가 자신도 틀림없이 자신이 출석한 모임에서의 그러한 구술/설교/가르
침에 친숙했을 것이기 때문이다. 누가의 목표는 데오빌로에게 자신이 배
운 내용의 "확실함"(*asphaleia*—"진리, 확실성")에 관해 명백히 보증하는 것
(1:4),[306] 즉 그러한(또는 보다 구체적인) 이전의 *diēgēseis*에 대한 확증을 제공
하는 것이었다.[307]

그에 따른 다음과 같은 한 가지 중요한 필연적 결과를 무시해선 안
된다. 즉 누가는 알려지지 않았거나 그때까지 사용되지 않은 예수 전승
을 찾아내러 돌아다니거나 마치 처음으로 그런 일을 하는 것처럼 예수에
대한 사도들의 기억을 확보하기 위해 노년의 사도들을 찾아 나선다는 생
각이 없었다. 그와 반대로 누가는 다른 상황이었다면 전제할 수도 있었
을 다음과 같은 점들을 확증한다. 첫째, 예수 전승은 정돈된 모음집과 배
경 속에서 잘 사용되었고 대다수의 초기 기독교인들에게 잘 알려져 있었
다는 점이다. 다시 말해 누가의 첫마디 말("내력을 저술하려고 붓을 든 사람이

---

305 "L"은 누가복음에만 있는 그 이전의 전승을 가리킨다. 이하의 내용을 보라.
306 참고. 행 22:30과 25:26. Bovon, *Lukas*, 1.40-41도 함께 보라.
307 "목격자"에 대한 호소는 관습적이었지만 누가가 그것을 예수 전승의 신뢰성에 대한 정확
     한 묘사로 의도했다는 점을 의심할 이유는 없으며, 누가 자신이 예수 전승을 확인했으므
     로 데오빌로는 누가의 *diēgēsis*를 신뢰할 수 있었다. 추가적으로 S. Byrskog, *Story as History
     — History as Story* (WUNT 123; Tübingen: Mohr Siebeck, 2000); Bauckham, *Jesus and the
     Eyewitnesses*를 보라.

많은지라")의 의도는 그의 독자들/청중들에게 그들이 이미 알고 있는 것이 아닌 어떤 것을 알려주려는 것이 아니었다. 오히려 누가의 첫마디 말은 그들 모두에게 이미 익숙한 것을 언급했고 그러한 친숙한 관행을 훨씬 더 분명하고 보다 건전한 기반을 가진 이야기를 제시하려는 그 자신의 노력에 대한 이유로 제시했다.[308]

둘째, 그 전승은 예수의 원래 제자들이 처음 전해준 것으로 일반적으로 가정할 수 있었다. 여기서 1:2이 1:3보다 앞에 나온다는 점, 즉 목격자 전승에 대한 이야기는 자신만의 *diēgēsis*의 독특한 것이라는 누가의 자랑스러운 주장이 아니라 그가 1:1에서 언급하는 모든 이전의 *diēgēseis*의 잘 알려진 특성을 지칭한다는 점은 의미심장하다. **우리가 예수 전승이 복음서 이전 시기에 어떻게 사용되었는지를 이해하는 데 있어서 이 두 가지 중요성과 예수 자신의 제자들의 목격자 증언이라는 그 전승의 받아들여진 특성의 중요성은 복음서 연구와 역사적 예수 탐구에서 너무 많이 경시되었다.**

그 결과는 마태복음의 경우와 같이 누가가 사용할 수 있었던 예수 전승의 서로 다른 다섯 가지 모음집(또는 그러한 모음집의 범주들)을 다음과 같이 상상할 수 있다는 것이다.

1. 마가복음. 필자는 또다시 마가와 누가의 표현의 유사성이 마가복음에 대한 누가의 문헌적 의존 관계의 관점에서 가장 잘 설명되는 누가복음의 일련의 구절들을 언급한다.[309] 여기서는 편집비평을

---

308 Alexander에게 누가의 서문은 이어지는 내용이 외부인들을 위한 서론이 아닌 그 내용의 대부분을 이미 잘 알고 있는 사람들에게 기억을 되살려주는 것으로 의도되었음을 강하게 암시한다(*Preface*, 142, 188-93).

309 눅 5:33-39(막 2:18-22); 눅 9:22-27(막 8:31-9:1); 눅 18:15-17(막 10:13-16); 눅 18:31-34(막 10:32-34); 눅 20:1-8(막 11:27-33); 눅 21:7-33(막 13:3-32)(*Jesus*

매우 효과적으로 수행할 수 있다.[310]

2. 마가는 글로 옮겼지만 누가는 아마도 독립적이거나 다소 다른 구
   전 형식으로 알고 있었거나 자기 나름의 방식으로 진술한 전승.[311]
   여기서는 편집비평이 보다 문제가 많다. 누가가 사용하고 있는 전
   승의 내용이 불분명하기 때문이다.

3. 기록된 Q 전승. 이 경우에도 역시 필자는 마태복음과 누가복음에
   공통된 Q 자료의 대부분이 형식과 표현 면에서 너무나 유사해서
   공유된 문헌 자료(Q 자료)가 가장 나은 해법을 제시한다는 점을
   인정한다.[312]

4. 구전 형식으로 존재한 Q 자료. 이 때문에 마태복음의 형태와 누가
   복음의 형태 사이에 차이가 발생했다.[313]

Remembered, 144 n. 15). 기록된 마가복음에 대한 강한 의존성은 다음 구절들에서도 눈에
띈다. 눅 4:33-35; 5:12b-14, 20-24; 6:1-11; 8:16-18, 26-39; 9:18-21, 28-30, 33b-
35; 18:18-30; 19:28-38; 20:9-47; 21:1-4, 7-11, 29-33; 22:7-14.

310 편집비평은 Conzelmann, *The Theology of Saint Luke*에 의해 개척되었다.

311 필자는 다음과 같은 예를 든다.

누가복음	마가복음	누가복음	마가복음	누가복음	마가복음
3:19-20	6:17-18	7:36-50	14:3-9	13:18-19	4:30-32
3:21-22	1:9-11	8:19-21	3:31-35	16:18	10:11-12
4:14-15	1:14-15	8:22-25	4:35-41	19:47-48	11:18-19
4:31-32	1:21-22	9:10-17	6:32-44	21:5-6	13:1-2
4:40-44	1:32-38	9:37-43	9:14-29	21:12-24	13:9-20
6:12-16	3:13-19	11:29-30	8:11-12	21:25-28	13:24-27
6:17-20	3:7-13	12:11-12	13:11	24:1-12	16:1-8

앞의 n. 182을 보라. 22-23장의 대부분의 내용에서 공관복음 기록들을 단순히 비교해보
면 누가가 예수의 수난에 대한 상이하고 보완적인 기록(들)을 활용할 수 있었음이 강하게
시사된다.

312 다시 *Jesus Remembered*, 147 n. 29를 보라(추가로 눅 4:2-12; 10:21-24; 11:24-26, 34-
35; 13:34-35을 보라).

313 필자는 (비록 몇 가지 경우에는 이문들을 구전 방식으로 기록된 Q 전승에 대한 누가의
변형으로 가장 잘 설명할 수 있지만) 다음과 같은 예를 든다.

5. 누가복음에만 있는 전승(L 자료). 그중에 대부분은 아마도 누가의 조사를 통해 확대된 구전 예수 전승에 대한 누가의 축적된 자료 내지 모음집이 훨씬 더 광범위했을 것이라는 추론으로 가장 잘 설명할 수 있을 것이다.[314] "L" 자료는 누가복음의 3분의 1에서 40퍼

누가복음	마태복음	누가복음	마태복음	누가복음	마태복음
6:20-23	5:3-12	11:42	23:23	15:3-7	18:12-14
6:27-30	5:38-43	11:43	23:6	16:16	11:12-13
6:31	7:12	11:47	23:29-30	16:17	5:18
6:32-36	5:44-48	11:49-51	23:34-36	16:18	5:32
6:40	10:24-25	12:2-9	10:26-33	17:3	18:15
6:43-44	7:16-17	12:33-34	6:19-21	17:4	18:21-22
6:45	12:35	12:51-53	10:34-36	17:6	17:20b
6:46	7:21	12:54-46	16:2-3	17:24	24:27
6:47-49	7:24-27	12:58-59	5:25-26	17:26-36	24:37-41
7:1-10	8:5-13	13:23-24	7:13-14	17:33	10:39
10:16	10:40	13:25-27	7:22-23	19:11-27	25:14-30
11:2-4	6:9-13	14:15-24	22:1-14	22:30	19:28
11:16	16:1	14:26-27	10:37-38		
11:39	23:25	14:34-35	5:13		

앞의 n. 185을 보라. 누가의 진술이 여러 형태의 자료를 반영하는 것처럼 보이는 뒤섞인 단락들도 주목해 보라(8:16/11:33, 8:17/12:2, 8:18/6:38/19:26; 9:1-6/10:1-12; 11:14-23/막 3:22-27/마 12:22-30; 참고. 7:36-50과 막 14:3-9/마 26:6-13/요 12:1-8). Fitzmyer의 분석은 매우 유사한 Q 자료 본문들을 그다지 유사하지 않은 "Q" 본문들과 구별하지 않는다(*Luke*, 1:80). Klein, *Lukasevangelium*, 46-47도 함께 보라. 그는 우리에게 누가가 행 20:35에서 다른 곳에서는 알려지지 않은 예수의 한 말씀 – "주는 것이 받는 것보다 복이 있다" – 도 인용한다는 점을 상기시킨다.

314 특히 1-2장; 3:10-14, 23-38; 5:1-11; 9:52-56, 60-62; 10:17-20, 38-42; 11:27-28; 12:13-15, 35-38, 47-48, 49-50; 13:1-5, 31-33; 14:7-14, 28-33; 16:10-12, 14-15; 17:7-10, 20-21, 28-32; 19:1-10, 41-44; 21:34-36, 37-38; 22:31-32, 35-38; 23:6-12, 13-16, 27-32, 39-43; 24:13-35, 36-43, 55-53. 누가는 자기 나름의 서론을 제시하고 자신만의 자료를 덧붙인다(3:1-2, 5-6; 3:15, 18; 4:1, 13, 14, 16-30; 6:24-26; 8:1-3; 9:51; 11:1; 12:35-38, 47-48, 57; 13:22; 14:25; 15:1-2; 19:39-40). 누가는 몇 번의 치유 사건(7:11-17; 13:10-17; 14:1-6; 17:11-19)과 특히 비유들(10:29-37; 11:5-8; 12:16-21; 13:6-9; 15:8-10, 11-32; 16:1-9, 19-31; 18:1-8, 9-14)을 덧붙인다. 참고. Fitzmyer, *Luke*, 1:83-84과 C. F. Evans, *Saint Luke* (London: SCM, 1990), 26-27의 "L" 구절 목록. Fitzmyer는 L(과 M)이 "반드시 기록된 것은 아니"라는 점을 강조함으로써 일반적인 가정에 역행한다(*Luke*, 1:64). K. Paffenroth는 *The Story of Jesus according to L*(JSNTS 147; Sheffield: Sheffield Academic, 1997)에서 L 자료가 공통 자료에

센트 사이의 분량을 차지한다.

보통 "원누가복음"이라고 불려온 여섯 번째 자료[315]가 사실상 존재했다고 주장할 필요는 없다. 즉 누가가 Q 자료와 L 자료를 결합시킴으로써 어떤 문헌을 사용하거나 스스로 작성할 수 있었다고 주장할 필요는 없다. 만일 그랬다면 누가복음 자체는 마가의 자료를 원누가복음에 삽입하는 방식으로 작성되었을 것이다.[316] 그러나 누가의 문제의 일관성을 감안할 때 마가복음에서 원마가복음(Ur-Markus)을 구분하는 것처럼 누가복음에서 원누가복음을 구분하는 것은 더 이상 실제적이거나 실용적이지 않다. 또한 마가복음은 마태복음뿐만 아니라 누가복음에 대해서도 큰 틀을 제공해주며, 그 결과 가설상의 원누가복음은 단일한 문서로서는 일관성이 많이 부족하다.[317] 따라서 누가가 그 이전의 "질서정연한 기록"의 일부였을지도 모르는 예수에 대한 이야기와 예수의 비유를 포함하되 정경에 속한 복음서의 저자들 중 다른 누구도 알거나 이용하지 못한 예수 전승의

서 도출된 것이며 아마도 기록되었겠지만 구전적인 특성을 많이 유지했을 것이라고 주장한다(146-49).

315 하지만 70인역이 추가적인 자료 역할을 했다고 주장할 수 있다(예. Klein, *Lukasevangelium*, 47). 이와 대조적으로 J. R. Edwards는 *The Hebrew Gospel and the Development of the Synoptic Tradition*(Grand Rapids: Eerdmans, 2009)에서 누가복음에 나오는 셈어적 표현은 70인역에 대한 누가의 모방이 아니라 누가가 (교부 시대에 자주 언급된[1-2장]) 아람어가 아닌 히브리어로 기록된(특히 4-5장) 히브리어 성경을 사용한 것으로 설명해야 한다고 주장하지만, 타당한 주장처럼 보이지는 않는다.

316 이는 특히 공관복음 문제에 대한 해법에 영국 학자들이 기여한 부분이다. Streeter, *The Four Gospels*, 199-222; V. Taylor, *Behind the Third Gospel: A Study of the Proto-Luke Hypothesis* (Oxford: Oxford University, 1926).

317 특히 Kümmel, *Introduction*, 131-37; Fitzmyer, *Luke*, 1.90-91을 보라. Paffenroth는 L 자료에서 "확인할 수 있는 구조"를 발견하지만(*The Story of Jesus*, 144-46, 159-65), L 자료는 그와 마찬가지로 공통된 주제를 지닌 예수 전승에 대한 여러 다양한 범주들로 구성되었을 수도 있다. 예를 들어 누가복음의 비유들은 잘 정리된 비유 모음집에서 인용한 것으로 생각해볼 수도 있다.

다양한 모음집을 사용하는 모습을 상상하는 것이 더 합리적이다.

다른 공관복음서들과 마찬가지로 누가가 기록한 형태의 예수 전승에서 (누가의 신학을 포함한) 누가의 의도를 실제로 느낄 수 있는 가장 좋은 방법은 편집비평과 구성비평을 결합시키는 것이다.[318] 마태복음의 경우에 마가복음과 마태복음의 유사성의 정도는 마가복음에 대한 마태의 편집이 마태가 예수 전승을 어떻게 다루었는가 하는 질문에 대답해준다는 점을 강하게 시사한다(§42.3a). 그러나 누가복음의 경우에는 특히 L 자료가 너무 광범위하므로(그뿐 아니라 순서가 다르므로) 누가가 예수 전승을 사용한 것은 그가 도입한 새로운 자료로부터 보다 쉽게 파악된다.[319] 특히 다음과 같은 구절들에 주목해야 한다.

- 1:5-80 — 세례 요한과 예수 사이에 확인된 강한 유대.
- 1-2장 — 유대-기독교적인 색채가 강한 찬송가의 삽입.
- 2:1-20, 41-52 — 목자들과 어린 시절의 예수에 대한 이야기들.
- 3:10-14 — 윤리적 온전함에 대한 세례 요한의 권면.
- 4:16-30 — 예수의 나사렛 설교에 대한 매우 긴 기록.

---

318 Luz는 (개인적인 편지에서) 다음과 같은 질문들에 대답할 필요가 있다고 생각한다. "누가는 왜 단순히 마가복음의 단락들과 마가복음 이외의 단락들을 번갈아가며 사용했는가? 누가는 마가복음 이외의 단락들을 어느 정도까지 자신이 직접 집필했는가? 왜 마가복음의 어떤 단락들은 누락되었는가? 왜 누가의 수난에 대한 서술은 마가복음과 그토록 눈에 띄게 다른가?" 필자는 본질적으로 같은 자료를 표현하는 데 있어서 그런 차이점들과 그 차이점들이 갖는 의미를 언급하는 편을 선호한다. 많은/대부분의 경우에 그 차이점들에 대한 자세한 설명은 유익하기보다는 추측에 근거한 것으로 변한다.

319 누가복음 안에 있는 비마가복음 자료는 보통 누가복음의 60-65%로 간주된다(예. Kümmel, *Introduction*, 131; Brown, *Introduction*, 263). Kümmel(*Introduction*, 137-39)과 Brown(*Introduction*, 263-65)은 모두 마가복음에 대한 누가의 편집을 증거 자료를 통해 입증한다. 추가적으로 Fitzmyer, *Luke*, 1.66-73, 92-96, 107-8; Evans, *Saint Luke*, 17-20, 30-33, 38-40을 보라.

- 5:1-11 ― 자신은 "죄인"이라는 베드로의 고백(5:8).
- 6:24-26 ― 8복 강화에 "화"에 대한 말씀이 추가됨.
- 7:11-17 ― 외아들을 잃은 한 과부에 대한 예수의 긍휼.
- 7:36-50 ― 예수가 한 죄 있는 여자의 섬김을 받아들임.
- 8:2-3 ― 예수를 후원한 여자들을 부각시킴.
- 9:51 ― 나머지 공관복음보다 훨씬 더 많은 분량의 예수 전승에 대한 틀을 제공하는 예루살렘 여행(9:51-19:27)의 이른 시작.[320]
- 9:52-56 ― 사마리아인들과의 만남으로서의 여행에서 발생한 첫 번째 사건
- 10:1-12, 17-20 ― 열두 제자의 선교(9:1-6)보다 더 큰 비전을 암시하는 70인의 선교.
- 10:29-37 ― 선한 사마리아인의 비유.
- 10:38-42 ― 마리아와 마르다.
- 12:13-21 ― 탐욕과 넉넉한 재물에 의지하는 마음의 위험성.
- 13:1-9 ― 열매 없는 무화과나무의 비유.
- 14:1-6 ― 안식일 치유 사건에서의 예수의 은혜의 논리.
- 14:7-14 ― 겸손의 중요성.
- 15:8-32 ― 잃어버린 영혼들에 대한 예수의 관심의 우선성.
- 16:19-31 ― 부자와 나사로의 비유.
- 17:11-19 ― 치유에 대해 감사한 유일한 사마리아인.
- 18:1-8 ― 불의한 재판관 비유.

---

320 Bovon이 지적하듯이(*Lukas*, 1.20) 여행에 대한 모든 언급은 편집상의 언급이다(눅 9:51; 10:38; 13:22, 33; 14:25; 17:11; 18:35; 19:28). 여행 내러티브는 18:15에서 다시 마가복음과 합류한다. 추가적으로 Kümmel, *Introduction*, 141-2; Evans, *Saint Luke*, 34-6과 특히 D. P. Moessner, *Lord of the Banquet: Literary and Theological Significance of the Lukan Travel Narrative*(Minneapolis: Fortress, 1989)를 보라.

- 18:9-14 — 성전에서 기도하는 바리새인과 세리의 비유.
- 19:1-10 — 삭개오의 구원.

이러한 누가복음의 독특한 자료가 누가가 예수 전승이 자기 시대에 말씀하는 내용으로 간주한 것 혹은 그가 자신이 속한 시대나 상황과 관련해서 예수 그리스도의 복음을 해석한 방식을 나타낸다고 본다면, 우리는 그 자료의 강조점이 누가복음의 나머지 내용(사실 누가복음-사도행전의 내용)에서도 발견되는 강조점과 일치한다는 것을 알게 된다.

두 번째 질문─누가는 복음서를 쓰면서 무엇을 성취하기를 희망했는가?─으로 화제를 전환할 때 우리는 다시 한번 누가가 두 권의 책을 썼으며 아마도 그 두 책을 긴밀히 관련된 것으로 간주했을 것이라는 점을 염두에 둘 필요가 있다. 누가는 누가복음을 썼을 때 이미 두 번째 책을 쓸 의도가 있었음이 분명하다. 다시 말해 누가는 우리가 마가나 마태가 그들의 복음서를 그 자체로 완결된 책으로 간주했다고 말할 수 있는 것처럼 누가복음을 그 자체로 완결된 책이 되도록 의도하지 않았다. 더 정확히 말해 누가는 자신의 두 권의 책을 세계사를 배경으로 하는 이야기의 두 부분으로 간주했다(눅 3:1-2). 이는 자신이 곧 말하려 하는 이야기가 "한쪽 구석해서 행한 것이" 아니라는 바울의 단언(행 26:26)대로 자신이 그 후에 기록하는 내용에 중요성을 부여하려는 누가 나름의 시도였다. 그래서 누가는 자신의 첫 번째 책(그의 "먼저 쓴 글")을 "예수께서 행하시며 가르치기를 시작"하신 것에 대한 이야기라고 부르면서 두 번째 책을 시작했다(행 1:1).[321] 요는 주제와 모티프가 두 권을 모두 함께 관통한다는 것이다. 주제와 모티프의 전개는 누가복음 끝에서 절반만 완결되었다. 결과

---

321 *Beginning from Jerusalem*, 142과 n. 38을 보라.

적으로 두 번째 질문에 대답하기 위해 우리는 누가의 두 번째 책을 고려
할 수 있을 것이다. 사도행전의 목표는 누가복음의 목표의 확대이거나 최
소한 누가복음의 목표와 일치했다고 추정할 수 있기 때문이다. 여기서 우
리는 『초기 교회의 기원』에 나오는 사도행전의 목표를 포함한 사도행전
에 대한 광범위한 분석을 활용할 수 있을 것이다.

b. 예수의 의미[322]

(1) 누가는 **하나님의 아들** 예수라는 마가의 기독론을 동정녀 잉태에 대
한 이야기로 강화하며(눅 1:32, 35)[323] 하나님을 자신의 아버지라고 부르
는 예수에 대한 전승을 강화하지만,[324] 그 외에는 마가복음[325]과 Q 자료[326]
의 "아들/아버지"에 대한 언급을 단순히 유지한다. 보다 주목할 만한 점
은 누가가 "네가 하나님의 아들이냐?"라는 대제사장의 질문에 대한 예수
의 대답을 "너희들이 내가 그라고 말하고 있느니라"라는 모호한 말로 남
겨놓았다는 점이다(눅 22:70). 그리고 놀랍게도 누가는 마가복음의 절정
인 백부장의 고백("이 사람은 진실로 하나님의 아들이었도다")을 "이 사람은 정

---

322 F. Bovon, 'Christology', *Luke the Theologian* (Waco: Baylor University, 22006), 123-223,
    532-36은 1950년부터 2005년까지의 누가 문헌 기독론에 대한 논의를 검토하고 있다.
323 Gathercole은 눅 1:78("돋는 해[*Anatolē*]가 위로부터 우리에게 임하여")이 "시적인 진
    술"(296)이며 스가랴서(3:8; 6:12)에서 "돋는 해"는 기다려온 다윗의 자손을 지칭하는 표
    준적 방식인 *semach*("가지")를 번역한 말이라는 점을 인정하면서도, 이 구절을 예수의 선
    재성에 대한 확언으로 해석할 것을 강하게 주장한다(*The Pre-existent Son*, 238-42).
324 눅 2:49; 22:29; 23:34(?); 23:46; 24:49.
325 눅 3:22(막 1:11); 눅 4:41(막 1:34/3:11-12); 눅 8:28(막 5:7); 눅 9:35(막 9:7);
    눅 20:13(막 12:6); 눅 22:42(막 14:36); 눅 22:70(참고. 막 14:61). 그러나 그는 막
    13:32(아들의 무지에 대한 고백)을 생략한다.
326 눅 4:3, 9; 10:21-22; 11:13. 11:2에서는 주기도문이 수식어가 없는 "아버지"(*pater*,
    abba?)라는 말로 시작된다.

넝 의인이었도다"라는 인정하는 말에 더 가까운 것으로 바꾸어 놓았다. 분명 누가는 예수가 하나님의 아들이라고 강하게 믿었지만 그 사실에 마가복음에서 부여된 것과 같은 강조점을 부여하지는 않았고, 이는 사도행전에서 이 호칭이 수행하는 적당한 역할이 확증해주는 결론이다(행 9:20; 13:33).

(2) **메시아**이자 **다윗의 자손**으로서의 예수는 탄생 내러티브를 통해서도 강화되며(눅 1:69; 2:11, 26) 4:41에 덧붙여져 있지만, 그 외에는 마가복음의 강조점이 그대로 유지된다.[327] 누가복음의 마지막 장면에서는 속도가 빨라진다. 군중은 종려 주일에 예수를 "왕"으로 환영하며(19:38 — 누가복음에만 나옴) 누가는 유익하게도 독자들에게 예수에 대한 고발이 로마 총독에 의한 재판을 필요로 했다는 점을 설명해준다. "그리스도"는 "왕", "유대인의 왕"을 의미하기 때문이다(23:2-3/막 15:2). 누가복음에 표현된 십자가에 달린 예수에 대한 조롱에서는 유대인 지도자들이 "저가 남을 구원하였으니 만일 하나님이 택하신 자 그리스도이면 자신도 구원할지어다"(눅 23:35)라고 말하는 것으로 묘사된다. 그리고 예수가 부활 이후 나타나신 두 번의 사건의 절정은 그리스도가 죽은 자들 가운데서 부활하기 전에 먼저 고난을 당해야 한다는 점을 성경이 입증한다는 예수의 반복된 설명이며(24:26, 46), 이는 초기 기독교 설교의 한 핵심적인 특징을 예상케 한다.[328] 마가복음의 "메시아적 비밀" 모티프는 대체로 줄어들었지만,[329] 예수의 메시아 되심은 오직 예수의 수난과 부활에 비추어서만 제대로 이해할 수 있다는 그 모티프의 함의는 여전히 남아 있다. 이것이 누가가 서언에서 그의 독자들에게 이 "성취"의 주제가 그 이전의 모든 기록

---

327 눅 9:20(막 8:29); 눅 18:38-39(막 10:47-48); 눅 20:41(막 12:35); 눅 22:67(막 14:61).
328 행 2:31, 36; 3:18; 8:32-35; 9:22; 17:3; 18:5, 28; 26:23.
329 앞의 §42.2b(3)을 보라.

에도 공통된 주제임을 상기시키면서 말하려 했던 바다(눅 1:1). 그러나 성경의 성취라는 주제는 누가에게 있어서 중요하기는 하지만[330] 구조적으로 마태복음에서와 같이 그렇게 중요한 것은 아니며, 그다지 눈에 띄지는 않지만 보다 더 큰 종말론적 성취라는 주제의 일부다.[331] 누가복음의 보다 독특한 특징은 예수가 행하신 일과 그에게 일어난 일의 신적인 필연성 (dei)에 대한 누가의 강조다.[332]

(3) 누가복음의 독특한 점은 누가의 기독론에서—예수의 잉태(1:35)에서, 예수의 사명이 시작될 때(4:1, 14), 그리고 예수의 사명을 위한 기름부음에서(4:18; 행 10:38)—성령의 역할에 대한 누가의 강조다. 다른 공관복음서 저자들은 동일한 관심을 별로 보이지 않으므로 우리는 누가가 누가복음의 예수가 어떻게 복음의 결과의 본이 되며 어떻게 예수 자신의 성령 체험이 사도행전에서 성령의 결정적인 역할의 전조가 되었는지를 보여주는 것을 중요한 일로 여겼다고 추론할 수 있을 것이다.

(4) 또한 이는 광야에서의 음식 공급(9:12-17), 변화산 이야기에서 모세와 엘리야가 예수의 "별세"(9:31)에 대해 예수와 함께 이야기하는 내용, 예수가 "하나님의 손을 힘입어" 귀신을 쫓아내는 이야기(11:20; 출 8:19을 상기시킴) 등 누가복음에 간직된 모세-**예언자** 기독론의 요소로도 연결된다.[333] 누가복음에만 있는 한 본문에서 예수는 자신이 예언자로서

---

330 눅 4:21; 18:31; 22:37; 24:44; 행 1:16; 3:18; 10:43; 13:27, 29. 추가적으로 Bovon, 'The Interpretation of the Scriptures of Israel', *Luke the Theologian*, 87-121을 보라.

331 눅 1:1; 9:31, 51; 21:24; 22:16. 그러나 행 2:16-17과 3:18-21을 제외하면 사도행전에서는 그다지 분명하지 않다(참고. 14:26).

332 눅 2:49; 4:43; 9:22(막 8:31); 11:42(마 23:23); 13:16, 33; 15:32; 17:25; 19:5; 21:9(막 13:7); 22:7, 37; 24:7, 26, 44; 행 1:16, 21; 3:21; 4:12; 5:29 등; *Beginning from Jerusalem*, 73 n. 82도 함께 보라.

333 예루살렘으로 가는 여행(9:51-18:14)이 "신명기적인 순서"로 정리되어 있다면(앞의 n. 320을 보라) 누가는 예수의 가르침의 많은 부분을 "모세적인, 즉 예언자적인 배경 속에" 배치한 것이다(Evans, *Luke*, 70).

필연적으로 예루살렘에서 죽임을 당할 것이라고 단언한다(눅 13:33). 그리고 엠마오로 가던 두 제자는 예수를 "말과 일에 능하신 선지자", 그들이 소망한 "이스라엘을 속량할 자"로 묘사한다(24:19, 21).[334]

(5) 누가는 인자에 대한 대부분의 언급을 그의 자료 속에 이어받지만, 누가복음에는 아마도 예수 전승을 이야기할 때 진술상의 차이로 가장 잘 설명될 몇 가지 독특한 언급이 있다.[335] 이러한 언급들 중 가장 주목할 만한 것은 예수가 "인자의 날"에 대해 다소 수수께끼같이 네 번 말하는 단락에 나온다(눅 17:22-30).[336] 흥미롭게도 인자의 종말론적 역할은 인자에 대한 누가복음의 이런 말씀에서 두드러진다. 따라서 누가는 분명 예수가 인자로서 자기 자신, 특히 인자의 종말론적 성격에 대해 말한 전승을 받아들이고 긍정했다.[337] 그와 동시에 누가가 예수의 지상 사역 이후까지 기록(과 강조점)을 이어나가는 유일한 복음서 저자로서 그의 두 번째 책에서 이 어구의 단 한 번의 용례를 포함시키고(행 7:56), 이를 통해 "인자"로서의 예수에 대한 언급이 복음서 전승 밖에서는 생생한 배경을 갖지 못했음을 확증한다는 점은 주목할 만하다.

(6) 또 다른 한 특징은 예수의 부활이 그의 사명과 부활 이후의 고양

---

334 엘리야와 엘리사의 유명한 기적들(왕상 17:17-24; 왕하 4:32-37)을 떠올리게 하는 누가복음에만 있는 한 일화(7:11-17)의 절정인 7:16도 주목해 보라. 눅 9:62에는 왕상 19:19-21에 대한 암시가 있을지도 모른다. 추가적으로 Fitzmyer, *Luke*, 1.213-15, 656, 834을 보라. C. A. Evans, 'The Function of the Elijah/Elisha Narratives in Luke's Ethic of Election', in C. A. Evans and J. A. Sanders, *Luke and Scripture: The Function of Sacred Tradition in Luke-Acts* (Minneapolis: Fortress, 1993), 70-83도 함께 보라.

335 눅 6:22 = 마 5:11의 "나"; 눅 12:8 = 마 10:32의 "나"; 눅 18:8; 19:10; 21:36; 22:48; 24:7.

336 *Jesus Remembered*, 754-55; Bovon, *Lukas*, 3.169-71을 보라.

337 C. M. Tuckett, 'The Lukan Son of Man', in C. M. Tuckett, ed., *Luke's Literary Achievement: Collected Essays* (JSNTS 116; Sheffield: Sheffield Academic, 1995), 198-217 도 함께 보라.

된 상태 사이에, 또는 누가의 두 권의 책 가운데 1권과 2권 사이라고 말할 수 있는 부분에 형성한 전환을 강조한다. 이는 곧 누가가 예수에 대해 주(kyrios)라는 호칭을 주의 깊게 사용한다는 점이다. 주목할 만한 것은 누가가 자신이 펼쳐 보이는 드라마에서 다른 배우들이 예수의 사역 기간에 예수를 주라고 말하게 하는 것을 삼간다는 점이다.[338] 누가복음에서 예수는 24:34에서, 즉 부활 이후에 처음이자 마지막으로 예수의 직계 제자 집단에 속하는 이들에 의해 "주"라고 불린다.[339] 누가는 명백히 그가 베드로의 말로 간주한 부활 신앙의 초기적 표현을 진지하게 받아들였다. "너희가 십자가에 못 박은 이 예수를 하나님이 주와 그리스도가 되게 하셨느니라"(행 2:36). 물론 사도행전에서 부활 이후 예수가 주님이라는 확언은 (비록 다소 혼란스럽기는 하지만)[340] 일정한 특징이다. 따라서 사도행전 2:36이 보여주는, 예수의 부활 이후 주라는 예수의 높아지심에 대한 확언은 명백히 초기 기독교 신앙의 기준이 되었다.[341] 그리고 물론 누가복음의 화자인 누가 자신도 예수를 "주"라고 부른다. 누가는 부활절 이후의 관점에

---

338 예수는 그의 사역 기간에 자주 "주여"(kyrie)라고 불리지만(19회 ─ Fitzmyer, *Luke*, 1.203에 구절들이 언급되어 있다), 누가복음을 기독교적으로 사용한 이들이 아마도 이 호칭에서 그들 자신이 예수를 경배할 것에 대한 예상이나 그런 경배에 대한 표현을 발견했더라도, 내러티브적 관점에서 이는 정중한 호칭(="선생님")으로 쉽게 이해할 수 있다. C. K. Rowe는 *Early Narrative Christology: The Lord in the Gospel of Luke*(BZNW 139; Berlin: de Gruyter, 2006)에서 내러티브의 논리를 개별적 단락들 이상까지 밀어붙인다. 누가는 예수를 "주"로 간주하고 언급하므로(아래 n. 342를 보라) 그는 그의 독자들/청중들이 이 호격을 "주님"으로 받아들이기를 기대했을 것이다(특히 208-16).

339 C. F. D. Moule, 'The Christology of Acts', in L. E. Keck and J. L. Martyn, eds., *Studies in Luke Acts* (Nashville: Abingdon, 1966), 159-85이 이 특징을 처음으로 주목했다(여기서는 160-61). 탄생 내러티브에서 예수를 "주"로 언급하면서(눅 1:43, 76; 2:11) 누가는 아마도 예수의 고양된 상태를 염두에 두었을 것이다.

340 필자의 'KYRIOS in Acts', in C. Landmesser, et al., eds., *Jesus Christus als die Mitte der Schrift*, O. Hofius FS (Berlin: de Gruyter, 1997), 363-78을 보라.

341 추가적으로 *Beginning from Jerusalem*, 217-21을 보라.

서 이 이야기를 할 수 있었기 때문이다.[342] 그러나 누가는 분명히 예수의 부활이 최초 제자들의 믿음에 가져온 눈에 띄는 변화를 잊지 않고 반영하는 데 어느 정도 관심을 가졌다.[343]

(7) 아이러니하게도 예수의 부활에 대한 이러한 강화된 강조는 누가복음에서 부활뿐만 아니라 **십자가**의 기능에 관한 강조점의 전환도 반영한다. 긴 서론을 동반한 마가의 수난 내러티브에는 "많은 사람의 대속물"(막 10:45)로서의 예수의 죽음, "많은 사람을 위하여 흘리는" 그의 피(14:24)에 대한 두드러진 강조가 포함되어 있다. 그러나 누가복음(22:24-27)은 마가복음 10:35-45을 따르지 않으며 위대함에 대한 예수의 가르침의 다른 형태를 선호하고 "섬기는 자"(눅 22:27)로서의 예수라는 사상에서 절정에 이른다. 또한 (몇 구절 앞[눅 22:19-20]의) 최후의 만찬에 대한 누가의 기록에서 예수가 빵을 놓고 하신 최초의 말씀은 바울이 전한 말씀과 비슷한데("이것은 너희를 위하는 내 몸이니"—고전 11:24), 그다음 말씀에서 강조점은 속죄의 제사("많은 사람을 위하여")에서 언약의 제사("내 피로 세우는 새 언약")로 옮겨진다.[344] 이것만으로는 대단한 것이 못될지도 모르지

---

342 Fitzmyer는 24:34을 포함시키기는 하지만 18-19개의 사례를 열거한다(*Luke*, 1.203). Rowe는 이 특징이 누가 자신의 기독론에 대해 갖는 의미를 강조한다. 즉 예컨대 눅 5:17이 예수를 통한 이스라엘의 하나님의 임재를 상징한다는 것이다(*Early Narrative Christology*, 92-105). 하지만 이를 예컨대 (시 110:1에서와 같이) 야웨의 주권의 실행이 아닌 "공유된 정체성"의 관점에서 표현하는 것은 유익하기보다는 혼란스럽다. 참고. 필자의 *Did the First Christians Worship Jesus?*, 141-44.

343 사도행전에서 예수의 부활은 최초의 기독교인들이 선포한 메시지의 핵심적인 요지다(예. 행 2:24-32; 4:1-2, 33; 10:40-41; 13:30-37; 17:18, 30-31).

344 *Jesus Remembered*, 812-18과 추가로 H. J. Sellner, *Das Heil Gottes: Studien zur Soteriologie des lukanischen Doppelwerks* (BZNW 152; Berlin: de Gruyter, 2007), 453-64도 함께 보라. Fitzmyer는 예수와 함께 십자가에 달린 강도 중 한 사람에게 "오늘 네가 나와 함께 낙원에 있으리라"라고 말씀하시는 십자가 위의 예수에 대한 누가복음의 독특한 기록(눅 23:43)에서 "예수의 죽음의 구원적인 성격에 대해 무언가를 (말하는) 고도로 문학적인 방식"을 발견한다(*Luke*, 1.23; 추가적으로 219-21).

만 사도행전의 증거를 포함시키면 그림은 더 분명해진다. 사도행전에서 예수의 죽음에 대한 언급에는 속죄에 대한 강조("많은 사람을 위하여", "죄에 대하여")가 없기 때문이다. 속죄제로서의 예수의 죽음에 대한 언급은 없다.[345] (제2이사야의) 종으로서의 예수에 대한 몇 개의 짧은 언급은 엄밀한 의미에서의 대속적 고난이라는 주제가 아닌 고난 이후의 신원이라는 주제로 다시 돌아간다.[346] 이와 비슷하게 사도행전 5:30과 10:39에서의 신명기 21:22-23에 대한 간접적 언급("나무에 달아"; 참고. 13:29)은 (누가가) 예수의 수치와 모욕을 강조하기 위해, 따라서 동일한 수치와 신원이라는 모티프를 강조하려고 의도한 것으로 보인다.[347] 또한 20:28("하나님이 자기 피로"—또는 그 아들의 피로—"사신" 주의—또는 하나님의—"교회")조차 여전히 적지 않게 아리송하고 불분명하다.[348] 요컨대 누가복음-사도행전의 다소 놀라운 한 가지 특징은 속죄제사로서 예수의 죽음에 대한 신학이 거의 완전히 결여되어 있다는 점이다. 누가복음-사도행전의 사상은 예수의 부활에 대한 놀라움과 (앞으로 살펴보겠지만) 그 결과로서의 성령의 능력에 대한 놀라움에 훨씬 더 가깝다. 다른 곳에서 속죄제사로서 예수의 죽음에 대해 진술된 내용을 누가가 이처럼 **낮은 목소리로** 언급하는 특성은 초기에 최초의 제자들이 이 주제에 대해 말하기를 주저한 점—속죄제사로서 예수의 죽음이 더 이상의 성전 예배와 제사의 필요성에 종지부를 찍었다고 단언하려 한 어느 새로운 헬라파 신자의 자발적 태도에 의해 해소된 초기의 주저함(이 말이 이런 태도를 묘사하는 적절한 방식이라면)—을 반영(예수 자신의 관점을 반영?)하고 있는지도 모른다.[349] 만일 그렇다면 우리는 누가

---

345 참고. 행 2:23, 36; 3:13-15; 4:10; 5:30; 7:52; 10:39; 13:27-28.
346 행 3:13, 26; 4:27, 30; 8:30-35도 마찬가지다.
347 참고. Evans, *Luke*, 75-77.
348 Sellner, *Das Heil Gottes*, 467-76의 논의.
349 필자의 'When Did the Understanding of Jesus' Death as an Atoning Sacrifice First

가 (누가복음과 사도행전에서 모두) 곧 버려진 초기의 신학적 관점(고전 15:3)을 충실하게 반영한 데 대해 훨씬 더 많은 공을 돌려야 할지도 모른다.[350]

따라서 예수에게 부여된 의미와 관련해서 누가가 예수 전승을 다루는 전반적인 방식은 마가와 마태의 방식보다 부자연스럽게 보인다.[351] 누가는 예수의 죽음과 부활에서 절정에 이르는 마가의 질서정연한 기록을 간직하고 있다는 점에서 마가를 따르며 예수의 죽음이 "죄를 위한" 것으로 이해되도록 요구하지는 않지만, 예수의 죽음의 필요성과 예수의 부활이 일으킨 결정적 변화에 대한 "복음"의 강조를 유지한다. 그러나 누가는 예수의 의미가 오로지 그의 죽음과 부활에만 귀속될 수는 없다는 점도 똑같이 분명히 한다. 예수는 이미 사역 기간 동안 태어날 때부터와 같이 진실로 하나님의 아들이며 메시아였다. 또한 그러한 수난 이전의 예수의 사명이 지닌 복음적 성격에 실체를 부여한 예수 전승은 예수의 의미를 분명히 밝히기 위해 크게 강화될 필요도 없었고 다른 어떤 것으로 변경될 필요는 더더욱 없었다. 누가에게는 부활 이전의 예수에서 부활 이후의 예수로, 누가복음에서 사도행전으로의 전환이 난처하거나 어색하지 않았다. 누가는 자신이 철저히 조사한 예수 전승을 매우 편안하게 전달했

Emerge?', in D. B. Capes, et al., eds., *Israel's God and Rebecca's Children: Christology and Community in Early Judaism and Christianity*; L. W. Hurtado and A. F. Segal FS (Waco: Baylor University, 2007), 169-81; 및 *Beginning from Jerusalem*, 230-37의 20:28에 관한 대목에서 237과 n. 328, 950-51과 n. 398을 보라.

350 누가가 비록 눅 2:11(또한 행 5:31과 13:23)에만 국한되기는 하지만 예수를 "구주"라고 부르는 유일한 공관복음서 저자라는 사실에는 비일관성이 존재하지 않는다. 누가복음에서 이 개념은 (마 1:21에서와 같이) "자기 백성을 그들의 죄에서 구원할" 예수에 대한 개념이라기보다는 그 자신의 승리가 자기 백성의 구원을 가능케 하는(행 5:31; 히 2:10; 12:2) "인도자"(archēgos)의 개념이다. 우리는 이하에서 이 주제로 다시 돌아갈 것이다.

351 이 점은 마가의 "메시아적 비밀"에 대한 축소와 마태의 지혜 기독론이 마태가 누가와 공유한 Q 자료에 대한 마태의 독특한 해석을 통해 이루어진 것처럼 보인다는 사실이 잘 보여준다(앞의 §42.3b를 보라).

다. 예수 전승은 그의 두 번째 책의 이야기와 매우 흡사하게 들어맞았고, 그가 자신의 복음서가 복음인 동시에 예수가 실제로 어떻게 살고 가르쳤는지에 대한 권위 있는 기록이 되기 위해 중요한 새로운 모티프를 창조하거나 당혹스러운 특징들을 없애버릴 필요는 없었다.

c. 누가복음의 특성

(1) 공관복음서 저자 중에 누가만이 홀로 예수를 "구주"(눅 2:11)라고 불렀다는 사실은 아마도 그리 이상한 일이 아닐 것이다. 누가에게 있어서 복음의 핵심은 복음이 사람을 "구원한다"는 점이기 때문이다.[352] 이 점은 사도행전에서 가장 분명하다. 누가는 신자를 "구원받는 사람"으로 묘사한다(행 2:47). 베드로는 일찍부터 "다른 이로써는 구원을 받을 수 없나니 천하 사람 중에 구원을 받을 만한 다른 이름을 우리에게 주신 일이 없음이라"고 눈에 띄게 단언한다(4:12). 백부장 고넬료는 "너와 네 온 집이 구원받을 말씀을 네게" 이를 베드로에게 사람을 보내라는 말씀을 듣는다(11:14). 최초의 기독교인들은 "땅끝까지 구원"하라는 사명을 받았다(13:47). 빌립보의 간수는 "내가 어떻게 하여야 구원을 받으리이까?"라고

---

352 I. H. Marshall은 *Luke: Historian and Theologian*(Exeter: Paternoster, 1970)에서 구원의 개념을 누가 신학의 열쇠로 보았다(92). Bovon은 Marshall이 "구원이라는 주제가 누가의 사상의 핵심을 형성한다는 점"을 입증한 것을 칭찬한다(*Luke the Theologian*, 296). Sellner, *Das Heil Gottes*도 함께 보라. 누가의 신학을 "구원 역사의 신학"이라고 부르는 것이 적절한 것은 바로 이 점 때문이다(Fitzmyer, *Luke*, 1.181; 및 222-23). *Beginning from Jerusalem*, 69 n. 59과 필자의 'The Book of Acts as Salvation History', in J. Frey, S. Krauter, and H. Lichtenberger, eds., *Heil und Geschichte: Die Geschichtsbezogenheit des Heils und das Problem der Heilsgeschichte in der biblischen Tradition und in der theologischen Deutung* (WUNT 248; Tübingen: Mohr Siebeck, 2009), 385-401도 함께 보라. 누가복음과 "구원 역사"에 대한 논의를 검토한 Bovon, 'The Plan of God, Salvation History and Eschatology', *Luke the Theologian*, 1-85을 보라.

애처롭게 묻고 바울은 "주 예수를 믿으라. 그리하면 너와 네 집이 구원을 받으리라"고 대답한다(16:30-31).[353] 따라서 당연하게도 누가는 사가랴의 노래("찬송하리로다"[Benedictus]—눅 1:69, 71, 77)에서 "구원"의 소망을 강조한다. 이와 똑같이 눈에 띄는 것은 누가가 예수의 구원/치유 사역에 대해 말하는 마가복음의 구절들을 이어받을 뿐만 아니라[354] 다른 구절들에 예수의 구원/치유 사역에 대한 추가적인 언급을 덧붙이고[355] 누가복음에만 있는 자료에 그러한 언급을 훨씬 더 많이 포함시킨다는 점이다.[356] 이러한 누가복음의 특징적인 모티프의 전형적인 예는 "주여, 구원을 받는 자가 적으니이까?"(13:23)라는 예수가 받은 질문과 "인자가 온 것은 잃어버린 자를 찾아 구원하려 함이니라"(19:10)라는 누가의 독특한 삭개오 이야기의 결론이다.[357]

(2) 이와 똑같이 중요한 것은 누가의 **죄 사함**—그리고 죄 사함으로 귀결되는 **회개**—에 대한 강조다.[358] 예수의 사명에 대한 기록의 말머리는 마가복음을 비슷하게 따른다. 요한은 광야에 와서 "죄 사함을 받게 하는 회개의 세례를 전파"한다(막 1:4/눅 3:3). 그러나 누가는 역시 사가랴의 노래에서 요한이 "주의 백성에게 그 죄 사함으로 말미암는 구원을 알게" 하도록 예정되었다는 이 언급을 이미 한 바 있다(1:77). 누가는 또다시 누가복음에만 있는 향유를 가져온 여자에 대한 이야기(7:47-49; 및 6:37)에서

353　행 2:21, 40; 13:26; 15:11; 16:17; "구주"로서의 예수(5:31; 13:23)도 함께 보라.
354　눅 6:9; 8:48; 9:24; 18:26, 42; 23:35; 참고. 21:19.
355　눅 8:12, 36, 50; 23:37.
356　눅 7:50; 13:23; 17:19; 19:10; 23:39.
357　Bovon은 "삭개오 이야기에는 복음 전체의 정수가 있다"는 생각에 매력을 느낀다(*Lukas*, 3.277). 누가가 복음 선포를 망쳐놓았다고 비난한 이들에 대한 Fitzmyer의 응답(*Luke*, 1.12-14)도 함께 보라.
358　*Metanoia*("회개")— 마태복음 2회; 마가복음 1회; 누가복음 5회; *metanoeō*("회개하다")— 마태복음 5회; 마가복음 2회; 누가복음 9회. 눅 5:32; 13:3, 5; 15:7, 10; 행 3:19; 11:18; 17:30; 26:20을 주목해 보라.

같은 강조점을 강조한다. 그리고 매우 인상적이게도 누가는 예수의 사명의 절정을 세례 요한의 메시지와 같은 표현으로 강조함으로써 아마도 의도되었을 수미상관구조를 제시한다. 예수의 부활의 결과는 "그[메시아]의 이름으로 죄 사함을 받게 하는 회개가" "모든 족속에게 전파"되는 것이며 제자들은 이 사명을 완수하라는 사명을 받고 "위로부터 능력"을 약속받는다(24:47-49). 제자들의 사명에 대한 그 이후의 기록도 초점은 똑같다.[359] 누가가 복음의 이러한 차원에 부여하는 중요성은 통상 인식되지 못했다. 그것이 다른 공관복음서에도 매우 강하게 나타나기 때문이다.[360] 그러나 죄 사함에 이르는 회개라는 복음의 차원은 (요 20:23만 제외하면) 요한복음에서는 거의 완전히 제외되며 믿음에 대한 바울의 강조와 비교해 볼 때 죄 사함에 이르는 회개라는 주제는 바울 문헌에서 거의 등장하지 않는다.[361] 그러나 누가에게 있어서 복음은 죄 용서에 대한 약속으로 가장 완전하게 요약된다. 그와 동시에 누가는 믿음의 중요성을 거의 경시하지 않으며 마가 및 마태와 공유한 전승을 사용하지만,[362] 또한 누가복음을 통해서만 우리에게 알려진 다른 자료들도 사용하며[363] 그 강조점을 사도행전까지 유지한다.[364]

---

359 행 2:38; 3:19; 5:31; 10:43; 13:38; 26:18. 다음 성구들도 주목해 보라. 8:22; 11:18; 13:24; 17:30; 19:4; 20:21; 26:20.

360 막 2:5, 7, 9-10/마 9:2, 5-6/눅 5:20-21, 23-24; 막 3:28/마 12:31-32/눅 12:10; 막 11:25/마 6:14-15; 마 6:12/눅 11:4; 마 18:21-22/눅 17:3-4. 막 4:12과 마 18:35만이 독특하다.

361 회개 - 롬 2:4; 고후 7:9-10; 12:21; 딤후 2:25. 죄 사함 - 롬 4:7; 엡 1:7; 골 1:14.

362 눅 5:20; 7:9; 8:25, 48; 17:6; 18:42.

363 눅 7:50; (17:5); 17:19; 18:8; 22:32. 다음 성구들도 주목해 보라. 8:12-13, 50; 22:67; 24:25. Klein, *Lukasevangelium*, 57도 함께 보라.

364 행 3:16; 6:5, 7; 11:24; 13:8; 14:9, 22, 27; 15:9; 16:5; 20:21; 24:24; 26:18. 사도행전의 용례는 초기 기독교인의 "신자"라는 자기 호칭을 잘 반영하고 있다(*Beginning from Jerusalem*, 9-10).

(3) **평강**도 누가에게 있어서 복음의 특징적인 효과다. 이 또한 누가 복음에서 하나의 특징적인 주제다.[365] 사가랴의 노래는 약속된 빛이 "우리 발을 평강의 길로 인도"할 것이라는 소망에서 절정에 이른다(1:79). 하늘의 천사도 똑같은 전망ㅡ"땅에서는 하나님이 기뻐하신 사람들 중에 평화로다"(2:14)ㅡ을 제시한다. 제자들은 평화의 메시지를 가지고 파송된다(10:5-6). 부활하신 예수는 겁에 질린 제자들에게 평강의 인사를 건넨다(24:36). 예수의 사명은 "화평의 복음을" 전하는 것으로 기억된다(행 10:36).[366]

(4) 이와 똑같이 중요한 것은 누가가 "죄인들"이라는 주제에 부여하는 중요성이다. 복음은 죄인들에게 소망을 가져다준다. 누가는 이 단어를 다른 복음서 저자들보다 훨씬 더 많이 사용한다.[367] 마가와 마태는 둘 다 자신이 "죄인을 부르러" 보냄을 받았다는 예수의 확언에 중요성을 부여한다(막 2:15-17/마 9:10-13). 그러나 누가는 다음과 같은 일련의 언급들을 덧붙인다.

- 5:8 ㅡ 자신은 죄인이라는 베드로의 고백.
- 7:34 ㅡ 누가는 Q 자료에서 예수가 "세리와 죄인의 친구"였다는 험담을 인용한다.
- 7:37, 39 ㅡ 향유를 가져왔고 예수에게서 죄 사함을 받은 여인은

---

365 *Eirēnē*("평화") ㅡ 누가복음 13회; 사도행전 7회; 마태복음 4회; 마가복음 1회; 요한복음 6회.

366 눅 2:29; 7:50; 8:48; 19:38, 42; 행 9:31; 15:33도 함께 보라. 그러나 눅 12:51(구전 Q 자료에서 나온 구절? ㅡ 참고. 마 10:34)도 함께 보라.

367 *Hamartōlos* ㅡ 마태복음 5회; 마가복음 6회; 누가복음 18회; 요한복음 4회. D. A. Neale, *None but the Sinners: Religious Categories in the Gospel of Luke* (JSNTS 58; Sheffield: Sheffield Academic, 1991)도 함께 보라.

두 차례 죄인으로 밝혀진다.

- 15:1-2 — 잃어버린 물건과 잃어버린 아들의 비유는 예수가 죄인들을 환영하고 그들과 함께 먹었다고 투덜거리는 바리새인들과 서기관들에게 말해진다.
- 15:7-10 — 이 비유들은 회개하는 한 죄인으로 인한 하늘에서의 기쁨을 예시한다.
- 18:13-14 — 복음은 바리새인과 세리의 비유로 잘 요약된다. 의롭다 함을 받는 사람은 "하나님이여, 불쌍히 여기소서! 나는 죄인이로소이다"라고 단순하게 기도하는 세리다.
- 19:7 — 예수는 잘 알려진 죄인인 삭개오의 손님이 되기 위해 가시며 이 또한 복음이 누구를 위한 것인지를 잘 보여준다.

사회적 관습과 종교적 전통의 일반적인 한계를 초월하는 이러한 복음의 관심사는, 안식일에 치유한 사건에 대한 누가의 추가적인 이야기(14:1-6)는 말할 것도 없고 누가복음의 특징적 비유인 선한 사마리아인(10:29-37), 열매 없는 무화과나무(13:1-9), 불의한 재판관(18:1-8)의 비유에서도 잘 나타난다. 누가복음에서 누가는 바울 문헌의 용어인 "은혜"를 복음적인 방식으로 사용하지는 않지만, 그의 예수 이야기는 분명 바울이 "은혜"라는 단어에 소중히 간직한 복음의 특징을 잘 보여준다.[368]

(5) 누가가 **성령**을 추가로 강조하는 것도 예수에 대한 누가복음의 묘사와 그의 복음에 대해 갖는 의미의 특징이다.[369]

---

368 사도행전에서 4:33; 6:8; 11:23; 13:43; 14:3, 26; 15:11, 40; 18:27; 20:24, 32을 보라. 바울이 누가에게 그렇게 할 기회를 주었는데도(특히 롬 5:8; 갈 2:15, 17) 누가가 "죄인들"(*hamartōloi*)에 대한 관심을 사도행전으로 이어가지 않는 것은 다소 놀랍다.

369 또한 누가는 성령에 대한 마가의 언급을 이어받는다(눅 3:16, 22; 12:10, 12). 그러나 예상치 않게 마태(Q 자료?)는 예수가 귀신 쫓는 자로서의 능력을 성령의 덕으로 돌리는

- 1:15-17 - 세례 요한은 태어날 때부터 성령으로 충만하다.
- 1:35 - 예수의 잉태는 마리아에게 임하신 성령에 기인한다.
- 1:67 - 스가랴는 성령과 예언으로 충만하다.
- 2:25-27 - 성령은 특히 시므온 안에서와 그의 위에서 역사하신다.
- 4:1 - 예수는 "성령의 충만함을 입어" 요단강에서 돌아온다.
- 4:14 - 예수는 "성령의 능력으로" 갈릴리로 돌아간다.
- 4:18 - 나사렛에서의 설교에서 예수는 자신이 이사야 61:1에서 언급된 자라고 주장한다. "주의 성령이 내게 임하셨으니, 이는 가난한 자에게 복음을 전하게 하시려고 내게 기름을 부으시고."
- 10:21 - 70인이 선교에서 돌아오자마자 예수는 성령으로 기뻐한다.
- 11:13 - 누가는 하나님의 자녀에게 약속된 "좋은 것"을 성령에 대한 동일한 약속으로 바꾼다.

복음서 전체에서 성령에 대한 언급이 비교적 부족한 것은 다소 놀랍다. 그러나 누가는 사도행전에서 자신이 분명히 성령의 은사에 덧붙인 중요성을 충분히 준비한다. 누가복음-사도행전에서만 우리는 성령과 불로 세례를 줄 분에 대한 세례 요한의 예언(병행 본문 막 1:8)이 진지하게 받아들여지는 것을 목격할 수 있을 뿐 아니라, 그 같은 예언이 제자들로 하여금 효과적인 선교를 하도록 준비시키고 그들에게 복음이 이방인을 위한 것이기도 하다는 점을 납득시키는 데 결정적인 요소가 된 것을 볼 수 있다(행 1:5, 8; 11:15-16). 누가복음에서 요단강에서 예수가 받은 성령에 의한

것으로 묘사하는 반면(마 12:28), 누가는 그 능력을 "하나님의 손" 덕분으로 돌린다(눅 11:20).

기름 부음이 예수의 사명을 시작하게 한 것처럼(눅 3:22; 4:1, 14, 18) 오순절에 있었던 성령의 부으심은 사도행전에서 교회의 사명을 시작하도록 했다(1:8; 2:4).[370] 성령에 대한 약속은 죄 사함에 대한 본질적인 보완물이다(행 2:38; 10:43-48; 11:14-18). 누가는 특히 대다수의 신자들이 인정하거나 좋아하는 것처럼 보이는 것보다 성령이 "열광"(*Schwärmerei*)과 오늘날 오순절주의의 선례에 가까운 것을 제공하신다는 것을 의미하는─다른 영적 현상으로서의[371]─성령의 실감성[372]에 깊은 인상을 받았다는 점을 간단히 덧붙이지 않을 수 없다.[373]

(6) 누가가 누가복음의 좋은 소식을 사도행전에 나타난 바와 같은 복음과 상호 연관시키는 일에 가졌던 명백한 관심은, 누가가 **하나님 나라**에 대한 예수의 복음 전파의 초점을 사도행전으로 이어가는 데 주의를 기울인다는 점을 통해 한층 더 잘 나타난다. 마가와 마태는 물론 우리에게 예수의 하나님 나라 선포가 예수의 사명의 핵심이었다는 점에 아무런 의문을 남기지 않는다. 그러나 바울은 하나님 나라의 메시지가 예수의 복음 전파와 예수 자신의 복음 사이를 이어준다는 점을 보여주는 데 별로 애를 쓰지 않는 것처럼 보인다.[374] 그리고 요한도 바울 못지않게 하나님 나

---

370 "오순절에 부어진 성령은 새로운 시대를 개시한다. 그것이 행 2장에서 진술된 오순절 체험의 요점 전체다. 그것은 누가 신학에서 구원 역사에 대한 3단계의 관점을 고려해야 할 이유이기도 하다"(Fitzmyer, *Luke*, 1.230). M. Turner, *Power from on High: The Spirit in Israel's Restoration and Witness in Luke-Acts* (Sheffield: Sheffield Academic, 1996)도 함께 보라.

371 예. 눅 9:32; 24:37-43; 행 1:3; 10:41; 12:9. 추가적으로 필자의 *Unity and Diversity in the New Testament*, §44과 'Enthusiasm', *Enc.Rel.* 5.118-24을 보라.

372 눅 3:22("형체로"); 행 2:2-4; 8:18; 10:44-46; 19:6.

373 이 의견은 Bovon, 'The Holy Spirit', *Luke the Theologian*, 225-72(여기서는 270-1)의 비판을 받는다.

374 하지만 특히 롬 14:17; 고전 4:20; 15:24; 골 1:13; 4:11; 살전 2:12; 살후 1:5을 주목해 보라.

라에 대한 예수의 가르침을 무시한다는 사실[375]은 그 가르침이 요한의 공동체에 잘 전달되지 않았음을 암시한다. 그러나 누가는 명백히 하나님 나라에 대한 예수의 메시지가 초기 기독교 설교에서 중요한 요소로 남았음을 입증하는 데 열중했다. 누가복음에서 "하나님 나라"에 대한 누가의 언급은 마가복음과 마태복음의 언급에 필적하고 어느 정도 능가할 뿐만 아니라,[376] 누가는 또한 하나님 나라의 메시지가 빌립의 설교에서(행 8:12), 그리고 특히 바울의 설교에서(19:8; 20:25; 28:23) 두드러졌다고 주장하느라 애쓴다. 매우 인상적이게도 누가는 의도적으로 사도행전을 하나님 나라에 대한 언급으로 "시작하고 끝맺는다." 이는 부활하신 그리스도의 부활 이후의 가르침의 주제였고(1:3), 사도행전은 바울이 자기에게 온 모든 이들에게 여전히 "하나님의 나라를 전파"하는 모습으로 끝난다(28:30-31).

그러나 하나님 나라에 대한 누가복음의 독특한 점은 이 주제에 대한 누가의 이해를 다소 혼란스러운 것이나 혼란스럽게 하는 것으로 남겨놓는다.

- 누가는 마가의 표제 본문―"예수께서 갈릴리에 오셔서…때가 찼고 하나님의 나라가 가까이 왔으니"(막 1:15)―을 생략한다.
- 9:27 ― 예수가 제자들에게 어떤 이들은 하나님 나라를 보기 전에 죽음을 맛보지 않을 것이라고 확언한다(막 9:1―"죽기 전에 하나님의 나라가 권능으로 임하는 것을 볼 자들도 있느니라").

---

375 공관복음과 비슷한 요 3:3, 5과 독특한 18:36만 그렇다.
376 누가복음 32회; 마가복음 14회; 마태복음 하나님 나라 5회 + 천국 32회. 눅 4:43; 9:11, 60, 62; 12:32; 13:28; 14:15; 17:20, 21; 18:24, 29; 19:11; 21:31; 22:29, 30; 23:42은 누가복음에만 있다.

- 9:60 ― 예수가 어떤 주저하는 제자에게 그의 최고 우선순위는 "가서 하나님의 나라를 전파"하는 것이라고 권면한다.

- 9:62 ― 또 다른 제자에게 예수가 "손에 쟁기를 잡고 뒤를 돌아보는 자는 하나님의 나라에 합당하지 아니하니라"고 말한다.

- 16:16 ― 세례 요한 이래로 "하나님 나라의 복음이 전파되어 사람마다 그리로 침입"한다.

- 17:20-21 ― 하나님 나라의 도래는 볼 수 있는 것이 아니다. "하나님의 나라는 너희 안에" 있기 때문이다.

- 18:29 ― 누가는 마가복음의 "복음을 위하여"를 "하나님의 나라를 위하여"로 바꾼다.

- 19:11 ― 예수가 므나의 비유(19:12-27)를 말하는 까닭은 "그들[듣는 자들]이 하나님의 나라가 당장에 나타날 줄로 생각"했기 때문이다.

- 21:8 ― 제자들은 "하나님의 나라가 가까이 왔다"(10:9, 11)고 선포할 사명을 띠고 파송되었지만 "때가 가까이 왔다"고 말할 자들을 따르지 말도록 경고를 받는다.

- 21:31 ― 누가가 내용 면에서 마가 및 마태와 공유하는 무화과나무의 비유에서 누가는 "가까이" 온 것은 (막 13:26-29/마 24:30-33에 암시된 것처럼) 인자의 임함이 아니라 "하나님의 나라"라는 점을 분명히 밝힌다.

- 22:16, 18 ― 제자들과의 최후의 만찬에서 예수는 유월절이 "하나님의 나라에서 이루기까지" 먹지 않고 "하나님의 나라가 임할 때까지" 포도나무의 열매에서 난 것을 마시지 않겠다고 맹세한다.

- 행 1:6 ― 부활하신 예수가 제자들과 함께 있는 시간 동안 제자들은 "주께서 이스라엘 나라를 회복하심이 이때니이까?"라는 한 가

지 질문을 던진다.

- 14:22 – 바울은 "우리가 하나님의 나라에 들어가려면 많은 환난을 겪어야 할 것이라"며 제자들을 격려한다.

다소 혼란스러운 것은 하나님 나라의 존재(눅 11:20; 16:16; 17:20-21)와 하나님 나라의 미래(22:18) 사이의 긴장이 아니다. 그러한 긴장은 예수 자신의 하나님 나라 선포에서도 분명했기 때문이다.[377] 확실히 하나님 나라의 임박함이라는 문제는 그대로 남는다. 그 나라가 가까웠다는 점은 여전히 주장되지만(9:27; 10:9, 11; 21:31) 그 가까움을 과장하지 않으려는 똑같은 관심이 있는 것처럼 보인다(19:11; 행 1:6). 이는 이미 마가복음에서도 하나의 관심사였다. "아직 끝은 아니니라"(막 13:7). 누가는 경고성 발언을 강화한다. "끝은 곧 되지 아니하리라"(눅 21:9). 누가는 "복음이 먼저 만국에 전파되어야 할 것이니라"(막 13:10)는 마가의 추가적인 주의를 생략한다. 그러나 누가는 "예루살렘"이 "이방인의 때가 차기까지 이방인들에게" 밟힐(21:24b) 추가적인 개입의 단계를 덧붙임으로써[378] 예루살렘의 멸망(눅 21:20-24a)을 (여전히 미래의) 인자의 오심과 구별하는 것처럼 보인다.[379] 이처럼 누가는 자기 나름의 방식으로 사도행전에서 진술할 초기 기

---

377 *Jesus Remembered*, §12.
378 "이방인의 때"를 (Fitzmyer, *Luke*, 2.1347처럼) 단순히 유대인 봉기가 실패로 돌아간 이후 로마가 유대를 지배한 일에 대한 언급으로 받아들여선 안 된다. *Kairoi*("때")가 암시하듯이 이 국면은 (행 1:7과 3:20에서와 같이) 누가의 종말론의 한 표현이며 (행 14:17과 17:26에서와 같이) 아마도 신적인 계획과 준비가 펼쳐지는 것을 가리킴으로써 단 12:7을 어느 정도 떠올리게 하는 표현일 것이다. 따라서 여기에는 구원 역사의 차원이 존재하며 롬 11:25(및 11:11-12)과의 병행 관계도 무시할 수 없다. Evans, *Saint Luke*, 752; Bovon, *Lukas*, 4.185도 함께 보라.
379 "누가는 '그때에'(막 13:24)⋯를 생략함으로써 마가가 함께 연결시킨 것, 즉 예루살렘의 '종말'과 세상의 '종말'을 분명히 구분한다. 앞으로 닥칠 일은 '그때에', 즉 예루살렘이 멸망한 직후에는 일어나지 않을 것이다"(Fitzmyer, *Luke*, 2.1348).

독교 선교의 단계가 들어갈 여지를 마련한다.[380]

그러나 누가가 하나님 나라의 전파를 부활 이후 복음의 여전히 중요한 한 측면으로 계속해서 간주했다는 사실은 그가 하나님 나라가 임할 시기에 대해서는 덜 관심이 있었음을 암시한다. 누가가 그의 역사적 내러티브를 "재림의 지연"을 해결하는 한 방법으로 구성했다는 가정은 누가의 생각이라기보다는 20세기의 선입견이다.[381] 누가의 관심사는 오히려 하나님 나라가 임하는 시기에 대한 기대나 걱정이 정작 중요한 것에서 관심을 돌리게 할 수도 있다는 것이었다. 중요한 것은 성부 하나님의 손에 달려 있는 때와 시기가 아니라 예수의 죽음과 부활에 관한 좋은 소식을 성령께 능력을 받은 이들이 땅끝까지 증언해야 한다는 점이었다(행 1:6-8). 중요한 것은 하나님 나라를 마치 관찰할 수 있는 것처럼 찾아 헤매는 것이 아니라 하나님 나라를 삶으로 보여주고(눅 17:20-21) 하나님의 통치에 대한 헌신이 어떤 박해를 수반하더라도(행 14:22) 하나님의 통치에 헌신하는 것이다(9:62).[382]

따라서 여기서 또다시 우리는 누가가 어떻게 예수 전승을 가지고 작업했으며 어떻게 예수 전승이 누가의 예수 이야기 진술과 기독교의 시초에 대한 기록에 핵심 모티프를 제공했는지를 분명히 볼 수 있다. 누가는 구원과 용서에 대한 예수의 강조를 자세히 설명한다(또는 보다 넓은 범

---

380 누가는 이스라엘과 예수의 사역의 시기/시대의 뒤를 잇는 교회의 시기/시대를 위한 신학적인 공간을 만든다는 Conzelmann, *Theology of Saint Luke*, 16-17과 그밖에 여기저기에 나오는 보다 정교한 논지의 핵심은 비록 Conzelmann이 과도하게 강조하기는 했지만(Fitzmyer *Luke*, 1.18-19, 182-87에서 이를 호의적으로 다루었지만 예를 들어 Schnelle, *History*, 252-53, 255-57의 비판을 보라) 여전히 유효하다. 예수의 승천에 대한 이중 기사(눅 24:51; 행 1:9)는 승천에 예수의 지상 사역의 끝과 교회의 시대/이야기의 시작을 표시하는 이중적인 기능이 있음을 의미한다.

381 참고. Kümmel, *Introduction*, 142-45.

382 Fitzmyer, *Luke*, 1.231-35도 함께 보라.

위의 전승에서 인용한다). 누가는 죄인들을 위한 예수의 사명을 강조하되 이를 사도행전까지 연장하지는 않는다. 그러나 누가는 예수의 사명에 있어서 성령의 역할을 그보다 앞선 복음서 저자들보다 더 많이 강조하고 이를 통해 사도행전에서 성령의 역할의 중요성에 더 충분히 대비하게 한다. 그리고 가장 흥미롭게도 누가는 예수의 복음 전파에서 "하나님 나라"를 충분히 강조하며 그러한 강조점을 (다른 이들은 그 강조점을 초기 교회의 복음 전파로 이어가는 데 있어서 제약을 받았지만) 사도행전으로 이어가기를 주저하지 않는다. 이 중 어느 것에서도 누가는 예수 전승을 근본적으로 고치거나 예수 전승과 이질적인 강조점을 도입하지 않았다. 예수 전승의 창조적 표현은 누가가 그 사명과 가르침이 그 어느 때보다도 자신의 시대에 훨씬 더 적실한 예수를 표현하는 데 필요한 모든 기회를 부여했다.

d. 이스라엘과 이방인

각 복음서의 가장 흥미로운 측면 중 하나는 복음서 저자가 복음서를 쓸 때 이미 예수에 대한 좋은 소식이 이스라엘 못지않게 이방인을 위한 좋은 소식이라는 점이 매우 분명했다는 사실을 다루는 방식이다. 이 문제는 누가에게 특히 중요하다. 그는 아마도 처음부터 자신의 복음서의 "먼저 쓴 글"에 "두 번째 글"이 뒤따르도록 의도했을 것이다(행 1:1). 따라서 사도행전에서 다루는 시기에 그토록 첨예하게 떠오른 문제(유대인 메시아에 대한 메시지가 비유대인 신자와 어떻게 관련되는가)가 누가복음과 이미 전조가 나타난 누가복음의 해법 속에서 어떻게 인식되고 있는지를 주목해 보는 것은 흥미롭다.

누가복음-사도행전의 주제에는 두 가지 측면이 있다. (1) 예수의 사명과 예수와 최초의 제자들이 선포한 복음의 유대적인 성격과, (2) 이 복음이 이스라엘을 위한 좋은 소식으로서 (다른) 민족들을 위해서도 좋은 소식이라는 것이다. 이 둘을 결합시키면 먼저는 누가복음, 그다음에는 사도행전이 전개될 때 훨씬 더 분명해지는 것은, 누가가 이스라엘과 예수의 선교 및 사도행전에서의 이방인에 대한 복음 전도 사이에서 인식한 연속성이다.[383]

(1) 우리는 먼저 누가에 따른 복음/복음서의 이스라엘에 맞춰진 초점과 유대적인 성격에 주목한다.

- 누가복음의 처음 몇 장에 나오는 내러티브는 예루살렘 성전에서 시작되고 끝난다(눅 1:5-23; 2:25-50).[384]
- 세례 요한은 "이스라엘 자손을 주 곧 그들의 하나님께로 많이 돌아오게" 할 것이고(1:16) 예수는 "영원히 야곱의 집을 왕으로 다스리실" 것이라고 예언된다(1:33).
- 이 처음 몇 장의 주요 등장인물들은 유대인의 신앙심이라는 관점에서 볼 때 전적으로 존경스러운 인물들이다.
  ◦ 특히 "하나님 앞에 의인"이며 "주의 모든 계명과 규례대로 흠이 없이" 행하는(1:5-6) 아론의 후손이자 세례 요한의 아버지 사가랴.
  ◦ 하나님께 큰 은총을 입은 예수의 어머니 마리아(1:30).

---

383 최근 학계에서 하나님의 백성에 대한 누가의 이해를 가장 충분히 인정한 학자는 J. Jervell, *Luke and the People of God: A New Look at Luke-Acts* (Minneapolis: Augsburg, 1972); *The Theology of the Acts of the Apostles*(Cambridge: Cambridge University, 1996)이다. Sellner, *Das Heil Gottes*, 9장도 함께 보라. 그 이후의 기독교적 관점을 대표하는 것은 "교회"라는 제목의 장에서 이 주제를 논한 Bovon의 논의(*Luke the Theologian*, 7장)와 그에 대한 Jervell의 비판(377-81)이다.

384 예루살렘에 대한 누가의 몰두는 성전 꼭대기에 선 예수와 더불어 절정에 이르는, 예수가 받은 시험에 대한 누가의 배열 순서에도 반영되어 있다(4:9-12).

◦ "의롭고 경건하여 이스라엘의 위로를 기다리는" 시므온(2:25).

◦ "성전을 떠나지 아니하고 주야로 금식하며 기도함으로" 섬기던 안나(2:37).

• 마리아와 사가랴가 부른 노래는 전통적인 유대인의 신앙을 대표한다. 마리아의 노래(눅 1:46-55)인 "마리아 송가"(Magnificat)는 사무엘상 2:1-10에 나오는 한나의 기도를 유사하게 본뜬 것이다. 이 노래는 다음과 같은 말로 끝난다.

그 종 이스라엘을 도우사 긍휼히 여기시고 기억하시되 우리 조상에게 말씀하신 것과 같이 아브라함과 그 자손에게 영원히 하시리로다(1:54-55).

• 마찬가지로 사가랴의 노래(눅 1:68-79)인 "찬송하리로다"(Benedictus)도 거의 모든 시행에서 시편 저자와 예언자를 떠올리게 한다.[385] 예를 들면 다음과 같다.

우리 조상을 긍휼히 여기시며 그 거룩한 언약을 기억하셨으니 곧 우리 조상 아브라함에게 하신 맹세라.…[세례 요한이] 주 앞에 앞서 가서 그 길을 준비하여 주의 백성에게 그 죄 사함으로 말미암는 구원을 알게 하리니(1:72, 76-77).

이 장들은 그것이 제공하는 놀라운 성탄절 이야기와 기독교 예전에서 매우 전통적인 것이 된 찬송가들로 인해 거의 모든 세대의 기독교인들에게

---

385 Nestle-Aland, *Novum Testamentum Graece*의 난외주가 잘 보여주듯이.

소중하게 여겨졌다. 그러나 이 장들이 지닌 유대적인 성격의 강도는 그보다 훨씬 덜 인식되며 종종 간과된다.

- 누가만이 예수를 자신이 이사야서 61:1-2의 예언을 성취하는 자, 이스라엘에 대해 예언된 기름 부음 받은 자라고 명시적으로 주장하는 분으로 묘사한다(눅 4:16-21).
- 누가가 유지한 "모세-예언자"와 "예수-예언자"라는 강조점은 이미 언급한 바 있다(§42.4b).[386]
- 마가복음 1:35-38과 병행을 이루는 초반의 한 요약 단락에서 누가는 예수를 자신은 "다른 동네들에서도 하나님의 나라 복음을 전"하기 위해 가버나움을 떠나야 하며 그 이유가 "나는 이 일을 위해 보내심을" 받았기 때문이라고 주장하는 분으로 묘사한다(눅 4:42-43).
- 누가는 새 포도주는 새 부대에 넣어야 한다는 예수의 가르침에 다음과 같은 논평을 덧붙인다. "묵은 포도주를 마시고 새것을 원하는 자가 없나니, 이는 묵은 것이 좋다 함이니라"(5:39).
- 누가는 마태처럼 바리새인에 대해 그렇게 한결같이 비판적인 것이 아니라 예수에 대해 동조적이거나 마음이 열려 있는 바리새인들에 대한 이야기도 포함시킨다.[387]
- 누가는 마가복음 6:45-8:26을 생략하며 따라서 예수의 벳새다, 두로와 시돈, 데가볼리에 대한 선교 기록(막 6:45; 7:24, 31)을 무시한다.

---

386 눅 9:12-17, 31; 11:20; 13:33; 24:19, 21.
387 눅 7:36; 11:37; 13:31; 14:1; 참고. 행 5:33-39; 23:6.

- 예수는 잃어버린 자를 찾아 구원하도록 보냄 받은 자(눅 19:10)로서 이스라엘 양 떼의 흩어지고 잃어버린 양들을 찾아 구원하려는 야웨의 약속된 목적을 성취한다(겔 34:11-16).
- 누가는 나머지 공관복음 저자들과는 달리, 그러나 바울과 비슷하게(고전 11:25) 마지막 만찬의 새 언약적 차원을 강조한다(눅 22:20).
- 누가복음은 자신의 제자들이 보좌에 앉아 이스라엘 열두 지파를 심판할 것이라고 약속하는 예수에 대한 (마태복음과) 공유된 전승을 간직하고 있다.[388]
- 경건한 유대인 등장인물들이 탄생 내러티브의 특징을 이루듯이 예수 생애의 마지막 장면에는 "하나님의 나라를 기다리는" 아리마대 요셉이 등장한다(23:51).

이 주제는 사도행전까지 이어진다.

- 이미 언급한 바와 같이 누가의 두 번째 책은 부활하신 예수께 "주께서 이스라엘 나라를 회복하심이 이때니이까?"(행 1:6)라고 묻는 제자들과 함께 시작된다. 예수는 이 관심사를 일축하지 않으신다. 그리고 사도행전은 바울이 자신이 쇠사슬에 매인 바 된 것은 "이스라엘의 소망"을 위한 것이라고 주장하면서 끝난다(28:20; 26:6-7도 주목해 보라).
- 유다를 다른 사람으로 대체하고 이를 통해 열두 사도의 수를 채우려는 욕구(1:15-26)는 열두 사도가 종말론적인 이스라엘의 열두

---

388 C. A. Evans, 'The Twelve Thrones of Israel: Scripture and Politics in Luke 22:24-30', in Evans and Sanders, *Luke and Scripture*, 154-70도 함께 보라.

지파를 대표한다는 지속적인 생각을 내포한다.[389]

- 베드로가 예루살렘에서 전한 첫 번째 설교는 (성부 하나님에게서 나
  온 성령의) 약속이 "너희와 너희 자녀와 모든 먼데 사람 곧 주 우리
  하나님이 얼마든지 부르시는 자들에게 하신 것"이라고 결론짓는
  다(2:39). 모든 "먼데" 사람은 아마도 디아스포라 유대인일 것이며
  이사야 57:19을 상기시키는 표현이다.[390]

- 두 번째 설교에서 베드로는 하나님으로부터 이를 "새롭게 되는
  날"과 하나님이 예언자들을 통해 말씀하신 "만물을 회복하실 때"
  를 기대한다(행 3:19, 21).[391] 베드로는 결론적으로 예루살렘 사람들
  에게 "너희는 선지자들의 자손이요 또 하나님이 너희 조상과 더불
  어 세우신 언약의 자손"이며 "아브라함에게 이르시기를 땅 위의
  모든 족속이 너의 씨로 말미암아 복을 받으리라" 하셨다는 사실을
  상기시킨다(창 12:3; 행 3:25).

- 최초의 기독교 선교는 "예루살렘에서 시작"한 것으로 정의되었고
  (눅 24:47; 행 1:8) 복음이 이스라엘 땅을 넘어 먼 곳까지 이르렀을
  때에도 그 이야기에 대한 누가의 진술은 복음의 팽창 과정에서 예
  루살렘의 중심적 위치를 유지한다.[392]

- 복음과 이스라엘의 역사 및 소망의 연속성은 바울의 기록된 첫 번

---

389 *Beginning from Jerusalem*, 153. M. E. Fuller는 *The Restoration of Israel: Israel's Re- gathering and the Fate of the Nations in Early Jewish Literature and Luke-Acts*(BZNW 138; Berlin: de Gruyter, 2006)에서 "열두 사도를 이해하기 위한 누가의 주된 해석의 틀은 포로기의 회복에 대한 모형"이라고 주장한다(239-45; 여기서는 241).

390 *Beginning from Jerusalem*, 226 n. 279.

391 *Beginning from Jerusalem*, 92-93.

392 행 8:14-25; 9:26-30; 11:1-18, 22-24; 15:1-29; 21:15-23:31. *Beginning from Jerusalem*에서 필자는 누가가 부활 후 예수가 예루살렘에 나타나신 일에 대한 기록을 의도적으로 제한했다고 지적했다(138-39).

째 설교에서 강조된다(행 13:16-41).

- "이방인을 향한 전환"이 발생한 뒤에도[393] 누가의 진술은 계속해
서 복음이 유대인과 이방인에게 함께 전파된 것으로 묘사하며,
"하나님의 나라"와 "주 예수 그리스도"는 사도행전의 마지막 문장
에서 바울에게 찾아오는 모든 이들에게(이방인뿐만 아니라 유대인에게
도) 전파된다(28:30-31).[394]

따라서 누가는 성취 모티프를 마태처럼 그렇게 명시적으로 다루지는 않
지만, 누가복음에서 성취 모티프는 마태복음에서만큼 강력하다. 복음과
이스라엘의 소망의 연속성 및 그 소망에 대한 복음의 실현은 누가복음의
핵심적인 주제들이다.

(2) 그러나 이와 똑같이 주목할 만한 것은 이 좋은 소식이 오직 이스
라엘만 위한 것은 아니라는, 즉 이스라엘의 좋은 소식은 이방인을 위한
것이기도 하다는, 역시 누가복음과 사도행전에 함께 나타나는 누가의 반
복적인 암시다.[395]

---

393 행 13:46-47; 18:6; 28:25-28.
394 *Beginning from Jerusalem*, 1005-9과 추가 참고문헌(n. 222) 및 다음 문헌들을 보라. Klein,
Lukasevangelium, 59; Moessner, ed., *Jesus and the Heritage of Israel*, 307-24, 325-39에 수
록된 M. Wolter, 'Israel's Future and the Delay of the Parousia, according to Luke'와 R. C.
Tannehill, 'The Story of Israel within the Lukan Narrative'; Sellner, *Das Heil Gottes*, 68-
78. Schnelle는 부적절하게도 "구원 역사에서 이스라엘이 그 혜택 받은 지위에서 배제
됨"에 대해 말하지만(*History*, 244 및 *Beginning from Jerusalem* 1007 n. 225에 언급된 다
른 이들), 그는 마지막 장면(28:30-31)을 무시하고 15:15-17의 중요성을 간과하며(이하
를 보라), 눅 21:21-24을 인용하면서 21:24과 롬 11:25의 병행 관계를 무시한다. 누가
가 "반유대주의적"이었는가 하는 문제에 대해서는 *Beginning*, 1006-7 n. 225 및 Evans,
'Prophecy and Polemic: Jews in Luke's Scriptural Apologetic', in Evans and Sanders, *Luke
and Scripture*, 171-211을 보라.
395 참고. S. G. Wilson, *The Gentiles and the Gentile Mission in Luke-Acts* (SNTSMS 23;
Cambridge: Cambridge University, 1973); T. J. Lane, *Luke and the Gentile Mission: Gospel
Anticipates Acts* (Frankfurt: Lang, 1996).

- 매우 유대적인 탄생 내러티브 속에서 이미 시므온은 그의 기도(눅 2:29-32)인 "이제는 놓아주시는도다"(Nunc Dimittis)에서 이 비전을 보다 폭넓게 확대한다. 시므온은 자신이 아기 예수에게서 본 구원, 곧 "만민 앞에 예비하신 것이요, 이방을 비추는 빛이요, 주의 백성 이스라엘의 영광"인 구원으로 인해 하나님을 찬양한다. 이사야서의 야웨의 종에 대한 사명 위임—"너를 세워 백성의 언약과 이방의 빛이 되게 하리니"(사 42:6), "내가 나의 영광인 이스라엘을 위하여 구원을 시온에 베풀리라"(사 46:13), "내가 또 너를 이방의 빛으로 삼아 나의 구원을 베풀어서 땅끝까지 이르게 하리라"(사 49:6)—을 상기시키는 표현들은 분명 의도적이며 누가가 그의 두 권의 책을 통해 주장하는 일관된 요지를 예시한다.

- 누가는 세례 요한에 대한 기사에서 이사야 40:3을 인용한다는 점에서 마가복음(과 Q 자료?)을 따르지만, 누가만이 계속해서 이사야서 본문을 두 구절 더 인용하여(40:4-5) "모든 육체가 하나님의 구원하심을 보리라"는 말씀으로 끝낸다(눅 3:4-6).[396]

- 누가는 이스라엘에게 아브라함에게서 비롯된 혈통이 그 자체로 신적인 은총을 보장해주는 것은 아니라는 점을 상기시키기 위해 세례 요한의 설교에 대한 Q 전승을 사용한다. "하나님이 능히 이 돌들로도 아브라함의 자손이 되게 하시리라"(눅 3:8).

- 마태는 예수의 족보를 아브라함에서부터 시작하는 반면(마 1:2) 누가는 하나님의 아들 아담에서부터 시작한다(눅 3:38).

---

396 이것은 성경의 인용구들이 그 문맥과 관계없이 자의적으로 인용된 것이 아니라 보통 그 문맥을 전제로 하고 있음을 암시하는 내용이다. 이는 C. H. Dodd가 *According to the Scriptures* (London: Nisbet, 1952), 126에서 주장한 논거였지만 그 이후로 논쟁이 끊이지 않는 주제가 되었다.

- 누가가 나사렛에서 예수가 행한 설교에 대한 기록을 확대한 것은 명백히 의도적이다. 예수는 엘리야가 자기 백성이 아닌 시돈의 사렙다에 있는 한 과부에게 보내졌다는 점과 엘리사가 깨끗케 한 유일한 나병 환자는 수리아 사람 나아만이었다는 점을 지적함으로써 동네 주민들의 불만 가득한 반응을 뚜렷이 대비시킨다(4:27-27). 누가는 그 지역 사람들의 분노에 찬 반응도 언급한다(4:28-29).
- 다소 놀랍게도 누가는 이스라엘 너머까지 이른 예수의 선교에 대한 마가의 주된 예 중에 하나(막 7:2430)를 생략하지만 다른 예들, 즉 예수가 이스라엘에서 발견한 믿음보다 더한 믿음의 본보기인 이방인 백부장에 대한 Q 전승의 이야기(눅 7:9)와 (유대인이 아닌) 많은 이들이 동쪽과 서쪽, 북쪽과 남쪽에서 와서 하나님 나라의 식탁 교제에 참여하는 반면 악을 행하는 이스라엘 백성은 그 나라에서 배제될 것이라는 예수의 기대(13:28-29)는 유지한다.
- 누가가 독특하게도 제자들에 대한 예수의 선교 명령을 두 번 기록한 것(눅 9:1-6; 10:1-16)은 초기 예수 분파의―할례파와 무할례파를 향한―이중 선교를 암시한다(갈 2:7-9). 똑같은 특징이 누가복음에 나오는 큰 만찬 비유에서 손님들이 오기를 거절했을 때 주인의 이중적 반응, 즉 만찬에 참여할 사람들을 새로 모아 오라는 첫 번째 사명과 그 이후의 또 다른 사명에서도 나타난다(눅 14:21-23).
- 이와 똑같이 주목할 만한 것은 누가가 누가복음에서 사마리아인들에게 독특하게 부여하는 중요성이다.
  ○ 예수는 환대하지 않는 사마리아의 한 마을에 대해 복수하려 하는 야고보와 요한을 책망하는데(9:52-55), 이는 예루살렘으로 가는 긴 여행에서 일어난 첫 번째 사건이다(9:51).
  ○ 예수는 제사장과 레위인이 보여준 관심 부족과 대조되는 선한

사마리아인의 비유를 말함으로써 수세기에 걸친 사마리아에 대한 유대인의 편견을 깨뜨린다(10:30-35).

○ 예수가 깨끗이 낫게 한 열 명의 나병 환자 중 예수께 돌아와서 감사한 유일한 사람은 사마리아인이었다(17:11-19).

이처럼 누가는 그 이후의 빌립에 의한 사마리아 선교(행 8장)의 전조가 어떻게 나타났으며 예수 자신의 공생애 기간에 예수가 이를 어느 정도 예고했는지를 보여준다.[397]

• 예수의 사명이 "죄인들"(hamartōloi)을 향한 사명, 그들을 위한 사명임을 강조한다는 점에서[398] 누가가 (바리새인들이?) 동료 유대인들을 "죄인"으로 범주화하는 데 대한 예수의 이의제기를 그토록 중시하는 것은 인상적이다. 누가는 집 주인인 바리새인이 "죄인"으로 배척하는 한 여자를 예수가 받아들이고 용서하신 것을 강조한다(눅 7:39-40). 그리고 누가는 "이 사람이 죄인을 영접하고 음식을 같이 먹는다"는 바리새인들과 서기관들의 비난에도 불구하고 "죄인들"이 가까이 나아와 예수의 말씀을 들었다는 점을 언급하면서 잃어버린 양, 잃어버린 동전, 잃어버린 아들이라는 세 가지 비유를 소개한다(눅 15:1-2). 누가는 여기서 스스로 예수의 사명이 지닌 경계를 허무는 성격에 대해 매우 잘 알고 있음을 보여준다.[399] 그 의미

---

397 사마리아인에 대한 마태의 유일한 언급(마 10:5)과 비교해 보라.

398 눅 5:8, 30, 32; 7:34, 37, 39; 15:1-2, 7, 10; 18:13; 19:7.

399 *Jesus Remembered*, 605-7. 여기서 "죄인"은 의인이 인정하지 않은 사람들을 멸시하는 파벌적인 용어였다는 점을 기억하는 것이 중요하다(*Jesus Remembered*, 528-32). 누가가 "죄인"을 언급한 구절들은 누가(또는 누가가 사용한 전승)가 이러한 파벌적인 어법을 잘 알고 있었음을 보여준다.

는 누가가 틀림없이 의도한 대로 예수가 구원하러 오신 "잃어버린 자"(19:10) 중에 경건한 이스라엘인들이 하나님의 관심 범위 밖에 있다고 가정한 이들이 포함된다는 것이다.

- 누가가 예수의 "가난한 자"(*ptōchoi*)를 향한 사명, 그들을 위한 사명을 추가적으로 강조하는 것에서 그와 비슷한 한 가지 추론을 이 끌어낼 수 있다.[400] 여기서 누가의 기록에서 매우 특징적인, 특별히 언급할 만한 가치가 있는 한 가지 특징은 새 시대의 잔치에 초대받을 이들은 "가난한 자들과 몸 불편한 자들과 저는 자들과 맹인들"이라는 누가복음 14:13, 21의 반복된 강조다. 이 표현은 쿰란의 제사장적 공동체에서 배제되는 이들의 명단을 상기시킨다.[401] 그것을 너무나 비슷하게 상기시키므로 누가가 예수는 하나님의 임재에서의 그와 같은 배제를 거부하는 분임을 상기시키고 있을 가능성도 있는 것으로 간주해야 한다. 죄인이나 몸 불편한 이들을 성도들과 함께 먹고 마시며 천사들과 함께 예배하기에 부적합한 이들로 대해선 안 된다.[402]

사도행전에서는 다음 몇 개의 본문만 상기하면 된다.

- 베드로의 두 번째 설교의 결론은 이미 인용한 바 있는데 거기서

---

400 눅 4:18(사 61:1 인용); 6:20과 7:22(사 61:1을 상기시킴); 14:13, 21; 16:20, 22; 18:22; 19:8; 21:3.
401 1Q28a 2.3-10; 1QM 7.4-6; 4QCD⁶; 11QT 45.12-14.
402 *Jesus Remembered*, §14.8a과 필자가 그 이전에 발표한 'Jesus, Table-Fellowship and Qumran', in J. H. Charlesworth, ed., *Jesus and the Dead Sea Scrolls* (New York: Doubleday, 1992), 254-72.

베드로는 바울의 주장의 비중 있는 근거가 된 구절(창 12:3),[403] 즉
하나님이 아브라함에게 주신 "땅 위의 모든 족속이 너의 씨로 말
미암아 복을 받으리라"는 약속을 인용한다(행 3:25).

• 바울의 회심에서 핵심적인 것은 세상의 빛이 되어야 할 야웨의 종
으로서 이스라엘의 사명을 성취해야 할 바울의 사명이다.[404]

• 사도행전 10-11장에서 베드로는 정결과 부정에 대한 율법은 그
가 어떤 **사람**을 불경하거나 부정한 사람으로 간주해야 함을 의미
하지 않는다는 점을 깨닫는다(10:28).[405]

• 마지막으로 우리는 예수의 형제이자 예루살렘의 메시아 예수 신
봉자들의 지도자인 야고보가 메시아 예수에 대한 믿음을 갖게 되
었지만 할례를 받지는 않은 비유대인들의 수가 점점 늘어나는 문
제를 어떻게 해결했는지에 주목해야 한다. 그는 이 문제를 두 단계
로 해결한다. 첫째로 그는 아모스 9:11-12을 인용한다.

이후에 내가 돌아와서 다윗의 무너진 장막을 다시 지으며 또 그 허물
어진 것을 다시 지어 일으키리니, 이는 그 남은 사람들과 내 이름으로
일컬음을 받는 모든 이방인들로 주를 찾게 하려 함이라 하셨으니(행
15:16-17).

이 조합—이스라엘의 회복과 하나님이 인정하시는 이방인—은 누
가의 이중적 강조를 다른 어느 곳에서보다도 더 분명하게 요약해

---

403 특히 갈 3:8; *Beginning from Jerusalem*, 93과 n. 166 및 535, 734쪽을 보라.
404 행 9:15; 13:47; 22:21; 26:17-18, 20.
405 *Beginning from Jerusalem*, 394-96.

준다(특히 눅 2:32을 참고하라).[406]

• 다음으로 야고보는 "사도 교령"(apostolic decree)으로 알려지게 된 교령(敎令)을 공표한다(행 15:20). 이 교령은 예수를 믿는 이방인 신자들에게 "우상의[우상과의 접촉으로 인한] 더러운 것과 음행(*porneia*)과 목매어 죽인 것(*pnikton*)과 피를 멀리하라[음식법]"고 요구한다. 여기서 종종 간과되어 온 것은 "사도 교령"의 주된 원천이 "거류민", 즉 이스라엘 땅에, 그 백성 "중에" 항구적으로 거주한 비유대인들에 관한 법인 것으로 보인다는 점이다(레 17:8-9, 10-14; 18:26).[407] 이는 짐작건대 누가 자신이 인정했고 아마도 예루살렘 교회도 인정했을 "이방인 문제"에 대한 해법이었다. 즉 이 "문제"는 그와 같은 이방인들을 사실상 "거류민", 즉 그들의 이방인으로서의 정체성을 유지하면서 그 백성 가운데 있는 이방인들처럼 대함으로써 해결된다.

따라서 여기에는 복음은 이스라엘에 생소한 것이 아니라는 누가의 주장이 있었다. 복음은 이스라엘과 대립되는 것이 아니며 율법과 대립시켜서도 안 된다. 그와 반대로 복음은 이스라엘의 회복, 이스라엘의 예언자들의 소망의 성취, 이방인을 그 성취된 소망 안에 그 소망의 일부로 포함시키는 것을 기대한다. 마가복음과 달리 누가복음은 율법과 이방인에게 전적으로 열려 있는 메시지 사이의 불연속성에 초점을 맞추지 않는다. 마태

---

406 Bovon이 주장하듯이(*Lukas*, 1.15-16) 누가는 예루살렘 회의를 사도행전의 중심에 배치한 것처럼(15:1-35 — 이방인과 이스라엘) 잃어버린 아들의 비유를 정확히 누가복음의 중심(눅 15:11-32 — 둘째 아들과 큰아들)에 배치했을지도 모른다. 이 두 본문은 각 저작 전체에 대한 해석학적 열쇠를 제공한다. 놀랍게도 Fuller는 *The Restoration of Israel*에서 이스라엘의 회복에 대한 누가의 이해를 가장 분명하게 표현한 본문 중 하나를 무시한다.

407 추가적으로 필자의 *Beginning from Jerusalem*, 461-9을 보라.

복음과 달리 누가복음은 모세와 예언자들의 유산을 놓고 70년의 대재앙에서 살아남은 랍비들과 싸우지 않는다. 누가에게 있어서 **복음서는 이스라엘의 소망 안에 이방인을 포함시키는 것과 같이 그 소망의 성취를 뒷받침할 때 외에는 복음이 아니다.**[408]

마태복음 10:5과 같은 구절의 존재를 감안하면 누가가 이러한 강조점을 예수 전승에 추가했는지를 묻는 것은 부당하지 않다. 사도행전에서 진술되는 발전 과정은 정말로 예수 자신의 사명, 예수 자신의 비전, 그의 가르침의 강조점에 뿌리를 두고 있다고 주장할 수 있는가? 사실 방금 입증한 대로 이 후자의 질문에 긍정적으로 대답할 수 있는 타당한 근거를 댈 수 있다. 실제로 누가는 마치 누가복음을 처음부터 사도행전의 연장을 염두에 두고 구성했을 뿐만 아니라 그 두 책과 그 두 책이 진술하는 (단일한) 이야기의 연속성을 도출해낼 목적으로 구성한 것처럼 보인다. 유의해야 할 한 가지 주의사항은 이 연속성이 마치 이스라엘은 이제 내버려지기라도 한 것처럼 단순히 이스라엘에서 이방인으로의 연속성은 아니었다는 점이다. 이 연속성은 필자가 주장하려 한 것처럼 이스라엘의 소망은 정확히 그 실현된 소망 속에 이방인이 포함됨으로써 성취된다는 측면에서의 연속성이었다.

따라서 이 경우에 우리는 누가가 예수 전승에서 자신이 사용할 수 있고 자신에게 더 큰 통제권이 있는 자료에서 더 분명하게 밝힐 수 있는 의미와 암시를 발견했다고 말할 수 있을 것이다. 누가가 새로운 자료를 만들어 내거나 자기만의 관심사를 예수 전승 자체에 자유롭게 주입한 것

---

408 그렇다면 누가는 예루살렘의 멸망을 "약속의 담지자인 이스라엘의 종말"을 표시하는 것으로 묘사하거나(Koester, *Introduction*, 2.315) 교회를 "참된 이스라엘"로 묘사하는가 (Schnelle, *History*, 253)? 그와 같은 판단은 보다 복잡한 소망에 대한 지나친 단순화로 보인다. "대체론"은 이 초기 기독교의 수수께끼에 대한 너무 쉬운 해결책이자 너무나 빨리 반유대교와 차후의 반유대주의로 귀결된 해결책이다.

이 아니라는 점에 유의해야 한다. 누가는 예수 전승이 그가 복음이 최초의 부활절 이후 진행된 것으로 본 방향을 지시한다는 데 만족했고, 예수 전승의 몇 가지 명백한 특징을 활용했으며, 또한 자신이 현재 강조할 필요가 있다고 본 점들을 강조하는 데 예수 전승을 알맞게 사용했다. 예수의 배경과 사명 및 바울(과 그의 계승자의 한 사람인 누가)이 여전히 선포하고 있는 복음적 소망의 유대인적 특성, 그러나 이방인에게도 열려 있는 복음, 이런 것들은 누가가 예수의 생애와 사명에 대한 그의 기록에서 도출할 수 있었고 그의 두 번째 말씀에서도 계속 이어갈 수 있었던 한계선이었다.

e. 제자도의 우선순위

누가의 사도행전에서 실망스럽다고까지는 할 수 없지만 놀라운 특징 중 하나는, 그가 자신이 그 토대를 묘사하고 있는 새로운 교회들의 윤리적인 주제와 우선순위를 기술할 기회를 잡지 못한다는 점이다. 예를 들어 평지 설교(눅 6:20-49)에서 예수가 준 그런 종류의 가르침이나 바울이 가령 고린도에 보낸 편지에서 다룬 주제들은 사도행전에 부재한 것으로 유명하다. 물론 최초의 예루살렘 교회의 재산을 공유하는 공동체(행 2:44-45; 4:32-37)와 예언된 기근이 유대 지방의 신자들에게 미칠 영향에 대한 안디옥 교회의 관심(11:27-30)에 대한 언급은 분명히 존재한다. 그리고 밀레도에서 바울이 전한 고별 연설은 어느 정도 강력한 윤리적인 인상을 준다(20:33-35). 그러나 그 외에 11:23, 13:52, 20:37-38과 같은 짧은 요약적 진술들은 우리에게 최초의 기독교인들이 어떻게 살았는지, 그들의 윤리적 우선순위는 무엇이었는지에 대해 거의 아무것도 말해주지 않는다. 이처럼 누가가 이스라엘-이방인 문제에 대해서와 같이 누가복음과 사도행전 사이에 동일한 연속성을 유지하려는 생각이 별로 없었음을 보여주는 가장 인상적인 예 중 하나는 사도행전에 "사랑"에 대한 어떤 언급이나 이야기가 전혀 없다는 점이다. 아마도 누가는 누가복음에서 제시한 권면이 그의 두 책이 낭독된 회중들을 향한 가르침과 격려로 이어졌다고 가정할 수 있었을 것이다.[409] 그러나 이러한 측면에 대한 사도행전의 이상한 침묵은 여전히 수수께끼다.

마태복음과 달리 누가복음에는 명백한 교육적 관심도 결여된 것으로 보인다.[410] 그러나 이로 인해 누가가 누가복음에서 유지하고 있는 몇몇 목회적이고 윤리적인 주제들과 강조점들을 경시하는 결과가 초래되어선 안 된다.

- 이 분야에 대한 누가의 관심을 보여주는 초기의 암시는 누가만이 세례 요한의 가르침에 포함시킨 짧은 문단인데, 거기서 요한은 자기 주위에 모인 사람들에게 관대하고 정직하며 의롭게 행동하라고 권면한다(눅 3:10-14).

- 누가는 나머지 복음서 저자들보다 겸손이라는 주제에 더 많은 중

---

409 Evans, *Saint Luke*, 93-94. 흥미롭게도 (앞의 n. 278에서 언급한 내용에도 불구하고) 누가는 예수에게 질문하는 율법교사의 입을 빌려 레 19:18의 놀라운 추상적 개념을 표현하지만(눅 10:27), 이는 아마도 단지 선한 사마리아인의 비유(10.29-37)에서 레 19:18에 대한 예수의 설명으로 초점을 옮기는 교육학적 기법일 것이다.

410 "세 번째 복음서에는 마태복음의 교육학적 구조와 그에 동반된 서사적 일화와 교리문답적인 강론의 의도적인 교대 배열이 없다"(Fitzmyer, *Luke*, 1.162). Bovon은 누가의 도덕적 가르침에 대한 적은 관심을 지적한다(*Luke the Theologian*, 435-36). Evans는 제자가 아닌 이들이 예수를 오직 "선생"이라고만 부르며 22:11에서만 예수가 자신을 "선생님"이라고 지칭한다는 점을 지적하지만(*Luke*, 67), 누가는 예수의 "제자들"에 대해 일관되게 말하고 있고 이 호칭을 사도행전까지 이어간다(*Beginning from Jerusalem*, 8-9).

요성을 부여하며[411] 누가복음의 백부장에 대한 이야기에서 누가가 초점을 맞추는 것은 자신의 무가치함에 대한 백부장의 의식이었다(7:4, 6). 이는 다른 이들에게 군림하는 자들이 아닌 어린아이가 좋은 본보기가 되는 참된 위대함에 대한 친숙한 가르침과 일관성이 있다.[412] 바리새인과 세리의 비유는 타인을 경멸적으로 바라보는 어떤 사람들을 대상으로 한 비유다(18:9).[413]

• 그러나 보다 더 두드러진 것은 누가복음의 특징인 **부의 위험**에 대한 누가의 반복적인 경고다.[414]

  ○ 하나님은 "부자"를 "빈손으로" 보내셨다(1:53).

  ○ "화 있을진저 너희 부요한 자여"(6:24).

  ○ 마가는 "재물의 유혹"을 말씀을 질식시키는 것들 중 하나로 언급하는 반면(막 4:19) 누가는 단순히 재물을 말씀을 질식시키는 것으로 언급한다(눅 8:14).

  ○ 탐욕에 대한 예수의 직설적인 경고(12:15) 뒤에 어리석은 부자의 비유가 나오는데(12:16-21), 이 둘은 합쳐서 마태복음의 순서보다 근심에 대한 예수의 가르침에 더 알맞은 순서를 제시한다(12:22-31/마 6:25-33).

  ○ 제자도는 최초의 제자들이 잘 보여주듯이(5:11, 28; 참고. 18:22)

---

411 눅 1:48, 52; 14:11; 18:14.
412 눅 9:46-48; 18:16-17; 22:24-27.
413 누가는 또한 "작은 자들"에 대한 예수 전승의 관심을 재현하며(눅 7:28; 9:48; 17:2) 아마도 이 모티프를 "적은 무리"에 대한 격려(12:32)와 "키 작은" 삭개오 이야기(19:1-10)로 강화하는 듯하다.
414 Bovon은 다른 문헌을 검토한다(*Luke the Theologian*, 546-51). Paul Trebilco는 (개인적인 편지에서) 누가복음에는, 사람들을 식사에 초대할 수 있고(눅 14:12-14) 관대하게 나누어 주거나(6:30, 35; 11:41; 12:33-34) 칼을 살 수 있는(22:35-38) 일부 부유한 독자들을 예상한 것처럼 보이는 다른 자료들도 있다는 점을 상기시켜주었다.

자신의 모든 소유를 포기하는 것을 조건으로 한다(눅 12:33; 14:33).

- 바리새인은 "돈을 좋아하는 자들"로 간단히 처리된다(16:14).

- 부자와 나사로의 비유는 그러한 우선순위의 시급함을 압축해서 보여준다(16:19-31).

- 누가는 물론 "낙타가 바늘귀로 들어가는 것이 부자가 하나님의 나라에 들어가는 것보다 쉬우니라"(18:25)라는 마가복음의 예수의 말씀을 이어받지만, 그 앞의 일화에서도 예수가 부자 관원에게 한 "네게 있는 것을 **다**" 팔라는 요구(18:22)를 선명하게 제시한다.

- 가난한 자들에게 나누어주고 자신이 속여 **빼앗은** 것은 무엇이든 관대하게 보상하겠다는 삭개오의 약속은 "오늘 구원이 이 집에 이르렀으니"라는 예수의 응답을 이끌어낸다(19:8-9).[415]

• 같은 본문에서 암시된 자연적인 논리적 귀결은 누가의 **가난한 자들에 대한 관심**이다. 마리아의 노래도 하나님이 "주리는 자를 좋은 것으로" 배불리셨다고 찬미한다. 첫 번째 복은 "너희 가난한 자"를 대상으로 하고(6:20; 마태복음의 "심령이 가난한 자"와 약간 대조적으로) 두 번째 복은 "지금 주린 자"를 대상으로 하며 이와 상보적인 화는 "너희 지금 배부른 자"를 대상으로 한다(6:21, 25).

• 가부장적인 사회에서 예수가 그의 사역에서 **여자**와 여자의 역할에 대해 기울인 관심에 누가가 부여하는 중요성 역시 주목할 만하며 이 또한 누가복음의 독특한 한 가지 특징이다.

---

415 부정직한 청지기의 비유는 돈에 대한 초연한 태도를 암시한다(16:1-9). 추가적으로 Fitzmyer, *Luke*, 1.247-51을 보라.

∘ 누가복음 1-2장의 엘리사벳, 마리아, 안나.

∘ 7:36-50에서 여자 죄인에게 주어진 특별한 관심.

∘ 8:2-3에서의 여성들의 섬김(마가복음의 상응하는 부분[막 15:40-41]보다 훨씬 먼저 강조됨).

∘ 마르다와 마리아(10:38-42) 및 무리 중의 한 여인이 보낸 지지 (11:27).

∘ 특히 나인 성 과부(7:13)와 지체장애인 여성(13:10-17)에 대한 예수의 관심.

∘ 불의한 재판관에게 끈질기게 탄원하는 여자(18:2-5).

∘ 마지막 장면에서 여성들의 중요성(누가는 23:27-29을 덧붙인다).

누가는 이처럼 확실히 사도행전을 위한 길을 예비하지만[416] 그가 사도행전에서 여성에게 부여하는 중요성은 우리가 바울 서신에서 알 수 있는 바울의 선교팀에서의 여성의 중요성을 거의 반영하지 않는다.[417]

• 여기서 주목할 만한 누가복음의 독특하고 유일한 특징은 누가가 예수의 **기도**에 부여하는 중요성이다. 누가는 겟세마네 장면을 진술하면서 마가를 뒤따르며(22:40-41, 45-46), 6:28을 마태복음과의 공통 자료에서 끌어온다. 그러나 누가는 이 주제와 누가복음에서와 예수에게 있어서 기도의 중요성을 크게 확대시킨다.

∘ 누가복음은 기도의 상황에서 시작된다(1:10; 사도행전과 마찬가지로—행 1:14; 2:42).

∘ 성령은 요단강에서 예수가 기도하는 동안 예수 위에 임하셨다

---

416 특히 행 9:36-42; 12:12; 13:50; 16:14-15; 17:4, 12, 34; 18:2, 18, 26; 21:5.

417 *Beginning from Jerusalem*, §29.6 — 바울의 선교팀 중 최소한 20퍼센트(571).

(3:21-22).

- 누가는 기도하기 위해 한적한 곳으로 물러가는 예수의 습관을 언급한다(5:16).
- 예수는 열두 제자를 선택하기 전에 밤새 기도하신다(6:12-13).
- 누가는 예수가 베드로의 신앙고백 이전에 기도하셨다는 점을 언급한다(9:28-29).
- 예수는 산으로 올라가 기도하며 기도하는 동안 변화된다(9:28-29).
- 예수의 기도 관행은 제자들로 하여금 자신들에게 기도하는 법을 가르쳐 달라고 예수께 간청하게 한다(11:1).
- 끈질긴 친구의 비유는 끈질긴 기도를 격려하기 위함이다(Q 자료 본문인 11:9-13의 도입부가 되는 11:5-8).
- 이와 비슷하게 누가는 예수가 "항상 기도하고 낙심하지 말아야 할"(18:1) 필요성을 제시하기 위해 불의한 재판관의 비유를 말씀하셨다는 이유를 제시한다.
- 바리새인과 세리의 비유는 효과적인 기도에 대한 비유다(18:10-14).

이 모든 점들 역시 누가복음의 독특한 특징이다. 여기서 분명하게 추론할 수 있는 것은 누가가 자신의 복음서가 낭독되는 것을 들은 청중을 위해 예수의 생애와 가르침 속에서 기도의 한 패턴을 제시하려고 이 주제를 그렇게 강조하는 쪽을 택했다는 점이다.

누가복음과 나머지 공관복음서들 간의 비교는 이 대목에 있어서 흥미롭다. 마가와 마태는 둘 다 제자도의 지침서를 제공하기 위해 복음을 글로 옮김으로써 가능해진 기회를 활용하는 것처럼 보이기 때문이다. 이와 약간 대조적으로 누가는 자신이 사실상 추천하는 복음적인 삶의 가치와 우선순위에 대해 지속적인 타당성을 지닌 예수의 사명의 특징들을 절실히 깨닫게 하기 위해 자신의 복음서를 사용한다. 누가는 예수의 "제자도의 조건"(9:23-27)을 기록함에 있어서 마가복음을 따르고 그 점을 추가적인 자료로 강조하며(9:59-62; 14:25-33), 마태가 산상 설교에 모아놓은 전승의 많은 부분을 공유하지만 그 전승이 누가복음에서는 훨씬 흩어져 있다는 사실은, 누가가 권면적인 가르침을 집중된 단락들보다 일화 위주로 서술하는 데 만족했음을 의미한다. 그러나 그 외의 경우 누가는 암시와 비유 소개를 통해 그의 윤리적·목회적 메시지를 설파하는데, 그 가운데 많은 것들은 나머지 복음서 저자들이 알았거나 사용하지 않은 것들이다. 이는 누가가 데오빌로와 다른 청중이 그가 예수에 대해 말한 이야기들과 그가 전달한 예수에 대한 이야기들을 통해 관심을 갖게 되기를 원했다는 점에서 아마도 교육적인 결정이었을 것이다. 누가는 가르치는 도구로서의 비유의 효과를 인식했고 예수에 대한 자신의 이야기를 예수의 비유로 진술했다.[418]

여기서 또다시 우리는 예수 전승을 다시 진술하는 한 전문가가 어떻게 단순히 예수의 사역의 일화들과 그의 사역에서 나온 비유들을 다시 진술함으로써 효력을 발휘할 수 있는지를 볼 수 있다. 누가가 전승의 특정한 측면들에 초점을 맞춘 것은 전적으로 적절하고 타당했다. 그가 이미 예수 전승 안에 있는 선택된 강조점들을 강화한 것은 전적으로 예상할 수 있는 일이었다. 누가가 강조한 점들 중에 명시적으로나 암시적으로 그

---

418 Klein은 "내 이웃이 누구니이까?"(눅 10:29)라는 질문에 대한 대답으로 예수가 비유를 말씀하셨다는 점을 언급함으로써 이 점을 잘 보여준다. "이 질문은 해결되지도 않고 설명되지도 않는다. 독자와 청중은 이 비유를 숙고할 때 그들이 공감하는 어떤 사건에 휩쓸려 들어가며 그다음에는 그러한 숙고로부터 각각의 경우에 스스로 그 문제를 결정해야 한다"(*Lukasevangelium*, 1.52).

가 그의 동료 제자들에게 알려진 더 폭넓은 예수 전승에 깊이 뿌리박은 것임을 입증할 수 없었을 만한 점은 없었다. 누가복음은 예수 전승에 대한 일관된 전달 행위였고, 그 전달 행위로서의 특징은 누가의 대다수 동료 기독교인들이 잘 알고 있었을 것이다.[419]

요컨대 누가의 "확실"한 기록(눅 1:3)은, 누가가 예수 전승을 다룬 방식이 그보다 먼저 붓을 든 이들이 예수 전승을 다룬 방식과 예수 전승이 (물론 보다 작은 부분에서) 예배와 교육을 위한 기독교인들의 매주 모임에서 다루어진 방식의 꽤 전형적인 예였다는 점에서, 그 성격상 그보다 먼저 붓을 든 이들이 "저술"한 "내력"(1:1)과 다르지 않았을 것이다. 누가가 그보다 먼저 붓을 든 자들의 저술과 자신의 저술을 비슷한 말—*diēgēsis*, "내력"(1:1); *kathexēs*, "차례"(1:3)—로 묘사한다는 사실은 누가가 자신의 저작을 그보다 먼저 붓을 든 자들과 같은 종류의 저작으로 간주했다는, 즉 차례 면에서 점층적이지만 아마도 같은 차례의 일부로 간주했다는 충분한 징표일 것이다. 누가가 자신이 이전에 알려지지 않은 새로운 자료를 가져오거나 그 이전의 묘사와 상충되는 예수에 대한 묘사를 창조하고 있다고 상상했다면, 데오빌로에게 자신이 그와 같이 먼저 붓을 든 자들에게서 그러한 이전의 "내력"을 통해 배운 것의 "확실"함(*asphaleia*)을 재확인시키기를 기대할 수는 없었을 것이다(1:4). 누가가 하려고 한 일은 이전의 가르침에 대한 **확증**이었지 전적으로 새롭고 다른 설명이 아니었다. 누가가 그 일을 시작한 방식은 이 단락에서 그가 이 목표를 이루기를 얼마나 바랐는지를 우리가 이해할 수 있도록 충분히 입증되었다. 무엇보다

---

419 누가가 물질적인 부를 대하는 태도에 대한 Fitzmyer의 논평은 보다 일반적으로 적용될 수 있을 것이다. 즉 그런 태도는 "누가 자신에게서 비롯된 것이 아니다. 그것이 역사적 예수의 복음 전파에 기원을 둔 것이 아니라고 생각할 이유는 없다. 그러나 누가는 자기 나름의 이유로 이런 태도를 강조하기로 했고 이를 자신의 글의 대상이 된 기독교 공동체에 반드시 필요한 태도로 간주한다"(*Luke*, 1.248).

도 누가가 전면에 내세우는 측면들은 예수 전승이 지닌 측면들, 즉 예수의 첫 제자들이 표현했고 가르침과 예배를 통해 전달했으며 다양한 형식과 표현과 해석으로 누가 시대의 기독교인들에게 친숙했던 예수의 사명에 대한 더 완전한 기억이 지닌 측면들로 인식될 수 있다는 점이 더욱 분명해졌다. 누가의 예수도 여전히 기억된 예수다.

42.5 기억된 예수가 예수 그리스도의 복음이 되다

따라서 본 장에서 우리는 예수가 기억된 방식의 다음 단계를 살펴봤다.[420] 우리는 이미 무엇이 기억되었는지―『예수와 기독교의 기원』(제1권)―를 살펴보았다. 그리고 §§23.4-5에서 우리는 예수에 대한 핵심적인 최초의 믿음으로 간주할 수 있는 것을 언급했다. 이제 우리는 예수가 **어떻게** 기억되었는지, 예수에 대한 최초의 믿음이 예수가 기억되는 방식에 어떻게 영향을 끼쳤는지를 살펴보았다. 우리는 구체적으로 바울이 표현했고 예수의 죽음과 부활로 절정에 이르는 예수의 사역에 대한 더 충분한 형태의 (마가에 의한) 기록(복음서)을 부여받은 **복음**이 어떻게 기독교의 처음 60여 년에 걸쳐 글로 설명되었는지를 살펴보았다(§41). 예수의 사역을 분명히 묘사해주며 예수의 죽음과 부활에서 절정에 이르는 예수에 대한 좋은 소식이 광범위하고 일관된 형태로 기록될 수 있었고 이 일이 예수의 직계 제자들이 살아 있는 동안 이루어질 수 있었다는 사실 자체는 그 중요성에 걸맞은 주목을 받지 못하고 있는 핵심적인 사실이다. 또한 예수

---

420 신약 복음서에 대한 전형적인 서론을 구성하는 모든 측면을 포괄하는 것이 아니라 이것이 본 장의 일차적인 과제였다는 점을 필자는 다시 강조한다.

의 사역, 죽음, 부활에 대한 최초의 세 가지 기록인 처음 세 복음서가 서로 매우 긴밀히 관련되어 있고 사실상 예수가 어떻게 기억되었는지를 분명히 보여주며 예수의 사역에 대한 대단히 일관된 기록을 제공해준다는 사실은, 우리에게 이 기록들이 곧 예수가 죽으시고 부활하신 이후 예수의 직계 제자들의 기억─예수의 사역과 가르침에 대한 전승의 구전 시기를 관통하며 공관복음서에 포함되어 있는 자료에 분명한 족적을 남긴 예수의 영향─이라는 확신을 준다. 예수에 대한 최초의 믿음을 요약하고 예수 자신이 역사에 남긴 영향을 상기할 수 있게 한 것은 바로 최초의 기록된 복음서에서 표현된 예수가 남긴 이러한 지속적인 영향이었다.

본 장에서 매우 분명해진 것은 최초의 제자들이 공유한 예수의 사명에 대한 광범위한 기억, 예수가 행하시고 가르치신 것에 대한 광범위한 공유 기억이 존재했다는 점이다. 최초의 제자들은 동일한 믿음─"복음"이 불러일으키고 최초의 세 복음서를 구성하는 전승의 수집으로 표현된 믿음─을 공유했다. 그러나 물론 그 믿음은 예수에 대한 같으면서도 다른 이야기로, 예수의 같은 가르침에 대한 기억이지만 우리가 다른 배경이라고 추론할 수 있는 배경과 관련해서 서로 다르게 표현된 기억으로, 다르게 표현될 수 있었고 또 다르게 표현되었다.

따라서 마가가 제시한 더 완전한 복음/복음서의 형태는 예수에 대한 좋은 소식을 예수의 하나님과의 관계(하나님의 아들), 그의 치유 및 축귀 사역, 이스라엘과 관련한 그의 메시아로서의 역할 및 (더 넓은 세계와 관련한) 인자로서의 역할의 측면에서 제시했다. 우리가 살펴본 것처럼 마가복음은 제자도의 지침서를 제시하며 스승으로서의 예수의 권위를 강조하는 동시에 예수의 가르침의 내용을 보여주었다.

마태 역시 복음서 집필에 부여한 형태에 있어 자신이 도출해낸 예수가 이스라엘에 대해 갖는 의미를 설명한다는 면에서, 그리고 자신의 복음서를 사용하여 제자도 및 교회 권징의 지침서를 제공한다는 면에서 마가의 뒤를 따랐다. 이 사실의 중요성을 간과해선 안 된다. 마태복음과 당대(70년대 이후)의 경향의 관련성은 마태가 이스라엘의 유산을 놓고 바리새인들의 직계 후계자들과 벌인 논쟁을 통해 나타나고, 이방인을 향한 직접적인 과제에 대한 사명에 대해서와 마찬가지로 일차적으로 이스라엘을 향한 사명을 묘사하려는 마태 자신의 분투를 통해 드러난다.

누가도 마태와 똑같은 일을 하며 예수의 사명에 관한 같은 범위의 전승을 이어받았고, 아마도 마가나 마태에게 가능했던 것보다 더 폭넓고 더 주의 깊은 조사가 수반되었을 것이다(눅 1:1-4). 아마도 누가로 하여금 자신만의 강조점을 가지고 예수의 의미를 도출해낼 수 있게 한 것은 바로 이런 보다 폭넓은 조사였을 것이다. 더욱이 누가는 보다 폭넓은 조사에 힘입어 복음서의 특성을 특히 "죄인들"과 성령의 은사라는 관점에서 강조할 수 있었을 것이고, 성령의 은사는 그의 두 번째 책에서 계속되는 이야기와 필수적으로 연관된다. 예수의 복음이 이방인들을 위한 것이기도 하다는 강조점과 복음의 우선순위에 대한 강조도 분명 누가에게 있어서 그에 못지않게 중요했다.

이 모든 것에 있어서 여전히 눈에 띄는 것은 이 처음 세 복음서의 다양성 속의 통일성, 즉 예수를 되돌아보고 표현하는 방식에 있어서 "같으면서도 다른" 공유된 특성이다. 이것은 중요한 점―『예수와 기독교의 기원』을 쓸 수 있게 만든 것―이다. 즉 공관복음서의 풍성한 다양성은 동일한 기억이었던 것에서, 또는 더 정확히 말하면 같은 인물과 그의 사명에 대한 서로 다른 기억에서 제시할 수 있는 서로 다른 교훈을 보여주는 매우 분명한 표지를 제공했다. 공관복음서 안에서 그리고 공관복음서에 의해 나타나는 바와 같이, 서로 다른 기억도 그 기억에 관여했고 그 기억의 원인이 된 이들에게 중요했던 것을 보여준다는 이러한 기억의 이면을 입증하는 것이 본 장의 과제였다.

우리는 공관복음의 수용에 대해 더 깊이 숙고함으로써 본 장을 마무리할 수도 있었을 것이다. 그러나 우리는 아직 그렇게 할 준비가 되어 있지 않다. 물론 우리가 앞에서 마가복음의 수용에 대해 짧게 논의(§42.2e)할 수 있었던 것은 마태복음과 누가복음이 그러한 수용 과정의 기원이 되었기 때문이고 그래서 그 짧은 논의는 §42의 한 구성 요소였다. 그러나 그 이상으로 공관복음 전체의 수용에 대해 논의하려면 2세기까지 살펴보아야 하고 이 과제는 §44까지 남겨 두는 것이 낫겠다. 또한 우리는 신약 복음서 전체를 아직 다 살펴보지 않았다는 점도 잊지 말아야 한다. 요한복음은 앞으로 자세히 연구할 것이다(§43). 그다음에야 비로소 우리는 예수가 2세기에 어떻게 기억되었는지 질문할 수 있는 위치에 있게 될 것이다.

예수 복음의 재구성: 요한과 도마

"복음"이라는 제목이 달린 다른 두 문헌—요한복음과 「도마복음」—은 비슷하지만 대조적인 특징을 공유하고 있다. 즉 이 두 문헌은 공관복음 전승에서 증언된 바와 같은 초기 예수 전승을 광범위하게(그러나 서로 다르게) 이용한다. 그러나 이 두 문헌은 또한 그 자료의 내용과 성격 면에서 그 전승과 눈에 띄게 다르다. 이 두 문헌이 그보다 이른 시기의 전승을 사용하는 데 드러나는 다양성은 마가, 마태, 누가의 공관복음 전승에서 나타나는 다양성과 너무나 달라서 두 문헌을 모두 공관복음과는 다른 종류의 문헌으로 간주하는 것이 타당할 수도 있다. 신약과 요한복음의 정경으로서의 지위 및 「도마복음」의 비정경적 지위에 친숙한 이들에게 이는 매우 미심쩍은 논평일 수도 있다. 그러나 이러한 복음서들에 대한 냉정한 판단은 요한이 예수를 다루는 방식과 나머지 정경 복음서들이 예수를 다루는 방식의 차이와, 「도마복음」의 이야기의 많은 부분과 공관복음 전승의 유사함에 허를 찔릴 가능성이 크다. 필자가 바라는 바는 이 두 문헌을 나머지 정경 복음서들과 별개로 여기서 나란히 다룸으로써 이 둘의 특징

을 각인시키고 이 두 문헌에 대한 보다 충분한 정보에 입각한 평가에 도
달하는 것이다. 특히 왜 이 둘 중에 하나는 신약 정경으로 받아들여졌고
다른 하나는 배척되었는지를 더 잘 이해하고 「도마복음」에 대한 새로운
관심의 흐름을 고려할 때 그러한 이전의 판단을 수정하거나 제한해야 하
는지를 질문하는 것은 중요한 일일 것이다.[1]

43.1 요한에 따른 복음

신약 복음서에 친숙하지 않은 사람들이 공관복음에서 요한복음으로 책
장을 넘긴다면 충격 비슷한 것을 경험할지도 모른다. 공관복음서들은 각
각의 독특한 특징들에도 불구하고 대체로 같은 천에서 잘라낸 같은 종류
의 옷이다. 이 세 복음서를 비교해 보면 동일성과 중첩의 정도가 인상적
이다. 반면 요한복음은 매우 달라 보인다. 우리가 살펴본 바와 같이 양자
사이에는 유사한 "복음서"의 구조(§41)와 여전히 상당한 정도의 겹치는
부분이 존재한다. 그러나 잠시 후에 살펴보겠지만 그 성격과 내용은 너무
나 다르다.

　그 차이는 예수 전승이 1세기의 마지막 수십 년에서 2세기에 이르

1　이 문제는 예를 들면 다음 책들에 의해 제기되었다. Funk et al., *The Five Gospels*; H.
　Taussig, *A New New Testament: A Bible for the 21st Century Combining Traditional and Newly
　Discovered Texts* (New York: Houghton Mifflin Harcourt, 2013). Moody Smith의 다음 논
　문은 이 문제를 능숙하게 제기한다. 'John and the Apocryphal Gospels: Was John the First
　Apocryphal Gospel?', *The Fourth Gospel in Four Dimensions* (University of South Carolina,
　2008), 156-65. 여기서 논의할 사례에 대해서는 특히 L. T. Johnson, 'John and *Thomas*
　in Context: An Exercise in Canonical Criticism', in J. R. Wagner, et al., eds., *The Word
　Leaps the Gap; Essays on Scripture and Theology in Honour of Richard B. Hays* (Grand Rapids:
　Eerdmans, 2008), 284-309을 참고하라.

기까지 기억되고 사용된 방식에 대한 우리의 탐구와 관련해서 중요한 한 가지 질문을 제기할 만큼 크다. 공관복음서에는 이 세 복음서가 예수 전 승이 사용되고 발전되어 왔음을 보여주는 방식에 있어서 주목할 만한 유 사성이 있기 때문이다. 그러나 요한복음에 대해서는 다음과 같은 중요한 의문이 생긴다. "예수 전승은 어떻게 되었는가? 요한은 공관복음을 통해 우리에게 친숙한 예수 전승에서 벗어났는가? 요한은 예수 자신의 사명의 시작이 불분명해질 만큼 예수 전승을 너무 많이 발전시켰는가?" 공관복 음서들은 예수 전승이 그 사용된 방식 및 그것이 다시 진술되는 방식과 거기에 부여된 해석에 있어서 유연했다는 점을 명백히 보여주었다. 그러 나 공관복음서들은 언제나 예수 전승의 똑같은—"같으면서도 다른"—기 본적인 성격과 구조를 유지했으므로 그 전승으로 귀결되고 그 전승을 통 해 표현된 영향을 끼친 인물이 주는 인상을 파악하는 것이 충분히 가능 했다.[2] 그러나 요한복음의 경우에는 "같으면서도 다른"이라는 공식이 거 의 적용될 수 없다. 그리고 공관복음서에서 예수 전승의 기본적인 동일성 을 유지하도록 한 영향력이 요한복음의 경우에는 더 이상 효력이 없었는 가 하는 의문이 생겨난다. 달리 표현하자면, 보다 초기의 예수 전승을 매 우 다른 형태로 구성하고 그 성격을 바꾸고 그것이 주는 인상을 예수 자 신이 처음 끼친 영향과 매우 다른 것으로 바꾸어버린 다른 영향이 있었 는가? 또 다르게 표현하자면, 공관복음 전승의 흐름은 예수의 사명에서 나온 오직 하나의 전승의 흐름이었는가? 다시 말해 예수는 다양한 개인 및 집단에 매우 다양한 영향을 끼쳐서 어떤 단일한 복음서 내지 일군의 복음서도 예수의 사명의 모든 부분을 다 간직하거나 표현했다고 주장할

---

2   이는 『예수와 기독교의 기원』에서 예수의 사명을 표현하려는 시도의 기반이었다. 필자의 *The Oral Gospel Tradition*도 함께 보라.

수 없는가? 이런 질문들은 정경에 속하지 않은 복음서들(§44)에까지 이어지는 질문들이라는 점은 인정한다. 그러나 이 질문들이 요한복음에 의해 처음으로 제기되는 질문이라는 점은 의미심장하지 않을 수 없다.

a. 요한복음의 수수께끼

신약의 처음 세 복음서의 경우에 자연스러운 첫 단계는 약간은 문어적이고 아마도 약간은 구전적인 이 셋 사이의 상호관계를 탐구하는 것이었다. 그러나 요한복음의 경우에는 공관복음과의 차이점이 너무 많아서 요한복음을 공관복음과 그렇게 직접적으로 비교하기가 어렵다. 독자들과 기독교인 회중들은 신약 복음서에 친숙한 나머지 공관복음과 요한복음의 차이점에 대해 다소 무지해질 수도 있으므로 먼저 이러한 차이점들이 얼마나 광범위하고 깊이 뿌리박혀 있는지를 보여주는 것이 좋을 것이다.

다른 한편으로 요한복음의 배후에 있는 전승 역시 그 뿌리가 깊고 요한이 복음서를 쓸 때 양질의 역사적 전승을 활용할 수 있었음을 보여주는 상당히 많은 징표가 있다. 가장 매력적인 것은 예수의 가르침에 대한 공관복음의 기억과 너무나도 다른 요한복음의 강론들도 공관복음 전승 내지 공관복음과 비슷한 전승에 뿌리를 두고 있음을 보여주는 징표일 것이다.

i. 공관복음과 요한복음의 차이점

이 차이점들은 다음과 같은 관점에서 요약하고 나타낼 수 있다.[3]

공관복음	요한복음
마태복음과 누가복음은 동정녀 잉태/탄생으로 시작된다.	요한복음은 선재한 로고스의 성육신으로 시작된다.
예수는 사역의 마지막 한 주 동안만 예루살렘으로 간다.	예수는 사역 기간의 대부분을 유대 지방에서 활동한다.[4]
유월절은 단 한 번만 언급된다.	예수의 사역은 세 번의 유월절에 걸쳐 이어진다.[5]
예수가 제자들과 함께 한 마지막 식사는 유월절 식사다.	예수는 유월절을 준비하는 날에 십자가에 달린다.[6]
예수는 자신에 대해 거의 말하지 않는다. 요한복음에 나오는 "나는 ~이다"와 비슷한 내용은 전혀 없다.	예수는 자신에 대해 많이 말한다(특히 "나는 ~이다"라는 형태의 진술).[7]

---

3   초기 기독교 시대에 요한이 요한복음의 저자임을 반박한 이들이 근거로 삼은 것이 바로 요한복음과 공관복음의 차이점이었다(§39.2d(i)을 보라).
4   이하 n. 48도 함께 보라.
5   더 자세한 내용은 예를 들어 Kümmel, *Introduction*, 200에 실려 있다.
6   막 14:12-16의 병행구를 요 18:28 및 19:14, 31과 비교해 보라. 추가로 이하 n. 47을 보라.
7   요 6:35, 48   – "나는 생명의 떡이니"
    6:41   – "나는 하늘에서 내려온 떡이라"
    6:51   – "나는 하늘에서 내려온 살아 있는 떡이니"
    8:12   – "나는 세상의 빛이니"
    8:24, 28   – "내가 그인 줄"
    8:58   – "아브라함이 나기 전부터 내가 있느니라"
    10:7, 9   – "나는 양의 문이라"
    10:11, 14   – "나는 선한 목자라"
    11:25   – "나는 부활이요 생명이니"
    13:19   – "내가 그인 줄"
    14:6   – "내가 곧 길이요 진리요 생명이니"
    15:1, 5   – "나는 참포도나무요"
"요한복음에서 사실상 예수의 모든 말씀은 **그분 자신에 대한 단언**이다"(Bultmann, *Theology*, 2.63).

예수는 하나님에 대한 믿음을 요구한다.	예수는 자신에 대한 믿음을 요구한다.
예수의 복음 전파의 핵심 주제는 하나님 나라다.	하나님 나라는 예수의 말씀에 거의 등장 하지 않는다.[8]
예수는 회개와 용서에 대해 매우 자주 말 한다.	예수는 회개에 대해서는 한 번도 말하지 않으며 용서에 대해서는 20:23에서만 말 한다.
예수는 일반적으로 격언과 비유로 말한 다.	예수는 긴 대화와 우회적인 논의에 참여 한다.
예수는 영원한 생명에 대해 가끔씩만 말 한다.[9]	예수는 영원한 생명에 대해 자주 말한 다.[10]
예수는 가난한 이들과 죄인들에 대한 강 한 관심을 보인다.	예수는 가난한 이들과 죄인들에 대한 관 심을 별로 보이지 않는다.[11]
예수는 축귀 사역으로 유명하다.	축귀가 전혀 없다.[12]
요한복음의 이원론은 요한복음의 특징이지만 공관복음에는 실제적으로 그와 비슷한 것이 없다.[13]	

---

8 마태복음 47회; 마가복음 18회; 누가복음 37회; 요한복음은 두 구절(요 3:3-5; 18:36)에 서만 5회.

9 막 10:17 및 병행 구절; 10:30 및 병행 구절; 마 25:46; 그러나 생명으로 들어감에 대한 언급도 함께 유의해 보라(막 9:43, 45 및 병행 구절).

10 요 3:15-16, 36; 4:14, 36; 5:24, 39; 6:27, 40, 47, 54, (68); 10:28; 12:25, 50; 17:2-3.

11 마 5:3/눅 6:20; 마 11:5/눅 7:22과 막 10:21, 12:42-43("가난한 자들"); 막 2:15-17 및 병행 구절들과 마 11:19/눅 7:34("죄인들")과 같은 구절들은 역사적 예수에 대한 지난 두 세대에 걸친 대부분의 논의에 있어서 이들이 예수의 강한 관심사였음을 보여 주기에 충분했다. 요 12:5-8과 13:29 및 9:16, 24-25, 31은 그런 인상을 결코 주지 못했을 것이 다.

12 이와 비슷하게 요한은 "더러운 귀신들"에 대해 어디서도 말하지 않으며 "귀신"이라는 말 은 예수에 대한 비난에만 한정된다(7:20; 8:48-49, 52; 10:20-21). 추가적으로 이하 n. 88을 보라.

13 특히 "위/아래"(3:3, 7, 31; 8:23; 19:11), "빛/어둠"(1:5; 3:19-21; 8:12; 11:10; 12:35, 46)과 암묵적으로 오류와 대립되는 "진리"에 대한 강한 강조(이하 n. 194을 보라). 요 한의 이원론이 영지주의의 영향을 보여준다는 과거의 견해에 대한 반발로 거론되는 쿰 란 문헌과의 유사점들은 너무 과장되었다. C. K. Barrett가 *The Gospel of John and Judaism* (London: SPCK, 1975)에서 지적했듯이 "네 번째 복음서와 쿰란 문헌의 유사점은 둘의 차이점을 무시하면서까지 과장되었지만 차이점도 유사점과 거의 똑같이 또는 그만큼 중

요한복음의 표현은 공관복음만큼이나 역사적이라고 절절히 주장하는 과거의 조화적인 설명은 이러한 차이점들을 예수 말씀의 서로 다른 대상— 예를 들면 무리를 향한 예수의 가르침을 회상하는 공관복음과 제자들을 향한 예수의 가르침을 회상하는 요한복음—이라는 측면에서 설명하려 했다.[14] 그러나 다비트 프리드리히 슈트라우스가 오래전에 지적했듯이[15] 요한복음에서 예수가 말씀하시는 어투는 예수가 말씀하시는 것으로 묘사되는 대상이 니고데모이든 우물가의 여인이든 "유대인"이든 제자들이든 일관된다. 그리고 그 어투는 요한1서의 어투와 마찬가지로 세례 요한의 어투와 매우 비슷하다. 여기서 우리는 이 어투가 **예수**의 어투라기보다는 **복음서 저자**의 어투이거나 복음서 저자가 사용한 전승의 어투라는 추론을 피할 수 없다.[16] 또한 너무나 생생하게 묘사되었고 자신만만하면서도 공관복음 저자들 중에는 어느 누구도 상기하거나 사용하려 하지 않은

요하다"(56). Bauckham, *Testimony*, 6장도 함께 보라. Brown은 요한의 문체의 다른 독특한 특징들—수미상관, 교차 대구법, 이중적 의미, 오해, 아이러니, 주석—을 근거로 제시한다(*John*, 1.cxxxv-cxxxvi). 또한 요한복음의 어휘가 얼마나 독특한지를 주목해 보라. 예를 들어 Barrett, *John*, 5-6에 나오는 목록과 이하 nn. 186, 194, 204, 210에 나오는 예들을 주목해 보라.

14 예를 들면 필자의 'Let John be John: A Gospel for Its Time', in P. Stuhlmacher, ed., *The Gospel and the Gospels* (Grand Rapids: Eerdmans, 1991), 293-323(여기서는 298 n. 11) 과 다음 책들에 언급된 예들을 참고하라. Anderson, *Fourth Gospel*, 61; C. S. Evans, 'The Historical Reliability of John's Gospel: From What Perspective Should it be Assessed?', in Bauckham and Mosser, eds., *John and Christian Theology*, 91-119(여기서는 109-14). 보다 더 안목 있는 글은 C. L. Blomberg, 'The Historical Reliability of John', in Fortna and Thatcher, eds., *Jesus in the Johannine Tradition*, 71-82이다. 요한복음에서 역사와 신학의 관계는 Anderson, et al., eds., *John, Jesus and History*, Vols. 1 and 2의 주된 주제다. 이 논쟁의 이전 단계들은 Kümmel, *Introduction*, 198-99에 요약되어 있다.

15 이 점은 *Jesus Remembered*, 166에서 언급한 바 있다. Robinson도 이 점을 인정했다 (*Priority*, 307, 311).

16 Anderson도 인정하는 것처럼(*Fourth Gospel*, 58-59). 추가로 J. Verheyden, 'The De-Johannification of Jesus: The Revisionist Contribution of Some Nineteenth-Century German Scholarship', in Anderson, et al., eds., *John, Jesus and History*, Vol. 1, 109-20을 보라.

"나는 ~이다"라는 주장을 하신 분으로 예수가 기억되었다는 점도 거의 믿을 수 없는 사실이라고 판단할 수밖에 없다. 예수가 그의 사역 기간에 한 그와 같은 자기 규정적인 주장들을 보다 이른 시기의 복음서 저자들이 어떻게 그토록 무시하거나 생략할 수 있었는가? 유일하게 분명한 결론은 요한복음의 매우 특징적이며 매우 독특한 "나는 ~이다"라는 형식의 말씀들의 출처를 예수 자신의 말씀에서 찾을 수는 없다는 것이다. 이 것은 예수 자신의 사역 속에 있는 기원을 훨씬 뛰어넘어 발전된 예수 전 승이다.

ii. 요한복음의 역사적 가치

이러한 차이점들에도 불구하고 요한복음은 예수의 사역의 역사적 사건들에 확실히 근거하고 있음을 보여주는 많은 표지들이 있다.

자주 언급되는 한 가지 예는 요한복음의 기록 전체에 흩어져 있는 다양한 지리적인 내용들이다. 이 내용들은 어떤 파악할 수 있는 문학적이거나 신학적인 목적에도 기여하지 않으므로 아마도 이런 언급들을 담고 있는 구절들의 기원이 된 역사적 회상에 속하는 내용일 것이다. 예를 들면[17] 다음과 같다.

- 1:28 ― 요단강 건너편 베다니
- 2:1 ― 갈릴리 가나(4:46도 포함)
- 3:23 ― 살렘 가까운 애논
- 4:5-6 ― 수가 근처의 야곱의 우물
- 5:2 ― 베데스다 못

---

17 추가로 Anderson, *Fourth Gospel*, 3, 5, 80-81; Bauckham, *Testimony*, 95-100을 보라.

- 9:7 – 실로암 못[18]
- 11:54 – 에브라임이라는 동네
- 18:1 – 기드론 시내 건너편
- 19:13 – "돌을 깐 뜰"(가바다)에 있는 빌라도의 재판석

이 모든 언급은 요한복음에만 있으며 이러한 전승들의 최초의 형성 과정에 따른 역사적인 내용들로 설명하는 것이 가장 타당하다.

또한 인상적인 것은 요한복음과 공관복음 전승 사이에 다양하게 중첩되는 부분들이다. 한 가지 매우 좋은 예는 세례 요한에 관한 전승이다.

- 예수의 직전 선구자의 사명은 (단 한 번의) 세례를 특징으로 했고(막 1:4 및 병행 구절들) 그가 "세례 주는 자" 또는 "세례자"로 알려졌으며[19] 요단강에서 세례를 주는 사역을 행함.[20]
- 세례 요한의 사역이 매우 많은 사람을 끌어들여 세례를 받게 하는 데 성공했다는 사실이 분명하게 진술되거나 암시됨.[21]
- 이사야 40:3에서 발췌한 인용구—세례 요한의 정체가 "주의 길을 곧게 하라고 광야에서 외치는 자의 소리"로 밝혀짐.[22]
- 자신의 지위와 앞으로 오실 이의 지위에 대한 세례 요한의 대조—

---

18 U. C. von Wahlde, 'The Pool of Siloam: The Importance of New Discoveries⋯', in Anderson, et al., eds., *John, Jesus and History*, Vol. 2, 155-73을 보라.

19 *ho baptizōn*(막 6:14; 참고. 1:4); *ho baptistēs*(마 3:1; 11:11-12 등; 막 6:25; 8:28; 눅 7:20, 33; 9:19); 추가로 *Jesus Remembered*, 355-57을 보라.

20 막 1:5, 9; 마 3:5-6, 13; 눅 3:3; 요 1:28.

21 막 1:5/마 3:5; 눅 3:21; 참고. 요 1:19-25; 3:25.

22 요 1:23; 막 1:3; 마 3:3/눅 3:4. 마가는 이 인용구에 출 23:20과 더불어 표제의 역할을 부여하며, 누가는 아마도 "하나님의 구원하심"에 대한 언급(눅 3:4-6)으로 이 인용구를 마무리하기 위해 인용을 확대한다(사 40:3-5). 요한은 사 40:3의 인용구를 축약하여 마지막 두 행을 한 행으로 합친다(요 1:23).

"나는 그의 신발끈을 풀기도 감당하지 못하겠노라."[23]

- 물로 세례를 주는 자신의 사명과 앞으로 오실 이의 성령 세례에 대한 세례 요한의 대조.[24]

- 요한이 실제로 그렇게 명시적으로 말하지는 않지만 예수가 세례 요한에게 세례를 받는 것이 당연한 일로 여겨지는 반면, 다른 복음서 저자들은 이 사건을 서술함(요 1:31; 막 1:9 및 병행 본문).

- 사복음서 모두 세례 요한과 예수의 만남에서 중심적이고 극적인 사건은 성령이 예수 위에 "비둘기 같이" 내려오신 사건이라는 점을 분명히 밝힘(요 1:32-33; 막 1:10 및 병행 본문).[25] 이는 복음의 실제적인 시작이다(참고. 행 10:38).

- 성령의 강림이 하나님의 아들이라는 예수의 지위와 결부됨. 즉 공관복음에서는 성령 강림을 동반한 하늘 음성의 선포("너는 내 사랑하는 아들이라. 내가 너를 기뻐하노라"—막 1:11 및 병행 본문)에 의해서,

---

23 요 1:27; 막 1:7; 눅 3:16; 마 3.11. 이러한 편차는 같은 전승을 다시 진술할 때 구전에 의한 편차의 전형적인 예다. 즉 요한은 *axios*("합당한"; 반면 다른 복음서들은 *hikanos*["자격 있는/능력 있는"]를 사용)를 사용하는 반면 마태복음에서는 세례 요한이 "나는 그의 신을 들 자격/능력도 없노라"고 말한다. 요한복음에는 "신"이 단수형으로 되어 있지만 나머지 복음서에는 복수형("신들")으로 되어 있다.

24 요 1:26, 33; 마 3:11/눅 3:16; 막 1:8. 마태복음에서는 세례 요한이 "회개하게 하기 위하여" 물로 세례를 준다(마 3:11). 마태/누가는 세례 요한이 장차 오실 이는 성령**과 불**로 세례를 줄 것이라고 예언하는 모습을 묘사하는 반면(마 3:11/눅 3:16), 마가와 요한은 세례 요한이 성령 세례에 대해서만 말하는 것으로 묘사한다(막 1:8; 요 1:33). 공관복음에서는 장차 오실 이가 "성령으로 세례를 줄" 것이라고 예언하는 반면, 요한은 그것을 장차 오실 이를 규정하는 한 가지 특징—"성령으로 세례를 베푸는 이"—으로 묘사한다.

25 마가는 성령이 예수 "안으로" 내려오셨음을 암시하는 반면(막 1:10), 마태/누가는 성령이 예수 "위에" 내려오는 모습을 묘사하며(마 3:16/눅 3:22) 요한은 "성령이 내려서" 예수 "위에" 머물렀다는 점을 강조한다(요 1:33). 마가는 또한 이 사건에 묵시록적인 성격—하늘이 갈라짐(*schizomenous*)—을 부여한다. 누가는 예수가 기도하는 동안 성령이 임하셨다고 말하며(눅 3:21), 요한은 세례 요한이 성령이 예수 위에 내려오는 것을 보기 전까지는 자신도 예수를 알지 못했다는 점을 인정하는 것으로 묘사한다(요 1:33).

요한복음에서는 자신이 성령이 예수 위에 내려와 머물러 있는 것을 보았기 때문에 "그가 하나님의 아들이심을 증언"할 수 있었다는 세례 요한의 증언(요 1:34)에 의해 결부됨.

• 세례 요한의 투옥(요 3:24; 특히 눅 3:19-20을 참고하라).

복음서 저자 네 명 모두 동일한 전승―예수의 사역이 세례 요한의 성공적인 사역과 예수가 요단강에서 세례 요한에게 세례를 받았을 때 발생한 일, 즉 예수 위에 임하여 하나님의 아들이라는 그의 지위를 확인시켜 준 성령의 강림과 더불어 출현했다는 예수의 첫 제자들의 기억―을 사용했다는 점에는 의심의 여지가 별로 없다.[26] 세례 요한의 가르침 중에서 복음서 저자 네 명이 모두 회상하는 거의 유일한 부분은 자신이 베푸는 물세례와 앞으로 오실 이의 성령 세례를 대조하는 세례 요한의 말인데, 이는 성령을 받았다는 그들의 의식이 사복음서가 대표하는 모든 범위의 교회에 있는 초기 기독교인들의 자기 규정적인 특징 중 하나로서 자신들이 세례 요한이 예언한 약속된 성령 세례의 수혜자라는 주장이었음을 강하게 암시한다. 예수의 사명은 예수가 세례 요한에게 세례를 받은 뒤 예수 위에 임한 성령과 함께 시작되었으며, 최초의 기독교인들은 자신들을 위한 성령을 직접 경험한 이들이었다는 두 가지 강조점은, 최초의 기독교인들로 구성된 큰 집단이 복음에 대한 이야기를 세례 요한의 복음 전파와 사명으로 시작해야 했던 이유를 설명해준다.[27] 우리는 이 기억과 이 기본

---

26 복음서 저자들은 보편적으로 예수가 어느 때엔가―요단강에서?(막 1:10-11); 태어날 때?(마 1-2장/눅 1-2장); 부활할 때?(행 13:33; 그와 유사하게 히 1:5; 5:5); 영원 전부터?(요한복음)―하나님의 아들이 **되었음**을 암시하는 것처럼 보이는 표현에 그다지 많은 비중을 부여하지 않고 예수를 하나님의 아들로 여기는 것처럼 보인다.

27 이는 Q 자료를 포함하는 것처럼 보일 것이다(Robinson, et al., Q, 4-21); 행 10:37-38도 함께 보라.

적인 이야기가 처음부터 최초의 제자들과 교회들의 구전 전승의 핵심적
인 일부였다는 점을 당연한 사실로 받아들일 수 있다.[28]

다른 중요한 중첩된 부분들은 다음과 같다.[29]

- 2:14-22 — 요한이 예수의 사명이 시작되는 부분에 배치한 성전
  정화 사건(막 11:15-17 및 병행 본문).
- 4:46-54 — 왕의 신하의 아들의 병이 나음(참고. 마 8:5-13/눅 7:1-
  10).[30]
- 6:1-21 — 두 가지 기적, 즉 5천 명을 먹이신 기적과 예수가 물 위
  를 걷는 기적의 결합(막 6:32-52 및 병행 본문).[31]
- 6:68-69 — 베드로의 신앙고백(막 8:29 및 병행 본문).
- 12:1-8 — 베다니에서의 기름 부음(막 14:3-9 및 병행 본문).[32]
- 요한복음의 수난 내러티브는 공관복음의 상응하는 내러티브와 동
  일한 구조를 공유하며, 각 복음서는 그 나름의 독특한 특징과 특성
  을 지니고 있지만, 요한은 또다시 적어도 어느 정도는 예수의 사명

---

28 Robinson, *Priority*, 4장도 함께 보라.
29 Schnelle, *History*, 497-98도 함께 보라.
30 이하 n. 91을 보라.
31 *Jesus Remembered*, 683-89을 보라. 요한이 5천 명을 먹이는 기적과 물 위를 걷는 기적
    (6:1-21; 막 6:32-52 및 병행 본문)을 서로 가까이 위치시켰다는 사실은, 비록 이에 수반
    된 강론이 전자의 의미만을 밝히고 있지만, 이 두 기적이 이 전승의 다양한 형태 속에서
    이미 서로 매우 확고하게 결합되어 있어서 이 둘을 마치 미성숙한 쌍둥이처럼 그대로 유
    지하는 것보다 후자를 생략하는 것이 더 많은 의문을 일으켰을 것임을 강하게 암시한다.
    P. N. Anderson, *The Christology of the Fourth Gospel: Its Unity and Disunity in the Light of
    John 6* (Valley Forge, PA: TPI, 1996)도 함께 보라.
32 *Jesus Remembered*, 522-24; Dodd, *Historical Tradition in the Fourth Gospel*, 162-73과 필자
    의 'John and the Oral Gospel Tradition', in H. Wansbrough, ed., *Jesus and the Oral Gospel
    Tradition* (JSNTS 64; Sheffield: Sheffield Academic, 1991), 351-79(여기서는 365-67)을
    보라. 필자는 이어질 내용에서 이 논문과 그 후속편(n. 33)에 크게 의존했다. 두 논문 모두
    *The Oral Gospel Tradition*에 전재되어 있다.

의 마지막 부분에 대한 재현이 얼마나 다양해질 수 있는지를 보여
준다.[33]

- 21:1-14의 기적적인 어획량에 대한 기사는 누가가 누가복음
5:1-11에서 사용한 전승을 개작한 것일 수도 있다.[34]

이 모든 복음서는 (같으면서도 다른) 구전 예수 전승의 공관복음과 비슷한
특성을 공유하며 똑같은 결론을 암시한다. 즉 그것이 예수 전승의 시초로
그 기원을 소급할 수 있는 똑같은 핵심 전승의 변형이라는 것이다.[35] 최
초 제자 집단의 서로 다른 구성원들은 분명 각기 같은 기간, 사건, 가르침
에 대한 기억을 가지고 있지만, 개별적인 세부 사항에 대한 그들 나름의
독특한 기억을 가지고 공유된 전승의 한 흐름이었던 것에서 다소 다양한

---

33 *Oral Gospel Tradition*, 164-95에 전재된 필자의 'John's Gospel and the Oral Gospel
    Tradition', in A. Le Donne and T. Thatcher, eds., *The Fourth Gospel in First-Century Media
    Culture* (LNTS 426; London: T & T Clark, 2011), 157-85도 보라. 요한이 겟세마네 장
    면에서 비록 이 장면이 예수가 십자가를 질 운명을 얼마나 담담하게 맞이했는지에 대
    한 요한 자신의 묘사(요한에게 있어서 이는 예수의 "영화"[glorification]의 일부다)와 대
    비됨에도 불구하고, 고통에 대한 언급(요 12:27; 18:11)을 그대로 유지했다는 다소 놀라
    운 사실을 주목해 보라. Dodd는 수난 내러티브에 대한 그의 긴 논의를 다음과 같이 끝
    맺는다. "요한의 수난 내러티브는 비록 똑같은 전반적인 개요의 지배를 받지만 (어느 정
    도 복음서 저자의 "저술"에 의존하는) 마가복음(마태복음)과 누가복음의 밑바탕에 깔
    린 전승의 경향과는 다른, 공통된 구전 전승의 한 독립적인 경향을 대변한다는 축적된
    증거가 있다"(*Historical Tradition*, 150). Schnelle, *History*, 500-2도 함께 보라. 요한복
    음 이전의 수난 내러티브를 재구성하려는 최근의 시도는 F. Scherlitt, *Der vorjohanneische
    Passionsbericht: Eine historisch-kritische und theologische Untersuchung zu Joh 2,13-22; 11,47–
    14,31 und 18,1-20, 29* (BZNW 154; Berlin: de Gruyter, 2007)을 보라.
34 M. Labahn은 'Peter's Rehabilitation (John 21:15-19) and the Adoption of Sinners:
    Remembering Jesus and Relecturing John', in Anderson, et al., eds., *John, Jesus and History*,
    Vol. 2, 335-48에서 "전승"보다 "기억"에 대해 말하는 것을 선호하며(335 n. 1), 21:1-14
    을 요한이 눅 5:1-11을 구두로 다시 진술한 것으로서 "2차적인 구전적 특성"의 한 예로
    간주한다(341).
35 A. J. B. Higgins, *The Historicity of the Fourth Gospel*(London: Lutterworth, 1960)도 함께
    보라.

강조점을 끌어냈다.

그러나 이보다 더욱 인상적인 것은 요한이 제시하는 추가적인 역사적 정보, 특히 그가 공관복음과 공유하고 있는 전승에 관한 정보다. 여기서 또다시 세례 요한 전승이 가장 이해에 도움이 된다. 요한은 **나머지 복음서 저자들이 제쳐두었거나 알지 못했던 전승**을 활용할 수 있었던 것으로 보이기 때문이다. 요한은 세례 요한이 투옥되기 이전 시기에 대한 언급(3:24)을 주저하지 않고 포함시키는데, 그 기간에 예수의 사역은 세례 요한의 사역과 중첩되었고(요 3:22-36), 비록 요한은 예수가 친히 세례를 행했다는 주장을 부정하려 애쓰지만(4:2), 그 기간 동안 예수의 사역은 세례 요한의 사역과 분명 성격이 같았다(3:22-26).[36] 이 전승의 기원은 최초의 제자들에게까지 소급되는 것이 거의 확실하다. 이 전승에는 예수의 몇몇 핵심 제자들이 그 이전에 세례 요한의 제자였다는 정보(1:35-42)가 포함되어 있기 때문이다.[37] 예수 자신이 상당한 정도로 세례 요한의 제자로 간주될 수 있었다는 점으로 인한 예수 전승의 다른 곳에서 암시된 당혹감의 정도를 고려하면, 이러한 정보나 강조가 날조되었을 가능성은 별로 없었다.[38]

주목할 만한 것은 구전 예수(및 세례 요한) 전승이 어떻게 다음과 같은 방식으로 다루어질 수 있었고 다루어졌는지에 대한 분명한 증거다.

• 그 두 사역 사이의 어떤 혼동도 피하고 예수의 사역의 독특함을

---

36 A. T. Lincoln은 '"We Know that His Testimony Is True": Johannine Truth Claims and Historicity', in Anderson, et al., eds., *John, Jesus and History*, Vol. 1 179-97에서 "예수의 세례에 대한 논의는 제4복음서 저자 또는 그의 전승의 창의성의 결과"라는 가설에 "난점이 약간 더 적을" 수도 있다고 주장한다(187-91).

37 Dodd, *Historical Tradition*, 279-87, 302-5도 함께 보라.

38 특히 마 3:14-15을 다시 주목해 보라.

강조하기 위해 전승의 중요하지 않은 한 측면을 생략하는 방식(공관복음).[39]

• 또는 전승에 대한 재진술의 초점을 예수에 대한 세례 요한의 증언과 예수의 중요성에 미치지 못하는 세례 요한의 중요성에 맞추는 방식(요한복음).[40]

공관복음 전승이 두 사역이 중첩된 시기를 무시하거나 숨겼다는 사실은 물론 우리가 요한복음 전승을 일반적인 방식으로 (요한복음의 형태와 공관복음의 형태를 비교함으로써) 평가하는 것을 어렵게 만든다. 그러나 우리는 **요한복음 전승 역시 그 기원을 최초의 제자들에게까지 거슬러 추적할 수 있고, 실제로 이 경우에는 우리가 공관복음 전승에서 추론할 수 있는 기억보다 이 중첩된 시기에 대한 더 분명한 기억을 간직하고 있다**고 충분히 확신할 수 있다. 공관복음 전승이 언제나 요한복음 전승보다 더 신뢰할 만하다는 단순한 획일적인 규칙은 즉시 배제된다.[41] 요한복음이 제시하는 예수의 사명의 시작은 그 자체가 그 중첩에 대한 기억이 최소한 초기 기독교의 일부분 내지 일부 교회들에서 어떻게 다루어졌는지를 보여주는 한 예다.

요한이 제시하는 추가적인 정보의 다른 예들은 다음과 같다.[42]

• 성전 정화 사건에서 요한은 예수가 "너희가 이 성전을 헐라. 내가

---

39 *Jesus Remembered*, 350-3을 보라.
40 이하 §43.1c(1)을 보라.
41 이 점에 대해서는 "요한복음의 탈역사화"와 "예수의 탈-요한복음화"에 대한 Anderson의 이의 제기가 타당하다(*Fourth Gospel*, 2).
42 D. Moody Smith, 'Jesus Tradition in the Gospel of John', *The Fourth Gospel in Four Dimensions*, 7장도 함께 보라.

사흘 동안에 일으키리라"(요 2:19)고 말한 것으로 묘사하는데, 이 말은 마가와 마태가 예수에 대한 재판 장면에서 **거짓** 증언으로 간주하는 바로 그 말이다(막 14:58/마 26:61). 예수는 이와 비슷한 말을 한 것으로 기억되었고 예수가 재판을 받을 때 이 말이 예수를 공격하는 말로 바뀐 방식은 거짓 증언이나 다름없었지만, 예수는 실제로 성전 파괴를 예언했으며(참고. 막 13:2 및 병행 본문) 아마도 성전 재건에 대해서도 (그가 어떤 의미로 그 말을 했든 간에) 말했을 것이라는 결론은 피하기 어렵다.[43] 어느 경우에든 **요한복음은 공관복음보다 예수에 대한 더 나은 증언이며, 예수가 하신 말씀에 대한 구전된 기억이 예수에게 불리하게 사용된 방식에도 불구하고 그것이 예수 전승 속에서 어떻게 간직되었는지를 보여준다**(행 6:14에서도 이와 비슷한 결론을 도출할 수 있다).[44] 또한 요한복음은 예수가 성전 정화의 상황에서 이 가르침을 주었을 가능성과 성전의 권력자들로 하여금 예수에 대해 조치를 취하도록 결정하게 한 것이 바로 이 둘(사건과 가르침)의 조합이었을 가능성을 뒷받침한다.[45]

• 요한복음 6:1-14과 16-21절에 나오는 두 기적 사이에 요한은 무리가 예수를 "억지로 붙들어 임금으로 삼으려" 했다는 언급을 삽입했다(6:15). 이는 (다른 전승 전달자들이 간과한 것이 충분히 이해될 법한) 기억된 역사적 자료로서 매우 그럴듯하며, 특히 같은 대목에서 마가의 기록의 특이한 점을 설명하는 데 도움이 되기 때문에 더더

---

43 *Jesus Remembered*, 630-33의 논의 및 J. F. McGrath, '"Destroy This Temple": Issues of History in John 2:13-22', in Anderson, et al., eds., *John, Jesus and History*, Vol. 2, 35-43을 다시 보라.

44 추가적으로 *Beginning from Jerusalem*, §24.2c을 보라.

45 참고. E. P. Sanders, *Jesus and Judaism* (London: SCM, 1985), 61, 72-76.

욱 그렇다.[46]

• 필자는 개인적으로 이 주장에 의문이 있지만, 어떤 이들은 요한이 예수가 십자가에 달린 날을 유월절 전날로 추정한 것이 공관복음의 추정보다 더 정확하다고 주장한다.[47]

공관복음과 요한복음의 가장 눈에 띄는 차이점 중 하나는 공관복음은 예수의 갈릴리 사역에 초점을 맞춘 반면 요한복음 내러티브의 대부분—2:13-3:36, 5:1-47, 7:10 이후—은 유대와 예루살렘에 초점을 맞추고 있다는 점이다. 예수가 공관복음 전승이 허용하는 수준보다 예루살렘을 더 많이 방문했거나 유대와 예루살렘에서 더 긴 시간을 보냈을 가능성이 없는 것은 아니다.[48]

• 세례 요한의 사역과 예수의 사역이 중첩되는 이른 시기는 유대에서의 초기 사역을 암시한다(참고. 요 3장).
• 누가는 마리아와 마르다가 가까운 제자였다는 사실을 기록한다(눅 10:38-42). 누가는 그들이 예루살렘으로 가는 여행길에 통과한 어

---

46 *Jesus Remembered*, 645-47을 보라.
47 요한의 날짜 추정은 아마도 예수의 죽음을 유월절 어린양의 죽음으로 보는 그의 신학을 반영한 것일 것이다(요 1:29; 19:33은 유월절 어린양에 관한 규례—출 12:46—를 성취한다). "요한복음에 나오는 마지막 만찬과 십자가형의 날짜는 예수가 참된 하나님의 유월절 어린양이었다는 점을 분명히 밝히려는 요한의 결정에서 비롯된 것으로 보인다"(Barrett, *John*, 51). 예를 들어 Lincoln, *Saint John*, 44-46의 논의를 보라. Koester의 다음과 같은 말과 비교해 보라. "요한은 보다 본래적이고 역사적으로 정확한 날짜를 보존했다"(*Ancient Christian Gospels*, 255). 십자가형의 날짜를 요한복음의 연표에 따라 추정하는 것을 옹호하는 최근의 재진술은 M. A. Matson, 'The Historical Plausibility of John's Passion Dating', in Anderson, et al., eds., *John, Jesus and History*, Vol. 2, 291-312을 보라.
48 *Jesus Remembered*, 323-24도 함께 보라. Robinson, *Priority*, 3장('The Chronology of the Ministry')과 Anderson, et al., eds., *John, Jesus and History*, Vol. 2, 117-29, 139-54에 실린 B. D. Johnson과 S. Freyne의 논문들도 함께 보라.

느 마을에 있었던 것으로 서술하지만, 요한은 그 마을이 예루살렘에서 가까운 베다니였다는 점을 분명히 밝힌다(요 11:1, 18; 12:1-8).[49]

- 마태복음 23:37-38/누가복음 13:34-35에 나오는 예루살렘에 대한 예수의 탄식에서 "몇 번이더냐?"라는 말은 예루살렘을 향한 더 빈번한 선교 여행이 있었음을 암시한다.

- 공관복음에서 예수의 사역이 세례 요한의 운동 안에서 시작했다는 중요한 요소를 생략했다는 사실은, 공관복음이 예수의 유대 및 예루살렘에서의 사역에 대해서도 그와 똑같이 했을 가능성을 높여준다. 즉 요한이 예수의 그러한 사역에 초점을 맞추는 것에는 공관복음이 허용하는 수준보다 더 확고한 근거가 있을 가능성이 충분히 있다.

- 예루살렘이나 그 근처에 예수의 가까운 제자들이 있었다는 점은 예수의 예루살렘 입성을 위한 나귀(막 11:2-3 및 병행 본문)와 마지막 만찬을 위한 방(막 14:12-16 및 병행 본문)을 제공한 (은밀한?) 제자들을 통해 암시된다.

그럴 경우 공관복음 전승은 왜 예수의 그 이전의 예루살렘 방문을 무시하거나 제쳐두었는가? 그들이 의도적으로 세례 요한과 겹치는 시기를 제외시켰다는 사실은 그들이 거리낌 없이 그렇게 했다는 충분한 증거다. 그리고 아마도 마가나 마가가 의존한 전승은 (마지막) 예루살렘 방문을 예수

---

49 예수는 마지막 주간에 베다니에 머물렀다(막 11:11-12 및 병행 본문; 14:3 및 병행 본문). 마르다와 마리아에 대한 요 12:1-2의 묘사(마르다는 일을 하고 마리아는 예수께 관심을 집중함)는 눅 10:39-42의 비슷한 묘사를 상기시킨다. R. J. Bauckham, 'The Bethany Family in John 11-12: History or Fiction', *Testimony*, 8장; also in Anderson, et al., eds., *John, Jesus and History*, Vol. 2, 185-201도 함께 보라.

이야기의 절정으로 만들기를 원했을 것이고, 마태와 누가는 단순히 마가(또는 그들의 주류 전승)를 따랐다. 메시아 예수를 믿는 신자들이 모인 최초의 예루살렘 공동체의 지도자들은 모두 갈릴리 사람들이었으므로, 그들이 시작하고 가르친 전승이 왜 갈릴리 사역에 초점을 맞추었는지는 충분히 이해할 수 있을 것이다.

비록 요한복음의 처음 몇 장에서 예수가 갈릴리로 왕래하는 부분은 다소 어색하게 읽히기는 하지만 요한도 물론 갈릴리 사역을 무시하지 않는다.[50] 그 자료에 포함된 기적들(4:46-54; 6:1-21)은 앞에서 언급했듯이 공관복음의 기적 전승과 가장 가깝다. 그러나 요한에게 베드로-"예수께서 사랑하시는 제자"(13:23; 19:26; 21:7)라는 그에 대한 언급이 가리키는(그리고 감추는) 인물-의 기억과 다르거나 그 기억에 덧붙여진 예수의 사역에 대한 자료가 있었을 가능성은 요한복음 전체에 걸쳐 점점 커진다.[51] 그 제자가 1:35-39에서도 언급되었다면, 그는 (요한의 제자들을 예수의 추종자로 부르는 것을 포함하여) 세례 요한의 사역과 예수의 사역이 겹치는 기간에 대한 좋은 정보원이었을 것이다. 이와 비슷하게 만일 그 제자가 18:15-16에서도 언급되었다면 그는 예루살렘에 상당한 연줄이 있었을 것이다(대제사장도 그를 알고 있었다!). 이는 이 제자가 나머지 전승 전달자들이 대체로 무시한 사건 및 (니고데모나 아리마대 요셉과 같은) 만남들과 마찬가지로 예수의 짧은 예루살렘 방문 중에 있었던 예루살렘에서의 사역을 알고 있었거나 그에 대한 기억을 간직했을 수도 있음을 뜻한다.[52] 갈

---

50 요 2:1, 12, 13; 4:1-3, 43-46; 5:1; 6:1, 59; 7:1, 9, 10.

51 앞의 §39 n. 150을 보라.

52 요셉은 사복음서에서 모두 끝부분에 언급되지만(막 15:43 및 병행 본문; 요 19:38) 니고데모는 요한복음에만 나타난다(3:1-9; 7:50; 19:39). 니고데모가 부유하고 유력한 구리온 가문의 일원이었다는 Bauckham의 흥미로운 추론을 주목해 보라(*Testimony*, 7장).

릴리 전승은 보다 친숙하고 그 자체로 매우 충분했기 때문이다.[53] 유대 지방 사역에 대한 요한의 증언만 가지고, 또한 그가 사용하거나 의존한 전승을 가지고 예수의 전반적인 사역에 대한 기억을 자유롭게 표현했다는 점을 고려하면, 확고한 결론을 도출하기는 어렵다. 그러나 가장 그럴듯한 설명은 요한이 예수의 한 차례 이상의 예루살렘 방문에 대한 분명한 기억을, 비록 그 자신의 독특한 비유적이거나 상징적인 표현으로 다루기는 했지만, 활용했다는 것이다.

iii. 예수의 가르침

한편으로는 공관복음서의 격언과 비유, 다른 한편으로는 요한복음의 강론들 사이의 차이는 과장해서 표현될 수가 있다. 앞으로 살펴보겠지만 요한복음에 담긴 예수의 가르침은 약간의 비유적인 자료를 포함하고 있기 때문이다. 그리고 가장 흥미로운 점은 요한복음의 강론들이 흔히 공관복음 전승이 입증하는 바와 같이 보다 격언적인 예수의 가르침에서 나오거나 거기에 바탕을 둔 것처럼 보인다는 점이다.[54]

- 3:5 — "진실로 진실로 네게 이르노니 사람이 물과 성령으로 나지

---

53 이는 사마리아에서의 사역에 관해서도 비슷하지만(요 4장) 공관복음은 그러한 사역이 제외되었을 만한 이유를 보여준다(마 10:5; 눅 9:52-54). S. Miller, 'The Woman at the Well: John's Portrayal of the Samaritan Mission', in Anderson, et al., eds., *John, Jesus and History*, Vol. 2, 73-81도 함께 보라.

54 추가적으로 Dodd, *Historical Tradition*, 335-65(특히 347, 349, 360-61); Dunn, 'John and the Oral Gospel Tradition', 356-58을 보라. C. M. Tuckett, 'The Fourth Gospel and Q', and E. K. Broadhead, 'The Fourth Gospel and the Synoptic Sayings Source', in Fortna and Thatcher, eds., *Jesus in the Johannine Tradition*, 280-90 및 291-301; Bauckham, *Testimony*, 106-12도 함께 보라. Schnelle, *History*, 497-98에 훨씬 짧은 배열 순서가 있다. 그러나 요한복음의 강론에서 대략 70개 구절은 공관복음에 비슷한 구절이 있다고 말할 수 있다. Anderson, *Fourth Gospel*, 52-53, 60-62, 131-32도 함께 보라.

아니하면 하나님의 나라에 들어갈 수 없느니라"; 마 18:3 — "진실로 너희에게 이르노니 너희가 돌이켜 어린아이들과 같이 되지 아니하면 결단코 천국에 들어가지 못하리라." 이 구절은 요한이 "하나님 나라"(마태복음—"천국")에 대한 공관복음과 비슷한 언급을 그대로 유지한 유일한 구절이다. 요한복음에서는 하나님 나라에 들어가는 조건이 비슷하지만 보다 급진적인 관점에서 진술되며 3:3-15/21의 보다 확대된 가르침의 기준점이다.[55]

• 3:29 — 예수와 세례 요한의 차이를 나타내려고 예수의 존재를 신랑의 존재에 비유하는 것은 마가복음 2:19 및 병행 본문들(또한 막 2:19-20 및 병행 본문들)을 떠올리게 한다.

• 5:19-30 — 성부와 성자의 가까운 관계와 성부가 성자에게 주신 권위에 대한 설명은 아마도 마태복음 11:27/누가복음 10:22과 같은 가르침에서 나왔을 것이다(참고. 요 3:35).

• 6:20 — 마가복음 6:50과의 긴밀한 유사성은 요한의 독특한 "나는 ~이다"라는 형식의 말씀이 신현과 비슷한 물 위를 걷는 예수의 모습에 대한 이야기가 요한에게 준 암시였을 수도 있음을 시사한다.[56]

• 6:26-58 — 위대한 생명의 떡에 대한 강론은 제자들과의 마지막 만찬 때 예수가 하신 말씀—"이것은 내 몸이니라", "이것은 나의

---

55 C. C. Caragounis, 'The Kingdom of God: Common and Distinct Elements Between John and the Synoptics', in Fortna and Thatcher, eds., *Jesus in the Johannine Tradition*, 125-34 도 함께 보라. Anderson은 요한복음에 "왕"에 대한 여러 번의 언급이 있다고 지적하지만 (*Fourth Gospel*, 54), 비교의 지점은 예수의 하나님 나라 선포에 있다. Koester는 구전 예수 전승을 강조한 점에 있어서는 큰 공헌을 인정받아 마땅하지만, 구전 전승에서 어떤 말씀의 "원래 형태"에 대한 이야기는—여기 *Ancient Christian Gospels*, 258에서와 같이—기껏해야 오해의 소지가 많다는 점을 받아들이지 않았다.

56 참고. Anderson, *Fourth Gospel*, 56-58.

피니라"(막 14:22, 24 및 병행 본문)—에 대한 광범위한 묵상처럼 읽힌다.

- 8:31-58 — 아브라함에서 비롯된 유대인 혈통의 의미에 대한 긴 논의는 아브라함을 조상으로 둔 것에 의지하지 말라는 동료 유대인들을 향한 세례 요한의 경고에서 비롯된 것일 수도 있다(마 3:7-10/눅 3:7-9).

- 10:1-18 — 자신은 선한 목자라는 예수의 상세한 주장은 예수가 특히 잃어버린 양의 비유에서 양의 이미지를 사용한 것에서 나온 것으로 가장 간단하게 설명된다.[57]

- 12:24-26 — 이는 아마도 마가복음 8:35에서와 같이 제자도의 대가에 대한 예수 자신의 가르침을 약간 상세히 설명한 내용일 것이다.

- 13:13-16 — 제자들의 발을 씻으시는 예수에 대한 기사(13:1-11)는 아마도 마태복음 10:24-25과 같은 가르침의 연장이자 이를 예시하는 "시각 교육 자료"일 것이다.

- 14:16-17, 15:26-27, 16:4-15 — 성령이 제자들을 가르치실 것이라는 반복된 약속은 아마도 성령이 그들이 해야 할 말을 영감으로 주실 것이라는 다른 곳에서 기억된 예수의 확언(막 13:11 및 병행 본문)에서 시작되었을 것이다.

- 우리는 요한이 매우 자주 사용한 "진실로 진실로"(Amēn, Amēn)라는 도입 형식 어구[58]는 분명 예수가 어떤 말씀을 "진실로"(Amēn)라는 말로 처음 시작하시는 공관복음의 유명한 전승에서 나온 것이

---

57 마 18:12-13/눅 15:4-7; 및 막 6:34; 마 10:6; 15:24; 눅 12:32.
58 요 1:51; 3:3, 5, 11; 5:19, 24, 25 등.

라는 점을 덧붙여 말하지 않을 수 없다.[59]

• 공관복음과 비슷한 권면의 몇 가지 강화된 형태가 13-16장에 산
재해 있다는 점도 주목해 보라.

  ◦ 13:16 — 마 10:24/눅 6:40;

  ◦ 13:20 — 마 10:40/눅 10:16;

  ◦ 13:34-35 — 막 12:28-31 및 병행 본문;

  ◦ 15:14-15 — 참고. 막 3:35 및 병행 본문;

  ◦ 15:16 — 막 11:23-24 및 병행 본문;

  ◦ 15:18-21 — 막 13:13 및 병행 본문;

  ◦ 16:1-4 — 막 13:9, 12-13 및 병행 본문/마 10:17-18, 21-22;

  ◦ 16:23-24 — 마 7:7/눅 11:9;

  ◦ 16:32 — 막 14:27 및 병행 본문.[60]

이 강론들이 보다 특징적인 공관복음의 형태와 크게 다르지 않은 많은
비유를 포함하고 있으며[61] 일련의 세 가지 말씀 역시 공관복음의 패턴과

---

59 *Jesus Remembered*, 700-1과 n. 418. B. Lindars는 *Behind the Fourth Gospel* (London: SPCK,
    1971)에서 "진실로 진실로"라는 어구는 "요한이 그의 축적된 전승 자료에서 예수의 말씀
    을 사용하고 있음을 나타내는 반복적인 표시"라고 주장한다(44). 추가로 R. A. Culpepper,
    'The Origin of the "Amen, Amen" Sayings in the Gospel of John', in Fortna and Thatcher,
    eds., *Jesus in the Johannine Tradition*, 253-62을 보라.

60 J. Beutler는 'Synoptic Jesus Tradition in the Johannine Farewell Discourse', in Fortna and
    Thatcher, eds., *Jesus in the Johannine Tradition*, 165-73에서 비록 "어떤 단일한 일관된 강
    론 자료도 발견할 수" 없으며 "그보다는 전승 자료를 제4복음서 저자의 예수에 대한 독
    특한 관점을 표현하는 새로운 형태로 만들어내는 전승 자료의 창조적 이용"이 있었지만,
    "요한복음 13-17장은 대체로 공관복음적인 성격을 지닌 전승인 초기 예수 전승으로 가
    득 차 있으며 심지어 공관복음 그 자체에서 유래했을지도 모른다"고 대담하게 결론짓는
    다(173).

61 요 3:29; 5:19-21; 8:35; 10:1-5; 11:9-10; 12:24; 16:21. Dodd, *Historical Tradition*,
    366-87; Lindars, 'Tradition', 33도 함께 보라. Robinson은 요한복음의 13-14가지의 비
    유들을 언급한다(*Priority*, 319-20).

유사하다는 점에도 주목해야 한다.[62] 특히 중요한 것은 요한복음이 여러 대목에서 공관복음 전승과 중첩되는 것이 초기 교회들이 모두 예수의 가르침으로 기억한 가르침에 대한 독립적인 의식을 보여준다는 사실이다.[63] 이런 대목들에서 요한의 개작이 비교적 적다는 점은 우리로 하여금 유사 관계(같은 가르침에 대한 공유된 기억)를 인식하게 하는 것인 동시에, 우리로 하여금 요한복음의 강론들이 갈릴리나 유대에서의 사역 기간 중 예수가 가르친 내용에 대한 기억에 뿌리를 두고 있다고 확신 있게 말할 수 있게 하는 것이다.

요컨대 문체상의 차이와 개별적인 말씀과 모티프에 대한 설명 및 강화의 차이에도 불구하고 요한복음의 몇몇 강론들은 공관복음과 비슷한 전승에 깊이 뿌리박혀 있는 것으로 보인다. 게다가 요한이 다른 공관복음과 비슷한 전승을 알고 있었고 공관복음 전승 그 자체에서 다시 시작하지 않고 이를 비슷한 방식으로—비슷한 강론 형식으로 발전시키고 설명해야 할 주제로—다루었을 가능성도 배제해선 안 된다. 그렇다면 요한복음의 강론들은 단지 1세기 말 신생 기독교의 교회들 안에서 예수 전승을 얼마나 급진적이고 광범위하게 설명할 수 있는지를 보여주는 한 예일 뿐인가?[64]

---

62 요 4:31-38; 12:20-26; 13:1-20; Dodd, *Historical Tradition*, 388-405을 보라. Tom Thatcher는 'The Riddles of Jesus in the Johannine Dialogues', in Fortna and Thatcher, eds., *Jesus in the Johannine Tradition*, 263-77에서 요한복음의 대화들 속에 있는 상당히 많은 양의 수수께끼를 지적한다. 수수께끼는 널리 입증된 구전 형식이므로 그는 최소한 이 말씀들 중에 일부는 제4복음서가 기록되기 전에 요한 공동체에서 구전으로 퍼져나갔으며 보다 긴 대화 중 일부도 수수께끼를 푸는 시간에 구전으로 퍼져나갔을지 모른다고 주장한다(그는 특히 요 8:12-58을 언급한다). Kümmel, *Introduction*, 201도 함께 보라.
63 추가적으로 Schnackenburg, *St. John*, 1.26-43을 보라.
64 "예수의 말씀이 요한복음의 강론으로 구성된 것은 심오한 신학적 종합을 의미했다"(Brown, *John*, 1.xlix).

b. 요한은 어떻게 요한복음을 구성하는 일을 시작했는가?[65]

요한복음의 최종 형태가 산출된 것은 긴 과정의 최종 결과였다고 추정할 수 있다. 그 과정의 시작과 끝은 꽤 분명하다. 우리는 요한복음의 상당한 분량의 기원을 1세대의 신자들, 곧 예수 자신의 가까운 제자들에게 속한 직접 목격자들에게까지 소급할 수 있는 충분한 증거를 살펴보았다. 요한복음에 있는 세례 요한 전승만으로도 그러한 결론에 대한 충분한 징표이자 실례다. 최종 편집을 통해 요한복음 21장과 21:24의 마지막 제3자의 증언이 함께 추가되었다는 점도 마찬가지로 분명하다.[66] 그러나 그 시작과 끝 사이에서 그 과정의 성격은 불분명하며 다양한 추측이 가능하다. 요한복음의 최종 형태는 루돌프 불트만의 유명한 주장처럼 매우 많은 분량의 편집을 거쳤는가?[67] 저자는 다양한 자료들을 활용할 수 있었는가? 가장 그럴듯한 주장은 그가 "표적 자료"를 활용할 수 있었다는 것이다.[68]

---

65 앞 단락에서와 같이 여기서 "요한"은 요한복음의 저자를 가리킨다. 이 경우 "요한"은 최종 편집자는 아니지만 요한복음의 그 독특한 특성을 부여한 인물로 규정하는 것이 가장 타당할 것이다. 앞의 §39.2d도 함께 보라.

66 요 20:30-31은 하나의 분명한 결말, 즉 보다 이전의 초고 내지 판본에 대한 결말을 표시한다. 추가적으로 Kümmel, *Introduction*, 207-15; Schnelle, *History*, 490-92을 보라. J. Ashton은 *Understanding the Fourth Gospel*(Oxford: Clarendon, 1991)에서 이렇게 결론짓는다. "복음서 저자의 글로 직접적으로 간주할 수 없는 요한복음의 유일한 주요 부분은 (a) 그가 이어받아 개작한 표적에 대한 자료[이하 n. 68을 보라]와 (b) 현재의 형태로 된 마지막 장이다"(166).

67 R. Bultmann, *The Gospel of John* (1941, 1964; ET Oxford: Blackwell, 1971), xiii과 Index, 'Redaction'(736). 이에 대해 D. M. Smith, *The Composition and Order of the Fourth Gospel* (Yale University, 1953)이 비판했고, Schnelle, *History*, 485-86도 짧게 비판했다.

68 특히 R. T. Fortna, *The Gospel of Signs* (SNTSMS 11; Cambridge: Cambridge University, 1970); 같은 저자, *The Fourth Gospel and Its Predecessor* (Philadelphia: Fortress, 1988); Fortna and Thatcher, eds., *Jesus in the Johannine Tradition*, 17-20장. 이에 대한 비판은 Lindars, *Behind the Fourth Gospel*, 31-42에 있다. Schnelle, *History*, 494 n. 167, 513-15에 다른 참고문헌들이 있고 494-96과 n. 169에 비판이 있다. 요한의 메시아 개념에 대한 Ashton의 논의(*Understanding*, 7장)는 요한에게 "표적"에 대한 자료가 있었다는 그의 가

발전이나 구성의 단계들을 완성된 산물에서 떼어내거나 심지어 서로 다른 판본을 상상하는 것이 가능한가?[69] 예를 들면 사마리아적인 발전 단계가 존재했는가?[70] 요한복음 서언(요 1:1-18)은 비교적 나중에 추가된 내용인가?[71] 요한복음의 최종 형태는 사실 몇 가지 예외적이거나 괴리가 있는 부분이 있었다면 다듬어졌을 최종 형태로 의도된 것이 아닐 수도 있는가?[72] 아니면 사실 요한복음은 결코 "완성된" 형태로 의도된 것이 아니라 실제로는 요한복음의 구조 안에 있는 여러 "유동적인 부분들"로 구성되어 있어서 요한복음을 예배와 묵상에 사용할 때 유연성과 변화를 허용할 수도 있는가?[73]

아마도 가장 오래 지속된 논쟁은 요한이 하나 이상의 공관복음을 알고 있었는지—아마도 공관복음의 부족한 부분을 감안하여 그 결함을 고치려 했는지—에 관한 논쟁일 것이다. 요한은 하나 이상의 공관복음을 알

정에 너무 많이 좌우되었다. "자료"로서의 구약에 대해서는 예를 들면 다음 책들을 보라. Schnackenburg, *St John*, 121-24; Barrett, *John*, 27-30 — "복음의 배경에서 하나의 필수적인 요소"(30).

69 예. Brown, *John*, 1.xxxii-xxxix; Lindars, *Behind the Fourth Gospel*, 43-60; 같은 저자, *The Gospel of John* (NCB; London: Oliphants, 1972), 47-48, 51-54; Lincoln, *Saint John*, 50-55.

70 Brown, *Community*, 36-40; 같은 저자, *Introduction*, 363-64; Ashton, *Understanding*, 294-99; 다른 참고문헌은 J. F. McGrath, *John's Apologetic Christology: Legitimation and Development in Johannine Christology* (SNTSMS 111; Cambridge: Cambridge University, 2001), 17 n. 45에 있다.

71 M. Theobald, *Die Fleischwerdung des Logos* (Münster: Aschendorff, 1988); 및 '"Der älteste Kommentar zum Johannesevangelium" (R. F. Collins)', *Studien*, 41-75(여기서는 50-51).

72 가장 일반적으로 언급되는 예는 예루살렘(5장)에서 갈릴리(6:1)로의 갑작스런 전환과 14:31("일어나라 여기를 떠나자") 뒤에 강론(15-16장)이 두 장 더 이어진다는 사실이다. 요 7:53-8:11이 후대에 첨가된 부분이라는 점에 학자들은 일반적으로 동의한다. 추가적으로 Schnackenburg, *St. John*, 1.44-58; Brown, *John*, 1.xxvi-xxviii; Kümmel, *Introduction*, 204-7, 216-17; Barrett, *John*, 21-26; Koester, *Ancient Christian Gospels*, 246-50; Schnelle, *History*, 486-89을 보라.

73 오늘날 많은 교회들의 예배나 전례서에는 고정된 틀 안에서 내용/예전의 변화를 허용하는 비슷한 예가 있다.

았고 거기에 빚을 졌다는 논거는 어느 정도 실체가 있고—앞에서 언급한 비슷한 예들은 확실히 그 근거를 제공해준다—어느 정도 설득력을 가지고 계속해서 주장된다.[74] 그러나 불행하게도 이 주장은 부분적으로 최소한 지난 한 세기 반 동안 복음서에 대한 논의의 너무나 많은 부분을 왜곡시킨 동일한 문헌적 사고방식의 산물이다. 이 기간을 대부분 지배한 작업가설은 복음서들 사이의 일체의 유사성이 한 복음서가 다른 복음서에 끼친 문헌적 영향, 또는 공통의 (기록된) 자료에서 받은 문헌적 영향을 나타낸다는 것이었다.[75]

본 연구의 작업가설은 그와 달리 예수 전승이 거의 전적으로 구전 형태로 알려지고 사용된 긴 기간(20-30년)이 있었고, 그 기간 동안 예수 전승은 우리가 공관복음 전승에서 여전히 발견할 수 있는 것과 매우 비슷한 다양한 형태로 기념되고 가르쳐지고 전달되었다는 것이다.[76] 여기서 우리는 공관복음 전승이 예수 전승이 알려지고 사용된 방식의 전형적인 예지만, 이를 예수 전승의 총합으로 간주해선 안 된다는 점만 덧붙여 말하면 된다.[77] 그렇다면 요한복음의 경우에 그러한 가설의 논리적 귀결

---

74 Kümmel, *Introduction*, 202-4; Barrett, *John*, 15-18, 42-54; A. Denaux, ed., *John and the Synoptics* (Leuven: Leuven University, 1992); Lincoln, *Saint John*, 29-38; Thyen, *Johannesevangelium*, 4. 다른 참고문헌은 D. M. Smith, *Johannine Christianity* (Columbia: University of South Carolina, 1984), 6장과 7장; 및 *John Among the Gospels: The Relationship in Twentieth-Century Research* (Minneapolis: Fortress, 1992)을 보라.

75 Kümmel은 요한이 마가복음과 누가복음을 암기하고 있었다고 주장한다(*Introduction*, 204); Bultmann(*John*, 6)과 Schnelle(*History*, 499-502)는 요한이 복음서 형식을 사용한다는 사실로부터 요한이 마가복음을 알고 있었던 것이 분명하다고 추론한다. 요한이 하나 이상의 공관복음서를 알고 있었다는 견해를 지지하는 다른 참고문헌들은 Schnelle, *History*, 502 n. 184에 실려 있다. Gregory는 누가복음과 요한복음의 유사점 및 친화성(특히 눅 24:12/요 20:3-10)을 공통 자료 내지 공통의 구전 전승으로도 쉽게 설명할 수 있다고 결론짓는다(*Reception of Luke and Acts*, 69).

76 J. Dewey, 'The Gospel of John in Its Oral-Written Media World', in Fortna and Thatcher, eds., *Jesus in the Johannine Tradition*, 239-52도 함께 보라.

77 예를 들어 누가가 나머지 공관복음서 저자들이 몰랐거나 사용하지 않은 그토록 많은 전

은 분명하다. 즉 요한은 공관복음과 비슷한 전승을 많이 알고 있었거나, 요한복음 전승이 공관복음과 비슷한 자료에서 시작되었다는 것이다. 요한이 공관복음 전승을 글자 그대로 베낀 분명한 사례는 없으므로 대체로 구두 사회와 대체로 구두 기독교 공동체의 상황에서 공관복음과 비슷한 전승은 요한복음의 예수에 대한 묘사의 기반이 된 기초 자료의 일부였다고 결론짓는 것이 요한복음을 이해하는 데 있어서 더 타당하다.[78]

요한복음 자체의 최종 형태에 관한 한 요한은 자기 나름의 독특한 방식으로 자신이 활용할 수 있는 전승을 마음대로 변형시킨 것으로 보인다.

i. 예수의 사역의 틀

예수의 사역의 틀에 관한 한 요한복음은 공관복음과 꽤 뚜렷하게 다르다. 예를 들어 누가는 자신이 강조하고 싶은 예수의 사역이 지닌 특성을 엿볼 수 있는 기회를 제공하기 위해 예수가 나사렛 회당에서 한 설교를 사용했다(눅 4:16-30). 이와 대조적으로 요한은 이중의 **여는 괄호**를 제공한다.

• **가나의 혼인 잔치**(요 2:1-11) — 이는 아마도 예수의 사역이 지닌 혼

승을 사용할 수 있었다는 사실(§42.4a n. 314)도 같은 방향을 시사한다. 요 21:25을 다시 주목해 보라.

78 필자는 특히 여기서 다음 책들에 빚을 지고 있음을 인정한다. Dodd, *Historical Tradition*; Lindars, *Behind the Fourth Gospel*. P. Gardner-Smith는 *St John and the Synoptic Gospels* (Cambridge: Cambridge University, 1938)에서 제4복음서가 공관복음에 의존하고 있다는 지배적인 명제에 효과적으로 이의를 제기한 최초의 인물로 간주되어야 한다(다른 참고문헌은 Robinson, *Priority*, 11 n. 27에 있다). Brown은 Dodd의 영향을 크게 받았다 (*John*, 1.xliv-xlvii). Smith는 요한복음과 공관복음서들의 관계에 대한 긴 논쟁을 도표로 정리하면서 여전히 Dodd의 해법을 선호하는 것처럼 보인다(*John Among the Gospels*). B. Witherington, *John's Wisdom* (Louisville: Westminster John Knox, 1995), 5-9도 함께 보라. 자료들을 쉽게 구별하고 그 특성을 기술할 수 없을 때 — Robinson, 'The Johannine Trajectory' in Robinson and Koester, *Trajectories*, 7장 (n. 207도 함께 보라)에서와 같이 — "궤적"의 이미지는 기껏해야 추측에 불과한 것이며 아마도 오해의 소지가 클 것이다.

인과 비슷한 성격(막 2:18-19 및 병행 본문)에 대해 그 이전의 전승에서 강조한 점을 공식적인 가르침보다는 이야기로 진술함으로써 예시하는 것이겠지만, 공관복음서에서는 전혀 알려지지 않은 전승이다.[79] 그 상징적 의미는 분명하다. 유대인의 정결 예식을 위해 준비된 물이 고급 포도주로 바뀐 것(2:10)은 틀림없이 또다시 마가복음 2:21-22과 병행 본문에 나오는 것과 같은 점을 강조하는 방식으로 예수의 사역이 가져온 변화를 예시한다.

• 성전 정화(2:14-22). 이는 십중팔구 공관복음과 공통되지만 공관복음에서는 예수의 사역의 **끝부분**에 배치된 전승에 대한 요한복음의 기록일 것이다. 예수의 사역에서 하나는 첫머리에, 다른 하나는 끝머리에 이와 같은 두 번의 사건이 있었을 가능성은 매우 희박하다. 무엇보다도 이 두 기록은 정확히 같은 성격을 가진다. 즉 짐승과 비둘기를 파는 자들은 성전 경내에서 쫓겨나고 돈 바꾸는 사람들의 상은 뒤엎어진다. 구전 전승에서 으레 예상되듯이 내용상 약간의 차이가 있다.

여기에 가장 자연스럽게 뒤따르는 결론은 요한이 예수의 사역에 대한 기록을 성전 청소 사건부터 시작하기로 선택했다는 것이다. 이 사건은 가나 혼인 잔치와 더불어 **본토 유대교와 관련한 예수의 사역의 효과를 미리 전형적으로 보여주었기 때문이다.**[80] 예수는—결과적으로 그가 준 물

---

79 Dodd는 예수가 혼인 잔치가 등장하는 몇몇 비유를 말하는 것으로 기억되고 있다는 점을 지적하며(그는 마 22:1-14; 25:1-13; 눅 12:35-36을 언급한다) "이 단락의 전승의 핵심은 비유였을 것"이라고 주장한다(*Historical Tradition*, 226-27). Lincoln, "We Know That His Testimony Is True", 191-95도 함께 보라.

80 참고. A. R. Kerr, *The Temple of Jesus' Body: The Temple Theme in the Gospel of John* (JSNTS 220; London: Sheffield Academic, 2002).

이 야곱의 우물의 물보다 훨씬 나은 것처럼(4:12-14)—유대인의 정결 의식을 새 포도주로 바꾸려 하고 성전을 자신의 몸으로 대체하려 한다(요 2:21). 그리고 예수는 하늘에서 온 생명의 떡으로서 모세가 준 떡을 훨씬 능가한다(6:30-35).[81] 누가가 앞으로 일어날 일의 성격을 보여주기 위해 나사렛 회당에서의 예수의 복음 전파를 그의 기록의 맨 앞으로 옮긴 것과 다소 비슷하게, 요한도 마찬가지로 분위기를 조성하고 앞으로 일어날 일을 요약적으로 보여주기 위해 가장 중요한 성전 정화의 위치를 (명백히) 거리낌 없이 옮겼다.[82] 이는 지나치게 대담한 위치 이동처럼 보일 수도 있지만, 복음서 저자들이 그들이 가진 자료를 엄격하게 시간 순서에 따라 정리해야 했다고 가정할 경우에만 그렇게 보일 것이다. 우리가 그렇게 가정해야 할 이유는 전혀 없고 그런 가정은 그 뒤에 틀림없이 뒤따라 나올 너무나 많은 증거에 역행하는 가정이다.[83]

요한이 예수의 사역에 대한 기록의 첫머리를 자유롭게 구성했다면, 그는 닫는 괄호, 즉 예수를 제거하려는 결정을 촉발시킨 사건도 마찬가지로 또는 보다 더 자유롭게 재구성했다. 공관복음에서 예수에 대한 적대

---

81 추가적으로 예를 들어 Lincoln, *Saint John*, 76-78을 보라.

82 Anderson은 성전 정화에 대한 마가의 연대가 잘못되었다고 주장하는 가장 최근의 학자다. 성전 사건에 그 고유의 역사적 맥락을 부여하고, 이를 통해 마가복음을 바로잡은 이가 바로 요한이라는 것이다(*Fourth Gospel*, 32, 48, 67, 70-71, 111-12, 158-61). 그러나 요 4-5장의 일화들은 거의 성전 사건을 전제로 하거나 그 사건에 의존하지 않으며 이른 시기의 "정화" 사건이 Anderson이 요 5:18에서 발견한 것과 같은 적대심을 불러일으켰다면 "정화" 사건과 예수의 체포 사이의 시간 간격은 전적으로 놀라운 것이다. 추가적으로 *RBL*(http://www.bookreviews.org/bookdetail.asp?TitleId=5879)에 실린 Anderson의 견해에 대한 John Painter의 비평을 보라. M. A. Matson, 'The Temple Incident: An Integral Element in the Fourth Gospel's Narrative', in Fortna and Thatcher, eds., *Jesus in the Johannine Tradition*, 145-53도 함께 보라.

83 이 점에 대해서는 파피아스가 남긴 말이 자주 인용된다. 그에 따르면 마가는 "자신이 기억하는 모든 것을 정확히 기록했지만, 사실 주님이 말씀하시거나 행하신 일들의 순서대로 기록한 것은 아니었다"(Eusebius, *HE* 3.39.15).

의 마지막 악순환을 유발시키고[84] 유다의 배신으로 인해 가능해진 예수의 체포를 직접적으로 초래한 것은 바로 상징적인 "성전 정화" 사건이었다(막 14:10-11 및 병행 본문). 그러나 요한은 그와 사뭇 다른 도화선을 제공한다. 요한복음에서 예수에 대한 최종적 조치의 직접적인 도화선은 바로 나사로를 죽은 자들 가운데서 되살려낸 사건이다. 나사로의 소생에서 절정에 이르는 예수의 표적들은 대제사장으로 하여금 한 사람이 죽는 것이 온 민족이 멸망당하는 것보다 낫다는 결론에 이르게 했다(요 11:47-53, 57). 요한은 나사로를 되살려낸 사건이 얼마나 유명해졌고 그 결과로 생겨난 예수와 그의 메시지에 대한 지지가 곧 현상 유지에 얼마나 위협적인 요소가 되었는지를 진술함으로써 그 점을 강조한다(12:9-11, 17-19).

나사로를 죽은 자들 가운데서 되살려낸 사건(11:1-44)에 대해 나머지 복음서 저자들은 아무런 관심을 보이지 않는다.[85] 혹자는 그 이전의 전승에서 권력자들이 나사로를 해할까 두려워 그 사건을 한쪽으로 제쳐두었다고 상상할 수도 있을 것이다(참고. 요 12:10). 그러나 공관복음은 십중팔구 그 사건으로부터 약 40년 이상 뒤에 기록되었을 것이다. 그 당시라면 예루살렘이 포위당하고 정복되는 동안 예루살렘 주변은 초토화되고 그 주민들은 넓게 흩어졌을 텐데도 그것이 여전히 하나의 요인이 되었을까? 더구나 요한복음의 묘사는 그 이후 요한의 교회들의 믿음과 관심사를 반영하는 것처럼 보인다. 그것은 곧 예수 자신의 부활을 예표하는 나사로의 소생이라는 표적(11:4-5, 23-27), 부지불식간에 예수가 "그 민족을 위하시고…흩어진 하나님의 자녀를 모아 하나가 되게 하기 위하여"

---

[84] 막 11:18/눅 19:47-48; 막 12:12 및 병행 본문; 14:1-2 및 병행 본문; 참고. 마 21:15-16.
[85] 나사로라는 인물은 요한복음에만 나타난다(요 11:1-44; 12:1-2, 9-10, 17). 신약에 나오는 다른 유일한 나사로는 예수의 부자와 나사로 비유에 나오는 같은 이름의 거지다(눅 16:20-25).

죽으셨다고 고백하는 대제사장(11:51-52), 예수를 믿는 다수의 유대인들 (12:11), 확대되는 예수의 영향력과 이에 대한 대응으로 예수를 믿는 이들 이 회당에서 추방되는 사건(12:42) 등이며, 이 모든 것은 요한복음의 특징 적인 고기독론을 반영한다.[86]

요한이 예수의 사역과 계시의 전개 과정을 볼 수 있는 기회를 제공 하기 위해 성전 정화에 대한 기사를 요한복음 첫머리로 옮겨놓았다는 결 론은 피하기 어렵다. 그리고 요한은 자기만의 예수의 사역의 절정, 예수 에 대한 결정적인 조치를 촉발시킨 그 절정을 표현할 여지를 남겨놓기 위해서도 그렇게 했다. 나사로의 소생에 대해서는 할 말이 더 많지만 예 수의 표적에 대한 요한의 기록이라는 배경에서 말하는 것이 가장 낫다.

ii. 예수의 치유 사역

이와 똑같이 인상적인 것은 C. H. 도드가 "표적의 책"이라고 부른 부분 에서 요한이 예수의 치유 사역을 구성한 방식이다(요 3-12장).[87] 요한은 예수의 사역과 그 의미의 한 측면을 강조하는 특징적인 기적의 한 패턴 을 따르는 것처럼 보인다. 어떤 유형의 기적도 반복되지 않는다. 요한은 각 기적의 의미를 도출하기 위해 여섯 가지 특징적인 기적들, 아니 어쩌 면 여섯 가지 기적 유형을 택한 것이 사실인 것처럼 보인다. 그 의미는 전 형적으로 흔히 기적 이전이나 이후에 **그 기적에 덧붙여지는 긴 강론이나 대화**를 통해 제시된다. 그 점은 요한이 기적에 대해 일관되게 사용하는 용어인 "표적",[88] 즉 사건 그 자체보다 훨씬 더 많은 의미를 전달하는 의

---

86 요 11:4, 25-26; 12:27-36, 44-50.

87 C. H. Dodd, *The Interpretation of the Fourth Gospel* (Cambridge: Cambridge University, 1953).

88 요 2:11, 23; 3:2; 4:48, 54; 6:2, 14, 26, 30; 7:31; 9:16; 10:41; 11:47; 12:18, 37; 20:30. 마 12:28/눅 11:20과 막 3:27 및 병행 본문과 같은 전승들에도 불구하고 축귀는

미심장한 사건을 통해 강조된다.[89] 가장 일관된 주제는 서언에서 이미 시사된 바와 같이 새로운 생명[90] 및 어두움과 구별되는 빛이다(1:4-5, 7-9, 13).

- 2:1-11 — 물이 포도주로 변하는 첫 번째 표적(2:11) — 단서들을 통해 암시되는 의미(셋째 날, 2:1; 혼인; 정결 의식의 물; 예수의 영광을 나타낸 표적, 2:11).
  - 3:1-21 — 거듭남에 대한 니고데모와의 대화(3:3-8, 15-16, 19-21).
- 4:46-54 — 왕의 신하의 아들을 죽음에서 구함 — 역시 오직 표적에 근거한 믿음에 대한 경고(4:48; 참고. 2:23-25)이면서도 생명을 강조하는(4:50-53) 두 번째 표적(4:54).
  - 사마리아 여인과 나눈 생명의 물에 대한 강론의 필연적 결과(4:7-26, 특히 4:10, 14)와 사마리아에 이미 열린(4:29-30, 39-43) 영원한 생명을 위한 열매의 수확(4:35-36).
- 5:1-9 — 몸이 마비된 병자의 치유 — 보다 전통적인 형식(안식일의 치유).
  - 5:10-47 — 안식일에 그렇게 행동하는 예수의 기독론적인 의

요한복음에 있어서 "표적"의 역할을 충분히 하지 못했다. G. H. Twelftree, 'Exorcisms in the Fourth Gospel and the Synoptics', in Fortna and Thatcher, eds., *Jesus in the Johannine Tradition*, 135-43도 함께 보라.

89 U. Schnelle, *Antidocetic Christology in the Gospel of John* (1987; ET Minneapolis: Fortress, 1992), 3장도 함께 보라.

90 추가적으로 M. Labahn, *Jesus als Lebensspender: Untersuchungen zu einer Geschichte der johanneischen Tradition anhand ihrer Wundergeschichten*(BZNW 98; Berlin: de Gruyter, 1999)을 보라. "제4복음서 저자는 기적을 일으키는 예수를, 가끔씩 더욱 암묵적으로 그러나 보통은 명시적으로, 단순히 생명을 주시는 분으로 묘사한다"(501).

미(10:11-39에서 되돌아가는 주제)에 초점을 맞추되 아들 안에 있고 아들이 허락한 생명을 보여주는 예수의 사역(5:24-26, 40)에도 초점을 맞춘 "유대인"과의 대화.

- 6:1-14 — 물 위를 걷는 기적에 덧붙여진 5천 명을 먹이는 기적.
  - 6:25-65 — 위대한 생명의 떡에 대한 강론(특히 6:27, 33, 35, 40, 47, 48, 51, 53-54, 57-58, 63; 베드로의 신앙고백을 통해 마무리됨, 6:68).
- 9:1-7 — 한 맹인의 치유
  - 생명의 빛에 대한 예수의 약속으로 시작된 이전의 논의(8:12)로 인해 초래되고 보지 못함과 봄에 대한 긴 강론으로 이어짐(9:8-41).
- 11:1-44 — 나사로를 죽음에서 소생시킴 — 처음부터 강조된 의미(11:4).
  - 기적 그 자체보다 먼저, 죽음에도 불구하고 죽음을 통해 이루어지는 영원한 생명에 대한 강론이 나옴(특히 11:23-26).

이것이 제기하는 질문들 중 하나는 요한이 자신이 말하는 실제 기적들을 자신의 전승에서 끌어왔는가 하는 것이다. 아니면 요한은 (a) 일부는 특정한 전승에서 끌어오고(5천 명을 먹이는 기적, 멀리서 한 아이를 고치는 기적), (b) 일부는 예수가 그로 인해 유명해진 (마비와 시각 상실을 고치는) 치유의 유형을 보여주는 일련의 기적의 유형들과, (c) 일부는 실제로 특정한 사건에 근거하지 않았더라도 예수의 가장 풍부한 의미를 표현하는 이야기들(유대인 정결 의식의 물을 넉넉한 고급 포도주로 바꾸는 기적, 나사로의 소생)을 제시하는가?

(a) 이러한 가능성 중 첫 번째부터 이미 흥미롭다. 왕의 신하의 아들을 치유한 사건에 대한 요한복음 기사는 병행하는 마태복음이나 누가복

음의 본문과 매우 다르며,[91] 5천 명을 먹인 기적에 대한 명백히 동일한 전승에서 요한복음과 공관복음 사이의 중요하고 유일한 일치점은 사실상 숫자이기 때문이다(5천 명, 2백 데나리온, 떡 다섯 개와 물고기 두 마리, 남은 조각 열두 광주리).[92] 여기에 **똑같은 기억과 전승이 어느 정도나 다양하게 다시 진술될 수 있는지에 대한 중요한 증거**가 있다.

(b) 두 번째 가능성은 요한이나 요한의 전승이 어떤 특정한 사례보다는 예수의 치유 사역의 **유형들**을 사용하여 예수 이야기를 하는 데 아무 거리낌이 없었음을 암시한다.[93]

(c) 세 번째 가능성도 배제할 수 없다. 이는 물이 포도주로 변하는 기적[94]과 나사로의 소생[95]을 예수의 사역 안에 배치하기가 매우 어렵기 때문이며, 또한 이 둘은 예수의 사역의 효과를 너무나 강력하게 예시하기

---

91 왕의 신하의 아들을 치유한 사건이 백부장의 아들의 치유에 대한 마태와 누가의 기사를 변형시킨 것일 가능성도 배제할 수 없다(Dodd, *Historical Tradition*, 188-95과 필자의 'John and the Oral Gospel Tradition', 359-63 및 *Jesus Remembered*, 212-16을 보라). P. J. Judge, 'The Royal Official and the Historical Jesus', in Anderson, et al., eds., *John, Jesus and History*, Vol. 2, 83-92도 Craig Koester의 응답과 함께 보라(102).

92 'John and the Oral Gospel Tradition', 363-65도 함께 보라. 또한 Anderson은 마가와 요한 사이의 관계의 기원이 그들 전승의 구전 단계까지 거슬러 올라가야 한다고 결론짓는다(*Fourth Gospel*, 29-30).

93 Dodd, *Historical Tradition*, 174-88의 견해도 이와 비슷하다. 필자의 'John and the Oral Gospel Tradition', 374도 함께 보라.

94 480-720리터의 포도주를 공급하는 것은 분명 역사적 사건으로서는 기이한 일이겠지만 상징적인 비유로서는 매우 강력한 것이었다. 앞의 n. 79과 Lincoln, "We Know That His Testimony Is True", 196-97도 함께 보라.

95 요한이 그 이전의 전승 중에서 예수의 기적으로 간주된 죽은 자를 소생시키는 기적(야이로의 딸 ─ 막 5:35-43 및 병행 본문; 눅 7:11-15)을 하나 이상 알고 있었다고 가정한다면, 요한은 아마도 이 기적들이 자신의 목적과 관련해서 충분히 결정적이지 않다고 생각했을 것이다. 또한 요한은 예수 자신이 죽은 자를 살리겠다고 주장한 전승도 알고 있었을 것이다(마 11:5/눅 7:22). 따라서 죽은 사람을 소생시키는 예수에 대한 비유적인 이야기는 특히 그것이 예수의 사역에 대한 재진술에 매우 적합한 절정의 역할을 할 수 있을 때는 거의 정당화되었다. 추가적으로 Dodd, *Historical Tradition*, 228-32; Lincoln, *Saint John*, 531-35의 주의 깊은 논의를 보라.

때문이다. 이는 요한이나 요한 전승이 **예수의 사역을 실제 기억된 사건들 뿐만 아니라 비유적인 이야기들과 함께 자유롭게 기록했음**을 암시할 수 도 있다. 이것이 사실이라면 요한이 우리를 속였다고 비난하는 것은 요 한과 그의 목적에 대한 매우 잘못되고 심각한 오해일 것이다. 다시 말해 **요한복음의 증거 그 자체가 요한이 자신의 역할을 단순히 예수의 사역의 실제 사건에 대한 기억을 떠올리는 일이나 단순히 그 이전의 전승을 공 관복음의 방식으로 나열하는 일로 간주했다고 가정해선 안 된다는 것을 암시한다.**[96] 요한은 예수의 사역의 의미 전체를 제시하기 위해서는 그 의 미를 보다 분명하게 제시하는 더 대담한 방식으로 전승을 다시 말해야 한다는 결론을 내렸을지도 모른다.

iii. 요한복음의 강론들

요한복음의 강론들에 관해 말하자면, 요한복음의 강론들이 공관복음 전 승을 떠올리게 하고 그와 유사한 전승에 기원을 둔다는 점이 그 강론들 을 이해할 수 있는 가장 그럴듯한 방법을 제시한다. 즉 요한복음 강론들 은 예수가 말하고 가르치고 행하신 일들에 대한 어느 정도의 시간에 걸 친 묵상, 예수의 부활과 높아지심이 그들에게 활짝 열어준 더 풍성한 기 독론을 고려한 묵상을 표현하는 강론과 주제라는 것이다.[97] 다시 말해 이 강론들은 단지 예수 전승의 전달뿐만 아니라, 그 전승이 그 이후에 발생

---

96 필자가 역사적 자료로서의 요한복음을 폄하하는 Baur와 Strauss의 견해가 옳다고 주장한 다는 Anderson의 비판(*Fourth Gospel*, 2 n. 4)은, 필자가 실제로 한 말, 즉 "요한복음은 공 관복음과 같은 순서로 된 예수의 생애와 가르침에 대한 자료로 간주될 수 없다"는 말 (*Jesus Remembered*, 166)을 무시한 것이다.

97 참고. Beutler는 'Synoptic Jesus Tradition in the Johannine Farewell Discourses', *Neue Studien*, 89-97에서 이렇게 요약한다. "요 13-17장은 대체로 공관복음적인 성격을 지니 고 있고 아마도 공관복음서 자체에서 비롯되었을 수도 있는 초기 예수 전승으로 가득하 다"(97).

한 일에 비추어 예수에 대한 그들의 이해를 자극한 방식의 전형적인 예가 된다.[98]

요한 자신이 바로 이 과정을 증언하고 정당화한다.

- 요한은 두 번이나 예수의 제자들이 예수가 한 말과 행동을 이해하지는 못했지만 기억은 하고 있었고 훗날 예수의 부활과 영화에 비추어 그것을 이해했다고 말한다.[99] 이는 바로 예수에 관한 주장들이 부활절이 조명해주는 바와 같이 예수 자신의 사역에 뿌리를 두고 있었다는 점을 강조한다. 예수의 직계 제자들은 이미 예수의 공생애 기간에 예수에 대한 참된 지식이 있었지만(6:69; 17:7-8) 완전히 이해하지는 못했다. 그들의 지식은 아직 불완전했다.[100]
- 성령/보혜사에게 부여된 역할도 같은 취지다. 예수의 사역 기간에 "성령"은 "아직" "계시지" 않았다. 즉 아마도 아직 주어지지 않았다(7:39). 그러나 성령이 오시면 그가 예수의 제자들에게 모든 것을 가르치시고 예수가 그들에게 하신 모든 말씀을 기억나게 하실 것이다(14:26). 성령은 그들을 모든 진리로 인도하시고 그들이 아직 감당치 못하는 예수의 진리를 더 많이 밝히실 것이다(16:12-

---

98 Koester는 *Dialogue of the Saviour*에서 "대화는 처음에는 예수의 말씀을 해석하는 과정에서 발전되었다"는 증거를 발견한다(*Ancient Christian Gospels*, 173-81, 256-57). 추가적으로 이하 §44.5a을 보라.

99 요 2:22; 12:16; 유사한 구절로는 13:7; 14:20; 16:4. "성육신에 대한 요한복음 신학에서 비롯된 그와 같은 오해는 고의적인 문학적 기법이 되었다"(Brown, *Introduction*, 335-36. 그도 3:3-4; 4:10-11; 6:26-27; 8:33-35; 11:11-13을 언급한다).

100 요 8:28, 32; 10:6, 38; 13:28; 14:9. 다음 글도 함께 보라. T. Thatcher, 'Why John Wrote a Gospel: Memory and History in an Early Christian Community', in A. Kirk and T. Thatcher, eds., *Memory, Tradition, and Text: Uses of the Past in Early Christianity* (Semeia Studies 52; Atlanta: SBL, 2005), 79-97(특히 82-85); 및 *Why John Wrote a Gospel: Jesus — Memory — History* (Louisville: Westminster John Knox, 2006), 24-32.

13).[101] 이것은 이미 주어지고 수용된 계시와 앞으로 다가올 더 완전한 계시, 이미 주어진 계시를 더 분명하게 하고 그 계시가 더 완전히 파악될 수 있게 하는 더 완전한 계시 사이의 동일한 균형이다.[102]

요컨대 **요한복음에 담긴 형태의 예수의 가르침은 공관복음 전승에서 입증된 바와 같은, 예수의 가르침의 특징으로 기억된 격언, 비유, 모티프와 주제에 대한 부연 설명**이라는 점을 의심하기는 어렵다. 그와 동시에 요한복음에 담긴 형태의 가르침은 순전한 발명도 아니었고 오로지 부활절 신앙에서 나온 것도 아니었다. 더 정확히 말하면 그것은 예수가 말한 것으로 기억된 전형적인 말씀에 대한 부연 설명이었다. 이후의 "복음서들"과

---

101 Anderson의 *Fourth Gospel*에 대한 논평(앞의 n. 82)에서 Painter는 이렇게 말한다. "요한복음의 역사적 전승은 철저히 그 전승과 이후의 신학적 발전을 분리하기 어렵게 만드는 관점에서 나온 깊은 신학적 숙고를 통해 형성되었다. 요한복음을 공관복음과 분리시키는 것은 바로 이런 일이 요한복음에서 상당한 정도로 발생했다는 점이다. 그로 인해 전승과 해석의 연속성을 배제할 필요는 없지만, 그것이 곧 해석이 전승에 그 뿌리를 두고 있고 어떤 면에서는 전승에서 나온 것이라 하더라도 해석이 어떤 의미에서 전승 속에 이미 존재한다는 것을 의미하지는 않는다. 부활과 성령의 체험은 이전에는 예견되지 않았거나 예견할 수 없었던 요한복음의 해석을 창조해냈다." 추가적으로 Painter, 'Memory Holds the Key: The Transformation of Memory in the Interface of History and Theology in John', in Anderson, et al., eds., *Jesus, John and History* Vol. 1 229-45(특히 238-45)을 보라. Thatcher는 *Why John Wrote a Gospel*에서 요한이 복음서를 쓴 이유를 설명하기 위해 사회적 기억 이론을 사용한다. Theobald는 J. Zumstein의 다음과 같은 말을 인용한다. "기억은 단순히 변경될 수 없는 완전한 사실을 기억 속에 유지하는 것이 아니라 그 사실들을 그 참된 의미가 나타나게 하는 관점에서 정리하는 것으로 이루어진다"('"Erinnert euch der Worte, die ich euch gesagt habe…" [Joh 15, 20]', *Studien*, 256-81[여기서는 279]).

102 여기서 계시에 대한 요한복음적인 개념의 변증법은 *anangellō*라는 단어로 요약되는데, 요한은 16:13-15에서 이 단어를 세 번 사용하며 이 단어는 16:13에서 **"다시 전하다"**, **"다시 선포하다"**라는 의미를 가질 수 있지만, 새로운 정보/계시를 전하는 일을 가리킬 수도 있다. Arthur Dewey는 'The Eyewitness of History: Visionary Consciousness in the Fourth Gospel', in Fortna and Thatcher, eds., *Jesus in the Johannine Tradition*, 59-70에서 "예견적 기억"(anticipatory memory)에 대해 말한다(65-67).

달리 요한은 예수가 누구인가에 대한 더 완전한 통찰을 예수의 부활 이후 소수에게 주어진 은밀한 가르침에 속한 것으로 간주하지 않는다. 오히려 요한은 그러한 통찰의 근원을 그가 (아마도 주로 공관복음 전승을 알고 있었을) 다른 교회들과 공유했고 그 자체가 예수의 사역에 대한 기억에 뿌리를 둔 전승에 둔다. 이것은 요한에게 있어서 예수의 진리—공관복음과 비슷한 전승의 현학적인 반복이 아니라 요한 또는 요한의 전승이 공관복음서에 전형적으로 나타나는 것과 같은 예수 전승의 구체적인 특징에서 이끌어낸 광범위한 강론들이 제시하는 그 전승의 의미—였다.[103] 요한의 절차를 용납될 수 없는 것으로 비판하는 것은 곧 복음서 저자의 임무를 단순히 예수가 사역 기간 동안 하신 말과 행동을 기록하는 일로만 제한하는 것이다.[104] 그러나 요한은 분명 자신의 임무가 그것을 넘어선다고 보았다. 즉 그러한 더 완전한 이해를, 예수의 제자들에게 예수가 하신 말씀을 상기시키시는 동시에 **그들을 예수의 부활과 승천을 통해 가능해진 진리에 대한 더 완전한 이해로 인도하시는** 성령으로 묘사함으로써, 예수가 말씀하신(그리고 행하신) 것의 더 완전한 의미를 이끌어내는 임무다.

c. 예수에 대한 좋은 소식

§42에서와 같이 우리는 "어떻게"라는 질문에서 "왜"라는 질문으로 화제를 전환한다. 왜 요한은 요한복음을 썼는가? 요한은 무엇을 성취하기를 바랐는가? 요한복음은 신약 복음서 중에서 거의 유일하게 그 질문에 대

---

103 " '나는 ~이다'라는 형식의 말씀은 예수의 메시지의 본질에 대한 심오한 숙고, 예수가 전해주러 오신 것은 다름 아닌 그분 자신이었다는 깨달음에서 절정에 이르는 숙고를 통해서만 도달할 수 있는 통찰을 요약해서 표현한다"(Ashton, *Understanding*, 187).

104 "요한복음의 강론들은 역사적 전언이나 축자적 기록이 될 수 없고 그런 것을 의도한 것도 아니다"(Schnackenburg, *St John*, 1.23; 더 자세한 내용은 19-25).

한 정확한 답을 제시한다. "오직 이것을 기록함은 너희로 예수께서 하나님의 아들 그리스도이심을 믿게 하려 함이요, 또 너희로 믿고 그 이름을 힘입어 생명을 얻게 하려 함이니라"(20:31).[105] 요한의 첫 번째 목표는 복음 전도적이고 기독론적인 목표, 즉 자신의 복음서가 낭독되는 것을 듣는 이들이 하나님의 아들 예수 그리스도를 믿도록[106] 설득하는 것이었다.

i. 예수는 메시아다

요한이 예수를 "메시아"(*Messias*)라고 부르는 유일한 신약 저자라는 사실은 적지 않게 흥미롭다. 세례 요한의 제자 중 한 명인 안드레는 그의 형제를 발견하고 두 번째 기독교적 신앙고백을 한다.[107] "우리가 메시아(*Messias*)를 만났다." "메시아"는 그리스도(*Christos*)라고 번역된다(고 요한은 덧붙인다)(1:41). 또한 우물가의 사마리아 여인은 "메시아 곧 그리스도라 하는 이가 오실 줄을 내가 아노니"라는 소망을 표현하고(4:25) 이에 대해 예수는 다음과 같이 대답한다. "네게 말하는 내가 그라"(4:26).[108] 여기서 매우 흥미로운 것은 히브리어 단어 "메시아"가 신약에서 일반적으로 신약 문헌들 가운데 가장 후대의 문헌 중 하나로 간주되는 문헌에서 처음으로 사용된다는 사실이다. 하지만 최초의 신약 문헌(바울 문헌)에서 "그

---

105 본문상의 불확실성 ─ *pisteuēte* 또는 *pisteusēte*를 어떻게 해석해야 할 것인가(Metzger, *Textual Commentary*, 256) ─ 은 이 목표가 단순히 복음 전도적인 것인지("너희가 믿게 되도록") 아니면 목회적/교리문답적인 것이기도 한지("너희가 계속 믿도록")에 관한 약간의 불확실성을 남겨놓는다. Brown(*John*, 1.lxxviii)과 Kümmel(*Introduction*, 229)은 후자의 대안을 강하게 선호한다. 그럴 경우 눅 1:4은 그와 비슷한 예를 제공할 것이다.

106 "~라고 믿다"와 "~을 믿다"라는 두 가지 의미에 대해서는 이하 §43.1d을 보라.

107 문헌상의 순서에 따르면 사실상 최초의 기독교적 신앙고백은 "그가 하나님의 아들"(1:34)이라는 세례 요한의 고백이었다.

108 이 말씀은 여기서 보다 구어적으로 "그 사람이 나다"라고 번역할 수도 있지만, 사실 "나는 ~이다"라는 형식의 말씀 중에 첫 번째 말씀이다.

리스도"는 대체로 그 호칭적인 의미("그 그리스도/메시아")를 잃어버리고[109] 대체로 하나의 고유 명사("예수 그리스도")에 상응하는 것이 되어버렸다는 증거가 이미 분명했다.

이것이 지닌 의미는 두 가지다. 첫째, 우리에게는 요한이 사용한 전승의 대부분이 70년 이전의 유대인의 기대를 잘 반영하고 있는 만큼이나 초기 기독교 운동에서 매우 이른 시기의 관심사의 특징을 지니고 있다는 추가적인 확증이 있다.[110] 여기서 기록된 두 개의 대화는 부활절 이후 최초의 제자들의 일차적인 관심사가 예수가 진실로 메시아, 즉 그리스도였음을 단언하고 입증하는 일이었다는 점을 상기시켜 준다.[111] 둘째, 그보다 훨씬 더 흥미로운 것은 요한이 1세기 말에 글을 쓰면서 예수는 메시아**였다**고 계속해서 주장하는 것을 꼭 필요한 일로 간주했다는 사실이다. 이는 아마도 요한이 그의 복음서를 통해 전도하려 애쓰던 이들에게 **예수의 메시아 되심이라는 문제는 여전히 살아 있는 쟁점**이었음을 암시할 것이다.

요한이 이 주장을 하기 위해 예수 전승을 각색하는 방식은 매력적이다. 여기서 또다시 세례 요한에 관한 전승의 사용은 예수 전승이 요한복음에서 기능한 방식을 보여주는 훌륭한 실례를 제공한다. 따라서 여기서 먼저 우리는 요한이 어떻게 **세례 요한을 예수에 대한 탁월한 증인**으로 묘사하며 세례 요한 전승이 거의 전적으로 (요 1:6-8에서 이미 암시된) 그러한 역할에만 초점을 맞추도록 전승의 폭을 **좁히는** 방식으로 묘사하는지를 발견한다.[112]

---

109 "대체로"는 여기서 핵심적인 단어다. Paul Trebilco는 필자의 *Theology of Paul*, 198-99을 상기시켜준다.

110 Bauckham, 'Jewish Messianism according to the Gospel of John', *Testimony*, 10장.

111 *Beginning from Jerusalem*, 214-16.

112 요 1:7-8, 15, 19, 32, 34; 3:26, 28; 5:33-34, 36. 이 점은 W. Wink, *John the Baptist in the Gospel Tradition* (SNTSMS 7; Cambridge: Cambridge University, 1968), 87-106에서

- 세례 요한과 예수의 대조(1:27)[113]는 (이미 1:15에서, 그리고 1:30에서도) 강화된다(그리고 3:27-36에서 상세히 설명된다).
- 요한에 의한 예수의 세례는 "회개"(이 단어는 요한복음에서 한 번도 등장하지 않는다)의 세례라는 요한의 세례에 대한 모든 언급과 같이 제외되며, 그러한 세례를 받으시는 예수에 대한 모든 당혹감도 마찬가지다.[114]
- 세례 요한은 자신은 메시아가 아니며 엘리야나 예언자도 아니라는 고백(1:20-21)을 세 번 한다("요한이 드러내어 말하고 숨기지 아니하니 드러내어 하는 말이"—1:20).
- 세례 요한은 예수가 "세상 죄를 지고 가는 하나님의 어린양"(1:29, 36)이라고 증언하며 이미 예수의 죽음을 암시한다.
- 세례 요한은 자기 사명의 주된 목적 혹은 실제로 유일한 목적이 이스라엘에게 예수를 드러내고 하나님의 아들이라는 예수의 참된 지위를 드러내는 것이었음을 강조한다(1:31, 34).[115]

따라서 복음서 저자가 강조하고 싶어 한 다른 강조점들을 제시하기 위해 똑같은 기본적인 전승을 어떻게 다시 진술하고 부연 설명하거나 축소했으며 또 어떻게 그렇게 할 수 있었는지를 보는 것은 매력적인 일이다. 예수 전승이 거의 전적으로 구전 방식으로 존재했던 시기에 이런 현상이 이미 발생하고 있었음을 부정하는 것은 아무것도 없다. 확실히 요한이 전승을 사용하는 방식은 그가 의식적으로 스스로 세례 요한에 대한 지나치

매우 효과적으로 강조되었다.
113 앞의 n. 23을 보라.
114 마 3:13-15을 다시 참고하라.
115 따라서 그는 세례 요한의 메시지가 지닌 다른 측면들, 특히 임박한 심판에 대한 세례 요한의 맹렬한 경고(마 3:7-10, 12/눅 3:7-9, 17)도 생략한다.

게 높은 평가로 간주한 것과 싸우고 있었음을 암시한다.[116] 따라서 우리는 요한이 예수와 관련하여 세례 요한을 일관적으로 격하시키는 것을 유추할 수 있을 것이다.

- 요한은 빛이 아니라 단지 그 빛을 증언하기 위해 왔다(1:6-8, 31).
- 메시아는 언제나 요한보다 앞선 위치를 차지한다(1:15, 30).
- 그가 세 번이나 고백한 것처럼 요한은 메시아가 아니었다(1:20; 3:28).
- 예수는 흥하고 요한은 쇠해야 했다(3:30).
- 요한은 땅에서 온 반면 예수는 위에서, 하늘에서 오셨다(3:31).

이런 내용이 전형적인 요한복음의 언어로 표현된다는 점에 유의해야 한다. 그러므로 우리는 요한복음이 그 이전의 전승을 부연 설명(그 부연 설명의 근원이 복음서 저자 자신이든 그가 사용한 [부연 설명된] 전승이든 간에)하고 있다고 확실히 말할 수 있다. 그러나 우리는 **독특한 요한복음의 강조점이** (장차 오실 분은 자기보다 지위가 훨씬 더 높은 분이라고 말하는 세례 요한에 대한) **그 이전의 전승에 뿌리를 두고 있다**는 점도 유의해야 한다("나는 굽혀 그의 신발끈을 풀기도 감당하지 못하겠노라"—막 1:7 및 병행 본문).

요한복음에 실린 형태의 세례 요한 전승은 이처럼 최초의 제자들의 기억 속에 깊이 뿌리박힌 전승의 좋은 예로 볼 수 있으며, 그 전승은 다양한 방식으로 다시 말해졌지만 모두 이 최초의 기억에서 나온 것이다. 즉

---

116 이 가설은 보통 다음 책으로 그 기원이 거슬러 올라가는 오래된 가설이다. W. Baldensperger, *Der Prolog des vierten. Evangeliums: sein polemisch-apologetischer Zweck* (Tübingen: Mohr, 1898). 예를 들어 Schnackenburg, *St John*, 167-69; Brown, *John*, 1.lxviii-lxx도 함께 보라. 에베소에 세례 요한의 제자 집단이 있었다는 암시(행 19:1-7)는 (예수의 사역과 별개로) 세례 요한의 사역의 영향력이 한동안 꽤 널리 퍼져 있었음을 암시한다.

어떤 것은 아마도 그 전승이 새로운 청중에게 더 의미 있게 들릴 수 있도록 전승을 선택적으로 **축약**한 것이고, 어떤 것은 전승을 부연 설명하되 완전히 새로운 강조점을 지어내고 삽입한 것이라기보다는 초기의 강조점을 **부연 설명**한 것이다. **부연 설명은 새로운 내용을 낳았지만 그 목적은 오로지** 세례 요한의 사역에 대해 제기되었을 새롭고 도전적인 평가에 맞서 **이전의 강조점을 강화하는 것**이었다. 그러므로 요한복음에 실린 형태의 세례 요한 전승은 세례 요한 전승의 불변성과 핵심 내용, 그리고 요한과 관련된 교회들의 언어와 필요가 바뀜에 따라 그 전승에서 핵심 요소가 어떻게 예기치 않은 방식으로 발전되고 다시 진술될 수 있는지를 예시한다.

두 번째 흥미로운 특징은 예수의 사마리아 사역으로 분류할 만한 내용인 4장에서 메시아/그리스도라는 주제가 부각된다는 점이다. 이는 아마도 사마리아인들에게—온 이스라엘을 하나로 합치고 이스라엘의 원수들을 짓밟고 사마리아 백성의 지위를 높임으로써 "신적인 은총, 두 번째 왕국의 시대"를 열 "메시아" 또는 "타헤브"(*Taheb*)의 도래에 대한—이스라엘과 비슷한 소망과 기대가 있었다는 사실을 반영하는 듯하다.[117] 이 또한 그 본문이 예수 자신이 사마리아를 통과하는 여정(참고. 눅 9:52)에서든 초기 헬라파의 확대(행 8장)에 있어서든 아마도 사마리아인의 소망과 기대와 관련해서 예수의 메시아 되심이라는 주제가 제기된 어떤 역사적 사

---

117 J. Macdonald, *The Theology of the Samaritans* (London: SCM, 1964), 74-75, 79-80, 359-71. Macdonald의 연구의 근거가 된 사마리아 문헌은 훨씬 후대에 나온 것이지만, 요 4:19-26은 아마도 그러한 소망이 1세기에 이미 널리 퍼져 있었다는 충분한 증거일 것이다. Macdonald는 또한 이렇게 지적한다. "본디오 빌라도는 스스로 사람들이 고대해 온 '메시아'라고 주장하는 자로 인해 일어난 사마리아의 봉기를 너무 야만적으로 진압해서 관직을 잃었다"(361, Josephus, *Ant.* 18.85-89을 인용함).

건에 근거하고 있었을 것임을 암시한다.[118] 요한은 자기 나름의 줄거리를 펼쳐 나가면서, 특히 "이는 그리스도가 아니냐?"(4:29)[119]라는 망설이는 듯한 질문을 던지면서 이 본문을 사용한다.

요한복음의 세 번째 흥미로운 특징은 요한이 사마리아 여자의 이 마지막 질문이 암시한 줄거리를 전개해가는 방식이다. 예수의 메시아 되심이라는 문제는 7장에서 주요 모티프로 다시 등장하기 때문이다. 군중은 다음과 같이 애타게 묻는다. "당국자들은 이 사람을 참으로 그리스도인 줄 알았는가?"(7:26) 그들은 여러 가능성을 타진해본다. "우리는 이 사람이 어디서 왔는지 아노라. 그리스도께서 오실 때에는 어디서 오시는지 아는 자가 없으리라"(7:27). 그러나 "그리스도께서 오실지라도 그 행하실 표적이 이 사람이 행한 것보다 더 많으랴?"(7:31) 그리고 또다시 그가 어디서 왔느냐는 질문이 나온다. 어떤 이들은 그가 "그리스도"라고 말하지만, 어떤 이들은 그리스도는 분명 갈릴리 출신이 아닐 것이라는 점을 지적한다. 성경은 다윗 혈통의 메시아가 베들레헴에서 나올 것을 예상하기 때문이다(7:41-42). 논쟁은 "표적의 책"의 나머지 부분 내내 이어지며, 어떤 이들은 예수를 그리스도로 믿고 고백하지만(9:22; 11:27), 어떤 이들은 여전히 반신반의하며 망설인다(10:24; 12:34). 우리는 이 모티프가 예수의 사역에 대한 최초의 기억 속에 깊이 뿌리 박혀 있었다고 타당하게 추론할 수 있을 것이다. 예수가 메시아인가/일 수 있는가라는 질문은 예수의 사역 기간에 계속 거론된 문제였을 것이 거의 확실하기 때문이다. 예수가 끼친 영향은 자연히 많은 이들의 소망(과 다른 많은 이들의 의심)을 불

---

118 O. Cullmann은 *The Johannine Circle*(London: SCM, 1976)에서 이 대목에서 요 4:38을 중시했다(46-49). M. Theobald, 'Die Ernte ist da! Überlieferungskritische Beobachtungen zu einer johanneischen Bildrede (Joh 4,31-38)', in *Studien*, 6장도 함께 보라.

119 또는 이 말은 그리스어가 의미하는 것처럼 반신반의를 훨씬 더 잘 표현하는 말로 "그는 메시아일 리가 없다. 그렇지 않은가?"(NRSV)라고 번역된다.

러일으켰을 것이다.[120] 따라서 요한은 또다시 좋은 전승을 활용하며, 그
가 이 주제를 이런 식으로 극화한 것은 전적으로 이해할 만한 일이고 논
란의 여지가 없어야 한다. 게다가 요한이 "무리"가 상징하는 이들—"예수
가 결국 메시아인가?"라고 여전히 묻는 이들—을 염두에 두고 예수를 메
시아/그리스도로 묘사하고 있었다는 것이 본문의 더 깊은 함의인 것으로
보인다.[121] 요한은 그들에게 "예수께서 그리스도이심"을 설득하려는 복음
전도적인 소망을 여전히 품고 있었다(20:31). 우리는 나중에 이 주제로 되
돌아와야 할 것이다(§46.5c).

요한은 예수가 "이스라엘의 왕"(1:49; 12:13)이라는 생각은 망설임
없이 본문에 포함시키지만, 예수가 "유대인의 왕"이라는 주장에 대해서
는 보다 신중하며,[122] 예수가 자신의 나라는 "여기에 속한 것이" 아니라는
점, 즉 이 세상에 속한 것이 아니라는 점을 분명히 밝히는 것으로 묘사한
다(18:36). 요한은 예수가 이스라엘의 왕적인 메시아라는 주장을 긍정하
되 초월하며, 거기서 일체의 현세적인 정치적 함의를 제거한다.[123]

요한이 동료 유대인들에게 예수가 메시아라는 사실을 납득시킬 가
능성을 여전히 인식하고 그런 목적으로 요한복음을 썼다는 주장도, 요한
이 이스라엘 종교의 핵심적인 교의와 실천이 예수를 가리키고 예수 안에
서 완성된다[124]—그와 같은 교의와 실천이 더 이상 필요가 없을 만큼 그
렇다는 것(이것이 곧 말로 표현되지 않은 논리적 귀결이다)—고 일관되게 묘사

---

120 *Jesus Remembered*, §15.3.
121 추가적으로 이하의 §43.1d을 보라.
122 요 18:33-37, 39; 19:3, 14-15, 19-22.
123 아마도 이는 또한 요한이 예수의 메시지가 지닌 한 가지 주요 특징으로서의 하나님 나라
를 무시한 한 요인이었을 것이다.
124 M. J. J. Menken, 'Die jüdischen Feste im Johannesevangelium', in M. Labahn, et al., ed.,
Israel und seine Heilstradition im Johannesevangelium (Schöningh: Paderborn, 2004), 269-
86도 함께 보라.

하는 이유를 설명하는 데 도움이 된다. 우리는 이미 몇 가지 자료를 언급한 바 있다.

- 이 주제는 요한복음 서언에서 분명히 밝혀진다. "율법은 모세로 말미암아 주어진 것이요, 은혜와 진리는 예수 그리스도로 말미암아 온 것이라"(1:17).
- 예수는 온 세상의 죄를 지고 가는 (유월절) 어린양이다(1:29과 19:33-36).
- 정결 의식을 위해 준비된 물이 많은 양의 고급 포도주로 바뀐다 (2:6-10).
- 성전은 파괴되고 예수의 부활한 몸이라는 성전으로 대체되어야 한다(2:19-21). 즉 예수가 현재 신적인 임재의 장소다.
- 자신을 믿는 모든 이들에게 영원한 생명을 줄 인자의 들림(3:14-15)은 광야에서 뱀에 물린 이들에게 생명을 주는 모세의 놋 뱀(민 21:6-9)을 능가한다.
- 예수가 주시는 살아 있는 물은 야곱의 우물물을 훨씬 능가한다 (4:10-14).
- 성경은 예수에 대해 증언했고 모세는 예수에 대해 쓰면서 청중에게 그에게로 가서 그를 믿고 생명을 얻을 것을 촉구했다(5:39-47).
- 예수는 하늘에서 내려온 떡을 준 모세보다 더 위대한—만나를 먹은 조상들은 죽었다(6:49, 50, 58)—예언자 이상의 존재다(6:14).[125] 예수는 그것을 먹는 모든 이들에게 영원한 생명을 주는(6:50-51,

---

125 모세와 같은 예언자에 대한 소망(신 18:15, 18)은 유대인의 기대의 중요한 일부였고 최초의 기독론에서 한몫을 했다(필자의 *Christology in the Making*, 138-41을 보라).

58) 하늘에서 내려온 참된 떡이기 때문이다(6:32-35).

- 초막절(*sukkoth*)에 물을 붓는 의식의 의의[126]와 스가랴 14:8의 이미지는 예수가 자신이 곧 신자들 안에서 흘러나올 생명수의 근원이라고 주장하는 배경이다(7:37-38).[127] 예수는 초막절에 드려진 기도의 목적인 비에 대한 갈망을 충족시킨다.[128]

- 아브라함은 예수의 날을 볼 것을 기뻐했고 예수는 아브라함보다 먼저 있었다("내가 있느니라")는 이중적 주장은 아브라함의 혈통을 능가한다(8:56-58).

- 유다 마카비에 의한 성전의 재봉헌을 기념하는 수전절(1 Macc. 4:41-46)에는 대제사장 야손과 메넬라우스가 겪은 끔찍한 과정 이후에(2 Macc. 4:7-50) 이미 양과 목자라는 주제가 있는 본문(특히 겔 34장)을 사용했을 것이다.[129] 이는 자신은 자신보다 앞선 도둑들과 강도들(10:1-18)에 뒤이어 온 선한 목자라는 예수의 주장에 알맞은 배경이다(요 10:22).

- 아이러니하게도 예수가 온 민족을 위해서, "또 그 민족만 위할 뿐 아니라 흩어진 하나님의 자녀를 모아 하나가 되게 하기 위하여" 죽을 것임을 예언한 이는 바로 대제사장 가야바다(11:49-52). 흩어

---

126 예를 들어 Brown, *John*, 1.326-27을 보라. "초막절이 단순히 '명절'이라고 불렸다는 점은 장막절이 유대인의 모든 명절 중에 가장 인기 있는 명절이었음을 보여준다"(Barrett, *John*, 310; 요 7:2을 주석하면서 Josephus, *Ant.* 8.100을 인용하며 한 말).

127 7:37-38에 구두점을 어떻게 찍는지에 따라 생명수의 강이 흘러나오는 사람은 예수가 될 수도 있고 신자가 될 수도 있지만(Brown, *John*, 1.320-23; Barrett, *John*, 326-27의 논의), 어느 쪽이든 그 속에 담긴 가정은 (4:10, 14에서와 같이) 그리스도 자신이 "생수"의 근원이라는 것이다.

128 다시 Barrett, *John*, 327-28을 보라. M. B. Spaulding, *Commemorative Identities: Jewish Social Memory and the Johannine Feast of Booths* (LNTS 396; London: T & T Clark, 2009)도 함께 보라.

129 Brown, *John*, 1.388-89.

진 지파들의 회복에 대한 이스라엘의 소망은 예수의 죽음의 효력 있는 결과에 대한 요한의 이해 속에 흡수된다.

• 자신은 "참 포도나무"라는 예수의 주장(15:1)은 유대인들에게 이 스라엘을 포도나무에 비유하는 친숙한 이미지를 상기시켰을 것이 거의 확실하다.[130] 다른 비슷한 주장들—"참 빛"(1:9), "하늘로부 터" 온 "참 떡"(6:32)—과 마찬가지로 예수는 이런 주장을 할 수 있 는 다른 대상들(세례 요한, 만나, 심지어 이스라엘 그 자체)에 비해 그러 한 묘사에 합당한 참된 대상으로 제시된다.

요컨대 요한이 요한복음 안에서 요한복음을 통해 주입시키려 한 "예수 는 그리스도"라는 믿음은 예수가 "유대인"이 아마도 소망했을 메시아라 는 믿음이 아니었다(참고. 요 6:15). 그분은 세례 요한이 증언한 메시아, 이 스라엘의 소망을 성취했지만 또한 그 소망을 초월했고 그렇게 하면서 그 소망을 다시 정의한 메시아였다. 준비와 예표는 그리스도 예수 안에서 그 의도한 목표에 도달했다. 그러므로 망설이면서 예수가 메시아에 대한 모 든 기대를 충족시켰는지 의문을 품은 유대인들은 더 이상 망설여선 안 된다. 예수는 진실로 메시아이며 그들의 기대를 충족시키는 동시에 능가 한 그리스도였다.

이 모든 것 중에서 그 이전의 예수 전승에서 나오지 않은 것은 거의 없지만 앞에서 언급했듯이 다양한 접촉점이 존재한다. 그러나 이 주제 전 체는 보다 분명하게 예수의 생애와 사역 및 그것이 이스라엘의 성경과 이스라엘의 확신, 소망, 실천과 관련해서 갖는 의미에 대한 긴 숙고의 열

---

130 시 80:8-16; 사 5:1-7; 27:2-6; 렘 2:21("내가 너를 순전한 참 종자 곧 귀한 포도나무로 심었거늘"); 12:10-13; 겔 15:1-8; 17:5-10; 19:10-14.

매로 간주되어야 한다. 특히 그 이전의 마가복음의 "메시아적 비밀" 모
티프는 (요한이 그것에 대해 알고 있었다면) 예수 전승에 대한 그 나름의 적당
한 설명과 더불어 거의 전적으로 제외된다.[131] 요한복음에서 예수는 이제
공개적으로 담대하게 처음부터 메시아/그리스도로 묘사된다. 요한복음
의 부연 설명의 특징은 오래된 안식일 논쟁 이야기가 현재 그 이야기에
서 도출된 기독론적인 함의에 의해 5장과 9장에 깊이 잠겨 있다는 점이
다. 치유가 안식일에 발생했다는 사실[132]은 본문의 주된 기독론적인 취지
에 있어서는 거의 불필요하고 단지 부수적인 것일 뿐이다.

ii. 예수는 하나님의 아들이다

이스라엘의 메시아적 소망에 대한 재해석은 하나님의 아들로서의 예수
라는 주제 속에서 계속 이어지며 선명해진다. 20:31에서 "하나님의 아
들"은 "예수는 그리스도"라는 일차적인 주장을 설명하며 덧붙이는 말이
기 때문이다. "메시아"는 유대인 청중에게는 그 의미가 풍부했지만, 더
광범위한 청중에게는 보다 불분명한 말이었다. 그와 대조적으로 "하나님
의 아들"은 하나님의 아들로서의 왕과 이스라엘이라는 개념에 익숙한 유
대인 청중에게도, 신적인 은총과 권위의 친밀함의 징조인 하나님의 아들
들로 찬양받는 왕들과 우상들에 익숙한 다른 청중에게도 모두 훨씬 더
큰 공명과 더 풍부한 함의가 있었다.[133]

　　이것은 실로 예수와 예수의 의미―예수는 하나님의 아들이라는

---

131 참고. Barrett, *John*, 71.
132 요 5:9-10, 16, 18; 9:14, 16. 비교. 막 2:23-3:6 및 병행 본문; 눅 13:10-17; 14:1-6.
133 예를 들어 필자의 *Christology in the Making*, 14-16을 보라. 메시아가 하나님의 아들로도
　　이해되었다는 점은 삼하 7:14과 시 2:7이 메시아인적인 본문으로 사용된 사실에도 내포되
　　어 있었다. 쿰란에서도 이미 그렇게 사용되었다(1QSa/1Q28a 2.11-12; 4QFlor/4Q174
　　1.10-18).

점—를 확인하는 요한의 주된 수단이다. 이 호칭은 공관복음 저자들과 관련해서 중요하기는 했지만 그들의 복음서에서 많이 등장하지는 않는다. 마태복음에서만 "아버지"와 "아들"에 관한 표현이 확대된다. 그러나 요한복음에서 이 이미지는 폭포수처럼 쏟아진다.[134] "나를 보내신 아버지"는 예수가 하나님에 대해 말하고 하나님을 규정하는 가장 일반적인 방식이 된다.[135] 요한복음의 "아들" 기독론의 주목할 만한 특징으로는 다음과 같은 것들이 있다.

- 요한복음에서 가장 분명한 신앙고백은 세례 요한(1:34, "그가 하나님의 아들이심을")과 나다나엘(1:49, "당신은 하나님의 아들이시오")[136]과 마르다(11:27, "주는 그리스도시요…하나님의 아들이신 줄")의 고백이다.
- "독생자"(*monogenēs*)로서의 예수의 유일성은 서두의 여러 장에서 반복적으로 나타난다(1:14; 3:16, 18 및 1:18).[137] 이 또한 이스라엘이 하나님의 사랑받는 자녀라는 의미를 능가한다.[138]
- 파송의 모티프는 아마도 전권 대사의 권한을 가진 사절 또는 사신에 관한 유대와 그리스-로마의 관습에서, 그리고 특히 예언자를

---

134 Jeremias는 예수 전승 안에 있는 예수의 말에서 "아버지"로서의 하나님에 대한 언급이 엄청나게 늘어난 점—마가복음 3회, Q 자료 4회, 누가복음 특수자료 4회, 마태복음 특수자료 31회, 요한복음 100회—을 지적했다(*Prayers of Jesus*, 30, 36).

135 요 4:34; 5:23, 24, 30, 37; 6:38, 39, 44; 7:16, 18, 28, 33; 8:16, 18, 26, 29; 9:4; 12:44, 45, 49; 13:20; 14:24; 15:21; 16:5; 및 3:17; 3:34; 5:36, 38; 6:29, 57; 7:29; 8:42; 10:36; 11:42; 17:3, 8, 18, 21, 23, 25; 20:21.

136 나다나엘은 바로 직전에 예수께 "참으로 이스라엘 사람"(1:47)이라는 칭찬을 받았다.

137 "아버지와 관련해서 사용될 때 *monogenēs*는 그 자체로 '그 종류 안에서 유일한 것'을 의미하지만 유일한 아들(독생자) 외에 다른 것을 뜻할 가능성은 거의 없다"(Barrett, *John*, 166). 추가적으로 BDAG 658; F. Büchsel, *monogenēs*, *TDNT* 4.740-41과 이하 §49.3b을 보라.

138 출 4:22; 렘 31:9; 호 11:1; 예를 들어 신 14:1; 사 43:6; 호 1:10도 함께 보라.

하나님이 보내신 자로 보는 (1:6; 3:28에서도 사용된) 유대적인 관점에서 나왔겠지만, 예수의 메시아적인 지위는 예언자의 지위를 초월하므로 예수가 아버지께 받은 사명의 신적인 작용 역시 예언자에게 있는 신적인 작용을 초월한다.[139]

- 이 모티프에는 예수가 아버지께 권한을 위임받았다는 개념이 포함된다. "아버지께서⋯심판을 다 아들에게 맡기셨으니"(5:22, 27); "아버지께서 아들을 사랑하사 만물을 다 그의 손에 주셨으니"(3:35); "아들이 아버지께서 하시는 일을 보지 않고는 아무 것도 스스로 할 수 없나니"(5:19); "아버지께서⋯아들에게도 생명을 주어 그 속에 있게 하셨고"(5:26).

- 요한복음에서 "인자" 모티프는 하나님의 아들 모티프와 부합된다.[140]

  ○ "하늘 구름을 타고 오는" 묵시적인 인자는 시야에서 사라지고 "하늘에서 내려온" 인자(3:13)가 아버지께서 보내신 하나님의 아들을 보완한다.[141]

---

139 특히 다음 글들을 보라. P. Borgen, 'God's Agent in the Fourth Gospel' (1968), in J. Ashton, ed., *The Interpretation of John* (Edinburgh: T & T Clark, 21997), 83-95; J.-A. Bühner, *Der Gesandte und sein Weg im 4. Evangelium* (WUNT 2.2; Tübingen: Mohr Siebeck, 1977), 181-267. "예수와 하나님의 관계는 시종일관 계속해서 예언자적인 사명과 섭리의 법칙이라는 유비를 바탕으로 생각된다"(Ashton, *Understanding*, 316). "보냄 받은 자는 보내는 자를 대표할 뿐만이 아니다. 파송은 마치 보내는 자 자신이 온 것과 같다. 보냄 받은 자는 메시지를 가져올 뿐만 아니라 그 자신이 곧 메시지다"(Schnelle, *Theology*, 681). McGrath, *John's Apologetic Christology*, 89-95도 함께 보라.

140 "인자라는 호칭과 하나님의 아들이라는 호칭은 요한복음에 있어서 호환할 수 있는 것이 되었다"(Ashton이 *Understanding*, 339에서 J. L. Martyn, *History and Theology in the Fourth Gospel* [Nashville: Abingdon, 21979], 134 n. 193을 인용하며 한 말).

141 6:33, 38-42, 50-51, 58, 62도 함께 보라. 참고. 1:51. 3:13의 다소 놀라운 주장―"하늘에서 내려온 자 곧 인자 외에는 하늘에 올라간 자가 없느니라"―은, 원래 H. Odeberg가 *The Fourth Gospel* (Stockholm: Almqvist & Wiksells, 1929), 72-98에서 주장한 대로, 족장들과 예언자들을 사실상 하나님이 하시는 말씀을 (직접) 듣기 위해 하늘로 올라간 이들로

∘ 5:27에서 하나님께 심판할 권세를 받는 이는 인자인데, 그때 예수는 아버지가 아들에게 모든 심판할 권세를 주셨다고 말했다 (5:22).

∘ 9:35-38에서 이전에 맹인이었던 사람에게서 예수가 요청한 믿음은 "인자"에 대한 믿음이다.

∘ 공관복음에서 하나님의 아들이신 예수에 대한 신앙고백을 예수의 십자가형과 연결시키는 보다 신중한 방식(막 15:39/마 27:54)은 하나님의 아들(11:4), 또는 더 전형적으로는 인자가 그의 죽음과 부활로 "높이 들리고" "영화롭게" 된다는 요한복음의 주제 속에 잘 남아 있다.[142]

이러한 요한복음의 하나님의 아들/인자 기독론은 확실히 예수 전승 안에서의 상당한 발전으로 간주돼야 한다. 그러나 여기서 특히 그 발전의 기원은 여전히 매우 분명하다.

• 하나님은 아버지이시고 자신은 **아들**이라는 예수의 반복적인 언급은 아마도 공관복음 전승에서 이미 자세히 설명되었을 예수가 "아빠"이신 아버지께 드린 기도에 대한 훨씬 더 제한된 초기의 기억을 명백히 부연 설명한 것이다.[143]

• 이와 유사하게 아버지께서 자신을 **보내셨다**는 예수의 반복적인 언급은 명백히 예수가 이따금씩 비슷한 표현으로 자신을 언급한

묘사하는 표현을 겨냥한 말일 수도 있다.

142 요 3:14; 8:28; 12:23; 13:31, 34. Ashton은 이렇게 논평한다. "제4복음서의 경우에 '수난'은 잘못된 명칭이다. 예수는 그 행위 전체를 통제하고 조율한다"(*Understanding*, 489).

143 *Jesus Remembered*, 711-24.

것에 대한 기억을 부연 설명한 것이다.[144]

- 이와 유사하게 예수의 **내려감**과 **올라감**, 그리고 **높이 들려 영광을 받으심**이라는 개념을 덧붙임으로써 예수가 "인자"라는 어구를 확실히 사용한 것에 대해 부연 설명한다.[145]

- 아마도 우리는 요한이 스스로 편집 작업한 부분에서만 예수는 하나님의 **유일한**(*monogenēs*) 아들이라는 생각을 포함시키며, 예수가 스스로 이 주장을 한 것으로 묘사하지는 않는다는 점을 덧붙여야 할 것이다.

예수 전승이 이렇게 발전해온 방식에서 가장 흥미로운 측면 중 하나는 공관복음을 알고 있었던 너무나 많은 사람이 요한복음도 환영했다는 점이다. 우리는 역사성이라는 문제가 그들에게 하나의 요인이었다고 가정할 수는 없다. 그러나 그렇다 하더라도 요한복음처럼 그토록 다르고 그토록 발달되고 그토록 편집 계획과 기술의 영향을 받은 설명이 그렇게 좋은 인상을 주었다는 것은 의미심장하다. 우리는 기독교의 세 번째 세대에 이르러서는 사람들이 예수의 말과 행적을 아는 일에 관심이 있었을 뿐만 아니라 그것의 더 깊은 의미를 충분히 생각하기를 원했다고 추론할 수 있다. 이것이 곧 요한이 응답한 필요와 욕구였을 것이고, 요한복음은 그 결과였다.

iii. 예수는 하나님의 말씀이자 지혜다

요한의 기독론의 가장 분명한 특징은—표현에 있어서는 너무나 단순하고

---

144 막 9:37 및 병행 본문; 12:6 및 병행 본문; 마 15:24; 눅 4:18; 10:16.
145 *Jesus Remembered*, §§16.4-5.

주장에 있어서는 너무나 심오한ー요한복음 서언에서 즉시 주목을 끈다.

(1) 요한복음은 이렇게 시작된다.

> 태초에 말씀이 계시니라. 이 말씀이 하나님과 함께 계셨으니 이 말씀은 곧 하나님이시니라. 그가 태초에 하나님과 함께 계셨고 만물이 그로 말미암아 지은 바 되었으니 지은 것이 하나도 그가 없이는 된 것이 없느니라.[146] 그 안에 생명이 있었으니 이 생명은 사람들의 빛이라. 빛이 어둠에 비치되 어둠이 깨닫지 못하더라(요 1:1-5).

요한이 "말씀"(*logos*)에 초점을 맞춤으로써 요한복음을 시작하기로 선택한 것은 십중팔구 이 단어가 유대인과 그리스인에게 모두 의미 있게 들렸을 것이기 때문이다.[147]

"하나님의 말씀"은 모든 경건한 유대인에게, 특히 이스라엘의 성경에서 보통은 영감으로 받은 예언ー"여호와의 말씀이…아브라함(모세, 여호수아, 예언자들)에게 임하여"[148]ー과 관련해서 자주 사용된 표현으로 매우 친숙했을 것이다. 이 개념의 핵심은 야웨의 말씀에는 그 말씀이 단언하는 바를 성취할 능력이 있다는 것이었다. 그 말씀이 하나님의 말씀이었기 때문이다. 창조 때는 "하나님이 이르시되 '~이 있으라 하시니'…그대로" 되었다(창 1:3, 6-7 등). 그래서 시편 저자는 자연스럽게 이렇게 말한

---

146 구두점이 불분명하다(초기 사본들에는 구두점이 없었을 것이다). 본문은 다음과 같이 번역될 수도 있다. "그가 없이는 아무것도 생겨날 수 없었다. 그의 안에서 생겨난 것은 생명이었다." 참고. NRSV와 REB; 결론이 서로 다른 Brown, *John*, 1.6-7과 Barrett, *John*, 156-57의 논의를 참고하라.

147 예를 들어 H. Kleinknecht and O. Procksch, *legō*, *TDNT* 4.80-100; Barrett, *John*, 152-55; Schnelle, *Theology*, 688-89을 보라.

148 창 15:1; 신 5:5; 수 8:27; 삼하 7:4; 왕상 13:20 등; 추가적으로 *Christology in the Making*, 217을 보라.

다. "여호와의 말씀으로 하늘이 지음이 되었으며"(시 33:6). 그리고 이사야의 신탁에서 하나님은 이렇게 선포하신다. "내 입에서 나가는 말도 이와 같이 헛되이 내게로 되돌아오지 아니하고 나의 기뻐하는 뜻을 이루며 내가 보낸 일에 형통함이니라"(사 55:11).[149]

그러나 "로고스"(logos)는 세상과 세상 속에서의 자신의 위치에 대해 진지하게 생각하는 여러 그리스인들에게도 매우 친숙한 용어였다. 당대의 주요 철학 중 하나인 스토아 철학에서 "로고스"는 스토아 철학자들이 세상에 내재하며 만물에 스며들어 있다고 믿었던 신적 이성에 대해 사용된 용어였다. 그렇기 때문에 그것은 인간 안에도 씨앗 상태의 로고스(logos spermatikos)로 존재했으므로 인간의 최고선은 이 신적 이성에 부합되게, 그 이성에 동의하며 살아가는 것이었다.[150] 특히 요한에게 유익했던 것은 "로고스"의 기본적인 의미 속에 "사고, 이성"과 "말, 발언"이 함께 포함된다는 사실이었다. 그리고 스토아 철학자들은 "로고스"가 지닌 두 가지 측면 내지 국면—표현하지 않은 생각, 마음속의 생각으로서의 로고스(logos endiathetos)와 뱉어낸 생각, 즉 말로 표현된 생각으로서의 로고스(logos prophorikos)—을 구별하는 데 익숙했다.[151]

그래서 요한이 "태초에 말씀(logos)이 계시니라"는 말로 요한복음을 시작했을 때 이 말은 그의 복음서가 낭독되는 것을 듣는 어떤 다른 청중에게도 즉시 의미 있게 들렸을 것이다. 유대인 청중은 단지 하나님의 뜻

---

149 예를 들어 시 107:20; 147:15, 18; Wisd.18.14-16과 추가로 *Christology in the Making*도 함께 보라. 이 개념은 오늘날의 화행이론(話行理論)의 근본을 이룬다.
150 Kleinknecht, *TDNT* 4.84-85. 필론은 독자들에게 "바른 이성"에 부합되게 살도록 자주 충고했다(*Opif.* 143; *Leg. All.* 1.46, 93; 3.1, 80, 106, 148, 150 등).
151 이 구별은 필론의 사상에서 기본적인 것이었다. 예를 들면 "…'로고스'에는 두 가지 측면이 있는데 하나는 샘과 닮았고 다른 하나는 샘이 흘러나오는 것과 닮았다. 이해력 속의 '로고스'는 샘과 닮았고 '이성'이라고 불리는 반면, 입과 혀로 내뱉은 말은 샘이 흘러나오는 것과 같으며 '말'이라고 불린다. …"(*Migr.* 70-85; *Christology in the Making*, 223).

을 알리는 예언의 말씀뿐만 아니라 그것을 통해 세상을 만들고 실제로 자신의 뜻을 실현시킨 하나님의 능력 있는 말씀도 떠올렸을 것이다. 그리스인 청중도 그와 비슷하게, 세상에 퍼져 있고 세상을 지탱하며 그것에 부합되게 살면 삶을 가장 효과적으로 살 수 있게 하는 신적 이성을 떠올렸을 것이다. 마찬가지로 요한이 계속해서 "이 말씀(logos)이 하나님과 함께 계셨으니 이 말씀은 곧 하나님이시니라"고 말했을 때 이 두 부류의 청중은 모두 이 말을 특이하지 않은 말로 여겼을 것이다. "로고스"는 하나님 자신의 생각이자 발언이었기 때문이다. 또한 "만물이 그(로고스)로 말미암아 지은 바 되었으니"라는 요한의 뒤따른 주장도 비슷하게 대다수 청중들의 전제와 일치했을 것이다. 이것은 곧 신성이 세상과 인류에게 존재하는 방식이었다. 알렉산드리아 출신의 유대인 철학자 필론은 말씀/로고스를 거의 하나님의 신적인 대리자, 보이지 않는 초월적인 하나님을 알 수 있고 내재하는 분으로 만든 전권 대사로 상상하도록, "로고스"에 대한 유대인과 그리스인의(플라톤 철학과 스토아 철학의) 이해를 어떻게 생산적으로 결합시킬 수 있는지를 분명히 보여준다.[152]

요한의 청중이 뜻밖이라고 여겼을 것은 요한복음 서언의 절정 부분이었다.

> 말씀이 육신이 되어 우리 가운데 거하시매(eskēnōsen) 우리가 그의 영광을 보니 아버지의 독생자의 영광이요 은혜와 진리가 충만하더라.…본래 하나님을

---

152 추가적으로 필론이 로고스를 독립적인 신으로 생각했다는 주장을 부정하는 *Christology in the Making*, §28.3을 보라. "실체화"에 대해 말하는 것은 시대착오적이고 오해의 소지가 많은 것이기도 하다. 필론에게 있어서 "로고스"는 표현되는 하나님의 생각, 자신을 인간이 최선의 상태에서 이해할 수 있는 만큼 이해할 수 있는 존재로 만드시는 하나님이었다. 하나님이 우주를 어떻게 창조하셨는지에 대한 필론의 관점을 보려면 그의 *Opif.* 16-44을 보라.

본 사람이 없으되 아버지 품속에 있는 독생하신 하나님이 나타내셨느니라 (요 1:14, 18).

그리스인들은 신들이 인간의 겉모습을 취하는 것을 충분히 상상할 수 있었다. 유대인들은 한 인간에게 영감을 주고 그를 통해 말씀하시는 하나님의 말씀에 매우 친숙했다. 그러나 "로고스"에 대한 논의에 있어서 가장 상상력이 풍부한 필론조차 여러 위대한 역사적 인물들을 "말씀"의 풍유적 상징으로 간주하는 일 이상은 할 수 없었다. "말씀"이 육신이 된다는 생각은 어떤 청중에게든 대부분 너무 생소한 단계였고 그리스인들에게는 혐오스럽고 심지어 역겨운 생각이었다. 그런데 이것이 바로 요한복음 서언이 취한 단계다. 이 주장에 대해 어떤 혼란도 있을 수 없도록 요한은 서언의 주장들을 성부 하나님의 유일한 아들인 예수에 대한 묘사와 통합한다. 요한의 주장은 놀라웠다. 하나님이 세상을 창조하시고 자신의 목적을 실현하실 때 사용하신 그 말씀이 예수 안에서 육신이 되었다는 것이었다.

1:18은 이 점을 강조한다. 요한은 가장 최신의 정교한 유신론적 체계의 근본적인 "기정 사실"인 하나님, 즉 궁극적인 하나님은 인간의 이해를 초월한다는 점을 당연시한다. 확실히 "하나님을 본 사람이 없으되"라는 주장은 이스라엘 종교의 근본적인 공리였고[153] 우상숭배에 대한 혐오의 근거였다. 그러나 "로고스" 신학은 이미 보이지 않는 하나님이 그럼에도 불구하고—그가 창조와 계시와 구속 안에서 입 밖에 내신 말씀을 통해서—자신을 알리셨음을 상상하는 하나의 방법을 제시했다. 그리고 요한은 단순히(!) 그 생각을 한 단계 더 밀고 나가 예수가 이제 그 보이지 않

---

153 예. 출 33:20; 신 4:12; Sir. 43.31; Philo, *Post* 168-69; Josephus, *War* 7.346.

는 하나님을 눈에 보이게 하고 알 수 없는 하나님을 알 수 있게 만든 분이라고 주장한다(참고. 골 1:15). 자신을 투사하시는 하나님으로서,[154] 성육신하신 하나님의 말씀으로서 "그가 하나님을 알리셨다"[155]고 말할 수도 있을 것이다. 따라서 나중에 또다시 요한은 이러한 생각을 그의 "아버지-아들" 기독론과 뒤섞는다. "나를 본 자는 아버지를 보았거늘"(14:9; 및 8:19; 12:45). 12:41도 마찬가지다. 이사야는 하나님 – 하나님의 볼 수 있는 부분으로서의 "로고스" – 의 영광을 보았다(참고. 1:14). 그러나 이 생각은 본질적으로 숨겨지고 표현되지 않은 생각이자 그 생각을 다른 사람들이 이해할 수 있도록 표현한 말이라는 "로고스"의 이중적인 의미의 연장이다. 예수는 하나님의 자기표현이다.[156]

(2) 요한의 "로고스" 기독론은 그의 지배적인 "아들" 기독론과의 관계에도 불구하고 요한복음의 나머지 부분에서는 명시적으로 드러나지 않으므로, 요한복음 서론은 "지혜" 기독론으로 더 정확하게 묘사될 수 있다는 점을 인식하는 것이 중요하다.[157] 유대교 밖에서는 "로고스"에 친숙

---

154 1:18의 본문은 최종적으로 분명한 것이 아니다. 가장 개연성 있는 독법은 *monogenēs theos*("독생하신 하나님/신")이다. *Monogenēs huios*("유일한 아들")는 아마도 *huios*가 *theos*가 아닌 *monogenēs*의 명백한 상관 어구라는 이유에서 부차적인 독법처럼 보인다. 예를 들어 *Textual Commentary*, 198의 논의를 보라. 필론은 이따금씩 "로고스"를 신이라고 부르기를 주저하지 않았다는 점 – 특히 *Qu. Gen.* 2.62, "두 번째 하나님, 즉 하나님의 로고스" – 에 유의해야 한다.

155 마지막 동사(*exēgēsato*)는 거의 "그가" 하나님을 "해석했다"로 해석할(또는 바꾸어 쓸) 수도 있다.

156 참고. Robinson, *Priority*, 8장. "요한복음에 충실하려면 우리는 하나님의 말씀이 인간 예수 안에 전적으로 완전하게 존재했고, 그가 *totus deus*, 즉 처음부터 끝까지 하나님이며 하나님의 완벽한 반영이자 형상이었다고 말해야 하며, 그가 *totum dei*, 즉 하나님 가운데서 존재하는 모든 것이라고 말해선 안 된다"(396).

157 이 점에 대해서는 폭넓은 의견 일치가 있다. 예를 들어 Barrett, *John*, 153-54; Stuhlmacher, *Biblische Theologie*, 2.235-36; Strecker, *Theology*, 473-74; Lincoln. *Saint John*, 95-97을 보라. DeConick은 그와 같이 요 1장의 "로고스"를 지혜 전승과 연결시키는 것에 의문을 제기한다. "지혜 전승은 선재한 로고스와 하나님의 동일시를 설명할 수

한 이들이 더 많다는 점 역시 아마도 결정적인 하나의 요인이었겠지만, 요한이 요한복음 서언의 초점을 "말씀"에 맞추는 것을 선호한 이유는 단순히 그가 여성형 단어인 "소피아"(sophia, "지혜")보다 남성형 단어인 "로고스"를 선호했기 때문일 수도 있다.

그러나 사실 필론을 제외하면 "지혜"는 하나님과 그분의 창조세계 및 그분의 백성 이스라엘의 상호 작용에 대한 초기 유대교 사상에서 보다 일반적으로 사용된 용어였다.[158] 요한복음 서언과 지혜에 대한 사상의 유사점은 로고스와의 유사점보다 더 광범위하다.

1:1 — 지혜는 당신과 함께 있으며 당신께서 하시는 일을 알고 있습니다. 지혜는 당신께서 세상을 만드셨을 때부터 있었습니다 (Wisd. 9:9; 잠 8:23, 27, 30).

1:3 — 여호와께서는 지혜로 땅에 터를 놓으셨으며(잠 3:19).

1:4 — 대저 나(지혜)를 얻는 자는 생명을 얻고(잠 8:35).

1:4 — 모든 빛은 그녀(지혜)로부터 나온다(Aristobulus in Eusebius, *Praep. Evang.* 13.12.10; Bar. 4.2)

1:5 — 지혜의 빛은 밤과 악을 이긴다(Wisd. 7:29-30).

1:11 — 지혜는 인간의 자녀들 가운데 자기 처소를 정하기 위해 나왔으나(Wisd. 9:10; Bar. 3.37) 거처를 발견하지 못했다(*1 Enoch* 42.2).

1:14 — 나의 창조주께서 내가 살 곳(skēnēn)을 정해 주시며, "너는 야

없다"(*Voices of the Mystics*, 113-14). 필론은 이 말을 이해할 수 없는 말로 여겼을 것이다. 예를 들어 필자의 *Christology*, 171-73과 326 n. 34을 보라.

158 A. Strotmann, 'Relative oder absolute Präexistenz? Zur Diskussion über die Präexistenz der frühjüdischen Weisheitsgestalt im Kontext von Joh 1,1-18', in Labahn et al., eds., *Israel*, 91-106도 함께 보라.

곱의 땅에 네 집(*kataskēnōson*)을 정하고…"라고 말씀하셨다 (Sir. 24:8).[159]

"로고스"와 "소피아"는— 예를 들어 Wisd. 9:1-2("주님, 당신은 말씀으로 만물을 만드셨고 당신의 지혜로 인간을 내시어")이 잘 보여주듯이—명백히 하나님과 하나님이 만드신 세상 및 하나님의 백성의 상호 작용에 대해 말하는 동등하거나 대안적이거나 중첩되는 표현 방식이었다.[160] 그러나 초기 유대교에는 아마도 방금 언급한 구절에 암시되거나 반영되었을 "지혜" 신화와 비슷한 것이 있었던 것으로 보인다.[161] 즉 선한 삶을 살고 싶어 하는 모든 이들이 찾는 신적인 지혜는 자기 자신의 노력으로는 발견하기가 불가능하지만(욥 28장) 하나님이 그 지혜를 이스라엘에 허락하셨다는 것이다. 벤 시라와 바룩은 바르게 생각하는 인간에게 그토록 필요하고 바람직한 그 지혜가 토라 속에서 이스라엘에 주어졌다는 주장을 분명히 했다

---

159 추가적으로 C. A. Evans, *Word and Glory: On the Exegetical and Theological Background of John's Prologue* (JSNTS 89; Sheffield: JSOT, 1993), 83-94(및 83 n. 1의 참고문헌)—필론과의 유사점에 대해서는 100-13; McGrath, *John's Apologetic Christology*, 136-43을 보라.

160 *Christology in the Making*, 326 n. 34도 함께 보라.

161 이와 관련된 자료는, 초기 기독론의 기반이 되었고 널리 알려진 기독교 이전의 영지주의적인 구속자 신화가 존재했다는, 대체로 공상적인 20세기 중엽의 명제에 기반을 제공했다. 이 명제는 Bultmann, *Theology*, 1.164-83의 고전적인 주장이었다. Bultmann은 요한이 영지주의적인 강론 자료를 사용했고 요한의 이원론은 그 기원에 있어서 영지주의적이라고 생각했다(*John*, 7-9; *Theology*, 2.17). 그러나 Bultmann은 요한복음 서언에 강한 "지혜" 배경이 있음을 이미 입증한 적이 있었다—'The History of Religions Background of the Prologue to the Gospel of John' (1923), ET in Ashton, ed., *Interpretation*, 27-46. 기독교 이전의 영지주의 구속자 신화에 대한 연구에 있어서 중요한 경로 수정은 영지주의자들이 사용한 것이 바로 유대교 형태의 지혜 신화였다는 MacRae, 'The Jewish Background of the Gnostic Sophia Myth'의 논증이었다. Koester는 "지혜"는 결코 인간이 아니므로 요한은 "지혜" 신화가 언제나 가현설적인 신화라는 점을 매우 잘 알고 있었을 것이라고 주장하며, 1:14은 "뚜렷하게 반(反)가현설적"이라고 추론한다(*Ancient Christian Gospels*, 271). 추가적으로 이하 §49.3을 보라.

(Sir 24:23; Bar. 4:1-4). 어떤 의미에서 요한복음 서언은 단순히 같은 신학적 논리를 연장한 것에 불과했다. 초기 유대교의 지혜 전승 전수자들이 다른 곳에서는 그처럼 얻을 수 없는 신적인 지혜를 이제 토라 안에서 찾을 수 있다고 주장한 것처럼, 요한도 사실상 예수와 관련해서 같은 주장을 했다. 토라만큼 귀중한 창조적이고 계시적이며 구속적인 "말씀"은 바로 하나님의 유일한 아들인 예수 안에서 인류에게 찾아왔고, 신적인 "지혜"는 예수 안에서 하나님을 알려주었다. "율법은 모세로 말미암아 주어진 것이요, 은혜와 진리는 예수 그리스도로 말미암아 온 것이라"(요 1:17).

요한복음 서언에서 "지혜"의 구조를 인식하는 일의 특별한 가치는, 그것이 서언이 요한복음의 나머지 부분과 어느 정도나 통합되어 있는지를 더 분명히 알려주며 실로 서언이 이를 통해 요한복음의 나머지 부분을 해석해야 할 관점으로 의도되었다는 점을 보여준다는 데 있다.[162] 보다 풍부한 유대인의 지혜 전승이 요한이 그의 기독론을 고안해낸 방식에 있어서 영감의 많은 부분을 제공해준 것처럼 보이기 때문이다.[163] 예를 들면 다음과 같다.

- 1:38-39 — 지혜는 자기를 찾는 이들을 모아들이기 위해 매일 순행한다(Wisd. 6:12-16).

---

162 Beutler('Der Johannes-Prolog — Ouvertüre des Johannesevangeliums', *Neue Studien*, 215-38)와 Schnelle(*Antidocetic Christology*, 226)도 여기에 동의한다. 앞의 n. 71과 비교해 보라.

163 "제4복음서 저자는 예수 안에서 구약 지혜 문헌을 관통하는 한 전승의 정점을 발견했다…요한복음에서 예수는 의인화된 지혜다"(Brown, *John*, 1.cxxii-cxxv). 특히 J. M. C. Scott, *Sophia and the Johannine Jesus* (JSNTS 71; Sheffield: JSOT, 1992); 같은 저자, 'John', in J. D. G. Dunn and J. W. Rogerson, eds., *Eerdmans Commentary on the Bible* (Grand Rapids: Eerdmans, 2003), 1161-1212; M. E. Willett, *Wisdom Christology in the Fourth Gospel* (San Francisco: Mellen, 1992); Witherington, *John's Wisdom*, 18-27도 함께 보라.

- 2:6-10 − 그와 같은 넉넉한 양식 제공은 "지혜"(Sophia)의 전형적인 모습이다(Sir. 1:16; 24:19-21; Wisd. 7:8-14).
- 3:13 − 하늘에서 보낸 지혜(Wisd. 9:16-17; Bar. 3:29).
- 3:16-17 − 영원한 생명과 구원을 가져다주기 위해 세상에 보내진 지혜(Wisd. 8:13; 9:10, 17-18).
- 4:10, 14 − 특별히 "지혜"의 선물로서의 살아 있는 물(Sir. 15:3; 24:21, 30-31; Bar. 3:12).
- 6:30-58 − 빵과 음료수의 제공자로서의 "지혜"(잠 9:5; Sir. 15:3).[164]
- 7:25-36 − 추측의 문제로서의 "지혜"의 기원(욥 28:12-28; Bar. 3:14-15).
- 8:12-30 − 자신을 고발하는 자들 앞에서 재판을 받으며 스스로를 하나님의 자녀라고 부르는 의로운 사람(Wisd. 2:12-24).
- 8:58 − "지혜"가 처음부터 자신이 하나님과 함께 있었다고 주장함(잠 8:22; Sir. 24:9).
- 10:1-18 − 이스라엘의 보호자이자 구원자로서의 "지혜"(Wisd. 10장).
- 11:17-44 − 생명을 주는 자로서의 "지혜"(잠 8:35).
- 12:44-50 − 이 본문은 거의 "지혜"가 말하는 것일 수도 있다(참조. Sir. 24:19-22).
- "나는 ~이다"라는 형식의 말씀들은 "지혜"의 특징적인 이미지와 자기 묘사를 상기시키지만(잠 8장; 집회서 24장),[165] 요한복음 1:18에

---

164 McGrath, *John's Apologetic Christology*, 11장도 함께 보라.
165 "이 말씀들['나는 ~이다'라는 형식의 말씀들]은 '선한 목자' 외에는 모두 명백히 지혜와 관련된다(Sir. 24:21의 "빵"; Sir. 24:17, 19의 "포도나무"; 잠 3:17; 8:32; Sir. 6:26의

대한 부연 설명—출 3:14의 "나는 스스로 있는 자이니라"에 대한
설명으로서의 예수—이기도 하다.[166]

따라서 요한복음의 기독론은 요한복음 서언의 기독론과 분리되어선 안
된다.[167] 그와 반대로 요한복음 서언의 "로고스"/"지혜" 기독론은 요한복
음의 나머지 부분에서 예수에 대한 주장들을 해석하는 방법을 제시해줄
수도 있다. 다시 말해 지배적인 "아버지-아들" 기독론은 별개의 기독론
으로 해석할 것이 아니라 아마도 그 이전의 신적 대리자(예언자) 기독론
과 그보다 발전된 요한복음 서언의 "지혜"/"로고스" 기독론이 혼합된 것
으로 보는 것이 더 나을 것이다. 달리 표현하자면 요한은 "지혜"의 1인칭
으로 된 자기주장과 "지혜"의 계시적·구속적 의미를 묘사하는 데 사용된
생생한 이미지를 틀림없이 잘 알고 있었을 것이다. 요한은 심지어 필론이
"로고스"에 대해 사용한 훨씬 더 생생한 이미지와 언어도 알고 있었을지
모른다. 그래서 아마도 요한은 "아버지-아들"의 고도로 인격적이고 친밀
한 언어와 이미지가 이전에 제안된 어떤 것보다도 이제 계시된 말해지지
않은 "로고스"와 말해진 "로고스"의 신비에 대한 훨씬 더 풍부한 부연 설

"길"; Wisd. Sol. 7.26의 "빛";…잠 8:7; Wisd. Sol. 6:22의 "진리"; 잠 3:18; 8:35의 "생
명"; 심지어 잠 8:34-35의 "양의 문")"—S. H. Ringe, *Wisdom's Friends: Community and
Christology in the Fourth Gospel* (Louisville: Westminster John Knox, 1999), 61.

166 사 41:4; 43:10, 25; 45:18-19; 46:4; 51:12; 52:6도 주목해 보라. C. H. Williams, '"I
Am" or "I Am He"? Self-Declaratory Pronouncements in the Fourth Gospel and Rabbinic
Tradition', in Fortna and Thatcher, eds., *Jesus in Johannine Tradition*, 343-52; McGrath,
John's Apologetic Christology, 109-115; H. Hübner, 'EN ARCHĒ EGŌ EIMI', in Labahn
et al., eds., *Israel*, 107-22도 함께 보라.

167 다음 글들도 함께 보라. G. R. O'Day, 'The Gospel of John: Reading the Incarnate Words',
in Fortna and Thatcher, eds., *Jesus in the Johannine Tradition*, 25-32; M. Hengel, 'The
Prologue of the Gospel of John as the Gateway to Christological Truth', in Bauckham and
Mosser, eds., *John and Christian Theology*, 265-94; 및 *Theologische, historische und biographische
Skizzen: Kleine Schriften VII* (WUNT 253; Tübingen: Mohr Siebeck, 2010), 34-63.

명의 역할을 하도록 하기 위해 "하나님의 아들"과 "지혜"/"로고스"를 함께 만들어냈을 것이고, 그 모든 것이 메시아 예수라는 계시적 의미에 의해 추진력을 얻었을 것이다.[168]

여기에는 더 깊이 고찰할 만한 가치가 있는 중요한 논리적 귀결이 있을지 모른다. 요한의 "아들" 기독론이 사실상 본질적으로 서언의 "로고스" 기독론에 대한 (필론의 어떤 비유적 부연 설명보다도 더 야심찬) 큰 규모의 비유적 부연 설명이라면, "아들" 기독론은 "로고스" 기독론의 일부로 해석되어야 하기 때문이다. 즉 "아들" 기독론의 다양한 측면들은 "로고스" 기독론과 독립적으로 해석할 것이 아니라 오히려 "로고스" 기독론에 기여할 의도를 가진 것으로 해석해야 한다. 필자는 단지 예수가 자신을 하나님과 동등한 존재로 만들었다는 비난(5:18)과 자신과 아버지는 하나라는 예수의 눈에 띄는 주장(10:30)만 염두에 두고 있는 것이 아니다. 그러한 주장들은 "로고스"/"지혜" 기독론—다른 방법으로는 볼 수 없는 하나님의 자기표현인 "로고스"/"지혜"—의 명백한 표현이기 때문이다. 또한 필자는 보냄 받은 "아들"이 그를 보내신 아버지를 전적으로 대표하는 "파송" 모티프(예. 10:36; 12:45)만 염두에 두고 있는 것도 아니다. 필자는—14:28("아버지는 나보다 크심이라")에 의해 요약되는—일반적으로 아버지에 대한 아들의 "종속"으로 일컬어지는 요한의 "아들" 기독론의 특징들을 더 염두에 두고 있다.[169] 그러나 사실 이 개념은 마치 그것이 이미 하나의 주제였던 것처럼 종속에 관한 개념이 아니다. 주제는 (이후와 같이) 성부와 성자 사이의 **관계**가 아니라, 성부에 대한 성자의 **계시**의 권위와

---

168 추가적으로 *Christology in the Making*, xxvi-xxviii을 보라.

169 C. K. Barrett, '"The Father is greater than I" (John 14. 28): Subordinationist Christology in the New Testament' (1974), *Essays on John* (London: SPCK, 1982), 19-36; Stuhlmacher, *Biblische Theologie*, 2.225.

타당성, 성부와 성자 사이, 말로 표현되지 않은 "로고스"와 말로 표현된 "로고스" 사이의 연속성이다.[170] 예를 들면 다음과 같다.

- "아버지께서 아들을 사랑하사 만물을 다 그의 손에 주셨으니"(3:35).
- 아들은 아버지께서 하시는 일을 보지 않고는 아무것도 스스로 할 수 없다는 예수의 주장(5:17-19).
- "아버지께서 자기 속에 생명이 있음같이 아들에게도 생명을 주어 그 속에 있게 하셨고"(5:26).
- "내가 아무것도 스스로 할 수 없노라…나는 나의 뜻대로 하려 하지 않고 나를 보내신 이의 뜻대로 하려 하므로"(5:30).
- "내가 하늘에서 내려온 것은 내 뜻을 행하려 함이 아니요 나를 보내신 이의 뜻을 행하려 함이니라"(6:38).

---

170 이 점은 Barrett의 이전 논문인 'Christocentric or Theocentric? Observations on the Theological Method of the Fourth Gospel' (1976), *Essays on John*, 1-18에서 더 강력하게 제시된다. 다음 책도 함께 보라. M. L. Appold, *The Oneness Motif in the Fourth Gospel* (WUNT 2.1; Tübingen: Mohr Siebeck, 1976): "요한의 기독론은 초기의 성자 종속론이 들어설 여지도 남겨놓지 않는다"(22). "요한복음의 예수는 자신에 대해 결코 '**나는** 보내심을 받았다'고 수동태로 말하지 않고 '나를 보내신 **아버지**', 또는 일반적으로 '나를 보내신 이'에 대해서만 말한다"는 M. Theobald의 관찰도 이와 관련이 있다('Gott, Logos und Pneuma: Trinitarische Rede von Gott im Johannesevangelium', *Studien*, 349-88, 여기서는 366; 그는 또한 "유대인의 일신론에 대한 요한복음의 변형"에 대해서도 말한다-358). 다음 글들도 함께 보라. P. W. Meyer, '"The Father": The Presentation of God in the Fourth Gospel', in R. A. Culpepper and C. C. Black, eds., *Exploring the Gospel of John: In Honor of D. Moody Smith* (Louisville: Westminster John Knox, 1996), 255-73; J. Schröter, 'Trinitarian Belief, Binitarian Monotheism, and the One God: Reflections on the Origin of Christian Faith in Affiliation to Larry Hurtado's Christological Approach', in C. Breytenbach and J. Frey, eds., *Reflections of the Early Christian History of Religion* (Ancient Judaism and Early Christianity 81; Leiden: Brill, 2013), 171-94—"요한복음 신학에서 '원시 삼위일체 사상'에 대해 말하는 것은 가능한 일이다"(193).

- "내가 아버지로 말미암아 사는 것 같이"(6:57).
- "내 교훈은 내 것이 아니요 나를 보내신 이의 것이니라"(7:16).
- "이는 내가 혼자 있는 것이 아니요 나를 보내신 이가 나와 함께 계심이라"(8:16).
- "내가 스스로 아무것도 하지 아니하고 오직 아버지께서 가르치신 대로 이런 것을 말하는 줄도 알리라"(8:28-29).
- "나는 스스로 온 것이 아니요 아버지께서 나를 보내신 것이니라"(8:42).
- "이 계명은 내 아버지에게서 받았노라"(10:17-18).
- "그들을 주신 내 아버지는 만물보다 크시매 아무도 아버지 손에서 빼앗을 수 없느니라"(10:29).
- 아버지의 일을 하는 것은 "아버지께서 내 안에 계시고 내가 아버지 안에 있음"을 입증한다(10:38; 14:10-11).
- "내가 이르는 것은 내 아버지께서 내게 말씀하신 그대로니라"(12:49-50; 14:31).
- "내가 혼자 있는 것이 아니라 아버지께서 나와 함께 계시느니라"(16:32).

이 모든 경우에 말하는 이가 "로고스-아들"이라고 말하는 것이 가장 정확할 것이다. 이와 마찬가지로 예수에게 드려진 경배(20:28)는 요한의 관점에서 볼 때 "로고스" 안에서 드러난 하나님께 대한 경배다(1:1, 18; 10:33-36).[171] "나와 아버지는 하나이니라"라는 말, 아버지와 아들의 상호

---

171 필론 역시 "로고스"와 그것의 구성 요소들은 경배와 찬양을 받기에 합당하다고 말했다 (*Spec. Leg.* 1.209).

내주, 메시지와 사역 면에서 아버지와 아들 사이의 직접적인 연속성 등에 내포된 친밀함은 모두 성육신한 "로고스"가 하나님의 자기표현임을 보여주는 대안적인(그리고 보다 인격적으로 생생한) 방식이다.[172] 초기 교회의 "로고스" 기독론이 니케아 공의회의 "아들" 기독론으로 대체되고 "아들" 기독론이 "로고스" 기독론에서 분리되고 나서야 비로소 신성 내의 인격적 관계라는 문제가 제기되고 "종속"에 대한 논의가 당시에 이미 많이 개선된 교부들의 일신론 안에서 균형을 유지하기 위해 필요해졌다.

(3) 요한이 메시아이자 하나님의 아들인 예수에 대한 묘사를 이와 같이 발전시키면서 공관복음서에서 가장 분명하게 증언된 예수 전승을 훨씬 뛰어넘었다는 점은 부정할 수도 없고 부정해서도 안 되며 부정할 필요도 없다. 그러나 여기서조차 우리는 요한이 그의 기독론의 보다 색다른 표현을 틔워낸 씨앗을 볼 수 있다.

• "말씀"이신 예수는 누가복음 서언을 통해 어느 정도 예고되는데, 거기서 누가는 "처음부터 목격자와 말씀의 일꾼 된 자들"에 대해

---

172 예수에 대한 요한의 묘사를 "소박한 가현설"로 설명한 Ernst Käsemann의 유명한 묘사 (*The Testament of Jesus* [ET London: SCM, 1968], 26)는 요한의 "로고스"/"지혜" 기독론의 미묘함을 놓치고 있다. M. M. Thompson, *The Humanity of Jesus in the Fourth Gospel* (Philadelphia: Fortress, 1988)의 이의 제기를 주목해 보라. Bauckham도 요한복음을 "예수는 유일하신 한 하나님의 유일무이한 정체성을 가진 분"이라고 단언하는 책으로 해석하지만(*Testimony*, 252), "정체성"은 유익한 만큼 오해의 소지도 많은 말이다(필자의 *Did the First Christians Worship Jesus?*, 141-44을 보라). Schnelle은 다음 글을 인용한다. T. Söding, "'Ich und der Vater sind eins' [Joh 10,30]: Die johanneische Christologie vor dem Anspruch des Hauptgebotes Dtn 6,4f', *ZNW* 93 (2002), 192: "로고스는 결코 예수의 하나님이자 아버지인 *ho theos*와 동일시되지 않지만 그럼에도 불구하고 하나님의 신성에 전적으로 참여한다"(*Theology*, 673 n. 35). Schnelle은 'Trinitarisches Denken im Johannesevangelium', in Labahn et al., eds., *Israel*, 367-86에서 성령/보혜사에 대한 언급 (14:16-17, 26; 15:26; 16:7-11)을 인용함으로써 "요한복음의 사상은 삼위일체적인 사상"이라는 마지막 감탄의 말을 끌어낼 수 있었다(386).

말한다(눅 1:2). 여기서 누가는 틀림없이 그의 복음에 대한 잦은 언급이라는 관점에서 생각하고 있었지만(행 2:41; 4:4, 29, 31 등), 예수는 그 말씀을 구현하는 분이라는 생각은 크게 동떨어진 생각이 아니다.

- 예수가 "지혜"의 자식이자 대변인이라는 생각은 공관복음 전승에 그 뿌리를 두고 있다(눅 7:35; 예수의 격언적 가르침). 지혜의 스승인 예수와 아버지의 아들인 예수는 공관복음에서 가장 요한복음적인 진술(마 11:25-27/눅 10:21-22)에서 이미 서로 연관지어지며,[173] 앞서 언급한 대로(§42.3b(7)) 마태는 이미 지혜의 스승인 예수를 "지혜" 자신과 동일시하는 단계를 밟았다.
- "나는 ~이다"라는 진술들조차 물 위를 걷는 예수와, 요한도 기록하는 (요 6:20), "내니 두려워하지 말라"(막 6:50 및 병행 본문)라는 예수의 신비로운 자기 신분 증명에 대한 그 이전의 공관복음 전승에 그 뿌리를 두고 있다.

따라서 요한복음의 "말씀"/"지혜" 기독론이 어떻게 그 이전의 예수 전승이 지닌 그러한 특징들에 대한 긴 숙고의 산물인지를 상상하는 것은 충분히 가능한 일이다. 그들이 믿었던 것처럼 예수의 부활 및 하나님 우편으로 높아지심을 고려하면 그러한 특징에서 더 완전하고 깊은 의미를 발견하는 것과 공관복음에 의해 이미 확립된 복음서의 틀 안에서 그러한 특징들의 보다 풍부한 표현을 발전시키는 것은 자연스러운 일이었다.[174]

---

173 M. Theobald, 'Das sog. "johanneische Logion" in der synoptischen Überlieferung (Mt 11,25-27; Lk 10,21f.) und das Vierte Evangelium', *Studien*, 165-89도 함께 보라.

174 McGrath의 명제는 "제4복음서 저자는 유대인 대적들이 제기한 반론에 맞서 자신의(그리고 그의 공동체의) 믿음에 대한 변호의 일환으로 자신이 물려받은 전승들을 각색하고 발전시켰다"는 것이다(*John's Apologetic Christology*, 230).

역사성의 문제가 오늘날의 경우와 마찬가지로 요한과 그의 청중에게도 실제적인 문제였다면, 요한은 아마도 자신은 예수의 행동과 말에 대한 역사적인 기록을 제공하려 하고 있는 것이 아니라는 점을 확인시켰을 것이다. 그의 관심사는 오히려 그들이 당시에 인식한 대로의 예수에 대한 진리, 즉 몇십 년이 지나고 나서야 그들에게 분명해진 예수의 역사적인 생애와 사명의 더 완전한 의미를 제시하는 것이었다.[175] 요한에게 있어서 예수의 진리는 3년간의 사역 기간 동안 예수가 한 말과 행동의 역사적 사실성보다 훨씬 더 완전하고 풍부했다.[176] 이러한 개연성 있는 결론을 놓치고 요한복음은 공관복음과 같은 관점과 수준에서 읽어야 한다고 주장한다면 요한이 스스로 하고 있다고 간주한 일을 십중팔구 놓치게 될 것이다.

d. 예수에 대한 믿음이 가져온 좋은 소식

요한은 자신의 복음 전도 및 목회적인 목표를 예수의 좋은 소식에 대한 설명으로 우리를 인도한 바로 그 구절인 20:31에서 분명히 표현했다. "오직 이것을 기록함은 너희로 예수께서 하나님의 아들 그리스도이심을 믿게 하려 함이요, 또 너희로 믿고 그 이름을 힘입어 생명을 얻게 하려 함이니라." 여기에 담긴 권면은 예수에 관한 좋은 소식을 믿으라는 것이다. 그에 따른 약속은 예수의 이름 안에 있는 생명에 관한 약속이다.

---

175 요 16:12-15과 앞의 n. 101을 다시 보라.
176 Moody Smith는 "예수에 대한 요한의 독특한 초역사적인 묘사"라는 표현을 만들어냈다 (*Johannine Christianity*, 184). 그의 *Fourth Gospel in Four Dimensions*에 실린 몇몇 논문도 주목해 보라. 다음 문헌들도 함께 보라. M. M. Thompson, 'The Historical Jesus and the Johannine Christ', in Culpepper and Black, eds., *Exploring the Gospel of John* (Louisville: Westminster John Knox, 1996), 21-42; A. T. Lincoln, *Truth on Trial* (Peabody, Mass.: Hendrickson, 2000), 354-454; 더 간략한 글로는 그의 *Saint John*, 48-49.

i. 믿음에 대한 요구

흥미롭게도 요한은 "믿음"이라는 단어를 결코 사용하지 않는다. 그러나 그는 동사 "믿다"를 다른 어떤 신약 저자보다도 많이 사용한다.[177] 그의 믿음에 대한 요구는 다른 어떤 신약 복음서 저자보다도 끈질기다. 예를 들면 다음과 같다.

- 1:7 — 세례 요한이 증언하러 온 것은 모든 사람이 자기로 말미암아 믿게 하려 함이다.
- 1:12 — 하나님은 그("로고스")의 이름을 믿는 이들에게 하나님의 자녀가 되는 권세를 주셨다.
- 2:11 — 예수가 행한 표적들은 사람들로 하여금 그분을 믿게 했다 (2:23; 4:53; 7:31; 10:38, 41-42; 11:45; 12:11, 42; 14:11-12도 마찬가지). 예수의 말씀도 마찬가지다(4:41; 8:30; 13:19; 14:29). 12:37-39과 비교해 보라.
- 3:15 — 인자는 "그를 믿는 자마다 영생을 얻게" 하려고 높이 들릴 것이다(또한 3:16, 36; 5:24; 6:40, 47).
- 3:18 — 그를 믿는 자는 심판을 받지 않는다(또한 5:24).
- 6:29 — "하나님께서 보내신 이를 믿는 것이 하나님의 일이니라."
- 6:35 — 생명의 떡에 대한 강론에서 그 떡/예수의 살을 먹고 그의 피를 마시는 것은 그에게로 와서 그를 믿는 것에 관한 이미지라는 사실이 분명해진다(6:37, 44-45, 51, 53).[178]

---

177 마태복음 11회; 마가복음 14회; 누가복음 9회; 사도행전 37회; 바울 서신 54회; 요한복음 98회.

178 C. R. Koester, *Symbolism in the Fourth Gospel* (Minneapolis: Fortress, ²2003), 99-104, 301-9. "예수께로 '온다'는 것은 예수를 믿는다는 것과 같은 의미다"(5:40; 6:37, 44절 이하, 65)"(Bultmann, *Theology*, 2.70).

- 6:69 — "우리가 주는 하나님의 거룩하신 자이신 줄 믿고 알았사 옵나이다."
- 8:24 — "너희가 만일 내가 그인 줄 믿지 아니하면 너희 죄 가운데 서 죽으리라"(13:19도 마찬가지).
- 10:26 — "너희가 내 양이 아니므로 믿지 아니하는도다."
- 11:25-26 — "나는 부활이요 생명이니 나를 믿는 자는 죽어도 살 겠고."
- 12:36 — "너희에게 아직 빛이 있을 동안에 빛을 믿으라. 그리하 면 빛의 아들이 되리라"(또한 12:46).
- 12:44 — "나를 믿는 자는 나를 믿는 것이 아니요 나를 보내신 이 를 믿는 것이며"(또한 14:1).
- 14:10-11 — "내가 아버지 안에 거하고 아버지께서 내 안에 계심 을 믿으라."
- 16:9 — 죄는 예수를 믿지 않는 것으로 묘사된다.
- 16:27, 30-31 — 예수가 하나님으로부터 왔다고 믿는 일의 중요 성(또한 17:8, 21).
- 20:8, 25, 29 — 부활하신 예수를 믿는 일.

세 가지 점이 특별히 주목할 만하다. 첫째로, 요한은 자신의 목표를 "예수 께서 하나님의 아들 그리스도"(20:31)라는 믿음을 주입하거나 강화하는 것으로 제시하지만, 사실 그는 사람들이 예수를 "믿게", 즉 이 예수에게 자신을 의탁하도록 하겠다는 더 큰 목표를 지향했다. 그러나 사실 요한은

pisteuein hoti("~라고 믿다")[179]와 *pisteuein eis*("~에 자기 자신을 맡기다")[180]를 대체로 동의어로 사용하는 것처럼 보인다.[181] 요한이 자신의 목표를 오로지 "~라고 믿다"라는 관점에서 표현할 수 있었다는 사실은, 그가 하나님의 아들 메시아라고 믿어지는 이에 대한 헌신으로 표현되지 않는 진정한 신념이나 확신은 생각할 수 없었음을 의미한다. 요한에게 있어서 믿음은 예수가 진실로 하나님께 보냄을 받았다는 지적인 확신뿐만 아니라 아버지가 보내신 아들에게 자신을 맡기거나 의탁하면서 그러한 믿음을 행동으로 옮기는 일도 포함했다.[182]

그러나 "~라는 믿음"과 "~를 믿음"의 구별은 요한에게 있어서 중요했다. 둘째로, 몇몇 구절에서 요한은 불충분한 수준의 믿음이 존재한다는 점을 분명히 밝히기 때문이다. 특히 요한은 표적을 믿음을 창출하는 것으로 묘사하면서도(앞의 2:11 등) 그의 청중이 표적/기적에 근거한 믿음에 대해 신중해지기를 원했다. 이처럼 일찍부터 요한은 많은 이들이 예수의 표적을 보았기 때문에 예수의 이름을 믿었지만, "예수는 그의 몸을 그들에게 의탁하지 아니하셨으니" 이는 그가 그들을 너무나 잘 알았기 때문이라고 말한다(2:23-25). 예수는 왕의 신하를 이렇게 꾸짖는다. "너희는 표적과 기사를 보지 못하면 도무지 믿지 아니하리라"(4:48; 그러나 그다음에는 4:41, 53). 5천 명을 먹인 사건 이후에 무리는 예수를 믿을 수 있도록

---

179 11회(예. 6:69; 8:24; 11:27; 13:19; 16:27, 30; 17:21); 및 예수를 믿음(예. 2:22; 5:46, 47; 6:30; 14:11).

180 37회 – "그를 믿는" 것(본문의 예들)뿐만 아니라 "그의 이름을 믿는" 것과 "그를(en) 믿는" 것(3:15).

181 11:25-27; 14:10-12; 17:20-21; 및 3:15-16을 주목해 보라.

182 Beutler는 요한의 목표가 단지 그리스도에 대한 믿음으로 인도하고 그 믿음을 강화하는 것이 아니라 "하나님의 아들이자 생명을 주는 자인 예수께 대한 기독교인들의 믿음을 그들의 신앙고백이 그들의 사회적 지위나 생명까지 위협할 상황에서도 심화시키는 것"이었다는 점을 강조한다('Faith and Confession: The Purpose of John', *Neue Studien*, 101-13; 여기서는 113).

또 다른 표적을 요구한다(6:30). 생명의 떡에 대한 강화는 어떤 이들은 믿지 않았고 다수의 제자들은 돌아서서 더 이상 예수와 함께 다니지 않았다는 언급과 함께 끝난다(6:64, 66). "~를 믿음"이 없으면 "~라는 믿음"으로는 충분치 않았다.[183]

셋째로, 믿으라는 요구가 요한의 유일한 요구이며 요한복음이 추구하는 유일한 반응이라는 점은 주목할 만하다. "회개하라"는 요구, 또는 "회개"에 대한 요구—공관복음에 나오는 세례 요한에 대한 상응하는 언급의 핵심적인 특징—는 세례 요한의 사명을 묘사할 때조차도 요한의 입에서 나오지 않는다.[184] 마찬가지로 눈에 띄는 것은 요한이 **세례**를 예수의 복음이 요구하는 반응의 일부로서 거의 또는 전혀 중시하지 않는 것처럼 보인다는 점이다. 요한은 세례 요한에 의한 예수 자신의 세례를 그냥 지나치며, 예수의 사역은 원래 세례 요한의 사역과 중첩되었지만 예수 자신은 세례를 행하거나 요구하지 않았다는 점을 애써 언급한다(4:1-2). 세례를 거듭나는 데 필수적인 것으로 언급하고 있는지도 모르는 한 구절(3:5, "사람이 물과 성령으로 거듭나지 아니하면 하나님의 나라에 들어갈 수 없느니라")도 요한이 필요한 두 번의 출생—(산모의 양수가 터지는 것과 관련된) "육으로" 나는 자연적 출생과 "영으로" 나는 출생(3:6)—을 표현하는 방식일 수도 있다.[185] 요한이 일차적으로 염두에 두고 있었던 것은 확실히 후자(3:3,

---

183 Stuhlmacher, *Biblische Theologie*, 2.251-57도 함께 보라.

184 막 1:4 및 병행 본문; 마 3:8/눅 3:8; 또한 행 13:24; 19:4.

185 Witherington, *John's Wisdom*, 97; Thyen은 *Johannesevangelium*, 192-93에서 M. Pamment, 'John 3.5: "Unless One Is Born of Water and the Spirit, He Cannot Enter the Kingdom of God'", *NovT* 25 (1983), 192을 인용한다. Barrett(*John*, 209)는 그 가능성을 언급하면서 Odeberg, *Fourth Gospel*, 48-71을 인용하지만 그의 의견에 설득되지는 않는다. 보다 전형적인 것은 Schnelle(*Antidocetic Christology*, 68, 186)의 견해인데, 그는 "겉으로 보기에 세례는 요한 학파에서 성령의 은사만큼 매우 중요했다"는 자신의 의견을 해설하기보다는 전제한다(요일 2:27; 3:24; 4:1-3, 13; 요 1:33; 3:5을 보라). Stuhlmacher, *Biblische Theologie*, 2.277의 견해도 그와 비슷하다. 필자의 *Baptism in the Holy Spirit* (London:

7-8), 즉 생명을 주는 분이신 성령이다.

ii. 너희로 생명을 얻게 하고

"생명"(zōē)은 요한복음의 또 다른 특징적인 용어다.[186] 이와 대조적으로 "용서"는 한 번도 언급되지 않는다. 20:23은 요한복음에서 놀랍도록 예외적이다. "구원"과 "구원받음"에 관한 표현은 요한복음에서 나머지 복음서에서보다 훨씬 드물게 나타난다.[187] 요한은 자신의 도전 과제를 "믿음"의 측면에서 요약했듯이 요한복음의 약속을 "생명"의 측면에서 요약한다.[188]

- 3:15, 16, 36 − "그를 믿는 자마다 영생을 얻게 하려 하심이니라"(또한 6:40, 47).
- 3:3, 5-8 − 하나님 나라에 들어가려면 (위로부터의) 거듭남이 필요하다.
- 4:10, 14 − 예수가 주시는 생수는 영생하도록 솟아나는 샘물이 될 것이다.
- 6:27, 33, 35, 48, 53, 54 − 생명의 떡이신 예수. 그의 살을 먹고 그의 피를 마시는 자들은 영원한 생명을 얻는다.
- 8:51-52 − "사람이 내 말을 지키면 영원히 죽음을 보지 아니하리라."

SCM, 1970), 15장도 함께 보라.

186 Zōē("생명") − 요한복음 36회; 기타 신약 복음서 16회. Zaō("살다") − 요한복음 17회; 나머지 복음서 18회. "영생" − 요한복음 17회; 기타 복음서 8회(앞의 n. 10을 보라).

187 Sōtēria("구원") − 요한복음 1회; 마태복음 0회; 마가복음 0회; 누가복음 4회. Sōzō("구원하다") − 요한복음 6회; 마태복음 15회; 마가복음 15회; 누가복음 17회.

188 Ashton, *Understanding*, 214-20도 함께 보라.

- 10:10 ― "내가 온 것은 양으로 생명을 얻게 하고 더 풍성히 얻게 하려는 것이라."
- 11:25 ― "나는 부활이요 생명이니"
- 14:6 ― "내가 곧 길이요 진리요 생명이니"
- 17:3 ― "영생은 곧 유일하신 참 하나님과 그가 보내신 자 예수 그리스도를 아는 것이니이다."

한 가지 주목할 만한 특징은 요한이 생명의 수단으로서 하나님의 영에 대한 개념을 결부시키는 방식이다. 거듭남의 비밀은 성령이 행하시는 일로 간주되며(3:5-8) "생수"(4:10, 14)는 명시적으로 예수를 믿은 이들이 받을 성령과 동일시된다(7:39). 성령은 "생명을 주시는 분"으로 밝혀진다(6:63). 부활하신 날 저녁에 예수는 "성령을 받으라"고 말하며 새 창조의 행위로(20:22) 제자들에게 숨을 내쉰다(*enephysēsen*).[189] 여기서는 흔히 가뭄이 창궐한 땅에서 소생케 하고 생명을 회복시키는 물이라는 성령에 대한 전통적인 이미지가 최초의 기독교인들이 보통 성령의 선물과 관련시킨 상응하는 새 생명의 체험을 표현하기 위해 활용된다.

두 번째 눈에 띄는 특징은 예수에 대한 믿음을 가진 사람에게 하나님이 영원한 생명을 **지금** 주신다는 주장에 함축된 종말론이다. "영생"은 요한에게 있어서 전형적으로 여전히 기다리고 있고 미래에 상속받을

---

189 이 동사는 히브리어 성경의 그리스어 번역본에서 신적인 창조의 호흡을 지칭하기 위해 단 두 번만 사용된다(필자는 *Baptism*, 180에서 이 점에 처음 주의를 환기시켰다). (i) 창 2:7 ― 하나님이 "생기를 그[아담의] 코에 불어넣으시니 사람이 생령이" 되었다. (ii) 겔 37:9(마른 뼈들의 골짜기 같은 포로로 끌려간 이스라엘에 대한 에스겔의 거대한 환상). 거기서 에스겔은 이렇게 예언하도록 지시받는다. "생기(또는 바람 또는 성령)야! 사방에서부터 와서 이 죽음을 당한 자에게 불어서 살아나게 하라." G. M. Burge, *The Anointed Community: The Holy Spirit in the Johannine Tradition* (Grand Rapids: Eerdmans, 1987), 3장도 함께 보라.

어떤 것이 아니다(비록 그런 생각을 배제하지는 않을 수도 있지만).[190] 그것은
신자가 이미 **가지고 있는** 어떤 것―이 주제에 대한 요한의 전형적인 표
현 방식―이다.[191] "사람이 내 말을 지키면 영원히 죽음을 보지 아니하리
라"(8:51-52).[192] 이는 틀림없이 스스로 적대적인 세상 한가운데 있다고
느끼는 일단의 형제들에게 엄청난 위로가 되었을 것이다.

iii. 실재를 아는 것

요한은 "앎"에 관한 표현을 많이 사용하지만, 요한복음을 영지주의의 관
점에서 해석하는 20세기의 경향에도 불구하고 요한은 "앎"이라는 주제
를 특별히 강조하지 않으며[193] "지식"(*gnōsis*)이라는 단어를 단 한 번도 사
용하지 않는다. 요한복음에서 보다 전형적이고 특징적인 것은 예수의 **진
리**와 이 진리를 아는 것의 유익에 대한 강조다.[194] 요한은 자신이 예수에
대해 말한 것이―예수에 대해 보증할 수 있는 이들도 확증한 대로(19:35;
21:24)―사실이며 예수 자신이 진리이자 실재의 척도라고 확신했기 때문
에 예수에 관한 믿음과 예수를 믿는 믿음을 요구할 수 있었다. 예를 들면

---

190 참고. 요 4:14, 36; 6:27; 8:12; 12:25.

191 "…에 영생이 있다" ― 3:15, 16, 36; 5:24, 40; 6:40, 47, 53, 54; 10:10; 20:31.

192 이는 요한복음의 미래 종말론에 관한 구절들(특히 5:25-29)이 후대에 덧붙여진 것임을
의미하지 않는다. 그 이전의 예수 전승에도 현재 활동하는 하나님 나라와 미래에 임할 것
으로 기대되는 하나님 나라 사이에 비슷한 긴장이 있었다(*Jesus Remembered*, §12). "실재
적인 이유에서 미래적인 종말론적 구절들이 삽입되었을 가능성은 별로 없다. 미래적 종말
론은 논쟁의 여지가 없는 구절들에서도 발견되며(3:5; 10:9; 12:32; 14:3; 17:24) 신학적
으로 필수불가결하기 때문이다"(Kümmel, *Introduction*, 209-10). 이와 비슷한 견해로는
Barrett, *John*, 67-70; Schnelle, *History*, 512 n. 217의 추가적인 참고문헌을 보라.

193 참고. 예를 들면 *oida*("알다") ― 4:25; 7:28-29; 10:4-5; 14:5. *Ginōskō*("알다") ― 6:69;
8:32; 10:14, 38; 14:17, 20; 17:3. 다음 책도 함께 보라. Brown, *John*, 1.513-14; 보는 것
을 가리키는 동사들에 대해서는 1.501-3.

194 *Alētheia*("진리") ― 요한복음 25회; 기타 복음서 7회. *Alēthēs*("참된") ― 요한복음 14회;
나머지 신약 12회. *Alēthinos*("참된, 믿을 만한") ― 요한복음 9회; (요한계시록을 제외한)
나머지 신약 9회. *Alēthōs*("참으로") ― 요한복음 7회; 나머지 복음서 8회.

다음과 같다.

- 1:9 — (현재 예수 안에서 육신이 된) "로고스"는 "각 사람에게 비추는 빛"이다.
- 1:14, 17 — 그는 "은혜와 진리가 충만"했고 "은혜와 진리는" 그로 "말미암아 온 것"이다.
- 4:42 — 사마리아인들은 예수가 "참으로 세상의 구주"라고 고백했다.
- 5:33 — 세례 요한은 "진리에 대하여 증언"했다(또한 10:41).
- 6:32 — 아버지가 "하늘로부터" 주신 "참 떡"이신 예수.
- 8:31-32 — "너희가 내 말에 거하면…진리를 알지니 진리가 너희를 자유롭게 하리라."
- 14:6 — "내가 곧 길이요 진리요 생명이니"
- 14:17, 15:26, 16:13 — 예수는 그들에게 "진리의 영"을 (보내시겠다고) 약속하신다.
- 15:1 — "나는 참포도나무요"
- 18:37 — "이를 위하여 세상에 왔나니 곧 진리에 대하여 증언하려 함이로라. 무릇 진리에 속한 자는 내 음성을 듣느니라."

예수의 진리에 대한 지식을 퍼뜨리는 것은 요한이 그의 복음서를 통해 이루기를 소망할 수 있는 가장 좋은 일이었다.[195]

이전에 보지 못했던 어떤 것을 보게 되는 조명이라는 개념은—**빛**과

---

195 Schnelle, *Theology*, 675-76도 함께 보라.

어둠의 대조와도 연관되는—요한이 사용한 또 다른 모티프였다.[196] 이 개념은 요한복음 첫머리의 여러 구절에서 반복적으로 나타난다.

- 1:4, 9 —"로고스" 안에 있는 생명은 인류의 참된 빛이었다.
- 1:5 —"빛이 어둠에 비치되 어둠이 깨닫지 못하더라."
- 1:7-8 — 세례 요한은 빛에 대하여 증언하러 왔다.

그러나 이보다 훨씬 더 눈에 띄는 것은 빛(예수, 성육신한 말씀) 비침이 가져온 효과에 대한 묘사다.

- 3:19-21 —"그 정죄는 이것이니 곧 빛이 세상에 왔으되 사람들이 자기 행위가 악하므로 빛보다 어둠을 더 사랑한 것이니라. 악을 행하는 자마다 빛을 미워하여 빛으로 오지 아니하나니 이는 그 행위가 드러날까 함이요, 진리를 따르는 자는 빛으로 오나니 이는 그 행위가 하나님 안에서 행한 것임을 나타내려 함이라 하시니라."

앞으로 보게 되겠지만 이 구절은 요한이 요한복음의 줄거리를 발전시키는 방식에 있어서 결정적인 구절이 된다.[197] 그리고 가장 생생한 "나는 ~ 이다"라는 형식의 말씀 가운데 하나가 이 개념을 더욱 확대시킨다.

- 8:12 —"나는 세상의 빛이니 나를 따르는 자는 어둠에 다니지 아니하고 생명의 빛을 얻으리라"(또한 9:5; 12:35-36, 46).

---

196 Ashton, *Understanding*, 208-12.
197 이하 §46 n. 217을 보되 Schnelle, *History*, 484 n. 140도 함께 보라.

메시지 및 그 메시지의 도전과 매력은 분명하다. 즉 현재 세상이 그러하듯이 세상 속에 있는 자들은 어둠에 사로잡혀 있다. 그들의 시야는 흐릿하다. 그들은 제대로 볼 수 없다. 그러나 이제 예수, 즉 모든 인간이 올바르게, 또는 제대로 살기 위해 필요한 빛이 세상에 들어왔다. 따라서 요한은 그를 믿고 그가 세상의 빛임을 믿으며 이 믿음이 열어젖히는 세상 속에서 인식하며 살아가는 방식이 참된 생명이자 자유임을 발견하라고 권유한다.[198]

iv. 이방인들은 어디 있는가?

메시아를 믿는 유대인 분파가 주로 이방인 신자들을 거느린 종교로 발전한 것이 기독교의 초기 성장의 주된 특징이었으므로,[199] 혹자는 요한복음이 이러한 발전 과정을 상당히 많이 반영했을 것으로 예상할 것이다. 앞에서 살펴본 것처럼 그것은 공관복음 전체의 형성에 있어서 하나의 주된 특징이었다(§42). 그러나 요한은 이 주제에 거의 또는 아무런 관심이 없는 것처럼 보인다.[200] 요한은 "민족"(*ethnos*)이라는 단어를 이스라엘에 대해서만 사용하며(11:48-52; 18:35) 복수형인 "민족들/이방인들"은 한 번도 사용하지 않는다. 요한은 "헬라인"을 두 번만 언급한다(7:35; 12:20). 후자의 경우에는 "헬라인 몇몇"이 예수를 보기를 원했지만, 안드레와 빌립이 예수께 이 사실을 말할 때 예수는 아무 관심을 보이지 않는 것처럼 보이며 명백히 직접적인 반응을 전혀 보이지 않고 단지 요한복음을 특징짓는 강론 주제 중 하나를 거론한다(12:21-23). 여기에는 그 이후의 이방인 선

---

198 Koester, *Symbolism in the Fourth Gospel*, 4장도 함께 보라.
199 *Beginning from Jerusalem*, §§27-33.
200 이는 예를 들어 J. A. T. Robinson, 'The Destination and Purpose of St. John's Gospel', *Twelve New Testament Studies* (London: SCM, 1962), 107-25에서 언급한 바와 같다.

교에 대한 회고가 담겨 있을 수도 있으며 이때 "유대인들"은 예수가 "헬라인 중에 흩어져 사는 자들에게로 가서 헬라인을 가르칠 터인가" 묻는다(7:35). 그리고 11장에서 요한은 "또 그 민족만 위할 뿐 아니라 흩어진 하나님의 자녀를 모아 하나가 되게 하기 위하여"(11:52)라고 덧붙임으로써 예수가 "백성을 위하여", 즉 민족을 위하여 죽을 것이라는 대제사장의 "예언"(11:50-51)에 주석을 단다. 이 구절은 10장의 선한 목자 강화를 상기시킨다. "이 우리에 들지 아니한 다른 양들이 내게 있어 내가 인도하여야 할 터이니…한 무리가 되어 한 목자에게 있으리라"(10:16).

후자의 두 구절은 모두 요한의 유대인 청중에게 친숙했을 주제들—특히 하나로 모인 흩어진 양 떼[201]로서의 이스라엘의 이미지(겔 34:23; 37:24)—을 거론한다. 그러나 두 경우 모두 요한은 이스라엘 "민족" 밖에 있는 다른 이들, 곧 "이 우리에 들지 아니한 다른 양들"을 염두에 두고 있는 것처럼 보인다. 가장 분명하게 추론할 수 있는 것은 요한이 믿게 될 이방인들,[202] 곧 성육신한 "로고스"의 이름을 믿고 이를 통해 하나님의 자녀가 될, 성육신한 "로고스"의 자기 백성(1:12)과도 구별되는 이들을 염두에 두었다는 것이다. 다시 말해 요한은 매우 많은 다른 신약 저자들이 한 일, 즉 이스라엘의 자신의 지위에 대한 이해와 자신의 미래에 대한 소망의 일부였던 이미지와 주제들을 취하여 그것을 메시아 예수를 믿는 신자들에게, 유대인뿐만 아니라 이방인에게도 적용하는 일을 한다.[203]

그러나 그와 동시에 요한 문헌에서 가장 자주 사용된 단어들 중 하나는 "세상"(*kosmos*)이다.[204] 이는 단지 "유대인과 이방인"과 같은 것이 아

---

201 렘 23:2-3; 겔 34:12; 37:21.
202 Brown, *John*, 1.440, 442-43; Barrett, *John*, 407-8.
203 예. 롬 8:28; 엡 2:19; 골 1:12.
204 Brown은 다음과 같은 통계 수치를 제시한다(*John*, 1.508).

니다. 요한복음에서 "세상"은 인간이 삶을 살아가는 곳(요 1:9), 세상에 속한 자들이 거하는(12:35-36; 요일 2:9-10) 어둠의 영역(1:5; 3:19)이다. 사탄은 이 세상의 통치자다.[205] 그러나 하나님이 사랑하시는 것은 바로 이 세상이다(요 3:16). 하나님은 세상을 구원하고[206] 세상을 위해 자기 목숨을 바칠 하나님의 아들을 보내셨다(6:33, 51). 예수는 세상 죄를 지고 가는 하나님의 어린양이다(1:29). 그는 세상의 빛이다(8:12; 9:5). 그러므로 바울에게 있어서와 마찬가지로 요한에게 있어서도 예수에 대한 좋은 소식은 이스라엘 민족을 벗어나 멀리까지 이르며 어두운 세상 전체에 미친다. 복음에 대한 바울의 표현의 틀과 형태를 결정지은 구체적인 쟁점들은 바뀌었지만, 이스라엘보다 훨씬 더 넓은 영역을 포함하는 좋은 소식의 개념은 다양한 옷을 입은 같은 메시지다.

이런데도 요한이 유대교 안에서부터 이방인 세계로 뻗어나가는 초기 기독교의 운동을 중시하지 않는 것은 여전히 놀라운 일이다. 나중에 살펴보겠지만, 요한의 소망은 여전히 대체로 "유대인"과의 대면에 초점이 맞춰진 것처럼 보이며, 회당에서 축출당할 위험성에도 불구하고(9:22; 12:42; 16:2) 여전히 예수가 메시아인지 묻고 있는 "유대인"을 얻고자 하는 소망이다(§46.5c). 그러나 바울, 누가, 마태에게 그토록 동기 부여가 된 유대인/이방인의 역학 관계는 신자/세상의 대립으로 대체된 것으로 보이는데, 이는 전자를 포함하지만 대체로 기독교적(그리고 유대인적!) 정체성의 출현에 그토록 많이 기여한 유대인/이방인 문제에 맞춰진 초점을 상실한다. 그것은 신생 기독교가 일종의 유대교인가, 그렇지 않은가 하는

공관복음	요한복음	요한1-3서	요한계시록	요한문헌 전체	신약 전체
14회	78회	24회	3회	105회	185회

205 요 12:31; 14:30; 16:11.
206 요 3:17; 4:42; 12:47; 요일 4:14.

특정한 주제로부터 뒤로 물러난 것이었고, 그 주제를 2세기의 영지주의 자들이 요한복음을 매우 쉽게 받아들일 수 있게 만든 "세상 속에 있으나 세상에 속하지는 않은"이라는 주제로 보편화한 것이었다.[207]

e. 형제 사랑

공관복음과 비교하면 요한복음은 삶에 대해 많은 지침을 제공하지 않는 다.[208] 요한의 초점은 앎과 믿음에 더 많이 맞춰져 있고 그와 대조적으로 앎과 믿음에서 뒤따라야 할 행함과 삶에는 덜 맞춰져 있다.[209] 주된 예외 는 **사랑**에 대한 그의 강조다.

i. 새 계명

"사랑"은 요한복음이 다른 신약 복음서를 훨씬 능가하는 또 다른 특징적 인 주제다. 실제로 "사랑"이라는 주제는 신약의 요한 문헌(요한복음과 요 한 서신)에서 가장 독특한 특징들 가운데 하나다.[210] 요한복음에서 아버지 와 아들의 서로에 대한 사랑은 핵심적이며, 사랑의 주제를 하나님과 그의

---

207 그러나 요한복음을 "영지주의화의 궤적"(Robinson, 'The Johannine Trajectory', in Robinson and Koester, *Trajectories*, 7장 — 여기서는 266) 위에 올려놓는 것은 요한이 표현하는 복음 의 독특성을 놓치는 것이다(이하 §49.3도 함께 보라).

208 참고. W. A. Meeks, 'The Ethics of the Fourth Evangelist', in Culpepper and Black, eds., *Exploring the Gospel of John*, 317-26; J. G. van der Watt and R. Zimmermann, eds., *Rethinking the Ethics of John: "Implicit Ethics" in the Johannine Writings* (WUNT 291; Tübingen: Mohr Siebeck, 2012).

209 Barrett는 요한이 "순종" 또는 "순종하다"라는 단어를 한 번도 사용하지 않는다고 지적한 다(*John*, 86).

210

	마태복음	마가복음	누가복음	요한복음	요한 1-3서	바울 서신	나머지 신약
agapē	1회	1회	0회	7회	21회	75회	11회
agapaō	8회	5회	13회	36회	31회	33회	15회

"로고스"간의 친밀함에 관한 기독론과 긴밀히 결부시킨다는 점은 분명하다.[211] 그리고 세상과 제자들에 대한 아버지와 아들의 사랑도 똑같이 중요하다.[212] 그들에 대한 아들의 사랑은 그들의 사랑에 대해 본보기를 제공한다.[213] 그 외에 가장 명시적인 가르침은 다음과 같다.

- 13:34 — "새 계명을 너희에게 주노니 서로 사랑하라. 내가 너희를 사랑한 것 같이 너희도 서로 사랑하라"(또한 15:12, 17).
- 13:35 — "너희가 서로 사랑하면 이로써 모든 사람이 너희가 내 제자인 줄 알리라."
- 14:15 — "너희가 나를 사랑하면 나의 계명을 지키리라"(또한 14:24).
- 14:21 — "나의 계명을 지키는 자라야 나를 사랑하는 자니, 나를 사랑하는 자는 내 아버지께 사랑을 받을 것이요, 나도 그를 사랑하여 그에게 나를 나타내리라"(14:23도 이와 유사함).
- 15:10 — "너희도 내 계명을 지키면 내 사랑 안에 거하리라."
- 15:13 — "사람이 친구를 위하여 자기 목숨을 버리면 이보다 더

---

211 요 3:35; 10:17; 11:4; 14:31; 15:9; 17:23, 24, 26.

212 요 3:16; 13:1; 14:21, 23; 15:9; 17:23; 예수가 사랑한 제자(13:23; 19:26; 21:7, 20).

213 예수가 제자들의 발을 씻은 일(요 13:1-11)은 핵심적인 실례로 제시된다(13:12-17; 또한 13:34; 15:12과 15.13). J. C. Thomas, *Footwashing in John 13 and the Johannnine Community*(JSNTS 61; Sheffield: JSOT Press, 1991)는 본문으로부터 요한 공동체가 발 씻기를 종교적 의식 내지 관행으로 실행했을 가능성과 십중팔구 이 관행이 회심 이후의 죄에 대한 용서를 표시하는 역할을 했을 가능성을 추론한다. Bauckham은 이 사건이 눅 22:27에 바탕을 둔 가상의 구성물이었다는 주장(Barrett, *John*, 436처럼)에 설득되지 않고, 이 구절은 예수가 종으로서의 지도력이라는 자신의 모델을 어떻게 행동으로 옮겼는지(옮겼을 수도 있는지?)를 보여주는 인상적인 실례라고 말한다(*Testimony*, 197-203). J. Clark-Soles, 'John 13: Of Footwashing and History', in Anderson, et al., eds., *John, Jesus and History*, Vol. 2, 255-69은 이 사건의 역사적 타당성을 입증하려 시도하지만, 이를 이 사건에 대한 요한의 해석과 분리시킨다.

큰 사랑이 없나니"

• 17:26 ─ "내가 아버지의 이름을 그들에게 알게 하였고…이는 나
를 사랑하신 사랑이 그들 안에 있고 나도 그들 안에 있게 하려 함
이니이다."

예수의 사랑을 숙고하라는 명시적인 요구와 암묵적인 요구 외에도 두
가지 눈에 띄는 특징이 있다. 하나는 "서로 사랑하라"는 것이 계명이라
는 점이다. 이는 "새 계명"으로 묘사되며 공관복음 전승의 두 번째 큰 계
명─"네 이웃을 네 자신과 같이 사랑"하는 것(막 12:31 및 병행 본문)─과
약간 거리가 있다. 이 계명은 마찬가지로 "하나님이 세상을" 사랑하셨다
는 요한 자신의 주장(요 3:16)[214]과도 대조된다. 그러나 앞에서(n. 205) 언
급한 것처럼 요한복음에 반영된 청중에게 세상은 적대적인 장소이며, 하
나님의 사랑과 반대되어 사랑하거나 (3:16에서와 같이) 그 자체를 위해서
사랑해선 안 되는 대상이다. 여기서 함의된 것은 요한이 적대적인 위협을
당하고 있고 고립화되어 그 구성원들이 지원을 얻기 위해 서로에게 의지
해야 했던 한 공동체를 위해 글을 썼다는 점이다. 그처럼 "네 이웃을 사
랑하라"를 "서로 사랑하라"로 범위를 좁히는 것은 위협적인 상황에 대한
이해할 만한 반응이지만, 그럼에도 불구하고 예수의 가르침의 가장 독특
한 요소 가운데 하나를 다소 우울하게 뜯어고친 것이다.[215]

---

214 다음 성구들도 함께 보라. 요 1:29; 3:17; 4:42; 6:33, 51; 8:12; 9:5; 12:46-47; 요일
4:14. "세상"도 요한 문헌의 독특한 용어다(앞의 n. 204을 보라).

215 *Jesus Remembered*, §14.5과 추가적으로 요한1서에 대해 이하 §49.4a을 보라. 그러나 R.
Burridge는 'Imitating Jesus: An Inclusive Approach to the Ethics of the Historical Jesus and
John's Gospel', in Anderson, et al., eds., *John, Jesus and History*, Vol. 2, 281-90에서 이 대
목에서의 요한의 태도를 희화화하는 것에 대해 경고한다. "발을 씻기신 예수의 본을 따르
고 예수의 '새 계명'에 순종한다는 것은 '서로 사랑'하는 이들의 공동체가 언제나 나머
지 세상에 대해 포용적이고 열려 있어야 함을 의미한다"(288). 참고. Robinson의 그 이전

두 번째 주목할 만한 특징은 요구된 사랑이 예수의 계명을 지키는 것을 통해 나타날 것이라는 점이다.[216] 이는 아마도 "서로 사랑하라" 이상의 계명을 언급하는 말일 것이다. 그러나 (또다시 15:13을 제외하면) 무엇이 언급되고 있는지는 여전히 불분명하다. 아마도 또다시 복음이 일차적으로 의도한 대상인 이들은 요한이 염두에 둔 가르침의 종류를 알았겠지만, 요한은 그것을 묘사하거나 예시할 필요가 있다고 생각하지 않았다. 아마도 우리는 마태복음에 담겨 있는 종류의 교리 교육적인 가르침을 생각해야 할 것이다. 그러나 요한이 스스로 어떤 계명들을 염두에 두었는지 밝힐 필요는 없다고 생각했다는 사실은 또다시 행동과 규율의 패턴이 친숙하여 반복할 필요가 없는 다소 내향적인 공동체를 암시한다.

ii. 요한의 개인주의

요한복음의 한 가지 특이한 점은 교회론의 부재라고 부를 만한 것이다. 사실 요한복음의 "개인주의"에 대해 말하는 것이 더 적절하고 더 정확할 것이다.[217] 요한에게 있어서 하나님과의 "수직적" 관계는 본질적으로 개인적인 문제다. 그리스도께 대한 상호 소속은 있지만, 그 소속에 서로 간

의 이의 제기(*Priority*, 329-39); Strecker, *Theology*, 515.

216 요 14:15, 21-24; 15:10.

217 E. Schweizer, *Church Order in the New Testament* (1959; ET London: SCM, 1961), 122-24; C. F. D. Moule, 'The Individualism of the Fourth Gospel' (1962), *Essays in New Testament Interpretation* (Cambridge: Cambridge University, 1982), 91-109(특히 102-5); J. Roloff, *Die Kirche im Neuen Testament* (Göttingen: Vandenhoeck, 1993), 299-300. Brown은 대안적인 독법을 제시한다(*John*, 1.cv-cxi). R. J. Bauckham은 이제 *Gospel of Glory: Aspects of John's Theology*(Grand Rapids: Baker Academic, 2015)의 1장으로 출판될 2010년도의 강의인 'The "Individualism" of the Gospel of John'에서 Moule의 주제를 받아들인다. 그는 '개인과 예수의 관계에 대한 격언조의 말씀들'에 관한 그의 연구를 다음과 같이 결론짓는다. "공동체의 삶, 제자들의 상호 사랑은 각 개인과 예수의 관계에서 비롯된다. 후자는 전자를 수반하지만, 예수와의 개인적 관계에 우선순위가 있다. 공동체는 예수와의 개인적 관계에 의해 세워지고 예수와의 개인적 관계를 통해서만 존재한다."

의 상호 의존은 없다. 양들은 각기 스스로 목자의 음성을 듣고(10:3-4, 16) 가지는 각기 포도나무에 직접 뿌리박혀 있다(15:4-7). 각자 스스로 예수의 살을 먹고 예수의 피를 마시며(6:53-58) 각자 한 개인으로서 그의 배에서 나오는 물을 마신다(7:37-38). 예수가 아버지의 사랑 안에 거하는 것처럼 각자 예수의 사랑 안에 거하도록 권유받는다(15:9-10). 신자들은 "하나"라는 생각조차 아버지와 아들의 상호 내주의 패턴—상호 협력(그리스도의 몸에 대한 바울의 개념에서 다양성을 통한 통일성)에 의해서라기보다는 각자 그리스도 안에 거하는 신자들에 의해 성취되는 하나 됨—을 유지한다(17:11, 21-23).

주목할 만한 것은 요한복음의 예수는 예배 처소(예루살렘이나 그리심)와 결부된 예배가 아니라 영과 진리로 드리는 예배를 찾으신다는 사실이다(4:20-24).[218] 따라서 신자들의 공동체 안에 다양한 사역에 대한 개념이 거의 없다는 것은 놀랄 일이 아니다. 바울과 같이 제사장에 대한 언급은 없다. 그러나 바울과 달리 "사도들"[219]에 대한 언급도 없고 요한의 시대에 사역을 하는 "예언자"에 대한 암시도 없다. 세례 요한의 역할로 강조된[220] "증인"의 역할조차 단 한 번만 제자들에 대해 언급된다(15:27).[221] 아마도 더욱더 눈에 띄는 점은 "교사"의 역할이 없다는—그것도 요한복음뿐만 아니라(이는 이해할 만한 일일 것이다) 요한 서신에서도 없다는—것이다. 이와 대조적으로 그 속에 담긴 뜻은, 각자가 하나님께 즉시 직접 가르침을 받을 것이며(요 6:45) 모든 신자가 거룩하신 분의 기름 부음을 받았기에 지식이 있고 누구도 그들을 가르칠 필요가 없다는 것이다. 기름 부음

---

218 Ashton은 여기서 "이 말에 함의된 제의의 내면화"에 대해 말한다(*Understanding*, 465-66).

219 요 13:16은 예외가 아니다.

220 앞의 n. 112을 보라. 사마리아 여인은 증언의 좋은 예로도 제시된다(4:39).

221 그러나 17:18, 20에도 함축되어 있다. 요일 1:2; 4:14; 5:11을 보라.

이 그들에게 모든 것에 대해 가르쳐주기 때문이다(요일 2:20, 27). 이는 틀림없이 보혜사(*Paraklētos*)이신 성령이 그들에게 모든 것을 가르치실 것이라는 예수의 약속의 성취로 이해되었을 것이다(요 14:26). 사실 분명하게 개념화된 유일한 사역은 요한복음 끝에 등장한다. 20:23에서 죄를 용서할 권세가 제자들에게 부여된다. 그러나 20:19-23의 "제자들"이 (6:67-71에서만 언급된) "열두 제자"뿐인지 아니면 그들이 모든 제자들을 대표하는지는 분명하지 않기에,[222] 죄를 용서할 권세가 생명을 주시는 성령을 받는 모든 이들에게 부여되는지는 명확하지 않다. 그리고 보통 요한복음이 완성된 뒤에 덧붙여진 것으로 추정되는 요한복음의 부록인 요한복음 21장에서 부활하신 그리스도는 베드로에게 자신의 양들과 어린양들을 먹이고 돌보도록 목회 사역을 위임하신다(21:15-17).[223] 요한2서와 요한3서를 쓴 "장로"의 지위와 역할이 너무 불분명하여, 큰 그림을 다시 그리기는 어렵다는 점도 아마 덧붙여 언급해야 할 것이다.

마지막으로 우리는 요한이 의식에 부여하는 역할을 고려해야 한다. 바울과 마찬가지로 요한도 세례와 성찬(또는 주의 만찬)의 성례를 당연시한 것으로 보인다. 그러나 바울처럼 요한도 성례에 부여할 수 있는 의미에 대해서는 약간의 제한을 유지하고 있는 것으로 보인다.[224] 흥미롭게도 요한은 예수의 세례를 언급하지 않으며 성령이 예수 위에 내려오신 일만 언급한다(요 1:32-34). 요한은 예수와 제자들의 마지막 만찬도 언급하지

---

222 F. J. A. Hort, *The Christian Ecclesia* (London: Macmillan, 1897), 33에서 발췌한 Barrett의 긴 인용문(*John*, 568)을 보라. Brown, *John*, 2.1039-45; Thyen, *Johannesevangelium*, 767-68도 함께 보라.

223 몇몇 주석가들은 "엄청난 어획량에서 드러나는 교회론적인 이미지"(21:1-14)에 주의를 환기시킨다. 예를 들면 R. A. Culpepper, 'Designs for the Church in the Imagery of John 21:1-14', in J. Frey, et al., eds., *Imagery in the Gospel of John* (Tübingen: Mohr Siebeck, 2006), 369-402을 보라.

224 참고. Barrett, *John*, 83-85.

않는다. 요한은 세례를 위로부터 태어나는 경험에 있어서 필수적인 것으로 언급했을지도 모른다. "사람이 물과 성령으로 나지 아니하면 하나님의 나라에 들어갈 수 없느니라"(요 3:5). 그러나 이미 언급했듯이[225] 중심 개념은 성령에서 비롯된 출생이라는 점도 인접 문맥으로 보아 분명하다 (3:6, 8). 그리고 물론 요한도 영생을 얻는 사람은 오직 인자의 살을 먹고 인자의 피를 마시는 이들뿐이라는 점을 최대한 강하게 강조한다(6:53-58). 그러나 요한은 예수를 묘사하면서 다음과 같은 단서를 애써 덧붙이기도 한다. "살리는 것은 영이니 육은 무익하니라. 내가 너희에게 이른 말은 영이요 생명이라"(6:63).[226] 분명 우리는 요한이 성례적 우주를 보고 있다고 말할 수도 있을 것이다.[227] 그러나 이미 언급했듯이 가장 일반적 이미지인 물에 대한 언급의 다양성은 세례를 표현하는 것이 아니라 생명을 주시는 성령의 역동적인 활동을 표현하는 것으로 제시되고 있다.[228]

요한복음은 필자에게 사회 속에서 편안함보다는 위협을 느끼고 세상 속에서의 삶이 너무 불편해서 서로 사랑의 유대를 강화해야 하는 일종의 기독교 비밀 집회나 총회 같은 인상을 준다.[229] 그들은 세상을 위해

---

225 앞의 n. 185을 보라.
226 필자의 'John 6 — A Eucharistic Discourse?', *NTS*, 17 (1971), 328-38을 보라. Brown 은 6:63에서 "예수는 성찬의 살에 대해 말하고 있는 것이" 아니라고 주장하지만(*John*, 1.300), 6:63의 "육"을 6:51-56의 "살"과 분리시키는 것은 확실히 불가능하다. Barrett, *John*, 304도 함께 보라.
227 O. Cullmann, *Early Christian Worship* (London: SCM, 1953), 2장의 고전적인 해설.
228 요 4.10, 14; 7.37-39; 19.34; 추가로 *Unity and Diversity*, §41을 보라. 또한 Burge, *Anointed Community*, 4장을 보라. 적당한 "성례적 해석"에 대해서는 Brown, *John*, 1.cxi-cxiv; *New Testament Essays* (London: Chapman, 1965), 4장과 5장을 보라.
229 "우리는 여기서 모두가 '자신의' 성령에 대한 증언만 듣는 순전한 개인주의로 빠지거나 순전히 정통 신앙 속에서 성장하며 이런저런 식으로 세상을 무시하고…형제들만 사랑할 수 있는 경건한 비밀 집회의 위험에 빠질 우려가 있지 않은가?"(요한 서신 속의 교회와 관련하여 말한 Schweizer, *Church Order*, 129). 참고. E. Käsemann, 'Ketzer und Zeuge',

오신 메시아를 기념했지만, 그들 자신에게 세상을 위한 사명, 곧 그리스도의 사명에 동참해야 할 사명이 있다는 의식은 별로 없었던 것으로 보인다. 그들의 영성은 오히려 그들 자신의 굳게 단결된 공동체에 의존하여 힘을 얻고 세상에 등을 돌림으로써 유지되었고 주위의 어둠에도 불구하고 자신들은 빛에 속했고 진리를 알며 영원한 생명을 가지고 있다는 요한복음 전승의 재확인을 통해 양분을 얻었다.

f. 결론

요컨대 요한복음은 단순히 나머지 세 복음서와 비교할 수 없고 비교해서도 안 된다. 네 복음서 모두 알란트(Aland)의 『사복음서 대조서』(*Synopsis*)에서와 같이 나란히 놓을 수는 있지만, 처음 세 복음서는 명백히 요한복음에 대해서는 해당되지 않는 방식이나 정도로 유사하다. 마태복음, 마가복음, 누가복음을 집합적으로 "공관복음"이라고 부를 수 있는 것도 바로 그 때문이다. 요한복음은 관점이 같은 복음서가 아니다.

요한이 예수에 대해 묘사한 내용의 독특성을 축소시키거나 무시해선 안 된다. 네 복음서 모두를 조화시키려는 이전의 시도는 방향이 잘못된 것임을 인정해야 한다. 요한은 분명 공관복음 저자들과 같은 일을 하려 한 것이 **아니다**. 우리는 모든 복음서 저자들에게 자신들만의 신학적 의도가 있었다는 점을 인정해야 하지만, **가장 간단한 비교만으로도 공관복음서 저자들이 요한보다 그들의 전승의 형태에 의해 훨씬 더 많은 제**

Exegetische Versuche und Besinnungen (Göttingen: Vandenhoeck, 1970), 168-87; 같은 저자, *Testament*, 39-41, 65-67, 73; Thyen은 그와 같은 이론에 대한 회의감이 (50년에 걸쳐) 점점 커졌다고 고백한다(*Johannesevangelium*, 3). 또한 다음 글을 참고하라. W. A. Meeks, 'The Man from Heaven in Johannine Sectarianism' (1972), in Ashton, ed., *Interpretation*, 169-205: "이 책은 내부자들을 위한 책이다"(193).

약을 받았음을 보여주기에 충분하다. 공관복음의 병행 본문들의 유사성은 달리 설명될 수 없다. 그와 반대로 요한이 공관복음서 저자들과 같은 일을 하려 했다는 가정에 따라 요한복음을 이해하는 것도 불가능하다.

우리는 주저함 없이 다음과 같은 피할 수 없는 논리적 귀결을 도출해야 한다. **요한복음을 마치 요한이 공관복음서와 같은 일을 하려 한 것처럼 읽고 해석하는 것은 그의 복음서를 잘못 읽고 잘못 해석하는 것이다.** 이는 요한복음을 보수적인 관점에서 접근하는 이들에게는 여전히 과제다. 그렇게 함으로써 그들은 요한의 메시지를 놓치고 왜곡시키고 있는지도 모른다! 예수의 진리, 예수의 사명과 그 의미에 대한 이야기는, 마치 예수 그리스도의 복음은 단지 최초의 예수 전승에 대한 해석이나 예수를 기억하는 방식들을 엄격히 제한해야만 말할 수 있는 것처럼 오직 한 가지 방식으로만 표현된 것이 아니었다. 예수의 사명의 성격과 주제들이 예수가 상징하고 성취한 것에 대한 더 완전하고 더 심오한 숙고의 기초를 제공했다는 점 또한 받아들일 수 있는 사실로 밝혀졌고, 그러한 숙고 역시 예수 그리스도의 복음이었다.

그와 동시에 요한은 공관복음서 저자들이 알고 있었고 사용한 것과 같은 종류의 전승을 분명히 알고 있었다는 점에 유의하는 것도 똑같이 중요하다.

- 요한은 예수의 사명을 설명하면서 동일한 복음서 형식을 따른다.
- 요한은 예수의 사명에서 나머지 복음서 저자들이 이해할 수 있을 만한 이유로 그냥 지나친 부분들—세례 요한과 겹치는 시기와 예수의 보다 이른 시기의 유대 및 예수살렘 여행이 아마도 가장 분명한 부분일 것이다—을 채워 넣은 예수의 가까운 제자들의 최초의 기억에 대한 자료를 접할 기회가 있었다.

- 그가 다시 말해주지 않았다면 우리가 알 수 없었을 좋은 전승 자료가 요한에게 있었다는 징표들(세례 요한 전승, 갈릴리에서 예수를 왕으로 삼으려 했던 시도, 예루살렘에서 접촉한 사람들)은 요한복음의 다른 부분들도 우리가 현재 말할 수 있는 것보다 역사적 전승에 더 많이 근거해 있음을 암시한다(공관복음 저자들은 그들이 접할 수 있는 모든 전승 자료를 다 포함시키지 않았다). 요한복음 21:25은 복음서들 전체를 대변한다.
- 예수의 기적들에 대해 요한이 사용한 전승은 선별적이었지만, 요한이 묘사하고 심오한 강론과 가르침을 통해 망라한 기적의 유형들은 대체로 예수의 치유 사역의 유형들로 익히 알려져 있었다.[230]
- 정교한 강론과 가르침은 거듭해서 공관복음서와 비슷한 전승에 근거하고 있다는 증거를 제시하거나, 공관복음 전승을 통해 알려진 예수의 구체적인 말씀/비유에 대한 부연 설명처럼 보인다.
- 요한은 명백히 예수의 최후의 수난을 직접 또는 1차 자료를 통해 알고 있었고, 이는 특히 19:35과 21:24에서 강조되는 주장이다. 예수의 사랑을 받은 제자와 막달라 마리아가 그와 같은 자료의 출처로 확인될 수도 있다.

요한이 예수에 대해 묘사한 내용의 독특성을 설명하고 이해할 수 있는 가장 분명한 방법은 요한이 공관복음과 공유한 전승을 잘 알고 있었고 공관복음과 같은 자료로부터 자신의 훨씬 더 세련된 작품—예수의 가르침과 행동의 의미와 예수가 그의 생애와 사명 속에서 가져오고 구성한

---

230 예를 들면 *The Infancy Gospel of Thomas*, 2-5 및 외경에 속한 행전들과 비교해 보라(예를 들어 이하 §47.4과 §48.6을 보라).

계시의 의미에 대한 오랜 세월에 걸친 숙고의 산물이자 표현—을 만들어 냈다고 추정하는 것이다.[231] 우리는 요한복음에 있는 다른 본문의 흔적들과 유사 구절들을 고려하여 요한복음의 독특성을 축소시켜 말해선 안 되지만 차이점을 과장해서도 안 된다. **요한은 자기 나름의 방식으로 나머지 복음서 저자들과 같은 이야기를 했다.** 그가 자기 방식대로 그 이야기를 부연 설명함으로써 그렇게 하기로 한 점은 인정하고 제대로 평가해야 한다. 요한복음은 있는 그대로 평가해야지 실제와 다른 모습으로 평가해선 안 된다.

구전 예수 전승이라는 측면에서 요한복음은 그 다양한 다시 말하기를 통해 예수 전승이 얼마나 다양하고 다채롭게 될 수 있는지를 보여준다. 요한이 제공한 부연 설명은 요한복음에 담긴 형태의 예수 전승을 논란거리로 만들었다. 요한은 받아들일 수 있는 한도의 경계선 근처까지 항해했다. 그러나 요한이 복음서의 특성을 유지했고 요한복음의 뿌리는 최초의 구전 전승에 있는 것이 분명하다는 사실은 아마도 요한복음이 정경으로 지정된 네 복음서 중 하나로 확실히 인정받기에 충분했을 것이다.

그렇다면 「도마복음」은 어떤가?

43.2 「도마복음」

요한복음에서 「도마복음」으로 넘어갈 때 독자들은 처음에 공관복음에서 요한복음으로 넘어갈 때 경험했던 것과—비록 반대 방향이긴 하지만—

---

231 'John and the Oral Gospel Tradition', 378-79의 결론도 함께 보라.

비슷한 놀라운 느낌을 경험할지도 모른다. 요한복음의 경우에 놀라운 점은 예수에 대한 요한복음의 묘사가 공관복음의 그것과 너무 다르다는 점이다. 이와 대조적으로 「도마복음」의 경우에 우리는 매우 뚜렷한 기독론을 지닌 요한복음의 상당히 발달된 예수 전승에서 형식적으로 공관복음의 형식에 훨씬 가까운 자료로 되돌아가는 것처럼 보인다. 앞에서 본 것처럼 예수의 기적들과 특히 예수의 가르침에 대한 요한의 묘사를 공관복음과 비슷한 예수 전승에 뿌리를 둔 것으로 보는 견해의 근거는 자명하지 않았고 주의 깊게 입증되어야 했다. 이와 대조적으로 「도마복음」은 간략하게만 참조해도 「도마복음」과 공관복음의 예수 전승 사이의 관계가 분명하고 실질적이라는 점을 관찰하지 않을 수 없다.[232] 이는 실로 요한복음과 「도마복음」의 역설이며 이 두 책이 본 장에서 이토록 흥미로운 대조적인 한 쌍을 이루는 이유, 즉 요한복음은 신약 정경의 일부지만 「도마복음」이 일반적으로 요한복음보다 공관복음 전승에 더 가깝다는 이유다!

「도마복음」의 발견이 가져온 주된 결과 중 하나는 가설상의 Q 문서가 갑자기 더욱 사실적인 가설이 되었다는 점이다.[233] 「도마복음」은 가설상의 Q 문서처럼 전적으로 예수의 말씀으로 간주되는 말씀들로만 구성된 문서였기 때문이다. 「도마복음」에는 공관복음과는 다르지만 Q 문서와 같이 전체를 하나로 묶어주는 내러티브라는 틀이 없고 수난 내러티브도 없다. 거의 처음 볼 때부터 사실 「도마복음」은 "이것은 Q 문서의 발전된 형태인가?"라는 질문을 불러일으킨다. 그리고 그 질문이 제기되자마자

---

232 예를 들면 I. Dunderberg, '*Thomas*' I-sayings and the Gospel of John', in Uro, ed., *Thomas at the Crossroads*, 33-64(여기서는 33)에서 관찰한 바도 이와 같다.

233 이는 또한 Q 자료에 대한 관심이 20세기의 마지막 20년 동안 많이 늘어난 이유이기도 하다. 특히 *Jesus Remembered*의 참고문헌에 있는 Kloppenborg의 글을 보라.

그에 필연적으로 뒤따르는 일련의 질문들이 꼬리에 꼬리를 물고 이어진다. 「도마복음」의 발전되지 않았거나 덜 발전된 형태는 무엇이었는가?[234] 그것은 마가복음에는 없고 마태복음과 누가복음에는 있는 병행 본문들로부터 구성된 Q 자료와 같은 것이었는가? 아니면 「도마복음」은 마태와 누가(그리고 마가)가 무시했거나 의도적으로 생략한 초기 예수 전승의 증거를 제시하는가?[235] 다시 말해 「도마복음」은 공관복음의 다양성이 입증하는 것보다 더 다양한 예수에 대한 반응이 존재했다는 증거를 제시하는가? 「도마복음」은 예수가 끼친 영향으로부터 다른 종류의 기독교—바울과 공관복음 저자들의 기독교와 다른 종류—가 출현했다는 증거인가? Q 자료와 「도마복음」을 연구해 온 많은 학자들의 결론은 그와 같았고,[236] 이 결론은 가볍게 무시할 수 없다. 따라서 「도마복음」이 제기하는 문제들은 실제적인 동시에 잠재적으로 매우 중요하다.

그렇다면 우리는 먼저 다음과 같은 똑같은 두 가지 질문을 던질 것이다. 「도마복음」은 어디에서 예수 전승을 가져왔는가? 「도마복음」의 편집을 궁극적으로 책임진 한 사람 내지 몇몇 사람의 목표는 무엇이었는가?

---

234 옥시링쿠스 문서의 비슷한 본문들은 물론 그와 같은 논의에서 하나의 중요한 요소다. 앞의 §40.4b을 보라.

235 예를 들어 S. J. Patterson은 「도마복음」에 "초기 기독교 전승의 비옥한 토양 속에 깊이 뻗은 그 나름의 뿌리가" 있을 가능성을 주장한다(*The Gospel of Thomas and Jesus*, 9); *The Gospel of Thomas and Christian Origins: Essays on the Fifth Gospel* (Leiden: Brill, 2013), 93-118도 함께 보라.

236 예를 들어 *Jesus Remembered*의 참고문헌에 열거된 Crossan의 다양한 저작들, Ehrman, *Lost Christianities*, 58 등의 견해가 그렇다.

a. 「도마복음」과 공관복음 전승

이미 시사한 것처럼 「도마복음」과 공관복음 전승 사이의 유사점들은 매우 많고 분명하다(요한복음과 공관복음 사이의 유사점들보다 더 분명하다). 따라서 정경 복음서들의 경우와 같이 우리는 먼저 「도마복음」과 공관복음 사이의 유사점들을 분류하고 살펴보는 일부터 시작할 것이다. 이런 유사점들은 공관복음서 자체에 대한 지식을 암시하는가? 「도마복음」과 Q 전승 사이의 관계는 문자적 의존성을 나타내는가?[237]

공관복음 전승에 대한 「도마복음」의 지식과 사용

「도마복음」	공관복음의 비슷한 본문	공관복음의 덜 비슷한 본문
2:1-4		마 7:7-8/눅 11:9-10
3:1-3		눅 17:20-21
4:2-3	막 10:31 및 병행 본문	
5:1-2		막 4:22 및 병행 본문
6:4-5	막 4:22(마 10:26/눅 8:17)	
8:1-3		마 13:47-48[238]
8:4, 21:11, 24:2, 63:4, 65:8, 96:3	막 4:9 + 마(3회), 눅(3회)	
9:1-5	막 4:3-8 및 병행 본문	
10		눅 12:49

---

237 「도마복음」과 공관복음의 상호 의존에 대한 가장 유용한 목록은 DeConick, *The Original Gospel of Thomas in Translation* 및 'Verbal Similarities between *Thomas* and the Synoptics'에 관한 부록에 있다(299-316). Elliott, *ANT*, 133-35도 함께 보라. 다른 고대 문헌들과의 유사점에 대해 더 폭넓게 조사한 J. D. Crossan, *Sayings Parallels: A Workbook for the Jesus Tradition* (Philadelphia: Fortress, 1986); W. D. Stroker, *Extracanonical Sayings of Jesus* (Atlanta: Scholars, 1989); M. Meyer, *The Gospel of Thomas: The Hidden Sayings of Jesus* (San Francisco: Harper Collins, 1992)을 보라. 이 단락(§43.2)에서 필자는 보통 DeConick의 번역과 「도마복음」의 그리스도 어록에 대한 하위 구절 단위의 구분을 따른다.

238 Patterson, Gospel of Thomas and Christian Origins, 197-209도 함께 보라.

「도마복음」	공관복음의 비슷한 본문	공관복음의 덜 비슷한 본문
14:4		눅 10:8-9
14:5	막 7:15(마 15:11)	
16:1-2	눅 12:51/마 10:34	
16:3	눅 12:52-53(마 10:35-36)	
20:1-4	막 4:30-32 및 병행 본문	
21:5 참고. 103	마 24:43(눅 12:39)	
21:10	막 4:29	
22:1-3		막 10:15 및 병행 본문
24:3		마 5:14, 6:22-23
26:1-2	마 7:3-5/눅 6:41-42	
30:1-2		마 18:20(?)
31:1-2	눅 4:23-24(막 6:4 및 병행 본문)	
32		마 5:14
33:1	마 10:27(눅 12:3)	
33:2-3	눅 11:33, 8:16(마 5:15, 막 4:21)	
34	마 15:14(눅 6:39)	
35:1-2	막 3:27(마 12:29; 눅 11:21-22)	
36:1-3	마 6:25-30/눅 12:22, 27-30	
38:1		마 13:17/눅 10:24
39:1-2	마 23:13/눅 11:52	
39:3	마 10:16	
40:1-2		마 15:13
41:1-2	막 4:25 및 병행 본문	
44:1-3	마 12:31-32/눅 12:10(막 3:28-30)	
45:1-4	눅 6:44-5/마 7:16, 12:34-35	
46:1-2		마 11:11/눅 7:28
47:1-2		마 6:24/눅 16:13
47:3-4	막 2:22 및 병행 본문	
47:5	막 2:21 및 병행 본문	
48 참고. 106:1-2		막 11:23 및 병행 본문
54	눅 6:20(마 5:3)	
55:1-2 참고. 106:1-2	눅 14:26-27/마 10:37-38	

「도마복음」	공관복음의 비슷한 본문	공관복음의 덜 비슷한 본문
57:1-4	마 13:24-30	
61:1		마 24:40-41/눅 17:34-35
62:1		막 4:11 및 병행 본문
62:2		마 6:3
63:1-3	눅 12:16-21	
64:1-11	마 22:2-10/눅 14:16-24	
65:1-7	막 12:1-9 및 병행 본문	
66	막 12:10 및 병행 본문	
68:1	눅 6:22(마 5:10-11)	
69:2	눅 6:21(마 5:6)	
71	막 14:58 및 병행 본문. 요 2:19	
72:1-3		눅 12:13-14
73	마 9:37-38/눅 10:2	
76:1-2	마 13:45-46	
76:3	눅 12:33/마 6:19-20	
78:1-3	마 11:7-8/눅 7:24-25	
79:1-3	눅 11:27-28과 23:29	
86:1-2	마 8:20/눅 9:58	
89:1-2	눅 11:39-40(마 23:25-26)	
90:1-2	마 11:28-30	
91:1-2		마 16:1-3(눅 12:54-6)
92:1-2		마 7:7-8/눅 11:9-10
93:1-2	마 7:6	
94:1-2	마 7:7-8/눅 11:9-10	
95:1-2		눅 6:34
96:1-2	마 13:33/눅 13:20-21	
99:1-3	눅 8:19-21(막 3:31-35 및 병행 본문)	
100:1-4	막 12:13-17	
104:1-2		막 2:18-20; 눅 5:33-35
107:1-3	마 18:12-13/눅 15:4-7	
109:1-3		마 13:44
113:1-4		눅 17:20-21

"비슷한 본문"이란 말은 같은 말씀의 변형을 가리키는 언어적 유사성을 가리킨다. 「도마복음」 전승은 필자가 구전 예수 전승의 (같으면서도 다른) 특징이라고 주장해온 것[239]과 구전 예수 전승이 사용되고 전달될 때 취한 형태들이 얼마나 다양한지에 대한 훌륭한 시험적 사례를 제공하므로 필자는 아마도 필요한 예보다 더 많은 예를 들 것이다.[240]

Gosp.Thom. 9장	막 4:3-8 및 병행 본문
예수께서 말씀하셨다. "보라! 파종하는 자가 씨앗을 듬뿍 쥐고 나가 그것들을 뿌렸다. 더러는 길 위에 떨어져 새가 와서 먹어 버렸다. 더러는 바위 위에 떨어져 흙에 뿌리를 내리지 못해 이삭을 내지 못했다. 그리고 더러는 가시덤불에 떨어져 가시가 씨앗을 질식시켰고 벌레가 먹어버렸다. 그리고 나머지는 좋은 토양 위에 떨어져 훌륭한 열매를 내었다. 씨앗은 육십 배 백이십 배 소출을 내었다."	들으라! 씨를 뿌리는 자가 뿌리러 나가서 뿌릴새 더러는 길가에 떨어지매 새들이 와서 먹어 버렸고, 더러는 흙이 얕은 돌밭에 떨어지매 흙이 깊지 아니하므로 곧 싹이 나오나 해가 돋은 후에 타서 뿌리가 없으므로 말랐고, 더러는 가시떨기에 떨어지매 가시가 자라 기운을 막으므로 결실하지 못하였고, 더러는 좋은 땅에 떨어지매 자라 무성하여 결실하였으니 삼십 배나 육십 배나 백 배가 되었느니라 하시고

Gosp.Thom. 16:1-2	눅 12:51/마 10:34
예수께서 말씀하셨다. "아마도 사람들은 내가 세상에 평화를 주러 온 줄 알 것이다. 그들은 내가 이 땅에 불화를 주러 온 줄 모른다: 불, 칼, 전쟁을 주노라.	내가 세상에 화평을 주려고 온 줄로 아느냐? 내가 너희에게 이르노니 아니라. 도리어 분쟁하게 하려 함이로라(눅)/검을 주러 왔노라(마)

---

239 DeConick은 역시 「도마복음」을 예수 전승이 어떻게 발전했는지를 파악하기 위한 좋은 시험적 사례로 본다(*Recovering the Original Gospel of Thomas*, 36-37). S. J. Patterson이 언급한 견해들을 J. M. Robinson and H.-G. Bethge, *The Fifth Gospel: The Gospel of Thomas Comes of Age* (Harrisburg: TPI, 1998), 71-72의 견해와 비교해 보라.

240 이하에 나오는 여러 표에서 필자는 「도마복음」의 그리스도 어록과 병렬적으로 가장 가까운 공관복음 구절을 인용하여 나머지 공관복음에도 유사 구절들이 있을 경우를 표시하겠지만, 그 유사 구절이 별로 비슷하지 않으면 괄호로 표시할 것이다.

Gosp.Thom. 20:1-4	막 4:30-32 및 병행 본문
따르는 자들이 예수께 말씀드렸다. "하늘 나라가 무엇과 같은지 일러 주십시오." 그분께서 그들에게 말씀하셨다. "그것은 한 알의 겨자씨와 같다. 겨자씨는 모든 씨앗 중에서 가장 작다. 하지만 갈아 놓은 땅에 떨어지면 거대한 식물을 내고 하늘의 새들을 위한 보금자리가 되느니라."	또 이르시되 "우리가 하나님의 나라를 어떻게 비교하며 또 무슨 비유로 나타낼까? 겨자씨 한 알과 같으니 땅에 심길 때에는 땅 위의 모든 씨보다 작은 것이로되 심긴 후에는 자라서 모든 풀보다 커지며 큰 가지를 내나니 공중의 새들이 그 그늘에 깃들일 만큼 되느니라."

Gosp.Thom. 21:51[241]	마 24:43/(눅 12:39)
이런 연고로 내가 말한다. 집의 주인이 도적이 올 것을 알면, 도둑이 오기 전에 방비를 할 것이며, 그의 재물을 가져가려는 도둑이 그의 소유인 집에 뚫고 들어오지 못하도록 할 것이다.	너희도 아는 바니 만일 집 주인이 도둑이 어느 시각에 올 줄을 알았더라면 깨어 있어 그 집을 뚫지 못하게 하였으리라.

Gosp.Thom. 26:1-2/P. Oxy. 1.1-4	마 7:3-5/눅 6:41-42
예수께서 말씀하셨다. "네 형제 눈의 티끌은 보지만 네 눈 속에 들보는 보지 못하는구나. 네 눈에서 들보를 빼낼 때에야 비로소 네 형제의 눈에서 빼낼 티끌을 볼 수 있으리라."	어찌하여 형제의 눈 속에 있는 티는 보고 네 눈 속에 있는 들보는 깨닫지 못하느냐? 보라! 네 눈 속에 들보가 있는데 어찌하여 형제에게 말하기를 "나로 네 눈 속에 있는 티를 빼게 하라" 하겠느냐? 외식하는 자여, 먼저 네 눈 속에서 들보를 빼어라. 그 후에야 밝히 보고 형제의 눈 속에서 티를 빼리라.

---

241 *Gosp. Thom.* 103장이 이와 매우 비슷하다.

Gosp.Thom. 31:1-2/P. Oxy. 1.9-14	눅 4:23-24/막 6:4 및 병행 본문
예수께서 말씀하셨다. "선지자는 아무도 자신의 마을에서 환영받지 못한다. 의사는 아무도 그 의사를 아는 자들을 치료하지 않는다."	예수께서 그들에게 이르시되 "너희가 반드시 '의사야 너 자신을 고치라' 하는 속담을 인용하여 내게 말하기를 '우리가 들은 바 가버나움에서 행한 일을 네 고향 여기서도 행하라' 하리라." 또 이르시되 "내가 진실로 너희에게 이르노니 선지자가 고향에서는 환영을 받는 자가 없느니라."

Gosp.Thom. 39:1-3/P. Oxy. 655 ii.11-19	마 23:13; 10:16	눅 11:52
예수께서 말씀하셨다. "바리새인들과 서기관들이 지식의 열쇠를 차지하고 숨겨 버렸다. 그들은 스스로 들어가지 않았고 또한 소원하는 자들이 들어가도록 허락하지도 않았다. 그러므로 너희는 뱀처럼 지혜롭고 비둘기처럼 순결하라."	화 있을진저 외식하는 서기관들과 바리새인들이여! 너희는 천국 문을 사람들 앞에서 닫고 너희도 들어가지 않고 들어가려 하는 자도 들어가지 못하게 하는도다. 그러므로 너희는 뱀같이 지혜롭고 비둘기 같이 순결하라.	화 있을진저 너희 율법교사여! 너희가 지식의 열쇠를 가져가서 너희도 들어가지 않고 또 들어가고자 하는 자도 막았느니라 하시니라.

Gosp.Thom. 45:1-4	눅 6:44-45/(마 7:16, 12:34-35)
예수께서 말씀하셨다. "포도는 가시나무에서 수확되지 않고, 무화과 또한 엉겅퀴에서 수확되지 않는다. 왜냐하면 이들은 열매를 맺지 않기 때문이다. 선한 사람은 그의 창고에서 선한 것을 내어온다. 하지만 악한 사람은 그의 가슴속 악한 창고에서 악한 것을 내어오며, 악한 것들을 말한다. 왜냐하면 가슴속에 넘치는 것으로부터 그는 악한 것들을 내어오기 때문이다."	가시나무에서 무화과를, 또는 찔레에서 포도를 따지 못하느니라. 선한 사람은 마음에 쌓은 선에서 선을 내고 악한 자는 그 쌓은 악에서 악을 내나니, 이는 마음에 가득한 것을 입으로 말함이니라.

Gosp.Thom. 47:3-5	막 2:21-22 및 병행 본문
어느 누구도 묵은 포도주를 마시고 즉시 갓 빚은 포도주를 마시고 싶어 하지 않는다. 그리고 새 포도주는 낡은 가죽 부대에 넣지 않는다. 그렇지 않으면 가죽부대는 터져버린다. 묵은 포도주는 새 가죽부대에 넣지 않는다. 그렇지 않으면 맛을 버릴 것이다. 낡은 옷 조각을 새 옷에 기워 붙이지 않는다. 왜냐하면 결국 터져버리기 때문이다."	생베 조각을 낡은 옷에 붙이는 자가 없나니 만일 그렇게 하면 기운 새것이 낡은 그것을 당기어 해어짐이 더하게 되느니라. 새 포도주를 낡은 가죽 부대에 넣는 자가 없나니 만일 그렇게 하면 새 포도주가 부대를 터뜨려 포도주와 부대를 버리게 되리라. 오직 새 포도주는 새 부대에 넣느니라 하시니라.

Gosp.Thom. 55:1-2[242]	눅 14:26-27/마 10:37-38
예수께서 말씀하셨다. "누구든지 그의 아버지와 그의 어머니를 미워하지 않으면 나를 따르는 자가 될 수 없다. 그리고 누구든지 그의 형제와 그의 자매를 미워하지 않고 나의 길에서 그 자신의 십자가를 지지 않으면 내게 합당하지 않다."	무릇 내게 오는 자가 자기 부모와 처자와 형제와 자매와 더욱이 자기 목숨까지 미워하지 아니하면 능히 내 제자가 되지 못하고(눅)/내게 합당하지 아니하며(마), 누구든지 자기 십자가를 지고 나를 따르지 않는 자도 능히 내 제자가 되지 못하리라(눅)/내게 합당하지 아니하니라(마).

Gosp.Thom. 76:3	눅 12:33/마 6:19-20
너희도 이 믿을 수 있는 보물을 구하라. 이 보물은 영원하여 나방이 와서 먹지 않고 벌레가 못쓰게 하지 않는다.	낡아지지 아니하는 배낭을 만들라. 곧 하늘에 둔 바 다함이 없는 보물이니, 거기는 도둑도 가까이하는 일이 없고 좀도 먹는 일이 없느니라.

---

242 *Gosp. Thom.* 101:1-2은 보다 발전된 형태처럼 보인다.

Gosp.Thom. 79:1-3	눅 11:27-28; 23:29
군중 속의 한 여인이 예수께 말씀드렸다. "당신을 낳은 자궁과 당신을 먹인 유방은 복이 있습니다!" 예수께서 그 여인에게 말씀하셨다. "아버지의 말씀을 듣고 그것을 참되게 지킨 자는 복이 있도다! 왜냐하면 너희가 '아기를 밴 적이 없는 자궁과 젖을 먹인 적이 없는 유방이 복되도다!'라고 말할 날이 올 것이기 때문이라."	…무리 중에서 한 여자가 음성을 높여 이르되 "당신을 밴 태와 당신을 먹인 젖이 복이 있나이다" 하니 예수께서 이르시되 "오히려 하나님의 말씀을 듣고 지키는 자가 복이 있느니라" 하시니라. / 보라! 날이 이르면 사람이 말하기를 잉태하지 못하는 이와 해산하지 못한 배와 먹이지 못한 젖이 복이 있다 하리라.

Gosp.Thom. 86:1-2	마 8:20/눅 9:58
예수께서 말씀하셨다. "여우들도 그들의 굴이 있고 새들도 그들의 둥지가 있지만, 인자는 머리를 뉘어 쉴 자리가 없도다."	예수께서 이르시되 "여우도 굴이 있고 공중의 새도 거처가 있으되 인자는 머리 둘 곳이 없다" 하시더라.

Gosp.Thom. 90:1-2	마 11:28-30
예수께서 말씀하셨다. "나에게로 오라! 나의 멍에는 편안하고 나의 다스림은 온유하다. 그리하면 너희는 너희 자신을 위하여 안식을 찾으리라."	수고하고 무거운 짐 진 자들아 다 내게로 오라. 내가 너희를 쉬게 하리라. 나는 마음이 온유하고 겸손하니, 나의 멍에를 메고 내게 배우라. 그리하면 너희 마음이 쉼을 얻으리니, 이는 내 멍에는 쉽고 내 짐은 가벼움이라 하시니라.

Gosp.Thom. 93:1-2	마 7:6
"거룩한 것을 개들에게 주지 말라. 왜냐하면 그들이 그것들을 똥 더미에 버릴 수 있기 때문이다. 진주들을 돼지들에게 주지 말라. 그렇지 않으면 그것이 깨어질(?) 수 있기 때문이다."	거룩한 것을 개에게 주지 말며 너희 진주를 돼지 앞에 던지지 말라. 그들이 그것을 발로 밟고 돌이켜 너희를 찢어 상하게 할까 염려하라.

Gosp.Thom. 96:1-2	마 13:33/눅 13:20-21
예수께서 말씀하셨다. "아버지의 나라는 한 여인과 같다. 그 여인은 약간의 효모를 떼어다 반죽 속에 숨기고, 커다란 빵 덩어리들로 만들었다."	천국은 마치 여자가 가루 서 말 속에 갖다 넣어 전부 부풀게 한 누룩과 같으니라.

Gosp.Thom. 99:1-3	눅 8:19-21/(막 3:31-35 및 병행 본문)
따르는 자들이 예수께 말씀드렸다. "당신 형제들과 어머니가 밖에 서 계십니다." 예수께서 그들에게 말씀하셨다. "아버지의 뜻을 행하는 여기 있는 사람들이야말로 나의 형제들이고 나의 어머니이다. 이들이야말로 아버지의 나라에 들어갈 사람들이다."	예수의 어머니와 그 동생들이 왔으나 무리로 인하여 가까이 하지 못하니 어떤 이가 알리되 "당신의 어머니와 동생들이 당신을 보려고 밖에 서 있나이다." 예수께서 대답하여 이르시되 "내 어머니와 내 동생들은 곧 하나님의 말씀을 듣고 행하는 이 사람들이라 하시니라."

『예수와 기독교의 기원』에 나오는 공관복음서들 사이의 병행 구절들을 기록한 이에 상응하는 표들[243]을 기억하는 이들에게는 방금 열거한 「도마복음」과 공관복음의 병행 구절들이 마가복음/마태복음/누가복음의 같지만 다른 병행 구절들에서 나타나는 것과 똑같은 변형을 매우 많이 보여준다는 점을 설득시킬 필요가 거의 없을 것이다. 표로 입증할 필요는 적지만 또 다른 흥미로운 특징은 「도마복음」의 형태가 「도마복음」의 (근심에 관한) 그리스도 어록인 36:1-3, 57:1-4(가라지의 비유), 63:1-3(어리석은 부자의 비유), 100:1-4(가이사에게 공물을 바치는 일에 대한 어록), 107:1-3(잃은 양의 비유)에 대한 공관복음의 병행 구절들보다 상당히 간략하다는 점이다. 이는 보다 긴 공관복음의 형태가 보다 빈약한 틀에 대한 부연 설명이라는 점을 암시할 수도 있지만, 아마도 그것은 단지 전승 자료가 주된 요점을 상실하지 않은 채 축약되거나 확대될 수 있다는 점을 상기시키는

---

243 *Jesus Remembered*, §§8.4-5 및 여러 곳.

것일 것이다.[244] 확실히 64:1-11과 그 병행 본문들(저녁 초대 손님의 비유)
은 한 이야기가 모두 같은 기본적인 요점을 강조하며 같은 구조를 사용
하는 서로 다른 진술 속에서 얼마나 다양해질 수 있는지를 보여준다.[245]

　이 모든 사례에서 주목할 만한 것은, 병행 구절들이 비슷하기는 하
지만 문자적 의존성을 암시할 만큼, 또는 「도마복음」이 공관복음서 중에
하나를 베끼고 편집하는 방식으로 얻어졌음을 암시할 만큼 비슷한가 하
는 의문을 여전히 제기한다는 점이다.[246] 필자는 그렇다고 확신하지 않는

---

244 다시 Sanders(§39 n. 58)를 참고하라. J. Frey, 'Die Lilien und das Gewand: *Ev Thom* 36 und
37 als Paradigma für das Verhältnis des *Thomasevangeliums* zur synoptischen Überlieferung',
in Frey, ed., *Das Thomasevangelium*, 122-80(127-40, 176-80)도 함께 보라.

245 J. D. Crossan, *Four Other Gospels* (Minneapolis: Seabury, 1985), 39-52의 논의도 함
께 보라. 추가적으로 G. E. Sterling, '"Where Two or Three Are Gathered": The Tradition
History of the Parable of the Banquet (Matt 22:1-14/Luke, 14:16-24/*G Thom* 64)', in J.
Frey, ed., *Das Thomasevangelium*, 95-121을 보라. 하지만 필자는 하나의 형태(또는 측면)
를 "보다 확실한"것이라고 말하기를 주저한다(111).

246 이 문제에 대한 가장 최근의 논의 중 두 가지는 마태와 누가의 뚜렷한 편집상의 특징들
을 「도마복음」이 인식하고 있기에 「도마복음」이 마태복음과 누가복음을 의존했다고 강
하게 주장한다. Gathercole은 *Gosp. Thom.* 13장(특히 이 부분과 마태복음의 관계), 14:5, 44
장에서 마태복음에 대한 의존성의 예를 들고 5, 31, 33, 47, 65, 66, 99, 104장에서 누가
복음에 대한 의존성의 예를 들지만(*Composition*, 7, 8장), 문자적 의존성의 징표들은 공관
복음 전승에서의 문자적 상호 의존과 관련해서 근거가 빈약한 경우들보다 더 조잡하다.
M. Goodacre는 *Thomas and the Gospels: The Case for* Thomas's *Familiarity with the Synoptics*
(Grand Rapids: Eerdmans, 2012), 30-44에서 「도마복음」과 공관복음 전승 사이의 긴밀
한 언어적 일치 −3:1-3, 4:2-3, 5:2, 14:5, 26, 39:3, 73, 86− 를 지적하지만, 대부분의
경우 언어적 일치는 구전 전승 속에서 매우 고정적인 형태였을 가능성이 큰 종류의 격
언으로 제한된다(4:2-3, 5:2, 14:5, 39:3, 73, 86). 그가 드는 가장 강력한 사례는 *Gosp.*
Thom. 26장이다. 「도마복음」에 있는 마태복음을 편집한 내용(20장과 54, 57장 − 4장)과
누가복음을 편집한 내용(31, 63, 72장 − 5장)에 대한 그의 추가적인 예들은 별로 인상적
이지 않다. 가장 강력한 사례는 *Gosp. Thom.* 79장(눅 11:27-28과 23:29)이다(6장). 마태복
음과 누가복음의 편집에 대한 「도마복음」의 인식을 보여주는 증거에 관한 Gathercole과
Goodacre의 의견이 일치하지 않는다는 점은 흥미롭다. Goodacre는 필자가 초기 전승 전
달자들 사이에서의 읽고 쓰는 능력의 중요성을 과소평가했다고 비판하지만(*Thomas*, 130),
*Jesus Remembered*에 나오는 공관복음 전승에 대한 논의에서 필자가 전승의 구두 전달 기
간(처음 20년 내지 30년)에 관심을 집중시켰고 「도마복음」에서의 공관복음 전승이 그 시
기까지 거슬러 올라갈 가능성을 감안했다는 점을 놓치고 있다. Gathercole 또한 바울이

다.[247] 각 경우에 전승은 틀림없이 동일하지만, 거의 모든 경우에 기본적으로 같은 전승에 대한 다양한 구두 전달에서 전형적으로 나타나는 변형된 형태들로 가장 잘 설명할 수 있다. 이는 전승의 한 가지 형식이나 형태가 다른 것들보다 더 본래적이었고 예수가 가르침이나 말씀을 처음 전달하셨을 때 실제로 말한 내용에 더 가까웠다는 말이 아니다.[248] 이는 단순

「도마복음」에 미친 영향이 Gosp. Thom. 3장(롬 10:7), 17장(고전 2:9), 그리고 특히 53장(롬 2-3장)에 분명히 나타난다고 주장한다(Composition, 227-49).

247 예수 전승이 널리 유포되고 알려졌을 가능성을 감안하면 단순히 "「도마복음」과 공관복음 사이의 유사점은 광범위하고 따라서 문자적 설명이 더 개연성이 높다"고 말하는 것만으로는 충분치 않다(Gathercole, Composition, 139). 마찬가지로 "현존하는 문헌 자료"가 "알려지지 않은 구전 전승에 대한 다소 추측에 근거한…호소"를 능가한다는 주장(Composition, 146; 및 214-21)도 유사성("자료"?)의 정도를 과장하며, 공관복음 전승이 글로 옮겨지기 전에 구전 형태로 잘 확립되어 있었던 것이 분명하며 2세기에 이르기까지 몇십 년 동안 계속해서 구전 형태로 알려지고 사용되었다는 사실을 무시하고 있다(§44). 필자는 공관복음 전승이 그 자체로 예수 전승이 글로 옮겨지기 전 수십 년 동안 예수가 기억된 방식을 보여주는 충분한 증거라고 계속해서 주장했다. 이에 대한 대안은 30-70년의 수십 년간을 "터널 기간"보다는 블랙홀에 더 가까운 기간으로 간주하는 것이다. 공관복음과 「도마복음」의 유사점에 대한 논의를 그러한 유사점들이 "공관복음 문제"에 대한 어떤 다른 (문자적) 해결책을 뒷받침하는가 하는 질문으로 제한하는 것은 기껏해야 편협한 사고다.

R. Uro는 'Thomas and Oral Gospel Tradition', in Uro, ed., Thomas at the Crossroads, 8-32에서 간접적인 문자적 영향을 강하게 주장한다. "2차적인 구전적 특성"은 「도마복음」의 예수 어록에 대한 자료비평적 분석에서 주목할 만한 대안이다"(21); "「도마복음」이 예수의 어록에 대한 어떤 글로 된 기록에도 영향을 받지 않은 어떤 '순전한' 구전 전승을 접할 수 있었다는 주장은 단적으로 비현실적이다"(19-20); 특히 9-10장에 대한 추가적인 참고문헌과 Gathercole, Composition, 157-58을 보라. Uro는 Gosp. Thom. 14:4-5에 대한 언급으로 자신의 주장의 예를 든다(22-32). 유일한 문제는 그 "2차적인 구전적 특성"이 공관복음 전승이 활용하고 거기에 기여한 폭넓은 구전 예수 전승에 대한 명제 속에 통합되고 그 명제와 사실상 구별하기 어려워진다는 점이다. 많은/대부분의 경우에 마가복음이나 마태복음이나 누가복음이 「도마복음」 전승에 끼친 구체적이거나 직접적인 영향에 대해 말하는 것은 거의 무의미해질 것이다. 이와 비슷하게 「도마복음」은 아마도 1세기의 마지막 수십 년 동안에 탄생했을 것"이라는 The Fifth Gospel에서의 Patterson의 판단(45)도 공관복음과 공유된 전승에 대해서만 확신 있게 적용할 수 있다.

248 Koester의 견해와 비교해 보라. 그는 "여러 사례에서 도마는 분명히 보다 본래적인 형태의 말씀을 보존했다"고 주장하며 「도마복음」은 묵시록적인 경향이 없는 Q 전승의 한 초기 형태를 보존하고 있다고 주장한다(Ancient Christian Gospels, 89-99, 및 145-46, 150,

히 『생성기의 기독교』의 첫 번째 책에서 명백해진 사실, 즉 예수 전승은 처음부터 다양했고 예수는 아마도 여러 차례에 걸쳐 다양한 형식과 표현으로 자신의 보다 중요한 가르침을 전달했을 것이며, 여러 경우에 하나의 형태를 다른 것보다 반드시 더 신뢰할 만한 것으로 간주해야 한다는 주장은 단지 방향이 잘못된 주장일 수도 있다는 점을 강조하는 것이다.[249]

덜 비슷한 병행 본문들은 아마도 사실 여기서 예시할 필요가 없을 것이다. 대충 살펴봐도 「도마복음」의 예수 어록은 공관복음 전승과 어느 정도 관련성이 있지만, 거의 모든 경우에 그 관련성은 앞에서 예시한 어록보다 훨씬 더 구체적이며 공관복음의 병행 본문은 「도마복음」의 의도에서 멀어지게 하는 것에 더 가깝다는 점을 분명히 알 수 있을 것이기 때문이다. 그러나 필자는 아래에 몇 가지 예를 지적했다.[250]

157-58, 170; 보다 이전의 'GNOMAI DIAPHOROI', 130-32). 초기의 종말론적 기대가 실현되지 않은 것("아무 일 없음")이 "묵시록의 붕괴"와 묵시록적 기대에서 금욕적인 형태의 신비주의로의 전환을 가져왔다는 DeConick의 주장이 훨씬 더 타당성이 있다(Recovering, 6-9장); 'Mysticism and the Gospel of Thomas', 209-12에서도 이와 비슷하게 주장한다. Goodacre, Thomas, 184-87도 함께 보라. Patterson, Gospel of Thomas and Christian Origins, 232-36과 비교해 보라. 마찬가지로 Gosp. Thom. 9장은 막 4:3-9보다 "더 본래적"이라는 Koester의 주장(Ancient Christian Gospels, 102)도 두 문헌 모두 단순히 같은 비유의 다른 형태에 불과하다는 점을 놓치고 있으며, Koester가 인용하는 마가복음의 다른 유사한 본문들(108-12)에 대해서도 마찬가지다.

249 J. Schröter, Erinnerung an Jesu Worte: Studien zur Rezeption der Logienüberlieferung in Markus, Q und Thomas (WMANT 76; Neukirchener-Vluyn: Neukirchener, 1997), 136-43, 236-37, 295-96, 373-75, 412-14, 432-34, 459-69도 함께 보라.

250

Gosp. Thom. 3:1-3/P.Oxy. 654.9-16	눅 17:20-21
예수께서 말씀하셨다. "너희를 인도하는 자들이 말하기를, '보라, 나라가 하늘에 있다'라고 하면, 하늘의 새가 너희를 앞설 것이다. 그들이 너희에게 말하기를 '나라가 바다에 있다'라고 하면 물고기가 너희를 앞설 것이다. 오히려 나라는 너희 안에 있고 너희 밖에 있다."	하나님의 나라는 볼 수 있게 임하는 것이 아니요 또 여기 있다 저기 있다고도 못하리니 하나님의 나라는 너희 안에 있느니라.

더 구체적으로 말하자면 앞의 표는 여러 중요한 특징들을 드러낸다.

1. 「도마복음」의 114개의 예수 어록 중에서 42개―즉 36.8%―는 가까운 병행 본문 자료를 포함하고 있다. 이 비율은 오해의 소지가 있다. 「도마복음」의 예수 어록은 길이가 다양하고 어떤 경우에는 전체 어록의 일부분에만 비슷한 병행 본문 자료가 있기 때문이다 (예. *Gosp. Thom.* 21, 61, 68장). 필자는 여러 번 등장하는 "누구라도 들을 귀가 있으면 듣게 하라"(8:4 등)는 말은 계산에 포함시키지 않았다.

Gosp. Thom. 5:1-2/P.Oxy. 654.27-31	막 4:22 및 병행 본문
예수께서 말씀하셨다. "네 눈에 보이는 것을 깨닫도록 하라. 그리하면 너에게 가려진 것이 드러날 것이다. 왜냐하면 숨기운 것이 나타나지 않는 것이 없기 때문이다."	드러내려 하지 않고는 숨긴 것이 없고 나타내려 하지 않고는 감추인 것이 없느니라.

Gosp. Thom. 10장	눅 12:49
예수께서 말씀하셨다. "내가 세상에 불을 던졌다. 그리고 보라! 나는 그 불이 활활 타오를 때까지 지키고 있다."	내가 불을 땅에 던지러 왔노니 이 불이 이미 붙었으면 내가 무엇을 원하리요.

Gosp. Thom. 32장/P.Oxy. 1.36-41	마 5:14
예수께서 말씀하셨다. "높은 산 위에 요새처럼 지어진 마을은 무너질 수 없고 또한 숨겨질 수도 없다."	너희는 세상의 빛이라. 산 위에 있는 동네가 숨겨지지 못할 것이요.

Gosp. Thom. 47:1-2	마 6:24/눅 16:13
예수께서 말씀하셨다. "한 사람이 두 말에 올라타거나 두 활을 당길 수 없다. 그리고 한 종이 두 주인을 섬길 수 없다. 그렇지 않으면, 이 주인은 존경하고 저 주인은 업신여길 것이다."	한 사람이 두 주인을 섬기지 못할 것이니 혹 이를 미워하고 저를 사랑하거나 혹 이를 중히 여기고 저를 경히 여김이라. 너희가 하나님과 재물을 겸하여 섬기지 못하느니라.

Gosp. Thom. 92:1-2	마 7:7-8/눅 11:9-10
예수께서 말씀하셨다. "구하라. 그러면 발견할 것이다. 하지만 전에는 너희가 그때 내게 묻는 것들을 너희에게 알려 주지 않았다. 지금은 내가 그것들에 대해 말해주고자 하나 (대답을) 구하는 자들이 없다."	구하라. 그리하면 너희에게 주실 것이요. 찾으라. 그리하면 찾아낼 것이요. 문을 두드리라. 그리하면 너희에게 열릴 것이니, 구하는 이마다 받을 것이요, 찾는 이는 찾아낼 것이요, 두드리는 이에게는 열릴 것이니라.

2. 덜 비슷한 병행 본문들을 포함하면 (동일한 조건에서) 그 숫자는 약 63개, 즉 56.2%까지 올라간다.[251] 이는 확실히 「도마복음」이 공관복음을 통해 우리에게 알려진 예수 전승의 상당히 많은 부분을 공유하고 있음을 보여준다.[252] 그리고 공관복음 전승이 예수 자신이 끼친 영향과 최초의 기독교인 제자들이 예수를 기억한 방식을 표현하기에 가장 적합하다면,[253] 「도마복음」도 그러한 영향과 예수가 기억된 방식에 대한 증거다. 이 점이 「도마복음」의 나머지 부분에 대해서도 사실인지는 「도마복음」의 나머지 내용을 고려한 뒤에 논의해야 할 문제다.

3. Q 자료(즉 마태와 누가가 공유한 마가복음 이외의 전승)와의 병행 본문은 특히 주목할 만하며 전부 29개(25.4%)다.[254] 그러나 어떤 때는 「도마복음」이 공관복음서들 중 오직 하나—마가복음(21회),[255] 마

---

251 Cameron은 "본문에 있는 114개의 어록 중에 68개 이상에 성경상의 병행 본문이 있다"고 주장한다(*ABD* 6.536). Gathercole은 「도마복음」의 예수 어록 중에 67개가 공관복음과 상당히 중첩된다는 Koester의 의견에 (약간의 차이는 있지만) 동의한다. 그는 13, 25, 102, 106장을 여기에 포함시킨다(*Composition*, 153).

252 공관복음 전승에 대한 「도마복음」의 의존성은 "공관복음 자료의 모든 부분과 관련된다"(Goodacre, *Thomas and the Gospels*, 20-24).

253 *Jesus Remembered*에서 주장한 것처럼.

254 Q 자료와의 병행 본문은 *Gosp. Thom.* 2, 16, 21:5, 26:1-2, 33:1, 2-3, 34, 36:1-3, 39:1-2, 44, 45:1-4, 46:1-2, 47:2, 54, 55:1-2, 61:1, 64:1-11, 68:1, 69:2, 73, 76:3, 78:1-3, 86:1-2, 89:1-2, 91:1-2, 92:1-2, 94:1-2, 96:1-2, 107:1-3이다. Koester는 「도마복음」의 79개의 어록 중에 46개가 Q 자료에 병행 본문이 있다고 추정한다. 그는 *Gosp. Thom.* 5, 6:3, 10, 17, 24:3, 43, 61:3, 69, 79:1, 95, 103을 포함시키지만(*Ancient Christian Gospels*, 87-89) 이 구절들 중 대부분은 Q 자료에 속한 것으로 간주하기에는 매우 논란의 여지가 많다. T. Zöckler, *Jesu Lehren im Thomasevangelium* (NHMS 47; Leiden: Brill, 1999), 53-98도 함께 보라. Goodacre는 물론 「도마복음」이 Q 문서의 존재를 뒷받침할 증거를 제공한다는 주장에 이의를 제기한다(*Thomas and the Gospels*, 9-14).

255 그러나 아마도 마가복음 병행 본문으로 언급된 병행 본문들도 포함시켜야 할 것이다. 나머지 공관복음 저자들은 이런 대목에서 마가복음에 의존했을 가능성이 크며 그렇게 되면 10개 정도의 구절이 목록에 추가될 것이기 때문이다(특히 *Gosp. Thom.* 9, 20, §41). Koester는 대체로 앞에서 가리킨 대로 마가복음과 공유된 27개의 어록과 비유를 언급한

태복음(총 11회, 9.6%),[256] 누가복음(총 9회, 7.9%)[257] — 와만 전승을 공유하고 있는 것처럼 보인다는 점도 주목할 만하다. 병행 본문의 범위는 확실히 「도마복음」이 Q 자료의 많은 부분을 공유했다는 점을 확증해 주지만, 「도마복음」이 누가가 아마도 그 어록의 순서를 보존했을 어떤 문헌 안에 있는 Q 자료를 알았을 가능성을 뒷받침할 증거는 제시하지 않는다.[258] 독특한 Q 자료 모음집(또는 Q 문서)이 있었더라도 공관복음 전승이 대변하는 예수 전승에 대한 「도마복음」의 지식은 Q 자료보다 훨씬 광범위했다.[259]

4. 「도마복음」이 다른 방식으로 하나의 공관복음서를 통해서만 우리에게 알려진 전승을 알고 있었음을 보여주는 증거들(예. 39:1-2, 90:1-2; 93:1-2)에 대해서도 마찬가지다. 병행 본문들은 문자적 의존성을 입증하지 않으며, 따라서 보통 말하는 그 복음서를 인식하고 있었다고 볼 필요가 없다. 구전 예수 전승이 다양한 분량으로, 서로 다른 중심지에서 다양한 순서로, 표현 면에서 공관복음 전승에서 우리가 이미 살펴본 것과 비슷하게 다양하게 널리 퍼지고 알려졌다는 인상은 이렇게 해서 강화된다. 또한 그 이전의 문제, 즉 복음서 저자나 「도마복음」이 그들이 접할 수 있는 모든 예수 전승

다(*Ancient Christian Gospels*, 107).

256 특별히 마태복음적인 병행 본문은 *Gosp. Thom.* 8:1-3, 32, 39:3, 40:1-2, 57:1-4, 62:2, 76:1-2, 90:1-2, 93:1-2, 109:1-3이다.

257 특별히 누가복음적인 병행 본문은 *Gosp. Thom.* 3:1-3, 10, 14:4, 63:1-3, 72:1-3, 79:1-3, 95:1-2, 101:1, 113:1-4이다. 놀랍게도 Koester는 누가복음 특수 자료가 「도마복음」에서 단 한 번만 등장한다고 생각한다(*Ancient Christian Gospels*, 107).

258 마태가 Q 자료를 자기 나름의 편집 전략에 따라 분류했다는 점은 일반적으로 인정되고 있다.

259 B. Chilton, 'The Gospel according to Thomas as a Source of Jesus' Teaching', in D. Wenham, ed., *Gospel Perspectives*. Vol. 5. *The Jesus Tradition Outside the Gospels* (Sheffield: JSOT, 1984), 155-75(여기서는 159).

을 다 사용했는가 하는 문제가 또다시 제기된다.

5. 「도마복음」 전승의 너무나 많은 부분이 공관복음 전승과 매우 많은 특징을 공유하고 있으므로, 우리는 공관복음 전승에서 예수 전승에 부여되었거나 공관복음 전승이 대표하는 자료 속에서 이미 확립된 독특한 특징들―그렇게 해서 구전 예수 전승의 주류가 된 것처럼 보이는 전승의 뚜렷한 특징들―이 보다 널리 인정받게 되었다고 추론할 수 있다.[260] 또는 아마도 우리는 그러한 특징들이 예수 전승의 "유전체"의 큰 부분을 형성하고 있음을 암시하기 위해 보다 현대적인 이미지를 사용해야 할 것이다. 여기서 어느 정도 흥미로운 것은 공관복음 전승에서 입증된 바와 같이[261] 다른 어록을 뒷받침하기 위해 "귀 있는 자는 들을지어다"라는 권면을 삽입하는 관습이 「도마복음」 전승의 한 특징이기도 하다는 것을 보여주는 증거다(Gosp. Thom. 8:4 등). 몇몇 경우에는 병행 본문들이 예수의 어록에 대한 특정한 분류가 구전 예수 전승의 한 일반적인 특징으로서 이미 확고해졌음을 보여준다는 사실도 주목할 만하다 (Gosp. Thom. 16, 33-34, 47, 65-66, 68-69, 92-94).[262] 예수의 어록과의

---

260 주목해야 할 것은 Gosp. Thom. 90:1-2이 거의 확실하게 예수 전승에 대한 마태의 부연 설명으로 간주할 수 있는 내용과 친숙했다는 사실이다(앞의 §42.3b(7)을 보라). 즉 그가 꼭 마태복음을 알고 있었다는 것이 아니라, 적어도 개별적인 교사들에 의한 부연 설명 중에 어떤 것은 더 광범위한 공통의 구전 전승 속에 포함되었다는 것이다.

261 Jesus Remembered, 462 n. 379.

262 참고. Cameron, ABD 6.537. Gosp. Thom. 65-66장에서 악한 소작농의 비유를 시 118:22과 관련시키는 것이 막 12:1-11/눅 20:9-17에 문자적으로 의존한 증거라고 주장하는 것만으로는 충분치 않다(Gathercole, Composition, 188-94). 공관복음 전승은 이 연관 짓기가 (구전) 예수 전승의 확고한 일부가 되었음을 암시하기 때문이다. 그러나 J. P. Meier는 'The Parable of the Wicked Tenants in the Vineyard: Is the Gospel of Thomas Independent of the Synoptics', in Skinner and Iverson, eds., Unity and Diversity in the Gospels and Paul, 129-45에서 누가복음(눅 20:9-18)의 네 가지 편집상의 변화가 Gosp. Thom. 65-66장에 명백히 그대로 반영되었음을 발견한다.

구체적인 관련성이—아마도 어떤 특정한 사도나 영향력 있는 교사의 영향력으로 인해—광범위한 회중 안에서 사용된 예수 전승의 한 일반적인 특징이 되었을 것이라는 점은 놀랄 일이 아니다. 인간의 유전자가 한 세대를 그 조상들과 연결시켜 주고 그 유전적 구성이 대체로 그 조상들의 존재와 행위의 결과인 것처럼, 우리는 예수 전승의 "유전적 구성"이 예수가 끼친 영향의 증거이며 실제로 그 자체가 예수가 끼친 영향의 지속적인 일부라고 추론할 수 있을 것이다.

b. 독특한 「도마복음」 전승

「도마복음」과 공관복음 전승 사이의 유사점들은 매력적이며 중요하다. 그러나 그와 동시에 114개의 「도마복음」 어록 가운데 52개는 앞의 표에 포함되지 않았다. 즉 앞에서 사용한 계산과 같은 이유로 「도마복음」 어록의 45.6%는 공관복음 전승과 비슷한 본문이 없다. 그러나 실제 수치는 훨씬 더 높다. 앞의 표에 포함된 어록 중에서 같은 어록의 다른 부분들은 표로 나열하지 않았기 때문이다.[263] 따라서 더 공정하게 계산하면 「도마복음」의 50% 이상은 공관복음 전승과 유사한 본문이 없을 것이다.

이러한 자료에 대한 감을 잡을 수 있도록 몇 가지 예를 인용하겠다.

- 7:1-2 — 예수께서 말씀하셨다. "복되도다, 사자여! 사람에게 먹혀 사람이 되도다. 저주가 있으라, 사람이여! 사자가 그대를 먹어

---

263 *Gosp. Thom.* 3:4, 3:5, 4:1, 4:4, 6:1, 6:2-3, 14:1-3, 64:12, 68:2, 69:1(예수 어록에 대한 DeConick의 하위분류를 사용함).

삼킨다(그리고 그 사자가 사람이 되도다?).”

- 11:1-4 ─ 예수께서 말씀하셨다. “이 하늘은 사라질 것이다. 그리고 이 하늘 위의 하늘도 사라질 것이다. 죽은 자들은 살아 있지 않다. 그리고 살아 있는 자들은 죽지 않을 것이다. 너희가 죽은 것들을 먹었던 그날들에 너희가 그것을 살아 있는 것으로 만들었다. 너희가 빛 가운데 살 때 너희는 무엇을 할 것인가? 너희가 하나였던 그날 너희는 둘이 되었다. 그러나 너희가 둘이 될 때 너희는 무엇을 할 것인가?”

- 18:1-3 ─ 따르는 자들이 예수께 말씀드렸다. “우리의 종말이 어떻게 될지 말씀해 주십시오.” 예수께서 말씀하셨다. “그러면 너희가 시작을 발견해서 종말을 구하는가? 왜냐하면 시작이 있는 곳에 종말도 있기 때문이다. 시작에 자신의 자리를 두는 자는 복되도다. 그는 종말을 알 것이며 죽음을 맛보지 않을 것이다.”

- 27:1 ─ (예수께서 말씀하시기를) “너희가 이 세상에 대해 금식하지 않으면, 나라를 발견하지 못하리라.”

- 42장 ─ 예수께서 말씀하셨다. “방랑자들이 되어라.”

- 51:1-2 ─ 예수를 따르는 자들이 그분께 말씀드렸다. “언제 죽은 자들을 위한 안식이 일어납니까? 그리고 언제 새 세상이 옵니까?” 예수께서 그들에게 말씀하셨다. “너희가 기다리는 것은 이미 와 있다. 단지 너희가 그것을 깨닫지 못할 뿐이다.”

- 64:12 ─ “구매자들과 상인들은 나의 아버지의 자리들에 들어오지 못하리라.”

- 69:1 ─ 예수께서 말씀하셨다. “마음 안에서 박해받은 자는 복이 있도다! 그들은 참으로 아버지를 알게 된 자들이로다.”

- 74장 ─ 그가 말했다. “주여, 우물(?) 옆에 사람들이 많이 있나이

다. 그러나 우물(?) 안에는 아무것도 없나이다."

- 97:1-4 — 예수께서 말씀하셨다. "아버지의 나라는 밀가루가 가득한 동이를 이고 가는 한 여인과 같다. 그녀가 먼 길을 걸어가는 동안, 동이 손잡이가 부서져 그녀의 길 뒤편으로 밀가루가 날려 나갔다. 그녀는 전혀 몰랐다. 그녀는 문제를 알아채지 못했다. 그 여인이 집에 도착했을 때, 그녀는 동이를 내려놓고 그것이 빈 것을 발견했다."

- 98장 — 예수께서 말씀하셨다. "아버지의 나라는 어떤 힘센 자를 죽이고자 하는 한 사람과 같다. 집에 있는 동안 그는 자신의 칼을 뽑아, 자신의 손에 (충분한) 힘이 있는지 알고자 칼을 벽 속으로 힘차게 찔렀다. 그런 후 그는 힘센 자를 죽였다."

- 102장 — 예수께서 말씀하셨다. "바리새인들은 저주를 받으라! 그들은 소 구유에서 잠자는 개와 같다. 그 개는 여물을 먹지도 않으면서 소도 먹지 못하게 하기 때문이다."

- 110장 — 예수께서 말씀하셨다. "세상을 발견하여 부자가 된 자는 세상을 끊어야 한다."

- 113:1-4 — 예수를 따르는 자들이 그에게 말했다. "나라가 언제 올 것입니까?" "나라는 그것을 기다린다고 해서 오지 않을 것이다. '보라, 여기 있다!' 혹은 '보라, 저기 있다!'고 말할 수도 없다. 오히려 아버지의 나라는 이 땅 위에 펼쳐져 있으나, 사람들이 그것을 보지 못할 뿐이다."

여기에는 공관복음 전승과 직접적으로 유사한 내용이 아무것도 없지만, 공관복음과 비슷한 말씀의 적지 않은 흔적들(예. *Gosp. Thom.* 51:1-2, 69:1, 102, 113:1-4)이 존재하며, 하나님 나라에 대한 반복되는 언급은, 예수의 가르침의 많은 부분/대부분이 "이 말씀들을 깨닫는 자는 누구라도 죽음을 맛보지 않을 것이다"(*Gosp. Thom.* 1장)라는 서두의 어록에서 언급된 과제를 제시했을 때조차도, 예수 자신의 복음 전파가 지닌 이러한 핵심적인 특징이—실제로 하나님 나라를 예시하기 위해 도발적인 비유들을 말하는 예수의 관행처럼—유지되어 왔다는[264] 강력한 증거다.

보다 독특한 요한 문헌의 언어를 상기시키거나 반영할지도 모르는 어록의 개수 역시 흥미롭다.[265]

Gosp.Thom. 1장	요 8:51
그리고 그분께서 말씀하셨다. "이 말씀들을 깨닫는 자는 누구라도 죽음을 맛보지 않을 것이다."	진실로 진실로 너희에게 이르노니, 사람이 내 말을 지키면 영원히 죽음을 보지 아니하리라.

Gosp.Thom. 13:5	요 4:14
"너는 내가 마련해 놓은 솟아나는 샘물을 마셨기에 취하였구나."	…내가 주는 물은 그 속에서 영생하도록 솟아나는 샘물이 되리라.

Gosp.Thom. 15장	
예수께서 말씀하셨다. "여자의 몸을 통하지 않고 세상에 나온 자를 보거든 얼굴을 땅에 대고 경배하라. 그가 너의 아버지이다."	참고. 요 1:14; 10:30; 14:9; 20:28.

---

264 *Jesus Remembered*, §12. 그러나 모두가 하나님 나라에 대한 공관복음의 가르침에서 매우 전형적인 미래 종말론적인 언급이 없다는 점을 언급한다(예. Blatz, *NTA*, 1.114). Chilton, 'Thomas', 162-66도 함께 보라.

265 추가적으로 R. E. Brown, 'The Gospel of Thomas and St John's Gospel', *NTS* 9 (1962-63), 155-77; 및 Koester, *Ancient Christian Gospels*, 113-24; Dunderberg, 'Thomas' I-sayings', 33-35을 보라.

Gosp.Thom. 24:1	
그분을 따르는 자들이 말씀드렸다. "우리에게 당신이 계신 자리를 보여 주십시오. 우리는 그것을 찾아야 합니 다."	참고. 요 7:33-34; 8:21; 13:33, 36-37; 14:3-5.

Gosp.Thom. 25:1-2	요 15:12
예수께서 말씀하셨다. "네 형제를 네 혼처럼 사랑하라. 그를 네 눈동자처럼 보호하라."	내 계명은 곧 내가 너희를 사랑한 것 같이 너희도 서로 사랑하라 하는 이것이니라. 또한 13:34-35. 참고. 요일 2:10; 3:10, 14-16; 4:20-21.

Gosp.Thom. 28:1[266]	요 1:14
예수께서 말씀하셨다. "나는 이 세상 한 가운데 내 자리를 잡았고, 육체로 그들에게 나타났다."	말씀(Logos)이 육신이 되어 우리 가운데 거하시매

Gosp.Thom. 38:2	요 7:34
"너희들이 나를 찾겠지만 나를 발견하지 못할 날들이 있을 것이다."	너희가 나를 찾아도 만나지 못할 터이요 나 있는 곳에 오지도 못하리라 하시니

Gosp.Thom. 43:1-3[267]	요 8:25; 14:9
예수를 따르는 자들이 여쭙기를, "당신은 누구시기에, 우리에게 이런 일들을 말씀해 주십니까?" "내가 너희에게 말하는 것으로 너희는 내가 누구인지 모르는구나."	8:25 – 그들이 말하되 "네가 누구냐?" 예수께서 이르시되 "나는 처음부터 너희에게 말하여 온 자니라" / 14:9 – 예수께서 이르시되 "빌립아 내가 이렇게 오래 너희와 함께 있으되 네가 나를 알지 못하느냐?"

---

266 「도마복음」 전승과 요한복음 전승 사이에는 어떤 직접적인 접촉도 나타나 있지 않다(49) 고 결론짓는 Dunderberg, 'Thomas' I-sayings', 46-49의 논의.

267 Dunderberg, 'Thomas' I-sayings', 61-62의 논의.

Gosp.Thom. 61:2-5[268]	
살로메가 말씀드렸다. "주여, 당신은 누구십니까? (누구로부터) 오셨습니까? 당신은 나의 침상에 올라 나의 밥상에서 식사를 하였습니다." 예수께서 그녀에게 말씀하셨다. "나는 동등한 자로부터 온 사람이다. 나는 아버지께 속한 자들을 받았느니라." 살로메가 말씀드렸다. "저는 당신의 제자입니다." 예수께서 말씀하셨다. "그러므로 내가 말하노라. 만일 누구라도 (나와) (동등하게) 된다면, 그는 빛으로 가득 찰 것이다. 누구라도 사람이 (내게서) 분리되면, 어두움으로 가득 차리라."	참고. 요 3:19-21; 5:18; 6:37; 10:29-30.

Gosp.Thom. 77장[269]	
예수께서 말씀하셨다. "나는 모든 존재 위에 있는 빛이다. 나는 전부이다. 나로부터 모든 것이 나왔다. 그리고 나에게로 모든 것이 돌아온다."	참고. 요 1:3-5, 9; 8:12; 9:5

Gosp.Thom. 92:1-2	요 16:4-5
예수께서 말씀하셨다. "구하라. 그러면 발견할 것이다. 하지만 전에는 너희가 그때 내게 묻는 것들을 너희에게 알려주지 않았다. 지금은 내가 그것들을 말해주고자 하나 (대답을) 구하는 자들이 없다."	처음부터 이 말을 하지 아니한 것은 내가 너희와 함께 있었음이라. 지금 내가 나를 보내신 이에게로 가는데, 너희 중에서 나더러 어디로 가는지 묻는 자가 없고

---

268 「도마복음」과 대조적으로 요한복음은 "하나님과의 동등함을 오직 예수와 관련해서만 말한다"(55)는 점을 지적하는 Dunderberg, 'Thomas' I-sayings', 49-56의 논의.

269 Gosp. Thom. 77장과 요한복음 사이의 유사점들은 "문헌적 관계보다는 지혜 기독론의 공통적 배경에서 비롯되었을 가능성이 더 크다"(60)고 결론짓는 Dunderberg, 'Thomas' I-sayings', 58-60의 논의. J. Schröter는 'Die Herausforderung einer theologischen Interpretation des Thomasevangeliums', in Frey, ed., Das Thomasevangelium, 435-59에서 「도마복음」에서 예수는 "세상의 빛"이 아니라 "모든 것 위에 있는 빛"이라고 지적한다(454-55).

이러한 어록들은 독특한 요한복음 전승을 상기시키는 말씀들로 타당하게 묘사할 수 있다. 그러나 도마가 요한복음을 알고 있었다는 문자적 의존성에 대한 어떤 의문에도 분명 확고하게 부정적으로 대답할 수 있다.[270] 만일 그러한 독특한 특징들을 알고 있었다는 점이 오로지 기록된 전승과의 친숙성에만 의존했다면, 보다 긍정적인 대답을 옹호할 수도 있었을 것이다. 그러나 예수 전승과의 친숙성이 여전히 상당한 정도로 구두 전달 과정에 의존하던 문화에서는 그처럼 주로 희미한 흔적들이, 구전 예수 전승을 다루는 요한의 독특한 방식이 더 광범위한 예수 전승에서 한 요소가 되었다는 증거가 될 가능성이 훨씬 더 크다.[271] 다시 말해서 요한복음을 예수 전승의 주류에서 옆길로 벗어나 탈선한 것으로 간주해선 안 된다. 요한복음이 주장하는 권위는 "예수가 사랑하시는 제자" 안에 있는 요한복음의 원천과 더불어 예수 전승에 대한 요한의 표현이 널리 존중받고 영향력을 끼치도록 했을 것이다.[272] 이 점을 보여주는 또 다른 실례는 「도마복음」이 예수를 "아들"이라고 부른다는 점에 있어서는 요한복음을 결코 따르지 않지만 하나님을 (17개의 어록에서) "아버지"라고 가장 자주 지칭한다는 사실일 것이다.

---

270 Brown, 'Gospel of Thomas', 175; 또한 Dunderberg, 'Thomas' I-sayings', 41-43, 63-64을 보라.

271 Koester가 주장하는 것처럼(Ancient Christian Gospels, 113-24, 260-63) 요한이 「도마복음」전승을 알고 있었고 이를 개작하여 자신이 동의하지 않는 측면들을 제거했다는 대안적 주장은 기껏해야 편향적인 것이다. 이런 주장은 본질적으로 개연성이 없는 건 아니지만, 실제적으로는 Koester가 입증하고자 하는 명제를 전제하고 있다(선결문제 요구의 오류). DeConick은 Voices of the Mystics, 26-32에서 요한복음의 신학 중 일부는 환상적인 신비적 전승에 대한 직접적인 응답이며 「도마복음」에서 발견되는 것과 같은 신비적인 상승 구원론에 대한 논쟁적인 반응으로서의 "신앙 신비주의"라고 주장한다(131). 추가적으로 이하 §49을 보라. 요한복음과 「도마복음」전승 사이에 있을 법한 상호 연결에 대한 논쟁을 검토한 Dunderberg, 'Thomas' I-sayings', 35-40과 DeConick, 26-32을 보라.

272 참고. S. L. Davies, The Gospel of Thomas and Christian Wisdom (New York: Seabury, 1983).

도마 전승이 어디에서 왔는가 하는 문제와 관련이 있는 「도마복음」
의 또 다른 특징은 초기 기독교의 처음 몇십 년을 지배한 유대인적 관심
사에 대한 연속적인 언급—특히 안식일 준수와 할례와 제의적 살육—
이다.

- 27:2 — "너희가 안식일을 안식일로 지키지 않으면, 너희는 아버
  지를 볼 수 없을 것이다."
- 43:2 — "너희는…유대인들과 같다. 왜냐하면 그들은 나무는 사랑
  하지만 그 열매를 미워하거나, 열매를 사랑하지만 그 나무를 미워
  하기 때문이다."
- 52:1-2 — 예수를 따르는 자들이 그분께 말씀드렸다. "스물네 명
  의 예언자들이 이스라엘에서 말했습니다. 그리고 그들 모두 당
  신에 대해 말했습니다." 예수께서 그들에게 말씀하셨다. "너희들
  이 너희 앞에 살아 있는 자는 생략하고 오직 죽은 자들만 말했도
  다."[273]
- 53장 — 예수를 따르는 자들이 그분께 말씀드렸다. "할례가 유익
  합니까 유익하지 않습니까?" 예수께서 그들에게 말씀하셨다. "만
  일 할례가 유익하다면 그들의 아버지가 아이들을 그들 엄마의 뱃
  속에서 이미 할례 된 채로 낳도록 하였을 것이다. 오히려 영 안에
  서의 참된 할례가 온전히 이익이 되었도다."
- 60장 — 한 사마리아인이 양을 들고 유대 지방으로 가고 있었다.

---

273 M. Moreland, 'The Twenty-four Prophets of Israel Are Dead: *Gospel of Thomas*, 52 as a
Critique of Early Christian Hermeneutics', in J. M. Asgeirsson, et al., eds., *Thomasine
Traditions in Antiquity: The Social and Cultural World of the Gospel of Thomas* (Nag Hammadi
and Manichaean Studies 59; Leiden: Brill, 2006), 75-91: "도마 공동체는 예수를 히브리
인의 과거와 연결시키기 위해 성경을 찾아보는 것을 원하지 않았다"(88).

예수께서 따르는 자들에게 말씀하셨다. "저 사람이 양으로 (무엇을 하겠느냐)?" 그들이 예수께 말씀드렸다. "양을 죽여서 먹고자 (합니다)." 예수께서 그들에게 말씀하셨다. "양이 살아 있는 동안은, 그가 먹지 않을 것이다. 그러나 양을 죽였고 그것이 시체가 되었다면 먹을 것이다." 따르는 자들이 말씀드렸다. "다른 방식으로는 먹을 수 없습니다." 예수께서 그들에게 말씀하셨다. "너희들도 그러하다. 너희 스스로 안식의 자리를 구하라. 그렇지 않으면 너희도 시체가 되어 먹히리라."

또한 주목해야 할 것은 야고보에 대한 인상적인 언급이다.

• 12장 — 따르는 자들이 예수께 말씀드렸다. "당신이 우리를 떠나가실 것을 압니다. 누가 우리의 지도자가 되어야겠습니까?" 예수께서 그들에게 말씀하셨다. "너희가 어디에 있든지, 너희는 의로운 자 야고보에게 가야 한다. 그를 위하여 하늘과 땅이 생겨났다."

그리고 안식일이 여전히 매우 중요하고 야고보가 매우 존경받은 집단 안에 「도마복음」 전승이 강하게 뿌리내리고 있었음을 암시하는 바리새인들에 대한 언급(앞에서 인용한 Gosp. Thom. 39장과 102장)에도 주목해야 한다.[274] 우리는 「도마복음」 전승 전체가 전통주의적인 유대-기독교의 단계를 거쳤다고 추론할 수는 없지만, 「도마복음」이 야고보가 대표한 관심사가 지

---

274 그러나 A. Marjanen, 'Thomas and Jewish Religious Practices', in Uro, ed., Thomas at the Crossroads, 163-82은 13 어록이 12 어록의 뒤를 잇는 것이 아마도 도마가 그의 은밀한 가르침(Gosp. Thom. 13장)을 가지고 그 이전의 야보고의 권위를 대체했음을 의미할 것이라고 말한다(181-82).

배적이었던 초기 전승을 흡수하고 유지했다고 추론할 수는 있다. 「도마복음」이 비록 그 나름의 특징적인 관심사는 다른 차원으로 옮겨졌지만 그러한 전승에 계속해서 지위를 부여했다는 사실은, 도마가 실제로 이러한 기원과 관심사를 존중했음을 보여준다.[275]

요컨대 「도마복음」은 발전하는 예수 전승의 다양한 국면들을 반영하지만,[276] 「도마복음」 전승 속에 그 독특한 자료의 근원이 예수 전승의 기원, 즉 예수 자신이 끼친 영향에까지 소급될 수 있음을 암시하는 내용은 전혀 없다.[277] 그러나 이는 「도마복음」의 메시지에 대한 더 충분한 고찰을 필요로 하는 주제다.

c. 「도마복음」의 좋은 소식

정경 복음서들과의 유사점과 차이점을 제시하기 위해 여기서의 논의는 대략 정경 복음서들에 대한 논의와 같은 패턴을 따를 것이다.

---

275 Marjanen은 유대의 종교적 관행과의 비판적인 거리 두기를 발견하지만('*Thomas* and Jewish Religious Practices'), 할례(위의 *Gosp. Thom.* 53장)와 금식, 기도, 자선(*Gosp. Thom.* 6:1, 14:1-3, 27:1, 104:1-2)에 관한 「도마복음」의 자료는 첫 세대의 믿는 유대인들 사이에서 흔히 벌어졌을 것이 분명한 그런 종류의 논쟁을 더욱 반영한다고 말하는 것이 더 정확할 것이다(참고. 막 2:18-20; 마 6:1-6; 눅 11:39-40/마 23:25-26/*Gosp. Thom.* 89:1-2; 롬 2:28-29; 빌 3.3).

276 있음 직한 바울에 대한 지식 또는 바울에게 받은 영향을 포함하여 — S. Gathercole, 'The Influence of Paul on the *Gospel of Thomas* (§§53.3 and 17)', in J. Frey, ed., *Das Thomasevangelium*, 72-94 — *Gosp. Thom.* 53:3과 롬 2:25-32; *Gosp. Thom.* 17장과 고전 2:9을 참고하라. Koester는 고전 2:9/*Gosp. Thom.* 17장을 근거로 고린도 교회의 한 파벌이 자신들이 숨겨진 지혜의 계시이자 생명을 주는 지식으로 이해한 (예수의) 많은 말씀을 알고 있었다고 주장한다(*Ancient Christian Gospels*, 55-62). 그러나 고린도와 Q 자료 사이에 가정된 관계는 극도로 근거가 빈약하다. Gathercole, 88-93을 보라.

277 "「도마복음」에 담긴 모든(또는 거의 모든) 전승은 어록 전승의 독립적인 초기 단계에서 (유래되었다)"는 Koester가 인용한 견해('*GNOMAI DIAPHOROI*', 132)는 심한 과장이자 공상적인 견해다.

i. 「도마복음」의 기독론

이 점에서 「도마복음」을 정경 복음서들과 비교했을 때 가장 먼저 눈에 띄는 특징은 「도마복음」에는 다른 복음서들을 통해 익히 알려진 예수를 가리키는 호칭과 이름이 나오지 않는다는 점이다. 예수는 한 번도 메시아나 그리스도라고 불리지 않는다.[278] 예수가 이스라엘의 메시아인가 하는 문제도 한 번도 암시조차 되지 않는다. "인자"에 대한 한 번의 언급은 있지만(*Gosp. Thom.* 86장), 이 어구가 예수를 가리키는 칭호인지 아니면 단순히 "인간"에 대한 언급인지조차 별로 분명하지 않으며 여우나 새와 대조적으로 이 세상에 속해 있다는 의미도 전혀 없다.[279] 예수는 단 한 번만 하나님의 "아들"로 언급되며(*Gosp. Thom.* 37장)[280] "주님"으로는 한 번도 언급되지 않는다.

가장 흥미로운 어록 중 하나는 공관복음에서 예수가 사람들이 자신을 누구라고 생각하는지에 대해 질문하는 단락에 상응하는 「도마복음」 본문이다. 공관복음에서 이에 대한 대답은 예언자라는 관점에서의 대답이며, 베드로는 예수가 메시아임을 고백한다(막 8:27-29 및 병행 본문). *Gosp. Thom.* 13장에서 베드로는 예수가 "의로운 천사와 같다"고 대답하며 마태는 예수가 "현자" 같다고 대답한다. 그러나 도마는 자신이 이 질문에 제대로 대답할 수도 없다고 고백한다. 예수는 도마를 데리고 가서 그에게 "세 가지를 말씀하셨다." 도마가 제자들에게 돌아와 제자들이 도마에게 예수께서 무슨 말씀을 하셨느냐고 묻자 도마는 이렇게 대답한다. "내가 예수께서 내게 말씀하신 것 중 한 가지라도 너희에게 말한다면, 너희가

---

278 하지만 *Gosp. Thom.* 52:1은 제자들이 예수에게 이렇게 말했다고 기록한다. "스물네 명의 예언자들이 이스라엘에서 말했습니다. 그리고 그들 모두 당신에 관해 말했습니다."

279 DeConick, *Thomas*, 251-52.

280 *Gosp. Thom.* 61장과 99장에서 예수는 하나님을 "나의 아버지"라고 부른다(Davies, *Thomas*, 85).

돌을 들어 나에게 던질 것이며, 그 돌들에서 불이 나와 너희를 태워버릴 것이다." 질문하고 대답하는 시간이라는 맥락은 분명 매우 유대적인 맥락에서 그와 다른 맥락으로 바뀌었다. 그와 동시에 도마에게 은밀히 주어진 계시는 마치 예수가 하나님의 이름을 공유하고 있다는 계시인 것처럼 보인다.[281] 다시 말해 「도마복음」의 어록은 하나님이 자신의 이름을 두신 천사(출 23:21)에 관한 추측을 이용하여 그것을 같은 추측에 대한 요한복음의 부연 설명(요 17:11)과 상호 연관시킨 것일지도 모른다. 이 점은 앞에서 인용한 *Gosp. Thom.* 15장과도 관련될 것이다(§43.2b). 즉 예수는 아버지와 동일시될 수 있다(참고. 요 10:30; 14:9). 역시 앞에서 인용한 *Gosp. Thom.* 61:2-5의 경우도 마찬가지다. 예수는 아버지와 동등하다(참고. 요 5:18).

「도마복음」의 경우에 예수는 "살아 있는 자의 아들"로도 언급되지만(37장) 예수를 언급하는 가장 특징적인 방식은 "살아 있는 자"다(*Gosp. Thom.* 서두, 52, 59, 111장). 어느 쪽으로든 예수는 "모든 존재 위에 있는 빛"의 화신으로 제시된다. "나는 전부이다"(77장). 그는 세상의 모든 곳에 있다. "나무 한 토막을 쪼개어 보라. 그러면 거기에 내가 있다. 돌을 들어 보라. 그러면 거기서 나를 발견할 것이다"(77:2-3). 그에게서 멀리 떨어져 있는 것은 곧 그 나라에서 멀리 떨어져 있는 것이다(82장). "예수께서 말씀하셨다. '누구든지 나의 입으로부터 나온 것을 마시는 자는 나와 같이 될 것이다. 나 자신도 그 사람과 같이 될 것이다. 그리고 감추어져 있는 것들이 그에게 드러나리라.'"(108장)

이 마지막 언급은 우리를 「도마복음」의 기독론이 지닌 주된 특징으로 다시 인도한다. 즉 「도마복음」 전승에서 예수가 소중하게 여겨지고 공

---

281 DeConick이 지적하듯이 *Gosp. Thom.*은 47장에서 *Gosp. Thom.* 13장을 암시하며 133장에서는 예수에게 주어진 이름이 "모든 이에게서 숨겨진 고귀한 이름"(*Gosp. Thom.* 85장)이라고 진술한다.

경을 받는 것은 그의 죽음과 부활 때문이 아니다.[282] 예수는 아버지를 너무나 완벽하게 대변하기 때문에 "살아 있는 자"다. 「도마복음」에 있어서 예수의 의미는 일차적으로 예수가 (구원의) 계시를 가져왔다는 것이다.[283] 요한복음의 그리스도와 마찬가지로 그는 계시자다.[284] 그러나 요한은 계시자로서의 예수의 역할을 예수의 죽음과 부활의 복음과 상호 연관시키려고 애쓰는 반면 「도마복음」은 거의 오로지 계시에만 초점을 맞춘다. "이 은밀한 말씀들은 살아 있는 예수께서 말씀하시고 쌍둥이 유다 도마가 기록하였다"(「도마복음」 서언).

ii. 대안적 복음

「도마복음」의 밑바탕에 진하게 깔린 가정은, 도마가 이 글을 써서 유포시킨 대상이 된 이들이 자신들의 **참된 본성과 영적인 고향은 이 세상에서의 그들의 존재와 다르다**고 믿은 사람들이었다는 것이다.

- 3:3-4 – 오히려 나라는 너희 안에 있고 너희 밖에 있다. 너희가 자신을 알 때 너희가 알려질 것이며, 너희가 바로 살아계신 아버지의 아들들임을 깨달을 것이다.
- 18장 – 따르는 자들이 예수께 말씀드렸다. "우리의 종말이 어떻

---

282 "십자가 처형에 대한 유일한 언급은 예수가 한 것처럼 십자가를 지고 가는 예수의 제자들에 대한 간접적인 언급(어록 55)에서 등장한다"(R. Valantasis, *The Gospel of Thomas* [London: Routledge, 1997], 8-9).

283 Schröter, 'Theologische Interpretation des *EvThom*', 444-53도 함께 보라.

284 Davies는 「도마복음」에는 "기독론이라고 제대로 부를 수 있는 기독론이 없다"고 말하며 그리스도, 인자, 메시아, 구원자, 하나님의 아들과 같은 용어들이 "예수와 관련해서 아직 일반적이지 않았던 어느 시기에 「도마복음」이 유래"되었을 가능성을 제안하지만(99), 이전에 그는 「도마복음」에서 예수는 지혜의 사자 또는 친구일 뿐만 아니라 (77째 어록과 관련해서) "만물을 창조하고 조명하며 그 속에 스며드는 지혜 그 자체"(87)라고 말했었고, 이는 보다 이른 시기의 마가복음보다 마태복음과의 병행 관계를 암시한다.

게 될지 말씀해 주십시오." 예수께서 말씀하셨다. "그러면 너희가 시작을 발견하였기에 종말을 구하는가? 왜냐하면 시작이 있는 곳에 종말도 있기 때문이다. 시작에 자신의 자리를 두는 자는 복되도다. 그는 종말을 알 것이며 죽음을 맛보지 않을 것이다."

- 19:1 ― 예수께서 말씀하셨다. "존재하기 전에 존재한 자는 복되도다."

- 49장 ― 예수께서 말씀하셨다. "복이 있도다. 홀로되고 선택된 자여, 너희는 나라를 발견할 것이기 때문이다. 왜냐하면 너희는 나라에서 왔고 나라로 돌아갈 것이기 때문이다."

- 50장 ― 예수께서 말씀하셨다. "그들이 너희에게 묻기를 '너희는 어디서 왔는가?'라고 하면 그들에게 말하라. '우리는 빛에서 왔도다. 그리고 그곳에서 빛이 스스로 생겼으며, 스스로 확고히 했으며, 그들의 형상으로 드러나게 되었다.' 만약 그들이 너희에게 묻기를 '그 빛이 너희인가?'라고 하면, '우리는 빛의 자녀들이다. 우리는 살아 있는 아버지의 선택된 자들이다'라고 말하라. 만약 그들이 너희에게 묻기를 '너희 안에 있는 너희 아버지의 증거가 무엇인가?'라고 하면, '그것은 운동이며, 안식이다'라고 말하라."

- 67장 ― 예수께서 말씀하셨다. "누가 모든 것을 안다고 해도 자기의 부족함을 모른다면, 완전히 부족한 자이다."

- 83장 ― 예수께서 말씀하셨다. "모습들은 사람들에게 보인다, 그러나 그들 안에 있는 빛은 아버지의 빛의 모습 속에 가리워진다. 아버지의 빛은 드러날 것이다. 그러나 그의 모습은 그의 빛으로 숨겨져 있다."

- 84장 ― 예수께서 말씀하셨다. "너희가 너희를 닮은 모습을 보면, 너희는 행복하다. 그러나 너희 이전에 존재하였으며 죽지도 않고

보이지도 않게 된 너희 모습을 너희가 본다면, 너희는 과연 얼마나 감내해야 할 것인가!"[285]

- 111:2-3 — 예수께서 말씀하시기를…"살아 있는 자로부터 살아 있는 자는 죽음을 보지 않을 것이다." 예수께서 말씀하시지 않는가? "자신을 발견한 사람들, 그들에게는 세상이 합당하지 않다."

그러한 사람들은 자신들의 참된 본성과 기원에 대해 무지하고 그들의 참된 본성과 현재의 존재 사이의 진정한 차이를 **깨닫지 못하며** 그에 대한 **지식이 없을** 수도 있다.

- 3:5 — 예수께서 말씀하시기를…"너희가 자신을 알 때 너희가 바로 살아계신 아버지의 아들들임을 깨달을 것이다. 그러나 너희가 자신을 모른다면 가난 중에 살게 되고 그 가난이 바로 너희다."
- 28장 — 예수께서 말씀하셨다. "나는 이 세상 한가운데 내 자리를 잡았다. 그리고 나는 그들에게 육으로 나타났다. 나는 그들이 모두 취해 있다는 것을 알았으며 그들 아무도 목마르지 않음을 알았다. 그리고 나의 혼은 사람의 아들들을 위해 고통스러워한다. 왜냐하면 그들은 마음이 가리워져 자신들이 빈손으로 이 세상에 왔다가 빈손으로 이 세상을 떠나기를 추구한다는 것을 못 보기 때문이다. 그러나 지금 그들은 취해 있다. 그들이 포도주(의 취기)를 떨쳐버릴 때, 그들은 회개할 것이다."
- 29장 — 예수께서 말씀하셨다. "영으로 인해 육신이 왔다면, 그것

---

285 *Gosp. Thom.* 83장과 84장에 대해서는 특히 E. E. Popkes, 'The Image Character of Human Existence: *GThom* 83 and *GThom* 84 as Core Texts of the Anthropology of the *Gospel of Thomas*', in Frey, ed., *Das Thomasevangelium*, 416-34(및 각주의 추가 참고문헌)을 보라.

은 기적이다. 그러나 육신으로 인해 영이 왔다면, 그것은 기적 중의 기적이로다. 진실로 내가 놀라워하는 것은 어떻게 이토록 위대한 풍요가 이런 빈곤 속에 자리 잡았는가 하는 것이다."

• 56장=80장 — 예수께서 말씀하셨다. "누구라도 이 세상을 깨달은 자는 단지 시체를 발견한 것이다. 그리고 누구라도 시체를 발견한 자는 이 세상보다 뛰어나다."

• 70장 — 예수께서 말씀하셨다. "만약 너희가 너희 안에 있는 것을 내어 놓는다면, 너희가 가진 것이 너희를 살릴 것이다. 만약 너희가 너희 안에 그것을 가지고 있지 않다면, 너희 안에 너희가 가지지 못한 것이 너희를 죽이리라."

• 87장 — 예수께서 말씀하셨다. "한 육신으로 십자가에 달린/한 육신에 의존하는 그 육신은 얼마나 비참한가! 그리고 이 두 육신에 의해 십자가에 달린 혼은 얼마나 비참한가!"

• 112장 — 예수께서 말씀하셨다. "혼으로 십자가에 달린/혼에 의존하는 육신에 저주 있으라! 한 육신으로 십자가에 달린/한 육신에 의존하는 혼에 저주 있으라!"[286]

결과적으로 구원의 과정은 신약 문헌들과 매우 다르게─지위의 변화나 구속을 가져오는 변화가 아니라 한 사람의 참된 본성에 대한 깨달음으로─인식된다.[287]

---

286 다른 번역은 DeConick, *Thomas*, 253을 보라.
287 A. Marjanen, 'The Portrait of Jesus in the *Gospel of Thomas*', in Asgeirsson, et al., eds., *Thomasine Traditions in Antiquity*, 209-19: 「도마복음」에서 구원자의 역할은…어떤 면에서 택함 받은 자들 자신에게 맡겨져 있다.…「도마복음」에 있어서 구원받으려는 한 인간의 시도의 최종 결과는 예수의 어떤 행위에 달려 있는 것이 아니라, 한 인간이 그 자신 안에 가지고 있는 어떤 것에 달려 있다(70장)"(217).

원래의 신적인 형상은 양성적인 존재였으므로(이는 두 가지 창조 이야기─창 1:26-27과 2:7, 22을 조화시키는 한 방식이었다) 원시적 순수성을 회복하는 것은 곧 둘에서 하나로 되돌아가고 여자가 남자가 되는 것이라는 아담 신학의 한 형태처럼 보이는 신학도 이와 밀접한 관련이 있다.

- 11:3-4 ─ 예수께서 말씀하셨다…"너희가 빛 가운데 살 때 너희는 무엇이 될 것인가? 너희가 하나였던 그날 너희는 둘이 되었다. 그러나 너희가 둘이 될 때 너희는 어떻게 될 것인가?"

- 22:4-7 ─ 예수께서 그들에게 말씀하셨다. "너희가 둘을 하나로 만들 때, 그리고 너희가 속을 겉과 같이, 겉을 속과 같이, 그리고 위를 아래와 같이 만들 때, 그리고 너희가 남자와 여자를 하나 된 자로 만들어 남자는 남자가 아니며 여자는 여자가 아닐 때, 그리고 너희가 한 눈 대신 눈들을, 손을 위해 손을, 발을 위해 발을, 그리고 모습을 위해 모습을 만들 때, 그때 너희는 (그 나라에) 들어갈 것이다."[288]

- 85장 ─ 예수께서 말씀하셨다. "아담은 거대한 힘과 거대한 부를 가지고 태어났으나, 그는 너희만큼 합당하지 않다. 그가 합당한 자였다면, 그는 죽음을 맛보지 않았을 것이기 때문이다."

- 106:1 ─ 예수께서 말씀하셨다. "너희가 둘을 하나로 만들 때 사람의 아들들이 될 것이다."

- 114장 ─ 시몬 베드로가 그들에게 말했다. "마리아가 우리를 떠나

---

288 *2 Clem.* 12.2, 6과 알렉산드리아의 클레멘스가 그의 *Stromateis* 3.13.92에서 인용한 「이집트인의 복음」과 관련한 R. Uro의 글 'Is *Thomas* an Encratite Gospel?', in Uro, ed., *Thomas at the Crossroads*, 140-62(여기서는 149-56)에서의 논의. 본문은 H. Koester, *Synoptische Überlieferung bei den apostolischen Vätern* (Berlin: Akademie-Verlag, 1957), 102에서 인용한 것이다. Koester, *Ancient Christian Gospels*, 357-60도 함께 보라.

게 하소서. 여인은 삶을 얻을 자격이 없기 때문입니다." 예수께서 말씀하셨다. "보라, 내가 그녀를 인도하여 그녀가 남자가 되게 할 것이다. 그리하여 그녀도 너희 남자들을 닮은 살아 있는 영이 될 것이다. 어떤 여인이라도 자신을 남자로 만드는 자는 하늘나라에 들어갈 것이다."[289]

이에 따른 윤리적 결과는 독신에 대한 깊은 존경을 포함하는 매우 금욕주의적인 실천 강령이었던 것으로 보인다. 결과적으로 「도마복음」은 흔히 금욕주의 집단에서 나왔지만[290] 공동체적·교회적 관심사가 눈에 띄게 결여되어 있다고 간주된다.[291] 즉 요한복음보다 훨씬 더 개인주의적이다.

- 4:2-4 — "첫째인 많은 사람이 꼴찌가 되고 그들이 하나 된 자가 될 것이다."
- 16:4 — "…그들은 각기 홀로 설 것이다."[292]
- 21:1-4 — 마리아가 예수께 여쭈었다. "당신을 따르는 자들은 어떤 사람들입니까?" 예수께서 말씀하셨다. "그들은 그들의 것이 아

---

289 A. Marjanen은 'Women Disciples in the *Gospel of Thomas*', in Uro, ed., *Thomas at the Crossroads*, 89-106에서 이 어록이 도마 공동체의 일부 기독교인들 사이의 보다 엄격한 생활 방식을 지향하는 경향을 반영하며, 아마도 한쪽은 여성에 대한 완전한 배제를 주장하고 다른 한쪽은 구원에 대한 소망에 여성들도 포함된다고 주장하는 매우 금욕주의적인 두 입장 사이의 갈등을 반영할 것이라고 주장한다.

290 Uro는 「도마복음」은 가족과 관계를 끊고 '외톨이'가 된 이들을 찬양하지만 결코 결혼과 성교를 직접적으로 거부하지는 않는다"고 말한다. 그는 "비록 「도마복음」의 환경에서 금욕주의의 경향이 발생한 것은 분명하지만 「도마복음」이 보통 말하는 엄격한 금욕주의 분파에서 나온 것은 아니라고 결론짓는다('Is Thomas an Encratite Gospel?', 161). Valantasis, *Gospel of Thomas*, 21-24도 함께 보라.

291 Blatz, *NTA*, 1.114.

292 다른 번역을 보려면 DeConick, *Thomas*, 98-99을 보라.

닌 밭에 사는 어린아이들과 같다. 밭의 주인들이 와서 '우리 밭을 우리에게 돌려 달라' 할 것이다. 아이들은 주인이 보는 앞에서 옷을 벗고 그들의 밭을 도로 가지도록 하여 밭을 돌려 줄 것이다."

- 23:2 — 그리고 그들은 하나 된 자로 서 있게 될 것이다."
- 37장 — 예수를 따르는 자들이 말씀드렸다. "언제 당신은 우리에게 드러나실 것입니까? 그리고 언제 우리가 당신을 보게 됩니까?" 예수께서 말씀하셨다. "너희들이 어린아이들처럼 부끄럼 없이 옷을 발가벗고 그 옷을 밟을 때, 비로소 너희들은 살아 있는 자의 아들을 볼 것이며, 두려워하지 않을 것이다."
- 75장 — 예수께서 말씀하셨다. "문간에 서 있는 자는 많다. 그러나 독신자가 신부의 방에 들어갈 것이다."
- 105장 — 예수께서 말씀하셨다. "누구든지 아버지와 어머니를 아는 자는 창녀의 자식이라 불릴 것이다."

이 모든 것의 밑바탕에 있는 내러티브는 꽤 분명하며 특히 영지주의 문헌을 통해 익히 알려져 있다. 그것은 자신의 진정한 자아와 참된 고향을 이 세상 밖에 있는 것으로 인식하는 사람들에 관한 내러티브, 물질세계 안에서의 존재에 전적으로 불편함을 느끼는 영성에 관한 내러티브다.[293] 이런 경우에 해당되는 모든 사람이 다 자신의 참된 영적 자아, 참된 영적

---

293 흥미로운 *Gosp. Thom.* 42장에 대해서는 다음 글을 보라. P. H. Sellew, 'Jesus and the Voice from Beyond the Grave: *Gospel of Thomas* 42 in the Context of Funerary Epigraphy', in Asgeirsson, et al., eds., *Thomasine Traditions in Antiquity*, 39–73: "예수가 「도마복음」의 독자들에게 나그네가 되라고 권면할 때는 그들에게 이 세상에 오래 머물지 말고 대화의 함정에 빠지지 말라고, 또는 더 낫게 표현하자면 그들 주변의 '살아 있는 죽은 자들'과 관계를 맺지 말라고 말한 것이다… '죽지 않을 살아 있는 자들'은 세상을 그 참모습인 송장으로 인식하고 세상의 방식에 사로잡히기를 거부해야 한다"(*Gos. Thom.* 27, 50, 86)' (72–73).

기원과 고향을 인식하는 것은 아니다.[294] 좋은 소식은 예수가 아버지의 나라인 그곳에서 오셨고 그의 가르침이 그들의 참된 존재에 대한 계시인 은밀한 지혜와 이제 그 나라로 확실히 되돌아가기 위해 어떻게 행동해야 하는지에 대한 조언을 가져다준다는 것이다.[295] 이것을 "영지주의적"인 것으로 기술해야 하는지의 여부는 영지주의에 대한 각자의 정의에 달려 있다.[296]

그러나 "영지주의적"이라는 말을 세상에서 편안함을 느끼지 못하고 세상과 불화하며 (인간의 참된 정체성에 대한 지식과 그에 따른 금욕적인 생활 방식의 관점에서) 인간 존재의 역설을 해결해주는 해답을 구한, 영혼과 물질의 기본적인 이원론을 가정한 광범위한 영성을 가리키는 말로 제대로 사용할 수 있다면, 「도마복음」은 "영지주의적"이라고 묘사할 수 있다.[297]

---

294 여기서 한 가지 인상적인 병행 본문은 *Acts Thom* 108-113장의 "진주의 찬가"(Hymn of the Pearl)이다. 앞의 §40.6e을 보라.

295 참고. Robinson, *Nag Hammadi Library*, 1-10; Koester, *Ancient Christian Gospels*, 124-28. DeConick은 "도마 공동체의 기독교인들은 불멸의 존재가 될 목적으로 하나님에 대한 환상을 추구하는 신비주의자들"이었으며 금욕주의적인 생활 방식은 "지속적으로 정결하고 죄가 없는 상태, 위험한 여행을 할 수 있도록 준비된 상태가 되기 위한 한 방법"이었다고 주장한다(*Voices of the Mystics*, 107-8).

296 앞의 §38.4c을 보라. R. Uro는 'The Social World of the *Gospel of Thomas*', in Asgeirsson, et al., eds., *Thomasine Traditions in Antiquity*, 19-38에서 「도마복음」의 사회적 세계를 "흔히 「도마복음」의 종교적인 상징적 표현과 윤리적 가르침에 대한 다소 지나치게 단순한 해석을 바탕으로 한" 세계로 추론하려는 시도를 비판한다(37). S. L. Davies, *The Gospel of Thomas and Christian Wisdom* (New York: Seabury Press, 1983), 2장: "「도마복음」에는 영지주의적인 특징이 거의 없다"(23). 또한 Gathercole의 의견에 따르면 「도마복음」이 '영지주의적'이라는 생각을 전부 버려야 한다는 것은 거의 확실하다"(*Composition*, 148).

297 Cameron, *ABD* 6.539; Popkes, 'Image Character', 431-33도 함께 보라. 참고. Ehrman, *Lost Christianities*, 59-63. 요한복음을 "영지주의적"이라고 말하는 것을 옹호하는 이와 비슷한 주장을 펼 수도 있지만(Uro, *Thomas at the Crossroads*, 5), 요한복음의 독특한 특징들은 독특한 「도마복음」 전승과 달리 그 이전의 예수 전승에 확고히 뿌리박고 있다. 추가적으로 A. Marjanen, 'Is *Thomas* a Gnostic Gospel?', in Uro, ed., *Thomas at the Crossroads*, 107-39를 보라. DeConick은 "영지주의적"이라는 말은 오해의 소지가 많다고 주장하면서 "영지주의"에 대한 최근의 수정적인 태도를 반영한다. 다양한 전승들이 너무 별 생각

43.3 요한복음과 「도마복음」 비교

요한복음의 본질을 규정하는 특징은 요한복음이 이제 예수의 가르침과 사역 속에서 나타난 더 완전한 진리를 그 이전의 공관복음과 비슷한 예수 전승을 통해 요한 공동체에 알려진 대로 펼쳐 보인다는 점이다. 구체적인 말씀과 비유는 때때로 긴 강론에 반영되었고 그 속에서 보다 완전한 의미가 드러났다. 예수의 특징적인 기적들은 "표적"으로 간주되었고 표적의 의미는 다른 강론에서 파악되었다. 「도마복음」의 경우에는 이와 대조적으로 공관복음 같은 전승이 대체로 거의 그와 같이 묘사되며 「도마복음」의 좋은 소식은 그 이전의 전승에서 나온다기보다는 그 이전의 예수 전승에 첨가되거나 나란히 놓인다. 이 점은 여러 사례에서 특별히 분명하다.

요한복음과 「도마복음」은 둘 다 예수에 대한 베드로의 신앙고백 사건을 다룬다(막 8:27-30 및 병행 본문). 요한복음 6:68-69에서 베드로는 "너희도 가려느냐?"는 예수의 질문(6:67)에 이런 말로 대답한다. "주여, 영생의 말씀이 주께 있사오니 우리가 누구에게로 가오리이까? 우리가 주는 하나님의 거룩하신 자이신 줄 믿고 알았사옵나이다." 예수가 메시아라는 베드로의 신앙고백은 요한복음의 줄거리(예수의 분리시키는 효과)에 잘 들어맞았고 유대인의 특징적인 언어와 다르지 않은 언어로 표현된다. 이와 대조적으로 *Gosp. Thom.* 13장에서는 우리가 앞에서 살펴본 대로(§

없이 똑같이 취급되어 그 독특성을 잃어버렸기 때문이다. "이런 집단들이 참여한 '영지주의'라고 불리는 포괄적인 종교는 존재하지 않았다." 그 대신 그녀는 「도마복음」이 시리아의 초기 신앙을 떠올리게 하는 문헌이라고 주장한다. "시리아 기독교에 대한 연구는 예루살렘의 후예라기보다는 표준에서 벗어난 것, 영지주의적인 것으로 격하되어 왔다." 이는 그 기원을 일종의 기독교적 유대교로 추적할 수 있는 "금욕주의적이고 결혼 생활보다 독신 생활을 중시하는 시리아 기독교의 한 형태"다(*Thomas*, 1-6).

43.2c(1)) 이 사건이 베드로의 지위를 상대화하고 도마가 자신이 전달하기에는 너무 위험한 특별하고 은밀한 계시를 받았다는 주장을 강조하는 한 방법이 된다.[298]

요한복음 3장에서 우리는 하나님 나라에 들어가기 위해 예수 전승에서 제시한 조건(마 18:3)을 요한이 어떻게 설명하는지 보았다. "사람이 물과 성령으로 나지 아니하면 하나님의 나라에 들어갈 수 없느니라"(3:5). *Gosp. Thom.* 23장은 이 대목에서 또다시 갑자기 궤도에서 벗어나 요한처럼 주된 사상을 부연 설명하는 것이 아니라, 그것을 자기 나름의 이야기에 덧붙이고 슬로건화 하는 모티프들로 표현한다.[299]

> 예수께서 아기들이 젖을 빨고 있는 것을 보시었다. 예수께서 그를 따르는 자들에게 말씀하셨다. "젖을 빨고 있는 이 아기들은 그 나라에 들어가는 자들과 같다." 그들이 예수께 말씀드렸다. "우리도 아기로서 그 나라에 들어갑니까?" 예수께서 그들에게 말씀하셨다. "너희가 둘을 하나로 만들 때, 그리고 너희가 속을 겉과 같이, 겉을 속과 같이, 그리고 위를 아래와 같이 만들 때, 그리고 너희가 남자와 여자를 하나 된 자로 만들어 남자는 남자가 아니며 여자는 여자가 아닐 때, 그리고 너희가 한 눈 대신 눈들을, 손을 위해 손을, 발을 위해 발을, 그리고 모습을 위해 모습을 만들 때, 그때 너희는 그 나라에 들어갈 것이다."

요한복음 14-16장에서 예수는 자신이 떠나가는 것에 대한 제자들의 걱정에 대해 자신과 아버지와의 관계에 대해 이야기하고 성령이 그들의 모

---

298 앞의 §40 n. 198도 함께 보라.
299 DeConick, *Thomas*, 115-18도 함께 보라.

든 염려를 해결해주실 것이라고 약속하는 것으로 응답하신다. 이와 대조적으로 *Gosp. Thom.* 37장은 또다시 독자들의 관심을 자기만의 독특한 영지주의적인 복음으로 돌려놓는다.[300] "예수를 따르는 자들이 말했다. '언제 당신은 우리에게 드러나실 것입니까? 그리고 언제 우리가 당신을 보게 됩니까?' 예수께서 말씀하셨다. '너희들이 어린아이들처럼 부끄럼 없이 옷을 발가벗고 그 옷을 발 아래에 놓을 때, 비로소 너희들은 살아 있는 자의 아들을 볼 것이며, 두려워하지 않을 것이다.'"

요한복음 16:23-24에서 구하고 찾고 두드리라는 예수의 격려(마 7:7/눅 11:9)는 자신이 그들을 떠났을 때 자신에게 구하라는 제자들을 향한 예수의 격려 속에서 다루어진다. *Gosp. Thom.* 2장도 공관복음 전승을 사용하지만, 거기서는 사뭇 다른 주제를 덧붙인다. "예수께서 말씀하셨다. '찾는 자들은 찾을 때까지 찾으라. 찾고 나면 놀랄 것이다. 놀라면 경탄할 것이며 모든 것을 다스릴 것이다/안식할 것이다.'"

요한복음에서는 예수의 오심이 곧 선과 악을 분리하는 빛이 비친 것이라는 주제(요 3:19-21)가 믿는 유대인과 믿지 않는 유대인을 분리시키는(8-19장) "세상의 빛"(8:12)으로서의 예수에 대한 사상의 핵심이다. 이와 대조적으로 *Gosp. Thom.* 77장에는 세상의 빛으로서의 예수에 대한 개념이 들어설 여지가 없으며 이 개념은 예수의 우주론적 의미에만 국한된다. "예수께서 말씀하셨다. '나는 모든 존재 위에 있는 빛이다. 나는 전부이다. 나로부터 모든 것이 나왔다. 그리고 나에게로 모든 것이 돌아온다.'"

따라서 요한복음과 「도마복음」이 그 이전의 예수 전승을 다루는 방식에는 꽤 근본적인 차이가 있어 보인다. 요한은 그 전승의 공기 속에서

---

300 다시 DeConick, *Thomas*, 153-54을 보라.

살며 호흡한다. 요한은 그 전승을 상세히 숙고하고 언제나 그 전승과의 가시적인 접촉을 유지하면서 그것을 궁구하며 그것의 더 깊은 의미와 의의를 도출해낸다. 반면 「도마복음」은 공관복음 같은 전승, 즉 우리에게 공관복음 전승 그 자체에서 이미 친숙한 그런 종류의 변형된 전승을 상당 부분 물려받았다. 실제로 「도마복음」 안에 있는 공관복음 같은 전승은 요한복음 안에 있는 그것보다 훨씬 더 알아보기 쉽다. 그러나 (이것이 중요한 점인데) 「도마복음」의 독특한 메시지는 요한복음의 경우처럼 그 전승에서 도출되지 않는다.[301] 그것은 인간이 처한 조건에 대한 **다른** 분석과 **다른** 해법에서 도출된다. 물론 접점들은 존재한다. 그렇지 않았다면 「도마복음」은 지금처럼 많은 예수 전승을 흡수할 수 없었을 것이다. 빛과 생명이라는 주제는 공통 화폐를 제공한다. 예수가 여러 기독교인 집단에서 너무나 많은 그와 같은 표현의 주된 영감이 되었다는 점은, 최소한 어느 정도는 상당한 분량의 예수 전승의 뒷받침을 받기는 했지만, 그가 다양한 메시지를 떠받쳐줄 좋은 못과 같은 존재였음을 의미한다. 그러나 「도마복음」의 **핵심적인** 메시지는 요한복음과 「도마복음」이 함께 활용할 수 있었던 예수의 메시지나 예수 전승의 메시지가 **아니었다.**

---

301 「도마복음」이 예수 전승에서 그 메시지를 이끌어낸 가장 가까운 예는 아마도 *Gosp. Thom.* 3장일 것이다(참고. 눅 17:20-21). "예수께서 말씀하셨다. '너희를 인도하는 자들이 말하기를, "보라, 나라가 하늘에 있다"라고 하면, 하늘의 새가 너희를 앞설 것이다. 그들이 너희에게 말하기를 "나라가 바다에 있다"라고 하면 물고기가 너희를 앞설 것이다. 오히려 나라는 너희 안에 있고 너희 밖에 있다. 너희가 자신을 알 때 너희가 알려질 것이며, 너희가 바로 살아계신 아버지의 아들들임을 깨달을 것이다. 그러나 너희가 자신을 모른다면 가난 중에 살게 되고 그 가난이 바로 너희다.'"

43.4 「도마복음」은 복음서인가?

「도마복음」전승과 공관복음 및 요한복음 전승의 상호 관계는 특히 흥미롭다. 앞에서 살펴본 것처럼 많은 접점이 있고 특히 「도마복음」과 공관복음 전승 사이의 연속성을 보여주는 분명한 증거들이 있기 때문이다. 그러나 본질적인 요점은 「도마복음」전승을 하나로 묶어주는 기본적인 내러티브가 공관복음 전승과 심지어 요한복음 전승에서도 발견되는 것과 뚜렷이 다르다는 점이다. 「도마복음」의 독특한 메시지는 지금까지 살펴본 예수 전승에서 다른 곳에서는 발견할 수 없는 어떤 출처와 인간이 처한 조건에 대한 어떤 설명에서 나왔다. 그것은 그 전승 속에 유입된 것이다. 공관복음 전승 속에는 「도마복음」이 사용할 수 있었고 그 근저에 깔린 내러티브 속에 뒤섞을 수 있었던 요소들이 충분했다. 그러나 「도마복음」의 독특한 메시지를 공관복음(과 요한복음)에서 증언된 예수 전승에서 나온 것으로 간주하기는 어렵다. 「도마복음」의 메시지에는 인간의 존재에 대한 매우 다른 "해석"이 있다. 비록 그러한 상황에 휩쓸린 예수가 명백히 그의 가르침을 통해 「도마복음」공동체에 필요한 메시지를 전해준 분으로 믿어지기는 했지만 말이다. 매우 많은 예수의 말씀들이 그들이 처한 상황을 향해 말하고 있는 것으로 들릴 수도 있었을 것이다.[302] 그러나 「도마복음」에서 식별 가능한 예수 전승은 본질적으로 유대인 성경과 지금까지 검토한 예수 전승의 인식과는 다른 실재에 대한 인식에서 비롯된 틀에 덧붙여진 첨가물이었다.[303]

---

302 예를 들면 *Gosp. Thom.* 3, 5, 39, 76, 86, 92장. Valantasis가 보기에 「도마복음」의 "어록은 새롭고 대안적인 주관성을 구축하려고 애쓰고 있다"(*Gospel of Thomas*, 10-12).

303 DeConick이 "2차적인 첨가물"로 간주하며 또한 특징적인 어휘 및 주제와 부합되는 어록에 대한 그녀의 분석을 참고하라(*Recovering*, 71-76).

「도마복음」이 예수가 끼친 최초의 영향에서 비롯되었고, 단순히 정경 복음서에 나타난 바와 같은 예수 전승의 종말론과 구원론에 동의하지 않거나 이를 버리고 다른 방식으로 예수 자신에게서 나온 직계 전승을 유지한 것은 아니다.[304] 심지어 Q 전승과도 달리, *Gosp. Thom.* 46장의 세례 요한에 대한 언급에도 불구하고, 「도마복음」이 물려받은 공관복음 전승은 예수의 실제 삶(과 죽음)과의 어떤 연관성과도 거의 전적으로 분리되었다.[305] 그것은 실질적인 역사적 닻도 없이 자유롭게 떠다니는 가르침이다. 또한 「도마복음」의 독특한 메시지가 그 자체로 예수가 끼친 직접적인 영향의 일부였다는 어떤 증거도 없다.[306] **「도마복음」의 기본적인 내러티브는, 우리가 예수의 사역이나 초기 구전 예수 전승에서 「도마복음」의 관점의 근원을 발견하기에는 너무 독특하고 예수가 끼친 영향을 보여주는 다른 1세기의 증거들과 너무 다르다.**[307] 도마 공동체나 그 직접적인 선

---

304 다시 DeConick, *Recovering*, 78-85을 참고하라.

305 그러나 *Gosp. Thom.* 55장은 예수를 따르는 자는 예수처럼 자기 십자가를 질 것을 예상해야 한다는 Q 자료의 말씀(눅 14:26-27/마 10:37-38)을 사용한다.

306 「도마행전」에 나오는 예수의 몇 가지 질문이 공관복음 전승만 인용하며 「도마복음」의 독특한 자료는 전혀 인용하지 않는다는 점은 주목할 만하다 - *Acts Thom* 28장(마 6:34, 26, 30), 36장(마 19:23; 11:8; 6:25), 53장(마 7:7), 79장(참고. 마 7:15), 80장(마 19:28), 82장(막 8:18; 마 11:15, 28), 86장(마 26:52-53), 94장(참고. 마 5:5-8), 144장(마 6:9-13). "46장 전체는 눅 11:23-23에 바탕을 두고 있다"(Drijvers, *NTA*, 2.407 n. 80). Drijvers는 다른 많은 흔적을 열거한다(405-11). 「도마복음」의 흔적들은 마태복음에서 인용한 구절들에 비하면 가볍지만 10장(*Gosp. Thom.* 1장), 39장과 47장(*Gosp. Thom.* 13장), 92장(*Gosp. Thom.* 22장), 136장(*Gosp. Thom.* 2장), 147장(*Gosp. Thom.* 22장), 170장(*Gosp. Thom.* 52장)에서 알아볼 수 있다. Klauck는 저자가 타티아노스의 「디아테사론」을 통해 복음서 전승을 알았는가 하는 질문을 던지며 「도마복음」의 흔적들이 "도마 학파"의 존재를 암시하는지에 대해 논의한다(*Apocryphal Acts*, 146, 147-48).

307 「도마복음」은 요한복음과 대조적으로 "그 최초의 단계를 지배했을 것이 분명한 (「도마복음」에 알려진 예수 전승의) 신학적 관점"을 보존하고 있다는 Koester의 명제를 가장 강력하게 반박하는 것은 바로 이러한 특징이다(*Ancient Christian Gospels*, 123; 및 *Introduction*, 2.150-54). 이 문제는 "영지주의"의 기원을 1세기로 추정할 수 있는지의 여부에 달려 있지 않다(*Ancient Christian Gospels*, 83). 이 문제는 이 "영지주의적인" 내러티브가 그것이 어디서 출현했든 예수 또는 그의 사역과 초기 예수 전승의 직접적인 영향의 결과로 간주

행 집단은 그들에게 알려진 공관복음 전승의 영향을 받았지만, 그 전승이 그들 자신의 본능적인 내러티브를 채워 넣는 데 도움이 되고 그들이 예수가 아닌 다른 곳에서 얻은 자기 이해에 있어서 호소력이 있었기 때문에 그 전승을 매력적으로 느꼈을 가능성이 훨씬 더 크다. 예수 전승은 요한복음의 경향을 포함해서 그의 가르침에 도마 공동체에 깨우침을 가져다주고[308] 그들로 하여금 그 전승을 이전의 취지와 초점을 훨씬 뛰어넘어 부연 설명함으로써 그 전승의 계시적 의미를 확장할 수 있게 한 계시가 포함된 가르침을 준 인물을 제시했다. 사실상 그들에게 매력적으로 다가온 예수 전승은 단지 그들의 기본적인 "영지주의적" 세계관과 영성에 흡수되었을 뿐이다.[309]

이것이 바울이 확립한 복음에 대한 직접적인 반대와 반감에서 발생

될 수 있는가 하는 문제다.

308 필자는 「도마복음」의 영향을 상당히 받은 이들의 특성이나 소재지를 명시하려 하지 않은 채 "공동체"라는 용어를 사용한다.

309 DeConick은 「도마복음」의 배후에 있는 전승사에 대한 논쟁의 역사를 검토하면서 필자의 생각에는 적절하게 "구전에서 유래된 문헌", 즉 그녀의 견해로는 예수의 있는 그대로의 말씀에서 시작된 "단계적으로 이루어진 자료"라는 「도마복음」의 성격을 강조한다 (*Recovering*, 55-56, 61-62; 그녀가 Foster, ed., *Non-Canonical Gospels*, 13-29에 기고한 글 '*The Gospel of Thomas*'도 함께 보라(여기서는 20-24). 그녀는 계속해서 「도마복음」의 발전 과정에서 첫 번째 단계로서 "알짜 「도마복음」"을 재구성한다(*Recovering*, Part Two; *Thomas*, 2장). 그러나 "알짜 「도마복음」"에는 필자가 「도마복음」에 그 특징적인 메시지를 부여한 것으로 간주하는 자료(위의 §43.2b)가 하나도 포함되어 있지 않다. 따라서 「도마복음」의 전승사를 대변하는 단계적으로 성립된 자료 모델에서는 (*Recovering*, 56에서와 같이) 단 하나의 (구전) 자료(예수 전승)도 발견할 것을 기대해선 안 된다. 필자의 생각에 보다 정확한 모델은 "영지주의적인" 세계관과 예수 전승이라는 서로 다른 **두 개**의 근원적 출처가 그 둘을 하나로 합칠 수 있는 곳에서 하나로 합쳐져 공동체의 관습 속에서 설명되고 확대되는 것을 보여줄 것이다. 몇몇 사람들이 「도마복음」의 Q 자료적인 뿌리로 간주한 「도마복음」 안에 있는 지혜 전승은 (고전 1:20-25; 2:6-13과 관련해서) "바울이 고린도전서에서 그렇게 하고 있는 것처럼 보이는 방식과 거의 똑같은 방식으로 신비의 우월함에 비해 부차적인 것이 된다"는 DeConick의 추가적인 의견(*Voices of the Mystics*, 207-8)이 진실에 더 가깝다. 'Die Lilien und das Gewand', 140-43에 실린 DeConick에 대한 Frey의 간략한 비판도 함께 보라.

했고 마가복음과 다른 정경 복음서들의 복음서 구조 속에서 구체화되었는지는 지금은 말하기가 불가능하다. 정경 복음서에서 쉽게 눈에 띄는 그러한 강조점들의 생략은 단순히 선별적으로 받아들여지고 "영지주의적인" 내러티브와 결합된 예수 전승의 한 흐름을 나타낼 수도 있다. 바울의 대안적인 복음에 대한 어떤 명시적인 반박도 없다는 것은, 다른 곳에서 얻은 그들의 정체성을 설명해주는 이야기와 예수 전승을 연결시킬 충분한 내용을 예수 전승에서 발견한 집단(들)의 존재를 강하게 암시한다. 이것을 복음서(「도마복음」)[310]라고 부르는 것은 예수 전승이 실질적으로 사용되었으므로 이해할 만한 일이다. 또한 다른 복음서들에 대한 교부들의 언급은 마가의 복음서 형식이 다른 비(非)마가적인 형식들도 편리하게 "복음서"로 지칭되는 것을 가로막을 만큼 그 지위를 확고히 하지 못했다는 점을 상기시켜주는 유익한 암시다. 그러나 명시적으로 인식되었든 그렇지 않은 간에 결정적인 점은 예수 전승이 마가와 나머지 정경 복음서 저자들의 손으로 복음의 틀, 바울이 정의를 내린 기독교적인 "복음", 즉 예수의 죽음과 부활에서 절정에 이르는 예수의 사명에 대한 기록으로서의 "복음" 안에 수용되었다는 점이다(§41). 도마의 많은 (확대된) 가르침에 힘입어 예수를 그들의 참된 상태에 대한 위대한 계시자로 간주한 어떤 금욕주의 내지 "영지주의" 집단을 위한 교육 지침서로서의 「도마복음」을 1세기 기독교인들이 정의한 바와 같은 "복음서"로 간주해선 안 된다.

요컨대 장르와 문학 양식의 측면에서 "복음서"는 「도마복음」에 대한 가장 자연스러운 호칭처럼 보일 수도 있다. 그러나 「도마복음」의 구조와 내용은 바울과 정경 복음서들이 정의한 "복음"과 너무나 다르므로 우리

---

310 "도마에 따른 복음"은 콥트어 본문 끝에 나오는 간기(刊記)다.

는「도마복음」이 잘못된 이름이라고 판단할 수 있고 그렇게 판단해야 한다. 이 호칭이 현재 확고해진 바와 같이 계속 유지되더라도「도마복음」은 신약의 복음서들과는 매우 다른 복음으로 판단해야 한다. 이 책이 신약 정경, 네 가지 예수 전승으로 이루어진 정경에서 배제된 것은 이해할 만한 일인 동시에 전적으로 적절한 일이었다.

43.5 서로 다른 두 복음서, 서로 다른 두 가지 해석학적 전략[311]

요한복음에서 우리는 공관복음 전승이 증언하는 바와 같은 예수가 끼친 최초의 영향으로 그 근원을 쉽게 추적할 수 있는 예수의 사역과 예수의 가르침에 대한 묘사를 발견한다. 초기 전승은 분명히 여러 해 동안 숙고의 대상이 되었다. 요한복음은 그러한 숙고의 열매다. 사실상 요한은 그 전승을 그가 주요 특징으로 간주한 내용으로 추려냈고, 이런 특징들은 그러한 숙고의 초점이 되었다. 그러한 숙고의 마지막 단계로 존재하는 복음서에서 우리는 그 이전 전승의 이러한 주요 특징들이 공관복음 저자들이 그들의 복음서에서 스스로에게 허용한 수준을 훨씬 뛰어넘어 확대되고 부연 설명된 것—특히 그 의미가 설명된 특징적인 "표적들"과 부연 설명된 귀중한 어록들과 비유들의 의미—을 본다. 우리는 조명을 받고 그 의미가 자세히 제시된 그 이전의 전승 속에 존재했지만 눈에 띄지는 않았던 요소들, 특히 믿음에 대한 요구와 영원한 생명에 대한 약속을 본다. 그리고 우리는 그 이전의 하나 이상의 복음서에서 조심스럽게라도 이미 숙

---

311 필자의 'The Earliest Interpreters of the Jesus Tradition: A Study in Early Hermeneutics', in S. E. Porter and M. R. Malcolm, eds., *Horizons in Hermeneutics*; A. C. Thiselton FS (Grand Rapids: Eerdmans, 2013), 119-47도 함께 보라.

고하고 발전시켰고, 그와 유사하게 전면에 내세웠으며, 예수의 사명과 가르침의 의미, 특히 아버지와 아들의 이미지와 예수의 신적 권위의 강화에 대해 얼마나 더 많은 빛을 비춰줄 수 있는지를 보여주는 중요성을 부여한 요소들을 본다. 이것의 뿌리는 그 이전의 예수 전승에서 분명히 확인할 수 있으므로 필자는 그것을 그 이전의 예수 전승의 **내부로부터의** 발전으로 묘사한다.

이와 대조적으로 독특한 「도마복음」 자료는 「도마복음」이 의존하는 공관복음 자료를 펼친 것으로 보이지 않는다. 「도마복음」의 독특한 복음은 공관복음 같은 전승에 덧붙여진 것이다. 거기에는 또 다른 출처가 있다. 공관복음 전승은 인간이 처한 조건에 대한 「도마복음」의 분석에 비추어 해석할 수도 있지만, 그 해석은 그러한 전승에서 나온 것이 아니라 그 전승에 지워진 것이다. 요한복음을 그 이전의 예수 전승의 **내부로부터의** 발전으로 묘사할 수 있다면 「도마복음」은 **외부로부터의** 발전으로 묘사해야 할 것이다.

요한복음과 「도마복음」 사이에는 특히 하나님과 동일시될 수 있는 계시자로서의 예수에 대한 묘사와 "위-아래"의 이원론에 있어서 여러 유사점이 있다. 그러나 계시된 좋은 소식의 내용은 매우 다르며, 세상에 대한 태도도 매우 다르고, 요구되는 반응도 매우 다르며, 그 이전의 예수 전승에 뿌리를 두고 있는 정도도 매우 다르다. 도마 공동체나 그 직접적인 선행 집단은 그들에게 알려진 공관복음 전승의 영향을 받았지만, 이는 그들이 요한처럼 그 전승의 메시지를 제시하기 위해 그것을 펼쳐 보일 수 있었기 때문도 아니고 그들이 요한처럼 거기에서 그들의 독특한 메시지를 이끌어낼 수 있었기 때문도 아니라고 확실하게 주장할 수 있다. 그보다도 도마 공동체는 그 이전의 예수 전승이 그들 자신의 본능적인 내러티브의 내용을 채우는 데 도움이 되었기 때문에, 그것이 그들이 예수가 아닌 다른 곳에서 얻은 자기 이해에 있어서 호소력이 있었기 때문에, 그것을 매력적으로 느꼈다. 「도마복음」은 요한과 전적으로 다르지 않게 예수 전승에서 그 가르침 속에 그들이 자신들만의 본능적인 통찰에 덧붙일 수 있는 계시가 담겨 있는 한 인물을 발견했다. 그러나 사실상 그들에게 매력적으로 다가온 예수 전승은 단지 그들의 기본적인 "영지주의적" 세계관과 영성에 덧붙여졌을 뿐이다.

요컨대 요한은 공관복음의 예수 전승을 이를테면 내부로부터 발전시키면서 물려받은 공관복음 전승의 의미를 여전히 구약에 뿌리를 두고 있고 "유대인들"에게 여전히 직접적인 관련성이 있는 메시지와 더불어 확대했다. 이와 대조적으로 「도마복음」은 보다 **외부로부터** 초기 예수 전승에 공을 들이며 그 전승을 사용하고 그것을 인간이 처한 상황에 대한 매우 다른 이해와 인류에게 필요한 좋은 소식에 대한 매우 다른 이해에 알맞게 변형시켰다. 아마도 도마는 그러한 다른 철학에 비추어 해석할 수 있는 다양한 초기 예수 전승을 덧붙임으로써 자기 메시지의 매력을 확대하고자 했을 것이다. 그러나 「도마복음」의 초기 예수 전승 사용은 적대적 매수와 더 비슷한 반면, 요한의 용례는 예수로부터 예수 전승을 통해 자신에게 온 유산의 풍성함을 살펴보는 상속자와 같다.

이 모든 것은 교회가 요한복음을 신약의 정경 안에 보존한 이유와 「도마복음」을 거부한 이유를 더 분명히 밝혀준다. 서로 다른 해석학적 전략이 그러한 차이를 가져왔다. 또한 교회 전승과 관련된—그리고 성경을 다른 언어로 번역하는 일과 관련된—그러한 차이의 필연적 결과도 무시해선 안 된다. 요한복음이 선례이자 본보기라면, 받아들일 수 있는 해석학은 그 이전의 전승(성경)의 내부로부터 지속적이거나 새롭게 인식된 중요성을 지닌 것으로 간주되는 내용을 도출해내는 해석학이다. 「도마복음」이 반면교사라면, 의심의 눈초리로 지켜봐야 할 해석학은 다른 기원

을 가진 철학을 그 이전의 전승(성경)을 이해하는 열쇠로 삼거나 성경에
서 나온 요소들을 다른 곳에서 나온 틀이나 내러티브에 단순히 덧붙이는
해석학이다.

44장

2세기의 예수 전승

44.1 서론

우리는 예수 전승이 끼친 영향과 그것이 기독교 운동의 처음 70여 년 동안 어떤 역할을 했고 어떻게 다루어졌는지에 대해 살펴보았다. 예수 전승의 대부분은 20-30년 동안 구전 형식으로 유포되었다. 예수 전승이 그 시기에 잘 알려졌다는 증거는 그것이 실제적인 측면에서 처음 글로 옮겨졌을 때(Q 자료와 마가복음 및 그 뒤를 이은 누가복음과 마태복음) 저자들이 활용할 수 있는 예수 전승의 큰 공유 자료가 존재했다는 사실 속에 함축되어 있다. 이 공유 자료는 생생한 구두 전승이었고 이 전승은 점점 확대되는 여러 교회들을 세운 예수의 최초 제자들과 사도들에게서 비롯되었으며 다양하게 결합되고 분류되어 사용되었다고 추정해도 무방하다. 이것이 곧 이 회중들에게 그들의 정체성을 부여했고 그들 예배에 대한 영감과 삶에 대한 가르침과 전도와 변증을 위한 자원을 준 예수 전승이었다. 이것이 곧 복음서 저자들이 예수를 묘사하고, 예수에 대한 전승들을 그것들과 관련된 다양한 교회에서 보여주고 기념하고 가르치고 전달하는 특징적이고 전형적인 방법들을 틀림없이 반영한 방식으로 구성할 수 있었던 전승이었다. 요한복음과 「도마복음」은 구전 예수 전승이 광범위한 영역에 어느 정도나 알려졌는지에 대한 추가적인 증거를 제시한다. 또한 몇몇 신약 서신들(로마서, 고린도전서, 데살로니가전서, 야고보서, 베드로전서)[1]은 이미 처음 50년 이내에 구전 예수 전승의 너무나 많은 부분이 지중해 북동쪽 지역을 중심으로 뻗어나간 일련의 교회들의 생혈 속에 깊이 자리 잡은 나머지 그것이 그들의 것으로 생각되고 언급될 수 있었으며, 기독교인들의 생각과 행동의 특징적인 방식으로 여겨졌을 가능성을 뒷받침한다.

2세기에는 예수 전승에 무슨 일이 일어났는가? 신약 정경의 필수적인 부분이 된 복음서들은 이미 기록되었고, 그 (확산되는) 영향력과 정경화를 향한 발전 과정은 이어지는 지면에서 추적할 것이다. 그러나 구전 예수 전승을 글로 옮기는 과정이 전승의 구전 단계에 종지부를 찍었다고 추론해선 안 된다. 요한복음과 「도마복음」은 둘 다 공관복음 전승 속에 글로 옮겨진 구전 전승과 많이 중복되고 널리 알려진 유사한 구전 전승을 증언하며,[2] 또한 공관복음서에 기록되지 않은 구전 전승에 대한 지식을 암시한다. 예수 전승은 기록된 복음서들이 처음 의도된 수신자들을 훨

---

1 *Jesus Remembered*, 181-84; *Beginning from Jerusalem*, 1135, 1154을 보라. J. Schröter, *Vom Jesus zum Neuen Testament: Studien zur urchristlichen Theologiegeschichte und zur Entstehung des neutestamentlichen Kanons* (WUNT 204; Tübingen: Mohr Siebeck, 2007), 81-104의 견해와 달리 필자는 이 편지들에 담긴 구절들이 공관복음 전승에서 예수의 말씀으로 간주된 말씀들과 긴밀한 유사성 및 어느 정도의 상호 의존성을 보여줄 때 가장 분명하게 추론할 수 있는 점이, 서신서의 구절들이 (저자들이 청중에게 익히 알려져 있다고 가정할 수 있기 때문에 명시적으로 예수의 말씀으로 간주할 필요가 없었던) 이미 친숙한 예수 전승을 사용하고 있었다는 것이라고 계속해서 주장한다. 이는 (이후의) 유사한 공관복음 자료가 서신들이 증언하는 바와 같이 (보다 다양한 출처에서 나온) 그러한 초기 기독교의 가르침에서 비롯되지 않았다는 말이다.

2 앞의 §§42, 43을 보라.

씬 뛰어넘어 확고한 지위를 얻어가고 있었을 때도 계속해서 구전으로 알려지고 유포되었다는 것이 아마도 자연스러운 추론일 것이다. 그러나 이 추론은 검증을 받을 필요가 있을 것이다.[3] 요한복음과 「도마복음」이 공관복음 전승으로 잘 알려진 것 이상으로 예수 전승을 자세히 설명할 수 있다는 점을 입증한다면, 우리는 또한 예수 전승이 2세기에 발전되었는지, 만일 그렇다면 얼마나 많이, 얼마나 받아들일 만하게 발전되었는지 질문할 필요가 있다.

특히 신약 복음서들을 구전 예수 전승의 유일한 참된 유산, 예수 전승의 유일한 권위 있는 기록된 표현으로 간주해야 하는가? 리옹 주교 이레나이우스가 175년에서 185년 사이에 집필 활동을 하면서 최초로 사복음서만을 정경으로 공개적으로 인정했다는 사실은 잘 알려져 있다.[4] 그러나 이레나이우스 자신도 잘 알고 있었듯이 다른 복음서들도 이미 유포되어 있었다. 이레나이우스는 왜, 무슨 이유로 사복음서—마태, 마가, 누가, 요한복음—만 고집했는가? 지난 세대의 학자들은 복음서로 알려진 다른 문헌들의 수가 "왜 다른 복음서들(이른바 외경)이 아닌 이 복음서들(신약)인가?"라는 오래된 (이미 2세기에 나온) 질문을 새롭게 제기한다는 깨달음에 거의 압도되었다.[5] 이른바 「은밀한 마가복음」에 관한 논쟁[6] 댄 브라운(Dan Brown)의 『다빈치 코드』[7]에서 제기된 사이비 역사적 주장에 쏟아

---

3 Gregory는 구전 전승의 내용을 살펴볼 수는 없다는 점(우리가 가진 자료들은 모두 문헌 자료다)을 인정하면서 논의를 현대의 학문 연구 방법이 사용할 수 있는 것으로 제한해선 안 되며 구전 전승이 2세기 문헌과 예수 전승 사이의 접점들을 설명할 가능성을 폐기하거나 무시해선 안 된다고 타당하게 주장한다(Reception of Luke, 15).

4 "세상의 네 구역"과 "네 개의 주요 바람"의 유비를 사용하면 "복음서들이 지금보다 그 수가 더 많거나 더 적어지는 것은 불가능하다"(adv. haer. 3.11.8).

5 이 질문을 다루려는 가장 최근의 단도직입적인 시도는 C. E. Hill, Who Chose the Gospels? Probing the Great Gospel Conspiracy (Oxford University, 2010)이다.

6 앞의 §40 n. 256을 보라.

7 D. Brown, The Da Vinci Code (New York: Doubleday, 2003).

진 언론의 관심, 최근의 「유다복음」의 발견[8]은 모두 이 문제를 새롭게 조명했고 이 문제가 학자들의 연구나 대학 강단에만 국한될 수 있는 문제가 아님을 확실히 밝혔다. 다양한 중심지에서의 기독교의 기원은 예전에 생각했던 것보다 훨씬 더 다양했으며 "정통"은 단지 각 중심지에서 (결국) 승리하여 나머지 파벌들을 "이단"으로 정죄한 파벌에 불과하다는 발터 바우어(Walter Bauer)의 주장이 옳았는가?[9] 그리고 이러한 승리와 정죄는 나머지 파벌들의 믿음에 대한 억압과 파괴를 통해 강화되었는가? 처음에는 신약 복음서들만큼 권위 있고 영향력이 있었지만, 마태복음, 마가복음, 누가복음, 요한복음에만 초점을 맞추기로 결정한 기독교의 주류에 의해 억압당한 다른 복음서들이 존재했는가?[10] 이레나이우스는 이 네 권만 "복음서"로 인정해야 한다고 주장함으로써 새로운 유행을 선도했는가? 아니면 이 네 권의 책(특히 요한복음)을 다른 기독교인들이나 영지주의적으로 편향된 기독교인들이 이 책들에 대해 제기한 주장에서 건져냈는가?

이런 문제들은 여기서 바트 어만(Bart Ehrman)의 최근 저서 『잃어버린 기독교들』(*Lost Christianities*, 2003)의 도발적인 제목으로 요약할 수 있다. 즉 2세기에 이그나티오스가 그렇게 이름 붙인 "기독교"만큼이나 예수와 예수 전승의 영향을 많이 받았고[11] 이그나티오스가 옹호한 형태의 기독

---

8 앞의 §40 n. 233을 보라.

9 앞의 §38 n. 26을 보라.

10 W. L. Petersen은 'The Diatessaron and the Fourfold Gospel', in C. Horton, ed., *The Earliest Gospels: The Origins and Transmission of the Earliest Christian Gospels* (London: T & T Clark, 2004), 5-68에서 175년 이전에 존재한 정경에 속하지 않은 9개의 복음서 —「에비온파 복음」, 「이집트인의 복음」, 「히브리인의 복음」, 「나사렛파 복음」, 「도마복음」, 「베드로복음」, 미지의 복음서(P.Egerton 2), 「유다복음」, 「야고보의 유아기 복음」—를 확인했다(51). 이 내용은 Hill, *Who Chose the Gospels?*, 7-8에 인용되었다. 그러나 앞으로 보게 되겠지만 아마도 2세기에 생겨났을 법한 다른 몇몇 문헌이 있는데 이 문헌들에 대해서도 "복음서"라는 명칭이 사용된다.

11 *Beginning from Jerusalem*, 5-6을 보라.

교만큼이나 "기독교"라는 이름을 붙일 만한 타당한 이유가 있는 운동들이 존재했는가? 이것이 바로 『생성기의 기독교』의 이 세 번째 책에 "형성기 기독교의 통일성과 다양성"이라는 제목이 붙여진 이유다. 이 경쟁이 실제적이고 격렬한 경쟁이 된 때가 바로 2세기였으며, 그 중심에는 서로 다른 "기독교들"이 예수에 대해, 예수로 인해 제기한 주장들에 대해, 그리고 특히 예수 전승과 전승의 사용에 대해 제기한 주장들이 있었다.

따라서 본 장의 목표는 간단하다.

- 예수 전승이 여전히 구전으로 알려졌다는 증거와 그것이 기록된 복음서와 관계없이 예수 전승의 지속적인 영향력에 대해 우리에게 말해 주는 것을 연구한다. 우리는 사도 교부들(2세기 초)—파피아스의 유명한 발언은 주의 깊은 고찰을 필요로 할 것이다—과 변증가들(2세기 중엽)을 함께 살펴볼 것이다(§§44.2-3).
- 외경 복음서들이 예수 전승을 어떻게 다루었는지, 그리고 「도마복음」에서 발견한 사실들을 염두에 두면서 그것이 우리에게 예수 전승 자체가 그 과정에 행사한 지배력(또는 지배력의 결여)에 대해 무엇을 말해 주는지를 연구한다(§§44.4-7).
- 보통 말하는 신약 사복음서, 특히 사복음서의 확산하는 영향력은 어떻게 되었는지, 또한 사복음서는 왜 다른 복음서들 및 예수 전승에 대한 다른 용례들과 구별되었는지, 그러한 구별이 정당화되었는지를 연구한다(§44.8).

44.2 2세기까지의 구전 예수 전승-사도 교부들

2세기 기독교 저술가들이 예수 전승에 관해 정통한 지식을 보여준다는 사실은 최소한 19세기 이래로 학계를 매료시켰다.[12] 복음서의 기록된 자료들을 밝혀내는 것이 주된 관심사였던 시기에는 예수 전승에 대한 사도 교부들의 지식과 용례를 하나 이상의 복음서에 대한 그들의 지식과 의존이라는 측면에서 생각하고 결과적으로 Q 문서의 존재를 입증하는 것으로 생각하는 것이 자연스러웠다. 예를 들어 J. B. 라이트푸트는 이하에서 살펴볼 한 구절(*1 Clem.* 13.2)에 대한 주석에서 이렇게 말한다. "클레멘스의 인용구들은 종종 매우 느슨하므로 우리는 이 구절의 출처를 찾기 위해 정경 복음서를 벗어날 필요가 없다.…따라서 클레멘스가 그 어록을 구전 전승이나 어떤 잃어버린 복음서에서 얻었다는 가설은 필요하지 않다."[13] 이는 예수 전승이 어떤 구전 자료에서 비롯되었다는 일체의 생각에 대한 분명한 불만의 전형적인 예였다. 그 이유는 아마도 참고 문헌의 타당성이 기록된 자료를 확인할 수 있는지의 여부에 달려 있었기 때

---

12 특히 다음 참고문헌들을 보라. Oxford Society of Historical Theology, *The New Testament in the Apostolic Fathers* (Oxford: Clarendon, 1905) = *NTAF*; Koester, *Synoptische Überlieferung bei den apostolischen Vätern*; D. A. Hagner, 'The Sayings of Jesus in the Apostolic Fathers and Justin Martyr', in D. Wenham, ed., *Gospel Perspectives*, Volume 5: *The Jesus Tradition Outside the Gospel* (Sheffield: JSOT, 1985), 233-68; A. Gregory and C. Tuckett, eds., *Trajectories through the New Testament and the Apostolic Fathers* (Oxford: Clarendon, 2005), Part II. 'Gospel and Gospel Traditions in the Second Century', 27-68; 및 *The Reception of the New Testament in the Apostolic Fathers* (Oxford: Clarendon, 2005); Young, *Jesus Tradition in the Apostolic Fathers*. Young은 2장에서 "사도 교부 문헌에서의 예수 전승의 출처들에 대한 연구의 짧은 역사"를 광범위한 참고문헌과 함께 제시하지만, 자신의 연구를 예수 전승에 명백히 호소하는 구절들에만 국한시킨다(29).

13 J. B. Lightfoot, *The Apostolic Fathers*. Part I: *S. Clement of Rome*. Vol. 2 (London: Macmillan, 1890), 52. D. A. Hagner, *The Use of the Old and New Testaments in Clement of Rome*(NovTSupp 34; Leiden: Brill, 1973)은 기록된 자료에 대한 의존을 주장한 이들을 언급한다('Sayings of Jesus', 148-49).

문이었을 것이고, 그 속뜻은 그 외 다른 것은 그 어록이 의심스러운 것임을 보여주거나 그것을 가짜로 만들었을 것이라는 것이었다. 그러한 상황을 "신약"에 대한 2세기의 지식과 사용으로 묘사할 수 있다는 사실은 이미 논의를 유익하지 않은 방향으로 치우치게 했다. 또한 어떤 형태의 예수 전승에 대해 사용된 "비정경적"이라는 전형적인 범주는 "믿어선 안 된다"는 뉘앙스를 동반했다. 이는 "정경 이외"라는 범주에 대한 보다 최근의 선호가 완전히 벗어나지 못한 그림자다.

그럼에도 불구하고 20세기에는 2세기 초의 예수 전승에 대한 인용구나 암시가 대부분 여전히 잘 알려져 있고 많이 사용되었으며 생생한 예수의 가르침의 구전 전승을 입증하는 것으로 가장 잘 설명될 가능성을 점점 더 쉽게 인정하게 되었다는 사실이 곧 분명해질 것이다. 예수 전승이 2세기까지 구전의 흐름("자유로운 전승")으로 존재했다는 점을 강조하고 순전히 문자적이고 단선적인 예수 전승의 발전을 가정하는 데 대해 반복적으로 경고함으로써 구전 전승에 대한 불신이라는 난제를 단번에 해결한 공로는 특히 헬무트 쾨스터(Helmut Koester)에게 돌려야 한다.[14] 사도 교부 문헌에서 나온 증거에 대한 그의 검토는 따를 만한 가치가 충분히 있다.

a. 무엇이 예수 전승에 대한 인용이나 암시를 구성하는가?

구체적인 본문들을 살펴보기 전에 어떤 본문이 그 이전의 본문에 의존하고 있는지, 따라서 그것이 그 이전의 본문에 대한 지식과 아마도 그 본문

---

14 *Synoptische Überlieferung*; 또한 'Written Gospels or Oral Traditions?', *JBL* 113 (1994), 293-97; 또한 'Gospels and Gospel Traditions in the Second Century', in Gregory and Tuckett, eds., *Trajectories*, 27-44; Hagner, 'Sayings of Jesus'도 함께 보라.

에 대한 존중을 의미하는지를 평가하는 데 있는 어려움을 우리 스스로에게 상기시키는 것이 유익할지도 모른다. 다음과 같은 선택지들은 이전의 연구들이 대부분 인식한 것보다 더 광범위하다.

- 문자적 의존—즉 반드시 공식적인 인용구로 표시한 것은 아니지만 신약 복음서 중 하나를 사용하거나 거기에서 인용하는 것. 예수 전승에 대한 2세기의 지식을 다룬 엄청난 양의 초기 논의는 이러한 종류의 지식/의존으로 효과적으로 제한되었다.
- 문자적 의존—그 이전에 읽고 아마도 연구했겠지만 이제 암기로 인용한 신약 복음서에서 나온 인용구. 이로 인해 이전의 기록된 본문에 대한 지식/사용이, 인용된 자료가 우리에게 전해 내려온 기록된 본문과 약간 불일치할 때도 인식될 수 있었다.
- 문자적 의존—신약 복음서의 상이한 본문에서 나온 인용. 신약 문헌의 본문상의 변형은 수십 년간의 주의 깊은 본문비평에 의해 매우 분명해졌다. 그러나 우리에게 알려진 이문들이 2세기에 사용된 상이한 본문들의 총합인가? 어떤 인용구가 우리에게 알려지지 않은 어떤 신약 복음서 본문에서 나왔을 가능성도 무시하거나 일축할 수 없다.
- 같은 범위의 가능성이 더 넓은 범주의 암시나 흔적에도 적용된다. 암시나 흔적을 구성하는 요소는 물론 언제나 약간의 논쟁거리가 되기 쉽다.[15] 우리의 경우에 중요하고 보통 결정적인 한 가지 요소는, 추정상의 암시/흔적이—어떤 암시가 특정한 신약 복음서에 대

---

15 R. B. Hays는 *Echoes of Scripture in the Letters of Paul* (Yale University, 1989)에서 일곱 가지 판단 기준—사용 가능성, 분량, 반복, 주제적 일관성, 역사적 타당성, 해석의 역사, 만족—을 제시한다(29-32).

한 암시이거나 그것의 흔적인가가 쟁점일 때 특히 중요한—관련
된 본문의 독특한 특징들에 대한 의식을 보여준다는 징표(또는 징
표의 결여)일 것이다.

• 비(非)문자적 의존, 즉 구전 형식의 예수 전승에 대한 지식과 사용.
이는 본 3부작에서 특히 중요했던 논쟁 전체의 한 측면이다. 초점
은 불가피하게 기록된 문헌에 맞춰져야 하지만, 예수 전승의 많은
부분/대부분이 2세기까지 구전 형식으로 계속해서 유포되었을 가
능성과 2세기 저자들이 예전, 설교, 교리문답을 통해 알려진 바와
같은 구전 예수 전승에 대한 지식을 사용했을 가능성도 확실히 배
제할 수 없다. 여기에는 "2차적인 구전적 특성", 즉 오직 낭독하는
소리를 아마도 자주 들었거나 또한 아마도 예전에 들어서 알게 된
기록된 복음서가 포함된다.

• 우리의 논의가 계속되면서 분명해지게 될 또 다른 가능성은 신약
의 어느 복음서의 독특한 특징들이 더 광범위한 구전 예수 전승
속에 흡수되었을 가능성이다. 결과적으로 특정한 신약 복음서에
대한 암시처럼 보이는 것은 단순히 그 더 광범위한 구전 예수 전
승에서 나온 것일 수도 있다. 즉 어떤 신약 복음서의 독특한 특징
이 더 널리 알려지게 되었다는 사실은 그 자체가 그 복음서의 영
향력을 보여주는 확고한 증거지만, 그것이 반드시 그 신약 복음서
자체를 저자 자신이 사용했다는 증거를 제시하는 것은 아니다.

• 예수 전승의 많은 부분이 2세기 기독교인들의 사고 과정과 사회적
교류 속에 개입되었을 가능성도 무시해선 안 된다.[16] 다시 말해서

---

16 필자는 예수 전승에 대한 바울의 지식 및 사용과 관련해서 이에 대한 옹호론을 폈다(*Jesus
    Remembered*, 181-84). 바울 자신의 말과 가르침 속에서 바울에게 자연스럽게 스며든 것
    이 분명한 성경(구약)의 언어와 이미지와 관련해서 확실히 적용되는 것은, 예수 전승이

셰익스피어와 킹 제임스 성경의 여러 표현과 언어적 이미지들이 일상 영어의 일부가 된 것처럼,[17] 인용도 아니고 암시도 아니지만 예수 전승에서 나왔고 예수의 말이나 행동과 관련한 이 특정 전승이 잘 알려져 있었음을 증언하는 2세기의 언어와 이미지를 인식하는 일도 가능할 것이다.

b. 1세기의 편지들 속에 담긴 예수 전승

필자는 일반적으로 그 시대의 구전 예수 전승의 흔적 내지 그에 대한 암시로 간주되는 바울 서신, 야고보서, 베드로전서의 (이미 언급한) 몇몇 구절을 우선 간략히 언급할 것이다. 이는 단순히 무엇이 1세기 중엽부터 말까지의 예수 전승에 대한 암시로 간주될 수 있으며, 그것들이 기록된 복음서들이 알려졌거나 그러한 암시의 원천이었다고 가정할 수 없는 교회들에서 역할을 한 방식에 대해 우리에게 무엇을 말해 주는지에 대해 더 분명하게 알기 위한 것이다. 그렇다면 이 구절들은 2세기 초의 예수 전승

바울의 생명소의 일부가 되고 그의 복음 전파와 서신 집필의 주제를 형성한 정도와 관련해서도 거의 그만큼 확실하게 전제될 수 있다.

17   이는 Robert McCrum이 일요일판 *Observer* 지(2010년 11월 21일 일요일자)에 기고한 글에서 다음과 같이 지적한 바와 같다:
　　"킹 제임스 성경은 1611년 이래로 10억 부가 팔린 것으로 추정될 뿐만 아니라 구급약처럼 우리의 문학적인 혈류 속에 직접 녹아들었다. 우리가 누군가에게 할 말을 가르쳐 준다거나(put words into someone's mouth) 벽에 쓰여 있는 글귀를 본다거나(see the writing on the wall) 힘을 얻고 더 얻는다거나(go from strength to strength) 먹고 마시고 즐거워한다거나(eat, drink and be merry) 선한 싸움을 싸우거나(fight the good fight) 시대의 표적을 한탄하거나(bemoan the signs of the times) 향유에서 파리를 발견한다거나(find a fly in the ointment) "오래 참음", "희생양", "화평케 하는 자"와 같은 말들을 사용할 때, 우리는 무의식적으로 킹 제임스 성경을 인용하고 있는 것이다. 더욱 놀라운 것은 셰익스피어의 3만 천 개의 단어에 이르는 풍부한 어휘에 비해 볼 때 킹 제임스 성경은 겨우 만 2천 개의 단어로 그런 마술을 부리고 있다는 점이다."

사용에 대한 선례와 초창기 기독교 운동의 3세대와 4세대에 예수 전승이 어떤 역할을 했는지에 대한 가늠자 역할을 할 수 있다.

롬 12:14	눅 6:27-28
너희를 박해하는 자를 축복하라. 축복하고 저주하지 말라.	너희 원수를 사랑하며…너희를 저주하는 자를 위하여 축복하며

고전 13:2	마 17:20
내가…산을 옮길 만한 모든 믿음이 있을지라도…	진실로 너희에게 이르노니 만일 너희에게 믿음이…있어도 이 산을 명하여 여기서 저기로 옮겨지라 하면 옮겨질 것이요.

살전 5:2	마 24:43/눅 12:39
주의 날이 밤에 도둑같이 이를 줄을 너희 자신이 자세히 알기 때문이라.	너희도 아는 바니 만일 집 주인이 도둑이 어느 시각에 올 줄을 알았더라면 깨어 있어…

약 5:12	마 5:34-37
내 형제들아! 무엇보다도 맹세하지 말지니 하늘로나 땅으로나 아무 다른 것으로도 맹세하지 말고 오직 너희가 그렇다고 생각하는 것은 그렇다 하고 아니라고 생각하는 것은 아니라 하여…	나는 너희에게 이르노니 도무지 맹세하지 말지니 하늘로도 하지 말라.…땅으로도 하지 말라.…오직 너희 말은 옳다 옳다, 아니라 아니라 하라. 이에서 지나는 것은 악으로부터 나느니라.

벧전 2:12	마 5:16
너희가 이방인 중에서 행실을 선하게 가져…너희 선한 일을 보고 오시는 날에 하나님께 영광을 돌리게 하려 함이라.	이같이 너희 빛이 사람 앞에 비치게 하여 그들로 너희 착한 행실을 보고 하늘에 계신 너희 아버지께 영광을 돌리게 하라.

이 구절들이 신약 서신서의 한 특징인 권면에 분명히 영향을 준 예수의

가르침에 대한 전승의 가장 좋은 예에 속한다면,[18] 사도 교부 문헌에서 뒤따르는 예들은 두 가지 특징을 보여줄 것이다. 하나는 이후의 권면이 예수 전승에 더 긴밀히 의존했다는 점이다. 우리가 특히 공관복음서를 통해서 예수의 사역에서 나온/기억된 것으로 알고 있는 가르침에 대한 의존은 더 분명하고 더 쉽게 인식된다. 우리는 이를 구전 예수 전승이 신약 복음서에 기록된 일이 이미 예수 전승의 인용이나 사용을 더 확고하고 더 안정적으로 구체화했다는 하나의 징표로 간주해야 하는가? 또 다른 특징은, 신약의 편지들은 단순히 예수 전승을 그것이 예수에게서 나왔다는 점을 밝히지 않은 채 기독교적 권면 속에 흡수시킨 반면, 일부 교부 문헌에는 이것이 주 예수의 가르침이었음을 상기시키려는 관심이 훨씬 더 많다는 점이다.

예수 전승이 복음서 이외의 신약 문헌에서 자주 암시되었다는 점을 상기할 때 우리는 신약의 다른 곳에 기록된 예수의 두 가지 어록 (agrapha)[19]도 주목해 봐야 한다.[20]

• 사도행전 20:35 — …주 예수께서 친히 말씀하신 바 "주는 것이

---

18 다시 앞의 nn. 1과 16을 보라.

19 "아그라파"(*agrapha*)란 다른 곳에는 나오지 않는 독립된, 또는 예수가 한 말로 간주되는 예수의 어록이다. 추가적으로 이하 §44.4a을 보라.

20 신약의 본문 전승에 다른 "아그라파"도 존재하는가? Elliott는 고전 7:10; 9:14 및 살전 4:15 이하도 신약에서 발견되는 다른 "아그라파"로 언급한다(*Apocryphal New Testament*, 28). 그러나 고전 7:10은 고전 9:14에서 눅 10:7을 암시하는 것처럼 막 10:11 및 병행 본문에 나오는 것과 같은 예수의 가르침을 보다 분명하게 암시한다. 또한 살전 4:14에 언급된 "주의 말씀"은 아마도 데살로니가 교회 신자들의 근심을 가라앉히려는 의도가 깔린 예언의 말일 것이다(필자의 *Theology of Paul*, 303-4을 보라). 신약 복음서의 본문 전승에서 그 존재가 입증되는 다른 "아그라파"는 아마도 전달 과정에서 본문에 추가된 해설과 부연 설명으로 보는 것이 가장 나을 것이다. 예를 들면 마 20:28의 D 사본의 독법은 눅 14:8-10에서 나온 이문으로 보인다.

받는 것보다 복이 있다" 하심을 기억하여야 할지니라.

- D 사본에는 누가복음 6:4에 다음과 같은 내용이 더해져 있다. "같은 날 그(예수)는 어떤 사람이 안식일에 일하는 것을 보시고 그에게 말씀하셨다. '친구여, 네가 스스로 무슨 일을 하고 있는지 안다면 너는 복되다. 그러나 알지 못한다면 너는 저주받은 자이며 율법을 어긴 자다.'"

이런 구절들이 실제로 예수의 구체적인 말씀들을 회상한 것이라면, 이는 다음과 같은 점들을 상기시킨다.

- 신약 복음서의 각 저자가 예수의 모든 가르침을 다 활용할 수 있었다고 가정할 수는 없다.
- 최초의 교회들 안에 있는 예수 전승은 신약 복음서에 기록된 것보다 더 광범위했다.
- 예수 전승은 기록된 모음집과 복음서 안에 글로 옮겨지기 시작한 뒤에도 생생한 구전 형식으로 유지되었다.

그러나 이제 우리는 신약 복음서의 집필을 포함한 (대부분의) 신약 문헌 이후의 단계로 넘어가야 한다.

c. 「클레멘스1서」

「클레멘스1서」에 대한 논의는 자연스럽게 각기 예수의 일련의 말씀을 인용한 두 구절[21](*1 Clem.* 13.2과 46.8[22])에 집중된다. "주 예수의 말씀을 기억하라. 그가 이렇게 말씀하셨기 때문이다."[23]

i. *1 Clem.* 13.2

1 Clem. 13.2	신약 복음서 전승		Polycarp, *Phil.* 2.3
1. 너희가 자비를 얻으려면 자비를 베풀어라.	마 5:7; 참고. 18:33	긍휼히 여기는 자는 복이 있나니 그들이 긍휼히 여김을 받을 것임이요.	3. 너희가 자비를 얻으려면 자비를 베풀어라.
2. 너희가 용서를 받으려면 용서하라.	막 11:25; 참고. 마 6:12, 14, 18:35, 눅 6:37c	아무에게나 혐의가 있거든 용서하라. 그리하여야 하늘에 계신 너희 아버지께서도 너희 허물을 사하여 주시리라.	2. 용서하라. 그러면 너희가 용서를 받을 것이다.
3. 너희가 남에게 행하는 대로 남도 너희에게 행할 것이다.	마 7:12/ 눅 6:31	무엇이든지 남에게 대접을 받고자 하는 대로 너희도 남을 대접하라.	

---

21 *NTAF*, 58-62; Koester, *Synoptische Überlieferung*, 12-19; Hagner, *Use*, 135-64; Young, *Jesus Tradition*, 4-6장의 견해도 이와 같다.

22 「클레멘스1서」에 있는 예수 전승에 대한 암시일 법한 다른 구절들(특히 24.5과 15.2)에 대해서는 다음 참고문헌들을 보라. E. Massaux, *The Influence of the Gospel of Saint Matthew on Christian Literature before Saint Irenaeus* (1950; ET 3 vols., Macon, GA: Mercer University, 1990), 1.12-32; Hagner, *Use*, 164-71; A. F. Gregory, '*1 Clement* and the Writings That Later Formed the New Testament', in Gregory and Tuckett, eds., *Reception*, 129-57('The Synoptic Gospels', 131-9), 137-39.

23 편의상 필자는 여기에 폴리카르포스의 글에 나오는 병행 본문도 추가했다.

4. 너희가 주는 대로 너희도 받을 것이다.	눅 6:38a	주라, 그리하면 너희에게 줄 것이니	
5. 너희가 판단하는 대로 너희도 판단을 받을 것이다.	마 7:2a/ 눅 6:37a	너희가 비판하는 그 비판으로 너희가 비판을 받을 것이요.	1. 판단을 받지 않으려면 판단하지 말라.
6. 너희가 친절을 베푼 대로 남도 너희에게 친절을 베풀 것이다.	참고. 눅 6:35c	그는 은혜를 모르는 자와 악한 자에게도 인자하시니라.	
7. 너희가 평가하는 그 기준으로 똑같이 너희도 평가받을 것이다.	마 7:2b/ 막 4:24/ 눅 6:38b	너희가 헤아리는 그 헤아림으로 너희가 헤아림을 받을 것이니라.	4. 너희가 평가하는 그 기준으로 너희도 평가받을 것이다.

1 Clem. 13:2에 인용된 일곱 개의 말씀은 모두 누가복음 6:31, 36-38과 어느 정도 유사하므로(일곱 개 말씀 중에 네 개는 마태복음에 유사한 말씀이 있다) 클레멘스가 누가복음 사본 하나를 손에 들고 있거나 누가복음의 평지설교(또는 마태복음의 산상 설교) 낭독을 듣고 기억했던 내용을 떠올리는 모습을 상상하는 것은 가능한 일이다. 그러나 7번 말씀을 제외하면 그 표현이 마태복음이나 누가복음의 표현과 특별히 유사한 것은 아니며 일곱 가지 어록의 순서는 이 어록이 어느 기록된 복음서에서 나왔음을 거의 암시하지 않는다. 사실 문자적 의존 관계를 암시하는 내용은 거의 없다. 더욱 그럴듯한 설명은, 클레멘스가 다양했을 것이 분명한 예수의 가르침의 많은 모음집 중에 한 모음집, 즉 아마도 설교하거나 가르칠 목적으로 "너희가 ~하는 대로 너희도 ~할 것"이라는 주제에 관해서 자신이 직접 수집

한 모음집에 친숙했을 것이라는 설명이다.²⁴ 다시 말해 1 Clem. 13.2은 구전 예수 전승이 구체적인 교육상의 강조점이나 주제에 맞게 변형된 형식과 더불어 다양한 조합으로 결합될 수 있었고 틀림없이 그렇게 결합되었는지를 보여주는 매우 훌륭한 예를 제시한다.²⁵

폴리카르포스의 Phil. 2.3은 1 Clem. 13.2과 매우 비슷하며, 주님이 그의 가르침 속에서 말씀하신 것을 기억하라는 비슷한 요청으로 시작되는 네 개의 동일한 말씀을 담고 있다. 어떤 이들은 이는 폴리카르포스가 「클레멘스1서」를 알고 있었고 1 Clem. 13.2에 직접적으로 의존했음을 암시한다고 본다.²⁶ 그러나 어록의 순서상 차이는 오히려 관련된 교회들의 설교와 교육에서 친숙한 예수의 가르침에 대한 분류 방식을 암시한다.²⁷

---

24 Massaux는 클레멘스가 마태복음에 영감을 받은 저자가 쓴 "교리 문답서"에서 이를 얻었다고 결론짓는다(Influence, 1.12). Hagner의 충실한 논의를 보라(Use, 135-51, 특히 137-38). "인용 형식이 기억을 통해 전수되도록 의도된 자료에 대단히 적합하다"(151). 'Sayings of Jesus', 238도 함께 보라. "여기서도 13.2에서와 같이 '기억'이 강조된 것은 구전 전승에서 유래된 자료에 특히 적합하다"(238, 행 20:35도 함께 언급함). "클레멘스가 아직 어떤 복음서의 본문을 문자적으로 인용하지 않는 것은 그가 살아 있는 구전 전승을 통해 예수의 가르침과 밀접하게 관련되어 있다고 느끼기 때문이다"(Hengel, Four Gospels, 128-30). W.-D. Köhler, Die Rezeption des Matthäusevangeliums in der Zeit vor Irenäus (WUNT 2.24; Tübingen: Mohr Siebeck, 1987), 67-71; H. E. Lona, Der erste Clemensbrief (KAT 2; Göttingen: Vandenhoeck, 1998), 215 및 추가 참고문헌도 함께 보라.
25 Gregory는 최근의 논의를 검토한 뒤 다수 의견은 1 Clem. 13.2이 "예수에게서 비롯된 것으로 간주되는 공관 복음 이후라기보다는 이전의 말씀 모음집"('1 Clement', 133), 즉 공관복음 이전의 구전 전승의 증거라는 것이라고 지적한다. 그의 Reception of Luke, 125-29도 함께 보라.
26 특히 Lightfoot, Apostolic Fathers, 1.2.52; Koester, Synoptische Überlieferung, 117-18. J. B. Bauer는 Die Polykarpbriefe (KAV 5; Göttingen: Vandenhoeck, 1995)에서 폴리카르포스가 「클레멘스1서」를 사용했음을 암시하는 본문의 목록을 자세히 제시한다(28-30). 알렉산드리아의 클레멘스의 Stromateis II.18.91(NTAF 59를 보라)에 나오는 1 Clem. 13.2의 축자적 병행 본문은 알렉산드리아의 클레멘스가 그 이전의 클레멘스의 글에서 직접적으로 인용한 것이라고 자신 있게 설명할 수 있다(Hagner, Use, 140-46).
27 Massaux, Influence, 2.29-30(앞의 n. 24을 보라); Young, Jesus Tradition, 160-73; Hartog, Philippians, 58-60. 폴리카르포스의 글에서 나타나는 차이는 "클레멘스의 인용구를 기억해 내려는 폴리카르포스의 부족한 시도라기보다는 구전 전승의 발전 과정에서의 변

1 Clem. 46.8	마 18:7, 6	막 14:21; 9:42	눅 17:1, 2
<u>그 사람에게는 화가 있다!</u> 그는 내가 택한 자 중 하나를 실족하게 하느니 차라리 태어나지 않았더라면 더 나았을 것이다. 내가 택한 자 중 하나를 타락시키는 것보다 <u>연자 맷돌을 몸에 두르고 바다에 빠뜨려지는 것이 그에게는 더 나았을 것이다.</u>	7 실족하게 하는 <u>그 사람에게는 화가 있도다.</u> 6 누구든지 나를 믿는 이 작은 자 중 하나를 실족하게 하면 차라리 <u>연자 맷돌이 그 목에 달려서 깊은 바다에 빠뜨려지는 것</u>이 나으니라.	14:21 인자를 파는 <u>그 사람에게는 화가 있으리로다.</u> 그 사람은 차라리 나지 아니하였더라면 자기에게 좋을 뻔하였느니라 하시니라. 9:42 또 누구든지 나를 믿는 이 작은 자들 중 하나라도 실족하게 하면 차라리 <u>연자맷돌이 그 목에 매여 바다에 던져지는 것</u>이 나으리라.	…<u>그렇게 하게 하는 자에게는 화로다.</u> 그가 이 작은 자 중의 하나를 실족하게 할진대 차라리 <u>연자맷돌이 그 목에 매여 바다에 던져지는 것</u>이 나으리라.

1 Clem. 46.8은 세 공관복음서 모두에서 입증된 예수의 가르침의 한 주제에 대한 익숙한 지식을 보여준다. 여기서도 표현의 차이를 볼 때 클레멘스가 어떤 기록된 복음서를 인용하고 있을 가능성은 작다.[28] 오히려 예수가 연자 맷돌의 무게로 인해 익사하는 두려운 이미지를 사용하여 한 제자를 실족하게 하는 일에 대해 (한 번 이상?) 경고한 말씀이 구전으로 사용되고 전달되는 전승에서 전형적으로 나타나는 약간의 변형을 동반하여 초기의 기독교적 권면에서 꽤 널리 기억되고 인용되었을 가능성이 더 크

화로 더 쉽게 설명할 수 있다"(Hagner, *Use*, 151; 또한 'Sayings of Jesus', 235-36). Köhler, *Rezeption*, 108의 견해도 이와 비슷하다. M. W. Holmes, 'Polycarp's *Letter to the Philippians* and the Writings That Later Formed the New Testament', in Gregory and Tuckett, eds., *Reception*, 187-227(여기서는 190-93)도 함께 보라.

28 이는 Massaux, *Influence*, 1.22-4의 견해와 반대된다. 그는 일반적으로 병행 본문과 암시는 오직 문자적 의존성의 측면에서만 설명해야 한다고 너무 쉽게 가정한다.

다.[29] 전승 속에 유다와 관련해서 보다 친숙한 한 표현("그 사람은 차라리 나지 아니하였더라면 자기에게 좋을 뻔하였느니라")을 끌어들인 것은 구전 전승에서 예상할 수 있는 상호작용적이거나 암시적인 종류의 변형이다.[30]

따라서 우리는 쾨스터와 마찬가지로 「클레멘스1서」는 기록된 복음서를 결코 언급하지 않는다.…「클레멘스1서」의 저자는 공관복음서를 전혀 사용하지 않는다"고 결론지을 수 있다.[31] 그러나 예수 전승은 공관복음 전승 속에서 입증된 바와 같이 다양한 분류로 잘 알려졌고 기독교의 교리 교육과 권면의 필수적인 부분으로 평가되었다는 점도 똑같이 분명하다.

d. 이그나티오스

이그나티오스의 일곱 편의 편지에는 예수 전승에 대한 암시일 수도 있는 대목이 몇 군데 있다. 그 역시 성경(구약)에 대한 관심을 별로 보이지 않으므로[32] 이 사실은 그리 놀랄 일은 아니다. 우리는 여섯 개의 예만 살펴보면 된다.[33]

---

29 추가적으로 Hagner, *Use*, 162-3; Köhler, *Rezeption*, 63-4; Gregory, '*1 Clement*', 135-7; Lona, *Clemensbrief*, 498을 보라.

30 Koester는 *Synoptische Überlieferung*, 19. Hermas, *Vis.* 23(IV.2).6에서 유다에 대해 사용된 단어들이 보다 폭넓게 적용되었음을 보여준다(추가적으로 Hagner, *Use*, 156-59을 보라).

31 *Synoptische Überlieferung*, 23. Young도 이 점을 똑같이 강조한다(*Jesus Tradition*, 113-18, 149-50, 190-91). Köhler는 「클레멘스1서」의 마태복음 사용이라는 — 결코 분명하게 입증할 수는 없지만 배제해선 안 될 — 문제를 미해결 상태로 놔둔다(*Rezeption*, 72).

32 *Eph.* 5.3(잠 3:34); *Magn.* 12(잠 18:17); *Trall.* 8.2(참고. 사 52.5).

33 Massaux는 "[마태복음의] 문자적 영향이 확실한" 일곱 개의 본문 — *Eph.* 5.2; 14.2; *Trall.* 11.1; *Philad.* 3.1; *Smyrn.* 1.1; *Polyc.* 1.2; 2.2 — 을 열거한다(*Influence*, 1.87-91). Hagner는 이그나티오스에 대한 자신의 연구를 네 가지의 경우로 제한하며('Sayings of Jesus', 239-40) Young은 *Smyrn.* 3.2a만을 고찰한다(*Jesus Tradition*, 229-32). 앞에서 언급했듯이 (§41 n. 39) "복음"에 대한 언급(*Philad.* 8.2; 9.2; *Smyrn.* 7.2)은 아마도 기록된 복음서에

i. *Eph.* 5.2

Eph. 5.2	마 18:19-20
한두 사람의 기도에 그와 같은 능력이 있다면 주교와 온 교회의 기도에는 얼마나 더 큰 능력이 있겠는가?	너희 중의 두 사람이 땅에서 합심하여 무엇이든지 구하면 하늘에 계신 내 아버지께서 그들을 위하여 이루게 하시리라. 두세 사람이 내 이름으로 모인 곳에는 나도 그들 중에 있느니라.

이그나티오스가 예수가 주신 것으로 기억된 가르침을 바탕으로 자기 주장을 하고 있다고 추론하는 것은 분명 그럴듯하다.[34] 그러나 이 두 본문 사이에 표현상의 유사성이 없다는 점은 이그나티오스가 마태복음을 인용했을 가능성을 매우 희박하게 만든다. 기껏해야 우리는 이그나티오스가 마태도 함께 사용한 말씀의 한 형태를 알고 있었다고 말할 수 있을 뿐이다.[35]

대한 언급이 아닐 것이다. W. R. Schoedel, 'Ignatius and the Reception of the Gospel of Matthew in Antioch', in Balch, ed., *Social History*, 129-77도 함께 보라.

34 W. R. Inge는 "이 언급은 분명 마태복음에 기록된 말씀에 대한 언급"이라고 확신 있게 단언한다. 이는 "아마도" 그리스도의 "잘 알려진 말씀(Zahn)"일 것이다(*NTAF*, 77).

35 "이그나티오스의 글에서 '한두 사람'에 대한 언급은 마태복음과 독립된 한 전승을 반영하는 것이 명백하다"(Schoedel, *Ignatius*, 56 n. 11). Meier는 동방 박사들과 별에 대한 마태의 이야기를 발전시킨 "시적인 본문"(*Eph.* 19.2-3)을 언급하는데, 이는 "이그나티오스가 한동안 마 1-2장에 대해 묵상하고 설교하고 이를 고쳐 썼음을 암시할지도 모른다"(in Brown and Meier, *Antioch and Rome*, 25).

ii. *Smyrn.* 1.1

Smyrn. 1.1	마 3:13-15
…그는 모든 의를 이룰 수 있도록 요한에게 세례를 받으시고	예수께서…이르러 요한에게 세례를 받으려 하시니…예수께서 대답하여 이르시되 "이제 허락하라. 우리가 이와 같이 하여 모든 의를 이루는 것이 합당하니라" 하시니

마태복음 3:15은 "의"와 "성취"에 대한 마태의 독특한 강조를 포함해서 마태복음에만 있는 내용이므로[36] 이그나티오스는 여기서 분명히 예수의 세례에 대한 마태의 독특한 묘사를 흉내 내고 있다. 이는 이그나티오스가 마태복음 사본을 이용할 수 있었거나 마태복음 본문을 들은 것을 잘 기억하고 있었거나 또는 예수의 세례에 대한 마태의 독특한 "관점"이 보다 널리 알려진 예수 전승 속에 들어와 있었음을 강하게 암시한다.[37] 이 표현이 마태의 매우 독특한 표현이라면 "오컴의 면도날" 법칙(어떤 사항을 설명하기 위한 가설의 체계는 간결해야 한다는 원리—역주)은 마태가 사용한 어떤 자료나 형태에 대한 가설을 세우는 것은 불필요하게 복잡한 일임을 시사한다.[38]

---

36 앞의 §42 n. 219을 보라. Koester는 마태복음의 이 두 특징적인 모티프의 결합을 대체로 무시한다(*Synoptische Überlieferung*, 59).

37 참고. *NTAF*, 76-77; Koester, *Synoptische Überlieferung*, 59; R. Bauckham, 'The Study of Gospel Traditions Outside the Canonical Gospels: Problems and Prospects', in Wenham, *Jesus Tradition*, 369-403(여기서는 395).

38 *Smyrn.* 1.1은 "이그나티오스가 마태복음을 알고 있었음을 분명하게 보여준다"(Köhler, *Rezeption* 79); "이는 공관복음 자료에 대한 마태 자신의 편집이 이그나티오스의 글에서 분명히 나타난 것처럼 보이는 한 본문이다"(Schoedel, *Ignatius*, 222). 참고. Davies and Allison, *Matthew*, 1.327; Koester, *Synoptische Überlieferung*, 57-59에 대한 타당한 비판을 포함하고 있는 P. Foster, 'The Epistles of Ignatius of Antioch and the Writings That Later Formed the New Testament', in Gregory and Tuckett, eds., *Reception*, 159-86(여기

iii. *Smyrn.* 3.2

Smyrn. 3.2-3	눅 24:39, 42-43
그가 그들에게 말씀하셨다. "손을 뻗어 나를 만져 보고 내가 몸이 없는 귀신이 아니라는 것을 알아라."…그리고 그는 부활하신 뒤에 육체적 존재로서 그들과 함께 먹고 마셨다.	…"나를 만져 보라. 영은 살과 뼈가 없으되 너희 보는 바와 같이 나는 있느니라." 이 말씀을 하시고…이에 구운 생선 한 토막을 드리니 받으사 그 앞에서 잡수시더라.

여기에는 누가복음에 대한 암시가 확실히 있을 수 있다. 그러나 이 인용구는 초기 기독교에서 다른 곳에서도 그 존재가 입증되지만, 누가복음에서 비롯된 것으로 간주되지는 않는다. 오리게네스는 이를 "베드로의 가르침"에 속한 것으로 간주하고, 히에로니무스는 "히브리인에 따른 복음"에 속한 것으로 간주하며,[39] 에우세비오스는 *Smyrn.* 3.2을 인용하지만 자신은 이그나티오스가 어떤 자료를 인용했는지 모른다고 고백한다(*HE* 3.36.11). 이그나티오스가 누가가 만들어낸 **바로 그 전승**을 알고 있었다는 점은 충분히 분명하지만, 그것은 아마도 누가복음과는 독립적으로 알려진 전승이었을 것이다. 그리고 이그나티오스가 누가복음에는 없는 요소들을 포함시키고(그는 베드로를 구체적으로 언급한다) 누가복음에 있는 (예수는 부활하신 뒤에도 육신으로 존재했다는) 자신의 요점을 강화해 주었을 요소들(예수가 제자들에게 자신의 손과 발을 보여주셨다는 점)은 무시한다는 사실은, 이그나티오스가 누가복음과 별개의 구전 전승을 알고 있었고 사용했음을 암시하는 것이 거의 분명하다.[40]

서는 174-76, 180-81); 및 Gregory and Tuckett, eds., *Trajectories*, 329 nn. 16, 17; 및 J. P. Meier, 'Matthew and Ignatius', in Balch, ed., *Social History*, 178-86(역시 *Phlad.* 3.1, *Pol.* 2.2, *Eph.* 19.2-3을 인용함).

39 인용구 전체는 Koester, *Synoptische Überlieferung*, 45-46에 실려 있다.

40 *NTAF*, 79-80; Schoedel, *Ignatius*, 226-27; Gregory, *Reception of Luke*, 69-75에 의존하고

iv. *Smyrn.* 6.1

Smyrn. 6.1	마 19:12
(이 말을) 받아들이는 자는 그것을 받을 지어다.	이 말을 받을 만한 자는 받을지어다.

표현은 비슷하지만, 이 권면이 덧붙여진 가르침은 매우 다르다.[41] 이 권면은 사실 보다 일반적으로 사용된 "들을 귀 있는 자는 들으라"(막 4:9 등)는 말씀과 비슷하게 들리며, 아마도 이그나티오스는 이 대목에서 자신의 가르침을 깊이 각인시키기 위해 그와 비슷한 방식으로 이 말씀을 사용했을 것이다. 다시 말해 이 말씀은 아마도 주장하고 있는 요점을 강조하기 위해 끌어들인 독립적인 권면, 즉 "지키기 어려운 말씀을 권하는 데 사용된 설교적인 관용 어구"[42]이자 어떤 특정한 의존 관계를 나타내지는 않는 말이었을 것이다.[43]

v. *Polycarp* 2.1

Polycarp 2.1	눅 6:32
네가 선한 제자들을 좋아한다면 그것은 너(단수형)에게 아무런 칭찬 받을 일이 아니다.	너희(복수형)가 만일 너희를 사랑하는 자만을 사랑하면 칭찬받을 것이 무엇이냐?

이것이 어떤 기록된 본문을 그대로 옮겨 적음으로써 나온 간접적인 언급

있는 Foster, 'Ignatius of Antioch', 182; Young, *Jesus Tradition*, 230-32도 함께 보라.

41 유스티누스의 *1 Apol.* 15.4c은 별로 비슷하지는 않지만, 그 문맥이 마 19:12a을 너무나 흡사하게 따르고 있어서 마태복음의 흔적일 가능성이 매우 크다.

42 Schoedel, *Ignatius*, 236; 이와 비슷한 견해로는 *NTAF*, 77; Koester, *Synoptische Überlieferung*, 35.

43 Foster, 'Ignatius of Antioch', 179-80도 함께 보라.

일 가능성은 별로 없어 보이지만, 예수 전승에 대한 기억을 통해 생겨난 권면일 가능성은, 그 기억이 구전 예수 전승에서 나왔든 누가복음 본문 낭독을 들은 데서 나왔든, 확실히 그럴듯하다.[44]

vi. Polycarp 2.2

Polycarp 2.2	마 10:16/Gosp.Thom. 39:3
너(단수형)는 모든 일에 있어서 뱀같이 지혜롭고 언제나 비둘기 같이 순결하라.	너희는(복수형) 뱀같이 지혜롭고 비둘기 같이 순결하라.

단수형/복수형의 차이는 서로 다른 설교/가르침의 상황에서 예수 전승이 사용된 데서 예상할 수 있는 것이다. 이 말씀의 잠언적인 성격은 이 말씀이 독립적인 잠언으로든 구전 예수 전승으로든, 또는 마태복음 본문 낭독을 통해 기억된 것(2차적인 구전적 특성)[45]으로든 훨씬 더 널리 유포되었을 수도 있음을 암시한다.[46]

이그나티오스의 편지에서 구체적으로 마태복음에 대한 암시일 수도 있는 다른 몇몇 구절들은 자주 인용된다.[47] 그러나 이 구절들은 어떤 경우

---

44 "눅 6:32…과의 유사성은…이 구절이 (아마도 벧전 2:18-19에도 반영되었을 것이다; 참고. Did. 1.3; 2 Clem. 13.4) 공통된 전승에 빚을 지고 있음을 암시한다"(Schoedel, Ignatius, 262).

45 Koester, Synoptische Überlieferung, 43; Hagner, 'Sayings of Jesus', 239; Foster, 'Ignatius of Antioch', 178-79도 함께 보라.

46 Gosp. Thom. 39.3뿐만 아니라 Canticles Rabbah 2.14, the Nag Hammadi Teaching of Silvanus 95.7-11과 롬 16:19도 참고하라(Davies and Allison, Matthew, 2.180-81; DeConick, Thomas, 160을 보라). Schoedel은 아 2:14에 대한 미드라쉬를 참조한다(Ignatius, 263).

47 Inge와 Foster가 받아들이기 어려운 것으로 언급한 다른 구절들은 Eph. 5.2/마 18:19-20; Eph. 6.1/마 10:40; Magn. 5.2/마 22:19; Magn. 9.3/마 27:52; Rom. 9.3/마 10:40-41; Pol. 1.2-3/마 8:17이다(NTAF, 77-79; Foster, 'Ignatius of Antioch', 180). Koester의 검토는 훨씬 더 광범위하다(Synoptische Überlieferung, 26-61). Köhler는 Eph. 15.1/마 23:8;

에도 마태복음에 대한 이그나티오스의 문자적 의존의 증거가 될 수 없다. 마태도 함께 사용한 전승에 대한 지식은 쉽게 추론할 수 있지만, 현실적으로 말해서 그 이상은 아무것도 추론할 수 없다.[48] 예를 들어 *Trall.* 11.1과 *Philad.* 3.1에서 이그나티오스는 악한 식물은 "아버지가 심으신 것이 아니"라고 말한다. 이는 마태복음 15:13("심은 것마다 내 하늘 아버지께서 심으시지 않은 것은 뽑힐 것이니")을 암시한 말일 수도 있다.[49] 그러나 이 이미지는 적절한 성경적 이미지(하나님이 심으신 것으로서의 하나님의 백성)[50]이며 마태복음의 독특한 이미지는 아니므로 일반적인 기독교인 모임에서 권면할 때 이러한 이미지를 자주 사용하는 모습은 엄밀한 의미에서 마태(또는 예수)에게서 비롯된 것으로 생각하지 않고도 쉽게 상상할 수 있다.[51]

Eph. 11.1에서는 세례 요한의 설교에 대한 Q 자료의 묘사에서도 등장하는 표현인 "곧 다가올 진노"라는 표현을 사용한다(마 3:7/눅 3:7). 그러나 이그나티오스는 곧 다가올 진노를 두려워하는 것에 대해 이야기하는 반면, 세례 요한은 청중에게 곧 다가올 진노를 피하라고 권면했다. 따라서 엄밀한 의미에서의 세례 요한 전승에 대한 긴밀한 의존은 암시되어 있지 않다. 미래의/종말론적인 신적 보복을 표현하는 한 방식인 "진노"는 구약과 초기 유대 문헌[52] 및 신약의 다른 곳에서[53] 친숙한 표현이었다. 따

Eph. 19/마 2:2, 9; *Philad.* 2.2/마 7:15; *Philad.* 6.1/마 23:27; *Polyc.* 1.2-3/마 8.17을 마태복음에 의존했을 가능성이 큰 예들로 간주한다(*Rezeption*, 80-86).

48 J. S. Sibinga, 'Ignatius and Matthew', *NovT* 8 (1966), 262-83도 함께 보라. Schoedel은 "이그나티오스가 빚지고 있었던 것은 바로 구전 자료였다"는 Koester의 의견에 동의하는 경향이 있다(*Ignatius* 9).

49 Köhler, *Rezeption*, 80.

50 Davies and Allison, *Matthew*, 2.532.

51 Foster, 'Epistles of Ignatius', 177-78.

52 *TDNT* 5.401, 415.

53 특히 "장래의 노하심"(살전 1:10; 및 엡 5:6; 골 3:6); 및 롬 2:5, 8; 5:9; 9:22; 계 6:16-17; 11:18; 14:10; 16:19; 19:15을 주목해 보라.

라서 만일 이 표현 자체("곧 다가올 진노")가 세례 요한의 설교에서 충분히 특징적인 표현이라면, 세례 요한에 의해 시작된 그 표현은 아마도 단순히 기독교적인 권면의 일부가 되었거나 그 기원을 세례 요한의 설교를 전하는 구전 전승에 대한 더 폭넓은 지식 내지 그 전승의 영향에서 찾을 수 있을 것이다. 엄밀한 의미에서의 Q 자료에 대한 구체적인 지식이나 특히 마태복음에 대한 구체적인 지식은 이그나티오스가 이 표현을 사용한 것을 설명하는 데 요구되지 않는다.

Eph. 14.2도 마태와 누가가 공유한 전승(마 12:33b/눅 6:44b)에 대한 약간의 지식이나 그 전승의 영향을 암시할 수 있지만, 이 경우에 마태/누가복음의 병행 본문은 기록된 전승보다는 공유된 구전 전승을 나타낼 가능성이 더 크다.

Eph. 14.2	마 12:33	눅 6:43-44
믿음을 고백하는 자는 아무도 죄를 짓지 않고, 누구든 사랑을 얻은 뒤에는 미워하지 않는다. 나무는 그 열매를 통해 명백히 알 수 있다.	나무도 좋고 열매도 좋다 하든지 나무도 좋지 않고 열매도 좋지 않다 하든지 하라. 그 열매로 나무를 아느니라.	못된 열매 맺는 좋은 나무가 없고 또 좋은 열매 맺는 못된 나무가 없느니라. 나무는 각각 그 열매로 아나니

이 개념은 잘 알려진 것이므로[54] 예수 전승의 흔적은 설득력이 있지는 않아도 분명 있을 가능성이 있지만, 문자적 의존을 암시하는 내용은 아무것도 없다.[55]

Eph. 17.1은 예수의 머리에 기름을 부은 사건을 언급한다. 이 구절이

---

54   참고. Sir. 27.6; *b. Ber.* 48a.
55   마지막 두 구절에 대해서는 Foster, 'Ignatius of Antioch', 181-82을 참고하라.

공관복음(막 14:3 및 병행 본문)과 요한복음 12:3에서는 그와 다르게 기억된 이 사건을 언급하고 있다는 점은 분명하다. 그러나 서로 다른 형태는 어떤 이야기가 매우 폭넓고 다양하게, 즉 구전 예수 전승 안에서 그렇게 다시 언급되었다는 충분한 증거다. 어떤 특정한 복음서에 대한 의존 역시 자신 있게 주장할 수는 없다.[56]

　　게다가 이그나티오스가 요한복음이나 요한복음 전승을 알고 있었을 가능성이 있는 두 가지 사례가 있다.[57] 첫 번째는 *Rom.* 7:2-3인데 거기서 이그나티오스는 "내 안에서 함께 말하는 살아 있는 물"(참고. 요 4:10, 14)이라는 표현을 사용하며,[58] "예수 그리스도의 살인 하나님의 떡"에 대해 말한다. "나는 그분의 피를 음료로 원하며 이는 불멸의 사랑이다"(참고. 6:41-58). 이 두 주제의 긴밀한 결합은 아마도 요한이 예수 전승을 수정한 내용을 이그나티오스가 알고 있었고 그 영향을 받았음을 보여주기에 충분할 것이다.[59]

　　두 번째는 *Philad.* 7.1이다. "성령은 하나님에게서 나오시기 때문에 속지 않으신다. 성령은 자신이 어디서 오며 어디로 가는지 아시기 때문

56　Koester, *Synoptische Überlieferung*, 56-57; Köhler, *Rezeption*, 82.

57　*NTAF*, 82-3에서는 *Magn.* 7.1과 8.2(참고. 요 8:28-29)만이 깊은 인상을 심어주는 다른 다섯 가지 사례를 살펴본다. Foster는 그런 사례에 별다른 인상을 받지 못한다('Ignatius of Antioch', 183). C. E. Hill은 *The Johannine Corpus in the Early Church* (Oxford University, 2004), 434-37에서 더 깊은 인상을 받는다. 그는 *Philad.* 9.1-2과 *Smyrn. praescr.* 1.1-2도 언급한다(438-40).

58　그러나 *Odes* 11.6-7과 비슷한 대목 및 이 본문에 대한 기억도 주목해 보라-"그리고 말하는 물은 주님의 샘에서부터 내 입술을 넉넉히 적셨다. 그래서 나는 죽지 않는 살아 있는 물을 마시고 그 물에 취했다"(참고. *Thomas*, 13.5)(참고. Schoedel, *Ignatius*, 185).

59　"본문 전체가 요한복음에서 영감을 받았다"(Lightfoot, *Apostolic Fathers*, II.2.224); *NTAF*, 81-82. Massaux는 이 주장에 대해 반신반의하지만(*Influence*, 1.103-4) Hill은 이 주장을 강력하게 옹호한다(*Johannine Corpus*, 432-34). 이그나티오스가 그리스도의 육체를 강조하는 데 더 많은 동기를 부여한 것은 그의 반(反)가현설적인 관심사일지도 모른다(*Trall.* 8.1; *Rom.* 7.3; *Philad.* 4; 5.1; *Smyrn.* 7.1).

이다.…" "어디서 오며 어디로 가는지"라는 어구는 (요한복음에서는 이것을 아는 이가 일반적인 "너"[니고데모]인 반면 이그나티오스의 글에서는 아는 이가 성령이라는 점[참고. 요 8:14] 외에는) 요한복음 3:8에 나오는 같은 어구와 글자 그대로 똑같다.[60] 이 대목에서 성령에 대한 이그나티오스의 언급은 요한복음의 언급과 너무나 달라서 이 구절이 인용구라는 어떤 주장도 받아들이기 어렵다. 기껏해야 우리는 요한복음에서 비롯되었을지는 모르지만 어떤 구체적인 문맥과도 분리되어 성령의 역사를 묘사하는 데 사용된, 성령의 역사의 신비를 묘사하는 하나의 방식에 대해 말할 수 있을 뿐이다.[61]

물론 이 모든 점에 있어서 이그나티오스는 소아시아를 거쳐 로마로 순교하러 가는 동안 편지를 썼다는 점을 기억해야 한다. 그는 기록된 문헌을 제한적으로만 가져갈 수 있었을 것이므로 그의 편지 속에 있는 것과 같은 예수 전승의 흔적들은 십중팔구 그의 기억에서 나왔을 것이다. 전반적으로 전승의 흔적의 개수와 그 흔적들과 정경 복음서의 표현과의 차이 또는 상대적 독립성은 초기 교회의 활력의 근원이 된 살아 있는 전승을 더 많이 암시한다. 그것은 부분적으로 예수에게서 비롯되었고 대체로 구전을 통해 알려졌으며 예수 전승에 포함되었지만, 엄밀한 의미에서 구체적으로 예수의 언행으로 간주할 수 있기 때문이 아니라 그 지속적인 적실성(효과) 때문에 더 귀하게 여겨진 전승이었다. 공관복음 전승에서도 그 존재가 입증되는 예수 전승에 대한 이러한 암시나 예수 전승에서 받은 영향의 뿌리가 여전히 식별 가능하다는 점은 놀랄 일이 아니라, 단지

---

60 "이러한 일치는 우연으로 보기에는 너무 강력하다"(Lightfoot, *Apostolic Fathers*, II.2.266); "여기에 이그나티오스가 제4복음서에 직접 의존했다는 가장 강한 가능성이 있다"(Schoedel, *Ignatius*, 206); Hill, *Johannine Corpus*, 437-38.

61 Foster, 'Ignatius of Antioch', 184도 함께 보라.

우리에게 예수 전승이 실제로 살아 있는 전승이었다는 사실을 상기시킨다. 그러한 관점에서 우리는 그 전승의 발전 과정에서 마태와 요한이 끼친 영향에 대한 어느 정도의 증거를 포착할 수 있다. 하지만 우리가 그 증거로부터 이그나티오스가 그와 같은 어떤 기록된 복음서를 알고 있었다고 확신 있게 결론을 내릴 수 있는 것은 아니다.[62] 그러나 이는 최소한 마태복음과 요한복음이 이그나티오스의 출신지인 시리아와 그가 편지를 쓴 곳인 소아시아에서는 십중팔구 잘 알려져 있었거나 이미 영향력이 있었다는 점은 확증해준다.

e. 폴리카르포스

폴리카르포스가 빌립보인들에게 보낸 편지에는 예수 전승에 대한 몇 가지 암시가 있다. 가장 분명한 암시인 *Phil.* 2.3은 우리가 이미 앞에서 *1 Clem.* 13.2에 관한 내용에서 살펴보았다.[63] 그런데 폴리카르포스는 계속해서 "주님이 가르치실 때 하신 말씀"을 상기시킨다.

Phil. 2.3	마 5:3, 10	눅 6:20
"가난한 자들과 의를 위해 박해받는 자들은 복되다. 하나님의 나라는 그들의 것이기 때문이다."	심령이 가난한 자는 복이 있나니 천국이 그들의 것임이요.…의를 위하여 박해를 받은 자는 복이 있나니 천국이 그들의 것임이라.	너희 가난한 자는 복이 있나니 하나님의 나라가 너희 것임이요.

---

62 Köhler는 이그나티오스가 마태복음이나 최소한 마태 자료를 알고 있었다는 것이 "거의 확실한 가능성"이라고 결론짓는다(*Rezeption*, 95-96). Hill도 똑같이 이그나티오스가 요한 복음을 익히 알고 있었을 것이라고 확신한다(*Johannine Corpus*, 440-41).
63 앞의 §44.2c(i)을 보라.

표현상의 차이를 볼 때 이 편지에서 마태복음을 인용했을 가능성은 희박해지지만, 마태복음의 독특한 "의"의 모티프에 대한 언급은 최소한 마태복음에 대한 어느 정도의 지식 내지 마태복음에서 받은 영향을 또다시 암시한다. 아마도 예수 전승에 대한 마태복음의 표현이 구전 예수 전승의 일부, 즉 이 주제에 대한 더 널리 퍼지고 알려진 예수의 가르침의 한 형태가 되었다고 추론하는 것이 가장 간단한 추론일 것이다.[64]

Phil. 7.2도 흥미롭다. "주님이 '마음에는 원이로되 육신이 약하도다'라고 말씀하신 것처럼 모든 것을 아시는 하나님께 우리를 시험에 들지 않게 해 달라고 간구하는 우리의 간청을 통하여." 여기서 전반부에는 주기도문의 흔적이 분명하게 드러나지만(마 6:13), 그보다 훨씬 더 눈에 띄는 것은 마가복음 14:38/마태복음 26:41에 나오는 예수의 말씀의 흔적이다. "시험에 들지 않게 깨어 있어 기도하라. 마음에는 원이로되 육신이 약하도다." 여기서 마지막 절은 폴리카르포스가 인용한 것과 정확히 일치한다. 그러나 마태복음(또는 마가복음)에 대한 문헌적 의존성이 가장 그럴듯한 설명은 아니다.[65] 오히려 폴리카르포스의 권면은 주기도문에 대한 묵상에서 나온 것처럼 보이며 주기도문은 물론 예배에서 규칙적으로 사용되어 잘 알려져 있었을 것이다. 폴리카르포스는 여기에 예수의 겟세마네 체험에 대한 이야기 속에 있었던 원래의 위치에서 쉽게 떼어내어 다른 배경에서 사용할 수 있는 유명한 말씀을 덧붙였다.[66] 그러므로 우리는

---

64 Köhler, *Rezeption*, 99-100; Gregory, *Reception of Luke*, 134-35; Holmes, 'Polycarp's Letter', 193-94; Young, *Jesus Tradition*, 168-72도 함께 보라.

65 Koester는 놀랍게도 "폴리카르포스는 이 두 복음서 중 하나를 알고 있었음이 분명하다"고 확신한다(*Synoptische Überlieferung*, 115). Young, *Jesus Tradition*, 232-37과 비교해 보라.

66 참고. *NTAF*, 103; Hagner, 'Sayings of Jesus', 240; Holmes는 얼마나 많은 이들이 이 구절은 마태복음에 대한 폴리카르포스의 의존 내지 지식을 입증한다고 생각하는지를 언급하면서도 자신은 반신반의한다('Polycarp's Letter', 195-96). 육신과 영혼의 대조는 특징적인 유대적 표현이다. 다음 글을 보라. W. D. Davies, 'Paul and the Dead Sea Scrolls:

Phil. 7.2을 어떻게 구전 예수 전승이 다루어지는 상황에 적절한 권면이 될 수 있었고 종종 그런 권면 속에 포함되었는지를 보여주는 전형적인 한 예로 간주할 수 있을 것이다.[67]

Phil. 6.2도 주기도문을 인용한다. "우리가 주님께 우리를 용서해달라고 간구한다면, 우리 또한 용서해야 한다." 이 권면은 아마도 마태복음 6:14-15, 마가복음 11:25, 골로새서 3:13에서와 같이 주기도문의 용서에 대한 간구(마 6:12/눅 11:4)가 환기시킨 종류의 사고를 모방한 듯하다. 여기서 또다시 이 증거는 예배에서의 규칙적인 사용을 통해 알려진 바와 같은 예수의 기도에 대한 가르침의 지속적인 영향을 시사한다.[68]

학자들이 주장한 특정한 공관복음 본문에 대한 다음과 같은 다른 암시들은 설득력이 훨씬 떨어진다.

- *Phil.* 5.2, "모든 사람의 종"(막 9:35; 참고. 마 20:28).
- *Phil.* 12.3, "너를 박해하고 미워하는 이들을 위해…기도하라."(마 5:44/눅 6:27)[69]

Flesh and Spirit', *Christian Origins and Judaism* (London: DLT, 1962), 145-77.

67 Massaux는 여기에 다음과 같이 특징적으로 이의를 제기한다. "그 존재가 가설적인 것에 불과한 구전 전승이나 복음서의 모체가 되는 문헌에 의존하는 이유가 무엇인가?"(*Influence*, 2.32)

68 Koester, *Synoptische Überlieferung*, 120. 참고. Holmes, 'Polycarp's Letter', 194.

69 Koester는 또다시 마태복음과 누가복음이 폴리카르포스의 공동체 안에서 알려지고 사용되었다고 추론한다(*Synoptische Überlieferung*, 119-20). 그러나 다음 책들도 함께 보라. Köhler, *Rezeption*, 101-2; Gregory, *Reception of Luke*, 135. Holmes는 "원수를 위해 기도하라"는 명령은 널리 퍼져 있었고 초기 기독교 저작에서 미묘하게 다양한 형태를 취했다는 점을 지적한다(예. *Did.* 1.3; Justin, *1 Apol.* 14.3; 15.9; *Dial.* 96.3; 133.6; Athenagoras, *Leg.* 11.2; Theophilus, *Ad Autol.* 3.14; *Ap. Const.* 1.2.2; *POxy* 1224). 그는 복음서 안에 포함된 전승에도 그 나름의 수명이 있었다고 주장한다('Polycarp's Letter', 197).

그러나 이는 예수에게서 비롯된 언어와 정서가 어떻게 그 이후의 기독교적 권면의 일부가 되었는지를 보여준다.

폴리카르포스는 요한 문헌의 핵심 구성요소들도 알고 있었던 것으로 보인다.

> 예수 그리스도께서 육체로 오신 것을 시인하지 않는 자는 누구든 적그리스도이다[참고. 요일 4:2-3; 요이 7]. 십자가의 증거를 시인하지 않는 자는 누구든 마귀에게서 나온 자이며(참고. 요일 3:8) 주님의 말씀을 자신의 정욕을 위해 왜곡하는 자는 누구든…이런 자는 사탄의 장자다[참고. 요 8:44]. 그러므로 대중들의 쓸데없는 억측과 거짓 가르침은 제쳐두고 처음부터 우리에게 전해진 말씀으로 돌아가자[참고. 요일 1:1; 2:7, 24; 3:11; 요이 5]…(Phil. 7.1-2).

이는 요한복음에 대한 지식을 시사한다.[70] 게다가 Phil. 5.2("그가 우리를 죽은 자들 가운데서 일으키실 것이라고 약속하신 한")은 요한복음(6:40, 44, 54)에서 처음 표현된 약속을 반영할 수도 있지만, 폴리카르포스가 요한복음에 대한 자기 나름의 해석에서 그것을 도출했다는 필연적인 함의를 동반하고 있는 것은 아니다.[71]

홈즈(Holmes) 역시 Phil. 6.1("…우리 모두 죄와 관련해서 빚을 지고 있음을 알고")이 친숙하고 권위가 있으나 그 출처는 알려지지 않은 어떤 말씀에 대한 언급을 내포하는 것처럼 보인다는 점을 지적한다.[72] 이는 폴리카르포스가 전부 엄밀한 의미에서의 예수 전승에서 비롯되지 않고 구두 전승

---

70   Hill, *Johannine Corpus*, 418-19; 및 354-57.
71   *NTAF,* 104; Hill, *Johannine Corpus*, 420; Holmes, 'Polycarp's *Letter*', 198-99.
72   'Polycarp's *Letter*', 188-89.

을 통해 자신에게 전해진, 보다 광범위한 교리 교육의 축적된 자료를 갖고 있었을 가능성에 어느 정도 힘을 실어준다.

따라서 여기서 또다시 우리는 2세기 초에 소아시아에서 이미 확고한 지위를 얻었음을 확증해주는 마태복음과 요한복음의 영향력에 대해 말할 수 있다.

f. 「디다케」

「디다케」는 "열두 사도를 통해 열방/이방인에게 전해진 주님의 가르침"으로 소개된다. 이 표현 자체가 뒤이어 나올 독특한 가르침의 관점을 보여준다. 즉 그 가르침은 주님(예수 그리스도)에게서 비롯되었고 사도들을 통해 전해져 내려왔다는 것이다. 여기에는 이미 그때까지의 다른 기독교 문헌에서 거의 지지받지 못한 어떤 이상화(열두 사도의 적극적인 역할)가 존재한다. 그러나 이 책에서 주장하고 있는 기본적인 내용을 지나치게 무시해선 안 된다. 그 주장은 우리의 예수 전승 연구에서 분명해진 사실의 많은 부분을 반영하고 있기 때문이다. 즉 처음부터 그들이 예수에게서 받았고 그들에게 그토록 깊은 인상을 주어 예수 전승과 같은 표현과 그것의 사용 및 확산이 자연스럽게 일어나도록 한 가르침을 종합하고 체계적으로 서술하고 정기적으로 반복하고 번역하고 전달할 책임을 떠맡은 주요 제자들(사도들)이 존재했다는 것이다. 이러한 책임이 열두 사도 모두에게 있다고 간주되며 예수 전승을 글로 옮겨 적음으로써 그 과정을 더욱 진척시킨 한두 사람 내지 그보다 많은 사람들에 대해서는 아무런 언급이 없다는 점은 아마도 주목할 만한 가치가 있을 것이다. 앞으로 살펴보게 되겠지만 「디다케」는 최소한 마태복음을 인용하거나 마태의 영향을 많이 받은 전승을 인용할 수 있었을 가능성이 크지만,[73] 이 제목(「디다케」)은 구두로 전해졌을 것이 분명한 예수 전승을 사용하고 전달하는 더 큰 임무, 즉 복음서 저자들보다 더 많은 이들의 책임이었던 임무를 보다 많이 반영한다. 따라서 「디다케」가 인용한 예수 전승은, 그 전승의 가장 직접적으로 추적 가능한 형태가 마태복음의 형태였을 때조차, 구전 예수 전승의 다양한 통로와 형태를 통해 그 편집자들에게 알려졌을 가능성이 크다.[74]

(1) 「디다케」는 친숙한 권면적인 기법—"두 가지 길"에 대한 해설과 대조(Did. 1-6)—으로 시작된다.[75] "생명의 길"은 일련의 예수의 가르침 전체("주님의 가르침")와 함께 시작된다.

---

73 H. van de Sandt, ed., *Matthew and the Didache: Two Documents from the Same Jewish-Christian Milieu*(Assen: Van Gorcum, 2005)에는 「디다케」와 마태복음 사이의 중요한 일치점들을 「디다케」가 마태복음을 알고 있었고 이를 사용한 것으로 설명하거나 양자 모두 공통된 전승을 사용했거나 같은 배경에서 나온 것으로 설명해야 한다고 논의하는 Tilburg Conference(2003년 4월)의 논문들이 포함되어 있다. 논문 기고자들의 견해는 이 두 의견 사이에서 거의 똑같이 나누어졌다.

74 오늘날 우리가 가진 「디다케」(와 마태복음)의 본문에 편집적인 요소들과 시간상으로 뚜렷이 구별되는 층위들이 포함되어 있는가 하는 문제(앞의 §40.1e을 보라)는 여기서 다룰 수 있는 수준보다 훨씬 더 복잡하고 (어느 쪽으로든) 있을 법한 영향이라는 문제를 제기한다(참고. Niederwimmer, *Didache*, 76-77). 그러나 우리에게 핵심적인 문제는 어쨌든 현재 존재하는 형태의 본문에 의해 제기된다.

75 "두 길"이라는 주제는 유대 문헌과 비유대 문헌 모두에서 친숙한 주제였으므로 여기서 예수 전승에 대한 의존성(예. 마 7:13-14)을 반드시 함축할 필요는 없다. 추가적으로 이하 §45.5b 및 다음 글을 보라. C. M. Tuckett, 'The *Didache* and the Writings That Later Formed the New Testament', in Gregory and Tuckett, eds., *Reception*, 83-127(여기서는 96). J. S. Kloppenborg, '*Didache* 1.1-6.1, James, Matthew and the Torah', in Gregory and Tuckett, eds., *Trajectories*, 193-221도 함께 보라.

Did. 1.2–5	(주로) 마태복음	
² 첫째로 너를 만드신 "하나님을 사랑하고", 둘째로 "네 이웃을 네 자신과 같이 사랑하라."	막 12:29-31 및 병행 본문. 첫째는…주 너의 하나님을 사랑하라.…둘째는… 네 이웃을 네 자신과 같이 사랑하라.	*Barn.* 19.2 *Barn.* 19.5
네게 일어나기를 원치 않는 일은 무엇이든 다른 사람에게 행하지 말라.	마 7:12 그러므로 무엇이든지 남에게 대접을 받고자 하는 대로 너희도 남을 대접하라…	눅 6:31
³ 너를 저주하는 자들을 축복하고 너의 원수들을 위해 기도하며 너를 박해하는 자들을 위해 금식하라	5:44, 46-47 너희 원수를 사랑하며 [너희를 저주하는 자들을 축복하며] 너희를 박해하는 자를 위하여 기도하라…	눅 6:27 롬 12:14 너희를 박해하는 자를 축복하라 축복하고 저주하지 말라
네가 너를 사랑하는 자들을 사랑하면 그것이 무슨 자랑거리이겠느냐? 이방인들도 이렇게 하지 않느냐? 그러나 너를 미워하는 자들을 사랑하라. 그러면 네게 원수가 없을 것이다	너희가 너희를 사랑하는 자를 사랑하면 무슨 상이 있으리요?…이방인들도 이같이 아니하느냐?	눅 6:33
⁴ 육신의 정욕을 멀리하라. 누군가가 "네 오른뺨을 때리면 그에게 다른 쪽 뺨도 돌려대라." 그러면 너는 온전해질 것이다.	5:39 누구든지 네 오른편 뺨을 치거든 왼편도 돌려대며 5:48 하늘에 계신 너희 아버지의 온전하심과 같이 너희도 온전하라.	벧전 2:11 너희를 권하노니…육체의 정욕을 제어하라. 눅 6:29a
누군가 "너로 억지로 오 리를 가게 하거든 그와 십 리를 동행하라."	5:41 누구든지 너로 억지로 오 리를 가게 하거든 그 사람과 십 리를 동행하고	

누군가 네 겉옷을 **빼앗아** 가면 그에게 네 속옷도 주라. 누군가 네게서 네 것을 **빼앗아** 가면 그것을 돌려 달라고 요구하지 말라(어쨌든 너는 그것을 돌려받을 수 없을 것이다!).	5:40 너를 고발하여 속옷을 가지고자 하는 자에게 겉옷까지도 가지게 하며	눅 6:29b
5"네게 요구하는 모든 자에게 주며 준 것을 돌려달라고 요구하지 말라."	눅 6:30 네게 구하는 자에게 주며 네 것을 가져가는 자에게 다시 달라 하지 말며	마 5:42

그다음에는 예수가 가르치신 태도를 가지도록 독려하되, 그러한 관대함의 수혜자에게 그의 필요는 실제적인 것이어야 한다고 경고하는 부연 설명이 뒤따른다(1.5).

Did. 1.5-6	(주로) 마태복음	
그는 옥에 갇혀 무슨 일을 했는지 심문을 받을 것이다. 그리고 "마지막 한 낮까지 되갚기 전에는 그곳에서 나오지 못할 것이다." 6그러나 이에 대해서는 이런 말씀도 있었다. "너의 구호금을 누구에게 줄지 알기 전까지는 네 구호금이 네 손안에서 땀에 젖게 하라."	5:25-26 너를 고발하는 자와 함께 길에 있을 때에 급히 사화하라. 그 고발하는 자가 너를 재판관에게 내어 주고 재판관이 옥리에게 내어 주어 옥에 가둘까 염려하라. 진실로 네게 이르노니 네가 한 푼이라도 남김이 없이 다 갚기 전에는 결코 거기서 나오지 못하리라.	눅 12:57-59

여기에는 논평을 필요로 하는 몇 가지 흥미로운 특징이 있다.

• 마태복음의 산상 설교와 누가복음의 평지 설교에 공통된 Q 자료

와의 유사한 정도가 눈에 띈다.

- 누가복음 6:30을 제외하면 가장 가까운 유사 본문은 마태복음 본문이다.
- 내용의 순서가 마태복음의 순서와 다른 정도는 긴밀한 문헌적 의존성을 암시하지 않는다.
- 「디다케」의 추가적인 자료(Did. 1.4에 나오는 벧전 2:11과 유사한 본문, 1.5의 부연 설명, 1.6에서 사용된 알려지지 않은 말씀)는 사용되는 과정에서 확대된 예수 전승을 암시한다.

따라서 「디다케」는 마태복음, 또는 더 정확히 말하자면 마태가 사용한 예수 전승을 알고 있었을 가능성이 크다.[76] 마태가 예수 전승을 바로 이 모음집 속에 모으는 일을 했다면 「디다케」는 마태복음을 알고 있었거나 적어도 마태가 이 예수 전승 모음집에 부여한 명확한 설명을 충분히 상기할 수 있었다는 결론을 내려야 할 것이다.[77]

마태가 이 대목에서 이미 분류된 교육 자료를 사용할 수 있었을 가능성은—누가복음의 병행 본문들이 암시할 수도 있는 것처럼—충분히 있다.[78] 더 나아가 마태복음이 가장 가까운 본문일 때조차도 드러나는

---

76 하나님 사랑과 이웃 사랑의 계명을 서로 연결시키는 것은 비기독교적인 유대교에서 이미 친숙한 것이었다는 자주 제기되는 주장(예. Koester, *Synoptische Überlieferung*, 135; Hagner, 'Sayings of Jesus', 241; Tuckett, '*Didache*', 97)은 예수가 복잡하게 뒤섞인 여러 계명 중에 레 19:19("네 이웃을 네 자신과 같이 사랑하라")을 뽑아내어 거기에 그와 같은 특별한 중요성을 부여한 것은 전례가 없는 일이라는 점을 무시하고 있다. *Did.* 1.2이 반영하고 있는 것은 바로 이런 예수 전승의 독특한 특징이다. 이 점은 *Did.* 1.2b/마 7.12의 경우에 더욱 타당하게 강조될 수 있다(*Jesus Remembered*, 588-89을 보라).

77 참고. Koester, *Synoptische Überlieferung*, 240; "산상 설교와의 확실한 문헌적 접촉점" (Massaux, *Influence*, 3.151).

78 C. N. Jefford는 *The Sayings of Jesus in the Teaching of the Twelve Apostles*(Leiden: Brill, 1989) 에서 "이 단락은 일관되게 어록 복음서인 Q 자료에서 유래된 공관복음 본문에 의존하고

「디다케」와 마태복음의 차이점, 로마서 12:14과 베드로전서 2:11의 증거, 「바나바 서신」과의 유사점, 「디다케」가 제시하는 부연 설명은, 기독교적 권면에서 보다 널리 사용되었고 구두 사용 및 전달 과정에서 형성된 자료를 강하게 암시한다(참고. Justin, *1 Apol.* 15-16).[79] 그러나 그렇다 하더라도 「디다케」가 구전 예수 전승과 그것의 교리문답 및 권면적인 용도에 끼친 마태복음의 기여와 영향을 어느 정도 반영하고 있을 가능성은 여전히 남아 있다.[80]

권면 단락의 나머지 부분(*Did.* 1-6)에는 예수 전승의 다른 분명한 흔적이 단 하나 있다. *Did.* 3.7이 그것이다.[81] "온유하라. '온유한 자는 땅을 유업으로 받을 것'(마 5:5)이기 때문이다." 그렇지만 물론 이 인용된 구절은 시편 37:11에서 인용한 구절이기도 하다.[82]

(2) 세례, 금식, 주기도문, 성찬에 대한 단락(*Did.* 7-10)에는 특히 마

있다"고 결론짓는다(52).

79 다음 글들을 보라. J. Draper, 'The Jesus Tradition in the Didache', in Wenham, ed., *Jesus Tradition*, 269-87(여기서는 273-79); W. Rordorf, 'Does the Didache Contain Jesus Tradition Independently of the Synoptic Gospels?', in H. Wansbrough, ed., *Jesus and the Oral Gospel Tradition* (JSNTS 64; Sheffield: JSOT, 1991), 394-423(여기서는 408-9, 411). Koester는 "오늘날 발전하는 기독교 교리문답과 결부되는…전통적인 예수의 말씀들에 대한 해석"을 "하나의 중대한 단계"로 간주한다(*Introduction*, 2.158). J. Schröter 는 'Jesus Tradition in Matthew, James, and the Didache: Searching for Characteristic Emphases', in van de Sandt and Zangenberg, eds., *Matthew, James and Didache*, 233-55에서 세 문헌에 나오는 "온전함"이라는 주제에 대한 연구를 통해 "「디다케」에 나오는 이른바 '예수 전승'은 야고보와 마태도 접할 수 있었던 수많은 초기 기독교 교리문답 전승에서 나왔다"(253)는 결론을 내리지만, *Did.* 1.2-6의 증거를 "이른바 '예수 전승'"으로 묘사하는 것은 부당하게 편향적인 묘사로 이해된다.

80 Justin, *1 Apol.* 15-16에 대해서는 이하 §44.3b(ii)을 보라.

81 *Did.* 2.2-3과 마 19:18-19의 유사점은 꽤 많은 주목을 받고 있지만 「디다케」의 본문은 출 20:13-16과 신 5:17-20에서 기원한 것일 수도 있다. 이하 §45.5b도 함께 보라.

82 참고. Jefford, *Sayings of Jesus*, 73-81. Tuckett은 「디다케」의 저자가 이 권면을 마태복음에서 가져왔을 가능성은 희박하다고 생각하지만, *Did.* 6.2("너는 온전해질 것이다" - *Did.* 1.4의 반복; 참고. 마 5.48)은 "「디다케」와 마태복음의 긴밀한 연관성을 보여주는" 것처럼 보인다고 결론짓는다('*Didache*', 99-102).

태복음에서 받은 영향을 반영하는 다른 몇 가지 언급이 있다.

Did. 7.2-3	마 28:19
아버지와 아들과 성령의 이름으로 세례를 주라.···아버지와 아들과 성령의 이름으로 머리 위에 세 번 물을 부으라.	모든 민족을 제자로 삼아 아버지와 아들과 성령의 이름으로 세례를 베풀고

이러한 세례식의 정형화된 문구는 마태복음에만 있다. 신약의 다른 곳에서 세례는 "주 예수의 이름으로" 행해진다.[83] 따라서 「디다케」는 마태복음에 대한 직접적인 의존성을 반영하거나, 또는 이 단락에서 「디다케」가 정기적인 예배의 문제를 다루고 있으므로, Did. 7.2-3은 마태복음의 표현이 곧 더 광범위한 예전적 관행 속에 흡수되었다는 사실을 반영한다.[84] 물론 마태복음 28:19이 이미 확립된 세례식의 정형화된 문구를 반영했을 가능성도 있다. 그러나 예수 전승에 대한 나머지 마태복음 유형의 인용구들과 흔적들을 감안하면 마태복음에서 받은 직접적이거나 간접적인 영향은 부정하기가 더 어렵게 된다. 나머지 증거들과 더불어 이 구절의 증거에 따르면 마태복음은 이미 기록되었고 이미 점점 더 광범위한 영향력을 행사하고 있었다고 결론짓는 것이 안전하다.

(3) Did. 8장은 마태복음 6:1-18에 나오는 금식과 기도에 관한 가르침의 순서를 따른다.

---

83 행 2:38; 8:16; 10:48; 19:5; 고전 1:13, 15에서는 암시적으로 언급됨.

84 Draper는 그 이전 형태인 "주의 이름으로 세례를 받고"가 Did. 9.5 속에 살아남았다고 지적하며 7.1은 "아마도" 어떤 경우에든 "어떤 기록된 출처에서 나온 것이 아니라 당시의 예배 관행에서 나온" "후대의 편집상의 수정"이겠지만 아마도 마태복음 본문의 영향을 받았을 것이라고 추론한다('The Didache', 272과 n. 16).

Did. 8:1-2	마 6:2, 5, 9-13, 16
¹외식하는 자들과 함께 금식하지 말라.	²구제할 때에 외식하는 자가…회당과 거리에서 하는 것같이 너희 앞에 나팔을 불지 말라. ¹⁶금식할 때에 너희는 외식하는 자들과 같이…말라.
²외식하는 자들처럼 기도하지 말고 주님이 복음에서 명령하신 것처럼 이렇게 기도하라. 하늘에 계신 우리 아버지여, 이름이 거룩히 여김을 받으시오며	⁵또 너희는 기도할 때에 외식하는 자와 같이 하지 말라. ⁹그러므로 너희는 이렇게 기도하라. 하늘에 계신 우리 아버지여, 이름이 거룩히 여김을 받으시오며
당신의 나라가 임하시오며 당신의 뜻이 하늘에서와 같이 땅에서도 이루어지게 하시며	¹⁰나라가 임하시오며 뜻이 하늘에서 이루어진 것 같이 땅에서도 이루어지이다.
오늘 우리에게 일용할 양식을 주시고 우리도 우리에게 빚을 진 자들을 용서한 것처럼 우리의 빚을 용서해 주시며	¹¹오늘 우리에게 일용할 양식을 주시옵고 ¹²우리가 우리에게 죄지은 자를 사하여 준 것같이 우리 죄를 사하여 주시옵고
우리를 시험에 들지 않게 하시고 악한 자에게서 구해 주소서. 권능과 영광이 영원히 당신의 것이기 때문입니다.	¹³우리를 시험에 들게 하지 마시옵고 다만 악에서 구하시옵소서.

마태복음에서 직접적인 영향을 받았다는 증거는 여기서 매우 강력하다. 주기도문이 정기적으로 예배에서 사용됨으로써 친숙해졌을 것이라는 점은 물론 사실이다.[85] 그러나 우리는 누가복음에 실린 형태의 주기도문(눅 11:2-4)을 통해 주기도문의 다양한 형태들이 초기 교회들 사이에서 통용되었음을 알 수 있다. 그리고 앞의 번역이 분명히 밝혀주듯이 「디다케」에 실린 주기도문의 형태는 마태복음의 형태와 거의 단어 대 단어로 일치한

---

85 Niederwimmer는 이 점을 강조하지만(*Didache*, 170) 마 6장의 독특한 특징들과의 접촉점을 너무 가볍게 간과한다.

다. 더구나 주기도문의 가르침을 보충하는 금식 및 기도와 관련한 외식하는 자들에 대한 「디다케」의 경고는 우연이라기에는 마태복음 6장에 나오는 순서와 너무 비슷하다. 특히 "외식하는 자"는 특징적이고 거의 마태복음 특유의 단어이며 이 단어를 이런 문맥에서 사용하는 사람은 오직 마태뿐이라는 사실을 고려하면 더더욱 그렇다. 주기도문에 대한 마태복음의 용법, 순서, 형태라는 뚜렷한 특징으로 인해 도출할 수 있는 가장 분명한 결론은 「디다케」가 마태복음에 대한 지식이 있었거나 마태복음에서 직접적으로 영향을 받았다는 것이다.[86]

다른 두 가지 특징도 주목할 만하다. 하나는 "주님이 복음에서 명령하신 것처럼"이라는 구절이다. 이 말은 "복음서"라는 의미에서의 "복음"을 가리키는 것이 아니다.[87] 그러나 이는 예수의 가르침을 포함하는 것으로서의 "복음"이 기독교적 "복음"에 대한 확고부동한 이해였다는 점을 분명히 보여준다(11.3과 15.3-4도 함께 보라).[88]

또 다른 특징은 주기도문에 대한 「디다케」의 결론이 예수가 가르친 것으로 기억된 기도에 적절한 송영을 덧붙이려는 자연적인 예전적 경향

---

86 Massaux, *Influence*, 3.154-55; Köhler, *Rezeption*, 35-36. "이 문헌은 마태복음에 의존하고 있는가? 이 질문에 부정적으로 대답해온 최근의 몇몇 학자들에도 불구하고 우리는 긍정적인 대답을 하지 않을 수 없다고 생각한다.…직접적인 문학적 차용에 대해 이보다 더 많은 증거를 기대하기는 어려울 것이다"(Davies and Allison, *Matthew*, 1.597-98). 참고. Tuckett, '*Didache*', 103-6. Koester, *Synoptische Überlieferung*, 208-9과 비교해 보라. Young은 *Did*. 8.1-2(금식과 "외식하는 자들"에 대한 언급)에 나오는 보완적인 자료를 경시하거나 무시한다(*Jesus Tradition*, 218-25).

87 "복음서 문헌(에 대한 언급)에 대한 해석이 아주 불가능한 것은 아니지만, 주님의 (구두) 설교에 대한 언급으로 이해하는 것이 가장 바람직하다"(Koester, *Synoptische Überlieferung*, 203). 복음서 문헌에 대한 언급을 옹호하는 주장(Matthew – Jefford, *Apostolic Fathers*, 21 n. 27)은 「디다케」의 다른 복음(*euangelion*) 관련 구절들(11.3; 15.3-4)에서 더 강력하게 개진될 수 있다(Köhler, *Rezeption*, 26-27, 55). 11.3에 대해서는 아래 n. 91을 보라. 15.3-4은 마 18:15-17에 대한 언급을 동반한 듯하며 "복음서에 있는 대로"의 가르침에 대해 말하고 있다(참고. Koester, 11, 240). 추가적으로 앞의 §41 n. 39을 보라.

88 참고. Niederwimmer, *Didache*, 168-70; 이하 n. 91을 보라.

의 분명한 증거를 제시한다는 점이다.[89] 또한 이는 더 나아가 보다 안정적인 예전적 전승으로 간주될 수 있는 전승을 포함하는 구전 예수 전승이, 이미 신성한 전승으로 간주되었을 것이 분명한 내용에 대한 추가나 완성을 허용하는 유연성을 지니고 있었음을 입증한다.[90]

(4) 마태복음 전승에 대한 다른 흔적/암시는 단지 이미 분명한 사례를 뒷받침해주는 것에 불과하다.

Did. 9.5	마 7:6
주님은 이것에 관해 말씀하셨다. "거룩한 것을 개에게 주지 말라."	거룩한 것을 개에게 주지 말며 너희 진주를 돼지 앞에 던지지 말라.···

Did. 11.1-4	마 10:40-41
너희에게 와서 이 모든 것을 가르쳐주는 자···그를 영접하라.···그를 주님처럼 영접하라. 사도들과 선지자들에 관해서는 복음의 규례에 따라 이와 같이 행하라.[91] 너희에게 오는 모든 사도들이 주님처럼 영접받게 하라.	너희를 영접하는 자는 나를 영접하는 것이요, 나를 영접하는 자는 나를 보내신 이를 영접하는 것이니라. 선지자의 이름으로 선지자를 영접하는 자는 선지자의 상을 받을 것이요, 의인의 이름으로 의인을 영접하는 자는 의인의 상을 받을 것이요.

---

89 "주기도문에 대한 초기 교부들의 주석(테르툴리아누스, 오리게네스, 키프리아누스의 주석)뿐만 아니라 알렉산드리아 사본(B), 서방 사본(D 사본과 대부분의 옛 라틴어 사본), 가이사랴 이전 사본(f1) 등 초기의 중요한 대표적인 사본들에서의 송영의 부재는 초기 교회에서 주기도문을 예배적인 용도에 맞추기 위해 일반적으로 3중적인 형태로 된 송영이 (아마도 대상 29:11-13을 바탕으로 하여) 지어졌을 것임을 암시한다"(Metzger, *Textual Commentary*, 16-17).

90 이 점은 「디다케」가 감사의 식사/성찬에 덧붙이는 많이 다듬어진 단어들을 통해 훨씬 더 분명하게 입증된다(*Did.* 9.2-4).

91 "복음의 규례"(*to dogma tou euangeliou*)라는 어구는 기록된 본문에 대한 언급을 암시한다. "만일 그렇다면 가장 그럴듯한 후보는 또다시 아마도 마태복음일 것이며, 마 10:40-1의 본문이 염두에 있을 것이다"(Tuckett, 'Didache', 107). "복음"에 대한 나머지 언급들도 다시 주목해 보라(8.2과 15.3, 4).

Did. 11.7	마 12:31
성령으로 말하는 모든 선지자를 시험하거나 정죄하지 말라. 모든 죄는 용서를 받을 것이지만 이 죄는 용서받지 못할 것이기 때문이다.	그러므로 내가 너희에게 이르노니 사람에 대한 모든 죄와 모독은 사하심을 얻되 성령을 모독하는 것은 사하심을 얻지 못하겠고

Did. 13.2	마 10:10
일꾼이 자기 양식을 얻는 것이 마땅한 것처럼 참된 스승도 자기 양식을 얻는 것이 마땅하다.	일꾼이 자기의 먹을 것 받는 것이 마땅함이라.

이러한 표현들은 각기 마태복음의 특징적인 표현이다. 여기서도 다시 한 번 마태복음을 인용하거나 베꼈다는 증거는 없다.[92] 그러나 「디다케」가 마태복음의 독특한 특징을 그토록 일관되게 되풀이하는 것을 보면, 그것이 마태복음의 영향을 받았다는 점을 의심하기는 어렵다.[93] 최소한 마태복음에 실린 형태의 예수 전승이 「디다케」가 사용한 예수 전승에 끼친 영향을 통해서라도 영향을 받았을 것이다.

마지막으로 언급할 만한 가치가 있는 것은 *Did.* 12장이 마가복음 13장과 그 병행 본문들, 특히 역시 마태복음 본문의 묵시적 강론에 대한 지식을 상당히 많이 반영한 것처럼 보인다는 점이다.[94]

---

92 예를 들어 Draper는 9.5과 11.3의 서로 다른 적용을 언급한다. 그는 「디다케」가 9.5을 유대적 용법에서 가져왔고 13.2은 아마도 유대교 지혜 전승에 그 뿌리를 두고 있을 가능성이 더 크다고 생각한다(*The Didache*, 273).

93 Köhler는 9.5, 11.7, 1.1-2과 15.3-4의 경우에 마태복음에 대한 의존성을 "가능성이 매우 큰" 것으로 간주한다(*Rezeption*, 36-39).

94 Massaux는 마태복음에 대한 문헌적 의존성을 확신 있게 주장한다(*Influence*, 3.167-73). *Did.* 10.5의 언어 역시 마 24:31을 떠올리게 한다. 「디다케」가 독립적인 그 이전의 전승을 증언한다는 견해에 대해서는 Draper, *The Didache*, 280-83을 보라. Tuckett, '*Didache*', 110-19의 충분한 논의를 보라. 그는 이렇게 결론짓는다. "유사한 본문들의 패턴은 「디다케」가 여기서 마태의 완성된 복음을 전제하고 있다면 가장 쉽게 설명될 수 있다"(119).

「디다케」	마태복음	「디다케」	마태복음
16.1	24:42	16.6	24:30
16.4	24:10-12	16.6	24:31
16.5	24:10, 13	16.8	24:30

요컨대 「디다케」는 아마도 교리문답, 설교, 정기적인 예배를 통해 친숙한 살아 있는 구두 전승을 사용했을 것이다.[95] 그러나 마태복음의 독특한 특징과의 연관성은 무시하기에는 너무 강하다. 「디다케」의 구성이 마태복음에 대한 직접적인 지식을 입증하거나, 아니면 마태복음이 이미 광범위한 기독교 회중에게 친숙한 예배 및 권면의 자료를 형성하는 데 상당한 영향을 끼쳤을 것이다.[96] 「디다케」의 다양한 부분들을 서로 다른 저자/출처에서 비롯된 것으로 간주할 수 있더라도 전승이 지닌 독특한 마태복음적인 성격(*Did.* 7.2-3; 8.1-2; 9.5; 11.1-4, 7; 13.2)은 모든 출처/저자

---

95 Koester는 *Did.* 7.1, 8.2, 9.5과 15.3이 "기록된 복음서가 아니라 자유로운 전승에서 유래되었다"고 결론짓는다(*Synoptische Überlieferung*, 240). Hagner도 "이 현상[마태복음과 *Didache* 사이의 병행 본문]은 구전 전승에 대한 의존의 결과로 쉽게 설명할 수 있다"고 결론짓는다('Sayings of Jesus', 242). 이와 비슷하게 Jefford도 *Did.* 1-5장과 16장의 자료와 관련해서 이렇게 말한다. "「디다케」 저자와 마태복음 편집자는 공통된 말씀 자료를 공유했다"(*Sayings of Jesus*, 91). 「디다케」의 저자는 마태복음이 출현한 환경을 알고 있었다(Köhler, *Rezeption*, 55). Rordorf, 'Jesus Tradition'; Niederwimmer, *Didache* — 독립적 전승(91), 격언적 전승(101-2), 묵시적 어록 모음집(104), 예전적 전승(160, 170) 등. 추가적인 참고문헌은 Tuckett, 'Didache', 95 n. 51을 보라.

96 너무나 많은 논의가 (*NTAF*, 27-30에서와 같이) 「디다케」 본문이 마태복음의 "인용문"이거나 마태복음에 의존하고 있는가 하는 문제에 너무 협소하게 초점을 맞추었다. 임의의 "구전 전승"과 "인용문" 사이에는 제3의 존재(*tertium datur*), 즉 마태복음에 실린 형태의 예수 전승에 상당히 많은 영향을 받은 구두 전승이 있다. 다시 Tuckett, 'Didache', 95 n. 51의 광범위한 참고문헌을 보라. 누가복음이 「디다케」에 독특한 영향을 끼쳤다고 보는 관점에 대한 옹호론은 대체로 누가복음과 *Did.* 1.3-5의 유사점(특히 눅 6:29-30)에 의존해 있다. Tuckett, 119-25과 Gregory, *Reception of Luke*, 120-24의 논의를 보라.

가 마태복음 형태의 전승의 영향을 강하게 받은 예수 전승을 공유했음을 암시한다.[97] 아마도 공유된 마태복음의 영향은 한 데 모아진 서로 다른 부분들 속의 한 요소였을 것이다. 「디다케」가 어떤 방식으로 한 데 모아졌든 그 내용은 마태복음이 지중해 동부 지역의 교회들에서 이미 통용되었던 복음서들 중에 가장 잘 알려지고 가장 영향력이 있었음을 강하게 암시한다.

g. 「바나바 서신」

구약에서 나온 많은 인용구들(§45.5c) 외에 「바나바 서신」에 나오는 예수 전승에 대한 언급 횟수는 적다. 가장 눈에 띄는 것은 *Barn.* 4.14이다. "… 기록된 대로 '우리 가운데 많은 이들이 부름을 받았지만 택함 받은 이들은 적었다.'" 이는 마태복음 22:14("청함을 받은 자는 많되 택함을 입은 자는 적으니라")을 인용하거나 암시한 구절일 가능성이 다분하다.[98] 그렇다면 이 언급은 기록된 마태복음에 대한 언급일 것이다. 그러나 "기록된 대로"라는 형식 어구는 보통 성경 인용구를 소개하는 말이며,[99] 비록 베드로후서 3:16이 바울의 편지들을 "성경"으로 포함시키고 있다는 점을 상기해야

---

97 따라서 미안한 말이지만 A. J. P. Garrow, *The Gospel of Matthew's Dependence on the Didache* (JSNTS 254; London: T & T Clark, 2004)의 견해에는 동의할 수 없다. 그는 *Didache*의 다양한 층위들의 마태복음에 대한 의존성 또는 공통 전승을 마태복음의 *Didache*에 대한 의존성보다 덜 타당하다고 생각한다. 그가 지나치게 야심차게 「디다케」를 다양한 층위로 분류한 것에는 편집상의 "복음서 층: 8.2b; 11.3b; 15.3-4"도 포함되는데, 이로 인해 그는 이런 구절들 속의 *euangelion*이 마태복음을 가리킬 가능성을 받아들이면서도(8장) 그것이 자신의 주요 명제를 약화시키지 않을 수 있게 되었다.

98 "강력하지는 않지만 상당한 가능성"(Köhler, *Rezeption*, 113); "꽤 그럴듯한"(Hvalvik, *Struggle*, 33-34).

99 Prostmeier는 「바나바 서신」이 문헌의 권위를 이용하기 위해 *gegraptai*라는 단어를 자주(8회) 사용하고 있다는 점을 지적한다(*Barnabasbrief*, 91).

하지만, 예수 전승에 대한 그와 같은 언급은 사도 교부 문헌에서 유례가 없다.[100] 그리고 아래에서 지적하는 것처럼 2 Clem. 2.4은 마가복음 2:17과 그 병행 본문을 "성경"으로 지칭한다. 또 다른 가능성은 이 언급이 우리에게 알려지지 않은 어떤 묵시 문헌에 대한 언급이고 거기서 "많은/적은"이라는 유명한 대조가 4 Ezra 8.3이 암시하는 것처럼 친숙한 대조일 가능성이다.[101]

그 밖의 경우에는 가능한 연결고리가 훨씬 더 빈약하다.[102]

- 예수는 "의인을 부르러 오신 것이 아니라 죄인을 부르러 오셨다"는 Barn. 5.9의 언급은 명백히 마가복음 2:17과 병행 본문에서 그 존재가 입증된 예수 전승을 (글자 그대로) 사용하고 있지만, 그 전승에 대한 지식은 분명 기록된 복음서보다 더 광범위했다(참고. 갈 2:14-17; 딤전 1:15).[103]

- Barn. 5.12 – "하나님은 그들이 그의 육신에 일격을 가한 것에 대해 이렇게 말씀하신다. '그들이 그들 자신의 목자를 칠 때 무리 중의 양들은 멸망할 것이다'" – 은 마태복음 26:31/마가복음

---

100 Massaux, *Influence*, 1.66; J. Carleton Paget, 'The *Epistle of Barnabas* and the Writings That Later Formed the New Testament', in Gregory and Tuckett, eds., *Reception*, 229-49(233)은 「바나바 서신」이 마태복음을 성경으로 언급했을 리는 없다는 가정에 대해 타당하게 경고한다.

101 또한 Koester는 *Barn*. 4.3과 16.5이 우리가 현재 「에녹 1서」로 알고 있는 것도 성경으로 취급하며 「바나바 서신」에서 *euangelion*이라는 단어를 사용한 두 번의 용례는 기록된 복음서가 아니라 전파된 복음을 가리킨다고 지적한다(*Synoptische Überlieferung*, 126-27). Prostmeier, *Barnabasbrief*, 226-27 n. 154도 함께 보라.

102 Massaux는 마태복음의 문헌적 영향이 기껏해야 의심스러운 것에 불과한 다른 가능한 연결고리들을 검토한다(*Influence*, 1.67-74).

103 P.Oxy. 1224도 함께 보라. 그러나 방금 언급했듯이 2 Clem. 2.4은 그 말씀을 "성경"으로 인용하며 Justin, *1 Apol*. 15.8 역시 아마도 누가복음(눅 5.32)에 의존하고 있는 듯한 같은 말씀을 인용한다.

14:27("내가 목자를 치리니 양의 떼가 흩어지리라")을 떠올리게 하지만,
「바나바 서신」은 인용된 성경(슥 13:7)을 언급하고 있는 것처럼 보
인다.[104]

- *Barn.* 6.6은 훨씬 더 분명하게 마가복음 15:24 및 병행 본문과는
  다른 시편 22:18(LXX 21:19)—"[그들이] 속옷을 제비 뽑나이다"—
  의 축자적 인용이다.
- *Barn.* 7.3은 십자가에서 예수에게 제공된 음료수를 "쓸개 탄" 것
  이라고 언급한다. 마태복음 27:34만이 "쓸개"라고 언급하지만 그
  러한 언급은 아주 쉽게 예수의 십자가형에 대한 예전적 기억의 일
  부가 될 수도 있었을 것이다.
- *Barn.* 12.10에서의 시편 110:1 인용은, 비록 12.11에서는 마가복
  음 12:37 및 그 병행 본문에서 상기된 것과 같은 예수 자신의 시편
  인용에 대한 인식을 보여주지만, 초기 기독교 변증에서 사용된 축
  적된 구약 본문들에서 인용한 것일 가능성이 크다.[105]

요컨대 「바나바 서신」은 예수의 수난 이야기가 초기 기독교 모임에서 잘
알려져 있었고 예수가 자신의 사명에 대해 가르친 내용에 관한 전승이
잘 알려져 있었음을 충분히 분명하게 보여준다. 그러나 「바나바 서신」은
우리에게 예수 전승이 이미 기록된 형태로 있었는지에 관해서는 어떤 신
뢰할 만한 정보도 말해주지 않는다. 반면 그와 같은 암시를 알아볼 수 있
다는 사실은 구전 예수 전승에 존재하는 상당한 정도의 안정성을 확증해
준다.[106]

---

104 Koester, *Synoptische Überlieferung*, 128-29; Köhler, *Rezeption*, 117.
105 *Beginning from Jerusalem*, 218.
106 참고. Koester, *Synoptische Überlieferung*, 156-58; Hagner, 'Sayings of Jesus', 242-43;

h. 헤르마스의 「목자서」

헤르마스는 우리의 관점에서 보면 다소 실망스럽다. 헤르마스는 아마도
사도 교부들 중에서도 가장 늦은 시기에 속한 인물일 것이고 그때는 한
권 이상의 신약 복음서가 분명히 더 잘, 더 널리 알려지고 있었겠지만,[107]
그는 어떤 신약 복음서도(또는 바울의 편지들도) 명시적으로 인용하거나 암
시하지 않는다.[108] 「목자서」는 사도 교부 문헌으로 간주되는 문헌 중에 가
장 긴 문헌으로서 예수 전승의 흔적이 훨씬 더 광범위하게 나타날 것으

Carleton Paget, 'Barnabas', 238-39.

107 J. Verheyden, 'The Shepherd of Hermas and the Writings That Later Formed the New
Testament', in Gregory and Tuckett, eds., Reception, 293-329(여기서는 293-94). 그러나
"다리가 네 개"인 침상(Vis. 23(III.13).3)과 "벽돌 층이 네 층"인 탑(Sim. 81(IX.4).3)에
대한 언급을 사복음서에 대한 언급으로 확신 있게 받아들이기는 어렵다(NTAF, 117-18).
사용된 숫자들이 해석될 때 "넷"으로 이루어진 것은 아무것도 없다(Sim. 93(IX.15).4).
Verheyden은 헤르마스의 Shepherd, 296-322에서 신약 문헌에 대한 암시를 찾아낼 수 있
는지에 관한 지난 150년간의 논쟁을 검토하면서 "네 다리"를 네 권의 정경 복음서로 보
는 해석은 만장일치로 거부되었고 종종 조롱의 대상이 되었다고 지적한다(322).

108 헤르마스가 책들을 소중히 여겼다는 점은 Vis. 3(I.3)-4(I.4), 8(II.4).3을 볼 때 분명
하다. Vis. 5(II.1).3-4에서 헤르마스는 (나중에 교회로 밝혀지는) 어떤 나이 많은 여자
(Vis. 8(II.4).1)가 한 작은 책을 읽고 있는 모습을 보고 그녀의 질문에 답하며 이렇게 말
한다. "부인, 저는 그토록 많은 것들을 다 기억할 수가 없습니다. 제가 그 책을 베껴 쓸
수 있도록 그 책을 제게 주십시오." 그러고 나서 그는 그 책을 베껴 쓰기 시작한다(Vis.
25(V).5-7도 함께 보라). 그러나 대부분의 사도 교부들과 달리 그는 심지어 구약도 인용
하지 않는다. 그가 "기록된 대로"라는 형식 어구를 사용한 유일한 용례는 유실된 묵시 문
헌인 "엘닷과 모닷의 책"에 대한 언급이다(Vis. 7(II.3).4; 참고. 민 11:26).

로 예상해볼 만하다.[109] 그러나 실제로 그런 흔적은 흔치 않다.[110]

- 이혼에 대해 다루는 *Mand.* 29(IV.1).6(만일 이혼한 남자가 다른 여자와 결혼하면 그는 간음을 저지른 것이다)은 마가복음 10:11/(마태복음 19:9)과 누가복음 16:18/(마태복음 5:32)을 상기시킬 수 있다. 또는 적어도 그것은 바울 서신(고전 7:12-16)의 경우처럼 이혼에 관한 주님의 원래 가르침이 어떻게 지속적인 성찰과 정화의 기초가 되었는지를 보여준다.[111]
- 자신은 이해력이 부족하며 마음이 완악하다는 헤르마스의 고백

---

109 예를 들면
- 헤르마스의 문헌에 나오는 계명들은 비록 차례대로 정돈되어 있기는 하지만 예수의 계명(*Mand.* 26(I) 이하)을 "주님의 계명"(*Mand.* 28(III).2)이라고 부르면서도 이와 아무런 관련이 없고 이를 암시하지도 않는다.
- 누군가의 안에 살고 있는 악한 영들에 대한 이야기(*Mand.* 33(V.1), 34(V.2).7)는 마 12:43-45/눅 11:24-26을 쉽게 암시할 수도 있었을 것이다.
- 「디다케」와 달리 두 길에 대한 논의(*Mand.* 35(VI.1))에서는 예수 전승을 사용하려는 시도를 전혀 하지 않는다.
- *Mand.* 38(VIII), 3-5의 악의 목록은 막 7.21-22 및 병행 본문과 아무 관련이 없다.
- 기도할 때 의심하는 것(두 마음을 품는 것)에 대한 경고(*Mand.* 39(IX))는 확실히 약 1:8을 상기시키지만, 막 11:23-24은 거의 상기시키지 않으며 눅 18:1은 희미하게만 상기시킨다.
- 금식에 대한 지침(*Sim.* 54(V.1), 56(V.3))은 예수 전승을 사용하려는 시도를 전혀 하지 않는다.
- 주인이 여행을 떠나면서 포도원을 종에게 맡겨 돌보게 하는 비유(*Sim.* 55(V.2))는 이와 비교할 만한 예수의 비유들(마 25:14-30/눅 19:11-27; 막 12:1-12 및 병행 본문)에 대한 인식을 전혀 보이지 않는다.
- 열두 개의 산에 대한 환상(*Sim.* 97(IX.20).1-2)에서 세 번째 산의 엉경퀴와 가시는 씨 뿌리는 자의 비유(막 4:18-19 및 병행 본문; 참고. *Vis.* 14(III.6).5)를 상기시킬 수도 있지만, 그 비유 자체에 대한 암시는 없다.
앞의 n. 28도 함께 보라.
110 마태복음의 영향을 보여주는 "명백하거나 매우 개연성 있는" 사례들에 대한 Massaux의 목록 중에서도 *Sim.* 97(IX.20).2-3 외에는 그 어느 것도 설득력이 없다(*Influence*, 2.111-20). Snyder는 공관복음에 대한 30개의 암시를 발견했다(*Shepherd of Hermas*, 162-63).
111 추가적으로 Verheyden, 'Shepherd', 323-39을 보라.

(*Mand.* 30(IV.2).1)은 마가복음 6:52에 대한 암시인가?[112]

- "높임 받는 자리"를 좋아하는 이들에 대한 비판(*Mand.* 43 (XI).12; 참고. *Vis.* 17(III.9).7)은 마가복음 12:39 및 병행 본문을 상기시킬 수도 있다.

- *Mand.* 49(XII.6).3의 사고는 마태복음 10:28(과 약 4:12)의 영향을 약간 받은 것일지도 모른다.[113]

- 「비유」(*Similitudes*)는 하나님 나라에 들어가는 것에 대해 자주 말한다(예. 89(IX.12).4; 92(IX.15).2; 93(IX.16).2-4; 108(IX.31).2). 그러나 97(IX.20).2-3만이 예수의 말씀―부자들은 "하나님 나라에 들어가기 어려울 것이다"(막 10:23 및 병행 본문과 유사)―을 긴밀하게 상기시킨다.[114] 또한 하나님 나라에 들어가는 것에 대한 이야기는 분명 구체적인 문맥에서 분리되었기 때문에, 즉 권면적인 권고의 일반적인 어휘로 표현되었기 때문에, 마가복음 10:23 및 병행 본문에서 상기된 예수의 구체적인 경고는 어떤 특정 본문 내지 예수의 사역 속의 사건과 아무 관계 없이 단순히 그러한 권면의 한 요소가 되어버렸을지도 모른다. 요한복음에서 받은 영향을 찾아내려는―특히 *Sim.* 93(IX.16).2-4(물에 들어갔다가 새로운 생명으로 올라오는 일을 통해 하나님 나라에 들어감)을 요한복음 3:3-5의 영향을 받은 것으로 보려는―시도에 대해서도 같은 논리가 성립된다.[115]

---

112 "그것은 마치 헤르마스가 '나는 복음서에서 책망을 받는 사람들과 같다'고 말하는 것과 같다"(NTAF 120).

113 Koester, *Synoptische Überlieferung*, 247-48.

114 *NTAF*는 이를 인용구로 간주한다(121).

115 Hill은 *Sim.* 89-93(IX.12-16)에서 요한복음에서 받았을 가능성이 있는 세 가지 흔적 (3.5, 10.7, 14.6)을 찾아내지만, 이 증거가 "대단히 인상적인" 것은 아니라는 점을 인정하며 요한복음의 정식 인용이 없는 것이 곧 헤르마스가 요한복음을 회피했음을 의미하는 것은 아니라는 점을 지적하는 데 만족한다(*Johannine Corpus*, 376-78).

• *Sim.* 106(IX.29).1-3은 마가복음 10:14 및 병행 본문 또는 마태복음 18:3에 대한 짧은 묵상 또는 부연 설명이거나 이를 반영한 것일 수도 있다. 그러나 구체적인 암시나 언급은 없다.

따라서 기껏해야 헤르마스는 예수 전승에서 비롯된 언어와 주제들이, 반드시 예수나 어떤 기록된 복음에서 비롯되었다고 생각하지 않고도, 어떻게 기독교의 설교와 가르침에서 사용된 어휘와 모티프의 일부가 되었는지를 보여준다(그리고 확증한다).[116] 헤르마스는 사실 기독교 공동체 내의 권면이 얼마나 손쉽게 (거의 전적으로) 예수 전승과 독립적으로 존재할 수 있는지를 보여준다.[117] 헤르마스 문헌이 예수 전승보다 훨씬 열등하며 그 환상에 있어서 고심한 흔적이 있고 현학적이며 초점이 제한적이고 지나치게 꼼꼼하다는 사실은 예수 전승으로부터의 보다 직접적인 영향의 상실이 이 문헌과 그 메시지의 질을 떨어뜨리는 데 한 요인이 되었을 수도 있음을 암시한다.

i. 「클레멘스2서」

「클레멘스2서」는 "성경에서 말한다", "주님이 말씀하신다"와 같은 도입 어구와 함께 (이스라엘의) 성경에 나오는 구절을 자주 인용한다는 점에서 헤르마스와 꽤 다르다.[118] 예수 전승의 가장 흥미로운 세 가지 인용구는 *2*

---

116 참고. Koester, *Synoptische Überlieferung*, 254-56. "헤르마스의 글과 복음서에 있는 비유들 사이의 모든 유사성은 공통의 구전 전승을 기반으로 더 잘 설명된다"(Osiek, *Hermas*, 26).

117 "그에게 요구되었던 것은 바로 새로운 계시이지 단순히 전승에 대한 재언급이 아니었다"(Köhler, *Rezeption*, 128).

118 3.5 - "그/그것도 이사야서에서 말한다"(사 29:13);
6.8 - "성경은 이사야서에서 말한다"(겔 14:14-20);
7.6 - "그가/그것이 말한다"(사 66:24);
11.2 - "예언의 말씀도 말한다"(?; 참고. *1 Clem.* 23.3-4);

Clem. 2.4, 8.5, 13.4이다.

2 Clem. 2.4	막 2:17 및 병행 본문
또 다른 성경에서 말한다. "나는 의인을 부르러 온 것이 아니라 죄인을 부르러 왔다."	나는 의인을 부르러 온 것이 아니요 죄인을 부르러 왔노라.

이 구절은 이사야 54:1의 인용구(*2 Clem.* 2.1a)에 뒤따라 나오며, 이 인용구는 그 뒤에 행마다 부연 설명된다(2.1b-3). 따라서 마가복음 2:17 및 병행 본문의 인용구는 성경의 예언서인 이사야서처럼 "또 다른 성경"이다. 클레멘스가 오직 구전 전승을 통해서만 알고 있었던 예수의 말씀을 "성경"(="글")이라고 불렀을 가능성은 거의 희박하다. 가장 분명하게 추론할 수 있는 것은 클레멘스가 단지 예수의 가르침의 기록된 모음집 속에 글로 옮겨진 예수 전승만이 아니라 이미 권위 있고 신성화된 "성경"의 지위를 얻은 기록된 형태의 예수 전승을 언급하고 있다는 점이다.[119] 그러한

13.2 – "주님이 말씀하신다"(사 52:5);

13.2 – "그리고 또다시(그가 말씀하신다)"(?);

14.1 – "~라고 말하는 성경"(렘 7:11);

14.2 – "성경은 말한다"(창 1:27);

15.3 – "~라고 말씀하시는 하나님"(사 58:9);

17.4 – "~라고 말씀하시는 주님"(사 66:18).

이사야서에 대한 큰 의존성과 이사야서의 영향은 주목할 만하다. 추가적으로 K. P. Donfried, *The Setting of Second Clement in Early Christianity* (NovTSupp 38; Leiden: Brill, 1974), 49-56을 보라.

119 Koester, *Synoptische Überlieferung*, 64-65, 71; Kelhoffer는 ' "Gospel" as a Literary Title', 405-6. C. M. Tuckett, '2 Clement and the Writings That Later Formed the New Testament', in Gregory and Tuckett, eds., *Reception*, 251-92에서 이 문헌은 마태복음에 어느 정도 (직접적이거나 간접적으로) 의존하고 있다는 것이 이 본문에 대한 가장 그럴듯한 설명이라고 결론짓는다. 「클레멘스2서」가 마가복음을 사용했다는 다른 증거는 없으며 *2 Clem.* 2.4에는 Justin, *1 Apol.* 15.8에는 분명히 있는 "회개를 위한"이라는 누가가 덧붙인 독특한 문구가 없기 때문이다(254-55). Donfried와 비교해 보라. 그는 클레멘스가

결론의 가장 분명한 논리적 귀결은 클레멘스가 한 권 이상의 신약 복음서를 알고 있었고 복음서와 친숙했다는 것이다.[120]

2 Clem. 8.5	눅 16:10
주님이 복음서에서 말씀하신다. "너희가 작은 것을 지키지 않으면 누가 너희에게 큰 것을 주겠느냐? 내가 너희에게 말하노니 아주 적은 것에 충성하는 자는 많은 것에도 충성한다."	지극히 작은 것에 충성된 자는 큰 것에도 충성되고

여기서 "복음"은 기록된 복음서를 가리키는가?[121] 인용된 말씀의 전반부에 해당하는 병행 본문이 어떤 신약 복음서에도 없다는 사실은 클레멘스가 여기서 구전 전승을 인용하고 있음을 암시할 수도 있다.[122] 그러나 여기서 언급된 "복음"은 누가복음이고 클레멘스는 누가복음 본문의 다듬어진(구전적으로 다듬어진) 형태를 인용(2차적 구전성)했을 가능성도 있다.[123]

그처럼 분명한 방식으로 "성경"을 사용했는지 의문을 제기하며 이 말씀은 아마도 "공동체 전승"의 기록된 모음집에서 인용되었을 것이라고 결론짓는다(Second Clement, 57-60, 79-81). Young, Jesus Tradition, 241-42의 견해도 그와 비슷하다. 앞의 n. 103도 함께 보라.

120 참고. Köhler, Rezeption, 136. Massaux는 지나치게 자신 있게 다음과 같이 말한다. "어떤 가설에 있어서도 「클레멘스2서」가 마태복음에 의존하고 있다는 점을 인정해야 한다"(Influence, 2.5).

121 NTAF는 "단일한 복음서적 자료…두 권 이상의 공관복음서에 대한 일종의 통합된 교정판…타티아노스의 「디아테사론」보다 더 이른 국지적 형태의 조화 복음(125; 그러나 추가적으로 133)이 있었을 것이고 6.1-2과 9.11이 그러한 가능성이 있는 마태복음과 누가복음의 융합의 실례를 보여준다(133-34)"고 주장한다. Koester, Synoptische Überlieferung, 11, 65, Tuckett, '2 Clement', 269, Pratscher, zweite Clemensbrief, 35과 Kelhoffer, '"Gospel" as a Literary Title', 408-10도 마찬가지로 기록된 문헌을 언급했을 가능성을 추론한다.

122 Donfried, Second Clement, 72-73.

123 참고. Gregory, Reception of Luke, 137.

클레멘스가 누가복음 16:13이 가장 가까운 병행 본문인 예수의 한 말씀을 이미 인용(2 Clem. 6.1)했다는 사실은 그가 누가복음의 한 사본을 가까이 두고 있었거나 최근에 누가복음에서 그 말씀이 낭독되는 것을 들었음을 암시할지도 모른다. 어쨌든 그 의미는, 구전 전승이든 기록된 전승이든 그러한 예수 전승이 종종 확대되거나 해석되었고 그 해석된/확대된 말씀이 그 말씀 자체의 한 형태로 간주되었다는 것이다.

2 Clem. 13.4	눅 6:32-35/(마 5:43-46)
하나님이 말씀하신다. "너희가 너희를 사랑하는 자들만 사랑하면 이는 너희에게 칭찬받을 것이 없지만, 너희가 너희 원수와 너희를 미워하는 자들을 사랑하면 너희에게 칭찬받을 것이 있을 것이다."	너희가 만일 너희를 사랑하는 자만을 사랑하면 칭찬받을 것이 무엇이냐?…오직 너희는 원수를 사랑하고…

이 말씀 도입부에 담긴 기독론적인 중요성이 무엇인지는 불분명하다.[124] 이 말씀은 이사야 52:5에서 나온 첫 번째 말씀으로서 "주님"의 일련의 말씀들 중 일부로 등장하며, 그 이전의 말씀들(미지의 출처에서 나온 두 번째 말씀) 못지않게 "하나님의 말씀"으로 간주되었을 수도 있다. 즉 도입부가 반드시 예수가 하나님으로 간주되었다는 의미일 필요는 없으며 단지 예수의 말도 하나님의 말씀으로 인용될 수 있음을 의미할 뿐이다. 예수는 이사야와 마찬가지로 하나님의 말씀을 전했기 때문이다.[125] 어느 경우에든 이 도입부는 2세기 기독교인들에게 예수 전승이 얼마나 소중히 여

---

124 Pratscher는 2 Clem. 1.1이 청중에게 "예수 그리스도에 대해 우리가 하나님에 대해 생각하는 것처럼 생각"할 것을 요구한다는 점을 우리에게 상기시킨다(zweite Clemensbrief, 33).
125 "여기서 하나님은 그리스도를 통해 말씀하시는 것으로 여겨지고 그리스도는 다른 곳에서 그 자신이 복음의 배후에 있는 권위자로 인용된다"(NTAF, 124-25).

겨지고 권위가 있었는지를 보여준다. 이 말씀 자체는 분명 누가복음의 형태(눅 6:32-35)와 가장 비슷한 예수의 가르침의 한 형태를 사용하고 있다. 그러나 이 말씀은 마태와 누가가 공유한 전승(Q?)에 대한 마태와 누가의 부연 설명과 비슷한 방식으로 다듬어져 있고[126] 예수의 가르침이 이미 글로 옮겨졌음에도 2세기 중엽까지도 여전히 예수의 가르침을 고정된 형태로 인용하려는 충동이나 구체적인 욕구나 절실한 필요는 없었다는 점을 확증한다.[127] 예수 전승은 여전히 구체적인 뉘앙스와 특정한 교사들의 강조점에 맞게 개조할 수 있는, 유연한 살아 있는 전승이었다.

예수 전승의 대부분의 인용구는 "주님이 말씀하신다"와 같은 도입 어구와 함께 소개된다.[128]

2 Clem. 3.2	마 10:32/(눅 12:8)
그가 친히 말씀하신다. "사람들 앞에서 나를 시인하는 자는 나도 그를 내 아버지 앞에서 시인할 것이다."	누구든지 사람 앞에서 나를 시인하면 나도 하늘에 계신 내 아버지 앞에서 그를 시인할 것이요.

2 Clem. 4.2	마 7:21; 참고. 눅 6:46
(주님이) 말씀하신다. "내게 '주여, 주여'라고 말하는 모든 사람이 다 구원을 받는 것이 아니라 의를 행하는 자만이 구원받을 것이다."	나더러 "주여, 주여" 하는 자마다 다 천국에 들어갈 것이 아니요, 다만 하늘에 계신 내 아버지의 뜻대로 행하는 자라야 들어가리라.

---

126 *Did.* 1.3과 Justin, *1 Apol.* 15.9은 "너희를 미워하는 자들을 사랑하라"는 권면이 이 대목에서 예수 전승에 대한 통상적인 부연 설명이 되었다는 점을 확증한다.

127 Gregory는 이 말씀은 「클레멘스2서」가 누가복음을 인용했다는 점에 대한 불충분한 증거를 제시한다고 결론짓지만(*Reception of Luke*, 138-39), Tuckett은 이 표현이 "누가의 편집 작업을 전제하고 있고 따라서 누가의 완성된 복음을 전제하고 있는 것처럼 보인다"고 생각한다(*2 Clement*, 271-72).

128 Tuckett은 공관복음 전승에 대한 다른 암시 내지 의존의 가능성을 검토한다(*2 Clement*, 256, 273-76). Grant and Graham, *First and Second Clement*, 134에 열거된 구절들은 별로 설득력이 없다.

2 Clem. 5.2	눅 10:3/마 10:16
주님이 말씀하신다. "너희는 이리들 가운데 있는 양과 같을 것이다."	갈지어다, 내가 너희를 보냄이 어린양을 이리 가운데로 보냄과 같도다.

2 Clem. 6.1	눅 16:13/마 6:24
주님이 말씀하신다. "어떤 종도 두 주인의 종으로 섬길 수 없다." 우리가 하나님과 맘몬을 함께 섬기기를 바란다면 그것은 우리에게 불리한 일이다.	집 하인이 두 주인을 섬길 수 없나니… 너희는 하나님과 재물을 겸하여 섬길 수 없느니라.

2 Clem. 6.2	마 16:26 및 병행 본문
사람이 온 세상을 얻되 자기 영혼을 잃으면 무슨 유익이 있는가?	사람이 만일 온 천하를 얻고도 제 목숨을 잃으면 무엇이 유익하리요?

2 Clem. 9.11	마 12:50/막 3:35
주님이 말씀하셨다. "내 형제는 내 아버지의 뜻을 행하는 이 사람들이다."	누구든지 하늘에 계신 내 아버지의 뜻대로 하는 자가 내 형제요 자매요 어머니이니라.

「클레멘스2서」가 예수 전승을 구약에서 발췌한 인용구들을 소개하는 것과 같은 방식으로 소개한다는 사실은 이 예수 전승의 인용구들도 기록된 복음서에서 인용되었음을 암시한다. 그러나 구약 인용구들은 대부분 예수 전승의 인용구가 신약 복음서 본문에 가까운 정도보다 히브리어 성경의 그리스어 번역에 더 가깝다.[129] 이 인용구들은 우리가 똑같은 출처에서

---

129 2 Clem. 14.2은 "책들과 사도들"을 언급한다. 비록 아마도 "그는 그와 같은 내러티브 안에 있는 주님의 말씀들만 권위 있는 요소로 생각"했겠지만(124), NTAF는 이를 구약과 「클레멘스2서」의 성경과 사도적 문헌에 대한 언급으로 받아들였다. 그러나 이 언급은 아마도 유대교 성경의 책들과 일반적으로 사도들에게서 비롯된 것으로 간주된 예수 전승에 대한 언급일 것이다(Koester, Synoptische Überlieferung, 67-69; Donfried, Second Clement, 93-95; Pratscher, zweite Clemensbrief, 182-83도 함께 보라).

나온 것이라고 확신하기에 충분할 만큼 그에 상응하는 공관복음의 형태들과 가깝다. 그러나 그 차이는 이미 언급된 공관복음서들 사이의 차이와 전적으로 유사하다.[130] 다시 말해서 「클레멘스2서」는 예수의 말씀에 대한 구전 전승이 기독교의 교리문답과 권면에 있어서 여전히 통용되던 중요한 자원이었음을 입증한다.[131] 또는 만일 「클레멘스2서」의 출전(出典)에 하나 이상의 공관복음서가 포함되었다면, 저자는 처음부터 언제나 예수 전승을 다루어온 방식과 똑같이 유연하게 계속해서 공관복음서들을 다룬 것이다. 기록된 복음서들의 가르침을 전수하는 일은 형식적으로 기록되기 이전의 구전 예수 전승의 전수와 별반 다르지 않았다. 2차적인 구전

---

130 Koester는 3.2, 4.2, 6.2, 9.11이, 이 인용구들과 다른 모든 마태복음과 비슷한 인용구들이 마태복음에서 비롯되었으며 4.5, 5.4 및 9.11에서의 누가복음적인 편집도 그와 유사하게 다시 누가복음으로 귀결된다는 충분한 증거를 제공한다고 주장한다. 그러나 그는 최종적으로 「클레멘스2서」가 마태복음과 누가복음을 직접 사용했다기보다는 마태복음과 누가복음에 바탕을 두었지만 외경의 단편들과 공관복음의 예수 어록에 대한 부연 설명을 포함하는 주의 말씀의 기록된 모음집을 사용했다고 결론짓는다(*Synoptische Überlieferung*, 109-10; 추가적으로 *Ancient Christian Gospels*, 349-56을 보라). Donfried는 2.4과 6.1이 각기 마가복음과 누가복음에 의존한 것일 수도 있다는 점에 동의하면서도 자신이 살펴본 9개의 인용구 가운데 7개는 아마도 구전 전승인 듯한 독립적인 정경 이외의 전승에 바탕을 둔 것이라고 결론짓는다(*Second Clement*, 79). Köhler는 3.2, 4.2, 6.2에서는 마태복음에 의존했을 가능성이 있다고 생각한다. 9.11은 마 12:50의 자유로운 인용으로 충분히 설명된다(*Rezeption*, 131-35, 138). 이러한 논의에 있어서 드물지 않게 볼 수 있듯이, Tuckett은 마태복음과 누가복음의 편차와 유사한 편차를 근거로 「클레멘스2서」가 마태와 누가의 편집 활동을 전제로 하고 따라서 그들의 완성된 복음서를 전제로 한다고 너무 성급하게 추론한다('*2 Clement*', 260, 263, 266, 268, 270-71, 278-79; Gregory, *Reception of Luke*, 146-49도 이와 유사하다). 그러나 구전상의 유포 및 사용 과정에서 예수 전승의 다양한 형태들을 엄밀한 의미에서의 마태와 누가의 전승에만 제한해선 안 된다. Pratscher는 이 문제─정경 복음서, 구전 전승, 말씀 모음집, 또는 외경 복음서에 대한 의존성─를 미해결 과제로 남겨놓는다(*zweite Clemensbrief*, 33-36). Young은 2 Clem. 6.1-2과 9.11이 (신약) 복음서들의 완성된 형태에 대한 의존성을 뒷받침하는 가장 강력한 근거를 제공한다는 결론을 내리지만, 그 근거가 충분히 강력한지에 대해서는 의문을 제기한다(*Jesus Tradition*, 269-72).

131 Hagner는 구전 전승에 대한 의존 가능성을 강조한다('*Sayings of Jesus*', 245-46). 이는 마태복음의 문헌적 영향을 감지할 수 있다고 여전히 확신하는 Massaux의 입장(*Influence*, 2.3-10)과 대조된다.

적 특성은 1차적인 구전적 특성과 별로 다르지 않았다.

가장 흥미로운 것은 「도마복음」의 인용구에서 나타나는 내용이다.

2 Clem. 12.2	Gosp.Thom. 22.1-5
주님이 누군가에게 그의 나라가 언제 임하느냐는 질문을 받았을 때 주님은 말씀하셨다. "두 사람이 하나가 되고 바깥이 안쪽과 같아지며 남자와 여자가 남자도 아니고 여자도 아니게 될 때 임할 것이다."	(하나님 나라에 들어가는 일에 관한 질문에 대답하시며) 예수님은 그들에게 말씀하셨다. "너희가 둘을 하나로 만들 때, 그리고 너희가 바깥을 안쪽과 같아지게 만들 때…그리고 너희가 남자와 여자를 단일한 존재로 만들어서 그 결과 남자가 남자가 아니고 여자가 여자가 아니게 될 때"

여기에 우리가 오늘날 매우 독특한 도마 전승[132]으로 알고 있는 것이 예수 전승을 소중히 여긴 공동체들의 내부에서 더욱 널리 알려지고 예수의 말씀으로 이해되었거나, 독특한 도마 전승이 더욱 널리 알려진 예수 전승 안으로 들어왔다는 증거가 있다. 「클레멘스2서」가 계속해서 이 말씀 (12.3-6)을 설명하고 짐작건대 이미 전통적인 기독교적 표현이 된 표현 (기독교인들 사이의 외식 금지, 내적인 실재와 일치하는 외적 표현, 갈 3:28)으로— 즉 「도마복음」의 가르침의 독특한 요소와는 꽤 다르게—설명한다는 사실 은 아마도 의미심장한 점일 것이다. 짐작건대 「클레멘스2서」는 이 말씀 을 소중히 여겼고 저자가 이 말씀을 「도마복음」의 문맥 속에서 사용된 대 로 알고 있었다면, 그는 이처럼 이 말씀을 보다 영지주의적인 문맥과 해 석에서 건져내는 것을 바람직한 일로 여겼을 것이다.[133] 어쨌든 이 말씀은 예수 전승이 계속해서 점점 더 넓어지는 흐름 속에 있었고 예수 전승을

---

132 앞의 §43 n. 288을 보라.

133 참고. 이하 §44.4a에서 인용된 Clem. Alex., *Strom.* 3.13.92.

보다 전통적인 경계 안에 제한하려는 이른 시기의 시도가 있었다는 점을 확인시켜준다.

마지막으로 「클레멘스2서」가 똑같은 소개 문구를 사용하여 우리에게 알려지지 않은 자료를 인용하고 있다는 점을 언급하지 않을 수 없다.

- 4.5 ─ 주님은 말씀하셨다. "너희가 나와 함께 모여 내 품 안에 있더라도 내가 명령한 바를 행하지 않으면 나는 너희를 멀리 쫓아내고 너희에게 '나를 떠나라! 너희 불법을 행하는 자들아! 나는 너희가 어디서 왔는지 알지 못한다'고 말할 것이다"(참고. 마 7:22-23/눅 13:26-27).[134]

- 5.4 ─ 예수가 베드로에게 말씀하셨다. "그들이 죽은 뒤에 양들은 늑대들을 더 이상 무서워해선 안 된다. 너희도 마찬가지다. 너희를 죽인 후 너희에게 아무것도 할 수 없는 자들을 두려워하지 말고 너희가 죽은 뒤에 너희 몸과 영혼을 지옥의 불 속에 던져 넣을 수 있는 권능을 가진 분을 두려워하라"(참고. 눅 12:4-5/마 10:28).[135]

- 143 ─ 그가 말씀하신다. "너희가 성령을 받도록 육신을 보호하라."

여기서 또다시 예수 전승이 이와 같은 자료를 포함할 만큼 확대되고 폭

---

134 *2 Clem.* 4.2, 5이 마 7:21-23과 같은 순서를 반영한다는 사실은 마태복음에 대한 보다 직접적인 의존 관계를 암시할 수도 있다. Donfried는 「클레멘스2서」가 마태와 누가도 사용한 Q 전승을 사용했을 가능성이 더 크다고 생각한다(*Second Clement*, 62-68). 「클레멘스2서」는 아마도 완성된 누가복음을 전제로 했을 것이라고 결론짓는 Tuckett의 전체 논의도 함께 보라(260-63).

135 *2 Clem.* 5.2, 4이 마 10:16, 28/눅 10:3, 12:4-5을 반영할 수도 있다는 사실은 또다시 마태복음에 대한 직접적인 의존의 가능성, 또는 「클레멘스2서」가 완성된 형태의 마태복음과 누가복음을 전제로 하고 있다는 점을 뒷받침할 수 있다(Tuckett, '*2 Clement*', 264-66).

이 넓어졌다는 데 대한 약간의 불편함을 경험할 수도 있다. 그러나 처음 두 구절이 공관복음 전승에 어느 정도 근거를 둘 수도 있다는 점은 그러한 불안을 완화시킨다. 그리고 세 번째 구절은 육신에 대한 바울의 경멸과 반대되는 보다 전형적인 2세기의 반응을 반영할지도 모른다. 그러나 공관복음 자료뿐만 아니라 요한복음과 「도마복음」을 통해서도 우리에게 친숙한 예수 전승의 커다란 핵심 주위를 예수에게서 비롯된 것으로 간주되고 예수에 관한 것이며 확대되는 과정 중에 있었던 것이 거의 확실한 보다 방대한 양의 전승이 감싸고 있었다는 함의를 회피하기는 불가능해 보인다. 짐작건대 그러한 과정에 대한 인식은 예수 전승을 복음서로 옮겨 적으려는 마음이 처음으로 들게 한 하나의 요소이자 (권위 있는) 예수 전승의 초점이 점진적으로 이러한 기록된 복음서로 좁혀지는 데 있어서 하나의 주된 요소였을 것이다.

보다 광범위한 예수 전승에 대한 이러한 인식을 고려하면[136] 요한복음, 또는 예수 전승에 관한 요한복음의 관점에 대한 암시일 가능성이 있는 구절은 극히 적다는 점은 주목할 만하다. 요한복음 13:23에 대한 암시로서 "나와 함께 모여 내 품 안에" 있다는 언급(4.5)과 요한복음 1:14의 흔적으로서 "처음에는 영이셨고 그다음에는 육신이 되신 분"이라는 예수에 대한 언급(9.5)은 요한복음의 인용구로 묘사하기는 어렵고, 설령 "육신이 되었다"는 어구가 요한복음에서 유래했더라도 그에 못지않게 또는 보다 손쉽게, 일반적인 기독교적 사고의 일부가 된 언어를 단순히 사용한 것으로 설명될 수 있을 것이다.[137]

---

136 위의 자료를 사용하여 필자가 도출한 결론은 '2 Clement and the Jesus Tradition', in M. Lang, eds., *Ein neues Geschlecht? Entwicklung des frühchristlichen Selbstbewusstseins* (Festschrift for Wilhelm Pratscher; NTOA 105; Göttingen: Vandenhoeck, 2014), 153-69에 있다.

137 Tuckett은 「클레멘스2서」가 요한복음에 대해 어떤 지식이든 보여줄 가능성은 거의 없다"고 결론짓는다('2 Clement', 253).

j. 파피아스

파피아스는 특히 에우세비오스가 인용한 부분을 통해 단편적으로만 알려져 있다. 그러나 파피아스는 2세기의 처음 몇십 년 동안 활동했고(그의 생몰 연대는 전통적으로 60-135년으로 제시된다) 다섯 권으로 이루어진 그의 『주의 말씀에 대한 해설』은 십중팔구 그의 생애의 마지막 몇십 년 동안에 나온 것으로 추정할 수 있으므로(§40.1i), 그는 2세기 전반기 동안 예수 전승이 받아들여진 방식에 대한 귀중한 증거가 된다. 우리는 이미 파피아스가 마가복음, 마태복음, 누가복음에 대해 한 말에 크게 의존했다(§39.2). 이 책에는 파피아스가 목격자 증언에 부여한 가치에 대해 말한 내용이 있다. 에우세비오스는 다음과 같이 그의 말을 인용한다(*HE* 3.39.2-4, 7, 11, 14).

> [2]파피아스는 그의 강론의 서문에서 자신은 결코 거룩한 사도들의 청중이나 목격자가 아니었다는 점을 분명히 밝힌다. 그 대신 파피아스는 그가 사용하는 표현을 통해 자신은 사도들과 잘 아는 이들로부터 믿음에 관한 일들을 전수받았다고 설명한다.

> [3]"나는 이러한 해석들과 더불어 내가 늘 주의 깊게 배우고 장로들에게서 기억한 모든 것을 여러분을 위해 주저하지 않고 제시하며 그 모든 것이 진실임을 증명할 것이다. 대부분의 사람들과 달리 나는 많은 말을 한 이들의 말이 아니라 오직 진리를 가르치는 이들의 말을 듣는 것만을 기뻐했고, 다른 누군가에게서 나온 계명을 기억한 이들이 아니라 신실하게/믿음에 따라 주님에게서 나왔고 진리 그 자체에서 나온 계명을 (기억하는) 이들의 말을 듣는 것만 기뻐했기 때문이다. [4]그러나 장로들과 관계가 있는 누군가가 우연히 찾아

오면 나는 장로들의 말, 안드레나 베드로가 한 말, 또는 빌립이나 도마가 한 말이나 야고보나 요한이 한 말이나 마태나 다른 어떤 주님의 제자들이 한 말 그리고 아리스티온과 장로 요한이 하고 있었던 말에 대해 캐물었다. 나는 책들(*bibliōn*)에서 나온 이야기는 살아 있고 변함없는 목소리에서 나온 이야기만큼 나에게 유익이 되지는 않을 것이라고 생각했기 때문이다."[138]…[139]

[7]우리가 조금 전까지 논의해온 이 파피아스는 사도들과 교제해 온 이들에게서 사도들의 말을 받았다는 점을 인정하지만, 또한 본인 자신이 아리스티온과 장로 요한의 말을 실제로 들은 사람이라고도 말한다. 그래서 그는 종종 그들의 이름을 기억하고 그의 글에서 그들의 전승을 제시한다.…[11]그리고 그는 구주의 몇 가지 기이한 비유들과 그분의 가르침 및 다소 허구적인 다른 몇 가지 이야기들을 포함하여 기록되지 않은 전승에서 나온 다른 내용들을 제시한다.…[14]그리고 그 자신의 글에서 그는 장로 요한에게서 나온 전승뿐만 아니라 이전에 언급한 아리스티온에게서 나온 주님의 말씀에 대한 이야기들을 전해준다.

이 매력적인 본문에서 몇 가지 특징은 논평을 필요로 한다. 첫째, 파피아스는 구두 전승, 즉 아마도 그가 그 이전이나 젊은 시절(80년대?)에 알게 되었을 "기록되지 않은 전승"(11절—*paradosis agrapha*)을 분명히 증언한다.[140] 비록 다른 곳에서의 그의 증언은 아마도 마가복음, 마태복음, 요한복음에 관한 최초의 증언이겠지만(§39.2) 흥미롭게도 이런 대목들에서 그

---

138 이 마지막 단락은 Ehrman, *Apostolic Fathers*, 2.107이 인용한 Jerome, *Lives of Illustrious Men*, 18에도 인용되어 있다.

139 여기서 이레나이우스는 두 "요한"을 언급하며 그들에 대해 설명하려 한다.

140 Bauckham, *Eyewitnesses*, 14, 17-19.

는 예수의 가르침의 기록된 모음집이나 기록된 복음서를 언급하지 않거
나 언급하는 것으로 기억되지 않는다.[141] 그가 자신의 가르침의 진실성과
권위에 대해 강조할 때(3절) 그 가르침이 기록된 형태로 자신에게 온 것
이 아니라는 점을 입증함으로써 분명히 그러한 권위를 정당화하려는 압
력을 전혀 느끼지 않았다는 점은 더욱더 인상적이다.[142]

둘째, 파피아스는 연쇄적인 전승을 분명히 염두에 두고 있다. "파피
아스는 사도들과 교제해 온 이들에게서 사도들의 말을 받았다"(7절).[143]
이는 사도들, 친구들, 파피아스라는 삼중의 연결고리를 의미한다.[144] 이
대목에서 약간의 혼란이 일어난다. 파피아스가 주님의 제자들이었던 "장
로들"(장로 요한)(7절)을 본인이 직접 의논하고 배울 수 있었던 장로들(3
절)과 구별하고 있는지가 분명하지 않기 때문이다.[145] 그러나 분명히 파피
아스는 (보다 젊은 기독교인이었을 때) 자신이 배운 것의 많은 부분/대부분/
전부가 구두로 전해지고 귀로 들은 것임을 말하려 한다.

셋째, 혼란의 일부는 아리스티온과 장로 요한에 집중되어 있다. 파피
아스는 명백히 (열두 제자처럼 "주님의 제자들"이기도 한) 이 두 사람에게 특별

---

141 4절에서 언급된 *biblia*는 기록된 문서들과 두루마리들을 포함할 수 있다(BDAG 176).
142 Hengel은 자신의 요점을 과장해서 진술한다. "파피아스는 구전 전승이 문제 있는 예외
가 된 시절에 글을 쓰고 있고 기록된 본문은 거의 당연한 것으로 여겨지게 되었다"(*Four
Gospels*, 65). "기원후 70년에서 180년 사이에는 말로 전파된 복음서와 글로 기록된 복음
서 사이에 아무런 대립이 없었다"(132)는 그의 주장이 더욱 건전하다.
143 Ehrman은 4절의 *parēkolouthēkōs*를 "장로들(가운데 한 사람)의 친구였던 이"로 번역하지
만 7절의 같은 동사 *parēkolouthēkotōn*은 "그들의 추종자들이었던 이들"로 번역한다. 그런
데 후자의 번역은 오해의 소지가 있다. 동사 *"parakoloutheō"*는 "~와 가깝게 교제하는, ~
를 수행하는"이라는 뜻이기 때문이다(BDAG 767).
144 어린 시절에 자신이 "복된 폴리카르포스"의 말, 즉 "그가 요한과 주님을 본 다른 사람들
과 나눈 대화를 어떻게 전했으며 그들의 말과 그가 그들에게서 들은 주님에 관한 몇 가지
일을 어떻게 기억했는지"를 들을 수 있었다는 이레나이우스의 증언을 참고하라(Eusebius,
HE 5.20.6).
145 Bauckham, *Eyewitnesses*, 16-17의 논의를 보라.

한 관심을 기울인다. 그가 사용하는 시제들(4절)—사도들은 "말했"지만 (*eipen*) 아리스티온과 장로 요한은 "말하고 있었다"(*legousin*)—은 파피아스가 사도들을 만나거나 그들의 말을 들은 적이 없지만[146] 아리스티온과 장로 요한은 그가 더 어렸을 때 아마도 아시아 지방에서 여전히 활발하게 가르치고 있었음을 의미한다. 실제로 에우세비오스에 따르면 파피아스는 자신이 직접 아리스티온과 장로 요한의 말을 들었고 자신의 글은 그들의 전승을 담고 있다고 주장했다(7절). 이는 파피아스가 자기 스스로 초기의 만남(80년대, 90년대)을 통해 기억했던 아리스티온과 장로 요한의 가르침을 상기할 수도 있었지만, (사도들뿐만 아니라) 그들과 가깝게 교제한 사람들과 만나는 일도, 이 첫 세대의 제자들이 전해준 내용에 대한 그들 자신의 기억으로 인해, 좋아했음을 의미하는 것이 분명하다.[147]

넷째, 파피아스가 예수의 가르침에 대한 지식의 원천으로 언급하는 광범위한 사도들의 무리, 우리가 다른 초기 자료들로부터 알 수 있는 것보다 더 광범위한 무리인 열두 명 중 일곱 명—안드레, 베드로, 빌립, 도마, 야고보, 요한, 마태—도 주목할 만하다.[148] 파피아스가 예수 전승에 대한 권위 있는 가르침의 출처로서 한두 사람, 특히 베드로에게 초점을 맞춰야 한다는 압력을 전혀 느끼지 않았다는 점은 주목할 만하다. 또한 그는 열두 제자의 이름을 전부 포함시키는 것을 필요하거나 바람직한 일

---

146 Bauckham은 시제가 사도들이 이미 죽었음을 의미한다고 추론하지만(*Eyewitnesses*, 17), 만일 파피아스가 실제로 80년대의 관점에서 말하고 있었다면 이는 어색한 추론일 것이다. 마태복음과 요한복음을 마태 및 요한과 연관시키려면 이 두 복음서는 십중팔구 80년대와 90년대에 기록되고 있었을 것이기 때문이다(§39.2).

147 Bauckham은 파피아스가 개인적으로 아리스티온과 장로 요한의 말을 들었다는 전언에 의문을 제기하는데(*Eyewitnesses*, 19) 그런 의문은 불필요해 보인다.

148 이 명단은 요 1:40-44과 21:2의 영향을 받은 것일 수도 있다(Bauckham, *Eyewitnesses*, 20-21). 베드로, 요한, 마태 외에 나머지 네 명(안드레, 빌립, 도마, 야고보)이 뒤에 나오는 외경 전승에서 권위 있는 인물로 등장한다는 사실도 주목할 만하다.

로 생각하지 않았다.[149] 그러나 그는 아리스티온과 장로 요한은 덧붙이는데, 이는 아마도 그가 그들과 개인적인 접촉이 있었기 때문일 것이다. 파피아스는 예수의 (열두 명보다 많은) 원래 제자들 중 여러 명/대부분이 적극적으로 예수의 메시지를 확산시키거나 예수의 가르침을 전해주었다는 인상을 준다.[150] 이는 『생성기의 기독교』의 이전 책들에서 요약한 시나리오, 즉 예수와 그의 가르침에 대한 전승이 최초의 제자들에 의해 구두 형태로 표현되었고 그들이 아마도 그 전승에 공관복음 전승 속에서 여전히 유지되고 있는 형태와 모양—"살아 있고 변함없는 목소리"(4절)—을 부여했을 것이라는 시나리오에 무게를 더해준다.

다섯째, "책들에서 나온 이야기"와 "살아 있고 변함없는 목소리에서 나온 이야기"에 대한 파피아스의 대조는 확실히 우리가 오늘날 "책으로 배우는 것"이라고 부를 만한 것과 "생생한 목소리"의 잘 알려진 대조를

---

149 야고보(알패오의 아들)나 다대오나 가나나인 시몬의 이름으로 된 문헌은 없다. 몇몇 문헌이 바돌로매의 이름으로 되어 있기는 하다(Elliott, *ANT*, 652-72). 또한 오리게네스는 맛디아에 의한 복음서를 알고 있었다(*ANT*, 19-20). 영지주의자 바실리데스는 자신의 교리가 맛디아로 거슬러 올라가는 개인적인 전승에 뿌리를 두었다고 주장했다(*ODCC* 1058).

150 Bauckham은 "구두 전승은 그들[이름이 거론된 증인들]에게서 멀어지는 쪽으로 진화한 것이 아니라 계속해서 그들에게 매여 있었다"는 점을 강조한다(*Eyewitnesses*, 20). 그러나 그 함의는 광범위한 증인들 이상이다. 파피아스는 일곱 명의 이름을 언급하며 "또는 다른 모든 주님의 제자들"(4절)이라고 덧붙인다. 이 개념은 특정한 인물들에게 특정한 전승을 귀속시킬 수 있는 관계라기보다는 첫 세대의 제자들, "주님이 주신 계명을 신실하게/믿음에 따라 기억한 이들"(3절)과의 직접적인 관련성(분명 직접 목격담을 의미할 것이다)에 더 가까운 개념이다. 파피아스가 크게 확신한 것은 구전 전승이 최초의 제자들과의 그러한 관련성을 구성하고 확보했다는 것이었다. Bauckham이 나중에 지적하듯이 "파피아스는—비록 자신의 80년대의 경험을 언급하면서 그 진술을 과거 시제로 표현해야 했지만—구두 전승의 가치는 그것이 여전히 스스로 증언을 반복하고 있는 살아 있는 증인들에서 나왔다는 점에 달려 있다고 생각한다"(29). 그러나 Bauckham은 "파피아스의 진술 전체는 구전 전승의 가치가 증인들 자신의 개인적 증언으로부터의 거리에 따라 감소함을 함의한다"(29)고 덧붙여 말함으로써 또다시 파피아스의 요점을 약화시킨다. 파피아스의 요점은 분명 전승의 연쇄(제자들, 장로들, 파피아스)가, 이따금씩 있었던 최초의 제자들과 더 가까웠던 사람들의 방문을 통해 확증된 대로, 예수의 가르침의 충실한 전달을 보장해주었다는 것이기 때문이다.

떠올리게 한다.[151] 그러나 이를 "구두 전승의 긴 연쇄"와 "어느 스승에 대한 직접적인 개인적 경험" 사이의 대조로 변형시켜선 안 된다.[152] 파피아스의 대조는 직접적인 정보와 책을 통한 정보 사이의 대조다. 여기서 그는 구두 전승을 염두에 두고 있지 않다. 파피아스의 진술에서 파피아스가 구두 전승을 불신했다는 추론을 도출하는 것은 기껏해야 극단적인 추론일 뿐이다. 오히려 필자가 보기에 우리는 파피아스가 이보다 이른 시기에 대해 알고 있었던 것을 공동체의 구두 전승—예수의 제자였던 이들에게서 비롯된 전승—을 통해 알았다고 추론해야 한다. 그가 첫 세대에 대한 직접적인 경험과 그들에게서 나온 정보를 가진 증인들 내지 제자들의 비정기적인 방문을 통해 제공되는 기회를 소중히 여겼다는 것은 전적으로 자연스럽고 이해할 만한 일이다. 이는 꼭 그들이 그에게 그가 이전에 한 번도 들어본 적 없는 어떤 것을 말해 주었기 때문이 아니라 그들이 그가 구두 전승을 통해 이미 알고 있었던 것을 확증해 주었기 때문이다.[153]
열심 있고 잘 교육받은 제자 중에 어떤 사람이 그토록 깊이 존경받은 주

---

151 Alexander, 'The Living Voice'.

152 Bauckham, *Eyewitnesses*, 22-24, 27.

153 Bauckham은 *Eyewitnesses*, 294에서 증인들의 이야기와 구두 전승을 반복해서 대조하지만 (파피아스의 대조가 아님) 이렇게 말한다. "따라서 파피아스가 국지적인 전달을 통해 알았던 전승이 그가 방문객들에게서 수집한 정보보다 거론된 증인들과 조금이라도 덜 긴밀히 관련되었을 이유는 없다." Bauckham의 관심사는 구전 역사와 구전 전승의 차이를 강조하는 것이지만, 그는 교회들이 최초의 제자들과 더 가까운 이들이 이따금씩 방문할 때 예수에 대한 그들의 지식의 생생함에 의존했다는 사실과 그러한 방문이 없을 때 교회에는 신뢰할 만한 예수 전승이 부족했다는 사실이 지닌 함의에 관심이 없어 보인다. 필자의 요점은 그와 달리 최초의 제자들의 목격자 진술 속에서 전승의 전달 과정이 시작된 것을 감안하면, 그들이 전승을 다양하게 다시 진술하고 사용하면서 그 전승에 부여한 성격은 본질적으로 그 이후에 전승이 다시 진술되고 다시 사용될 때 유지된 성격과 동일했다는 것이다. 결과적으로 (오늘날 우리가 가진 것과 같은) 공관복음 전승이 증인들 자신에게서 직접 나온 것이든 한 곳 이상의 교회들에서 그 이후에 다시 진술되고 다시 사용되면서 나온 것이든, 예수 전승의 본질적인 성격은—처음 세 복음서의 개요가 여전히 입증하듯이—여전히 동일했다.

님의 제자들에게서 친숙한 이야기나 가르침이라도 들을 기회를 소중히 여기지 않았겠는가? 오늘날 누구든 어떤 위대한 역사적 인물과의 만남에 대한 직접적인 경험담을 (비록 그 이야기 자체는 잘 알려져 있더라도) 듣고 싶어 하는 것이 당연한 것과 마찬가지다. 반복해서 말하자면 파피아스에게 있어서 방문객들의 가치는 그들이 알려지지 않은 예수 전승을 전달해준데 있는 것이 아니라 그들의 증언이 그가 구두 전승을 통해서만 알고 있었던 내용의 많은 부분을 확증해 주었다는 데 있었다.[154]

여섯째, 우리는 또한 파피아스가 예수의 말씀을 자세히 설명하는 일의 바람직함을 말하려 했다는 점(3절)에 주목해야 한다. 이는 기록된 자료에 대한 설명을 의미하는가? 아니면 구전을 통한 가르침에 대한 설명을 의미하는가? 그것은 (파피아스에게 있어서) 지금까지 주로 구전 형태로 전해져 내려온 예수의 가르침을 설명하기 위한 최초의 모음집이자 구두 전승의 기록을 의미했을 수도 있다. 이 대목에서 파피아스가 예수 전승을 글로 옮겨적는 일에 이미 착수한 다른 이들(특히 마태)을 알고 있다는 암시를 전혀 주지 않는다는 것은 다소 놀라운 일이다. 우리는 아마도 이로부터 파피아스가 스스로 구두 전승과 그 기록 사이의 교차점이라고 불릴 만한 지점 위에 서 있음을 자각하고 있었으며, 어떤 문헌적 선례에 대한 의존도 인정할 필요를 느끼지 않고 구전 예수 전승을 글로 옮기는 작업의 가치를 인식하기 시작한 (마태와 같은) 세대의 보다 전형적인 예였다고 추론해야 할 것이다.

마지막으로 파피아스가 다른 가르침들도 의식했다는 점에 주목하지 않으면 안 된다. 그는 "다른 누군가(*allotrias*)에게서 나온 계명을 기억한

---

154 여기서 주목할 만한 것은 "기억"에 대한 파피아스의 반복된 언급(3, 3, 7)이다. R. Cameron, *Sayings Traditions in the Apocryphon of James* (HTS 34; Philadelphia: Fortress, 1984), 3장('Remembering the Words of Jesus')도 함께 보라.

이들"에게는 관심이 없고 오직 "주님에게서 나온 계명을 기억한 이들"에게만 관심이 있었다(3절). 파피아스가 「도마복음」을 아무 거리낌 없이 주님의 가르침에 관한 자료로 언급한다는 점에도 반드시 주목해야 하지만 (4절), 우리는 의심할 여지 없이 여기서 예수의/에 대한 메시지의 경쟁자들에 대한 의식이자 아마도 필자가 「도마복음」이 그러했다고 주장한 바와 같이 예수 전승에 덧붙여진 가르침에 대한 의식을 발견해야 한다.

필자는 여기서 목격자 증언에 집중했다. 그러나 또한 우리는 파피아스가 마가복음과 마태복음의 집필에 대한 최초의 증언을 제공한다는 점도 상기해야 한다(*HE* 3.39.15-16).[155] 게다가 가이사랴의 안드레가 쓴 5세기의 「묵시록에 대한 주석」에서 파피아스는 누가복음 10:18("사탄이 하늘로부터 번개같이 떨어지는 것을 내가 보았노라")을 언급하는 것으로 인용된다.[156] 그는 예수 및 간음하다 붙잡힌 여인에 대한 이야기(요 7:53-8:11)를 알고 있었던 것으로 보이며 아마도 그 이야기의 한 형태를 인용했을 것이다.[157] 그리고 이레나이우스가 요한복음 14:2의 인용구("내 아버지 집에 거할 곳이 많도다")를 "장로들, 사도들의 제자들"의 말로 간주할 때 파피아스의 말을 인용하고 있으며 파피아스는 자기 이전 세대("장로들, 사도들의 제자들")를 언급하고 있다는 강력한 논거를 제시할 수 있다.[158] 요컨대 파피아스는 신약 복음서 네 권 모두를 예수의 가르침에 대한 권위 있는 기록을 제공하는 것으로 알았을 가능성이 매우 크다.[159]

---

155 다시 앞의 §39.2을 보라.
156 F. Siegert, 'Unbeachtete Papiaszitate bei armenischen Schriftstellern', *NTS* 27 (1981), 605-14.
157 *Apostolic Fathers*, 308-11, 317을 보라.
158 J. B. Lightfoot, *Essays on Supernatural Religion* (London: Macmillan, 1889), 194-202; Hill, *Johannine Corpus*, 385-86, 407-8과 추가적으로 386-94.
159 Hill, *Who Chose the Gospels?*, 10장도 함께 보라.

k. 결론

2세기 처음 몇십 년간의 사도 교부 문헌에 대한 이러한 개괄은 예수 전승에 관해 매우 흥미로운 점을 보여주었다. 다음과 같은 몇 가지 중요한 사실들이 발견되었다.

- 한두 가지 예외는 있지만 예수 전승, 특히 예수의 말씀들은 자주 인용되었고 교리 문답 및 권면적인 가르침에서 하나의 중요한 요소를 구성했다.
- 이 사실은 검토한 문헌들이 입증하는 바와 같이 꽤 넓은 범위의 교회들에 해당되었다. 클레멘스는 짐작건대―실제로 바울이 고린도에서 로마로 편지를 쓸 때 그랬던 것처럼―예수 전승이 고린도에도 로마에서와같이 잘 알려져 있을 것이라는 가정하에 예수 전승을 인용할 수 있었을 것이다. 시리아에서 왔던 이그나티오스는 자신의 암시를 소아시아와 로마의 교회들이 알아볼 수 있을 것이라고 가정할 수 있었다. 「디다케」는 아마도 보다 널리 알려졌을 교육 자료와 널리 시행되었을 것이 분명한 예배 순서를 제시할 수 있었다. 「클레멘스2서」는 상당한 양의 예수 전승을 인용하고 상기시킨다.
- 예수 전승의 용례 중 일부는 명시적으로 "주님"에게서 비롯된 것으로 간주된다. 그러나 훨씬 더 많은 용례는 단순히 이 초기 교회들의 활력의 근원 속에 흡수된 것으로 보인다. 우리는 그러한 암시들이 널리 인식되었을 것이고 예수에게서 전해 내려온 것으로 기억된 다른 관련 있는 가르침과 함께 반향실 안에서 반향을 불러일으켰을 것이라고 추정해도 무방할 것이다.

- 그렇게 울려 퍼진 예수 전승 안에 있는 몇 가지 특징들은 이미 기록된 복음서 중 하나, 특히 마태복음뿐만 아니라 요한복음의 독특한 특징과 연결시킬 수 있지만, 이러한 언급들이 인용구로 해석되거나 저자들이 기록된 복음서를 가까이에 두고 인용했다고 보아야 함을 의미하지는 않는다.[160] 이 언급들은 논의 중인 기록된 복음서에 대한 형편없는 기억에서 나온 해석의 실례가 될 필요도 없다. 이 암시들은 2차적인 구전적 특성—어떤 시점에 그 복음서가 낭독되는 것을 들은 데서 상기된 기록된 복음서의 독특한 요소에 대한 지식—의 사례일 가능성이 그에 못지않거나 그보다 더 크다. 또는 실제로 이 언급들은 단지 하나 이상의 기록된 복음서의 어떤 독특한 특징들이 보다 널리 퍼지고 있는 구전 전승 속에 흡수되었음을 보여주는 것일지도 모른다. 이는 예수 전승의 광범위한 전달자들 (교사들, 예배 인도자들) 사이에서 자리 잡은 전달상의 차이다. 가령 마태복음의 독특한 특징들이 상기될 때 더 확신 있게 추론할 수 있는 것은, 그러한 흔적들이 마태복음이 이미 기록되었고 이미 점점 더 광범위한 영향력을 행사하고 있었을 가능성을 강력하게 입증한다는 점이다.[161]
- 파피아스의 증언은 특히 구전 예수 전승이 여전히 초기 교회들에 있어서 생생한 자료였다는 점을 확증한다. 입술의 말과 개인적 증

---

160 P. Foster, 'The Text of the New Testament in the Apostolic Fathers', in C. E. Hill and M. J. Kruger, eds., *The Early Text of the New Testament* (Oxford University, 2012), 282-301도 함께 보라.

161 *A Gospel for a New People*, 256-77에 그대로 실린 G. N. Stanton의 글 '5 Ezra and Matthean Christianity in the Second Century', *JTS* 28 (1977), 67-83에서는 *5 Ezra*(= *4 Ezra*), 1.24에서 마 21:43에 대한 암시를, *5 Ezra* 1:32-33에서 마 23:37-38에 대한 암시를, *5 Ezra* 2.20 ff., 34-35절에서 마 25:32 이하에 대한 암시를 발견한다(264-72).

언은 매우 소중히 여겨졌고(파피아스는 이 점에 있어서 유일한 예가 아닐 것이다) 글로만 나타난 증언보다 더 높이 평가되었다. 이 단락에서 검토한 모든 항목이 문헌들이라는 사실은 예수 전승을 글로 옮겨 적는 데 대한 적대감은 전혀 없었음을 보여주지만, 증인들이 시대적으로 점점 더 멀어져가고 기독교가 훨씬 더 널리 확산됨에 따라 2세기의 처음 몇십 년이 구전 전승에 대한 의존에서 구전 복음의 기록이 보다 바람직하고 필요한 일이 되어간다는 인식으로 점점 바뀐 전환기가 되었음을 암시할 것이다. 이러한 암시는 우리가 변증가들의 글에서 나타나는 예수 전승의 용도에 대해 알 수 있는 사실을 통해 입증되는 것으로 보인다.

44.3 2세기까지의 구전 예수 전승-변증가들

보통 "변증가들"로 간주되는 이들(40.2)은 우리를 3세기로 데려가겠지만(특히 테르툴리아누스), 우리는 여기서 우리의 연구를 아리스티데스, 순교자 유스티누스, 타티아노스, 아테나고라스, 안디옥의 테오필로스, 사르디스의 멜리토로 제한하고, 여기에 이레나이우스를 포함시키되 「디오그네투스에게 보내는 편지」는 제외시킬 것이다.[162]

---

162 「디오그네투스에게 보내는 편지」는, 비록 "안식일에 어떤 선한 일도 행하는 것을 금하는"(4.3) 유대적인 하나님 개념에 대한 비판 속에서 막 3:4 및 병행 본문의 흔적을 감지할 수 있기는 하지만, 예수 전승에 대해 전혀 관심을 보이지 않는다. Richardson은 요한복음과의 일련의 "병행 본문들"을 발견하지만(*Early Christian Fathers*, 207-8 n. 3), 그럴듯한 유일한 흔적은 8.5뿐이다(참고. 요 1:18). 「디오그네투스에게 보내는 편지」의 온건한 로고스 기독론(11, 12.9)은 유스티누스의 기독론과 달리 요한복음 서언에 대한 의존성을 전혀 보여주지 않으며, 어쨌든 11-12장은 보통 1-10장과 다른 문헌에 속한 것으로 간주된다(이하 §45 n. 190을 보라). Jefford, *Diognetus*, 72-93도 함께 보라. 그는 1-10장의 배

a. 아리스티데스

아리스티데스의 「변증」(*Apology*)에서 가장 눈에 띄는 특징은 왕(하드리아누스?)[163]에게 "거룩한 복음의 글이라고 불리는 것"(15.1 그리스어 본문)을 직접 읽어보라고 권유한 것이다.[164] 또한 아리스티데스는 "기독교인들의 문헌들"(16.1 그리스어 본문)을 언급하면서 *Apol.* 2, 14-15에서 예수의 삶, 죽음, 부활에 대해 자신이 했던 말을 다시 언급한다.[165] 그러나 예수 전승에 대한 구체적인 지식과 사용의 증거는 빈약하며 어떤 실질적인 논거의 기반이 될 수 있는 증거는 전혀 없다. 마소(Massaux)는 *Apol.* 16.2(시리아어 본문)만 언급하는데, 보물을 발견하고 그것을 감추는 어떤 사람에 대한 언급은 마태복음 13:44의 흔적이라고 충분히 상상할 수 있을 것이다.[166] 힐 (Hill)은 2.5(시리아어 본문)—"그가 친히 유대인들에게 찔림을 당하셨고 죽으시고 장사되셨다"—을 "필연적으로" 요한복음 19:37을 떠올리게 하는 구절로 제시하지만,[167] 여기서도 또다시 우리는 더 광범위한 예수 전승에서 나왔거나 그 속에 흡수된 요한복음의 한 요소를 발견할 수 있을 것이다. 어떤 경우에든 이 언급은 또다시 요한복음의 영향력을 확인시켜 주지만, 이것이 필연적으로 요한복음 자체에 대한 지식과 사용을 확인시켜주

후에는 구두상의 암송으로 전달된 초기의 내러티브가 있었다고 주장한다(125).

163 앞의 §40.2b을 보라.

164 시리아어 본문(2.4)에서 "복음"은 유대인들 사이에서 최근에 전파된 것으로도 언급되지만, (15절의 그리스어 본문에서는) 왕이 읽을 수 있는 어떤 것으로도 언급된다.

165 시리아어 본문은 이 기독교적인 "문헌들"을 더 자주 언급한다(15.1; 16; 17). 추가적으로 Hill, *Johannine Corpus*, 398-402을 보라.

166 Massaux, *Influence*, 3.6-7; Köhler는 영향을 받았을 가능성이 있는 다른 사례들을 대충 언급하는데(*Rezeption*, 493), 여기에 비록 독특하게 기독교적인 것은 아니지만 부정적인 형태의 황금률(*Apol.* 15)을 덧붙일 수 있을 것이다(*Jesus Remembered*, 588-89 n. 202을 보라).

167 *Johannine Corpus*, 400-1.

는 것은 아니다.

b. 순교자 유스티누스

이미 언급했듯이(§41.5) 순교자 유스티누스는 분명히 기록된 형태의 복음
서를 알고 있었고 하나 이상의 "복음서"에 대해 알고 있었다(*1 Apol.* 66.3;
Dial. 88.3). 유스티누스는 황제에게 "우리의 글들을 살펴보라"고 권유하고
(*1 Apol.* 28.1), 크레스켄스에게 그가 "그리스도의 가르침을 접하지" 못했
다고 꾸짖으며(*2 Apol.* 8.3), 트리포가 "우리 구주가 가르치신 것을 읽었다"
고 가정할 수 있었다(*Dial.* 18.1). 유스티누스를 통해 우리는 또한 "사도들
의 비망록"이 "예언자들의 글들"(*1 Apol.* 67.3)과 똑같이/(동등하게?) 기독교
인들의 주일 모임에서 낭독하기에 적합한 글로 간주되었다는 것을 알 수
있다.[168] 그리고 유스티누스는 공관복음 전승 또는 공관복음과 비슷한 전
승을 이레나이우스 이전의 2세기의 다른 어떤 문헌보다도 광범위하게 인
용하므로, 유스티누스의 인용/암시가 어디서 구체적으로 어떤 기록된 (신
약) 복음서에 대한 의존 내지 그것의 영향을 보여주는 증거를 제시하는지

---

168 G. N. Stanton이 *Jesus and Gospel*(Cambridge University, 2004)에서 지적하듯이 "이것은
    기독교 예배의 상황에서 '복음서들'의 낭독에 대한 현존하는 최초의 언급이다.…예배 상
    황은 이 비망록들의 지위가 실제로 매우 높았다는 또 다른 증거를 제시한다"(100). 다
    음 책들도 함께 보라. Hengel, *Four Gospels*, 37; Minns and Parvis, *Justin*, 259. 유스티누스
    가 글로 된 '사도들의 비망록'을 알고 있었다는 점은 *Dial.* 88.3; 101.3; 103.6; 104.1;
    105.6; 106.3; 107.1에서도 분명히 드러난다(참고. Köhler, *Rezeption*, 259-60). Hagner
    는 "비망록에 대한 언급들은 주로 예수의 말씀보다는 내러티브에 할애된 단락(*Dial.* 100-
    107)에서 나타난다"는 사실에 주의를 환기시킨다('Sayings of Jesus', 248). 다음 글도 함
    께 보라. L. Abramowski, 'Die "Erinnerungen der Apostel" bei Justin', in P. Stuhlmacher,
    hrsg., *Das Evangelium und die Evangelien* (WUNT 28; Tübingen: Mohr Siebeck, 1983),
    341-53 = ET *The Gospel and the Gospels* (Grand Rapids: Eerdmans, 1991), 323-35.

를 발견하는 것이 아마도 가장 간단한 일일 것이다.[169]

i. 마가복음

유스티누스의 글에 나오는, 엄밀한 의미에서의 마가복음에 대한 의존성을 보여주는 것으로 간주할 수 있는 예수 전승에 대한 암시는 매우 적다.

1 Apol. 16.7/*Dial.* 101.2	마가복음 10:17-18
1 Apol. 66.3	마가복음 14:22-23[170]

Dial. 106.3은 "(베드로가) 그의 비망록에 기록한" 내용들을 언급하면서,[171] 유스티누스가 마가복음을 베드로의 "비망록"으로 간주했다는 점을 확인시켜준다.

---

169 W. Sanday는 *The Gospels in the Second Century* (London: Macmillan, 1876)에서 유스티누스의 글 안에 있는 복음서 인용의 증거를 다음과 같이 요약한다. "종합적으로 본다면 열 개의 본문이 본질적으로 똑같지만, 25개의 본문은 약간의 차이를 보이고, 32개의 본문은 뚜렷한 차이를 나타낸다고 해석할 수 있을 것이다"(116). A. J. Bellinzoni는 *The Sayings of Jesus in the Writings of Justin Martyr* (NovTSupp 17; Leiden: Brill, 1967)에서 순교자 유스티누스의 글(*Dial.* 35.3b과 47.5) 속에 어떤 복음서에도 비슷한 본문이 없는 다른 두 개의 예수 어록이 있다는 점을 지적한다(131-4). Koester, *Ancient Christian Gospels*, 361-2도 함께 보라.

170 여기서 유스티누스는 성찬에 대해 말하면서 특징적인 눅 22:19("너희가 이를 행하여 나를 기념하라")을 인용하지만 "제정의 말씀" 그 자체는 보다 완전한 누가복음/바울 서신의 형태가 아닌, 보다 짧은 마가복음/마태복음의 형태("이것은 나의 몸이다; 이것은 나의 피다")로 인용되어 있다.

171 Abramowski, 'Erinnerungen', 353(ET 334-35); 그 내용은 예수가 시몬에게는 "베드로", 야고보와 요한에게는 "보아너게, 즉 '우레의 아들들'"이라는 이름을 주셨다는 것이다(막 3:17). Bellinzoni는 비록 증거가 덜 인상적이기는 하지만 *1 Apol.* 16.6, 99.2과 *Dial.* 93.2에서 보다 마가복음적인 요소들을 발견했고(*Sayings*, 47), 유스티누스가 결코 마가복음에서만 자료를 도출해낸 것이 아니라고 결론짓는다(140).

ii. 마태복음

마가복음과는 대조적으로 유스티누스가 마태복음이나 마태복음의 독특한 전승을 사용하거나 거기에 의존했다는 증거는 손쉽게 예증할 수 있다.[172]

1 Apol. 15.1-2	마태복음 5:28, 29
1 Apol. 15.4	마태복음 19:12, 11
1 Apol. 15.11	마태복음 6:19-20
1 Apol. 15.15	마태복음 6:31-33
1 Apol. 15.17	마태복음 6:1
1 Apol. 16.1-2	마태복음 5:39-40, 16
1 Apol. 16.5	마태복음 5:34, 37; (약 5:12)
1 Apol. 16.9	마태복음 7:21[173]
Dial. 17.4	마태복음 23:23, 27

---

172 이 예들은 주로 Bellinzoni, *Sayings*, 28-30, 33-37, 60-67, 120-23과 Hagner, 'Sayings of Jesus', 247에서 나온 것이며 Hagner는 Sanday, *The Gospels in the Second Century*, 113-16을 인용했다. 또한 Bellinzoni는 "마태복음과 누가복음을 조화시킨 특징들", 또는 마태복음과 마가복음을 조화시킨 특징들을 보여주는 상당히 많은 수의 사례들을 발견하지만(76-88), 그러한 편차는 2차적인 구전적 특성이라는 단계의 범위 내에 있다. Massaux는 독특하게도 *1 Apology*(*Influence*, 11-41)와 *Dialogue*에 마태복음과의 다른 많은 문헌적 접촉점들 – 적어도 42개 이상의 "명확한" 사례들 – 이 있다고 더욱 확신한다(49-82). Köhler도 마태복음에 의존했을 가능성이 있는 본문들을 확신 있게 더 많이 찾아낸다(*Rezeption*, 166-235). *Biblia Patristica: Index des Citations et Allusions Bibliques dans la Littérature Patristique, des Origines à Clément d'Alexandrie et Tertullian* Vol. 1(Paris, 1975)은 유스티누스의 글에서 마태복음에 대한 170개 이상의 인용과 암시를 열거한다. J. R. C. Cousland, 'Matthew's Earliest Interpreter: Justin Martyr on Matthew's Fulfilment Quotations', in T. R. Hatina, ed., *Biblical Interpretation in Early Christian Gospels* Vol. 2: *The Gospel of Matthew* (LNTS 310; London: T & T Clark, 2008), 45-60도 함께 보라.

173 유스티누스는 *1 Apol.* 15-17에서 예수의 가르침에 대한 집중적인 요약본이자 아마도 특정 복음서에서만큼이나 교리 문답 자료나 구두/예배상의 용례에서도 가져온 듯한 여러 가르침을 제시한다.

Dial. 35.3	마태복음 7:15
Dial. 51.3	마태복음 11:12-15
Dial. 49.5	마태복음 17:10-13
Dial. 76.4; 120.6; 140.4	마태복음 8:11-12
Dial. 76.5	마태복음 7:22-23; 25:41
Dial. 78.1-8; 102.2; 103.3	마태복음 1-2장
Dial. 96.3	마태복음 5:45
Dial. 100.3	마태복음 16:16-17
Dial. 105.6	마태복음 5:20
Dial. 107.1	마태복음 16:4
Dial. 108.2	마태복음 28:13
Dial. 112.4-5	마태복음 23:27, 23, 7
Dial. 115.6	마태복음 7:2
Dial. 120.6; 140.4	마태복음 8:11-12
Dial. 125.2	마태복음 25:18

iii. 누가복음

특히 흥미로운 것은 예수 전승에 대한 유스티누스의 몇몇 인용구에 누가복음의 독특한 자료가 포함된다는 사실이다. 이 점은 누가복음만이 그 존재를 입증하는 전승의 인용구들과 누가의 편집이 분명하게 나타나는 구절들을 언급함으로써 가장 잘 예시할 수 있다.[174] 전자의 예로는 다음과

---

174 여기서 필자는 Gregory의 견해를 따랐다. 그는 수많은 예들을 검토하는데, 그중에 대부분은 누가복음에 대한 의존성을 입증하기에 부족하다(*Reception of Luke*, 226-63). "누가복음에 대한 의존성만을 반영하는 말씀들"에 대한 Bellinzoni의 검토는 *1 Apol.* 15.3; 16.1, 10; 17.4에 초점을 맞추고 있다(*Sayings*, 70-76).

같은 것들이 있다.

1 Apol. 17.4	누가복음 12:48
1 Apol. 33.4-5	누가복음 1:35, 32[175]
Dial. 51.2, 76.7, 100.3	누가복음 24:7
Dial. 76.6	누가복음 10:19
Dial. 100.5	누가복음 1:26, 35
Dial. 103.4	누가복음 23:7
Dial. 105.5	누가복음 23:46

후자의 예로는 다음과 같은 것들이 있다.

1 Apol. 15.8	누가복음 5:32/마가복음 2:17/마태복음 9:13
1 Apol. 15.9	누가복음 6:27-28/(마태복음 5:44)
1 Apol. 16.1	누가복음 6:29/(마태복음 5:39-40)
1 Apol. 19.6	누가복음 18:27/(마가복음 10:27/마태복음 19:26)
Dial. 51.3	누가복음 16:16/(마태복음 11:12-15)
Dial. 81.4	누가복음 20:35-36/(마가복음 12:25/마태복음 22:30)

여기서 더 세부적인 내용까지 살펴볼 필요는 없다.[176] 다음 두 가지 사실

---

175 여기서 우리는 눅 1:35, 32과 마 1:21(및 *1 Apol.* 33.8)이 흥미롭게 융합된 구절을 발견한다.

176 Gregory도 "유스티누스가 최소한 누가복음의 수난 내러티브를 알고 있었을 가능성"을 추

은 서로 일치한다. 즉 유스티누스가 몇몇 복음서를 알고 있었다는 사실과 그가 예수 전승을 암시하거나 인용할 때 누가복음의 독특한 특징들을 이용했다는 사실이다. 거기에 담긴 의미는 누가복음이 유스티누스가 알고 있었고 그에게 친숙했던 복음서들 중 하나였다는 것이다. 최소한 유스티누스의 지식 중 일부는 교리 교육적이고 예전적인 예수의 가르침 모음집에서 나왔을 가능성, 혹은 더 낮게 표현하자면 개연성은 여전히 남아 있다.[177] 여기서 다시 한번 언급하자면, 기록된 복음서들이 잘 알려져 있었으므로 전승은 더 이상 구두로, 또는 예전적 관행을 통해 전해지지 않았다고 추론해선 곤란할 것이다. 그러나 복음서들의 본문을 조화시키려는 경향이 있었듯이, 틀림없이 유스티누스에게 친숙했던 회중과 같은 회중 안에서 구두 전승을 이미 그토록 소중히 여겨진 복음서의 기록된 본문과 더 확연하게 일치시키려는 경향도 있었을 것이다.[178]

iv. 요한복음

비록 *1 Apol.* 61.4과 요한복음 3:3, 5을 상기시키는 그 구절의 강한 흔적은 주의를 기울일 필요가 있지만,[179] 다소 놀랍게도 유스티누스는 어디에

론하며 "이는 그가 나머지 복음서도 알고 있었음을 암시할지 모른다"고 말한다(*Reception of Luke*, 274-91).

177 참고. Justin, *1 Apol.* 15-17과 *1 Clem.* 13, *Did.* 1-6 및 *Barn.* 18-20. 추가적으로 다음 글을 보라. Koester, 'Harmonizations of the texts of Matthew and Luke' (*Ancient Christian Gospels*, 365-75); "순교자 유스티누스는 기록된 복음서들이 하나의 '본문'이 되었다는 사실을 의식하는 최초의 기독교인 저자다"(402). Stanton은 "이 열 가지 일련의 예수 어록[*1 Apol.* 15-17]은 유스티누스 자신이 그가 속한 로마의 집단에서 교리 교육적인 목적으로 수집하고 배열한 것이 거의 확실하다"고 생각한다(*Jesus and Gospel*, 96).

178 유스티누스의 "글은 기록된 복음서들과 성경의 예언들과의 주의 깊은 비교로 훨씬 더 포괄적이고 새로운 복음서 본문을 산출하려 노력한 어떤 성경 해석 학파의 작업에 대한 통찰을 준다"(*Ancient Christian Gospels*, 378)는 Koester의 평가를 탄생 내러티브, 세례 요한과 예수의 세례 내러티브, 수난 내러티브에 대한 추가적인 고찰(379-402)과 함께 참고하라.

179 Grant, *Greek Apologists*, 58-59; Hill, *Johannine Corpus*, 325-28. "유스티누스는 세례 의식

서도 요한복음을 명시적으로 인용하지 않는다.[180]

> *1 Apol.* 61.4―너희가 다시 태어나지 않으면 결코 하늘나라에 들어가지 못할
> 것이다.
>
> 요한복음 3:3, 5―사람이 거듭나지/물과 성령으로 나지 아니하면 하나님의
> 나라를 볼 수/에 들어갈 수 없느니라.

그리고 *Dial.* 88.7은 세례 요한에 관한 공관복음의 기사 속에 포함되었고
요한복음 1:20에서 나온 인용구를 포함하고 있다.[181] 그러나 요한복음은
유스티누스의 로고스 기독론의 "형성에 중요한 역할을 했고 아마도 그러
한 기독론의 원동력이었을 것"이며, 유스티누스에 따르면 "선재하는 로
고스 자신이 인간이 되었고 예수 그리스도라고 불렀다"는 강력한 논거를
제시할 수 있다.[182] 유스티누스는 자신이 예수는 "독생자"(*monogenēs*)이시
며 "처녀를 통해 인간이 되셨다"는 지식을 "비망록들을 통해 배웠다"고
명시적으로 진술하는데, 이는 명백히 마태복음과 누가복음의 탄생 내러
티브와 요한복음 1:14, 18이 뒤섞인 것이다.[183]

요컨대 유스티누스가 신약 복음서 네 권 모두를 알고 있었고 사용했
다는 충분한 증거가 있다. 유스티누스가 이 문헌들을 성경 말씀(구약)과

의 전승을 통해 이 말씀을 얻은 것이 분명하며 어떤 기록된 복음서에 의존한 것이 아니
다"(Koester, *Ancient Christian Gospels*, 361). Minns and Parvis, *Justin*, 239도 함께 보라.

180 Bellinzoni는 "예수의 어록에 대한 유스티누스의 인용은 요한복음에 대한 의존성을 결코
보여주지 않는다"고 결론짓는다(*Sayings*, 140).

181 Stanton, *Jesus and Gospel*, 76.

182 *1 Apol.* 5.4과 32.10(요 1:14) 및 *1 Apol.* 63.15(요 1:1), *1 Apol.* 60.7(참고. 요 1:1, 14)과 *1
Apol.* 46.2(참고. 요 1:9); *1 Apol.* 21.1, 22.2과 23.2과 *Dial.* 61.1, 3과 76.2(참고. 요 1:18)
을 인용하는 Hill, *Johannine Corpus*, 316-20을 보라.

183 Hill, *Johannine Corpus*, 320-24. 또한 Hill은 유스티누스가 예수의 세례와 십자가형에 대
한 요한복음의 기사에만 담겨 있는 내용을 알고 있었다고 말한다(328-35).

같은 지위를 가진 것으로 간주했다는 점도 마찬가지로 분명하다.[184] 그뿐만 아니라 "유스티누스가 정경의 사복음서 외에 다른 복음서를 알고 있었다는 분명한 증거는 없다."[185] 따라서 유스티누스는 신약 복음서들 각각(마태복음, 마가복음, 누가복음, 요한복음)에 대한 높은 존중심을 입증할 뿐만 아니라, 이 복음서들이 그가 대표하는 교회들에게 권위 있는 것으로 간주된 유일한 문헌이었다는 점을 입증한다.[186]

c. 타티아노스

타티아노스가 그의 「그리스인들을 향한 연설」(*Address to the Greeks*)에서 엄밀한 의미에서의 복음 전승의 영향을 받은 것을 보여줄 수 있는 구절들은 소수에 불과하다. 4.1에서 타티아노스는 "하나님은 영"이라고 단언하면서 요한복음 4:24을 인용하는 듯하다. 13.1에서 그는 "'어둠은 빛을 이해하지 못한다'는 말씀", 즉 아마도 요한복음 1:5에서 발췌한 듯한 구절을 인용한다. 19.4의 "모든 것이 그에 의해 만들어졌고, 그가 없이는 단 하나도 만들어지지 않았다"는 구절은 요한복음 1:3의 인용구와 매우 비슷해 보인다. 그리고 30.1에서 그는 "숨겨진 보물"에 대해 말하는데, 이는 아마도 마태복음 13:44에 대한 암시일 것이다. 알렉산드리아의 클레멘스가 타티아노스를 어느 정도까지 언급하는지는 불분명하지만,[187] 클레멘스는 신약

---

184 Stanton, *Jesus and Gospel*, 97-99.
185 Stanton, *Jesus and Gospel*, 76 및 추가적으로 75-78, 100-3; 마찬가지로 Köhler, *Rezeption*, 256; 다음 책도 함께 보라. Hill, *Who Chose the Gospels?*, 6장.
186 "유스티누스는 그리스도의 생애에 대해 말할 때 때때로 '비망록'에서 발견할 수 없는 자료들을 사용한다. 그는 어느 곳에서도 이 자료를 '비망록'에서 나온 것으로 인용하지 않는다"(Shotwell, *Justin Martyr*, 25).
187 Massaux, *Influence*, 3.110-13; Köhler, *Rezeption*, 499; Hill, *Johannine Corpus*, 299-301도 함께 보라.

에서 나온 다양한 인용구들[188]을 타티아노스의 말로 간주할 수도 있다.

그러나 타티아노스의 증거가 지닌 가장 흥미로운 특징은 의심의 여지 없이 「디아테사론」[189]이며, 그 책에서 그는 사복음서 전체를 요한복음 1:1에서 시작해서 요한복음 21:25에서 끝나는 단일한 기록(이 점은 주목할 만하다)—최초의 일체화[190]—으로 함께 엮는다. 예수 전승을 조화시키려는 유스티누스의 경향은 그의 제자들에게 완전한 일체화를 시도하도록 부추겼을지도 모른다. 따라서 「디아테사론」은 비록 유스티누스가 순교하고 타티아노스가 시리아로 되돌아온 뒤까지도 편찬되지 않았지만, 그럼에도 불구하고 신약의 사복음서 전체가 2세기 후반부 초에는 이미 예수의 생애와 사명과 가르침에 대한 권위 있는 기록으로서—그리고 오직 **이 책들만**이—그 지위가 확고해졌다는 사실에 대한 매우 확고한 증거가 된다. 타티아노스는 명백히 예수의 사명이나 그의 가르침에 대한 다른 기록들을 자신의 조화된 복음에 포함시키려는 노력을 전혀 하지 않았고 그런 욕구도 전혀 없었기 때문이다. 순교자 유스티누스의 제자인 타티아노스의 「디아테사론」은 아마도 2세기 중엽에 로마에서 이미 사복음서가 잘 알려져 있었고 성경의 지위에 상응하는 지위를 부여받았다는 점을 확증해 줄 것이다.[191] 그리고 이단자로 간주되게 된 인물인 타티아노스가 다른 복음서들을 사용하지 않았다는 점은 우리가 그다음의 광범위한 2세기의 증거를 살펴볼 때 염두에 두어야 할 한 가지 요소다.

---

188 마 6:19, 24; 23:9; 눅 14:20; 20:34, 35; 요 3:6; 6:27(*Stromata*, 3.12).

189 W. L. Peterson, 'Tatian's Diatessaron', in Koester, *Ancient Christian Gospels*, 403-30을 보라.

190 유스티누스가 조화롭게 합쳐진 예수 전승을 사용한 것은 완전한 조화를 이룬 복음을 제시하려는 그의 어떤 욕구를 보여주는 것이 아니며, 그가 공관복음서를 대체하기 위해 그와 같은 조화를 의도했음을 보여주는 것은 더더욱 아니다(Stanton, *Jesus and Gospel*, 103).

191 Hill, *Who Chose the Gospels?*, 103-12도 함께 보라.

d. 아테나고라스

여기서 우리는 「클레멘스1서」나 「디다케」의 자료와 다소 비슷한 자료로 되돌아온다. 그 글에서는 기독교인들을 길러낸 가르침들에 호소한다.

Plea 11.1	마 5:44-45
그러면 우리를 길러낸 가르침은 무엇인가? "나는 너희에게 이르노니 너희 원수를 사랑하며 너희를 저주하는 자들을 축복하라. 너희를 박해하는 자들을 위하여 기도하라. 그러면 너희는 하늘에 계신 너희 아버지의 아들들이 되리라. 그분은 해가 악한 자와 선한 자 위에 뜨게 하시며 의로운 자와 불의한 자에게 비를 보내신다."	나는 너희에게 이르노니 너희 원수를 사랑하며 너희를 박해하는 자를 위하여 기도하라. 이같이 한즉 하늘에 계신 너희 아버지의 아들이 되리니, 이는 하나님이 그 해를 악인과 선인에게 비추시며 비를 의로운 자와 불의한 자에게 내려주심이라.

Plea 12.3	마 5:46, 42	눅 6:32, 34
그가 말씀하신다. "너희가 너희를 사랑하는 자들을 사랑하고 너희에게 꾸어주는 자들에게 꾸어주면 너희에게 무슨 상이 있겠느냐?"	너희가 너희를 사랑하는 자를 사랑하면 무슨 상이 있으리요? 참고. 5:42b	너희가 만일 너희를 사랑하는 자만을 사랑하면 칭찬받을 것이 무엇이냐? 너희가 받기를 바라고 사람들에게 꾸어주면 칭찬받을 것이 무엇이냐?

Plea 32.2	마 5:28
그가 말씀하신다. "음욕을 품고 여자를 보는 자는 마음에 이미 간음을 저지른 것이기 때문이다."	음욕을 품고 여자를 보는 자마다 마음에 이미 간음하였느니라.

Plea 33.2	막 10:11
그가 말씀하신다. "누구든지 그 아내를 버리고 다른 이에게 장가드는 자는 간음을 저지른 것이다."	누구든지 그 아내를 버리고 다른 데에 장가드는 자는 본처에게 간음을 행함이요

언어적 유사성의 정도는, 이런 표현이 공관복음서들 사이에서 발견되었다면, 우리가 이는 문헌적 의존성의 좋은 증거를 제공한다고 결론을 내릴 만한 수준이다. 다시 말해 아테나고라스가 마태복음을 알고 있었으며 이를 사용할 수 있었다고 추론하는 것이 가장 합리적이다. 아테나고라스가 친숙한 교리 문답과 권면에서 그의 가르침을 이끌어냈다고 추론해야 하더라도,[192] 그 가르침은 기록된 마태복음을 이용했거나 마태복음에 의해 형성된 가르침이었다. *Plea* 33.2의 경우에는 물론 아테나고라스가 마태복음 19:9을 인용하되 예외 조항("음행한 이유 외에")은 생략했을 수도 있다.[193]

아테나고라스가 요한복음을 인용했을 수도 있다. *On the Resurrection* 10.2-3에서 그는 하나님의 아들을 "아버지의 말씀"이라고 부른다. "만물이 그로 말미암아 지은 바 되었다"(요 1:3). "아버지와 아들은 하나다"(요 10:30). "아들은 아버지 안에 있고 아버지는 아들 안에 있다"(요 10:38; 14:10; 17:21). "그는 아버지에게서 처음 난 자다"(요 1:14). 이런 말들을 요한복음의 인용구로 설명할 수는 없지만, 이 말들의 독특한 요한복음적인 성격을 부정하기는 어렵다. 아테나고라스는 직접적으로나 약간의 거리를 두고(2차적인 구전적 특성) 요한복음의 영향을 받은 것이 거의 확실하다. 특히 중요한 것은 2세기 기독교의 주류에 있어서 변증가로 간주될 수 있는 인물이 요한복음을 사용한 데 대한 아테나고라스의 증거다.[194]

---

192 롬 12:14과 *Did.* 1.3도 암시하는 것처럼 눅 6:28a("너희를 저주하는 자를 위하여 축복하며")은 잘 인용되는 격언이 되어 원수 사랑에 대한 예수의 가르침 속에 보다 폭넓게 포함된 것으로 보인다.

193 Massaux, *Influence*, 3.120-25; Köhler, *Rezeption*, 494-98도 함께 보라.

194 *Johannine Corpus*, 81-83도 함께 보라.

e. 안디옥의 테오필로스의 「아우토리쿠스에게」

다소 흥미롭게도 테오필로스가 예수 전승을 적게 사용한 것은 아테나고
라스의 경우와 매우 흡사하다.[195]

Autolycus 3.13	마태복음 5:28, 32, 19:9
Autolycus 3.14	마태복음 5:44, 46, 6:3
Autolycus 2.22	요한복음 1:1, 3[196]

이러한 유사점은 순결과 적대 행위에 대한 반응의 문제가 2세기 후반에
중요한 변증적 관심사였으며, 또한 요한복음 1:1-3이 그리스도에 대한
기독교적인 믿음을 우주에 대한 더 폭넓은 철학적 사고 속에 통합시키는
매우 높이 평가된 하나의 방식을 제공해 주었다는 점을 암시한다. 처음
두 종류의 인용구들이 둘 다 "복음의 목소리", "복음이 말하되"라는 표현
으로 소개된다는 점에 주목해야 한다. 아테나고라스도 비슷하게 사용한
구절들과 마찬가지로 이런 구절들도 인용구로 간주할 수 있으므로, 그 함
의는 테오필로스가 구체적으로 마태복음, 또는 일반적으로 기록된 복음
서들의 메시지와 관련해서 "복음서"라는 용어를 사용한다는 것이다.[197]
그와 동시에 복음서 전통은 구약에서 더 풍부하게 도출된 그의 가르침에
서 하나의 요소에 불과하다는 점도 분명하며, 그는 "복음서"보다 그리스
의 철학자들 및 극작가들의 글을 더 쉽게 인용한다. 테오필로스의 간략한

---

195 Massaux, *Influence* 3.134-39; Köhler, *Rezeption* 500-4도 함께 보라.
196 "사람들에게는 불가능한 일들이 하나님께는 가능하기 때문이다"라는 *Autolycus* 2.13의 문
   장은 눅 18:27을 인용한 구절인가?
197 히에로니무스는 『마태복음 주석』의 서문(398)에서 테오필로스가 쓴 마태복음 주석을 언
   급한다.

요한복음 사용은 그도 아테나고라스처럼 요한복음을 그렇게 사용하는 것이 전혀 어색하지 않았다는 사실을 확인시켜준다. 그는 여전히 미성숙한 단계의 기독교 안에서 영지주의적인 파벌들이 요한복음을 물려받았다는 암시를 전혀 주지 않는다.[198]

더구나 우리는 테오필로스가 "하나의 저작 안에 네 명의 복음서 저자의 말을 종합한" 책 한 권을 썼다는 히에로니무스의 기록(*Ep.* 121.6.15)에 주목해야 한다.[199] 즉 테오필로스는 짐작건대 보다 유명한 타티아노스의 「디아테사론」과 매우 비슷한, 신약 사복음서를 조화시킨 책을 썼다.[200] 다음 두 가지 사실, 즉 신약의 사복음서가 모두 원시 정경적인 지위를 가진 것으로 간주되었다는 사실과, 신약 사복음서만이 그렇게 사용되었고 다른 복음서들은 그렇게 포함되기에 부적절한 것으로 명백히 간주되었다는 사실 역시 중요하다.

f. 사르디스의 멜리토

사르디스의 멜리토를 오래 살펴볼 필요는 없다. 그에게는 예수의 고난과 죽음 외에는 예수의 사역 속의 특정한 말씀과 사건을 언급하거나 암시하려는 관심사나 그렇게 할 이유가 없었기 때문이다. 예수의 동정녀 탄생은 단순히 믿음의 사실일 뿐이며(66, 70, 104) 그에 대해 더 이상 공들여 언급할 필요가 없었다. 병을 고치고 죽은 자들 가운데서 부활하는 예수의 기적들은 몇 번에 걸쳐 암시되지만(72, 78, 86, 89-90, 101), 손 마른 사람의

---

198 추가적으로 Hill(*Johannine Corpus*, 78-80)을 보라. 그 또한 "이레나이우스가 글을 쓰기 훨씬 이전부터 테오필로스는 안디옥에서 요한계시록을 문헌적·종교적인 권위가 있는 글로 사용하고 있었다"고 강하게 주장한다(80-81).

199 Hill, *Johannine Corpus*, 78-79에서 인용함.

200 Hill, *Who Chose the Gospels?*, 92-93, 108-9.

치유(막 3:1-5 및 병행 본문)와 나흘 동안 무덤 속에 누워 있었던 사람이 소생한 사건(요 11장)만이 확인 가능하다(78). 예수의 말씀에 대한 유일한 암시는 예수가 "강한 자를 결박하셨다"(막 3:27 및 병행 본문)는 102에서의 예수를 찬양하는 묘사뿐이다. 그러나 마태의 독특한 증언은 몇 차례—86(마 17:24-27), 92(마 27:24), 98(마 27:51)—에 걸쳐 암시된다. 그리고 79, 92-93, 95-97이 분명히 보여주듯이 멜리토는 분명 예수의 마지막 고난과 죽음에 대한 전승의 세부적인 내용을 알고 있었다. 요한복음에서 영향을 받은 약간의 흔적은 있지만[201] 그런 흔적은 기껏해야 희미할 뿐이다.

g. 이레나이우스

기록된 (신약) 복음서에 새겨진 예수 전승에 대한 이레나이우스의 정통한 지식을 언급할 필요는 별로 없다. 그는 네 권의 신약 복음서에, 그리고 오직 그 네 권에만 매우 분명하고 단호하게 헌신했기 때문이다(*adv. haer.* 3.11.8).[202] 주목할 만한 사실은 이레나이우스가 신약 복음서를 사용하면서 자신이 이를 사용하는 것을 어떤 혁신적인 조치인 것처럼 변호할 필요를 못 느꼈다는 점이다.[203] 이레나이우스는 비록 마가복음은 별로 많이 사용

---

201 Hall, *Melito*, 98; Hill, *Johannine Corpus*, 295-96, 362-64. "수난에 대한 멜리토의 저작에 담긴 세련되고 고도로 시적인 아시아적 수사학은 복음서에서의 직접적인 인용을 가로막았지만, 그는 [많은 실례를 들며] 요한복음 안에서/에 대해 공관복음과 함께 조화를 이루는 방식으로 연구한다"(Hengel, *Johannine Question*, 141 n. 16; *johanneische Frage*, 23 n. 29).

202 Osborn, *Irenaeus*, 175-77. 예를 들어 이레나이우스가 요한 문헌을 사용한 데 대한 Hill의 고증을 보라(*Johannine Corpus*, 96-101, 더 자세한 내용은 95-118).

203 "그의 논법은 그가 어떤 최근의 혁신을 옹호하고 있는 것이 아니라 그와 그 밖의 사람들이 오래전에 받아들인 점, 즉 교회에 네 가지 형태로 된 하나의 복음서—그 이상도 그 이하도 아닌 권위 있는 네 개의 문헌—가 주어졌다는 점을 뒷받침하고 있음을 암시한다"(Stanton, *Jesus and Gospel*, 105과 추가적으로 105-9). 다음 책의 견해도 이와 비슷하

하지 않지만, 네 권 모두를 사용하며 네 권 모두를 무언가 새로운 것으로 사용하지도 않고 변호를 위한 전략으로 사용하지도 않는다. 그가 요한복음을 포함한 신약 사복음서를 매우 중시하고 사용한 것은, 단지 우리가 구전 예수 전승에 대한 지식과 사용이 특히 한 권 이상의 기록된 신약 복음서에 대한 의존으로 꾸준히 대체되어 가던 때인 2세기 전체에 걸쳐 살펴본 경향의 절정이다. 이레나이우스가 매우 쉽게 복음서 본문들을 (구약과 바울 문헌들과 마찬가지로) 인용하고 서로 관련시키는 것도 그가 틀림없이 오랜 주의 깊은 연구를 통해 복음서 본문의 내용과 세부적인 정보들을 속속들이 알고 있었음을 보여준다. 다시 말해 2세기 말에 이르러 신약 사복음서는 교회 전체의 예배와 사고 속에 깊이 뿌리내렸음이 분명하다.

이레나이우스는 그 이전의 대부분의 선진들과 달리 단지 복음서 본문을 인용만 한 것이 아니라—*adv. haer.* 3.8.1-2(마 22:21; 6:24; 12:29), 3.9.2(마 2:11), 4.36.1-2, 5-6(마 21:33-44; 22:1-14)에서와 같이—이를 풀어 설명한다는 점에 주목해야 한다.[204] 또 그보다 훨씬 더 주목할 만한 점은 발렌티누스주의자들이 복음서 전승을 사용한 방식에 대한 이레나이우스의 암시다.[205] 그는 발렌티누스주의자들이 "성경이 아닌 다른 자료에서 그들의 견해를 얻는다"며 그들을 책망한다(1.8.1). 따라서 누룩을 가루서 말과 뒤섞는 여자에 대한 비유(마 13:33)를 발렌티누스주의의 세 가지 유형의 인간인 영적, 혼적, 물질적인 인간이라는 관점에서 해석하는 것은 비유 자체에서 도출된 것이 아니다(1.8.3). 또한 이레나이우스는 마르쿠

다. Hill, *Who Chose the Gospels?* 2-3장: "이레나이우스는 마치 교회가 사도 시대부터 이 네 권의 복음서에 의해 양육된 것처럼 글을 쓴다"(41).

204 "그의 개념들은 본문의 축적이 아닌 바울과 요한의 신학에 대한 이해를 통해 형성되었다"는 Osborn의 견해(*Irenaeus*, 14)는 그가 다른 복음서 본문들을 사용한 것에도 적용된다.

205 (클레멘스의 *Stromateis*에 나오는) 발렌티누스의 가르침의 한 단편에는 마 5:18과 19:7의 인용구가 포함되어 있다(Dunderberg, 'School of Valentinus', 73 n. 41).

스주의자들에 대해 "그들은 성경에서 무엇이든 숫자 8과 관련시킬 수 있는 것을 발견하면 여덟 신(Ogdoad)의 비밀이 성취되었음을 선언한다"며 불만을 토로한다(1.18.3). 예수가 30세의 나이에 세례를 받았다는 사실(눅 3:23)은 그들에게 서른 개의 영체를 암시한다(2.12.1).[206] 열두 사도는 열두 개 영체의 한 유형이며(1.21.1) 그들의 체계에 따르면 예수는 세례받은 뒤에 12개월 동안만 복음을 전파할 수 있었다(1.20.1; 1.22.1). 예수 전승에 대한 그와 같은 용례는 사용되고 있는 지시 체계가 다른 곳에서 도출되었고 예수 전승 자료가 단지 그 체계에 들어맞을 수 있는 정도까지만 사용되었음을 잘 보여준다.

사도 교부들에게서 나온 증언과 변증가들의 증언을 비교할 때 특히 흥미로운 것은 (정기적인 예배 및 교리문답적인 용례를 통한) 주로 예수 전승에 대한 **구전적인** 지식에서 **기록된 복음서**에 대한 더 큰 자각과 의존으로의 변화다. 이하에서 검토할 「도마복음」과 외경 복음서들이 예수에게서 비롯된 것으로 간주한 전승을 거의 또는 전혀 사용하지 않거나 거기에 의존하지 않는다는 점 역시 분명하다. 비록 교리문답 및 변증적 표현에서는 다른 자료들을 사용함으로써 기독교적인 가르침과 주장을 정교화하기를 주저하지 않았지만 말이다. 종합하면 이러한 사실들은 다음과 같은 점들을 강하게 시사한다. (1) 구전 예수 전승은 꾸준히 신약 복음서 내의 기록된 형태에 맞춰지고 있었다. 신약 복음서들은 주류 기독교인들에게 복음서로 간주할 수 있는 것에 대한 기준을 거의 다 제시해가고 있었다. (2) 예수 전승의 기록은 예수 전승을 이 시기에 나타나기 시작하고 있었던 다른 복음서들로부터 분리시키는 한 방식—예수 전승이 예수의 삶, 가르

---

206 일꾼들이 하루 동안 서로 다른 시간에 고용되는 포도원 일꾼의 비유(마 20:1-16)는 숫자 놀이(1+3+6+9+11=30)를 위한 그와 비슷한 기회를 제공했다(*adv. haer.* 1.1.3).

침, 죽음, 부활에 대한 원래의 영감에서 너무 멀어지는 방식으로 상술되는 것을 막아주는 한 방식—으로 간주되었다.

44.4 예수 전승의 다른 흐름들

신약 복음서에 보존된 흐름 외에 예수 전승의 다른 흐름들도 존재했다는 점은 「도마복음」에서 이미 분명히 드러난다. 그리고 우리는 2세기에 유포되고 있던 다른 여러 복음서들이나 복음서와 비슷한 문헌들이 있었다는 사실을 이미 언급한 바 있다(§40.4). 그렇다면 예수 전승에 관해서 다른 어떤 증거를 이용할 수 있는가? 기억된 예수에 대한 또 다른 증언이나 예수 전승의 발전과 발전하는 특성에 대한 증언으로서 원자료는 얼마나 가치가 있는가? 그러한 자료는 2세기의 기독교가 그 자체로 발전하고 있었던 방식에 대해 무엇을 말해주는가? 이런 문제들은 20세기 후반 수십 년 동안 이러한 "다른 복음서들"에서 신약 복음서의 전승보다 더 이른 시기의 예수 전승에 대한 표현을 발견하는 것이 학계 일각에서 유행하게 되었기 때문에 실질적으로 더욱 중요해졌다. 이는 부분적으로 기독교 이전의 영지주의적인 구속자 신화에 대한 거대한 탐구에서 비롯된 후속 연구였고, 그러한 연구는 20세기 중엽 수십 년 동안 매우 강하게 등장했다(그리고 실패했다).[207] 부분적으로는 신약 복음서의 특정한 본문과 특징들에 대한 끝없는 논쟁의 수렁에 빠져버린 역사적 예수 탐구에 대한 피로감과 기독교의 기원에 대한 지식을 얻기 위해 전통적인 자료(특히 사도행전)에

---

207 앞의 §38.4b을 보라.

너무 많이 의존해야 하는 데 대한 불만도 있었다.[208] 따라서 2세기나 심지어 그 이후의 세기에 나온 다른 문헌들이 신약 전승보다 더 이전의 예수에 관한 여러 형태의 전승들을 포함할 수 있고 심지어 신약 복음서 일부에 대한 자료를 제공할 수도 있을 가능성은 새로운 연구와 고찰을 위한 큰 자극이 되었다.[209] 우리는 이미 「도마복음」에 대한 논의에서 무엇이 현안인지, 또는 현안이 될 수 있는지를 살펴보았다. 그러나 그 논의는 상당히 많은 다른 복음서들을 포함했고 그 결과로 나온 주장들과의 상호 작용과 그에 대한 검토는 이 단락(§44.4)에서 주된 관심사가 될 것이다.

사실 필자가 가볍게 "예수 전승의 흐름들"이라고 부른 것 중에 일부—아그라파(정경 외의 그리스도 어록—편집자주)와 특히 파피루스 단편—는 강보다는 못이나 웅덩이로 상상하는 편이 더 나을 것이다. 그러나 다른 흐름들은 보다 광범위한 문헌의 일부이거나 그 자체가 예수에게서 비롯된 것으로 간주되는 광범위한 가르침이나 특히 예수의 탄생 및 유아기, 그의 사역과 수난에 관한 추가적인 이야기들을 포함한 문헌들이다. 앞으로 분명해지겠지만 전체적으로 예수에 대한 역사적 지식에 관해서 그 자료가 갖는 가치는 거의 전무하다. 그러나 그 자료는 예수가 매력적인 인물이었고 그의 가르침과 생애가, 방향 감각을 상실하여 영적인 해답을 찾으며 평안을 추구하는 이들에게 점증하는 숙고와 희망의 초점이 되었음을 분명히 보여준다. 따라서 그 자료는 그 시기의 영성에 대한 풍부하고 때로는 날카로운 통찰력을 제공해주기도 한다. 이 단락에서 우리는 "강"보다는 "웅덩이"에 초점을 맞추고 나머지 복음서들은 §§44.5, 6에서 다룰 것이다.

---

208 *Beginning from Jerusalem*, 87 n. 135을 보라.

209 특히 Robinson and Koester, *Trajectories*; Koester, *Ancient Christian Gospels*. 그러나 Cameron, ed., *The Other Gospels*; J. D. Crossan, *Four Other Gospels: Shadows on the Contours of Canon* (Minneapolis: Winston, 1985); *The Historical Jesus*; Ehrman, *Lost Christianities*; *Lost Scriptures*도 함께 보라.

a. 아그라파

한 세기가 넘는 동안 예수의 다양한 말씀 또는 예수의 말씀으로 간주된
말씀들이 신약 복음서의 이문 전승들과 교부 문헌에서 그 존재가 입증
되었다는 사실에 사람들은 면밀한 관심을 기울여 왔다. 그것은 신약 복
음서에 비슷한 본문이 없고 다른 상황이었다면 알려지지 않았을 말씀들
이었다.[210] "아그라파"(기록되지 않은)라는 이 문헌들에 대한 묘사는 예수
의 가르침의 전달을 문헌적 관점에서만 상상하는 사고방식을 상기시켜
주는 또 다른 용어다. 20세기의 학자들에게 아마도 "신뢰할 만한 것"(예
수 자신이 주신 가르침)이라는 인상을 주거나 그렇게 느껴진 매우 소수의 문
헌들은 구전 예수 전승의 풍성함과 다양성과 내구성을 상기시켜 주는 소
재다.[211] 그러나 이 어록들이 예수가 하신 것으로 기억된 말씀들로서 지닌
신뢰성은 대체로 이 문헌들과 보다 친숙한 공관복음 전승의 양립 가능성
에 달려 있고, 그러한 신뢰성은 최소한에 불과하다.[212] 따라서 아그라파가
여전히 "예수 전승"이라는 제목 아래 포함될 수 있는 전승의 발전하는 특
성을 입증하지만, 그것의 가치는 늦은 시기의 예수 전승이 1세기 예수 전

---

210 다음 저자들의 저서를 통해 만들어진 모음집을 보라. J. Jeremias, *Unknown Sayings of Jesus* (London: SPCK, 1958, ²1964); O. Hofius in Schneemelcher-Wilson, *New Testament Apocrypha*, 1.88-91(및 참고문헌), Elliott, *Apocryphal New Testament*, 26-30(및 참고문헌). Massaux는 22개의 "마태복음의 영향 아래 지어졌을…출처 불명의 성경 외 그리스도 어록"을 열거한다(*Influence*, 2.249-61). 그리고 W. D. Stroker는 *Extracanonical Sayings of Jesus*(Atlanta: Scholars, 1989)에 266개 이상의 성경 이외의 예수 어록을 모아놓았다. P. Nagel, 'Apokryphe Jesusworte in der koptischen Überlieferung', in Frey and Schröter, ed., *Jesus in apokryphen Evangelienüberlieferungen*, 495-526도 함께 보라.
211 D 사본의 행 20:35과 눅 6:4에 대해서는 앞의 §44.2b을 보라.
212 *Jesus Remembered*, 172을 보라. 예를 들어 Hofinus는 일곱 개의 어록만 열거하며 Jerome, *on Eph.* 5.4, *Gosp. Thom.* 82과 P.Oxy 1224만을 믿을 만한 전거로 간주한다(이하 §44.4b 을 보라)(*NTA*, 91).

승에서 점점 더 멀어져가고 있었다는 점을 입증하는 데 있다.

그러므로 여기서 필요한 것은 아그라파 전체의 특성과 잠재적 가치를 예증하기 위해 가장 눈에 띄는 "알려지지 않은 어록"에 주목하는 일이다.

- 히에로니무스는 *on Eph.* 5.4에서 제자들에게 "너희가 너희 형제를 사랑하지 않으면 결코 기뻐하지 말라"/"너희가 너희 형제를 사랑으로 바라볼 때 비로소 너희는 기뻐하게 될 것이다"라고 말하는 예수의 말씀을 "히브리인의 복음"에서 인용한다.[213]

- 에피파니우스는 *Pan.* 30.16.5에서 "나는 제사를 폐하기 위해 왔다. 너희가 제사 드리는 일을 멈추지 않는다면 [하나님의] 진노가 너희를 짓누르기를 멈추지 않을 것이다"라는 예수의 말씀을 기록하고 있는 "에비온파 복음"을 인용한다.[214]

알렉산드리아의 클레멘스는 「스트로마타」에서 「베드로의 설교」에 나오는 두 어록을 기록하는데,[215] 이는 예수의 (부활 이후의) 선교적 사명 위임에 대한 전승과 관련된 부연 설명처럼 보인다.

- *Strom.* 6.5.43은 베드로가 「베드로의 설교」에서 예수가 제자들에게 다음과 같이 말씀한 것으로 기록했다고 언급한다. "그때에 이스라엘 가운데 누구든 회개하고 나의 이름으로 말미암아 하나님을 믿는다면 그의 죄는 용서받을 것이며,[216] 12년 뒤에는 누구도

---

213 첫 번째 구절의 번역은 Elliott, *ANT*, 9에 의한 번역이고, 두 번째 구절의 번역은 Hofius, *NTA*, 91에 의한 번역이다.

214 Elliott, *ANT*, 15.

215 그다음 여섯 가지의 예에서 필자는 Elliott, *ANT* 23, 9, 18, 30을 따랐다.

216 Schneemelcher는 여기서 눅 24:27; 행 5:31; 10:43을 비교한다(*NTA*, 2.41).

'우리는 듣지 못했다'고 말하지 않도록 세상 속으로 나갈 것이다."

• *Strom.* 6.6.48에는 다소 비슷하지만 보다 광범위한 주님의 부활 이후의 선교적 사명 위임이 나온다.[217]

또한 알렉산드리아의 클레멘스는 예수의 말씀으로 간주되게 된 보다 영지주의적인 경향을 지닌 가르침을 사용하는 것으로 보인다.

• *Strom.* 2.9.45 — "히브리인의 복음"에도 기록되어 있듯이 "궁금해 하는 자는 다스릴 것이고 다스리는 자는 안식할 것이다."
• *Strom.* 3.9.1 — "이집트인의 복음"에 따르면 예수는 "나는 여자의 일을 원래 상태로 되돌리기 위해 왔다"고 말씀하셨고, 클레멘스는 여기에 "여자"라는 말이 정욕을 의미하며 "일"이라는 말은 출생과 부패를 의미한다는 주석을 덧붙인다.
• *Strom.* 3.13.92도 "이집트인의 복음"을 언급하며 "너희가 수치의 덮개를 발아래 밟고 둘에서 하나가 되어 남자가 여자와 더불어 남자도 여자도 아닌 존재가 될 때"라고 말씀하시는 주님의 어록을 인용한다.
• *Strom.* 5.14.96 — "찾는 자는 발견할 때까지 안식하지 못할 것이고, 발견한 자는 놀랄 것이며, 놀란 자는 다스릴 것이고, 다스린 자는 안식할 것이다"(그러나 이 말씀은 예수의 어록으로 간주되지 않는다).

---

217 필자는 W 사본(5세기)에서 막 16:14 뒤에 보존된 "보다 자유로운" 그리스도 어록으로 알려진 본문에 나오는 부활한 그리스도의 선교 명령에 대한 다소 비슷한 부연 설명을 포함시키지 않았다. 그것은 마가복음에 덧붙여진 부분인 마가복음의 더 긴 결말에 대한 필사자의 부연 설명이다. 예를 들어 Metzger, *Textual Commentary*, 124-25을 보라.

첫 번째 구절과 마지막 구절은 각기 *Gosp. Thom.* 2장을 상기시키고 인용하는 것처럼 보인다.[218] 그리고 세 번째 구절은 *2 Clem.* 12.2과 마찬가지로 *Gosp. Thom.* 37.2과 22.4-5을 떠올리게 한다.[219] 그러나 「도마복음」(82장)에서 인용한 예수의 또 다른 어록은, 비록 그것을 어딘가에서 (*Jer. Hom.* 3.3에서) 읽었다고 말하는 오리게네스는 이 문제에 대해 어느 정도 자신 없는 태도를 보이겠지만, 십중팔구 믿을 만한 어록으로 많은 지지를 받았을 것이다.[220]

나에게 가까이 있는 자는 불에 가까이 있다.
내게서 멀리 있는 자는 그 나라에서 멀리 있다.

이 자료는 (「도마복음」에서와 같이) 예수 전승에 대한 영지주의적인 부연 설명이 보다 널리 알려졌음을 확증한다는 점 외에는, 예수 전승의 지속적인 효과에 대한 우리의 탐구에 별 보탬이 되지 않는다. 2세기 말에 이르러 예수 전승은 기록된 형태로만 알려진 것으로 보인다는 점도 어느 정도 흥미로운 사실이다.

---

218 Vielhauer와 Strecker는 여기서 "신비주의적-영지주의적인 종교성"의 영향을 발견한다(*NTA*, 1.175). Stroker는 영지주의 문헌에 나오는 광범위한 유사 본문들을 보여준다 (*Extracanonical Sayings*, 116-19). Klijn, *Jewish-Christian Gospel Tradition*, 47-51도 함께 보라.

219 앞의 §43 n. 288과 Stroker, *Extracanonical Sayings*, 12-16을 보라.

220 S. C. Carlson은 'Origen's Use of the *Gospel of Thomas*', in Charlesworth, et al., eds., *Sacra Scriptura*, 137-51에서 오리게네스가 *Gosp. Thom.* 82장을 진짜 예수의 말씀으로 생각했다고 결론짓는다(143-44). 또한 Carlson은 오리게네스의 다른 글에서 *Gosp. Thom.* 1장과 23장에 대한 암시를 발견한다.

b. 파피루스 단편[221]

우리는 이미 옥시링쿠스 파피루스의 가치가 그것이 제공하는 바 「도마복음」이 그리스어로 알려져 있었다는 증거에 있다고 언급한 바 있다(§40.4b). 그러나 이집트에서 출토된 다른 파피루스들은 예수 전승이 널리 알려져 있었고 다양한 방식으로 자세히 설명되고 있었음을 보여준다.

에거튼 파피루스 2에서는 제1단편의 앞면과 뒷면, 제2단편의 앞면만이 논평을 필요로 한다.[222]

에거튼 파피루스 2 제1단편 왼쪽 면	요 5:39, 45; 9:29; 5:46
…그리고 그가 백성의 통치자들을 [향하여] 이 말씀을 하셨다. "너희가 그 안에서 생명을 얻는다고 생각하는 성경을 살펴[보라]. 내게 대하여 증언하는 것이 곧 그 성경이다. 내가 [너희를] 아버지께 고발하러 왔다고 [생각]하지 말라. 너희를 [고발]하는 자는 [너희가] 너희의 소망을 둔 모세다." 그들이 "우리는 하나님이 모세에게 [말씀]하셨다는 것을 잘 알고 있지만 너에 대해서는 우리가 [네가 어디서 왔는지] 알지 못한다"고 말했을 때 예수님은 그들에게 대답하여 [말씀]하셨다. "이제 (그가 [증언]한 자들을) 너희가 믿지 [않은] 것에 대한 고발을 당하라. (너희가 [모세를 믿었다면] [나를] 믿었을 것이며, 이는 그가 너희 조상들에게 나에 대한 글을 [썼기] 때문이다.)	너희가 성경에서 영생을 얻는 줄 생각하고 성경을 연구하거니와 이 성경이 곧 내게 대하여 증언하는 것이니라.…내가 너희를 아버지께 고발할까 생각하지 말라. 너희를 고발하는 이가 있으니 곧 너희가 바라는 자 모세니라.… 하나님이 모세에게는 말씀하신 줄을 우리가 알거니와 이 사람은 어디서 왔는지 알지 못하노라. 모세를 믿었더라면 또 나를 믿었으리니 이는 그가 내게 대하여 기록하였음이라.

---

221 이 자료의 대부분은 §44.4a에서 아그라파 속에 포함되었을 수도 있었겠지만, 그와 다른 범주가 편리하므로 필자는 Elliott, *ANT*, 31-45과 Schneemelcher, *NTA*, 92-105에서와 같이 오늘날의 관행을 따른다. T. J. Kraus, M. J. Kruger and T. Nicklas, eds., *Gospel Fragments*(Oxford University, 2009)도 함께 보라.

222 이하의 번역에서 본문의 단편적인 성격은 꺾쇠괄호를 통해 나타난다. P.Köln 255의 기여는 1 단편의 양면 끝에 나타나는 둥근 괄호를 통해 나타난다.

에거튼 파피루스 2 제1단편 오른쪽 면	요 10:31; 7:30; 10:39
…그를 치려고 함께 돌을 [들었다.] 그러자 [통치자]들이 그를 체포하여 군중에게 넘겨주려고 그에게 그들의 손을 댔으나 그들은 그를 체포할 수 없었다. 그가 배신을 당할 때가 아직 이르지 [않았기] 때문이다. 그러나 주[님은] 친히 [그들의 손]에서 벗어나셨고 [그들에게서] 물러나셨다. 한 나병 환자가 [그에게 와서] "선생님,…당신이 원하신다면 나는 깨끗해집니다"라고 말했다. 그러자 주님은 [그에게 말씀하셨다.] "내가 원하노니 깨끗함을 받으라." [그러자 즉시] 나[병]이 그를 떠나갔다. 그러나 주님은 그에게 말씀하셨다. "가서 [네] 몸을 [제사장]에게 보이라. (그리고 [네가 깨끗하게] 됨으로 인하여 모세가 [명한] 대로 예물을 드리라. 그리고 죄를 더 짓지 마라…)"	유대인들이 다시 돌을 들어 치려 하거늘 그들이 예수를 잡고자 하나 손을 대는 자가 없으니, 이는 그의 때가 아직 이르지 아니하였음이러라. 그들이 다시 예수를 잡고자 하였으나 그 손에서 벗어나 나가시니라. 눅 5:12-14 및 병행 본문 온몸에 나병 들린 사람이 있어 예수를 보고 엎드려 구하여 이르되 "주여, 원하시면 나를 깨끗하게 하실 수 있나이다" 하니, 예수께서 손을 내밀어 그에게 대시며 이르시되, "내가 원하노니 깨끗함을 받으라" 하신대, 나병이 곧 떠나니라. 예수께서 그를 경고하시되 "아무에게도 이르지 말고 가서 제사장에게 네 몸을 보이고 또 네가 깨끗하게 됨으로 인하여 모세가 명한 대로 예물을 드려 그들에게 입증하라" 하셨더니.

에거튼 파피루스 2 제2단편 오른쪽 면	요 3:2; 막 12:14-15 및 병행 본문; 눅 6:46; 마 15:7-9 및 병행 본문
그들이 그에게 와서 [까다로운 질문]으로 그를 시험하며 말했다. "예수 선생님, 우리는 당신이 [하나님께로부터] 오셨음을 압니다. 당신이 하는 일이 모든 선지자를 능가하여 [증언하기] 때문입니다. 그러니 우리에게 말해 주십시오. 왕들에게 그들의 통치와 관련된 것을 [바치는] 것이 옳습니까? 우리가 그들에게 바쳐야 합니까? 바치지 말아야 합니까?" 그러나 예수는 그들의 사고 [방식]을 아시고 분개[하며] [그들]에게 말씀하셨다. "너희는 왜 [너희 입으로] 나를 '선생'이라고 부르면서 내가 하는 말을 [듣지 않]느냐? [이사야]가 너희에 [관하여] 잘 예언하여 말하기를 '이 백성은 그 입술로는 나를 공경하지만 그 마음은 내게서 멀다. 그들이 헛되이 [나를 섬기며] (인간의) 계명을 가르친다'고 했다."	니고데모가 밤에 예수께 와서 이르되 "랍비여, 우리가 당신은 하나님께로부터 오신 선생인 줄 아나이다. 하나님이 함께 하시지 아니하시면 당신이 행하시는 이 표적을 아무도 할 수 없음이니이다." "가이사에게 세금을 바치는 것이 옳으니이까? 옳지 아니하니이까? 우리가 바치리이까 말리이까?" 한대 예수께서 그 외식함을 아시고 이르시되… "너희는 나를 불러 '주여, 주여' 하면서도 어찌하여 내가 말하는 것을 행하지 아니하느냐?" 이사야가 너희에 관하여 잘 예언하였도다. 일렀으되 "이 백성이 입술로는 나를 공경하되 마음은 내게서 멀도다. 사람의 계명으로 교훈을 삼아 가르치니 나를 헛되이 경배하는도다" 하였느니라.

여기에는 몇 가지 눈에 띄는 특징이 있다.

- 요한복음이 특히 제1단편에 끼친 영향은 부정하기 어렵다. 이 점
  은 에거튼 파피루스 2가 그 연대를 2세기 중엽(또는 그보다 이른 시
  기)으로 추정할 수 있고 2세기에 요한복음의 유포와 영향에 대한
  증거로서 거의 p⁵²만큼이나 귀중한 것으로 평가될 수 있다면 더더
  욱 두드러질 것이다.[223]
- 요한복음의 독특한 특징들이 뒤섞여 있다는 점이 기록된 요한복
  음을 직접 베껴 썼음을 암시하는 것은 아니다. 그런 특징들은 기록
  된 요한복음에 대한 개인적 연구를 통해서나 요한복음이 정기적
  으로 낭독되는 것을 들은 데서 생긴 요한복음에 대한 폭넓은 지식
  을 더욱 암시한다. 따라서 요한복음에서 나온 구절들과 어구들이
  파피루스 사본을 작성할 때 자연스럽게 머릿속에 떠오른 것이다.
  다시 말해 에거튼 파피루스 2의 요한복음적 성격은 아마도 2차적
  인 구전적 특성의 또 다른 사례로 설명하는 것이 가장 타당할 것
  이다. 그러나 그것이 뜻하는 함의, 즉 요한복음이 상당히 사용되고
  있었고 잘 알려져 있었다는 점도 무시해선 안 된다.[224]

---

223 앞의 §39.2d(iii)을 보라.
224 P.Egerton 2은 "요한복음보다 오래되었고" "정경 복음서에 선행하는 전승의 한 단계에 속
해 있다"는 Koester의 주장(*Introduction*, 2.182; similarly *Ancient Christian Gospels*, 207-
11; 참고. Cameron, ed., *The Other Gospels*, 73; Crossan, *Four Other Gospels*, 74-75)은 특
색 있고 독특한 요한복음의 특징들(성경 연구, 증언, 모세와의 대조와 모세의 증언, 의
심받는 예수의 기원, 예수를 체포하고 돌로 치려는 실패한 시도, 아직 오지 않은 예수
의 때; Koester는 "그 언어는 시종일관 '요한복음적'"이라는 점에 동의한다 — *Ancient
Christian Gospels*, 209)을 중요시하지 않으며, 또한 2차적인 구전적 특성(과 공관복음 전
승이 보여주는 바와 같은 구전 전승)의 전형적인 예인 차이점들("영생" 대신 "생명")의
중요성을 과장한다. 다음 참고문헌들도 함께 보라. D. F. Wright, 'Apocryphal Gospels:
The "Unknown Gospel" (Pap. Egerton 2) and the Gospel of Peter', in Wenham, ed., *Jesus*

• 이와 똑같이 인상적인 것은 제1단편과 제2단편의 오른쪽 면에 나타나는 공관복음 전승의 영향이다.[225] 이 경우에도 역시 유사 본문들은 문헌적 의존 관계로 설명할 수 있을 것 같지 않다. 여러 이야기가 등장하는 예수 전승은 그와 가깝지만 다양한 공관복음 전승을 통해 잘 알려졌다. 따라서 에거튼 파피루스 2가 구전 예수 전승에서 유래했는지, 구전 형식으로 기억된 하나의 (또는 그보다 많은) 특정한 복음서(들)에서 유래했는지는 알아내기가 불가능하다.[226]

• 에거튼 파피루스 2 자료에서 우리가 공관복음과 요한복음을 통해 알려진 예수 전승 외에 그 출처를 살펴보아야 할 다른 중요한 특징이 없다는 사실은[227] 이러한 예수 전승에 대한 깊은 이해가 다양한 조합이 재사용되는 것을 가능하게 했음을 암시한다.

• 공관복음 전승과 요한복음 전승이라고 적절히 부를 수 있는 전승들이 뒤섞여 있는 것은 서로 다른 정보들이 예수 전승 속에 흡수되었고 그 결과 특정한 전통이나 특정한 전통의 다양한 특징들에 대해 그 출처와 권위를 구별해야 하거나 구별할 필요가 있다는 의식 없이도 발전된 예수 전승을 사용할 수 있었음을 의미한다. 요한복음은 공관복음서들처럼 직접 다루어지고 있었다.

Tradition, 207-32(여기서는 210-15); Barrett, *John*, 110, 268, 270; Hill, *Johannine Corpus*, 302-6.

225 "누가복음의 영향이 있다는 것에는 의심의 여지가 없다"(Massaux, *Influence*, 2.182).

226 참고. Koester, *Ancient Christian Gospels*, 213-15. 그는 "이 단락[제2단편]에는 유사 본문들이 나타나는 복음서의 편집상의 특징들을 분명히 드러내는 내용이 전혀 없다"고 지적한다(215). 눅 5:14 및 병행 본문에서는 단수형("제사장")이 사용된 반면, 에거튼 파피루스 2 제1단편 오른쪽 면에서는 복수형("제사장들")이 사용된 것은 별로 중요하지 않다. 눅 17:14이 보여주듯이 어느 쪽 용례든 나병이 깨끗이 낫는 이야기를 서술하는 데 있어서는 결말로 적절했다. Wright, 'Apocryphal Gospels', 216-20도 함께 보라.

227 제2단편 왼쪽 면은 그 출처와 관련해서 분명한 판단을 내리기에는 너무 불분명하다.

다른 파피루스 단편들은 논의를 진척시키는 데 별 도움이 되지 않는다.[228]

• 파윰 단편(3세기)은 마가복음 14:27, 29-30/마태복음 26:31, 33-34의 보다 짧은 형태다.

• 머튼 파피루스 51(*P.Mert.* 51, 3세기)은 세례 요한에 대한 응답과 한 나무와 그 열매와 마음의 보물에 관한 말씀을 서술하는 작은 단편 이다(참고. 눅 6:43-45/마 7:17-20; 12:33-35).

• P.Oxy. 1224(4세기 초)에는 두 페이지의 단편들이 있다. 한 페이지 에는 마가복음 2:16-17 및 그 병행 본문에서 입증된 전승에 대한 짧은 요약이 담겨 있고, 두 번째 페이지에는 마태복음 5:44/누가 복음 6:27-28과 마가복음 9:40 및 병행 본문에서 입증된 전승의 여러 요소가 결합되어 있다.

• P.Oxy. 840(4세기 또는 5세기)에는 예수가 성전에 들어가기 전에 요 구되는 정결 예식을 행하지 않았다는 이유로 한 바리새인에게 비 난을 받는 이야기가 있다. 예수는 이에 대한 응답으로 바리새인이 더러운 물로 씻어서 얻은 정결함과 자신과 자신의 제자들이 "(하늘 에서) 내려오는 살아 있는 물"에 목욕한 것을 대조한다. 이 이야기 는 신약 복음서에 유사 본문이 없지만, 신약 복음서들이 증언하는 예수와 바리새인들 사이의 여러 번의 대립에 대한 인식에서, 그리 고 특히 마가복음 7:1-23 및 병행 본문,[229] 마태복음 23:25/누가복

---

228 Schneemelcher, *NTA*, 94-95, 100-5; Elliott, *ANT*, 31-34, 35-37, 41-45을 보라. Massaux, *Influence*, 2.249-61; Köhler, *Rezeption*, 453-58도 함께 보라. 파피루스의 그리 스어 본문을 보려면 Aland, *Synopsis*, 584(색인)과 Bernhard, *Other Early Christian Gospels*, 98-127을 다시 보라.

229 막 7:1-23 및 그 병행 본문과 '가까운 유사 본문들'을 근거로 이 문헌의 연대를 1세기 후반으로 추정하는 Cameron의 견해를 참고하라(*Other Gospels*, 53).

음 11:39과 요한복음 4:10, 14[230]에서 영감을 얻은 것일 수도 있다.

- 스트라스부르 단편(4-6세기)은 특히 겟세마네 전승(막 14:34, 38, 41 및 병행 본문)의 영향을 보여준다.
- *P.Berolinensis* 11710(6세기)에는 예수와 나다나엘 사이의 대화의 한 장면이 담겨 있는데 이는 요한복음 1:49과 1:29을 떠올리게 한다.
- *P.Cairensis* 10735(6세기 또는 7세기)는 누가복음 1:36과 76절 및 마태복음 2:13에 대한 의식을 보여준다.

우리가 최대한 말할 수 있는 것은 이후 여러 세기 동안 네 개의 복음서가 성경으로 확립되었을 때 설교와 사고 속에서 복음서 전승의 언급과 사용에 있어 정확한 인용이나 언급되는 구절들의 주의 깊은 배열에 대해서는 거의 관심을 보이지 않는다는 것이다. 이러한 파피루스들은 또한 정경에 속하지 않은 복음서들에 대한 지식이나 의존의 실질적 증거를 전혀 제시하지 않는다.

c. 「사도들의 편지」(*Epistula Apostolorum*)

「사도들의 편지」(§40.5e)에는 광범위한 신약 문헌들에서 나온 많은 인용구와 흔적들이 있다. 주목할 만한 것은 신약 복음서들의 독특한 특징들에 대한 지식이다.[231]

---

230 다음 글들도 함께 보라. M. J. Kruger, 'Papyrus Oxyrhynchus 840', in Foster, ed., *Non-Canonical Gospels*, 157-70. 그는 이 문헌과 나사렛파라는 역사적 유대 기독교인 분파와의 관련성을 주장한다(169); Evans, 'The Jewish Christian Gospel Tradition', 258-64.

231 (*Ep.Apost.* 4에서) 사용된 다른 유일한 복음서는 *Infancy Gospel of Thomas* (6.3; 14.2)와/또는 Pseudo-Matthew, *Infancy Gospel* 38.1이다.

- 3장 — 육신이 된 로고스에 대한 요한의 기록(요 1:13-14)과 누가 복음의 탄생 내러티브(눅 2:7)를 함께 엮으려는 첫 번째 시도.
- 5장 — 가나에서의 결혼식(요 2:1-12).
- 5장 — 예수가 혈루증을 앓는 여자(막 5:25-34/눅 8:43-48)와 거라 사 광인(막 5:6-13/눅 8:28-33)을 고치신 사건에 대한 마가복음이나 누가복음의 기사.
- 5장 — 성전세를 내는 일에 관한 마태복음의 독특한 일화(마 17:24-27).
- 11장 — 도마가 예수의 부활을 확신하게 된 사건에 대한 요한의 기록(요 20:27).
- 14장 — 마리아를 향한 가브리엘 천사의 수태 고지에 대한 누가의 기록(눅 1:26-38).
- 17장 — (요 10:38, 14:11, 17:21에서와 같은) 예수와 아버지 하나님의 상호 내주.
- 18장 — 서로 사랑하라는 새 계명(요 13:34).
- 41장 — 지혜로운 처녀들과 어리석은 처녀들의 비유(마 25:1-13).
- 48장 — 형제를 질책하는 행위에 관한 마태복음의 충고(마 18:15-18).

사실 「사도들의 편지」는 신약의 사복음서를 모두 알고 있었고, 아마도 유스티누스보다도 먼저 사복음서가 이미 매우 높이 평가받고 있었으며 예수 전승에 대한 영지주의의 설명에 반대하는 이들에 의해 많이 사용되고 있었다는 증거를 제공할 가능성이 매우 크다.[232]

---

232 특히 D. D. Hannah, 'The Four-Gospel "Canon" in the *Epistula Apostolorum*', *JTS* 59

d. 유대 기독교 복음서(§40.4a)

알렉산드리아의 클레멘스, 오리게네스, 히에로니무스와 그 밖의 교부들의 글에 나오는 이른바 유대 기독교 복음서들에 대한 언급에는 신약 복음서들, 특히 마태복음을 통해 보다 친숙한 예수의 일화나 가르침의 여러 형태를 포함한 꽤 많은 수의 구절이 담겨 있다. 이 구절들이 하나 혹은 그 이상의 실제 복음서, 심지어 아마도 마태복음의 히브리어/아람어 역본에서 나온 것인지의 여부는 알 수 없다.[233] 그러나 최소한 우리는 이 구절들이 인용된 예수 전승의 마태복음 이전, 혹은 원시 마태복음의 형태에 대한 불충분한 증거를 제공한다고 어느 정도 확신 있게 말할 수 있다. 약간의 편차들은 마태복음 자체가 예수 전승을 사용할 때 예상할 수 있는 범위 안에 있기 때문이다. 따라서 이 구절들은 공관복음/마태복음 전승 안에서 우리에게 알려진 예수 전승이 보다 널리 알려졌고 다양한 방식으로 포장되고 재포장되었으며, 추가적인 자료를 통해 보완되었다는 추가적인 증거를 제공한다.[234] 가장 분명한 유사 본문 자료는 다음과 같다.

i. 「히브리인에 따른 복음」[235]

Clement, *Strom.* 2.9.45	참고. 마 7:7/눅 11:9
Jerome, *on Isa.* 11.2	막 1:9-11 및 병행 본문
Jerome, *de Vir. Ill.* 2	부활 후 야고보에게 나타남[236]

(2008), 598-633을 보라. 이하 n. 248도 함께 보라.

233 앞의 §40.4a을 보라.

234 발췌문과 인용문은 Cameron, *Other Gospels*, 85-86, 99-102, 104-6; Ehrman, *Lost Scriptures*, 9-16에서 편리하게 찾아볼 수 있다. 앞의 §40 n. 174도 함께 보라.

235 앞의 §44.4a과 아래 n. 268에서 인용한 Origen, *on John* 2.12도 함께 보라.

236 *Jesus Remembered*, 863 n. 171에서 인용.

ii. 「나사렛파 복음」

Origen, *on Matt.* 15.14	마 19:16-24/막 10:17-25
Eusebius, *Theophania* 4.22	마 25:14-30
Jerome, *de Vir. Ill.* 3	마 2:15, 23을 인용함
Jerome, *on Matt.* 12.13	마 12:9-14 및 병행 본문
Jerome, *adv. Pelag.* 3.2	마 3:13-14, 18:21-22

iii. 「에비온파 복음」[237]

Epiphanius, *Pan.* 30.13.2-3	막 1:16-20 및 병행 본문; 3:13-19 및 병행 본문
Epiphanius, *Pan.* 30.13.4-5	막 1:4-6 및 병행 본문[238]
Epiphanius, *Pan.* 30.13.7-8	마 3:14-15
Epiphanius, *Pan.* 30.14.5	막 3:31-35 및 병행 본문
Epiphanius, *Pan.* 30.22.4-5	참고. 막 14:12-16 및 병행 본문[239]

이와 같은 짧은 발췌문들은 이러한 복음서들(또는 이 복음서)에 대한 일관된 그림을 재구성하는 것을 불가능하게 만든다. 그러나 이 발췌문들은 하나 또는 그 이상의 신약 복음서의 여러 형태, 그중에서도 십중팔구 마태

---

237 Köhler는 이하의 모든 구절을 마태복음의 분명한 영향을 입증하는 구절들로 언급한다(*Rezeption*, 272-84).

238 세례 요한의 사역에 대한 또 다른 언급들(*Pan.* 30.13.6; 30.14.3)은 마태복음, 누가복음, 요한복음에서 나온 내용을 뒤섞은 것처럼 보이며(Gregory, 'Jewish-Christian Gospels', 63-65), 아마도 타티아노스의 「디아테사론」과 비슷한 "복음서의 조화"를 반영하는 듯하다(Lührmann, *Die apokryph gewordenen Evangelien*, 31, 233).

239 유월절 고기를 먹기를 원치 않았다는 예수의 말은 에비온파의 채식주의나 앞에 §44.4a에서 인용한 30.16.5에서와 같은 제사에 대한 반대를 반영한 것일 수도 있다(Gregory, 'Jewish-Christian Gospels', 66).

복음에서 나온 것으로 보이지만, 다듬어진 예수 전승에서 나왔고[240] 에비온파의 관점을 표현하도록 개작된 여러 형태에서 나온 것으로 보인다.[241]

요컨대 이처럼 예수 전승에 대한 지식과 활용이 여기저기 흩어져 있다는 점은 예수 전승이 다듬어지고 영지주의적인 방향(아그라파)으로 덧붙여졌다는 또 다른 증거를 제공하지만, 약 2세기 중엽부터 인용되고 사용된 예수 전승을 살펴보면 사람들이 기록된 (신약) 복음서들을 알았고 사용했다는 증거가 더욱 드러난다.

44.5 영지주의 복음서 1-초기 원자료의 문제

필자는 예수의 가르침을 보존하고 있다고 주장하는 자료를 먼저 살펴볼 것이다. 내러티브 예수 전승에 대한 부연 설명을 보려면 이하의 §44.7을 보라. 여기서 논의는 다시 한번 기록된 신약 복음서들에 대한 2세기 저자들의 지식이라는 직접적인 문제에서 후대의 성경 외 복음서들이 공관복음 전승(의 많은 부분)보다 이른 시기의 초기 예수 전승을 보존하고 있는가 하는 문제로 범위가 넓어진다. 이 문제는 구체적으로 나그함마디 사본들에 의해 제기되었고 이미 그러한 초기 예수 전승의 가장 그럴듯한 사례(「도마복음」)와 관련해서 논의한 적이 있다(§43). 게다가 헬무트 쾨스터는 다른 원자료, 구체적으로 말하면 나그함마디 사본의 두 "대화 복음서"인 「구주의 대화」(*Dialogue of the Savior*)(*NHL*, III.5)와 「야고보의 비록」(*Apocryphon of James*)(*NHL*, I.2)에서 요한복음에 의해 사용된 자료의 증거를

---

240 예를 들어 Gregory, 'Jewish-Christian Gospels', 61-66을 보라.
241 추가적으로 이하 §44.8a, b을 보라.

찾으려는 대담한 시도를 했다.[242] 그러나 쾨스터가 인용하는 증거는 그의 주장을 거의 뒷받침하지 못한다. 관련성은 기껏해야 빈약하고 뒷받침하는 논거는 극단적이다.

a. 「구주의 대화」

「구주의 대화」에는 확실히 요한복음과 유사한 구절들—아버지의 "독생자"에 대한 언급(2)과 빛에 대한 강조(14, 27, 34, 50)—이 있다. 그러나 대화 형식의 유사 구절 그 자체는 우리에게 말해주는 것이 거의 또는 전혀 없다. 대화 형식은 일관되며 「구주의 대화」 전체에 걸쳐 지속된다(마태, 유다, 마리아가 주된 대화 상대자다). 요한복음에서는 대화 형식이 훨씬 더 삽화적이고 광범위한 등장인물들(니고데모, 사마리아 여인, 유대인, 제자들, 마르다, 빌라도)을 동반한다. 그러나 「대화」와 요한복음 사이에 실질적인 더 가까운 유사 본문이 없으면 한쪽이 다른 한쪽에 영향을 주었는지를 알아내기가 불가능하다.

「대화」에 관한 한 더 강력한 유사 본문은 「도마복음」과 유사한 본문이다. 요한복음과 「도마복음」 둘 다의 경우와 마찬가지로 공관복음서에서 입증된 것과 같은 예수 전승의 분명한 흔적과 영향이 존재한다. 가장 분명한 예들은 다음과 같다.

- *Dial. Sav.* 8 — "[몸의] 등불은 마음이다"; 참고. 마 6:22-23.

---

242 Koester, *Ancient Christian Gospels*, 173-200, 특히 180과 200. 본문에 대해서는 각각 B. Blatz and D. Kirchner in Schneemelcher-Wilson, *NTA*, 1.300-12과 285-99, Robinson, *NHL*, 244-55와 29-37을 각각 보라. 또한 각각 Cameron, *Other Gospels*, 40-48과 57-64, Meyer, *Gnostic Gospels of Jesus*, 221-39과 187-207을 보라. Elliott는 "외경 묵시"에 관한 단락에 "야고보 서신(아포크리폰)"을 포함시킨다(*ANT*, 673-81).

- *Dial. Sav.* 9-12, 20 — "[…을] 찾는 자는 …을 드러낸다"; 참고. 마 7:7/눅 11:9.
- *Dial. Sav.* 14 — "그곳에서는 이 [모든] 일들의 결말로 인해 슬피 울며 이를 [갊]이 [있을 것이다]"; 참고. 마 8:12.
- *Dial. Sav.* 35 — "어떻게 [아들을] 알지 [못하는] 사람이 [아버지를] 알겠는가?"; 참고. 마 11:27/눅 10:22.
- *Dial. Sav.* 53 — 마리아가 말했다…"일꾼은 자기 먹을 것을 받기에 합당하다", "제자는 스승을 닮는다"; 참고. 마 10:10/눅 6:40.

그러나 쾨스터가 요한복음과 유사한 본문이라고 주장하는 구절들(*Dial. Sav.* 25-30/요 14:2-12)은 결코 유사 본문의 범주에 들어맞지 않는다. 그래서 또다시 어느 쪽으로든 영향을 주고받았다고 주장하려는 시도는 필수적인 근거가 결여되어 있다. 그보다 훨씬 더 눈에 띄는 것은 「도마복음」의 경우와 마찬가지로 사고의 흐름을 그와 꽤 다르고 영지주의와 비슷한 내러티브로 전환시키는 「도마복음」 같은 특징들―"이 빈곤한 우주"(26), "육신을 가지고 다님"(28), "자기 자신을 안 [모든 사람]"(30)에 관한 언급―이다.[243] 「대화」의 「도마복음」적인 특성은 필자가 보통 「도마복음」과 유사한 영지주의적인(또는 영지주의 같은) 내러티브라고 부른 것에 대한 또 다른 언급들을 통해 확증된다.[244]

---

243 여기서 Koester의 편향성은, 요 14장에서 자기 지식에 대한 보다 본래적인 언급(*Dial. Sav.* 30)이 "매우 놀랍게도 예수를 아는 지식에 대한 언급으로 대체"되었으며 이는 "보다 전통적인 영지주의적 대화에 대한 의도적인 기독론적 재해석"이라는 주장에서 분명히 드러난다(*Ancient Christian Gospels*, 180).

244 Koester는 「구주의 대화」가 「도마복음」의 어록에 대한 놀라운 지식을 드러낸다"고 지적한다(*Ancient Christian Gospels*, 185).

- *Dial. Sav.* 34 − "너는 [그] 곳에서 왔다"; 참고. *Gosp. Thom.* 50.
- *Dial. Sav.* 37 − 인자가 그들을 맞이하시며 그들에게 말씀하셨다. "능력에서 나온 한 씨앗이 결함이 있어서 땅의 심연으로 내려갔다. 그러자 위대하신 분이 [그것을] 기억했고 그가 그것에 [말씀]을 보내셨다. 말씀은 '최초의 말씀'이 실패하지 않도록 씨앗을 길러내어 [그의 임재] 속에 들어가게 했다."
- *Dial. Sav.* 50 − "…너희는 빛으로 옷 입고 신방으로 들어갈 것이다"; 참고. *Gosp. Thom.* 75.
- *Dial. Sav.* 55 − 그가 그들에게 말했다. "너희는 충만함에서 나왔고 부족함이 있는 곳에 거한다."
- *Dial. Sav.* 84-85 − 유다가 마태에게 말했다. "우리는 우리가 [육신]의 부패를 벗어날 때 우리가 [입게] 될 옷의 종류를 알기를 [원한다.]" 주님이 말씀하셨다. "…너희는 너희 자신을 벗어버릴 때 [복을 받게] 될 것이다." 참고. *Gosp. Thom.* 37.
- *Dial. Sav.* 92, 95 − 마태가 말했다. "[여자가 없는] 곳에서 기도하라." 이는 "여성의 일을 멸하라"는 의미다. 다른 어떤 [출생 방식]이 있기 때문이 아니라, 여자들이 [출산을] 중단할 것이기 때문이다…유다가 [마태에게] 말했다. "[여성]의 [일]은 사라질 것이다…" 참고. *Gosp. Thom.* 114.

Dial. Sav. 57장이 *Gosp. Thom.* 17장과 마찬가지로 고린도전서 2:9을 예수의 말씀으로 간주하는 것처럼 보인다거나,[245] "안식"이라는 주제가 「도마복음」(50.3, 60.6, 86.2, 90.2)에서와 마찬가지로 「대화」(1, 2, 65, 68)에서도

---

245 §43 n. 276도 함께 보라.

흔하게 등장한다거나, "혼자 지내는" 것이 두 문헌 모두(*Gosp. Thom.* 16, 49, 75; *Dial. Sav.* 1, 2)에서 추천하는 이상이라는 사실은 놀랄 일이 아니다.[246]

요컨대「구주의 대화」를 해석하는 가장 명백한 방법은「도마복음」의 해석을 위해 제안된 방식을 따르는 방법이다. 공관복음과 비슷한 예수 전승과「구주의 대화」의 관련성은「도마복음」의 경우보다 훨씬 더 빈약하다. 그러나「도마복음」과 같이「구주의 대화」에도 영지주의와 비슷한 관점이 있고[247] 예수와 그의 제자들은 그 관점에 더해졌지만「구주의 대화」의 경우에는 그 이전의 예수 전승에서 얻은 것이 거의 또는 전혀 없다.[248]

b.「야고보의 비록」

「야고보의 비록」에 대해서는 요한복음이「야고보의 비록」에서 받은 약간의 영향이나 그에 대한 반응의 증거가 된다는 쾨스터의 주장은 훨씬 설득력이 떨어진다.[249] 초기의 복음 선포적인 표현에서 받은 영향을 보여주는 표지들은 분명 존재한다.

- 6:2-4 — "진실로 내가 너희에게 말한다. 나의 십자가를 믿지 않으면 아무도 구원받지 못할 것이다."

---

246 Uro, 'Is *Thomas* an Encratite Gospel?', 159-60을 다시 보라.

247 "「구주의 대화」의 프로그램은 영지(*gnosis*)를 얻는 데 있어서의 다양한 단계로서 찾고 발견함, 놀람, 다스림과 안식함에 관한 말씀에서 관찰할 수 있다"(B. Blatz, in Schneemelcher-Wilson, *NTA*, 1.302).

248 Tuckett은 이렇게 결론짓는다. "「구주의 대화」는 마태와 아마도 누가의 완성된 복음서를 전제하고 있는 것처럼 보인다. 여기에는 공관복음서에 관한 한「구주의 대화」와 공관복음의 연결고리들이 편집 이전 단계에 있다는 Koester의 이론을 뒷받침할 근거가 없다"(*Nag Hammadi*, 134-35).

249 Koester는 Cameron, *Sayings Traditions*에 크게 의존한다.

- 8:11-15 ─ "말씀에 관해서는 그것의 첫 번째 부분은 믿음이며 두 번째 부분은 사랑, 세 번째 부분은 행위다. 이런 것들로부터 생명이 나오기 때문이다."
- "채워짐"과 "충만함"에 대한 빈번히 등장하는 이야기(2.35-4:19)와 성령에 대한 언급("성령 충만"─4.19; 5:22; 6.20; 9:28)은 누가와 바울의 언어를 떠올리게 한다.
- 13.23-25 ─ "너희를 위해 나는 너희가 구원을 받도록 나 자신을 저주 아래 놓았다." 참고. 갈 3:13.
- 14.30-31 ─ "오늘 나는 아버지 우편(에 있는 내 자리)을 차지해야 한다."

더 중요한 것은 예수 전승에 대한 지식이나 거기서 받은 영향을 보여주는 약간의 증거가 확실히 존재한다는 점이다.

- 비록 각 경우에 공관복음 자료와의 관련성은 기껏해야 빈약하지만 "하나님 나라/천국"에 대한 몇 번의 언급(3, 6-9, 12-14)이 존재한다.[250]
  ∘ 2.30-33 ─ "너희 자신이 충만하기 때문이 아니면 내 뜻대로 아무도 하늘나라에 들어가지 못할 것이다."[251]

---

250 참고. Köhler, *Rezeption*, 383-84. 「마리아복음」에 대한 Pheme Perkins의 논평은 여기서 매우 적절하다. "이 문헌에서 예수의 하나님 나라 어록을 예수가 부활 이후 나타난 사건들에 대한 정경의 틀 속에 포함시킨 것은 정경 복음서들이 주님의 말씀으로 신뢰할 만하게 간주할 수 있는 말씀을 결정하는 데 있어서 결정적인 역할을 했음을 암시한다"(*Gnosticism*, 183).
251 Koester는 이 구절이 막 10:15과 요 3:3, 5에서도 입증된 말씀을 전제로 하고 있다고 추론하지만(*Ancient Christian Gospels*, 190-91; 참고. Cameron, *Sayings Traditions*, 66-71), 전통적인 것은 "하나님 나라에 들어감"이라는 모티프뿐이다.

◦ 3.30-34 — "아픈 적이 없었고 아프기 전에 구원을 알게 된 이들은 복이 있다. 하나님 나라는 너희의 것이다."

◦ 6.5-7 — "나의 십자가를 믿은 자들, 하나님 나라는 그들의 것이다."

◦ 7.22-23 — "하나님 나라가 약해지도록 내버려두지 말라."

◦ 8.23-27 — "마찬가지로 너희 자신도 하늘나라를 받아들일 수 있다. 너희가 지식을 통해 그 나라를 받아들이지 않으면 너희는 그 나라를 발견할 수 없을 것이다."

◦ 9.32-35 — "하늘나라가 너희를 받아들이려면 너희가 처음부터 깨어 있어야 마땅한데 너희가 아직도 잠을 잘 수 있느냐?"

◦ 12.14-15, 22-30 — "너희는 많은 이들이 하늘나라를 발견했다고 생각하느냐?…하늘나라는 밭에서 싹을 틔운 곡식 이삭과 같다. 그것은 무르익은 뒤 그 열매를 흩뿌렸고 또다시 다음 해를 위해 밭을 이삭들로 가득 채웠다. 너희도 그 나라로 충만해지도록 너희 자신을 위해 생명의 이삭을 서둘러 거두어라."

◦ 13.17-19, 26-36 — "너희 안에서 하늘나라를 사막으로 만들지 말라."…베드로가…말했다. "주님, 때때로 당신은 우리에게 하늘나라로 나아가라고 독려하시다가 그 후에는 다시 우리를 되돌리십니다. 때때로 당신은 우리에게 믿음을 갖도록 설득하시고 믿음으로 인도하시며 우리에게 영생을 약속하시다가 그 후에는 다시 우리를 하늘나라에서 쫓아내십니다."

◦ 14.14-19 — "진실로 내가 너희에게 말한다. 생명을 받고 하늘나라를 믿을 자는 아버지께서 그를 쫓아내기를 원하신다고 하더라도 결코 그 나라를 떠나지 않을 것이다."

• 4.23-30 — 야고보가 대답했다. "주님, 당신이 원하신다면 우리는

당신께 순종할 수 있습니다. 우리는 우리의 아버지와 어머니와 마을을 버리고 당신을 따랐기 때문입니다. 그러니 우리에게 마귀, 악한 자에게 시험을 당하지 않게 해 주소서"; 참고. 막 10:28-29 및 병행 본문과 마 6:13.

- 8.6-10은 공관복음의 비유들과 손쉽게 연관시킬 수 있는 일련의 비유들—"목자들"과 "씨앗"과 "건축자들"과 "처녀들의 등불"과 "일꾼들의 품삯"과 "드라크마"와 "여자"의 비유—을[252] 언급한다. 비록 이어지는 비유가 「야고보의 비록」의 비유들의 한 예라면 그 비유들은 공관복음의 비유들과 매우 달랐을 수도 있지만 말이다.
- 8.16-23 — "말씀은 밀알 한 톨과 같다. 누군가가 그것을 뿌렸을 때 그는 그것에 대한 믿음이 있었다. 그것이 싹을 틔웠을 때 그는 한 알 대신 많은 낱알을 보았으므로 그것을 사랑했다. 그리고 그가 경작했을 때 그는 양식으로 그것을 준비했으므로 구원을 받았고 다시 씨 뿌릴 (얼마간의 밀알을) 남겨두었다. 마찬가지로 너희도 그렇게 하늘나라를 받을 수 있다." 이는 마가복음 4:26-29의 하나님 나라 비유와 다소 비슷하다.
- 부활하신 예수가 자신의 혈통과 자신(아들)이 "내가 왔던 곳으로" 올라가는 것에 대해 말하는 것(8-10, 13-15)은 요한복음에 나오는 인자의 내려옴/올라감과 비슷하지만, 전자 혹은 후자에 의존하거나 거기서 유래되었음을 입증하기는 어렵다.
- 12.41-13.1 — "아직 보지 않은 [그러나 믿은] 자들은 복이 있을

---

252 Koester는 이 비유들이 눅 16:4-6, 막 4:3-9 및 병행 본문, 마 7:24-27/눅 6:47-49, 마 25:1-12, 마 20:1-15, 눅 16:8-9 및 눅 18:2-8에 있는 비유들이라고 밝힌다. 이 비유들은 세 권의 공관복음서에서 모두 나타나므로 그는 "이 비유 목록은⋯이 문헌에서 정경 복음서를 사용했다는 유일한 강력한 증거"라는 결론을 내리지만, 이 구절은 아마도 「야고보의 비록」의 본문에 삽입된 구절일 것이다(*Ancient Christian Gospels*, 196-97).

것이다"라는 말은 요한복음 20:29의 영향을 받은 것일 수도 있지만 문맥은 사뭇 다르다.

여기에 약간의 연관 관계가 있다는 점은 분명하지만, 그러한 연관 관계는 먼 연관 관계, 즉 공관복음과 요한복음의 예수 전승과는 어느 정도 거리가 있는 연관 관계라고 설명하는 것이 가장 타당할 것이다.[253] 「야고보의 비록」이 공관복음과 요한복음에 나오는 형태들보다 이른 시기의 예수 전승의 형태에 대한 증거라는 모든 주장은 역시 편향적이며,[254] 「구주의 대화」의 경우보다 훨씬 더 그렇다. 예수 전승의 특정한 흔적 속에 공관복음적인 특징이나 편집적인 특징이 부재한 것은[255] 그 자체가 공관복음/요한복음 이전 전승의 증거가 아니다. 「야고보의 비록」의 자료는 언제나 공관복음/요한복음 유사 본문들과 어느 정도 거리가 있는 특성들과 결합되어 있기 때문이며, 구전 예수 전승은 알려져서 다른 집단들이 다른 사고를 하도록 자극했을 것이 분명하기 때문이다. 「야고보의 비록」이 주는 인상은 오히려 먼 흔적과 사라져가는 영향에 관한 인상이다.[256]

---

253 Koester는 「야고보의 비록」과 요한복음 사이의 다른 몇몇 유사 본문을 제시하지만, 그 유사 본문들은 근거가 빈약하다(*Ancient Christian Gospels*, 195-96). Koester는 「야고보의 비록」이 요한복음에 의존해 있다는 증거는 없다고 지적한다. 그러나 비록 중보자이자 변호자로서의 예수는 철저히 요한복음적인 모티프이지만(요 17; 요일 2:2), 그는 요 14:9이 *Apoc. Jas.* 12.35-40에서 표현된 믿음에 대한 논쟁적 거부이며 요 16:26은 그와 비슷한 *Apoc. Jas.* 9.4-6에 대한 거부라고 기꺼이 주장한다.

254 Cameron은 예수 전승의 흔적들은 "「야고보의 비록」이 다른 초기 기독교 문헌들과 동시대의 독립적인 어록 모음집에 바탕을 두고 있음을 암시"한다고 주장한다(*Sayings Traditions*, 130). Koester는 Cameron의 주장이 설득력 있다고 생각한다(*Ancient Christian Gospels*, 189 n. 5, 200). Tuckett은 「야고보의 비록」이 마태복음과 누가복음을 알고 있었을 가능성이 크다고 생각한다(*Nag Hammadi*, 87-97).

255 이는 Cameron이 너무나 많은 것의 근거로 삼는 견해다(*Sayings Traditions*, 10, 53-54, 125-26).

256 *Apoc. Jas.* 5.33-6.7과 막 8:31-33의 구조적 유사점(Cameron, *Sayings Traditions*, 85-90)은 하나의 좋은 예다.

예수 전승에 대한 영지주의화의 영향도 「도마복음」과 「대화」에서처럼 미미하다. "너의 마음은 취해 있다. 그런데 너는 깨어 있기를 바라지 않는가?"(3:9-10); 내려옴과 암시된 올라감에 대해 이야기하는 문맥에서 "통치자들 앞에서 무슨 말을 할 것인가"라는 언급(8.35-9.4); "육신을 닳게 한 자들은 아무도 구원받지 못할 것이다"(12.12-13); "나는 나 자신을 입히기 위해 나 자신을 벗어버릴 것이다"(14.35-36). 사실 「야고보의 비록」은, 다양한 출처에서 나왔고 나그함마디 공동체가 그들의 사본 속에 포함되기에 충분할 만큼 흥미롭고 적절하다고 생각했을 법한 혼합주의적인 영성의 전형적인 예를 보여주는 것으로 간주하는 것이 더 낫다.

「야고보의 비록」의 가장 흥미로운 특징 중 하나는 그것이 "은밀한 책"이라는 그 책의 성격에 대한 고백을 구주가 부활한 뒤 사람들 앞에 나타나신 550일 동안 가르치신 내용을 "기억"하고 있다는 주장과 결합시킨다는 점이다(1.8-10, 2.8-21). "은밀한" 책과 "기억된" 가르침 사이의 긴장은 명백하며, 이 긴장은 그 주장의 본질적인 역설을 극복하려는 다소 비효율적인 전략으로 가장 단순하게 설명된다. 즉 저자는 자신의 가르침이 보통 예수 전승으로 이해되었던 전승과 다소 거리가 있음을 의식하고 있었고, 그 가르침이 야고보와 베드로에게 은밀히 주어졌다는 이유에서 그것이 예수의 가르침으로 통용되기를 바랄 수밖에 없었다(1.10-12).[257]

또한 흥미로운 것은 구두 전승에서 기록된 책으로의 전환을 보여주는 또 다른 징표다(2.10-15). 즉 예수가 부활 이후 모습을 드러내신 오랜 기간에 열두 제자에게 주어진 계시는 기억되고 글로 기록되고 있었다. 이

---

257 여기서 "기억하기"는 *1 Clem.* 13.2과 Polycarp, *Phil.* 2.3의 "기억하기"와 뚜렷하게 다르며, 거기서 기억되고 있는 예수 전승은 분명하여 구두 전달의 일반적인 변화를 허용한다. *Apoc. Jas.* 2.8-15은 (Cameron, *Sayings Tradition*, 3장의 견해와 달리) 예수 전승의 자유로운 창조에 대한 수용성을 보여주는 증거가 아니라, 오히려 "기억된" 예수의 가르침의 권위를 주장하려는 「야고보의 비록」의 시도를 보여주는 증거다.

는 「야고보의 비록」의 가르침이 구두 예수 전승과 너무 거리가 먼 것으로 인식되어서, 기록된 문헌 속에서 또 그 문헌을 통해 인정받게 되기를 바랄 수밖에 없었음을 의미한다.

c. 다른 계시적 대화들

예수와 한 명 이상의 제자 사이의 대화임을 주장하는 다른 계시적 대화들은, 예수 전승에 두고 있는 기반이 훨씬 적고 사실 가시적인 기반이 전혀 없으며 예수의 제자들의 이름에 소설적으로 덧붙여진 후대의 영적 사고를 반영한다.[258] 이런 대화들은 예수의 명성이 2세기와 3세기의 영성이라는 보다 넓은 영역에서 발휘한 매력을 좀 더 보여준다.[259] 예를 들면 우리에게 알렉산드리아의 클레멘스가 인용한 단편들 속에서만 알려진 「이집트인의 복음」[260]은 예수와 살로메 사이의 대화인 것처럼 보이지만 그 이전의 예수 전승에 근거를 두었다는 증거를 나타내지 않는다. 「의심자 도마의 서」는 스스로를 "구주가 유다 도마에게 말씀하셨고 나 마태가 기

---

258 "어떤 사도에게 주어진 예수의 **은밀한** 가르침에 끊임없이 호소하는 것은 예수의 공인된 **공적인** 가르침에서는 그다지 많은 근거를 얻을 수 없다는 암묵적인 인정이다"(Hill, *Who Chose the Gospels?*, 235).

259 「사도들의 편지」는 요한복음을 인용하고 있으므로 예외일 수도 있지만(Hill, *Johannine Corpus*, 367-69; 및 앞의 §44.4c), 2세기에 신학적 사고의 소재를 제공했을 것이 분명한 기독론과 종말론에 관한 질문들을 다루고 있는 반(反)영지주의적인 작품이다(Koester, *Introduction*, 2.236-38). 「사도들의 편지」는 "많은 영지주의자들 사이에서 유행한 계시 문학의 형식을 모방하며 그들 자신의 신학적 무기를 가지고 대적들과 싸우려 한다"(Cameron, *Other Gospels*, 132).

260 앞의 §44.4a을 보라. (같은 이름의 나그함마디 복음서가 아닌) 「이집트인의 복음」에 대해서는 추가적으로 다음 참고문헌들을 보라. Cameron, *Other Gospels*, 49-52; Schneemelcher in Schneemelcher-Wilson, *NTA*, 1.209-15; Elliott, *ANT*, 16-19. Cameron은 다음과 같이 대담하게 결론짓는다. "저작 장소가 이집트에 있었음을 인정한다면 「이집트인의 복음」은 그곳의 예수 운동이 처음부터 영지주의의 영향을 받았음을 보여준다"(*Other Gospels*, 50).

록한 은밀한 말씀"으로 소개한다. 그러나 이 책은 다른 곳에서 알려진 예수 전승과 거의 아무런 관계도 보이지 않는다. "이 자료의 압도적으로 많은 분량은 명백히 매우 다른 특성을 지니고 있고 본질적으로 비기독교적이며 심지어 기독교에 이질적인 전승들과 개념들을 표현한다."[261] 「야고보의 제1묵시록」(*The First Apocalypse of James*)의 경우도 이와 비슷하다. "의인 야고보에게 부여된 중요성을 제외하면 이 문헌에서 구체적으로 유대 기독교의 영향으로 확신 있게 간주할 수 있는 것은 별로 없다. 따라서 영지주의자 집단이 야고보라는 인물을 그들 가르침의 근거로 삼을 편리한 구실로 선택했을 가능성이 매우 크다."[262]

44.6 영지주의 복음서 2

우리는 보다 정당하게 영지주의 복음서로 묘사된 다른 문헌들을 간략하게만 언급할 필요가 있다. 이 문헌들은 초기 예수 전승에서 점점 더 멀어져갔기 때문이다.[263] 이 문헌들의 내용은 명백히 후대의 것이며, 그 내용이 1세기 예수 전승의 다양한 형태에서 유래되었다는 비중 있는 주장을 제기하기는 거의 불가능하다. 필자는 가장 흥미로운 것으로 간주할 만한 문헌들만 제한적으로 고찰할 것이다.

---

261 H.-M. Schenke in Schneemelcher-Wilson, *NTA*, 1.239; 본문 전체는 241-47; 또한 Tuckett, *Nag Hammadi*, 83-87; J. D. Turner, in Robinson, *NHL*, 201-7; Meyer, *Gnostic Gospels*, 205-18.

262 W. R. Schoedel and D. M. Parrott in Robinson, *NHL*, 260; 본문 전체는 262-68에 있음; 또한 W.-P. Funk in Schneemelcher-Wilson, *NTA*, 1.320-27.

263 H.-C. Puech and B. Blatz in Schneemelcher-Wilson, *NTA*, Part IX에 인용된 문헌들을 보라.

a. 「빌립복음」

「빌립복음」[264]은 근대 초기 유럽의 비망록[265]이나 그 이후의 연감과 비슷한 특징을 지닌 어록 선집 내지 문집인 사화집(詞華集)[266]으로 설명하는 것이 가장 적절하다. 이 문헌의 영감의 원천은 기독교적이라고 말할 수 있다. 즉 보통 "기독교적"이라는 단어는 (49, 59, 95에서와 같이) 스스로를 지칭할 때 몇 번 등장하며 이 문헌은 그 가르침을 예수 그리스도의 가르침으로 간주하지는 않지만 나사렛 사람 예수, 그리스도에 대해 많이 말한다(예. 9a, 19, 47, 70, 81a, 83). 그러나 이 문헌이 자료를 끌어내는 출처 중 하나는 비록 「빌립복음」 자체의 목적을 위해 이용되기는 했지만 분명 초기 기독교 전승이었다.[267]

---

264 본문을 보려면 다음 참고문헌들을 보라. Isenberg, *NHL*, 141-60; H.-M. Schenke, 'Gospel of Philip', in Schneemelcher-Wilson, *NTA*, 1.179-208; Meyer, *Gnostic Gospels*, 45-87; Ehrman, *Lost Scriptures*, 38-44. 필자는 Schenke가 제시한 절 번호를 따른다. Koester는 「빌립복음」과 「진리의 복음」은 "복음서로 간주할 수 없다"는 이유로 이 두 문헌을 다루지 않는다(*Ancient Christian Gospels*, 47).

265 "그러한 책들은 의학적 처방, 인용구, 편지, 시, 도량형표, 속담, 기도, 법률적 상용 문구 등 본질적으로 온갖 종류의 항목들로 가득 찬 스크랩북이었다. 비망록은 독자, 저자, 학생, 인문학자들이 그들이 배운 유용한 개념이나 사실을 기억하기 위한 보조 수단으로 사용했다. 각 비망록은 그 창작자의 특정한 관심사에 한정된 독특한 것이었다"(Wikipedia, 'Commonplace book').

266 특히 M. L. Turner, *The Gospel according to Philip: The Sources and Coherence of an Early Christian Collection*(Nag Hammadi and Manichaean Studies 38; Leiden: Brill, 1996)을 보라. 그는 공책과 문집은 고전적인 사회의 일반적인 특징이었다고 지적한다. Wilson은 그것을 "과거의 유대인들이 고수한 영지주의의 기독교적 형태"이면서도 "형이상학적 수준에서는 대체로 반(反)유대적인 형태"로 묘사한다(*Related Strangers*, 201, 207).

267 "「빌립복음」의 저자가 자신의 의도에 도움이 될 수 있는 대목에서만 마태복음을 사용한다는 점은 분명하다"(Köhler, *Rezeption*, 399). 다음 책도 함께 보라. Tuckett, *Nag Hammadi*, 72-81. G. Röhl은 *Die Rezeption des Johannesevangeliums in christlich-gnostischen Schriften aus Nag Hammadi* (Frankfurt: Europäische Hochschulschriften: Reihe 23, 1991)에서 「빌립복음」의 요한복음 자료 사용은 부차적이며 요한복음의 실제 내용을 반영하지 않는다고 생각한다(162-63).

23b — 고전 15:50과 요 6:53;

60 — 참고. 엡 5:32;

69d — 참고. 마 6:6;

72a — 막 15:34;

74 — 참고. 요 3:5-8;

76 — 참고. 요 4:23;

89 — 마 3:15;

110a — 요 8:34과 고전 8:1;

111b — 눅 10:34과 벧전 4:8;

123b — 마 3:10;

123c — 요 8:32;

126a — 마 15:13.

이 문헌의 흥미로운 구절들은 다음과 같다.

- 17a — 어떤 이가 말했다. "마리아가 성령으로 말미암아 잉태했다." 그들의 말은 잘못되었다. 그들은 자기가 무슨 말을 하고 있는지 알지 못한다! 언제 여자가 여자로 말미암아 잉태한 적이 있는가?[268]
- 17c — 주님은 [그]에게 [또] 다른 아버지가 없었다면 "하늘에 [계신] 내 아버지"라고 말하지 않으시고 단지 ["내 아버지"]라고 말하셨을 것이다.

---

268 참고. Origen, *on John* 2.12: "만일 누군가가 구주 자신이 '나의 어머니이신 성령이시여…' 라고 말하는 「히브리인에 따른 복음」에 신빙성을 부여해야 한다면, 그는 성령이 어떻게 그리스도의 어머니가 될 수 있는지를 설명하는 데 애를 먹을 것이다"(Elliott, *ANT*, 9).

- 26a - 예수는 모두를 속였다. 그는 있는 모습 그대로의 자신을 보여준 것이 아니라 [그들이] 자신을 볼 수 있는 대로 자신을 보여주었다.
- 31 - 완전한 자는 입맞춤을 통해 잉태하고 출산한다.
- 33 - "아버지"와 "아들"은 단순한 이름이며 "성령은 이중적인 이름이다."
- 42 - 가인은 간음으로 태어났다. 그는 뱀의 아들이었기 때문이다.
- 44 - 너는 성령을 보았고 영이 되었다. 너는 그리스도를 보았고 그리스도가 되었다. 너는 [아버지]를 보았고 아버지가 될 것이다.
- 55b - [구주]는 막달라 마리아를 [모든] 제자들보다 더 사랑했고 그녀의 [입]에 자주 입맞춤했다.
- 72a - 예수의 버림받음으로 인한 울부짖음은 그가 죽기 전에 그를 떠난 하늘의 그리스도의 버림에 대한 인간 예수의 의식으로 해석되는 것처럼 보인다.
- 78 - 여자가 남자에게서 분리되지 않았다면 여자는 남자와 함께 죽지 않았을 것이다. 남자로부터의 분리는 죽음의 기원이 되었다.
- 90a - 먼저 죽고 (그 후에야) 다시 부활할 것이라고 말하는 자들은 오류에 빠져 있다. 그들이 아직 살아 있는 동안 먼저 부활을 얻지 않는다면 죽을 때 그들은 아무것도 얻지 못할 것이다.
- 95 - 도유식이 세례보다 우월하다. 우리는 세례를 통해서가 아니라 도유식을 통해 "그리스도인"이라고 불렸기 때문이다.

「빌립복음」의 모든 내용이 다 영지주의적인 내용으로 설명될 수 있는 것은 아니지만,[269] 「빌립복음」은 영지주의의 특징적인 주제들, 구체적으로는 발렌티누스주의의 주제들도 포함하고 있다.[270] 이 문헌을 영지주의자가 썼다면 그는 보다 광범위한 가르침에 대해 열린 마음을 가진 영지주의자였을 것이다. 이 문헌이 보다 폭넓은 혼합주의적인 영성의 표현이라면 여기에는 나그함마디 문서의 식자공들에게 좋은 인상을 주기에 충분한 영지주의의 가르침이 담겨 있었다. 그러나 기독교적인 "복음"이 예수(예수 전승)에게서 비롯된 가르침의 내용이나 예수의 죽음과 부활에서 절정에 이르는 예수의 갈릴리 사역에 대한 기록을 통해 정의된다면, 「빌립복음」은 "복음"이라는 제목에 거의 합당하지 않거나 "복음"이라는 단어의 기독교 용어로서의 원래 용도와 매우 동떨어진 의미에서만 복음으로 묘사될 수 있다.

b. 「진리의 복음」

「진리의 복음」[271]도 다소 유사하게 기독교적 복음을 떠올리게 하며 그 이전의 예수 전승, 특히 요한복음 전승을 사용한다.[272]

---

269 나그함마디의 「빌립복음」이 에피파니우스에 의해 그 존재가 입증된 「빌립복음」과 같은 것인지는 불분명하다. 에피파니우스는 이 책을 영혼이 하늘로 올라갈 때 해야 할 말을 계시하는 책으로 묘사한다(다시 Schenke, *NTA*, 1.180-81을 보라).

270 신비 종교의 가장 은밀한 (세례, 도유식, 성찬 이후의) 입교식의 특징을 지닌 특히 흥미로운 신방의 비밀(특히 61a, 66, 68, 76, 79, 98, 122a-d, 125a, 127). 39에서 우리는 "에카모트"와 "에크모트"("에카모트는 단순히 지혜지만, 에크모트는 죽음의 지혜… '작은 지혜'다")의 구별은 명백히 열등한 지혜인 "아카모트"에 대한 발렌티누스주의의 신화를 이용한 것임을 알 수 있다. 추가적으로 다음 글들을 보라. Schenke, 'Gospel of Philip', *NTA*, 1.186-87; "도마" 전승과 관련된 자료를 검토하는 Turner, *Gospel of Philip*, 8-9장 (206-26); P. Foster, 'The *Gospel of Philip*', in Foster, ed., *Non-Canonical Gospels*, 68-83.

271 본문은 H. W. Attridge and G. W. MacRae, *NHL*, 38-51; Meyer, *Gnostic Gospels*, 91-112; Ehrman, *Lost Scriptures*, 45-51에 실려 있다.

272 Tuckett은 「진리의 복음」의 공관복음 자료에 대한 유일한 출처는 마태복음이었다고 주장

18.16-21 — 그리스도 예수는…(그들에게) 길을 보여주었고, 그 길은 그가 그들에게 가르친 진리다(참고. 요 14:6).

20.11-14 — 예수는 인내심으로 고난을 받아들였다.…그는 자신의 죽음이 많은 이들에게 생명이 된다는 것을 알고 있기 때문이다.

20.25 — 그는 나무에 못 박혔다.

31.28-29 — 그는 잘못된 길로 가버린 이들에게 길이 되었다.

31.35-32.4 — 그는 잃어버리지 않은 양 아흔아홉 마리를 남겨둔 목자다. 그는 길을 잃은 한 마리를 찾으러 다녔다. 그는 그 양을 발견했을 때 기뻐했다.…(참고. 마 18:12-13/눅 15:4-6).

32.18-25 — 심지어 안식일에도 그는 구덩이에 빠진 양을 위해 수고했다.…(참고. 마 12:9-13).

33.15-16 — 토한 것을 다시 먹기 위해 되돌아가지 말라(참고. 벧후 2:22).

38.7-24 — 아들은 아버지의 보이지 않는 이름을 보이게 만든다. 27.7-8도 이와 유사하다(참고. 요 1:18).[273]

그러나 독특한 특색은 우리가 「도마복음」의 경우에 언급한 것과 같은 영지주의적인 특징이다. 즉 안개에 휩싸여 무지와 어둠 속에 길을 잃고 취

한다(*Nag Hammadi*, 57-68).

273 요한복음의 다른 가능한 흔적들에 대해서는 Barrett, *John*, 113-14을 보라. 더 자세하게는 다음 글들을 보라. 'The Theological Vocabulary of the Fourth Gospel and of the Gospel of Truth', in W. Klassen and G. F. Snyder, eds., *Current Issues in New Testament Interpretation* (London: SCM, 1962), 210-23, 297-98, reprinted in *Essays on John* (London: SPCK, 1982), 50-64; 또한 Schnackenburg, *John*, 1.146-8; J. A. Williams, *Biblical Interpretation in the Gnostic Gospel of Truth from Nag Hammadi* (SBLDS 79; Atlanta: Scholars, 1988).

하여 잠에 빠진 이들을 계몽시켜[274] 그들에게 안식과 아버지의 안식처를 가져다주는[275] 지식에 대한 반복된 강조다. 다음 두 구절은 본질적인 메시지를 잘 보여준다.

- 21.11-18 — 누군가에게 지식이 있다면 그는 자기에게 속한 것을 받고 그것을 자기에게로 끌어온다. 무지한 자는 궁핍하며 그에게 부족한 것은 많다. 그에게는 자신을 완전하게 만들어줄 것이 부족하기 때문이다.
- 22.13-20 — 이런 식으로 지식을 가지려는 자는 자신이 어디에서 와서 어디로 가고 있는지 알고 있다. 그는 술에 취한 뒤에 술 취함에서 돌아섰고 정신을 차린 뒤에 자기에게 속한 것을 바로잡은 사람으로서 안다.

따라서 요한복음은 「진리의 복음」의 출처가 된 발렌티누스주의 공동체 안에서 잘 알려지고 높이 평가받았을 가능성이 있다.[276] 그러나 그것이 곧 요한에게 발렌티누스주의적인 경향이 있었음을 의미하는 것은 아니다. 사용된 요한복음 전승이 인간의 필요와 그에 대한 답을 주는 좋은 소식에 관한 다른 개념 속에 휘말려 들어가고 있었다는 사실이 충분히 분명하기 때문이다.[277] 기독교인들이 예수를 이미 깊이 존경했다는 점을 감안하면,

---

274 *Gosp. Truth* 17.10-13, 30-31; 18.4-22; 22.16-20; 24.32-25.3 등.
275 *Gosp. Truth* 22.9-12; 24.14-20; 42.21-25; 43.1.
276 Barrett가 'Theological Vocabulary'에서 조심스럽게 주장한 결론은, 아마도 발렌티누스 자신인 듯한 「진리의 복음」의 저자가 요한복음을 읽어본 적이 있음을 암시하는 개연성이 상당하다는 것이었다.
277 이것이 이레나이우스가 언급하는 바로 그 「진리의 복음」이라면 그의 다음과 같은 판단은 건전하다. "그것은 사도들의 복음서와 어떤 것에 있어서도 일치하지 않는다"(*adv. haer.* 3.9.11). 추가적으로 Hill, *Johannine Corpus*, 264-70을 보라.

예수가 다른 체계 속에 연루되어 대안적인 좋은 소식의 담지자로 표현되는 자연스럽고 아마도 불가피했을 경향이 존재했을 것이다. 그러나 그렇게 표현된 좋은 소식은 인간의 상황에 대한 매우 다른 분석에 호응했고, 신약의 서신서와 복음서의 복음과는 살짝 스칠 정도로만 일치한다.

c.「마리아복음」

우리가 보기에 「마리아복음」[278]에는 그보다 이른 예수 전승의 단 하나의 중요한 흔적이 있다. 그러나 그것은 일군의 흔적들을 포함하고 있다. 예수는 "그들 모두에게 문안하며 이렇게 말씀하셨다. "너희에게 평안이 있기를 바란다. 나의 평안을 받으라. 아무도 너희를 잘못된 길로 인도하며 '여기 있다', '저기 있다' 말하지 못하도록 주의하라. 인자는 너희 안에 있기 때문이다. 그를 뒤따르라! 그를 찾는 자들은 그를 발견할 것이다. 가서 천국 복음을 전파하라"(8.13-22).[279] 그것은 또한 초기 기독교 진영에 있었던 초창기의 불안을 다소 반영한다. 제자들은 "슬펐다. 그들은 크게 울며 말했다. '우리가 어떻게 이방인들에게 가서 인자의 나라의 복음을 전파할까? 그들이 그를 살려두지 않았다면 어떻게 그들이 우리를 살려둘까?'"(9.5-12) 그러나 이런 구절들은 막달라 마리아에게 허락되었고 안식

---

278 본문은 다음 책들에 실려 있다. G. W. MacRae and R. McL. Wilson, *NHL*, 524-27(그러나 그것은 나그함마디 사본 가운데 하나가 아니다); Ehrman, *Lost Scriptures*, 35-37; 특히 Tuckett의 책. 그는 세 개의 파피루스 본문을 개별적으로 제시한다(*Gospel of Mary*, Part II). 다음 책도 함께 보라. R. Griffith-Jones, *Beloved Disciple: The Misunderstood Legacy of Mary Magdalene, the Woman Closest to Jesus* (New York: Harper, 2008).

279 8.14-15(요 20:19, 21, 26); 8.15-17(막 13:5, 21 및 병행 본문); 8.18-19(눅 17:21); 8.19-20(참고. 막 8:34 및 병행 본문); 8.20-21(참고. 마 7:7/눅 11:9); 8.21-22(참고. 마 24:14). *Gosp.Mary* 7.8-9과 8.10-11에서도 "귀 있는 자는 들으라"는 친근한 표현을 사용한다. 추가적으로 다음 책들을 보라. Tuckett, *Nag Hammadi*, 36-38; 및 *Gospel of Mary*, 5장.

에 이르는 길을 봉쇄하려 한 네 개의 세력을 이기고 하늘로 올라가는 영혼에 대한 묘사(몇 페이지는 유실되어 있다)에서 절정에 이르는 주님의 환상에 비하면 부차적이다(15.1-17.7).

가장 매력적인 것은 베드로와 안드레가 예수가 이 말씀들을, 그것도 여자에게 하신 사실을 부인하는 것으로 묘사되는 마지막 단락이다. 레위는 중간에 개입하여 마리아를 대신해 항의하며 베드로는 이미 구주가 마리아를 나머지 여인들보다 더, "우리보다 더" 사랑했음을 인정했다는 점을 지적한다(10.1-3; 17.10-18.21). 이는 2세기 기독교 내부의 긴장을 반영하는 것으로 타당하게 간주할 수 있다. 안드레와 베드로는 예수 전승의 주류를 대표하는 반면, 여자인 막달라 마리아는 흥미롭게도 예수에게서 비롯된 것으로 주장되기도 하지만 안드레와 베드로에게 의심을 받는 복음에 대한 다른 이해의 대변자로 제시된다.[280] 2세기 주류 기독교인들의 지도층이 부활하신 그리스도의 최초의 증인이 "사도들의 사도"인 막달라 마리아였다는 사실(요 20:1-18)[281]에 당혹감을 느꼈을 가능성은 전혀 없지 않다. 그러나 만일 그렇다면 영지주의 기독교인들이 그들 나름의 구원 과정을 마리아에게서 비롯된 것으로 간주했다는 점도—비록 지나치게 가부장적인 주류에 대해 반발한 이들은 바로 일부 초기 영지주의자들이었다는 사실이 좋은 소식으로 간주되지는 않을 수 있더라도—똑같이 주목할 만하다.[282]

---

280 K. L. King, *NHL*, 524; Lührmann, *Die apokryph gewordenen Evangelien*, 122-23.

281 바울은 결국 고전 15:5-7에 나오는 초기의 신앙고백적 진술에서 부활하신 예수를 본 여자 증인들에 대한 일체의 언급을 생략했다.

282 외경의 여러 행전에서 여자들의 중요성과 마찬가지로(§40 nn. 284, 285) 「이집트인의 복음」에서 살로메에게 명백히 부여된 그와 비슷한 중요성을 주목해 보라(나그함마디 문헌을 같은 제목의 문헌과 혼동해선 안 된다; Elliott, *ANT*, 16).

d. 「구주의 복음」

「구주의 복음」은 그다지 중요하지 않다.[283] 이 문헌은 분명 신약 복음서들에 대한 지식을 보여준다. 특히 다음 구절들이 그렇다.

- 17-19 — 기록된 바 "내가 목자를 칠 것이고 양 떼는 흩어질 것이다"라고 했기 때문이다. 따라서 나는 선한 목자다. 나는 너희를 위해 내 생명을 내려놓는다(마 26:31; 요 10:11).
- 48 — 오 나의 [아버지], [가능하시다면] 이 [잔을] 내게서 지나가게 하소서(마 26:39).
- 70 — 내가 [나의 아버지이자 너희의 아버지]에게, [나의 하나님이자] 너희의 하나님에게 올라갈 때까지 내게 손을 대지 말라.…(요 20:17).
- 75 — 잠시 동안 나는 너희 가운데 있다(요 7:33; 13:33; 14:19; 16:16-19).
- 42에도 요한계시록 4:10의 분명한 흔적이 있다.

이 문헌의 주된 흥미로운 점은 이 문헌이 구주가 십자가를 부르면서("오, 십자가여") 십자가에게 두려워하지 말 것을 요구하고 자신은 부요하며 십자가를 자신의 재물로 가득 채울 것이라고 확언하는 장면으로 끝난다는 점이다(104-19).[284] 이는 *Acts of Andrew* 349에서 발견되는 것과 비슷하고 *Gosp. Peter* 9.39과 크게 다르지 않은 십자가에 대한 의인화다.[285]

---

283 본문은 Ehrman, *Lost Scriptures*, 52-56에서 가장 편리하게 접할 수 있다.
284 Hedrick and Mirecki, *Gospel of the Savior*, 54-57, 115-16.
285 이하 §44.7a을 보라.

마태복음과 요한복음에 대한 분명한 지식을 제외하면(앞의 구절들에는 독립적인 구두 전승에서 나온 말씀들보다 특히 요한복음에서 나온 직접 인용문의 특성이 더 많이 있다)「구주의 복음」은 단지 예수 전승이 기여했고 그중 일부가 그 속에 흡수된 혼합주의적인 종교적 추론을 예시할 뿐이다.

e.「유다복음」

「유다복음」이 그것이 공개될 때 얻은 평판에도 불구하고 우리에게 별로 적실성이 없는 이유는 그 사상이 영지주의, 그중에서도 특히 세트파의 독특한 사상이며,[286]「유다복음」의 동기가 1세기의 예수 전승에서 멀어졌기 때문이다. "예수가 유월절을 기념하기 사흘 전에 8일 동안 가룟 유다에게 하신 은밀한 계시적 강론"(33.1-6)이라는 서두의 말은 그보다 이전의 예수 전승에서 나온 것이라고 주장할 수 없고 은밀하게 주어졌다고 주장함으로써만 그 가르침의 출처를 예수로 간주할 수 있는 메시지의 전형적인 예다.[287]

한 가지 예만 들면 충분할 것이다.[288] 예수는 메시아라는 베드로의

---

286 「유다복음」의 세트파적인 성격에 학자들은 일반적으로 동의한다. 특히 다음 글을 보라. J. D. Turner, 'The Place of the *Gospel of Judas* in Sethian Tradition', in Scopello, ed., *The Gospel of Judas in Context*, 187-237. 가장 세트파적인 구절(47-57)에 대해서 M. Meyer 는 이런 견해를 밝힌다. '본문 속의 한 간략한 여담을 제외하면 계시 속에 구체적으로 기독교적인 내용이 전혀 없다'('Interpreting Judas: Ten Passages in the *Gospel of Judas*', in Scopello, ed., *Judas*, 41-55[여기서는 49]).

287 참고.「도마복음」과「의심자 도마의 서」의 서언.

288 「유다복음」의 마태복음에 대한 지식이나 마태복음에서 받은 영향을 보여주는 다른 가능한 암시들에 대해서는 Gathercole, *Judas*, 134-38을 보라. J. M. Robinson은 'The Sources of the *Gospel of Judas*', in Scopello, ed., *Judas*, 59-67에서「유다복음」이 누가복음을 알고 있었다는 증거를 발견한다(60-61). 다음 글도 함께 보라. U.-K. Plisch, 'Judasevangelium und Judasgedicht', in Frey and Schröter, eds., *Jesus in apokryphen Evangelienüberlieferungen*, 387-96.

고백에 대한 공관복음 전승(막 8:27-30 및 병행 본문)을 흉내 낸 한 구절에서 제자들은 예수가 "우리 하나님의 아들"이라고 고백한다(*Judas* 34.11-13).[289] 예수는 「유다복음」에서 결코 메시아라고 불리지 않는다(그가 유대인 남자라는 점은 아무런 관련성이 없었다).[290] 그러나 예수는 제자들이 자신을 알지 못하며(34.14-18) "마음속에서 그를 저주"한다며 그들을 책망한다(34.21-22).[291] 반면 유다는 계속해서 더 진실한 고백을 한다. "당신은 바르벨로의 불멸의 영체로부터 나오셨고 당신을 보내신 분은 내가 그 이름을 말하는 것조차 합당치 않은 분입니다"(35.17-20).[292]

「유다복음」의 두 번째 부분(47-57)은 대체로 온갖 불완전함을 지닌 세상이 어떻게 궁극적으로 "보이지 않는 위대한 영혼"으로부터 유래되었는지를 설명하려는 전형적으로 영지주의적인(세트파의) 시도에 할애되어 있다. 즉 세상은 여기서 아담과 하와를 창조하는(52.14-21) "이알다바오트"(Ialdabaoth)와 "사클라스"(Saklas)(51.8-17)로 밝혀진 사생아가 계보

---

289 "'**우리** 하나님'에 대한 언급은 열등한 신인 데미우르고스 이알다바오트, 즉 세트파 영지주의자들이 사도적 기독교인들이 예배한다고 믿은 창조자이자 성경의 하나님에 대한 언급이다"(DeConick, *Thirteenth Apostle*, 97).

290 "유대인의 메시아로서의 예수의 자격은 그의 영지주의적인 구속자로서의 역할에 대한 선호에 묻혀 완전히 무시되었다"(S. Gathercole, 'The *Gospel of Judas*: An Unlikely Hero', in Foster, ed., *Non-Canonical Gospels*, 84-95[여기서는 93]).

291 "열두 제자에 대한 그와 같은 그림은 사도적 교회 전체의 믿음, 세트파가 약화시키고 물리치려 한 믿음과 교회의 기반이 된 열두 제자의 권위를 완전히 무너뜨렸을 것이다"(DeConick, *Thirteenth Apostle*, 100). 열두 제자에 대한 공격은 38.1-41.6에서 가장 분명한데 거기서 그들은 쓸데없는 제사를 드리는 부패한 제사장들로 묘사된다. 다음 책도 함께 보라. Gathercole, *Judas*, 77-80. E. Pagels와 K. L. King은 *Reading Judas: The Gospel of Judas and the Shaping of Christianity*(London: Allen Lane, 2007)에서 「유다복음」을 "단지 많이 들려진 이야기를 한 번 더 말해주는 것"으로 간주하는 데 만족하지만 그것은 이 이야기에 급진적인 새로운 전환, "열두 제자"에 대해 형세를 역전시키는 전환을 가져다준다 (31).

292 DeConick은 'The *Gospel of Judas*: A Parody of Apostolic Christianity', in Foster, ed., *Non-Canonical Gospels*, 96-109에서 추가적인 참고문헌과 더불어 유다는 긍정적으로 묘사되는 것이 아니라 부정적으로 묘사된다고 강하게 주장한다(108-9; 앞의 §40 n. 233도 함께 보라).

속에 출현할 때까지 거의 한없이 이어진 존재의 내림차순을 통해 유래되었다.[293] 그와 같은 정교한 우주론은 영지주의 체계 속에서「도마복음」과「구주의 대화」가 전형적으로 보여주는 "참된 본성의 계시"보다 후대의 단계를 나타내는 것이 거의 분명하며, 이는 2세기 중엽보다 빠르지 않은 연대를 암시한다.

f.「은밀한 마가복음」

마지막으로「은밀한 마가복음」에 대해 언급해야 한다.[294] 이미 언급한 대로 알렉산드리아의 클레멘스가 쓴 것으로 추정되는 편지에는 마가복음 10:32-34과 10:46a 뒤에 마가복음의 보다 긴 본문에서 나온 두 개의 인용문이 포함되어 있다. 그러나 짧은 본문은 신약 복음서에서 나온 어구들과 흔적들의 혼합물로 구성된 것처럼 보인다.[295] 따라서 그것은 위조된 것이 아니라 진본이라 하더라도 보다 이전 형태의 마가복음으로 간주될 수 없다.[296] 신비 종교 유형의 "젊은 남자"의 입교식 또는 젊은 남자와 예

---

293 추가적으로 Gathercole, *Judas*, 86-103; DeConick, *Thirteenth Apostle*, 32-39을 보라.

294 본문은 Cameron, *Other Gospels*, 69-71; Ehrman, *Lost Scriptures*, 88-89; Elliott, *ANT*, 149에 실려 있다.

295 그런 흔적들은 막 1, 4, 5, 9, 10, 14장, 마 7장과 요 3, 11, 20장에서 볼 수 있다.

296 Koester는 정경 마가복음의 현존하는 본문은 마태와 누가가 알고 있었던 "원래의 마가복음"을 2차적으로 편집한 것이고,「은밀한 마가복음」은 같은 편집자의 작품이며, "정경 마가복음은…「은밀한 마가복음」의 축약된 형태"라고 에둘러 주장한다(*Ancient Christian Gospels*, 293-303, 여기서는 302; Cameron, *Other Gospels*, 68의 주장도 이와 유사하다). 그러나 여기서도 Koester는 공관복음 전승에 있는 차이점을 근거로 너무 많은 주장을 펼치는데, 그런 차이점들은 구전 전승의 변화라는 관점에서 보다 쉽게 설명된다. Crossan 역시 "'정경' 마가복음은 '은밀한' 마가복음의 정화된 형태"라고 주장하지만(*Four Other Gospels*, 107), "정경 마가복음은 [정경 마가복음이 없애버린「은밀한 마가복음」의] 단락들의 해체된 요소들을 마가복음 전체에 걸쳐 여기저기 흩어 놓았다"는, 앞에서와 비슷하게 그럴듯하지 않은 추론을 한다(108, 111). 그와 반대로 어떤 편집자가 수정을 통해「은밀한 마가복음」의 어구들을 흩어 놓음으로써 신약 마가복음을 만들었을 가능성보다,「은

수 사이의 동성애 관계[297]에 관한 이 문헌의 함의는 클레멘스가 다른 곳에서 친숙함을 보여준 종류의 추론을 더 많이 반영한다.[298] 이는 마가복음이 (요한복음과 마찬가지로) 잘 알려졌고 사용되었다는 점을 확증하지만, 예수 전승이나 2세기에 예수 전승의 영향력에 대한 더 이상의 정보는 제공하지 않는다.

요컨대 영지주의 복음서들은 신약 복음서들을 통해 우리에게 알려진 예수 전승에 대한 의식과 의존을 보여주지만, 신약 복음서 저자들이 알고 있었으나 사용하지 않았을 법한 예수 전승에 대한 증거는 전혀 제시하지 않는다. 영지주의 복음서들은 「도마복음」의 경우와 마찬가지로 인간이 처한 조건에 대한 다른 인식에서 도출된 인간론적이고 구원론적인 주장들에 들어맞도록 다듬어지고 고쳐진 예수 전승에 대한 증거만 제시할 뿐이다. 특히 흥미로운 것은 몇몇 집단이 예수와 마리아 사이의 특

밀한 마가복음」이 신약 마가복음에서 어구들과 자료를 끌어와서 집필되었을 가능성이 훨씬 더 크다. H. Merkel은 *NTA*, 1.106-9에서 자신의 주장을 약간만 과장해서 진술한다. "본문을 편견 없이 읽는 사람이면 누구나 오히려 여기서 요한복음 11장의 나사로가 살아나는 사건이 공관복음의 단락들의 수많은 흔적과 뒤섞인 채 축약된 형태로 각색되어 있다는 인상을 받을 것이다"(107). Marcus는 "Koester의 견해와 달리 「은밀한 마가복음」이 정경 마가복음을 편집한 것일 가능성이 그 반대의 가능성보다 크다"고 결론지음으로써 "은밀한 복음"에 대한 그의 짧은 논의를 요약한다(*Mark 1-8*, 47-51).

마찬가지로 요한복음의 독특한 특징들이 부재한 것은 「은밀한 마가복음」이 요한복음 11장에 의존하는 것은 불가능"함을 보여준다는 Koester의 주장(296)도 불합리한 과장이다. (요한복음 11장과 같은) 더 오래된 이야기를 사용하고 각색할 때는, 공관복음의 많은 유사 본문들이 잘 보여주듯이, 반복하고 확대할 뿐만 아니라 축약하고 암시할 수도 있기 때문이다. 복음서 저자의 독특한 특징들의 존재는 그 복음서 저자에게서 받은 영향을 분명 암시할 것이다. 그러나 그러한 특징의 부재는 침묵 논법을 제시하며 아무것도 입증하지 않는다. 우리는 그와 같은 또 다른 편향적인 주장(유감스럽게도 이 주제에 대해서 Koester의 주장은 전형적이다)이 설득력이 있다고 보기에는 앞선 여러 지면에서 예수 전승과 특정한 복음서의 특수한 전승에 대한 흔적과 암시들이 너무나 많고 다양함을 발견했다.

297 추가적으로 Foster, *Non-Canonical Gospels*, 178-80을 보라.
298 앞의 §40 n. 256을 보라.

별한 관계에서 2-3세기 교회의 가부장적인 리더십에 이의를 제기할 기
회를 발견했다는 여러 가지 징후다.

44.7 내러티브 복음서

1세기 신약 복음서의 내러티브 전승을 발전시킨 복음서들이나 그와 긴밀
히 관련된 문헌들도 있다. 이런 문헌들은 거의 전부 소설적이고 추론적이
며, 보통 복음서 기록에서 너무 짧거나 많은 질문을 미해결 상태로 내버
려 둔 부분들에 대한 공상적인 부연 설명이다.

a. 「베드로복음」

가장 인상적인 것은 「베드로복음」인데 이 문헌은 예수의 십자가형, 장사,
부활에 관한 초기 전승을 부연 설명한 것처럼 보인다.[299] 「베드로복음」에
초기의, 즉 원래의 수난 내러티브가 묻혀 있는 것을 발견하려는 주목할
만한 시도가 있었다.[300] 그러나 「베드로복음」의 신약 복음서에 대한 (아마
도 오직 2차적인 구전적 특성을 통한) 의존성은 명백히 눈에 띈다. 예를 들어,

---

299 필자는 Elliott, *ANT*, 154-58에 사용된 번역을 따른다. 본문의 번호 붙이기에 대한 설명
을 보려면 Schneemelcher, *NTA*, 1.217을 보라. 서론적인 문제들에 대해서는 앞의 §40.4d
을 보라.

300 Crossan, *Four Other Gospels*, 125-81; 및 *The Cross That Spoke: The Origins of the Passion
Narrative* (San Francisco: Harper & Row, 1988); 및 *Historical Jesus*, 385-87; 및 'The
Gospel of Peter and the Canonical Gospels', in Kraus and Nicklas, eds., *Evangelium nach
Petrus*, 117-34. Crossan은 스스로 "십자가 복음"이라고 부르는 것의 시기를 예수 전승
의 첫 번째 발전 단계로 추정하며, 거기에 초기 바울 서신과 Q 자료뿐만 아니라 「도마복
음」, P.Egerton 2과 P.Oxy. 1224도 포함시킨다(*Historical Jesus*, 427-29). Crossan의 명제
는 *ABD* 5.280-81에서 P. A. Mirecki에 의해 더욱 심화된다.

예수가 재판을 받을 때 빌라도가 손을 씻는 장면과 경비병이 예수의 무덤에 배치된 장면은 마태복음에서 나왔고(*Gosp.Pet.* 1.1/마 27:24; *Gosp.Pet.* 8.29 – 11.49/마 27:62-66; 28:11-15),[301] 회개한 강도는 누가복음에서(*Gosp. Pet.* 4.13/눅 23:40-41)[302] 나온 것이다. 신약 복음서 전승과의 차이점은 부분적으로 예수의 수난에 대한 예수 전승 안에서의 차이점이라는 관점에서 설명할 수 있다. 즉 구두 전승의 현상학을 더욱 인식함을 통해 전승 속의 그러한 차이는 문헌적 형태의 편집보다는 서로 다른 구술 행위에 영향을 끼치는 사회적인 변수들로 더 그럴듯하게 설명될 수 있다는 점이 분명해졌다.[303] 신약 복음서 자체는 서로 다른 수난 내러티브가 유래된 단일한 (기록된) 형태의 예수 수난 내러티브는 없었다는 분명한 증거를 제시한다.[304] 그러나 「베드로복음」의 형태는 또한 틀림없이, 예를 들면 경비병

---

301 P.Oxy. 4009도 명백히 마 10:16을 이용했다. Massaux는 (물론) 마태복음에서 명백한 문헌적 영향을 받은 증거를 찾아낸다(*Influence*, 2.201-7). 보다 신중한 평가는 Köhler, *Rezeption*, 437-48과 J. Verheyden, 'Some Reflections on Determining the Purpose of the "Gospel of Peter"', in Kraus and Nicklas, hrsg., *Evangelium nach Petrus*, 286-90을 보라.

302 "「베드로복음」은…최소한 정경 복음서에서 정리된 자료를 전제로 하며 그것을 더욱 발전시켰다"(Köhler, *Rezeption*, 442). "사실 「베드로복음」은 사복음서의 모음집에서 나온 그 이전의 복음서 전승에 대한 자유로운 소설적인 부연 설명을 제시한다"(Hengel, *Four Gospels*, 218 n. 50). 특히 추가적으로 다음 참고문헌을 보라. R. E. Brown, 'The *Gospel of Peter* and Canonical Gospel Priority', *NTS* 33 (1987), 321-43; 또한 *The Death of the Messiah* (2 vols.; New York: Doubleday, 1994), 2.1325-36. Koester 또한 "Crossan의 독창적인 가설"이 지닌 주된 문제점들을 찾아낸다(*Ancient Christian Gospels*, 218-20). Foster는 Crossan뿐만 아니라 Mirecki도 비판한다('*Gospel of Peter*', 38-40).

303 특히 다음 글을 보라. A. Kirk, 'Tradition and Memory in the *Gospel of Peter*', in Kraus and Nicklas, hrsg., *Evangelium nach Petrus*, 135-58(여기서 특히 Koester에 대한 그의 비판, 137-8, 154-6). Kirk는 실제로 Crossan의 마지막 제안에 대해 적절하게 그지없는 대답을 내놓는다. "누군가가 내게 정경의 형태들을 필사한 문서로든 구전 전승으로든 알고 있는 사람이 어떻게 그것들을 현재의 「베드로복음」에서 얻었는지 보여줄 수 있다면, 필자는 필자가 제안한 해법을 기꺼이 철회할 것이다"('*Gospel of Peter*', 134).

304 그러나 Koester는 "「베드로복음」은 성경 해석에 대한 전승의 가장 원래적인 내러티브 형태를 보존했다"고 결론지을 만큼 Crossan의 견해를 따른다(*Ancient Christian Gospels*, 230). 그는 자신의 주장의 근거를 "인용 형식 없이" 구약의 구절들을 사용하는 예수의 고난에

에 대한 마태의 이야기가 아마도 불러일으켰을 호기심과 특히 예수의 부활에 대한 호기심 그 자체로도 설명될 수 있다. 예수의 부활이 그 이전의 복음서들에는 서술되어 있지 않다는 사실은 그러한 설명을 제시하려는 창의적인 시도에 충분한 동기를 제공해주었을 것이다.[305] 그래서 돌이 무덤 입구에서 "저절로" 굴러가버리고 "두 사람"이 하늘에서 내려와 무덤으로 들어가고, 무덤을 지키던 경비병이 "세 사람이 무덤에서 나오는 것을 보고, 그들 중 둘이 나머지 한 사람을 부축하고 십자가가 그들 뒤를 따르며, 두 사람의 머리는 하늘에 이르지만 이끌려 나오던 사람의 머리는 하늘 너머에 이르는" 인상적이고 다소 공상적인 이야기가 나온 것이다 (*Gosp.Pet.* 9.36-10.40).

이 문헌에는 세라피온이 내린 결론처럼 가현설의 기미가 있을지도 모른다. 「베드로복음」은 예수가 십자가에서 아무런 고통을 느끼지 않았다고 주장한다(4.10). 그리고 예수는 십자가에서 이렇게 외친다. "내 능력이여! 오 능력이여! 너는 나를 버렸구나"(5.20). 그러나 그렇다 하더라도 「베드로복음」을 영지주의 복음서라고 부르기는 어렵다.[306] 더구나 이

___

대한 묘사가 "명백한 성경적 증거보다 더 오래된" 것이라는 Philipp Vielhauer의 견해에 둔다(*Gospels*, 218에서 인용). 그러나 거의 명시적으로 시편 구절들을 사용하고 있는 공관복음서에 나오는 것과 같은 내러티브는, 동료 유대인들에게 예수의 죽음이 "성경에 따른" 것이었다는 점을 설득시키려면 예수의 수난 이야기를 처음 이야기할 때부터 필요했을 것이라고 똑같이 혹은 더욱 설득력 있게 주장할 수 있다(*Jesus Remembered*, 777-79을 보라). Swete가 지적했듯이 구약의 시편과 예언서에 대한 몇몇 암시는 다른 저자들의 글에 나오는 직접 인용구와 비교할 때만이 알아볼 수 있다(*Akhmim Fragment*, xxvi-xxvii). 다음 글도 함께 보라. T. Nicklas, 'Das Petrusevangelium im Rahmen antiker Jesustraditionen', in Frey and Schröter, eds., *Jesus in apokryphen Evangelienüberlieferungen*, 223-52.

305 "타티아노스의 「디아테사론」은 2세기에 하나의 연속적인 이야기를 만들어내려는 경향이 있었음을 보여주며, 「야고보의 원시 복음」은 마태복음과 누가복음의 흔적에서 나온 유아기의 이야기를 상상에 의한 통속적인 전개와 결합시켜 상상력을 동원해 재구성하고 있음을 보여준다. 따라서 이 저작이…기독교 초기에 있었던 특이한 저작은 아니었을 것이다"(Brown, *Death of the Messiah*, 2.1335).

306 Brown이 지적했듯이 "인용된 구절들은…가현설과 관계없이 해석할 수 있다"(*Death of*

문헌은 유대인들이 십자가 사건 그 자체에 책임이 있었음을 암시하며 (6.21), 빌라도에게 죄가 없음을 입증하려 하면서(11.46) 신약 복음서에서 이미 분명히 나타나는 경향을 강화하지만, 아마도 2세기 기독교에서 점 증했던 유대인에 대한 적대감도 반영하는 듯하다.[307] 어쨌든 「베드로복음」에 신약 복음서들과 그 복음서들이 구체화한 전승들보다 이전에 있었고 그와 독립적인 예수의 수난 이야기가 있었다는 실제적인 증거는 없다. 그리고 「베드로복음」이 신약 복음서들의 독특한 특징에 의존하고 있다는 증거는 충분히 있다. 「베드로복음」은 단지 예수의 수난 이야기와 틀림없이 2세기 교회들에서 그에 관해 제기된 주장들이 예수와 예수의 죽음 및 부활에 관해 제기된 주장들에 대한 훨씬 더 광범위한 관심을 불러일으켰다는 추가적인 증거다.

예수의 수난 이야기를 확대하려는 똑같은 소설적인 관심은 복음서로 이름 붙여진 다른 문헌들에서도 분명히 나타나는데, 거기에는 2세기에서 기원한 자료, 그중에서도 특히 「빌라도행전」도 포함되었을 것이다.[308] 그러나 「빌라도행전」의 기원이 2세기까지 거슬러 올라갈 수 있더라도 이 문헌은 일차적으로 신약 복음서의 수난 내러티브에 대한 부연 설

---

the Messiah, 2.1338); "…이 저작의 가현설적이거나 영지주의적인 특성이라는 문제에 대해서는 모호한 부정으로 대답해야 한다"; "모든 것이 「베드로복음」은 오래된 이단이든 새로운 이단이든 이단에 대한 어떤 묘사로도 묘사될 수 없는 공동체에서 기원했다는 견해를 대변한다"(Schneemelcher, NTA, 220, 221). 다음 글도 함께 보라. M. Myllyoski, 'Die Kraft des Herrn: Erwägungen zur Christologie des Petrusevangeliums', in Kraus and Nicklas, Evangelium nach Petrus, 301-26; 더 많은 참고문헌이 있는 Verheyden, 'Purpose', 290-91을 보라.

307 추가적으로 최근 논의를 검토하는 Verheyden, 'Purpose', 291-98을 보라. Kraus and Nicklas, Evangelium nach Petrus에 실린 몇몇 기고문들은 「베드로복음」이 다른 초기(2세기와 3세기) 기독교 문헌에 영향을 끼쳤을 가능성을 논의한다. 그러나 「베드로복음」은 아마도 그 자체가 특별히 영향력이 있었다기보다 2세기의 경향을 더 많이 대변하는 듯하다.

308 이 문헌의 본문은 Schneemelcher-Wilson, NTA, 1.505-21; Elliott, ANT, 169-85; Cameron, Other Gospels, 165-82에 실려 있다.

명이다. 이 문헌은 예수와 빌라도의 만남에 대한 요한의 기록(요 18:30-38; *ActsPilate* 3; 4.3), 예수가 성전을 부수고 사흘 뒤에 지을 수 있다고 말했다는 예수에 대한 고발(막 14:58 및 병행 본문; *ActsPilate* 4.1), "그 피를 우리와 우리 자손에게 돌릴지어다"라고 대답하는 유대인 군중에 대한 마태의 기사(마 27:25; *ActsPilate* 4.1) 등을 사용한다. 니고데모가 눈에 띄게 등장하고(그래서 짐작건대 「니고데모복음」이라는 중세의 책 제목이 나왔을 것이다) 창으로 예수의 옆구리를 찌른 병사의 이름이 롱기누스로 언급되는 것처럼(16.7) 예수와 함께 십자가에 달린 다른 두 사람의 이름도 디스마스와 게스타스로 언급된다. 그리고 의미심장하게도 14.1은 마가복음의 긴 결말(막 16:15-18)을 인용한다. 그러나 그 동기는 신자들과 흥미를 느낀 후대의 다른 이들의 호기심과 상상력을 충족시키는 데 더 많이 있다. 그리고 「빌라도행전」의 주된 관심사는 보다 발달된 기독론(예를 들면 로마의 깃발에 새겨진 형상들이 절을 하며 예수께 경배한다—1.5, 6), 예수가 간통의 결과로 태어났다는 비난의 전개 과정(2.3-5), 빌라도에 대한 보다 우호적인 묘사 등에 있다.[309]

b. 다른 유아기 복음서들

예수의 생애에 대한 이야기 전체에 관심이 있는 이들에게 있어서 또 다른 보다 분명한 공백은 예수의 유아기와 어린 시절에 대한 정보가 거의 완전히 부재한다는 것이다. 이 대목에서 마태복음과 누가복음의 탄생 내러티브와 누가복음 2:41-51에 나오는 어린 예수에 대한 독립된 이야기만 있는 신약 복음서들은 호기심을 자극하고 이 침묵의 기간에 대한 의

---

309 「바돌로매복음」과 「가말리엘복음」에 대해서는 더 말할 필요가 없다(§40 nn. 249, 250을 보라).

문을 불러일으키지 않을 수 없었다. 그래서 「야고보의 원시 복음」[310]의 경우에 마태복음/누가복음의 탄생 내러티브에 대한 지식은 분명히 가정할 수 있지만,[311] 이 문헌이 마리아의 부모(요아힘과 안나)에 대해 제공하는 추가적인 정보는 신뢰할 만한 정보에 바탕을 두고 있는 것 같지 않으며 아마도 공상적인 내용일 것이다.[312]

「도마의 유아기 복음」[313]은 진흙으로 참새 열두 마리를 빚어 거기에 생기를 불어넣는 다섯 살 때의 예수에 대한 재미있으면서도 유치한 이야기로 시작된다(2). 그러나 이 복음서는 자기를 화나게 한 친구를 죽게 하고 자신에 대해 불평하는 자들의 눈을 멀게 하는 심술궂은 예수에 대한 이야기를 이어서 한다(3-5; 14도 포함). 어린 예수는 글자를 알 뿐만 아니라 첫 번째 글자 "알파"의 신비를 설명한다(6-7). 그리고 그는 다른 몇 가지 인상적인 기적을 일으킨 뒤 경배를 받는다(9, 10, 18). 이 내러티브는 아마도 20세기의 연재만화와 같은 역할을 수행하며 그와 같은 수준의 기능을 했을 것이다.[314] 예수가 이집트에 있는 동안에 지혜와 병을 고치는 (마술적인) 기술을 배웠다는, 겉으로만 보면 더 그럴싸한 주장의 한 변형된 형태인, 예수가 인도와 티베트에서 17년을 보내며 불교도들과 힌두

---

310 본문은 Schneemelcher-Wilson, *NTA*, 1.426-39; Elliott, *ANT*, 57-67; Cameron, *Other Gospels*, 109-21; Ehrman, *Lost Scriptures*, 64-72에 실려 있다.

311 참고. Massaux, *Influence*, 2.228-36.

312 "「야고보의 원시 복음」은 정경의 이야기들과 유사한 대목에서도 독립적인 역사적 가치를 지닌 자료는 전혀 포함하고 있지 않고 역사적 가치를 지닌 자료도 매우 적다"(Foster, '*Protevangelium*', 124).

313 본문은 Schneemelcher-Wilson, *NTA*, 1.444-51; Elliott, *ANT*, 75-83; Cameron, *Other Gospels*, 124-30; Ehrman, *Lost Scriptures*, 58-62에 실려 있다.

314 "아마도 기독교 아동 문학으로 기록된 듯하다" — Hill이 *Who Chose the Gospels?*, 87에서 R. Aasgaard, *The Childhood of Jesus: Decoding the Apocryphal Infancy Gospel of Thomas* (Eugene: Cascade Books, 2009), 168, 203을 언급하며 한 말.

교의 성자들과 함께 공부했다는 그 이후의 전승들[315]을 설명해줄 수 있는 것은 아마도 예수의 숨겨진 시절에 대한 이와 같은 호기심일 것이다. 또한 사해 두루마리 사본이 발견되었다는 소식이 알려지자마자 예수가 그의 숨겨진 시절을 쿰란에서 보냈다는 주장이 곧바로 제기되었다.[316]

이미 2세기에 등장한 이와 같은 모든 억측에서 우리가 알 수 있는 것은 예수와 같은 너무나 분명하고 지속적으로 영향을 끼치는 매력적인 인물은 그의 "알려지지 않은 부분"과 그가 끼친 영향의 출처와 그 이유에 관한 질문들을 자극할 수밖에 없었다는 점이다. 그러나 우리가 알게 된 것은 예수가 그토록 중요하게 인식되었고 그의 가르침이 그처럼 의미 있는 것으로 인식되어서 그와 같은 억측을 불러일으켰으며 어떤 사람들이 한동안 그런 다양한 억측들을 높이 평가했다는 사실이지, 그러한 억측 자체가 신뢰할 만한 역사적 자료나 예수 전승에 충분한 근거를 둔 것이라거나 그런 억측들이 예수에 대한 지속적인 통찰력을 제공해준다는 것이 아니다.

따라서 이런 온갖 다른 복음서들이 흥미롭기는 하지만 이런 복음서들을 신약 복음서들과 같은 지위로 분류할 이유는 없으며, 예수 전승의 지속적인 효과에 대한 증거로서의 「도마복음」과 같은 지위로 분류할 이유도 없다. 이런 복음서들은 특히 소설적인 열정으로 전승의 초기 형태 속의 공백을 메우면서 분명 예수와 예수의 생애와 사명이 불러일으킨 매력에 부여된 중요성을 입증한다. 이 복음서들은 2세기에 예수가 그와 같이 계시와 구원의 초점이 된 나머지, 인간이 처한 조건에 대한 다른 분석들이 그를 자기들의 구도 속에 끌어들이고, 자기들 나름의 통찰의 공을 그에게 돌리며, 그렇게 할 수 있는 대목에서 그 이전의 예수 전승을 신뢰

---

315 N. Notovitch, *The Unknown Life of Jesus Christ* (Sydney: Axiom, 2007); 추가로 위키피디아의 'Lost Years of Jesus'를 보라.

316 C. F. Potter, *The Lost Years of Jesus Revealed* (1958; Fawcett, 1985).

하고 사용하기를 열망했음을 보여준다. 이러한 2세기(후반)의 예수 전승과의 상호 작용이 지닌 가장 흥미로운 특징 중 하나는 그것이 지속적이고 살아 있는 구전 예수 전승에 대해서는 (심지어 성경 이외의 그리스도 어록에 대해서도) 덜 증언하고 기록된 복음서, 즉 보통 말하는 신약 복음서에 대한 지식과 사용에 일관되게 의존하는 모습을 더 많이 보여준다는 점이다. 그러나 전반적으로 예수 전승의 흔적과 활용이 분명히 나타날 때조차 그 자료가 주는 인상은, 예수 전승의 여러 요소들이 뚜렷이 다른 구원의 메시지에 덧붙여지거나 사람들이 호기심 때문에 그 이전의 전승이 남겨놓은 공백을 메우려고 그것을 자세히 설명함에 따라, 그 이전의 예수 전승에서 점점 멀어지고 있다는 인상이다. 특히 주목할 만한 것은 영지주의 복음서들이 전형적으로 그 독특한 메시지에 대한 주장의 근거를 예수가 은밀히 주었지만 그 이전에는 알려지지 않은 가르침에 두어야 했다는 사실이다. 이는 사실상 이 복음서들이 그러한 메시지의 근거를 그 이전의 예수 전승에 둘 수 없었음을 인정하는 것이다. 이러한 자료들 속에서 훨씬 더 이전 형태의 예수 전승을 식별하려는 시도는 신약 복음서를 더 이상 신뢰하지 않으려는 이들의 편향성을 입증하는 동시에 그 자체로도 일관되게 신빙성이 결여되어 있다.

44.8 네 권의 (정경) 복음서에 대한 승인

신약 서신서에 있는 예수 전승의 흔적들과 그에 대한 암시는 예수의 가르침에 대한 기억과 활용이 이러한 편지들 속에서 또 이 편지들을 통해 표현된 교회들의 예배와 권면의 생생한 특징이었다는 점을 충분히 분명하게 보여준다. 1세기 후반에 마태와 누가가 함께 마가복음을 사용했다는 사실은 최소한 기록된 복음서 중 하나(마가복음)가 그것이 출현한 직접 적인 지역보다 더 널리 알려졌다는 분명한 증거다. 그러나 2세기의 처음 몇십 년 동안에 나온 기독교 문헌들에 대한 면밀한 연구(44.2)는 이 문헌 들이 예수 전승에 대한 실제적인 지식과 활용에 대해 무엇을 알려주는지 에 관해서 놀라울 정도로 더 애매모호했다. 예수의 가르침이 여전히 입과 귀를 통해 알려졌다는 사실이 가장 분명한 결론이었다. 그러나 마태복음 과 아마도 누가복음과 요한복음도 알려져 있었고 그 나름의 기여를 통해 예수 전승의 성격과 내용에 영향을 끼쳤다는 충분한 증거들이 있었다. 거 기서 나온 추론은, 2세기 후반이 예수 전승에 대한 전달과 지식에 있어서 주로 아직도 생생한 구전 예수 전승에서 파생된 지식에서 기록된 복음서 의 더 큰 영향력과 그에 대한 의존으로 바뀌어 가는 과도기 단계였다는 것이다.

아마도 "복음"이라는 단어가 이미 이 시기 동안 기록된 복음/복음서 에 대한 언급으로 등장하기 시작했을 것이라는 점 역시 이러한 과도기를 시사한다.[317] 예수 전승이 (유대인) 성경과 같은 방식으로 언급되기 시작하 고 실제로 아마도 성경으로 인용되었다는 사실도 어느 정도 그 점을 뒷 받침하는 고려사항에 속하는데(Barn. 4.14; 2 Clem. 2.4), 여기서 또다시 이 미 글로 기록된 복음서들 중 어떤 것이 인용의 출처가 되었을 가능성이 크다. 우리는 또한 아리스티데스가 왕에게 "거룩한 복음의 글이라고 불 리는 것"(그리스어 본문 15.1; 시리아어 본문 2.4)을 스스로 읽어볼 것을 권유 했다는 사실을 떠올린다. 따라서 순교자 유스티누스가 기록된 형태의 복 음서(Dial. 10.2; 100.2)와 하나 이상의 복음서(1 Apol. 66.3)를 알고 있었다는

---

317 Did. 11.3과 15.3-4; 2 Clem. 8.5에 관해 앞(431, 439)을 보라.

사실은 2세기 중엽의 매우 특징적인 모습이다.[318] 또한 "사도들의 비망록"이 주일의 그리스도인 모임에서 낭독되었고 "예언자들의 글"과 같이 경외의 대상이 되었다는 그의 전언(*1 Apol. 67.3*)은 그 시기 내내 예수의 가르침에 대해 나타난 것과 똑같은 경외심을 반영한다.

따라서 유스티누스가 그 시대를 대표하는 인물로 간주될 수 있다면 예수 전승은—(예전이나 교리문답을 위한) 구전 전승에서 나온 것이든 구전의 2차적 특성에 따라 어느 기록된 복음서를 낭독하거나 낭독되는 것을 들은 기억에서든—알려졌고 그 이전처럼 유연하게 사용되었음이 분명하다. 이 모든 점에 있어 우리는 아직 기록된 복음서가 구전 예수 전승을 대체하거나(군더더기로 만들거나) 예수 전승을 최종적인 기록된 형태로 고정시켰다는 관점에서 생각해선 안 된다. 그럼에도 불구하고 우리가 초점을 맞출 것은 바로 기록된 복음서들에 대한 지식과 의존을 보여주는 점증하는 증거다. 이는 일차적으로 신약 복음서를 가리켜 하는 말이다. 앞서 §§44.4-7에서 검토한 증거는, 복음서로 알려진 나머지 문헌들이 신약 복음서 중 하나(마태복음)의 점점 더 분파주의적으로 변형된 형태이거나, 예수 전승에 덧붙여졌을 때조차 주로 예수 전승과는 매우 다른 메시지를 전파하려는 의도를 가졌음을 보여주기 때문이다.

가장 단순하고 가장 간단한 절차는 앞에서 검토한 대로 신약 사복음서 각각에 대한 지식과 활용의 증거를 차례대로 요약하는 것이다.

---

318 그러나 Hengel은 이레나이우스 시대(약 기원후 180년경) 이후에야 비로소 "교부들이 복수형의 네 '복음서'에 대해 어색함 없이 말하며" 2세기 중엽까지는 "그들도 매우 엄격하게 단수형만 사용했고 복수형은 결코 사용하지 않았다"고 말한다. "심지어 이레나이우스의 글에서도 단수형의 '복음서'의 용례가 복수형의 용례를 훨씬 능가한다"(*Four Gospels*, 3, 10).

a. 마가복음

마가복음이 알려지고 사용되었음을 보여주는 증거는 사실 놀랄 만큼 적다. 그러나 그러한 결과는 별로 놀라운 것이 아니다. 마가복음은 마태복음 속에 너무나 많이 흡수되어 예수 전승에 대한 어떤 언급을 마가복음의 독특한 언급으로 구별하기는 매우 어렵기 때문이다. 처음 기록되었을 때는 독특했던 마가복음의 특징들(특히 "광범위한 서론을 동반한 수난 내러티브"로서의 특성—§41.2)이 그 이후의 복음서들에 의해 계승되었으므로, 그러한 특징들을 "마가복음만의 독특한" 특징으로 인식하기는 거의 불가능하다.

마태복음이 사실상 마가복음의 제2판이라는 점을 고려하면, 마가복음이 그 자체로 보존할 만한 가치가 있는 별도의 복음서로 살아남은 것은 더 놀라운 일이다. 어쨌든 마태와 누가가 공유한 마가복음 외의 전승에서 보통 추론되는 만큼 많은 양은 아니더라도 통용되고 있었던 Q 문서가 2세기 중엽에 있었다면, 그것은 하나의 문서로 보존되지 않았고 따라서 짐작건대 독자적으로 보존할 만한 가치가 있는 것으로 여겨지지 않았다. 마태와 누가는 Q 문서의 내용을 (전부?) 이어받음으로써 그 자료에 지속적인 맥락, 즉 누가와 마태가 그 자료의 가장 분명한 의미로 인식한 내용을 제시하는 맥락을 부여했으므로 Q 문서 자체를 간직해야 할 절실한 필요는 없었다. 그리고 만일 「도마복음」이 Q 문서를 그와 별반 다르지 않게 사용했다면, 역시 Q 자료 자체는 보존되지 않았을 것이다.

그러나 마가복음은 보존되어 이레나이우스에 의해 교회의 핵심적인 네 복음서 중 하나로 일컬어졌다. 그 이유는 아마도 파피아스가 암시한 이유, 즉 마가복음이 베드로에게서 유래한 것으로, 베드로의 설교에서 베드로가 예수 전승을 기억해 내어 사용한 것에 대한 기록으로 간주되었다

는 이유일 것이다.[319] 이 논거는 다소 난해하지만, 그럼에도 불구하고 장
점이 있다. 즉 (오늘날의 인식에서는 대체로 숨겨진) 마가복음의 보존은 그 자
체로 베드로가 예수의 수제자로서 (점점 더) 존경받았다는 증거였다는 것
이다. 마가복음은 베드로의 복음, 베드로에 따른 복음으로 간주되었기 때
문에 귀하게 여겨졌다. 우리는 나타난 지식이 마태복음 또는 누가복음 형
태의 공유된 전승에 관한 지식일 수도 있다는 점을 언제나 인정하면서,
최소한 마가복음에 대한 암시일 가능성이 있는 구절들에 주목해야 한다.

1 Clem. 13.2	막 11:25
1 Clem. 46.8	막 9:42; 14:21
Ign., *Eph.* 17.1	막 14:3
Polyc., *Phil.* 7.2	막 4:38
Polyc., *Phil.* 5.2	막 9:35
Barn. 5.9; *2 Clem.* 2.4;	
Justin, *1 Apol.* 15.8; P.Oxy. 1224	막 2:17
Hermas, *Mand.* 29(IV.1).6	막 10:17
Hermas, *Mand.* 30(IV.2).1	막 6:52
Hermas, *Mand.* 43(XI).12	막 12:39
Hermas, *Sim.* 97(IX.20).2-3	막 10:23
Papias	
Athenagoras, *Plea* 33.2	막 10:11
Justin, *1 Apol.* 16.7/*Dial.* 101.2	막 10:17-18
P.Egerton 2 frag. 2 recto	막 12:14-15

---

319 M. Hengel, *Der unterschätzte Petrus* (Tübingen: Mohr Siebeck, 2006), 164-65.

Fayyum Frag.	막 14:27, 29-30
P.Oxy. 1224	막 9:40
Strasburg Frag.	막 14:34, 38, 41
Epistula Apostolorum 5	막 5:6-13, 25-34
Gospel of Hebrews	막 1:9-11
Gospel of Ebionites	막 1:4-6, 3:31-35
Apoc. Jas. 8.16-23	참고. 막 4:26-29
Gosp.Phil. 72a	막 15:34
Secret Mark	

또한 아마도 2세기 전반기에 마가복음에 더 긴 결말이 더해졌을 것이라는 점(이는 *ActsPilate* 14.1에 의해서도 입증된다)과 타티아노스(와 테오필로스)는 그의 「디아테사론」에서 마가복음이 나머지 복음서들과 함께 뒤섞이는 것을 당연하게 여겼다는 점도 잊어선 안 된다. 따라서 직접적으로든 마태복음을 통해서든 우리는 마가가 기록한 예수 전승이 2세기에 분명 잘 알려졌고 잘 사용되었으며 잘 존중받았다고 공정하게 결론지을 수 있다.

b. 마태복음

§§44.2-3로 미루어 보건대 마태복음은 2세기의 처음 30-40년 동안에 잘 알려져 있었고 기독교 회중의 교리문답 및 권면을 위한 가르침에 강한 영향력을 발휘했다는 주장을 강하게 제기할 수 있음이 분명하다. 사도 교부들 중 한 사람이 자신이 마태복음을 읽으며 직접 어떤 문장을 인용했다는, 마태복음에 대한 직접 의존을 보여주는 분명한 증거는 존재하지 않는다. 그러나 만일 마태복음이 이미 기록되어 있지 않았고 이그나티오스,

폴리카르포스, 「디다케」의 저자에게 친숙하지 않았거나 많은 교회가 알고 있고 사용했던 전통적인 (구전) 교육 자료의 형태에 영향을 끼치지 않았다면, 이그나티오스의 *Smyrn* 1.1, 폴리카르포스의 *Phil.* 2.3, *Did.* 1.2-6, 7.2-3, 8.1-2과 같은 구절들이 기록되었을 가능성은 매우 희박하다.[320] 「클레멘스2서」, 아테나고라스, 테오필로스와 특히 순교자 유스티누스뿐만 아니라 「사도들의 편지」, 유대 기독교 복음서들, 「구주의 복음」, 「빌립복음」, 「진리의 복음」과 특히 「베드로복음」과 「야고보의 원시 복음」은 모두 마태복음에 대한 지식과 거기서 받은 영향을 증언한다.[321] 따라서 특히 마태복음이 2세기 기독교에 끼친 영향을 밝히는 일에 그토록 많은 관심이 집중된 것은 놀랄 일이 아니다.[322] 앞에서 검토한 예수 전승은 너무나 많은 마태복음의 독특한 특징들을 나타냈기 때문이다.

마태복음에 대한 지식과 마태복음에서 받은 영향의 그와 같은 증거에 비추어 보면 마태복음이 2세기 중엽이 되기 오래전부터 잘 알려지고 잘 사용되었다는 점에는 의심의 여지가 거의 없다. 그러나 이 증거는 예수 전승이 마태복음이나 다른 어떤 기록된 복음서 속에 최종적으로 요약되고 고정되었다는 어떤 주장도 뒷받침하지 않는다. 마태복음의 영향이 분명한 곳에서조차 우리에게 전해져 내려온 마태복음의 본문 형태와 다른 본문들은, 예수 전승이 여전히 유동적이었고 마태복음이 예수 전승에

---

320 다음 구절들에 관한 앞의 내용도 함께 보라. Ign., *Eph.* 5.2; *Smyrn.* 6.1; Polyc., *Phil.* 2.2; 7.2; 12.3; *Did.* 9.5; 11.1-4, 7; 13.2; 16; *2 Clem.* 3.2; 4.2; 6.2; 9.11.

321 이는 「베드로의 묵시록」에 대해서도 눈에 띌 만큼 사실이다(예. Tuckett, *Nag Hammadi*, 117-24과 Elliott, *ANT*, 600-12에 의해 언급된, 특히 마 17장과 25장에 대한 인용과 암시를 보라). 「요한행전」에는 마 7:7(22), 6:19(34)에 대한 분명한 의존 관계가 있고, 아마 예수의 변용에 대한 마태의 기록(90)과 마 27:45(97)에 대한 의존 관계도 있을 것이다. 이레나이우스에 따르면 프톨레마이오스의 체계 속에는 마태복음에 대한 잦은 언급이 있으며(*adv. haer.* 1.3.1-4; 6.1; 7.4) 「플로라에게 보내는 프톨레마이오스의 편지」는 마태복음의 율법에 관한 가르침을 다루는 다소 정교한 논의다(Foerster, *Gnosis*, 1.154-61).

322 특히 Massaux, *Influence*와 Köhler, *Rezeption*.

끼친 영향은 꾸준히 증가하고 있었음을 암시하며, 또한 예수의 가르침과 사명이 여전히 예수 전승이 대체로 처음부터 언제나 기억되고 사용되어 온 방식으로 기억되고 언급되었다는 점도 암시한다. 특정한 가르침이나 사건의 본질이나 요지는 비교적 일정했지만, 언어적인 세부 사항과 분류는 매우 다양했다. 따라서 유스티누스조차 그의 모든 자료를 알려진 기록된 복음서에서 직접 가져왔거나 "정경 외의" 예수 전승의 기록된 모음집에서 가져왔다고 주장할 필요는 없다. 주로 구전 공동체의 예배와 가르침에서 살아 있는 전승이 사용될 때의 (마태복음으로 형성된 전승을 포함한) 자연스러운 변형은 모든 자료를 설명하기에 충분하다.

c. 누가복음

마태복음과 대조적으로 누가복음의 독특한 특징들을 지닌 구두 전승이나 권면적인 전승에 관한 2세기 초의 증거는 희박하다.[323] 그러나 2세기 중엽으로 가면 더 많은 증거를 언급할 수 있다.[324] 순교자 유스티누스—그의 몇몇 예수 전승 인용구는 앞서 언급한 대로 누가복음의 독특한 자료를 포함하고 있다—와 타티아노스와 테오필로스의 사복음서를 조화시킨 저작에 대해서는 다시 특별히 언급하지 않을 수 없다.

이보다 훨씬 더 주목할 만한 것은 140년대와 150년대에 로마에서 자기 나름의 체계를 고안해낸 마르키온이 제공한 증거다. 그의 체계에서 기본적인 내용은 누가복음과 바울의 편지들이었고 그는 이를 자기 나름의 가정 및 계획과 일치하도록 편집했다. 또는 이레나이우스가 묘사한 대

---

323 특히 *1 Clem.* 13.2; Ignatius, *Smyrn.* 3.2-3; *Polyc.* 2.1; *Did.* 1.5; *2 Clem.* 8.5.

324 특히 Athenagoras, *Plea* 11.1; P.Egerton 2 frags. 1과 2; *Epist. Apost.* 3, 5, 14; *Gosp.Phil.* 111b; *Gosp.Pet.* 4.13; 앞의 n. 288.

로 그는 "복음서를 누가복음과 바울 서신에 따라 난도질했다."[325] 이 말
은 보통 마르키온이 누가복음의 축약된 형태를 사용했음을 암시하는 것
으로 이해되지만, 이 문제는 누가복음 본문의 사본 전승에 있어서의 편
차로 인해 보다 복잡해진다. 이 논의의 세부적인 내용으로 들어갈 필요
는 없다.[326] 분명한 것은 마르키온이 누가복음을 알고 있었고 자기 나름의
기독교적인 메시지를 홍보하기 위해 누가복음을 집중적으로 사용했다는
점이다. 그가 다른 신약 복음서들을 알고 있었으며 다른 복음서들은 제외
하고 누가복음을 선택했는지는 추측의 문제다. 그러나 어쨌든 마르키온
은 분명 누가복음이 2세기 중엽에 예수의 가르침에 대한 확고부동한 권
위의 원천이었다는 사실에 대한 다소 당혹스러운 증인이다.[327]

d. 요한복음

요한복음이 2세기 기독교 세계에 알려져 있었고, 그 시기의 문헌에 요
한복음의 사용이 반영되어 있는가 하는 문제는 많은 논란거리다. 오랫
동안 지배적이었던 의견은, 요한복음은 주류, 원시 정통 교회에 의해 거

---

325 Irenaeus, *adv. haer.* 3.12.12. 테르툴리아누스는 마르키온의 누가복음 사용을 묘사하기 위
해 이와 비슷한 표현을 사용한다(*adv. Marc.* 4.2.4). 추가적으로 이하의 §47.5b을 보라.

326 Gregory는 이 문제를 길게 논의한다(*Reception*, 174-96).

327 Gregory는 자신의 연구 결과를 이렇게 요약한다. "그[마르키온]는 비록 오늘날 우리에게
알려진 누가복음보다 짧은 형태이긴 하나 내용과 순서 면에서 명백히 누가복음적인 복음
서 본문이 사용된 데 대한 최초의 증인이지만, 그의 이른 연대로 인해 그는 사실 독립적
이고 단독으로 존재하는 어떤 복음서 본문에 대해서도 최초의 증인이다"(*Reception*, 196).
Gregory는 계속해서 마르키온이 바울주의자였기 때문에 누가복음을 선택했고 누가복음은
바울의 동료이자 강력한 지지자였던 사람이 쓴 것으로 간주될 수 있었다는 일반적인 관
점에 의문을 제기한다. 그는 이렇게 결론짓는다. "우리는 왜 마르키온이 누가복음을 사용
했는지, 심지어 실은 왜 누가복음을 선택했는지도 알지 못한다. 누가복음은 단순히 마르
키온이 가장 잘 알고 있었던 복음서였고 이는 아마도 누가복음이 폰투스에 도달한 최초
의 복음서였기 때문…일 수도 있다"(205).

의 알려지거나 사용되지 않았고 영지주의자들이 더 강하게 선호했으며, 그 함의는 요한복음이 후자에게 더 받아들여질 만했고 전자는 요한복음을 약간 의심의 눈초리로 바라보았다는 것이다.[328] 그러나 특히 찰스 힐 (Charles Hill)은 그러한 견해를 상당히 효과적으로 공격했다.[329] 왜냐하면 우리가 앞서 살펴본 것처럼 요한복음에 대한 지식과 요한복음의 영향은 일찍이 이그나티오스(*Rom.* 7.2-3), 폴리카르포스(*Phil.* 7.1-2, *Epist. Apost.* 5, 11, 17, 18) 등에 의해 확고하게 입증된 것으로 간주할 수 있기 때문이다. 변증가들은 십중팔구 요한복음을 알고 있었고 그 영향을 받았으며— Justin, *1 Apol.* 61.4, Tatian, *Address* 4.1, 13.1, Athenagoras, *Plea* 10.2-3, Theophilus, *Autolycus* 2.22—타티아노스와 테오필로스가 계속해서 그들

---

328 J. N. Sanders, *The Fourth Gospel in the Early Church: Its Origin and Influence on Christian Theology up to Irenaeus*(Cambridge University, 1943)는 이 견해에 큰 영향을 주었다. 심지어 Hengel조차 "그것[요한복음]은 오랫동안 다른 복음서들과 '같은 수준에 있는' 것으로 간주되지 않았다"고 생각했다(*Four Gospels*, 137). Culpepper, *John*, 5장에는 다음과 같은 제목이 붙어 있다. 'Obscurity: The Apostle in the Second Century'("잊혀짐: 2세기의 사도"). 요한복음에 대한 최초의 주석을 영지주의자인 헤라클레온이 썼다는 점은 특별히 의미심장한 사실로 간주되었다. 다음 책을 보라. E. H. Pagels, *The Johannine Gospel in Gnostic Exegesis: Heracleon's Commentary on John* (SBLMS 17; Nashville: Abingdon, 1973). "최초의 요한복음 해석자는 사실 영지주의자들이었다"(Cameron, *Other Gospels*, 88). 필자는 이전에 쓴 글—특히 'John and the Synoptics as a Theological Question', in Culpepper and Black, eds., *Exploring the Gospel of John*, 301-13—에서 이러한 견해에 큰 영향을 받았다.

329 그는 (Sanders에게 영감을 받아) 자신의 책 *Johannine Corpus*의 첫 장의 제목을 'The Orthodox Johannophobia Theory'("전통적인 요한복음 공포증 이론")라고 짓고, 비록 이레나이우스는 발렌티누스주의자들이 요한복음을 풍부하게 사용했다는 점을 인정했지만 (*adv. haer.* 3.11.7; 1.9.1-3)(107-8), 'the Myth of Gnostic Johannophilia'("영지주의 요한복음 공포증이란 신화")(466-68)라는 표제 아래 요한복음이 특별히 영지주의자들에게 사랑받았다는 견해에 대한 자신의 비판을 요약적으로 진술한다. 헤라클레온이 요한복음을 "정통" 이전의 성경으로 간주했다고 가정할 수는 없다. 오히려 헤라클레온은 요한복음을 발렌티누스주의 안으로 끌어들이려 애썼다(208-11). E. Thomassen, 'Heracleon', in T. Rasimus, ed., *The Legacy of John: Second-Century Reception of the Fourth Gospel* (NovTSupp 132; Leiden: Brill, 2010), 173-210도 함께 보라. 또한 Hill은 특히 Hengel, *Johannine Question* 및 T. Nagel, *Die Rezeption des Johannesevangeliums im 2.Jahrhundert* (Leipzig, 2000)이 과거의 일치된 견해에 도전한 공로를 인정한다.

의 조화된 복음서에 요한복음을 포함시킨 사실을 잊지 않았다.[330] 게다가 (아마도 2세기 전반기에 추가되었을) 마가복음의 보다 긴 결말의 저자는 요한복음을 알았고 사용했다는 타당한 주장을 제기할 수 있다(이 본문의 첫 단락은 막달라 마리아가 예수의 무덤이 비어 있는 것을 발견했다는 요 20장의 기록을 요약하고 있다).[331] 보다 넓은 틀에서 보면 P.Egerton 2 frag. 1에서도 분명 요한복음을 사용했고, 요한복음과 영지주의적인 복음서들(『구주의 대화』, 「빌립복음」, 「진리의 복음」) 사이의 어떤 영향 관계에 있어서도 요한복음이 이러한 후대의 문헌들에 영향을 주었을 가능성이 그 반대의 경우보다 크다.[332] 그러나 (J. N. Sanders 등의) 보다 오래된 견해, 즉 요한복음 서언(요

---

330 N. Perrin, 'The *Diatessaron* and the Second-Century Reception of the Gospel of John', in Rasimus, ed., *Legacy of John*, 301-18도 함께 보라. 2세기의 요한복음에 대한 지식과 활용에 대해서는 추가적으로 Culpepper, *John*, 108-14, 119-32을 보라.

331 Hengel, *Johannine Question*, 11을 인용하는 Hill, *Johannine Corpus*, 402-6; 특히 J. A. Kelhoffer, *Miracle and Mission: The Authentication of Missionaries and Their Message in the Longer Ending of Mark* (WUNT 2.112; Tübingen: Mohr Siebeck, 2000). Hengel 은 막 16:9-20에서 네 복음서가 모두 사용되었다는 견해를 가졌다(*Four Gospels*, 134). T. K. Heckel, *Vom Evangelium des Markus zum viergestaltigen Evangelium* (WUNT 120; Tübingen: Mohr Siebeck, 1999), 283-85도 함께 보라.

332 예를 들어 *NHL*, 1.18.19-20에 따르면 「진리의 복음」은 아마도 요 14:6을 상기시키는 듯하고 목자와 양의 비유(마 18:12-14/눅 15:1-7; 요 10:1-18보다도)와 마 12:11을 사용하고 있는 것이 거의 확실하며(*NHL*, 1.31.35-32.30) 아버지와 아들에 대해 자주 말한다("아버지의 이름은 아들이다" ― 1.38.7; 1.39.19-20, 24-28). 그러나 그 모든 것은 인간이 처한 상태를 지식의 도래나 지식에 도달함을 통해 해결해야 할 술 취함이나 잠이나 무지로 보는 영지주의적 관점이라는 문맥 속에 있다. 아마도 발렌티누스 자신인 듯한 「진리의 복음」의 저자가 요한복음을 읽었을 가능성이 매우 크다는 Barrett의 결론을 다시 주목해 보라(앞의 n. 276). Hill의 명제는 "삼형 프로텐노이아"(*Trimorphic Protennoia*)는 "로고스 프로텐노이아(Logos-Protennoia)가 요한복음의 성육신한 로고스보다 우월하다는 점을 독자에게 납득시키려는 의도를 지닌 암시를 사용함으로써"(101) 요한복음 서언을 논쟁적으로 재해석한 글이라고 결론짓는 다음 글의 지지를 받는다. P.-H. Poirier, 'The *Trimorphic Protennoia* (NHC XIII,1) and the Johannine Prologue: A Reconsideration', in Rasimus, ed., *Legacy of John*, 93-103. 「요한의 비록」에 대해서도 마찬가지다. 참고. J. D. Turner, 'The Johannine Legacy: the Gospel and *Apocryphon of John*', in Rasimus, ed., *Legacy of John*, 105-44. 「요한행전」에는 요 14:10-11에서와 같은 요한복음의 언어의 분명한 흔적이 "나는 전적으로 아버지와 함께 있고 아버지는 나와 함께 있

1:1-18)을 자기들 나름대로 이용하려는 영지주의자들의 시도에 가장 효과적으로 이의를 제기했고 요한복음이 확실하게 예수와 신성에 대한 이후의 기독교적 사고에 대해서는 굳건한 기초를 제공하고 영지주의적인 대안들에 대해서는 강력한 보루를 제공하게 한 이가 바로 이레나이우스였다는 정도만큼은 사실이다.[333]

e. 파피루스와 코덱스

힐(Hill)은 2세기에는 복음서들이 홍수처럼 쏟아졌고 신약 복음서만큼이나 널리 알려지고 매우 중시되며 많이 사용된 상당히 많은 다른 복음서들이 있었다는 주장에 대해 응답하면서 초기 파피루스의 발견에 의해 제공된 자료들을 지적한다. 200년 이전 시기와 관련해서는 (마가복음을 제외하고) 신약 사복음서 중 하나당 7-13개의 가능성 있는 필사본이 발견되었다. 이와 대조적으로 정경 이외의 복음서들(에거튼 복음서, 「베드로복음」, 「도마복음」)의 가능성 있는 2세기 필사본은 2-5개에 불과했다. 3세기에도 각 경우에 개수는 더 많지만 이 비율은 비슷하다.[334] 이 두 시기 동안에는 어떤 기독교 종파도 제국 전역에 걸쳐 다른 종파들을 억압할 만큼 강력하지 않았다는 점을 상기해야 한다. 각 종파들은 모두 적대적이거나 의혹

음을 알라"(*ActsJohn* 100)라는 예수의 말과 아마도 요한복음의 기독론에 대한 암시, 특히 *ActsJohn* 98에 나오는 "나는 ~이다"라는 형식의 말씀들에서 분명히 나타난다(참고. 109). *Johannine Corpus*, 5장과 466-67에 나오는 영지주의의 요한복음 사용에 관한 Hill의 요약도 함께 보고 추가적으로 이하 §49.7을 보라.

333 B. Mutschler, 'John and His Gospel in the Mirror of Irenaeus of Lyons: Perspectives of Recent Research', in Rasimus, ed., *Legacy of John*, 319-43: John 1.3 and 1.14 'as theological shibboleths or dogmatic guard-rails'(340). 추가적으로 이하 §49.3d를 보라.

334 L. W. Hurtado, *Early Christian Artifacts: Manuscripts and Christian Origins* (Grand Rapids: Eerdmans, 2006), 20-23, 29-35; Hill, *Who Chose the Gospels?*, 9-25. 앞에서 인용한 Koester의 과장된 진술(§39 n. 30)과 비교해 보라.

을 품은 당국의 박해와 억압을 받기가 훨씬 더 쉬웠다. 따라서 2세기나 3세기의 필사본들은 종파와 관계없이 보존되거나 숨겨질 가능성이 컸다. 또한 파피루스 필사본의 상대적 확산은 그 속에 표현된 관점이 확산되었을 가능성을 그만큼 더 암시한다.

주목할 만한 두 번째 요점은 "마태, 마가, 누가, 요한의 복음서들의 초기 사본이 모두 코덱스 위에 기록되었다는 흥미로운 사실"이다.[335] 이런 사본들 중 대부분은 공개적인 낭독, 즉 예배 중 낭독에 가장 적합할 만한 크기였고, 이 사실은 초기 기독교인들이 코덱스 형태를 채택한 이유를 설명해줄 수 있을 것이다.[336] 이와 대조적으로 에거튼 복음서와 「도마복음」의 세 개 사본 중 하나만이 공개적인 낭독을 위해 기록되었다고 그럴듯하게 주장할 수 있을 것이다. 사실 대부분의 출처가 불분명한 복음서들은 아마도 공개적인 낭독보다는 개인적인 독서를 위해 만들어졌을 것이다. 어떤 것들은 인간이 처한 조건에 대한 다른 관점에 호응하기 위해 보다 신화적이거나 호기심을 충족시키거나 자극하기 위해 진지한 역사서보다 더 소설적이며 대중적인 설화와 비슷한 기능을 수행했다.[337]

기독교인들이 2세기 초나 심지어 그 이전에 그들의 복음서에 대해

---

335 "가능성 있는 한 가지 예외[p22 = P.Oxy.1228]를 빼면 모든 복음서 파피루스 사본은 코덱스에서 나온 것이다"(Stanton, *Jesus and Gospel*, 82 및 추가적으로 82-91). "복음서들은 아마도 처음부터 코덱스에 기록되었을 것이다"(Hengel, *Four Gospels*, 50 및 추가적으로 116-27). 학자들은 복음서 네 권 모두와 사도행전을 포함하고 있는 3세기의 코덱스 사본(p⁴⁵)인 체스터 비티 성경 파피루스의 공개로 인해 초기 기독교에 있어서의 코덱스 책 형식의 중요성을 깨닫게 되었다(F. G. Kenyon, *The Chester Beatty Biblical Papyri: Descriptions and Texts of Twelve Manuscripts on Papyri of the Greek Bible* [London: Emery Walker, 1933-37]). C. H. Roberts and T. C. Skeat, *The Birth of the Codex* (London: British Academy, 1983)가 여기에 영향을 끼쳤다.

336 Hill은 "강단 판형"이라는 Stanton의 표현을 인용한다(*Who Chose the Gospels?*, 119-21). 초기 기독교인들이 코덱스를 선호한 이유에 관한 논쟁에 대해서는 추가적으로 Stanton, *Jesus and Gospel*, 165-91; Hurtado, *Early Christian Artifacts*, 61-83을 보라.

337 Hill, *Who Chose the Gospels?*, 25-33.

(두루마리 대신) 코덱스를 사용하기 시작했다면,[338] 우리는 아마도 유스티
누스와 그의 후계자들이 두 권 이상의 신약 복음서를 포함하는 코덱스를
참조할 수 있었을 것이라고 추정할 수 있을 것이다.[339] 그러나 어떤 "다섯
번째" 복음서도 "정경 사복음서"와 나란히 분류되거나, 두 권 이상의 복
음서를 포함하고 있는 어떤 코덱스에도 포함된 증거가 없다.[340] 따라서 이
미 검토한 증거가 네 권의 신약 복음서가 주류 기독교에 있어서 유일하
게 권위 있는 책으로 인정받은 사실을 입증하기에 충분하다면[341] 이레나
이우스가 네 권의 복음서를 일관되고 결정적인 하나의 범주로 언급했을
때 아마도 이미 단일한 코덱스 사본, (p[45]과 같은) 4중의 복음서 코덱스 사
본에 담겨 있었을 이 복음서들을 염두에 두었을 가능성이 더 커진다.[342]
요컨대 코덱스 형식의 사용에 함축된 지위, 신약 사복음서에 이미 부여된

---

338 "알려진 최초의 신약 파피루스인 대략 기원후 125년경의 p[52]는 코덱스 사본으로 기록되
  었다"(Aland and Aland, *Text* 76).
339 p[45]뿐만 아니라 3세기 초의 p[75]도 누가복음과 요한복음의 상당 부분을 포함하고 있다.
340 Hengel이 지적하듯이 알렉산드리아의 클레멘스는 "출처가 불분명한 복음서 전승에 대해
  비교적 관대한 태도"를 보였지만 "심지어 그에게 있어서도 네 권의 복음서의 사도적인
  기원과 특별한 교회적 권위는 이미 논쟁의 여지가 없었다"(*Four Gospels*, 15, 19).
341 추가적으로 다음 참고문헌들을 보라. Heckel, *Vom Evangelium des Markus* 266-355; D.
  Hannah, 'The Four-Gospel "Canon" in the *Epistula Apostolorum*', *JTS* 59 (2008), 598-
  633.
342 그러나 Stanton은 이 사례를 과장해서 진술한다. "2세기 말보다 훨씬 이전에 매우 확고
  부동한 사복음서 코덱스 사본 전승이 존재했다." 유스티누스는 "대략 기원후 150년 무
  렵에 로마에 있는 교리문답 학교에서 사복음서 코덱스 사본을 접했을지도 모른다"(*Jesus
  and Gospel* 74, 77). 그러나 Hengel은 파피루스의 증거를 토대로 "콘스탄티누스 이전에
  는 복음서들이 주로 개별적인 코덱스 사본으로 유포되었다"고 결론지었다(*Four Gospels*
  45-46, 그러나 50-51도 함께 보라). 또한 다음 글의 비판을 주목해 보라. P. M. Head,
  'Graham Stanton and the Four-Gospel Codex: Reconsidering the Manuscript Evidence',
  in J. Willitts et al., eds., *Jesus, Matthew's Gospel and Early Christianity: Studies in Memory of
  Graham N. Stanton* (LNTS 435; London: T & T Clark, 2011), 93-101. 그는 Stanton이
  "확실히 2세기 말에는 이미 존재했을 것으로 보이는" 사복음서 정경을 "4세기까지는 일
  반화되었을 것으로 보이지 않는" 사복음서 코덱스 사본과 관련시키는 것에 의문을 제기
  한다"(100).

지위와 4중 복음서 코덱스 사본이 이미 2세기 말 기독교의 한 특징이 되었을 가능성은 마태, 마가, 누가, 요한의 복음서가 신약 정경의 필수적인 구성 요소라는 그 이후의 공식적인 인정을 예견케 한다.[343]

따라서 우리는 신약 복음서 네 권 모두가 2세기 전반기에 알려져 있었고 높이 평가받았으며 사용되고 있었다고 확신 있게 결론지을 수 있다. 구두 전승, 2차적인 구전적 특성, 기억을 통한 인용과 관련해서 발생한 불확실성에도 불구하고 특히 이그나티오스, 폴리카르포스, 파피아스, 유스티누스의 글에는 신약 사복음서 모두에 다양하게 담긴 예수 전승이 널리 알려졌을 뿐만 아니라, 사복음서가 모두 친숙하고 그 자체로 예수의 사명과 가르침에 대한 권위 있는 전거로 취급되었음을 암시하는 충분한 증거들이 있다. 마태복음과 요한복음이 특히 귀하게 여겨졌다는 점은 둘 다 열두 사도 중 두 사람인 예수의 직계 제자의 저작으로 간주될 수 있었고 그렇게 간주되었다는 사실로 쉽게 설명될 수 있다. 누가복음은 다소 덜 사용되었지만 여전히 중시되었는데, 이는 누가가 사도 바울의 대변인으로 여겨졌기 때문일 것이다. 마가복음은 마태복음에 의해 대체되었고 그 영향력과 사용을 발견하기 더욱 어렵지만, 마가복음 역시 특히 베드로의 대변인으로서 중시되었다. 그런데 이와 똑같이 중요한 것은 유스티누스가 정경 사복음서 외의 복음서들에 대해 아무런 인식이나 흥미를 보여주지 않는다는 사실과 타티아노스와 테오필로스가 신약 사복음서만 자신들의 조화된 복음 속에 포함시키는 것을 당연하게 여겼다는 사실이다. 요컨대 우리는 이레나이우스가 이 문제를 효과적으로 확정 짓기 이전에 사실상 이미 널리 인정된 하나의 "사복음서 정경"에 대해 말할 수 있다. 이와 대

---

343 추가적으로 이하 §50.2c을 보라.

조적으로 다른 복음서들은 그 이전의 예수 전승을 인용했을 때조차 결코 그와 같은 광범위한 효과와 권위를 얻지 못했다.[344]

44.9 결론

(a) 예수 전승은 2세기까지 계속해서 구전으로 알려졌을 가능성이 매우 크다. 마가와 그의 계승자들에 의한 예수 전승의 기록은 구두 전승을 종결시키지 않았다. 어떤 기독교인 회중이든 대다수는 문맹이었을 것이므로 예수 전승에 대한 그들의 지식은 기록된 복음서 중 하나가 큰 소리로 낭독되는 것을 듣는 2차적인 구전적 특성을 포함한 입으로 말하고 귀로 들은 지식이었을 것이다. 파피아스가 글을 아는 기독교인들의 전형적인 예라면, 그들은 자신도 눈으로 보고 귀로 들은 1세대나 2세대의 증인들에게서 들은 형태의 이야기와 가르침을 전해줄 수 있는 이들의 방문을 소중하게 여겼을 것이다. 그들은 단지 그러한 방문객들이 가져온 어떤 새로운 이야기나 가르침 때문만이 아니라, 그들이 이미 알고 있었고 그들이 기독교인으로서 드리는 예배와 영위하는 삶에 이미 원천을 제공해준 이야기들과 가르침들을 확증하고 아마도 교정하기 위해 그러한 방문을 소중히 여겼을 것이다.

(b) 특히 마태와 요한에 의한 예수 전승의 기록이 더 폭넓은 (구두) 예수 전승에 영향을 끼쳐서, 예수 전승이나 보다 광범위한 교리문답, 예전 및 변증적 전승이 마태와 요한이 기록한 복음서의 형태를 통해 예수 전승에 도입된 특징의 흔적을 지니고 있었을 것이라는 충분한 증거가 있다.

---

344 Hill, *Who Chose the Gospels?*, 99-101도 함께 보라.

(c) 2세기가 흘러감에 따라 보통 말하는 구두 전승에 대한 의존은 신약 복음서들이 더 널리 알려지고 영향을 끼치게 되면서 점점 줄어든 것으로 보인다. 어쨌든 구두 전승에 대한 의존이 4세대까지 이어지는 것은 놀랄 만한 일이다. 그러나 여하튼 유스티누스, 타티아노스, 테오필로스, 이레나이우스 등의 증언을 종합해보면, 예수의 사명과 가르침에 대한 언급은 십중팔구 이미 인정된 신약 복음서들에 대한 언급이었음을 알 수 있다. 그리고 만일 알렉산드리아의 클레멘스가 전형적인 예라면, 이는 구두 전승을 통한 예수의 가르침에 대한 지식에서 기록된 복음서들에 의존하는 지식으로의 변화가 대체로 2세기 말에는 완결되었음을 뜻할 것이다.

(d) 나머지 (정경이 아닌) 복음서들도 1세기 예수 전승의 영향력을 입증한다. 그러나 보다 영지주의적인 복음서들은 특징적으로 이전의 예수 전승을 그 전승이 아닌 다른 곳에서 도출된 인간의 상태에 대한 진단과 이야기 속에 섞어 넣는다. 그것은 "다른 복음"을 제시하는 대안적인 이야기다. 예수 전승은 그 다른 복음에 도움이 될 수 있을 때는 사용되지만, 그 다른 복음을 교정하는 것은 허락되지 않는다. 바울과 최초의 기독교인들과 신약 복음서 저자들에게 "복음"의 구성 요소였던 것은 거의 전적으로 무시되었다. 죽음과 부활은 복음이 아니거나 더 이상 "복음"이 아니었다. 1세기 예수 전승에서 독특한 DNA가 추출되었고 예수 전승에서 쓸모 있게 보인 것이 그와 다른 종들에 가능한 한 접목되었다.

나머지 복음서들의 경우 초기 예수 전승을 사용하거나 이를 토대로 삼겠다는 겉치레는 버려졌다. 예수는 여전히 자석과 같은 매력을 제공하지만, 예수의 메시지로 간주된 독특한 메시지(복음)는 전적으로 다른 곳에서, 보통은 그 다른 (영지주의적인) 내러티브에서 도출된다. 그리고 그 메시지는 그것을 전파한 분파에만 알려진 은밀한 가르침으로 제시됨으로써만 예수의 메시지로 간주될 수 있다.

(e) 따라서 이레나이우스가 기독교를 위한 토대가 되는 문서와, 복음의 내용과 형식에 대한 나머지 복음서들의 곡해와 왜곡에 맞서는 보루를 신약 사복음서에서 발견하는 것은 전적으로 이해할 만한 일이다. 이 점에 있어 이레나이우스는 이례적인 조치를 취하거나 주류 기독교인들 사이에서 혼란을 초래하는 다른 복음서들의 격류에 혈혈단신으로 맞서려 한 것이 아니다. 그는 단지 1세기 말부터 언제나 존재했던 경향을 요약하고 2세기까지 예수 전승의 주된 요지였던 것에 적절한 결론을 내렸을 뿐이다.

11부(§41-44)에서 우리는 예루살렘 함락(기원후 70년)부터 거의 2세기 말까지 예수에 대한 기억이 끼친 영향을 추적해 왔다. 이 연구는 또한 "복음"이라는 개념이 어떻게, 기독교 초기에 그리고 특히 바울의 영향 아래서, 예수가 성취한 것으로 여겨졌는지 그리고 예수의 역사적 사명과 그 의미에 대한 이야기를 표현하는 근본적인 방식이 되었는지에 대한 연구이기도 했다(§41). "복음"에서 예수의 죽음과 부활에서 절정에 이르는 그의 갈릴리 및 예루살렘 사역에 대한 기록된 이야기인 "복음서"로의 전환이 그 핵심—최초의 신자들에게 있어서 좋은 소식의 핵심—이었다.

매우 인상적인 것은 기록된 최초의 복음서(마가복음, 누가복음, 마태복음)였던 것으로 보이는 복음서들의 일관성과 통일성이다(§42). 기본적인 구조는 공통적이며—복음서의 절정으로서의 복음—여기서 기억되는 인물이 비록 틀림없이 서로 다른 문맥과 부수적인 목적으로 인해 다양하게 기억되었더라도 사람들이 기억하고 있었던 바로 그 예수라는 점에는 거의 의심의 여지가 없다. 이렇게 기억된 예수에 대한 분명한 윤곽을 그릴 가능성(1권)은 세 공관복음서 저자 각자의 서로 다른 강조점들을 손쉽게 제시할 수 있을 때조차 손쉽게 확증되었다.

네 번째 복음서(요한복음)와 처음 세 복음서의 차이점은 특히 요한복음을 「도마복음」과 나란히 놓으면 문제를 일으키는 것처럼 보일 것이다.

「도마복음」의 너무나 많은 부분이 요한복음보다 공관복음 전승과 더 직접적인 유사점이 있기 때문이다. 그러나 더 면밀히 살펴보니(§43) 요한복음이 본질적으로 그 이전의 복음서 저자들이 사용한 것과 같은 전승에 대한 부연 설명이라는 점이 드러났다. 반면 예수가 가르쳤다는 인상을 강화시키기 위해 공관복음 같은 전승이 아무리 많이 도입되었어도 「도마복음」의 독특한 메시지/복음은 다른 곳에서 도출되었다. 예수 전승의 사용은 「도마복음」이 복음서로 간주될 수 있는 약간의 명분을 제공하지만, 그 복음은 바울이 정의하고 공관복음과 요한복음이 공히 확증한 바와 같은 "복음"이 아니었다.

최근에 「도마복음」에 부여된 중요성이 전승 속에서 여전히 그 목소리가 울려 퍼지는 2세기의 주요 인물들의 증거를 가려버린 것은 이해할 만한 일이다. 예수가 엄청난 중요성을 지닌 스승으로 간주되었다는 사실은 §44에서 살펴본 거의 모든 내용 속에서 입증된다. 그가 본질적인 인간의 필요와 딜레마로 간주된 것을 이해하고 해결하는 다른 방식들을 끌어들인 것은 불가피한 일이었을 것이다. 그렇게 그에게서 비롯된 것으로 간주된 많은 가르침과 의미가 어느 정도는 특히 공관복음서 저자들에 의해 보존된 예수 전승과 혼합될 수 있었던 것 역시 불가피한 일이다. 그러나 기억된 예수가 신약 복음서의 예수로 구성된 방식들은 2세기 내내 쉽게 추적된다. 그와 동시에 (사실상) 홀로 "복음서"라는 제목을 붙이기에 전적으로 합당한 신약 복음서들에 대한 증가하는 초점은 점점 더 날카로워지며, 나머지 복음서들은 절대 다수의 기독교인들의 예배와 가르침에 있어서 진지한 경쟁 상대라기보다는 흥미로운 것(또는 위협)에 더 가깝다. 그러므로 이제 우리는 첫 번째 큰 요소(예수와 예수 전승의 효과)가 초기 기독교를 형성한 방식을 자세히 살펴보았으므로, 다음으로는 예수의 형제 야고보가 끼친 영향(§45)과 여러 길이 갈라진 슬픈 이야기(§46)를 살펴볼 것이다.

형성기 기독교의 통일성과 다양성(상)

예수 전승, 유대적 요소, 제자들이
기독교의 형성에 미친 영향

Copyright ⓒ 새물결플러스 2022

1쇄 발행 2022년 1월 10일

지은이　제임스 D. G. 던
옮긴이　이용중
펴낸이　김요한
펴낸곳　새물결플러스

편 집　왕희광 정인철 노재현 한바울 정혜인
　　　　이형일 나유영 노동래 최호연
디자인　박인미 황진주 김은경
마케팅　박성민 이원혁
총 무　김명화 이성순
영 상　최정호 곽상원
아카데미　차상희

홈페이지　www.holywaveplus.com
이메일　hwpbooks@hwpbooks.com
출판등록　2008년 8월 21일 제2008-24호
주 소　(우) 04118 서울시 마포구 마포대로19길 33
전 화　02) 2652-3161
팩 스　02) 2652-3191

ISBN　979-11-6129-225-0 94230
　　　　979-11-6129-224-3 94230 (세트)

책값은 뒤표지에 있습니다